Uwe Thaysen (Hrsg.)

Der Zentrale Runde Tisch der DDR

Band I: Aufbruch

Der Zentrale Runde Tisch der DDR

*Wortprotokoll und Dokumente
Band I: Aufbruch*

Bearbeitet, mit einem einleitenden Essay versehen
und herausgegeben von Uwe Thaysen

Westdeutscher Verlag

Die Deutsche Bibliothek – CIP-Einheitsaufnahme
Ein Titeldatensatz für diese Publikation ist bei
Der Deutschen Bibliothek erhältlich

Dieses Werk wurde gefördert durch den Deutschen Bundestag
und das Bundesministerium des Innern.

Alle Rechte vorbehalten
© Westdeutscher Verlag GmbH, Wiesbaden 2000

Der Westdeutsche Verlag ist ein Unternehmen der Bertelsmann Fachinformation GmbH.

Das Werk einschließlich aller seiner Teile ist urheberrechtlich geschützt.
Jede Verwertung außerhalb der engen Grenzen des Urheberrechtsgesetzes
ist ohne Zustimmung des Verlags unzulässig und strafbar. Das gilt insbesondere für Vervielfältigungen, Übersetzungen, Mikroverfilmungen und
die Einspeicherung und Verarbeitung in elektronischen Systemen.

www.westdeutschervlg.de

Höchste inhaltliche und technische Qualität unserer Produkte ist unser Ziel. Bei der Produktion und Verbreitung unserer Bücher wollen wir die Umwelt schonen: Dieses Buch ist auf säurefreiem und chlorfrei gebleichtem Papier gedruckt. Die Einschweißfolie besteht aus Polyäthylen und damit aus organischen Grundstoffen, die weder bei der Herstellung noch bei der Verbrennung Schadstoffe freisetzen.

Umschlaggestaltung: Horst Dieter Bürkle, Darmstadt
Druck und buchbinderische Verarbeitung: Lengericher Handelsdruckerei, Lengerich
Printed in Germany

Inhaltsübersicht

Der Zentrale Runde Tisch der DDR
Wortprotokoll und Dokumente

Band I: Aufbruch

1. Einleitender Essay	VII
2. Literaturauswahl	XXXVII
3. Abkürzungsverzeichnis	XLV
4. Inhaltsverzeichnis (1.–4. Sitzung)	XLVII
5. Inhaltsübersicht: Band II–V	LV
6. Wortprotokoll 1.–4. Sitzung	1

1. Der Zentrale Runde Tisch der DDR 1989/90 – einleitender Essay zum Wortprotokoll und zu den Dokumenten
von Uwe Thaysen

Stellenwert des Runden Tisches VIII

    ... im Kontext der Beendigung des Kalten Krieges

    ... im Kontext der Beendigung von Gewalt

    ... im Kontext der DDR-Geschichte

    ... im Kontext von Verfassung und Wiedervereinigung

    ... im Kontext der Suche nach einem „Leben in Wahrheit"

    ... im Kontext der aktuellen Politik

Forschungswert des Wortprotokolls XIX

    ... für die Geschichtswissenschaft

    ... für die Sprachwissenschaft

    ... für die Kommunikations- und Konfliktforschung

    ... für die vergleichende Institutionenkunde

Editorische Eingriffe XXI

    Spalte 1: Die Tagesordnungspunkte (TOP)

    Spalte 2: Die Bezifferung der Tagesordnungspunkte

    Spalte 3: Die Vorlagen

    Spalte 4: Die Numerierung der Vorlagen

    Spalte 5: Inhalt der Materialien

    Spalte 6: Die Initiatoren

    Spalte 7: Die Dokumente

    Die Abstimmungen

Sprachliche Gestaltung XXIX

    Die Werkzeuge des Zeithistorikers

    Die blinden Flecken

    Die stillschweigenden Korrekturen

    Die nachgereichte Moderation

    Die seltenen Heiterkeiten

    Die Willkür der Fettungen

Ein Dank der Erleichterung XXXV

Stellenwert des Runden Tisches

...im Kontext der Beendigung des Kalten Krieges

Der Zentrale Runde Tisch der DDR war ein Faktor der europäischen Demokratisierungsgeschichte 1989/90. Nur darüber gibt es auch zehn Jahre nach seiner Konstituierung am 7. Dezember 1989 und seiner Schlusssitzung am 12. März 1990 keine ernsthaften Meinungsverschiedenheiten, keinen Streit. Jenseits dieser Übereinstimmung aber stoßen wir auf extreme Differenzen in der Bewertung der geschichtlichen Rolle Runder Tische überhaupt und des Zentralen Runden Tisches der DDR insbesondere. Es genügt der Hinweis auf andere Runde Tische – auf weitere Runde Tische in der DDR, auf den Zentralen Runden Tisch in Polen, auf die ungarischen Runden Tische und auf den Runden Tisch des „Zwei-plus-Vier-Prozesses" –, um sich die Spannweite der möglichen Urteile über den Zentralen Runden Tisch der DDR zu vergegenwärtigen.

Im Falle der Transformation (in) der DDR mehr noch als im Falle der anderen mitteleuropäischen und osteuropäischen Umbrüche 1989/90 ist klar, dass diese ebenso unerwartete[1] wie immer noch nicht vollends erschlossene Entwicklung nicht ohne speziell westdeutschen Einfluss, dieser nicht ohne westeuropäischen und dieser wiederum nicht ohne amerikanische und sowjetische Einwirkung vonstatten ging. Am 11. Dezember 1989 – vier Tage nach der Konstituierung des Zentralen Runden Tisches der DDR, aber gewiss nicht durch diesen veranlasst – traten die Botschafter Frankreichs, Großbritanniens und der Sowjetunion erstmals nach achtzehn Jahren wieder im Gebäude des Alliierten Kontrollrates zusammen. Die definitive Beendigung des Kalten Krieges, die sich auch in diesem Berliner Treffen zur Jahreswende 1989/90 manifestierte, war ein globaler Vorgang. Er bestätigte das Ende einer langen und blutigen Epoche, als deren Ausgangspunkt manche Historiker die Jahre 1943 bis 1945, andere das Jahr 1933 und wieder andere schon das Jahr 1917 nennen. In diesen Dimensionen wird für die kurze Phase 1989/90, die kurze Zeit des Zentralen Runden Tisches der DDR, eine historische Zäsur von „kopernikanischem"[2] Range erkennbar.

Der historiographische Aufriss offenbart die Vielfalt der Perspektiven, aus denen heraus der Zentrale Runde Tisch der DDR analysiert werden kann. Dem Betrachter des Jahres 2000 muss klar sein, dass er mit dem Wissen ex post und ex orbis zu anderen Einschätzungen der Rolle der Akteure des Zentralen Runden Tisches kommen muss als diese damals selbst.

...im Kontext der Beendigung von Gewalt

Eingeprägt hat sich uns das vielbeschworene Bild vom „Fenster, das nur einen Moment geöffnet" gewesen sei („window of opportunities"). Es ist eine höchst eigenwillige und extrem ambivalente Metapher. Denn einerseits verbinden wir damit die Annahme gesteigerter Handlungsbereitschaft und tatsächlicher Handlungen der politischen Akteure. Andererseits: Wer steigt schon durch ein Fenster? Die Botschaft der Metapher vom Fenster der Möglichkeiten ist doch eher die, dass durch dieses Fenster hindurch etwas auf uns zukam, etwas offeriert wurde. In unserem Bildergedächtnis haben wir bewegtere Szenen als diese abstrakte Metapher gespeichert: das Öffnen des Zaunes von Ungarn nach Österreich (27. Juni 1989), das paneuropäische Picknick (19. August), die Stationen der Freilassung der Prager „Botschaftsflüchtlinge" (30. September) sowie ihre Fahrt durch das nächtliche Dresden (4./5. Oktober), Prügeleien und „Zuführungen" der Volkspolizei und des Staatssicherheitsdienstes in den Städten der DDR (nicht nur 7.–9. Oktober), die Tänze auf der Berliner Mauer (9. November 1989) etwa.

Die Abstraktion vom Fenster der Möglichkeiten hat ihre für die Entwicklung in der DDR wie der DDR überhaupt besonders sinnfällige Illustration durch die Realität am Grenzzaun zwischen Ungarn und Österreich erfahren. Dort nämlich verschafften zwei Politiker dem Stau der von ungarischer Seite in die Freiheit drängenden Deutschen aus der DDR ein Ventil: Am 27. Juni 1989 durchtrennten Guyla Horn und Alois Mock den Verhau des Kalten Krieges – ostentativ, für die Welt sichtbar mit telegenen Bolzenschneidern. Wer waren die Akteure der Geschichte? Wer schuf die Voraussetzung für wessen Handeln? Die Menschen, die „rauswollten"? Die beiden Politiker, die eine Schneise in die Freiheit schnitten? Wo wurde die Geschichte wirklich „gemacht"?

Die Menschen, die unbedingt „wegmachen" wollten aus der DDR, hatten zuvor einiges wahrgenommen, was ihnen den nötigen Mut einflößte, die damit noch verbundenen Risiken einzugehen: Im sonstigen Ostblock wehte der Wind des Wandels. In der Sowjetunion galten seit damals schon vier Jahre Glasnost und Perestroika. In Polen gab es seit dem 24. August 1989 die erste nichtkommunistisch geführte Regierung innerhalb des Warschauer Paktes. Auch in Ungarn kam es zur Etablierung einer Reformregierung, die das Ende des unbedingten – notfalls um den Preis der Gewaltanwendung zu behauptenden – kommunistischen Monopolanspruches signalisierte. Bemerkenswert war für die Menschen in der DDR vor allem, dass diese Ereignisse, voran die Konstituierung der Regierung Mazowiecki am 24. August 1989 in Warschau, keinen sowjetischen Einmarsch auslösten. Die Breschnew-Doktrin galt also tatsächlich nicht mehr.

Aus gar nicht so großer Ferne war für DDR-Bürger sichtbar geworden: Der Weg zu Reformen wie in Warschau oder Budapest, führte an „Runde Tische" und also – auch dies war von Anfang an klar – über Runde Tische hinaus. Die Offiziellen in Ostberlin aber versuchten weiterhin abzuschotten. Von oben kein Hauch der Freiheit; stattdessen wildes Wuchern des Staatssicherheitsapparates und unaufhörlicher Niedergang der Versorgungslage. In der DDR war die Luft ökologisch und

---

1 Sofern es heute um das angemessene wissenschaftliche Begreifen, gar Beurteilen der Konzepte und Handlungen der Akteure in der DDR vor dem Mauerfall geht, ist zu allererst die – rückwärtsgewandt prophetische ebenso wie vorwärtsgewandt prognostisch – mutige westliche Sozialwissenschaft an Klaus von Beymes lakonische Feststellung zu erinnern, dass sich der Tag des Mauerfalls als „schwarzer Freitag der Sozialwissenschaften" erwies; s. Klaus von Beyme, Systemwechsel in Osteuropa, Frankfurt a. M.1994, S. 35.
2 So hatte Hans Herzfeldt das Jahr 1917 gekennzeichnet.

Einleitender Essay

ideologisch nur noch stickiger, die Dächer mittlerweile regendurchlässig geworden. Allenthalben Überwachung, Zwang und Zerfall. Dies ist der Befund sowohl der „Herrschafts-" als auch und gerade der wirklich empirischen „Alltagsgeschichtsschreibung" über die DDR[3].

Zwischen Elbe und Oder, im westlichsten und deshalb besonders bedeutsamen Staate des Ostblocks, stand die Nagelprobe auf die Bereitschaft der Kommunisten zum Verzicht auf weiteren Gewalteinsatz zwecks Machterhaltes noch aus. Sie wurde am 8. und 9. Oktober in Dresden und Leipzig, vor allem in Leipzig[4], ausgetragen – nicht erst am 4. November und auch nicht erst am 9. November 1989 in Berlin. In der Leipziger Nacht vom 9. auf den 10. Oktober 1989 wurde nämlich klar, dass auch und selbst die „eigenen" Kräfte, die „bewaffneten Organe der DDR", nicht mehr zu lebensbedrohender Gewalt zu greifen bereit beziehungsweise fähig waren. Die DDR-Bürger registrierten, dass auch die kampfeswilligsten unter „ihren" Militärs und Politikern, ja selbst die Verbohrtesten und die am meisten Verzweifelten unter „ihren" Herrschenden, den Gedanken aufgegeben haben mussten, sowjetisches Militär wie 1953 in einen Einsatz gegen eine „Konterrevolution" hineinziehen zu können.

Der Mauerfall brachte in diesem entscheidenden Punkte der friedlichen Revolution nurmehr erneute Bestätigung. Zehn Jahre später haben wir aus der Erforschung der Akten sowie aus der Befragung aller nur erreichbaren und aussagewilligen Zeitzeugen Klarheit darüber, dass zwar „eigene" Leute kopflos noch einmal und als die Letzten die Waffen scharf machten, dass aber dagegen die sowjetischen Verantwortlichen zu jeder Zeit des Herbstes und Winters 1989/90 abwiegelten – durchgängig auf jeder Kommandostufe, entschieden und ruhig[5]. Von keiner dritten, ja von keiner anderen Seite überhaupt als von derjenigen des DDR-Staates, aus den Reihen seiner „bewaffneten Organe", drohte die letzte Gewalt. Dies zu betonen ist noch 1999 notwendig, weil Egon Krenz, ehemals Staatsratsvorsitzender und Hans Modrow, ehemals Vorsitzender des Ministerrates, sowie die PDS, ehemals SED, sich nach wie vor als diejenigen darstellten, die Gewaltlosigkeit auch gegenüber dem sowjetischen Militär und von Seiten des sowjetischen Militärs zu gewährleisten hatten.

Gegen die von den einstigen Machthabern gepflegte Legende bleibt festzuhalten, dass vielmehr die politische Weisheit der Menschen in der DDR insgesamt ausreichte, keine einzige sowjetische Einrichtung, keinen einzigen sowjetischen Soldaten auch nur zu bedrohen[6]. Und dies wiederum ist umso mehr hervorzuheben, als diese Menschen ganz genau wussten, hinter wessen Bajonetten „ihr" Regime sich eingerichtet hatte. Die Friedlichkeit der ostdeutschen Revolution war ein Resultat in allererster Linie des glaubwürdig wiederholten sowjetischen Stillhaltens der Bajonette der Breschnew-Doktrin einerseits und der beispiellos umsichtigen Beantwortung dieser Friedensbotschaft durch Kerzen vom Kap Arcona bis Zittau. Erst an deutlich späterer Stelle sind die DDR-Regierungen, auch die DDR-Regierungen der „Wende" als Garanten der Friedfertigkeit zu nennen.

Der Lokomotivführer mit den „Botschaftsflüchtlingen" aus Prag hatte noch in den Anfangstagen des Oktober 1989 Order, über diejenigen hinwegzurollen, die gegebenenfalls auf den Gleisen des Dresdener Bahnhofs einen Zwischenstopp erzwingen sollten[7]. Der von Hans Modrow (in seiner Funktion als 1. Sekretär der SED-Bezirkleitung Dresden) mitverantwortete, zum Teil brutale und blutige Polizeieinsatz um den Bahnhof herum hat verhindert, dass aus einer solchen Order Wirklichkeit wurde. Dieser Vorgang kennzeichnet die Ambivalenz der Herausforderungen, die Ambivalenz der Handlungen auch der Funktionäre des Regimes jener Tage.

Hans Modrow, der letzte von einer nichtdemokratisch gewählten Volkskammer der DDR bestätigte Regierungschef der DDR, musste aus seinen Dresdener wie aus seinen Berliner Erfahrungen beides wissen, wusste und weiß wohl auch beides: dass es solche Befehle gab und dass das Ende der Gewalt nicht mehr aufzuhalten war. Daraus, so die hier vertretene These, gewann er einen guten Teil seiner Wirksamkeit. Er war nicht so kopflos, nicht so hilflos wie seine Vorgänger, wie der „Staatssicherheitsstaat DDR" insgesamt, in den vor seiner Zeit als Regierungschef gelegenen Phasen der friedlichen Revolution. Im Unterschied zu Hans Modrow hatte die alte Garde wohl noch mit allem gerechnet, nur eben nicht mit dem definitiven Ende der sowjetischen Garantie ihrer Macht und nicht mit einer Revolution der Kerzen.

Gewaltlosigkeit, so ist nochmals und nochmals zu betonen, Gewaltlosigkeit war das Signum des Umbruches in der DDR. Gewaltlosigkeit als unabdingbare Voraussetzung von Freiheit schuf – zunehmend zwar, aber nur für eine kurze Spanne? – Möglichkeiten autonomen Handelns sowohl des Staates DDR als auch der Bürger in der DDR.

---

3 Siehe zu diesen beiden Schulen der Historiographie und zum Disput um die angemessenen Methoden der Erforschung der DDR die Arbeiten von Hans Günther Hockerts, Christoph Kleßmann, Jürgen Kocka, Klaus Schröder/Jochen Staadt und Wolfgang Schuller. Zu näheren bibliographischen Angaben vgl. die anschließende Literaturauswahl.

4 Dass die entscheidende Gewaltprobe anstand, zeichnete sich im Vorfeld für Leipzig deutlicher als für Berlin ab. Vgl. dem Geschehen noch nahe: Schnauze! Gedächtnisprotokolle 7. und 8. Oktober 1989. Berlin, Leipzig, Dresden, hrsg. von Berliner Verlagsanstalt Union, 1. Aufl. Berlin 1990; Eckhard Bahr, Sieben Tage im Oktober. Aufbruch in Dresden, Leipzig 1990; Wolf Grabner, Christiane Heinze und Detlef Pollack (Hrsg.), Leipzig im Oktober. Kirchen und alternative Gruppen im Umbruch der DDR, Berlin 1990.

5 Hans-Hermann Hertle, Der Fall der Mauer. Opladen 1996, für die sowjetische Seite besonders S. 237 f.; für das Gegenbild der kopflosen deutschen Seite, auf der noch einmal „erhöhte Gefechtsbereitschaft mit Einschränkungen" angeordnet wurde ebd. S. 286 f.

6 Die Schändung des im Treptower Park Berlin gelegenen sowjetischen Ehrenmales im Dunkel des 27. auf den 28. Dezember 1989 ist vielleicht eine Ausnahme. Die Täter dieser Nacht wurden nicht gefasst, konnten nie identifiziert werden, sodass wohlbegründete Zweifel nicht ausgeräumt sind, ob diese Tat dazu gedacht war, die friedliche Revolution gegenüber den sowjetischen Soldaten zu denunzieren und im Stile alter SED-Strategie die Einheitsfront gegen die „Gefahr von rechts" (Gregor Gysi) zu (re-)aktivieren. Gregor Gysi, seit dem 10. Dezember 1990 Vorsitzender der SED, dann der SED-PDS, danach der PDS, hat sich später entschuldigt (???) für die von ihm am 4. Januar 1990, anlässlich einer Protestdemonstration gegen diese Schändung verkündeten Gewissheiten über die Täter.

7 So eine heutige Bahnsteigwärterin einen damaligen Lokführer am 5. 10. 1999 im Morgenmagazin des NDR zitierend.

... im Kontext der DDR-Geschichte

Das Bild vom „Fenster der Gelegenheiten" verweist eindringlich und vornehmlich auf den übermächtigen globalen[8] Kontext jener Geschehnisse, die allenthalben zu Runden Tischen führten – auf der internationalen[9] Ebene, auf der nationalen[10] Ebene, auf der regionalen Ebene der Bezirke[11], auf der Kreis- und Ortsebene[12] sowie auf allen diesen Ebenen zu „thematischen Runden Tischen"[13]. Und in solchem Kontext soll der Zentrale Runde Tisch der DDR eine geschichtliche Rolle gespielt haben?

Die verfügbaren Originalaussagen der an den Runden Tischen der DDR engagierten Menschen dokumentieren zwar deren unbedingten Willen zur Gewaltlosigkeit. Umgekehrt aber hatten sie keine Gewissheit, dass das Ende der Gewalt bereits wirklich und ein für allemal erreicht sein könnte. Diese Gegenläufigkeit des Wollens und Wissens der Menschen in der DDR kann kaum genügend unterstrichen werden. Sie ist ein historisches Faktum von stets in Rechnung zu stellendem Range, wenn es um das Begreifen, erst recht um das Beurteilen der Absichten und Aktionen der damals politisch Engagierten geht. Ihrer Ahnungen und Erwartungen konnten die 1989/90 politisch Hervortretenden jedoch schon deshalb nicht gewiss sein, weil sie sich selbst erst einen (den hier vom Herausgeber im nachhinein versuchten) Überblick verschaffen mussten.

Von heute betrachtet nehmen sich die Stationen der Vergewisserung über das Ende der Gewalt wie ein Kontinuum aus: Auf jeder Stufe stellte sich wie automatisch die erneute Bestätigung einer schon bekannten Tatsache ein. Heute ist die damalige Überraschung und das nahezu ungläubige Erstaunen über die Abfolge der Bestätigungen allseitiger Gewaltlosigkeit auf jeweils nächster Stufe kaum noch nachvollziehbar.

Offiziell waren die Menschen jenseits des Eisernen Vorhanges der (angeblich) marxistisch-leninistischen Doktrin unterworfen. Aufgrund ihrer Erfahrungen hatten sie wenig Vertrauen zu Konzepten eines linear determinierten Geschichtsverlaufes. Sie waren sich auch deshalb einer umgekehrten Zwangsläufigkeit – der Eigendynamik der dargestellten Beendigung der Gewalt – keineswegs so sicher, wie sich dies in der Retrospektive ausnimmt. Die DDR-Bürger blieben auf das Schlimmste gefasst. Schon deswegen galten die von mehr als vierzig Jahren Gewalterfahrung bestimmten Handlungsmaximen und Verhaltensmuster noch lange fort – auch noch nach der Berliner Gorbatschow-Lektion für die Zuspätkommenden der Geschichte am 7. Oktober und auch nach der Leipziger Bestätigung dieser Lektion zwei Tage später am 9. Oktober 1989.

Mitzubedenken bleibt ferner, dass diese Unsicherheit eine weit zurückreichende und weit tiefere Ursache hat, als die Angst vor dem eigenen Unwissen über die noch lauernden Gefahren der 1989/90 jeweils aktuellen Lage. Die Erinnerungen an die Verwüstungen des Daseins seit 1933 – an die Barbareien bis 1945, an 1953 (DDR), 1956 (Ungarn), 1961 (DDR), 1968 (CSSR) und 1981 (Polen) – wirkten nach. Die alltäglichen Bedrohungen durch faktische und potentielle Gewalt zur Zeit des Kalten Krieges prägten weiterhin die politischen Strategien und Taktiken – die der Oppositionellen zur Freiheit wie die der bisher Herrschenden zur Eindämmung der gefürchteten (Konter-)Revolution. Auf beiden Seiten wusste man sehr genau, was die Lehrbücher des Marxismus-Leninismus über das Schicksal der „Expropriateure" im Falle ihrer revolutionären beziehungsweise ihrer konterrevolutionären „Expropriation" lehrten.

---

8 Eindrucksvoll wurde dieser globale Kontext illustriert durch die wandfüllende Weltkarte im Westsaal des Auswärtigen Amtes Bonn, in welchem schließlich ein tatsächlich rundgeschnittener Runder Tisch am 5. Mai 1990, dem fünfundvierzigsten Jahrestag der Beendigung des Zweiten Weltkrieges, für die „Zwei-plus-Vier Verhandlungen" aufgebaut war. Zu einer großen Zahl der Biographien der außenpolitisch international tätigen Akteure, insbesondere zu den in diesen Biographien von den einstigen Akteuren jetzt als Autoren jeweils reklamierten Anteilen an der Geschichte vgl. das Heft 4/1996 der Zeitschrift für Parlamentsfragen, dort auch Uwe Thaysen, Biographien im Jahrzehnt des Umbruchs. Vom Charisma in der aktuellen Politik, S. 719–726.
Zum Beleg der internationalen Ebene sei den mittlerweile vielen Biographien und Monographien stellvertretend eine Studie vorgezogen, die unser Thema schon im Titel führt: Richard Kiessler und Frank Elbe, Ein runder Tisch mit scharfen Ecken. Der diplomatische Weg zur deutschen Einheit, Baden-Baden 1993.

9 Siehe zur synoptischen Veranschaulichung der international ungleichzeitigen Entwicklung, die in Ungarn, Polen, der Tschechoslowakei sowie der DDR zu Runden Tischen und über diese hinaus führte, die international vergleichende „Chronologie der Ereignisse" in: Uwe Thaysen und Hans Michael Kloth, (Hrsg.), Wandel durch Repräsentation – Repräsentation im Wandel, Baden-Baden 1992, S. 187–199.

10 Als Monographien über den Runden Tisch auf der Ebene des Zentralstaates DDR sind zu nennen: Klemens Semtner, Der Runde Tisch in der DDR, München 1992; André Hahn, Der Runde Tisch und die Macht – Politische Kultur im letzten Jahr der DDR, Berlin 1998; Uwe Thaysen, Der Runde Tisch. Oder: Wo blieb das Volk? Opladen 1990.

11 Vgl. jüngst Friedrich Winter (Hrsg.), Die Moderatoren der Runden Tische. Evangelische Kirche und Politik 1989/90, Leipzig 1999, besonders S. 65–81; siehe für die regionale Ebene auch die Beiträge von Erich Iltgen und Arnold Vaatz in: Sächsicher Landtag (Hrsg.), Von der Wende zum Parlament. Sachsen auf dem Wege zur Demokratie, Dresden 1990; sowie dies. in: Sächsischer Landtag (Hrsg.), Reden zum 4. Jahrestag der Gründung des Koordinierungsausschusses zur Bildung des Landes Sachsen am 6. Mai 1994, Dresden 1994.

12 Vgl. Friedrich Winter (Hrsg.), a.a.O., besonders S. 86–175; sowie beispielhaft für die spezifischen lokalen Bedingungen Runder Tische auch die von Thomas Küttler und Jean Curt Roeder: Es war das Volk. Die Wende in Plauen, Plauen 1993, dokumentierte Entwicklung in Plauen.

13 Siehe über ein historisch ebenso frühes wie anhaltendes Beispiel für einen „thematischen" Runden Tisch die Studie von Manfred Belle, Der Entwicklungspolitische Runde Tisch in der DDR und im vereinigten Deutschland. Ziele, Arbeitsweise und Ergebnisse einer außergewöhnlichen Institution, Deutsche Hochschulschriften 1115, Egelsbach/Frankfurt (Main) 1996. Dieser „thematische" Runde Tisch sei hier nicht minder paradigmatisch für seinen institutionell wie global weitgespannten Anspruch genannt. Weitere Beispiele „thematischer" Runder Tische finden sich bei André Hahn und Friedrich Winter. Winter bezeichnet die „thematischen" als „spezielle" Runde Tische. Es dürfte nicht möglich sein, ein vollständiges Register der Standorte Runder Tische zur Zeit der friedlichen Revolution in der DDR zu erstellen. Historiographisch wünschenswert wäre es gleichwohl, deren Dokumente so umfassend wie möglich zu erfassen, zu sichern und auszuwerten. Im Ansatz ist dies mancherorts geschehen. Wenigstens ein Register der entsprechenden, meist anfänglich Arbeiten wäre zu erstellen.

Einleitender Essay XI

Für die Makro- wie für die Meso-Ebene der Geschichte, die internationale wie die nationale Ebene der „Großen Leute" in den Staatsapparaten, war von erheblicher Bedeutung, dass es 1989/90 in möglichst allen Winkeln der Mikro-Ebene der Politik, der Ebene der großen „Kleinen Leute" in den Regionen und Kommunen, friedlich blieb. Den Akteuren der Mikro-Ebene, also auch den Handelnden an den Runden Tischen auf regionaler und lokaler Ebene, war dies sehr wohl bewusst. Ob die Transformation am Ende friedlich bleiben oder ob Blut fließen würde, hatten die Bürger der DDR in ihrer Hand.

Zu den spannendsten Fragen dieser erregten Zeit gehören jene, ob, was und wie darüber hinaus in der DDR entschieden wurde. Bis zu welchem Grade waren die Akteure des Herbstes und Winters 1989/90 Subjekte, in welchem Ausmaße waren sie Objekte der Geschichte? Woher kamen sie? Wer waren sie? Was wollten sie? Was haben sie erreicht? Wie haben sie es – wenn – erreicht?

Zehn Jahre nach dem Umbruch 1989/90 scheint sich aus den Akten und Aussagen der sowjetischen Administration herauszukristallisieren, dass diese schon nicht mehr auf Egon Krenz als den Realisator einer Politik des Wandels baute[14]. Mit dem Beginn der Amtszeit von Hans Modrow, seiner Wahl am 13. November 1989, mit dem Ende zumal der Amtszeit von Egon Krenz als Staatsratsvorsitzender und Vorsitzender des Nationalen Verteidigungsrates am 6. Dezember 1989 schien sich in der DDR eine Phase erweiterten Handlungsspielraumes für Freiheit überhaupt und damit auch für die Politik anzubahnen. Es kam die Zeit der Bürgerkomitees zur Auflösung des Staatssicherheitsapparates, der Runden Tische und des Hans Modrow. In den Monaten zwischen dem 18. November 1989 (dem erstem Tage der Ersten Regierung Modrow) und dem 18. März 1990 (wie sich später herausstellte: dem Tag der ersten freien Wahl zur Volkskammer der DDR) musste sich zeigen, ob und wie die Parole „Keine Gewalt!" in einer außerordentlich bedrängten Wirklichkeit umzusetzen sei.

In diesem Vorwort zu seinem Wortprotokoll ist keine Geschichte des Zentralen Runden Tisches der DDR zu schreiben. Schon gar nicht sind an dieser Stelle Wertungen seiner Defizite und Leistungen gleichsam mit demselben autoritativen Authentizitätsanspruch wie dem des nachfolgenden Wortprotokolles vorzutragen. Das gilt übrigens prinzipiell für die vorangestellten und nachfolgenden Ausführungen des Herausgebers insgesamt. Hier kann es nur darauf ankommen, die zum Verständnis des Wortprotokolls notwendigsten Kontexterklärungen anzubieten und die zur Auswertung des Protokolls nach heutiger Kenntnis vermutlich einschlägigsten Hypothesen wenigstens zu benennen. Die Spannweite der Frage- und Interpretationsmöglichkeiten möge deutlich werden.

Über den Zentralen Runden Tisch der DDR hat der Herausgeber des nachfolgenden Wortprotokolles schon früh eine erste Analyse vorgelegt[15]. Einige Nachfolgestudien des Herausgebers sind demselben Thema und inhaltlich angrenzenden Komplexen gewidmet. Zum ausführlicheren Studium der spezielleren Vorgeschichte sowie der Geschichte des Zentralen Runden Tisches der DDR insgesamt sei darauf wie auf die weiteren einschlägigen Titel des Literaturverzeichnisses verwiesen[16]. Drei Schaubilder müssen hier genügen, das zum Verständnis der nachfolgend im Wortprotokoll schriftlich rekonstruierten Verhandlungen Notwendigste zu leisten.

Als Impulsgeber für den spezifischen Weg der DDR-Bürger in die Freiheit sind – auch auf heutigem Wissensstande – in der Reihenfolge ihrer Wirksamkeit noch immer zu nennen: an erster Stelle die Fluchtbewegung, zweitens die Demonstra-

---

14 Vgl. Horst Teltschik, 329 Tage, Berlin 1991; Ders. auch in einem Interview mit dem Berliner Kurier am 5. November 1999 in der Serie „Zehn Jahre Mauerfall".

15 Vgl. Uwe Thaysen, Der Runde Tisch. Oder: Wo blieb das Volk? a.a.O.

16 Vorrang vor den Veröffentlichungen des Herausgebers gebührt den Darlegungen von Oberkirchenrat Martin Ziegler, dem ‚Chefmoderator' des Zentralen Runden Tisches: „Am Zentralen Runden Tisch. Es war nötig, moderierend zu wirken" in: Friedrich Winter (Hrsg.), a.a.O., S. 46–65. Ziegler hat seine weiteren Berichte und Beiträge zum Thema des Zentralen Runden Tisches im engeren dokumentarischen wie im kommentierenden Sinne in einer gleichnamigen Broschüre: „Am Zentralen Runden Tisch", Berlin 1997, zusammengefasst und im Zentralarchiv der Evangelischen Kirche (Berlin) hinterlegt. Es handelt sich um eine verdienstvoll aufhellende, skeptisch nüchterne Dokumentation, die bis heute ihresgleichen sucht unter den vielen (Selbst-)Zeugnissen der Akteure jener Zeit. Eindrucksvoll ist Zieglers unbedingte Selbstverpflichtung auf die Wahrheit des Historikers in den darin wiedergegebenen Dokumentationen einerseits sowie auf die Norm der Güte eines Christenmenschen in seinen ebenfalls darin wiedergegebenen Kommentaren und Predigten. Der Wert dieser Dokumentation sei unterstrichen mit einem gesonderten Hinweis auf die darin enthaltene wörtliche Übertragung der stenographischen Gesprächsnotizen von Oberkirchenrat Martin Ziegler von den Beratungen am Abend des 28. Januar 1990 zwischen Modrow und den Oppositionellen über eine „Regierung der nationalen Verantwortung".
Die vielen schriftlichen Berichte und Bewertungen in Aufsätzen und Artikeln von Seiten der oppositionellen „neuen Kräfte" des Runden Tisches können hier nicht gewürdigt werden. Sie finden sich im anschließenden Literaturverzeichnis. Sie sind – wie die im Literaturverzeichnis genannte Expertise des Herausgebers über deren wirtschafts- und sozialpolitische Vorstellungen verdeutlicht – in sich höchst differenziert. Hier sind vor allen die Beiträge von Angelika Barbe, Bärbel Bohley, Bernd Eisenfeld, Peter Eisenfeld, Rainer Eppelmann, Hans-Jürgen Fischbeck, Martin Gutzeit, Rolf Henrich, Stephan Hilsberg, Carlo Jordan, Heiko Lietz, Markus Meckel, Ludwig Mehlhorn, Ehrhart Neubert, Sebastian Pflugbeil, Gert Poppe, Ulrike Poppe, Richard Schröder, Werner Schulz, Wolfgang Templin, Wolfgang Ullmann und Reinhard Weißhuhn zu nennen. Zum Verstehen der in sich nicht minder differenzierten Gegenseite des „alten Machtkampfes" (gemäß Schaubild 1) sei, ebenfalls mit Hilfe des anschließenden Literaturverzeichnisses, verwiesen auf Manfred Gerlach, Gregor Gysi, Lothar de Maizière, Hans Modrow und Rosemarie Will.
Dem zur Nachprüfung notwendigen Querverweis auf die weiteren Arbeiten des Herausgebers im Literaturverzeichnis sei seine Überzeugung hinzugefügt, dass seine Erstveröffentlichung über den Runden Tisch und die Frage, wo denn das Volk 1990 blieb, nach der zwischenzeitlich erschienenen Literatur und der folgenden Veröffentlichung des Wortprotokolles zwar in ihren wesentlichen Dokumentationen und Interpretationen Bestand hat, dass sie aber doch einiger Korrekturen (eher unbedeutender Art, wie falscher Zeitdaten und – leider – zahlreicher, wohl der damaligen Eile geschuldeter Druckfehler) bedarf. Sie bedarf zudem der nun möglichen präzisen Bezugnahme auf das hiermit vorgelegte Wortprotokoll der Verhandlungen des Zentralen Runden Tisches sowie der Korrektur und Vertiefung einiger Wertungen auf dem Stande des zwischenzeitlich hinzugekommenen Wissens. Zunächst aber war die Bringeschuld des Wortprotokolls abzutragen.

tionsbewegung und drittens die Kräfte des Widerstandes beziehungsweise der Opposition[17]. Sieben Widerstandsgruppen konkretisierten schließlich den Plan zur Konstituierung eines Zentralen Runden Tisches der DDR gemäß Schaubild 1[18].

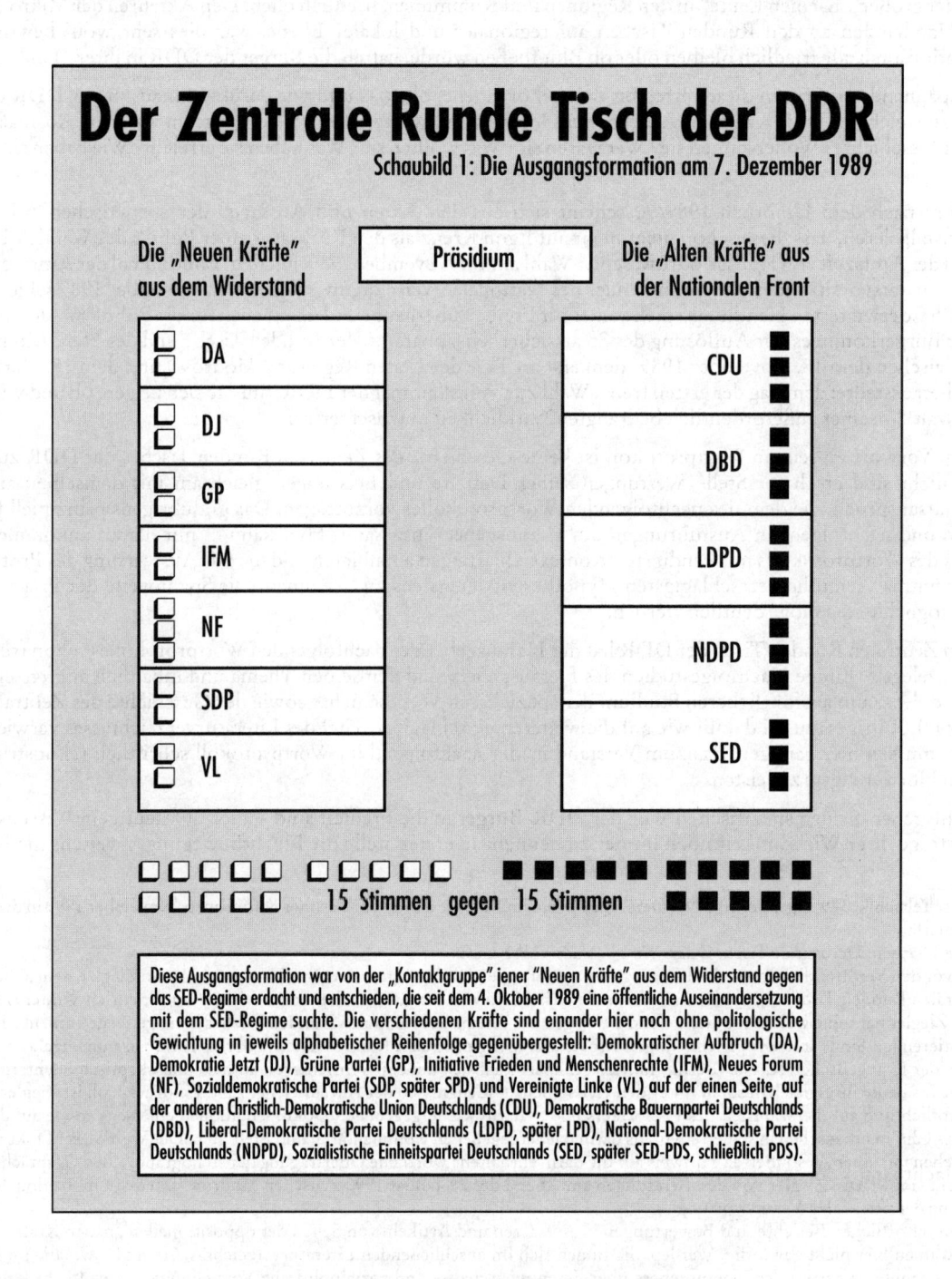

Der Zentrale Runde Tisch der DDR
Schaubild 1: Die Ausgangsformation am 7. Dezember 1989

Die „Neuen Kräfte" aus dem Widerstand — Präsidium — Die „Alten Kräfte" aus der Nationalen Front

Neue Kräfte: DA, DJ, GP, IFM, NF, SDP, VL

Alte Kräfte: CDU, DBD, LDPD, NDPD, SED

15 Stimmen gegen 15 Stimmen

Diese Ausgangsformation war von der „Kontaktgruppe" jener "Neuen Kräfte" aus dem Widerstand gegen das SED-Regime erdacht und entschieden, die seit dem 4. Oktober 1989 eine öffentliche Auseinandersetzung mit dem SED-Regime suchte. Die verschiedenen Kräfte sind einander hier noch ohne politologische Gewichtung in jeweils alphabetischer Reihenfolge gegenübergestellt: Demokratischer Aufbruch (DA), Demokratie Jetzt (DJ), Grüne Partei (GP), Initiative Frieden und Menschenrechte (IFM), Neues Forum (NF), Sozialdemokratische Partei (SDP, später SPD) und Vereinigte Linke (VL) auf der einen Seite, auf der anderen Christlich-Demokratische Union Deutschlands (CDU), Demokratische Bauernpartei Deutschlands (DBD), Liberal-Demokratische Partei Deutschlands (LDPD, später LPD), National-Demokratische Partei Deutschlands (NDPD), Sozialistische Einheitspartei Deutschlands (SED, später SED-PDS, schließlich PDS).

In zähen Verhandlungen über die Zulassung weiterer Gruppierungen beziehungsweise Parteien während der ersten beiden Sitzungen des Runden Tisches veränderte sich die Zusammensetzung gemäß Schaubild 2[19]. Damit hatten sich auch die politischen Gewichte verschoben. Zu wessen Nachteil beziehungsweise Vorteil dies gelang, vor allem aber – und äußerst spannend – wie es wem, etwa Gregor Gysi, gelang, ist nun im Wortlaut zu studieren.

---

17 Vgl. zu der vom Verfasser empfohlenen terminologischen Differenz zwischen „Widerstand" und „Opposition" im Kontext der DDR-Geschichte Uwe Thaysen, Wirtschafts- und sozialpolitische Vorstellungen der neuen Parteien und Bewegungen in der DDR zur Zeit des Zentralen Runden Tisches (1998/90), Expertise für die Enquete-Kommission „Überwindung der Folgen der SED-Diktatur" des Deutschen Bundestages, 125 S., erscheint voraussichtlich 2000. Siehe dort wie in dem oben aufgeführten Beitrag über den Berliner und den Dresdener Pfad zur Freiheit vor allem die jeweils eingangs vorgenommenen begrifflichen Klärungen.
18 Überarbeitet nach Uwe Thaysen, der Runde Tisch. Oder: Wo blieb das Volk?, a.a.O., S. 31.
19 Überarbeitet nach Uwe Thaysen, ebd., S. 47.

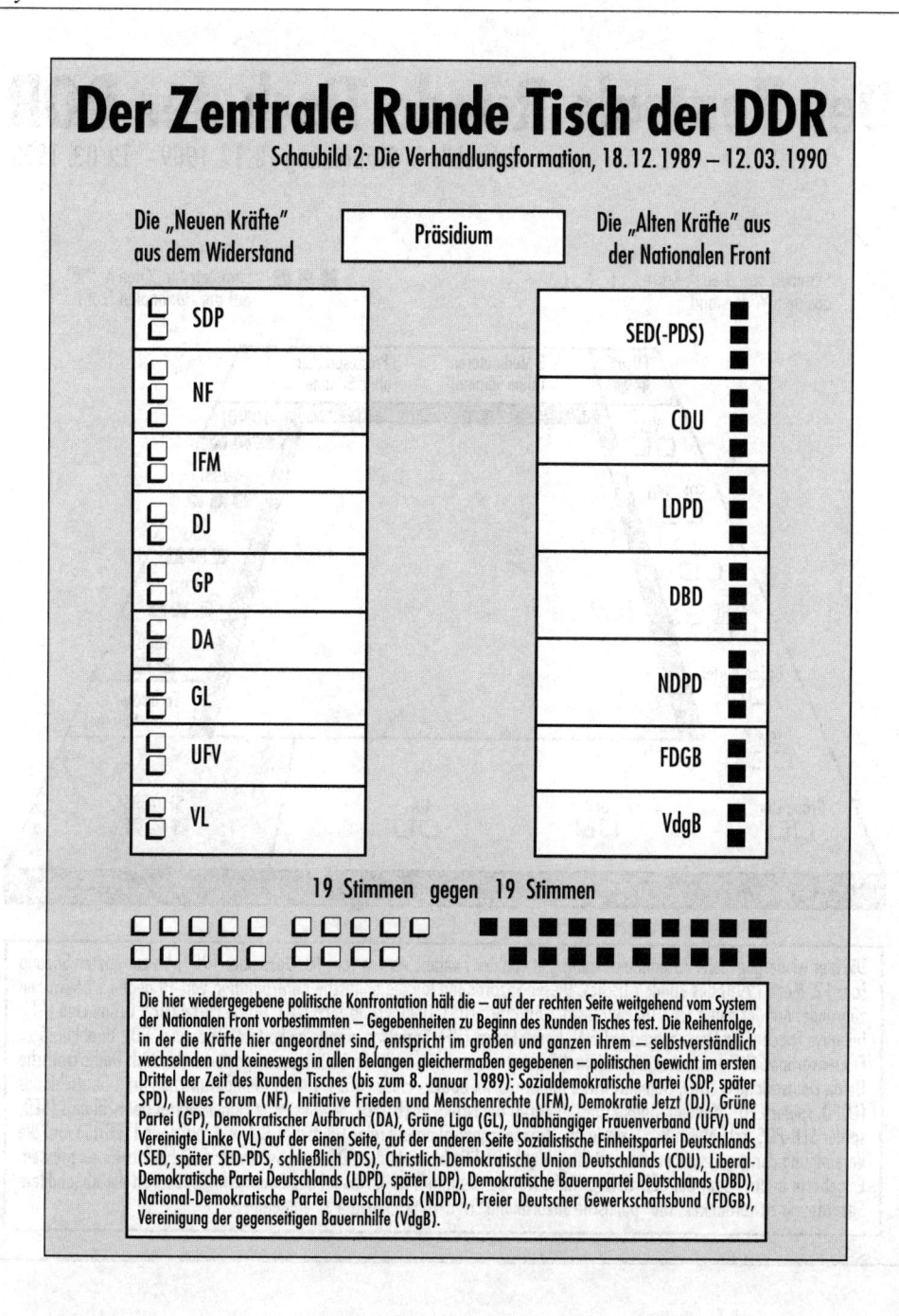

Einleitender Essay XIII

Der Zentrale Runde Tisch der DDR
Schaubild 2: Die Verhandlungsformation, 18.12.1989 – 12.03.1990

Die „Neuen Kräfte" aus dem Widerstand | Präsidium | Die „Alten Kräfte" aus der Nationalen Front

Neue Kräfte	Alte Kräfte
SDP	SED(-PDS)
NF	CDU
IFM	LDPD
DJ	DBD
GP	NDPD
DA	FDGB
GL	VdgB
UFV	
VL	

19 Stimmen gegen 19 Stimmen

Die hier wiedergegebene politische Konfrontation hält die – auf der rechten Seite weitgehend vom System der Nationalen Front vorbestimmten – Gegebenheiten zu Beginn des Runden Tisches fest. Die Reihenfolge, in der die Kräfte hier angeordnet sind, entspricht im großen und ganzen ihrem – selbstverständlich wechselnden und keineswegs in allen Belangen gleichermaßen gegebenen – politischen Gewicht im ersten Drittel der Zeit des Runden Tisches (bis zum 8. Januar 1989): Sozialdemokratische Partei (SDP, später SPD), Neues Forum (NF), Initiative Frieden und Menschenrechte (IFM), Demokratie Jetzt (DJ), Grüne Partei (GP), Demokratischer Aufbruch (DA), Grüne Liga (GL), Unabhängiger Frauenverband (UFV) und Vereinigte Linke (VL) auf der einen Seite, auf der anderen Seite Sozialistische Einheitspartei Deutschlands (SED, später SED-PDS, schließlich PDS), Christlich-Demokratische Union Deutschlands (CDU), Liberal-Demokratische Partei Deutschlands (LDPD, später LDP), Demokratische Bauernpartei Deutschlands (DBD), National-Demokratische Partei Deutschlands (NDPD), Freier Deutscher Gewerkschaftsbund (FDGB), Vereinigung der gegenseitigen Bauernhilfe (VdgB).

Aus dem Machtkampf der „alten" mit den „neuen" Kräften ergab sich die Sitzordnung gemäß Schaubild 3[20], die sich dem Gedächtnis durch Fernsehübertragungen aus weiteren 14 Tagungen eingeprägt hat.

... im Kontext von Verfassung und Wiedervereinigung

Der Zentrale Runde Tisch der DDR hat zum einen wegen des „alten" Machtkampfes (des Kampfes der „alten" gegen die „neuen" Kräfte) und wegen des daran anschließenden „neuen" Machtkampfes (des Wahlkampfes um die Mandate in der ersten frei gewählten Volkskammer der DDR) die Aufmerksamkeit der Zeitgenossen sowie – nach diesen – der Historiker beansprucht. Zum anderen verdienen die am Zentralen Runden Tisch verhandelten Themen studiert zu werden. Die am Runden Tisch ausgetragenen Machtkämpfe (die *politics*) können nun wie die Politikinhalte (die *policies*) im Detail des nachfolgend präsentierten Wortprotokolls analysiert werden.

Seiner Selbstverständniserklärung zufolge wollte der Zentrale Runde Tisch der DDR eine freiheitlich-demokratische Verfassung und freie Wahlen ermöglichen. Insoweit war er, genau genommen, angetreten nur, um über das Gehäuse zukünftiger Politik, die Struktur und Spielregeln des künftigen Gemeinwesens (der *polity*) zu entscheiden. Mehr nicht, aber eben dies

---
20 Überarbeitet nach Uwe Thaysen, ebd., S. 45.

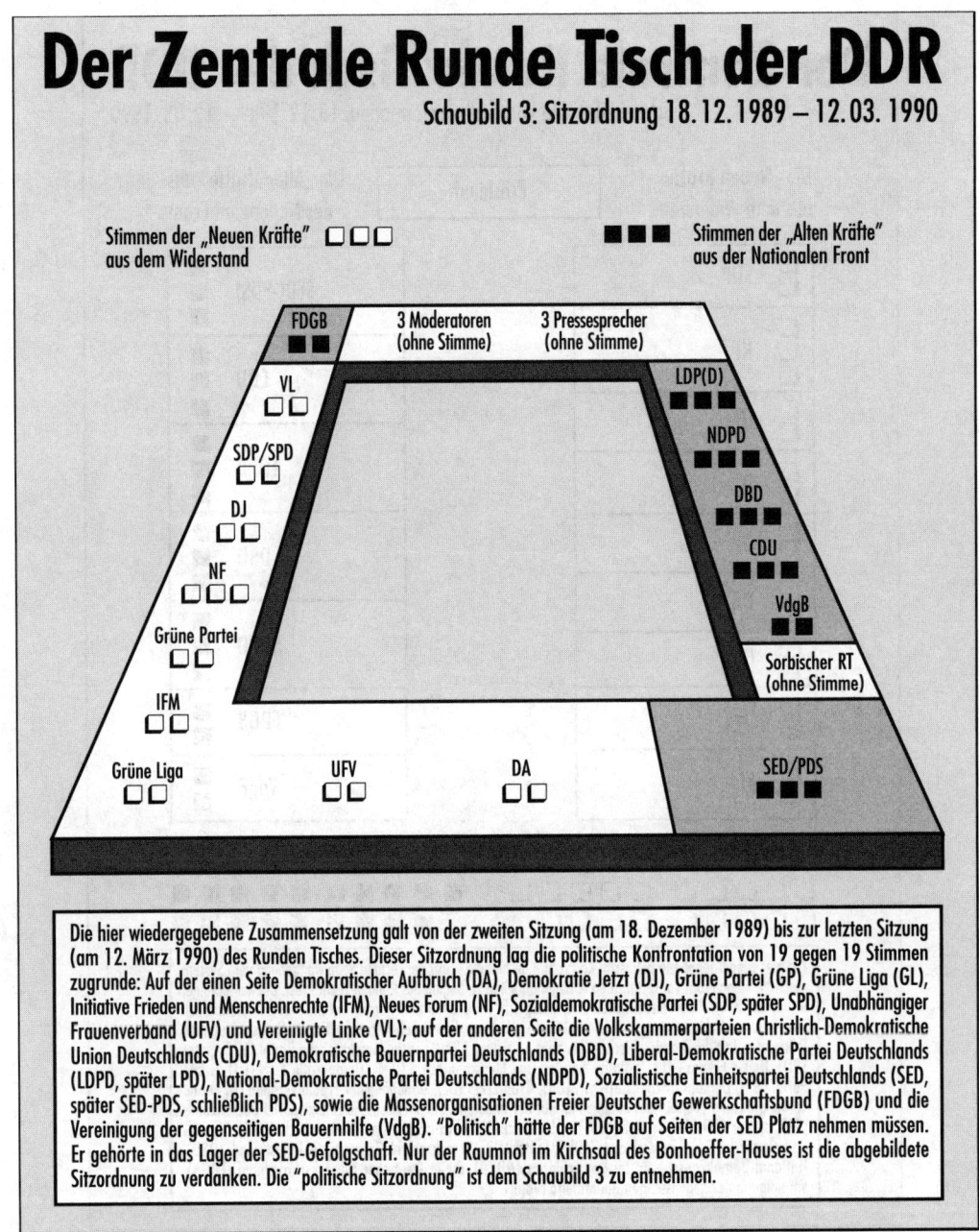

war in der DDR des Novembers 1989 sehr viel. Ansonsten wollte der Runde Tisch sich nicht nach dem unrühmlichen Beispiel der Volkskammer als Gesetzgeber ohne demokratisches Mandat betätigen.

Die erste und einzige freie und wirklich demokratische Wahl der DDR war Ende Januar/Anfang Februar 1990 definitiv durchgesetzt[21] und auf den 18. März 1990 terminiert. Wäre nun noch eine Verfassung hinzugekommen, so wäre auch auf den Zentralen Runden Tisch zugekommen, was in den Zivilgesellschaften gerade für die erfolgreichen unter den Bürgerinitiativen gilt: Noch ein Sieg, und wir sind verloren!

Die Geschichte des Zentralen Runden Tisches verlief indessen anders. Mit einer neuen DDR-Verfassung konnte sich der Zentrale Runde Tisch als Plenum bis zum Schluss – gemessen an seiner Selbstverständniserklärung – nur beiläufig befassen. Bezogen auf das zweite Postulat seiner Selbstverständniserklärung, der Schaffung der Verfassung für eine eigenständige DDR, war die Entwicklung über ihn hinweggerollt. Andere und immer neue Themen traten mehr und mehr in den Vordergrund. Mit

---

21 Vgl. dazu in allen Details auch der bedeutsamen Vorgeschichte die minutiös dokumentierende Arbeit von Hans Michael Kloth, Vom „Zettelfalten" zum Wählen: Die Überwindung der SED-Herrschaft im Lichte der Wahlfrage. Für diese Dissertation konnte Kloth den Text des ZRT-Wortprotokolls auswerten. Die Dissertation wird um die Jahreswende 1999/2000 erscheinen. Kloth hat eindrucksvoll herausgearbeitet, dass das demokratische Wahlrecht für die erste freie Wahl der DDR als das eigentliche „Komprimat der friedlichen Revolution 1989/90" zu würdigen ist.

Einleitender Essay

der Veränderung seiner Rolle in der ständig zunehmenden Dynamik der Veränderungen zu Beginn des Jahres 1990 hat der Runde Tisch schließlich über eine Fülle von Themen entscheiden müssen und tatsächlich entschieden – nur eben nicht über eine Verfassung der DDR. Dies zum Beispiel kann jetzt entgegen der vielbemühten Legende von „dem" Verfassungsentwurf „des" Zentralen Runden Tisches nachgelesen werden[22]. Gleichwohl mag gesagt werden, dass der Zentrale Runde Tisch viele Fragen von Verfassungsrang entschieden hat – etwa eine später auch von der frei gewählten Volkskammer bestätigte Sozialcharta.

Aus dem Wortprotokoll läßt sich rekonstruieren, wer wann und warum in welcher Materie was gewollt hat und wofür es Mehrheiten gegeben hat – zum Beispiel in Fragen der Auflösung des MfS/AfNS, der Gesundheits-, Jugend- und Familienpolitik, der Wirtschafts- und Sozialpolitik, der Bildungs-, Wissenschafts- und Kulturpolitik, der Umweltpolitik, der Verwaltungs- und Justizreform, der Politik der Wiedervereinigung. Für die Enquete-Kommission „Überwindung und Folgen der SED-Diktatur" hat der Verfasser einen ersten Versuch unternommen und in Schaubild 4 zusammengefasst[23]. Ähnliche Synopsen sind für andere Politikfelder denkbar, zum Beispiel für die deutschland- und europapolitischen Konzeptionen der widerständigen/oppositionellen Parteien und Gruppierungen. Sie würden zu anderen Anordnungen der Gruppen und Parteien führen, was einmal mehr auf die begrenzte Zulässigkeit pauschaler Aussagen verweist.

Seit klar war, dass die Wiedervereinigung weit schneller als von jedermann erwartet bevorstand, traten Themen der sozialen Absicherung mehr und mehr in den Vordergrund. Die auf dem Papier der DDR-Verfassungen und SED-Parteitagsproklamationen üppigen sozialen „Errungenschaften" wurden auf die Tagesordnung gesetzt. Ihre Einlösung wurde zu einer gesamtdeutschen Forderung. Dem vor allem westdeutschen Unverständnis darüber, dass am Zentralen Runden Tisch nun zunehmend Wohlstandsleistungen statt Freiheitsgarantien gefordert wurden, ist die Gegenfrage zu stellen: War nicht schon viel vom System der Bundesrepublik begriffen, wenn jetzt von ostdeutscher Seite für die Verhandlungen des in Aussicht stehenden Einigungsprozesses zunächst einmal Maximalforderungen gestellt wurden?

Dass die Vereinigung der beiden deutschen Staaten von vielen der Akteure am Zentralen Runden Tisch ausdrücklich nicht gewollt war, gehört zum Allgemeingut der politischen Diskussionen um die Jahreswende 1999/2000. Demgegenüber ist mindestens zu bedenken, dass die deutsche Wiedervereinigung vor Ende 1989 auch international nicht auf der offiziellen Tagesordnung stand. In dem Maße indessen, wie die Wiedervereinigung international möglich wurde, hatte sich auch der Runde Tisch mit diesem Thema zu befassen. Im Falle der Wiedervereinigung scheint sich die Frage nach dem tatsächlichen Wollen des Zentralen Runden Tisches genau umgekehrt zur Beschlusslage über eine DDR-Verfassung zu stellen. Komplizierte Paradoxien sind zu entschlüsseln: Während – der Legende entgegen für viele: negativ – eindeutig zu konstatieren ist, dass der Runde Tisch keinen Verfassungsentwurf beschlossen hat, wird umgekehrt aus den Beratungen – für andere ebenfalls der Legende entgegen: positiv – klar, dass sich der Runde Tisch schon sehr früh die deutsche Wiedervereinigung zumindest offen

---

22 Der Herausgeber hat diese Legende verschiedentlich zurückgewiesen, vgl. im Literaturverzeichnis vor allem den Beitrag „Zur Verfassungspolitik in der DDR 1989/90". Mit dem ausdrücklichen Bekunden seines Bedauerns unterstreicht Martin Ziegler die Ausführungen des Herausgebers zum erreichten Status der Verfassungsberatungen am Runden Tisch in seinem Beitrag „Am Zentralen Runden Tisch", hier zitiert nach Friedrich Winter (Hrsg.), a.a.O., S. 63.

23 Vgl. die für die Enquete-Kommission „Überwindung der Folgen der SED-Diktatur" vorgelegte Expertise über die Frage eines möglicherweise beabsichtigten „Dritten Weges" der Oppositionellen: Uwe Thaysen, Wirtschafts- und sozialpolitische Vorstellungen der neuen Parteien und Bewegungen in der DDR zur Zeit des Zentralen Runden Tisches (1989/90), a.a.O., erscheint voraussichtlich im Jahre 2000.

gehalten hat. Fragwürdig – im umfassenden Sinne dieses Wortes – bleiben einzig der Zeitpunkt und die mit dieser Option verbundenen Bedingungen beziehungsweise Erwartungen. Nun ist anhand des Wortprotokolles auch in diesem Punkte nachprüfbar, wie die Positionen der am Zentralen Runden Tisch präsenten Gruppierungen und Parteien sich ausformten und änderten[24].

... im Kontext der Suche nach einem „Leben in Wahrheit"

Gegenwart und Zukunft werden auch vom Wissen um Vergangenes bestimmt. Umso wichtiger ist es, sich der Wahrheit des Vergangenen nähern und sich mit dieser auseinandersetzen zu können. Ein Leben in Freiheit setzt die Möglichkeit eines „Lebens in Wahrheit" voraus. Dessen war sich der Zentrale Runde Tisch der DDR gewiß. Er wollte den Weg frei machen für ein „Leben in Wahrheit" – so wie Václav Havel und die Charta 77 es gefordert und gelehrt und einige es auch bewundernswert gelebt hatten. Das Pathos dieses philosophischen Postulates wurde von den Oppositionellen am Runden Tisch praktisch heruntergebrochen auf die Forderung nach Erhalt und Bewahrung der Akten des Unterdrückungsapparates der SED. Auch hier gilt es, einer – sogar vom späteren Stellvertretenden Ministerpräsidenten und Innenminister der DDR, Peter Michael Diestel und anderen vorgetragenen – Legende entgegenzutreten. Die Behauptung nämlich, der Zentrale Runde Tisch habe die Vernichtung der HVA-Akten beschlossen, lässt sich mit dem Wortlaut des Protokolls der dreizehnten Sitzung am 19. Februar 1990 eindeutig widerlegen[25].

Der Zentrale Runde Tisch war eine Instanz der Wahrheitssuche. Auch er unterstrich den Appell zur „Aufarbeitung" von Geschichte. Der Zentrale Runde Tisch hatte entscheidenden Anteil daran, dass die nachträgliche „Durchleuchtung" der niedergerungenen kommunistischen Diktatur in keinem anderen Staat des ehemaligen Ostblocks so entschlossen und weitgehend auf den Weg gebracht wurde wie gegenüber der SED-Diktatur. Der Appell des Zentralen Runden Tisches der DDR an den wahrheitsgemäßen Umgang mit geschichtlichen Fakten ist bereits an sich Grund genug, seine Verhandlungen im Wortlaut zu rekonstruieren und kritisch zu edieren. Das Wortprotokoll mag nun – dem Willen des Runden Tisches gewiss entsprechend – der besseren „Aufarbeitung" auch seiner selbst dienen.

Die Spannweite der Urteile über den Zentralen Runden Tisch der DDR liegen extrem weit auseinander. Schon früh war kritisch, am gleichsam negativen Ende der Skala, gefragt worden, ob es nach den Reformregierungen in Polen und Ungarn – zu einer Zeit, als die Macht im November/Dezember 1989/90 bereits auf den Straßen der DDR lag – überhaupt noch notwendig gewesen sei, sich auf einen Zentralen Runden Tisch einzulassen. Statt dessen, so das Argument, hätten die Oppositionellen sogleich die volle Übernahme der Regierungsverantwortung verlangen sollen. Die Frage stellte sich verschärft seit der Nacht vom 28./29. Januar 1990, in der es Modrow auf Anraten von Gregor Gysi und im Verein mit Ibrahim Böhme[26] gelungen war, den Wahltermin vorzuziehen und die Regierung der Nationalen Verantwortung zu etablieren. Im Polen des Sommers 1989, so lautet das skeptische Argument, sei ein Arrangement mit den herrschenden Kommunisten noch notwendig gewesen. Der dadurch aufgetretene Zeitverlust habe die notwendige Entwicklung einer pluralistisch freien Gesellschaft nur verzögert. Es sei die Polen teuer zu stehen gekommen und habe von dieser Zeit an „Beschleunigung" zum zentralen Thema einer Politik des Nachholens in ausgerechnet demjenigen Staate gemacht, der im Ostblock am Anfang der Befreiung stand. In der DDR des Jahreswechsels 1989/90 dagegen sei ein solcher Kompromiss nicht mehr notwendig gewesen[27].

Auf deutscher Seite wurde der Zentrale Runde Tisch dem Szenario eines umfassenden „Komplottes" zugeordnet: Modrow und den nach Egon Krenz und Willi Stoph „neuen Männern" schien es dieser Komplott-Version zufolge „erforderlicher denn je, dem Schwinden ihrer Macht noch stärker als bisher durch öffentlichkeitswirksame Einbeziehung aller gesellschaftlichen Kräfte zu begegnen. Der ‚Runde Tisch' sollte aus ihrer Sicht eben diesem Ziel dienen, gleichzeitig aber durch eine Umarmungsstrategie den Elan der radikalsten Reformer aus den Reihen der vom MfS unterwanderten Bürgerbewegung lähmen ... In der von Politprofis und Stasi-Leuten dominierten Runde wurden die Forderungen der wenigen ‚echten' oppositionellen Politamateure weitgehend unterlaufen."[28] Diese kritische Sicht wurde schon früh, etwa

---

24 Vgl. zum Verständnis der an eine neue, demokratische Verfassung der DDR geknüpften Erwartungen authentisch vor allem die Arbeiten von Wolfgang Ullmann, z. B. „Das Volk muss die Möglichkeit haben, ja zu sagen", in: Eine Verfassung für Deutschland. Manifest – Text – Plädoyers, hrsg. von Bernd Guggenberger, Ulrich K. Preuß und Wofgang Ullmann, Berlin 1991, S. 18–21.

25 Der Herausgeber hat seinen Teil dazu beigetragen, dass Dr. Diestel mit dieser Legende gerichtlich scheiterte. Vgl. Uwe Thaysen und Hans-Michael Kloth, Der Runde Tisch und die Entmachtung der SED. Widerstände auf dem Weg zur freien Wahl, in: Materialien der Enquete-Kommission „Aufarbeitung von Geschichte und Folgen der SED-Diktatur in Deutschland, herausgegeben vom Deutschen Bundestag, Bonn 1995, S. 1750 f. Selbst Hubertus Knabe scheint, glaubt man den Vorankündigungen der Presse, in seinem neuen und mit Spannung erwarteten Buch „Die unterwanderte Republik – Stasi im Westen", Berlin 1999, dieser Legende aufgesessen zu sein. Vgl. Die Welt, 11. 10. 1999, S. 5.

26 So Modrow gegenüber dem Herausgeber ebenso wie gegenüber Wolfgang Ullmann, der diese Aussage am 6. 10. 1999 (anlässlich der Präsentation des Buches von Friedrich Winter) aus einem von ihm mit Modrow geführten Gespräch bestätigte.

27 Wladislaw Bartoszewski, „Der Runde Tisch und seine Wölfe im Schafspelz", in: Die Welt vom 28. 12. 1985: „Was zwischen Februar und April an der Weichsel als revolutionär-fortschrittlich gelten konnte – die Idee der Opposition, mit der herrschenden Gruppe der Kommunisten Kontakt zu suchen, und demgegenüber die Bereitschaft der Kommunisten, unter Druck der wirtschaftlichen Lage solche Gespräche zu führen – ist durch die weitere politische Entwicklung in den Ostblockländern weitgehend überholt worden."

28 So Ralf Georg Reuth und Andreas Bönte, Komplott. Wie es wirklich zur deutschen Einheit kam, München 1993, S. 187 f; siehe ausführlicher zu den unter den Modrow-Regierungen ermöglichten „Säuberungen" von Personalakten und sonstigen kaderpolitischen Maßnahmen, zu Vermögenssicherungen und Vernichtungen von Stasi-Akten auch die Expertise des Herausgebers über „Fortwirkende Maßnahmen der Regierungen Modrow und de Maizière" für die Enquete-Kommission des Deutschen Bundestages „Aufarbeitung der DDR-Diktatur und ihrer Folgen für Deutschland", a.a.O., S. 1996–2007, dort auch die vom Herausgeber zusammen mit Hans Michael Kloth vorgelegte Expertise: „Der Runde Tisch und die Entwicklung der SED. Widerstände auf dem Wege zur Freien Wahl", S. 1706–1825; ferner die Arbeit

von Rolf Schneider, vorgetragen und 1999 sogar noch verschärft. Schneider kritisiert vor allem den Eintritt der Oppositionellen in die Regierung der Nationalen Verantwortung: „Am 5. Februar 1990 nahm die vorletzte DDR-Regierung unter Ministerpräsident Hans Modrow acht neue Mitglieder auf, sämtliche aus den Reihen der Bürgerbewegung. Sie wurden Minister mit Dienstwagen und ohne Portefeuille. Ihre einzige Aufgabe bestand darin, einem Kabinett, das nicht aus demokratischen Reihen hervorgegangen war, den Anschein von Legitimität zu verschaffen. ... In der DDR wurde der Runde Tisch zu einer Veranstaltung sinnlosen politischen Zeitvertreibs. Er war ein aus imperativer Mandatur und evangelischer Morgenandacht übel zusammengefügtes Konstrukt"[29]. „Die Oppostionellen", so Schneider an anderer Stelle[30], „wussten ihren Sieg nicht zu verteidigen. ... Ihre einzige Aufgabe bestand darin, einem Kabinett, das nicht aus demokratischen Wahlen hervorgegangen war und in dem die inzwischen zu SED/PDS umbenannte alte Staatspartei nach wie vor das Sagen hatte, den Anschein der Legitimität zu verschaffen. In Wahrheit ebneten sie der PDS bloß ihren komfortablen Weg in den Postkommunismus." Die Verteidiger des Runden Tisches hätten diesen später „zum Crashkurs in Demokratie verklären wollen, aber genau das leistete er nicht. Er besaß keine demokratische Legitimation." Schneiders Kritik findet mehr und mehr Zustimmung[31].

Am anderen, dem gleichsam positiven Ende der Skala möglicher Urteile über den Zentralen Runden Tisch der DDR wird dieser gefeiert als ein neues Politik-Modell, welches, so die Worte von Wolfgang Ullmann, uns die „Zirkularperspektive" einer „nur im gemeinsamen Diskurs und in gemeinsamer Entscheidung realisierbare(n) Zukunft ... gelehrt" habe[32]. André Hahn wertet das Modell des Runden Tisches „als Resultat der Wesenskonflikte der DDR-Gesellschaft, ... als das unverwechselbare Resultat der demokratischen Umwälzung in der DDR mit dem höchsten Grad eigener kritischer Identität"[33]. Der Zentrale Runde Tisch „transportierte" Hahn zufolge „den zum Scheitern verurteilten Anspruch einer eigenständigen Alternative."[34] Im „Neuen Deutschland" wurde die Alternative der Runden Tische gemäß André Hahn, heute Parlamentarischer Geschäftsführer der PDS-Fraktion im Sächsischen Landtag, „dem in Kritik geratenen bundesdeutschen Parteienparlamentarismus entgegen" auf immer wieder anzutreffende Weise vorgehalten: „ ... Sachdebatte statt Parteientaktik, Bürgernähe statt entfremdeter Berufsparlamentarier, Mitwirkungsdemokratie der Betroffenen statt Vertreterdemokratie usw. ..."[35].

Aus der Sicht des Herausgebers ist an dem einen Ende der Skala möglicher Urteile über den Zentralen Runden Tisch – Runder Tische überhaupt – zu wenig Erklärung, am anderen Ende zu viel Verklärung[36] anzutreffen.

Die Leistungen *des* Zentralen Runden Tisches und die Legenden *um* den Runden Tisch lassen sich, auf das Äußerste abstrahiert, in zwei Aussagen zusammenfassen: (A) Der Zentrale Runde Tisch in Ostberlin hat eine große Aufgabe erfüllt: die gewaltfreie Überführung eines totalitären Systems in eine offene Gesellschaft. (B) Wo er anderes als dieses wollte, ist er – mindestens subjektiv und wahrscheinlich auch objektiv – gescheitert. Folgende weiter konkretisierende Thesen seien im einzelnen zur Überprüfung gestellt:

1. Die Existenz des Zentralen Runden Tisches der DDR dokumentierte den Freiheitswillen der dem SED-Regime Unterworfenen.
2. Der Zentrale Runde Tisch der DDR erbrachte den Nachweis authentischer politischer Kräfte und politischer Konzeptionen *außerhalb* der SED und *gegen* die SED.
3. Der Zentrale Runde Tisch der DDR garantierte die Gewaltfreiheit des Zusammenbruchs des SED-Regimes.
4. Der Zentrale Runde Tisch der DDR rang die SED und deren Staatssicherheitsdienst auf der zentralen staatlichen Ebene nieder.
5. Der Zentrale Runde Tisch der DDR hat sich als Instrument der demokratischen Transformation eines totalitären Staatssystems bewährt.
6. Der Zentrale Runde Tisch bewies, insbesondere in seiner ersten Hälfte, ein den Deutschen nicht gerade nachgerühmtes Maß an praktischer Vernunft.

---

von Walter Heering, Die Wirtschaftspolitik der Regierung Modrow und ihre Nachwirkungen, in: Bernhard Marquardt, „Zwischen Reformdruck und Machtsicherungsstrategien. Zur Wirtschaftspolitik der Modrow-Regierung", Hagen 1998, S. 121–165.

29 „Der in Vergessenheit geratene Sieg. Die Bürger im Osten wussten die Demokratie nicht zu verteidigen und zu nutzen", in: Der Tagesspiegel vom 24. 3. 1999.
30 „Sinnloses Laienspiel am Runden Tisch", in: Mitteldeutsche Zeitung (Ausgabe Halle/Saale) vom 27. 3. 1999.
31 So aktuell von Angelika Barbe, Hans-Jochen Tschiche und Ehrhart Neubert in einem lesenswerten Artikel des Bonner General-Anzeigers vom 9. 10. 1999: „Wir wurden über den Tisch gezogen. Aufstieg und Debakel der Oppositionsgruppen im zweiten deutschen Staat. Bei der Gründung vor zehn Jahren saß die Stasi immer mit am Tisch." Darin wird Ehrhart Neubert mit der Aussage zitiert: „Wir hätten nicht zulassen dürfen, dass die SED nach der Öffnung der Mauer wieder den Ministerpräsidenten stellt".
32 So von Wolfgang Ullmann, Stichwortmanuskript für eine Rede im Reichstag, Berlin 16. Juni 1990, im Wortlaut veröffentlicht in: Uwe Thaysen, Der Runde Tisch. Oder: Wo blieb das Volk, a.a.O., S. 210 ff.
33 André Hahn, Der Runde Tisch. Das Volk und die Macht, a.a.O., S. 203 ff.
34 Ebd., S. 217.
35 Michael Nelken, Antiquiertes Möbel? Studie: Runder Tisch (eine Besprechung des Buches von André Hahn) in: ND vom 30. 10. 1998, S. 12.
36 Vgl. das sprachliche Spiel mit der „toten Metapher Runder Tisch", mit den „Mythen der Gleichheit, der symmetrischen Kommunikation und der Gedankenzirkulation" bei Francesca Rigotti, „Der ‚runde Tisch' und der Mythos der symmetrischen Kommunikation", in: Andreas Dörner und Ludgera Vogt (Hrsg.), Sprache des Parlaments und Semiotik der Demokratie. Studien zur politischen Kommunikation in der Moderne, Berlin/New York, 1995, S. 290–296. Zur „Anziehungskraft des Raummodells" Runder Tisch siehe auch Birgit Sauer, „Der ‚Runde Tisch' und die Raumaufteilung der Demokratie. Eine politische Institution des Übergangs?", in: Politische Soziologie, Sonderheft 1995 der KZfSS, hrsg. von Brigitta Nedelmann. Birgit Sauer kommt zu einem dem Mythos diametral entgegengesetzten, desillusionierenden Schluss: Sie sieht den Zentralen Runden Tisch in der Tradition und in den Mustern weniger der „Ent- als der Refeudalisierung" von Politik befangen. Dadurch sei von ihm selbst letztlich jene „depolitisierende Wirkung" ausgegangen, die er heute bedauere, heißt es im Resümé ihres Beitrages.

7. Am Zentralen Runden Tisch der DDR gelang es der SED/SED-PDS/PDS, den Oppositionellen den „Imperativ des Mitmachens" aufzuzwingen und sie in die letzte kommunistisch geführte Regierung zu manövrieren, da die Opposition (a) die Friedfertigkeit der Revolution garantieren und (b) die Fluchtwelle der Ausreisenden stoppen wollte. Zur Realisierung einer eigenständigen Machtübernahme waren sie (a) programmatisch allzu zersplittert und (b) personell allzu schwach. Die Oppositionellen am Zentralen Runden Tisch der DDR wussten zwar sehr genau und übereinstimmend, was sie nicht mehr wollten; sie hatten aber kaum durchdacht und abgestimmt, was danach kommen sollte. In der DDR hatte es keine Solidarnosc und keine Charta 77 gegeben, keinen Lech Walesa und keinen Václav Havel, wohl aber viele couragierte Einzelne[37].
8. Für ihr Eintreten in die Regierung zahlten die durch den „Imperativ des Mitmachens" erpressbaren Oppositionellen des Zentralen Runden Tisches einen bis heute fortwirkenden Preis. Sofern sie es wollten (und die meisten unter ihnen wollten es), ist es ihnen nicht gelungen, die SED/SED-PDS/PDS politisch – dem friedlichen Sieg über die SED-Diktatur entsprechend definitiv – zu delegitimieren.
9. Der Zentrale Runde Tisch beschleunigte den Befreiungsprozess, etwa durch die Forderung nach einer demokratischen Verfassung und durch die Fixierung der Wahltermine, zuletzt am 29. Januar 1990 durch die Festlegung des 18. März 1990 als Termin für die erste freie Wahl zur Volkskammer der DDR. Er hatte wesentlichen Anteil an der Dynamisierung der Entwicklung, die er danach abzubremsen sich gleichwohl bemühte.
10. Insgesamt stellen Runde Tische das Prinzip demokratischer Kompetenz auch der politischen Laien unter Beweis. Tausend Runden Tischen im Lande gelang dieses 1989/90 wahrscheinlich durchgängiger sogar als dem Zentralen Runden Tisch der DDR. Dennoch scheint 1999/2000 in Ostdeutschland akzeptiert, dass der Zentrale Runde Tisch die wesentlichen Maximen auch der anderen Runden Tische repräsentierte. Auf (ost-)deutschem Boden wurde fast ein halbes Jahr nahezu ohne Staat – durch Runde Tische und Bürgerkomitees – zivilgesellschaftliche Selbstverwaltung praktiziert. In der Tatsache, dass die bis dahin unterdrückten „neuen Kräfte" nun gar Geschichte gestalteten, lag eine letztlich unbeschreibbare Faszination.
11. Der Zentrale Runde Tisch der DDR wollte das „Leben in Wahrheit" (Václav Havel) – mithin auch die spätere Wahrheit über sich selbst.
12. Die Runden Tische in der DDR symbolisierten den vierzig Jahre erhaltenen Anspruch jener Menschen, denen mitzuwirken versagt war (alte Präambel des Grundgesetzes), auf Freiheit, das heißt auf Demokratie und das heißt auf Partizipation als Voraussetzung von Parlamentarismus. Das Vermächtnis des Zentralen Runden Tisches ist der Appell zu zivilgesellschaftlicher Einmischung.

... im Kontext der aktuellen Politik

„Der Blick auf die DDR-Diktatur spaltet Bürger und Historiker"[38] noch 1999. Aus den vielen bislang schwer nachprüfbaren Fragen bezüglich des tatsächlichen Geschehens am Zentralen Runden Tisch der DDR lassen sich, wie oben schon benannt, trefflich Legenden schmieden. Zum Beispiel: Die Beschleunigung der Entwicklung – auch der Entwicklung in Richtung Wiedervereinigung – sei nicht auch vom Runden Tisch ausgegangen. Glaubte der Zentrale Runde Tisch tatsächlich an ein endlos offenes Fenster, durch welches die Aufgabe der ökonomischen und ökologischen Sanierung der DDR und die der Wiedervereinigung so oder so, über kurz oder lang auf jede deutsche Regierung, sei diese nun CDU- oder SPD-geführt, zugekommen wäre, ob diese sie gewollt hätte oder nicht? Wer kann sich heute welchen politischen Verdienst an seine Fahne heften? Leicht zu sehen ist, dass damalige wie heutige politische Akteure von den darauf möglichen unterschiedlichen Antworten politisch unterschiedlich profitieren beziehungsweise nachteilig betroffen werden.

Hervorgehoben wurde auch schon die besondere aktuelle Bedeutung, die der Wahrheit zukommt über die Rolle der SED/SED-PDS und schließlich der PDS in der Phase der von Krenz und allen seinen Nachfolgern bis heute erfolgreich als „Wende" bagatellisierten, ja banalisierten friedlichen Revolution.

Die vom Zentralen Runden Tisch der DDR beschlossene „Sozialcharta" war, genau genommen, für die zukünftige Politik eines vereinten Deutschlands konzipiert. Adressat der vom Runden Tisch beschlossenen „Sozialcharta" war, wenn auch nicht so ausgewiesen, bereits in erster Linie Bonn, nicht Ost-Berlin; und heute nun wird über die Themen der Sozialcharta in einem Parlament entschieden, dessen Standort im Berliner Spreebogen sich – damals noch unvorstellbar – auf der Geschichte gewordenen Schnittstelle beider deutschen Staaten befindet. „Soziale Gerechtigkeit" ist zehn Jahre nach dem Zentralen Runden Tisch das zentrale Thema deutscher Innenpolitik – keine Legende.

Soziale Gerechtigkeit ist die geradezu ewige Herausforderung der Politik. Dies wäre leicht zu exemplifizieren, etwa an der „alten" Bundesrepublik. Dort fielen die Antworten grundsätzlich anders aus als am Zentralen Runden Tisch der DDR in Berlin-Niederschönhausen – eine Tatsache, keine Legende, mit welcher die Politik der Gegenwart wie der Zukunft konfrontiert ist und bleiben wird. Eine weitere Frage ist aber, wer sich mit welcher Legitimation dieser Thematik annimmt. Haben die anderen Parteien und Gruppierungen des Zentralen Runden Tisches sich das politische Wasser abgraben und auf die Mühlen der PDS leiten lassen, als sie die Sozialcharta zusammen mit der PDS beschlossen? Werden die anderen Gruppierungen und Parteien sich den politischen Herausforderungen aus der Sozialcharta überzeugend stellen können?

---

37 Dafür gibt es mannigfaltige Erklärungen, die – wie Rolf Schneider am eigenen Leibe erfuhr – viel mit der „Revolution in einem geteilten Lande" zu tun haben. Der Herausgeber hat sich entschieden gegen pauschale Diskreditierungen der zivilgesellschaftlichen Kompetenz ostdeutscher Oppositioneller verwahrt; vgl. dessen Rezension des Buches von Christian Joppke, East German Dissidents and the Revolution of 1989. Social Movements in a Leninist Regime, New York 1995: „Fernwestliche Abrechnung mit ostdeutschen Dissidenten: so nicht akzeptabel", in: Zeitschrift für Parlamentsfragen, Heft 4/96, S. 280–285.
38 So Stefan Wolle in einem Artikel: Die Welt, 15. März 1999, S. 13.

Einleitender Essay XIX

Werden sie es politisch durchgehen lassen, durchgehen lassen müssen, dass Gregor Gysi zum Gralshüter sozialer Gerechtigkeit in Deutschland wird?

An die Legende von *dem* Verfassungsentwurf *des* Runden Tisches ist zu erinnern, um zu erkennen, wie sehr dieser geradewegs – zum Beispiel von der PDS – als ein Faustpfand der eigenen Politik gepflegt und in Anspruch genommen wird[39]. Kann dem Einwand, der Zentrale Runde Tisch habe eine Sozialutopie beschlossen (in Form der Sozialcharta) begegnet werden, mit dem Rekurs auf die Verweigerung einer Verfassung, in welcher diese erst hätte festgeschrieben werden müssen?

Der Herausgeber dieses Wortprotokolls hat Hans Modrow als einen „Meister des geordneten Rückzug" charakterisiert[40]. Modrow hat sich dagegen verwahrt[41]. Das Wortprotokoll erlaubt weitere Nachprüfung der Frage, ob er mehr „dem Volke", wie er behauptet, oder mehr der Partei gedient hat, oder ob es ihm – vom Herausgeber keineswegs kategorisch bestritten – gelang, das eine mit dem anderen zu verbinden.

Analoge Wirkung der Wahrheit, auch der Wahrheit aus dem nachfolgendem Wortprotokoll, gilt für diese wie für andere Personen, für diese Materie und andere Themen, für diese und andere Gruppierungen beziehungsweise Parteien.

Forschungswert des Wortprotokolls

...für die Geschichtswissenschaft

Der stenographische Bericht des Zentralen Runden Tisches ist ein zentrales Dokument deutscher Geschichte, ein zentrales Dokument auch deutscher Parlamentsgeschichte. Wenn die Zeit der vergangenen 50 Jahre – im Vergleich zu ihrer eigenen Vorgeschichte wie zur zeitgleichen internationalen Entwicklung – als Erfolgsgeschichte des fünfzigjährigen deutschen Parlamentarismus gewürdigt wird, so verdient die etwa fünfmonatige Geschichte des Zentralen Runden Tisches der DDR, darin einbezogen zu sein. Auch als Gegenstand der Forschungen zur zehnjährigen Wiedervereinigung muss man um diesen Tisch herum. Damit dies möglich ist, war zunächst historiographische Spurensicherung zu betreiben, das Wortprotokoll überhaupt herzustellen. Denn die rekonstruierten Verhandlungen des Zentralen Runden Tisches der DDR samt seiner Dokumente stellen eine Quelle allerersten Ranges dar für jeden, der sich mit der letzten Phase der DDR, mit der deutschen Wiedervereinigung oder mit dem Vergleich der europäischen Transformationen überhaupt beschäftigt.

Wurde die Revolution am Zentralen Runden Tisch der DDR ausgebremst, die „Expropriation der Expropriateure" hier gestoppt? Wurde dieser Runde Tisch gar nur noch missbraucht, in einem raffinierten Komplott von den „alten" Kräften hinters Licht geführt? Waren es vornehmlich die Felle der ehemaligen Nomenklatura, die hier nach dem Dammbruch der DDR-Grenzen noch eiligst und mit Hilfe sogar der Oppositionellen vor dem Davonschwimmen bewahrt werden sollten und konnten? Welche Geschichtsbilder hatten die „Rundtischler"?

Die Geschichtswissenschaft wird sich – diese Prognose sei gewagt – noch lange mit diesen Fragen beschäftigen; das Wortprotokoll wird dabei sowohl Antworten geben als auch neue Fragen aufwerfen.

...für die Sprachwissenschaft

Auch in der DDR sei die friedliche Revolution „durch Sprache vorbereitet, ausgelöst, umgesetzt und fortgeführt worden". Von Bulgarien aus wurde die DDR plötzlich als „Deutsche Diskutierende Republik" buchstabiert[42]. Die friedliche Revolution in der DDR war „ein sprachpolitisches Ereignis", eine „Sprachrevolte", auf welche auch die germanistische Sprachwissenschaft bis in die Gegenwart „lebhaft reagiert"[43]. Mit gesteigerter Intensität[44] wird seither am Beispiel der DDR linguistisch analysiert, ob, wo und in welchem Ausmaße es eine spezifische DDR-Sprache des Kalten Krieges, eine Sprache des spezifischen DDR-Totalitarismus[45] gegeben hat.

Anhand des vorliegenden Wortprotokolls kann nunmehr weiteren linguistischen Fragen nachgegangen werden. Vergleichend etwa: Gab es nach 40-jähriger Teilung am Ende diesseits und jenseits von Mauer und Stacheldraht, diesseits und jenseits der beiden Elbufer signifikante Sprachunterschiede? Walter Ulbricht hatte bekanntlich noch gemeint, es seien „nur Nuancen", in denen sich die Sprache-Ost von der Sprache-West unterschiede. Dass 1989/90 mindestens solche „Nuancen" vorlagen, wird in diesem Vorwort noch zu erläutern sein, wenn es unten um die Offenlegung der Schwierigkeiten geht, mit denen wir im Westen zu tun hatten, als wir die Sprache der ostdeutschen „Rundtischler" für dieses Wortprotokoll von Tonaufnahmen her verschrifteten[46].

---

39 Vgl. etwa sein Vorwort zu dem Buch von André Hahn, der Runde Tisch, a.a.O.
40 Der Runde Tisch. Oder: Wo blieb das Volk?, a.a.O., S. 164.
41 Hans Modrow, Ich wollte ein neues Deutschland, Berlin 1998, S. 409.
42 Peter von Polenz, Die Sprachrevolte in der DDR im Herbst 1989, ein Forschungsbericht nach drei Jahren vereinter germanistischer Linguistik, in: ZGL, 21. Jg., (1993), S. 128f.
43 So berichtet und befindet z. B. Peter von Polenz a.a.O.
44 Siehe die von Armin Burkhardt und Andreas Dörner präsentierten Studien im Literaturverzeichnis; siehe auch Marianne Schröder und Ulla Fix, Allgemeinwortschatz der DDR-Bürger – nach Sachgruppen geordnet und linguistisch kommentiert, Heidelberg 1997.
45 Siehe Dieter Schmitt, Doktrin und Sprache in der ehemaligen DDR bis 1989, Frankfurt a. M./Berlin 1993; Christian Bergmann, Totalitarismus und Sprache, in: APuZ, B 38/39, S. 18–24.
46 Vgl. grundsätzlicher: Horst Dieter Schlosser, Deutsche Teilung, deutsche Einheit und die Sprache der Deutschen, in: APuZ, B 17/91, S. 13–21.

Redeten die Rundtischler aus den Reihen der Parteien und Massenorganisationen der Nationalen Front anders als diejenigen aus den Gruppierungen und Parteien? Hat es eine (auch) am Zentralen Runden Tisch – wie immer begrenzte – Vertreibung des offiziellen Jargons durch eine private Sprache gegeben, einen Terraingewinn etwa für eine spezifische Nischensprache der DDR? Ist eine neue, dem Zentralen Runden Tisch eigene, eine die DDR des Umbruchs repräsentierende Sprache auszumachen, eine neue „Sprachkultur"? Ab wann war Schluss mit der Formelsprache, mit den vielgliedrigen euphemistischen Attributketten?

Dass die „kommunistischen Einparteiensysteme unter anderem auch deswegen zum Scheitern verurteilt sind, weil sie die Kreativität und Bedeutungsvielfalt von Sprache in ihrer Politik unterschätzten"[47] möchte man nachvollziehen, sobald man sich an das „Sammeln der Schlüsselwörter der Wendezeit"[48] begibt.

Eine erste quantitativ-empirisch orientierte Studie[49] auf der Grundlage der Auswertung der ersten und achten Sitzung geht Fragen der folgenden Art nach: „Wie tragen Akteure mit unterschiedlicher politischer Orientierung und Diskursfunktion in verschiedenen Phasen des Gesellschaftswandels zur Aushandlung von Entscheidungen bei, die der Bewältigung grundlegender wirtschaftlicher und sozialer Probleme in der DDR dienen sollten? ... Wie beeinflussen verschiedene Teilnehmer den Gesprächsverlauf 1) auf der Inhaltsebene über die Initiierung, Sequenzierung oder Terminierung zu bearbeitender Aufgaben bzw. Probleme, sowie 2) auf einer formalen, d. h. von den Redeinhalten unabhängigen Ebene über unterschiedliche Redeaktivitäten oder Redewechsel?"[50]

Die Studie von Glöckner-Rist und Mohler will mit numerischen Verfahren zeigen, wie „Gewinne und Verluste" in Begriffen wie „Macht", „Ethik", „Anerkennung" und „Gemeinschaft" erzielt und verspielt werden. In welchem Umfange und Verständnis „Wirtschaft", „Wohlbefinden", „Wissen", „Fähigkeit" behandelt werden. Im Vergleich der ersten mit der achten Sitzung wird eine Verlagerung von einer zwischen den „alten" und „neuen" Kräften „symmetrischen" zu einer von den „neuen" Kräften dominierten Diskussion festgestellt. Dazu wurde etwa der prozentuale Anteil der Wörter beider Lager genau nach Gruppierung innerhalb der Lager erhoben. „Augenfällig und weiter zu prüfen" erscheint den Autoren „die Beobachtung, dass die Moderatoren in beiden Sitzungen trotz kürzerer Redebeiträge noch mit die meisten Wörter äußern. In einem nächsten Schritt wäre deshalb noch zu untersuchen „inwieweit die Moderatoren auch inhaltlich mitdiskutiert haben und ob sich dabei Unterschiede zwischen den Vertretern verschiedener Kirchen zeigen."[51]

... für die Kommunikations- und Konfliktforschung

Wo die Gewalt endet, ist Demokratie, ist Parlamentarismus möglich. Erst dort kann das Wort allein auch zur politischen Tat werden. Der Zentrale Runde Tisch hat es bewiesen. Dort erst wurden „Wort, Widerwort und wieder Wort" auch für die DDR möglich. Dort wurde der Appell Abraham Lincolns „... not bloody bullets, but peaceful ballots only..."[52] buchstäblich in die Tat des Wahlgesetzes, die vermutlich größte Leistung des Runden Tisches umgesetzt: Wahl-, nicht Waffengang!

Insofern erklärt sich die Nähe der Sprach- zur Kommunikations- und Konfliktforschung. Von daher auch ist gut zu verstehen, dass ein Sprachwissenschaftler im bislang verfügbaren Text des Zentralen Runden Tisches vor allem den Typus „Kommunikationskonstellation Runder Tisch in der Politik" zu ermitteln sucht[53]. Wie Nähe und Distanz sich sprachlich vermitteln, kann mit Rüdiger Läzer im Wortprotokoll des Zentralen Runden Tisches studiert werden. Läzer erkennt im Modell Runder Tisch „eine Art Subtyp des Verhandelns"[54], der zumindest den in der DDR 1989 bestehenden Institutionen überlegen war. Läzer selbst lässt die Frage offen, ob dies auch für das vom Grundgesetz vorgesehenen Institutionengefüge und die politische Kultur der alten und heutigen Bundesrepublik gilt. Die Arbeiten von André Hahn, Rüdiger Läzer, Francesca Rigotti und Birgit Sauer repräsentieren neben den Aussagen von Akteuren wie Wolfgang Ullmann kommunikationstheoretische Hypothesen, denen nun ausführlicher nachgegangen werden kann.

... für die vergleichende Institutionenkunde

Die Rückeroberung des freien Wortes war 1989/90 ebenso faszinierend zu beobachten wie dessen anschließend parlamentarische Routinisierung. Für den einigermaßen parlamentskundigen Beobachter war verblüffend, wie die oppositionellen Rundtischler aus anfänglicher Spontanität mit der Selbstverständlichkeit eines darauf programmierten Nachtwandlers innerhalb kürzester Zeit zu den Routinen des Parlamentarismus fanden. Zweckmäßigkeit, die von sich aus überzeugt? Automatik demokratischer Sozialisation?

---

47 Dieter Schmitt, Doktrin und Sprache, a.a.O., S. 123.
48 So der Titel einer Studie von Dieter Herberg, Doris Steffens und Elke Tellenbach, in: Wörterbuch zum öffentlichen Sprachgebrauch 1989/90, Berlin/New York 1997.
49 Anglika Glöckner-Rist und Peter Ph. Mohler, Thematische und interaktive Organisationpolitischer Debatten: eine Analyse der Verhandlungen des zentralen Runden Tisches in der DDR, in: Wilfried Bos und Christian Tarnei (Hrsg.), Computerunterstützte Inhaltsanalyse in den Empirischen Sozialwissenschaften. Theorie – Anwendung – Software, Münster/New York 1998, S. 85–104.
50 Ebd., S. 86.
51 Ebd., S. 100.
52 Der Satzauszug, hier zitiert nach The Oxford Dictionary of Political Quotations, stammt aus einer Rede, die Lincoln im Mai 1758 gehalten hat.
53 Rüdiger Läzer, Nähe und Distanz am Runden Tisch. Konfliktkommunikation und Argumentieren im politischen Kontext am Beispiel des Zentralen Runden Tisches der DDR, in: Ruth Reiher und Undine Kramer (Hrsg.), Sprache als Mittel von Identifikation und Distanzierung, Frankfurt a. M., Berlin u. a. 1998, S. 237–271.
54 Ebd., S. 243.

Einleitender Essay

Viele Worte sind inzwischen darüber gewechselt, ob Runde Tische als „neues Demokratiemodell" gelten können, gar eine Alternative zu den Parlamenten westlicher Demokratien anbieten[55]. Der erste Teil der Frage wird häufiger bejaht, der zweite eher verneint.

Soweit dem Herausgeber bekannt, ist das nachfolgende Wortprotokoll das bislang einzige eines Runden Tisches in der DDR, das zur Klärung auch solcher institutionenkundlicher Fragen beitragen kann. Ansonsten muss zum Vergleich auf die polnischen und ungarischen Protokolle zurückgegriffen werden. Für den beneidenswerten Kollegen, der diese beiden Sprachen beherrschen sollte, haben diese Protokolle zudem den Vorteil, dass sie als Protokolle der Verhandlungen auf der Ebene des Zentralstaates angemessener zum Vergleich taugen als die der regionalen oder lokalen Ebene der DDR.

Überhaupt drängt sich auf, dass sich der Zentrale Runde Tisch von den anderen Runden Tischen in der DDR in einem bedeutsamen Punkte kategorial unterschied: Die Ost-Berliner Zentrale verfügte über das staatliche Gewaltmonopol. Und weil hier seitens der alten Machthaber mit diesem Monopol mindestens noch gedroht werden konnte, konnte hier der „Imperativ des Mitmachens" von ihnen entschiedener als auf regionaler oder lokaler Ebene eingesetzt werden. Ist dies die Erklärung für den politischen Preis, den die Oppositionellen am Zentralen Runden Tisch – deutlicher als an den anderen Runden Tischen? – zu entrichten hatten?

Ist es nur ein Streit um angemessene Begriffe, wenn der Zentrale Runde Tisch der DDR, der Typus Runder Tische überhaupt, mal als „Vorschule", mal als „Schule der Demokratie" bezeichnet wird? Repräsentieren Runde Tische eine politische Institution eigener Art? Was vermögen sie, das andere Institutionen der Partizipation nicht zu leisten imstande sind? Was dagegen nicht, das andere können? Kann man an Runden Tischen etwa beraten, aber nicht beschließen? Wo ist der Typus „Runder Tisch" institutionenkundlich einzuordnen in dem Alphabet demokratischer Partizipationsmodelle von der Anwaltsplanung bis zur Planungszelle?

Editorische Eingriffe

Der Herausgeber hofft natürlich, dass von den vielen Schwierigkeiten der Verschriftung der Tonband- und Filmdokumente kaum noch etwas erkennbar ist. Je besser dies tatsächlich gelungen ist, desto notwendiger sind Hinweise zu den methodischen und technischen Problemen der Erstellung eines solchen Werkes. Die mindest erforderlichen editorischen Erläuterungen des Herausgebers zu dem nunmehr vorgelegten Wortprotokoll der Beratungen des Zentralen Runden Tisches der DDR lassen sich anhand des ausführlichen Inhaltsverzeichnisses verdeutlichen. Zusätzlich ist Rechenschaft zu legen über die sprachliche Gestaltung des Protokolltextes.

Das Inhaltsverzeichnis vermittelt, so hofft der Herausgeber, heute eine Ordnung und Transparenz, von welcher sicher selbst die Akteure des Winters 1989/90 überrascht sein dürften. Jedem kritischen Leser mag noch einleuchten, dass es zu den Aufgaben des Herausgebers gehörte, im Nachhinein mit Hilfe des Inhaltsverzeichnisses schnellen und unmissverständlichen Zugriff auf den Text insgesamt und auf die jeweils gesuchten einzelnen Textpassagen im einzelnen zu ermöglichen. Die im Inhaltsverzeichnis noch akzeptablen, ja wünschenswerten editorischen Handreichungen waren jedoch mit Konsequenzen für die Gestaltung des anschließenden Textes verbunden. Und diese Folgerungen waren dem Herausgeber durchaus nicht uneingeschränkt willkommen. Denn zweifellos handelt es sich dabei um nachträgliche Eingriffe in die Originalität des einstigen Geschehens.

Je vermeidbarer die editorischen Güterabwägungen zwischen Ordnung einerseits und Originalität andererseits erscheinen, desto mehr bedürfen sie der Rechtfertigung hinsichtlich des jeweils zugrundeliegenden Prinzips. Solchermaßen wird gegen den in vier Bänden vorgelegten Text – den getriebenen editorischen Aufwand gleichsam rückwirkend und rückwärts wieder abbauend – die Authentizität der ursprünglichen Beratungen wenigstens vorab einmal so vollständig wie möglich erklärt. Die Offenlegung der Vielzahl dieser zwischen Ordnung und Originalität vorgenommenen Güterabwägungen ist eine historiographische Pflicht. Die Registratur der editorischen Güterabwägungen sei darüber hinaus zum Anlass genommen, zugleich einige weitere der spezifischen Eigenheiten des Runden Tisches aufzudecken und zu erläutern.

Fünf Bände herausgegeben zu haben mag als erster Akt editorischer Willkür gelten. Warum nicht zwei, nicht vier, nicht sechs, sondern eben fünf Bände? Die Antwort ergibt sich schon hier – wie in fast allen nachfolgenden Rechtfertigungen – aus einem Bündel von Fakten und Wertungen.

Auch ansonsten reichlich mit Parlamentsfragen befasst, hat der Herausgeber oben inhaltlich begründet, dass und warum er die Leistung des Zentralen Runden Tisches der DDR als einen Beitrag zur deutschen Parlamentsgeschichte begreift. Damit war für ihn eine erste Entscheidung über die Gestalt des Textes gefallen: Im DIN-A4-Format sollten die Wortprotokolle des Runden Tisches erscheinen – wie die Stenographischen Berichte des Deutschen Bundestages (von denen der „alten" Volkskammer lieber zu schweigen, nicht aber davon, dass die Protokolle der „neuen", der einzig in der DDR frei gewählten Volkskammer noch nicht hergestellt sind).

---

55 Vgl. etwa „Der Runde Tisch – eine neues Demokratiemodell?" Dokumentation einer Tagung vom 29. November bis 1. Dezember 1999 im Dresdener Rathaus, hrsg. von der Stiftung Mitarbeit, Bonn 1992.

Schaubild 5: Phasen und Funktionen in der Geschichte des Zentralen Runden Tisches der DDR

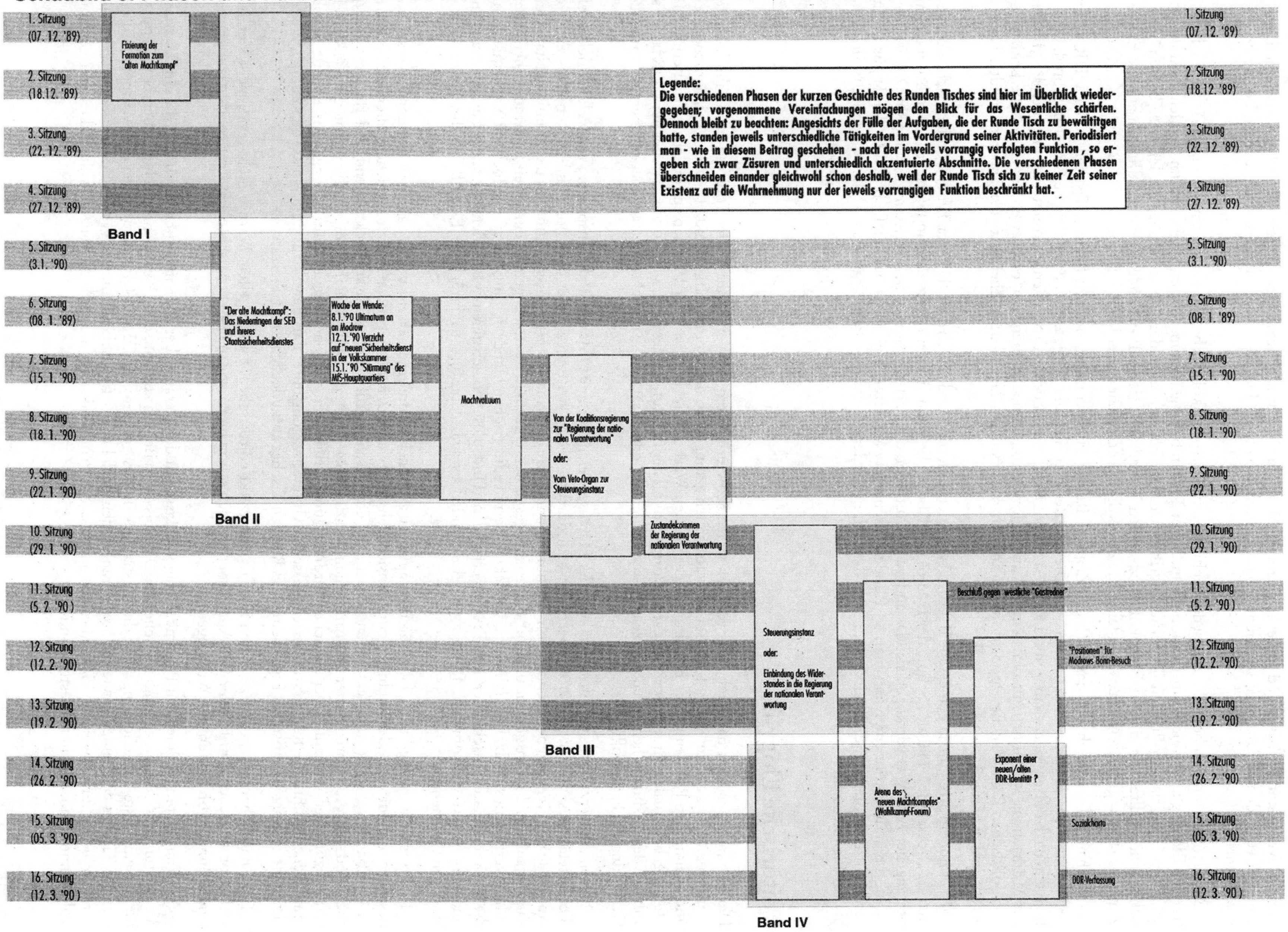

Legende:
Die verschiedenen Phasen der kurzen Geschichte des Runden Tisches sind hier im Überblick wiedergegeben; vorgenommene Vereinfachungen mögen den Blick für das Wesentliche schärfen. Dennoch bleibt zu beachten: Angesichts der Fülle der Aufgaben, die der Runde Tisch zu bewältigen hatte, standen jeweils unterschiedliche Tätigkeiten im Vordergrund seiner Aktivitäten. Periodisiert man - wie in diesem Beitrag geschehen - nach der jeweils vorrangig verfolgten Funktion, so ergeben sich zwar Zäsuren und unterschiedlich akzentuierte Abschnitte. Die verschiedenen Phasen überschneiden einander gleichwohl schon deshalb, weil der Runde Tisch sich zu keiner Zeit seiner Existenz auf die Wahrnehmung nur der jeweils vorrangigen Funktion beschränkt hat.

Sitzungen:
- 1. Sitzung (07.12.'89)
- 2. Sitzung (18.12.'89)
- 3. Sitzung (22.12.'89)
- 4. Sitzung (27.12.'89)
- 5. Sitzung (3.1.'90)
- 6. Sitzung (08.1.'89)
- 7. Sitzung (15.1.'90)
- 8. Sitzung (18.1.'90)
- 9. Sitzung (22.1.'90)
- 10. Sitzung (29.1.'90)
- 11. Sitzung (5.2.'90)
- 12. Sitzung (12.2.'90)
- 13. Sitzung (19.2.'90)
- 14. Sitzung (26.2.'90)
- 15. Sitzung (05.3.'90)
- 16. Sitzung (12.3.'90)

Band I:
- Erkennung der Formation zum "alten Machtkampf"
- "Der alte Machtkampf": Das Niederringen der SED und ihres Staatssicherheitsdienstes
- Woche der Wende: 8.1.'90 Ultimatum an Modrow; 12.1.'90 Verzicht auf "neuen Sicherheitsdienst" in der Volkskammer; 15.1.'90 Stürmung" des MfS-Hauptquartiers

Band II:
- Machtvakuum
- Von der Konfliktaustragung zur "Regierung der nationalen Verantwortung" oder: Vom Veto-Organ zur Steuerungsinstanz
- Zustandekommen der Regierung der nationalen Verantwortung

Band III:
- Steuerungsinstanz oder: Einbindung des Widerstandes in die Regierung der nationalen Verantwortung
- Arena des "neuen Machtkampfes" (Wahlkampf-Foren)
- Beschluß gegen westliche "Einmischung"
- Exponent einer neuen/alten DDR-Identität?
- Treueeiwurf für Moldova; Rote-Neusch
- Sozialcharta
- DDR-Verfassung

Band IV

Einleitender Essay XXIII

Die gewählte Aufteilung des Textvolumens auf fünf Bände ist im wesentlichen inhaltlich begründet. Der Herausgeber hatte, wie erwähnt, schon früh eine Periodisierung des Geschehens an und um den Zentralen Runden Tisch der DDR vorgeschlagen (siehe Schaubild 1). An diese Zeiteinteilung konnte er sich jetzt im wesentlichen bei der Aufteilung des Textvolumens halten. Es traf sich überraschend günstig, dass die vom Herausgeber vor neun Jahren vorgeschlagene inhaltliche Periodisierung heute einigermaßen einhergeht mit der Aufteilung der dazu angefallenen Textmenge auf vier etwa gleich starke Bände (siehe zur graphischen Veranschaulichung das Schaubild 5).

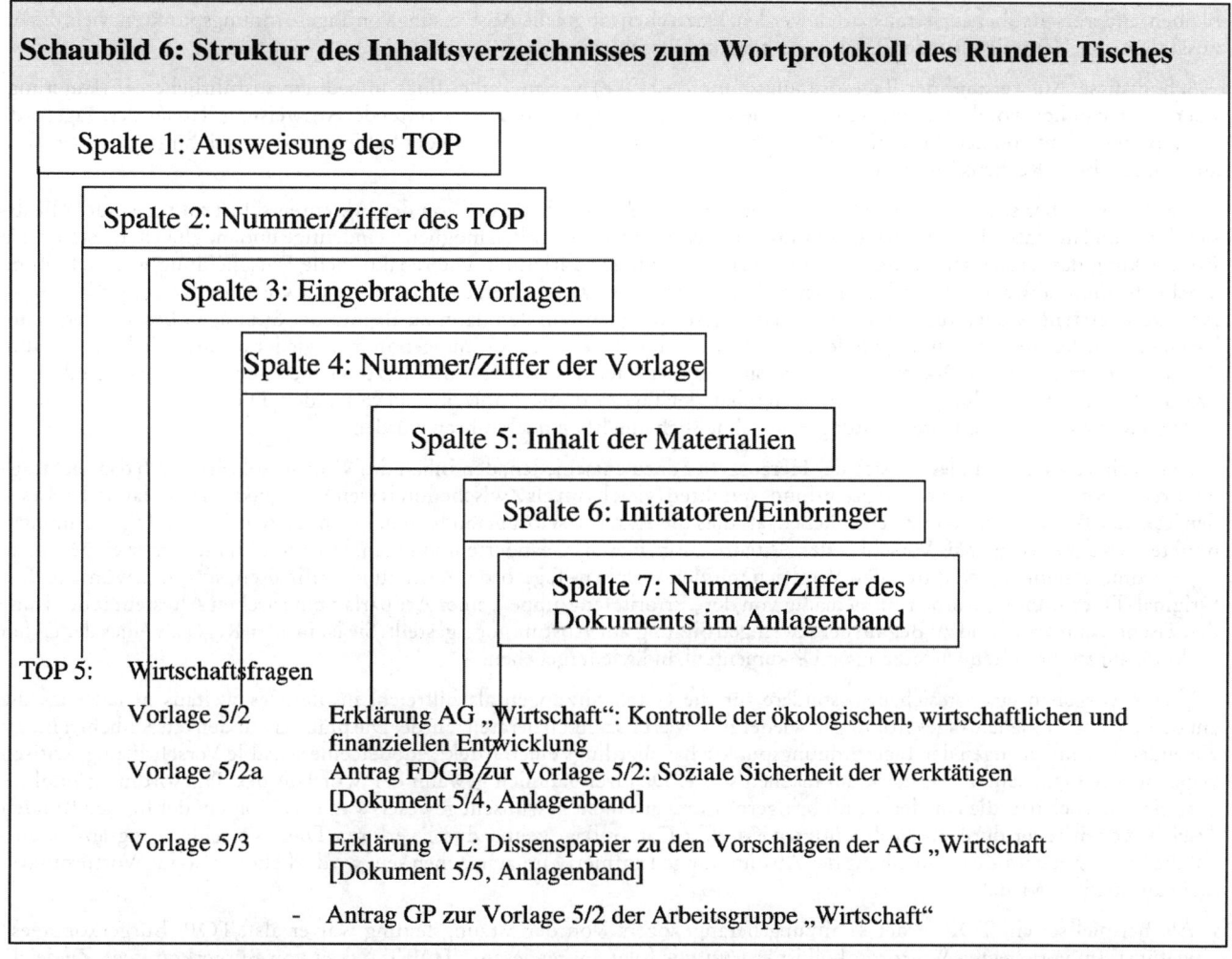

Jeder Einzelband ist eingangs mit einem ausführlichen Inhaltsverzeichnis ausgestattet. Eine differenzierte Inhaltsübersicht findet sich zusammenhängend im ersten Band.

Folgt man nun den verschiedenen im Inhaltsverzeichnis auftauchenden Begriffen/Inhalten/Kategorien/Zahlen – den Spalten einer Tabelle vergleichbar – vom linken zum rechten Rand, so ergeben sind insgesamt sieben Spalten (siehe Schaubild 6):

- Spalte 1 enthält die Ausweisung des Tagesordnungspunktes (TOP).
- Spalte 2 identifiziert die Nummer/Ziffer des Tagesordnungspunktes während der betreffenden Sitzung.
- Spalte 3 führt die eingebrachten Vorlagen auf.
- Spalte 4 gibt der Vorlage eine Nummer/Ziffer.
- Spalte 5 benennt in Form eines Titels den Inhalt der jeweils am Runden Tisch eingebrachten Materialien, seien dies nun „Vorlagen" oder andere Papiere.
- Spalte 6 verweist auf die Initiatoren/Einbringer des jeweiligen Papieres.
- Spalte 7 referiert das betreffende Dokument und dessen Nummer/Ziffer im Anlagenband.

Die Spalten wurden in einem äußerst langwierigen Prozess des Versuchs und der Verbesserung vor und während der Verschriftung des gesprochenen Wortes sowie während der editorischen Bearbeitung des Textes entwickelt. Im Laufe dieser Entwicklung kristallisierten sich die jetzt präsentierten Formate für die Spalten im einzelnen heraus. Es gab viele Güterabwägungen zu treffen, Lösungen zu finden, von denen einige dann aber notwendigerweise spezifische Nachteile zur Folge hatten. Nicht alle diesbezüglichen Entscheidungen müssen erklärt werden. Viele verstehen sich als redaktioneller Auftrag von selbst. Ex post, so muss redlicherweise wiederholt werden, sieht das Ergebnis nach mehr Ordnung aus als wohl selbst für die Akteure seinerzeit und bis heute erkennbar war beziehungsweise ist: Schuld und Schuldigkeit des Herausgebers.

Spalte 1: Die Tagesordnungspunkte (TOP)

Als oberstes Gliederungselement stellte der Tagesordnungspunkt (TOP) den Herausgeber bereits vor beträchtliche Probleme. Vielen Lesern wird noch heute – zumeist aus dem Fernsehen – in Erinnerung sein, dass es am Runden Tisch zum Teil (scheinbar) chaotisch, zum Teil tumultarisch, jedenfalls nicht gerade leicht durchschaubar zuging. Also musste der beobachtende Begleiter und spätere Herausgeber dieses Geschehens einen Weg finden, der einerseits das damalige Durcheinander nicht ex post richtet, wohl aber sichtet und im nachhinein transparenter macht, als es sich zur Zeit der Beratungen darstellte. Die Komplexität der Situation, in der sich die Akteure der Monate um den Jahreswechsel 1989/90 befanden, soll einerseits erhalten bleiben, andererseits aber auch transparent werden. Dazu eben taugte die Ausweisung von Tagesordnungspunkten, viele davon zusätzlich vom Zentralen Runden Tisch enpfohlen bzw. beschlossen.

Schon diese Ausweisung der Tagesordnungspunkte (TOPe) verlangt allerdings unbedingt ausführlichere Erläuterung: Hierzu ist nämlich vorab anzumerken, dass die jetzt im Wortprotokoll anzutreffende Ausweisung/Titelei der Tagesordnungspunkte nicht von den Akteuren selbst stammt und dass sie ein hohes Maß der Subjektivität in sich birgt. Darüber ist in aller Deutlichkeit Rechenschaft zu geben:

Der Herausgeber stand vor dem Dilemma einerseits die Authentizität des von den Akteuren selbst zu verhandeln Beabsichtigten und des tatsächlich Verhandelten sowie andererseits die inhaltlich möglichst eindeutige und möglichst differenzierte Erschließung des tatsächlich Verhandelten für den Leser zu gewährleisten. Die redaktionelle Entscheidung war nicht ohne erhebliche Güterabwägungen und mancherlei durchaus subjektiv vom Herausgeber zu verantwortende Kompromisse möglich. Denn erstens wichen die vorgeschlagenen Tagesordnungen von den dann zu Beginn der Sitzungen beschlossenen ab. Zweitens wurden auch die zu Beginn der Sitzungen beschlossenen Tagesordnungen immer wieder ausdrücklich im Verlaufe der Beratungen geändert. Drittens wurde davon, bewusst oder unbewusst – und letzteres hieß auch stillschweigend, ohne protokollarische Feststellung der Änderung im Inhalt der Tagesordnung – abweichend verhandelt. Die Akteure selbst konnten zudem nicht wissen, wohin ihre Beratungen sie schließlich inhaltlich noch führen würden.

Angesichts dieses Befundes hat sich der Herausgeber dazu entschieden, den Inhalt des Wortprotokolls durch das nachträgliche redaktionelle Einsetzen von Tagesordnungspunkten (gleichsam als Zwischentitel) weiter zu gliedern und damit den Leser den Text der Beratungen tiefer zu erschließen, als dies die Akteure selbst getan hatten. Dennoch wurden die Tagesordnungspunkte vorzugsweise gemäß Vorschlag der Akteure ausgewiesen. Geänderte und ergänzend vom Herausgeber eingezogene Tagesordnungspunkte sind durch den Vergleich mit den Original-Tagesordnungen zu identifizieren, sofern gewünscht. Die Original-Tagesordnung wurde routinemäßig von der „Prioritätengruppe", einer Art parlamentarischen Ältestenrat des Runden Tisches, erarbeitet und zu Beginn der jeweiligen Sitzung zur Abstimmung gestellt. Sie ist in aller Regel als eines der ersten Dokumente zur betreffenden Sitzung im Dokumentenband wiedergegeben.

Dieses Vorgehen erweist sich insbesondere für die ersten Sitzungen als hilfreich, insofern es weitaus genauer als die anfänglich beschlossenen Tagesordnungen wiedergibt, was tatsächlich beraten wurde. Die präziser auf den tatsächlichen Inhalt zielenden Formulierungen der Tagesordnungspunkte hat allerdings einen Effekt, auf den eine sensible Verschriftung, kritisch gegen sich selbst, ebenfalls aufmerksam machen sollte. Dadurch nämlich gewann der Wortlaut des Tagesordnungspunktes zuweilen eine Schärfe, die von deren „Einbringern" durchaus nicht gewünscht gewesen war. Das Moment der für den Runden Tisch in weiten Teilen durchaus beabsichtigten Konflikt-Camouflage geht dadurch verloren. Diese Verschleierungsabsichten – auf die später noch im Zusammenhang der Abstimmungen aufmerksam zu machen sein wird – kehren also im Wortprotokoll nicht authentisch wieder.

Als Beispiel sei ein TOP in der 4. Sitzung herangezogen. Von der Sitzungsleitung war er als „TOP: Bürgerkomitees" eingeführt. Im vorgelegten Wortprotokoll ist er jetzt wie folgt ausgewiesen: „TOP Tätigkeit von Bürgerkomitees. Zugleich: Debatte zum Selbstverständnis des Runden Tisches". Die solchermaßen vom Herausgeber vorgenommene Ausweisung entspricht einer Rationalität ex post: Nicht allen Akteuren wird (möglicherweise) bewusst gewesen sein, dass der TOP „Bürgerkomitees" sie nochmals zur Klärung ihrer eigenen Rolle zwingen würde – und zwar nicht nur im Verhältnis zu den Bürgerkomitees, sondern im politischen Kräftefeld der DDR überhaupt. Im Thema „Bürgerkomitees" steckte die Frage nach Charakter und Ausmaß des Umbruches beziehungsweise der Revolution: Sollte für die Zukunft offengehalten bleiben, ob die weitere Entwicklung in eine veritable Revolution/Konterrevolution einmünden werde? Oder sollte der Umbruch beziehungsweise die Revolution an dieser Stelle „ausgebremst", potentiellem Jakobinismus der Riegel vorgeschoben werden – wie es die historische Rückschau zu bestätigen scheint?

Der Rang des Themas „Bürgerkomitees" liegt in der damit verbundenen geradezu katalytischen Klärung der Rolle des Runden Tisches: Würde er die Konflikte entschärfen oder würde er Wegbereiter weiterer Verschärfung werden? Fragen dieser Art verdeutlichen, warum gerade dieser Tagesordnungspunkt so scheinbar chaotisch und emotional verhandelt wurde. Über derart hochsensible Zusammenhänge sollte sich im klaren sein, wer den auf die hier genannte Weise redigierten Text studiert.

An diesem Beispiel wird deutlich, dass es besonders schwierig war, ein überzeugendes System der Verschriftung für die Tagesordnungspunkte zu finden. Im wesentlichen galt es, zwischen zweierlei Ansprüchen auf Authentizität zu unterscheiden: (a) der Authentizität der angekündigten beziehungsweise beschlossenen Tagesordnungen und (b) der Authentizität des unter dem beschlossenen Tagesordnungspunkt tatsächlich behandelten Beratungsthemas. Beide – ihrer Intention nach gleichgerichteten – Ansprüche konnten für die chaosbedrohte Wirklichkeit der Wintertage 1989/90 nicht zugleich eingelöst werden. Für die Anfangszeit war es typisch, dass die Akteure am Runden Tisch jeweils lange brauchten, bevor sie sich zu Beginn der jeweiligen Sitzung auf eine Priorität der Tagesordnungspunkte verständigen konnten. Das zeitlich Dringliche konkurrierte mit dem thematisch Grundsätzlicheren. Und so verwundert es nicht, dass die Tagesordnung anfänglich im Zuge mühsamer

Einleitender Essay XXV

Verständigungsversuche über die „aktuelle Situation" festgelegt wurde. Zahlreiche Briefe an die Moderation des Runden Tisches verraten, dass die Bevölkerung in der DDR um so weniger Verständnis für diese Debatten aufbrachte, um so mehr sie diese als Geschäftsordnungsdebatten (miss-)verstand.

Dem Herausgeber erschien es bald weniger hilfreich, den von den damaligen Akteuren angekündigten Tagesordnungspunkten als Zwischentitel strikt zu folgen. Vielmehr schien es geraten, in der Gestalt von Tagesordnungspunkten solche Zwischentitel zu wählen, die den darunter tatsächlich zu findenden Beratungstext inhaltlich möglichst genau treffen. Was bis zu dieser Stelle über die editorischen Bemühungen zur qualitativen Erschließung und Ausweisung der Beratungen des Runden Tisches gesagt wurde, gilt im Ansatz auch für die Spalten 3, 5 und 6, also für die Formulierung der tatsächlichen Inhalte der unterschiedlichen Vorlagen, d. h. der Materialien jeglicher Art. In den Spalten 3, 5 und 7 waren aber editoriale Hilfestellungen weniger angebracht, weil die Akteure selbst die jeweiligen Inhalte zumeist schon in Form einer Überschrift „auf den Punkt" gebracht hatten und weil das damit bekundete Selbstverständnis möglichst getreu den eigenen Formulierungen der Akteure wiederzugeben war.

Spalte 2: Die Bezifferung der Tagesordnungspunkte

Die Bezifferung der Tagesordnungspunkte musste damit ebenfalls verändert werden. Nicht zuletzt zur Vermeidung nutzloser Verwirrungen musste die ursprünglich von der Prioritätengruppe (beziehungsweise nach Beschlussfassung von den Akteuren) des Runden Tisches aufgestellte Bezifferung der Tagesordnungspunkte aufgegeben werden. Daran hielt man sich am Runden Tisch im Verlaufe einer Sitzung ohnehin fast nie – konnte und wollte man sich unter dem Druck der Ereignisse und Anforderungen nicht halten. Den nachträglich vom Herausgeber in Form von Tagesordnungspunkten eingezogenen Zwischentiteln durften streng genommen eigentlich keine Ziffern beigefügt werden – eben weil sie nicht vom Runden Tisch beschlossen waren. Dies ist aber dennoch zur besseren Bearbeitbarkeit des Wortprotokolls, zum handlicheren Umfang bei dessen weiterer wissenschaftlichen Nutzung geschehen. Wo die Texte der Tagesordnungspunkte sich von den seitens der Akteure vorgegebenen Titeln für Tagesordnungspunkte unterscheiden, sind sie in eckige Klammern [ ] gesetzt.

In den ersten Sitzungen war die Agenda zum Teil auch den Themen der Vorlagen zu entnehmen. Auch diese sind jedoch nicht überschneidungsfrei. Manchmal wurde ein Tagesordnungspunkt samt Vorlagen aufgerufen, in dessen Beratungsverlauf sich herausstellte, dass er wie die dazugehörigen Vorlagen nur entschieden werden konnte, wenn zuvor ein anderes Problem (manchmal noch ein Problem vor diesem Problem) geklärt würde. Das ist dann zuweilen ohne besondere Hervorhebung en passant geschehen, bevor das ursprünglich aufgerufene Problem weiter behandelt wurde. Derlei geschah nicht nur in den ersten Sitzungen. Als ein späteres Beispiel wäre auf die Diskussion der Terminabfolge für die Wahl zur Volkskammer zu verweisen. Vor deren Festlegung war über zuvor notwendige, möglicherweise auch nur wünschenswerte Verfassungsänderungen zu entscheiden; und davor über die Frage, ob das Volk insgesamt oder „nur" das neue Parlament über eine neue Verfassung solle zu entscheiden haben.

Spalte 3: Die Vorlagen

Vorlagen sind im Inhaltsverzeichnis als nächste Kategorie der Texterschließung, eine Spalte weiter nach rechts von den Tagesordnungspunkten, aufgeführt. Als „Vorlagen" tauchten außerordentlich unterschiedliche Papiere am Runden Tisch auf; als solche wurden zum Beispiel eingebracht:

- Anträge
- Änderungsanträge
- Aufrufe
- Berichte
- Materialien
- Minderheitenvoten
- Stellungnahmen
- schriftliche Version ganzer Vorträge (zum Beispiel von Herger, Krenz und Modrow)
- Schreiben an den Runden Tisch.

Anfänglich wurden auch „Informationen" als „Vorlagen" eingebracht. Später wurden die verschiedenen am Runden Tisch vorgelegten Papiere immer prononcierter zugespitzt auf die beiden Grundformen „Antrag" beziehungsweise „Information". Je näher der Wahltermin rückte, desto deutlicher wurde das wachsende Gewicht und die ansteigende Zahl der „Informationen" im Vergleich zu den „Anträgen". Am Zentralen Runden Tisch der DDR wurde schließlich sehr wohl intensiver Wahlkampf unter nahezu instinktiver Aneignung der klassischen Instrumentarien parlamentarisch geführter Debatten gemacht.

Gelegentlich kamen Phantomvorlagen vor – Vorlagen, die benannt wurden, aber nirgendwo auftauchten. Der Herausgeber hat allerdings nicht in jedem Falle „fehlender" Vorlagen absolut sicherstellen können, ob es sich um einen solchen Fall einer zwar benannten aber tatsächlich nicht vorhandenen Vorlage oder um eine von ihm nicht verifizierbare Vorlage handelte. Als Beispiel für einen solchen Zweifelsfall sei die Vorlage 10/14 der SPD zur Situation im Gesundheitswesen genannt; diese wurde später zwar als ein fehlendes Dokument (11/26) registriert, war aber nicht aufzufinden und infolgedessen auch vom Herausgeber nicht in den Anlagenband aufgenommen worden. Erst in der weiteren Beratung der elften Sitzung stellte sich heraus, dass diese Materie vermutlich auf den Tischen der Akteure überhaupt nicht aufgetaucht war: in der elften Sitzung hieß es gleichwohl, sie werde „zurückgezogen".

In der Betitelung der Vorlage folgte der Herausgeber nach Möglichkeit dem Original. Dieses enthielt zuweilen jedoch nur eine Ziffer und keinerlei Titel, zuweilen nur unvollständige und manchmal irreführende Titel, aber keine Ziffern. Deshalb musste im Interesse kompatibler Erschließung der Textinhalte und im Interesse der schnellen sowie sicheren Auffindbarkeit von Inhalten nachgebessert werden. Mit diesen beiden Zielen wurden die Titel, sofern nötig, möglichst sparsam und möglichst inhaltlich formulierend ergänzt beziehungsweise korrigiert. Demselben Ziel dient die stichwortartige Fassung der Titel sämtlicher Materialien. Die mit dem Wissen ex post vorgenommene stichwortartige und stilistische Reduktion dieser Titel soll zudem deren inhaltliche Bezugnahme und Vergleichbarkeit erhöhen.

Die Akteure begaben sich übrigens im Verlaufe der sechzehn Sitzungen des Runden Tisches bereits selbst auf einen derartigen Weg der formalen Reduktion. Anfänglich brachten sie, wie gesagt, „Informationen" ein, die – genauer betrachtet – Beschlußanträge waren. Später wurde diesbezüglich sorgfältiger unterschieden. Zugleich wurde die Differenz zwischen „Geschäftsordnungsantrag" und „Antrag", zwischen „Beschlußantrag" oder „Beschlußempfehlung" allmählich eingeebnet und nurmehr kurz und bündig als „Anträge" ausgewiesen, sofern dies inhaltlich und gemäß formaler Intention im Willensbildungsprozeß naheliegend erschien.

Manchmal tauchten die „Anträge" zu „Informationen" erst im Laufe einer Sitzung oder sogar erst mehrere Sitzungen später auf, manchmal waren die „Informationen" faktisch vorweggenommene „Anträge", und manches Mal waren die „Anträge", genau genommen, nur Informationen. Dies konnte und sollte vom Herausgeber auch nicht nachträglich sozusagen sachlich richtig gestellt werden, denn es hätte die Numerierung insgesamt auf den Kopf gestellt. Ein anmutiges Beispiel hierfür ist die Vorlage 3/4. Sie wurde als Information in schönster Handschrift bereits in der dritten Sitzung eingebracht, wurde vom Runden Tisch in der vierten, fünften und sechsten Sitzung mit steigendem Nachdruck erneut in Form eines Antrages vorgelegt, um schließlich in der siebenten Sitzung verabschiedet zu werden (siehe das Faksimile Dokument 7/4).

Spalte 4: Die Numerierung der Vorlagen

Die Numerierung der Vorlagen gemäß den Ziffern auf den eingebrachten Papieren wurde strikt eingehalten. Bis zur sechsten Sitzung aber waren die Vorlagen nur in Ausnahmefällen numeriert. Zur Erleichterung der Orientierung und zur weiteren Bezugnahme wurden diese unbezifferten Papiere vom Herausgeber nachholend numeriert. Soweit die Akteure des Runden Tisches auch später das eine oder andere Papier nicht mit einer Vorlagen-Nummer versehen haben, wurde eine solche vom Herausgeber ebenfalls nachgetragen. Fortlaufende Numerierung der Materialien wurde in der fünften Sitzung von Eberhard Engel, CDU, beantragt und vom Runden Tisch mehrheitlich beschlossen.

Der Gestaltwandel der Vorlagen verdient eine eigene Anmerkung. Anfangs wurden die meisten Vorlagen auf Schreibmaschinen der damaligen DDR-Typen „Optima" oder „Erika" geschrieben. Einige Oppositionelle verfügten über historisch zu nennende Maschinenmodelle. Ihre zur Vervielfältigung gedachten Vorlagen waren auf die DDR-Matrize namens „Ormeg" geschrieben. Das verwendete Saugpapier und die Matrizentinte produzierten dem schnellen Verfall ausgelieferte Zeugnisse des damals von der DDR erreichten Weltniveaus. Unter den ersten Vorlagen waren sogar noch handschriftliche Exemplare. Die Vervielfältigungstechniken hielten dem Beratungstempo und dem Bedarf an Kopien nicht stand. So mußte der Pressesprecher des Runden Tisches, Pfarrer Rolf-Dieter Günther, sie in jeweils kleiner Auflage und mehreren Fußgängen aus dem provisorisch eingerichteten Sekretariat herbeischaffen.

An der Entwicklung des Layouts der Vorlagen ist sowohl die Veränderung ihres Zweckes als auch der Einzug westlicher Technik in die Hauptstadt der DDR nachzuvollziehen. Zunehmend wurden die Vorlagen so verfasst, dass sie auch für den Wahlkampf taugten. Zunächst war Flattersatz noch Standard, dann aber war plötzlich hinter der Vorlage aus Ostberlin ein neu beschaffter Computer mit US-lizensierten Schreibprogrammen zu entdecken. Schnell wurden der Blocksatz und manche andere Raffinesse der letzten Word-Version angeeignet. Die Papiere von „Demokratie Jetzt" erhielten als erste ein schmuckes Logo: den Schmetterling.

Die Flut der Papiere, mit denen der Wahlkampf einsetzte, rollte seit der siebenten Sitzung. Wahlkampfgerecht türmten sich die Papiere zur Selbstdarstellung der Gruppierungen und Parteien, nachdem der Wahltermin am 28. Januar noch einmal vorgezogen und das entsprechende Wahlgesetz am 29. Januar 1990 in erster Lesung der Volkskammer auf den Weg gebracht worden war.

In der fünfzehnten Sitzung sprach Hans-Peter Wolf, LDP, im Plenum des Runden Tisches aus, was alle wussten: Viele der Deklarationen und Anträge, wenn nicht die meisten, waren jetzt nicht mehr dazu gedacht, hier am Runden Tisch abgearbeitet zu werden. Sie waren – schon an ihrem äußeren Format erkennbar – an die Wähler gerichtet, und sie steckten voller ins Ungewisse werbender Versprechungen. Der Weimarer Reichskanzler Heinrich Brüning hatte in solchem wohlfeilen Ausverkauf der Zukunft am Ende einer Legislaturperiode die „Weihnachtskrankheit der Parlamente" gesehen; sechzig Jahre später diagnostizierte Hans-Peter Wolf für den Runden Tisch ein „Schneegestöber" derartiger Vorlagen.

Auch in dieser Hinsicht war also eine „Parlamentarisierung" des Runden Tisches zu beobachten. Soweit damit eine Routinisierung des Runden Tisches im Umgang mit seinen Papieren einhergegangen ist, dürfte diese Professionalisierung auch im nachhinein weitgehend eher positiv gewertet werden. Soweit damit aber die wahlkämpfende Ausrichtung des Runden Tisches über sich selbst hinaus an die Öffentlichkeit angesprochen und sein Umgang mit Politik überhaupt zutage trat, wird dies wohl nach wie vor – und insbesondere von manchem Rundtischler – als eine Abweichung von den (angeblichen) Tugenden Runder Tische erachtet werden.

Einleitender Essay

Empirisch wenigstens bleibt einmal mehr festzuhalten, dass der Zentrale Runde Tisch sich während mehr als der Hälfte seiner Existenz im beschriebenen Sinne von Parlamenten keineswegs unterschied.

Spalte 5: Inhalt der Materialien

Zu den äußerst disparaten Inhalten der Materialien ist oben – unter dem Zwischentitel „Spalte 3: Die Vorlagen" – das Notwendigste bereits gesagt worden. Hier sei nur noch einmal unterstrichen, dass die Titel der Materialien im Text des Wortprotokolls wie in dem Dokumentenband sehr häufig von den Originalen abweichen, insofern sie stichwortartig zusammenfassend und formal untereinander möglichst kompatibel formuliert wurden.

Spalte 6: Die Initiatoren

Die Initiatoren von Anträgen wurden häufiger als „Einbringer" derselben genannt. Gleiches gilt hinsichtlich der Verantwortung für Materialien, Informationen und dergleichen. Diese waren zum Teil durchaus mehrheitlich und von anderen Gruppierungen beziehungsweise Parteien beschlossen worden als von jenen, denen die Einbringer angehörten. Dann unterstützten in Wirklichkeit mehr als nur die von den Einbringern vertretenen Organisationen den Antrag, die Information usw… Umgekehrt gab es aber auch manche Initiative einzelner, hinter der im Protokoll nun die Organisation genannt ist, welcher diese einzelnen Initiatoren angehörten, die aber durchaus nicht von dieser Organisation (mit-)getragen wurde. Als prominenter Initiator seiner Organisation ist für die Anfangsphase und wichtige Einzelfragen Ibrahim Böhme als (angeblicher) Vertreter des SDP (zum Beispiel in Fragen der Bürgerkomitees) zu nennen, der aber zugleich dem MfS diente.

Die Ausweisung der Initiatoren ist also schon aus dem genannte Grunde fragwürdig. In den ersten Sitzungen waren die Akteure – charakterbedingte Unterschiede unbenommen – aber auch noch nicht so sehr darauf bedacht, mit den am Runden Tisch vorgelegten Papieren identifiziert zu werden. Ganz im Gegenteil lag ihnen zuweilen daran, mit diesen nicht in Verbindung gebracht zu werden. Dies änderte sich mit der Dauer des Runden Tisches.

Da es zunächst auch nicht so bedeutsam schien, von wem die Anträge und dergleichen vorgelegt wurden, ist der Ausweisung der Initiatoren nicht durchgängig dasselbe Gewicht zuzuordnen: Es konnte ganz und gar zufällig sein, dass irgendein Mitglied irgendeiner Arbeitsgruppe das Ergebnis der ganzen Arbeitsgruppe präsentierte und deshalb, als Einbringer ausgewiesen, nun gemäß dem vorliegenden Wortprotokoll auch als Initiator missverstanden werden könnte.

Mit zunehmendem Wahlkampf wurde indessen, wie gesagt, genauer darauf geachtet, wer sich selbst mit welchem politischen Inhalt identifizierte. Immer häufiger auch wollten einzelne Parteien und Gruppierungen anderen nicht das Feld im Wahlkampf überlassen. Wurde irgendeine von ihnen initiativ, so wollten (einige) andere unbedingt dabeisein, wenigstens nicht nachstehen, und auf der eingebrachten Vorlage auch vermerkt werden. Wenn sie dieses nicht vor der Sitzung selbst geschafft hatten, so baten sie häufig im Verlaufe der Beratungen dieser Sitzung darum, dass ihre Gruppierung, Partei oder Vereinigung noch im Protokoll oder auf dem Dokument mitvermerkt werde als Organisation, die die entsprechende Vorlage unterstütze. Im weiteren Beratungsverlauf blieb allerdings sehr häufig offen, ob es bei dieser Absicht der „Trittbrettfahrer" blieb. Auch wurde nicht explizit immer klar, ob das Mitfahrenwollen von den ursprünglichen Einbringern akzeptiert wurde. Der Herausgeber ist deshalb im Zweifelsfalle der ursprünglichen Selbstausweisung der Einbringer gefolgt, soweit aus dem Inhalt der Beratung nicht doch weitere und andere Einbringer auszuweisen sich geradezu aufdrängte.

Einbringer waren also keineswegs immer nur die in der Kopf- oder Fußzeile eines Materials (zumeist einer „Vorlage" oder einer „Information" genannten Papieres) verzeichneten Parteien oder Gruppierungen. Soweit solche dort genannt waren, handelt es sich zumeist um die Einbringer im Plenum des Runden Tisches. Einbringer waren in der Regel auch Initiatoren und Verfasser der ersten Version des betreffenden Papieres. Nicht selten allerdings waren sie – wie nochmals hervorzuheben ist – nur diejenigen, die ein von anderen (überwiegend in den Arbeitsgruppen des Runden Tisches) erarbeitetes Papier im Plenum vortrugen. In einigen Fällen gesellten sich von Anfang der Präsentation im Plenum an, in anderen Fällen – unter anderem aus den genannten Wahlkampfüberlegungen – erst im Verlaufe der dortigen Beratungen andere Parteien und Gruppierungen als Einbringer hinzu. Selbstverständlich blieben die Einbringer nicht identisch mit denjenigen, die ein Papier nach dessen Beratung und regelmäßiger Veränderung schließlich mehrheitlich beschlossen.

Wiederholt kam es vor, dass sich Gruppierungen und Parteien durch die Nennung nur eines Einbringers beziehungsweise mehrerer anderer Einbringer in einer Vorlage ausgegrenzt sahen. Entsprechender Protest konnte dazu führen, dass sie schließlich auch als Einbringer des reklamierten Papiers nachholend ausgewiesen wurden. Dieser Zusammenhang wird für die Metamorphosen des Runden Tisches in dem Maße bedeutsam, wie sich die (alten) Block-Parteien nicht mehr der Nationalen Front, also nicht mehr dem alten Regime, zurechnen lassen wollten und infolgedessen den (neuen) Oppositionellen deren Alleinvertretungsanspruch auf „den Titel Opposition am Runden Tisch" streitig machten. Auch sie wollten, zunehmend nach dem 8. Januar 1990, als „Opposition" gesehen werden.

Bezüglich der Bezeichnung der einbringenden Organisation ist zusätzlich zu bedenken, dass die Organisationen unterschiedliches Verständnis ihres Mandates am Runden Tisch hatten beziehungsweise entwickelten. Ihre Mitglieder verstanden sich selbst mehr oder weniger imperativ mandatiert; auch faktisch waren sie mehr oder weniger unbestritten die Repräsentanten mehr oder weniger großer Organisationen, innerhalb derer sie mehr oder weniger schalten und walten konnten – je kleiner die Organisation (zum Beispiel DJ), desto freier deren Repräsentanten, desto eher waren deren Sprecher am Runden Tisch faktisch die Organisation selbst. DJ war eine solche – kleine und feine – Organisation; hinter vorgehaltener Hand riskierten die Vertreter der (vermeintlich) großen Organisationen gegenüber dem Herausgeber schon einmal die ironisch-rhetorische Frage, welches denn jetzt – unter ansonsten zunehmend demokratischen Bedingungen – die letzten „Kaderorganisationen" seien.

Anfangs sträubten sich viele der Akteure, sich „etikettieren", sich „schubladisieren" zu lassen. Dies war nicht nur bezüglich des Begriffes „Partei" der Fall; den im westlichen Recht verankerten Begriff „Vereinigung" wollten viele auf sich zunächst ebenfalls nicht anwenden. Sie zogen es vor, als „Gruppierung" zu firmieren. Das war so lange problemlos, wie mit den im Westen verbindlichen Rechtsbegriffen im Osten noch unverbindlich umgegangen werden konnte. Spätestens ab der siebenten Sitzung des Runden Tisches (am 15. Januar 1990) waren dann allerdings die Modalitäten der Wahl zu klären und damit auch die Frage, als was man sich denn nun – wenn überhaupt – zur Wahl stellen wolle: als „Partei" oder als „Vereinigung". Von da an wird entsprechend häufig der Begriff „Vereinigung" benutzt. Der Herausgeber entschied sich um der identifizierbaren Kontinuität willen – und weil auch die Akteure weithin dabei blieben – in diesem Falle für die Weiterverwendung des Begriffes „Gruppierungen".

Einige Mitglieder dieser Gruppierungen waren (nicht von Anfang an) damit einverstanden, sich als deren „Repräsentanten" (im Sinne der Inhaber eines freien Mandates) zu titulieren. Angesichts ihrer Skepsis gegenüber den Parlamenten westlichen Typs waren sie bestenfalls als Delegierte (mit dem Selbstverständnis der Wahrnehmung eines imperativen Mandates) ihrer jeweiligen „Gruppierung" zu firmieren bereit gewesen. Da jedoch kaum eine(r) von ihnen anfänglich durch einen Wahl- beziehungsweise Delegationsvorgang gegangen war, nahmen sie am Runden Tisch ironischerweise ein in jeder Hinsicht „freieres Mandat" wahr als vom „freien Mandat" der Repräsentanten in westlichen Parlamenten angenommen.

Zum Ende der Zeit des Runden Tisches schickten sich die „Gruppierungen" in partei- und vereinigungsähnliche Strukturen. Ihre „Vertreter" am Runden Tisch wurden aber nur in erstaunlich wenigen Fällen auch ausdrücklich mit einem nach Maßgabe innerorganisatorischer Demokratie demokratisch überzeugenden Mandat ausgestattet.

Namensänderungen der Parteien und Gruppierungen – zum Beispiel die Metamorphose der SED zur SED-PDS oder der SDP zur SPD oder der LDPD zur LDP – wurden vom Herausgeber so lapidar berücksichtigt, wie sie von der Moderation des Runden Tisches – vermutlich gemäß Auskunft der Parteien und Gruppierungen selbst – in den „Ergebnisprotokollen" über die jeweiligen Sitzungen ihren Niederschlag gefunden haben. Dahinter verbergen sich freilich auf diese Weise keineswegs eingefangene dramatische Prozesse, und daraus erwuchsen weitreichende Konsequenzen – zum Beispiel das Ringen zwischen SDP und SED um die legitime Inanspruchnahme sozialen beziehungsweise sozialistischen „Erbes". Dahinter sind Ereignisse von weitreichender Bedeutung nur zu erahnen, wie der erfolglose Versuch Wolfgang Berghofers, am 18. Januar 1990 mitsamt allen SED-Kombinatsdirektoren in die SPD einzutreten, oder wie die Mitgliederwanderungen zwischen den Parteien und Gruppierungen. Die historisch überaus bedeutsame Auseinandersetzung im Kreise der Oppositionellen um ein „Wahlbündnis" ist aus einem so edierten Protokoll nicht umfassend nachzuvollziehen.

Spalte 7: Die Dokumente

Dokumente sind sowohl im Lauftext des Wortprotokolles als auch im Anlagenband, dem Band V des Gesamtwerkes, enthalten. Wenn zu Vorlagen und anderen Materialien nicht mit einer Dokumentennummer ausdrücklich auf den Anlagenband verwiesen ist, dann sind diese in der Regel in den Plenarberatungen des Runden Tisches verlesen worden. Soweit Anträge, Informationen, Stellungnahmen und dergleichen nicht vorgelesen wurden, diese Materialien also nur in irgendeiner sonstigen Weise Gegenstand der Beratung waren und dem Runden Tisch vorlagen, sind sie in den Anlagenband aufgenommen worden; auf dieses Verfahren ist im Lauftext jeweils mit einer Fußnote verwiesen. Beispielsweise ist die im Schaubild 3 registrierte Vorlage 5/2, „Erklärung AG ‚Wirtschaft': Kontrolle der ökologischen, wirtschaftlichen und finanziellen Entwicklung" im Lauftext wiedergegeben. Die dort ebenfalls registrierte Vorlage 5/2a dagegen, als Antrag des FDGB (zur Vorlage 5/2) „Soziale Sicherheit der Werktätigen" wurde am Runden Tisch nicht vorgelesen, sondern nur vorgestellt und als Willensbekundung einbezogen. Im Inhaltsverzeichnis und im Lauftext ist ihr Standort als Dokument 5/2 des Anlagenbandes ausgewiesen.

Sofern die dem Runden Tisch vorgelegenen Materialien verlesen wurden, sind sie – „graue Materialien", die sie im mehrfachen Sinne des Wortes waren und sind – im Lauftext, grau unterlegt als Dokumente erkennbar, von den übrigen Beratungen abgehoben.

Einige Dokumente waren in einem Zustand, in dem sie nicht mehr zu scannen, zu fotografieren beziehungsweise zu fotokopieren waren. Dann mussten sie, zum Teil nach vorheriger Entzifferung mit Hilfe der Lupe, neu geschrieben werden.

Bei der Formatierung der (grau unterlegten) Dokumente im laufenden Text des Wortprotokolls wie bei der Neuverschriftung für den Dokumentenband wurde die ursprüngliche Formatierung des Originals aus vielerlei Gründen – Platzersparnis, Zeilenlänge etc. – zwar verändert, inhaltlich aber – zum Beispiel absatz-, bindestrich- und wortgetreu – streng authentisch wiedergegeben.

Register

Gern hätte der Herausgeber schon den vorgelegten Bänden ein Sach- und Personenregister angeschlossen. Dazu reichte die zur Verfügung gestandene Zeit leider nicht aus. Beide Register sind nämlich vollständig nur auf der Grundlage eines in seinen Seitenzahlen definitiv umbrochenen Textes möglich. Darüber wäre noch so viel Zeit ins Land gegangen, dass das Wortprotokoll erst nach dem zehnten Jahrestag der Konstituierung des Runden Tisches hätte erscheinen können. Da galt es, eine Güterabwägung zu treffen. Die Entscheidung besteht nun darin, das Register an das Ende des Dokumentenbandes zu stellen und nachzureichen. Auch finanziell muss noch auf dem aktuellen Stande der Nachfrage neu gerechnet werden – zum Beispiel, ob und wie das Gesamtprotokoll einschließlich der (ohne Seitenzahlen bereits fertiggestellten) Register als (zusätzliche) CD-

Einleitender Essay XXIX

Rom-Version für die Forschung weiter zu erschließen ist. Bis dahin müssen das tiefgestaffelte und detaillierte Inhaltsverzeichnis sowie die im Wortprotokoll gefetteten Stichwörter die Funktion des schnellen Zugriffs allein übernehmen.

Die Abstimmungen

Abstimmungen am Zentralen Runden Tisch erfolgten leider nicht in durchgängig einheitlicher Form. Anfänglich wurde nur ein grober Konsens – und selbst der nicht immer ausdrücklich – festgestellt. Nur einen winzigen Moment bestand die Hoffnung, vielleicht anhand der Video- und Fernsehaufnahmen über das pauschal in Zahlen genannte Abstimmungsergebnis hinaus zu rekonstruieren, wer, d. h. auch: welche Gruppierung beziehungsweise welche Partei, wie abgestimmt hatte. Das verfügbare visuelle Material ließ dies aber ebenso wenig zu wie der nur pauschale Ausweis der Abstimmungsergebnisse durch die Moderatoren. Die politisch gewollte, jedenfalls zugelassene Camouflage der Verantwortung für die Abstimmungen des Runden Tisches war auch im Nachhinein im Zuge der Verschriftung nicht aufzuhellen. Die gerade bei Abstimmungen fast nie gezeigte Totalansicht des Runden Tisches ließ eine verlässliche Nachprüfung nicht zu. Anfänglich war dies noch dadurch erschwert, dass die Namensschilder der zunächst noch Unbekannten nicht immer dort standen, wo sie hingehörten, und manches Mal war auch das ursprünglich zu einem Namensschild gehörende Mitglied durch einen Ersatzakteur abgelöst worden. Manche Kameraperspektive sorgte für weitere Verzerrungen.

Der Versuch, anhand der Identifizierung von Manschetten, Jackett-Pulloverkrempen und ähnlichem zu rekonstruieren, wessen Arm bei welcher Abstimmung oben war beziehungsweise unten blieb, wurde nach dem zeitraubenden Probelauf unterlassen, herauszufinden, ob Ibrahim Böhme in der zweiten Sitzung auf Antrag von Martin Gutzeit (Vorlage 2/10) und mit diesem dafür gestimmt hatte, dass zunächst einmal die (früheren) Stasi-Kontakte der am Runden Tisch Anwesenden aufzudecken seien. (Er hatte, hatte gemusst – gegen die Mehrheit des Runden Tisches, die dieses bezeichnenderweise nicht wollte.)

Sprachliche Gestaltung

Für den Herausgeber war es ein Gebot der Fairness, den Rundtischlern nicht vorzuenthalten, was den Abgeordneten aller Parlamente zugestanden wird: die stillschweigende Korrektur offenkundiger sprachlicher Mängel, die Richtigstellung etwa grammatikalischer oder schwerer syntaktischer Fehler. Da es auf keinen Fall gelingen konnte, allen Akteuren gleichermaßen ihr jeweils gesprochenes Wort zur Autorisierung vorzulegen, hat der Herausgeber diesen Minimalakt der Verschriftung ihrer Sprache an ihrer Stelle vorgenommen. Deshalb muss der Herausgeber aber auch einige, nachfolgend zu benennende Mängel vorab und grundsätzlich einräumen:

Die Werkzeuge des Zeithistorikers

Die Debatten des Zentralen Runden Tisches der DDR wurden unter schwierigeren Bedingungen geführt als die routinemäßig ablaufenden, geordneten Debatten der Landesparlamente und des Bundestages westlich der Elbe. Für die Aufnahme und Verschriftung des Wortprotokolls wäre ein professioneller Stenografischer Dienst umso wünschenswerter gewesen. Genau dieser aber stand zu keiner Phase der Erarbeitung des Wortprotokolles zur Verfügung. Schlimmer: Der Herausgeber musste immer neue Schreibkräfte in die Kunst der Verschriftung von Tonbandaufnahmen höchst unterschiedlicher Qualität einweisen.

Da waren zum einen (a) die Tonmitschnitte des Sekretariats des Runden Tisches. Diese sind heute im Bundesarchiv (Berlin-Lichterfelde) verwahrt. Sie sind, vor allem für die Anfangszeit, nicht vollständig und enthalten auch später einige Lücken, die zum Beispiel entstanden, wenn die Tonbandkassetten gewechselt wurden. Der Herausgeber hat in diesen Fällen versucht, die weißen Flächen durch Rückgriff auf (b) die Bänder von Klaus Freymuth aufzufüllen, der seine Video- und Fernsehaufzeichnungen bereitwillig zur Verfügung stellte.

Mit Klaus Freymuth habe ich häufiger über sein Metier der filmischen Dokumentation sprechen können. Beruflich und persönlich war ihm zu Zeiten der DDR übel mitgespielt worden: Sein Material war ihm bis zu deren Ende von der Staatssicherheit mehrfach mutwillig zerstört worden; häufiger „zugeführt", hatte er wegen nichts geringerem als wegen seiner Arbeit – der Abbildung von Wahrheit – einsitzen müssen („Moderne Diktatur"?). Den Beginn des Runden Tisches erlebte Klaus Freymuth als ein umso größeres und beglückendes Abenteuer – hatte ich den Eindruck. Klaus Freymuth ist 1991, viel zu früh, an den Folgen eines Unfalles gestorben. Umso mehr liegt mir an der Bekundung meines Dankes an ihn und seine Frau, Marianne Freymuth. Besonders in der aufregenden Anfangsphase des Runden Tisches haben mich beide unterstützt. Klaus Freymuth hat mir geholfen, mein an den Runden Tisch mitgeschlepptes eigenes Aufnahmegeschirr technisch zu beherrschen. Meine ersten Auswertungen zur Interpretation des Geschehens am Runden Tisch erfolgten durch Rückgriff auf (c) diese eigenen Aufnahmen. In Ahasver von Brandts Einführung zur Nutzung der „Werkzeuge des Historikers" hatte ich derlei nicht gelernt – wie überhaupt die teilnehmende Beobachtung und spätere Auswertung des Geschehens am Runden Tisch die Einsicht beflügelte, dass künftige Historikergenerationen neben der Einführung in die Heraldik und Numismatik für die Arbeit an Themen (spätestens) der zweiten Hälfte des zwanzigsten Jahrhunderts dringend der Unterweisung in die Auswertung von elektronischen Medien bedürfen. Klaus Freymuth verstand sich darauf und hat mir Nachhilfe erteilt. Dieses Wortprotokoll ist ihm gegenüber die Ableistung einer besonderen Bringeschuld.

Schließlich war es (d) möglich, für andere, vom Sekretariat des Runden Tisches nicht mitgeschnittenen Passagen gezielt auf Fersehaufzeichnungen der verschiedenen Anstalten zurückzugreifen.

Die Tonbandaufnahmen wurden zunächst einfach abgeschrieben, das heißt eins zu eins verschriftet. Diese erste Verschriftung wurde vom Herausgeber korrigiert und mit den ersten, absolut erforderlichen und grundsätzlichen Editionsanweisungen versehen. Auf der Basis des dadurch hergestellten Rohmanuskriptes wurde sodann in mehreren weiteren Korrektur- und Editionsdurchgängen experimentell nach der optimalen Präsentationsform des Wortprotokolls gesucht. Zusammen mit den Mitarbeitern an diesem überaus langwierigen Unternehmen der durchgängigen Angleichung des Gesamttextes an immer neu ergänzte und verfeinerte Editionsvorgaben wurde so schließlich jenes Regelwerk von Editionsanweisungen geschaffen, das den Studierenden des nachfolgenden Wortprotokolls nun offengelegt werden muss.

Den wissenschaftlichen Kollegen ist schwer präzise zu sagen, wie vieler Korrektur- und Editionsdurchgänge es bedurfte, bevor dieses Wortprotokoll in seiner jetzigen Form fertiggestellt war. Mindestens drei, in weiten Passagen mehr als drei, in einigen vier, ja fünf oder sechs, ist jedoch eine sichere Antwort. Je weiter wir in der Verschriftung fortschritten, desto klarer konnten die inzwischen gewonnenen und von hier an vorab zu gebenden editorischen Weisungen sein, desto weniger musste nochmals und nochmals rückwärts angeglichen, die Angleichungen kontrolliert werden.

Elementare DDR-Kunde hatten wir nachzuholen. Je länger wir uns jedoch in den Text vertieften, desto näher kam jeder von uns jenem seit 1990 realgewordenen „gelernten DDR-Bürger": Immer mehr begriffen wir, wer die Helden der Erzählung waren, wo das jeweilige Stück spielte, worum es darin ging. Immer weniger mussten wir nachschlagen und recherchieren. Dennoch haben wir nicht alle Lücken füllen können. Irgendwann aber galt – hier wie in anderen Zusammenhängen –, dass es besser sein musste, endlich einen (vorläufigen) Schlusspunkt der redaktionellen Komplettierungsbemühungen zu setzen als weiter zu recherchieren.

Die blinden Flecken

Mit drei Fragezeichen in eckigen Klammern wurde versehen, was phonetisch nicht eindeutig herauszuhören, aus dem Kontext nur ungenau zu identifizieren und lediglich durch nicht mehr zu rechtfertigenden Rechercheaufwand (vielleicht) zu ermitteln gewesen wäre. Dieser Klammervermerk (???) findet sich nun also dort, wo kleinere Ausschnittfetzen aus einem Redetext akustisch nicht rekonstruierbar waren. Sie konnten unter anderem schon deshalb nicht alle im Nachhinein aufgeklärt werden, weil zum Beispiel die Anzahl der angeschriebenen Katasterämter in Grenzen gehalten werden musste. Von diesem fragenden Klammervermerk sind insbesondere Personen- und Firmen- sowie Orts- und Straßennamen betroffen.

In der Anonymität gebliebene Personen, zum Beispiel namentlich nie aufgerufene oder im sonstigen Kontext namentlich genannte Redner sind mit dem N. N. für lateinisch nomen nescio („den Namen weiß ich nicht") ausgewiesen. Nur wenige Namen mussten durch [XXX] unkenntlich gemacht werden. Dies geschah aus Gründen des Personenschutzes, wenn es sich um eindeutig nicht öffentlich bedeutsame Personen der Zeitgeschichte handelte, denen durch ihre nun schriftliche Benennung oder durch den Kontext ihrer Benennung möglicherweise Schaden entstehen könnte.

An einigen Strecken des verfügbaren Aufnahmematerials sind größere Textpassagen der Debatte offenbar nicht zu ihrem Ende geführt. Dafür sind mehrere Gründe zu nennen: Zum einen kam es vor, dass Sprecher ihre Vorträge einfach abbrachen; zum anderen reichte die Tonbandqualität für eine Weile nicht aus, etwa deshalb, weil die Sprecher sich an dieser Stelle vom Mikrophon abgewandt hatten; und schließlich geschah es, dass der „Ton noch nicht auf dem Mikro lag" oder kurzzeitig ganz abgeschaltet war.

Im Falle eindeutig kleinerer Lücken sind diese durch zwei Gedankenstriche, –, gekennzeichnet. Im Falle offenkundig größerer Lücken, zum Beispiel bei verspätetem Bandwechsel, ist eine solche durch die Bezeichnung „Lücke in der Aufnahme" dokumentiert.

Die stillschweigenden Korrekturen

Viele der am Runden Tisch versammelten Akteure waren gerade dadurch charakterisiert, dass ihnen aufgrund ihrer Distanz zum Regime, zumal im Falle ihres widerständigen Lebenslaufes gegen das Regime der DDR, bis zum Herbst 1989 jede Chance verwehrt gewesen war, sich in der öffentlichen Rede zu üben, gar zu profilieren. Im Vergleich etwa zu den routinierten DDR-Juristen Wolfgang Berghofer, Gregor Gysi, Rolf Henrich, Lothar de Maizière und Wolfgang Schnur, die in den ersten Sitzungen das Wort führten, im Vergleich aber auch zu den Pfarrern aus dem „Sprachenkonvikt" in der Berliner Borsigstraße sowie im Vergleich zu manchem Kader der „Altparteien" waren diese Neulinge aus dem Widerstand merklich untrainiert vor die Mikrophone und damit in die Öffentlichkeit geraten. Sie mögen nun den größten Vorteil ziehen aus den vom Herausgeber stillschweigend vorgenommenen geringfügigen Sprachkorrekturen. Worin diese bestanden, ist im weiteren gleichwohl zu exemplifizieren.

Editorische Hilfestellungen dieser Art durften freilich in nur engen Grenzen praktiziert werden. So bleibt die unterschiedliche Geschicklichkeit der Akteure im Umgang mit den Wörtern und Worten in der Wiedergabe des Wortprotokolls selbstverständlich nachvollziehbar. Und sehr wohl bleibt auch die These des Herausgebers überprüfbar, dass die Geschicklichkeitsdifferenzen der am Runden Tisch Agierenden mit fortlaufender Zahl der Sitzungen abnahmen. Dafür gibt es mehrere Erklärungen, von denen nur die vermutlich wichtigsten genannt seien.

Zum einen ist darauf zu verweisen, dass einige der ungeübten Neuen den erwähnten Sozialisationsrückstand in der Praxis politischer Rede selbst sehr schnell durch Zugewinn an (parlamentarischer) Rundtisch-Routine abzubauen verstanden. Wie sich auch hier herausstellte, war der Umgang mit Geschäftsordnungsfragen lernbar. Ohnehin und auch wegen ihrer zunehmend selbstverständlichen Handhabung traten GO-Probleme mehr und mehr in den Hintergrund – damit auch deren

Einleitender Essay XXXI

Protagonisten, die anwaltlich trainierten Verfahrensprofis. Zum anderen änderte ich die Zusammensetzung des Runden Tisches: Es eröffneten sich zum Beispiel mit den Demonstrationstribünen, Wahlkampfforen und Fernsehrunden ohne Ende Alternativen der politischen Agitation für diejenigen, die nun (auch für sich) politischen Ehrgeiz entdeckten und entwickelten. Für die politisch Ambitioniertesten war am Runden Tisch unter der ökomenischen Ägide der strengen Moderatoren vom Aphrodisiakum der politischen Rhetorik schließlich weniger zu kosten als in den neuen Arenen des aufregend heranziehenden Wahlkampfes. Schnell begriffen es die potentiell zukünftigen Berufspolitiker für sich als wichtiger, auf dem Marktplatz vor den Telekameras neben Willy Brandt beziehungsweise Helmut Kohl „auf Sendung" zu sein, als den ganzen Tag über am Runden Tisch sitzend auf Worterteilung zu warten. Auf den diversen Parteiversammlungen mehr als am Runden Tisch war schließlich individuelle politische Zukunft zu gewinnen. Der Zentrale Runde Tisch der DDR erhielt zunehmend hemmungslos politische (Termin-)Konkurrenz. Dementsprechend tauchten die Matadore der Anfangszeit desto seltener am Runden Tisch auf, je länger er andauerte.

Weitere sprachliche Einebnung wurde bewirkt durch das Erscheinen kompakt bearbeiteter Sachthemen der Gesetzgebung – etwa der „Sozialcharta" – auf der Agenda der zweiten Tagungshälfte des Runden Tisches. Im Ansatz war hier zu beobachten, was auch für die westlichen Parlamente gilt: Das Wort geht an die Experten der Sachthemen. Und diese reden in ihrer jeweiligen Fachsprache. Sie sprechen einander angeglichener, eben „sachlicher" als die politischen Generalisten. Am Runden Tisch kam – anders als in Parlamenten – hinzu, dass das rede- und abstimmungsberechtigte Personal der Gruppierungen und Parteien obendrein aus deren Reihen entsprechend den unterschiedlichen Themen nach Wunsch der Organisationen durch beliebig zu benennende Vertreter besetzt werden durfte. Die Zugehörigkeit zum Zentralen Runden Tisch war nicht an bestimmte Personen, sondern eben an Gruppierungen und Parteien gebunden. Auch dies ist übrigens ein bemerkenswertes Faktum der begrenzten demokratischen Haftung des Runden Tisches für sein Tun.

Unter den veränderten Gegebenheiten der zweiten Tagungshälfte konnte es passieren, dass unkundige Generalisten vom Herausgeber editorisch stillschweigend – also etwa ohne eckige Klammer – zu korrigieren waren. Wenn zum Beispiel ein Moderator, wie in der elften Sitzung geschehen, statt von der „Sozialcharta" von der „Wirtschaftscharta" sprach, so wurde dies nach obiger Maßgabe im Wortlaut des Protokolls ohne großes Aufheben richtiggestellt. Oder wenn in der dreizehnten Sitzung bei der ersten Verschriftung des Briefes des Gefangenenrates der Strafanstalt Rummelsburg anstelle der „Verkündigung der Amnestie" von der „Kündigung der Amnestie" die Rede ist, so liefe der Unterschied – glücklicherweise nur auf dem Papier – auf die Differenz einiger Jahre Knast hinaus. Dieses Beispiel verweist bereits auf die Rubrik „Heiterkeit", unter welcher am Ende dieses Abschnittes über die sprachliche Gestaltung noch eine kleine Sammlung vergleichbarer Trouvaillen angekündigt sei.

Die Herausforderungen der Anfertigung eines Wortprotokolls der vorgelegten Art werden deutlich in dem Hinweis, dass der letztgenannte Fehler zweierlei Ursachen haben kann: Er kann ein Versprecher am Runden Tisch selbst gewesen sein, er kann aber auch ein Missverstehen und Missverständnis der ersten Verschriftung sein. Wie auch immer: Derlei galt es in zweiter und dritter Lesung der ersten Verschriftung zu erkennen und editorisch stillschweigend zu korrigieren.

Die Akteure des Runden Tisches hatten andere Sorgen, als ihre Texte stilistisch auszuputzen und zu polieren. Wenn von ihnen nicht zuletzt aus diesem Grunde zuweilen die Untergrenze inhaltlicher Kongruenz – zum Beispiel Verwendung desselben Terminus für denselben Gegenstand – soweit unterschritten wurde, dass dabei für den späteren Leser die Verständlichkeit (nahezu) auf der Strecke blieb, so wurde stillschweigend sprachlich „nachgebessert".

Perfektion in der Abwicklung ihrer Tagesordnungen und Beratungen konnte ebenfalls nicht die Sache der Akteure des Runden Tisches sein. Schon eher waren die Kirchenmänner in der Leitung des Runden Tisches auf durchgängige Präzision bedacht. Aber auch sie wussten: Vollkommenheit kennt nur der liebe Gott. Jeder Frau und jedem Manne wurde am Runden Tisch jedoch sehr bald deutlich, dass die Papier- und Perfektionsgläubigkeit auf protestantischer Seite etwas ausgeprägter als auf der katholischen Seite der Moderation war. Kein Zweifel: Pfarrer Ziegler war der Chefmoderator des Zentralen Runden Tisches der DDR. Er war stets auf das Genaueste vorbereitet, kannte die zu beratenden Materien so genau, dass er alle Beteiligten, zuweilen auch die beiden anderen Moderatoren, durch die Materie hindurchzulotsen verstand. Ohne seinen entschlossenen Ordnungswillen, ohne seine ökumenische Erfahrung, seine Ausdauer, Hartnäckigkeit und Umsicht, so scheint es, wären die Beratungen sicher das eine oder andere Mal ins Chaos oder in eine Sackgasse geraten. Von ihm ist in der Summe auch zu sagen, dass das Bemühen um die Sprache, die unabhängig von der Person verstanden sein will, am deutlichsten zum Tragen kam.

An den Texten der Moderatoren lassen sich die Editionsprobleme allein schon deshalb gut erklären, weil sie besonders häufig das Wort und den Verlauf der Debatte führten. Die editorische Bearbeitung der von den Moderatoren gesprochenen Passagen war aber zuweilen schwierig. Der Herausgeber hat sich gerade gegenüber diesen Passagen um zusätzliche Transparenz bemühen müssen. Denn diese Textabschnitte markieren häufig jene Verhandlungsphasen, in denen sich die Nennung der (neuen) Tagesordnungspunkte sowie der (neuen) Materialien häufte. Es waren jene Verhandlungsstrecken, auf denen sich die Akteure über den weiteren Verlauf ihrer Arbeit verständigten oder jedenfalls zu verständigen versuchten. In diesen, besonders anfänglich nicht gerade seltenen Phasen nämlich wurde zuweilen eine unsortierte Fülle von Anträgen, Informationen und dergleichen zur Behandlung vorgeschlagen. Dies geschah oft in fragmentarischen Sätzen, manchmal in kryptischen Stichworten. Dann wurde es für den Herausgeber schwierig zu rekonstruieren, was hier eigentlich gemeint und im nachhinein zu verschriften war. Den dabei möglichen Fehlleistungen der Verschriftung gingen in diesen Phasen des Sortierens der Tagesordnung auch schon einmal Fehlleistungen der Sprecher am Runden Tisch voraus: Wenn die Akteure zum Beispiel die entsprechenden Materialien – Vorlagen, Anträge, Informationen und dergleichen – nicht zur Hand hatten, dann benannten sie diese schon einmal mit inhaltlich oder zahlenmäßig falscher Kennung. Die Moderatoren hatten dann ihrerseits zunächst und hin und wieder für eine Weile gar keine andere Möglichkeit, als ihrerseits mit diesen falschen Kennungen zu operieren, bis wieder Ordnung geschafffen war. Auch solche „Fehler" wurden stillschweigend korrigiert.

Die nachgereichte Moderation

Im Verlaufe des Wortprotokolls ist also die wiederkehrende Häufung der Nennung von Materialien der verschiedensten Art zu erkennen. Dafür sind bei genauer Analyse mehrere Gründe zu erläutern. (1) Alle zu einem Tagesordnungspunkt (TOP) gehörenden Materialien wurden in der Regel zu Beginn desselben aufgerufen. Neue mussten auf Zuruf des weiteren berücksichtigt werden. (2) Im Zuge der anfänglich immer neuen Arrangements der Tagesordnung wurden diese Materialien als Bestandteil der Verständigung über die Tagesordnung (mit-)aufgerufen und sogleich einander inhaltlich zuzuordnen versucht, (neu) sortiert. (3) Vor Zeitzäsuren – Pausen, Unterbrechungen, Ende der Sitzung – wurden die Materialien zuweilen in Eile und zuweilen überhastet noch schnell abgearbeitet. Wenn dieses nicht möglich war, wurden sie mindestens gleichsam als Merkposten zu Protokoll gegeben. Diese Passagen sind zum Verständnis des Beratungsverlaufes besonders wichtig. Sie sind vergleichsweise augenfällig dadurch, dass sich darin die optischen Hervorhebungen (durch Fettung) häufen. In diese Abschnitte ist ein vergleichsweise hoher Anteil stillschweigender Korrektur eingeflossen. Wenn sie denn gelungen sein sollte, wäre sie als eine Art editorisch nachgereichte Moderation zu begreifen.

Die Vorlagen, Informationen, Dokumente und dergleichen wurden mit den ihnen gegebenen Registrierziffern vorzugsweise dort zum erste Male vollständig im Text und entsprechend auch im Inhaltsverzeichnis aufgeführt, wo sie in den Beratungen selbst zum ersten Male entweder vollständig aufgerufen und dann dort auch tatsächlich beraten wurden. Studierende dieses Wortprotokolls sind jedoch darauf aufmerksam zu machen, dass die Vorlagen – welcher Art auch immer – nicht nur für sich wiederholt, sondern auch in verschiedenen Kontexten behandelt wurden. Die Bedeutung eines Materials erschließt sich gelegentlich erst aus dem Kontext, in dem es (am Ende) beraten beziehungsweise entschieden wird. Seinen Standort zu ermitteln ist für die historiographische Analyse bedeutsam. Damit dies möglichst schnell geschehen könne, sind die Materialien jeglicher Art wie Tagesordnungspunkte durch Fettung hervorgehoben.

Es bleiben, dessen ist der Herausgeber sicher, Irrtümer der Verschriftung – banale und subtile.

So war die zutreffende Erfassung des vom Redner gemeinten Sinnes durch den jeweiligen ersten Verschrifter manches Mal schon dann zu verfehlen, wenn dieser nicht sowohl dessen Redeweise und Redewendungen als auch den des gemeinten Gegenstandes und den Inhalt der Beratung genau kannte.

Wer als Verschrifter zum Beispiel nicht den Umgang des „Chefmoderators" Ziegler mit dessen Lieblingswort „nicht" heraushörte, dem konnten dergleichen Fehler unterlaufen. Es konnte dem solchermaßen unmusikalischen Verschrifter passieren, dass er Zieglers Rede in das glatte Gegenteil ihrer Absicht wendet. Ziegler pflegte dieses „nicht" als rhetorische Bestätigung, häufig auch als belehrende und richtigstellende Ermahnung dann zu gebrauchen, wenn er genau wusste, was zutreffend war und was er (!) wollte. Und dass er genau wusste, was er wollte, war, wenn es um den Gang der Beratungen des Zentralen Runden Tisches der DDR ging, wie gesagt, meistens der Fall. Mit seinem wieder- und wiederkehrenden „nicht" hielt Ziegler indessen vorsichtshalber gegen sein zuvor eingesetztes Quäntchen Bevormundung stets einen Türspalt offen für möglichen Einspruch. Sollte solcher tatsächlich von irgendeinem Rundtischler gegen Zieglers Empfehlung geltend gemacht werden, dann konnte dieser Einspruch nach Zieglers „nicht" immer noch in ebenso nachsichtiger wie nachdrücklicher Nächstenliebe abgearbeitet werden.

Im Tonfall wurde Zieglers „nicht" nach Art einer Frage angehoben, obwohl es inhaltlich (häufiger sogar?) mit einem Ausrufungszeichen versehen war. Damit mussten nicht nur die Teilnehmer am Runden Tisch, sondern auch – und ohne zusätzliche Mimik und Gestik und ohne die aktuelle Nähe zum Geschehen – die Verschrifter fertigwerden.

Eine Herausforderung dieser Art offenbarte beispielhaft die Verschriftung einer Passage der Diskussion unter dem Tagesordnungspunkt 11 „Anträge zur Erklärung von Ministerpräsident Dr. Hans Modrow" der dreizehnten Sitzung über die Vorlage 13/14. Zu dieser Vorlage wurde am Runden Tisch vorgetragen, dass sie am Vorabend (12. Februar 1990) des Modrow-Besuches bei der Bundesregierung in Bonn (13. Februar 1990), mit Blick auch auf die bevorstehende Wahl zur Volkskammer und wegen der sich immer deutlicher abzeichnenden Wiedervereinigung besonders wichtig sei. In ihr würden nämlich die „Eckpunkte" einer neuen „DDR-Identität" festgehalten.

Minister Gerd Poppe hatte so (unzulänglich) vorgetragen, dass daraus – entgegen seiner Intention – eine Vertagung der Vorlage hätte abgeleitet werden können. Ziegler wusste dies, und Ziegler – in dieser Sache durchaus im Einklang mit Poppe – wollte dieses (wie manches andere) durchaus auch nicht. Dazu lautet die Verschriftung nun:

„Ziegler (Moderator): Ja, also ich möchte damit..., bloß damit wir uns jetzt nicht in Verfahrensfragen verheddern, möchte ich doch die Frage stellen, wer heute dafür ist, die Frage so stellen, dass wir diese Sache heute, so wie verfahren ist, verabschieden. Dann ist Herrn Poppes Anliegen mehr Rechnung getragen, als wenn ich sage gleich von Anfang an ‚Vertagung', nicht."

In diesem Falle war es wohl inhaltlich richtig und gleichsam typisch zutreffend, ein Komma vor dem letzten Wort zu setzen. Es ist zwar nicht die Differenz von existentieller Bedeutung jener berühmten Kommastelle in dem Satz āHängen, nicht richten!Í beziehungsweise ‚Hängen nicht, richten!Í. Gleichwohl bleibt festzuhalten, dass scheinbar kleine Fehler des ersten Verschriftungsdurchganges an einigen Stellen zu durchaus beträchtlichen Differenzen der Inhaltserfassung geführt hätten, wenn sie nicht beim wiederholten Gegenlesen entdeckt worden wären. Dem Herausgeber bleibt beides: die Gewissheit, dass dies nicht immer und die Hoffnung, dass es möglichst häufig gelang.

Die Kontingenz dieses Wörtchen „nicht" wurde durch seinen wieder- und wiederkehrenden Gebrauch erhöht. Es war eine Floskel, die aber jederzeit auch anders verstanden und gebraucht werden konnte. Mündlich und gleichsam in die Zukunft gerichtet machte sie in dieser Häufigkeit größeren Sinn als in der schriftlichen Dokumentation, die im Nachhinein die zumeist definitive Auflösung der Floskel wiedergibt. Also wurde dieses Wörtchen in der Verschriftung überwiegend fallengelassen. Gleiches gilt für manches andere ähnliche Wort der Sprecher am Runden Tisch.

Aus Zieglers Allzweckwort „denn", u. a. anstelle von „dann", haben wir stillschweigend „dann" gemacht, wenn tatsächlich die zeitliche Dimension gemeint war. Manches sonstige gesprochene „denn" wurde in der Verschriftung gestrichen. Dass darin ebenfalls ein Moment editorischer Willkür steckt, verdeutlicht die selbstkritische Frage des Herausgebers, ob dieses zum Beispiel auch dort zulässig war, wo ein Füllwort zum Zwecke des Zeitgewinnes eingesetzt wurde. Die Studierenden von heute haben, streng genommen, Anspruch darauf zu erkennen, wer durch wen, was und wie so verblüfft wurde, dass er sich um Zeitgewinn bemühte. Also blieben wir auch bei unseren Streichaktionen vorsichtig, eher zurückhaltend.

Ziegler war leichter als Lange, Lange leichter als Ducke zu verschriften. Ducke hatte – um in seiner Weise zu bleiben – seinen eigenen, anderen Duktus. Er war mit Fragen, Gesten und Mimik, mit Witzchen und manchmal auch mit Mätzchen dem Plenum zugewandt. Er konnte sich – solchermaßen auf seine Art verständlich – vom Plenum durch den Papierwust hindurchhelfen und leiten lassen. Ziegler dagegen hatte die Papiere und deren Inhalt wie das Ruder eines Schiffes „im Griff" und versuchte, auf deren Grundlage im Plenum dessen Kurs zu ermitteln und zu lotsen. Zuweilen aber war durchaus auch er es, der das Plenum steuerte. Wie etwa seine Moderation der Vorlage 15/18 verdeutlicht, war Ziegler auf behutsamen Umgang mit den Repräsentanten des Staates – den ehemaligen wie den gegenwärtigen, Stasi-Mitarbeiter eingeschlossen – bedacht.

Inhalt und Interpunktion, insbesondere die Kommasetzung war den Pausen im Sprachfluss, den Stimmenhebungen beziehungsweise den Sprachsenkungen der Redner zu entnehmen. Dies ist besonders deutlich in den Beiträgen des Moderators Ducke: Ob das Wort sie/Sie klein oder groß zu schreiben war, war manches Mal nach entsprechenden Kriterien zu entscheiden. Wer den Moderator Ducke erlebt hat, der erinnert sich einer Eindringlichkeit, die in der Verschriftung nicht „herüberkommt". Ohne Gestik und Mimik, ohne die Hochtöne des Pathos und den Begleitton der Ironie gibt die Verschriftung weit weniger als das Original her.

Der Herausgeber wunderte sich zur Zeit der zweiten Hälfte des Runden Tisches über die via Fernsehen vermittelte Perzeption der Moderatoren bei den Bürgern in der DDR. Ducke fand damals einen öffentlichen Zuspruch, der seine eigene Quelle möglicherweise gerade darin hatte, dass Ducke die Verhandlungen – darin von Ziegler unterschieden – zunehmend als das leitete, was sie in den Augen der zur Wahl am 18. März aufgerufenen Bürger immer mehr wurden: unerheblich. Ducke ließ durchblicken, dass den hier geführten Geschäften nur noch begrenzte Bedeutung beizumessen sei. Es kam – so lautete seine kaum verholene Botschaft – nicht mehr so sehr darauf an. Ducke fehlte der Ernst des Etatisten. Zumal im Fernsehen kam das gut an; weniger gut bei denjenigen, die ihre Arbeit am Runden Tisch mit hohem Ernst versahen oder auch bei denen, die später seine zuweilen schwer zu entschlüsselnden kryptischen Sprachfragmente zu verschriften hatten. Die Erosion der staatlichen Existenz der DDR konnte und wollte Ducke wohl auch mit größerem Frohmut repräsentieren als es demjenigen möglich war, der wie Ziegler bis zur letzten Zeile um Perfektion – und sei es um die Perfektion der „Abwicklung" – bemüht war.

Die seltenen Heiterkeiten

Am Runden Tisch wurde nicht gerade viel gelacht. Nur ausnahmsweise gab es auch in diesem Kreis einmal Grund, sich zu amüsieren. Deshalb mag der nachfolgende – politisch korrekte – Fingerzeig des Herausgebers erlaubt sein: Zuweilen knisterte es im Saal, wenn es um das angespannte Verhältnis der „Schwarzröcke" der Moderatoren, die alle Pfarrer waren und sind, zur (ab und an) Rock-tragenden Menschheit ging. Die Pfarrer vergaßen zunächst überhaupt, Frauen an den Runden Tisch zu bitten (Ullmann); sie sträubten sich – ausgerechnet diese – Frauen, die Frauen des UFV, tatsächlich aufzunehmen (Ziegler); dann taten sie sich (ostentativ?) schwer, die Namen ihrer Organisationen, ja die Namen der Frauen selbst sich zu merken. Auf Ibrahim Böhmes tapferen Einsatz für die Sache der „Hanselinnen"[56], eine Anbiederung der ersten Sitzung, reagierten sie merklich unterkühlt und verzogen keine Miene. Heiterkeit dagegen löste es aus, als Ziegler genervt in der dreizehnten Sitzung feststellte, der Streit um die geschlechterneutrale Sprache sei gewiss ein „nachtfüllendes Thema".

Häufiger hatten wir über eigene Verschriftungsfehler zu lachen. Von einigen entdeckten sei berichtet, weil sie zugleich eine Ahnung vermitteln von der Fehleranfälligkeit der Herstellung eines Wortprotokolls, wie des hiermit vorgelegten. Oberst Nickel zum Beispiel, dem Vorsitzenden des Verbandes der Berufssoldaten, durch ungenaue Verschriftung in den Mund zu legen, er habe sich mit Eifer eingesetzt zugunsten eines „Amtes für Abrüstung, Rüstungskontrolle und Konversation" verfehlt mit Sicherheit den Ernst seiner Bemühungen um „Konversion".

Dem Protokoll eines Staates von Weltniveau unangemessen war es gewiss ebenfalls, im Kontext der DDR-Außenpolitik gemäß erstem Verschriftungsdurchgang von einem „diplomatischen Chor" statt von einem „diplomatischen Corps" zu berichten. Auf ähnlichem Konto unserer allerersten Verschriftung war zu verbuchen, wenn dort von „Antipartie" die Rede war. Bei allem Antiparteienaffekt der neuen „Gruppierungen" musste eigentlich klar sein, dass dort das Wort „Antipathie" zu Protokoll zu geben gewesen wäre. Dass in einem Satze einmal von „Lachs" die Rede war, wo es ein Rundtischler nur „eenmal än

---

[56] Böhme sprach sich in der ersten Sitzung des Runden Tisches dafür aus, dass auch die Frauen am Runden Tisch in angemessener Zahl vertreten sein sollten. Wörtlich sagte er: „Es kann nicht so sein, dass fünf Umweltparteien am Tisch sitzen, so wichtig mir Ökologie ist, und vielleicht die Frauenbewegung mit zwei Hanseln, mit zwei Hanselinnen, vertreten ist." Im weiteren Verlauf der Sitzung bot sich Böhme dann als jener Emissär des Runden Tisches an, der einer vor dem Boenhoffer-Haus aufgezogenen aufgebrachten Menge lärmender Demonstranten gegenüberzutreten bereit sei – in Begleitung von Frauen, verstehe sich.

bisschen lax" hatte formulieren wollen, sei schließlich damit entschuldigt, dass auch Verschrifter durchaus zur Phantasie begabte Wesen sind.

Das Wort „revanchistisch" konnte wohl nur im Westen als „revangistisch" verschrieben werden. Wenn aus Modrows „staatlichem Eigentum" in westlicher Verschriftung der dreizehnten Sitzung „stattliches Eigentum" wird, so kommt dies einer Bilanzfälschung gleich, die natürlich genauso für die Endfassung berichtigt werden musste. Wenn aber die Verschrifterin im Westen schließlich hinlänglich ostsprachentauglich geworden war, dann passierte es ihr nicht länger, dass sie aus sächsisch „unter" schriftsprachlich „und der" machte.

An anderen Stellen waren Korrekturen vorzunehmen von Fehlleistungen, die entweder bei den Rednern am Runden Tisch oder beim Verschriften aufgetreten waren, so wenn im Protokoll von der „gemeinen" Arbeit der Regierung Modrow die Rede war und mit einiger Gewissheit davon ausgegangen werden konnte, dass statt einer „gemeinen" Arbeit der Regierung Modrow die „gemeinsame" Arbeit der Oppositionellen mit der Regierung Modrow gemeint war.

Pikant war ein Verschriftungsfehler, der bei Herstellung des Protokolls der neunten Sitzung unterlief. Dort hatte ein Redner beklagt, dass der Ministerrat der DDR stets verneine. Ausgerechnet in diesem Kontext fand sich in erster Verschriftung dann die Wortschöpfung „Negierung" Modrow anstelle von „Regierung" Modrow. „Freud'sche Fehlleistung eines Wessi!" höre ich einen bestimmten Autor Ost, dessen Buch mit einem Vorwort von Gregor Gysi veröffentlicht wurde, kommentieren. Derselbe Autor wird schon etwas mehr Humor übrig haben, für die Schwierigkeiten Hamburger Verschrifter mit Automarken der DDR fertig zu werden: Was eine Barkasse ist, hätten die Hamburger gewusst, dass aber ein „Barkas" (DDR-Bulli) zu Lande fährt, brachte Verwirrung für das Satzverständnis.

Wenn Unkenntnis West gänzlich unbekannte Sprachtönungen Ost zu verschriften hatte, dann konnte es schon passieren, dass bei der Verschriftung sächsischen Idioms plötzlich „Maguladur" zu lesen steht, wo „Makulatur" gemeint war. Mit Ortsnamen der DDR waren westliche Verschrifter – traurige Konsequenz der Teilung – herzlich wenig vertraut. Hier war besonders häufig nachzubessern. So ist es tatsächlich vorgekommen, dass die Verschrifterin aus dem nördlichen Schleswig-Holstein, nach vielen Stunden der Tonbandaufnahme ermüdet, automatisch von „diesen Funktionären in Gelting" (einem Ort in Angeln) hörte, wo es authentisch gegen „KoKo-Leute" heißt, man müsse „diesen Funktionären in Gelddingen" auf die Finger schauen. Statt nach Groß-Glienicke, befand die Verschrifterin auch, seien andere DDR-Bürger in eine „Großklinik" zu verbringen.

Regelmäßig verunglückten Wortspiele der Rundtischler mit Personen-Namen Ost in westlicher Verschriftung: Den Thomaskantor Rotsch (???), musste man hier ja nicht unbedingt kennen. So konnte man ihn munter zu einem Dr. Thomas Kantorrotsch verballhornen, der, wie in der siebenten Sitzung vorgeschlagen, das „vorzügliche Orchester des Wachregimentes" Dzierzynski übernehmen möge. Dass aber unter „mittäglichen Gepflogenheiten" nicht etwa besondere Tischzeitusancen gemeint waren, sondern Günter Mittags unsägliche, angeblich sozialistische Wirtschaftspraktiken – etwa sein Umrechnungsfaktor 1:5 – verspottet wurden, hätte sich schon bei etwas besserer DDR-Kunde im Westen erschließen müssen. Dann hätten sich kurzzeitig aufhaltende Unstimmigkeiten in der Verschriftung der sechzehnten Sitzung von Anfang an leichter auflösen lassen.

Die Willkür der Fettungen

Im fortlaufenden Text wurden unterhalb der Ebene der Tagesordnungspunkte Stichworte durch Fettung hervorgehoben. Die Auswahl der Stichworte wurde vom Herausgeber getroffen. Sie soll den Kontext und die Kontingenz des behandelten Themas schnell erkennen lassen, um auf diese Weise Zeit zu gewinnen für dessen mögliches Studium – inhaltlich unabhängig von den subjektiven Hervorhebungen des Herausgebers. Die Stichworte entsprechen bis zu einem gewissen Grade einem noch nicht sortierten Register. Jedenfalls sollen sie, wie das tiefgestaffelte Inhaltsverzeichnis auch, das noch zu erstellende Register, so weit möglich und einstweilen notwendig, ersetzen. Es versteht sich von selbst, dass die Auswahl der Stichworte in besonders hohem Maße editorischer Willkür ausgesetzt war.

In einigen – äußerst wenigen – Fällen ist verzeichnet, welche Gruppierung oder Partei beziehungsweise wer wie gestimmt hat – zum Beispiel im Falle der Abstimmung über das Verbot beziehungsweise die Zulassung von westlichen Wahlkämpfern im ersten freien Wahlkampf der DDR oder bei der Abstimmung über die dem Runden Tisch vorgelegten Verfassungsfragmente. Diese Abweichungen von der Regel sind nicht auf editorische Entscheidungen des Herausgebers zurückzuführen. Er war dazu nicht in der Lage, weil die Moderatoren generell – wohl sehr bewusst – darauf verzichteten, die Abstimmungsergebnisse differenziert zu referieren: Die Moderatoren waren offenkundig darauf bedacht, dass bei der Feststellung der Abstimmungsergebnisse nicht ausgesprochen werde, wer wozu den Arm gehoben hatte. Und die erhaltenen visuellen Aufzeichnungen erfassen in aller Regel nicht die Totale aller Abstimmenden, so dass es dem Herausgeber auch aus diesem Grunde in aller Regel unmöglich war, die Abstimmenden zu identifizieren. Lediglich in besonders spektakulären Fällen, in denen Parteien, Gruppierungen und Einzelpersonen als Außenseiter am Runden Tisch erkennbar wurden, weil es so – auch von den Moderatoren – gewollt war, ist dieses auch im vorliegenden Wortprotokoll dokumentiert. Die Abstimmungsformel der Moderatoren ist vom Herausgeber (der Klarheit des jeweiligen Ergebnisses wegen) den parlamentarischen Usancen zuweilen sprachlich stärker angepasst als die sonstigen „Glättungen" des Vortrages der Moderatoren.

Das – schon für andere Zusammenhänge der Beratungen benannte – Verhüllen der Abstimmungsdetails kam zwar einer Verschleierung von Verantwortlichkeiten gleich. Es war aber auch insoweit befriedend, als damit sowohl der vorangegangene Konflikt selbst als auch die Konfliktparteien in den Hintergrund traten. Für die Extremsituation dieser Umbruchzeit mag dies historisch hinnehmbar sein. Es entsprach wohl auch der Sehnsucht manchen Rundtischlers nach einer Emanzipation von

Politik überhaupt. Für den Normalfall des parlamentarischen Alltags jedoch ist eine solche Praxis unannehmbar. Sie war auch nur in dem Maße demokratisch erträglich, als am Runden Tisch eben nicht die letztlich gültige Politik-tragende Mehrheit anzutreffen war, die dafür auch hätte definitiv verantwortlich gemacht werden können. Dies gilt spiegelbildlich umgekehrt selbstverständlich auch für die Opposition.

Wir haben in einem sehr frühen Stadium der Verschriftung einen sogenannten Reliabilitätstest durchführen lassen. Das Mannheimer Zentrum für Umfragen, Methoden und Analysen hat unabhängig von uns ebenfalls eine Verschriftung von Ausschnitten des Runden Tisches vorgenommen. Wir haben deren Version und unsere Version miteinander verglichen und die Mannheimer haben uns bestätigt, dass man die Verschriftung in der Weise leisten kann, wie wir dieses getan haben. Mit dem Attest des Mannheimer Zentrums (Prof. Peter Philipp Mohler) haben wir dann mutig mit den uns „verfügbaren" Mitteln und der uns „verfügbaren" Manpower weitergemacht. Bei allem Dank, den ich den vielen Mitarbeitern an diesem Projekt noch in diesem Vorwort sagen möchte, ist gleichwohl einzuräumen, dass die größte Quelle möglicher Fehler der Verschriftung in der Vielzahl derjenigen lag, die über die lange Zeit dieses Projektes dabeiwaren. Kaum eines der Mitglieder der letzten zehn Jahre im Umkreis des Teams des Herausgebers blieb verschont; irgend etwas war immer von jedem für das Dauerprojekt „Runder Tisch" zu erledigen: abzuschreiben, abzuhören, zu dokumentieren, zu kopieren, zu recherchieren, zu registrieren und zu vergleichen. Selbstverständlich wurde versucht, die Arbeitsschritte alle zu kontrollieren. Der Herausgeber hat aber nicht die Illusion, dass dies immer gelungen ist. Dennoch trägt er am Ende die Verantwortung dafür, ob und inwieweit dem Zentralen Runden Tisch der DDR mit der vorgelegten Verschriftung historiographische Gerechtigkeit widerfahren ist.

Aus der Vielzahl der schließlich in Mitleidenschaft gezogenen Mitarbeiter ergaben sich die eine oder andere, nach Möglichkeit hernach getilgte Differenz der Verschriftung – ganz so, wie die im Laufe der bei der Herstellung dieses Wortprotokolls ins Land gegangene Entwicklung immer neuer Versionen von Textverarbeitungsprogrammen der Computerindustrie zusätzliche Harmonisierungsanstrengungen erforderlich machten.

Die Bringeschuld dieses Wortprotokolls wurde vom Herausgeber in Phasen unterschiedlich intensiver Konzentration auf diese Aufgabe abgetragen. Lehrtätigkeiten des Herausgebers an Universitäten in Dresden, Moskau und Washington sowie daneben laufende unterschiedliche Forschungsaufgaben brachten es mit sich, dass die Fertigstellung dieses Wortprotokolls gleichsam in Wellen unterschiedlich intensiver Arbeit vorangetrieben wurde. In den Zeiten der Wellenberge waren dann Teams unterschiedlicher Mitarbeiter zugegen. Sie seien alle bedacht.

Ein Dank der Erleichterung

Auf den Moment der nachfolgenden Danksagung habe ich lange gewartet:

Mein erster Dank gilt denjenigen, die mich in der Anfangsphase am Runden Tisch haben sitzen lassen, obwohl ich dort zu dieser Zeit (noch) nicht hätte bleiben dürfen. Denn ein akkreditierter Journalist war ich nicht, zu den zugelassenen Fernsehanstalten gehörte ich ebensowenig wie zu dem „Mini-Team" um Klaus Freymuth, der für das Neue Forum und für den Runden Tisch zum Dokumentarfilmen zu bleiben offiziell berechtigt war. Ich hatte von Studenten nur gelernt, wie man bei Vergabe der Seminaraufträge rechtzeitig den Kopf einzieht, und als alle Nichtberechtigten – zum Teil durch Einzelaufruf ihrer Legitimation – zum Verlassen des Saales aufgerufen wurden, da habe ich mich halt besonders tief weggeduckt. Die Moderatoren gingen bei der Ausweisung der Nichtlegitimierten über mich hinweg, ließen mich auf meinem Platz. Pfarrer Martin Ziegler und der Pressesprecher des Runden Tisches, Pfarrer Rolf-Dieter Günther, sind es, denen ich dafür bis heute besonders dankbar bin.

So wurde ich Zeitzeuge eines Geschehens, das mich, seit langem mit Parlamentsfragen befasst, besonders beschäftigen musste. Seit den ersten (ost)mitteleuropäischen Runden Tischen faszinierten diese Institutionen die westeuropäische Demokratieforschung. Ich hatte das Glück in der DDR als teilnehmender Beobachter dabeizusein, eine ganz besondere Lektion, eine spezifische „Deutschstunde" gewiss, live erfahren zu können. Es war übrigens erstaunlich, wie wenige der in der bundesdeutschen DDR-Forschung Tätigen den Weg an den Runden Tisch oder an andere Orte ähnlichen Geschehens fanden.

Am Runden Tisch der DDR lernte ich viele bewundernswerte Menschen, darunter heutige Freunde, kennen, die weitaus abenteuerlicher und viel tapferer als ich im Westen hatten leben müssen. Aus ihren Biographien war Wichtiges über die Wirklichkeit, eine Menge über mich selbst (Was wäre aus mir geworden, wenn…?) zu lernen. Ihnen gilt mein sehr persönlicher und besonderer Dank.

Pauschal habe ich einmal mehr meiner Universität, der Universität Lüneburg, zu danken. Hier blieb mir bislang der Atem für das nunmehr endlich fertiggestellte Wortprotokoll. Die Professoren Dr. Suzanne S. Schüttemeyer (heute Potsdam) und Dr. Ferdinand Müller-Rommel (heute Düsseldorf) hielten mir den Rücken frei, als ich mich 1989/90 unentwegt „in den Osten" aufmachte. Frau Dr. Kristin Bergmann leistete Ähnliches, als mir in der Endphase der Fertigstellung des Wortprotokolls die Puste auszugehen drohte. Einige der von dieser Arbeit des weiteren betroffenen Mitarbeiter hatten ungezählte Stunden mit den Stöpseln ihrer Abhörgeräte vor den Monitoren der Wiedergabegeräte von Fernseh- und Videoaufzeichnungen ausgehalten. Sie waren es, die diesen Text überhaupt erst zu Papier brachten und seine Authentizität immer neu überprüften: Christel Amirmontaghemi, Ingeborg Frankenstein, Brigitte Jaschik, Illona Johannes und Ingelore Schulz, Antje Vorbeck wie später Wolfram De Ridder in zusätzlicher „Supervision"; von außen kam die Lektorin Barbara Wirt hierbei zuhilfe. Carlos Vittar hat die vielen technischen Probleme des Dokumentenbandes gemeistert. Wissenschaftlich stiegen Mitarbeiter ein, die sich als Forscher selbständig tief in die Materie eingruben: Dr. Hans Michael Kloth, der etwa zeitgleich mit diesem Wortprotokoll und aus demselben schöpfend, seine Dissertation über die Geschichte der Wahlrechtsbewegung in der DDR publizieren wird; Daniela

Haupt, die – nahezu, versteht sich – alles über den Einfluss der Hauptabteilung XVIII des Ministeriums für Staatssicherheit auf die Wirtschaft der DDR weiß, weil sie darüber gerade ihre Doktorarbeit fertiggestellt und ebenfalls zur Veröffentlichung vorbereitet hat; Marion Hage, die ihre Promotion mit einer Arbeit über die Konfliktkommissionen der DDR anstrebt. Sie haben mich mit ihren Fragen gelöchert, zugleich aber auch etliche meiner Wissenslöcher in den Materien des Runden Tisches stopfen können. Dr. Patrick Horst, hier an der Universität Lüneburg in der Repräsentationsforschung mit dem Werk von Hannah Arendt beschäftigt, ist in der Endredaktion dabeigewesen. Ihnen allen danke ich, es mit meiner Ungeduld genauso wie mit meinen dagegenstehenden und diese zum Teil wohl auch erklärenden Umständlichkeiten ausgehalten zu haben.

Alle zusammen hätten wir dieses Projekt wohl nicht bewerkstelligen können, wenn wir nicht auf Drittmittel hätten bauen können. Die allerersten Analysen des Weges zur Demokratie in der DDR wurden finanziell vom Bundesministerium für Forschung und Technologie unterstüzt. Das Bundesinnenministerium sprang ein, als 1999 der Redaktionsschluss zur zehnjährigen Wiederkehr der Konstituierung des Runden Tisches nahte, wir aber immer noch nicht garantieren konnten, das Wortprotokoll mit den vorhandenenen Kräften rechtzeitig fertigstellen zu können. Nicht zuletzt die Herstellung einer CD-Rom-Version zur zeitgerecht optimalen wissenschaftlichen Auswertung eines Dokumentes auf dem Wege zur deutschen Wiedervereinigung hat dieses Haus zur finanziellen Unterstützung unseres Projektes veranlasst. Der Förderung aus beiden Häusern ist es zu Dank verpflichtet.

Den Deutschen Bundestag davon zu überzeugen, dass es sich bei dem Zentralen Runden Tisch der DDR um ein Stück deutscher Parlamentsgeschichte handelt, war zu keinem Zeitpunkt ein Problem – nicht gegenüber der Präsidentin und Kollegin Professor Rita Süßmuth und auch nicht gegenüber jenem Präsidenten des Deutschen Bundestages, der jetzt als erster von denen das deutsche Volk als Abgeordneter und Parlamentspräsident vertritt, denen, wie es in der Präambel des Grundgesetzes bis 1990 hieß, zuvor „mitzuwirken versagt war": Wolfgang Thierse. Der Runde Tisch der DDR war eine Station auf dem Wege, auf dem es glücklicherweise überhaupt zu einem Präsidenten des Deutschen Bundestages in Berlin und vom Prenzlauer Berg in Berlin kommen konnte. Die nachfolgende Dokumentation des Beitrages des Zentralen Runden Tisches zur deutschen Demokratiegeschichte hat dankenswerter Weise der Deutsche Bundestag an erster Stelle mit Drittmitteln ermöglicht. Allen Personen – den genannten wie den nur angedeuteten dazugewonnenen persönlichen Freunden – und allen Institutionen dankt der Herausgeber mit einem Stoßseufzer der Erleichterung für den hiermit endlich unter seine Bringeschuld zu setzenden Schlusspunkt.

2. Literaturauswahl

Arnold, Karl-Heinz: Die ersten hundert Tage des Hans Modrow, Berlin 1990.

Bahr, Eckhard: Sieben Tage im Oktober. Aufbruch in Dresden, Leipzig 1990.

Bahrmann, Hannes und Christoph Links: Chronik der Wende. Die DDR zwischen 7. Oktober und 18. Dezember 1989, Berlin 1994.

Belle, Manfred: Der Entwicklungspolitische Runde Tisch in der DDR und im vereinigten Deutschland. Arbeitsweise und Ergebnisse einer außergewöhnlichen Institution, o. O. 1996 (Magisterarbeit).

Bergmann, Christian: Totalitarismus und Sprache, in: Aus Politik und Zeitgeschichte. Beilage zur Wochenzeitung „Das Parlament", B 38 (1999), S. 18–24.

Beyermann, Lutz und Ulrich Wetzl: Demokratie Jetzt? – Zum Gesetzgebungsalltag einer Revolution, in: Kritische Justiz, Heft 2 (1990), S. 193–197.

Beyme, Klaus von: Systemwechsel in Osteuropa, Frankfurt a. M. 1994.

Bickhardt, Stephan: Recht ströme wie Wasser. Christen in der DDR für Absage an Praxis und Prinzip der Abgrenzung, Berlin 1988.

Bickhardt, Stephan: Die Entwicklung der DDR-Opposition in den achtziger Jahren, in: Materialien der Enquete-Kommission „Aufarbeitung von Geschichte und Folgen der SED-Diktatur in Deutschland". Bd. VII/1 (12. Wahlperiode des Deutschen Bundestages), hrsg. vom Deutschen Bundestag, Baden-Baden und Frankfurt a. M. 1995, S. 450–503.

Börner, R.: Parlament und runder Tisch. Zum Verhältnis von parlamentarischen und außerparlamentarischen Zielen der PDS, in: Gregor Gysi (Hrsg.), Wir brauchen einen dritten Weg. Selbstverständnis und Programm der PDS, Hamburg 1990.

Bohley, Bärbel: Vierzig Jahre Warten, in: dies. et al. (Hrsg.), 40 Jahre DDR ... und die Bürger melden sich zu Wort, Frankfurt a. M. 1989, S. 5–11.

Bohley, Bärbel, Jürgen Fuchs et al. (Hrsg.): 40 Jahre DDR ... und die Bürger melden sich zu Wort, Frankfurt a. M. 1989.

Brie, Michael und Dieter Klein (Hrsg.): Umbruch zur Moderne? Kritische Beiträge, Hamburg 1991.

Burkhardt, Armin: Ein Parlament sucht(e) seine Sprache. Zur Sprache der Volkskammer, in: ders. und Karl-Peter Fritzsche (Hrsg.), Sprache im Umbruch. Politischer Sprachwandel im Zeichen von „Wende" und „Vereinigung", Berlin und New York 1992.

Burkhardt, Armin: Der Einfluß der Medien auf das parlamentarische Sprechen, in: B. U. Biere und H. Henne (Hrsg.), Sprache in den Medien nach 1945, Tübingen 1993, S. 158–203.

Burkhardt, Armin und Kornelia Pape (Hrsg.): Sprache des deutschen Parlamentarismus, Opladen (erscheint 2000).

Dietrich, Christian: Fallstudie Leipzig 1987–1989. Die politisch-alternativen Gruppen in Leipzig vor der Revolution, in: Materialien der Enquete-Kommission „Aufarbeitung von Geschichte und Folgen der SED-Diktatur in Deutschland". Bd. VII/1 (12. Wahlperiode des Deutschen Bundestages), hrsg. vom Deutschen Bundestag, Baden-Baden und Frankfurt a. M. 1995, S. 558–666.

Ditfurth, Christian von: Die Mauer steht am Rhein. Deutschland nach dem Sieg des Sozialismus, Köln 1999.

Dörner, Andreas: Politische Sprache – Instrument und Institution der Politik, in: Aus Politik und Zeitgeschichte. Beilage zur Wochenzeitung „Das Parlament", B 17 (1991), S. 3–11.

Dörner, Andreas und Ludgera Voigt (Hrsg.): Sprache des Parlaments und Semiotik der Demokratie. Studien zur politischen Kommunikation in der Moderne, Berlin 1995.

Eckert, Rainer: Die revolutionäre Krise am Ende der achtziger Jahre und die Formierung der Opposition, in: Materialien der Enquete-Kommission „Aufarbeitung von Geschichte und Folgen der SED-Diktatur in Deutschland". Bd. VII/1 (12. Wahlperiode des Deutschen Bundestages), hrsg. vom Deutschen Bundestag, Baden-Baden und Frankfurt a. M. 1995, S. 667–757.

Eisenfeld, Bernd: Die Ausreiserbewegung – eine Erscheinungsform widerständigen Verhaltens, in: Ulrike Poppe, Rainer Eckert und Ilko Kowalczuk (Hrsg.), Zwischen Selbstbehauptung und Anpassung. Formen des Widerstandes und der Opposition in der DDR, Berlin 1995, S. 301–334.

Elmer, Konrad: Auf den Anfang kommt es an! Persönliche Bemerkungen zur Gründung der SDP am 7. Oktober 1989, in: Die Neue Gesellschaft/Frankfurter Hefte, Heft 2 (1991), S. 136–141.

Euchner, Walter (Hrsg.): Politische Opposition in Deutschland und im internationalen Vergleich, Göttingen 1993.

Fehr, Helmut: Von der Dissidenz zur Gegen-Elite. Ein Vergleich der politischen Opposition in Polen, der Tschechoslowakei, Ungarn und der DDR (1976–1989), in: Ulrike Poppe, Rainer Eckert und Ilko Kowalczuk (Hrsg.), Zwischen Selbstbehauptung und Anpassung. Formen des Widerstandes und der Opposition in der DDR, Berlin 1995, S. 301–334.

Fischbek, Hans-Jürgen, Ludwig Mehlhorn und Stephan Bickhardt: Das Mauersyndrom – die Rückwirkung des Grenzregimes auf die Bevölkerung der DDR, in: Materialien der Enquete-Kommission „Aufarbeitung von Geschichte und Folgen der SED-Diktatur in Deutschland". Bd. V/2 (12. Wahlperiode des Deutschen Bundestages), hrsg. vom Deutschen Bundestag, Baden-Baden und Frankfurt a. M. 1995, S. 1188–1211.

Flach, Helmut: Die Gruppe der 20 oder der Dresdner Weg – eine Chronik [unveröffentlichtes Manuskript], Dresden 1994.

Gerlach, Manfred: Mitverantwortlich. Als Liberaler im SED-Staat, Berlin 1991.

Glaeßner, Gert-Joachim (Hrsg.): Eine deutsche Revolution. Der Umbruch in der DDR, seine Ursachen und Folgen, Frankfurt a. M. 1991.

Glöckner-Rist, Angelika und Peter Ph. Mohler: Thematische und interaktive Organisation politischer Debatten: Eine Analyse der Verhandlungen des Zentralen Runden Tisches der DDR, in: Computergestützte Inhaltsanalyse in den empirischen Sozialwissenschaften, hrsg. v. Wilfried Bos und Christian Tarnai, 2. Aufl. Münster und New York 1998.

Grabner, Wolf, Christiane Heinze und Detlef Pollack (Hrsg.) Leipzig im Oktober. Kirchen und alternative Gruppen im Umbruch der DDR, Berlin 1990.

Guggenberger, Bernd, Ulrich K. Preuß und Wolfgang Ullmann (Hrsg.): Eine Verfassung für Deutschland. Manifest – Text – Plädoyers, Berlin 1991.

Gutzeit, Martin: Der Weg in die Opposition. Über das Selbstverständnis und die Rolle der „Opposition" im Herbst 1989 in der ehemaligen DDR, in: Walter Euchner (Hrsg.): Politische Opposition in Deutschland und im internationalen Vergleich, Göttingen 1993, 84–114.

Gutzeit, Martin und Stephan Hilsberg: Die SDP/SPD im Herbst 1989, in: Eberhard Kuhrt (Hrsg.) in Verbindung mit Hannsjörg F. Buck und Gunter Holzweißig (im Auftrag des Bundesinnenministeriums), Am Ende des realen Sozialismus. Bd. 3: Opposition in der DDR von den 70er Jahren bis zum Zusammenbruch der SED-Herrschaft, Opladen 1999 (im Erscheinen).

Gysi, Gregor (Hrsg.):, Wir brauchen einen dritten Weg. Selbstverständnis und Programm der PDS, Hamburg 1990.

Gysi, Gregor: Einspruch! Gespräche, Briefe, Reden, 2. erweiterte Auflage Berlin 1992.

Gysi, Gregor und Thomas Falkner: Sturm aufs große Haus. Der Untergang der SED, Berlin 1990.

Habermas, Jürgen: Die nachholende Revolution, Frankfurt a. M. 1990.

Haas, Joachim de: Das Netzwerk „Arche" in der Region: Die Basisgruppe Perleberg, in: Carlo Jordan und Hans Michael Kloth (Hrsg.): Arche Nova. Opposition in der DDR. Das „Grün-ökologische Netzwerk ,Arche'" 1988–90, Berlin 1995, S. 121–127.

Hahn, André: Der Runde Tisch, das Volk und die Macht. Politische Kultur im letzten Jahr der DDR. Mit einem Vorwort von Gregor Gysi und einem Interview mit Hans Modrow, Berlin 1998.

Hahn, André und André Schirmer: The Central „Round Table": An Instrument of Transition to a New Identity, in: Dirk Berg-Schlosser und Ralf Rytlewski (Hrsg.): Political Culture in Germany, London 1993.

Handloik, Volker und Harald Hauswald (Hrsg.): Die DDR wird 50, 2. Auflage Berlin 1999.

Heering, Walter: Die Wirtschaftspolitik der Regierung Modrow und ihre Nachwirkungen, in: Bernhard Marquardt, Zwischen Reformdruck und Machtsicherungsstrategien. Zur Wirtschaftspolitik der Modrow-Regierung, Hagen 1998, S. 121–165.

Henrich, Rolf: Der vormundschaftliche Staat. Vom Versagen des realexistierenden Sozialismus, Reinbek bei Hamburg 1989.

Herberg, Dieter, Doris Steffens und Elke Tellenbach: Schlüsselwörter der Wendezeit. Wörterbuch zum öffentlichen Sprachgebrauch 1989/1990, Berlin und New York 1997.

Herles, Helmut und Ewald Rose (Hrsg.): Parlaments-Szenen einer deutschen Revolution. Bundestag und Volkskammer im November 1989, Bonn 1989.

Herles, Helmut und Ewald Rose (Hrsg.): Vom Runden Tisch zum Parlament, Bonn 1990.

Hertle, Hans-Hermann: Der Fall der Mauer, Opladen 1996.

Hirschmann, Albert O.: Abwanderung, Widerspruch und das Schicksal der Deutschen Demokratischen Republik, in: Leviathan, Heft 2 (1992), S. 331–357.

Hockerts, Hans Günther: Zeitgeschichte in Deutschland. Begriff, Methoden, Themenfelder, in: Aus Politik und Zeitgeschichte. Beilage zur Wochenzeitschrift „Das Parlament", B 29–30 (1993), S. 3–19.

Jander, Martin: Formierung und Krise der DDR-Opposition. Die „Initiative für unabhängige Gewerkschaften". Dissidenten zwischen Demokratie und Romantik, Berlin 1996.

Jander, Martin und Thomas Voß: Die besondere Rolle des politischen Selbstverständnisses bei der Herausbildung einer politischen Opposition in der DDR außerhalb der SED und ihrer Massenorganisationen seit den siebziger Jahren, in: Materialien der Enquete-Kommission „Aufarbeitung von Geschichte und Folgen der SED-Diktatur in Deutschland". Bd. VII/1 (12. Wahlperiode des Deutschen Bundestages), hrsg. vom Deutschen Bundestag, Baden-Baden und Frankfurt a. M. 1995, S. 896–986.

Jesse, Eckhard: Artikulationsformen und Zielsetzungen von widerständigem Verhalten in der DDR, in: Materialien der Enquete-Kommission „Aufarbeitung von Geschichte und Folgen der SED-Diktatur in Deutschland". Bd. VII/1 (12. Wahlperiode des Deutschen Bundestages), hrsg. vom Deutschen Bundestag, Baden-Baden und Frankfurt a. M. 1995, S. 987–1030.

Joppke, Christian: East German Dissidents and the Revolution of 1989. Social Movements in a Leninist Regime, Houndmills/London, 1995.

Jordan, Carlo und Hans Michael Kloth (Hrsg.): Arche Nova. Opposition in der DDR. Das „Grün-ökologische Netzwerk ‚Arche'" 1988–90, Berlin 1995.

Kiessler, Richard und Frank Elbe: Ein runder Tisch mit Scharfen Ecken. Der diplomatische Weg zur deutschen Einheit, Baden-Baden 1993.

Klenner, H.: Entstehung und Tätigkeit des RUNDEN TISCHES der weiland Akademie der Wissenschaften der DDR, in: „hochschule ost", September 1992, Leipzig.

Kleßmann, Christoph und Martin Sabrow: Zeitgeschichte in Deutschland nach 1989, in: Aus Politik und Zeitgeschichte. Beilage zur Wochenzeitschrift „Das Parlament", B 39 (1996), S. 3–14.

Kloth, Hans Michael: Grünes Netzwerk, Grüne Bewegung, Grüne Partei. Ein politologischer Versuch, in: Carlo Jordan und Hans Michael Kloth (Hrsg.): Arche Nova. Opposition in der DDR. Das „Grün-ökologische Netzwerk ‚Arche'" 1988–90, Berlin 1995, S. 145–179.

Kloth, Hans Michael: Vom „Zettelfalten" zum Wählen. Die Überwindung der SED-Herrschaft im Lichte der Wahlfrage, Phil. Diss. Lüneburg 1999.

Kloth, Hans Michael: Unabhängige Archive und Materialien der Bürgerbewegung: Der Stand von Erfassung, Hebung und Sicherung und Erschließung von Oppositionsdokumenten. Expertise für die Enquete-Kommission „Überwindung der Folgen der SED-Diktatur im Prozeß der deutschen Einheit des Deutschen Bundestages", 13. Wahlperiode. Erscheint 2000.

Knabe, Hubertus (Hrsg.): Aufbruch in eine andere DDR. Reformer und Oppositionelle zur Zukunft ihres Landes, Reinbek bei Hamburg 1989.

Knabe, Hubertus: Politische Opposition in der DDR. Ursprünge, Programmatik, Perspektiven, in: Aus Politik und Zeitgeschichte. Beilage zur Wochenzeitschrift „Das Parlament", B 1–2 (1990).

Knabe, Hubertus: Sprachrohr oder Außenseiter? Zur gesellschaftlichen Relevanz der unabhängigen Gruppen in der DDR – Aus Analysen des Staatssicherheitsdienstes, in: Aus Politik und Zeitgeschichte. Beilage zur Wochenzeitschrift „Das Parlament", B 20 (1996), S. 23–36.

Knabe, Hubertus: Westarbeit des MfS. Das Zusammenspiel von „Aufklärung" und „Abwehr", Berlin 1999.

Knabe, Hubertus: Die unterwanderte Republik. Stasi im Westen, Berlin 1999.

Kocka, Jürgen: Eine durchherrschte Gesellschaft, in: Hartmut Kaelble, Jürgen Kocka und Hartmut Zwahr (Hrsg.): Sozialgeschichte der DDR, Stuttgart 1994, S. 547 ff.

Kowalczuk, Ilko-Sascha: Artikulationsformen und Zielsetzungen von widerständigem Verhalten in verschiedenen Bereichen der Gesellschaft, in: Materialien der Enquete-Kommission „Aufarbeitung von Geschichte und Folgen der SED-Diktatur in Deutschland". Bd. VII/2 (12. Wahlperiode des Deutschen Bundestages), hrsg. vom Deutschen Bundestag, Baden-Baden und Frankfurt a. M. 1995, S. 1203–1284.

Kowalczuk, Ilko-Sascha: Von der Freiheit, Ich zu sagen. Widerständiges Verhalten in der DDR, in: Ulrike Poppe, Rainer Eckert und Ilko-Sascha Kowalczuk (Hrsg.): Zwischen Anpassung und Selbstbehauptung. Formen des Widerstandes und der Opposition in der DDR, Berlin 1995, S. 85–115.

Krenz, Egon: Wenn Mauern fallen. Die friedliche Revolution: Vorgeschichte – Ablauf – Auswirkungen, Wien 1990.

Krone, Tina (Hrsg.): „Sie haben so lange das Sagen, wie wir es dulden". Briefe an das Neue Forum September 1989-März 1990. Eine Dokumentation, Berlin 1999.

Kühnel, Wolfgang, Jan Wielgohs und Marianne Schulz: Die neuen politischen Gruppierungen auf dem Wege vom politischen Protest zur parlamentarischen Interessenvertretung. Soziale Bewegungen im Umbruch der DDR-Gesellschaft, in: Zeitschrift für Parlamentsfragen, Heft 1 (1990), 22–38.

Küttler, Thomas (Hrsg.): Die Wende in Plauen. Eine Dokumentation, 5. Aufl. Plauen 1993.

Kuhrt, Eberhard (Hrsg.): Am Ende des realen Sozialismus. Beiträge zu einer Bestandsaufnahme der DDR-Wirklichkeit in den 80er Jahren. 3 Bände, Opladen 1996–1999. Bd 1: Die SED-Herrschaft und ihr Zusammenbruch (1996). Bd. 2: Die wirtschaftliche und ökonomische Situation der DDR in den achtziger Jahren (1996). Bd. 3: Opposition in der DDR von den 70er Jahren bis zum Zusammenbruch der SED-Herrschaft: Analysen, Erfahrungsberichte, Dokumente. Mit Beiträgen folgender Protagonisten der Opposition: Stephan Bickhardt, Christian Dietrich, Bernd Eisenfeld, Martin Gutzeit, Fred Kowasch, Heiko Lietz, Ludwig Mehlhorn, Ehrhart Neubert, Sebastian Pflugbeil, Gerd Poppe, Michael Richter, Matthias Rößler, Uwe Schwabe, Wolfgang Templin, Arnold Vaatz, Reinhard Weißhuhn; sowie weiteren Beiträgen von Karl-Wilhelm Fricke, Hubertus Knabe, Ilko-Sascha Kowalczuk (1999, im Erscheinen).

Kundigraber, Claudia: Der Runde Tisch und der unerwartete Machtwechsel. Polens Weg in die Demokratie, o. O. 1997.

Läzer, Rüdiger: „Nähe und Distanz am Runden Tisch" – Konfliktkommunikation und Argumentieren im politischen Kontext am Beispiel des Zentralen Runden Tisches der DDR, in: Ruth Reiher und Undine Kramer (Hrsg.), Sprache als Mittel von Identifikation und Distanzierung, Frankfurt a. M. 1998, S. 237–272.

Land, Rainer (Hrsg.): Das Umbaupapier (DDR). Argumente gegen die Wiedervereinigung, Berlin 1990.

Lemke, Christiane: Die Ursachen des Umbruchs 1989. Politische Sozialisation in der DDR, Opladen 1991.

Lindner, Gabriele: Das Maß der Macht, Runder Tisch und Modrow-Regierung, in: Siegfried Prokop (Hrsg.), Die kurze Zeit der Utopie. Die „zweite" DDR im vergessenen Jahr 1989/1990, Berlin 1994.

Lintzel, Detlev: Einhundertneunzig Tage. Der Runde Tisch des Bezirkes Halle 1989–90, Magdeburg 1997.

Luft, Christa: Wende und Ende: Eindrücke, Erlebnisse und Erfahrungen eines Mitglieds der Modrow-Regierung. Berlin 1991.

Maier, Charles S.: Das Verschwinden der DDR und der Untergang des Kommunismus, Frankfurt a. M. 1999.

Maizière, Lothar de: Anwalt der Einheit. Ein Gespräch mit Christine de Maizières, Berlin 1996.

Maleck, Berhard: Wolfgang Ullmann: Ich werde nicht schweigen! Gespräche mit Wolfgang Ullmann, Berlin 1991.

Materialien der Enquete-Kommission „Aufarbeitung von Geschichte und Folgen der SED-Diktatur in Deutschland" (12. Wahlperiode des Deutschen Bundestages), hrsg. vom Deutschen Bundestag, Baden-Baden und Frankfurt a. M. 1995 (bes. die Bände VII/1 und VII/2).

Meckel, Markus: Konsequenzen aus den Erfahrungen der Oppositionszeit. Partei oder soziale Bewegung?, in: Dieter Dowe (Hrsg.), Von der Bürgerbewegung zur Partei. Die Gründung der Sozialdemokratie in der DDR, Bonn 1993 (Gesprächskreis Geschichte, Heft 3), S. 53–66.

Meckel, Markus: Friedensarbeit im Widerspruch [1983], in: ders. und Martin Gutzeit: Opposition in der DDR. Zehn Jahre kirchliche Friedensarbeit – kommentierte Quellentexte, Köln 1994, S. 133–152.

Meckel, Markus und Martin Gutzeit: Opposition in der DDR. Zehn Jahre kirchliche Friedensarbeit – kommentierte Quellentexte, Köln 1994.

Mehlhorn, Ludwig: Der politische Umbruch in Ost- und Mitteleuropa und seine Bedeutung für die Bürgerbewegung in der DDR, in: Materialien der Enquete-Kommission „Aufarbeitung von Geschichte und Folgen der SED-Diktatur in Deutschland". Bd. VII/2, hrsg. vom Deutschen Bundestag, Baden-Baden und Frankfurt a. M. 1995, S. 1409–1436.

Meuschel, Sigrid: Überlegungen zu einer Herrschafts- und Gesellschaftsgeschichte der DDR, in: Geschichte und Gesellschaft, Heft 1 (1993), S. 9 ff.

Mitter, Armin und Stefan Wolle: Untergang auf Raten. Unbekannte Kapitel der DDR-Geschichte, München 1993.

Modrow, Hans (Hrsg.): Das Große Haus. Insider berichten aus dem ZK der SED, Berlin 1994.

Modrow, Hans und Hans-Dieter Schütt: Ich wollte ein neues Deutschland, Berlin 1998.

Modrow, Hans: Aufbruch und Ende, Hamburg 1991.

Müller-Enbergs, Helmut, Marianne Schulz und Jan Wielgohs (Hrsg.): Von der Illegalität ins Parlament. Werdegang und Konzepte der neuen Bürgerbewegungen, Berlin 1991.

Musiolek, Berndt (Hrsg.): Parteien und Politische Bewegungen im letzten Jahr der DDR, Berlin 1991.

Neubert, Ehrhart: Motive des Aufbruchs, in: Hubertus Knabe (Hrsg.), Aufbruch in eine andere DDR. Reformer und Oppositionelle zur Zukunft ihres Landes, Reinbek bei Hamburg 1989, S. 149 ff.

Neubert, Ehrhart: Eine protestantische Revolution, Zepernick 1990.

Neubert, Ehrhart: Untersuchung zu den Vorwürfen gegen den Ministerpräsidenten des Landes Brandenburg, Dr. Manfred Stolpe. Potsdam 1993 (hrsg. von der Fraktion Bündnis 90 im Landtag Brandenburg).

Neubert, Ehrhart: „Von der Freiheit eines Christenmenschen". Protestantische Wurzeln widerständigen Verhaltens, in: Ulrike Poppe, Rainer Eckert und Ilko-Sascha Kowalczuk (Hrsg.): Zwischen Anpassung und Selbstbehauptung. Formen des Widerstandes und der Opposition in der DDR, Berlin 1995, S. 224–243.

Neubert, Ehrhart: Geschichte der Opposition in der DDR 1949–1989, Berlin 1997.

Neues Forum Leipzig (Hrsg.): Jetzt oder nie – Demokratie! 2. Auflage Leipzig 1989.

Neugebauer, Gero und Bernd Niedbalski: Die SDP/SPD in der DDR 1989–1990: aus der Bürgerbewegung in die gesamtdeutsche Sozialdemokratie. Text, Chronik und Dokumentation, Berlin 1992 (Berliner Arbeitshefte und Berichte zur sozialwissenschaftlichen Forschung Nr. 74).

Opp, Karl-Dieter, Peter Voß und Christiane Gern: Die volkseigene Revolution, Stuttgart 1993.

Oschlies, Wolf: „Wir sind das Volk". Zur Rolle der Sprache bei den Revolutionen in der DDR, Tschechoslowakei, Rumänien und Bulgarien, Köln und Wien 1990.

Philipsen, Dirk (Hrsg.): We Were the People: Voice from East Germany's Revolutionary Autumn of 1989, Duke UP 1993.

Polenz, Peter von: Die Sprachrevolte in der DDR im Herbst 1989. Ein Forschungsbericht nach drei Jahren vereinter germanistischer Linguistik, in: ZGL 21 (1993), 127–149.

Pollack, Detlev (Hrsg.): Die Legitimität der Freiheit. Politisch-Alternative Gruppen unter dem Dach der Kirche, Frankfurt a. M. 1989.

Pollack, Detlef und Dieter Rink (Hrsg.): Zwischen Verweigerung und Opposition. Politischer Protest in der DDR 1970–89, Frankfurt a. M. und New York 1997.

Poppe, Ulrike: „Der Weg ist das Ziel". Zum Selbstverständnis und der politischen Rolle oppositioneller Gruppen der achtziger Jahre, in: dies., Rainer Eckert und Ilko-Sascha Kowalczuk (Hrsg.): Zwischen Anpassung und Selbstbehauptung. Formen des Widerstandes und der Opposition in der DDR, Berlin 1995, S. 244–272.

Poppe, Ulrike, Rainer Eckert und Ilko-Sascha Kowalczuk: Opposition, Widerstand und widerständiges Verhalten in der DDR. Forschungsstand, Grundlinien, Perspektiven, in: dies. (Hrsg.): Zwischen Anpassung und Selbstbehauptung. Formen des Widerstandes und der Opposition in der DDR, Berlin 1995, S. 9–26.

Poppe, Ulrike, Rainer Eckert und Ilko-Sascha Kowalczuk (Hrsg.): Zwischen Anpassung und Selbstbehauptung. Formen des Widerstandes und der Opposition in der DDR, Berlin 1995.

Prengel, Christine: Verkehrsform Runder Tisch. Fallbeispiel eines Berliner Stadtbezirks, Ms.

Prokop, Siegfried (Hrsg.): Die kurze Zeit der Utopie. Die „zweite" DDR im vergessenen Jahr 1989/90, Berlin 1994.

Przybylski, Peter: Tatort Politbüro. Die Akte Honecker, Berlin 1991.

Rein, Gerhard (Hrsg.): Die Opposition in der DDR. Entwürfe für einen anderen Sozialismus, Berlin 1989.

Rein, Gerhard: Die protestantische Revolution 1987–1990. Ein deutsches Lesebuch, Berlin 1990.

Reuth, Ralf Georg und Andreas Bönte: Das Komplott. Wie es wirklich zur deutschen Einheit kam, München 1993.

Rigotti, Francesca: Der „runde Tisch" und der Mythos der symmetrischen Kommunikation, in: Andreas Dörner und Ludgera Voigt (Hrsg.), Sprache des Parlaments und Semiotik der Demokratie. Studien zur politischen Kommunikation in der Moderne, Berlin und New York 1995, S. 290–296.

Roethe, Thomas: Arbeiten wie bei Honecker, leben wie bei Kohl, Frankfurt a. M. 1999.

Rogner, Klaus Michael: Der Verfassungsentwurf des Zentralen Runden Tisches der DDR, Berlin 1993.

Rosenberg, Tina: The Haunted Land. Facing Europeÿs Ghosts After Communism, New York 1995 (dt.: Die Rache der Geschichte, München 1997).

Rüddenklau, Wolfgang: Störenfried. DDR-Opposition 1986–89, Berlin 1992.

Sächsicher Landtag (Hrsg.): Von der Wende zum Parlament. Sachsen auf dem Wege zur Demokratie, Dresden 1990.

Sächsischer Landtag (Hrsg.): Reden zum 4. Jahrestag der Gründung des Koordinierungsausschusses zur Bildung des Landes Sachsen am 6. Mai 1994, Dresden 1994.

Sauer, Birgit: Der „Runde Tisch" und die Raumaufteilung der Demokratie. Eine politische Institution des Übergangs?, in: Brigitta Nedelmann (Hrsg.), Politische Soziologie (Sonderheft der Kölner Zeitschrift für Soziologie und Sozialpsychologie), Opladen 1995.

Schabowski, Günter: Der Absturz, Berlin 1991.

Schlosser, Horst Dieter: Deutsche Teilung, deutsche Einheit und die Sprache der Deutschen, in: Aus Politik und Zeitgeschichte. Beilage zur Wochenzeitung „Das Parlament", B 17 (1991), S. 13–21.

Schmitt, Dieter: Doktrin und Sprache in der ehemaligen DDR bis 1989. Eine politikwissenschaftliche Analyse unter Berücksichtigung sprachwissenschaftlicher Gesichtspunkte, Frankfurt a. M. 1993.

Schnauze! Gedächtnisprotokolle vom 7. und 8. Oktober 1989 aus Berlin, Leipzig und Dresden, Berlin 1990.

Schneider, Rolf: Der in Vergessenheit geratene Sieg. Die Bürger im Osten wußten die Demokratie nicht zu verteidigen und zu nutzen, in: Der Tagesspiegel, 24. März 1999, S. 10.

Schneider, Rolf: Sinnloses Laienspiel am Runden Tisch, in: Mitteldeutsche Zeitung, 27. März 1999, S. 3.

Schroeder, Klaus: Der SED-Staat. Geschichte und Strukturen der DDR, München 1998.

Schroeder, Klaus und Jochen Staadt: Der diskrete Charme des Status quo: DDR-Forschung in der Ära der Entspannungspolitik, in: Klaus Schroeder (Hrsg.): Geschichte und Transformation des SED-Staates. Beiträge und Analysen, Studien des Forschungsverbundes SED-Staat an der Freien Universität Berlin, Berlin 1994, S. 309–346.

Schroeder, Klaus und Jochen Staadt: Die Kunst des Aussitzens, in: Klaus Schroeder (Hrsg.), Geschichte und Transformation des SED-Staates: Beiträge und Analysen, Studien des Forschungsverbundes SED-Staat an der Freien Universität Berlin, Berlin 1994, S. 347–354.

Schroeder, Klaus und Jochen Staadt: Zeitgeschichte in Deutschland vor und nach 1989, in: Aus Politik und Zeitgeschichte. Beilage zur Wochenzeitung „Das Parlament", B 26 (1997), S. 15–29.

Schröder, Marianne und Ulla Fix: Allgemeinwortschatz der DDR-Bürger – nach Sachgruppen geordnet und linguistisch kommentiert, Heidelberg 1997.

Schüddekopf, Charles (Hrsg.): „Wir sind das Volk!" Flugschriften, Aufrufe und Texte einer deutschen Revolution, Reinbek bei Hamburg 1990.

Schuh, Petra und Bianca von der Weiden: Die deutsche Sozialdemokratie 1989/90, München 1997 (Schriftenreihe der Forschungsgruppe Deutschland).

Schuller, Wolfgang: Repression und Alltag in der DDR, in: Deutschland Archiv, Heft 3 (1994), S. 272–276.

Schulz, Marianne: Neues Forum. Von der illegalen Opposition zur legalen Marginalität, in: Helmut Müller-Enbergs, Marianne Schulz und Jan Wielgohs (Hrsg.): Von der Illegalität ins Parlament. Werdegang und Konzepte der neuen Bürgerbewegungen, Berlin 1991, S. 11–104.

Segert, Dieter: Politische Visionen im Zerfallsprozeß der DDR – das Beispiel des Sozialismusprojekts, in: Utopie konkret, Heft 6 (1993).

Semtner, Klemens: Der Runde Tisch in der DDR (tuduv Studien Politikwissenschaft, 52), München 1992.

Sievers, Hans-Jürgen: Stundenbuch einer deutschen Revolution. Die Leipziger Kirchen im Oktober 1989, Zollikon und Göttingen 1990.

Stiftung Mitarbeit (Hrsg.): Der Runde Tisch – ein neues Demokratiemodell? Dokumentation einer Tagung vom 29. November bis 1. Dezember 1991 im Dresdner Rathaus, Bonn 1992.

Süß, Walter: Mit Unwillen zur Macht. Der Runde Tisch in der DDR der Übergangszeit, in: Deutschland Archiv, H 5 (1991), S. 470–478.

Süß, Walter: Bilanz einer Gratwanderung – Die kurze Amtszeit des Hans Modrow, in: Deutschland Archiv, Heft 6 (1991), 596–608.

Süß, Walter: Staatssicherheit am Ende. Warum es den Mächtigen nicht gelang 1989 eine Revolution zu verhindern, Berlin 1999.

Teltschik, Horst: 329 Tage, Berlin 1991.

Thaa, Winfried, Iris Häuser, Michael Schenkel und Gerd Meyer: Gesellschaftliche Differenzierung und Legitimitätsverfall des DDR-Sozialismus, Tübingen 1992.

Thaysen, Uwe: Der Runde Tisch. Oder: Wo blieb das Volk? Der Weg der DDR in die Demokratie. Opladen 1990.

Thaysen, Uwe: Der Zentrale Runde Tisch der DDR. Leistungen und Legenden, in: Deutschland-Report Nr. 11 (1990), S. 55–80.

Thaysen, Uwe: Zur Geschichte der Verfassungsdiskussion in der DDR. Eine Replik auf Walter Süß, in: Deutschland Archiv, Heft 9 (1991), S. 961–963.

Thaysen, Uwe: „The GDR on Its Way into Democracy", in: Dieter Grosser (Ed.), German Unification. The Challenge, Oxford 1992, S. 72–88.

Thaysen, Uwe und Hans Michael Kloth (Hrsg.): Wandel durch Repräsentation – Repräsentation im Wandel. Entstehung und Ausformung der parlamentarischen Demokratie in Ungarn, Polen, der CSSR und der ehemaligen DDR, Baden-Baden 1992.

Thaysen, Uwe: A New Constitution for A New Germany, in: German Studies Review, Heft 2 (1993), S. 299–310.

Thaysen, Uwe: Zur Verfassungspolitik in der DDR 1989/90, in: Jürgen Hartmann und Uwe Thaysen (Hrsg.): Pluralismus und Parlamentarismus in Theorie und Praxis. Winfried Steffani zum 65. Geburtstag. Opladen 1992. S. 299–325. (Dieser Beitrag ist auch zu Protokoll der Enquete-Kommission „Aufarbeitung von Geschichte und Folgen der SED-Diktatur in Deutschland" gegeben worden. Vgl. in den „Materialien" der Kommission, Bd. VII/2, Bonn 1995, S. 1827–1853.)

Thaysen, Uwe: Fortwirkende Maßnahmen der Regierung Modrow, Expertise für die Enquetekommission „Aufarbeitung von Geschichte und Folgen der SED-Diktatur in Deutschland" des Deutschen Bundestages, in: Materialien der Enquete-Kommission „Aufarbeitung von Geschichte und Folgen der SED-Diktatur in Deutschland". Bd. VII/2 (12. Wahlperiode des Deutschen Bundestages), hrsg. vom Deutschen Bundestag, Bonn 1995, S. 1996–2007.

Thaysen, Uwe und Hans Michael Kloth: Der Runde Tisch und die Entwicklung der SED. Widerstände auf dem Weg zur freien Wahl, in: Materialien der Enquete-Kommission „Aufarbeitung von Geschichte und Folgen der SED-Diktatur in Deutschland" (12. Wahlperiode des Deutschen Bundestages), hrsg. vom Deutschen Bundestag, Bd. VII/2, Bonn 1995, S. 1706–1852.

Thaysen, Uwe: Stichwort „Runder Tisch", in: Rainer Eppelmann, Horst Möller, Günter Nooke und Dorothee Wilms (Hrsg.), Lexikon des DDR-Sozialismus. Das Staats- und Gesellschaftssystem der Deutschen Demokratischen Republik. Paderborn 1996, S. 497–499.

Thaysen, Uwe: Biographien im Jahrzehnt des Umbruchs. Vom Charisma in der aktuellen Politik, in: Zeitschrift für Parlamentsfragen, Heft 4 (1996), S. 719–726.

Thaysen, Uwe: Fernwestliche Abrechnung mit ostdeutschen Dissidenten: so nicht akzeptabel, in: Zeitschrift für Parlamentsfragen, Heft 4 (1996), 780–785.

Thaysen, Uwe: Wege des politischen Umbruchs in der DDR. Der Berliner und der Dresdner Pfad der Demokratiefindung, in: Karl Eckart und Manfred Wilke (Hrsg.), Berlin. Schriftenreihe der Gesellschaft für Deutschlandforschung Bd. 59, Berlin 1998, S. 69–91.

Thaysen, Uwe: Wirtschafts- und sozialpolitische Vorstellungen der neuen Parteien und Bewegungen zur Zeit des Zentralen Runden Tisches (1989/90). (Expertise für die Enquete-Kommission „Überwindung der Folgen der SED-Diktatur im Prozeß der deutschen Einheit" des Deutschen Bundestages, 13. Wahlperiode), Manuskript, Lüneburg und Bonn, Februar 1998 (erscheint voraussichtlich 2000).

Torpey, John C.: Intellectuals, Socialism and Dissent. The East German Opposition and its Legacy, Minneapolis 1995.

Ullmann, Wolfgang: Demokratie – jetzt oder nie! Perspektiven der Gerechtigkeit, München 1990.

Ullmann, Wolfgang: Das Volk muß die Möglichkeit haben, ja zu sagen, in: Bernd Guggenberger, Ulrich K. Preuß und Wolfgang Ullmann (Hrsg.): Eine Verfassung für Deutschland. Manifest – Text – Plädoyers, Berlin 1991, S. 18–21.

Ullmann, Wolfgang: Das beschädigte Herzstück: Die Repräsentation – Parteien zwischen Verfassungsrecht und Verfassungsauftrag, in: Günter Hofmann und Werner A. Perger (Hrsg.), Die Kontroverse, Frankfurt a. M. 1992, S. 143–152.

Ullmann, Wolfgang: Bürgerbewegung und Parlament, 14 in: Rabahn Graf von Westphalen: Parlamentslehre, München 1993, S. 347–387.

Ullmann, Wolfgang: Die deutsche Vereinigung als deutsches und als europäisches Verfassungsproblem, in: Wolfgang Thierse (Hrsg.), Ist der Politik noch zu helfen? Standpunkte am Ende des 20. Jahrhunderts, Berlin 1996, S. 131–139.

Wagner, Herbert: Die Gruppe der 20. Die Mühen der Ebene oder Demokratisierung in Dresden (Manuskript, o. D. – vermutlich Anfang 1990).

Weiß und Heinrich: Der Runde Tisch: Konkursverwalter des „realen" Sozialismus. Analyse und Vergleich des Wirkens Runder Tische in Europa, in: Berichte des Bundesinstituts für ostwissenschaftliche und internationale Studien, Nr. 4 (1991).

Weißhuhn, Reinhard: Der Einfluß bundesdeutscher Parteien auf die Entwicklung widerständigen Verhaltens in der DDR der achtziger Jahre. Parteien in der Bundesrepublik aus der Sicht der Opposition in der DDR, in: Materialien der Enquete-Kommission „Aufarbeitung von Geschichte und Folgen der SED-Diktatur in Deutschland" Bd. VII/2 (12. Wahlperiode des Deutschen Bundestages), hrsg. vom Deutschen Bundestag, Baden-Baden und Frankfurt a. M. 1995, S. 1853–1949.

Welzel, Christian: Von der SED zur PDS. Eine doktringebundene Staatspartei auf dem Wege zu einer politischen Partei im Konkurrenzsystem? (Mai 1989 bis April 1990), Frankfurt a. M. 1992.

Wielgohs, Jan und Helmut Müller-Enbergs: Die Bürgerbewegung Demokratie Jetzt. Vom innerkirchlichen Arbeitskreis zur politischen Opposition; in: Helmut Müller-Enbergs, Marianne Schulz und Jan Wielgohs (Hrsg.): Von der Illegalität ins Parlament. Werdegang und Konzepte der neuen Bürgerbewegungen, Berlin 1991, S. 105–147.

Wielgohs, Jan und Marianne Schulz, Die revolutionäre Krise am Ende der achtziger Jahr und die Formierung der Opposition, in: Materialien der Enquete-Kommission „Aufarbeitung von Geschichte und Folgen der SED-Diktatur in Deutschland". Bd. VII/2 (12. Wahlperiode des Deutschen Bundestages), hrsg. vom Deutschen Bundestag, Baden-Baden und Frankfurt a. M. 1995, S. 1950–1995.

Winter, Friedrich (Hrsg.): Die Moderatoren der Runden Tische. Evangelische Kirche und Politik 1989/90, Leipzig 1999.

Wolle, Stefan: Die heile Welt der Diktatur. Alltag und Herrschaft in der DDR 1971–1989, Berlin 1998.

Young, Brigitte: Triumph of the Fatherland. German Unification and the Marginalization of Women, Ann Arbor 1999.

Ziegler, Martin: Am Zentralen Runden Tisch, Berlin 1997 (aufbewahrt im Zentralarchiv der Evangelischen Kirche zu Berlin).

Ziegler, Martin: „Am Zentralen Runden Tisch. Es war nötig, moderierend zu wirken", in: Friedrich Winter (Hrsg.), Die Moderatoren der Runden Tische. Evangelische Kirche und Politik 1989/90, Leipzig 1999, S. 46 – 65.

Zwahr, Hartmut: Umbruch durch Ausbruch und Aufbruch: Die DDR auf dem Höhepunkt der Staatskrise 1989, in: Hartmut Kaelble, Jürgen Kocka und Hartmut Zwahr (Hrsg.), Sozialgeschichte der DDR, Stuttgart 1994, S. 426–465.

3. Abkürzungsverzeichnis

AdL	Akademie der Landwirtschaftswissenschaften der DDR	EV	Einigungsvertrag oder Ermittlungsverfahren
ADN	Allgemeiner Deutscher Nachrichtendienst	FAZ	Frankfurter Allgemeine Zeitung
AdW	Akademie der Wissenschaften	FCKW	Fluorchlorkohlenwasserstoff
AfNS	Amt für Nationale Sicherheit	FDJ	Freie Deutsche Jugend
AG	Arbeitsgruppe/Arbeitsgemeinschaft	F.D.P.	Freie Demokratische Partei
AGB	Arbeitsgesetzbuch	Flag-MG	Waffentyp, Kaliber 14,5 mm
AgCK	Arbeitsgemeinschaft Christlicher Kirchen	GATT	General Agreement on Tariffs and Trade
AHB	Außenhandelsbetrieb	GAU	Größter Anzunehmender Unfall
AJL	Alternative Jugendliste	GG	Grundgesetz
AK2	Aktuelle Kamera 2	GMS	Gesellschaftlicher Mitarbeiter für Sicherheit
AO	Anordnung		
AWUS	Abfallwirtschaft und Umweltservice GmbH, Berlin	GL	Grüne Liga
BÄ	Bezirksämter	GP	Grüne Partei
BdM	Beschluß des Ministerrates	GPG	Garten Produktionsgenossenschaft
BEK	Bund Evangelischer Kirchen	GST	Gesellschaft für Sport und Technik
BK	Bürgerkomitee	GVS	Geheime Verschlußsache
BHG	Bäuerliche Handelsgenossenschaften	HO	Handelsorganisation
BIEG	Berliner Import-Export Gesellschaft mbH	HVA	Hauptverwaltung Aufklärung
BLN	Bank für Landwirtschaft und Nahrungsgüterwirtschaft	IAEA	Internationale Atomenergieorganisation
		IFA	Industrieverwaltung Fahrzeug und Automobilbau
BMJ	Bundesministerium der Justiz	IFM	Initiative Frieden und Menschenrechte
BND	Bundesnachrichtendienst	ILO	International Labor Organisation
BRD	Bundesrepublik Deutschland	IM	Inoffizieller Mitarbeiter
BSA	Bund Sozialistischer Arbeiter	IMES	Internationale Meßtechnik GmbH
BSB	Betrieb mit staatlicher Beteiligung	IWF	Internationaler Währungsfonds
BverfG	Bundesverfassungsgericht	KB	Kulturbund der DDR
CDU	Christlich Demokratische Union (der DDR)	KdT	Kammer der Technik
		KfZ	Kraftfahrzeug
CIA	Central Intelligence Agency	KKW	Kernkraftwerk
COCOM	Coordinating Committee for East-West Trade Policy	KLZ	Kindererholungszentrum
		KoKo	Kommerzielle Koordinierung
CSR	Tschechoslowakische Republik	Kombinat Taggraf	Bezeichnung des Kombinates
CSSR	Tschechoslowakische Sozialistische Republik	KPD	Kommunistische Partei Deutschlands
DA	Demokratischer Aufbruch	KSZE	Konferenz über Sicherheit und Zusammenarbeit in Europa
DABA	Deutsche Außenhandelsbank AG		
DBD	Demokratische Bauernpartei Deutschlands (DDR)	KWV	Kommunale Wohnungsverwaltung
		LDP (D)	Liberal-Demokratische Partei (Deutschlands)
DDR	Deutsche Demokratische Republik		
DKP	Deutsche Kommunistische Partei	LPG	Landwirtschaftliche Produktionsgenossenschaft
Demos	Demonstrationen		
DFD	Demokratischer Frauenverbund Deutschlands (DDR)	MAD	Militärischer Abschirmdienst
		MdI	Ministerium des Innern
DFP	Deutsche Forumspartei	MdJ	Ministerium für Justiz
DGB	Deutscher Gewerkschaftsbund	MfIA	Ministerium für Innere Angelegenheiten
DJ	Demokratie Jetzt	MfS	Ministerium für Staatssicherheit
DSF	Gesellschaft für deutsch-sowjetische Freundschaft	MIK	Maximale Immissionskonzentration
		MW	Megawatt
DSU	Deutsche Soziale Union	NASI	Amt für Nationale Sicherheit
DVP	Deutsche Volkspolizei	NATO	North Atlantic Treaty Organization: Nordatlantikpakt-Organisation
EAW	Elektro-Apparate-Werke Treptow		
E-Musik	Elektro-Musik	ND	Neues Deutschland
EDV	Elektronische Datenverarbeitung	NDPD	National-Demokratische Partei Deutschlands (DDR)
EFTA	European Free Trade Association: Europäische Freihandelszone		
		NGO	Non-Governmental Organization
EG	Europäische Gemeinschaft	NF	Neues Forum
ERP	European Recovery Program	NOK	Nationales Olympisches Komitee

NÖS	Neues ökonomisches System	TÜ	Technische Überwachung
NSW	Nichtsozialistisches Wirtschaftsgebiet	UdSSR	Union der Sozialistischen Sowjetrepubliken
NUW	Naturschutz, Umweltschutz und Wasserwirtschaft	UFV	Unabhängiger Frauenverband
NVA	Nationale Volksarmee	UN	United Nations (Vereinigte Nationen)
OG	Oberstes Gericht	UNESCO	United Nations Educational, Scientific and Cultural Organization: Organisation der Vereinten Nationen für Erziehung, Wissenschaft und Kultur
o.G.	ohne Geschäftsbereich		
OPK	Operative Personenkontrolle		
OV	Operativer Vorgang/Operativvorgang		
PDS	Partei des Demokratischen Sozialismus	UNICEF	United Nations International Children,s Emergency Fund: Internationaler Kinderhilfsfonds der Vereinten Nationen
PGH	Produktionsgenossenschaft des Handwerks		
PH	Pädagogische Hochschule	UNO	United Nations Organization (Organisation der Vereinten Nationen)
POS	Polytechnische Oberschule		
RAF	Rote-Armee-Fraktion	US	United States
RT	Runder Tisch	USA	United States of America
REA	Rauchgasentschwefelungsanlage	UUK	Unabhängige Untersuchungskommission
Reps	Republikaner	UVP	Unabhängige Volkspartei
RGW	Rat für gegenseitige Wirtschaftshilfe	VdF	Verband der Freidenker (in der DDR)
RZWTI	Rechenzentrum Wissenschaftlich-Technische Informationstätigkeit	VdgB	Vereinigung der gegenseitigen Bauernhilfe
		VEB	Volkseigene Betriebe
SAAS	Staatliches Amt für Atomsicherheit und Strahlenschutz	VEB WAB	Volkseigener Betrieb Wasser, Abwasser, Bewässerung
SDAG	Sowjetisch-Deutsche Aktiengesellschaft	VL	Vereinigte Linke
SDP	Sozial-Demokratische Partei (der DDR)	VO	Verordnung
SED	Sozialistische Einheitspartei Deutschlands	VP	Volkspolizei
SO2	Schwefeldioxid	VPKA	Volkspolizeikreisamt
SpAD	Spartakist – Arbeiterpartei Deutschlands	VS	Verschlußsache
SPD	Sozialdemokratische Partei Deutschlands (DDR)	VVB	Vereinigungen Volkseigener Betriebe
		VW	Volkswagen
SPK	Staatliche Plankommission	WahlG	Wahlgesetz
StGAO	Strafgesetzanordnung	WB	West-Berlin
Stasi	Staatssicherheit	WHO	World Health Organisation
StÄG	Strafrechtänderungsgesetz	WITRA	Wiechert Trading
StGB	Strafgesetzbuch	WWER	Typ des Reaktors
StPO	Strafprozeßordnung	ZDJ	Zentralinstitut Jugend
StVE	Strafvollzugseinrichtung	ZGB	Zivilgesetzbuch
SU	Sowjetunion	ZK	Zentralkomitee
SZS	Staatliche Zentralverwaltung für Statistik	ZPL	Zentrales Pionierlager
TAZ	Tageszeitung	ZV	Zivilverteidigung oder Zollverwaltung der DDR
TGL	Technische Normen, Gütervorschriften und Lieferbedingungen – Bezeichnung für DDR- und Fachbereichstandards, stets in verbindung mit einer Standardnummer		

4. Inhaltsverzeichnis

Band I: Aufbruch

1.–4. Sitzung (7. Dezember – 27. Dezember 1989)

1. Sitzung 1

Berlin, Dietrich-Bonhoeffer-Haus, Donnerstag, den 7. Dezember 1989

	Vorlage 1/1	**Moderation:** Verfahrensvorschlag für das Rundtischgespräch am 7. Dezember 1989	1
	Vorlage 1/2	**Moderation:** Liste der Eingeladenen	2
TOP 1:	Begrüßung durch den Gastgeber		2
	Vorlage 1/3	**Moderator:** Oberkirchenrat Pfarrer Martin Ziegler: Eröffnungsansprache	2
TOP 2:	Erweiterung des Kreises der teilnehmenden Parteien und Gruppierungen		4
		– **Antrag** SED: Feststellung der Kompetenz zur Entscheidung über die Teilnahme	6
		– **Antrag** Moderation: Feststellung des Teilnehmerstatus	8
		– **Antrag** SDP: Zulassung von FDGB und UFV am Runden Tisch	10
		– **Antrag** IFM: Unvereinbarkeit von Doppelmitgliedschaften	10
TOP 3:	Vorstellung neuer Teilnehmer der Parteien und Gruppierungen		12
TOP 4:	Verständigung über die Themen auf der Tagesordnung vom 7. 12. 1989		13
	Vorlage 1/4	**Erklärung** Opposition: Selbstverständnis der oppositionellen Gruppierungen und Parteien	13
TOP 5:	Diskussion der für den 7. 12. 1989 ausgewählten Themen		14
	Vorlage 1/5	**Aufruf** NVA: Zur Mitarbeit an der Militärreform	17
TOP 6:	Information der Öffentlichkeit: Dokumentation der Beratungen des Runden Tisches		20
TOP 7:	Geschäftsordnung (und Selbstverständnis) des Runden Tisches		23
	Vorlage 1/6a	**Antrag** CDU: Entwurf einer Geschäftsordnung	23
TOP 8:	Information der Öffentlichkeit über die Arbeit des Runden Tisches		24
TOP 9:	Tagungsleitung/Moderation des Runden Tisches		26
TOP 10:	Selbstverständnis (und Geschäftsordnung) des Runden Tisches		30
	Vorlage 1/7a	**Erklärung** NF: Erster Entwurf einer Erklärung zum Selbstverständnis des Runden Tisches	30
TOP 11:	Reaktion des Runden Tisches auf eine Demonstration vor dem Tagungsort		35
TOP 12:	Lage der DDR: Vor Anarchie, Blutvergießen und Wirtschaftskollaps; Bürgerkomitees: Zwischen Selbstjustiz und Sicherheitspartnerschaft		37
	Vorlage 1/7b	**Erklärung** Runder Tisch: Zweite Version des Entwurfs einer Erklärung zum Selbstverständnis des Runden Tisches	39
TOP 13:	Selbstverständnis (und Geschäftsordnung): Termine und Modalitäten für Wahlen, Volksentscheide und Verfassungsänderungen		41
	Vorlage 1/8	**Schreiben** der „Zeitweiligen Kommission der Volkskammer zur Änderung und Ergänzung der Verfassung der DDR" vom 7. Dezember 1989: Einladung an den Runden Tisch zur Mitarbeit	43
	Vorlage 1/9	**Aufruf** NF Wittenberg: An den Runden Tisch	45
TOP 14:	Arbeitsbedingungen der Oppositionellen		46

	– **Schreiben** Ulrike Poppe: Arbeitsbedingungen der Oppositionellen [Dokument 2/2, Anlagenband]	47
Vorlage 1/10a	**Entwurf einer Erklärung** des Runden Tisches: Zum Entwurf einer neuen Verfassung)	48
Vorlage 1/10b	**Erklärung** Runder Tisch: Zum Entwurf einer neuen Verfassung	50
	– **ADN Alarm-Meldung** vom 7. Dezember 1989: Pressemeldung (in drei Teilen) von Regierungssprecher Wolfgang Meyer zur Lage in der DDR [Dokument 1/1, Anlagenband]	

TOP 15: Selbstverständnis des Runden Tisches ... 61

Vorlage 1/7c **Erklärung** Runder Tisch: Zum Selbstverständnis des Runden Tisches ... 62

TOP 16: Geschäftsordnung des Runden Tisches ... 62

Vorlage 1/6b **Geschäftsordnung** des Runden Tisches ... 64

TOP 17: Arbeitsbedingungen der Oppositionellen ... 65

TOP 18: Rechtsstaatlichkeit: Insbesondere Auflösung des Staatssicherheitsapparates, Rolle der Bürgerkomitees, Erhaltung von Akten und Beweismaterial ... 66

Vorlage 1/11a **Entwurf einer Erklärung** des Runden Tisches: Zur Rechtsstaatlichkeit ... 68

Vorlage 1/11b **Erklärung** Runder Tisch: Zur Rechtsstaatlichkeit ... 88

TOP 19: Verständigung über die Fortführung der Gespräche am Runden Tisch und die weitere Bearbeitung der anstehenden Fragen ... 89

Vorlage 1/12 **Erklärung** Runder Tisch: Zur Weiterarbeit ... 89

Inhaltsverzeichnis Band I　　XLIX

2. Sitzung ... 90

Berlin, Dietrich-Bonhoeffer-Haus, Montag, den 18. Dezember 1989

TOP 1: Öffentlichkeit: Live-Übertragung der Verhandlungen des Runden Tisches ... 91

TOP 2: Anträge zur Teilnahme am Runden Tisch ... 92

    Vorlage 2/1　**Antrag** der Kontaktgruppe der neuen Parteien und Gruppierungen: Zur Arbeit des Runden Tisches und zur Zulassung weiterer Gruppierungen beziehungsweise Personen an den Runden Tisch ... 94

        – **Antrag** des Runden Tisches: Zur Ausnahme-Zulassung von Doppelmitgliedschaften für die 2. Sitzung des Runden Tisches ... 103

TOP 3: Lage der DDR: Beratung zur Tagesordnung ... 104

        – **Einladung** des Bundes der Evangelischen Kirchen in der DDR (BEK) zur 2. Sitzung des Runden Tisches mit einem Vorschlag zur Tagesordnung sowie zur Gesprächsführung [Dokument 2/1, Anlagenband] ... 104

TOP 4: Bildung weiterer Arbeitsgruppen des Runden Tisches ... 104

TOP 5: Weiterarbeit des Runden Tisches, besonders Zusammenarbeit mit der Regierung Modrow ... 107

    Vorlage 2/2　**Erklärung** NF: Standpunkte des Neuen Forums für den Runden Tisch am 18. Dezember 1989 ... 107

    Vorlage 2/3　**Erklärung** NDPD: Standpunkte der „Regierungsparteien" für den Runden Tisch am 18. Dezember 1989 ... 113

        – **Antrag** SED-PDS: Einrichtung einer „kleinen Runde" zur Erstellung eines Prioritätenkataloges für die weitere Arbeit und für das Gespräch mit der Regierung Modrow ... 117

TOP 6: Stellungnahme des Runden Tisches zum Besuch von Bundeskanzler Kohl, BRD, in Dresden am 19. Dezember 1989 ... 118

    Vorlage 2/4　**Antrag** SED-PDS: Stellungnahme des Runden Tisches zum Besuch von BRD-Kanzler Kohl in Dresden [betreffend Ausverkauf der DDR und Einströmen von Neonazis in die DDR] ... 121

TOP 7: Arbeitsbedingungen der Oppositionellen ... 121

        – **Schreiben** Ulrike Poppe vom 13. Dezember 1989 an den Vorsitzenden des Staatsrates: Voraussetzung für die Arbeit der neuen Gruppierungen und Parteien [Dokument 2/2, Anlagenband] ... 122

TOP 8: Stellungnahme des Runden Tisches zum Besuch von Bundeskanzler Kohl, BRD, in Dresden am 19. Dezember 1989 (Fortsetzung) ... 126

    Vorlage 2/5　**Minderheitenvotum** NF und VL: Zur „Stellungnahme des Runden Tisches zum Besuch von BRD-Kanzler Kohl" ... 126

TOP 9: Bildung weiterer Arbeitsgruppen des Runden Tisches ... 127

TOP 10: Zivile Kontrolle (der Auflösung) des Staatssicherheitsapparates ... 130

    Vorlage 2/6　**Stellungnahme** des Runden Tisches: Zu den Unabhängigen Kontrollkommissionen und Beschluß zur Kontrolle der Auflösung des Amtes für Nationale Sicherheit ... 131

TOP 11: Bildung weiterer Arbeitsgruppen des Runden Tisches ... 132

TOP 12: Aufdeckung eingeschleuster Stasi-Spitzel ... 135

TOP 13: Bildung weiterer Arbeitsgruppen ... 136

TOP 14: Appell an die rumänische Staatsführung: Keine Gewalt! ... 137

    Vorlage 2/7a　**Entwurf** eines Appells des Runden Tisches an die rumänische Staatsführung ... 137

    Vorlage 2/7b　**Erklärung** des Runden Tisches an die rumänische Staats- und Parteiführung ['Rumänien-Resolution" des Runden Tisches]) ... 139

TOP 15: Neofaschismus in der DDR ... 139

    Vorlage 2/8　**Antrag** NDPD: Zur Verurteilung neofaschistischer Aktivitäten ... 140

TOP 16:	Kommunalwahlen vor Volkskammerwahlen	141
TOP 17:	Zur Sicherheit und Ordnung in Plauen	144
Vorlage 2/9	**Erklärung** LDPD: Appell zur Besonnenheit an die Bürger von Plauen	144
TOP 18:	Offenlegung eingeschleuster Stasi-Spitzel	145
Vorlage 2/10	**Antrag** SDP: Zur Offenlegung der gegen Friedens-, Umwelt- und Menschenrechtsgruppen angewandten Vorgehensweisen sowie zur Nennung der in diese Gruppen eingeschleusten Personen	145
TOP 19:	Reinigung der Justiz	146
Vorlage 2/11	**Erklärung** NF: Zum Zustand der DDR-Justiz	146
TOP 20:	Zivile Kontrolle (der Auflösung) des Staatssicherheitsapparates	149
	– **Informationen** des Ministerrates: Zum Entschluß der Regierung der DDR vom 14. Dezember 1989 zur Auflösung des Amtes für Nationale Sicherheit [Dokument 2/3, Anlagenband]	149
	– **Beschluß** des Ministerrates vom 14. Dezember 1989: Über die Bildung einer Zeitweiligen Untersuchungsabteilung beim Ministerrat [Dokument 2/4, Anlagenband]	149
	– **Entwurf** des Ministerrates: Ordnung über die Tätigkeit von Bürgerkomitees [Dokument 2/5, Anlagenband]	149
TOP 21:	Schlußtermin zur Konstituierung der Arbeitsgruppen des Runden Tisches	152
TOP 22:	Bericht aus der Arbeitsgruppe „Neue Verfassung"	152

3. Sitzung 154

Berlin, Dietrich-Bonhoeffer-Haus, Freitag, den 22. Dezember 1989

TOP 1: Begrüßung und Eröffnung 154

    Vorlage 3/0   **Information** Evangelische Kirchenkonferenz: Aufruf zur Demonstration gegen Massaker in Rumänien
[Dokument 3/1, Anlagenband] 154

TOP 2: Personelle Veränderungen in den Delegationen der am Runden Tisch vertretenen Parteien und Gruppierungen 154

    Vorlage 3/1   **Tagesordnung** des Runden Tisches für die 3. Sitzung am 22. 12. 1989 154

    Vorlage 3/2   **Presseerklärung** AG „Wirtschaft" des Runden Tisches: Sofortmaßnahmen zur Stabilisierung der Wirtschaft; Verlangen nach umfassender Auskunft 155

TOP 3: Anhörung von Regierungsvertretern zu Wirtschaftsfragen, Sofortmaßnahmen und Finanzproblemen: Anhörung der Ministerin für Wirtschaft, Frau Prof. Dr. Christa Luft 155

    Vorlage 3/3   **Aufruf** FDGB: Zur Wirtschaftsreform, gegen Sozialabbau
[Dokument 3/2, Anlagenband] 170

    Vorlage 3/4   **Erklärung** GP, GL: Zur Energiewirtschaft insbesondere 4-Punkte-Programm zur Verbesserung der Energiesituation 172

TOP 4: Anhörung von Regierungsvertretern zu Wirtschaftsfragen, Sofortmaßnahmen und Finanzproblemen: Anhörung des Stellvertretenden Ministers für Schwerindustrie, Wolfgang Mitzinger 174

TOP 5: Anhörung von Regierungsvertretern zu Wirtschaftsfragen, Sofortmaßnahmen und Finanzproblemen: Anhörung des Ministers für Verkehrswesen, Heinrich Scholz 175

TOP 6: Bericht über die Verhandlungen zu den Arbeitsmöglichkeiten des Runden Tisches vom 21. Dezember 1989 176

    Vorlage 3/5   **Information** des Ministerrats: Beschluß zur Unterstützung der Arbeit des Runden Tisches
[Dokument 3/3, Anlagenband] 176

TOP 7: Zur Weiterarbeit des Runden Tisches: Prioritätenliste der Verhandlungsthemen 177

    Vorlage 3/6   **Entwurf** der Prioritätengruppe des Runden Tisches: Themenvorschläge für die Sitzungen des Runden Tisches am 3., 8. und 15. Januar 1990
[Dokument 3/4, Anlagenband] 177

        – **Antrag** NF: Aufnahme des Themas Kommunalwahlen auf die Tagesordnung der Sitzung des Runden Tisches am 27. Dezember 1989 178

TOP 8: Zur Weiterarbeit des Runden Tisches: Ort, Arbeitssekretariat und Gesprächsleitung 180

TOP 9: Zur Weiterarbeit des Runden Tisches: Erarbeitung von Eingaben, Dokumentation, Öffentlichkeitsarbeit und Pressesprecher 182

        – **Antrag** SED-PDS: Zur Öffnung des Brandenburger Tores 183

        – **Antrag** SED-PDS: Verurteilung der US-Invasion in Panama 184

4. Sitzung 185

Berlin, Residenz Schloß Niederschönhausen, Mittwoch, den 27. Dezember 1989

TOP 1: Personelle Veränderungen; Vorstellung neuer Repräsentanten der am Runden Tisch vertretenen Parteien und Vereinigungen 185

    Vorlage 4/1   **Entwurf** Moderation: Tagesordnung für die 4. Sitzung des Runden Tisches 186

TOP 2: Zulassung neuer Gruppierungen zum Runden Tisch 186

    – **Antrag** SDP: Gewährung des Beobachterstatus am Runden Tisch für die Kammer für Technik, für die Gesellschaft für Deutsch-Sowjetische Freundschaft und die Arbeitsgruppe Nationale Bürgerbewegung 187

    – **Antrag** DA: Vorprüfung von Neuzulassungen zum Runden Tisch durch die Prioritätengruppe 187

TOP 3: Neuzulassung von Beratern, Vertretung von Mitgliedern des Runden Tisches 187

    Vorlage 4/2   **Antrag** SDP, IFM: Zulassung von Beratern 188

    Vorlage 4/2a   **Beschluß** Runder Tisch: Änderung der Geschäftsordnung, Zulassung von Beratern zum Runden Tisch 190

    – **Geschäftsordnung** des Runden Tisches in der 2. Fassung
[Dokument 4/1, Anlagenband] 190

TOP 4: Beratung und Beschluß der Tagesordnung 191

    – **Antrag** DA: Abgabe einer persönlichen Erklärung Wolfgang Schnur 191

    – **Antrag** NF: Erweiterung TOP „Bildung eines zivilen Kontrollausschusses" um das Thema „Aussprache über die Regierungsinformation vom 14. Dezember 1989, insbesondere über die Auflösung des Amtes für Nationale Sicherheit und die Bildung eines neuen Nachrichtendienstes bzw. Verfassungsschutzes" 191

    – **Antrag** GP: Aufnahme des TOP „Baukapazitäten und Waffen des MfS" 191

    – **Appell** der 89
[Dokument 4/2: Anlagenband] 191

    – **Antrag** NF: Aufnahmen des TOP „Verhandlungen der DDR über den Kauf von Kernkraftwerken aus der Bundesrepublik" 191

    Vorlage 4/3   **Erklärung** DA: Persönliche Erklärung Wolfgang Schnur zu Korruptionsvorwürfen 193

TOP 5: Doppelmitgliedschaft 194

    – **Antrag** GP: Durchsetzung des Beschlusses, am Runden Tisch keine Doppelmitgliedschaften zuzulassen 194

TOP 6: Schreiben und Eingaben an den Runden Tisch zur Frage der Doppelmitgliedschaft 195

    – **Stellungnahme** Rainer Schramm (FDGB) zur Aberkennung seines Rederechts am Runden Tisch 195

    – **Antrag** UFV: Aufhebung des Verbotes von Doppelmitgliedschaften am Runden Tisch 196

TOP 7: Tätigkeit von Bürgerkomitees. Zugleich: Debatte zum Selbstverständnis des Runden Tisches 198

    Vorlage 4/4   **Entwurf** Ministerrat: Entwurf einer Ordnung über die Tätigkeit von Bürgerkomitees 198

    – **Information** UFV: Antrag an die AG „Wirtschaft" (Information 4/2)
[Dokument 4/3, Anlagenband] 201

    – **Information** AG „Neue Verfassung: Zu einer neuen Verfassung (Information 4/3)
[Dokument 4/4, Anlagenband] 201

    – **Antrag** IFM: Aufrechterhaltung der Bürgerkomitees bis zum Zeitpunkt der Bestätigung einer neuen Verfassung durch Volksentscheid 206

    – **Antrag** SDP: Streichung der Ziffer 2.1. der Vorlage 4/4, Zusammenarbeit von Bürgerkomitees mit örtlichen Volksvertretungen und Staatsorganen 209

– **Antrag** GP: Ersetzung des Wortes „Sicherheitsgemeinschaft" durch „Sicherheitspartnerschaft" 212

– **Antrag** SDP: Neuformulierung von Ziffer 2.2. der Vorlage 4/4, Verhältnis zwischen Runden Tischen und Bürgerkomitees 215

– **Antrag** FDGB: Änderung Ziffer 2.2 der Vorlage 4/4, Informationspflicht der Staatsorgane gegenüber Bürgerkomitees 215

– **Antrag** NF: Änderung Ziffer 2.2 der Vorlage 4/4, Streichung des Halbsatzes „bei denen grundlegende Bürgerinteressen berührt werden" 217

TOP 8: **Selbstverständnis des Runden Tisches: Beziehungen zur Regierung Modrow** 219

– **Antrag** DJ, LDPD, FDGB: Doppelstimmen wegen fehlender Teilnehmer 219

– **Antrag** UFV, IFM: Ende der Debatte über Bürgerkomitees und neue Diskussion über Arbeitsweise und Selbstverständnis der Runden Tische 219

– **Antrag** CDU: Änderung der Geschäftsordnung, Einsetzung eines Rechtsausschusses des Runden Tisches (= AG „Recht") 219

– **Antrag** CDU, IFM, UFV, Moderation: Ende der Debatte und Überweisung des Entwurfes einer Ordnung für Bürgerkomitees an den Rechtsausschuß des Runden Tisches 220

– **Antrag** NF: Vorziehen des TOP „Beziehungen zur Regierung Modrow" 221

– **Antrag** NDPD: Zur Arbeit der AG „Wirtschaft" 221

– **Antrag** NF, SDP: Vorziehen der Tagesordnungspunkte „Beziehungen zur Regierung Modrow", „Bildung eines zivilen Kontrollausschusses" und „Erklärung gegen Neofaschismus" 223

– **Antrag** SDP: Verlängerung der Sitzungsdauer bis zum Abschluß der drei vorgezogenen Punkte der Tagesordnung 223

– **Antrag** NF: (Wieder-)Vorlage 2/2 NF, Standpunkte des NF für den Runden Tisch (vom 18. 12. 1989) 223

– **Anweisungen** (des Leiters) des AfNS vom 7. 12. 1989 zur Aktenvernichtung [Dokument 1/1, Anlagenband] 223

– **Beschluß** des Ministerrates vom 8. 12. 1989 über die Absicherung der ehemaligen Angestellten oder Mitarbeiter in den Ministerien und Staatsorganen [Dokument 4/5, Anlagenband] 224

– **Beschluß** des Ministerrates vom 14. 12. 1989 zur Bildung eines Verfassungsschutzes [Dokument 4/6, Anlagenband] 224

– **Antrag** IFM, FDGB: Herstellung und Vorlage des Gesetzgebungsplanes der Regierung Modrow durch Regierungsvertreter (am Runden Tisch) 226

– **Antrag** SED-PDS: Teilnahme von StS Walter Halbritter als ständigen Regierungsvertreter am Runden Tisch; Einladung an kompetente Minister zum Runden Tisch 227

– **Antrag** SDP: Entsendung von Regierungsmitgliedern der in Regierungsverantwortung stehenden Parteien zu den Beratungen des Runden Tisches 232

– **Antrag** GL: Ständige Präsenz eines kompetenten Regierungsvertreters bei den Sitzungen des Runden Tisches 235

– **Antrag** SDP: Schriftliche Vorlage aller anstehenden Gesetzesvorhaben der Regierung und aller Regierungsentscheidungen beim Runden Tisch 237

TOP 9: **Kernkraft in der DDR: Ankauf von Kernkraftwerken aus der BRD** 238

Vorlage 4/6   **Antrag** NF: Zu den Verhandlungen über einen Ankauf von Kernkraftwerken aus der Bundesrepublik 239

– **Anfragen** des NF zum Ankauf von Kernkraftwerken aus der BRD [Dokument 4/8, Anlagenband] 239

TOP 10: **Zivile Kontrolle der Auflösung des MfS/AfNS** 240

Vorlage 4/7   **Erklärung** von Bürgerinitiativen: „Staatssicherheit – und wie weiter' [Dokument 4/9, Anlagenband] 242

		– **Antrag** IFM, SDP: Schriftlicher Bericht über die Maßnahmen der Organe der Regierung zur Auflösung des MfS/AfNS	242
		– **Antrag** IFM: Einsetzung einer AG „Sicherheit" des Runden Tisches zur zivilen Kontrolle der Auflösung des MfS/AfNS	242
	Vorlage 4/8	**Erklärung** NF: Zur Regierungsinformation vom 14. Dezember 1989 über die Bildung eines Nachrichtendienstes und eines Organs für Verfassungsschutz der DDR	243
		– **Antrag** GL: Aussetzung der Bildung eines Verfassungsschutzes bis zu den Wahlen am 6. Mai 1990	248
		– **Antrag** CDU: Aussetzung der Bildung eines Verfassungsschutzes bis zur Anhörung der Regierung am Runden Tisch	248
		– **Antrag** DJ, FDGB: Erarbeitung eines Datenschutzkonzeptes für MfS-Unterlagen durch die AG „Recht" des Runden Tisches	248
		– **Antrag** GP: Umsetzung der Baukapazitäten des ehemaligen MfS für ökologische Sicherheit und Gesundheitswesen	248
		– **Antrag** GP: Vernichtung von MfS-Waffen unter öffentlicher Kontrolle	249
TOP 11:	Erklärung gegen Neofaschismus		250
	Vorlage 4/9a	**Entwurf** NDPD, GL: Erklärung zu neofaschistischen Tendenzen in der DDR	250
	Vorlage 4/9b	**Beschluß** des Runden Tisches: Erklärung zu neofaschistischen Tendenzen in der DDR	253
TOP 12:	Beziehungen des Runden Tisches zur Regierung Modrow		254
	Vorlage 4/10	**Erklärung** SDP: Zur mangelhaften Offenlegung von Entscheidungen der Regierung Modrow	254

5. Inhaltsübersicht: Band II – V

Band II: Der Zentrale Runde Tisch der DDR: Umbruch
Wortprotokoll (5.–9. Sitzung)

5. Sitzung (3. Januar 1990)

TOP 1: Begrüßung, Vorstellung neuer Repräsentanten der am Runden Tisch vertretenen Parteien und Gruppierungen

TOP 2: Zeitliche Begrenzung der 5. Sitzung des Runden Tisches

TOP 3: Zulassungsanträge für neue Gruppierungen nach Votum der Prioritätengruppe

TOP 4: Kurzinformation über das Gespräch beim Ministerpräsidenten am 2. Januar 1990

TOP 5: Wirtschaftsfragen

TOP 6: Geschäftsordnungsfrage zur Aberkennung des Rederechts von Lothar W. Pawliczak (IFM) am Runden Tisch

TOP 7: Antworten der Regierungsvertreter auf Anfragen vom 22. 12. 89 und zu danach bekanntgewordenen wirtschaftlichen Maßnahmen, insbesondere Antworten und Stellungnahme des Staatssekretärs der Staatlichen Plankommission, Wolfgang Greß

TOP 8: Verständigung über den Fortgang der Tagesordnung

TOP 9: Antworten der Regierungsvertreter auf Anfragen vom 22. 12. 89 und zu danach bekanntgewordenen wirtschaftlichen Maßnahmen, insbesondere Antworten und Stellungnahme von StS Siegert

TOP 10: Justizfragen: Antworten der Regierungsvertreter auf Anfragen vom 27. 12. 89, insbesondere Stellungnahme von StS Halbritter zum Stand der Auflösung des Amtes für Nationale Sicherheit

TOP 11: Diskussion und Anfragen des Runden Tisches zum Bericht von StS Walter Halbritter

TOP 12: Wirtschaftsfragen

TOP 13: Verständigung über Justizfragen

TOP 14: Verständigung über die Weiterarbeit des Runden Tisches, insbesondere über die Ordnung für ein Arbeitssekretariat

TOP 15: Vorschlag der Prioritätengruppe für die Tagesordnung der nächsten Sitzung des Runden Tisches

TOP 16: Verständigung über Konstituierung, Zusammensetzung und Arbeitspläne der Arbeitsgruppen

TOP 17: Freistellungen für die Tätigkeit am Runden Tisch

6. Sitzung (8. Januar 1990)

TOP 1: Begrüßung, Vorstellung neuer Repräsentanten der Parteien und Gruppierungen

TOP 2: Beratung zur Tagesordnung

TOP 3: Anwesenheit von Medien am Runden Tisch

TOP 4: Änderung der Art. 12 und 14 der Verfassung der DDR: Joint-Ventures

TOP 5: Programmplanung des Runden Tisches

TOP 6: Demokratischer Umgang miteinander: Die Demonstration 3. Januar 1990 am sowjetischen Ehrenmal in Treptow und deren „antifaschistische" Instrumentalisierung

TOP 7: Arbeitsbedingungen der Opposition: Räume

TOP 8: Auflösung des Amtes für Nationale Sicherheit

TOP 9: Bericht über die Beratungen in der Volkskammer zu den Art. 12 und 14 der Verfassung der DDR: Joint-Ventures

TOP 10: Erklärungen zur Auflösung des AfNS durch die Regierung Modrow

7. Sitzung (15. Januar 1990)

TOP 1: Erklärung des Vorsitzenden des Ministerrates, Hans Modrow
TOP 2: Vorstellung neuer Repräsentanten der Gruppierungen und Parteien
TOP 3: Organisation der weiteren Arbeit des Runden Tisches
TOP 4: Festlegung der Tagesordnung
TOP 5: Innere Sicherheit
TOP 6: Neues Wahlgesetz
TOP 7: Parteien- und Vereinigungsgesetz
TOP 8: Medien
TOP 9: Reaktion des Runden Tisches auf die „Besetzung" des Zentralen Gebäudekomplexes des Ministeriums für Staatssicherheit in der Normannenstraße

8. Sitzung (18. Januar 1990)

TOP 1: Begrüßung, Vorstellung neuer Repräsentanten der Parteien und Gruppierungen
TOP 2: Zur aktuellen Situation, zugleich Beratung und Feststellung der Tagesordnung
TOP 3: Mediengesetz
TOP 4: Umwelt
TOP 5: Bürgerkomitees
TOP 6: Sicherheit, Auflösung von MfS/AfNS
TOP 7: Schutz des bisherigen Grenzstreifens an der innerdeutschen Grenze
TOP 8: Parteien und Vereinigungen
TOP 9: Wahlgesetz
TOP 10: Änderung der Art. 12 und 14 der Verfassung der DDR: Joint-ventures
TOP 11: Rederecht der Parteien und Vereinigungen des Runden Tisches in der Volkskammer und Beobachterstatus bei Regierungssitzungen
TOP 12: Integration ehemaliger Mitarbeiter des MfS
TOP 13: Gewalt von rechts
TOP 14: Wiedervereinigung/Vertragsgemeinschaft
TOP 15: Energiefragen und Preise
TOP 16: Widerrechtlicher Verkauf von Grundstücken, Betrieben und anderen Sachwerten
TOP 17: Wirtschaft
TOP 18: Sozial- und Gesundheitswesen

9. Sitzung (22. Januar 1990)

TOP 1: Begrüßung und Festlegung der Tagesordnung
TOP 2: Beratung mit der Regierung
TOP 3: Justizfragen
TOP 4: Anträge zur Tagesordnung
TOP 5: Staatssicherheit in der DDR
TOP 6: Parteien- und Vereinigungsgesetz
TOP 7: Anhörung der Experten zur Wahlgesetzgebung

Inhaltsübersicht Band II – V

TOP 8: Anträge auf Zulassung am Runden Tisch
TOP 9: Einzelanträge
TOP 10: Einladung von Teilnehmern des Runden Tisches zu den Beratungen des Jugendausschusses der Volkskammer am 23. Januar 1990
TOP 11: Einladung von Teilnehmern des Runden Tisches zu einem Gespräch über Sicherheitspartnerschaft und Gewaltlosigkeit durch das Ministerium für Innere Angelegenheiten
TOP 12: Mediengesetz
TOP 13: Abschluß durch den Gastgeber

Band III: Der Zentrale Runde Tisch der DDR: Neuer Machtkampf
Wortprotokoll (10.–13. Sitzung)

10. Sitzung (29. Januar 1990)

TOP 1: Eröffnung und Festlegung der Tagesordnung
TOP 2: Informationen über ein Gespräch am 28. 1. 1990 von Vertretern der Parteien und Gruppierungen mit Ministerpräsident Modrow
TOP 3: Ökologische Fragen
TOP 4: Mediengesetzgebung der Volkskammer
TOP 5: Ökologische Fragen (Fortsetzung)
TOP 6: Überlegungen für eine neue Verfassung
TOP 7: Öffentlichkeitsarbeit des Runden Tisches
TOP 8: Anträge auf Zulassung weiterer Parteien, Gruppierungen als Mitglieder bzw. Beobachter am Runden Tisch
TOP 9: Ausländische Mitbürger
TOP 10: Nutzung der Staatsjagdgebiete
TOP 11: Erklärung des Justizministers Kurt Wünsche zu Demokratie und Rechtsstaatlichkeit
TOP 12: „Regierung der Nationalen Verantwortung"
TOP 13: Chancengleichheit bei den Volkskammerwahlen
TOP 14: Lage der DDR
TOP 15: Abschluß durch den Gastgeber

11. Sitzung (5. Januar 1990)

TOP 1: Begrüßung und Vorstellung neuer Teilnehmer der Parteien und Gruppierungen
TOP 2: Beratung zur Tagesordnung
TOP 3: Zwischenbericht aus dem Dreierkomitee zur Auflösung des MfS/AfNS, vorgetragen von Werner Fischer, Sicherheitsbeauftragter des Runden Tisches und Regierungsbevollmächtigter zur Auflösung des MfS/AfNS
TOP 4: Wahlgesetz
TOP 5: Parteien- und Vereinigungsgesetz
TOP 6: Wirtschaft: Erste Runde der Regierungserklärungen
TOP 7: Wirtschaft: Erste Runde der Beratung
TOP 8: Wirtschaft: Erste Runde der Beantwortung der Fragen durch Regierungsvertreter
TOP 9: Wirtschaft: Zweite Runde der Beratung

TOP 10: Wirtschaft: Zweite Runde der Beantwortung der Fragen durch Regierungsvertreter
TOP 11: Wirtschaft: Dritte Runde der Beratung, insbesondere zur sozialen und ökologischen Absicherung der wirtschaftlichen Erfordernisse
TOP 12: Parteien- und Vereinigungsgesetz
TOP 13: Problem Kernkraft
TOP 14: Neuzulassungen
TOP 15: Gesundheitswesen
TOP 16: Bildung und Jugend
TOP 17: Sicherheit
TOP 18: Ausländerfragen
TOP 19: Währungsfragen
TOP 20: Betriebsverfassungsrecht

12. Sitzung (12. Januar 1990)

TOP 1: Begrüßung und Vorstellung neuer Teilnehmer der Parteien und Gruppierungen
TOP 2: Beratung der Tagesordnung
TOP 3: Positionen des Runden Tisches für die Verhandlungen Modrow/Kohl am 13. und 14. Februar 1990
TOP 4: Parteien- und Vereinigungsgesetz
TOP 5: Erklärung des Ministers für Post- und Fernmeldewesen, Dr. Klaus Wolf, zum Vertriebssystem für Verlage der BRD
TOP 6: Wahlgesetz
TOP 7: Bürgerkomitees, Umgang mit den Unterlagen des MfS
TOP 8: Positionen des Runden Tisches für die Verhandlungen Modrow/Kohl am 13. und 14. Februar 1990
TOP 9: Interessenvertretung und Mitbestimmung in den Betrieben
TOP 10: Nationalparkprogramm
TOP 11: Abbau von Subventionen bei Kinderbekleidung
TOP 12: Soziale Sicherheit für Behinderte
TOP 13: Schließung von Kindertagesstätten
TOP 14: Fliegerstreitkräfte
TOP 15: Aufruf zur Aufnahme sowjetischer Juden in der DDR

13. Sitzung (19. Februar 1990)

TOP 1: Eröffnung der 13. Sitzung des Zentralen Runden Tisches
TOP 2: Erklärung des Ministerpräsidenten Dr. Hans Modrow zum Besuch in der BRD vom 13. – 14. Februar 1990
TOP 3: Beratung über die Behandlung noch anstehender Anträge
TOP 4: Ordnung, Sicherheit und Rechtsstaatlichkeit
TOP 5: Verständigung über die Tagesordnung
TOP 6: Wirtschaft III – Landwirtschaft
TOP 7: Eigentum an Grund und Boden
TOP 8: Kurzmitteilungen von Herrn Ziegler
TOP 9: Ergänzung der Tagesordnung um Einzelanträge
TOP 10: Wirtschaft III – Landwirtschaft

TOP 11: Anträge zur Erklärung von Ministerpräsident Dr. Hans Modrow
TOP 12: Versammlungsgesetz
TOP 13: Sozialpolitik
TOP 14: Neue Verfassung: Stellung der Gewerkschaften
TOP 15: Wahlgesetz
TOP 16: Recht und Rechtsstaatlichkeit
TOP 17: Ökologie

Band IV: Der Zentrale Runde Tisch der DDR: Identitätsfindung? Wortprotokoll (14. – 16. Sitzung)

14. Sitzung (26. Februar 1990)

TOP 1: Begrüßung und Vorstellung der Tagesordnung
TOP 2: Kulturpolitik
TOP 3: Informationen aus der Prioritätengruppe
TOP 4: Appell der stellvertretenden Vorsitzenden der Wahlkommission der DDR, Dr. Juliane Jürk, an alle Parteien und Vereinigungen, die sich zur Wahl stellen
TOP 5: Kulturpolitik (Fortsetzung)
TOP 6: Militärreform
TOP 7: Ökologie
TOP 9: Künftige Rechtsform volkseigener Betriebe
TOP 10: Freistellung der Kandidat/Innen für das zu wählende Parlament

15. Sitzung (5. März 1990)

TOP 1: Begrüßung durch den Gastgeber
TOP 2: Gleichstellung von Frauen und Männern – Sozialcharta
TOP 3: Bericht AG „Ökologischer Umbau": Über den Stand der Arbeiten
TOP 4: Erklärung der Vorsitzenden der Wahlkommission der DDR, Petra Bläss, zur Vorbereitung der Volkskammerwahl am 18. März 1990
TOP 5: Bildung, Erziehung und Jugend
TOP 6: Fragen der Justiz
TOP 7: Einzelanträge: Zur Weiterarbeit des Runden Tisches und zur Währungsunion

16. Sitzung (12. März 1990)

TOP 1: Tagesordnung
TOP 2: Wirtschafts- und Verwaltungskader
TOP 3: Wohnsitz von Führungskräften der Parteien und Vereinigungen
TOP 4: Privatisierung von Volkseigentum
TOP 5: Soziales
TOP 6: Privatisierung von Volkseigentum (Fortsetzung)

TOP 7: Gesichtspunkte für eine neue Verfassung
TOP 8: Auflösung des Amtes für Nationale Sicherheit
TOP 9: Eingliederung des Bereiches Kommerzielle Koordinierung (KoKo) in die Volkswirtschaft
TOP 10: Abschlußerklärungen
TOP 11: Amtsmißbrauch und Korruption im Bereich Kommerzielle Koordinierung

Band V: Der Zentrale Runde Tisch der DDR: Dokumente

Vorwort
Verzeichnis der Dokumente
Dokumente

[Beginn der Sitzung: 14.00 Uhr]

[Die Sitzung begann unter tumultartigem Andrang. Dagegen mußten sich die Sitzungsleiter – später „Moderatoren" genannt – zunächst Gehör verschaffen.]

Günther (Pressereferent des Bundes der Evangelischen Kirchen, BEK, in der DDR): Also, für alle Neugierigen:

Hier liegt eigentlich nur die **Tagesordnung**. Ich lese sie vielleicht doch vor, damit keiner exklusive Rechte hat. Also der **Verfahrensvorschlag**. Ich muß noch einmal dazu sagen: Wir sind hier nur die Anlasser des Runden Tisches. Alles andere müssen die Teilnehmer selbst entscheiden.

- Nach der Begrüßung durch Oberkirchenrat Martin Ziegler wird es eine Vorstellung der Gesprächsteilnehmer geben.
- Dann wird man sich über die Gesprächsthemen am heutigen Tag verständigen.
- Während des Gespräches bitten wir Sie dann einmal hinaus, außer den Agenturen.
- Es wird dann weiter gegen Ende die Verständigung über die Fortführung des Gespräches am Runden Tisch und die weitere Bearbeitung der anstehenden Fragen geben, was eventuell an
- Ausschüsse oder Kommissionen – –
- Es wird auch eine Verständigung allein durch die Teilnehmer, nicht durch die Kirche geben über
- Termin, Gastgeber und Ort für den nächsten Runden Tisch, ob man den für vernünftig hält.

Schließlich müssen wir uns noch mit den Teilnehmern einigen, ob sie einverstanden sind. Dann bitte ich Sie alle zum Pressegespräch eine halbe Stunde nach Schluß herüber in das Kasino des Friedrichstadtpalastes.

[Vorlage 1/1, Moderation: Verfahrensvorschlag für das Rundtischgespräch am 7. Dezember 1989]

1) Begrüßung durch den Gastgeber
2) Vorstellung der Gesprächsteilnehmer
3) Verständigung über die Gesprächsthemen am 7.12.1989
4) Gespräch über die für den 7.12.1989 ausgewählten Themen
5) Verständigung über die Fortführung der Gespräche am Runden Tisch und die weitere Bearbeitung der anstehenden Fragen
6) Verständigung über die Information der Öffentlichkeit
7) Abschluß durch den Gastgeber

Wenn das Gespräch allerdings erst nach 18.00 Uhr endet, haben wir dort keinen Raum, weil da heute abend Vorstellung ist. Dann würden wir das Pressegespräch – hoffentlich mit viel Humor – hier machen. Eine halbe Stunde also nach Schluß hier, wenn es nach 18.00 Uhr ist.

Wer nicht die ganze Zeit hierbleiben möchte, kann sich telefonisch melden. Etwa ab 16.00 Uhr haben wir sowohl bei der Pressestelle des Bundes, Telefon 2886-116, die Nachricht, wo und wann das Pressegespräch sein wird. Oder Sie müssen hier anrufen im Haus – die Nummer muß ich Ihnen noch sagen.

Ziegler (Leiter des Sekretariats des Bundes der Evangelischen Kirchen in der DDR, Moderator): Herr Henrich, wollen Sie nicht hier nach vorne kommen?

Henrich (Neues Forum, NF): Ja, gerne.

Günther (Pressereferent BEK): Ich darf noch einmal wiederholen, was wir vorhin schon einmal gesagt haben. Ich bin der Pressereferent des Bundes, Pfarrer Günther, und [hier ist] Monsignore Grande von der Katholischen Bischofskonferenz. Wir beide sollen Sie begleiten, soweit das möglich ist. Sie werden Verständnis haben angesichts des Andranges, daß wir nachher für die eigentliche Gesprächssituation verabredet haben mit den Teilnehmern, daß nur die Agenturen – –

Nein, die Fernsehleute wissen das meistens auch schon.

Wenn das Gespräch vor 17.00 Uhr schließen sollte, können wir ins Kasino des Friedrichstadtpalastes gehen zu diesem Pressegespräch. Wenn, wie wir im Moment noch annehmen, das Gespräch zwischen 18.00 Uhr und 19.00 Uhr schließt, müssen wir im Anschluß hier dieses Pressegespräch machen.

Da bitte ich dann aber um Verständnis, daß wir eine halbe Stunde Pause haben, damit die Teilnehmer erst einmal ungestört rauskönnen und Sie reinkönnen. Und ich bitte nachher um Verständnis, daß wir möglichst ohne große Ordnungsfragen eine Räumung des Raumes von Ihnen mit unterstützen.

Hier sind noch sehr viele Plätze frei. Ich hoffe, daß sich die Teilnehmer des Gespräches im Saal befinden.

[Teilnehmer nehmen Plätze ein]

Schramm (Freier Deutscher Gewerkschaftsbund, FDGB): Ich möchte mich einmal vorher zu Wort melden. Wir stellen die Forderung, daß wir am Runden Tisch mit dabei sind. Wir vertreten fast neun Millionen Werktätige, wovon zwei Millionen organisiert sind in der IG Metall/Metallurgie. Wir verlangen, daß wir hier am Runden Tisch mitwirken können.

Mein Name ist Rainer Schramm, ich bin Mitarbeiter des jetzigen Arbeitssekretariats zur Vorbereitung des außerordentlichen Gewerkschaftskongresses. Gestern hat mich die Demonstration vor dem Gewerkschaftshaus und der Beschluß des Sekretariates zur Vorbereitung des Kongresses beauftragt, hier heute Einlaß zu fordern, um den Standpunkt von über neun Millionen Gewerkschaftlern vortragen und vertreten zu können.

Ziegler (Moderator): Ich habe mit Ihrem Sprecher, ich weiß nicht, ob von der Gewerkschaft, folgendes verabredet: Sobald Sie uns Gelegenheit gegeben haben, in Ordnung und Ruhe hier anzufangen, werden wir die Fragen vornehmen, wie das möglich ist. Aber solange werde ich nicht eröffnen, solange sich Unbekannte an den Tisch setzen.

[Unruhe. Vertreterinnen des Unabhängigen Frauenverbandes, UFV, sitzen bereits am Tisch]

Ullmann (Demokratie Jetzt, DJ): – das hing mit dem Termin seiner Gründung zusammen. Es ist an uns das Ersuchen herangetragen worden, daß zwei Vertreterinnen des Unabhängigen Frauenverbandes am Runden Tisch teilnehmen sollten. Die Gruppierungen und Parteien der Opposition waren der Meinung, dieses Ansinnen sei berechtigt und es müsse dem soweit Rechnung getragen werden, wie das im Rahmen der abgesprochenen Parität möglich ist.

Darüber ist heute vormittag in der Kontaktgruppe und der Vorbereitungsgruppe – –

Ziegler (Moderator): Wie wollen wir uns miteinander hier verständigen, wenn wir uns nicht ein Mindestmaß an Verhandlungsdisziplin auferlegen? Ich bitte herzlich darum, daß wir jetzt feststellen können, ob die Eingeladenen da sind und dann diese Frage, die Herr Dr. Ullmann und die Gewerkschafter und das Frauenforum angesprochen haben, kommt dann sofort zur Sprache, und dann wird darüber entschieden, ja?

Böhme (Sozialdemokratische Partei, SDP): Verehrter Herr Ziegler, verzeihen Sie, wenn ich diesmal so unhöflich bin. Wir sind Ihnen ja auch sehr zu Dank verbunden, mit welchem Aufwand Sie die Verwaltung betrieben haben. Aber ich glaube, daß wir durchaus nachher diskutieren sollten, inwieweit die Gewerkschaftsbasis in einem Beobachterstatus zu vertreten sein wird. Gestatten Sie eine Bemerkung dazu.

Wenn Sie die Programmatik des Frauenverbandes gelesen haben, werden Sie feststellen, daß es ein eindeutiger demokratischer Konsens der Frauen ist, während wir von den FDGB-Freunden noch nicht ein Statut haben im demokratischen Sinne und noch nicht die Mehrheitserklärung eines Bundeskongresses, an der Demokratisierung unter den neuen Modalitäten mitzuarbeiten.

Ich würde die Anwesenden ganz herzlich bitten, im Interesse des Frauenrechtes mit allen Frauen diese Sache in Übereinstimmung so zu gestalten, daß sich die Frauen vielleicht beteiligen können.

Ziegler (Moderator): Auch ich bitte um Entschuldigung. Ich muß auch Ihnen sagen, Sie reden zu der Sache, von der ich gesagt habe, wir werden, wenn eröffnet ist, sofort darauf eingehen. Wir können das schon vorher drannehmen. Vorher kann ich nicht entscheiden und ich eröffne vorher nicht, wenn das so weitergeht.

Ich möchte, da mir nichts anderes übrig bleibt, nun mit einer etwas ungewöhnlichen Sache anfangen und dann einfach anhand der bisher eingeladenen Liste feststellen, wer da ist, damit wir erst einmal sehen, wer noch fehlt, und dann werden wir die Sache, wie Sie es nachher entscheiden, wirklich miteinander entscheiden. Also, bitte verzeihen Sie, so war die Eröffnung nicht gedacht, aber es klingt jetzt zwar schulmäßig, ich lese einmal die Vorlage vor – Darf ich das?

> [Vorlage 1/2, Moderation:] Liste der Eingeladenen]
> – Christlich Demokratische Union (CDU): Dr. Rudolf Krause, Lothar de Maizière, Marion Walsmann.
> – Demokratische Bauernpartei Deutschlands (DBD): Dr. Georg Böhm, Michael Koplanski und Dr. Günter Maleuda.
> – Demokratie Jetzt (DJ): Ulrike Poppe, Dr. Wolfgang Ullmann.
> – Demokratischer Aufbruch (DA): Dr. Fred Ebeling und Wolfgang Schnur.
> – Grüne Partei (GP): Dr. Marianne Dörfler, Carlo Jordan.

> – Initiative Frieden und Menschenrechte (IFM): Aigali Dshunussow und Gerd Poppe.
> – Liberal-Demokratische Partei Deutschlands (LDPD): Dr. Gerlach, Gerhard Lingner, Hans-Dieter Raspe.

Sollte ich einen akademischen Titel hier nicht auf der Liste haben, bitte ich um Verzeihung.

> – National-Demokratische Partei Deutschlands (NDPD: Günter Hartmann, Gustav-Adolf Schlomann, Dr. Eberhard Stief.
> – Neues Forum (NF): Rolf Henrich, Ingrid Köppe, Reinhard Schult.

[Unruhe]

Ja, dann kommen Sie doch an den Tisch. Und die Journalisten bitte ich herzlich, ihn heranzulassen! – Ist Herr Schult inzwischen in der Lage gewesen, sich seinen Stuhl zu suchen? Er kommt gerade. Herr Schult, Sie haben einen Stuhl in Sicht, ja? – Sehr schön. Lassen Sie Herrn Schult doch bitte einmal durch!

> – Sozialdemokratische Partei Deutschlands (SDP): Ibrahim Böhme, Martin Gutzeit.
> – Von der Sozialistischen Einheitspartei Deutschlands (SED) sind mir heute zu Beginn der Tagung zwei andere Namen genannt worden als angemeldet waren. Es ist [jetzt] angemeldet: Herr Dr. Gregor Gysi und Herr Dr. Berghofer. Ihren Vornamen konnten wir so schnell nicht ergründen. Wolfgang. Danke schön. Herr Dr. Wolfgang Berghofer.
> – Es fehlt die Vereinigte Linke (VL)? – Dr. Thomas Klein – ist da – und Annette Seese.

Ich danke Ihnen sehr, daß Sie dies über sich ergehen lassen haben. Ich möchte nun, wie angekündigt, den Runden Tisch eröffnen und sage Ihnen, wenn Sie mir gestatten, ein paar Sätze vorneweg – –

– kommen die Verfahrensfragen? Sofort! – Und dann auch gleich die weitere Zulassung, ja?

TOP 1: Begrüßung durch den Gastgeber

[Vorlage 1/3, Moderator Oberkirchenrat Pfarrer Martin Ziegler: Eröffnungsansprache]

Meine Damen und Herren,

im Namen des Bundes der Evangelischen Kirchen in der DDR und zugleich im Namen der Berliner Bischofskonferenz der Römisch-Katholischen Kirche und der Arbeitsgemeinschaft Christlicher Kirchen in der DDR begrüße ich Sie zum Rundtischgespräch im Dietrich-Bonhoeffer-Haus. Der Name Dietrich Bonhoeffer ist für uns in den evangelischen Kirchen und für viele darüber hinaus eine Verpflichtung. Aus christlicher Verantwortung heraus ging er in den Widerstand gegen Hitler und bezahlte mit seinem Leben. Und sein Beispiel erinnert uns daran, daß wir uns gesellschaftlicher politischer Verantwortung nicht entziehen dürfen.

Die Bezeichung Rundtischgespräch müssen Sie bitte symbolisch verstehen. Ich hoffe, Sie werden es mit Humor nehmen, unsere Tische sind eckig. Anderes ließ dieser Raum und das vorhandene Mobiliar nicht zu, und ich möchte sagen, wir sind hier zu Gast im Kirchsaal der kleinsten Kirche, die dem Bund der evangelischen Kirchen angeschlossen ist, der Herrnhuter Brüdergemeine. Und wir danken dieser kleinen Kirche herzlich für die Bereitschaft, diesen Raum zur Verfügung zu stellen.

Wir wollten die Ecken der Tische zu unserem heutigen Gespräch auch nicht absägen. Das wäre nicht nur Beschädigung fremden Eigentums gewesen, es wäre auch der Sache nicht angemessen. Denn die Probleme, mit denen wir uns heute zu befassen haben, sind kantig. Sie fordern den Meinungsstreit heraus, vor allen Dingen aber, das ist unsere Überzeugung, erfordern sie die gemeinsame Suche nach Lösungen. Und das muß in Wahrhaftigkeit geschehen. Und deshalb, das möchte ich gleich zu Anfang sagen, wird es keinem helfen, wenn Gegensätze in der Auffassung vertuscht und Kanten vorschnell abgerundet werden. Die Härte in der Sache, denke ich, wird nicht zu vermeiden sein. Doch das muß wohl nicht notwendig zu verletzender Härte in der Form des Meinungsstreites führen. Der Bund der evangelischen Kirchen, der gemeinsam mit der römisch-katholischen Kirche und der Arbeitsgemeinschaft der christlichen Kirchen zu diesem Gespräch eingeladen hat, möchte Begegnung vermitteln, und, wo es möglich ist, zur Verständigung helfen. Dazu gehören Klarheit in der Sache und Entgegenkommen in der Form. Um beides möchten wir als Gastgeber von vornherein alle Teilnehmer herzlich bitten.

Die Anregung zu diesem Gespräch ist an uns herangetragen worden, der Gedanke wurde nicht erst in den letzten Wochen geboren, er wurde vor Monaten geäußert, doch es ist nicht Zeit, jetzt nach Urheberrechten zu forschen. Das Entscheidende scheint uns zu sein, daß die politisch wirksamen Kräfte unserer Gesellschaft in möglichster Breite zum Gespräch über die Zukunft unseres Landes und über die Lösung der gegenwärtigen Probleme zusammengeführt werden. Der Vorschlag hat Zustimmung gefunden bei politisch tätigen Gruppierungen und Parteiinitiativen, ebenso wie bei den in der Volkskammer vertretenen Parteien, und wir danken allen, daß sie die Einladung zum Rundtischgespräch angenommen haben und ihre Gesprächsbereitschaft damit bekundeten.

Nun haben wir in der Anfangsphase bereits gemerkt, daß viele über den Kreis der Eingeladenen hinaus ihr Interesse am Rundtischgespräch bekundet haben, und sie haben ihre Enttäuschung zum Ausdruck gebracht, daß sie keine Einladung bekommen haben. Ich möchte erläutern, warum das so ist. Wir haben uns an den übermittelten Vorschlag der Initiatoren gehalten. Ich hoffe, daß sie das bestätigen können. Und da es uns daran liegt, faire Mittler zu sein, haben wir geglaubt, wir können uns nicht einfach darüber hinwegsetzen und den Kreis beliebig erweitern. Außerdem, und das bemerken Sie jetzt alle, muß ein Kreis, der Ergebnisse erzielen will, gesprächsfähig bleiben. Damit sind auch gewisse Grenzen für die Größe gesetzt. Und deshalb wollen wir es der versammelten Runde der Eingeladenen überlassen, zu entscheiden, wie der Tisch erweitert wird oder welche anderen Möglichkeiten der Beteiligung es gibt. Das habe ich bereits angekündigt.

Wir, die einladenden Kirchen, sehen unsere Aufgabe vordringlich darin, die Gesprächsplattform anzubieten. Wir verleugnen unser Interesse nicht, auch unsere Gesichtspunkte einzubringen. Aber zuerst verstehen wir uns als Mittler zum Gespräch.

Das Gespräch am Runden Tisch kann und will nach unserer Auffassung keine Nebeninstitution sein. Es kann und will kein Ersatz für Regierung, Staatsrat und Volkskammer sein. Es hat auch nicht deren Kompetenzen. Doch können aus diesen Gesprächen, und das hoffen wir sehr, Anregungen und Vorschläge erwachsen, die von [der] Volkskammer und Regierung aufgegriffen und in die fälligen Entscheidungen einbezogen werden sollten, die zur Lösung der anstehenden Fragen notwendig sind. Wichtig ist uns, daß alle politischen Kräfte unseres Landes die Möglichkeit erhalten, gleichberechtigt und gleichverpflichtet mitzuarbeiten an der Bewältigung grundlegender Fragen der gesellschaftlichen Erneuerung. Ich glaube, wir stimmen darin überein, die Zeit drängt. Darum muß schnell eine Verständigung darüber gefunden werden, welche Aufgaben in der Gesellschaft vorrangig zu bewältigen sind, was im einzelnen zu tun ist und wer welche Aufgaben übernimmt.

Davon gehen wir aus, die Zukunft unseres Landes liegt uns allen am Herzen. Die Motivationen und Positionen mögen unterschiedlich sein. Notwendig ist, sie zu kennen, sich darüber auszutauschen und gegensätzliche Argumente gegeneinander abzuwägen. Die fällige gesellschaftliche Erneuerung wird nur durch gemeinsame Kraftanstrengung aller zu bewältigen sein. Wir reden, denken, handeln auch an diesem Runden Tisch alle „für unser Land".

Und dieser Gedanke hat die Kirchen bewogen, die Einlade- und Vermittlerrolle für dieses Rundgespräch zu übernehmen. Nehmen Sie es bitte nicht als den Versuch weltanschaulicher Vereinnahmung, wenn ich hinweise, in diesem Raum hängt der Herrnhuter Adventsstern, eine weit über die Kirchen hinaus verbreitete Sache. Und es ist unser Wunsch: Möge dieser Stern uns auch in diesem Gespräch leiten, wie er einst die Weisen aus dem Morgenland zum Ziel geleitet hat. Damit ist das Rundtischgespräch eröffnet.

Wir müßten nun eintreten in die schon angekündigten Dinge des weiteren Verfahrens.
   Ich frage, ist Übereinstimmung damit, daß wir jetzt auf den Punkt 2, den wir in dem Verfahrensvorschlag aufgeschrieben haben: „Vorstellung der Teilnehmer", verzichten können, weil das durch diesen etwas schulmeisterlichen Aufruf am Anfang gewesen ist, oder soll es noch einmal erfolgen. Reicht es?
   Dann bleibt nur die Pflicht, daß wir uns vorstellen. Ich will das denn gleich tun:
   Mein Name ist Martin Ziegler. Ich bin von Beruf Pfarrer, evangelischer Pfarrer, und Leiter des Sekretariats des Bundes der Evangelischen Kirchen in der DDR.

Ducke (Moderator): Mein Name ist Karl-Heinz Ducke. Ich bin katholischer Geistlicher, bin hier der Leiter der Studienstelle der Berliner Bischofskonferenz und der Stellvertreter des Generalsekretärs der Berliner Bischofskonferenz.

Lange (Moderator): Mein Name ist Martin Lange. Ich bin Pastor der Evangelisch-methodistischen Kirche, Sekretär der Arbeitsgemeinschaft christlicher Kirchen in der DDR, in der die evangelischen Landes- und Freikirchen sowie andere Kirchen und kirchliche Gruppen zusammenarbeiten.

Ziegler (Moderator): Dann hätten wir dieses hoffentlich auch so erledigt. Wenn wir etwa Fehler machen nachher bei der Namensbenennung, helfen Sie bitte mit dem Gesprächsleiter, damit wir da nicht drüber stolpern. Ich möchte ehe die Frage, die ja uns am meisten bewegt, kommt, noch eines sagen: Wir hatten die Initiative, die an uns herangetragen wurde, so verstanden, daß in der Aufforderung, wir möchten die Einladung aussprechen, die Bitte enthalten war, daß die Gesprächsleitung bei der Kirche in dieser ersten Runde sein sollte. Wir stehen dafür zur Verfügung, aber ich will natürlich fragen, ob es darüber Einwände gibt und wie Sie sich das mit der Gesprächsleitung denken.

Dann, wenn sich keiner meldet, gehe ich davon aus, daß Sie auch damit einverstanden sind, daß wir uns dann ein wenig abwechseln, ja, denn es ist für einen etwas schwierig die ganze Zeit. Vielen Dank.

TOP 2: Erweiterung des Kreises der teilnehmenden Parteien und Gruppierungen

Wir kommen nun zu der Frage, die von den Kollegen der **Gewerkschaft**, von dem Frauenforum, ja – –

Frau Merkel (UFV): **Unabhängiger Frauenverband!**

Ziegler (Moderator): – Wenn das so ist, dann muß ich jetzt noch einiges ergänzen. Es haben uns seit Dienstag unentwegt Anrufe erreicht, nicht nur von den eben genannten, sondern vom Demokratischen Frauenbund, von der **Grünen Initiative**, von vielen anderen Institutionen, auch vom **Kulturbund**, vom **Konsum** und einer ganzen Palette, und ich bitte Sie also, daß wir jetzt im Wissen darum, diese Entscheidungen, die nun fällig sind, treffen, und möchte noch einmal den Gesichtspunkt sagen. Unsere Runde muß ja gesprächsfähig bleiben. Und darum bitte ich jetzt, daß Sie als erstes entscheiden, ob die Gesprächsrunde erweitert werden soll. Herr Dr. Ullmann hatte das für Sie ja schon beantragt, die Gewerkschaft ebenso.

Dann gibt es ja unterschiedliche Möglichkeiten, wie man die Beteiligung machen kann. Entweder, daß die Runde erweitert wird an diesem Tisch. Es gibt natürlich auch die Möglichkeit späterer Kooptierung. Es gibt auch die Möglichkeit, [der] Teilnahme im Beobachterstatus. Alles ist ja denkbar. Ich bitte Sie also nun um Meinungsäußerungen, wie es geschehen soll. Und dann kommt die Frage über die einzelnen, also die hier angemeldet sind, wie das werden soll.

Herr Böhme, Sie hatten sich gemeldet. Bitte schön.

Böhme (SDP): Der Unabhängige Frauenverband hat sich am vergangenen Wochenende gegründet. Seine Erklärung, seine Programmatik ist eindeutig demokratisch. Ich glaube, daß die Frauen in unserem Land auf dem Wege der Demokratisierung enormes zu leisten haben, daß sie eine eindeutige Interessenvertretung hier am Runden Tisch sitzen haben müssen. Ich glaube, daß die Bereitschaft der Frauen in unserem Land mehrheitlich darin besteht, sich in diesen Demokratisierungsprozeß einzubringen.

Wir haben [uns] heute ad hoc nach einer verantwortungsbewußten Diskussion in der **Opposition** dafür entschieden, uns stark zu machen, daß die beiden gewählten Vertreter des Unabhängigen Frauenverbandes mit teilnehmen. [Wir] haben uns zuvor telefonisch mit den anderen Vertretern des Runden Tisches in Verbindung gesetzt, damit die Parität aufrechterhalten bleibt, ihren Kreis in einer entsprechenden Weise zu erweitern.

Ziegler (Moderator): Darf ich zwischenfragen, auch die **Parteien,** ja?

Böhme (SDP): Wir haben das über Herrn Henrich telefonisch durchgestellt. Was die Gewerkschaft anbelangt, vertreten wir die Auffassung, wir begrüßen es, daß sich die Basisbewegung der Gewerkschaft bei der Demokratisierung ihrer Organisation im Interesse der Produzenten unseres Landes, der Werktätigen unseres Landes durchzusetzen beginnt, bevor aber eine sehr eindeutig erklärte statutengemäße Demokratisierung in der Gewerkschaft möglich ist, halten wir nur einen Beobachterstatus [für möglich]. Den sollten wir anerkennen.

Wenn sich so viele Menschen auf der Straße, deutlich nicht nur heute, gestern waren es bedeutend mehr, für Demokratisierung der Gewerkschaft erklären, [halte ich] einen Beobachterstatus für zwei Vertreter der Gewerkschaft an diesem Runden Tisch [für notwendig].

Ziegler (Moderator): Ich stelle einmal fest, Sie sind grundsätzlich für **Erweiterung des Runden Tisches.**

Jetzt erst Herr Berghofer, und dann Herr Henrich, ja?

Berghofer (SED): Kurz für die SED. Ich bin dafür, daß wir von Zeit zu Zeit die Zusammensetzung unseres Gremiums hier entsprechend der konkreten Situation bedenken. Es werden sich sicher noch weitere melden. Von vornherein demokratische Kräfte von dieser Runde auszuschließen, halte ich für eine erneute Intoleranz. Sie wird nicht tragfähig sein.

Bereits vorhandenen Organisationen zu unterstellen, daß sie nicht erneuerungsfähig sind oder den Erneuerungsprozeß noch nicht abgeschlossen haben, würde uns, so glaube ich, die vorhandenen Kräfte, schon diskreditieren. Deshalb bin ich dafür, daß die Gewerkschaften heute hier mit an den Tisch herangebracht werden dürfen. Ich bin auch dafür, daß diese neugegründete Frauenorganisation hier vertreten ist. Aber wir müssen uns auch einen Standpunkt darüber bilden, was die vorhandene demokratische **Frauenorganisation** dann hier für [einen] Sitz und [eine] Stimme hat.

Ziegler (Moderator): Danke. Herr Dr. Gerlach.

Gerlach (LDPD): Ich bin der Meinung, daß niemand in dieser Runde das Recht hat, andere Teilnehmer bzw. die Organisation oder Partei, die sie repräsentieren, zu beurteilen, inwieweit sie demokratisch, nichtdemokratisch oder auf welchem Entwicklungsstand sie sind. Wenn wir damit beginnen, würde wahrscheinlich das Ende dieses Runden Tisches vorprogrammiert sein. Wir können also nur davon ausgehen, nach meiner Meinung, so wie Herr Oberkirchenrat Ziegler eingangs gesagt hat, daß alle hier an diesem Tisch gleichberechtigt und gleichverpflichtet sein müssen und daß es uns darum gehen muß, eine so breite Basis wie nur irgend möglich für die Lösung der Probleme unseres Landes zu schaffen. Unter diesem Gesichtspunkt meine ich, haben wir alle, nachdem freundlicherweise und dankenswerterweise die **Kirchen** diese Vermittlungen übernommen hatten, die Einladung entgegengenommen, und es ist mitgeteilt worden, wer sich hier an diesem Runden Tisch versammelt.

Unter diesem Gesichtspunkt sind wir gekommen, haben wir zugesagt, sind gern gekommen. Wenn es jetzt plötzlich, nachdem wir bereits hier am Tisch sind, um eine Erweiterung geht, dann bin ich für Erweiterung im Interesse der Sache. Aber dann meine ich, daß die nun einmal konkret hier anwesenden Vertreter sowohl der neuen demokratischen **Frauenliga**, des **Frauenbundes**, gegen die ich nicht nur nichts habe, sondern für die ich sehr bin, mit Beobachterstatus heute hier teilnehmen und daß genauso die **Gewerkschaften**, die eine große demokratische Kraft sind und die sich auch in einem **Prozeß der Erneuerung** und der Neukonstituierung befinden, auch mit Beobachterstatus an diesen Beratungen teilnehmen. Dann würden wir eine gerechte Entscheidung herbeiführen.

Und wenn es in den nächsten Tagen oder der nächsten Zeit weitere Anträge gibt, müßte von den Initiatoren und allen Teilnehmern her eine Verständigung herbeigeführt werden; denn ich darf mitteilen, daß wir, zumindest unsere Partei, heute keine Mitteilung erhalten hat über eine beabsichtigte Erweiterung dieses Kreises.

Ziegler (Moderator): Herr Henrich, bitte.

Henrich (NF): Frauen sind grundsätzlich in Leitungsgremien oder überhaupt in Gremien unserer Gesellschaft unterrepräsentiert. Und daher sind die Vertreter des Neuen Forums der Auffassung, daß die hier sitzenden Frauen des Neuen Demokratischen Frauenverbandes an diesem Runden Tisch teilnehmen. Wir sind auch dafür, daß die Gewerkschaft mit zwei Vertretern hier teilnimmt, wenn es sich dabei nicht um Genossen handelt. Es sollen keine **Doppelparteimitgliedschaften** auf diese Weise hier an den Runden Tisch kommen. Wir sind auch darüber hinaus der Auffassung, daß der Runde Tisch offenbleiben muß. In welcher Form dies zukünftig zu geschehen hat, darüber müßten wir uns sicherlich verständigen.

Noch eine kleine Korrektur, ich habe heute früh nicht den Versuch gemacht, alle Parteien zu benachrichtigen, sondern ich habe lediglich, so war das abgestimmt unter uns, im **Zentralkomitee** [der SED] angerufen, habe dort aber zunächst kaum jemanden erreicht, jedenfalls keinen der hier vertretenen Mitglieder der SED, und bin dann letztendlich im Büro des Herrn Günter Schneider [???], Abteilung Propaganda, letztendlich angekommen, und da habe ich die Bitte geäußert, daß er dies weitergibt, damit fairerweise die Gegenseite vorinformiert ist. Das war der Versuch. Ich habe also nicht die anderen Parteien telefonisch benachrichtigt.

Frau Rohmann (Demokratischer Frauenbund Deutschlands, DFD): Ich möchte mich dazu einmal zu Wort melden.

Ziegler (Moderator): Augenblick. Wir werden jetzt erst einmal die Teilnehmer hören müssen, und dann geht das weiter.

Lange (Co-Moderator): Das hat sich erledigt.

Ziegler (Moderator): Das hat sich erledigt.
Dann Herr de Maizière.

de Maizière (CDU): Ich gehe davon aus, daß es gute Gründe geben kann, die eine oder die andere Gruppierung oder wie auch immer sie sich bezeichnen mag, als weiteren Teilnehmer zuzulassen. Ich gehe aber andererseits davon aus, daß ein Hausherr ein bestimmtes Recht haben muß. Es war so, daß der **Bund der Evangelischen Kirchen** der Einladende ist und den Kreis und die Größe derer, die eingeladen werden, bestimmt hat. Ich denke, er sollte im Interesse der Sache zu seiner eigenen Entscheidung stehen.

Ziegler (Moderator): Das ist jetzt das Votum, was ich jetzt gehört habe, das wir den Runden Tisch bei der Zusammensetzung lassen. Wir hatten jetzt aber andere Voten, die sagten: Teilnehmer durch Beobachterstatus oder Neuzulassung, nicht? Zwischen diesen Dingen müssen wir ja nun entscheiden.

de Maizière (CDU): Falls eine Mehrheit sich dafür entscheidet, für die Teilnahme, dann im Status des Beobachters. Denn ich meine, es kann nicht angehen, daß derjenige am Tisch teilnimmt, der gerade anwesend ist, weil er den Wunsch besonders dringend hier dokumentieren will, während andere sich beispielsweise, die mit einer telefonischen Absage sich beschieden haben, nicht die Möglichkeit finden.

Ziegler (Moderator): Ja, das muß ich fairerweise sagen, daß auch im Raum noch andere sind. Zum Beispiel von der Grünen Initiative.
Herr Mielke.

Mielke (DUP): Von der **Deutschen Umweltschutzpartei**.

Ziegler (Moderator): Umweltschutzpartei. Ich bitte um Entschuldigung, wenn ich noch nicht alles so ganz genau weiß bei den vielen Initiativen. Und ich vermute, Sie sind auch von einer Gruppierung, weil Sie – –

Frau Rohmann (DFD): Ja, ich bin die Vorsitzende des Demokratischen Frauenbundes Deutschlands und habe am Montag telefonisch mit Ihnen, Herr Oberkirchenrat – –

Ziegler (Moderator): – ja, das stimmt, das ist wahr, mit Herrn Kupas haben Sie gesprochen.

Frau Rohmann (DFD): – vorinformiert und nachgefragt, warum wir entgegen der ursprünglichen Absprache, die es gegeben hat und die gemeinsam getroffen wurde, durch die in diesem Lande existierenden fünf Parteien und die **Massenorganisationen**, die in der Volkskammer sitzen, entgegen dieser Absprache keine Einladung zu dem Runden Tisch erhalten hatten, und mir wurde daraufhin mitgeteilt, das sei zwischenzeitlich anders entschieden worden.

Ich respektiere das Recht eines Einladenden, zu bestimmen, wen er sich zu einem Geburtstag oder einer anderen Familienfeier einlädt, aber hier handelt es sich um das Schicksal unseres Landes und um eine Runde, in der die anwesenden und existierenden demokratischen Kräfte in diesem Lande Sitz und Stimme haben sollten, um über die Möglichkeit zu verfügen, ihre Gedanken mit einzubringen. Und ich möchte hier im Namen der 70 Prozent parteiloser **Frauen** meiner Organisation in Stadt und Land sagen, daß wir das in der Tat als eine neue Form von einer gewissen Intoleranz ansehen, die vorher den anderen vorgeworfen wurde. Und in diesem Sinne kann ich mich mit der getroffenen Entscheidung nicht einverstanden erklären.

Ich bitte unbedingt auch darüber zu beraten, daß alle in der **Volkskammer** vertretenen **Massenorganisationen** an diesen Tisch mitgehören.

Ziegler (Moderator): Darf ich nur eine kleine Sache nochmals ins Gedächtnis rufen: Ich habe erläutert, aus welchem Grunde wir uns bemüht haben, quer zu verfahren und den Kreis der Initiatoren nicht überschritten haben. Das ist Ihnen auch mitgeteilt worden.

Frau Rohmann (DFD): Ich bin auch für die, die hier an der Seite stehen und noch nicht an diesem Tisch sitzen. Und für alle, die [sich] in diesem Land im Interesse von Bürgern artikulieren.

Ziegler (Moderator): Unser Vorschlag ist, daß dies hier entschieden wird und dabei sind wir gerade.
Herr Dr. Ullmann.

Ullmann (DJ): Ich darf folgendes erklären: Dieser **Runde Tisch** ist **kein Repräsentativgremium** und er besitzt keine andere Legitimität als die, daß er etwas zustande bringt für unser Land. Und die Bürger im Lande werden darüber zu entscheiden haben, ob er das tut oder nicht. Und ich denke, sie werden uns das sagen.

Aber es geht auf keinen Fall, daß diese Runde hier überhaupt nicht zum Arbeiten kommt, weil ständig Erweiterungsanträge kommen. Ich bin selbstverständlich dafür, daß Sie uns Ihre Meinung kundtun, damit sie hier besprochen und diskutiert werden kann. Aber sie kann nur diskutiert werden, wenn dieser Kreis arbeitet. Er hat überhaupt noch nicht anfangen können, und wer an diesem Tisch zu sitzen hat, das müssen wir jetzt untereinander – sie können ja ruhig dabeibleiben – wir müssen es hier in dieser Runde ausdiskutieren, und wir müssen darüber entscheiden.

Ich will jetzt aber von seiten der **Opposition** erklären, warum wir der Meinung sind, daß wir von der Opposition der Meinung sind, daß die **Parteien** der Volkskammer hier vertreten sein sollten und keine anderen Organisationen. Wir halten das für eine Schwäche der Volkskammer, daß dort Gruppierungen sitzen, die keine Parteien sind, sondern die dort gesessen haben zur Mehrheitsbeschaffung für eine bestimmte Partei, und diesen Zustand mißbilligen wir und halten ihn für einen der Gründe des Schwächezustandes der jetzigen Volkskammer. Wir möchten gemeinsam diesen Zustand ändern, aber wir können das überhaupt nur, wenn dieses Gremium arbeitsfähig wird.

Und ich bin der Meinung, die Bürger unseres Landes, die ihre Meinung, ihre Wünsche, ihre Besorgnisse hier diskutiert sehen möchten, sollen nicht sagen, Ihr müßt uns alle mit ‚ransetzen, sondern sie müssen uns ihre Meinung schriftlich oder in welcher Form auch immer hierhergeben, damit wir sie diskutieren können. Wir sind **kein Repräsentativgremium**, es ist im Augenblick eben nicht möglich, Repräsentativgremien kann man erst nach demokratischen Wahlen schaffen. Ich glaube, hier sind Mißverständnisse im Raum und ich hoffe, daß es mir gelungen ist, wenigstens darauf hinzuweisen, daß es sich hier um Mißverständnisse handelt.

Ziegler (Moderator): Herr de Maizière und dann Herr Maleuda.

de Maizière (CDU): Wir teilen die Auffassung, daß die Schwäche der Volkskammer ist, daß eben nicht nur Parteien dort sind, und das Argument habe ich wohl gehört, aber dann müssen wir fragen, **wie beschreiben wir „Partei".** Ist dann Partei auch jemand, der ausdrücklich erklärt, er sei keine Partei, wie das Neue Forum?

Maleuda (DBD): Ich möchte feststellen, daß es zunächst um Verfahrensfragen geht und möchte deshalb bitten, daß wir auf Werturteile über die oberste **Volksvertretung** der Deutschen Demokratischen Republik an dieser Stelle verzichten, um nicht von vornherein inhaltliche Fragen in einer solchen Brisanz hier aufzuwerfen. Wir würden den Vorschlag unterbreiten, daß wir allen Gruppierungen, die hier heute anwesend sind und nicht an diesem Tisch Platz genommen haben, dann die Möglichkeit erhalten, im Rahmen des Beobachterstatus teilzunehmen.

Ziegler (Moderator): Also, dies ist nun der Vorschlag, der mir nach allem der praktikabelste heute zu sein scheint. Wenn man sagt, und das betrifft nun auch den Antrag von Ihnen, Herr Ullmann, den Sie am Anfang gestellt haben, alle, wir können ja nicht unterschiedlich behandeln, die hier anwesend sind und den Wunsch geäußert haben, nehmen heute im **Beobachterstatus** teil.

Damit legen wir uns nicht für alle Zukunft fest. Darüber kann dann in Ruhe geredet werden. Aber ich halte es für sehr schwierig, zu sagen, bei dem einen so und bei dem anderen so – vor allen Dingen, ich bitte, das mir abzunehmen, da ich bisher keinerlei Unterlagen bekommen habe, etwa von Ihnen, und auch mir selbst kein Urteil bilden kann. Und die anderen sicherlich auch nicht.

Jetzt hat sich Herr Schnur gemeldet.

Schnur (DA): Also, meine Damen und Herren, ich denke, Demokratie erfordert natürlich auch ein Stückchen Lernprozeß. Ich glaube, es gehört auch mit dazu, daß man sich zurückziehen kann, um eine neue Situation kurz zu beraten, denn ich denke, erstens sollten wir feststellen, welche **Gruppierungen** oder neue **Parteien** sind tatsächlich noch da, damit wir nicht wieder durch andere Zwischenrufe vielleicht um 17 Uhr oder um 18 Uhr vor einer neuen Tatsache stehen.

Ich denke, es geht zweitens auch mit darum, daß wir überlegen, den einen wollen wir voll integrieren, den anderen [geben wir einen] Beobacherstatus, ich denke, dann müssen wir einen gemeinsamen Weg für diese Arbeitsform heute finden und sollten dann zumindest jetzt auch deutlich erklären: Wollen wir tatsächlich, so wie Sie es ja bereits, Herr Ullmann, gesagt haben, ein repräsentatives Gremium sein oder wollen wir tatsächlich erste Schritte versuchen, Dinge aufzulisten, die ja gegenwärtig in unserer Situation viel wichtiger sind.

Ich würde deshalb beantragen, daß wir, sagen wir einmal, eine fünfzehnminütige Unterbrechung machen [und] bevor wir in die Beratung gehen, uns gesagt wird, wer ist jetzt noch alles anwesend. Ich habe gehört, also eine neue **Umweltschutzpartei**, dann der **DFD**, dann der **FDGB**, vielleicht wäre es wichtig, daß zunächst einfach einmal festgestellt wird, damit wir dann das mit in unsere Beratung nehmen können.

Ziegler (Moderator): Ja.

Gysi (SED): Also, ich bin der Meinung, wir sollten uns zunächst darüber im klaren werden, wer das zu entscheiden hat [**Antrag SED: Feststellung der Kompetenz zur Entscheidung über die Teilnahme**]. Ja. Das scheint mir die wichtigste Frage zu sein. Entweder wir entscheiden alle gemeinsam darüber, wer hier teilnimmt. Dann bevorzugt uns das von vornherein, weil wir zufällig die Eingeladenen wären. Wir müssen uns ja einmal in die Situation versetzen, wir wären nicht eingeladen gewesen, und jetzt sitzen hier andere und entscheiden, ob wir mit reinkommen oder nicht. Oder wir sagen, derjenige, der eingeladen hat, entscheidet. Das scheint mir erst einmal die wichtigste Frage zu sein.

Inhaltlich bin ich selbstverständlich dafür, daß die **Frauenbewegung** hier beteiligt wird, weil ich auch davon ausgehe, daß die Frauen in allen gesellschaftlichen Bereichen bei uns unterrepräsentiert sind und selbstverständlich bin ich dafür, daß der Freie Deutsche **Gewerkschaftsbund** teilnehmen kann, wie man ihn auch immer sieht oder ansieht, er hat Millionen Mitglieder, er vertritt in erster Linie die Arbeiter und ich finde es eigentlich nicht gut, wenn wir hier als erstes einmal die Arbeiter ausschließen, und das wäre der Eindruck, der nach draußen entsteht und das kann – glaube ich – dem Runden Tisch nur schaden.

Aber: Erst einmal möchte ich gerne die Frage geklärt haben und ich finde, darüber könnten wir uns doch verständigen, wer entscheidet das. Entscheiden das die, die nun einmal eingeladen worden sind oder entscheiden das die **Einlader.** Und dann würde ich es nämlich so verstehen, daß wir jetzt alle unsere Auffassung mitgeteilt haben und daß die Einlader sich beraten und entscheiden, ob sie jetzt eine weitere Einladung an die hier vertretenen Organisationen, Frauenbewegung, Grüne Partei, vor allen Dingen aber auch an die Gewerkschaft aussprechen oder nicht. Und wenn sie das tun, akzeptieren wir es. Und wenn sie es nicht tun, müssen wir es eben auch akzeptieren. Das wäre zumindest mein Vorschlag, weil: Das andere wäre mir ein bißchen zu willkürlich, wenn wir jetzt darüber entscheiden.

Ziegler (Moderator): Also, dann müssen wir erst einmal über diese Grundfrage entscheiden. Es gibt jetzt zwei Alternativen: Die **Runde der Eingeladenen** entscheidet, das war unser Vorschlag. Herr Gysi hat gesagt: Nein, der Einlader entscheidet. Und dazu müßten Sie sich jetzt erst noch einmal äußern, wie das sein soll.

Bitte, Herr Hartmann.

Hartmann (NDPD): Ich möchte diesen Vorschlag unterstützen. Wir haben den **Block der Parteien** aufgelöst. Wir haben keine Absicht, jetzt also hier eine Zweiteilung herbeizuführen, indem sich die **Opposition** einigt und wir uns gesondert einigen. Wir sind hier ohne Vorurteil und ohne Vorbehalt an diesen Tisch gekommen und sind nicht dafür, daß hier eine solche Gruppenbildung entsteht. Wir akzeptieren das Recht des Einladers. Wir sind nicht informiert darüber, wer nun alles hier ist, so daß es auch irgendwie eine zufällige Entscheidung wäre, wenn wir einem solchen Vorschlag folgen würden, geben wir jedem **Beobachterstatus.** Ich wäre dafür, die Einlader entscheiden und füge hinzu, daß der Runde Tisch auch künftig für alle offen bleibt und offen ist.

Böhme (SDP): Ich glaube, in der Geschäftsordnungsdebatte müßten trotzdem Konditionen so festgeschrieben werden, daß der Runde Tisch arbeitsfähig bleibt, egal, wie er sich versteht, das werden wir nachher erst erklären und festschreiben.

Herr Dr. Maleuda, ich muß für meinen Freund, Dr. Ullmann, eindeutig erklären, er hat die **Volkskammer** in keiner Weise in Mißkredit gebracht, diskreditiert. Er hat nur einen Zustand beschrieben.

Verehrter Herr de Maizière, gestatten Sie: Die Anfrage, wie man sie als Partei versteht, war eindeutig gerichtet an die Kräfte der **Opposition,** wo es also persönlich keine Personen gibt, die meinen, sprechen zu müssen für ihre **Gruppierungen** in dem Sinne, daß sie sich nicht als Partei verstehen.

Die Kräfte, die heute hier Opposition vertreten, sind Opposition, solange eine Opposition notwendig ist und vorhanden ist. Die Kräfte, die sich als Opposition verstehen und sie vertreten, haben zu lange diesen Runden Tisch herbeigesehnt und sind dafür gestanden in der Wirklichkeit, daß sie nun jetzt das Recht haben, an diesem Tisch zu sitzen und für die Interessen des Volkes zu sprechen, die sie immer wahrgenommen haben. Das als Zweites.

Als Drittes möchte ich eindeutig sagen, daß die Arbeitsfähigkeit des Runden Tisches heute nicht abgebrochen werden kann. Wir haben erklärt als Opposition, daß wir offen sind für **Kooptierung,** aber heute müssen die Konditionen dafür festgeschrieben werden. Es kann nicht so sein, daß fünf Umweltparteien am Tisch sitzen, so wichtig mir Ökologie ist, und vielleicht die Frauenbewegung mit zwei Hanseln, mit zwei Hanselinnen, vertreten ist.

[Heiterkeit]

– Verzeihung!

Ziegler (Moderator): Solange wir noch lachen können, geht es ja, nicht?

Ullmann (DJ): Also, ich finde es gut, Herr Schnur, daß Sie uns vorgetragen haben nachzudenken, aber ich denke, man kann auch gemeinsam nachdenken, ich vermute es jedenfalls. Und also, ich denke, es sind alle, die hier sitzen und ich hoffe, auch die hier stehen, sich darin einig, daß die **Frauen** an den Tisch gehören.

Aber ebenso klar scheint es mir zu sein, daß die **Arbeiter** dahin gehören und darum hielte ich es für das Vernünftigste, wenn wir uns darauf einigten, hier sollen Arbeiter sitzen, also mir ist das dann keine methaphysische Frage mehr, ob die nun der FDGB geschickt hat, oder was. Hauptsache, es sind Arbeiter. Darum möchte ich sagen, mir kommt es darauf an, daß hier Arbeiter sitzen und ich würde sagen, zwei können doch da ruhig sitzen.

Ich habe jetzt vielleicht die Mathematik in Unordnung gebracht, aber das kann man ja noch einmal durchrechnen. Jedenfalls wäre ich dafür, daß auf jeden Fall Arbeiter an diesen Tisch kommen.

Ziegler (Moderator): Also, ich möchte dann doch sehen, daß wir, wenn es geht, zu den Vorschlägen zu einer Entscheidung kommen, damit wir wirklich zur Sacharbeit auch noch kommen, nicht?

de Maizière (CDU): Die letzten Beiträge waren wieder Beiträge zur Sache. Wir hatten uns, glaube ich, dahingehend verständigt, daß über die Art der Entscheidung gesprochen werden soll. Wir äußern uns dahingehend, daß der Gastgeber zu entscheiden haben soll.

Ziegler (Moderator): Ich möchte jetzt vorschlagen, daß wir diese Frage, wer darüber für heute entscheiden soll – ich würde es so einschränken – für heute – entschieden wird. Und da gibt es die Alternative: Dieser Kreis oder der Einladende. Und wenn Sie gestatten, würde ich jetzt, um das Verfahren abzukürzen, hier einfach einmal nach Mehrheit fragen. Erhebt sich da gegen dieses Verfahren Widerspruch, daß erst einmal die Frage entschieden wird, wer für heute, nur für heute, entscheiden soll, nicht? Dann darf ich fragen, wer ist dafür, daß diese Runde entscheidet? – 9.

Wer noch? –

Wer ist dagegen? – Ja, ich wollte ... Das ist nachher die Alternative – Also wer? – Dann nehmen wir jetzt die Alternative. Wer ist dafür, daß der Einlader entscheidet? Heute, heute, natürlich, das ist festgehalten – 15 – ja, ja es kommt alles.

Herr Henrich, Sie wollten zur Verfahrensweise etwas sagen? Es sind 15, ich stelle das erst einmal fest, 15, die für den Einlader sind, 9, die haben gesagt, die Runde soll entscheiden. Sie hatten mich unterbrochen, als ich fragen wollte...

Henrich (NF): Sie hatten zunächst die Alternative nicht klargestellt.

Ziegler (Moderator): Doch!

Henrich (NF): Eine Wahl ist nur dann eine Wahl, wenn es offen ist und wenn eine klare Frage auf den Tisch gelegt wird, wofür man sich entscheiden soll. Darum bitte ich.

Ziegler (Moderator): Ich habe gesagt, wir wollen entscheiden über die Frage, entscheidet dieser Tisch oder entscheidet der Einlader, das war doch aber klar. War das nicht klar, Herr Henrich?

[Unruhe]

– Darf ich einmal um Meinungsäußerungen darüber bitten. Ich habe nach wie vor den Eindruck, daß die Alternative klar gefragt war. Dann müssen wir das wiederholen. Sind Sie einverstanden, daß wir wiederholen? Ja?

Herr Henrich, würden Sie bitte kritisch hören – ich frage also, ich stelle zwei Fragen und stelle dann nicht zwischendurch die Frage nach Gegenstimmen, ja?

Erste Frage: Wer ist dafür, daß diese Runde entscheidet?

Zweite Frage kommt dann: Wer ist dafür, daß der Einlader entscheidet?

Ist das jetzt klar?

„Heute", unter dem Zusatz: „heute".

Ist das jetzt klar, ja?

Danke!

Dann bitte ich die erste Frage zu entscheiden [**Antrag SED: Feststellung der Kompetenz zur Entscheidung über die Teilnahme**]: Wer wünscht, daß diese Runde entscheidet? – 15.

Wer wünscht, daß der Einlader entscheidet? – 14.

[Beifall]

Das war kein Applaus, auch kein Mißfallenskundgeben. Ja, dann ist also klar, das liegt daran, daß die Runde nicht paritätisch ist, aber wir haben uns darauf eingelassen, also, die Runde entscheidet, dann möchte ich jetzt, ehe wir hier dazu kommen, noch einmal ins Gedächtnis rufen: Es war vorgeschlagen, für heute, einmal vorgeschlagen, daß die, die hier den Wunsch geäußert haben, teilzunehmen, im Beobachterstatus teilnehmen, alle. Das war eine Forderung [**Antrag Moderation: Feststellung des Teilnehmerstatus**].

Es gab eine andere. Da waren gewünscht worden die Gewerkschaft und es waren Frauen gewünscht worden, [diese] sollten als Teilnehmer teilnehmen. Wir müssen natürlich sagen, ins Gedächtnis rufen, es waren noch andere da, die nicht die Chance haben, nun hier im Raum zu sein, sie waren da, aber es sind vielleicht auch noch andere, die Gewerkschaft und andere Gruppierungen, die wir noch nicht hier im einzelnen bedacht haben.

Und nun hatte Herr Schnur einen Verfahrensvorschlag gemacht, der hatte gesagt, wir sollten unterbrechen, damit man sich beraten kann. Darüber war ja noch keine Entscheidung getroffen worden. Ich sage, daß ich den Eindruck hatte, daß es für heute am meisten Zustimmung dafür geben würde, wenn für heute erklärt wird, es soll niemand ausgeschlossen werden, aber die bisher nicht Eingeladenen nehmen im **Beobachterstatus nur für heute** teil, damit wir in Ruhe das Sachgespräch beginnen können. Ich will das wenigstens noch einmal sagen.

Herr Schnur, wollen Sie noch dabei bleiben, daß wir unterbrechen?

Schnur (DA): Ich persönlich würde es nach wie vor empfehlen, daß wir uns doch noch einmal zurückziehen, denn es ist ja so, daß wir bereits einen Beschluß unter uns gefaßt haben, der eine eindeutige Mehrheit hatte, und wenn wir tatsächlich hier, sagen wir auch konstruktiv dann weiter beitragen wollen, würde ich doch gerne meinen, daß wir uns untereinander verständigen.

Ziegler (Moderator): Ich verstehe das als Geschäftsordnungsantrag, daß unterbrochen wird zur Beratung. Darf ich fragen, wer sich dazu noch äußern will? Niemand? Hat sich eben noch jemand gemeldet?

Ducke (Co-Moderator): Nein.

Ziegler (Moderator): Dann lasse ich darüber abstimmen, ob wir eine Unterbrechung – von wie lange hatten Sie vorgeschlagen?

Schnur (DA): 15 Minuten.

Ziegler (Moderator): Von 15 Minuten ansetzen. Ich frage, wer dafür ist. – 13 dafür. Wer ist dagegen? – 13. Wer enthält sich der Stimme, das kann ja sonst nicht stimmen, nicht?

13 – 13 – 5. Da wir keine Geschäftsordnung haben, die das eigentlich, die das klar festlegt, verfahre ich nach dem Herkommen. Die Mehrheit ist nicht gegeben. Es ist abgelehnt: die Unterbrechung.

Schramm (FDGB): Meine Damen und Herren, ich fordere noch einmal die Teilnahme des Freien Deutschen Gewerkschaftsbundes.

Ziegler (Moderator): Wir beraten gerade darüber.

[Gelächter]

Schramm (FDGB): Parteien haben, oder Gruppierungen haben Menschen, die in unserer Gewerkschaft organisiert sind. Ja, danke, die Leute werden ungeduldig!

Ziegler (Moderator): Können Sie, können wir einmal feststellen, welche Gruppierungen noch da sind? Sofort, ja.

Ja. Also. Welche **Gruppierungen** sind da? Könnten Sie sich einmal...

Frau Rohmann (DFD): **Demokratische Frauen Deutschlands.**

Ziegler (Moderator): Ja.

Fahrenkrog (VdK): **Verband der Konsumgenossenschaften der DDR.**

[Gelächter]

Lange (Co-Moderator): Bitte noch einmal die Bezeichnung ganz deutlich.

Frau Merkel (UFV): **Unabhängiger Frauenverband.**

Ziegler (Moderator): Ja. Herr Mielke, Sie wollten, sagen Sie es auch noch einmal.

Mielke (DUP): Ja. **Deutsche Umweltschutzpartei.**

Ziegler (Moderator): Deutsche Umweltschutzpartei. Weitere im Raum?

Schramm (FDGB): **Freier Deutscher Gewerkschaftsbund.**

Ziegler (Moderator): Na eben, ja. Hatten wir ja eben gerade gesagt. Und ich muß dann fairerweise dazusagen, daß ich von einer ganzen Reihe anderer [ausgegangen bin], einige hatte ich vorhin noch genannt, die das ebenso gesagt haben, daß sie dann wohl teilnehmen würden, die aber nicht mehr im Raum anwesend sind.

Wir wissen also, daß es jetzt um die Frage geht, **Teilnahme oder Beobachterstatus.** Denn keiner, das möchte ich doch einmal festhalten, hat gesagt, nein, wir wollen überhaupt nicht. Eigentlich geht es nur noch um Teilnahme und Beobachterstatus.

So, jetzt Sie, bitte.

Frau Köppe (NF): Arbeiter sollten an diesem Tisch sitzen und deshalb möchte ich vorschlagen, da eh zwei Teilnehmer des FDGB hier sitzen, [daß sie] unter der Voraussetzung, daß sie wirklich a) Arbeiter sind und b) nicht Mitglied einer anderen Partei [sind, hier sitzen sollten]. Ich begrüße auch, daß zwei Mitglieder des Demokratischen Frauenbundes hier sitzen sollten, aber bitte unter der Voraussetzung, daß sie nicht Mitglieder einer anderen Partei sind.

Schult (NF): Ja, also, ich denke, daß die bekannten Organisationen, also, die Deutsche Umweltschutzpartei ist mir zum Beispiel nicht bekannt, hier mit dran sitzen sollten, wenn die Vertreter also nicht Mitglieder anderer Organisationen oder anderer Parteien sind – das müßte die Voraussetzung sein – und deren politisches Profil einigermaßen klar ist. Bei einer Konsumgenossenschaft ist mir das also nicht so ganz klar, welche politische Position oder politisches Profil sie hat.

Ziegler (Moderator): Herr Poppe.

Poppe (IFM): Ja, wir sind ursprünglich ausgegangen von der Parität der Anzahl der Teilnehmer aus den in der Volkskammer vertretenen Parteien und der Opposition. Wenn wir aber hier den Antrag haben auf Erweiterung, so würde ich jetzt vorschlagen: den in der Volkskammer vertretenen Parteien und Organisationen und der Opposition.

Unser Votum für die beiden Frauen aus dem **Unabhängigen Frauenverband** geschah auch vor allem deswegen, weil wir meinten, innerhalb der Opposition wären die Frauen unterrepräsentiert. Ich habe den gleichen Eindruck auf der anderen Seite. Und deshalb würde ich folgenden Kompromißvorschlag machen: daß eine **Vertreterin des DFD** und eine **Vertreterin des FDGB** sozusagen die Parität wiederherstellen. Und da also zwei Frauen auf ihrer Seite dort zusätzlich vertreten sind, gleichfalls unter der Voraussetzung, daß sie nicht Mitglieder anderer Parteien sind [**Antrag IFM: Unvereinbarkeit von Doppelmitgliedschaften**].

Ziegler (Moderator): Gibt es weitere Wortmeldungen? Herr Gysi.

Gysi (SED): Es ist zwar ein bißchen mühselig, aber ich möchte darauf hinweisen, bei den **Parteien** ist es ja einfach, aber bei allen **Bewegungen** ist es kompliziert, wenn wir ihnen vorschreiben, welche Vertreter sie zu entsenden haben.

Ich verstehe schon, was damit gemeint ist und habe dafür auch ein gewisses Maß an Verständnis, das hat mit der Geschichte dieses Landes einfach zu tun. Das akzeptiere ich auch voll, aber ich weiß zum Beispiel, daß das Neue Forum ja, glaube ich, auch für Mitglieder meiner Partei offensteht. Nun könnten wir ja theoretisch dem Neuen Forum auch nicht vorschreiben, wen es nun nimmt.

Aber an der Idee finde ich was Gutes: Es ist gesagt worden, Parität so lang und so lang. Und wenn wir zwei Vertreter vom **Unabhängigen Frauenbund** dazunehmen, ich verstehe das auf der Seite so ein bißchen zumindest, dann, finde ich, sollten wir eben gleichberechtigt, zwei **Vertreter**, zum Beispiel **des FDGB** auch dazunehmen. Wobei das nicht eigentlich – –

Man könnte höchstens sagen, sie sind in der **Volkskammer,** aber da das mit Sicherheit keine Vertreter der Volkskammer sind, denn da unten sind die **Basisgruppen,** meine ich, daß man sich darüber doch relativ schnell verständigen könnte. Und daß wir den Demokratischen Frauenbund, und da wir wissen, daß es den gibt, daß wir, wenn die das nicht als Diskriminierung empfinden, ich würde vorschlagen, [daß wir den Demokratischen Frauenbund] heute, mit Beobachterstatus teilnehmen [lassen]. Wären Sie damit einverstanden? Das heißt, ohne Stimmrecht?

[Zustimmende Zurufe]

Dann hätten wir auf beiden Seiten dort noch zwei Vertreter der Gewerkschaft, über die sie selbst entscheiden, hier die beiden Vertreter vom **Unabhängigen Frauenbund** und der **DFD** als Beobachter. Und die anderen Parteien, die sich hier gemeldet haben, da würde ich sagen, da sollten wir das bis zum nächsten Mal klären. Einer muß sie ja wenigstens kennen. Sie haben gesagt, Sie kennen den Frauenbund, das ist eine Organisation, okay. Aber sonst passiert es uns, daß hier jemand auftritt und sagt, ich bin die Partei Y, und wir werden ein bißchen veralbert. Ich muß es einmal sagen, daß – –

Da müssen wir natürlich auch aufpassen, und ich glaube, das wäre doch auch ein Kompromiß. Dann haben wir zwei davon und zwei davon und die anderen nur mit Beobachterstatus, und die können ihre Meinung sagen, aber nicht mit abstimmen.

Ziegler (Moderator): Darf ich bitten, daß wir diesen Vorschlag jetzt einmal weiterverfolgen, wir möchten ja doch alle heute noch zur Sache kommen, nicht?

Bitte, Herr Böhme noch.

Böhme (SDP): Ich möchte mich eindeutig noch einmal zu dem Grundsatz erklären, daß die an diesen Tisch tretenden Vertreter der **Gewerkschaft, Frauenorganisation, Umweltorganisation,** und alles, was dazu noch kommen wird – –

Wir sind für Kooptierung unter fest – – unter arbeitsfähiger Koordination offen. Keiner, der in der **Volkskammer** ansässigen – ich weiß nicht, was ich jetzt dazu sagen soll – Parteien, Mitglied keiner dieser **Parteien** sein darf und auch kein Mitglied einer Partei der **Opposition**. Eindeutig. Ansonsten ist die Arbeitsfähigkeit in Frage gestellt. Denn schließlich steht jemand, der Mitglied einer Partei ist, für die Überzeugung, für die diese Partei eintritt.

Ziegler (Moderator): Ja. Damit kommen wir aber noch einmal auf das, was nun eben gesagt worden ist, daß es sehr schwierig ist, anderen Gruppierungen vorzuschreiben, wen sie zu entsenden haben. Das haben Sie auch nicht, würden Sie auch nicht akzeptieren – nicht –, wenn andere Ihnen vorschreiben, wen sie jetzt schicken? Aber als Bitte, könnte man das ja aussprechen.

Böhme (SDP): Ich erhebe das zum Antrag dann.

Ziegler (Moderator): Was denn?

Böhme (SDP): Daß, wenn es zu dieser Entscheidung kommt, daß gewährt wird, Frauenorganisation als Antrag.

Ziegler (Moderator): Wir halten das fest, aber müssen jetzt erst den Kompromißvorschlag, daß zwei/zwei hier heute zugelassen werden, alle anderen, für heute, für heute, im **Beobachterstatus**, erst einmal zur Abstimmung und zum Ergebnis bringen.

Möchte sich zu diesem Vorschlag, daß für heute zwei Frauen von dem **Unabhängigen Frauenverband** und von der **Gewerkschaft** zwei [Vertreter] zugelassen werden, noch jemand äußern, um das erst einmal zum Abschluß zu bringen? Das hat zur Folge, daß alle anderen heute im Beobacherstatus natürlich hier dabeibleiben. Ja? – Gut so weit.

Möchte sich da noch jemand äußern?

Und dann kommt Ihre Sache. Es möchte sich niemand mehr äußern, im Augenblick. Dann möchte ich gerne abstimmen lassen über diesen Vorschlag, zwei vom Unabhängigen Frauenverband und zwei von der Gewerkschaft heute mit an den Tisch zu bitten.

Und dann kommt allerdings noch, das will ich gleich ankündigen, der Antrag von Herrn Böhme.

Darf ich abstimmen lassen? Wer ist dafür [**Antrag SPD: Zulassung von FDGB und UFV am Runden Tisch**]: daß wir – für heute, den Kreis des Runden Tisches erweitern um zwei Vertreterinnen des Unabhängigen Frauenverbandes und zwei Vertreter der Gewerkschaft, des FDGB, den bitte ich um das Handzeichen. –

Ducke (Co-Moderator): Mehrheit.

Ziegler (Moderator): Danke. Wer ist dagegen? – Wer enthält sich der Stimme? – Ich sehe 1 Enthaltung.

So. Wir müssen nun noch Herrn Böhmes Antrag – der ist noch nicht diskutiert worden, er ist aber im Gedächtnis, denke ich: Er hat gesagt, das ist unsere Voraussetzung, daß diese Vertreter dann nicht einer anderen Partei angehören, weil sie dann sozusagen in einen Konflikt auch kommen, sie sind einesteils Vertreter der Gewerkschaft, anderenteils ihrer Partei. Bitte, dieser **Antrag IFM: Unvereinbarkeit von Doppelmitgliedschaften** steht zur Aussprache.

Schramm (FDGB): Ich bin hier als Vertreter der Gewerkschaft, meine Damen und Herren. Meine Aufgabe ist, die Interessen aller werktätigen Menschen in unserem Land wahrzunehmen. Diese Aufgabe stellt sich der FDGB. Wir sind ehrlich, offen für alle Menschen, egal, welcher Partei, welchem Glauben sie angehören. Wir bitten darum, ich bitte Sie darum, nicht in die vor Wochen noch mögliche oder betriebene Politik der Ausgrenzung zurückzukommen. Das ist wirklich meine ernsthafte Bitte. Glauben Sie mir, ich will ja keine Parteipolitik betreiben, sondern mir geht es hier um die Gewerkschaften.

Ziegler (Moderator): Wir unterstellen niemandem etwas. Aber wir müssen doch diese Frage genauso wie die anderen jetzt entscheiden, und dann bringen Sie mich in die fatale Lage, wenn das entschieden wird, zu fragen, ob Sie einer Partei angehören. Ja, und das ist schwierig, für mich.

Gysi (SED): Ich verstehe das, ich habe wirklich dafür Verständnis, weil, ich sage es noch einmal, das hat mit der Geschichte dieses Landes zu tun. Ich akzeptiere deshalb diesen Vorbehalt. Aber ich sage andererseits, wir dürfen auch bestimmte Grenzen nicht überschreiten. Erstens können wir, glaube ich, einer Organisation wirklich nicht vorschreiben, wen sie delegiert, das können sie auch ändern im Laufe der Zeit. Und zweitens gibt es ja auch noch Persönlichkeitsrechte.

Also: Wieso muß er zum Beispiel überhaupt erklären, ob und welcher Partei er angehört. Ich meine, bei bestimmten Leuten ist das wohl allgemein bekannt, aber das ist in anderen Ländern völlig unüblich. Das war bei uns anders, das weiß ich auch. Aber ich finde, es wäre von vornherein eine gewisse Diskriminierung, wenn sich hier einer hinstellen muß und sagen, ich schwöre, ich bin nicht Mitglied der CDU oder der SED oder sonst [einer Gruppierung]. Also: Ich weiß nicht, ich habe da irgendwie Bedenken. Ich würde glauben, wenn wir das gesagt haben, die Parität ist wieder hergestellt; wobei der Gewerkschaft, glaube ich, keineswegs so deutlich war – gut, er ist in der **Volkskammer**, das ist klar. Die **Parität** ist hergestellt, und dann sollten wir es ihm überlassen ...

Ich hätte nichts dagegen, wenn es Parteilose sind oder Angehörige anderer Parteien, wirklich nicht, aber ich finde, sie sollten es selbst entscheiden. So, wie wir es uns alle nicht haben vorschreiben lassen, wen wir hierherschicken.

Ziegler (Moderator): Wir sind in der Diskussion über diesen Punkt. Herr Ullmann.

Ullmann (DJ): Ja, ich möchte dazu nur etwas erklären: Natürlich, Persönlichkeitsrechte müssen geachtet werden. Das haben wir wahrlich hier nötig, in unserem Lande zu tun. Mir geht es ja auch nicht um Ihre Persönlichkeitsrechte. Und Sie haben da keine Erklärungspflichten, gerade mir gegenüber. Ich sitze auch nur hier, weil ich eben hier sitze. Aber, was mich als einen, der hier sitzt und auch draußen auf der Straße in diesem Lande herumläuft, [interessiert,] ist, ob Sie die Interessen der **Arbeiter** wirklich vertreten, nicht? Dessen möchte ich sicher sein. Das, daher kommen die Fragen.

Ziegler (Moderator): Herr Dr. Ullmann, so können wir doch nicht – Ich müßte Sie ja alle fragen, vertreten Sie richtig alles, wenn wir so fragen. Nicht? So können wir doch nicht – Ja, das werden wir denn ja sehen. Wer möchte sich noch zu dem Antrag von Herrn Böhme äußern? Der war ja klipp und klar.

Niemand mehr. Dann muß ich darüber abstimmen lassen und zwar bitte ich Sie, kritisch zu hören. Ich möchte die Frage so stellen: Soll bei der Zulassung nach Parteizugehörigkeit gefragt werden?

Böhme (SDP): – bei der **Zulassung von Massenorganisationen** – und nicht nur nach **Parteizugehörigkeit** in den in der Volkskammer etablierten Parteien, sondern auch bei der Opposition – –

Ziegler (Moderator): – Also: Ich entnehme Ihrer Berichtigung, daß Sie mit meiner Formulierung nicht ganz einverstanden sind. Dann formulieren Sie bitte noch einmal Ihren Antrag.

Böhme (SDP): Bei der Zulassung von politischen **Vereinigungen, Gruppierungen** usw. und so fort, ich kürze ab, sollte nicht nur nach der Zugehörigkeit zu Parteien, die in der Volkskammer ansässig sind, sondern auch zu Parteien in der Opposition gefragt werden.

Ziegler (Moderator): Hat das jeder – –

Gysi (SED): Das ist doch die Frage. Es soll keiner zugelassen werden – Ich bin schließlich Jurist – –

Ziegler (Moderator): Vielleicht, Herr Gysi, helfen Sie uns einmal, indem Sie die Forderung noch einmal formulieren.

[Heiterkeit]

– Na ja, na ja, wir können uns ja doch helfen. Ja.

Gysi (SED): Die Frage ist doch eindeutig. Eigentlich geht es um die Alternative: Entscheiden die Organisationen selbst, wen sie entsenden, oder nehmen wir insofern Einfluß, als wir sagen, diese Organisationen dürfen keinen Vertreter entsenden, der einer Partei angehört, welcher auch immer.

Ziegler (Moderator): Ist das jetzt so von allen verstanden, oder sagt jemand, es ist noch nicht klar?

Dann lasse ich jetzt darüber abstimmen. Wer ist für den ursprünglichen Antrag in der Formulierung von Herrn Böhme in der Formulierung von Herrn Gysi? Wer ist dafür?

Zuruf: Wie? Wofür?

[Heiterkeit]

Ziegler (Moderator): Ja, also ich wollte mir ersparen, Ihren Antrag zu wiederholen. Wer ist dafür ...

Gysi (SED): – daß sie selbst entscheiden, die Organisationen, und wir uns nicht einmischen.

Ziegler (Moderator): Dann muß ich es doch noch einmal selber formulieren. Das hilft dann gar nichts, hilft mir dann gar nichts. Ich stelle jetzt die Frage [**Antrag IFM: Unvereinbarkeit von Doppelmitgliedschaften**]: Wer ist dafür, daß die Institution oder Organisation, die noch um die Teilnahme am Tisch gebeten wird, selbst entscheidet, wen sie schickt, ohne Auflagen.

Verstanden? Wer ist für „ohne Auflagen?" Würde bitte gezählt werden, ja.

Ducke (Co-Moderator): 18 habe ich gezählt.

Ziegler (Moderator): Wer ist dagegen? –

Ducke (Co-Moderator): 10 habe ich. 10.

Ziegler (Moderator): Wer enthält sich der Stimme? – Ich sehe 2, ja?

Ducke (Co-Moderator): 2 Enthaltungen.

Ziegler (Moderator): Danke. Damit ist Ihr Antrag [**Antrag IFM**] abgelehnt. Ich bitte also, daß sich die beiden Damen vorstellen von dem Unabhängigen Verband – Moment, ich lerne es immer noch nicht ... „Unabhängiger Frauenverband" und daß die Gewerkschaft sagt – –

Sind Sie nun entsandt von Ihrer Gewerkschaft? Ja. Wer das sein soll. Ist das nur einer oder sind das zwei Vertreter?

Hartmann (FDGB): Der zweite Kollege wartet draußen.

Ziegler (Moderator): Na, dann holen Sie ihn doch bitte herein.

Hartmann (FDGB): Ich bedanke mich.

Ziegler (Moderator): Aber wir warten den kleinen Augenblick, damit denn alle die Vorstellung mitkriegen, ja – –

[Unruhe]

Was? Zur Geschäftsordnung?

[Unruhe]

de Maizière (CDU): Bei der Abstimmung eben waren es 30 und bei der Abstimmung vorhin waren es 29. Wir müssen also klären, wer hier stimmberechtigt ist, daß also in der Summe der Stimmen immer die gleiche Zahl herauskommt.

Ziegler (Moderator): Also: Sie fechten die – –

[Unruhe]

Gysi (SED): Nein, das geht nicht.

de Maizière (CDU): Nein, ich fechte nichts an.

Gysi (SED): Es war eindeutig zu wenig gezählt worden. Aber ich wollte Dich darauf hinweisen, das hätte, wäre auch nur Parität bei herausgekommen, bei der Frage, wer enthalten – –

[Unruhe]

de Maizière (CDU): Daß in Zukunft immer 30 herauskommen in den drei möglichen Varianten.

[Unruhe]

Ziegler (Moderator): Sind die Gewerkschaftsfreunde da? Diesen Augenblick verpusten können wir uns ja doch noch.

Ich möchte einmal sagen, wie wir uns das weiter denken. Darf ich das in der Zwischenzeit machen? Sie merken, die Temperatur wird nahezu unerträglich hier. Und Sie werden auch merken, daß wir nachher, wenn wir in die Sache eintreten, kaum so weiterverhandeln können mit diesem ganzen Pulk.

Ich möchte keinem zu nahe treten. Sie sind uns herzlich willkommen. Aber Sie verstehen das. Darum hatten wir folgenden Vorschlag: Jetzt stellen sich die neu Hinzugebetenen vor. Dann fragen wir noch, wer als Beobachter heute hier weiter ist, und dann hätten wir die Bitte, daß in Stichworten, ohne daß wir in die Sache eintreten, noch die Punkte gesammelt und geordnet werden, damit wir dann wissen, worüber wir heute hier reden wollen in der Sache.

Dann machen wir eine Pause, und dann bitten wir die **Journalisten, Fernsehen, Rundfunk**, den Raum zu verlassen, treten dann ein in die Sachausprache. Das ist so der Vorschlag. Einverstanden? Gut.

Die Gewerkschaft fehlt uns immer noch.

[Unruhe]

Dann stellen Sie sich bitte vor. Solange können wir nicht warten.

TOP 3: Vorstellung neuer Teilnehmer der Parteien und Gruppierungen

Frau Merkel (UFV): Wir sind die Vertreterinnen des Unabhängigen Frauenverbandes. Wir hatten am vergangenen Wochenende eine Gründungsversammlung, auf der mehr als 1 200 Teilnehmerinnen vertreten waren. Darunter Vertreterinnen verschiedenster **Basisgruppen**. Auf dieser Versammlung wurde demokratisch Walfriede Schmitt, Schauspielerin an der Volksbühne, und ich, mein Name ist Ina Merkel, Humboldt-Universität und SED-Mitglied, das möchte ich in dieser Runde auch gesagt haben, wurden wir basisdemokratisch bestimmt, als Sprecherinnen am Runden Tisch teilzunehmen.

Ziegler (Moderator): Also Johanna?

Frau Merkel (UFV): Nein, Ina Merkel.

Ziegler (Moderator): Es ist etwas schwierig ohne Mikrofon. Dürfen wir Sie bitten.

Frau Schmitt (UFV): Walfriede Schmitt, Schauspielerin an der Volksbühne Berlin.

Ziegler (Moderator): Danke. Die Namen haben Sie alle mitnotiert, ja? Und schreiben Sie Ihre Adresse bitte auf einen Zettel, daß wir das auch kriegen.
  Und nun, die Gewerkschaftsfreunde suchen sich noch, sind Sie nun da?

Schramm (FDGB): Wir sind da.

Ziegler (Moderator): Da ist ein Stuhl und da ist ein Stuhl.

Ducke (Co-Moderator): Wenn Sie die Ecke nehmen.

[Unruhe]

Ziegler (Moderator): Da ist ein Stuhl und da ist ein Stuhl. Ach, hier sind auch zwei. Ja. Habe ich nicht gesehen. Seien Sie so freundlich, gleich hier Platz zu nehmen und sich vorzustellen.

Schramm (FDGB): Ja. Wir bedanken uns ganz herzlich. Guten Tag, guten Tag.

Ziegler (Moderator): Bitte nehmen Sie Platz und stellen Sie sich auch bitte gleich vor, ja.

Schramm (FDGB): Ich heiße Rainer Schramm, bin BGL-Vorsitzender, demokratisch gewählt vom VEB-Elektrokohle Berlin-Lichtenberg und seit voriger Woche Mittwoch auf Beschluß des Bundesvorstandes des FDGB Mitglied des Arbeitssekretariates zur Vorbereitung des außerordentlichen Kongresses der Gewerkschaft, der am 31. Januar und 1. Februar 1990 in Berlin stattfinden wird. Ich bin 38 Jahre alt, verheiratet, geordnete Verhältnisse.

Lange (Co-Moderator): Der einzige, der gesagt hat, wie alt er ist.

Bugiel (FDGB): Mein Name ist Hartwig Bugiel.

Ziegler (Moderator): Können Sie das einmal [wiederholen], wie schreibt man das?

Bugiel (FDGB): Hartwig Bugiel. Ich bin Vorsitzender des Zentralvorstandes der IG Metall der DDR. Ich vertrete hier zwei Millionen Metallarbeiter, Metallurgen – –

[Gelächter]

Ich bin vor – Sie lachen – –

Ziegler (Moderator): Wollen wir ihn doch einmal ausreden lassen, bitte.

Bugiel (FDGB): Ich bin am 27. November [1989] demokratisch gewählt worden im Zentralvorstand der IG Metall. Es standen dort mehrere Kandidaten zur Diskussion. Ich habe mich mit 67 Stimmen zu 13 Stimmen durchgesetzt. Ich bin verheiratet, habe 3 Kinder, komme aus Jena, war bis dahin BGL-Vorsitzender im Zeiss-Werk, und jetzt bin ich hier.

Ziegler (Moderator): Ja. Herzlich willkommen.

Poppe (IFM): Eine Frage.

Ziegler (Moderator): Ja, Sie können natürlich auch – –

Poppe (IFM): Können Sie noch einmal wiederholen, wie hoch das Wahlergebnis war?

Bugiel (FDGB): 63 zu 17.

Poppe (IFM): Das heißt, 80 Personen?

Bugiel (FDGB): Ja.

Poppe (IFM): Können Sie sagen, wieviel Mitglieder die IG Metall hat?

Bugiel (FDGB): Rund zwei Millionen.

Poppe (IFM): Danke.

Ziegler (Moderator): Ihre Fragen – –

Bugiel (FDGB): Wir sind demokratisch gewählt.

Ziegler (Moderator): Ja, entweder, die Legitimationsfrage haben wir hier nicht aufgeworfen weiter. Wir haben das so entschieden heute. Für heute.
  Und nun muß ich noch fragen, wer ist noch da? Die Damen vom DFD. Wer nimmt da als Beobachter nun teil? Würden Sie noch einmal sagen, wer das ist, wer Sie sind?

Frau Rohmann (DFD): Ich bin Eva Rohmann, Vorsitzende des Demokratischen Frauenbundes seit dem 16. November [1989].

Ziegler (Moderator): Haben Sie noch jemanden bei sich, oder kommen Sie allein?

Frau Rohmann (DFD): Ja, ich habe noch eine Kollegin mit hier, eine Freundin. Aber ich bin auch bereit, alleine hier als Beobachter zu sitzen. Keine Frage.

Ziegler (Moderator): Konsumverband. Bitte.

Fahrenkrog (VdK): Dr. Heinz Fahrenkrog, Präsident des Verbandes der **Konsumgenossenschaften.** Gleichzeitig Mitglied des Zentralvorstandes des Internationalen Genossenschaftsbundes.

Ziegler (Moderator): Danke. Herr Mielke.

Mielke (DUP): Ja, Eckhard [?] Mielke ist mein Name. Ich bin Arbeiter- und Bauern – also – Deutsche Umweltschutzpartei, ja?

[Unruhe]

Ziegler (Moderator): Herr Böhme hat sich gemeldet.

Böhme (SDP): Ich hätte Herrn Fahrenkrog gern gefragt, wie lange er schon Vorsitzender des Konsumverbandes ist.

Fahrenkrog (VdK): Seit 1968.

Ziegler (Moderator): So, sonst noch, habe ich jemanden vergessen, übersehen, der heute hier im Beobachterstatus teilnehmen wollte? Ich sehe jetzt niemanden. Damit wir nachher, wenn es Abstimmungen geben sollte, nicht durcheinander kommen, bitte ich die **Beobachter**, wenn wir nachher geräumt haben, etwas sich nach hinten in die Reihe zu setzen. Jetzt aber setzen Sie sich endlich hin. Sie tun mir schon die ganze Zeit leid, daß Sie stehen müssen. Bitte, da sind noch Stühle. So, und nun würde ich bitten, daß – ja nehmen Sie doch Platz und Herr Fahrenkrog, Sie auch, und Herr Mielke, wo ein Stuhl noch ist, mehr haben wir leider nicht.

Jetzt die letzte Runde vor der Pause. Ich würde Herrn Ducke bitten, das zu leiten; denn allmählich geht mir auch die Puste aus.

TOP 4: Verständigung über die Themen auf der Tagesordnung vom 7.12.1989

Ducke (Moderator): Uns allen ist sicherlich auf der einen Seite die Zeit lang geworden, aber es war vielleicht auch eines insofern wichtig, daß wir versucht haben, nicht nur nach einer Legitimation zu fragen, sondern an diesem Runden Tisch ein wenig auch Demokratie zu üben. Ich hoffe, daß niemand dann, sagen wir einmal, überstimmt sich fühlt oder unsicher in seiner Position. Wir hätten diese Runde überschrieben: Verständigung über die Beratungsthemen für heute. Darf ich jetzt einfach die Runde damit eröffnen, daß wir die Themen zu sammeln versuchen? Würden Sie selbst am besten immer mitschreiben, damit wird dann danach abstimmen können, welche wir wirklich realisieren können heute, oder was wir uns vornehmen, damit wir dann auch die nächsten, ja, damit wir eine Ordnung und eine Reihenfolge festlegen können.

Bitte schön, Herr Gerlach.

Vielleicht können wir, wenn wir jetzt die Themen sammeln, einfach sitzen bleiben. Ist das vielleicht möglich?

Gerlach (LDPD): Ich bin mir klar, daß es kaum möglich sein wird, heute alle Themen zu besprechen, die uns allen am Herzen liegen. Ich möchte aber doch nennen als Themenvorschläge: **Sicherung der Rechtsstaatlichkeit**, bei rigoroser Aufdeckung von Machtmißbrauch und anderer Vergehen und Verbrechen, Sicherung der Versorgung, **Verhinderung des Wirtschaftskollaps** in der DDR, Verständigung auf einen baldmöglichen **Wahltermin**, Vorzug Mai oder Juni, Grundsätze eines **Parteiengesetzes**, wichtigste **Verfassungsänderungen** nur soweit sie notwendig sind, um freie Wahlen durchführen zu können und Grundsätze eines Wahlgesetzes.

Ducke (Moderator): Danke schön, darf ich um weitere Wortmeldung bitten?

Bitte Herr – –

Stief (NDPD): **Mediengesetz**.

Ducke (Moderator): Mediengesetz. Bitte schön Frau – –

Frau Köppe (NF): Ich möchte zunächst erst einmal insgesamt eine Erklärung der Opposition abgeben.

Ducke (Moderator): Würden Sie es bitte im Rahmen unserer vorgehabten Themen – –
Bitte schön.

Frau Köppe (NF): Ja:

[**Vorlage 1/4, Erklärung Opposition: Selbstverständnis der oppositionellen Gruppierungen und Parteien**]

Am Runden Tischen haben sich politische Kräfte des Landes versammelt.[1] Wir gehen davon aus, daß keine dieser Kräfte, auch nicht die Volkskammer, und auch nicht die Regierung, eine hinreichende Legitimation durch freie und demokratische Wahlen hat. Sie können deshalb keine grundlegenden Entscheidungen für unser Land treffen. Der Runde Tisch kann keine Regierungsfunktion ausüben. Wir wollen nicht daran mitschuldig werden, daß dieser Tatbestand vor dem Volk verschleiert wird. Wir erklären, daß wir nur eine Politik unterstützen wollen, die die Eigenständigkeit unseres Landes wahrt. Wir unterstützen die Bildung und Tätigkeit der unabhängigen Volkskontrollausschüsse und Bürgerkomitees sowie der unabhängigen Interessenvertretungen der Werktätigen.

Wir fordern:

– Die Regierung muß sich zur geschäftsführenden Übergangsregierung erklären, die nur unaufschiebbare Maßnahmen beschließt.

– Das Amt für Nationale Sicherheit als eine verfassungsfeindliche Organisation muß unter ziviler Leitung aufgelöst werden.

– Die ökologische, wirtschaftliche und finanzielle Situation des Landes und die beabsichtigten Schritte müssen offengelegt werden.

– Die Regierung muß dafür Sorge tragen, daß unsere ausländischen Mitbürger in rechtlicher und tatsächlicher Hinsicht allen anderen Bürgerinnen und Bürgern des Landes gleichgestellt werden.

– Kurzfristig müssen ein Wahlgesetzentwurf und der Entwurf einer neuen Verfassung erarbeitet werden. Beide müssen nach gründlicher Aussprache durch Volksentscheid in Kraft gesetzt werden. Darin sehen wir den Weg zur direkten Demokratie, der nicht durch einen Runden Tisch ersetzt werden soll.

Damit alle politischen Kräfte an diesem Demokratisierungsprozeß teilnehmen können, bedarf es folgender Voraussetzungen:

1. freier Zugang zu den Medien, Herausgabe eigener Publikationen, und

2. die Einrichtung der erforderlichen Büros für die oppositionellen Gruppen im ganzen Land.

---

[1] In der schriftlichen Vorlage [1/4] lautet der erste Satz: „Am Runden Tisch haben sich fünf bestehende und acht in Bildung begriffene oppositionelle Gruppen beziehungsweise Parteien versammelt".

> Die Teilnehmer der Opposition am Runden Tisch müssen zur Ausübung ihrer Tätigkeit arbeitsbefreit werden und, soweit sie Verdienstausfall erleiden, muß derselbe ihnen aus dem Staatshaushalt ersetzt werden.
>
> Zu allen folgenden Verhandlungen am Runden Tisch muß der Zugang aller interessierten Medienvertreter gewährleistet sein.
>
> Soweit unsere gemeinsame Erklärung.

Ducke (Moderator): Danke schön. Gibt es weitere Wortmeldungen und Gesprächswünsche? Vielleicht kann man natürlich auch sagen, oder Themenwünsche besser gesagt, daß die, die schon genannt wurden, dann Unterstützung finden, wenn wir dann darüber....

Bitte, Herr Böhme.

TOP 5: Diskussion der für den 7. 12. 1989 ausgewählten Themen

Böhme (SDP): Das erste Thema sollte sein, **wie sich der Runde Tisch zu verstehen hat** und eine **Geschäftsordnungsdebatte**.

Ducke (Moderator): Danke schön. Herr Gysi, bitte.

Gysi (SED): Zwei Wünsche gerne. Also, diese Erklärung zum Beispiel wäre sehr schön, wenn man die bekommen könnte. Vieles davon könnte ich unterstützen, anderes nicht. Und es wäre natürlich günstig, das vergesse ich wieder so schnell. Ich bin auch kein – ich kann leider nicht Steno.

Zwei Dinge hätte ich gerne noch dazu. Das eine wäre, also, weil wir uns ja sicherlich doch auch mit den Fragen beschäftigen müssen, die besonders dringend sind.

Das eine wäre also die Frage, ob es eventuell möglich ist, im Gespräch einen bestimmten **Sicherheitskonsens** zu erreichen; denn alles, was Sie wollen, hat ja nur Sinn, wenn wir eben die Eigenständigkeit des Landes in einer gewissen Sicherheit und auch in einer gewissen Hinsicht Ordnung [haben], damit meine ich nicht, also ich bitte den Begriff, der ist ein bißchen abgenutzt, nicht falsch zu verstehen, aber Sie wissen, was ich meine: daß wir versuchen, also einen Sicherheitskonsens möglicherweise zu finden.

Und das zweite ist, ich würde meinen, daß es ganz dringlich ist, daß wir uns heute noch hier unterhalten über diesen **Amnestiebeschluß** und einen Vorschlag an den Staatsrat formulieren zur Änderung dieses Amnestiebeschlusses.

[Unruhe]

– Wie bitte? Natürlich haben wir einen, stand doch heute in der Zeitung. Oder nicht? Weil diese eine Ziffer in dem Amnestiebeschluß – zu dem Recht will ich mich nicht äußern, ich akzeptiere die Kompetenz des Staatsrates, aber die eine Ziffer ist so mißverständlich, daß bei Taten vor dem 6. Dezember eine Amnestie erfolgt unter den genannten Voraussetzungen, auch wenn später die Verurteilung kommt, daß darunter auch verstanden werden könnte, daß Fälle von Korruption und Machtmißbrauch darunter fallen, wenn sie nämlich nur mit Freiheitsstrafen unter drei Jahren bestraft werden.

Und ich weiß doch heute nicht, wie ein Gericht entscheidet. Und natürlich rechne ich mit höheren Strafen, dann würde es nicht darunterfallen, aber ich kann das nicht akzeptieren.

Und ich bin der Meinung, wir sollten uns heute hier zu dieser Frage, weil die auch wichtig ist, verständigen, daß wir den Wunsch haben, ich hoffe, daß es eine Mehrheit ist, daß dieser Amnestiebeschluß so geändert wird, daß ganz klar ist, daß Fälle von **Amtsmißbrauch und Korruption** nicht darunterfallen. Dieses Mißverständnis ist ausgelöst worden, und das ist meines Erachtens dringlich. Also Sicherheitskonsens und Amnestiebeschluß hätte ich gerne noch dazu.

Ducke (Moderator): Das waren zwei Themen. Das zweite [Thema] schon mit einer ziemlich ausführlichen Begründung.

Bitte, Herr Ullmann. Herr Ullmann, bitte.

Ullmann (DJ): Zu dem Sicherheitskonsens würde meines Erachtens gehören, daß der Runde Tisch, und ich hätte den Wunsch eigentlich, der Runde Tisch im Ganzen und möglichst einhellig, sich äußert zu der Lage im Falle **Schalck-Golodkowski**. Etwa eine Forderung dahingehend ausspricht, daß er angehört wird vor der Unabhängigen Untersuchungskommission.

Ducke (Moderator): Danke. Bitte Frau

Frau Dörfler (GP): Die Grüne Partei der DDR sieht die ökologische Krise als grundlegende Krise in unserem Land an, und wir benennen deshalb als Thema für den Grünen Tisch den Austausch über den **ökologischen Umbau** der gesamten Gesellschaft. Der steht auf der Tagesordnung.

Ducke (Moderator): Herr Maleuda, bitte.

Maleuda (DBD): Wir stimmen mit vielen Punkten überein, wir würden einen Vorschlag unterbreiten: **Sicherung der Produktion, der Versorgung und der Anforderung in der Infrastruktur.**

Ducke (Moderator): Ja, wir nennen jetzt so Themen. Unterstützungen werden dann, wenn wir eine gewisse Ordnung festlegen, gemacht. Nur zur Verständigung.

Bitte, Herr de Maizière.

de Maizière (CDU): Nennung von Grundsätzen der Bildung von **Bürgerkomitees** und ihrer Rechenschaftspflicht.

Ducke (Moderator): Ja, zum Thema Bürger – –

de Maizière (CDU): **Bürgerkomitees.**

Ducke (Moderator): Bürgerkomitees.

de Maizière (CDU): Bürgerkomitees, wie sie jetzt seit einigen Tagen sind. Und ich frage mich, die Grundsätze deren Bildung und ihre jeweilige Rechenschaftspflicht.

Ducke (Moderator): Danke. Gibt es noch weitere Themenwünsche hier aus der Runde, möchte noch jemand ein Anliegen vertreten, das er gerne hier besprochen haben möchte?

Bitte, Herr – –

Krause (CDU): Ich möchte [betonen], und so erkennen wir das ja, daß einige dieser Dinge sehr langfristig sein werden, die wir hier anpacken, und alle Bürger schauen auf uns. Und es ist doch sicherlich eine Sache der Redlichkeit, daß wir am Schluß unserer heutigen Beratung unseren Bürgern in unserem Lande auch sagen, was wir denn gemeinsam tun wollen.

Wollen wir da uns gegenseitig unsere Redlichkeit absprechen, wenn wir hier in dieser Runde sind? Sicherlich nicht. Wir wollen immer unterscheiden zwischen dem, was Irrtum ist, und dem, was der Irrende ist. Unsere Bürger, die brauchen zur Zeit solide Arbeit und Ruhe zum Beispiel in den Schulstuben. Ich bin Pädagoge und weiß das. Wenn wir uns einigen könnten heute, daß wir das unseren Bürgern empfehlen, solide Arbeit trotz allem Dissens in unseren politischen Auffassungen, und Ruhe in den Schulstuben, das würde mir leichter fallen, wieder nach Hause zu fahren.

Ducke (Moderator): Wenn ich Sie richtig verstanden habe, dürfen wir das nur, Sie plädierten jetzt hier, daß wir faktisch eine gemeinsame Erklärung zum Ende unter diesen inhaltlichen Punkten vorschlagen.

Krause (CDU): Denn es besteht ja die Hoffnung hier in diesem Zusammensein.

Ducke (Moderator): Ja, danke. Waren noch weitere Meldungen?
Bitte schön, Herr Klein.

Klein (VL): Ich möchte hier nicht nur einen Akzent anders setzen, sondern unter Bezugnahme auf das, was Herr de Maizière gesagt hat über die Tätigkeit der Bürgerkomitees, darauf hinweisen, daß die Lage im Land so ernst ist, daß also, wie wir sehen, im Lande auch materielle Voraussetzungen, also materielles Recht geschaffen wird, vollendete Tatsachen geschaffen werden in vielerlei Hinsicht, ohne daß auch nur im mindesten die Legitimation auf gesetzgeberischer oder in Vorbereitung befindlicher gesetzgeberischer Maßnahmen da ist.

Die Tätigkeit zum Beispiel von Bürgerkomitees oder **Volkskontrollausschüssen** ist ganz eindeutig darauf gerichtet, bestimmte Entwicklungen zu verhindern, ganz bestimmte Vorgänge zu befördern, die Ausdruck von Volkssouveränität sind, so daß ich eigentlich erwarte, daß alle Beteiligten hier am Runden Tisch sich darüber verständigen, wie die allenthalben geplante – **Legitimation** von Vertretern von Parteien oder von gesellschaftlichen Organisationen schnellstmöglich wieder hergestellt wird, oder überhaupt erst einmal hergestellt wird, so muß man es ja wohl sehen. Ich möchte also die Aufmerksamkeit vor allen Dingen auf diese Tatsachen lenken, so würde ich schon sagen, im Gegensatz zu dem, was Sie gesagt haben.

Ducke (Moderator): Danke schön. Das war faktisch eine Ergänzung beziehungsweise ein anderer Akzent.
Herr de Maizière.

de Maizière (CDU): Ich bin möglicherweise mißverstanden worden. Mir geht es darum, und da könnten wir uns sicherlich verständigen, **Anarchie** zu vermeiden. Und deswegen meine ich, sollten wir für bestimmte Institutionen, die jetzt tätig sind, Spielregeln vereinbaren. Es gibt eben beispielsweise, für **Untersuchungsausschüsse** gibt es keine Spielregeln in diesem Land und es gibt keine für die Bildung von Bürgerkomitees.

Die **Bürgerkomitees** haben sicherlich das Ziel, zu vermeiden, daß Akten vernichtet werden, daß Eigentum und Vermögen aus unserem Lande verbracht wird. Aber wer garantiert mir denn, daß ein sich Bürgerkomitee nennendes Gremium nicht eben das gleiche Ziel verfolgt. Und deswegen meine ich eine Art der Bildung und eine Art der Unterstellung.

Ducke (Moderator): Vielen Dank. Das war vielleicht doch eine notwendige Ergänzung. Ich glaube, wir sollten aufpassen, daß wir in dieser Runde jetzt einfach einmal versuchen, die Themenwünsche darzulegen, auch ausführlich, daß die Begründung klar ist, aber verzichten zunächst auf eine Gegendarstellung oder Debatte oder so etwas, weil das ja dann eigentlich unsere Aufgabe wäre in einem nächsten Gesprächsgang.

Hier war zur Geschäftsordnung eine Meldung. Bitte.

Böhme (SPD): Das ist das, was ich auch sagen wollte.

Ducke (Moderator): Vielen Dank. Bitte, Sie waren – –
Herr Jordan.

Jordan (GP): In der DDR sind **Umweltdaten** unter Geheimnisschutz gestellt worden. Dieser Geheimnisschutz ist zwar in großen Teilen aufgehoben worden, aber ein wesentlicher Teil fehlt, und zwar sind die Gebiete in der DDR in drei Kategorien eingeteilt worden. In der dritten Kategorie sind die Daten bis zu 15 Jahren gesperrt. Diese Gebiete dürften nahezu identisch sein mit den ökologischen Katastrophengebieten.

Wir als Grüne setzen uns dafür ein, daß diese Karte veröffentlicht wird und auch die Verantwortlichkeit des ehemaligen stellvertretenden Ministerpräsidenten in dieser Hinsicht bedacht wird.

Ducke (Moderator): Danke, Herr Jordan. Das war noch eine klare Forderung für ein Thema, das zu erörtern war.
Herr Schramm, bitte.

Schramm (FDGB): Ich bitte darum, daß heute hier miterörtert wird die Situation des Landes, und zwar dahin ausgehend, daß die **Gewerkschaft** als einzige – ich möchte keine Wertung vornehmen – sondern die Gewerkschaft als funktionierende große Organisation, größte Organisation im Moment in der DDR, das Recht darauf haben muß, ungehindert zu arbeiten, weil wenn die Gewerkschaft ungehindert arbeiten kann, und in der Gewerkschaft sind alle Werktätigen oder fast alle Werktätigen vereinigt, dann haben wir eine Kraft, die zur Stabilität dieses Landes im Interesse von uns allen beitragen kann.

Ducke (Moderator): Danke schön. Das war, glaube ich, noch mit ein Beitrag zu der ganzen Frage Bürgerkomitee.

Poppe (IFM): Wenn der Runde Tisch sich darauf verständigen könnte, daß zu bestimmten Sachfragen, die wir hier nicht klären können, weil der einzelne überfordert ist, wenn er zu all diesen Themen etwas sagen soll, **Ausschüsse** gebildet werden, die in ähnlicher Weise wie der Runde Tisch aufgebaut sind, sicherlich so groß – eben zu den gravierenden Fragen, also sowohl der genannten neuen **Verfassung** eines neuen **Wahlgesetzes**, der Fragen der **Wirtschafts- und Finanzsituation**, vielleicht **Bildungssystem** und so weiter. Also ich meine, daß man sich über verschiedene wirklich relevante Themen verständigt und ob solche Ausschüsse ins Leben gerufen werden können, die von hier aus, von uns aus, gewissermaßen entstehen könnten, initiiert werden könnten.

Ducke (Moderator): Danke, Herr Poppe. Ich glaube, das wäre der Punkt, wenn Sie unseren Vorschlag für das Verfahren haben, auf Nummer 5, nämlich Verständigung über die Fortführung. Ich danke Ihnen, daß Sie das im Zusammenhang jetzt bringen mit bestimmten Themen.
Bitte, Frau Dörfler.

Frau Dörfler (GP): Meine Partei ist zusätzlich der Meinung, daß wir uns sehr dringend unterhalten müßten über eine Änderung der Subventionspolitik im Zusammenhang mit den geöffneten Grenzen und bringen ein, den Vorschlag, daß man die **Subventionen**, also den Bürger, stützen sollte, anstatt die Güter zu stützen.

[Unruhe]

Stief (NDPD): Wir würden uns im Interesse eines ausgewogenen Verhältnisses für die DDR-Bevölkerung dafür einsetzen, die **Umweltstrategie** in der DDR neu zu fixieren, eine Prioritätenliste aufzustellen über Notwendiges, Allernotwendigstes in der DDR, was in den Belastungsgebieten zu tun ist. Und damit also auch im Zusammenhang mit dem Ansatz für die Planung der Wirtschaft im Jahre 1990 – Diese Dinge sind von vornherein auszuschließen. Sie bedürfen auch jetzt einer sorgfältigen Überlegung.

Ducke (Moderator): Danke. Ist da noch eine Meldung, bitte? Bitte? Dann entschuldigen Sie bitte.

Böhme (SDP): Meine Damen und Herren, verehrte Anwesende, ich glaube, wir werden die Liste jetzt noch eine halbe, dreiviertel, eine Stunde fortsetzen, wenn wir bitte nicht nach der Pause als erstes uns verständigen, wie wir den Runden Tisch in seiner Struktur, seiner Wirkungsweise, seiner Funktion festlegen sollten und uns darüber verständigen und als zweites die **Geschäftsordnungsdebatte** führen und danach dann den **Themenkatalog** auflisten.
Ansonsten stoppen wir die ganze Arbeit heute.

Ducke (Moderator): Ein konkreter Antrag zur Wichtung?

[Unruhe]

de Maizière (CDU): Egal. Was Sie gesagt haben, war kein Geschäftsordnungsantrag, sondern ein Sachantrag, und wir sollten uns daran gewöhnen, das zu unterscheiden, damit wir nicht in ungerechtfertigter Reihenfolge darangehen.

Ducke (Moderator): Danke. Ich bitte noch um etwas Geduld. Herr Böhme. Ich bitte noch um etwas Geduld für uns. Ich glaube, es ist nicht unwichtig, daß wir in dieser Runde wirklich einmal eine Auflistung versuchen in dieser Breite, um jetzt im nächsten Gesprächsgang hierdrin eine gewisse Ordnung zu finden.
Aber Sie werden selbst schon merken, wenn Sie Ihre Notizen lesen, wie ungeheuer schwierig das sein wird, wie wir, beinahe hätte ich gesagt, einige Komplexe festlegen. Dann kriegen wir dann womöglich Komplexe, aber das wollen wir nicht. Hier war noch ein Sachantrag. Darf ich jetzt nur die Reihenfolge – erst war Herr Mielke. Aber bitte ein Sachthema, nur benennen.

Mielke (DUP): Also die Deutsche Umweltschutzpartei hat ein klares Programm und ...

[Gemurmelte Diskussion, ob Beobachter Themen einbringen dürfen. Widerspruch von Teilnehmern.]

Poppe (IFM): Ich bitte, daß wir darüber abstimmen.

Fahrenkrog (VdK): Ich hätte auch etwas zu sagen. Ich habe aber den Beobachterstatus, und ich stelle keine Anfragen.

Ducke (Moderator): Danke. Bitte, Herr Berghofer.

Berghofer (SED): Ich werde dem Antrag des Herrn Poppe zustimmen. Auf uns warten 16 Millionen mit Fragen. Die Lage ist viel ernster, als wir es vielleicht alle hier wissen. Wir müssen zum Arbeiten übergehen, also als erstes die Arbeitsprinzipien diskutieren.

[Unruhe]

– Wir sind zu Kompromissen bereit, damit die Arbeit beginnen kann.

[Unruhe]

– Die Themen, die hier genannt wurden, sind es alle wert. Aber die werden natürlich überhaupt nicht bewältigt.

Mielke (DUP): Ich möchte nur zwei Punkte nennen, damit die **Regierung** das aufgreifen kann.

[Erneute gemurmelte Diskussion über den Beobachterstatus]

Ducke (Moderator): Darf ich ganz kurz sagen, daß wir dann die Rednerlisten gleich zu den Themen abschließen und die Bereiche festlegen.

Dshunussow (IFM): Ich verstehe, daß es heute um grundlegende Probleme geht, die morgen die Zukunft des Landes bestimmen. Wir wollen sicherlich alle gemeinsam eine DDR haben, die menschenfreundlich ist und sicherlich auch sozial ist. Ich möchte Sie darauf aufmerksam machen, daß wir uns gemeinsam Gedanken machen über die Ausländer. Wir müßten uns Gedanken machen darüber, daß hier in diesem Lande eine neue Ausländerpolitik zustande kommt, die **Ausländerfeindlichkeit, Chauvinismus und Rechtsradikalismus** verhindert. Zur Zeit ist die Situation der Ausländer so, daß – –

Ducke (Moderator): Herr Dshunussow, würden Sie sich bemühen – das Thema Ausländer genannt zu haben und danach diese Sachdebatte – wenn wir darüber debattieren. Ich glaube, alle hier am Runden Tisch verstehen das Anliegen, es soll nicht abgewürgt werden. Nur, damit wir mit der Zeit kommen.
Ich schlage vor, daß wir nun Bereiche festlegen, mit denen wir beginnen. Wenn ich es richtig sehe, wäre ein erster Bereich von den genannten Themen die Möglichkeiten der a) **Weiterarbeit des Runden Tisches, Selbstverständnis**, die Legitimierungsfrage, also die ganzen **Arbeitsprinzipien**, die auf Zukunft hin ausgerichtet sind – – Das wäre ein Kreis, zu dem wir vielleicht die vorhandenen Themen ordnen können.
Dann glaube ich, waren die wichtigen Themen, die Probleme, die unter dem Stichwort vielleicht fallen könnten **Wahlgesetz, Verfassungsdiskussion**. Sehe ich das so richtig, also in einem weiten Bereich, was ja auch die Frage der Legitimation insgesamt aufgreift?
Dann sehe ich einen Bereich von relativ vielen Einzelthemen, die genannt wurden. Wenn ich also jetzt nehme **Ausländerproblematik** oder auch – nein, das würde ich schon fast für einen eigenen Kreis nennen – die ganze Frage der **Ökologie** und **Wirtschaft**. Sollte das ein eigenes Thema sein?
Ja. Habe ich im Moment etwas vergessen? Ich bitte nur hier, ob wir in dieser Weise vorgehen können? Wie?

Ziegler (Co-Moderator): **Parteiengesetz** und **Bürgergesetz**.

Ducke (Moderator): Parteiengesetz und Bürgergesetz würde ich mit unter Verfassung vielleicht subsummieren. Herr Gysi, sind Sie anderer Meinung?

Gysi (SED): Das ist praktisch auch die Frage der **Bürgerkomitees**. Ich meine, da gehört ja alles mit rein. Nur, ich bin der Meinung, wir müßten versuchen, wenn es ginge, irgendwie eine Rangfolge, eine Reihenfolge, nicht eine Rangfolge, eine Reihenfolge festzulegen, worüber wir uns heute zuerst verständigen – und da gibt es, glaube ich, ein paar ganz dringende Dinge – und uns dann verständigen, welche Themen müssen alle abgearbeitet werden.

Und da bin ich sehr für den Vorschlag mit den Fachleuten, weil: Egal von wo die kommen, die verstehen sich nämlich am schnellsten, während wir uns nur herumstreiten, weil die einfach wissen, worum es geht. Und die können das auch am besten beurteilen. Das, finde ich, ist eine sehr gute Idee, daß wir so etwas noch in die Verfahrensdebatte sozusagen mit einbringen, wie wir hier die Reihenfolge festlegen und die Schwerpunkte.

Ducke (Moderator): Da war hier schon die Frage formuliert, welche Reihenfolge. Gilt Ihre Wortmeldung schon darauf, sonst würde ich – –

Frau Köppe (NF): Ich glaube, wenn wir zu Verfassungsfragen der Zukunft reden, das wird sicherlich lange dauern. Ich schlage vor, daß wir als dritten Punkt dann – also das erste natürlich Selbstverständnis des Runden Tisches ist ganz wichtig, daß das geklärt wird; dann Verfassung und Wahlgesetzentwurf – als drittes vielleicht uns verständigen über mögliche **Sofortmaßnahmen**, die in diesem Land ergriffen werden müssen.

Ducke (Moderator): Danke. Das war ein Vorschlag für ein mögliches Procedere.

Ullmann (DJ): Ja, also, ich denke auch und schließe mich da allen meinen Vorrednern an. Es gibt eine **Dringlichkeitsliste**, die uns vom Lande vorgeschrieben ist. Und die muß auch hier maßgebend sein, da sind also die Bürgerkomitees, meine ich, ganz weit vorne, und da sind ganz weit vorne die nötigen Sicherungsmaßnahmen im Interesse unserer Wirtschaft.

Ducke (Moderator): Danke. Hier war noch eine Meldung. Herr – –

N. N.: Ich wollte auch noch einmal bekräftigen, daß die Sofortmaßnahmen hier diskutiert werden müßten, Vorgehen im Zusammenhang mit Verfassung und Frage der – –

Ducke (Moderator): – Gibt es zu der möglichen Reihenfolge weitere Vorschläge? Darf ich? Sie hatten sich noch konkret gemeldet. Darf ich?

[Unruhe]

Gutzeit (SPD): Wenn wir die **Geschäftsordnung** für diesen Runden Tisch festlegen, bevor wir überhaupt weiter diskutieren – –

Ducke (Moderator): – Das verstanden wir unter Selbstverständnis.

Gutzeit (SPD): Nein, das ist aber – – Das ist zu unterscheiden, eine reine Geschäftsordnung – –

Ducke (Moderator): – Danke. Herr – –

Schnur (DA): Danke. Wenn wir hier die Worte **Sofortmaßnahmen, Dringlichkeitsliste** sagen, dann sollten wir die auch jetzt gleich zuordnen, damit wir dann tatsächlich sehen. Ich denke, hier sind Fragen doch angesprochen worden, Sicherung der **Versorgung** der Bevölkerung, und ich will es deutlich aufrechnen, der wirtschaftlichen Seite der DDR. Ich denke, das scheint hier ganz wichtig zu sein.

Ducke (Moderator): Herr Schnur, Sie machten vorhin den Vorschlag, daß wir für bestimmte Fragen Bedenkzeit brauchten. Ich glaube, es ist jetzt einfach notwendig, wenn Sie es erlauben und wer sich beteiligen will, daß wir jetzt eine Pause machen und in dieser Pause den konkreten Vorschlag für das Procedere wegen der Auflistung und der Zuordnung der einzeln genannten Punkte. Nur da glaube ich, da müßten wir ein bißchen – –

Sehe ich das richtig, daß wir dann zu Beginn der neuen Runde Ihnen vorschlagen diese Dringlichkeitsliste mit der Zuordnung der einzelnen Punkte? Wären Sie mit einem solchen Vorgang einverstanden? Sonst könnten wir jetzt immer wieder durch Zurufe zwar einen neuen Akzent oder einen neuen Aspekt hören, aber dann würde ich sagen – –

Hier kommt eine Meldung, bitte, Sie.

Keller (NVA): Als Vertreter der Nationalen Volksarmee an diesem Runden Tisch eine ganz kurze Bemerkung:

> **[Vorlage 1/5, NVA: Aufruf zur Mitarbeit an der Militärreform]**
>
> Das Initiativkomitee Militärreform der Militärpolitischen Hochschule „Wilhelm Pieck" der Nationalen Volksarmee wendet sich an alle Parteien, Massenorganisationen, Bürgerinitiaven der DDR mit der Bitte um aktive Mitarbeit an der inhaltlichen Bestimmung einer demokratischen Militärreform, die sich einordnet in die Konzeption eines umfassenden Sicherheitsverständnisses unserer Gesellschaft. Wir bitten um die Benennung eines Ansprechpartners, um die hier praktizierte Form des Runden Tisches auch für die Konzipierung der Leitlinien der Militärreform auf breiter demokratischer Basis an der Militärpolitischen Hochschule „Wilhelm Pieck", Berlin-Grünau, Regattastraße, zu beraten und zu diskutieren.

Ducke (Moderator): Danke. Würden Sie so nett sein und Ihren Namen nennen?

Keller (NVA): Major Keller, Fachlehrer an der Militärpolitischen Hochschule „Wilhelm Pieck".

Ducke (Moderator): Vielen Dank. Haben Sie das schriftlich?

Keller (NVA): Ich habe das schriftlich. Ich lasse das hier.

Ducke (Moderator): Wir haben hier, wenn ich das so sagen darf, für die Themen auch noch einige schriftlich eingegangene Wünsche, zum Beispiel auch von **Ausschüssen der Volkskammer**. Die würden wir dann mit in diesen Katalog versuchen jetzt in der Pause einzuarbeiten. Ist jemand aus der Versammlung bereit, da auch mitzuhelfen, vielleicht hier in einer Ecke, daß wir das ein bißchen machen, diese Reihenfolge. Da bitte ich, daß wir uns hier da zurückziehen. Jetzt bin ich dafür, daß wir eine Pause machen. Wieviel werden wir brauchen?

[Unruhe]

Lange (Co-Moderator): 15 Minuten.

Ducke (Moderator): Es wird uns 15 Minuten vorgeschlagen. Dann dauert es sowieso 20 Minuten. 15 Minuten Pause. Pünktlich fünf Minuten nach vier wieder. Noch ein Antrag, bitte.

Ziegler (Co-Moderator): Ich muß da noch eins sagen, daß da nach der Pause leider außer den akkreditierten Leuten von den Agenturen die anderen gebeten werden, nicht mehr hier im Saal zu sein.

Journalist: Können wir die Reihenfolge denn noch erfahren?

Ziegler (Co-Moderator): Welche?

Journalist: Die Reihenfolge der Bereiche.

Ziegler (Co-Moderator): Ach so, das können wir sicher noch machen. Aber wenn wir die Sache – –

[Unruhe]

Lange (Co-Moderator): Das wird draußen mitgeschrieben – –

Ziegler (Co-Moderator): Wird vom Pressesprecher bekanntgegeben.

[Unruhe]

Journalist: Danke. Wann?

Ducke (Moderator): Danke für das Verständnis.

Günther (Pressesprecher des Runden Tisches): Wenn Sie noch hierbleiben: eine halbe Stunde nach Schluß.

Frau Köppe (NF): Wir beantragen, daß außer diesen akkreditierten Leuten anschließend auch im Raum bleibt Herr Klaus-Jürgen Freymuth und – –

Ducke (Moderator): – Darf ich bitten! Wir hatten eigentlich schon wieder Pause. Das ist wieder eine Ordnungsfrage, die müßten wir dann danach ordnen.

Frau Köppe (NF): Wir hatten vorhin hier zusammen besprochen, daß er [Klaus-Jürgen Freymuth] mit der Videokamera hier mitfilmt.

Zwischenruf: Mit welchem Recht, wenn ich fragen darf?

Ducke (Moderator): Genau! Also dürfen wir darauf hinweisen, daß dies jetzt wieder eine Geschäftsordnungsdebatte auslösen würde. Darf ich Sie bitten, vielleicht diesen Antrag im Moment zurückzuziehen. Wir machen Pause!

[Unterbrechung der Sitzung von 16.00 Uhr bis 16.30 Uhr]

Ducke (Moderator): Wir haben uns vorgenommen, Ihnen einen Vorschlag zu unterbreiten aus den erwähnten **Themen**, zu versuchen, eine gewisse **Ordnung** herzustellen und eine **Reihenfolge**. Darf ich Ihnen in sieben Komplexen eine Zusammenfassung anbieten und eine erste Reihenfolge vorschlagen?

Ein erster Gesprächsgang bzw. eine erste Ebene wäre zum **Selbstverständnis des Runden Tisches**. Dazu würde ich die Stichworte zählen: Wie kommen wir zu einer Geschäftsordnung? Wie geschieht die Weiterarbeit, all das Angestoßene? Welche Arbeitsweise werden wir wählen? Und die Frage der Legitimation. Das Ganze ist noch ein bißchen jetzt ungeordnet, aber ich hoffe, unter diesen Stichworten haben wir den ganzen Komplex Selbstverständnis des Runden Tisches.

Ein zweites würden wir Ihnen vorschlagen, zweiter Block: Alles zum Thema **Rechtsstaatlichkeit**. Hier würden wir die Stichworte empfehlen: **Sicherheitskonsens**, Frage der nationalen Sicherheit hier noch mit dazu, wo ein Vorschlag war, Amnestie, Parteiengesetz, was noch einmal aufzuschlüsseln wäre in arbeitsbedingte Schaffung von Arbeitsbedingungen für neue Parteien und Gruppierungen, Büros und all dieses würden wir unter dieses Stichwort dort fassen, und Bürgerkomitees. Das wäre also der Block Rechtsstaatlichkeit, wo wir diese Stichworte zuordnen würden.

Ein dritter Block könnte sein unter der Überschrift **Wahlen**. Hier würden wir die Stichworte anbieten, oder nicht anbieten, sondern hineinordnen: Wahlgesetz, Wahltermin war genannt, Verfassungsänderung bzw. Verfassungsdiskussion, hier liegt auch ein ganz konkretes Angebot seitens der Volkskammer vor, und die **Problematik geschäftsführende Regierung**. Das wäre also dieser Block Wahlen.

Einen vierten Block würden wir überschreiben mit **Wirtschaft**, also nicht das sei eine „schlimme Wirtschaft", aber Wirtschaftsfragen. Hier müßten die Stichworte hinzuzuzählen sein: Sicherung der Versorgung, Änderung oder überhaupt die Subventionsproblematik. Ich habe jetzt hier nicht mehr.

Ich habe jetzt hoffentlich nichts vergessen?

Lange (Co-Moderator): Versorgung und Produktion – –

Ducke (Moderator): – Versorgung und Produktion. Ja: Sicherung, **Versorgung, Produktion** und **Subventionsproblematik**.

Den fünften Themenblock würden wir überschreiben mit dem Stichwort **Medien**. Hier würden dazugehören: Mediengesetz, die notwendigen Vorbereitungen, die notwendigen Schritte dazu, Zugang zu den Medien, Nutzungsmöglichkeiten, habe ich. Ich glaube, wir haben jetzt alles dazu. Also, das wäre ein fünfter Oberbereich.

Ein sechster Oberbereich wäre [mit] **Ökologie** überschrieben. Dazu kämen die Themen: Umweltkrise, Umweltdaten, Veröffentlichungen, all das – verstehen Sie jetzt? – was als Einzelvoten kam, würde unter dieses Stichwort fallen. Wenn jemand meint, etwas nicht wiedergefunden zu haben, würden Sie das dann bitte sagen? Also: Die ganze Frage Ökologiekrise, Umweltdaten, eventuell die ganze Problematik auch der Produktion unter ökologischen Gesichtspunkten könnte hierher gehören.

Jordan (GP): Prioritäten.

Ducke (Moderator): Prioritäten. Das Stichwort Prioritäten. Verstanden Sie das jetzt unter ökonomischen Gesichtspunkten?

Jordan (GP): Nein, unter sechs.

Ducke (Moderator): Unter sechs. Also Prioritäten wovon? Danke. Also, es geht um Prioritäten von Maßnahmen. Ja. Also, alles klar.

Danke.

Und siebenter Block die gesamte **Ausländerproblematik**. Wir meinten, daß wir das doch für so wichtig halten, daß das ein, ja, ein großer Block sein könnte, der sicherlich viele Themen anschließt, die genannt wurden.

Dies waren jetzt in der Pause – – verstehen Sie bitte. – Wenn jetzt nicht alles vollständig ist, dann war da manches Stichwort vielleicht untergegangen. Das war jetzt der Vorschlag.

Erster Punkt Ergänzungswünsche, bitte.

Gutzeit (SDP): Ich muß einmal fragen, wenn wir jetzt diese Liste behandeln wollen, dann setzt das eigentlich eine **Geschäftsordnung** voraus. Ich würde sagen, bevor wir hier weiter vorgehen, müssen wir eine Geschäftsordnung für dieses Verfahren und auch Abstimmung installieren.

Ducke (Moderator): Ich hatte um Ergänzung gebeten. Sie haben einen Geschäftsordnungsantrag jetzt gestellt?

Gutzeit (SDP): Ja.

Ducke (Moderator): Wo wir noch keine haben.

Gutzeit (SPD): Ja, deshalb.

Ducke (Moderator): Dann müßten wir darüber abstimmen: Erst Geschäftsordnung, dann Aufstellen der [Prioritäten-]Liste. Draußen wartet die Presse. Sie möchte heute wissen, in welcher Reihenfolge wollen wir uns über Themen unterhalten.

Ullmann (DJ): Also, ich denke, die **Geschäftsordnung** ist nötig, sonst haben wir immer wieder Stunden [damit] zu tun über Abstimmungsweisen usw. zu reden. Das sollten wir möglichst schnell erledigen. Ich denke aber, wir dürfen heute nicht auseinandergehen, ohne, daß wir eine wenigstens soweit gehende Formulierung haben, daß es gesetzestechnisch geregelt werden kann in der jetzigen Situation, was die Legalisierung der **Bürgerkomitees** angeht.

Ducke (Moderator): Danke. Das war eine Sache zur Ordnung. Es steht schlicht da jetzt zur Frage erst Geschäftsordnungsdebatte, dann erst Festlegung der Liste. Ich mache darauf aufmerksam, wir hatten uns verabschiedet mit dem Gesichtspunkt, wir ordnen die Liste.

Ullmann (DJ): Ja, mein Antrag war, das soll die Nummer eins sein, damit wir fertig werden.

Ducke (Moderator): Bitte, hier steht der Geschäftsordnungsantrag. Erst über die Geschäftsordnung zu diskutieren, da kommen wir heute zu keinem anderen Thema.

Böhme (SDP): Ich würde vorschlagen, daß wir erst das **Selbstverständnis** der Runde diskutieren, dann kommen wir automatisch auf die Geschäftsordnung und die Modalitäten derselben.

Ducke (Moderator): Aber, ich gehe doch davon aus, daß wir uns zunächst über diese Liste verständigen müssen.

Böhme (SDP): Ja, ja, erst danach.

Ducke (Moderator): Das war es. Also, ziehen Sie es zurück.

Gutzeit (SDP): Ich ziehe nichts zurück. Ich möchte ihn aufrechterhalten.

Ducke (Moderator): Also.

Gutzeit (SPD): Und zwar – Ich möchte das noch erklären: Es ist nämlich in der Gruppe vorher schon eine Abfolge von Themen als Vorschlag erarbeitet worden, und da stand als erstes Geschäftsordnung. Und dann hatten wir im Rahmen der Geschäftsordnungsdebatte schon eine Verabredung hinsichtlich der **Gesprächsführung in dieser Runde** als Vorschlag, weil das dann bei der Geschäftsordnungsdebatte – Ansonsten verzetteln wir uns, und das, was wir eigentlich uns vorgenommen hatten als Vorschlag geht unter.

Ducke (Moderator): Danke, das war ein Thema dazu. Sie haben dazu konkret etwas.

Frau Köppe (NF): Nur noch einmal ganz kurz. Ich glaube, daß wir jetzt nicht über diese Liste, die Sie jetzt vorgestellt haben, beraten können oder abstimmen können oder uns einigen können, ohne eine Geschäftsordnung zu haben, und deswegen möchte ich noch einmal die Sache bestätigen: Das erste müßte sein, daß wir zum Selbstverständnis des Runden Tisches und gleichzeitig Geschäftsordnung – –

Ducke (Moderator): – Das steht außer Debatte. Wir legen fest, in welcher Reihenfolge wir – da war der erste Punkt **Selbstverständnis und Geschäftsordnung.** Aber gleichzeitig wollten wir vorher sagen, welche Themenkomplexe, welche Bereiche möchten wir noch ansprechen. Das war das Ergebnis von vorhin. Das möchte ich nur noch einmal so festlegen. Ja.

Es steht ein konkreter Antrag. Ich sage noch einmal zum Verständnis: Wir haben uns vorhin verständigt, daß wir die gewünschten Themen, die vorgeschlagenen Themen zu ordnen versucht haben. Unter diesem Gesichtspunkt sind wir in die Pause gegangen. Ihr Antrag hätte fairerweise vorher kommen müssen.

Wir haben eine Ordnung gemacht.

Gutzeit (SPD): Dazu aber eine Wortmeldung!

Ducke (Moderator): Wie?

Henrich (NF): Vorher kam aber die Wortmeldung.

Ducke (Moderator): Ja, also, das war – –

Henrich (NF): Es wurde dann mit dem Hinweis darauf abgestimmt, daß wir in die Pause eintreten.

Ducke (Moderator): Wir haben dieses Dilemma: Wir haben versprochen, einen Themenkatalog zu geben. Bitte.

de Maizière (CDU): Ich finde es redlicher, wenn man hinter einem Antrag auch weiß, was derjenige meint. Vielleicht können zwei Sätze zum Motiv gesagt werden, damit man dann weiß, worüber man abstimmen sollte.

Ducke (Moderator): Nun gut. Bitte schön.

[Unruhe]

Frau Köppe (NF): Ich denke, daß sehr wesentlich dieses Selbstverständnis des Runden Tisches ist, um solche Sachen, diese Punkte, die jetzt hier genannt wurden – Da kommt es doch erst einmal darauf an: Als was betrachtet sich dieser Runde Tisch, was kann er, was kann er nicht? Da ist es meiner Meinung nach jetzt nicht besonders gut, wenn wir vorher schon Themen festlegen. Ich denke einfach, das müßte danach erfolgen und dieses Selbstverständnis eben im Zusammenhang mit der Geschäftsordnung – –

Ducke (Moderator): Dazu noch Fragen? Bitte schön.

Böhme (SPD): Ich kann mich dem nur anschließen. Danke.

Ziegler (Co-Moderator): Soviel ich sehe, stimmen wir an einem Punkt überein. Wir hatten ja auch vorgeschlagen, wir wollen als erstes über Selbstverständnis sprechen. Ich schlage deswegen vor, wir haben alle die Liste zur Kenntnis genommen, nehmen jetzt den Punkt eins und verhandeln darüber. Und die Reihenfolge, die dann kommt, die stellen wir danach fest. Wir haben die Liste wenigstens da, ohne daß wir die Reihenfolge haben, nicht?

Zwischenruf: Was wird dann draußen?

Ziegler (Co-Moderator): Das können wir draußen alles ansagen.

Ducke (Moderator): Das tun sie. Also noch einmal: Jetzt vielleicht darf ich dies als einen Vorschlag aufnehmen? Wir haben die Themen unter einer gewissen Ordnung festgelegt, stellen fest, daß ein gewisser Konsens wohl zu finden ist, daß der Punkt eins wirklich Punkt eins sein soll, und beschließen, daß die weitere Reihenfolge der anderen Themen erst nach der Diskussion von Punkt eins stattfindet. Habe ich das jetzt so wiedergegeben?
Bitte.

Gerlach (LDPD): Ich bin einverstanden. Aber wenn jetzt der Presse etwas gesagt werden soll über unsere weitere Arbeit, halte ich es im Interesse aller Beteiligten hier für unmöglich, daß wir der Presse sagen, der Runde Tisch beschäftigt sich jetzt mit der Geschäftsordnung und wird dann festlegen, wie es weitergeht. Man könnte doch sicher sagen, wenn es da einen Konsens gibt: Der Runde Tisch beschäftigt sich jetzt mit der Geschäftsordnung, um ein zweckmäßiges Verfahren zu finden, und es sind Themen genannt worden, gesammelt worden, oder wie man das nun ausdrückt, über die dann in einer noch festzulegenden Reihenfolge beraten würde.

Ziegler (Co-Moderator): So ist es. Genau so.

Ducke (Moderator): Danke, das reicht.

Gerlach (LDPD): Dann würden wir die Sachthemen der Öffentlichkeit sagen können.

Ducke (Moderator): Sie hatten sich, glaube ich, zuerst dazu gemeldet. Jetzt konkret, darf ich bitten, konkret zu diesem Vorschlag.

Stief (NDPD): Ich glaube, daß die Bürger im Lande von uns nicht nur erwarten, daß wir uns über Geschäftsordnungsfragen unterhalten, so wichtig sie auch sein mögen, weil sie eine Grundlage darstellen. Aber es muß deutlich werden, daß wir uns verständigt haben über wichtige Themen, die wirklich sehr aktuell sind. Und da halte ich die vorgeschlagene Prioritätenliste oder Reihenfolge, wie auch immer, für geeignet, sie zunächst zu vermelden. Unabhängig von allen anderen Dingen, über die man sich dann noch verständigen kann.

Ducke (Moderator): Jetzt, Herr Böhme.

Böhme (SDP): Herr Staatsratsvorsitzender Professor Gerlach, wir haben nicht die Presse zu bedienen, verzeihen Sie, wir haben wirklich Sacharbeit zu leisten.

Gerlach (LDPD): Es geht um den Menschen.

Böhme (Moderator): Da sind wir in Übereinstimmung. Und die Menschen werden Verständnis haben, wenn alles das so lange gewartet hat, daß es eventuell noch Stunden warten kann. In dem Moment, wo wir die Geschäftsordnung als einen Tagesordnungspunkt von vielen behandeln, setzen wir uns im Grunde genommen nicht einmal in den Zustand eines echten Dialoges. Nur die Geschäftsordnung macht uns und das **Selbstverständnis,** die Kompetenz macht uns handlungsfähig in dieser Runde.

Frau Köppe (NF): Das geht in die Richtung. Ich möchte auch noch einmal sagen, wir dürfen uns, glaube ich, nicht von der Presse drängen lassen. Dieses Selbstverständnis des Runden Tisches ist wichtiger, als diese Maßnahme. Und ich glaube, daß die Bürgerinnen und Bürger auch darauf erst einmal warten, daß sie auch wissen wollen, was dieser Runde Tisch eigentlich zu bedeuten hat. Das ist auch nicht klar im Moment.

Gysi (SED): Ich schließe mich hier der linken Seite an – aus meiner Sicht. Es geht gar nicht anders. Wir kommen ja zu gar keiner Arbeit, so wichtig die Themen sind. Wir müssen uns über die Modalitäten der Arbeit verständigen: was wir wollen, welche Befugnisse wir haben oder nicht haben und wohin wir gehen.

Die Presse spielt – – wir müssen ja nicht vorher rausgehen. Das einzige, worum ich wirklich alle bitten würde – weil die Sachfragen so wichtig sind, also bestimmte **Sofortmaßnahmen** so wichtig sind –, daß wir uns jetzt, sagen wir einmal, nicht daran jetzt alle als Demokraten üben und zeigen, wie lange wir um jedes Wort feilschen können, sondern daß wir relativ zügig versuchen, so eine Geschäftsordnung zustande zu bekommen, die möglichst einfach ist und das Leben von uns allen hier nicht kompliziert.

Denn in der Sache muß nachher was herauskommen. Aber es muß ein paar Regeln geben, sonst wird das hier alles ein Durcheinander und ein Diskussionsklub, aber es kommt nichts bei heraus.

Ducke (Moderator): Danke schön. Wir sind eigentlich schon mitten in der Diskussion beim Punkt eins. Darf ich jetzt darüber abstimmen lassen? Wir beschließen als ersten Punkt unter Zurückstellung der Reihenfolge aller weiteren genannten Punkte, über die eventuell schlicht informiert werden kann – aber nicht die Reihenfolge – jetzt in eine Diskussion über das **Selbstverständnis des Runden Tisches** einzutreten.

Wer für diesen Vorschlag ist, den bitte ich um das Handzeichen. – Zählt jemand, oder mache ich die Gegenprobe?

Ziegler (Co-Moderator): Ich glaube, es geht wohl mit Gegenprobe leichter.

Ducke (Moderator): Ist jemand dagegen? – Enthält sich jemand der Stimme? – Danke[2].

TOP 6: Information der Öffentlichkeit: Dokumentation der Beratungen des Runden Tisches

Schult (NF): Wir hatten den Antrag gestellt, weil die Presse da war: Von der Gruppe des Neuen Forums ist der **Klaus Freymuth** hier mit einer Videokamera. Und die Opposition hatte sich vorher darauf verständigt gehabt, daß wir im Sinne der **Dokumentation [der Beratungen des Runden Tisches]**, daß wir also auch ein Bilddokument haben, und keiner sagen kann, hinter verschlossenen Türen wäre hier irgend etwas verhandelt worden. Und natürlich allen dann hier – Wie wir beide damit umgehen, müssen wir noch einmal

---
[2] Der Vorschlag wurde angenommen.

reden – Aber jedenfalls, daß wir das dokumentieren hier, dieses Gespräch, weil diese Diskussion untereinander – Das wäre jetzt der Antrag, daß hier neben der Wortpresse, die – – Da ist also noch einer da, der hier diese Sachen mitfilmt.

Ducke (Moderator): Meines Erachtens geht es hier um zwei Probleme: Erstens, wer von den **Medien**, auch hier würde ich wieder das von vorhin, weil wir noch keine Geschäftsordnung haben, aufgreifen, daß wir nicht von vornherein Urteile abgeben wollen, sondern wir müssen schlicht die Frage stellen, wer von den Medien darf im Raum bleiben. Zweitens, Mitschnitt.

Sind alle damit einverstanden? Müssen wir uns verständigen über die Weiterverwendung?

Bitte.

Ziegler (Co-Moderator): Also, ich darf vielleicht die Frage Mitschnitt noch erläutern. Wir haben das hier aufgestellt. Und wir haben auch vorbereitet, daß es aufgenommen wird, aber wir müssen uns ja, wenn wir jetzt in die Sachdebatte einsteigen, verständigen, ob Sie einverstanden sind und erwünschen, daß es mitgeschnitten wird oder nicht. Das ist eine ziemlich einfache Sache mit ja oder nein zu beantworten.

Die andere Frage mit den Medien: Da hatten wir einen Vorschlag gemacht. Und Sie bringen uns als Gastgeber in eine furchtbar schwierige Situation, wenn Sie diesen [Ihren] Antrag hier durchsetzen wollen. Wie sollen wir den anderen Fernsehanstalten mit – und Dokumentation ist da – klarmachen, daß Sie mitschneiden dürfen, bildmäßig, und die anderen nicht?

Also, ich möchte das wenigstens sagen, daß das solch eine Schwierigkeit ist, nicht.

Ducke (Moderator): Herr Maleuda bitte dazu.

Maleuda (DBD): Ich bin für gleichberechtigte Prinzipien an diesem Tisch und damit dagegen.

Ducke (Moderator): Herr Schnur, bitte.

Schnur (DA): Ich glaube, vielleicht muß man einfach diesen Vorschlag, so ist er ja doch gedacht, einfach begründen. Es geht doch nicht darum, daß wir von der **Opposition** nun diesen Film für uns benutzen wollen, sondern ich ergänze hier diesen Vorschlag, daß es eine Dokumentation des Runden Tisches ist und auch damit einverstanden wäre, wenn dieser Filmmitschnitt dann entweder in ein Arbeitsbüro, ein Arbeitssekretariat dann gelegt wird. Ich glaube, es ist doch jetzt nicht daran gedacht, hier einseitig, Prioritäten zu setzen.

Ducke (Moderator): Wir stellen jetzt neu Hinzugekommenen eine Frage der Dokumentation, wo entschieden wird, wer die Verwendung – –

Bitte, Herr Gysi.

Gysi (SED): Ich möcht den Vorschlag unter der Bedingung unterstützen, daß wir dem VEB-Dokumentarfilmstudio, aber nur denen, nicht [der] Presse, das ist nämlich ein bedeutender Unterschied, auch gestatten, daß sie hier mitfilmen, damit wir zwei Varianten haben, sozusagen. Und Ihr könnt Euch ja dann untereinander – Ihr kennt Euch ja alle usw. – Und dann wird das hier gesammelt und dann, glaube ich, ist die Sprache auch sowieso wichtig, aber dann können wir das machen, und dann fühlt sich da auch keiner benachteiligt, und es ist beides nicht Presse.

Ducke (Moderator): Sie würden beides unter das Stichwort Dokumentation setzen.

Gysi (SED): Ja.

Ducke (Moderator): Hier muß ich jetzt auch noch – wie sich die Presse zu diesem Thema gemeldet hat – –

Ziegler (Co-Moderator): Sind die noch da?

Günther (Pressereferent BEK): Ja, muß ich leider sagen: Wir hatten eine Verabredung der Hausherrn zu machen: nur die Agenturen! Es ist mir nicht gelungen, trotz freundlicher Aufforderung, den **Sprecher der Oppositionsgruppen,** Herrn **Gerhard Thomas,** und die beiden Vertreter des Forums, außer den dort hinten sitzenden Agenturen, aus dem Raum zu kriegen.

Es ist dieselbe Situation wie am Anfang, mit den Frauen. Sie müssen das entscheiden. Ich meine, wir müssen dazu sagen, wir beide sind hier gebeten worden von den Gastgebern, die Presse zu begleiten. Wir wollen fair bleiben, draußen stehen Fernsehanstalten, die auch Geld verdienen, für das was sie kriegen oder nicht kriegen. Das geht also auch international. Es ist sehr kompliziert.

Wir haben bei der **Tonbandaufnahme** hier, dem Herrn Hubert Setzkorn Weisung gegeben: Über die Verwendung des Tonbandes entscheidet nur Herr Ziegler in Abstimmung mit ihrer Gruppe, also, ob es ein Dokument wird, ob es gelöscht wird oder gar nicht gemacht wird.

Und ich würde sagen: Bei den Videogeschichten, das ist eine ganz komplizierte Sache. Sie wissen, da müssen Sie beschließen, daß die beiden ins Archiv hier gehen, aber wie sollen sie das machen?

Ducke (Moderator): Vielen Dank.

N. N.: Wir haben gar kein Archiv.

Ducke (Moderator): Ja. Wir haben das Dilemma, daß also hier gewünscht wurde zunächst – Ich muß zunächst fragen, sehen Sie die Erweiterung oder die Änderung Ihres Antrags im Hinblick auf eine **Dokumentation,** damit Ihren Antrag, gewahrt, oder?

Schult (NF): Dokumentation machen – –

Ducke (Moderator): Danke.

Ziegler (Co-Moderator): Sind die denn noch da? Dokumentation?

Ducke (Moderator): Ist Dokumentarfilm noch da?

Ziegler (Co-Moderator): Gucken Sie einmal bitte herum.

Böhme (SDP): Ich möchte ein Votum dafür abgeben. Es ist ein historischer Augenblick. Den sollten wir wirklich festhalten. Und dieser Kompromißvorschlag schafft eine Art Gleichberechtigung.

N.N.: Müssen wir dann jetzt die Frage stellen, wer entscheidet über die Verwendung?

Ziegler (Co-Moderator): Der Runde Tisch.

Ducke (Moderator): Wir haben noch keine Geschäftsordnung.

Henrich (NF): Ja, vielleicht kann man das als einen Punkt aufnehmen.

Berghofer (SED): Ich würde das unterstreichen. Dann haben wir ja jetzt schon ein Ermessen für unsere Arbeitsweise definiert. Der Runde Tisch muß **Öffentlichkeit** sein, muß öffentlich sein, sonst verspielt er ja das Wichtigste.

Günther (Pressereferent BEK): Also, das Fernsehen ist weg, DDR-Fernsehen ist da – –

Berghofer (SED): – Sonst verspielt er ein wichtiges Element. Wir sollten zweitens dafür sorgen, daß das festgehalten werden kann, was hier passiert, im Sinne der **Geschichtsbewältigung**, an der wir ja kranken, alle miteinander. Und drittens: Ich werde auch heute dem Kompromiß zustimmen, selbst wenn das jetzt organisatorisch nicht gleichberechtigt gehen kann, daß die Truppe, die da ist, hier beliebige Aufnahmen macht.

Ducke (Moderator): Ich glaube, zum Stichwort Dokumentation ist fast genügend diskutiert worden.

Gysi (SED): Ich habe nur eine Bitte: Wäre das möglich, daß Ihr dann auch ein zweites Exemplar zur Verfügung stellt?

Freymuth (Videofilmer[3]): Nein, wir können, also, wir würden garantieren, daß die Kassetten hierbleiben, daß die hier verschlossen werden. Und wenn Kopien gewünscht werden, das müßtet Ihr entscheiden.

Gysi (SED): Aha.

Günther (Pressereferent BEK): Kopien sind möglich.

Gysi (SED): Kopien sind möglich, das war meine Frage.

Poppe (IFM): Im Sinne der **Öffentlichkeit** habe ich natürlich nichts dagegen und denke, für die **Opposition** da feststellen zu können, daß das DDR-Fernsehen auch mitfilmt. Also für uns war dieser Antrag das Minimum, was wir gefordert haben. Wir würden sowieso in der weiteren Diskussion darüber diskutieren, was entweder an Räumlichkeiten gefunden werden [kann], wo also Fernsehen mit dabeisein kann oder generell anders geregelt wird. Ich habe also nichts dagegen, wenn der Dokumentarfilm weg ist, daß auch das DDR-Fernsehen als eine Fernsehanstalt – mehr nicht, da müßten wir schon aufgrund der Raumsituation irgendwelche Prioritäten setzen.

Aber das ist erst einmal die wichtigste Einstellung.

Ducke (Moderator): Gut.
Dann Herr Gysi.

Gysi (SED): Ich muß etwas dazu sagen: Also, [das] Fernsehen entscheidet selbst, was es damit macht. Und die machen dann Ausschnitte, die uns nicht richtig widerspiegeln. Ich meine, die Erfahrung haben wir ja nun in den letzten Wochen alle auf verschiedenen Ebenen gemacht. Und deshalb würde ich sagen, wenn Fernsehen jetzt, dann unter dem Blickwinkel, ob sie bereit sind, hier mitzufilmen und uns dieses Material dann zur Verfügung zu stellen und nicht auszustrahlen.

Später kann, das ist dann eine andere Frage, sonst – Ich, wirklich wahr, also, das, da habe ich Bedenken. Dokumentation ist gut, und wenn wir dann entscheiden, das soll herausgehen, oder ein Zwei-Stunden-Film werden oder sonst etwas, und natürlich auch Nachrichten, aber so dieser Ausschnitt, da, irgendwie, dann, unsere Geschäftsordnungsdebatte, ja – das ist – nein – –

Ducke (Moderator): Ich stelle jetzt die Frage: Sind die Teilnehmer am Runden Tisch damit einverstanden, daß eine bildmäßige Dokumentation angefertigt wird? Meine erste Frage.

Die zweite Frage könnte dann lauten: Sind Sie damit einverstanden, daß dies mit der Videomöglichkeit, die dann benannt werden muß, gemacht wird?

Und die dritte Frage wäre dann: Müssen wir die Erweiterung im Hinblick auf Dokumentation mit Fernsehen, wobei das noch geklärt werden muß, ob sie sich zu so etwas herbeilassen, ob das überhaupt in Frage kommt – –

Meine erste Frage: Sind Sie damit einverstanden, und wer dafür ist, daß über dieses unser Gespräch eine **Dokumentation** bildmäßig und tonmäßig angefertigt wird, darf ich das einmal zusammenfassen, hebe die Hand, stimme mit Ja. Dokumentation, nicht, das war – Darf ich die Gegenprobe machen? Wer ist dagegen? – Wer enthält sich der Stimme? –

Danke. Einstimmig.

Die zweite Frage: Sind Sie damit einverstanden, daß dies, jetzt müßten Sie das einmal genau sagen: Wer uns jetzt – –

Frau Köppe (NF): Das ist Klaus Freymuth, Mitglied unserer Mediengruppe, Mediengruppe des Neuen Forums. Der filmt auch, wenn wir uns treffen, wenn wir Landessprecher-Rat oder ähnliche Sitzungen haben, einfach aus dokumentarischen Gründen.

Ducke (Moderator): Sie müssen hier, sie müßten dafür sprechen können, daß über die Verwendung dieser Dokumentation im Sinne der vorhergehenden Debatte – –

Gysi (SED): Ich kenne Herrn Freymuth seit mehreren Jahren. Ich halte ihn für einen völlig integeren Mann.

Ducke (Moderator): Also: Sind Sie dafür, daß wir Herrn Freymuth, diese Dokumentation videomäßig gestatten, hebe die Hand. – Danke. Wer ist dagegen? – Wer enthält sich der Stimme? – Danke[4].

Jetzt müssen wir – –

Ziegler (Co-Moderator): Der **Tonmitschnitt** ist damit auch gestattet.

Ducke (Moderator): – Tonmitschnitt habe ich gleich mit. Die Frage war jetzt: Stimmen wir ab, wer dafür ist, daß wir die Erweiterung der Dokumentation noch durch das Fernsehen der DDR ermöglichen unter der Kondition, daß sie rein eine Dokumentation [ist], die dann dem Verfügungsrecht des Runden Tisches untersteht, noch hinzuziehen, der hebe die Hand. –

Zwischenruf: Für heute?

Ziegler (Co-Moderator): Ja, für heute nur natürlich.

Ducke (Moderator): Wie bitte? Es gilt alles nur für heute. Das hatten wir uns, meine ich, am Anfang – Beim nächsten Mal bitte wieder – Dann müssen wir – weil organisatorisch nur diese Möglichkeit zu bestehen scheint.

Wer dafür ist, daß also auch das Fernsehen der DDR unter den genannten Konditionen eine Dokumentation anfertigt, parallel dazu, der hebe die Hand.

---

[3] Klaus Freymuth verstarb am 15. August 1991 an den Folgen eines tragischen Unfalles. Der Herausgeber verdankt Klaus Freymuth Kopien seiner Aufnahmen sowie Hilfe bei der Identifizierung der Akteure der ersten Sitzungen. Frau Freymuth sei für die Gastfreundschaft jener Tage ebenfalls gedankt.

[4] Dem Antrag wurde zugestimmt.

Jetzt werden wir vielleicht zählen müssen, nein, gar nicht. Wer ist dagegen? Wer enthält sich der Stimme? Keiner[5].

Ziegler (Co-Moderator): Die müssen wir natürlich fragen.

Ducke (Moderator): Dann müssen wir – Aufgrund dieses Abstimmungsergebnisses, bitten wir Herrn Günther und Herrn Grande – –

Günther (Pressereferent BEK): Entschuldigen Sie, die Kollegen stehen natürlich genauso dicht vor der Tür und erwarten eigentlich die Frage der Reihenfolge. Nur Punkt 1.

Ziegler (Co-Moderator): Also, ich gehe nachher gleich raus.

Günther (Pressereferent BEK): Gehen Sie gleich mit?

Ducke (Moderator): Wollten Sie das nachher gleich mit verbinden, Herr Ziegler, daß Sie jetzt gleich rausgehen?

Ziegler (Co-Moderator): Nein. Erst einmal danke für Ihr Dasein und denn – –

Ducke (Moderator): Bitte, klären Sie das.
Vielen Dank. Wir würden dann beginnen mit der Debatte um das **Selbstverständnis des Runden Tisches**.
Bitte, Herr de Maizière.

TOP 7: Geschäftsordnung (und Selbstverständnis) des Runden Tisches

de Maizière (CDU): Ich habe eben versucht, eine, den Entwurf einer Geschäftsordnung – Wie?

Ducke (Moderator): Zu dem Thema gehört, daß erstens die Geschäftsordnung – Bitte.

de Maizière (CDU): Ich habe versucht, den **Entwurf einer Geschäftsordnung** zu basteln.

[**Vorlage 1/6a, Antrag CDU: Entwurf einer Geschäftsordnung**]

Erster Grundsatz: Geschäftsordnungsantrag geht vor Sachantrag.

Zweitens: Geschäftsordnungsanträge sind:

a) Bestätigung der Tagesordnung,

b) Begrenzung der Redezeit,

c) Ende der Rednerliste,

d) Schluß der Beratung,

nächster Buchstabe: Art der Abstimmung, offen oder geheim.

Drittens: Sachanträge sind Hauptanträge, Änderungs- und Ergänzungsanträge.

Zwischenruf: Langsam! Diktatpausen zum Mitnotieren.

---
[5] Dem Antrag wurde zugestimmt.

Viertens: Über den inhaltlich weitergehenden Antrag wird stets zuerst abgestimmt. Unter der gleichen Ziffer: Für Änderungs- und Ergänzungsanträge gilt dies sinngemäß. Die Abstimmung hat so zu erfolgen, daß sie durch den Tagungsleiter in einer Frage gestellt wird, die lediglich mit Ja/Nein beantwortet werden kann.

Fünftens: Anträge werden in der Reihenfolge der Antragstellung abgearbeitet. Unter der gleichen Ziffer: Die Tagungsleitung darf Sachanträge, sofern es der Sachzusammenhang erfordert, bis zum Ende des Sitzungstages zurückstellen.

Sechstens: Über die Zulassung weiterer Sitzungsteilnehmer (Parteien oder Gruppen oder Organisationen) entscheidet der Runde Tisch durch einfache Mehrheit.

Siebentens: Geschäftsordnungsänderungsanträge bedürfen einer Zweidrittelmehrheit.

Achtens: Abstimmungen werden offen durchgeführt, können jedoch auf Antrag, über den öffentlich entschieden wird, auch geheim abgestimmt werden.

Neuntens: Die Leitung der Sitzungen haben stets Personen des öffentlichen Lebens, die jedoch nicht Teilnehmer des Runden Tisches sind, zu führen.

Ja, geht vielleicht sprachlich nicht gut auf, aber steht bei mir auch kein Verb da.

Maleuda (DBD): Bitte noch einmal das Letzte.

de Maizière (CDU):

Zehntens: Die Leitung der Sitzungen soll stets durch Personen des öffentlichen Lebens erfolgen, die jedoch selbst nicht Teilnehmer des Runden Tisches sind, die dadurch nicht stimmberechtigt sind.

Elftens: Bei Streit über die Auslegung der Geschäftsordnung entscheidet die Tagungsleitung und je ein Mitglied der teilnehmenden Gruppierungen (oder wie ich es nennen will) in geheimer Sitzung endgültig. Tagungsleitung plus je ein Delegationsteilnehmer (sagen wir es so) in geheimer Sitzung endgültig.

Ducke (Moderator): Danke. Es war sicher sehr schwierig, dem jetzt zu folgen und die Konsequenzen schon alle zu erkennen.

de Maizière (CDU): Darf ich ein ergänzendes Wort sagen: Es lehnt sich im wesentlichen an das an, was ich von synodalen Tagungen kenne, und hat sich dort bewährt.

Ducke (Moderator): Wir haben noch eine Frage, [die] habe ich vergessen, zu klären: Das DDR-Fernsehen ist unter den genannten Konditionen bereit, und wir hatten in der Zwischenzeit schon die Tagesordnung begonnen. Ich hatte das nicht ganz mitgekriegt, wurde jetzt aufmerksam gemacht, daß wir auch noch entscheiden müssen über die Teilnahme der nicht geladenen Pressevertreter, die also nicht Agenturen angehören.
Das hatten wir – wurden wir aufmerksam gemacht, daß sich noch Vertreter hier befinden, und darüber müssen wir auch, glaube ich, abstimmen. Also, es sind, noch einmal zum Verständnis, Agenturen gebeten worden, hier diesen Verlauf

zu begleiten, und alle anderen Presseleute sind herausgebeten worden. Jetzt hören wir, daß einige da sind. Wir müssen fairerweise sagen, daß wir darüber sprechen müssen.

Bitte, Herr Schnur.

TOP 8: Information der Öffentlichkeit über die Arbeit des Runden Tisches

Schnur (DA): Die Frage steht doch so: Wir hatten uns heute vormittag darüber Gedanken gemacht, daß wir für unsere Arbeit und auch für den heutigen Tag einen **Pressesprecher** bestimmen. Wir haben es zur Grundsatzmaxime [gemacht], daß wir unabhängig von den Erklärungen anderer hier am Tisch versuchen wollen, auch am Ende dieses Tages eine Presseerklärung herauszugeben.

Deshalb haben wir eine Person angesprochen, und gebeten, für uns [die **Opposition**] diese Aufgabe zeitweilig wahrzunehmen. Ich sehe gegenwärtig keine Einschränkungen oder Interessenbeeinträchtigungen, weil das ausschließlich, sagen wir, eine Verabredung unsererseits ist. Das ist, denke ich, aus meiner Sicht, wem sollte es tatsächlich jetzt schaden, wenn der Herr **Gerhard Thomas** dort sitzt.

Ziegler (Co-Moderator): Wir? Wer wir?

Ducke (Moderator): Wer da gemeint ist?

Schnur (DA): Na, uns, wir, die da am Runden Tisch sind. Ob das wirklich ein Schaden ist, wenn – –

Ducke (Moderator): Nein, nein, der Beschluß, also einen Pressesprecher zu bestimmen.

Schnur (DA): Das haben wir, die jetzt, hier jetzt am Runden Tisch angekommen sind – Nein, die neuen Gruppen und der Parteien – –

[Unruhe]

de Maizière (CDU): Da stellt sich die Frage, die auch noch in der Geschäftsordnung zu klären wäre, ob wir von den Fraktionsbildungen ausgehen wollen, von Koalitionen ausgehen wollen, oder ob wir dies nicht tun wollen.

Ich erkläre, und das wird mancher auch gelesen haben, daß die CDU als erste, und die anderen aber auch, aus dem Block ausgeschieden sind. Unser Motiv war, daß wir gesagt haben, wir wollen uns untereinander freigeben, um redlich an den Tisch gehen zu können, als einzelne.

[Die] Frage steht hier, sollen **Fraktionsbildungen** oder Koalitionsbildungen zugelassen werden? Schafft das nicht von vornherein Konfrontationen, die der Sacharbeit nicht dienlich sein können?

Ducke (Moderator): Danke, das war ein Sachbeitrag zu den Fragen, die zur Entscheidung stehen.

de Maizière (CDU): Die steht vor der gleichen Frage: **Presseprecher.**

Ducke (Moderator): Ja, ja, das habe ich so bezogen.
Bitte, Herr Böhme.

Böhme (SDP): Ich möchte sagen, daß wir nicht zu beurteilen haben, was Ihr Schritt für Sie bedeutet, den Block so schnell zu verlassen. Wir können von der Opposition sagen, daß wir in entscheidenden Punkten in einer solchen, immer noch oppositionellen Übereinstimmung sind, daß wir für uns einen Pressesprecher beanspruchen.

Ducke (Moderator): Das – –
Bitte, Herr Poppe.

Poppe (IFM): Ja. Das geht eigentlich um das Gleiche. Unsere Ausgangssituation ist einfach die, daß diese Einladung, auch diese Zusammensetzung, so zustandegekommen ist: Auf der einen Seite die bereits Etablierten sagen wir einmal, auf der anderen Seite die neuen Gruppierungen. Und das kann sich im Laufe der Zeit ändern. Das wollen wir ja nicht ausschließen. Aber es ist jetzt unser Ausgangspunkt. Und deshalb haben wir zunächst einmal diese – für uns diesen Entschluß gefaßt, daß wir einen eigenen Pressesprecher benennen.

Ducke (Moderator): Das darf ich noch einmal zurückfragen: Ein eigener Pressesprecher würde bedeuten – noch müßten wir noch genauer – einen Pressesprecher für eine bestimmte Gruppierung hier am Runden Tisch – Denn das kann ja nicht der Pressesprecher für den Runden Tisch sein. Einverstanden?

Poppe (IFM): Ja.

Ducke (Moderator): Bitte, Herr Gysi.

Gysi (SED): Ach so, war ich? Das Problem ist, daß wir das vorher nicht gewußt hatten, muß ich einmal sagen. Denn, das ist wirklich ein bißchen schwierig. Also, ich würde mich schon außerstande sehen, was Sie hier offensichtlich annehmen, hier einen gemeinsamen Pressesprecher zu finden.

Entweder finden wir, so wäre mein Vorschlag, einen **Pressesprecher des Runden Tisches,** dessen Integrität so unbestritten ist, daß wir alle sagen, dem trauen wir zu, daß er wahrheitsgemäß berichtet, egal, von wem und was und wie. Oder die zweite Variante wäre dann, daß wir sagen, Sie bestimmen einen Pressesprecher – als Leitung.

Ducke (Moderator): Wir hatten uns eigentlich im voraus deswegen verständigt, daß wir die beiden Pressesprecher der Kirchen für die Pressekonferenz dann vorschlagen werden. Daß sie mitteilen – –

Gysi (SED): Damit wäre ich einverstanden. Wenn Sie das ausgesucht haben, also, auf jeden Fall möchte ich nicht, daß immer nur eine ganz bestimmte Richtung über den Runden Tisch berichtet, das fände ich nicht fair.

Aber ich habe auch keine Lust, immer etwas zu erzählen. Also, mir wäre ein Pressesprecher schon sehr lieb, der uns das abnimmt. Und wenn wir uns da auf die zwei Vertreter der Kirche verständigen könnten, dann wäre ich zum Beispiel sehr einverstanden. Weil ich gegen die Anwesenheit vielleicht nichts hätte, aber daß wir uns dann darauf verständigen, das wäre also nicht meine Sorge, wenn das sowieso alles öffentlich ist.

Aber, daß wir sagen: Erklärungen für den Runden Tisch geben dann die beiden **Pressesprecher der Kirche** ab.

Ducke (Moderator): Das wäre schon eine Frage, die noch zu stellen wäre, ob die Gruppe einverstanden ist, daß eine Pressekonferenz stattfindet mit den beiden Sprechern.
Jetzt war Ihre Wortmeldung, bitte.

Henrich (NF): Nicht zum Pressesprecher, ja. Zur Geschäftsordnung, zum Vorschlag von Herrn de Maizière.

Ducke (Moderator): Nein, ich bitte, wir müssen klären, wir müssen die Gegenwart, wir müssen die Gegenwart von Herrn – darf ich einmal fragen, wer das ist?

Lange (Co-Moderator): Herr **Thomas** – –

Ducke (Moderator): – von Herrn Thomas – ja, bitte.

Schult (NF): Ich denke, daß die **Kirche** Ihre Vermittlerrolle angeboten hat, und ich denke, daß Pressesprecher ein politisches Amt ist und also auch ein gewisses politisches Interesse hat, und das kann nicht einfach nur die Mittlerrolle sein. Und von da aus bestehe ich schon darauf, das kann jede einzelne Partei oder Gruppierung für sich selber entscheiden, ob die SED einen eigenen Pressesprecher macht, oder ob der ehemalige **Demokratische Block** zusammen einen eigenen Presseprecher macht, das ist jedem selber überlassen. Ich denke, wir haben uns für unseren Pressesprecher entschieden, und dabei sollten wir es auch belassen.

Ducke (Moderator): Danke.
Herr Ullmann war die nächste Meldung.

Ullmann (DJ): Ich bitte die Gesprächspartner auf der anderen Seite, mich nicht für einen unverschämten Menschen zu halten, wenn ich Sie frage: Ist es denn für Sie unter Umständen denkbar, daß Sie Herrn Thomas akzeptieren? Ich glaube, nämlich – also, wenn ich das einmal sagen darf –, es wäre ein großer Sieg für den Runden Tisch, wenn das für Sie denkbar erschiene. Ich meine, die Mißlichkeit ist natürlich, daß Sie jetzt damit konfrontiert sind.

de Maizière (CDU): Ich könnte mich ohne weiteres auf die Person von Herrn Thomas verständigen. Er ist der Chefredakteur der Zeitung „Die Kirche", die Kirchenzeitung Berlin/Brandenburg. Aber das ist nicht das Problem. Ich gehe davon aus, daß wir diese Frage diskutieren können oder entscheiden können unabhängig von der heutigen Situation und von der Person, sondern wir müssen sagen: Wir stehen vor einer Situation, die also für uns nicht vorbereitbar war, sondern ich sage: Wir können heute und über heute darüber nicht entscheiden.

Ducke (Moderator): Danke. Das ist auch jetzt für uns das Problem. Wir sind hier damit konfrontiert und müssen eine Entscheidung jetzt finden. Darf ich noch um Vorschläge bitten.
Bitte.

Schramm (FDGB): Ich bitte darum, daß im Interesse, daß unsere Menschen in diesem Land von dem Runden Tisch ein Zeichen erwarten, nämlich, daß wir alle, die hier sitzen, gleichberechtigt arbeiten und auch ihre Beschlüsse fassen, auf die Eigenständigkeit des Pressesprechers – mir will das Wort **Gruppierung** nicht über – ihrer hier sitzenden Damen und Herren, im Sinne der Verdeutlichung, daß wir zusammen aufgebrochen sind, etwas zu verändern in unserem Land, für unsere Menschen für heute zurückgezogen wird, und daß man das erklären kann und wir uns auf die kirchlichen Vertreter einigen können.

Ducke (Moderator): Ich glaube, wir gehen davon aus, daß jetzt – Fernsehen der DDR.

Günther (Pressereferent BEK): Das **Fernsehen der DDR** hat die Genehmigung zu filmen.

Ducke (Moderator): Danke.
Bitte schön, Herr Schnur, bitte dazu.

Schnur (DA): Ich wollte nur noch einmal sagen: Ich kann das ja verstehen, daß Sie nicht darauf vorbereitet sind. Aber das war doch jetzt eine Idee, die wir aus unserer politischen Verantwortung, aus unserem Verständnis für notwendig angesehen haben. Und ich glaube, daß es doch hier möglich sein muß, daß wir eine solche Sache einbringen können. Ich will es nicht verkomplizieren.

Vielleicht ist dies eine Möglichkeit, wenn es eine Pressekonferenz geben soll. Und ich meine, Herr Thomas ist ein integrer Mann. Er hat gerade in den letzten Monaten- ich will sagen, ab Januar 1988 – gerade was die Pressearbeit und die Mediengestaltung in unserem Lande anbetrifft, glaube ich, vieles geleistet, was zum Informationsbedürfnis unserer Bürger wesentlich dazu beigetragen hat. Und ich denke, dann sollten wir hier vielleicht für den heutigen – den Konsens finden, daß die beiden von der Kirche benannten Personen und Herr Thomas doch zusammenwirken und dann für die durchzuführende Pressekonferenz zur Verfügung stehen. Und, glaube ich, daß wir – –
Danke.

de Maizière (CDU): Ich würde diesem Antrag stattgeben wollen und würde gleichzeitig meinen, daß wir vereinbaren sollten, damit wir auch einmal zur Sacharbeit kommen, daß wir, wenn solche Neuerungen für diesen Runden Tisch vereinbart werden sollen, es grundsätzlich am Ende einer Sitzung für die nächste Sitzung ankündigen.

Ducke (Moderator): Ja, ja, ja, das ist berechtigt. Jetzt sind aber mehrere Meldungen.

Gerlach (LDPD): Ich würde erst einmal das unterstützen, was Herr de Maizière eben gesagt hat. Und zur Sache selbst, über die hier debattiert wird: Ich unterstütze, was Herr Schnur vorgeschlagen hat, damit wir im Interesse der Menschen zu Sachfragen schnell kommen, daß am Ende die beiden Sprecher der **Kirche** für den Runden Tisch sprechen, und daß der Herr Thomas auch als Sprecher der Gruppierungen fungiert, wenn ich auch dabei zum Ausdruck bringe, daß ich das Verfahren für bedenklich halte, weil es zu einer Fraktionsbildung führen kann, die wir gerade nicht wollen.

Aber um voranzukommen, würde ich das unterstützen, was Herr Schnur hier vorgeschlagen hat.

Ducke (Moderator): Danke, es waren noch Meldungen. Jetzt habe ich die Reihenfolge nicht. Sie ziehen zurück.
Herr Schnur noch, bitte.

Schnur (DA): Übrigens: Ich denke, so können wir natürlich auch nicht herangehen. Es muß doch jetzt uns überlassen bleiben. Wir können am Ende dieser Sitzung zwar sagen, das und das kann kommen oder das werden wir vorschlagen. Wenn Sie morgen plötzlich einen idealen Gedanken haben, ich würde den dann ergänzen. Lassen Sie uns eine Möglichkeit finden, wie wir uns gegenseitig dann informieren, daß tatsächlich jeder dann zumindestens seine eigenen Gedanken machen kann.

Ducke (Moderator): Danke, hier war noch eine Meldung.
Bitte, Frau Poppe.

Frau Poppe (DJ): Sie scheint mir notwendig bezüglich der hier angesprochenen Gleichberechtigung. Wir mögen uns hier am Runden Tisch um Gleichberechtigung bemühen. Aber wir sollten doch keineswegs die Tatsache verschleiern, daß wir durchaus nicht gleichberechtigt sind und daß Sie und wir von völlig anderen Grundvoraussetzungen ausgehen, daß Sie gewachsene Strukturen haben und wir jetzt erst entstanden sind und daß wir natürlich auch mit anderen Positionen hier in diesen Runden Tisch hineingehen.

Ducke (Moderator): Frau Poppe, das war schon in der Sachdebatte zum Selbstverständnis. Ich möchte noch einmal hier zum Pressesprecher kommen. Also: Von Seiten der gastgebenden **Kirchen** werden für die Pressekonferenz vorgeschlagen, Herr **Günther** und Herr **Grande**.

Wir sind mit der Tatsache konfrontiert, daß die Gruppierungen, die neuen Gruppierungen, darf ich es jetzt sagen, sich einen **Pressesprecher** gewählt haben für eine eigene Pressekonferenz, eigentlich. Gehe ich davon aus, daß zunächst dies da steht, damit das auch klar ist. Die Gruppe möchte eine Pressekonferenz machen, wo sie ihn als Pressesprecher haben möchte. Sehe ich das so richtig?

Das verändert ein bißchen die Situation, wobei dann die zweite Frage, ob bei ihm, und daraufhin – Nein, das ergäbe die Konsequenz, daß er hier im Raum bleiben soll, müßte, um diese Aufgabe wahrnehmen zu können.

So. Ich möchte deswegen jetzt vielleicht so die Frage stellen: Ist der Runde Tisch einverstanden, daß die Tatsache akzeptiert wird, die wir ja auch gar nicht verhindern können, wenn es die anderen auch irgendwie dann machen können, daß der von Ihnen gewählte Pressesprecher, Herr Thomas, hier im Raum bleiben kann, ganz schlicht gesagt, das steht jetzt zur Debatte. Darf ich das schon so stellen.

Die Frage einer gemeinsamen Pressekonferenz, oder wie er dann kommt, ist eine zweite Frage. Sehe ich das so richtig, daß wir jetzt diese Frage stellen können? Dann würde ich bitten, daß wir dann darüber abstimmen. Denn, wir müssen auch hier zur Kenntnis nehmen, noch einmal zu sagen, daß auch die anderen die Möglichkeit haben für Pressekonferenzen, jederzeit. Das war ja das Angebot. Und es gibt noch keinerlei Festlegung, wie das am Ende sein wird.

Hier steht zur Debatte, Sie haben sich einen Pressesprecher gewählt und bitten, daß er im Raum bleiben kann. So ist der Antrag. Darf ich den so, als verständlich formuliert haben, es waren ja Stimmen schon dazu, für heute: Weiterarbeit später nach der Geschäftsordnung, die da daraufhin zu befragen wäre.

Ich stelle die Frage: Sind die Teilnehmer des Runden Tisches einverstanden, daß Herr **Thomas** als gewählter **Pressesprecher der vorgestellten Gruppierung** hier im Raum bleiben kann?

Ich bitte um das Handzeichen. Wer ist dafür? – Ich bitte, wer ist dagegen? – 1 Gegenstimme. Wer enthält sich der Stimme? – 3, 4 Gegenstimmen.

Ich danke[6].

Ziegler (Co-Moderator): Enthaltung!

Ducke: Entschuldigung. Ich begrüße Herrn Thomas, bitte schön. Haben wir damit das erledigt?

Günther (Pressereferent BEK): Damit es jetzt auch keine falschen Prioritäten gibt: Also, wir hatten verabredet, daß wir es hier machen.

Ducke (Moderator): Nein, bitte, dies ist eine ganz andere Frage, die braucht uns hier jetzt überhaupt nicht zu beschäftigen. Dies ist die Frage, überhaupt die Frage der **Öffentlichkeit**, die wir unter Punkt 6 noch haben.

---
[6] Der Antrag wurde angenommen.

Heute, jetzt, steht nur fest, Herr Thomas bleibt hier, um die Möglichkeit eines Pressesprechers wahrnehmen zu können. Sehe ich das so? So. Haben wir jetzt alle Problemfragen vorher beantwortet? Bitte. – um dann weiterzugehen in der Debatte zur Geschäftsordnung.

Bitte, wir fahren fort. Die Debatte zur **Geschäftsordnung**. Herr Henrich.

Henrich (NF): Ich schlage vor, daß wir der Geschäftsordnung eine Präambel voranstellen, in der zumindest ein Punkt erwähnt wird, nämlich, daß der Runde Tisch keine grundlegenden Entscheidungen für unser Land treffen kann, welche einer demokratischen Legitimation bedürfen. Er kann **keine Regierungsfunktionen** ausüben. In dieser Form sollte in die Präambel eine Sentenz hineingenommen werden.

Ducke (Moderator): Wenn ich das so richtig verstehe, ist das fast schon etwas über eine Geschäftsordnung drüber hinaus. Sie ist schon fast eine Statutenfrage. Also zur Frage des **Selbstverständnisses** dieses Runden Tisches war das ein eindeutiges Wort bezüglich der Legitimation. Gibt es dazu, oder weitere Stimmen?

Herr Ullmann, bitte.

Ullmann (DJ): Ja. Ich bin sehr für diese Präambel, weil sie, glaube ich, unentbehrlich ist gegenüber den Mißverständnissen, die ich schon erwähnt hatte. Im übrigen hielte ich es für sehr gut, wenn wir den Entwurf von Herrn de Maizière akzeptieren könnten.

Ducke (Moderator): Danke. Hier ist noch eine Wortmeldung?

TOP 9: Tagungsleitung/Moderation des Runden Tisches

Gutzeit (SDP): Ja. Wir hatten in der Vorbereitung des Runden Tisches in der **Kontaktgruppe** eine Verabredung hinsichtlich der **Gesprächsleitung** getroffen, die ich hier vortragen möchte. Wir hatten gesagt – das ist ein Beschluß gewesen auf unserer Seite – die Gesprächsführung wird nach der Geschäftsordnungsdebatte für je eine Sitzung abwechselnd von einem Vertreter der bisher in der Volkskammer vertretenen Parteien und einem Vertreter der neuen Parteien und Gruppierungen übernommen.

Die Reihenfolge innerhalb der beiden Gruppen bestimmt sich nach der alphabetischen Ordnung der Parteien und Gruppierungen.

Es wird vorgeschlagen: Gesprächsführung nach der Geschäftsordnungsdebatte übernimmt ein Vertreter der bisher in der Volkskammer vertretenen Parteien.

Das war auf unserer Seite ein Vorschlag, den wir hier als Konsens halten.

Ducke (Moderator): Ich habe es nicht vergessen.

Gutzeit (SDP): Und deshalb wollte ich angesichts dieses anders lautenden Vorschlags das jetzt erst einmal vorbringen.

Ducke (Moderator): Ja. Danke.

Herr de Maizière.

de Maizière (CDU): Ich würde mich gegen diesen Antrag aussprechen wollen. Ich gehe davon aus, daß eine **Tagungsleitung** sich nach menschlichen Möglichkeiten neutral verhalten sollte. Man ist ja nie völlig neutral, so daß die Gesprächsleitung dann blockiert ist, auch an der Sachdebatte teilzunehmen, eigene Meinung einzubringen und in ihrem eigenen Abstimmungsverhalten behindert ist. Damit würden jeweils diejenigen, die dran sind, sich selbst ihrer Möglichkeiten der jeweiligen Gruppierung beschneiden und kupieren. Ich halte das nicht für gut.

Ducke (Moderator): Das war ein klares Wort zu dieser Angelegenheit.
Herr Ullmann dazu.

Ullmann (DJ): Das hat mich überzeugt, und ich fand den Vorschlag von Herrn de Maizière als eine echte Erleichterung unserer Arbeit, also ich hätte heute nicht die Arbeit von Herrn Ziegler machen mögen.

Ducke (Moderator): Einmal zur Sache fragen – Nur noch einmal: Was verstanden Sie unter Persönlichkeiten? Wenn ich das nur – Vielleicht ist das für das Verständnis ganz wichtig.

de Maizière (CDU): Heute haben wir drei Vertreter der Kirchen unseres Landes hier. Es könnte ja ein Vorschlag kommen, daß es andere Persönlichkeiten des öffentlichen Lebens sind. So, und das hatte ich damit gemeint. Das ist natürlich schwierig. Sie müssen natürlich die gleiche Akzeptanz finden wie sie die drei heute gefunden haben. Aber parteilos könnte man möglicherweise noch dazu sagen.

Ducke (Moderator): Danke, das war ein Wort dazu. Jetzt habe ich die Reihenfolge vergessen.
Fangen wir bei Frau Poppe an.

Frau Poppe (DJ): Ich sehe das Problem, daß es sehr schwer sein wird, neutrale Personen überhaupt zu finden. Was ist das überhaupt, neutral. Auch die **Kirche** ist bekanntlich nicht neutral. Und es gibt sehr viele Unterschiede, das ist doch ganz klar. Und ich habe einfach Angst, daß wir dann eine Stunde lang jeweils am Runden Tisch darüber diskutieren, welche Person kann von allen Seiten akzeptiert werden.

Ducke (Moderator): Danke, jetzt zu Frau Köppe.

Frau Köppe (NF): Jetzt noch einmal zu dieser Präambel wollte ich etwas sagen – oder – paßt jetzt nicht? Wenn wir in der Präambel sagen, daß dieser Runde Tisch keine grundlegenden Entscheidungen treffen kann und darf, dann müssen wir deutlich sagen, was der Runde Tisch überhaupt für Entscheidungen treffen kann, wenn dann die Rede ist von Sachanträgen.

Ich glaube, wir müssen noch mehr zu diesem Selbstverständnis des Runden Tisches kommen.

Henrich (NF): Da meint er etwas anderes.

Gysi (SED): Ich würde darum bitten, die Präambel nicht mit diesen inhaltlichen Fragen zu belasten in Form einer Präambel – Quatsch: die Präambel – die Geschäftsordnung, sondern, daß wir uns noch über unser **Selbstverständnis** verständigen müssen. Und das müßten wir schon auf ein paar Zeilen festhalten, was in diese Richtung geht.

Und eine Erklärung, die wir zum Beispiel gemeinsam dazu abgeben, ja, daß wir über die Geschäftsordnung entscheiden, über den Entwurf, so wie er vorliegt, mit den Persönlichkeiten, das gebe ich zu. Das müssen wir verhindern, daß wir uns hier jedesmal am Ende eine Stunde streiten, wer die nächsten drei Persönlichkeiten sind.

Ich würde sagen, es haben heute zwei, drei Persönlichkeiten übernommen, und es wäre sehr schön, wenn es diejenigen bleiben würden. Wenn es diejenigen nicht bleiben könnten, wäre ich damit einverstanden, daß die drei andere suchen, und ich würde dem immer vertrauen. Wen Sie uns hierherschicken, der mag das leiten, aber wir kommen nicht in die Situation, in die Schwierigkeit, die der Kollege de Maizière benannt hat, damit wir uns nicht darüber streiten.

Ducke (Moderator): Ich nehme Ihren Vorschlag dergestalt an, daß Sie sagen, wir möchten eine Erklärung zum **Selbstverständnis** dieses Runden Tisches, getrennt von der **Geschäftsordnung**. Mir erscheint dieser Vorschlag sehr praktikabel. Dürfen wir bei dieser Thematik jetzt zunächst bleiben?
Herr Henrich.

Henrich (NF): Diese Geschäftsordnung wird veröffentlicht und der Bürger im Land liest diese und meint, auf dieser Grundlage könne nun alles entschieden werden, was entschieden werden muß in diesem Land. Das war der Grund, warum ich das in die Präambel hineinhaben wollte, damit wir da nicht Irrtümer produzieren, die wir alle, vermute ich, nicht wollen.

Dann sollten wir es vielleicht als Anlage machen zu dieser Geschäftsordnung, damit nicht Irrtümer mit dieser Geschäftsordnung produziert werden.

Ducke (Moderator): Sie sagen also, wenn ich das richtig sehe: Sie beharren nicht auf Präambel, sondern stellen einen inneren Zusammenhang zwischen dieser möglichen Erklärung und der Geschäftsordnung fest.

Henrich (NF): Ja, genau.

Ducke (Moderator): Herr Schnur zunächst.

Schnur (DA): Ich denke, wir sollten uns vielleicht doch auf den Begriff dieser Erklärung für den Runden Tisch verständigen und dort muß ja dann mit aufgenommen werden, daß eben der Runde Tisch sich eine Geschäftsordnung gegeben hat, der die Anlage beigefügt ist.

de Maizière (CDU): Letzter Satz der beiliegenden Geschäftsordnung.

Ducke (Moderator): Dies war ein konkreter Vorschlag. Findet er die Zustimmung oder müssen wir formal darüber abstimmen? – Ich finde Zustimmung. Danke. Es gibt keine Gegenstimme.

Also, wir halten fest: Die Teilnehmer des Runden Tisches werden eine Erklärung verabschieden, zu der auch die Geschäftsordnung gehört, jetzt einmal sehr schlecht formuliert, aber um den Zusammenhang zu verdeutlichen. Als Anlage oder wie?

Danke. Das war zu dieser Thematik.

Können wir noch zur Frage jetzt – Sie hatten den Antrag bezüglich der **Gesprächsleitung** – Also, wir gehen jetzt wieder in die Diskussion um die Geschäftsordnung direkt. Es ist das Thema der Leitung von Sitzungen. Sehe ich das so richtig? Da waren zwei unterschiedliche Vorschläge schon mit Stimmen dazu.

Sie möchten bitte noch dazu.

Gutzeit (SDP): Ich möchte noch einmal meinen Vorschlag unterstützen und ein Argument meines Erachtens entkräften. Da ja jede Partei oder Gruppierung nicht nur mit einem Vertreter hier am Tisch sitzt, ist, glaube ich, die Behinderung der Möglichkeiten, die eigene Position einzubringen, nicht derart gegeben. Und es wäre, glaube ich, für uns ganz gut, und zwar für jeden Vertreter, sich tatsächlich einmal als **Gesprächsleiter** neutral zu zeigen.

Es ist, glaube ich, auch eine Übung in Demokratie, das Herausfinden von wirklich Neutralen ist äußerst schwierig. Ich denke, hier in diesem Land ist jeder in irgendeiner Weise Partei.

Ducke (Moderator): Danke.

de Maizière (CDU): Nun, die Art, eine Versammlung zu leiten, verrät Eigeninteresse oder kann Eigeninteresse verraten. Beispielsweise die Frage, welche Frage stelle ich mit Ja/ Nein zur Antwort. Wähle ich zuerst diese oder wähle ich zuerst jene. Ich bin ausdrücklich dafür, daß es eine unabhängige Person sein sollte, [eine] nicht stimmberechtigte Person.

Krause (CDU): Wenn wir das Gefühl haben, daß hier nicht richtig neutral, nach unserem Verständnis, geführt wird in diesem Runden Tisch, dann sollten wir uns eine neue Leitung besorgen. Ansonsten sollten wir das praktizieren, so wie das jetzt vorgeschlagen ist.

Henrich (NF): Es ist jetzt eine Zweidrittelmehrheit eingebaut. Das ist dann nicht mehr so einfach, hinterher. Das muß man schon einmal sehen. Das muß man schon vorher klären.

Berghofer (SED): Ich denke, daß ein sehr konkreter Vorschlag eingebracht wurde, der enthält ja eine Klausel, die uns die Möglichkeit verleiht, im Verlaufe des Arbeitsprozesses zu verändern. Ich stimme jeder Geschäftsordnung zu, die uns schnell zur Diskussion der Probleme führt.

Ducke (Moderator): Aber unter diesen Umständen müssen wir jetzt doch – wir haben uns kurz verständigt – die Frage stellen, der **Teilnahme der Kirchen**. Das stellt sich jetzt nach diesen Anträgen als Frage für uns. Wir haben heute nicht mit abgestimmt. Die Frage stellt sich nach der Vertretung der Kirchen dann am Runden Tisch. Das wollte ich, müssen wir jetzt hier hereinbringen, wenn die Geschäftsordnung in dieser Weise verabschiedet wird. Es geht uns nicht um die Leitung, aber – –

Herr Schnur, bitte.

Schnur (DA): Bloß, dann müßten Sie uns jetzt eine Antwort geben, nicht, damit wir dann ja auch tatsächlich für die Geschäftsordnungsdebatte die Möglichkeit haben, Ihre Intention mit hineinzunehmen, als solches.

Also, ich könnte mich durchaus verstehen, daß wir zwei Modelle abstimmen können. Auf der einen Seite, daß wir den Mut haben, in einem bestimmten Wechsel, sagen wir, die Tagungsleitung, die ja auch durchaus, und das kann man doch auch noch machen, daß, so wie Sie dort jetzt zu dritt sitzen, aber daß man dann auch sagt, gut, man sitzt möglicherweise auch zu zweit oder zu dritt. Ja, daß man sagt, die neuen Gruppen und Parteien sitzen mit einem und auf der anderen Seite ein anderer, nicht? Und man hat dann zumindest erst einmal eine paritätische Tagesleitung, unter diesem Gesichtspunkt, ja.

Ducke (Moderator): So, ich wollte mich jetzt auch einmal nur so zu Wort melden. Also, ich würde auch unter diesem Gesichtspunkt dafür plädieren wollen, daß wir auch die **Leitung** im Runden Tisch belassen, in welchem Modus, ist ganz egal, und nicht zur Leitung, das erscheint mir fast unmöglich, jemanden dann zu wählen, noch dazu, wenn wir dann in Sachdebatten gehen, der jedesmal neu hinzukommt und sich sozusagen einarbeiten müßte. Das ist mein Problem an Ihrem konkreten Vorschlag.

Also, ich glaube, keiner von uns besteht hier auf einer Leitung, im Gegenteil, eine Gesprächleitung weiterzugeben, macht jeder gern. Ich würde allerdings, denn es stellt sich auch noch die Debatte dann, wer muß dann noch entscheiden, ich möchte das nur jetzt schon erwähnen, über die **Zulassung anderer Gruppierungen** hier am Runden Tisch – Das ist ja dann auch noch die Frage. Gut. Danke. Ja. Das wollte ich nur erwähnen für die.

Ja, meine Damen und Herren, es steht der Antrag, jetzt weiß ich nicht, welcher, verzeihen Sie mir, jetzt weiß ich es nicht, ob ich – Müßten wir zuerst über Ihren abstimmen oder müßten – Nein, es war ein Gegenantrag, müßten wir theoretisch über Ihren abstimmen, da spricht sich, sprechen sich die Teilnehmer am Runden Tisch dafür aus, daß die Gesprächsleitung in einem noch festzulegenden, durch die Geschäftsordnung zu regelnden Modus wechselt. Aber innerhalb der Teilnehmer am Runden Tisch.

Und jetzt gehe ich einmal davon aus, daß wir uns dann auch hier als **Kirchenvertreter** mit einordnen können, wenn ich das so richtig sehe, sonst müßte ein Antrag anderer Art kommen, dann würden wir über diesen Antrag abstimmen können.

Habe ich das?

Gysi (SED): Das heißt: Ab jetzt stimmen Sie drei mit ab, wenn wir das so machen. Na ja, das muß ja dann schon sein. Also Sie sind ja dann Teilnehmer des Runden Tisches. Das will ich gerne wissen. Ja, eben, weil das eben die Frage implizierte, deshalb sage ich, das müßten wir ja doch zumindest wissen, was es bedeutet.

Ducke (Moderator): Also, wir haben einen Einzelpunkt zur Geschäftsordnung jetzt, über den wir abstimmen. Zunächst die **Gesprächsleitung.**

de Maizière (CDU): Wenn sich die Kirchen nicht erklären, ob sie am Runden Tisch teilnehmen wollen, stimmberechtigt, blockieren Sie den Antrag, den Kollege Gysi gemacht hat. Nicht? Und insofern bedarf es dieser Erklärung vorher.

Ducke (Moderator): Herr Ziegler, bitte.

Ziegler (Co-Moderator): Damit sind wir in einer Schwierigkeit. Wir haben uns für heute bewußt als Gastgeber verstanden, in dieser Form, wie wir uns bisher hier auch bewegt haben, ohne abzustimmen und als Teilnehmer.

Ich muß sagen, bei uns ist diese Frage offen, denn die **Konferenz der Evangelischen Kirchenleitungen** tagt morgen in einer Sondersitzung und wird dann erst entscheiden, ob sie den Antrag stellt, dabeizusein, oder ob sie sagt, es genügt uns, wenn wir Möglichkeiten haben, unsere Gesichtspunkte in die Ausschüsse einzubringen. Und ich kann heute nicht mehr sagen und keine klipp und klare Antwort geben, weil unsere Leitungsgremien ausdrücklich gesagt haben, das wollen wir morgen erst einmal bedenken. Denn die Kirche – –

Henrich (NF): Dann sollten wir das ausklammern.

Ducke (Moderator): Herr de Maizière.

de Maizière (CDU): Den Punkt, den von mir soeben skizzierten, zurückzustellen, heute nicht zu entscheiden und dann zu entscheiden, wenn dort eine klare Stimmung vorliegt.

Ducke (Moderator): Gilt das auch für diesen Antrag? Daß wir das dann aufheben?

de Maizière (CDU): Die gesamte Frage der Leitung, der **Tagungsleitung** – Wir müssen es so vereinbaren, wie es das nächste Mal gehandhabt wird.

Zur Erklärung: Es gibt Ihren Antrag: wechselnd immer aus einer neueren oder einer älteren Gruppierung. Gut. Und es gab einen weiteren Antrag, der lautete, es bei der Tagungsleitung zu belassen, die wir heute haben. Eben, daß die Vertreter der **AgCK [Arbeitsgemeinschaft Christlicher Kirchen]**, der Römisch-Katholischen und der des Bundes, gut – –

Gutzeit (SDP): Das hängt doch aber nicht damit zusammen, ob – Das ist doch egal, wie die morgen entscheiden; das ist doch unabhängig davon. Ich meine, die Frage können wir heute doch entscheiden, denn es kommt ja nur – –

Gesetzt den Fall, die Kirchenvertreter werden gebeten, die Tagungsleitung weiterhin zu haben, so hängt dies doch nicht damit zusammen, wie die Kirchenleitung entscheidet. Denn in diesem Falle wären sie ja nur gleichsam Gastgeber und nicht Teilnehmer am Runden Tisch. Im anderen Fall, wenn sie teilnehmen wollen, dann müssen sie einen Antrag stellen.

Das hängt damit doch gar nicht zusammen. Wir können die Sache doch jetzt entscheiden.

Frau Merkel (UFV): Ich stelle den Antrag, die Debatte jetzt zu beenden und eine **Geschäftsordnung** für den heutigen Tag zu beschließen, damit wir endlich zur Arbeit kommen.

Gysi (SED): Dem wollte ich mich anschließen, indem ich sage – Also, ich sage, heute leiten die drei. Mit dieser Leitung sind wir – glaube ich – bisher alle einverstanden und zufrieden.

Das heißt, wenn Sie nicht Teilnehmer wären, das ist nämlich meine Überlegung, wäre ich sehr dafür, daß Sie weiter leiten, also mit anderen Worten, gegen Ihren [Gutzeits] Antrag. Wenn Sie aber sagen, Sie wollen Teilnehmer des Runden Tisches werden, und wir entscheiden mit Ja, dann wäre ich, bin ich für Ihren Vorschlag.

Deshalb kann ich darüber jetzt nicht entscheiden. Das ist sozusagen meine Schwierigkeit, dann bin ich für Wechsel, wobei ich dann nicht weiß, ob die **Kirche** dann eine alte oder neue Gruppierung ist. Sie ist zwar sehr alt. Aber wo wir sie einordnen, das müssen wir dann noch versuchen, zu klären. Aber jetzt können wir über diesen Entwurf entscheiden und lassen die Frage offen, bis wir wissen, ob die Kirche hier teilnimmt oder nicht.

Berghofer (SED): Deshalb könnte man sich vielleicht so verständigen, für heute ist das entschieden. Wir würden Sie bitten, die nächste Runde in gleicher Weise vorzubereiten, damit wir dazwischen nicht lange diplomatische Verwicklungen erleben. Und dort wird der Punkt zu Ende entschieden, im Sinne dieser weiteren Aktualität.

Ducke (Moderator): Ich entnehme Ihrem Nicken, daß wir so abstimmen können. Wir beschließen eine Geschäftsordnung für heute. Es steht – –

Gysi (SED): Nein, wir beschließen keine Geschäftsordnung. Nein, nicht nur für heute. Wir wollen hier nicht jedesmal eine neue Geschäftsordnung beschließen.

Ducke (Moderator): Wenn Zustimmung war, bleiben wir so dabei. Für heute. Danke. Und das weitere würde dann so sein, die Vorbereitung der nächsten Runde.

Ziegler (Co-Moderator): Ja, das wollte ich jetzt fragen, ob denn wenigstens die Zustimmung ist, daß wir die nächste Runde vorbereiten und dann – – Aber das hieße dann, in derselben Weise wie heute, unabhängig davon, ob unsere Leitungen sagen, wir möchten den Antrag stellen, ja?

Ducke (Moderator): Sind Sie damit einverstanden? Kann ich dies als Zustimmung werten? Sie haben das mitgeschrieben? Danke. Wir kommen weiter zur Debatte der Geschäftsordnung, ausgeklammert die Frage der Leitung.

Bitte, Herr Schnur.

Schnur (DA): Ich denke, insofern könnte ja doch dann Ziffer 9 auch aus dieser Geschäftsordnung zunächst einmal herausgeklammert werden. Das müßte man noch einmal sagen. Ich denke, man müßte einen Passus generell zunächst in einem Grundsatz hinsichtlich des Abstimmungsrechts vornehmen. Sagen: Es gilt generell einfache Stimmenmehrheit, und dort, wo ja, hier im Metier, sagen wir Geschäftsordnungsanträge hinsichtlich der Änderung, also sagen wir, Anträge auf Änderung der mit 2/3 Mehrheit – Aber wir müßten ja uns darauf verständigen, wie stimmen wir dann generell ab.

Ducke (Moderator): Waren dazu noch Wortmeldungen?

Schnur (DA): Ja, müssen wir bloß da noch mit einbringen.

Ducke (Moderator): Wären die Teilnehmer des Runden Tisches jetzt damit einverstanden, wir haben gehört eine mögliche **Geschäftsordnung**. Wir haben auch schon einen Vorschlag für eine **Einordnung des Selbstverständnisses**. Wir können eigentlich gerechterweise nur abstimmen, wenn wir das schriftlich vorliegen haben, wenn wir ein wenig Zeit hätten, das auch zu bearbeiten.

Deshalb wäre mein Vorschlag: Wir verfahren heute im Sinne dieser Geschäftsordnung – ausgeklammert die Frage der Leitung – legen sie schriftlich vor und beginnen die Vorbereitung für die nächste Sitzung im Hinblick darauf, daß dann erst über die Geschäftsordnung abgestimmt wird. Oder können wir das nicht machen, daß wir das für heute annehmen, aber uns die Prüfung bis zur nächsten Sitzung uns noch vorbehalten müssen, meinen Sie nicht auch, daß da noch – Wäre das nicht ein Kompromiß?

Bitte.

de Maizière (CDU): Gibt es nicht die Möglichkeit, daß ich rausgehe, hier in die Maschine diktiere und in der notwendigen Anzahl vervielfältige. Und daß wir heute damit zu Ende kommen. Denn wir werden ja mindestens für die Presse heute sagen müssen: Wir haben folgende Erklärung, und der Runde Tisch hat sich folgende **Geschäftsordnung** gegeben.

Und, bloß dann würde ich ganz gerne noch, bevor ich es diktiere, einen Gesprächsgang haben, ob also ich, mit dem, was ich vorgelesen habe, mit Ausnahme der Leitung, ein gewisses Einverständnis habe, sonst gehe ich dreimal, und dazu habe ich wenig Lust.

Ducke (Moderator): Wir lassen gerade prüfen, ob dies möglich ist, zu schreiben, dann würden wir dies vorbereiten und dann können wir am Ende der Sitzung darüber abstimmen.

Böhme (SDP): Den Vorschlag finde ich gut, der müßte erweitert werden, aber es müßte ein Gesprächsgang vorher über das **Selbstverständnis** sein. Es reicht sonst nicht aus.

Ducke (Moderator): Gut. Wir wollen versuchen, ob es möglich ist, daß geschrieben wird. Herr de Maizière, ist das so lesbar, daß die Pressesprecher das bekommen. Es ist natürlich sehr schwierig, darüber zu sprechen, wenn Sie dann diktieren müssen.
Ja, bitte, Herr Gysi.

[Unruhe]

Gysi (SED): Jeder darf hereinkommen oder nicht? Ich meine, wir müssen uns entscheiden, dann können wir es wirklich den anderen nicht verwehren.

Lange (Co-Moderator): Ich habe das so verstanden, daß sie zum Team des Fernsehens der DDR gehören.

[Diskussion mit den Leuten vom DDR-Fernsehen]

Fernsehleute: Richtig. Wir wechseln das Team.

Ducke (Moderator): Vielen Dank, das war notwendig zur Erklärung. Genügt Ihnen das, Herr Gysi?

Gysi (SED): Ja, ja, sicher.

Ducke (Moderator): Dann müßten wir jetzt ganz schnell noch diese Debatte führen, damit sich dann Herr de Maizière verabschieden kann, um diese zu schreiben. Aber wo will er das schreiben, wo?

de Maizière (CDU): Das muß ich noch klären. Aber die Frage, nun bis zur Augustraße, das wäre mir zu weit. Wir prüfen im Moment, ob es die Möglichkeit gibt, die Kassettte, die ich dann hier vielleicht noch im Beisein aller diktieren könnte, drüben abzuschreiben.

Günther (Pressesprecher des Runden Tisches): Ich bin mir noch nicht sicher, ich muß jetzt erst einmal feststellen, ob noch jemand drüben im Büro ist. Aber darauf sprechen können Sie schon einmal.

de Maizière (CDU): Aber erst wollen wir doch die Runde zum **Selbstverständnis** machen, um dann zu wissen, ob noch Änderungen an der **Geschäftsordnung** notwendig sind.

TOP 10: Selbstverständnis (und Geschäftsordnung) des Runden Tisches

Ducke (Moderator): Da die Möglichkeit zu bestehen scheint, daß wir heute noch die Geschäftsordnung vorgelegt bekommen und darüber abstimmen können, würde ich zum Schluß dieser Debatte, konkret der Geschäftsordnung und den Gang eingehen [auf das] Selbstverständnis des Runden Tisches, die Erklärung.
Es liegt ein konkreter Vorschlag vor, gibt es dazu Ergänzungen, weitere Wünsche oder? – Herr Henrich, dürften wir Sie bitten, noch einmal vorzulesen, was Sie als Präambel vorgeschlagen haben, und jetzt unter dem Stichwort: mögliche **Erklärung [Vorlage 1/7a, Erklärung Neues Forum: 1. Entwurf einer Erklärung zum Selbstverständnis des Runden Tisches]** vorzulesen, bitte?

Henrich (NF): Also, eine Formulierung, die in etwa folgendermaßen lauten sollte:

> Der Runde Tisch kann keine grundlegenden Entscheidungen für unser Land treffen, welche einer demokratischen Legitimation bedürfen. Er kann keine Regierungsfunktionen ausüben.

de Maizière (CDU): Noch einmal zum Mitschreiben.

Gysi (SED): Es sollte eine Idee weitergehen können. Dann würde ich es doch noch einmal einfacher für die Bürger versuchen zu formulieren:

> Der Runde Tisch ist kein Parlament und keine Regierung.

Das ist das, was ja damit gesagt werden soll.

> Die Teilnehmer können deshalb keine verbindlichen Entscheidungen treffen, außer zur Tätigkeit des Runden Tisches selbst. Die Teilnehmer des Runden Tisches bemühen sich, Vorschläge für das Leben in unserer Gesellschaft, für die Eigenständigkeit der DDR und für die Zukunft unserer Bürger zu unterbreiten.

Henrich (NF): Das ist mißverständlich. Ich bin dagegen, weil auch unsere **Regierung** und unsere **Volkskammer,** es wurde hier schon mehrfach gesagt, heute ebenfalls keine Legitimation hat. Und jetzt erscheint das so. Ja, das müßten wir dann mit reinformulieren. Jetzt, wenn man das so macht, wie Sie das sagen.

Gysi (SED): Ich habe gesagt:

> Der Runde Tisch ist kein Parlament und keine Regierung. Die Teilnehmer können keine verbindlichen Entscheidungen treffen, außer zur Tätigkeit des Runden Tisches selbst. Die Teilnehmer des Runden Tisches bemühen sich, Vorschläge für das Leben in unserer Gesellschaft, für die Eigenständigkeit der DDR und für die Zukunft unseres Landes zu unterbreiten.

Damit sage ich weder eine Regierung noch ein Parlament, das kommt gar nicht vor.

Henrich (NF): Daraus könnte der Bürger aber den Umkehrschluß ziehen, daß das bestehende Parlament und die bestehende Regierung Legitimation haben.

Ullmann (DJ): Ja, also, ich finde, Herr Gysi, „das Leben in unserem Land" zu unkonkret. Und, also, die „**Selbständigkeit**" wie hatten Sie formuliert? – –

Böhme (SDP): „**Eigenständigkeit**" – –

Ullmann (DJ): – „die **Eigenständigkeit der DDR**", das ist der Punkt. Aber ich finde, für die „Eigenständigkeit der DDR" ist eben nötig, daß wir auf demokratische **Wahlen** zugehen und eine neue Verfassung. Und das sollten wir denn auch sagen.

[Unruhe]

Ducke (Moderator): Darf ich bitten, weiter um Diszplin. Herr de Maizière, glaube ich, Herr Krause.

de Maizière (CDU): Ich würde meinen, daß wir wenigstens einen Satz finden sollten, warum wir uns hier zusammengefunden haben. Weiß ich was: „aus Sorge um unser Land" oder irgend etwas in dieser Richtung. Denn, nur zu sagen: Wir sind nicht das und wir sind nicht jenes – sondern: Es muß ja wenigstens deutlich werden, daß wir einen guten Zweck verfolgen wollen.

Ducke (Moderator): Danke.

Krause (CDU): Ich wollte das also bloß ergänzend unterstützen. Ich meine auch, daß es nicht Sinn und Zweck in erster Linie [ist zu betonen], was wir nicht sein sollen – das soll sicherlich kommen, aber nicht an erster Stelle. Sondern an erster Stelle sollte stehen, was wir denn wollen, warum wir zusammengekommen sind. „Alte und neue Gruppierungen", meinetwegen können Sie den Begriff so verwenden, „weil wir etwas tun wollen für unsere Bürger", das ist doch Minimum. Und dann kann meinetwegen auch kommen, was wir nicht sein wollen.

Ducke (Moderator): Danke. Darf ich hier vielleicht einmal einen Vorschlag machen: Wir merken, daß wir unterscheiden müssen zwischen dem Sammeln von Gedanken, die wir gerne dort ausgedrückt haben, die aber dann bei der konkreten Formulierung vielleicht nicht rüberkommen.

Deswegen würde ich jetzt schlicht jemanden bitten – Und wir hier als Debatte nur noch Wünsche anmelden, was wir da drin haben möchten zum Selbstverständnis – Und jemand das uns schreibt und dann noch einen Vorschlag zu machen – –

Ich bitte jetzt jemanden Neutrales – das ist jetzt unfair – –, aber jemanden, der noch nicht formuliert hat. Sind Sie dagegen, oder? Nein? Würde das sinnvoll sein, daß jemand das dann schreibt?

Ziegler (Co-Moderator): Ich habe eben feststellen lassen, Herr Thomas hat geholfen, der Pfarrer Küchler, unser Hausherr hier für diesen Saal, hält sich da draußen auf, ist bereit, die Diktate zu tippen und hat ein Vervielfältigungsgerät und kann es uns dann auch reinliefern an den Tisch. Und das nächste Mal sind wir klüger und sorgen dafür, daß eine Sekretärin mit Schreibmaschine und so weiter hier ist.

Ducke (Moderator): Danke.

Ziegler (Co-Moderator): Nur: Erleichternd wäre es, wenn diese Vorschläge für das Selbstverständnis doch dann aber schriftlich gegeben werden, sonst ist es schwer zu übermitteln an den, der es dann schreibt.

Ducke (Moderator): Deswegen bitten wir, daß jemand jetzt einen Schreibversuch macht.
Bitte.

Böhme (SDP): Ich möchte, ich würde gern darinhaben wollen, in der Festschreibung des Selbstverständnisses, daß sich diese Runde in keiner Weise, und da folge ich den Vorschlägen von Herrn Gysi, in keiner Weise in irgendeiner Form [als] **Regierungsfunktion** sieht.

Zweitens nicht das **Legitimationsdefizit** der Volkskammer und der derzeitigen geschäftsführenden Übergangsregierung auszufüllen gedenkt.

Daß aber auf jeden Fall reinkommt, daß der Runde Tisch sich in einer **Kontroll-** und **Anwaltsfunktion** versteht und über alle existentiellen Entscheidungen für die Zukunft und für die schwere Zeit in den nächsten Monaten nicht nur Bescheid wissen möchte, gehört werden möchte und abstimmen möchte, nachdem es den noch zu bildenden **Sachausschüssen** zugewiesen ist.

Ducke (Moderator): Danke schön. Das war ein klares Wort für die Wunschanmeldungen.

Klein (VL): Dann schlage ich vor, daß die Teilnehmer des Runden Tisches erklären, daß sie dazu beitragen wollen, die Krise, in der sich unser Land befindet, auch in der kontroversen Sicht auf die Ursachen oder die Möglichkeiten der Lösung dieser Probleme, dazu beizutragen, daß der **Öffentlichkeit** deutlich ist, um welche Probleme es geht und in welcher Situation wir uns befinden und daß für die Öffentlichkeit deutlich wird, wie die Auffassungen sind für den Ausweg, der zu finden ist.

Und in diesem Sinne möchte ich noch einmal die Frage der Abstimmung für die konkrete Sacharbeit des Runden Tisches aufgreifen. Ich meine, daß es durchaus legitim ist, wenn hier am Runden Tisch zu den konkreten Fragen, die wir hier ja inhaltlich schon umrissen haben, auch dort, wo es keinen **Konsens** gibt, Erklärungen verabschiedet werden, die nicht von allen Teilnehmern am Runden Tisch getragen werden, oder wo deutlich wird, wer sie trägt. Das könnte ein Beitrag sein. Das muß aber nicht so sein.

Nur sollten wir nicht verkennen, daß wir, auch wenn wir uns keine Regierungsfunktionen anmaßen können und keine Legitimationsdefizite verschleiern – So könnte ein konkreter Beitrag der Teilnehmer des Runden Tisches aussehen. Und vielleicht könnte man das formulieren.

Ducke (Moderator): Danke schön. Das war jetzt schon eine Formulierung im Hinblick auf die Bearbeitung von Themen und die möglichen Schwierigkeiten, die man dabei sehen kann.

Herr Gysi hatte sich bereit erklärt, mitzuformulieren. Ich hatte vorher vergessen, Herr Henrich, weil Sie auch formuliert haben. Wären Sie auch bereit, daß wir dann zwei, drei Leute zusammenstecken, die zusammen uns das dann formulieren in der Aufnahme, oder wünscht jemand anderes?

Herr Berghofer, bitte.

Berghofer (SED): Ich würde vorschlagen, daß wir in geeigneter Weise eine zeitliche Begrenzung vornehmen der Arbeit, die da lauten könnte: „zunächst bis zu freien, gleichen und geheimen Wahlen", denn die Mehrheit der Probleme, die uns bewegen, müßten ja dann in **Legitimation**, jetzt gebrauche ich einmal Ihre Begriffe hier, beantwortet sein.

Das schlösse für mich die **Verfassung** ein, und das könnte man ja eindeutig fixieren, weil das viele, egal, von welcher Position aus betrachtet, beruhigen würde.

Ich unterstreiche noch einmal: Ich komme gerade aus Dresden. Die Lage ist richtig ernst. Wir haben nicht Zeit zu tiefgründigen philosophischen Debatten, wir müssen einen Grundkonsens finden.

Gysi (SED): Ich muß das auch einmal sagen. Ich verstehe zwar, natürlich, sagen wir den Anspruch, wir einigen uns doch über die Frage, ob die **Volkskammer** legitimiert ist oder die **Regierung** sowieso nicht, nehme ich an. Und wir müssen es auch nicht.

Wichtig ist, daß wir uns einig sind: wir brauchen eine neue **Verfassung** und wir brauchen so schnell wie möglich Wahlen. Das ist doch das Nach-Vorne. Und wir sind uns darüber einig, daß wir kein Parlament und keine Regierung sind.

Was Sie sagen, finde ich zum Teil berechtigt, daß wir gerne informiert werden wollen und unsere Meinung sagen wollen. Aber ich kann nun auch nicht sagen: Man darf vorher gar keine Entscheidung treffen. Sehen Sie: Wann kommen wir denn wieder zusammen? Das geht ja gar nicht. Es gibt ja viele Dinge, die unheimlich dringend sind. Eine Regierung muß ja was entscheiden können.

Ducke (Moderator): Sie unterstreichen eigentlich nur meinen Vorschlag. Wir müssen das dann wirklich kurz schriftlich haben. Diese Anliegen entdecken und einen Grundkonsens herbeiführen, nicht – – Die Sache hier – –
Herr Henrich.

Henrich (NF): – könnte vieles dagegenhalten. Das scheint klar zu sein, daß es da auch „gekommen wären an diesem Tisch", eine große Grauzone gibt, die wir nicht vorher regeln können. Das ist auch klar.

Aber uns geht es darum, und deshalb haben wir diese **[Vorlage 1/4, Erklärung Opposition: Selbstverständnis der oppositionellen Gruppierungen und Parteien]** hier abgegeben, daß wir hier nicht benutzt werden, um dieses Legitimationsdefizit, was die Regierung auszeichnet und die Volkskammer auszeichnet, zu kaschieren, daß hier Verantwortungen verschoben werden – –

Deshalb wollen wir eine solche Formulierung haben, deshalb auch diese schriftlich eben überreichte Erklärung der Opposition.

Ducke (Moderator): Ich würde jetzt so vorschlagen: Bitte nicht mehr zu diskutieren, in welcher Art – – sondern nur noch sachliche Themen, die da reinkommen.

de Maizière (CDU): Darf ich einmal fragen? Das Neue Forum hat diesem „keine grundlegende Entscheidung für unser Land treffen will", wenn ich das so sagen darf – –

Henrich (NF): Das hat die **Opposition** gemacht, nicht das Neue Forum.

de Maiziere (CDU): Gut also, ich habe es von Ihnen so gehört und habe Sie dazugeordnet. Bloß dann höre ich einen Widerspruch zu dem, was eben gesagt worden ist, daß die Regierung nur entscheiden dürfe, was hier nun also konsensfähig geworden wäre. Denn dann wird nämlich über den Weg eine Legitimation reingebracht.

Böhme (SDP): Das ist auch eine **existentielle Frage.**

de Maizière (CDU): Ja, bloß dann müssen wir beschreiben, was existentiell ist.

Ducke (Moderator): Darf ich einmal an den Vorschlag von Herrn Berghofer erinnern. Ja, Herr de Maizière, dieser ganz konkrete Hinweis scheint mir eine Möglichkeit in die Formulierung das einzubringen, was sowohl die Bedenken aufnimmt, aber auch die konkrete Notwendigkeit formuliert.

Krause (CDU): Wir können doch unseren Bürgern sagen, daß wir unter Zeitdruck und Erwartungshaltung stehen, daß wir das – „gedrängt" zum Beispiel – –

Ducke (Moderator): Wir sind uns einig über die Sache. Gibt es noch neue Gedanken für diese Erklärung? Herr Henrich? Gibt es noch schlicht etwas, was da herein soll? Sonst schlage ich vor: die zwei Herren – Möchte noch jemand?

Sie wollen noch mit formulieren? Danke. Aber nicht jetzt laut, sondern schreiben.

Frau Seese (VL): Ach so, ich wollte etwas dazu sagen, jetzt in der Diskussion.

Ducke (Moderator): Ja bitte.

Frau Seese (VL): Ich würde gerne mit aufnehmen in dieser Erklärung hier „die Definition des Runden Tisches", daß eigentlich „ein Ort **direkter Demokratie**" sein müßte, also eine Mindestform, über die die Vorschläge für Gesetze, die aus der **Volkskammer** kommen oder auch anderswo her, der Bevölkerung zugängig gemacht werden, die müssen über den Runden Tisch gehen.

Das ist der Kontrollort, über diese Vorschläge – als auch eine Art der Kontrolle über Verhandlungen, die jeweilig laufen. Das halte ich [für] ganz wichtig.

Ducke (Moderator): Danke schön. Das war ein konkretes Statement.
Herr Krause, bitte, dazu.

Krause (CDU): Ich wollte noch sagen, daß wir bemüht sind, in unserem Umgang miteinander ein Beispiel zu schaffen, wie es auch an der **Basis** passieren kann im Umgang miteinander.

Ducke (Moderator): Herr Jordan.

Jordan (GP): Vielleicht zum Selbstverständnis des Runden Tisches, daß wir hier zusammengekommen sind, um in Anbetracht der vielschichtigen **Krisensituation** dafür einzutreten, daß in unserem Land eine dauerhafte Entwicklung möglich wird.

Ducke (Moderator): Danke.
Herr Ullmann.

Ullmann (DJ): Ja, also es sind ja alles wunderbare Sachen, und ich bejahe die, ich denke, wie die meisten, die hier sitzen. Die Leute lernen, glaube ich, viel mehr, was wir sind und was wir können, wenn wir heute zum Beispiel zustande bringen eine Regelung über die **Rechte der Bürgerkomitees.**

Ducke (Moderator): Danke.

Böhme (SDP): Ich habe dem auch nichts hinzuzusetzen.

Ducke (Moderator): Vielen Dank. Ich denke wir schließen jetzt diese Debatte und warten die Formulierung der Erklärung ab. Sind Sie damit einverstanden?

Lange (Co-Moderator): Wer soll das jetzt machen?

Ducke (Moderator): Herr Henrich und Herr Gysi – soweit bis jetzt der Stand – würden uns einen konkreten Vorschlag machen. Wer war noch dazu bereit mit zu formulieren? Herr – – Habe ich das jetzt falsch gesehen? Herr Krause oder Herr de Maizière? Er macht die Geschäftsordnung. Jetzt geht es um die **Erklärung [zum Selbstverständnis].** Wir können ihn nicht – Ist noch jemand – –

Frau Dörfler (GP): Ich formuliere auch.

Frau Seese (VL): Ich formuliere auch mit.

[Unruhe]

Ducke (Moderator): Nur nicht – also wissen Sie – übertreiben. Wir haben keine Räumlichkeiten.

Vielen Dank. Wir haben jetzt Herrn Gysi gebeten. Ich gehe in der Reihenfolge [vor], wie ich sehe: Herrn Gysi, Herrn Henrich, Frau Dörfler und Frau Seese und legen uns dann vor. Einverstanden? Ich schließe [vorübergehend] diese Debatte. Wir bekommen – Genügt das jetzt alles schon zum Selbstverständnis der Gruppe, Weiterarbeit et cetera? – Danke.

Dann bitte ich wieder unseren Vorschlag bezüglich der Reihenfolge und der dazugehörigen Stichworte aufzugreifen. Wir hatten als zweiten Ihnen den Vorschlag gemacht, den ganzen Bereich **Rechtsstaatlichkeit** mit den Stichworten **Sicherheitskonsens**, nationale Sicherheit, Amnestie, Parteiengesetz, Bürgerkomitees einzubringen. Hatten als drittes die Frage der **Wahlen**. Ich spare mir jetzt die einzelnen Stichworte dazu. Als viertens Probleme der **Wirtschaft**, Sicherung der Versorgung, der Produktion, Subventionsfrage. Fünftens **Medien**. Sechstens **Ökologie**. Und siebentens **Ausländerfrage**.

Ich darf bitten um Meinungsäußerung, mit welchem Punkt wir beginnen. Oder gibt es auch schon Vorschläge zur Reihenfolge insgesamt.

Bitte, Herr Schnur.

Schnur (DA): Ich denke, wir müßten uns doch noch einmal darüber verständigen. Herr Berghofer hat ja hier stets und ständig erklärt, daß er aufgrund von Informationen, Fakten und Tatsachen die **Situation in unserem Land** sehr kritisch, sehr schwierig einschätzt. Ich glaube, daß ist ja doch die Grundvoraussetzung, daß wir auch unter einem bestimmten zeitlichen Aspekt – Und hier hatte man ja auch gesagt: Was wäre jetzt, sagen wir wirklich von der Machbarkeit gegenüber unseren Bürgern, unserem Land, das Notwendigste?

Ich denke nicht nur zu erklären, sondern auch sichtbar zu machen, was wir einleiten müssen, damit tatsächlich Voraussetzungen geschaffen werden, daß wir vielleicht morgen dann nicht mehr sind als solches.

Ducke (Moderator): Und darf ich wissen, was schlagen Sie vor?

Schnur (DA): Deswegen würde ich jetzt doch deutlich machen, daß hier jetzt konkret eine Gesprächsrunde stattfindet, denn wir haben ja die Selbstverständniserklärung. Da kommt ja einiges zum Ausdruck und was wir jetzt sagen. Hier hängt unser Leben in diesem Land so und so davon ab; deswegen muß dieses und jenes in Angriff genommen werden.

Ducke (Moderator): Bitte schlagen Sie vor, wie es sein soll. Ich frage die weiteren dann auch ab.

Schnur (DA): Also ich sage erstens: **Sicherung der Rechtsstaatlichkeit**, indem gewährleistet wird, daß jeder Bürger auf der Grundlage der Strafprozeßordnung und des Strafgesetzbuches der DDR zur Verantwortung gezogen wird. Herr Ullmann hat ja die Frage von Herrn **Schalck-Golodkowski** angeregt. Das gilt für andere auch. Das ist ein bißchen untergegangen.

Das zweite ist: Wie sichern wir auch die Frage einer notwendigen **Arbeit der staatlichen Verwaltung?**

Ich denke drittens: Wie wird gewährleistet, daß es, sagen wir, eine **Sicherheitspartnerschaft** gibt in unserem Land unter der Frage, daß wir zumindestens solange wir, ja sagen wir, bestimmte Einrichtungen noch haben und noch nicht abgeschafft sind, wie sie sich zu unserem Volk stellen, wie wir erreichen, daß nicht Blutvergießen in unserem Land entsteht? So deutlich möchte ich es sagen.

Ich denke viertens, und das halte ich für ganz entscheidend: Was ist zur Sicherung tatsächlich der **Versorgung** der Bevölkerung und der **Gewährleistung der Produktion** notwendig?

Und ich würde fünftens sagen, und hier will ich es auch deutlich machen: Was muß getan werden, daß tatsächlich die Motivation, der Leistungswille von unterschiedlichen Menschen in den unterschiedlichen **Eigentumsformen,** sagen wir auch hinsichtlich der Regelung von Joint-ventures und anderen Regelungen bishin zur Wahrnehmung von Außenhandelsaufgaben, vielleicht von privaten mittelständischen Betrieben sehen kann – – Weil ich das für notwendig ansehe, weil da ja auch Bereitschaft besteht, bereits Kontakte mit Bürgern einzugehen – –

Ich will einen letzten Punkt sagen, weil ich dies für ganz wichtig halte: Wie können wir tatsächlich den unterschiedlichen, sagen wir **[Bürger-]Komitees** – ich benutze jetzt einen Begriff – den unterschiedlichen Interessengruppen einen bestimmten Rahmen geben, der dazu beiträgt, sagen wir, mit auf der einen Seite Kontrollfunktion in unserer Gesellschaft auszuüben aber auf der anderen Seite gleichzeitig ein Beförderer von guten Ideen ist, Gedanken zu werden, die dann, sagen wir, in der Verbindung noch bestehender Strukturen realisiert werden können – –

Ducke (Moderator): Danke schön. Sie haben eine Reihenfolge von sieben Punkten genannt. Mehr unter dem Stichwort der **Sicherheit.**

Ziegler (Co-Moderator): Sechs.

Ducke (Moderator): Sechs? Ach, habe ich einen weggelassen? Darf ich um weitere Wortmeldungen bitten. Dringlichkeit. Mit welchem Thema beginnen wir?

Bitte, Herr...

Schramm (FDGB): Ich möchte hier noch einmal betonen in Anstrichen: Sicherungsstaat, Rechtssicherheit des Staates – volle Unterstützung; Arbeitsfähigkeit des Staatsapparates, Verhinderung von **Blutvergießen** – gleiche Auffassung; Sicherung der Produktion, Sicherung der Versorgung der Bevölkerung, hinzufügen Aufrechterhaltung der öffentlichen Ordnung des öffentlichen Lebens, Verhinderung des **Ausverkaufs der DDR.** Ganz konkret damit angeschnitten: Ich kenne viele Betriebe und habe Informationen, daß viele Konzerne in vielen Betrieben seit Tagen mit ihren Leuten drin sind, als ganz wichtige Sache um zu verhindern, daß sich weitere Unsicherheit ausbreitet; die klare Stellungnahme zur **Vollbeschäftigung** und den Schutz der ehrlichen Menschen, die aus Ministerien und anderen Institutionen, da sie sich aufgelöst haben und aufgelöst wurden, gewährleistet ist – betone: der Ehrlichkeit.

Ducke (Moderator): Ja, darf ich nur darauf hinweisen: Wir möchten nicht jetzt lange Listen. Das hatten wir eigentlich im ersten Gesprächsgang versucht, sondern wirklich konkret: bitte kommen wir zu einem Konsens. Mit diesem Thema beginnen wir jetzt. Wir haben ein Thema **Sicherheit.**

Bitte, hier war noch eine Meldung. Bitte Herr de Maizière.

Ziegler (Co-Moderator): Als Unterpunkte sozusagen.

de Maizière (CDU): Ohne die Liste von Kollege Schnur eindünnen zu wollen: Unter fünftens hat er **Eigentumsfra-**

gen, Voraussetzung für **Joint Ventures** und ähnliches genannt.

Erste Frage ist für mich, ob wir die notwendige Sachkompetenz dazu hätten. Und zweitens kann ich sagen, dort ist Regierungsarbeit auf dem Weg, und zwar schon relativ weit. Also da würde ich einen geringeren Handlungsbedarf sehen.

Ducke (Moderator): Danke. Das ist eine klare Meldung. Gibt es noch weitere Wünsche?

Bitte, Frau – –

Merkel (UFV): Ich denke, daß wir die Punkte in zwei Teile teilen. Also einmal die Frage der Rechtsstaatlichkeit und alle Fragen, die damit zusammenhängen. Und das zweite ist der Punkt der Sicherung von Versorgung und Produktion, also die Wirtschaft. Aber bei beiden Fragestellungen kommt mir das Problem der **Demokratie** zu kurz.

Hier wird schon wieder darauf rekurriert, daß also sozusagen die sich befindenden legitimierten Machtorgane oder nicht legitimierten Machtorgane das schon wieder bewältigen. Ich möchte darauf verweisen, daß hier in gewisser Weise ein politisches Machtvakuum entstanden ist und daß wir eine Verantwortung dafür haben, daß dieses Machtvakuum nicht durch Einzelinteressen gefüllt wird, sondern möglichst durch Demokratie.

Und deswegen möchte ich vorschlagen, daß bei den beiden Punkten jedes Mal darüber diskutiert wird, wie das sozusagen mit neuen demokratischen Formen beispielsweise von **Bürgerkomitees**, eines Volkskongresses und anderen Formen dort also dieses politische Machtvakuum legitimiert gefüllt werden kann.

Berghofer (SED): Also ich glaube, wir haben etwa vier Möglichkeiten, uns zu artikulieren. Wir wollen uns ja an jemanden wenden und etwas in Bewegung setzen, nehme ich an. Sonst können wir ja nichts verändern an der Lage, in der wir uns befinden. Da wäre zuerst die Möglichkeit, daß wir uns an die Bürgerinnen und Bürger des Landes wenden.

Da müssen wir uns heute verständigen, womit, weil die Bürgerkomitees, zu denen ich mich ja zum Beispiel bekannt habe, eine legitime Funktion erhalten müssen, die im Moment nicht klar ist – –

Ausgelöst durch Wirrnisse, durch zögerliches oder verbrecherisches Verhalten der Funktionäre meiner Partei und anderer wird ja ständig der Eindruck verschärft, Erneuerung ist gar nicht gewollt. Das führt zu **Selbstjustiz**: die Besetzung der **Ämter für Nationale Sicherheit**.

Ich verstehe die Motivation, aber ich erkenne die große Gefahr: Morgen sind es vielleicht Kasernen der sowjetischen Armee und der Nationale Volksarmee [NVA], und dann ist es nicht mehr weit bis zu dem Punkt, der hier ausgesprochen wurde.

Also ich glaube wir brauchen einen **Konsens**, der den Staat handlungsfähig macht **mit den Bürgerkomitees** und anderen Schutzformationen, die zu schaffen sind oder dahinzulenken sind, damit wir Übereinstimmung erzielen, wie verhalten wir uns denn. Im Moment ist doch niemand handlungsfähig.

Die zweite Problematik, die ich sehe, also da schließe ich für mich ein, einen Standpunkt zu formulieren, die Ämter für Nationale Sicherheit werden auf bestimmten Ebenen – das müßte man der Regierung vorschlagen – aufgelöst. Sie werden anders unterstellt, durchschaubar gemacht.

Die **Kampfgruppen** der Arbeiterklasse erhalten eine andere Funktion. Daran wird ja gegenwärtig schon gearbeitet. Den Mitgliedern könnten wir empfehlen, sich diesen Komitees als Einzelperson anzuschließen und am Betrieb oder an der Einrichtung mit für Ordnung zu sorgen.

Der zweite Problemkreis, den ich sehe, wir können uns wenden an uns selbst, also an die Kräfte, die wir vertreten, an die Mitglieder unserer Parteien und Organisationen. Dazu werde ich jetzt nichts sagen. Das werden wir morgen in gegebener Weise machen, damit jeder an seiner konkreten Verantwortungsstelle etwas macht.

Und drittens: Wir könnten Vorschläge formulieren, wie wir aus der Lage abgeleitet sehen, was die **Regierung** machen sollte in den nächsten Stunden, um die Lage zu entschärfen.

Ducke (Moderator): Vielen Dank.

Herr Ullmann, bitte.

Ullmann (DJ): Darf ich dazu etwas Konkretes fragen, Herr Berghofer? Ich habe am Montag mit Herrn Dr. **Schwanitz** zu sprechen gehabt im **Amt für Nationale Sicherheit**. Und das Gespräch hat gezeigt, daß in allen Fragen, die ich gestellt habe, Herr Schwanitz keine Weisung von der Regierung hatte.

Und das bringt mich zu der Frage: Ist das in unserem Lande klargestellt, daß die bewaffneten Organe und auch die Sicherheitsorgane wirklich der Regierung effektiv unterstehen? Das ist eine ganz wichtige Sache für die Leute in unserem Land, daß sie dessen gewiß sein können: Sie sind allein, stehen allein im Dienst und der Befehlsgewalt der **Regierung**.

Ducke (Moderator): Danke, das war eine sachliche Stellungnahme. Herr Poppe hat sich gemeldet.

Poppe (IFM): Es wurde jetzt Näheres zu den Bürgerkomitees gesagt. Ich wollte auch noch einmal hinweisen auf unsere **Arbeitsmöglichkeiten**, die wir innerhalb **der Opposition** haben. Ich finde, daß es also im Moment sehr improvisiert wird, und wir zum Teil völlig unzureichende Möglichkeiten haben.

Das geht schon hier los, daß also hier schon Leute nicht freigestellt werden sollten von ihrer Arbeitsstelle und ähnliche Dinge. Es geht weiter, daß wir keinerlei Büros haben, daß wir keine eigene Presse herausgeben können und so weiter.

Und ich meine, es müssen Übergangslösungen geschaffen werden, die uns auch effektiver arbeiten lassen in diesem Lande, und Übergangslösungen, bevor es zum Beschluß eines neuen **Mediengesetzes** oder eines neuen **Parteigesetzes** kommt – –

Wir müssen also so schnell wie möglich tatsächlich auch in der Öffentlichkeit arbeitsfähig werden, damit wir auch in dem Sinne des Runden Tisches nach außen wirken. Ich würde das also, wenn es um Rechtsstaatlichkeit geht, so als eine Vorbereitungsphase, die dahin führt, doch hiermit einbeziehen wollen.

Ducke (Moderator): Danke schön.

Herr Krause. Bitte, Sie sind dran.

Krause (CDU): Nein, nein, es geht schon.

Klein (VL): Es ist übereinstimmend erklärt worden von allen, die bisher gesprochen haben, daß wir uns in einer Krisensituation befinden. Ich erkenne hier an den Stellungnahmen, daß der Handlungsbedarf ganz unterschiedlich eingeschätzt wird.

Ich habe es zum Beispiel aus dem Hinweis entnommen, daß da die Regierung gesetzgeberisch tätig ist auf dem Gebiet der **Joint-ventures**, und daß da unsere Position nicht gefragt ist. Ich möchte das Gegenteil behaupten. Es wird auf das, was hier gesagt wird – –

Ganz offensichtlich werden vollendete Tatsachen geschaffen, und zwar unter Voraussetzungen, wo gefragt werden muß, ob die Regierung ein **Sozialismuskonzept**, überhaupt ein Handlungskonzept besitzt.

Im übrigen ist die Auffassung in bezug auf den Handlungsbedarf – – Unter der Voraussetzung der **Krisensituation** erschöpft sich vieles in der Meinung, daß es um operatives Handeln der Staatsorgane oder um Empfehlungen für die Regierung geht.

Die Frage ist, ob die **Bürgerkomitees** oder ob die Komitees der Werktätigen, die sich bilden, gerade im Sinne dessen, was jetzt zu entwickeln ist, nicht auch andere Aufgaben haben müßten und ihnen dabei geholfen werden muß.

Ich möchte darum bitten, daß die Teilnehmer hier am Runden Tisch in bezug auf die Frage der Demokratie – und darum geht es im Zusammenhang auch mit der Krisensituation, die entstanden ist – sich dazu erklären, ob die Aufgaben der **Volkskontrollausschüsse**, ob die Tätigkeit der **Bürgerkomitees**, die im Sinne von Sofortmaßnahmen gegenwärtig wirken, aber doch immerhin die Perspektive haben, daß sie das allererste Mal in diesem Land authentisch dafür sorgen können, daß das, was hier immer als Defizit vermerkt wird, nämlich die **Legitimation** durch das Volk, vom Volk selbst artikuliert wird.

Daß die Möglichkeit besteht, daß die politische Mobilisierung, die aus dieser Krisensituation entsteht, nicht dazu führen kann, daß in der DDR ein **Volkskongreß** zusammentritt, wo die Delegierten dieser Ausschüsse sich zu Wort melden, und zwar auch in bezug auf die Fragen, die wir hier auf sehr verschiedene Weise diskutieren. Mir läge daran, daß die hier am Tisch befindlichen Vertreter dazu eine Erklärung abgeben.

TOP 11: Reaktion des Runden Tisches auf eine Demonstration vor dem Tagungsort

Ducke (Moderator): Danke schön. Darf ich jetzt einmal unterbrechen. Es ist irgendeine – –

[Demonstration vor dem Tagungsort]

Günther (Pressesprecher): Es ist eine ganz große Menschenmasse mit Trommeln, Pfeifen und Geschrei „Stasi raus" vor der Tür. Ich wollte Ihnen das nur sagen. Es ist eine ziemlich große Menschenmenge. Ich hoffe nicht, daß sie hereinkommt. Noch stehen sie vor der Tür. Aber sie stehen unter einem hohen Erwartungsdruck, will ich nur sagen. Diese Geräusche sind also von dort hinter dem Haus.

[Lärm von außerhalb des Hauses]

Zwischenruf: Entscheidend wird der Aufruf sein!

Lange (Co-Moderator): – eine gute Lösung. Bezieht sich das darauf?

Günther (Pressesprecher): Also unsererseits haben wir nichts angekündigt.

Frau Poppe (DJ): Ich könnte es mir vorstellen – also heute ist der 7. Dezember [1989] – –

Zwischenruf: Die sind vom Alex jetzt hierhergekommen.

Frau Poppe (DJ): – und es ist aufgerufen worden – Die meisten werden es nicht wissen, daß endlich einmal ein klares Wort zum **Wahlbetrug** gesprochen werden sollte. Und vielleicht müßte das dann auch hier Aufgabe unseres Tisches sein, zu diesen Dingen Stellung zu nehmen.

Ducke (Moderator): Wir sind ein bißchen in einer komplexen Situation. Wir hatten gerade eine Intervention auf sehr Grundsätzliches hin und stehen plötzlich vor der konkreten Notwendigkeit zu handeln, wenn ich das richtig sehe.

Ich weiß jetzt nur, ich hätte nur eine Bitte an die Dokumentaristen, bitte rufen Sie doch nicht Leute heraus. Darf ich das bitten?

Bitte rufen Sie nicht Leute heraus, wo wir nicht wissen, um was es geht.

Ziegler (Co-Moderator): Wo ist Herr Schnur und wo ist Frau Merkel?

Ducke (Moderator): Ja, was war jetzt eben? Dürfen wir das erfahren? Dürfen wir von Ihnen erfahren?

Journalist: Es ist eine große Demonstration vor der Tür.

Ducke (Moderator): Ja, aber das bitten wir doch dann auf den Tisch und nicht in Einzelaktionen.

Journalist: Ich dachte, Sie hören das und unternehmen etwas.

Ducke (Moderator): Ja, Entschuldigung, das wissen wir nicht, worum es ging.

Bitte Herr Ullmann.

Ullmann (DJ): Also ich glaube schon, daß hier von uns etwas erklärt werden muß, und ich denke, wir könnten es, wenn ich mich erinnere, was von Herrn Berghofer vorhin eben gesagt worden ist. In der **Erklärung der Opposition** steht unter den Anstrichen der zweite Satz:

„Das **Amt für Nationale Sicherheit** als eine verfassungsfeindliche Organisation muß unter ziviler Leitung aufgelöst werden." Und ich denke, den entsprechenden Rechtsorganen muß jetzt volle Handlungsfreiheit zugesichert werden. Ich könnte mir denken, daß eine Erklärung in dieser Richtung – ich maße mir nicht an, sie jetzt schon richtig formuliert zu haben – nötig wäre, um die Aufregung nicht noch weiter anwachsen zu lassen.

Ducke (Moderator): Danke. Herr Böhme, zur Geschäftsordnung?

Böhme (SDP): Ja, ich habe noch einen Vorschlag noch. Herr Günther [Pressesprecher des Runden Tisches] sagte eben, es sind sehr viele SDP-Schilder draußen. Ich bin der Meinung, es sind sehr viele SDP-Schilder mit draußen. Ich möchte mich draußen stellen, ehe es sich zuspitzt, ohne eine Erklärung autorisiert abzugeben. Ich würde bitten, wenn sich vielleicht zwei, drei finden, wenn das angenommen wird so, sich mitzustellen, um Konfrontationen – –

Ducke (Moderator): Und das war ein konkreter Vorschlag. Ich greife das jetzt auf. Wir diskutieren: Sollen wir eine **Delegation** herausschicken?

Frau Poppe (DJ): Vielleicht können wir uns auf den Vorschlag von Herrn Ullmann einigen.

Ducke (Moderator): Nein bitte, ich habe jetzt gefragt, möchten wir eine Delegation von diesem Runden Tisch nicht nur von einer Seite herausschicken?
Frau Köppe.

Frau Köppe (NF): Ja, aber eine Delegation, die dann auch eine entsprechende Erklärung abgibt von allen Seiten. Nicht jetzt einfach nur, daß ein Vertreter der SDP hinausgeht und versucht zu vermitteln, sondern – –

Böhme (SDP): – von der SED. Ich habe nicht gesagt: von der SDP.

[Unruhe. Tatsächlich hatte Böhme, siehe oben, eindeutig von „SDP-Schildern" gesprochen.]

Ziegler (Co-Moderator): Ich denke, was Sie fordern ist verständlich. Bloß, wir sind ja nicht so weit, daß wir diese Erklärung abgeben können, besonders zu den besonderen Fragen. Das müßten wir dann ja erst hier vereinbaren.

Frau Köppe (NF): Dann sollten wir doch sagen, daß wir darüber sprechen – –

Ziegler (Co-Moderator): – Ja, das könnten wir sagen.

Frau Köppe (NF): – daß diese Forderung steht, und daß sie hier im Gespräch ist.

Ducke (Moderator): Darf ich noch einmal erklären. Es ist draußen eine Demonstration zum 7. Dezember, und wir sprechen gerade darüber, ob jemand herausgeht und eine Erklärung abzugeben vermag.
Bitte.

[Pfeifkonzert vor dem Hause]

Gysi (SED): Wir stehen doch wirklich vor der Frage, daß wir Zuspitzungen auf beiden Seiten nicht zulassen dürfen. Sie dürfen nicht vergessen, in diesem Amt leben, arbeiten auch Menschen.
Wenn wir denen jetzt sagen, daß sie permanent – wenn ich das richtig verstehe, ist das ja Ihre Auffassung – eine verfassungsfeindliche Tätigkeit verrichtet haben, dann kommt es auf dieser Seite möglicherweise zu Zuspitzungen.
Und ich finde, **Zuspitzungen** haben wir in diesem Land genug. Wir müßten versuchen, bestimmte Dinge abzubauen.

Ducke (Moderator): Herr Gysi, darf ich ganz kurz unterbrechen. Es geht jetzt schlicht nur um die Frage, wo wir schnell wahrscheinlich handeln müssen. Ich darf nur darauf hinweisen, daß wir es nicht gut fanden, daß Leute herausgingen. Wir wußten jetzt nicht. Waren Sie draußen bei den Demonstranten, oder?

Schult (NF): Ja.

Ducke (Moderator): Und haben Sie eine Erklärung, oder – –

Schult (NF): – Bisher nicht.

Ducke (Moderator): Sehen Sie die Notwendigkeit? Sie waren doch draußen?

[Stimmengewirr]

Schult (NF): Ja, ich denke, die Stimmung heizt sich an.

Ducke (Moderator): Es geht jetzt darum, jemanden herauszufinden, der zu den Demonstranten geht und auch berichtet, was da vorgeht.

[Stimmengewirr]

Zuruf: Unterbrechung!

Ziegler (Co-Moderator): Da wir augenblicklich ja bei der Beratung sind, was wir tun wollen, halte ich es für das Einfachste, daß einer der Gastgeber hinausgeht, einer von uns, und sagt: Wir sind in der Beratung. Die Fragen sind auf den Tisch gebracht. Und mehr können wir noch nicht.

[Pfeifkonzert außerhalb des Hauses]

Böhme (SDP): Herr Ziegler, Verzeihen Sie – –

Ducke (Moderator): Herr Ullmann, Sie melden sich dringlich. Darf ich bitten. Sie melden sich dringlich.

[Unruhe]

Ullmann (DJ): Ich bin der letzte, der irgend etwas anheizen will. Deswegen: Ich will nicht auf diesem Wort bestehen. Ich denke aber, das ist der Punkt. Und ich frage Sie – –

[an die SED gewandt]

– als Verantwortliche und Vertreter der Regierung: Was können wir tun? Und können wir nicht irgend jemanden – –

Berghofer (SED): – bin nicht in der Regierung.

Ullmann (DJ): – ja, ja, ja, ja, ich bin auch etwas nervös. Also – die hier die nötige Sachkompetenz haben. Was kann getan werden, und könnten wir jemanden vom Amt für Nationale Sicherheit heranholen und uns neben ihn stellen und uns – –

[Anhaltendes Pfeifkonzert außerhalb des Hauses.]

[Empörung, Stimmengewirr im Raum.]

Ducke (Moderator): Herr Ullmann, Sie haben jetzt eine konkrete – schon sachliche – –
Hier stand zunächst zur Debatte: Sollen wir aufgrund Ihrer Kenntnis, daß Sie jetzt draußen waren, versuchen, entweder nur einen Gastgeber zusammen mit anderen, allein daß sie vielleicht es sehen, herausgehen und Ihren Vorschlag aufgreifend, erklären, wir sprechen über die Punkte.
Ich würde dann fast vorschlagen, so eine Art Benennung, wie wir es eben hier zusammengestellt haben.

[Starke Zurufe von draußen, darunter: „Stasi raus!"]

Böhme (SDP): Verzeihen Sie bitte, Hochwürden – Ausgehend von der **Wahlfälschung**, das ist der Ansatzpunkt. Den Bogen schaffen: Wir sitzen, wir arbeiten, wir werden heute zu den ersten Ergebnissen kommen. Glauben sie Ihnen das?
Verzeihung – –

Ducke (Moderator): Ja, ich habe das nicht ausgeschlossen. Was ist die Meinung hier am Tisch?

[Trillerpfeifen, Rufe]

Gysi (SED): Herr Kollege, wir befinden uns in einer anderen Situation. Also, diese Arbeit soll ja fortgesetzt werden hier. Wir wollen uns über bestimmte Fragen verständigen, was ja immer nicht ganz leicht sein wird.

Nun ist es so: Lassen wir zu oder lassen wir nicht zu, daß, bevor wir uns verständigt haben – wir uns scheinbar verständigt haben – immer dann, wenn es draußen jemand wünscht – – Es ist auch eine komplizierte Frage.

Ich bin sehr dafür, daß wir runtergehen und daß wir sagen, daß wir über alle Fragen sprechen, auch über die Existenz des **Amtes für Nationale Sicherheit** oder seines Vorgängers. Auch über – wie bitte?

[Laute Pfiffe von draußen]

Ducke (Moderator): Ich muß noch einmal zur Kenntnis nehmen. Es steht zur Debatte, daß wir einen Weg finden, und wir werden aufmerksam gemacht, daß das eskalieren kann. Es steht an, daß eine Gruppe oder einer herausgeht und berichtet: Hier tagt der Runde Tisch, und wir sprechen über diese Themen, aber es liegt noch kein Ergebnis vor. Und wir bitten, diese Arbeit nicht zu behindern oder in einer bestimmten Form zu forcieren.

Ich weiß, daß das gar nicht machbar ist. Aber in dieser Richtung könnte ich mir eine gemeinsame Erklärung der Teilnehmer des Runden Tisches vorstellen.

[Unruhe vor der Tür]

Böhme (SDP): Meine Damen und Herren. Verzeihen Sie. Wenn Sie Empfinden für die Volksstimmung im Moment haben, dann können wir jetzt bitte keine gemeinsame Erklärung verfassen.

Es gehen jetzt drei beherzte Männer hinaus – –

Zuruf: Und Frauen!

Böhme (SDP): – und Frauen mit, und stellen sich jetzt ohne Erklärung.

Ich vertraue allen meinen Freunden der Opposition, daß sie beispielsweise die richtigen Worte finden hier, daß die quasi nicht anheizt.

Mitarbeiter des DDR-Fernsehens: Darf ich dazu sagen, daß die Situation sich ein klein wenig entspannt hat. Die vorher Stehenden vor dem Gebäude laufen jetzt weiter. Also das heißt, das ist ein Demonstrationszug, der sich jetzt am Gebäude vorbeibewegt. Es steht im Moment keiner mehr. Also es macht den Eindruck, daß die Situation sich ein wenig entkrampft hat, so daß ich jetzt glaube – aus meiner persönlichen Sicht – daß es vielleicht nicht mehr nötig ist, daß jemand jetzt vor die Tür geht, weil dann die Leute wieder stehenbleiben würden.

Ullmann (DJ): Ja, das unterstreicht aber, was Herr Gysi gesagt hat – und ich will damit nicht befürworten – also kehren wir wieder in die alte Tagesordnung zurück.

Liebe hier Anwesende, laßt uns das zur Lehre dienen und jetzt Nägel mit Köpfen machen. Sie schreien, weil sie ein Ergebnis wollen.

Und ich denke, das **Amt für Nationale Sicherheit** ist ein Punkt. Es muß irgend etwas gesagt werden. Ich denke auch zu der **Wahlfälschung.**

Ducke (Moderator): Es steht noch einmal konkret die Frage: Sollten wir nicht doch unabhängig jetzt von dieser Ihrer Mitteilung jemanden von uns herausschicken, der die Szene so beobachtet, daß er dann auch etwas sagt oder drei Leute gleich?

Herr Ziegler, wie sehen Sie es?

[Unruhe]

Zwischenruf: Es wird ja ruhiger.

Ducke (Moderator): Ich schlage konkret vor, daß Herr Ziegler doch einmal guckt, oder?

Günther (Pressesprecher): Ich gucke.

Ducke (Moderator): Oder Herr Günther! Danke.

Herr Ullmann macht aufmerksam, und wir haben uns ein bißchen lange aufgehalten eigentlich mit [der] Geschäftsordnung und den Dingen, die alle sehr wichtig sind. Aber wir merken, wir kommen immer zu sehr konkreten Sachen. Wir müssen zumindest ein Ergebnis bringen.

Ich erinnere noch einmal an den Vorschlag der verschiedenen Arten, die möglich sind, eine Empfehlung, allgemein ein Aufruf, ein Wenden an die eigenen Mitglieder, all der Gruppierungen, die hier vertreten sind und oder konkrete Vorschläge – –

Hier war eine Wortmeldung, dann Herr Gerlach.

TOP 12: Lage der DDR: Vor Anarchie, Blutvergießen und Wirtschaftskollaps; Bürgerkomitees: Zwischen Selbstjustiz und Sicherheitspartnerschaft

Bugiel (FDGB): Ich möchte Sie noch einmal ganz ernsthaft bitten: Wir müssen zu schnellen Lösungen kommen. Und zwar in folgender Hinsicht. Was erwarten unsere Menschen von uns aus diesem Kreis.

Ich war in den letzten Tagen in vielen, vielen Betrieben. Als Allererstes und Wichtigstes erwarten sie von uns, daß wir die zur Verantwortung ziehen, die dieses Land in diese Situation gebracht haben und dort, wo ganz offensichtlich Verbrechen gemacht worden sind.

Sie haben mir gesagt, die Leute, Arbeiter, Angehörige der Intelligenz: Wir warten nicht mehr lange, dann fegen wir Euch alle weg! In den letzten Tagen sind zunehmend Aufrufe zu **Generalstreiks,** Warnstreiks, Arbeitsniederlegungen gekommen, fast in der ganzen Republik. Sie hatten fast alle den Inhalt: Partei aus den Betrieben raus, **Kampfgruppe** raus!

Es gab vereinzelt – im Bezirk Plauen, im Bereich Plauen – die Frage der **Wiedervereinigung.** Diese Fragen sind gelöst. Wir müssen jetzt aber den Menschen die Gewißheit geben, daß wir ihre Forderungen, daß als erstes die Leute bestraft werden, auch wirklich ernsthaft in diesem Kreis hier annehmen.

Und wir dürfen nach meiner Meinung heute nicht hier auseinandergehen, ohne daß dieser Personenkreis, [der sich] hier zu dieser Frage plaziert hat, ein ganz konkretes Ergebnis morgen auf den Tisch legt, einen Standpunkt auf den Tisch legt. Den könnten wir alle fassen. Das erwarten die Menschen von uns.

Ducke (Moderator): Gut.

Bugiel (FDGB): Entschuldigen Sie bitte. Eine zweite Sache. **Joint-ventures** spielt eine Rolle in den Gesprächen. Es herrscht bei unseren Menschen Angst um ihren Arbeitsplatz. Wirklich echte Angst. Weil sie genau wissen, daß das Kapital in die Betriebe kommt. In den **Werften** in Rostock zum Beispiel arbeitet der Generaldirektor seit 1 1/2 Jahren an dieser Konzeption. Der Mann ist soweit vorbereitet, daß er morgen anfangen kann. So sind viele, viele andere Kombinate und Betriebe auch vorbereitet. Das sind Fragen, die unsere Menschen in erster Linie bewegen.

Ich möchte in keiner Weise das, was Sie gesagt haben – die Frage der **Demokratie** usw. – hier unterordnen. In keiner Weise. Verstehen Sie mich bitte richtig. Aber wir müssen schnelle Ergebnisse haben. Die Bitte habe ich an Sie, daß das im Interesse unserer Menschen gemacht wird.

Ducke: Danke schön.
Bitte Herr Gerlach.

Gerlach (Vorsitzender des Staatsrates der DDR, LDPD): Ich wollte nur bestätigen, daß mir in der Eigenschaft, die ich nun seit gestern auch noch habe, vorübergehend viele **Informationen** heute zugegangen sind **von amtlichen Stellen**, die das alles bestätigen, was wir hier gerade besprochen haben: **wie ernst die Lage ist** und wie schnell manches umkippen kann in **Anarchie** und auch in **Blutvergießen**. Das wissen wir.

Und deshalb bin ich auch der Meinung, daß man eine Grundlage braucht, auf der man jetzt vorankommen sollte. Und ich meine, daß die sechs Punkte, die Herr Schnur hier vorgetragen hat, eine Grundlage sind, auf der man diskutieren kann.

Und wenn wir – so habe ich das verstanden – diese sechs Punkte, Punkt für Punkt jetzt durchgehen und inhaltlich ausfüllen, dann werden wir auch zu Detailfragen nur noch sprechen können. Und dann kann man, wenn man sich verständigt hat, wie wir denn zu den inhaltlichen sechs Fragenkomplexen stehen, sich am Ende darüber verständigen, in welcher Form wir das sozusagen in die **Öffentlichkeit** bringen. Und das wäre nach meiner Meinung am besten so zu machen, daß man sagt, das ist der Standpunkt des Runden Tisches, wenn wir uns einigen zu diesen sechs Punkten. Und dann ist Pressekonferenz, und dann ist also in den eigenen Organisationen und Parteien möglich auszuwerten.

Und dann könnte man sich auch verständigen, aus welchem Punkt man was – ich meine, sagen wir einmal – als Antrag an die **Regierung** gibt als Forderung an entsprechende Staatsstellen, die das sofort einleiten sollen oder so.

Aber das wäre erst einmal eine Basis, auf der man diskutieren kann. Und nach meiner Meinung hängt Rechtsstaatlichkeit – das hängt ja alles mit Demokratie zusammen, da kann man ja auch bei der Ausfüllung demokratische Forderungen mit einschließen, die deutlich machen: **neue Demokratie, echte Demokratie**. Aber das sind sechs Sachfragen nach meiner Meinung, die fast alles abdecken, was wir heute hier eingebracht haben mit Ausnahme weniger anderer Punkte.

Ducke (Moderator): Ist mein Eindruck richtig aus den Wortmeldungen und den geäußerten Bemerkungen, daß wir dieses Thema **Rechtsstaatlichkeit** unter dem Aspekt der **Sicherheit** nehmen? Sehe ich das so? – Nein, ich meine jetzt.

Schnur (DA): Ich denke, es geht ja nicht nur darum, sondern es geht jetzt darum, daß von hier aus das Signal kommt, daß wirklich jetzt Entscheidungen realisiert [werden], denn ich will einmal ganz konkret sagen, daß endlich einmal der Mut aufgebracht wird, jawohl, es werden weitere **Haftbefehle** gegen Personen erlassen. Es werden – –

Was ist das denn für ein Rechtsstaat, selbst wenn wir sagen Arrest. [Es] gibt überhaupt keine Rechtslage. Kann sich ein Generalstaatsanwalt doch nicht hinstellen und sagen, das sei moralischer Volkswillen. Sondern dann müssen wir doch den Mut haben: Ist ein Straftatbestand unseres Strafgesetzbuches im besonderen Teil erfüllt, dann hat der Staatsanwalt sofort Antrag auf Haftbefehl – Und dann muß das Gericht tun. Was soll denn mit den Menschen geschehen?

Wir verletzen wieder internationales Recht, das Recht auf Verteidigung!

Ich denke, das zweite ist, daß wir dann konkret sagen müssen. Ich bin gerade informiert worden: Es hat sich seit Sonntag eine **unabhängige Untersuchungskommission** aus den neuen Gruppen und Parteien gebildet.

Eben werden wir durch den Staatssekretär Dr. [Harry] Möbius [Leiter des Sekretariats des Ministerrates[7]] vom Ministerpräsidenten informiert, daß die **Regierung diesen Vorschlag abgelehnt** hat. Ich kann doch nur sagen, die Regierung soll doch jetzt froh sein, wenn da eigenständige Tätigkeit dieser Untersuchungskommission Bereitschaft in der Kooperation mit der Untersuchungskommission der Volkskammer – Ich denke, das muß zum Beispiel sein.

Verzögert solche Dinge nicht! Da muß doch die Regierung jetzt ein Interesse haben, daß wirklich diese Dinge so schnell als möglich sind.

Drittens müssen zum Beispiel, glaube ich, dann doch deutlich gemacht werden, auch im Blick auf das **Amt für Nationale Sicherheit** – – Meine Damen und Herren. Wir sitzen zusammen, und man hat das hier unterstrichen. Da wird uns versichert, **Akten** werden nicht **vernichtet**. Abends am 4. Dezember [1989] geschieht dann das hier, selbst in der Hauptstadt Berlin, im Haus der Elektronik, dann doch wieder.

Welche Gewährleistung ist das? Deswegen würde ich meinen, müssen wir [zu] Rechtsinstrumentarien kommen, die dann von hier aus mit autorisiert sind. Um das nämlich – das denke ich ist doch jetzt die Kernfrage: **Stürmen die Arbeiter** nicht nur die bisher bestehende Regierungsseite kaputt, sondern machen uns auch kaputt? Das meine ich, ist doch jetzt Sache.

Wir müssen glaubhafte Zeichen setzen.

Ducke (Moderator): Ich glaube, da sind wir uns alle einig. Dies ist immer noch die Frage, welches Zeichen setzen wir jetzt zu Beginn. Deswegen war das die Frage. Sie haben es eigentlich noch mal unterstrichen – **Rechtsstaatlichkeit** – ein deutliches Wort. Eine kleine Erklärung, wenn ich das so richtig verstanden habe.

Konkret würde ich den gleichen Weg vorschlagen, wie für das **Selbstverständnis**. Könnten Sie konkret versuchen, ei-

---

[7] StS Möbius unterschrieb die Erklärung des Ministerrates zur Unterstützung des Zentralen Runden Tisches (ZRT) vom 21.12.89; siehe diese als Anlage zur 3. Sitzung des ZRT.

nige Sätze einer solchen Erklärung uns zur Abstimmung vorzulegen? Sehe ich das als Möglichkeit, damit wir nicht – –
Bitte, Herr Henrich.

Henrich (NF): Ich schlage nicht vor – das lege ich noch nicht vor, ich möchte es nur in einem Punkt ergänzen, was Kollege Schnur gesagt hat –, daß die sämtlichen Mitarbeiter oder ehemaligen Mitarbeiter des **Ministeriums für Staatssicherheit** hier pauschal kriminalisiert werden.

Aber fest steht für mich, daß das Kollegium, welches ja aus diesem Grunde zurückgetreten ist, eine verfassungsfeindliche Organisation gewesen ist. Wenn dieses Amt tatsächlich **Beweismaterialien beiseite geschafft** hat, und das scheint ja wohl der Grund gewesen zu sein, wenn man den Verlautbarungen in der Presse folgt, dann hat es gegen seinen Auftrag gehandelt und zumindest die Generalität auf dieser Ebene, also des Kollegiums, wäre dann eine verfassungsfeindliche Organisation.

Und da muß ebenfalls geprüft werden, welche Straftatbestände da erfüllt sind. Auch da muß das getan werden, was Kollege Schnur hier gefordert hat. Notfalls müssen, wenn der Verdacht einer solchen Straftat vorliegt, **Haftbefehle** ausgestellt werden. Das bedeutet nicht, und da stimme ich mit Kollegen Gysi durchaus überein, daß man hier pauschal alle Bediensteten oder auch alle militärischen Organisationen, die dem MfS zugeordnet waren oder dem neuen Amt zugeordnet sind, kriminalisiert. Das darf nicht geschehen. Zum Beispiel das **Wachregiment,** wir haben das alle gesehen, die jungen Soldaten haben sich sehr ehrenvoll und auch sehr mutig verhalten. Also da sollten wir durchaus differenzieren.

Gysi (SED): Die meisten Hinweise zur Aufklärung kamen daher.

Henrich (NF): Aber das Kollegium hat sich halt nicht so verhalten. Aus der Generalität ist das nicht gekommen. Denn irgend jemand muß das ja organisiert haben.

Ducke (Moderator): Ihre Situation macht deutlich, wie ungeheuer schwierig eine globale Äußerung ist, die zum Beispiel die notwendigen Differenzierungen ausläßt und womöglich Leute trifft, denen wir das nicht zumuten wollen.
Herr Ullmann, bitte.

Ullmann (DJ): Also ich stimme voll inhaltlich mit Herrn Henrich überein, könnte dann, um die Besorgnisse aufzunehmen, mich zu der Formulierung entscheiden: Das **Kollegium [der AfNS-Generäle]** hat in dem von Ihnen genannten Fall verfassungsfeindlich gehandelt. Das sind keine summarischen Vorurteile.

Ducke (Moderator): Ich gehe davon aus, daß wir jetzt ein Faktum feststellen können, nämlich daß wir uns in der Diskussion tatsächlich schon bei dem von uns vorgeschlagenen zweiten Bereich der **Rechtsstaatlichkeit** befinden. Und kann ich davon ausgehen, Herr Schnur, daß Sie ein wenig versuchen, eine kleine Erklärung für uns vorzubereiten, die wir vorlegen könnten als einen ersten Schritt dazu?

Dann müßten wir noch vielleicht einen Gesprächsgang machen, was wir wünschen würden unter diesem Gesichtspunkt, die ja schon mehrfach aufgelistet wurden, als nächstes zu besprechen. Ich glaube, da gibt es keine Gegenmeinung. Die Frage ist, müssen wir jetzt schon eine Pause machen?

Ziegler (Co-Moderator): Darf ich dazu sagen, da sich – zur Geschäftsordnung – gezeigt hat, wir werden doch nicht bis 19.00 Uhr fertig, habe ich veranlaßt, daß gegen 19.00 Uhr ein bißchen ein Imbiß vorbereitet wird, denn Sie können ja auch nicht unentwegt hier arbeiten, ohne auch mal einen Augenblick Pause zu machen, so daß die Pause vielleicht Richtung 19.00 Uhr laufen kann.

Ducke (Moderator): 19.00 Uhr Pause.
Bitte, Herr Gysi.

Gysi (SED): Wir haben – hoffe ich, ich habe das richtig mitgeschrieben – diese Erklärung, die wir annehmen wollten, formuliert. Und dann würde ich fast, damit wir diesen Punkt erledigt haben – der könnte nach unserer Vorstellung wie folgt lauten – –

Ducke (Moderator): Zum Selbstverständnis.
Herr Gysi?

Gysi (SED): Ja, zum Selbstverständnis:

> **[Vorlage 1/7b, Erklärung Runder Tisch: Zweite Version des Entwurfes einer Erklärung zum Selbstverständnis des Runden Tisches]**
>
> Die Teilnehmer des Runden Tisches treffen sich aus tiefer Sorge um unser in eine Krise geratenes Land, seine Eigenständigkeit und seine dauerhafte Entwicklung.
>
> Die Teilnehmer des Runden Tisches können keine parlamentarische oder Regierungsfunktion ausüben.
>
> Wir erwarten von der Regierung und der Volkskammer, rechtzeitig vor wichtigen Entscheidungen (Gesetzesvorlagen, Entwürfe von Rechtsvorschriften) informiert und einbezogen zu werden.
>
> Sie verstehen sich als Bestandteil der öffentlichen Kontrolle in unserem Land.
>
> Geplant ist, die Tätigkeit bis zur Durchführung freier und geheimer Wahlen fortzusetzen.

Ducke (Moderator): Danke. Darf ich dazu jetzt um Wortmeldung bitten.

Schult (NF): Ich würde statt erwarten „fordern" schreiben, daß wir fordern, daß wir einbezogen werden in diese Information zumindest.

[Unruhe]

Ducke (Moderator): Sie merken schon die Zustimmung. Danke. Noch dazu Äußerungen?
Bitte, Frau Poppe.

Frau Poppe (DJ): Diese „Gesetzesvorlagen und Entwürfe von Rechtsverordnungen" – schließt das **Vertragsabschlüsse** mit ein? Das wäre mir sehr wichtig, das mit einzuschließen.

Gysi (SED): Welche Verträge meinen Sie denn?

Frau Poppe (DJ): **Wirtschaftsverträge.**

Gysi (SED): Zwischen jedem Betrieb in diesem Land?

Henrich (NF): Das kann man nicht machen.

Frau Poppe (DJ): Aber vielleicht die grundlegenden, beabsichtigten. Das sind Weichenstellungen für dieses Land. Da muß doch das Volk mitwirken.

Gysi (SED): Wenn Sie meinen: Vereinbarungen mit der Bundesregierung oder so, denn sind das wieder Rechtsvorschriften, falls die zum Beispiel der Ratifizierung bedürfen. Da geht es ja über diesen Weg in die Volkskammer. Also grundlegende **völkerrechtliche Verträge**. Aber jeder Wirtschaftsvertrag, das ist ja einfach praktisch undenkbar.

Frau Poppe (DJ): Ich meine nicht jeden kleinen Wirtschaftsvertrag, aber es gibt ja auch die großen.

[Unruhe, Stimmengewirr]

Ducke (Moderator): Frau Poppe, dürfen wir Sie um Beteiligung bitten, akustisch – –
Herr Gutzeit.

Gutzeit (SDP): Ja, ich denke, in dieser Frage geht es auch schon wieder um die Geschäftsordnung. Es wurde für uns ja gedacht, ob wir nicht Ausschüsse unter Umständen hier zuarbeiten lassen. Denn wir können nicht alles hier in dieser Runde behandeln.

Und was zum Beispiel Verträge betrifft und so weiter – die, nehmen wir einmal an, größere **Wirtschaftsunternehmen** und **Kombinate** schließen, entsprechende Verträge ab – und so weiter und so fort – da geht es ja wirklich ans Eingemachte.

[Stimmengewirr]

Henrich (NF): Das sind 30 000 bis 40 000 Betriebe.

Ducke (Moderator): Darf ich Sie bitten, es ist zwar richtig, aber wir haben uns geeinigt, wir legen etwas vor, was wir besprechen müssen, und das hat mit Ausschuß jetzt nichts zu tun. Das war unsere Aufgabe.

[Stimmengewirr]

de Maizière (CDU): Es geht doch bei den Verträgen nur um solche, die **Eigentumsformen** von Betrieben in unserem Land verändern wollen. Und dafür gibt es keine rechtlichen Voraussetzungen. Und jeder Vertrag, den ein Betriebsleiter so abschlösse, wäre nichtig mangels gegebener Rechtsvorschrift.

Deswegen hatte ich vorhin gesagt, es gibt ernste Überlegungen in der Regierung, dafür die rechtlichen Voraussetzungen zu schaffen. Die würden möglicherweise hier diskutabel sein. Aber ich gehe davon aus, daß die Verträge ohne jede Bedeutung sein müßten.

Ducke (Moderator): Ich möchte jetzt einmal doch eingreifen. Wir sind bei einer Debatte, die ist aufgeworfen mit Verträgen. Ist die Mehrheit doch der Meinung, das lassen wir rechtsstaatlich absichern? Wenn Sie genickt haben, das ist so, dann machen wir keine Sachdiskussion, über die ich mich nicht kompetent fühle.

Henrich (NF): Darf ich folgendes einmal sagen. Jede Änderung unserer Eigentumsordnung, behaupte ich, ist sogar eine **Verfassungsänderung**. Also das ist nicht einfach nur durch Ministerratsbeschluß [zu ändern].

Gysi (SED): – bei Wirtschaftsverträgen selbst. Das können wir deshalb nicht verlangen, weil oft die Gegenseite verlangt, daß darüber, natürlich sozusagen über die Wirtschaftsverhandlungen – das hat ja etwas mit dem Angebot der dritten, vierten und fünften Seite zu tun – nicht berichtet – – Wir legen uns wirtschaftlich lahm, wenn wir das verlangen. Ich muß das einmal so sagen. Was **Joint-ventures** und so weiter betrifft: Da ist ganz klar, das geht nur über ein Gesetz. Und dieses Gesetz müßten wir demnach sehen.

de Maizière (CDU): Bei jedem dieser Verträge wird die Änderung von Art. 12 der Verfassung verlangt.

Ducke (Moderator): Bitte meine Herren, wir haben keine Debatte über Verträge angesetzt. Wir haben eine Debatte über die Erklärung. Wir sind an eine Sachfrage gekommen, die ist beantwortet.
Ich bitte noch einmal. Bitte.

Schult (NF): Für mich steht aber schon die Frage, wieweit es das mit erfaßt, daß ja doch die Gefahr besteht, daß zum Beispiel die Regierung hier Kredite aufnimmt und die verwendet so nach ihrer Meinung, wo es notwendig ist und wo die notwendige Diskussion dann fehlt.

Also ich befürchte, daß Sachen oder Dinge festgeschrieben werden, womit dann nachher die nachfolgenden Leute mit zu tun haben werden. Also wenn ich jetzt höre, gerüchteweise, daß verschiedentliche Gehaltserhöhungen gemacht werden in Betrieben, so anscheinend auch als Geschenk und – oder im Berliner Verlag – also es geht da anscheinend nicht nach Sachen, aber da ist jedenfalls die Gerüchteküche groß, daß der **Springer-Verlag** mit 49 Prozent einsteigt und ähnlichen Geschichten – –

Da müßte irgendwie ein Signal sein, daß deutlich macht, daß wir versuchen werden oder versuchen, es zu verhindern, daß wir die Kontrolle über solche Geschichten übernehmen. Also speziell die Kreditfrage: Das ist ja völlig außer unseren Möglichkeiten, da Einfluß zu nehmen.

Henrich (NF): Klammer auf, mein Vorschlag in die Klammer noch mit herein: „größere Kredite", oder also die Formulierung noch – –

Ducke (Moderator): Darf ich noch einmal bitten. Da wir wieder an einer Frage sind, die eigentlich zum Thema **Wirtschaft** gehört, wir sind bei einer Erklärung bezüglich des Selbstverständnisses der Gruppe.

[Unruhe]

Böhme (SDP): Ich bin auch nicht dafür, daß wir jetzt hier en détail diskutieren und im Grunde genommen an den Hauptaufhängern vorbeigehen. Es muß eine Formulierung herein, daß der Runde Tisch vor allem die Sorge trägt um die wirtschaftlichen und finanziellen Strukturen, um die wirtschaftlichen und finanziellen Konsequenzen. Ein solcher Satz muß rein. Denn da besteht tatsächlich – und da muß ich diesen Gewerkschaftskollegen unbedingt unterstützen – die meiste Sorge der Menschen, daß wir jetzt von einem Extrem ins andere fallen.

Ducke (Moderator): Danke. Genügt das? Wollen wir dann noch einmal den Vorschlag machen. Entschuldigen Sie, Sie hatten sich schon mehrfach gemeldet. Aber wegen Lautstärke – –
Bitte.

Gysi (SED): Ich möchte einmal sagen: „vor wichtigen rechts- und finanzpolitischen Entscheidungen". Einverstanden? Dann lasse ich die Klammer weg, dann ist das drin.

Ducke (Moderator): Frau Merkel.

Frau Merkel (UFV): Ich möchte einmal auf das Problem aufmerksam machen, daß es ja sein kann, daß die Rechtslage so beschaffen ist, wie Dr. Gysi das beschrieben hat. Das Problem ist bloß, daß bereits materielles Recht geschaffen wird, und daß es deswegen notwendig ist, daß **Kontrollausschüsse** installiert werden.

Und ich denke, wir sollten diesen Runden Tisch, der sich also eine **Kontrollfunktion** in diesem Sinne einfach anmaßen und nehmen sollte, also er sollte sich so sozusagen konstituieren, daß er Kontrollfunktion über alle Tätigkeiten und alle Entscheidungen der Regierung übernimmt, daß das sozusagen Modellfunktion hat insgesamt für die Gesellschaft, daß also in Betrieben und überall da, wo bereits gegen Rechtsgrundsätze verstoßen wird, ein solches Modell ebenfalls praktiziert wird.

Ducke (Moderator): Darf ich wiederum sagen. Wir sind wieder beim **Selbstverständnis**.

Frau Merkel (UFV): Ja, das hat etwas mit dem Selbstverständnis zu tun.

Ducke (Moderator): Jetzt muß ich gerechtigkeitshalber bitten: Wir wollen in die Präambel nicht alles das hereinbringen, was unter „Themen" aufgelistet ist.

Bitte.

Gutzeit (SDP): Ich will noch einmal etwas sagen, was die **Kontrollfunktion** betrifft, bezieht sich das nicht auch auf die Staatsfinanzen?

Wenn es um das **Amt für Staatssicherheit oder für Nationale Sicherheit** geht: Sicherheitsorgane können nicht ohne Geld arbeiten. Es besteht ein begründetes Mißtrauen, das im Prinzip nur umgelagert wird. Aber die Genossen können ja im Prinzip auch nicht von Luft leben, das heißt, wir müssen natürlich sicher sein, daß da nicht Gelder letztlich wieder da irgendwo hinfließen und die Sachen dann mit Etikettenschwindel so weiterlaufen.

Deswegen denke ich, brauchen wir unbedingt Einsicht in diese Akten dazu. Das kann nur ein Ausschuß machen. Das können wir nicht machen, aber da möchten wir Sicherheit haben. Ansonsten stehen wir bloß davor und wissen nicht, ob wir nicht betrogen werden.

Ducke (Moderator): Danke schön. Herr Berghofer, bitte.

TOP 13: Selbstverständnis/ Geschäftsordnung: Termine und Modalitäten für Wahlen, Volksentscheide und Verfassungsänderungen

Berghofer (SED): Also in einer entwickelten parlamentarischen Demokratie braucht man, um das ernsthaft zu realisieren, vier- bis fünfhundert hochqualifizierte Spezialisten. Wir sollten uns nicht Illusionen machen.

Ich verstehe ja Ihre Sorge, die darin besteht, daß hinter dem Rücken der Öffentlichkeit Dinge entschieden werden, die wir am Ende bereuen, weil sie die alten Fehler in anderen Dimensionen fortsetzen. Wenn wir die Frage heute beantworten, wann wir **Wahlen** für möglich halten, dann grenzt sich doch diese Debatte schon ein. Weil: Am Ende kann doch nur das Parlament legitim – ich bleibe bei Ihren Begriffen – gewählt diese Rolle/Kontrolle spielen.

Wir können ja kein Parlament neben dem Parlament schaffen, auch wenn wir jetzt Kompromisse auf dem Weg dahin suchen. Wenn ich aus meinem Erfahrungsschatz etwas sagen darf: Wir haben ja in Dresden in ähnlicher Runde schon mehrfach zusammengesessen. Die **Gruppe der 20**, ich weiß nicht, ob dieser Begriff bekannt ist, nimmt teil an den Stadtparlamentssitzungen, hat dort als Gast Rederecht, hat alle Vorlagen, ist also eingeweiht in alle Dinge, die auch mir zugängig sind.

Das hat viel Normalität geschaffen. Aber auf der Ebene der Regierung und der Volkskammer ist das natürlich in gewaltigen Dimensionen. Ich würde sagen, wenn wir uns heute einigen können zu einem **Wahlvorschlagstermin**, frühestmöglichst, dann grenzt sich die ganze Philosophie ja auf drei, vier Monate ein.

Gysi (SED): Darf ich noch einmal den Vorschlag machen. Ich habe das jetzt formuliert.

Ducke (Moderator): Herr de Maizière hatte sich nur gemeldet. Darf ich Sie vorziehen?

de Maizière (CDU): Wir müssen aber auch aufpassen, daß sich das nicht beißt mit vorne „wir sind kein Parlament", sind das und jenes nicht. Und jetzt wird also dies wie eben gefordert. Und ich bitte zu bedenken, bei „**Kontrollfunktion**": Es muß ja noch ein gewisser Handlungsspielraum bleiben, den die Regierung wahrnehmen kann. Ansonsten hat das Ganze nämlich keinen Zweck.

Ducke (Moderator): Danke. Herr Gysi. Sie haben jetzt ein Problem. Ich bitte um Aufmerksamkeit.

Gysi (SED): Noch einmal den Text. Der ist ja nicht lang [zu Vorlage 1/7a und 1/7b: Entwürfe einer Erklärung zum Selbstverständnis des Runden Tisches]:

„Die Teilnehmer des Runden Tisches treffen sich aus tiefer Sorge um unser in eine Krise geratenes Land, seine Eigenständigkeit und seine dauerhafte Entwicklung.

Die Teilnehmer des Runden Tisches können keine parlamentarischen oder Regierungsfunktionen ausüben.

Sie fordern von der Regierung und der Volkskammer rechtzeitig vor wichtigen rechts-, wirtschafts- und finanzpolitischen Entscheidungen informiert und einbezogen zu werden.

Sie verstehen sich als Bestandteil der öffentlichen Kontrolle in unserem Land.

Geplant ist, die Tätigkeit bis zur Durchführung freier und geheimer Wahlen fortzusetzen."

– „demokratischer" fehlt noch, nicht? – „freier, demokratischer und geheimer Wahlen fortzusetzen".

Ducke (Moderator): Entspricht das in etwa dem, mit dem Zeitpunkt, oder sollte man das noch verstärken, daß deswegen ein baldmöglicher Termin gefordert wird?

Gysi (SED): Das können wir später noch machen. Das ist ja erst die Einleitung zur **Geschäftsordnung**. Dann können wir die Sachthemen benennen.

Ducke (Moderator): Danke.

Stief (NDPD): Wenn Sie das zeitlich so eingrenzen, „bis zu den nächsten Wahlen", muß ergänzt werden im Sinne dessen, daß ja jetzt in dieser Phase auch **Verträge** geschlossen werden bis zu den Wahlen, bis zu dem neuen Parlament; daß das Parlament das danach irgendwie bestellt. Wir können ja nicht – –

Ducke (Moderator): Das ist ein Sachvorschlag.

[Stimmengewirr]

Also wenn ich Sie so richtig verstehe, darf ich einmal vermitteln, sagen Sie, nicht wir sollen die Kontrolle, der Runde Tisch, sondern es wird dem späteren **Parlament** überlassen – –

[Stimmengewirr]

Alles klar. Das war eine Sache.
Herr Jordan, bitte.

Jordan (GP): Ich glaube, ein wichtiger Gesichtspunkt ist noch, wofür wir Grünen uns besonders einsetzen, die Entmilitarisierung unseres Lebens hier in der DDR. Dafür sind jetzt auch Kontrollfunktionen notwendig. Und ich habe gerade vorhin bei Herrn Berghofer gehört, daß er sagte, daß die Kampfgruppen eine neue Funktion bekommen sollten. Das hat mich doch etwas beunruhigt, weil ich zuvor gerade gehört hatte, daß die Kampfgruppen einen Beschluß haben zur Selbstauflösung.

Und ich meine, daß wir in vielfältiger Form hier als Runder Tisch oder als **Bürgerkomitee** dort auch eine Kontrollfunktion haben, wie also diese **Entmilitarisierung der Kampfgruppen** vonstatten geht, wo die Waffen bleiben etc.

Und das müßte sich natürlich auch dann auf die Frage der – wie soll ich sagen – also **Auflösung des Ministeriums für Staatssicherheit** beziehen, damit also eben die Sachen, unter denen wir Oppositionelle mindestens zehn Jahre zu leiden hatten, also nicht einfach jetzt auch so vertuscht werden und unter Einbeziehung also auch unserer Kräfte und eben breitester Bürgerkomitees dort, also auch ein sukzessiver Abbau dieses Ministeriums vollzogen wird.

Ducke (Moderator): Ich darf darauf aufmerksam machen, wir sind noch bei der Erklärung, also verstehen Sie. Meine Rückfrage an Sie war, genügen die Bedenken, die jetzt ja mehrfach schon kamen, also das Problem für Nationale Sicherheit, ob das noch in der Erklärung verankert sein soll?
Danke. Sie sagen, es ist drin.
Herr de Maizière.

de Maizière (CDU): Wir sollten doch so viel Realitätssinn haben. Glaubt denn wirklich einer, wir kriegten einen **Kredit,** der in die konsumptive Sphäre geht, ohne daß der dinglich sachlich gesichert ist. Den kriegen wir nicht mehr als dieses Land, sondern wir würden nur noch Geld kriegen, wenn es eben in solche Verträge einmündet, die Beteiligungen an Betrieben und sonst irgend etwas beinhalten würden. Und das wäre aber mit einer gesetzlichen Regelung nur möglich, die nach dieser Formulierung zumindestens hier diskutiert werden müßte.

Ducke (Moderator): Danke.
Es steht jetzt dazu, daß wir sagen, es sind Anliegen geäußert worden, die in möglichst knapper kurzer Form in diese Erklärung so hineinkommen, daß sie dort findbar sind. Nicht unbedingt in Sacherklärung.
Herr Gysi, bitte.

Gysi (SED): Ich hoffe, das ist kein Geschäftsordnungsantrag, um gleich zu kritisieren. Ich bin dafür, daß wir – **Kampfgruppe,** Amt für – unseren Standpunkt formulieren. Aber das gehört nicht in diese Präambel. Hier haben wir den Rahmen abgesteckt.

Ducke (Moderator): Wir formulieren „die Sicherheitsfragen", daß das drin ist. Folglich in der Präambel erkennbar ist. Die inhaltliche Ausführung ist dann zum Sachthema eigentlich erforderlich.
Hierbei noch eine Wortmeldung, zwei – habe ich übersehen.
Sie waren, glaube ich, zuerst.

Klein (VL): Ich bin dafür, daß in diese Präambel aufgenommen wird, daß die Teilnehmer des Runden Tisches erklären, daß sie sich dafür mitverantwortlich fühlen, daß der Öffentlichkeit deutlich gemacht wird, was das, was **Krise** genannt wird, eigentlich ist, also was „kritische Situation" bedeutet, in der „wir uns befinden", und das im Zusammenhang mit der Durchschaubarmachung dessen – es wissen viele nicht genau.

Die Diskussion über den Handlungsbedarf hat es ja gezeigt. Auch hier gibt es unterschiedliche Auffassungen, daß deutlich gesagt wird, wie diese kritische Situation aussieht, und daß die Bevölkerung auch die Möglichkeit hat zu sehen, wie die Vertreter der hier am Tisch sitzenden politischen Parteien und Gruppierungen die Lösung oder den Ausweg aus dieser Situation sehen.

Wir haben die Aufgabe, vor allem die Aufgabe, unter Berücksichtigung dessen, was eingangs in der Präambel formuliert ist, der Öffentlichkeit deutlich zu machen, wie es aussieht, wie die hier vertretenen Kräfte die Auswege sehen.

Ducke (Moderator): Hier war noch einmal eine Verstärkung eines inhaltlichen Aspektes.
Herr Böhme.

Böhme (SDP): Ich muß leider sachlich in der Sachdiskussion erwidern, auch weil der Herr de Maizière so vehement vorgetragen hat, daß wirklich niemand glaubt – und zwar sofort möchte ich hier auch etwas erwidern.

Mir ist es durchaus klar, daß die Konditionen für **Wirtschaftsverträge** ungleich schwieriger geworden sind für die DDR. Das ist unbeschreiblich. Aber mir ist auch durchaus klar, daß es nicht nur Projekte, die der ermordete [Alfred] Herrhausen [Sprecher des Vorstandes der Deutschen Bank AG] und Edzard Reuter [Vorstandsvorsitzender der Daimler Benz AG] entwickelt haben, gibt, die übrigens auch liberal sind.

Es gibt durchaus auch Projekte, die in dem linken Spektrum der Parteilandschaft der BRD ganz anders diskutiert werden. Und eben darauf achten und uns sogar darauf hinweisen in Gesprächen: Geht um Gottes willen nicht auf 49-Prozent-Beteiligung. Da seid Ihr nämlich den Berg runter.

Ich möchte auch sagen, daß [es] von der **Gewerkschaftsbewegung** da auch einiges gibt in der BRD. Da gibt es genug Solidarität.

Ducke (Moderator): Herr Böhme gleich wieder zur Sache, wenn es zur Wirtschaft geht.
Frau Walsmann, bitte.

Frau Walsmann (CDU): Ich schlage vor, daß wir die Präambel sehr kurz und knapp in einer Erklärung in der Form des Beispiels von Herrn Gysi akzeptieren und daß wir für den nächsten Runden Tisch die **Öffentlichkeit** einbeziehen über die Medien, über das Fernsehen. Und damit wird ja für die Bevölkerung deutlich, in welcher Krise wir uns befinden und um welchen Handlungsbedarf es geht. Wenn wir hier alles aufzählen, was wir als Handlungsbedarf definieren wollen, sprengen wir den Rahmen einer Erklärung.

Ducke (Moderator): Ich verstehe es so, auf der einen Seite sagen Sie, wir sollten dies so knapp fassen, und außerdem steht dann der Antrag – da müssen Sie mich dran erinnern – daß wir den irgendwie zur Debatte stellen das nächste Mal: **Öffentlichkeit**.
Danke.
Herr Berghofer.

Berghofer (SED): Wir sind alle aufgefordert, in unserem Verantwortungsbereich offen und ehrlich das darzulegen, was den Realitäten entspricht. Weil nur an manchen Stellen Halbwahrheiten ausgesprochen [werden], führen [diese] ja zu der Verwirrung und zu der Kompliziertheit, um aus der **Krise** herauszukommen. Und das sollten wir mit in die Erklärung aufnehmen. Und ansonsten stimmt das, was die Kollegin hier sagt dann für den Fortgang der Dinge.

Gysi (SED): Ich habe jetzt den Satz aufgenommen, ich hoffe, das ist richtig.

Ducke (Moderator): Herr Gysi, bündeln Sie doch einmal die inhaltlichen Punkte zur Erklärung, ich würde vorschlagen, daß wir sie uns noch einmal anhören und dann eigentlich darüber abstimmen können.

Gysi (SED): Also noch einmal [zu Vorlage 1/7a und 1/7b]:
„Die Teilnehmer des Runden Tisches treffen sich aus tiefer Sorge um unser in eine Krise geratenes Land, seine Eigenständigkeit und seine dauerhafte Entwicklung.
Die Teilnehmer wollen sich mit Vorschlägen zur Überwindung der Krise an die Öffentlichkeit wenden."
Das war das, ja?
„Die Teilnehmer des Runden Tisches können keine parlamentarische oder Regierungsfunktion ausüben.
Sie fordern von der Regierung und der Volkskammer, rechtzeitig vor wichtigen rechts-, wirtschafts- und finanzpolitischen Entscheidungen informiert und einbezogen zu werden.
Sie verstehen sich als Bestandteil der öffentlichen Kontrolle in unserem Land. Geplant ist, die Tätigkeit bis zur Durchführung freier, demokratischer und geheimer Wahlen fortzusetzen."

[Stimmengewirr]

Frau Köppe (NF): Wenn wir sagen, daß wir Vorschläge zur Überwindung dieser Krise einbringen wollen. Ich glaube, da ist vorher ein Satz wichtig, daß wir fordern „die Offenlegung der **ökologischen**, wirtschaftlichen und finanziellen Situation unseres Landes".
Das müßte meiner Meinung nach unbedingt hinein.

Ducke (Moderator): Ich glaube, das findet sofort Zustimmung, weil das ja auch Ihr Anliegen, glaube ich, war. Nicht?
Nur, wir gehen in die Öffentlichkeit mit Vorschlägen – – sondern das müßte offen sein.
Danke für die Ergänzung.

Dann möchte ich folgenden Vorschlag machen. Es besteht jetzt die Möglichkeit, daß diese Erklärung geschrieben wird. Ich stelle deswegen jetzt nur die Frage: Sind die Teilnehmer am Runden Tisch bereit, daß wir diese Erklärung so schreiben und dann schriftlich zur Abstimmung vorlegen?
Hier war aber noch eine Vormeldung.

Stief (NDPD): Es geht um eine Korrektur. Wäre es möglich, die Reihenfolge zu verändern: „ ... wirtschaftlich, **ökologisch,** finanziell"?

[Stimmengewirr]

Ducke (Moderator): Ich würde deswegen da bitten, da dies eine Diskussion ist, wo man wirklich den Text vor Augen haben muß. Änderungswünsche sind ja dann in gewisser Weise in der Weise noch möglich, weil vom Hören ist dann auch oft der Klang anders und setzt andere Gewichtigkeiten.

Frau Köppe (NF): „Wir fordern die **Offenlegung der ökologischen, wirtschaftlichen und finanziellen Situation** unseres Landes."

Ducke (Moderator): Ich glaube, all diese Sachgruppen, alle diese Kleinigkeiten können nachher noch einmal gebracht werden. Ich würde damit die Debatte um die **Erklärung zum Selbstverständnis** des Runden Tisches beschließen, bis schriftlich dies vorliegt. Vielleicht ist es auch möglich, in der Pause den Entwurf der **Geschäftsordnung** noch mitzuschreiben, so daß er uns dann danach mitvorliegt und wir über ein Ganzes noch sprechen und abstimmen können.
Dann bitte ich jetzt Herrn Ziegler die Zeit bis zum Essen, vielleicht kann das sogar etwas eher sein, ich sehe schon, daß es etwas eher sein kann, noch für einige notwendige technische Mitteilungen zu nützen, ehe wir noch eine Sachdebatte führen. Darf ich diese Zustimmung voraussetzen? – Danke.
Bitte, Herr Ziegler.

Ziegler (Co-Moderator): Ich möchte Sie davon in Kenntnis setzen, daß mehrere Schreiben an die Teilnehmer des Runden Tisches ergangen sind.
Zunächst einer von der Volkskammer, von der Kommission zur Änderung und Ergänzung der Verfassung der DDR. Ich lese dieses kurze Schreiben am besten vor:

> [Vorlage 1/8, Schreiben der „Zeitweiligen Kommission der Volkskammer zur Änderung und Ergänzung der Verfassung der DDR" vom 7. Dezember 1989: Einladung an den Runden Tisch zur Mitarbeit]
>
> Am heutigen Tage, am 7. Dezember, hat sich auf Beschluß der Volkskammer die Kommission zur Änderung und Ergänzung der Verfassung der DDR konstituiert.
>
> Die Kommission ist der Meinung, daß die bisherige Verfassung nicht nur zu ändern, sondern eine völlig neue Verfassung auszuarbeiten ist. Sie bittet, daß diese Gedanken mit am Runden Tisch eingebracht werden.
>
> Es wurde der Wunsch ausgesprochen, daß sich an der Arbeit der Kommission die Vertreter von allen am Runden Tisch Mitwirkenden beteiligen mögen. Es wird darum gebeten, entsprechende personelle Vorschläge dem Präsidium der Volkskammer zu unterbreiten.
>
> Professor Dr. Mühlmann, Vorsitzender der Kommission.

Dies ist eine konkrete Anfrage, die heute wohl noch mitbedacht werden müßte.

Den Brief der **Gewerkschaft,** glaube ich, brauchen wir nicht mehr vorzulesen, da Sie das selbst wohl erklärt haben und erläutert haben. Es ist der Freie Bezirksvorstand Berlin, der darauf hinaus will, daß Vertreter da sein müssen. Oder verlangen Sie es?

Ducke (Moderator): Herr Gysi.

Gysi (SED): Da könnten wir doch eigentlich den Punkt **Verfassung** insoweit zumindest vorübergehend erledigen. Wir werden sehen, ob es funktioniert oder nicht, daß alle Gruppierungen, die in der Volkskammer nicht vertreten sind, ihre **Vertreter** in – die **anderen Parteien** müßten ja alle drin sein – ihre Vertreter benennen und richtig in den Ausschuß mit reingehen und die Verfassung mit ändern.

Ducke (Moderator): Danke, das war ein konkreter Vorschlag. Es kamen Wortmeldungen dazu.

Henrich (NF): Am Entwurf wollen wir ja gerne mitarbeiten. Nur, die neue Verfassung soll nicht durch die **alte Volkskammer** angenommen werden.

[Zustimmung]

Nicht, da sind wir uns einig. Das muß doch auch klargestellt werden.

Ducke (Moderator): Könnten wir sozusagen auch dies festhalten, daß wir eine Erklärung abgeben zu diesem Vorschlag. Und da diese Problematik, die gerade auch jetzt noch inhaltlich deutlich gemacht wurde, auch als eine Erklärung – nicht zur Präambel – aber schon uns vornehmen oder hätten – Da hätten wir auch schon etwas ganz Konkretes.

Sehe ich das so richtig? Sind Sie damit einverstanden? Wer formuliert? Zu dieser **Beteiligung,** nicht zur **Verfassung,** nur diese Thematik Verfassung. Wir wollen keine Sachdiskussion.

Böhme (SDP): Es wäre schön, wenn die Formulierung hineinkäme, daß das neu zu bildende Parlament die Aufgabe auch einer **verfassungsgebenden Versammlung** zu leisten hat. Ich meine hier, die Hintergrundgesetze nicht mitzuformulieren. Wir wollen keine rein expertokratische Diskussion.

Ducke (Moderator): Vielen Dank. Herr Böhme, Sie haben sich leider ein bißchen zu früh gemeldet. Wir haben nämlich den noch nicht gefunden, der es schreibt.

Böhme (SPD): Ich glaube, daß Herr Rechtsanwalt – –

Gysi (SED): Ich habe das jetzt nicht richtig verstanden, muß ich ehrlich sagen.

Ducke (Moderator): Darf ich nur einmal sagen: Hatten Sie sich gemeldet für die Formulierung zur Verfassung? – Nein. Ich bitte um Entschuldigung, Sie – –

Koplanski (DBD): Ich bin Mitglied in dieser Kommission, die heute getagt hat. Und es geht im wesentlichen um zwei Fragen. Es geht einmal [darum], daß alle politischen Gruppierungen, wie sie heute hier sind, und Parteien, ihre Vertreter in diese Kommission vorschlagen und daß zum anderen dann [von] Experten zur Ausarbeitung Vorschläge unterbreitet werden, die hinzugezogen werden.

Am 21. Dezember soll eine erste Runde stattfinden, wo politische Vorgaben für diese **Verfassung** gemacht werden, ausgehend von den Erfahrungen, die es gibt, auch international gibt, damit also von vornherein zügig an die Ausarbeitung gegangen werden kann.

Ducke (Moderator): Danke für die Präzisierung.

Henrich (NF): Wie soll die in Kraft gesetzt werden?

Koplanski (DBD): Wenn Sie mich fragen, ich bin für ein **Referendum.**

Ducke (Moderator): Gut. Herr Berghofer.

Berghofer (SED): Also, dann würde ich vorschlagen, wir einigen uns heute zu drei ganz pragmatischen Prämissen:

Erstens: Die Runde stimmt dem Vorschlag des **Ausschusses zur Ausarbeitung einer neuen Verfassung** zu, nämlich anders. Da haben wir Übereinstimmung.

Zweitens: Sie ist bereit, daran in geeigneter Weise **mitzuarbeiten.** Da würde ich mich nicht nur an den Ausschuß binden lassen, sondern auch noch andere Wege suchen. Und damit ist offen, für jeden sich die Methodik zu wählen.

Drittens: Wir sind für die Bestätigung der **Verfassung durch einen Volksentscheid.**

Frau Walsmann (CDU): Wenn ich dazu noch ergänzen darf, die alte Volkskammer, wie sie so bezeichnet wird, hat bereits selbst den Volksentscheid beschlossen.

Poppe (IFM): Kann ich das in dem Sinne verstehen, daß es also nur eine **Kommission [‚Verfassungsänderung']** sein könnte, wie ich sie vorhin vorschlug, nur mit einer paritätischen Besetzung, analog der hier, und das man also entsprechend so viele Leute nominieren könnte aus den verschiedenen Gruppierungen oder, wie groß ist die Gruppe jetzt, können Sie das einmal präzisieren?

Koplanski (DBD): Es wäre möglich, das muß natürlich dann in der Kommission noch diskutiert werden, aber ich wäre hier für eine Empfehlung: je Gruppe zwei. Und dann könnte jede politische Gruppierung weiterhin noch Experten vorschlagen, die dann insgesamt oder an den Teilen mitarbeiten, das kann man ja flexibel machen, das kann man hier auch nicht festlegen.

[Unruhe]

Ducke (Moderator): Sie beide würden uns einen Vorschlag unterbreiten, einen Formulierungsvorschlag, für dieses Thema Verfassung, der die Vorschläge konkret aufnimmt, und die Ergänzungen, die hier schon gebracht waren, um dann, damit wir die Sache diskutieren können. Sehe ich das als eine Möglichkeit? Danke schön.

Bitte, Frau – –

Frau Merkel (UFV): Ich bitte, als Formulierungsvorschlag einzubringen, **keine Kommission an der Volkskammer** zu bilden, **sondern** eine **paritätische Kommission** zur, sozusagen, **Vorlage der Verfassungsänderung** oder so zu bilden, sie nicht an der Volkskammer zu bilden, sondern hier zu beschließen, eine paritätische Kommission zur Ausarbeitung der Verfassung zu bilden unter den Modalitäten, die hier genannt worden sind.

Ducke (Moderator): Wir haben eine konkrete Aufforderung zur Mitarbeit zur Kenntnis zu nehmen. Sie schlagen das jetzt vor. Ich schlage vor, das muß man sich bedenken.

Wollen wir jetzt schon eine Debatte darüber [führen]; denn das ist etwas anderes. Hier beantworten wir – so waren wir bis jetzt – einen konkreten Vorschlag zur **Mitarbeit.** Sie gehen weiter, die Frage entzieht sich, inwieweit wir dies machen können.

Henrich (NF): Ich möchte nur eins, auf eins aufmerksam machen. Das entspricht der Erklärung der Opposition im Punkt 5. Das ist fast identisch.

Ziegler (Co-Moderator): Darf ich verlesen, worum es geht?

Ducke (Moderator): Ja. Entschuldigung.

Ziegler (Co-Moderator): Hier, in der **Erklärung der Opposition,** [Vorlage 1/4: Selbstverständnis der oppositionellen Gruppierungen und Parteien] heißt es:

„Kurzfristig müssen ein Wahlgesetzentwurf und der Entwurf einer neuer Verfassung erarbeitet werden. Beide müssen nach gründlicher Aussprache durch Volksentscheid in Kraft gesetzt werden. Darin sehen wir den Weg zur direkten Demokratie, der nicht durch einen Runden Tisch ersetzt werden soll."

Das meinen Sie doch. Und das ist inhaltlich weithin dasselbe, was gefordert wird und was in den drei Punkten [steht], die Herr Berghofer eben formuliert hat.

Ducke (Moderator): Herr Gysi.

[Unruhe]

Gysi (SED): Dazu wollte ich nur sagen, dieser **Volksentscheid** muß ja, wenn von der Volkskammer beschlossen werden. Das kann von keinem anderen beschlossen werden. Das ganze Problem ist, wir kommen ja nicht darum herum, erstens.

Zweitens darf ich noch auf folgendes hinweisen. Nirgendwo steht, daß das nur ja/nein sein muß. Denn ich halte es für ausgeschlossen, daß man sich über alle Fragen verständigen kann. Wahrscheinlich werden es doch auch ein paar Unterschiede einfach bleiben. Das macht zwar dann so einen Entscheid sehr kompliziert, weil man dann gegebenenfalls in bestimmten Artikeln das machen muß. Aber das kann ja erst die Diskussion ergeben. Ich würde also schon vorschlagen – zumal, wenn wir hier eine Verfassung beraten wollen oder so – ich will nur einmal sagen: wir dürfen uns auch nicht überschätzen.

Ducke (Moderator): Danke. Ich schlage trotzdem wieder vor, die Formulierung abzuwarten. Aber Herr Böhme hatte sich noch gemeldet.

Böhme (SDP): Ich fühle mich heute abend mit einem Mitglied der SED in Übereinstimmung.

Ducke (Moderator): Danke schön. Ja, das wäre also die Vorbereitung dieser möglichen Erklärung, [das] wäre geschehen. Könnten wir damit diese Diskussion auch hier abschließen. Nicht die Sachdiskussion, sondern eine mögliche Erklärung. Jetzt wäre noch eine Erklärung, oder? Können wir Pause machen?

Ziegler (Co-Moderator): Es sind noch Briefe. Ich will wenigstens doch das noch vorneweg bekannt geben, damit wir auch nichts unter den Tisch fallen lassen und nachher gefragt werden. **Der Aufruf [Vorlage 1/5, NVA:] zur Mitarbeit an der Ausarbeitung der Militärreform** der Deutschen Demokratischen Republik ist hier von einem Major der Volksarmee verlesen worden. Er hat ihn mehrfach hier. Er endet aber damit, daß gebeten wird, auch hier einen Gesprächspartner zu benennen, so daß hier auch eine konkrete Bitte an den Runden Tisch ergangen ist.

Gerlach (LDPD): Sollen wir eine **Militärkommission** bilden?

Ziegler (Co-Moderator): Ich nenne das bloß, damit wir sehen, was hier alles so an Wünschen ist, auch an den Runden Tisch.

Ducke (Moderator): Danke, das war zur Kenntnis.

Ziegler (Co-Moderator): Zur Kenntnis, ich kann das dann jeweils den Gruppierungen noch geben. Dann hat das **Komitee der Antifaschisten und Widerstandskämpfer der DDR,** Bezirkskomitee Berlin, hier geschrieben und darum gebeten, daß die Beratungen am Runden Tisch auch die Ideale des Antifaschismus als eine wichtige von allen Parteien und Bewegungen anerkannte Grundlage der Erneuerung in unserer Gesellschaft berücksichtigen.

„An diesem antifaschistischen Geist", so heißt es am Schluß, „wollen wir heute und fortan unseren Beitrag für die Erneuerung des Sozialismus mit menschlichem Antlitz leisten", und sie benennen zwei Gesprächspartner.

Ich gebe Ihnen dies zur Kenntnis, damit Sie sehen, von welchen Seiten allen auch die Erwartungen an diesen Runden Tisch kommen. Schließlich ist vom Neuen Forum Wittenberg [Wittenburg?], vom Beauftragten Wolfgang Drever [???], an den Runden Tisch vom 7. Dezember ergangen eine Unterschriftensammlung, die hier bekanntgegeben werden soll, mit 563 Unterschriften. Ich sage die Inhalte des Aufrufes, ich gebe sie Ihnen bekannt:

> [Vorlage 1/9, Aufruf NF Wittenberg: An den Runden Tisch]
>
> – SED raus aus allen Betrieben!
>
> – Weg mit dieser Volkskammer!
>
> – Freie Wahl durch eine Übergangsregierung, bestehend aus allen politischen Parteien und Gruppen unseres Landes!
>
> – Diese Unterschriften übergeben wir dem Gespräch am Runden Tisch.

Ich muß Ihnen dies auch bekanntgeben.
Das waren die Dinge, die hier eingegangen sind.

Ducke (Moderator): Gut. Ich glaube, das war jetzt ein Übergang für die Pause, die wir dringend nötig haben. Es steht eine Erfrischung bereit. Wir verständigen uns, daß wir eine halbe Stunde Pause machen. Eine halbe Stunde Pause, wir beginnen um viertel nach sieben wieder mit der Sitzung.

[Unterbrechung der Sitzung von 18.45 Uhr bis 19.15 Uhr]

Lange (Moderator): Wir wollen unsere Sitzung fortsetzen und ich darf herzlich die **Medienvertreter** bitten, daß sie den Raum jetzt verlassen. Sind Sie die vereinbarten Fernsehmitarbeiter hier für die Dokumentation? Die anderen bitten wir jetzt, unseren Raum zu verlassen.

In der Sitzung dieses Abends, ich denke, jeder von uns hat gewußt, daß es ein nicht einfaches und ein langes Beisammensein hier sein wird. Vielleicht haben nicht alle damit rechnen können, daß wir über die vorgeschlagene Zeit 18.00 und 19.00 Uhr hier noch zusammen sind. Dies hat sich doch aber als sehr wichtig und notwendig erwiesen.

Aber ich denke, und das ist auch in Absprache mit den anderen kirchlichen Vertretern vorhin kurz angesprochen worden, es wäre jetzt doch wohl zu Beginn dieser Sitzung wichtig, daß wir uns ein zeitliches Limit setzen, daß wir in etwa sagen, was wir uns für heute noch vornehmen können, wie lange können wir und wollen wir diese Sitzung ausdehnen.

Und in dem Zusammenhang müßten dann die Punkte benannt werden, die wir auf jeden Fall jetzt noch von der vorherigen Sitzung auf dem Tisch haben. Wir haben noch nicht alle Entwürfe vorliegen. Und welche weiteren Punkte auf jeden Fall noch zu besprechen sind. Darf ich Sie zunächst einmal bitten, Ihre Vorstellungen zu sagen im Blick auf die zeitliche Begrenzung unserer Sitzung.

Gibt es Vorschläge? Bitte.

Krause (CDU): Vorschläge sind höchstens für die inhaltlichen Dinge zu geben. Also wenn wir uns einigen könnten wie vorhin, daß wir uns festlegen auf **Verfassung und Verfassungsentwurf**, auf **Wahlen** und dann auf die **Rolle der Bürgerkomitees,** dann hätten wir doch schon einen ersten Einstieg gemacht.

Lange (Moderator): Gibt es andere Äußerungen dazu?
Bitte, Herr Poppe.

Poppe (IFM): Also, auf jeden Fall würde ich heute gerne noch ansprechen die gegenwärtigen **Arbeitsbedingungen der Opposition,** daß hier Klärungen erfolgen müssen, heute noch.

Lange (Moderator): Herr Maleuda.

Maleuda (DBD): Ja, ich würde erst gerne den Punkt **Sicherung der Produktion, der Versorgung,** alles, was dann auch im Bereich der **Infrastruktur** liegt, würde ich als sehr dringend ansprechen.

Lange (Moderator): Herr Henrich

Henrich (NF): Dennoch bin ich heute für eine zeitliche Begrenzung. Ich bitte ausdrücklich zu beachten, daß die meisten, die jedenfalls auf dieser Seite [der **Oppositionellen**] sitzen, Berufen nachgehen müssen.

Also, darüber müssen wir uns unterhalten, was Kollege Poppe hier gesagt hat. Also, aber es gibt ja auch Berufspolitiker. Das ist etwas anderes. Also, was Herr Poppe hier angesprochen hat, das halte ich schon für wichtig. Auch um der Fairneß willen, ja. Denn ansonsten können wir hier einfach nicht mithalten. Das ist doch klar.

Lange (Moderator): Genau dies war das Anliegen, was wir hier vortragen möchten. Bitte.

TOP 14: Arbeitsbedingungen der Oppositionellen

Gutzeit (SDP): Ich denke, das gehört noch in den Rahmen der Geschäftsordnung. Wir müssen über die **Arbeitsbedingungen** und die **Weiterarbeit [des Runden Tisches]** reden. Das müßte bald passieren, damit deutlich wird, wie das langgehen kann.

Wir können zwar heute sagen, dies und dies passiert. Aber wir müssen wissen, wie das weitergeht, welche **Arbeitsbedingungen** wir [die Oppositionellen] haben. Wir wissen ja, wie lange es geht, aber nun ist die Frage, in welcher zeitlichen Folge treffen wir uns wo, und welche technischen Voraussetzungen brauchen wir. Es muß bald passieren, und es muß auch bald ein nächster Termin verabredet werden.

Lange (Moderator): Herr Henrich, Sie haben nur die Tatsache erwähnt, haben Sie einen Vorschlag?

Henrich (NF): Na ja, zum Beispiel müßte wirklich entschieden werden, also es müßte irgendwie geklärt werden, [daß] die **Reisekosten** und ähnliches übernommen werden, **Verdienstausfall,** das hatten wir ja vorgeschlagen, daß das aus dem Staatshaushalt getragen wird. Ich halte das auch für legitim, weil wir ja hier gesellschaftliche Arbeit leisten.

Nach dem AGB [Arbeitsgesetzbuch] ist es für die, die in einem Arbeitsrechtsverhältnis stehen, ohnehin schon möglich. Aber es gibt auch Freiberufliche unter uns. Für die gilt das AGB in diesem Punkt nun einmal nicht. Das kann man sicherlich klären.

Vielleicht kann man das außerhalb einer solchen Sitzung klären. Da brauchen wir uns ja nicht ewig darüber zu streiten. Bloß es darf doch hier niemand Nachteile erleiden, weil er hier dran teilnimmt an diesem Gremium. Das muß jetzt nicht gleich geschehen. Aber es müßte Konsens bestehen, daß niemand Nachteile weder finanzieller Art noch sonstiger Art erleidet, weil er hier an dieser Sitzung teilnimmt.

Lange (Moderator): Dr. Berghofer.

Berghofer (SED): Ich bin einverstanden. Nur wir, also ich zumindestens, können ganz sicher nicht entscheiden. Denn es geht um Geld, um Räume und technische Voraussetzungen. Vielleicht könnte man sich so verständigen:

Erstens, die Teilnehmer stimmen darin überein, daß für die hier teilnehmenden Personen die Voraussetzungen für **Arbeitsbefreiungen,** Reisen etc. durch die Regierung des Landes geregelt werden.

Zweitens, wir stimmen überein, daß die erforderlichen Arbeitsbedingungen für die hier anwesenden Beteiligten – da kann man vielleicht noch eine Einschränkung machen – entsprechend den Möglichkeiten, schrittweise hergestellt werden. Das kann auch nur die Regierung machen, der wir das empfehlen würden.

Und drittens, dazu werde ich mich heute aber noch nicht festlegen, für meine Partei: Wir werden ein konkretes Angebot unterbreiten in der nächsten Runde, was wir selber dazu einbringen können, wo wir niemanden fragen müssen.

Lange (Moderator): Ja, das war jetzt schon die Anfrage zur Sache. Wollen wir jetzt diesen Punkt diskutieren? Meine Überlegung war zunächst, Herr Henrich, haben Sie einen Vorschlag für die zeitliche Begrenzung, weil Sie gesagt haben, es wäre gut.

Henrich (NF): 22.00 Uhr. Ich muß zum Beispiel noch nach Eisenhüttenstadt fahren. Ich denke, hier sollen auch Leute vertreten sein aus den Bezirken, andere sind es vielleicht auch. Die müssen alle noch fahren. Leipzig, also 22.00 Uhr.

Lange (Moderator): Ja, bitte jetzt nur Äußerungen zur Frage: Wie lange?
Frau Poppe.

Frau Poppe (DJ): Ich habe noch einen Tagesordnungspunkt, der meines Erachtens drängt. Wir haben die **Demonstration**

draußen gesehen und von der Gefahr gesprochen, daß es zu **Blutvergießen** kommen kann, und wir wissen, daß die Leute, Bürger, zornig sind und die **Staatssicherheitsgebäude** stürmen, weil nichts passiert.

Wäre es denkbar, daß hier von diesem Tisch die Empfehlung oder der Rat oder wie auch immer man es formuliert an den Innenminister ausgeht, diese Gebäude zu umstellen, die **Archive** sicherzustellen, und eine **Untersuchungskommission**, die Arbeit der dort beschäftigten Mitarbeiter überprüfen zu lassen, und in diesem Zusammenhang auch unsere Position darüber zu formulieren, daß wir der Meinung sind, daß das **Amt für Nationale Sicherheit** aufgelöst werden sollte.

Aber ich denke, hier muß irgendwo etwas getan werden, sonst tun es die Bürger. Und das wird schlimm.

Lange (Moderator): Das könnte im Zusammenhang mit dieser Frage **Bürgerkomitee** angesprochen werden.
Herr Poppe.

Poppe (IFM): Ja, ich wollte nur noch einmal erinnern, daß wir vorhin bei der **Verfassung** waren. Und ich glaube, wir waren noch nicht ganz fertig.

Lange (Moderator): Kommt ja alles. Mir geht es jetzt nur darum, daß wir uns verständigen. Es war ein Vorschlag gemacht worden zur zeitlichen Begrenzung 22.00 Uhr.
Herr Gerlach dazu.

Gerlach (LDPD): 22.00 Uhr. Und ich wollte vorschlagen, daß wir uns in dem Sinne, wie es Herr Henrich vorgeschlagen hat und Herr Berghofer gesagt hat, vielleicht schon jetzt verständigen können, daß für diese **Arbeitsbedingungen** ein entsprechendes **Papier**[8], das was uns vorliegt, ein Konsens hier herbeigeführt wird, und von uns die Regierung aufgefordert wird, alle dafür notwendigen Maßnahmen unmittelbar einzuleiten und Voraussetzungen dafür zu schaffen.

Lange (Moderator): Ja, gut, wir verständigen uns darauf, 22.00 Uhr ist das zeitliche Limit. Es wäre jetzt gut, doch noch einmal zur Übersicht die Punkte ganz klar zu benennen, die wir jetzt auf der Tagesordnung für diese Sitzung haben.
Bitte, Herr de Maizière.

de Maizière (CDU): Ich muß noch einmal eine Nachfrage stellen wollen zu den technischen Fragen, weil ich vielleicht mich anheischig machen würde, die vielleicht zu transportieren.

Also Arbeitsbefreiung, Kosten, Verdienstausfall, keine materiellen und immateriellen Nachteile, so habe ich es verstanden.

Zweitens, räumliche und sonstige arbeitsmäßige Bedingungen.

Und drittens, müßte ich erfahren, wenn wir hier nun noch einmal tagen könnten und sollten, Herr Ziegler, wie das mit den Kosten ist, die hier entstehen. Da könnten wir noch einmal darüber reden.

Lange (Moderator): Ja. Das Letztere auf jeden Fall. Dazu jetzt?

---

[8] Siehe dazu das Schreiben von Ulrike Poppe in der überarbeiteten Version vom 13.12.1989 an den Vorsitzenden des Staatsrates, Prof. Dr. Manfred Gerlach als Unterlage zur 2. Sitzung des Runden Tisches (Dokument 2/2, Anlagenband). Das Schreiben enthält die „Auflistung der materiell-technischen und sonstigen Voraussetzungen für die Arbeit der neuen Gruppierungen und Parteien".

Frau Köppe (NF): Ja. Ich glaube, die Formulierung des Punktes könnten wir uns vielleicht von der Seite zwei aus der **Oppositionserklärung** [Vorlage 1/4] nehmen und das deutlich an die Regierung richten. Soll ich es noch einmal vorlesen?

Lange (Moderator): Ich bitte darum.

Frau Köppe (NF): Wir müßten natürlich dann –

> **[Vorlage 1/4, Erklärung Opposition: Selbstverständnis der oppositionellen Gruppierungen und Parteien]**
>
> Wir fordern die Regierung auf:
>
> Damit alle politischen Kräfte an diesem Demokratisierungsprozeß teilnehmen können, bedarf es folgender Voraussetzung:
>
> – Freier Zugang zu den Medien, Herausgabe eigener Publikationen
>
> – Einrichtung der erforderlichen Büros im ganzen Land.
>
> Die Teilnehmer der Opposition am Runden Tisch müssen zur Ausübung ihrer Tätigkeit arbeitsbefreit werden und, soweit sie Verdienstausfall erleiden, muß derselbe ihnen aus dem Staatshaushalt ersetzt werden.
>
> Zu allen folgenden Verhandlungen am Runden Tisch muß der Zugang aller interessierten Medien – –

das hatten wir schon – also bis dahin, ersetzt werden.

Lange (Moderator): Bitte, Herr Schult.

Schult (NF): Ja, die Sache muß auf alle Fälle noch ergänzt werden, daß also kurzfristig die Einfuhrzollbestimmungen, die ab 1. Januar [1990] für **Vervielfältigungsgeräte**, fallen, für die vorhandenen Organisationen jetzt schon außer Kraft gesetzt werden. Oder daß wir die **Einfuhrgenehmigung** kriegen.

Henrich (NF): Pauschalgenehmigung oder ähnliches.

Schult (NF): Pauschalgenehmigung für Einfuhr von Vervielfältigungsgeräten und ähnlichem.

Henrich (NF): Wir haben ja sonst nichts, noch nicht einmal Schreibmaschinen. Daß da eine Pauschalgenehmigung erteilt wird oder so etwas. Wir haben ja nichts.

Gerlach (LDPD): Das könnte man doch sicherlich in einem Satz sagen: Im Vorgriff auf die ab 1. Januar gültigen Einfuhrbestimmungen müßten jetzt bereits den Teilnehmern am Runden Tisch die notwendigen Vervielfältigungsgeräte und andere materielle Voraussetzungen gewährleistet sein.

Lange (Moderator): Bitte, Herr Ducke.

Ducke (Co-Moderator): Wäre es vielleicht gut, wenn wir die Gruppierungen, die um diese Arbeitsbedingungen jetzt noch ringen müssen, einfach bitten, eine Liste [anzufertigen], was gehört konkret zu diesen Arbeitsbedingungen, ehe wir abschließen? Das wäre sicher gut und hilfreich, wie zum Beispiel jetzt die Sache der **Kopiergeräte** oder so. Wie ist das, daß sie das bündeln und daß man das zur Kenntnis nimmt? Wäre sicher gut.

Frau Poppe (DJ): An wen?

Ducke (Co-Moderator): Für uns jetzt noch hier, daß wir nicht hier eine lange Debatte machen, sondern bevor wir dies beschließen, daß wir der Regierung das vorschlagen, detailliert die Arbeitsbedingungen auch ein wenig benennen können, nicht jetzt exklusiv, aber doch beispielhaft, damit nicht hinterher wieder Verhandlungen notwendig sind.

Lange (Moderator): Können Sie dem zustimmen, Frau Poppe? Dürfen wir Sie bitten, uns diese Liste doch zu erstellen, damit wir dann konkret darüber abstimmen, denn ich habe bis jetzt festgestellt, daß grundsätzliche Übereinstimmung hier besteht, daß dies von uns unterstützt wird und weitergegeben wird.

Bitte, Herr Berghofer.

Berghofer (SED): Ich leite jetzt allerdings zum nächsten Problem über, bloß es gehört doch dazu. Es entstehen natürlich **Eigentumsfragen**. Viele, vielfältige Dinge, die wir jetzt hier nicht ausdiskutieren können – –

Es ergibt sich also die Notwendigkeit, daß wieder im Zusammenhang mit der Vorbereitung von Verfassung und Wahl in einem **Parteien-** oder **Vereinsgesetz** dann exakt zu definieren. Ja, das wäre dann wieder der Endpunkt dieses Prozesses

Gysi (SED): Aber vorher sollten die Arbeitsmöglichkeiten erst einmal gewährt werden, da kann man ja **Nutzungsverträge** und ähnliches machen. Das ist ja nicht so kompliziert.

Lange (Moderator): Wir stellen diesen Punkt zurück mit all diesen Fragen, bis wir die Liste hier haben. Ich habe jetzt notiert, welche Vorlagen für uns noch vorbereitet worden sind. Bitte, ergänzen Sie, wenn das nicht vollständig ist.

Es sollte noch einmal die Erklärung uns vorgelegt werden, des weiteren die Geschäftsordnung. Die ist inzwischen in Ihren Händen, ist das richtig? Dann gibt es eine Vorlage zum Thema Verfassung, Erarbeitung einer neuen Verfassung.

de Maiziére (CDU): Die ist noch nicht geschrieben und noch nicht vervielfältigt. Sie sollte erst einmal vorgetragen werden, ob sie so richtig ist.

Lange (Moderator): Gut. Dann müßte das mündlich geschehen. Eine Vorlage oder eine mündliche Erörterung zu Fragen der Rechtsstaatlichkeit. Dazu hatte sich Herr Schnur bereiterklärt. Herr Berghofer wollte formulieren in Richtung – dürfen wir noch einmal ein Stichwort ...?

Ziegler (Co-Moderator): Neue Verfassung!

Berghofer (SED): Soll ich noch einmal vorlesen?

Lange (Moderator): Ja, bitte.

Berghofer (SED): Ich habe jetzt noch zwei Varianten hineingeführt, um diesen Vorwurf, daß sie jemand vereinnahmen will, vielleicht zu umgehen.

[Vorlage 1/10a, Entwurf einer Erklärung des Runden Tisches: Zum Entwurf einer neuen Verfassung]

1. Die Teilnehmer des Runden Tisches stimmen überein, sofort mit der Erarbeitung des Entwurfs einer neuen Verfassung zu beginnen.

Man könnte am Ende sogar noch hinzufügen, „eines neuen Wahl-, Parteien- und Mediengesetzes", damit man nicht immer wieder von vorne anfangen muß. Ich bleibe mal jetzt bei „Verfassung".

2. Sie berufen dafür eine paritätisch zusammengesetzte Arbeitsgruppe, die umgehend mit der Arbeit beginnt und nach Notwendigkeit weitere Experten einbezieht.

Das wäre ihr eigenständiger Beitrag ohne den Ausschuß der Volkskammer. Das wäre für ihre Legitimation sicher wichtig.

Den Leiter der Arbeitsgruppe wählt sich diese Kommission selbst.

Dann würden wir uns auch beugen dann.

3. Die Teilnehmer des Runden Tisches haben Übereinstimmung darüber, daß die Bestätigung dieser neuen Verfassung in einem Volksentscheid erfolgt.

4. Die Teilnehmer des Runden Tisches nehmen das Angebot zur Mitwirkung an einem entsprechenden Volkskammerausschuß zur Kenntnis und bestimmen eigenständig ihre Mitarbeit.

Damit wäre jetzt jedem selbst überlassen, in welcher Form er dort mitwirkt, sonst finden wir wieder keine Einigung.

Lange (Moderator): Ja. Vielen Dank. Gibt es dazu Rückäußerungen oder Anfragen?

Krause (CDU): Wir haben es auch versucht hier zu viert und es kommt inhaltlich auf das gleiche, was gewesen ist. Also, ich würde mich auch dem anschließen, weil diese vier genannten Punkte vorhin auch schon einmal zur Sprache kamen.

Lange (Moderator): Das heißt, es würde jetzt praktisch der Antrag Berghofer hier vorliegen?

Berghofer (SED): Nicht der „Antrag Berghofer".

Ducke (Co-Moderator): Nicht der Antrag, die Formulierung.

Lange (Moderator): Das war jetzt nur [der] Arbeitstitel. Wenn Sie sich damit einverstanden erklären, wäre jetzt die Frage, ob es weitere Ergänzungen oder Veränderungen zu dem vorgetragenen Text gibt, oder ob wir darüber abstimmen können? Das ist natürlich jetzt das Problem, ist die technische Möglichkeit, daß der Text geschrieben wird, bevor abgestimmt wird, und jedem in die Hand gegeben wird. Oder wollen wir ihn noch einmal hören.

Könnten wir ihn noch einmal hören bitte?

Berghofer (SED):

1. Die Teilnehmer des Runden Tisches stimmen überein, sofort mit der Erarbeitung des Entwurfs einer neuen Verfassung zu beginnen.

2. Sie berufen dafür eine paritätisch zusammengesetzte Arbeitsgruppe, die umgehend mit der Arbeit beginnt

> und nach Notwendigkeit weitere Experten einbezieht. Den Leiter wählt sich diese Arbeitsgruppe selbst.
> 3. Die Teilnehmer des Runden Tisches haben Übereinstimmung darüber, daß die Bestätigung dieser neuen Verfassung in einem Volksentscheid erfolgt.
> 4. Die Teilnehmer des Runden Tisches nehmen das Angebot zur Mitwirkung an einem entsprechenden Volkskammerausschuß zur Kenntnis und bestimmen eigenständig ihre Mitarbeit.[9]

Das ist ein breiter Konsens.

Lange (Moderator): Hier war schon eine Wortmeldung. Bitte, Herr Böhme.

Böhme (SDP): Ich würde gern das Wort „Experten" ersetzt sehen durch einen Zugang, durch Zugänge auch von Nicht-Experten, „**Bürgerinnen** oder **Bürger**" oder so etwas.

Berghofer (SED): „Bürger und Bürgerinnen". Das können wir mit einbeziehen.

Henrich (NF): Noch einmal eine Frage zum **Leiter**, wenn paritätisch besetzt ist: Soll das einer von außen sein oder soll der aus diesem paritätisch besetzten Gremium ausgesucht werden? Ob man da nicht besser sagt, zwei Leiter, wenn es paritätisch ist. Also, wenn es da überhaupt einen Leiter geben soll. Die sollten sich dann vielleicht auch eine eigene Geschäftsordnung geben und so etwas.

Berghofer (SED): Na, denn streichen wir das doch einfach weg.

Lange (Moderator): Es geht praktisch um den **Vorsitz dieses Ausschusses**. Aber das könnte doch dem Ausschuß dann überlassen bleiben, ja? Gibt es dazu noch Anmerkungen?
Herr Böhme.

Böhme (SDP): Ich würde auch das Wort „Leiter" mit „Vorsitzendem" ersetzen.

Lange (Moderator): Ist doch gestrichen. Habe ich das richtig verstanden? Der Satz ist gestrichen.
Bitte, Herr Maleuda.

Maleuda (DBP): Für die **Verfassung,** ob wir den **Termin** 1990 aufnehmen?

Lange (Moderator): Ja. Eine Frage?

Berghofer (SED): „ ... dieser neuen Verfassung in einem Volksentscheid 1990 erfolgt."
Ich hoffte ja, wir kommen heute noch weiter, damit wir noch den Monat davorsetzen können oder auch den Tag.

Lange (Moderator): Ja, bitte noch einmal Herr Böhme.

Böhme (SDP): „ ... nach den Wahlen zu einer höchsten Volksvertretung".

Gysi (SED): Ja, was halten Sie denn von der Variante „zeitgleich"?

Böhme (SDP): Das ist auch von der Opposition nicht zu leisten. Bei unserer technischen Struktur, die wir haben, wäre das nicht zu leisten. Da müßten wir entweder an der Verfassungsarbeit Vernachlässigungen [in Kauf nehmen], am **Wahlkampf** oder an der Ausarbeitung unserer Struktur an der Basis. Da sind wir jetzt ein bißchen partei-egoistisch.

Lange (Moderator): Entschuldigung, Herr de Maizière.

de Maizière (CDU): Ich meine, daß eine **Verfassung** ein so wichtiges Gesetz ist, daß wir uns da nicht ganz so in Zeitdruck setzen lassen können.
Die Frage wäre, ob wir uns verständigen können auf bestimmte **Leitlinien**, denen eine Verfassung genüge tun müßte, und diese Leitlinien zeitgleich mit dem Wahlgesetz mit Blick auf die Wahl sind. Und das [sich] dann die neugewählte Regierung oder das neugewählte Parlament, ohne hier Namen zu nennen, die endgültige Ausarbeitung bis hin zum Plebiszit oder so etwas überlegen sollte.

Lange (Moderator): Ja. Herr Gysi.

Gysi (SED): Ich möchte eben nur auf die Schwierigkeit hinweisen. Also, **Wahlen** wollen wir doch schnell. Für die neuen Wahlen da brauchen wir vielleicht nicht zwingend eine **Verfassungsänderung.**

[Zwischenrufe]

de Maizière (CDU): Die Struktur muß schon bestimmt sein; denn wir müssen ja wissen, welches Organ und welche Organe gewählt werden.

[Stimmengewirr]

Lange (Moderator): Ja, kleinen Augenblick. Hier war die Meldung von Herrn Gutzeit.

Gutzeit (SDP): Ich denke, die Ausarbeitung dieser gesamten neuen Verfassung ist jetzt, also bis zu den Wahlen, nicht machbar. Es werden unter Umständen für den Demokratisierungsprozeß **Verfassungsänderungen** notwendig sein, unter Umständen auch noch wirtschaftliche Veränderungen. Ich denke, das könnte unter Umständen auf dem Wege von Streichungen passieren und mit minimalen Änderungen, jedenfalls eine Änderung soweit, daß Wahlen durchgeführt werden können. Vielleicht sollte man sich darauf verständigen.
Die Ausarbeitung einer **gesamten neuen Verfassung** bis zu den Wahlen ist meines Erachtens nicht leistbar und ist auch in meinem Demokratieverständnis nicht sinnvoll, denn das neue Parlament muß die Sache gründlich vorbereiten und dann etwas Entsprechendes vorstellen.

Lange (Moderator): Herr Berghofer hatte sich dazu gemeldet.

Berghofer (SED): Also deshalb würde ich sagen:
„ ... Die Teilnehmer des Runden Tisches haben Übereinstimmung darüber, daß die Bestätigung dieser neuen Verfassung nach Neuwahlen zur Volkskammer in einem Volksentscheid 1990 erfolgt."
Denn wenn wir jetzt sagen, noch im Dezember, dann können wir das nächste Mal – –

Gysi (SED): Dann können wir das so stehen lassen. Jetzt hätten wir noch als letztes sagen sollen, „die **für die Durchführung der Neuwahlen notwendigen Verfassungsänderungen** sollten unverzüglich erarbeitet werden."

---

[9] Die ursprüngliche Vorlage enthielt folgenden weiteren, zwischen Absatz 3 und Absatz 4 plazierten Absatz: „Die für die Durchführung für Neuwahlen erforderlichen Verfassungsänderungen sind unverzüglich zu erarbeiten."

[Zustimmungen]

Lange (Moderator): So ist das vorhin von Herrn Berghofer bei der Auflistung der Probleme genannt worden. Ich denke, das müßte an dieser Stelle dann aber erwähnt werden. Und würde das bedeuten, daß dann 1990 nicht erscheint, weil wir uns jetzt zeitlich nicht da in Druck kommen lassen?

Henrich (NF): Ja. Das ist das, was Kollege Gysi jetzt sagte. Wir müssen wissen, was wir dann wählen, nicht. Also, das, was man so klassisch als **Staatsaufbau** bezeichnet, das muß klargestellt werden, wie das dann aussehen soll.

Lange (Moderator): Also, es geht um die Änderung der Verfassung, für die Punkte, die jetzt für die Neuwahl erforderlich sind. Das müßte in dieser Erklärung mit vermerkt werden. Dies ist aufgenommen.

Gibt es weitere Änderungswünsche oder Vorschläge? Wollen Sie noch?

Bitte.

Klein (VL): Es ist klar, daß ein **Wahlgesetz**, also, so muß man es ja wohl sagen, ein provisorisches Wahlgesetz bis zu einer Verfassungsreform, nichts bringt, wenn nicht auch ein **Parteiengesetz**, also, die Verabschiedung eines solchen Parteiengesetzes vorgesehen ist.

Das muß da unbedingt mit herein. Und wir verstehen uns da jetzt richtig: Es handelt sich hier um ein provisorisches Wahl- und Parteiengesetz, bis eine neue Verfassung bestätigt ist.

Gysi (SED): Das ist juristisch nicht machbar. Dieses Wahlgesetz kann natürlich dann durch das neue Parlament selbstverständlich aufgehoben und geändert werden. Das ist logisch. Aber, es hat, mag mithin objektiven provisorischen Charakter haben, aber ein provisorisches Gesetz ist kein Gesetz. Dann können wir danach nicht wählen.

[Zustimmungen]

Henrich (NF): Ja. Vor allem, wenn es durch **Volksentscheid** kommt, ist es nicht mehr provisorisch. Das muß man nun einmal sagen, ja. Es ist die beste Form der **Legitimation**.

de Maizière (CDU): Ich würde es auch psychologisch nicht gut finden, wenn wir solche Formulierungen, wie „provisorisch dafür", „provisorisch dafür und so weiter" finden.

Lange (Moderator): Wünschen Sie noch einmal den jetzt veränderten Text zu hören, ja? –

Herr Berghofer, ist es Ihnen möglich?

Berghofer (SED): Ja, natürlich. Ich lasse dann die Jahreszeiten stehen, weil ich jetzt einmal aus der Sicht der Bürger denke, die ja erwarten, daß hier was Konkretes kommt. Also:

[**Vorlage 1/10b, Erklärung des Runden Tisches zum Entwurf einer neuen Verfassung**]:

1. Die Teilnehmer des Runden Tisches stimmen überein, sofort mit der Erarbeitung des Entwurfs einer neuen Verfassung zu beginnen.

2. Sie berufen dafür eine paritätisch zusammengesetzte Arbeitsgruppe, die umgehend mit der Arbeit beginnt und nach Notwendigkeit weitere Bürgerinnen und Bürger einbezieht.

3. Die Teilnehmer des Runden Tisches haben Übereinstimmung darüber, daß die Bestätigung dieser neuen Verfassung nach Neuwahlen zur Volkskammer in einem Volksentscheid 1990 erfolgt.

4. Die für die Durchführung von Neuwahlen erforderlichen Verfassungsveränderungen sind unverzüglich zu erarbeiten.

5. Die Teilnehmer des Runden Tisches nehmen das Angebot zur Mitwirkung an einem entsprechenden Volkskammerausschuß zur Kenntnis und bestimmen eigenständig ihre Mitarbeit.

Gysi (SED): Änderung der Verfassung?

Berghofer (SED): „... Verfassungsänderungen sind unverzüglich zu erarbeiten."

Lange (Moderator): Habe ich das richtig gehört: „... stellen eigenständig Ihre Mitarbeiter für den Verfassungsausschuß"?

Gysi (SED): Ich würde sagen, nur „Mitarbeit". Es können ja einige Gruppierungen sagen, wir wollen nicht.

Lange (Moderator): Ah ja, gut. Nur zur Klarstellung. Ja, ist richtig. Können wir darüber jetzt abstimmen? –

Wer diesem Text seine Zustimmung gibt, den bitte ich um das Handzeichen. – Wer ist dagegen? – Wer enthält sich der Stimme? – Mit einer Stimmenthaltung ist dieser Text vom Runden Tisch angenommen.

Stief (NDPD): Wie geht das technisch jetzt?

de Maizière (CDU): Ich gehe da einmal mit raus, ich habe ja schon Übung darin, wo man das los wird.

Stief (NDPD): Ich meinte etwas anderes. Wie konstituiert sich das? Wo melden wir unsere Teilnehmer? Es muß doch irgendeine Stelle geben. Das ist eine Frage. Machen Sie das?

Lange (Moderator): Herr Gutzeit.

Gutzeit (SDP): Ich würde den Vorschlag machen, daß die **Opposition** einen **Vertreter** benennt, der das koordiniert und vielleicht hier bei den **in der Volkskammer vertretenen Parteien** auch einen **Vertreter** benennt, der einfach erst einmal zur Koordinierung dieser Arbeit sich bereit erklärt. Und dann wird in Absprache miteinander ein Termin vereinbart. Da werden die Teilnehmer gemeldet, und dann wird ein Termin vereinbart.

Lange (Moderator): Sollte das heute noch passieren, oder wie wollen Sie sich da verständigen?

Gutzeit (SDP): [Die] Benennung der entsprechenden Leute aus den Gruppen müßte am besten schon heute passieren.

Lange (Moderator): Wem wird das mitgeteilt?

Herr Gerlach dazu.

Gerlach (LDPD): Na, ich hatte das so verstanden: Ein Vertreter von den Gruppen und ein Vertreter von den Volkskammerparteien, die sich verständigen, wann und wo das stattfindet.

Da wäre mein Vorschlag: Da Herr Maleuda Präsident der Volkskammer ist, und auch die Arbeit der Kommission dort kennt, daß vielleicht die Demokratische Bauernpartei den Vertreter für uns benennt.

Lange (Moderator): Herr Poppe.

Poppe (IFM): Da ist die Frage vielleicht: Welche Anzahl von Mitarbeitern dieser Kommission – Verständigen jetzt, daß wir auch wissen, wieviel wir nennen wollen. Also, daß eine arbeitsfähige Kommission entsteht, es dürfen sicherlich nicht mehr als 20 oder 25 Leute sein.

Gutzeit (SDP): Ich würde den Vorschlag machen, daß auch hier erst einmal **aus jeder beteiligten Gruppierung oder Partei zwei Teilnehmer** oder Mitarbeiter benannt werden, erst einmal formal. Dann muß man sehen, wie man arbeitet.

Lange (Moderator): Wir müssen über das Verfahren jetzt noch abwägen.

Koplanski (DBD): Vielleicht würde als erstes ein Vertreter reichen, um uns über einige Grundsätze zu verständigen. Und dann kann man sehen, daß bis zum nächsten Runden Tisch dann ein Standpunkt vorliegt und dann entschieden wird, wie geht es weiter.

Lange (Moderator): Zumal dann die Möglichkeit im Blick ist, weitere Bürger und Bürgerinnen einzubeziehen. Und es soll ein arbeitsfähiges Gremium bleiben.

Dürfen wir jetzt einmal hören, wer die beiden **Kontaktpersonen** wären, die sich in dieser Frage verständigen? –

Herr Poppe und Herr Koplanski. Vielen Dank für die Zusage. Dann hören wir von Ihnen bald. Können wir diesen Punkt dann abschließen? Vielen Dank.

Ich möchte jetzt vorschlagen, daß wir den vorliegenden Text der Erklärung hören. Hat jeder diesen Text inzwischen erhalten?

Ja bitte schön, Herr Raspe.

Raspe (LDPD): Es reizt ja geradezu jetzt nachzufassen, und ein ähnliches Verfahren vorzuschlagen, was das **Wahlgesetz** anbetrifft und das **Parteiengesetz**, das wir ja für genauso dringlich halten, ähnlicherweise die **Volkskammerkommission** zu unterstützen oder parallel zu arbeiten, wie auch immer.

Ich habe da aus der Diskussion entnommen, daß dieses Wahlgesetz und damit im Zusammenhang das Parteiengesetz hochdringlich ist. Und so könnte ich mir vorstellen, daß man in ähnlicher Weise hier parallel Ausschüsse oder Kommissionen bildet, in der gleichen Praxis, wie es hier für diesen Ausschuß vorgeschlagen wurde.

Lange (Moderator): Ja. Herr de Maizière.

de Maizière (CDU): Dem würde bloß entgegenstehen, daß für die Änderung und Ergänzung der Verfassung bereits ein Ausschuß der Volkskammer gebildet worden ist. Für dies nicht. So daß keiner vorhanden ist, an den man sich anhängen könnte.

Koplanski (DBD): – ich, zur Geschäftsordnung.

Lange (Moderator): Ja bitte.

Koplanski (DBD): Es gibt einen Beschluß, und ich bin darüber informiert, daß sich der Ausschuß für die Ausarbeitung des Wahlgesetzes morgen konstituiert, also das ist alles im Gange, da können wir jetzt auch schlecht eingreifen.

Lange (Moderator): Was würde das konkret jetzt bedeuten, welchen Antrag würden Sie der Runde stellen?

Raspe (LDPD): Daß ich das gleiche Verfahren anstrebe, wie wir eben besprochen haben, bezogen auf die Verfassungskommission.

Lange (Moderator): Ja.

Raspe (LDPD): Hinzu käme also, wie gesagt, das Parteiengesetz. Dafür gibt es in der Tat in der **Volkskammer** noch nichts. Aber warum müssen wir immer erst reagieren, wenn es in der Volkskammer schon etwas gibt. Wir können uns ja auch so den Kopf machen, wie ein Parteiengesetz künftig auszusehen hat.

Lange (Moderator): Herr Maleuda

Maleuda (DBD): Ich würde den Vorschlag unterstützen.

Lange (Moderator): Das würde bedeuten, daß wir dafür zwei Vertreter aus unserem Kreis jetzt benennen. Wieder von jeder Seite ein Vorschlag, wenn das Ihre Zustimmung findet. Um sehr schnell zu reagieren und hier eigene Gedanken mit einzubeziehen, darum geht es ja. Darf ich zunächst fragen, sind Sie mit diesem Vorschlag von Herrn Raspe einverstanden? Bitte.

Frau Merkel (UFV): Ergänzend würde ich einfügen „Wahl-, Parteien- und **Vereinigungsgesetz**" – –

[Zustimmung]

– Parteien und **Vereinigungen** könnten wir zusammenfassen. Jedenfalls in einem Ausschuß. Parteien- und Vereinigungsgesetz in einem Ausschuß verhandeln, weil das ja ähnliche Sachverhalte sind.

Lange (Moderator): Können Sie noch einmal ganz klar sagen, noch einmal bitte wiederholen, was Sie jetzt eben gesagt haben.

Frau Merkel (UFV): Ich wollte bloß, daß im Zusammenhang mit den Wahlen gleichzeitig geregelt wird nicht nur ein Parteiengesetz, sondern auch die Frage des Vereinigungsgesetzes, weil das ja in bezug auf die Wahlen geregelt sein muß.

de Maizière (CDU): Dazu müßte es meines Erachtens noch einen Gesprächsgang geben, wer bei diesen Wahlen als **Mandatsträger** zugelassen wird, ob nur Parteien oder auch Vereinigungen. Ich gebe das einfach schlicht zu bedenken.

Denn dann steht, anknüpfend an die Diskussion am heutigen Mittag, stehen eben alle **gesellschaftlichen Organisationen** wieder als mögliche Mandatsträger zur Verfügung. Jedenfalls die Auffassung in meiner Partei ist so, daß nur Parteien sich zur Wahl stellen können.

Henrich (NF): Mein Vorschlag wäre, daß auch im Hinblick auf das Wahlgesetz, im Hinblick auch auf diese anderen Gesetze, das genauso zu machen [ist] wie mit der Verfassung.

Ich würde sogar vorschlagen, dies diesem Ausschuß gleich zu übertragen, und der kann sich ja dann vielleicht unterteilen. Oder mehrere.

Sonst haben wir eine Vielzahl von Ausschüssen. Gut, sonst andere, ja?

Nur Parteien ja oder nein und wie das aussieht – Notfalls müssen wir Alternativen auch vorlegen, damit dann über unterschiedliche Varianten in dem **Volksentscheid**, selbst, wenn es komplizierter ist, wie Kollege Gysi sagt, entschieden werden kann. Aber das werden wir doch nicht vorher sozusagen bereinigen können, dieses Thema.

Lange (Moderator): Ja, Frau Merkel hatte sich noch einmal gemeldet dazu.

Frau Merkel (UFV): Ja, man muß das auch diskutieren in der Frage, da wo die Verfassung überhaupt – – Denn die Verfassung muß ja auch regeln die gesetzgebende Versammlung, also welche Gestalt die haben soll. Ob sie sozusagen eine **Nur-Parteien-Versammlung** sein soll, also das zukünftige Parlament, ob es vielleicht ein **Zwei-Kammern-Parlament** wird, und in der einen Kammer sich die Parteien versammeln, in der anderen Kammer die Organisationen und so weiter.

Also würde ich denken, daß wir erst einmal das offen lassen und sagen: Wir machen eine Kommission zur Verfassung. Die Verfassung muß auch darüber bestimmen, in welcher Form also sich die **verfassungsgebende Versammlung** konstituiert. Und wir haben einen zweiten **Ausschuß in Parteien, Organisationen und Wahl-, Parteien- und Vereinigungsgesetz.**

Henrich (NF): Das ist ja so die Frage des **Staatsapparates**. Man muß natürlich klar wissen, was man sich da wählt, ja. Also, daß da etwas parallel laufen muß, ist auch juristisch klar, ja?

Lange (Moderator): Darf ich bitte einmal die Reihenfolge noch nennen. Es hatte sich Herr Gysi gemeldet.

Gysi (SED): Ja, also ich meine, wenn wir schnell wählen wollen, brauchen wir doch schnell vor allen Dingen ein Wahl-, Parteien- und Vereinigungsgesetz. Das verstehe ich schon, weil die Vereinigungen gleichzeitig im Gesetz mit den Parteien geregelt werden können, während die Frage, wer gewählt wird, im Wahlgesetz geregelt wird und nicht im Parteien- und Vereinigungsgesetz. Da geht es um Zulassungsfragen, Eigentumsfragen und so weiter.

Dann bin ich der Meinung, über das **Wahlgesetz** sollten wir nicht erst noch einen **Volksentscheid** machen. Ich meine, ich hätte nichts dagegen, aber das schiebt ja das Wählen wieder weit hinaus. Wenn wir schnell neu wählen müssen, ist es einfach wichtig, daß wir einen Konsens über das Wahlgesetz, über das Parteiengesetz finden, und die insoweit notwendigen Verfassungsänderungen müssen natürlich dann vorher beschlossen werden als Änderungsgesetz zur vorliegenden Verfassung.

Und die Arbeiten an der Verfassung gehen nach der Neuwahl weiter und werden dann zum Abschluß gebracht. Und dann ist es die Frage des Volksentscheids, wofür wir heute eintreten, ob es das völlig neue Parlament dann beschließt, wissen wir natürlich auch noch nicht. Aber eine Orientierung in der Richtung sollten wir eben geben, deutlich, finde ich.

Natürlich, ob es ein oder zwei **Kammern** gibt und so, das muß in diesem Zusammenhang mit geklärt werden; denn wenn gewählt wird, wird gewählt. Und natürlich kann man dann auch später wieder anders wählen, aber ich meine, ich will nur sagen: Das heißt, alles das zu ändern, was eben erforderlich ist, und die Neuwahlen durchzuführen, die wir mit dem **Wahlgesetz** und mit dem **Parteien- und Vereinigungsgesetz** anstreben.

Insofern sind da enge Beziehungen, aber man sollte vielleicht die Arbeitsgruppen ein bißchen trennen. Aber die müssen natürlich irgendwie eng zusammenwirken. Ich verstehe das schon. Oder wir müßten sie dann entsprechend vergrößern; denn ansonsten – gegeneinander kann das nicht laufen. Aber wenn die alles machen wollen, werden sie nie fertig. Das muß man einfach auch sagen.

Ziegler (Co-Moderator): Ich denke, es wird jetzt schwierig, weil wir schon Sachgesichtspunkte hineinbringen, während wir die paritätische **Zusammensetzung von Ausschüssen** erst einmal benennen wollen.

Gysi (SED): Das ist doch klar.

Ziegler (Co-Moderator): Ja. Bloß sind doch die Namen noch gar nicht benannt. Das – so war doch gerade der Aufruf – Und dann ist meine Vorstellung die, daß diese Ausschüsse, die paritätisch zusammengesetzt sind, Entwürfe machen. Und dann muß das doch wieder an den Runden Tisch. Und dann müssen wir diese Fragen, die jetzt angeschnitten sind, klären.

Ich glaube, sonst geht das sehr in die Luft. Und wir springen immer von der Sache hin zu dem Verfahren. Ich würde also vorschlagen, daß jetzt die benannt werden, so, wie es für den Ausschuß „Neue Verfassung" – sind zwei benannt – zwei benannt werden für Wahlgesetz. Ja also, es ging immer hin und her, aber **Ausschuß „Parteien- und Vereinigungsgesetz"** würde ich doch, damit er nicht mit der Arbeit überfordert wird, extra nehmen.

Lange (Moderator): Herr Henrich.

Henrich (NF): Also, nur zur Verständigung, Herr Kollege Gysi, sagen Sie uns bitte einmal: Wollen Sie, daß das neue Wahlgesetz durch die Volkskammer in Kraft gesetzt wird, daß man das jetzt weiß.

Gysi (SED): Wollen Sie das nicht?

Henrich (NF): Nein. Ich will es nicht. Wir haben es ja auch schriftlich. Haben Sie das nicht schriftlich vorliegen? Es ist vorhin auch vorgetragen worden, daß wir es nicht wollen.

Gysi (SED): Sie wollen, daß das **Wahlgesetz durch Volksentscheid** – –

Henrich (NF): Durch Volksentscheid, jawohl. Weil die Volkskammer keine Legitimation hat.

Gysi (SED): Ja. Ja, ja.

Henrich (NF): Und das ist ja mit eines der entscheidenden Gesetze in der nächsten Zeit. Das haben wir doch extra schriftlich formuliert.

Gysi (SED): Das ist eine praktische Frage, muß ich ehrlich sagen. Das heißt, wollen Sie erst einen Volksentscheid durchführen, nach dem Volksentscheid Neuwahlen durchführen, und dann wieder einen **Volksentscheid** durchführen **zur Verfassung?**

Henrich (NF): Ja, richtig. So haben wir es formuliert.

Gysi (SED): Ich weiß nicht ob das – –

Lange (Moderator): Herr Gerlach hat sich dazu gemeldet. Bitte.

Gysi (SED): Wenn wir einen Konsens hinsichtlich des Wahlgesetzes erreichen sollten und die **Volkskammer** es beschließt und bestätigt und wir danach wählen können und wir dann ein völlig neues Parlament haben und dann ein Volksentscheid über die Verfassung stattfindet, mit dem wir die Bestätigung bekommen oder nicht bekommen für die Dinge – –

Ich weiß nicht, ob das nicht, ich meine, ich denke wirklich nur, ich habe nichts dagegen, wir können auch eins – Nein, wirklich, Sie verstehen mich falsch. Ich überlege wirklich nur im Ernst, ob – Wissen Sie, ein Volk, das dreimal in einem Jahr entscheiden muß, wird auch ein bißchen müde. Und dann vielleicht in einer Zeit – –

Henrich (NF): – dann wieder durch eine demokratisch gewählte Volkskammer die Verfassung ändern lassen. Dann ist sozusagen der neue Ansatz, den wir machen, mit einer demokratischen Legitimation versehen. Also dann würde ich lieber eine, sozusagen auf demokratischer Grundlage, eine **neue Volkskammer** bekommen wollen. Und die ändert dann meinetwegen die Verfassung.

Gysi (SED): Ich sage doch jetzt nur: Ändern, was erforderlich ist, um dieses neue Wahlgesetz zu machen. Das ist klar. Mehr nicht. Die Verfassung erst mit dem neuen Parlament.

Henrich (NF): Habe ich mich immer noch nicht klar ausgedrückt? Ich bin der Meinung, **diese Volkskammer hat keine Legitimation**, jetzt ein neues Wahlgesetz zu verabschieden, für dieses neue Wahlgesetz. Das ist der Neuanfang, den wir machen müssen. Und der braucht Legitimation.

Und da bin ich der Meinung, hier muß unbedingt ein Volksentscheid sein. Wenn wir dann eine neue Volkskammer haben, und die ändert tatsächlich die Verfassung ab, und ganz erheblich meinetwegen zu 90 Prozent, dann möchte ich da lieber noch auf einen Volksentscheid verzichten.

Aber das erste, der erste Schritt, den wir jetzt tun, der muß sozusagen diese **demokratische Legitimation** schaffen. Und das geht nur durch einen Volksentscheid. Andere Möglichkeiten sehe ich im Moment nicht.

Lange (Moderator): Ich stelle fest, daß wir jetzt noch eine Diskrepanz haben zu dem, was wir vorhin verabschiedet hatten. Ja, darf ich fragen, Herr Gerlach hatte sich zunächst gemeldet. Wollen Sie jetzt?

Bitte.

Gerlach (LDPD): Wenn Herr de Maizière einen Kompromiß hat – –

de Maizière (CDU): Ja, vielleicht gibt es den Kompromiß, daß man sagt: Der am Runden Tisch mehrheitsfähig gewordene Entwurf eines Wahlgesetzes wird der Volkskammer vorgelegt und für den Fall der unveränderten Bestätigung gilt dies als Wahlgesetz.

[Unruhe]

Lange (Moderator): Also, Herr Gerlach.

Gerlach (LDPD): Ich wollte das genauso sagen, daß nach meiner Meinung ja auch die Volkskammer – darüber gab es ja offensichtlich Einverständnis, trotz ihrer angezweifelten Legitimation, mit Recht angezweifelt – ja die Änderungen der Verfassung vornehmen würde, wenn wir überhaupt wählen können. Das ist offensichtlich ein gemeinsamer Standpunkt.

Und wenn wir uns hier, wenn eine solche Kommission gebildet wird, auf ein **Wahlgesetz** verständigen, das die Zustimmung aller hier am **Runden Tisch** findet, und daß auch in dieser Kommission der **Volkskammer** zu gleichen Ergebnissen gekommen wird über die Verfassung – wo ich einmal von uns ausgehe – und die Volkskammer, ich will das einmal so sagen, also nur so sagen, dann zu bestätigen hat, als Gesetz, was wir hier politisch erarbeiten, dann könnte man doch auf diesen ganzen aufwendigen – bei aller Bedeutung - Volksentscheid verzichten, der uns ja nach meiner Meinung zumindest um Wochen – um Wochen, wenn nicht um Monate – wieder rausschiebt.

Ducke (Moderator): Herr Poppe.

Poppe (IFM): Dazu muß ich sagen, daß auch wir hier am Runden Tische keine demokratische Legitimation seitens der Bevölkerung haben, und damit also reicht nach meiner Meinung bei Gesetzen von dieser Tragweite unser Konsens alleine nicht aus, weder für das Wahlgesetz noch für die neue Verfassung.

Lange (Moderator): Herr Maleuda.

Maleuda (DBD): Ja, ich wollte eigentlich sagen: Das Ziel dieser Arbeit am Runden Tisch zum Wahlgesetz müßte doch eigentlich darin bestehen, daß wir solange arbeiten, bis wir einen übereinstimmenden Standpunkt an diesem Tisch haben, sonst würde ich die Frage aufwerfen: Welcher Sinn besteht dann eigentlich in der Arbeit dieser Kommission?

Lange (Moderator): Herr Böhme.

Böhme (SDP): Ich gebe zu bedenken, ein Volksentscheid überhaupt noch vor Wahlen – ich glaube, daß die Stimmung in der Bevölkerung eindeutig dahin tendiert: Wahlen! Das hängt natürlich mit dem **7. Mai** [1988, dem Datum der aufgedeckten Fälschungen der letzten Kommunalwahl] zusammen. Wahlen!

Und zwar Wahlen für die Volksvertretungen, weil soviel von dort zu leisten ist, was die manchmal genannten **Kommunalwahlen** nicht leisten können. So schön es wäre, wenn Mündigkeit von unten nach oben wächst – – **Volksentscheide** nach unserer Auffassung möglichst nicht vor den **Wahlen!**

Lange (Moderator): Herr Berghofer.

Berghofer (SED): Ja, im Grunde genommen deckungsgleich, wobei das den Widerspruch nicht aufhebt. Wir haben nicht die **Legitimation,** und wir können nicht die Lebensfrage der Nation hier entscheiden. Ein Wahlgesetz – und zwar mit der Tragweite, wie mir das jetzt vorschwebt – da müssen wir einen Weg finden, vielleicht in Form eines Volksentscheides, aber einer breiten **demokratischen Debatte im Volk.** Sonst wird das nicht gehen.

Gysi (SED): Also ich wollte nur noch eins zu bedenken geben. Ich will noch einmal sagen: Ich sträube mich nicht gegen den **Volksentscheid.** Ich bitte nur zu bedenken, zum Beispiel, in welche Situation wir kommen, wenn wir einen Volksentscheid über ein Wahlgesetz haben in einer Zeit, in der es den Menschen um ganz andere Fragen geht.

Wir machen uns mit diesem Runden Tisch gegebenenfalls lächerlich aus einem, ich verstehe zwar, sehr wichtigen demokratischen Gefühl heraus, aber es geht den Menschen dann vielleicht um ganz andere Fragen.

Neu wählen wollen sie auf jeden Fall. Das steht fest. Und für **Neuwahlen** zum schnellstmöglichen **Zeitpunkt** bin ich. Aber wenn wir sie auch – eine Woche vorher zum Beispiel – da tritt dann auch eine Müdigkeit ein.

Die haben vielleicht ganz andere – – **Versorgungsprobleme** und sagen: Was kümmert es uns, ob der Paragraph so lang aussehen soll oder so lang aussehen soll. Wir dürfen auch an den **Bedürfnissen** der Menschen in der kommenden

Zeit nicht vorbeigehen. Was nicht heißt, daß man populistisch allem nachgeben muß, aber daran vorbeigehen darf man eben auch nicht. Ich will es einfach nur zu bedenken geben.

Ich bin ja innerlich auch noch nicht abgeschlossen mit der Frage.

Frau Merkel (UFV): Ich denke, wir müssen dennoch garantieren, daß ein wie auch immer ausgearbeitetes Wahlgesetz durch diese – demokratisch legitimiert wird.

Und jetzt ist die Frage offenbar über die Mittel: Ob der Volksentscheid sozusagen das einzige Mittel ist, über das wir in der jetzigen Situation noch verfügen, um eine demokratische Entscheidung herbeizuführen, oder ob wir nicht noch andere Mittel zur Verfügung haben wie beispielsweise das **Hearing**, wie beispielsweise sozusagen die Vorlage eines Gesetzentwurfes und umfassende Diskussionen in der Öffentlichkeit und so weiter?

Also, vielleicht verfügen wir noch über andere demokratische Mittel als das letzte Mittel, den Volksentscheid, um so etwas demokratisch zu legitimieren, und halten das vielleicht auch erstmal offen. Das müssen wir jetzt hier nicht beschließen, sondern das muß sozusagen mit in dem Vorschlag enthalten sein, den die Kommission am Ende vorlegt.

de Maizière (CDU): Würde eine Möglichkeit gesehen werden, das eine mit dem anderen zu verbinden, nach einer bestimmten Diskussion? Daß also an einem Tage in zwei Gängen auf zwei Stimmzetteln eine Zustimmung zum Wahlgesetz erfolgt und infolgedessen dann ein Wahlgang oder so etwas?

Ich sehe die Schwierigkeit da, vielleicht, wenn man länger darüber nachdenkt, welche Verknüpfungsmöglichkeiten es gäbe. Also, ich sehe auch die Schwierigkeit, die Menschen zweimal vielleicht innerhalb von paar Wochen an die Urne zu bringen – – ob die wirklich noch fragen nach [der] Wahl und nach dem Ergebnis derselben, ob sie nicht was ganz anderes dann meinen, und ob sie dann noch dies Land meinen.

Schramm (FDGB): Ich würde mich, in Abstimmung mit meinem Kollegen, dem Vorschlag von Herrn Gysi anschließen einfach mit der Begründung: Nicht nur die **Neuwahlen des Parlaments** sind die einzigen Wahlen in der DDR, sondern wir wählen in vielen Organisationen: Wir wählen in der Gewerkschaft, wir wählen, wir wählen, wir wählen, wir wählen.

Ich habe da doch die Angst, daß eine gewisse Müdigkeit und Überforderung eintritt, die uns dann entgegenwirkt. Und das letzte Recht dafür, ob ein Wahlgesetz tragbar oder getragen wird durch seine Wähler, ist die Beteiligung und das Recht der Wahl der Wähler.

[Unruhe]

Lange (Moderator): Wir haben jetzt noch zwei Wortmeldungen. Darf ich dann fragen, ob wir erst einmal die Liste hier schließen, um dann zu einer Klärung zu kommen?

Bitte.

Koplanski (DBD): Ich möchte den Vorschlag von Herrn Böhme unterstützen. Wenn hier ein Konsens gefunden wird, dann kann man ein solches Gesetz in einer ersten Lesung beraten, und dann können wir vielleicht vier oder sechs Wochen **öffentlich** auch das **Wahlgesetz diskutieren**.

Und hinterher kann man sich am Runden Tisch verständigen, sind die Vorschläge der Bevölkerung eingegangen. Und dann geht es in die zweite Lesung.

Ich glaube, das wird das Volk besser annehmen, als wenn wir in einer solchen Zeit mit einem Volksentscheid über das Wahlgesetz kommen. Das **Volk will wählen**. Und wir verkomplizieren glaube ich die ganze Sache. Deshalb unterstütze ich sehr, was Herr Böhme gesagt hat.

Berghofer (SED): Also, ich glaube, das, was wir vorhaben, ist ja von historischer Dimension. Egal, wie es ausgeht. Und deshalb sollten wir vielleicht heute noch nicht über die Methodik entscheiden. Wir sind uns sicher alle einig, wir brauchen schnell einen Entwurf für ein neues Wahlgesetz. Das können wir festlegen.

Und nun brauchen wir vier Wochen Bedenkzeit – alle, nehme ich an –, um in der nächsten Runde darüber zu befinden: Wie bringen wir dieses Gesetz in breitem **Konsens mit dem Volk** zur Entscheidung.

Ich kann mich heute noch nicht von einem **Volksentscheid** verabschieden,

a) weiß ich nicht, wie die Lage ist,

b) weiß ich nicht, wie das Volk sich verhalten wird – ein Volk, das nach Demokratie ja nahezu schreit, und ...

c) ich glaube, das ist auch heute noch nicht notwendig; denn wenn wir uns so positionieren und sagen: „wird in breiter **demokratischer Aussprache** mit dem Volk zur Entscheidung gebracht", läßt uns das doch alles offen.

Gutzeit (SDP): Wenn wir uns darauf einlassen, können wir doch trotzdem schon eine entsprechende **Kommission [‚Wahlgesetz']** einsetzen, die daran arbeitet. Das halte ich für wichtig, daß das so schnell wie möglich begonnen wird. Über das Verfahren, wie das nachher realisiert wird, kann man später entscheiden.

Lange (Moderator): Wir sind jetzt am Ausgangspunkt unserer Diskussion. Es hatte sich noch Herr Gerlach gemeldet.

Gerlach (LDPD): Ich wollte nur noch einen Satz dazu sagen. Das alles wird – Wir müssen es heute nicht endgültig regeln. Ich stimme dem zu, was gesagt wurde. Aber das alles wird dann natürlich viel einfacher auch im Volk angenommen, wenn wir uns heute auf einen **Wahltermin** verständigen könnten.

Wenn wir heute einen Wahltermin nennen könnten, dann ist die Frage, wie und durch wen das Wahlgesetz diskutiert und angenommen wird, nicht mehr die entscheidende Frage. Die entscheidende Frage ist dann der Termin zur Wahl und die Wahl selbst.

Lange (Moderator): Es war der Vorschlag gemacht worden, analog zu der Entscheidung, je einen Vertreter für die Erarbeitung der neuen Verfassung zu benennen, auch für das neue Wahlgesetz, das heißt also auch im Blick auf die anstehenden Fragen, Parteien und Initiativen mit einzubeziehen.

Wird dieser Vorschlag angenommen von Ihnen, daß wir jetzt analog zu dem bereits Gefaßten auch hier zwei Vorschläge machen? Darf ich zunächst einmal fragen, sind Sie damit einverstanden?

Dann darf ich fragen, wer vorgeschlagen wird für die Koordinierung und Vorbereitung dieser Arbeit.

Herr Gerlach.

Gerlach (LDPD): Ja, da in gewisser Weise dieser **Vorschlag für die Kommission**, was **Wahlgesetz** und Parteien- und Vereinigungsgesetz betrifft, von uns kam, – wenn ich das einmal so sagen darf – würde ich Herrn Raspe vielleicht für die Volkskammerparteien vorschlagen.

Lange (Moderator): Herr Raspe wird vorgeschlagen.

Hartmann (NDPD): Für das Wahlgesetz?

Gerlach (LDPD): Nein, für das **Parteiengesetz**.

Ziegler (Co-Moderator): Wie, beides zusammen?

Ducke (Co-Moderator): Nein, nein, nur **Wahlgesetz** jetzt, nur Wahlgesetz. Jetzt nur Kommission „Wahlgesetz".

Gerlach (LDPD): Wahlgesetz und **Vereinigungsgesetz**.

Lange (Moderator): Ja, das ist jetzt die Frage. Wahlgesetz, **Parteien und Vereinigung** oder nur Wahlen? Nur Wahlgesetz.

Frau Poppe (DJ): Ich möchte Herr Dr. Ullmann vorschlagen.

Lange (Moderator): Ja. Darf ich zunächst fragen, Herr Raspe war vorgeschlagen worden. Findet das die Zustimmung?

Raspe (LDPD): Da muß ich noch einmal nachfragen. Bei mir ging es um das Parteien- und Vereinigungsgesetz.

Lange (Moderator): Hier wird Herr Ullmann genannt. Findet dieser Vorschlag Ihre Zustimmung? Herr Ullmann ist genannt, kein Widerspruch. Und dann brauchen wir noch hier einen [Vorschlag].

Gutzeit (SPD): Für das **Wahlgesetz**?

Lange (Moderator): Ja, für [das] Wahlgesetz. Wir brauchen jetzt von dieser Seite noch einen Vorschlag.
Herr de Maizière? Herr Hartmann?

Hartmann (NDPD): Ja, ich bin bereit.

de Maizière (CDU): Einer nur, denke ich.

Hartmann (NDPD): Ist mir egal. Also Herr de Maiziére.

Lange (Moderator): Herr de Maizière und Herr Ullmann werden dafür vorgeschlagen. Sie sind damit einverstanden, oder erhebt sich Widerspruch?

Schult (NF): Jetzt für Wahlgesetz?

Lange (Moderator): Für Wahlgesetz.

Ziegler (Co-Moderator): Ja. Und jetzt kommt noch Parteiengesetz.

Lange (Moderator): Und jetzt geht es um die Frage **Parteien- und Vereinigungsgesetz**. Entsprechend auch **zwei Namensvorschläge**.

Gerlach (LDPD): Herr Raspe.

Lange (Moderator): Herr Raspe wird von dieser Seite genannt. Herr Henrich? Herr Raspe und Herr Henrich? Sind Sie damit einverstanden? Parteien- und Vereinigungsgesetz: Herr Raspe und Herr Henrich.
Entschuldigung?

Gysi (SED): Geht mir alles zu schnell. Wir kriegen die Namen noch einmal?

Ziegler (Co-Moderator): – kriegen ein Protokoll mit Anschriften und so.

[gemurmelte Diskussion über die Benennung]

Lange (Moderator): Ja, das ist jetzt die Frage, wie wir das technisch lösen. Das ist richtig. Soviel können wir [uns] gar nicht merken, was wir heute alles hier zu hören bekommen. Also darüber muß dann noch einmal nachgedacht werden.
Herr Böhme hatte sich gemeldet.

Böhme (SDP): Zur Frage des vom Staatsratsvorsitzenden Professor Gerlach vorgeschlagenen **Wahltermins** müssen wir erklären, die SDP hat zwar frühe Wahlen bereits favorisiert. Es gibt auch andere oppositionelle Parteiengruppen, die das gleiche meinen.

Aber ich glaube, heute ist der Wahltermin von uns nicht zu diskutieren, da die oppositionellen Gruppen und Parteien sich ausschließlich mit ihrer **Basis** rückkoppeln müssen.

Gutzeit (SPD): Moment. Es war hier der Vorschlag, daß wir eine Pause – –

Lange (Moderator): Entschuldigung. Hier war noch eine Wortmeldung zunächst.

Gerlach (LDPD): Es ist nur eine technische Frage: Jeder, der jetzt hier namhaft gemacht worden ist, von jeder Seite einer, weiß ja, welche Kommission er mitorganisieren soll, der hat sich, wie ich gesehen habe, auch den Partner aufgeschrieben. Und die beiden müßten sich in den nächsten Tagen in Verbindung setzen und müssen sich in ihrem Kreis mit den anderen verständigen, daß von jeder Gruppe oder Partei einer oder zwei mitbenannt werden, und dann vereinbaren, wann und wo die erste Zusammenkunft stattfindet.

Lange (Moderator): Gut. Vielen Dank für den praktischen Vorschlag.
Herr de Maizière.

de Maizière (CDU): Für den [Wahl-]Termin noch einmal, wenn wir eine Formel fänden „wird vorgeschlagen". Ich glaube, es wäre zeichenhaft, wenn wir heute wenigstens den Zeitraum absteckten. Wenn die wüßten, am **1. Mai** wird gewählt, oder irgend so etwas, mir fällt gerade nichts anderes ein.

Gysi (SED): Ich schlage vor, daß wir uns darüber beraten. Ich bin für eine Pause. Ich muß ehrlich sagen, daß, also na ja gut, wir haben ja sowieso mit niemanden, also gut, bei uns kommt es nicht darauf an, aber Sie – –

[Gelächter]

– wir werden uns auch, aber wenigstens miteinander beraten wollen, ja, wenn ich das einmal sagen darf.

Lange (Moderator): Entschuldigung, Herr Gutzeit, wollten Sie etwas sagen?

Gutzeit (SDP): Ich wollte auch den Vorschlag einer Pause machen.

Lange (Moderator): Jetzt eine kurze Beratungspause.
Herr Berghofer, dazu.

[Unruhe]

Berghofer (SED): Ich möchte nur ein Diskussionsangebot machen. Wir sind für den **frühest möglichen Zeitpunkt**. Wir sperren uns nicht einem mittleren, und wir akzeptieren auch einen späteren. Also damit: aus unserer Sicht ist Spielraum für alles. Das Volk erwartet **schnelle Wahlen**.

Lange (Moderator): Darf ich noch einmal kurz konkretisieren. Wenn Sie jetzt einen frühen Zeitpunkt meinen, nur daß die Diskussion und Beratung in der Pause dann auch etwas konkret wird, würde das bedeuten: Mai. Ein mittelfristiger wäre nach der Sommerpause, September.

Gysi (SED): Nein, früher ist natürlich vor Mai. Für mich ist Mai schon ziemlich mittelfristig.

Lange (Moderator): Herr de Maizière.

de Maizière (CDU): Mittelfristig vor der Sommerpause, also ich gebe zu bedenken, jeder, der nach der Sommerpause wäre, macht uns zwingend zum Spielball des **Bundestagswahlkampfes**. Also wir müssen vor der Sommerpause gewählt haben, und meiner Meinung nach müssen wir es um Ostern herum packen.

Henrich (NF): Wann ist denn Ostern?

Lange (Moderator): Ich denke es ist wichtig, daß wir nicht nur allgemein Zeiträume beschreiben, sondern auch den Monat nennen.

Es wird jetzt um eine Pause gebeten. Das ist eine Geschäftsordnungsfrage gewesen. Hier kommt eine andere. Bitte, Herr Ziegler.

Ziegler (Co-Moderator): Ich bin nicht gegen eine Beratungspause, ich bitte nur dringend, daß Sie dann hier die Ecken des Raumes nutzen und drin bleiben für diese Beratung, denn sonst ist draußen wieder ein unentwegtes Interviewen. Und das ist im Augenblick nicht angemessen.

Henrich (NF): Ich möchte eine Zigarette rauchen.

Ziegler (Co-Moderator): Zum Rauchen müssen Sie herausgehen, denn die Herrenhuter lieben das nicht, daß hier drinnen geraucht wird.

Lange (Moderator): Ja, wie lange, kleinen Moment bitte, wie lange brauchen Sie die Pause? 10 Minuten?

de Maizière (CDU): Als Orientierung, Ostern ist am 15. April, relativ spät diesmal.

[Unterbrechung der Sitzung]

Lange (Moderator): Darf ich zunächst einmal den Vorschlag unterbreiten? Wir haben die Pause jetzt gehabt, um uns zu beraten im Blick auf einen möglichen Wahltermin. Wir sind noch nicht komplett – –

[Unruhe]

– Herr Poppe. Ja. Bitte darf ich um Aufmerksamkeit bitten?

Poppe (IFM): Darf ich, da wir noch nicht komplett sind, ein zusätzliches Thema vielleicht noch einbringen.

Uns wurde hier mitgeteilt, daß heute nachmittag der Herr **Schwanitz** eine Pressekonferenz gegeben hat, während wir hier saßen. Und das haben wir nun alle nicht gehört. Aber es wäre vielleicht einmal interessant, den Wortlaut[10] zu erfahren.

Mir wurde berichtet, es ist da also eine gewisse Panikstimmung entstanden: Es wurde gesagt: Es konnte vermieden werden, Schußwaffen einzusetzen gegen Besetzer von Gebäuden der **Staatssicherheit** oder des **Amtes für Nationale Sicherheit** jetzt.

Ich denke, daß das eine brisante Geschichte sein könnte, wenn solche Positionen in Pressekonferenzen vertreten werden, so daß unsere vorhin geäußerte Forderung nach Auflösung beziehungsweise Unterstellung dieser Gebäude unter das Innenministerium vielleicht doch noch einmal von daher bedacht werden sollte.

Lange (Moderator): Dazu wäre natürlich notwendig, daß man jetzt auch Texte hat und genauer Bescheid weiß über den Inhalt.

Schnur (DBD): Das fällt ja darunter. Ich bin dabei.

Lange (Moderator): Ja, gut. Ja, ich meine jetzt aber konkret der Anlaß.

Koplanski (DBD): Wir wollen wissen, was Schwanitz gesagt hat.

Lange (Moderator): Ja, darum geht es. Herr Ziegler.

Ziegler (Co-Moderator): Dafür würde ich vorschlagen, daß wir Herrn Günther oder Herrn Grande bitten, herauszukriegen, ob das nicht auch von den Journalisten welche gehört haben, die uns den genauen Text vielleicht sogar vermitteln können. Denn, das hat ja keinen Zweck auf Hörensagen hin.

Günther (Pressesprecher): Ich habe es versucht. Genaues haben wir leider nicht herauskriegen können.

Ziegler (Co-Moderator): Haben Sie es nicht herauskriegen können?

Lange (Moderator): Dürfen wir an der Stelle die abgebrochene oder unterbrochene Aussprache zur Frage eines möglichen **Wahltermins** jetzt wieder aufnehmen?

Ich bitte um Ihr Einverständnis, daß dies erst einmal so geschieht, daß wir darüber sprechen und informieren. Eine Abstimmung darüber sollte erst passieren, wenn wir die Geschäftsordnung nicht nur zur Kenntnis genommen haben, sondern angenommen haben. Das würde dann also zurückgestellt werden.

Welche Vorschläge gibt es im Blick auf einen möglichen Wahltermin? Wer will sich dazu äußern?

Herr Böhme.

Böhme (SDP): Die SDP bleibt bei ihrem Vorschlag vom vergangenen Sonntag und Montag: den **6. Mai [1990]**. Wir betonen am liebsten noch einmal, am liebsten hätten wir den 7. Mai als den ersten Jahrestag einer offenkundigen **Wahlfälschung**.

Wir halten es bis zum 7. Mai für möglich, daß sich die Strukturen der oppositionellen Gruppen und Parteien so gefestigt haben, daß die Chance einer parlamentarischen Mitverantwortung gegeben ist für die oppositionellen Gruppen und Parteien. Wir halten es für leistbar, daß etwa Ende Januar ein Wahlgesetz auf dem Tisch liegt, spätestens. Und wir halten einen späteren Termin für unverantwortlich, nicht nur wegen dem Wahlkampf in der Bundesrepublik, unverantwortlich auch, was die Erwartungshaltung der Bevölkerung anbelangt.

Wir möchten davor warnen, einen Wahltermin noch eher zu favorisieren, weil dann die Opposition automatisch in das Hintertreffen geraten würde und gleichberechtigte Wahlbeteiligung nicht gegeben wäre.

---

[10] Dokument 1/1, Anlagenband.

Ich sehe die Gefahr, daß der Wunsch der Bevölkerung und die Erwartung der Bevölkerung einen noch viel früheren Wahltermin setzen wird. Ich halte es sogar für möglich, daß viele sagen, morgen wählen.

Es entspricht eben dem von uns zu verantwortenden gemeinsam mehr oder weniger zu verantwortenden Demokratieverständnis unserer Bevölkerung: Am liebsten morgen wählen, damit wäre alles gelaufen.

Ich glaube aber, wenn ein Konsens herzustellen wäre zwischen uns, daß wir ganz deutlich den **6. Mai [1990]** benennen und deutlich damit in Zusammenhang bringen freie, geheime, demokratische Wahlen. Bei gleichberechtigter Beteiligung der sich stellenden Parteien und Gruppierungen ist die Situation noch zu halten.

Lange (Moderator): Danke. Herr Berghofer.

Berghofer (SED): Ist eine Frage gestattet? Welche Wahlen wollen wir darunter verstehen?

Böhme (SDP): Zur höchsten Volksvertretung, um das Land regierungsfähig zu machen.

Lange (Moderator): Also Volkskammerwahlen.

Böhme (SDP): Die Volkskammer könnte dann sehr bald den Termin festlegen für die Wiederholung der Kommunalwahlen.

Lange (Moderator): Ja, Herr Gerlach.

Gerlach (LDPD): Wir hatten uns ausgesprochen für Wahlen auf allen Ebenen, weil es eben durch die Manipulation der **Kommunalwahlen** doch notwendig ist, die **örtlichen Volksvertretungen** mit der entsprechenden Legitimation auszustatten.

Aber wenn natürlich jetzt der Termin 6. Mai [1990] vorgeschlagen wird, mit dem wir uns auch beschäftigt haben, dann ist das meines Erachtens der frühestmögliche Termin, auf den sich alle verständigen können. Und dann auf allen Ebenen Wahlen durchführen – wird eine Belastung mit sich bringen, die sicher nicht von allen zu tragen ist.

Und da in der Tat das Parlament das Wichtigste ist, würde ich mich auch dem Vorschlag anschließen; denn dann könnten auch sehr bald die Neuwahlen der **kommunalen Parlamente** stattfinden. Wir wären mit dem **6. Mai [1990]** einverstanden.

Lange (Moderator): Herr Schramm.

Schramm (FDGB): Der Grund für die Forderung für schnellstmögliche Neuwahlen ist doch wohl der, daß das Land zur Zeit den Eindruck des Nichtregiertwerdens, sondern des Taumelns von Demonstration zu Demonstration und von Forderung zu Forderung erweckt.

Die Neuwahlen: Hinter diesem Termin steckt doch das Bedürfnis unserer Menschen, endlich wieder zu – bitte das jetzt nicht falsch zu deuten – zu vernünftigen Formen des gesellschaftlichen Lebens zu finden und dazu zu finden, daß der Staat bestimmt, also das Parlament bestimmt, was in unserem Land passiert, daß Ordnung einzieht.

Und darum möchten wir hier auch darum bitten, daß wir über den Wahltermin nicht mehr allzu lange diskutieren. Wir möchten noch einmal dann auf drei sehr wichtige Punkte in dem Zusammenhang nachher verweisen.

Also, die Angst unserer Leute oder der Menschen in unserem Land beruht doch darauf, daß die **Gefahr des Ausverkaufes** besteht und daß mir im Moment keine rechtlichen Mittel oder Gesetze bekannt sind, diesen Ausverkauf in Größenordnungen zu verhindern und die Gefahr besteht, daß, wenn die Arbeiter wach werden oder wenn unsere Leute begreifen, in welche Situation unsere Betriebe gekommen sind, der Schreck schon komplett ist und unsere Betriebe uns eigentlich nicht mehr in dem Maße gehören, wie das sein müßte, daß unser Land handlungsfähig bleibt und unabhängig.

Darum sind wir uns doch, glaube ich, alle einig, daß unser **Land unabhängig** bleiben muß, und damit auch unsere **Wirtschaft.**

Lange (Moderator): Ja, da habe ich Sie recht verstanden. Sie sprechen sich nicht gegen den Vorschlag **6. Mai [1990]** aus?

Schramm (FDGB): Das ist der späteste Termin meiner Meinung nach.

Lange (Moderator): Ja, gut. Herr Schult.

Schult (NF): Ja, ich denke, daß der 6. Mai vom Termin einfach zu früh ist, um das Organisatorische zu schaffen. Wir würden noch vor dem Sommer sagen, vielleicht um den **10. Juni [1990]** herum. Wir, das ist das Neue Forum, geben zu bedenken, daß also für meine Begriffe die Forderungen nach Wahlen aufgrund dieser chaotischen Lage innerhalb dieses Landes soweit hochkommen und daß, wenn es bis dahin nicht einigermaßen geklärt ist und der Staatsapparat weiterhin apathisch ist und nicht handlungsfähig, sich die Situation auch nicht ändern wird durch Wahlen.

Ich denke, daß **Sofortmaßnahmen** diskutiert und ergriffen werden müssen, also Inhalte hier diskutiert und ergriffen werden müssen, die also wieder ein Perspektivestück darstellen, zumindest politisch Perspektive.

Und dazu gehören also klar die Rechts- und Sicherheitssituation in diesem Lande hier mit **Verhinderung von Verbrennen von Akten und Archiven,** und daß man das Gefühl hat, daß die Leute sich davonstehlen. So, daß viele handlungsfähige Organe entstehen und eine davon wäre nach meiner Meinung, und darüber müßten wir heute noch diskutieren über die **Rolle der Bürgerkomitees** und der Zusammenarbeit zum Beispiel mit der VP [Volkspolizei], also daß hier klar rechtliche Situationen geschaffen werden, woran sich Leute orientieren und halten können, um also zu verhindern einerseits, daß das totale Chaos auf den Straßen entsteht, noch daß sich hier massenhaft Leute davonstehlen und davonschleichen können und Spuren verwischen.

Das halte ich also für die primäre Situation und Aufgabe momentan neben den ganzen konkreten anderen Sachen, die durchgesetzt werden müssen – eine politische Forderung, bloß das wäre konkret zu diskutieren.

Von da aus denke ich, daß die Forderung nach Wahlen zwar klar und deutlich ist, das ist aber nicht das Allerheilmittel, um die Situation zu beruhigen. Auch diese Wahl für den 6. Mai [1990] kann schon zu spät sein, auch eine Wahl in drei Wochen kann zu spät sein, wenn jetzt nicht was passiert.

Lange (Moderator): Das hieße?

Schult (NF): Der **10. Juni [1990].**

Lange (Moderator): 10. Juni.

Frau Seese (VL): Wir wollen uns dem anschließen, und dazu noch eins formulieren und versuchen, zu kritisieren. Den Termin der Wahl, den kann man natürlich jetzt festlegen auf so eine abstrakte Weise, indem man die Situation jetzt im

Lande wirklich beschaut und sagt, der Termin soll möglichst schnell passieren.

Er muß aber, glaube ich, einhergehen mit der Forderung, daß hier an diesem Tisch sich auch eine **Kommission** bildet, die direkt die **Verhandlungen** [mit der Bundesregierung Deutschland] **kontrolliert**. Denn wenn auch gesagt wird, daß die Volkskammer Gesetze, Gesetzesvorlagen vorlegt, also anbietet als auch juristische Regeln trifft oder verändert, die meinetwegen bei **Joint-ventures** zum Tragen kommen würden, so glaube ich nicht, daß das Volk Vertrauen darin hat, daß es auch so getan wird.

Denn daher kommt, glaube ich, meiner Meinung nach der Ruf nach sofortigen neuen Wahlen. Also, mein konkreter Vorschlag, im gleichen Zuge wie hier ein Wahltermin festgelegt wird oder vorgeschlagen wird, auch eine Kommission einzusetzen, die sich konkret mit Informationen befaßt über schon geführte Verhandlungen, sich damit befaßt also, ob die Situationen stimmen, weiterhin handlungsfähige Gremien beschlossen werden, die diese Verhandlungen kontrollieren. Es geht da in Richtung Bürgerkomitees natürlich bis runter – –

Lange (Moderator): – kann dann gern noch einmal mit aufgegriffen werden.
Herr Schnur.

Schnur (DA): Zum Wahltermin, denke ich, muß man sich jetzt klar und eindeutig äußern. Wir schließen uns dem Termin vom 6. Mai an. Ich glaube, es ist nicht nur eine Frage unsererseits, sondern ich denke, wir haben ganz klar und eindeutig den Willen der Straße zu berücksichtigen; denn ich glaube, es ist doch von denen keine Spielerei.

Und alle, die wir hier auch am Tisch sitzen, und wir hatten es wesentlich schwerer, weil uns dafür die politische Erfahrung fehlt, weil wir dann zum ersten Mal in einen Wahlkampf gehen – –

Zum zweiten fehlen uns natürlich auch die organisatorischen Voraussetzungen. Aber, wenn ich politische Verantwortung für dieses Land übernehmen will, dann muß ich jetzt schon bereit sein, tatsächlich diesen Bürgern zu sagen: ich werde mich dem stellen.

Ich denke, das andere – Wir würden ja jetzt zum zweiten die Präambel ein Stückchen, die wir ja hier als „Erklärung" gern – ein Stückchen verkennen. Ich glaube, daß uns Sofortmaßnahmen nicht entbinden. Das hängt auch ein Stückchen damit zusammen, ob wir morgen und übermorgen noch überleben. Also, ich denke, das ist eine ganz andere Frage, die jedoch nicht ablenkt. Das muß der Bürger so und so spüren, daß was geschieht.

Frau Merkel (UFV): Man muß sicherlich mit einem Wahltermin eine klare Perspektive geben. Deswegen bin ich auch dafür, daß wir uns über einen Termin entscheiden, votiere aber für einen **späteren Termin als den 6. Mai [1990]** und würde gemeinsam mit dem Neuen Forum für einen Juni-Termin votieren.

Die Situation in diesem Lande wird hier in den nächsten Tagen und Wochen entschieden, da kommt es auf Mai oder Juni [1990] nicht darauf an. Es kommt aber darauf an, im Juni eine solche Volkskammer zu installieren oder ein solches Parlament, das tatsächlich die **Legitimation** hat, das heißt, wo also genügend Zeit gewesen ist, um sich mit Programmen bekannt zu machen, um die Leute auszusuchen, zu wählen, um den neuen Organisationen und Gruppierungen die Möglichkeit zu geben, mit ihrer Basis überhaupt in Kontakt zu kommen.

Denn sie müssen bedenken, unsere **materiell-technische Basis** sieht momentan außerordentlich schlecht aus. Und ich glaube nicht, daß wir in dem Maße, wie bestimmte andere Gruppierungen und Parteien aus dem westlichen Ausland Unterstützung erhalten werden – –

Lange (Moderator): Herr Gysi.

Gysi (SED): Na ja. Ich will nur eins sagen, daß man auch nicht vergessen darf, daß so ein **Wahlkampf** einen langen Atem kostet.

Und wenn wir den Termin bekannt geben, fängt der ja an, ob man es will oder nicht, da können wir uns hundertmal einigen und sagen, also vor dem 3. März geht es nicht, das können wir alles vergessen. Und je kleiner eine Partei ist, desto schwieriger ist es natürlich, eine so lange Zeit auch durchzustehen.

Also, ich würde nicht nur sagen wollen, ich bitte es einfach mitzubedenken, daß das eine Frage ist, daß man sich organisiert, sondern das ist ja auch eine relativ lange Zeit.

Also, mir sind beide Termine im Prinzip recht, muß ich sagen. Aber ich würde, um ein Signal zu setzen, einfach auch die psychologische Wirkung zu haben – Richtig ist ja, daß vieles in den nächsten Tagen und Wochen entschieden wird. Dann kann das eine wie das andere möglicherweise wichtig oder auch egal sein, aber, um ein Signal von hier aus zu setzen, würde ich sagen, sollte man einen Termin nehmen, der relativ kurzfristig ist, und der Mai ist auch so der klassische Wahlmonat, und der **6. Mai [1990]**, also ich finde den Termin nicht schlecht, muß ich sagen. Und der eine Monat länger wird Ihnen organisatorisch auch nicht viel helfen.

Lange (Moderator): Herr de Maizière hatte sich dazu noch gemeldet.

de Maizière (CDU): Ja, ich möchte versuchen, mich noch einmal für einen früheren Termin auszusprechen. Ich höre die Sorgen aller mit der Strukturierung, gut.

Die alten Parteien, wie wir sagen, haben ihre Sorgen. Die sind nicht die Struktur, die sind möglicherweise das Bemühen, sich selbst zu erneuern und zu finden und Köpfe auszuräumen. Das dauert vielleicht mindestens ebenso lang, wenn nicht länger.

Ich gebe nur eins zu bedenken, je weiter es weg ist, desto mehr wird die Regierung genötigt, im **Verordnungswege** vollendete Tatsachen zu schaffen, um erhaltend zu wirken, was also noch mehr in die Kritik kommen könnte und auch die tatsächlichen, die objektiven Ausgangspositionen dann möglicherweise auch verschlechtern würde.

Lange (Moderator): Ja, es stehen zwei Termine. Es sind noch keine anderen; das war erst ein Vorschlag noch früher, vor dem **6. Mai [1990]**.
Herr Ullmann.

Ullmann (DJ): Ja, also, ich plädiere für den **6. Mai** aus zwei Gründen. Es muß auf jeden Fall vor der Sommerpause sein, also, da kann man machen, was man will. Und für den **6. Mai** aus den Gründen der historischen Symbolik.

Lange (Moderator): Ja. Können wir die Diskussion oder die Aussprache jetzt dazu abschließen? Sind Sie damit einverstanden, daß wir die Abstimmung darüber nach der Geschäftsordnung haben oder gibt es andere Vorschläge dazu.

Bitte, Herr Poppe.

Poppe (IFM): Ich hätte den Vorschlag, daß dieser Termin als eine Empfehlung vom Runden Tisch gegeben wird, weil wir uns natürlich auch bei unseren jeweiligen Gruppierungen diesen Termin bestätigen lassen müssen.

Wir sind mit Ausnahme der SDP, die also sogleich – ich weiß nicht, wie das beim Demokratischen Aufbruch war –, aber die diesen Termin ja bereits vorher beschlossen hat – –

Da besteht also eine eindeutige Legitimation der hier anwesenden Sprecher, für diesen Termin zu votieren. Das ist aber nicht bei allen Gruppierungen so. Und ich möchte einfach jetzt, wenn wir anfangen mit Demokratie, dann nicht auch wiederum schon innerhalb der eigenen Gruppierungen undemokratisch vorgehen.

Lange (Moderator): Sie würden zwischen Empfehlung und Vorschlag hier noch einmal differenzieren wollen, ja? Denn es ist grundsätzlich so, daß wir einen Vorschlag nur und keinen Beschluß hier dazu fassen können. Deshalb frage ich noch einmal zurück.

Poppe (IFM): Ja.

Lange (Moderator): Herr Gerlach.

Gerlach (LDPD): Ich wollte nur sagen, natürlich haben wir alle unsere Schwierigkeiten mit den Terminen. Wir waren auch für einen späteren Termin, aber wenn die Forderungen des Volkes als Ausgang quasi [genommen werden], dann muß man sich ja zusätzlich zu den Maßnahmen, die wir heute empfehlen oder Orientierungen geben, **Bürgerkomitees** und **Wirtschaftslage** und anderes, **Rechtssicherheiten** mehr schaffen, das alles. Und das würde ich auch unterstützen: Das hängt nicht unmittelbar mit dem Wahltermin zusammen.

Ich möchte auch noch sagen – ich bin nämlich – seit gestern amtierender Vorsitzender [des Staatsrates], und ich hoffe, daß ich das bald wieder loswerden kann. Ich weiß nicht, wann die SED einen neuen Vorschlag macht.

Aber je später der Wahltermin ist, desto mehr sind das Strukturen und Situationen, die für alle Beteiligten nicht angenehm sind.

Deshalb meine ich, wäre es gut, den **6. Mai** zu nehmen und hätte aber nur den Vorschlag, daß wir vielleicht diesen Wahltermin – um auch beruhigend zu wirken in der Bevölkerung – verbinden, was heute schon von verschiedenen Seiten angeklungen ist, verbinden. Nicht nur, daß wir den Termin nennen, sondern daß wir sagen, Vorschlag: **Wahltermin 6. Mai [1990]**, und wenn das als Orientierung gegeben ist, halten wir es für richtig, jetzt mit Blick auf diesen Wahltermin, daß alle, ich will es mal sagen, fleißig arbeiten, keine Streiks –, Ordnung halten, Versorgung sichern, im Sinne also der Beruhigung.

[Unruhe]

Lange (Moderator): Ja, Herr Böhme.

Böhme (SPD): Genau das, was Gerd Poppe gesagt hat, war der Grund, warum ich sagte, wir wollen eine Verständigungsrunde heute machen, dann an die **Basis** zurückgehen, das diskutieren, weil ich genau die Situation unserer oppositionellen Freunde kenne – also die zu unserer Opposition stehen und wir zu ihnen, oppositionellen Freunden, kenne.

Ich glaube trotzdem, daß wir eine Formulierung treffen sollten, daß wir uns einig sind, daß Wahlen bald geschehen müssen, daß man sich in der zweiten Runde über den Termin verständigen und daß wir der Bevölkerung jetzt immer deutlich machen: Schritt für Schritt wird gearbeitet. Wir können es nicht bei allzu verschwommenen Formulierungen belassen. Und dann uns bei der zweiten Runde tatsächlich uns auf den Wahltermin als Vorschlag einigen. Das halte ich für wichtig.

Lange (Moderator): Herr Ducke.

Ducke (Co-Moderator): Da hier von der Verknüpfung die Rede war. Ich halte es für wichtig, daß bei dem Vorschlag eines Termins, und ich unterstütze alles, was ich gehört habe, was für eine **Bekanntgabe des Termins** spricht, möchte aber das gleich mit verknüpfen, damit deutlich wird von den Schwierigkeiten, daß damit die Arbeitsbedingungen, faktisch also das Parteiengesetz oder die jetzt Möglichkeiten, daß solch eine Wahl durchgeführt wird, da mit beschlossen werden.

Sofortmaßnahmen wegen mir. Also das müßte sehr deutlich sein, dieser Termin ist gewählt mit den und den Konditionen. Würde das Ihnen nicht helfen, wenn Sie jetzt mit Ihren Mitgliedern da diskutieren?

Lange (Moderator): Herr Maleuda.

Maleuda (DBD): Also, ich würde das jetzt unterstreichen wollen, in der Richtung wollte ich auch einen Vorschlag unterbreiten mit dem **6. Mai [1990]**, das so zu handhaben.

Lange (Moderator): Herr Henrich.

Henrich (NF): Also, dann bitte ich auch darum, daß man sich Gedanken darüber macht, wann der Entwurf vorliegt. Denn vorhin haben wir über die mangelnde **Legitimation** ja nun gesprochen. Wenn der Entwurf dann erst 5 Minuten vor 12 vorliegt, dann wird der nicht einmal mehr diskutiert. Also dann geht das ganze wirklich mit einem zweiten Versagen los. Und zwar in jeder Hinsicht, auf ganzer Linie.

Lange (Moderator): Herr Gysi.

Gysi (SED): Ich finde, wir sollten heute doch einen Termin als Vorschlag nennen. Es ist ja auch keine Katastrophe, wenn wirklich noch einmal ein anderer käme. Aber ohne Termin, das ist zu verschwommen.

„Frühestmöglich", da sagen sich die Leute: Ja wann denn nun? Ich weiß nicht, ich habe kein gutes Gefühl dabei. Und wenn wir den 6. Mai [1990] zum Beispiel oder den **10. Juni [1990]** nehmen, dann ist wenigstens erst einmal eine Orientierungsgröße da.

Verbunden werden muß es, da stimme ich also dem Kollegen Henrich zu, mit der Forderung, daß der Entwurf Ende Januar in die öffentliche Diskussion geht. Also, bis dahin muß er vorliegen, daß man einen Monat noch diskutieren kann, und dann kann der Entwurf verabschiedet werden.

Lange (Moderator): Dieser Termin war vorhin schon mitgenannt worden von Ihnen, daß im Januar der Entwurf vorliegen muß.

Bitte, Herr Gutzeit.

Gutzeit (SDP): – „die Entwürfe"! Es ist ja nicht nur einer: **Wahlgesetz** und **Parteiengesetz**. Es müssen „die Entwürfe" sein, sonst bringt das gar nichts.

Henrich (NF): Aber dann muß auch sofort die Entscheidung getroffen werden über diese **Arbeitsbedingungen**, auch über **Verdienstausfall** und ähnliches, wenn das nun im

Januar schon vorliegen soll. Ich bin ja gern bereit, daran mitzuarbeiten. Aber dann müssen solche Dinge vorher geregelt sein. Wie soll man das denn sonst machen praktisch?

Lange (Moderator): Ich denke, wir sollten diesen Punkt jetzt abschließen. Darf ich fragen, sind Sie der Meinung, daß wir jetzt, weil es sich um einen Vorschlag handelt, doch in dieser Runde jetzt schon dazu votieren sollten, oder soll das erst nach Beschluß und Annahme der Geschäftsordnung passieren? Können wir jetzt dazu?

Es sind zwei konkrete Daten genannt worden: der **6. Mai [1990]** oder der **10. Juni [1990]**. Es war noch ein Termin vorher, aber der ist nun nicht mehr unterstützt worden.

Wir haben jetzt darüber abzustimmen, welche Empfehlung wir vom Runden Tisch geben. Wer dafür ist, daß die nächste **Wahl zur Volkskammer am 6. Mai [1990]** erfolgt, den bitte ich um das Handzeichen. – Müssen wir jetzt zählen?

[Unruhe beim Zählvorgang]

Frau Poppe (DJ): Augenblick: Zur Geschäftsordnung. Wir haben noch nicht über die Geschäftsordnung beschlossen.

Ziegler (Co-Moderator): Eben ist das gesagt worden.

Lange (Moderator) Ich habe eben angefragt, und dem ist zugestimmt worden.

Ducke (Co-Moderator): Also, jetzt bitte noch einmal die Hände, ich will zählen.

Lange (Moderator): Wer dafür ist, **Wahl am 6. Mai [1990]**.

Ducke (Co-Moderator): 22 Ja-Stimmen zähle ich.

Lange (Moderator): Heißt jetzt die Alternative: Wahl am 10. Juni [1990]? Wer dafür ist, daß die Wahl am 10. Juni ist, den bitte ich ums Handzeichen.

Das waren die zwei Vorschläge.

de Maizière (CDU): Wenn wir die Sache ernst nehmen wollen, habe ich gesagt Ja/Nein muß abgestimmt werden.

Jetzt müßte gefragt werden: Wer ist gegen den Termin?

Lange (Moderator): Wer ist gegen den 06. Mai? Wer gegen den Termin 6. Mai ist, den bitte ich jetzt ums Handzeichen. –

Ducke (Co-Moderator): Gegen 6. Mai.

Lange (Moderator): Keine Gegenstimmen? Wer enthält sich der Stimme?

Ducke (Co-Moderator): 11, wenn ich richtig zähle.

Ziegler (Co-Moderator): Es stimmt. 33.

Lange (Moderator): Wir sind 33 Abstimmungsberechtigte. 22 haben dafür votiert, 11 Enthaltungen.

Darf ich jetzt noch einmal zum Verfahren fragen. Herr Ducke hatte gesagt, es müßte einiges dann mit einbezogen werden in die Formulierung. Wer macht diese Formulierung im Blick auf den Beschluß oder die Empfehlung, die wir jetzt ausgesprochen haben?

Herr Ziegler.

Ziegler (Co-Moderator): Also, ein Teil des Inneren kommt ja noch, denn wir müssen noch über die **Arbeitsbedingungen der Gruppierungen** und so weiter beschließen. Das ist eine Sache, die intern ist – wenn wir heute noch dazu kommen, das ist natürlich die Frage.

Es war vorgeschlagen, noch zur **Sicherung der Wirtschaftslage** etwas zu sagen. Dann wäre das ja auch so eine Sache, die gemacht wird. Und schließlich nenne ich drittens, wir werden noch bekannt geben, daß auch am **Parteien- und Vereinigungsgesetz** gleichzeitig gearbeitet wird. Ist ja auch eine der Maßnahmen, die da parallel geht.

Also, wenn wir die Dinge benennen, denke ich, ist etwas von dem, was Herr Ducke gesagt hat, erfüllt.

Ducke (Co-Moderator): Ja.

Lange (Moderator): Gut. Vielen Dank. Bitte.

Bugiel (FDGB): Ich bin der Meinung, daß wir mit der Empfehlung 6. Mai 1990 eine sehr gute Ausgangsbasis haben, um auch in den Arbeitskollektiven wirksam zu werden, an der Basis wirksam zu werden. Es dient dazu, glaubhaft zu werden. Ich bin aber der Meinung, daß wir uns jetzt in der noch wenigen halben Stunde oder Stunde der verbleibenden Zeit über anstehende aktuelle **Wirtschaftsfragen** verständigen sollten. Ich halte es für notwendig, weil unsere Kollegen einfach eine Antwort auf bestimmte Dinge haben wollen. Wir müssen uns hier positionieren.

Und auch noch zu anderen Fragen:

Ich denke erstens, daß wir uns positionieren sollten, und fordern die **Bestrafung der Schuldigen,** die unser Land in diese Katastrophe gebracht haben, einschließlich der gesamten korrupten Clique.

Zweitens, bin ich der Meinung, daß wir, vielleicht ist das jetzt falsch oder, einen Aufruf, einen Standpunkt erarbeiten sollten zur **Sicherung der Produktion** und zur **Versorgung,** daß wir unsere Bevölkerung dazu aufrufen, jetzt gewissenhaft und fleißig in dieser schweren Zeit für unser Land zu arbeiten, weil wir nur durch eine ordentliche und fleißige Arbeit die Situation einigermaßen noch im Griff halten können.

Deshalb bin ich auch der Meinung, daß wir uns heute sehr verantwortungsbewußt zu Fragen des **Streiks** verständigen sollten. Wir vertreten als Gewerkschaft den Standpunkt, die vielen Aufrufe von einzelnen Gruppierungen, Betriebsbelegschaften, zum **Generalstreik,** aus irgendwelchen Anlässen zur Arbeitsniederlegung, zu Warnstreiks sind in der jetzigen Situation falsch.

Ich stehe zum Streikrecht als aber wirklich letztes Mittel, wenn bestimmte Dinge nicht durchgesetzt werden können. Ich glaube, daß dieser Kreis mit einer solchen Entscheidung auch Maßstäbe setzt. Und es kann nicht sein, daß wir, wenn es zu einem Generalstreik kommt, den wirtschaftlichen Kollaps herbeiführen.

Drittes Problem: Wir müßten uns nach meiner Meinung verständigen zu dem Thema **Sicherung der Arbeitsplätze, soziale Sicherung, Verhinderung des Ausverkaufs.** Wir müssen uns, ob wir es wollen oder nicht, zu diesen Fragen heute hier noch eine Meinung bilden. Ich vertrete die Auffassung, auch nicht eher auseinanderzugehen, bis wir unserer Bevölkerung morgen in der Presse dazu einen Standpunkt darlegen können.

Danke.

Lange (Moderator): Darauf wollten jetzt reagieren Herr Böhme und Herr Ullmann.

Herr Böhme.

Böhme (SDP): Die Sozialdemokraten in der DDR stehen in ihrer Erklärung vom 7. Oktober [1989] in ihrer programmatischen Rede eindeutig für das Streikrecht auf der Basis eines **Betriebsverfassungsgesetzes** im Prinzip – –

Lange (Moderator): Zur Geschäftsordnung.

Entschuldigen Sie, Herr – –

[Stimmengewirr]

Henrich (NF): Also lange Statements – –

Schult (NF): Ich möchte jetzt ganz gern einmal wissen, daß wir vielleicht erst einmal festlegen, über welches Thema wird jetzt hier geredet.

Lange (Moderator): Ja genau, das ist jetzt hier die Frage: Wollen wir diesen Punkt jetzt diskutieren? Wir haben noch andere. Darf ich einmal den Vorschlag machen, daß wir die erwähnten Fragen – zum Teil überschneiden sie sich mit einigen, die schon genannt worden sind – doch dann diskutieren, wenn wir die Dinge, die noch auf der Tagesordnung stehen, jetzt zunächst geklärt haben.

Zur Geschäftsordnung Herr de Maizière.

de Maizière (CDU): Mir war so, als ob wir vor einer Weile Kollegen Schnur beauftragt hatten, einen Text zu entwerfen.

Lange (Moderator): Das kommt jetzt.

de Maizière (CDU): Gut. Aber da sind wesentliche Teile dessen schon, glaube ich, darin enthalten oder werden enthalten – Dort werden noch wesentliche Teile dessen, was hier angesprochen ist, bereits enthalten sein. Frage: Ob wir nicht den Text abwarten können, damit wir dann noch wissen, was dann noch übrig ist als notwendiges Signal?

Lange (Moderator): Wir haben das sehr aufmerksam gehört. Ich denke, wir behalten es auch im Blick.

Darf ich Ihnen vorschlagen, daß wir jetzt zunächst die beiden vorliegenden Papiere zur Hand nehmen, um sie noch einmal zur Debatte zu stellen und darüber abzustimmen. Es handelt sich um die **Erklärung [Vorlagen 1/7a und 1/7b Erklärung Runder Tisch: Erklärung zum Selbstverständnis des Runden Tisches**; s.o.]: „Die Teilnehmer des Runden Tisches treffen sich aus tiefer Sorge um unser in eine Krise geratenes Land", und es handelt sich um die **Geschäftsordnung**. Dann haben wir als einen Punkt von Herrn Schnur noch **Überlegungen zu Fragen der Rechtsstaatlichkeit**.

Sind Sie damit einverstanden?

de Maizière (CDU): Wir haben drei Papiere.

Lange (Moderator): Ja. Ein Papier ist bereits angenommen: Die fünf Punkte: „Die Teilnehmer des Runden Tisches stimmen überein" **[Vorlage 1/10b]**. Ist das richtig?

[Zustimmung]

Grande (Pressesprecher): Punkt 3 war umdiktiert wegen des Volksentscheids.

Ziegler (Co-Moderator): Bei der Wahl.

Ducke (Co-Moderator): Bei der Wahl. Nicht bei dem Text.

Ziegler (Co-Moderator): Bei der Wahl. Das kommt doch aber dazu, nicht.

Lange (Moderator): Gut. Wollen Sie dies noch einmal jetzt zur Diskussion stellen, das bereits angenommene Papier?

Herr Ullmann.

Ullmann (DJ): Ja, ich meine, da liegt ein Irrtum vor. Das ist überhaupt nicht kontrovers gewesen, daß die Annahme der Verfassung durch einen Volksentscheid wird – Die Auseinandersetzung über den Volksentscheid bezog sich auf das Wahlgesetz.

Lange (Moderator): Gut. Dann brauchen wir diesen verabschiedeten Beschluß nicht noch einmal wieder in Erwägung zu ziehen?

Ziegler (Co-Moderator): Nein, der ist doch schon einmal beschlossen.

TOP 15: Selbstverständnis des Runden Tisches

Lange (Moderator): Es ist beschlossen.

Wir haben vor uns den Text der **[Vorlage 1/7a und 1/7b] Erklärung zum Selbstverständnis des Runden Tisches**. Ich habe schon zitiert:

„Die Teilnehmer des Runden Tisches treffen sich aus tiefer Sorge um unser in eine Krise geratenes Land".

Dieser Text steht jetzt zur Abstimmung. Gibt es zunächst dazu Anfragen oder Änderungswünsche?

Herr Ullmann.

Ullmann (DJ): Nur eine kleine Umstellung. Der Satz, der als ein eigener Absatz etwa in der Mitte steht: Sie können „keine parlamentarische oder Regierungsfunktion ausüben", ist natürlich vollkommen richtig und wird von mir auch gar nicht in Zweifel gezogen. Er bekommt, meine ich, aber ein falsches Gewicht und könnte aussehen, als ob wir hier unserer eigenen Arbeit etwas das Gewicht nehmen wollen.

Ich finde, es klänge besser, wenn wir sagten: „Obwohl die Teilnehmer keine parlamentarische oder Regierungsfunktion ausüben können, wollen sie sich mit Vorschlägen zur Überwindung der Krise an die Öffentlichkeit wenden."

Lange (Moderator): Können wir das gleich jetzt hören?

Gutzeit (SPD): Das geht logisch nicht! Da wir Regierungsmitglieder dabei haben, Parlamentsabgeordnete, stimmt das so nicht, geht das logisch direkt so nicht.

Lange (Moderator): Darf ich zunächst fragen, wird der Vorschlag von Herrn Ullmann unterstützt?

Zurufe: Der Runde Tisch, der Runde Tisch!

Lange (Moderator): Daß wir anstelle von „sie" jetzt beginnen den Satz mit „Der Runde Tisch". Können Sie noch einmal bitte versuchen, Herr Ullmann, den Satz weiterzuführen?

Ullmann (DJ): „Obwohl der Runde Tisch keine parlamentarische oder Regierungsfunktion ausüben kann, will er sich mit Vorschlägen zur Überwindung der Krise an die Öffentlichkeit wenden."

„Er" muß es dann heißen, „fordert von der Volkskammer" und so weiter.

Lange (Moderator):" – will er sich mit Vorschlägen" – –

Ducke (Co-Moderator): Wie es oben dann heißt.

Ullmann (DJ): „Er fordert von der Volkskammer" und so weiter.

Lange (Moderator): „Er fordert", ja. Also, dieser Satz: „Die Teilnehmer wollen sich mit Vorschlägen zur Überwindung der Krise an die Öffentlichkeit wenden" würde dann wegfallen.

[Ablehnung]

Lange (Moderator): Der bleibt bestehen? Weil dann zweimal „Vorschläge" kommen.

Zurufe: Nein. Nein.

Ziegler (Co-Moderator): Darf ich vorlesen. Die Absätze 3 und 4, also:
„Die Teilnehmer..." und „Sie können..." werden zusammengefaßt zu einem, ja? Und heißt: „Obwohl der Runde Tisch keine parlamentarische oder Regierungsfunktion ausüben kann, will er sich mit Vorschlägen zur Überwindung der Krise an die Öffentlichkeit wenden."
Dann soll es weitergehen: „Er fordert von der Volkskammer..." Ist das so?

[Zustimmung]

Lange (Moderator): Ja, das meinte ich, daß das nun mit heruntergezogen wird, ja.

Gysi (SED): Dann geht aber das nächste „sie" auch nicht.

Lange (Moderator): „Er fordert", „Er versteht sich als Bestandteil der öffentlichen Kontrolle".
Ist der vorliegende Text jetzt allen klar? Gibt es weitere Wortmeldungen dazu? Müssen Sie noch einmal den Text hören? Ist das nicht der Fall? Bitte?

Gysi (SED): Wir müßten statt „die Tätigkeit" noch „seine" sagen, ja? „Ist seine Tätigkeit bis zur Durchführung" und so weiter. Das bezieht sich dann ja auf den Runden Tisch.

Berghofer (SED): Letzter Satz: „Geplant ist seine Tätigkeit".

Zurufe: „Der Runde Tisch, seine Tätigkeit", „die Tätigkeit" geht auch.

Lange (Moderator): Können wir dann über diese Erklärung zur Abstimmung kommen? Sind Sie einverstanden, daß das jetzt geschieht?
[Die zur Abstimmung gestellte – gegenüber den oben als **Vorlage 1/7a** und **Vorlage 1/7b** dokumentierten Fassungen veränderte – endgültige Version der **Vorlage 1/7c, Erklärung Runder Tisch: Zum Selbstverständnis des Runden Tisches** lautet:]

1. Selbstverständnis [des Runden Tisches]

Die Teilnehmer des Runden Tisches treffen sich aus tiefer Sorge um unser in eine Krise geratenes Land, seine Eigenständigkeit und seine dauerhafte Entwicklung.

Sie fordern die Offenlegung der ökologischen, wirtschaftlichen und finanziellen Situation in unserem Land.

Obwohl der Rundtisch keine parlamentarische oder Regierungsfunktion ausüben kann, will er sich mit Vorschlägen zur Überwindung der Krise an die Öffentlichkeit wenden.

Er fordert von der Volkskammer und der Regierung, rechtzeitig vor wichtigen rechts-, wirtschafts- und finanzpolitischen Entscheidungen informiert und einbezogen zu werden.

Er versteht sich als Bestandteil der öffentlichen Kontrolle in unserem Land. Geplant ist, seine Tätigkeit bis zur Durchführung freier, demokratischer und geheimer Wahlen fortzusetzen.

Wer diese Erklärung in der Fassung, die wir eben festgelegt haben, annimmt, den bitte ich um das Handzeichen. – Wer ist dagegen? – Gibt es Stimmenthaltungen? – Diese Erklärung ist einstimmig angenommen.

TOP 16: Geschäftsordnung des Runden Tisches

Das zweite vorliegende Papier ist die Geschäftsordnung. Wollen Sie dazu noch einmal Erläuterungen geben, Herr de Maizière?

Lange (Moderator): Bitte, Herr Schult.

Schult (NF). Die Abstimmung wollten wir doch bis zum nächsten Mal vertagen.

Lange (Moderator): Ja, deshalb hatte ich gefragt, ob Sie jetzt abstimmen wollten. Sind Sie bereit, abzustimmen hier zur Erklärung?

Schult (NF): Nein, wollen wir nicht.

[Gemurmelte Diskussion über die Abstimmung zur Geschäftsordnung]

Lange (Moderator): Entschuldigung, ich habe Sie jetzt nicht verstanden.

Schult (NF): Die Abstimmung wollten wir doch bis zum nächsten Mal vertagen. Wir hatten doch beschlossen gehabt, sie zu vertagen bis zum nächsten Mal.

de Maizière (CDU): Aber vorhin hieß es, sie soll geschrieben vorliegen, damit man sie noch einmal lesen und prüfen kann, und wir wollten sie beschließen.

Lange (Moderator): Es geht jetzt da um diese vorgeschlagene Geschäftsordnung.

de Maizière (CDU): Offenbar lediglich die Ziffer 8, und die habe ich jetzt ja formuliert: „Über die **Leitung** der Sitzungen wird auf der nächsten Beratung besonders befunden."

Lange (Moderator): Herr Ullmann.

Ullmann (DJ): Ich finde, da dies der Kontroverspunkt war, könnten wir doch über den Rest abstimmen. Wir brauchen das nicht noch einmal vorzulegen.

Lange (Moderator): Ja. Bitte, Frau Merkel.

Frau Merkel (UFV): Ich habe da aber noch ein Problem: Zu Ziffer 6: „Anträge gelten als angenommen, wenn sie einfache Mehrheit gefunden haben." Ich glaube nicht, daß das in unserem Interesse sein kann, Konsense auf dieser Basis zu finden. Also, wenn es wirklich darum gehen sollte, mit einer Stimme Mehrheit einen Antrag anzunehmen, dann ist das für mich kein **Konsens**. Ich plädiere hier auch, Zweidrittelmehrheit einzusetzen.

Lange (Moderator): Grundsätzlich für jeden Antrag meinen Sie?

de Maizière (CDU): Dann kommen wir nie zu Stuhle.

Lange (Moderator): Herr Böhme. Entschuldigung. Bitte Frau Merkel.

Frau Merkel (UFV): Ich kenne mich in dieser Rechtssprache nicht aus, Sie müssen entschuldigen. Also, ich würde sagen, Sachanträge in dieser Art wie beispielsweise der Termin der Wahl oder solche Sachen fände ich es gut, wenn es dort wirklich zu einer Konsensbildung kommt, das heißt, wenn dort Zweidrittelmehrheiten entstünden oder notwendig sind.

Lange (Moderator): Ja. Zu diesem Punkt 6 gibt es dazu Meldungen? Herr Böhme.

Böhme (SDP): Ich sehe bei der Zusammensetzung der Runde, um ehrlich zu sein, die Gefahr, daß wir dann arbeitsunfähig werden.

Lange (Moderator): Weitere Äußerungen zu den vorliegenden Punkten? Ergänzungen, Veränderungen?

Henrich (NF): Man sollte sich das doch überlegen, was die Freundin da sagt. Wenn hier eine größere Gruppe den Runden Tisch verläßt mit einem Eklat, dann ist da uns noch weniger mit gedient. Also, wir sollten hier wahrscheinlich keine Gruppierung oder Partei vergewaltigen.

de Maizière (CDU): Bloß dann wird eine Geschäftsordnungsänderung angezeigt mit einer **Zweidrittelmehrheit,** der verbleibenden – –

Lange (Moderator): Herr Gysi.

Gysi (SED): Um sowohl die Arbeitsfähigkeit zu erhalten als auch bei wichtigen Anträgen einen höheren Konsens [zu finden, sollten wir] uns selbst dazu zwingen, indem wir aufnehmen:
„Anträge gelten als angenommen, wenn sie eine einfache Mehrheit gefunden haben. Geschäftsordnungsanträge und andere Anträge, bei denen die Teilnehmer dies beschließen..." Das heißt, wir können bei bestimmten wichtigen Anträgen beschließen, daß wir dafür eine Zweidrittelmehrheit haben wollen, weil wir sagen, das ist einfach zu wichtig, als daß man das mit einer Stimme Mehrheit hier entscheiden kann.

Lange (Moderator): Ich würde das gern noch einmal etwas weiterführen. Müssen wir hier diese Geschäftsordnungsanträge aufnehmen? Es könnte ja sein, es gibt wirklich sehr wichtige Entscheidungen. Hier war eine genannt: Wahltermin. Wenn wir jetzt, soweit nicht von den Teilnehmern des Runden Tisches anders entschieden wird, daß man eine Zweidrittelmehrheit verlangt – –

Frau Poppe (DJ): Wir hatten es in der Vorbesprechung so formuliert, daß sich **Abstimmungen** auf **Verfahrensfragen** beschränken sollten. In Ausnahmefällen auch über inhaltliche Sachpunkte abgestimmt werden sollte, weil ich es dann für besser hielte, ruhig auch an die Öffentlichkeit den Dissens mitzuteilen.

Besser, als wenn wir hier eine Einheit in einer Sachfrage vorspielen, die tatsächlich nicht gegeben ist, wenn es sich zum Beispiel darum handelt, eine Stimme Mehrheit zu haben oder so.

Lange (Moderator): Herr Henrich.

Henrich (NF): Wir sollten vielleicht die Möglichkeit eines **Minderheitenvotums** ausdrücklich einbauen, dann wäre dieser Position gerecht geworden. Mein Vorschlag wäre direkt, das da noch mit einzubauen.

Lange (Moderator): Herr de Maizière.

de Maizière (CDU): Wenn wir so weit gehen, wie da vorgeschlagen [wurde], daß wir nur Verfahrensfragen und keine Sachfragen [abstimmen], dann würden wir uns jede Dringlichkeit einer Empfehlung nehmen.

Henrich (NF): Mit der Möglichkeit eines Minderheitenvotums.

de Maizière (CDU): Gut. Bloß: Können wir nicht erst einmal einfügen, was ich eben gesagt habe?

Lange (Moderator): Könnte noch einmal Herr Gysi bitte sagen, welche Änderungen er vorschlägt?

Gysi (SED): „Geschäftsordnungsanträge und andere Anträge, bei denen dies die Teilnehmer beschließen, bedürfen einer Zweidrittelmehrheit." Dann kommt noch das Minderheitenvotum.

Lange (Moderator): Und noch unter Punkt 6 die Möglichkeit des Minderheitenvotums?

Gysi (SED): Da paßt das Votum nicht richtig herein. Oder doch? „Minderheitsvoten sind zulässig."

Lange (Moderator): „Minderheitsvoten sind zulässig." Als dritter Satz zu Punkt 6.

Ducke (Co-Moderator): Dritter Anstrich unter 6, ja?

Lange (Moderator): – „sind zulässig" oder „sind möglich"? „Zulässig"? Wir haben den 6. Punkt jetzt verändert. In der Weise, daß der erste Satz stehenbleibt: „Die Geschäftsordnungsanträge und Anträge zu Sachfragen, wenn das von den Teilnehmern beschlossen wird, bedürfen einer Zweidrittelmehrheit. Minderheitsvoten sind zulässig."

Gibt es weitere Vorschläge oder Änderungswünsche zu dem vorliegenden Papier?

Klein (VL): Ich will nur eine Bemerkung machen ohne damit den Anspruch zu verbinden, daß das hier fixiert wird. Nur damit wir uns richtig verstehen: Das Selbstverständnis des Tisches geht darauf hinaus, daß wir hier **Empfehlungen** geben, oder **Vorschläge** machen, daß also **Abstimmungen** zu vielen Punkten nicht dramatisch sind. Wenn unter Berücksichtigung der Tatsache, daß Minderheitsvoten zulässig sind, das auch deutlich wird, – –

Aber hier möchte ich eine Sache klarstellen. Wir haben die Pflicht, der Öffentlichkeit deutlich zu machen, wie wir die Lage einschätzen und wie die hier vertretenen Kräfte den Ausweg sehen.

Nun möchte ich gerne, daß im Zusammenhang mit Abstimmungen, Empfehlungen, **Beschlüssen,** die in diesem Sinne auch einen **Dissens** zulassen, und sei es eben im Rahmen einer Zweidrittel-Entscheidung, daß nach außen hin deutlich wird, wie die hier vertretenen Personen im Auftrag ihrer Parteien oder Organisationen gestimmt haben – –

Sonst, glaube ich, geben wir der **Öffentlichkeit** nicht die Möglichkeit, sich zu orientieren. Wir haben ja die ganze Zeit darüber gesprochen, daß hier auch eine Wahl stattfinden soll. Das soll hier nicht in die Geschäftsordnung hinein. Ich möchte nur, daß wir uns hier richtig verstehen.

Lange (Moderator): Eine Erklärung dazu, vielen Dank. Wollten Sie sich dazu noch einmal äußern?

Gysi (SED): Ich wollte sagen, ich meine, wir sind doch alle Individuen und haben unsere Meinung und wenn hier etwas beschlossen wird, was meiner Meinung nicht entspricht, dann lasse ich mir doch nicht das Recht nehmen, das auch zu sagen. Selbst, wenn das eben ein **Mehrheitsbeschluß** ist. Das ist doch ganz klar.

– Wie bitte?

Klein (VL): Es gibt auch **Erklärungen** hier vom Runden Tisch.

Lange (Moderator): Ich denke, wir haben das verstanden. Vielen Dank für die Erläuterung. Die Frage, die jetzt daraus zu entscheiden ist, soll darüber abgestimmt werden oder nicht?

Herr Ullmann, ich hatte Sie so verstanden, daß Sie keine Schwierigkeiten sehen würden, wenn dies jetzt zur Abstimmung gestellt wird.

Gysi (SED): Ja, ich habe eine Frage.

Lange (Moderator): Bitte.

Gysi (SED): Ich hätte gern, daß die **Geschäftsordnung mit Zweidrittelmehrheit** beschlossen wird. Dazu ist sie mir zu wichtig. Das ist schon so ein Antrag.

Zurufe: Nein, nein, das Änderungsanträge – –

Lange (Moderator): Also, diese Geschäftsordnung, wenn sie jetzt zur Abstimmung gestellt wird, muß eine Zweidrittelmehrheit haben.

Darf ich zunächst fragen: Wollen wir darüber abstimmen? Ist da Übereinstimmung in unserem Kreis? Wir stimmen jetzt über die Geschäftsordnung ab.

Zweitens, sind Sie einverstanden, daß das mit Zweidrittelmehrheit geschehen muß?

Ziegler (Co-Moderator): Das müssen wir zuerst beschließen.

Lange (Moderator): Das müssen wir zuerst beschließen. Gut. Beschließen wir zuerst die Zweidrittelmehrheit. Wer dafür ist, für die Zweidrittelmehrheit, die Geschäftsordnung zu beschließen, den bitte ich um das Handzeichen. – Ja. Brauchen wir nicht zu zählen. Gibt es Gegenstimmen und Stimmenthaltungen? – Die Zweidrittelmehrheit ist beschlossen.

Und jetzt steht die Geschäftsordnung zur Debatte, also zur Abstimmung:

Die zur Abstimmung gestellte Fassung der **Vorlage 1/6b, Geschäftsordnung des Runden Tisches,** hat folgenden Wortlaut:

[Vorlage 1/6b, Geschäftsordnung des Runden Tisches]

1. Geschäftsordnungsanträge werden vor Sachanträgen verhandelt.

2. Geschäftsordnungsanträge sind:
   – Bestätigung der Tagesordnung
   – Begrenzung der Redezeit
   – Ende der Rednerliste
   – Schluß der Beratung
   – Antrag über die Art der Abstimmung

3. Sachanträge sind:
   – Hauptanträge
   – Änderungs- und Ergänzungsanträge

4. Über den inhaltlich weitergehenden Antrag wird stets zuerst abgestimmt. Für Änderungs- und Ergänzungsanträge gilt dies sinngemäß. Die zur Abstimmung gestellte Frage muß so gestellt werden, daß sie mit Ja/Nein beantwortet werden kann.

5. Anträge werden in der Reihenfolge der Antragstellung abgearbeitet. Die Tagungsleitung darf Anträge gemäß Ziffer 3, sofern es der Sachzusammenhang erfordert, bis zum Ende des Sitzungstages zurückstellen.

6. Anträge gelten als angenommen, wenn sie einfache Mehrheit gefunden haben. Geschäftsordnungsanträge und andere Anträge, bei denen die Teilnehmer dieses beschließen, bedürfen einer Zweidrittelmehrheit. Minderheitsvoten sind zulässig.

7. Über die Zulassung weiterer Sitzungsteilnehmer entscheidet der Runde Tisch durch einfache Mehrheit.

8. Über die Leitung der Sitzungen wird auf der nächsten Beratung gesondert befunden.

9. Bei Streit über die Geschäftsordnung entscheidet ein Gremium, das sich aus der Tagesleitung und je einem Mitglied der Delegationen zusammensetzt, in geheimer Sitzung endgültig.

Wer der Geschäftsordnung, so wie sie jetzt vorgelegt wurde, mit der Änderung in Punkt 6 seine Zustimmung gibt, den bitte ich um das Handzeichen. – Gibt es Gegenstimmen? – Stimmenthaltungen? – Die Geschäftsordnung ist einstimmig angenommen.

Ich danke Ihnen. Ich übergebe die Gesprächsleitung Herrn Ziegler.

Ziegler (Moderator): Ich möchte zunächst sagen, daß eben die **Erklärung von Herrn Schwanitz** hereingebracht wird, „ADN" hat hier den Text uns beschafft[11]. Ich bitte denn den Bruder Grande, das am besten einmal zu verteilen.

Dann möchte ich, ehe wir jetzt weiter verhandeln, sagen, was noch alles ansteht.

Es steht erstens an, die Vorlage von Herrn Schnur über die Fragen der **Rechtsstaatlichkeit.**

Dann steht zweitens an, die Frage, was ist zu fordern, damit die **Arbeitsbedingungen** für die Gruppierungen gesichert werden. Und wir werden dabei auch die Frage klären müssen, wem wird das zur Realisierung übermittelt und wie – damit das nicht bloß beschlossen oder empfohlen wird.

---
[11] Dokument 1/1, Anlagenband.

Schließlich möchte ich darauf hinweisen, daß aussteht unter den Vorschlägen eine Debatte über [die] **Sicherung der Wirtschaftslage**. Das war ja noch einmal genommen. Es ist die Frage, ob wir das noch machen können.

Und zweitens war auch noch gesagt worden, wir müßten noch etwas sagen zu den **Untersuchungskommissionen Staatssicherheit**. Wenn das nicht aufgenommen ist, das müssen wir ja sehen in der Sache, steht in der Vorlage von Herrn Schnur, was ja möglich ist.

Und letztlich werden wir zu entscheiden haben über die **Weiterarbeit**. Das ist a) Termin, Ort – über Leitung und Vorbereitung hatten wir schon beschlossen: Das sollte noch einmal bei uns liegen für nächstes Mal.

Aber eine entscheidende Frage, **die Frage der Zulassung weiterer Gruppierungen und/oder Parteien an den Runden Tisch**, ist noch offen: Es werden ab morgen, darauf bin ich gefaßt, all die Anforderungen kommen, derer, die heute nun nicht hier waren und sagen, wir gehören eigentlich auch an den Tisch. Und es muß geklärt werden, wer wann darüber entscheidet. Denn, wenn wir einen neuen Termin festsetzen, werden diese Gruppierungen sagen, ja, aber wie werden, wir – Ich möchte das wenigstens sagen.

Ja, laut Geschäftsordnung ist das schon klar, bloß dann muß man ja schon etwas für die Vorbereitung der nächsten Sitzung sagen. Das ist ein ziemlich großes Programm.

Ist noch etwas, ja?

Frau Köppe (NF): Sie haben ganz vergessen das Thema **Bürgerkomitees**.

Ziegler (Moderator): Ja, ich dachte das kommt bei der **Rechtsstaatlichkeit** bei Herrn Schnur.

[Unruhe]

Ja, die **Arbeitsbedingungen** habe ich genannt. Habe ich noch etwas vergessen nach Ihren Nachschriften? Ja, den Termin hatte ich alles schon, das hatte ich schon gesagt. Ich hatte nur bei der Frage, ob wir zur **Wirtschaftslage** noch Debatten führen können, ein Fragezeichen gemacht.

Ich schlage Ihnen vor, wir arbeiten jetzt erst die Dinge ab, die unbedingt vorbereitet sind und geklärt werden müssen. Und dann ist die Frage, ob wir zur Wirtschaftslage noch weiter debattieren. Das müssen wir dann sehen, nicht?

Gut. Dann bitte ich Herrn Schnur, ist Ihre, Herr Schnur, ist Ihre Vorlage geschrieben worden?

Schnur (DA): Sie wird gerade geschrieben.

TOP 17: Arbeitsbedingungen der Oppositionellen

Ziegler (Moderator): Ach so, dann haben wir sie noch nicht da. Dann ist [es] aber vielleicht möglich, daß wir jetzt [die] **Arbeitsbedingungen für die neuen Gruppierungen** vorziehen.

Hier war gebeten worden, daß einige das zusammenstellen. Herr Ducke hat das inzwischen gesammelt. Und nun müßten wir das vielleicht alles noch einmal hören, und dann müssen wir darüber entscheiden, ja.

Ducke (Co-Moderator): Zunächst ist die Frage zu klären: Arbeitsbedingungen konkret für die Teilnehmer am Runden Tisch oder schon die Arbeitsbedingungen für die neuen Gruppierungen grundsätzlicher Art. Das liegt beides als ein solcher Vorschlag vor.

Also es geht zunächst einmal darum, sollen wir nur befinden, im Moment, für die Möglichkeit der Arbeitsmöglichkeiten der Teilnehmer am Runden Tisch, das ist ein Vorschlag vom Neuen Forum, beziehungsweise Arbeitsbedingungen überhaupt, von der Grünen Partei liegt vor, auch auf allen Ebenen schon.

Ich bitte um Wortmeldungen dazu. Sie hatten sich zuerst gemeldet.

Frau Köppe (NF): Es geht jetzt meines Erachtens nach nicht darum, daß jetzt Arbeitsmöglichkeiten für Vertreter derjenigen, die hier am Runden Tisch sitzen – Es geht auch um die Basis und prinzipiell um alle oppositionellen Gruppen.

Ziegler (Moderator): Das Wort hat Herr Berghofer.

Berghofer (SED): Ich würde vorschlagen, wir müssen uns zu beiden Varianten bekennen, weil es sonst immer wieder auf die Tagesordnung kommt. Wir können dem ja nicht ausweichen. Sofort wären die Arbeitsbedingungen zu regeln für die hier am Tisch befindlichen und in Erwartung der Möglichkeiten sind die grundsätzlichen Dinge zu regeln.

Ziegler (Moderator): Herr Schnur.

Schnur (DA): Ja, ich will nur noch einmal einwenden, ob es nicht vielleicht günstiger und vernünftiger wäre, wenn wir hier, sagen wir, die Rahmenbedingungen abstecken würden. Daß, sagen wir, in einer kürzesten Frist, uns die Zusicherung gegeben wird, daß, sagen wir, **Räume zur Vermietung** bis hin, sagen wir, zu den Fragen der technischen Einfuhr oder Selbstbereitstellung von Materialien gewährt werden.

Denn ich glaube, wir müssen uns da auch ehrlich sagen, wir selbst müssen doch den eigenen Bedarf letztlich mit ermitteln für unsere eigenen Gruppierungen. Und wir würden dann zumindestens doch in einer einheitlichen Linie sagen, die Regierung müßte dazu dann verpflichtet werden, eine Anordnung, einen Erlaß zu geben, daß das durchgestellt ist bis zu den örtlichen Organen, bis hier oben in der Zentrale, daß dies möglich wird.

Ich denke, die Frage der **Ausstattung des Runden Tisches** würde ich doch noch als eine Sonderheit sehen, weil sie ja gegenwärtig aus meiner Sicht doch eine höhere Verantwortung wahrnimmt und daß ja nicht alleine ein Interesse einer einzelnen Gruppierung ist.

Ich denke, da sollte besonders ein Rahmenmodell gefunden werden, wo für diesen Runden Tisch eine Möglichkeit der Einrichtung eines **Büros** aus mehreren Räumen besteht, wir hatten davon gesprochen, daß man vielleicht mindestens fünf ansetzt, daß man die Möglichkeit hat, vielleicht auch dort Zusammenkünfte mit mehreren Personen vorzunehmen, das ausgestattet ist mit **Telefon** und **Schreibmaschinen**.

Ich denke, das halte ich doch gerade in dieser angespannten Situation für dringend erforderlich, und hier wäre zum Beispiel ein Beweis des schnellen Handelns geboten und auch sichtbar zu machen, daß tatsächlich Gebäude, die jetzt nicht mehr von anderen benötigt werden, wirklich dann auch geräumt werden und uns zur Verfügung gestellt werden.

TOP 18: Rechtsstaatlichkeit: insbesondere Auflösung des Staatssicherheitsdienstes, Rolle der Bürgerkomitees Erhaltung von Akten und Beweismaterial

Frau Schmitt (UFV): Ja, ich muß jetzt einmal was sagen, weil, ich fange jetzt an, mich zu schämen. Weil, wir reden hier in aller Ruhe über ganz viele Dinge, die sicher auch eine große Wichtigkeit haben, aber es ist jetzt halb zehn, wir haben beschlossen, um zehn aufzuhören, wir sitzen jetzt hier 8 Stunden.

Und über die Fragen der Leute, die da draußen gepfiffen und geschrien haben, wo vorhin noch das Wort „**Blut**" gefallen ist, wird kein Wort geredet. Das Thema kommt immer wieder hoch und dann wird es weggewischt. Ich finde das nicht in Ordnung. Ich finde das beschämend. Was werden wir morgen vorlegen?

Einen freundlichen Entwurf darüber, daß wir Forderungen stellen. Wir werden bekanntgeben, daß wir ein Volkskammergesetz, daß wir eine Kommission bilden. Wir werden sagen, daß wir einen Wahlvorschlag haben. Und dann werden wir noch bekanntgeben, wie unsere Büros aussehen. Und dann lachen sich die Leute doch kaputt!

Entschuldigung!

Stief (NDPD): Ich bedanke mich für den Steigbügel. Ich wollte einen Vorschlag machen. Auch wenn ich fürchte, daß ich die Tagesordnung ein bißchen durcheinander bringe.

Wenn ich davon ausgehen darf, und ich hoffe, mir stimmt jeder zu, daß wir eine **Verantwortungsgemeinschaft** heute sind. Ich glaube, gemeinsame Verantwortung haben wir genauso, wie wir gemeinsam Sorge tragen, wie wir eben beschlossen haben. Tiefe Sorgen haben wir gemeinsam...

Würde ich vorschlagen, daß wir an dem Punkt, wo wir den Wahltermin haben, vorschlagen oder empfehlen, weil das auch einen Punkt gegenüber den Bürgern setzt, dann ansetzen könnten:

„In Wahrnehmung der Verantwortungsgemeinschaft für unser Land stellen die Teilnehmer des Runden Tisches fest:
– Es geht um die **Bestrafung der Schuldigen** an der gegenwärtigen Situation bei gleichzeitiger Sicherung der öffentlichen Ordnung.
– Es geht um die **Sicherung der Produktion**, wobei die Abwendung von Streiks aus nationaler Verantwortung gegenwärtig unerläßlich ist.
– Es geht um die Sicherung der **Versorgung der Bevölkerung**.
– Es geht um den **Schutz des ehrlichen Bürgers**.
– Es geht um die **Bewahrung der sozialen Sicherheit**."

Schult (NF): Was sollen denn diese Sprüche?

Stief (NDPD): Das hat damit nichts zu tun – wir brauchen draußen nach meiner Auffassung für die Bürger einfache Worte.

Schult (NF): Na, solche Sprüche!?

[Unruhe]

Henrich (NF): Hören Sie doch einmal hin, was die Bürger rufen! Was die Bürger rufen – hinhören! So etwas hat nicht einer gerufen!

[Empörung]

Schult (NF): Das hat doch keine Substanz!

Stief (NDPD): Was sollen wir denn anbieten?

Henrich (NF): Hier: **Auflösung des Amtes**! Übertragung an die Polizei der verbleibenden Aufgaben, das fordern die Bürger draußen! Und nicht, daß wir hier – –

Stief (NDPD): Das kann man ja noch anfügen. Ich habe ja angefangen mit dem Vorschlag, mit der Bestrafung der Schuldigen an der gegenwärtigen Situation.

Henrich (NF): Das ist zu pauschal.

Ziegler (Moderator): Es ist verständlich, daß es jetzt zu vorgerückter Stunde auch mit der Konzentration schwierig ist. Wir wollten möglichst die Frage der **Arbeitsbedingungen** zu Ende bringen und jetzt ist zwischendrin gefragt worden, [nach den Dingen], die jetzt unbedingt noch drankommen müssen, daran haben wir erinnert.

Ich schlage aber vor, daß wir dann, wir kommen ja so nicht weiter, wenn das so durcheinander geht, daß wir das jetzt zu Ende bringen und somit verhältnismäßig abkürzen, daß wir hören, was hier zwei oder drei aufgeschrieben haben und was in ihrer Vorlage vom Neuen Forum bereits zusammengestellt war für die Arbeitsbedingungen und wir dann darüber sagen, das geben wir weiter.

Darüber müssen wir sagen, an wen, zur Realisierung und gehen dann in die anderen Dinge hinein.

Bruder Ullmann.

Ullmann (DJ): Es tut mir leid, ich bin da anderer Meinung. Ich denke nämlich, wir können nicht diese wichtigen Dinge, die gerade angesprochen und angemahnt worden sind, vertagen, angesichts der fortgeschrittenen Zeit. Es muß jetzt sein und wir müssen sehen, was wir dann kurz vor zehn noch machen können hinsichtlich der Ausstattung und so weiter.

Ich möchte zu dem von Ihnen vorgetragenen Vorschlag folgendes sagen: Er ist meines Erachtens nicht akzeptabel, weil die Lage, die entstanden ist, doch jetzt nicht von uns damit beantwortet werden kann, daß wir die Bürger moralisch anreden, und sagen, was sie alles Gutes tun müssen, sondern sie erwarten doch von uns, daß Voraussetzungen dafür geschaffen werden, daß nicht mehr gestreikt wird, und daß Ordnung herrscht.

Wir können nicht sagen: Seid nett und arbeitet fleißig, sonst bricht die **Versorgung** zusammen. Das wissen sie eh. Sondern wir müssen etwas tun, damit sie nicht mehr aufgeregt zu sein brauchen. Und dafür sind schon, ich weiß nicht, wie oft, konkrete Vorschläge gemacht worden, und die müssen jetzt, finde ich, hier an diesem Tische entschieden werden.

Ziegler (Moderator): Herr Ullmann, darf ich daran erinnern, daß wir in der Verfahrensweise dadurch die Schwierigkeit haben, daß wir leider Herrn Schnurs Vorschlag noch nicht auf dem Tisch haben, das hatte ich vorhin gesagt, denn da wird ein Teil, mindestens auch dies hier, aufgenommen. Und darum war der Vorschlag, daß wir das nur vorgezogen haben.

Herr Gysi.

Gysi (SED): Ich bin der Auffassung, daß wir die Dinge immer versuchen müssen, richtig herum anzugehen. Also, es stimmt ja, daß Streiks im Augenblick echt das letzte sind, was unsere Volkswirtschaft verträgt.

Es stimmt aber auch, daß die Leute erwarten, daß wir uns erst einmal zum Streikrecht erklären. Das würde meines Erachtens bedeuten, daß wir sagen, wir treten für ein **Gewerkschaftsgesetz** oder **Betriebsverfassungsgesetz** oder wie es auch immer heißt, ein, das auch das Recht zum Streik als letztes Mittel bei ökonomischen Auseinandersetzungen zwischen Werktätigen und Betrieben ausdrücklich verankert. Wenngleich in der gegenwärtigen Situation Streiks zu volkswirtschaftlichen Verlusten zum Nachteil der Bürger führen würden.

Das heißt, daß wir uns erst einmal zu einem Recht bekennen und dann etwas dazu sagen als Meinung, ob die gegenwärtig sinnvoll sind oder nicht.

Zweitens, müßten wir zu dem, was die Ursachen sind, uns natürlich verständigen. Und selbst wenn wir uns da nicht sozusagen bis ins letzte Detail verständigen können, können wir doch auf jeden Fall, sagen wir einmal, uns über einige prinzipielle Dinge verständigen, zum Beispiel daß eben die Regierung schnellstens entscheiden muß, was mit dem **Amt für Nationale Sicherheit** wird. Was aus den Mitarbeitern wird, die entlassen werden. Ich möchte nämlich einmal darauf hinweisen, daß das auch ein Potential ist, ohne soziale Absicherung etc. gegenwärtig, ohne Arbeitseingliederung. Wie bitte?

de Maiziére (CDU): – und ein bewaffnetes Potential!

Gysi (SED): Na ja, gut, wenn sie entlassen sind ja wahrscheinlich in der Regel nicht mehr, ich sage nur einmal, also, das sind doch auch ganz aktuelle Geschichten. Nun werden wir hier nicht die letzte Lösung finden, wie sich das vollziehen muß. Aber wir müssen dringend sagen, daß dort etwas zu passieren hat.

Und dann müßten wir sagen, daß wir natürlich für die Bestrafung der Verantwortlichen, nicht für die **Krise**, sondern für Amtsmißbrauch, für Korruption, für diese Dinge sind und daß wir deshalb eben auch die Änderung im **Amnestiebeschluß** wollen, der das ganz deutlich macht, wie ich finde, und daß wir in diesem Zusammenhang dann eben auch dafür eintreten, daß – ja wie soll ich das sagen – daß also Beweismittel und ähnliches keinesfalls vernichtet werden darf, daß die Regierung hierzu, unbedingt Festlegungen treffen muß, daß sich **Bürgerkomitees** bilden können, die unter Aufsicht der Volkspolizei dort die entsprechenden Maßnahmen und so weiter...

Das können wir doch sagen und daß es dafür rechtliche Regelungen geben muß. Das heißt: Wir müssen das doch, finde ich, doch schon auf so einem Blatt zustandebringen. Und dann sagen wir noch nichts Endgültiges, aber wir sagen doch sehr viel, worüber wir uns wahrscheinlich einig sind.

Ziegler (Moderator): Das heißt, daß all die Beiträge faktisch eine Stimme dagegen sind, daß wir die Frage der **Arbeitsbedingungen** vorziehen, sondern wir sind mittendrin in der Frage, welche Dinge müssen wir zur Aktualität sagen.

Ja bitte, Herr Gysi.

Gysi (SED): Ich finde, wir brauchen auch einen Konsens, daß wir uns darüber verständigen, ab wann darf denn, wo ist die Schwelle denn überschritten, und ich finde, das gehört zur Ehrlichkeit, wo ist die Schwelle überschritten, wo auch staatliche **Gewalt**, ich formuliere das jetzt einmal so, eingesetzt werden muß bei anderer Gewalt. Ich weiß wirklich, was sich da zum Teil abspielt, und da ist auch die Polizei zum Beispiel völlig verunsichert.

Frau Köppe (NF): Noch einmal zu dem Anfang von Dr. Gysi, ich glaube nicht, daß die Bevölkerung heute von diesem Runden Tisch erwartet, daß der Runde Tisch Aussagen macht zum Streikrecht. Das glaube ich, muß heute nicht passieren. Dann noch dazu: Wir betrachten Streiks nicht lediglich als ökonomische Mittel, sondern den **Generalstreik** natürlich auch als politisches Mittel, als Anmerkung.

Dann, glaube ich des weiteren, kann nicht unsere Frage an die Regierung gestellt werden, was wird aus dem **Amt für Nationale Sicherheit**, sondern, wenn wir hier Empfehlungen für einen Wahltermin geben und solche Sachen, dann sollten wir zumindest auch dort eine Empfehlung geben und zwar auch eine richtungsweisende Sache, und wie ich vorhin schon sagte, die **Opposition** hat das so formuliert, daß das Amt für Nationale Sicherheit unter ziviler Leitung aufgelöst werden sollte.

Das ist noch einmal unsere Meinung dazu.

Ziegler (Moderator): Herr Ullmann und dann Frau Poppe.

Ullmann (DJ): Ich wollte in dieselbe Richtung dirigieren. Herr Gysi, die Lage ist ja doch die, daß die Leute gar nicht mehr fragen, ob der **Streik** ökonomisch nützlich oder schädlich ist. Sie machen es eben.

Und zu Ihrer zweiten Frage möchte ich sagen: Ich glaube, die Lage so beurteilen zu können, daß wir das nicht zu diskutieren haben. Ich denke, es muß Gewalt eingesetzt werden, wenn irgendwo der Rechtsweg verletzt, verlassen wird.

Wo **Lynchjustiz** ausbricht, das kann nicht geduldet werden. Die Menschenwürde jedes Menschen, natürlich auch derer, die im Amt für Nationale Sicherheit gearbeitet haben oder arbeiten, muß sichergestellt sein. Das ist rechtsstaatliche und demokratische Pflicht. Ich finde, das ist klar. Aber was unseren Leuten nicht klar ist, ist eben, was aus diesem Amt, und das ist doch, hat doch seine Gründe, daß das zu einem Symbol geworden ist. Und darum sollte dieser Runde Tisch hier etwas sagen, diesem Symbol gegenüber.

Ziegler (Moderator): Dann Frau Poppe.

Frau Poppe (DJ): Formulierungsvorschlag: „Um weitere Zuspitzung der Lage und drohende Gewalt zu verhindern, empfehlen die Teilnehmer des Runden Tisches der Regierung:

1. die sofortige Auflösung des Amtes für Nationale Sicherheit unter ziviler Leitung,

2. die Sicherung der Archive der Staatssicherheit,

3. die Möglichkeiten der Umschulung der ehemaligen Mitarbeiter der Staatssicherheit für eine gesellschaftlich nützliche Tätigkeit."

Ziegler (Moderator): Sie waren fertig, Frau Poppe?

Frau Poppe (DJ): Ja.

Ziegler (Moderator): Das ist es eben, wir kommen jetzt in Formulierungsversuche im großen Kreis und haben immer noch nicht die Vorlage von Herrn Schnur, von der ich hoffe, daß dort eine Menge – –

Schnur (DA): Sie ist geschrieben, sie wird abgezogen, und ich würde jetzt einfach den Vorschlag unterbreiten, daß ich es einfach einmal vorlese, es sind ja eine ganze Reihe von Ergänzungen hier gemacht worden, die dann an verschiedenen Punkten eingesetzt haben, also.

Ziegler (Moderator): Ich muß ja der Reihe nach gehen, daß Herr de Maizière und Herr Henrich noch vorher drankommen. Stellen Sie zurück, Herr de Maizière auch, dann verfahren wir bitte so, ja.

Schnur (DA):

[Vorlage 1/11a: Entwurf einer Erklärung des Runden Tisches: Zur Rechtsstaatlichkeit]

Im Bemühen um Rechtsstaatlichkeit und der Wahrung der Interessen unseres Volkes fordern die Teilnehmer des Runden Tisches ein radikales, gewaltfreies Handeln der Regierung in folgenden Fragen:

1. Jede Person, die Amtsmißbrauch und Korruption begangen hat, wird auf der Grundlage des geltenden Strafgesetzbuches zur Verantwortung gezogen. Bei der Durchführung von Ermittlungsverfahren, beziehungsweise Strafverfahren werden die Bestimmungen der Strafprozeßordnung angewandt.

1.1. Die Dienststelle des Generalstaatsanwalts der DDR hat jeweils unverzüglich zu sichern, daß allen Hinweisen, Anzeigen und Mitteilungen auf der Grundlage des § 95 [laut schriftlicher Vorlage: „§ 95 d"] Strafprozeßordnung nachgegangen wird und bei Vorliegen von Verdachtsgründen einer Straftat sofort geprüft wird, welche notwendige Sicherung von Objekten und Beweismitteln zu erfolgen hat und Anträge auf Erlaß von Haftbefehlen gegen Personen gestellt werden.

1.2. Die Regierung der DDR wird aufgefordert, aus Mitarbeitern der Untersuchungsorgane des Ministeriums des Inneren [MdI] und des Amtes für Nationale Sicherheit [AfNS] eine spezielle Untersuchungsabteilung für die Aufklärung der Vorgänge von Amtsmißbrauch und Korruption zu bilden. Diese Untersuchungsabteilung wird für die Dauer ihrer Tätigkeit unmittelbar dem Ministerpräsidenten unterstellt. Die Aufgabenstellung dieser Untersuchungsabteilung wird öffentlich bekanntgemacht.

1.3. Die Regierung der DDR wird aufgefordert, die am 4.12.1989 gebildete unabhängige Untersuchungskommission von den neuen gesellschaftlichen Gruppen und Parteien mit Befugnissen auszustatten, damit diese einen wirksamen Beitrag zur Aufklärung von Amtsmißbrauch und Korruption leisten kann [laut schriftlicher Vorlage: „können"].

1.4. Die Regierung der DDR wird aufgefordert, einen sofortigen Maßnahmeplan öffentlich bekanntzugeben, wie durch Sicherungskräfte des MDI alle Dienststellen des Amtes für Nationale Sicherheit auf allen Ebenen unter Kontrolle gestellt werden, damit keine Vernichtung von Dokumenten und Beweismaterial erfolgen kann.

1.5. Die Regierung der DDR wird aufgefordert, den Bürgerinnen und Bürgern unseres Landes öffentlich Kenntnis zu geben, daß das Amt für Nationale Sicherheit aufgelöst wird und entsprechend internationalen Kriterien eine unter ziviler Leitung stehende Einrichtung zur Wahrung der nationalen Sicherheit gebildet wird. Die Aufgabenstellung dieser Einrichtung wird bekanntgegeben.

1.6. Die Regierung der DDR wird aufgefordert, eine verbindliche Erklärung abzugeben, daß die Angehörigen der Organe des MdI, des noch bestehenden Amtes für Nationale Sicherheit und der Nationalen Volksarmee unter ihrer Befehlsgewalt stehen. Die Regierung der DDR wird aufgefordert, eine verbindliche Erklärung abzugeben, daß die Angehörigen der Organe des MdI, des noch bestehenden Amtes für Nationale Sicherheit und der Nationalen Volksarmee unter ihrer Befehlsgewalt stehen.

2. Die Regierung der DDR wird aufgefordert, für gebildete und tätige, unabhängige Volkskontrollausschüsse und Bürgerkomitees, sowie der unabhängigen Interessenvertretungen der Werktätigen Befugnisse zu erlassen, die eine wirksame Ausübung der Kontrolle ermöglicht.

3. Von der Regierung der DDR wird gefordert, daß sie die Teilnehmer des Runden Tisches in die Vorbereitung einzuleitender Entscheidungen und vorgesehener Maßnahmen zu den Ziffern 1.2 bis 2. mit einbezieht und diese sofort unterrichtet über die Realisierung getroffener Entscheidungen.

4. Die Teilnehmer des Runden Tisches schlagen für den Fall einer Verschärfung der politischen wirtschaftlichen Krise in unserem Land vor, daß sie unverzüglich einen Krisenstab bilden und entsprechend ihrer Erklärung vom 7.12.1989 über ihr Selbstverständnis Vorschläge zur Lösung der Krise unterbreiten.

Ziegler (Moderator): Dieser Text wird gerade geschrieben.

Schnur (DA): Der ist schon geschrieben. Er wird jetzt gerade abgezogen.

Henrich (NF): Ich habe jetzt eine Frage zum Verständnis. Habe ich das richtig gehört: Vorne sollen die **Mitarbeiter des Amtes noch in Untersuchungen einbezogen** werden, und am Schluß soll das Amt aufgelöst werden? Das müßte ich jetzt einmal fragen, also.

Schnur (DA): Es geht doch einfach darum: Wir müssen uns doch von Illusionen trennen, daß, sagen wir, wir nicht in der Lage sind, alleine die Untersuchungen zu bewältigen, von den – –

Henrich (NF): Aber wir haben das MdI, wir haben die Kriminalpolizei, die kann mit solchen Untersuchungen beauftragt werden, bin ich der Meinung.

Also, ich bin jedenfalls nicht dafür, daß das **Amt für Nationale Sicherheit** sich selber nun wieder untersucht. Das ist so wie in den Bezirken, wenn die 1a-Staatsanwälte – Sie wissen, wovon ich rede, Kollege Schnur – die Versiegelung vornehmen. Dann können Sie es gleich selber machen. So ist es ja in den letzten Tagen gelaufen:

Also, da bin ich dagegen.

Ich will deutlich sagen, wofür ich bin. Vielleicht findet das Konsens, so wie es meine Freundin vorgeschlagen hat und wir auch formuliert haben:

Ich bin dafür, daß das Amt für Nationale Sicherheit unter ziviler Leitung aufgelöst wird. Und wenn dann ermittelt wird, dann muß das mit Hilfe des Ministeriums des Inneren, und zwar der **Kriminalpolizei** geschehen. Und wenn da Kompetenzen fehlen, müssen denen welche zugeordnet werden.

Dennoch möchte ich hier deutlich sagen, selbstverständlich bin ich für das staatliche **Gewaltmonopol**, das ist völlig klar. Ich bin gegen jede Gewalt, die hier irgendwie anarchistisch ausgeübt wird. Aber wenn wir jetzt die praktische Situation einmal uns zu Gemüte führen: Ich war am Montag in **Leipzig**. Dann ziehen die Leute vor dieses Amt, und das Amt ist, solange es besteht, in den nächsten Wochen auf jeden Fall noch gefährdet, und wir können diese Mitarbeiter nur schützen, indem dieses Amt aufgelöst wird. Ansonsten kann niemand hier an diesem Tisch garantieren, und wer in Leipzig war, der hat das sozusagen hautnah miterlebt, daß nicht tatsächlich eine Menge einmal ein solches Amt jetzt stürmt.

Ziegler (Moderator): Das kann ja, wenn wir den Text vorliegen haben, als Veränderungsantrag kommen, dann kann das ja noch weiter diskutiert werden. Jetzt Herr Berghofer, dann Herr de Maizière, nein, erst Herr Frank, ich habe es immer mit den Namen.

Schramm (FDGB): Also, zur Präzisierung des letzten Punktes, Absatz 3, wo die Interessenvertretung formuliert war, kann ich das noch einmal hören?

Schnur (DA): „Die Regierung der DDR wird aufgefordert, für gebildete und tätige unabhängige **Volkskontrollausschüsse** und **Bürgerkomitees** sowie der unabhängigen **Interessenvertretungen** der Werktätigen Befugnisse zu erlassen, die eine wirksame Ausübung der Kontrolle ermöglichten."

Schramm (FDGB): Durch wen, Interessen vertreten?

Gysi (SED): In Zusammenarbeit mit der **Polizei**, würde ich sagen.

Ziegler (Moderator): Ja, zur Präzisierung könnten Sie vielleicht selbst einmal versuchen, zu formulieren, damit wir dann, wenn der Text da ist, dies einbringen, und Sie auch, Herr Gysi, was Sie eben gesagt haben.

Herr Berghofer, Sie hatten sich gemeldet.

Berghofer (SED): Ja. Wir kommen ja heute nicht umhin, eine tragfähige Konzeption zu diesem Thema zu entwickeln, denn es ist das Reizthema.

Aber zurückkommend auf die Darlegung meines Kollegen Gysi: Wir sollten einen solchen Gedanken aufnehmen, die **berufliche Neueingliederung** der ausscheidenden Mitarbeiter muß gesichert werden, ja, also nicht, daß wir Tatsachen schaffen und Asozialität.

Ziegler (Moderator): Ich bitte Sie noch diese Vorschläge, die auf Abänderung oder Ergänzung des Textes von Herrn Schnur – immer schon einmal aufzuschreiben, damit wir nachher dann den Text ergänzen oder verändern können.

Bitte, Herr de Maizière.

de Maizière (CDU): Ich gehe davon aus, daß kein Staat auf ein Sicherheitsorgan im Sinne von **Nachrichtendienst** und **Abschirmdienst** verzichten kann. Ist das gemeint, mit dem, was Sie schreiben zivile Einrichtung zur Wahrung der nationalen Sicherung, oder so?

Schnur (DA): Ja.

de Maizière (CDU): Nun müssen wir Realisten bleiben. Wo wollen Sie solche Zivilisten herkriegen, die das können? Das ist nämlich inzwischen keine Sache, mit der ich also jeden beauftragen kann.

Ziegler (Moderator): Herr Gysi.

Gysi (SED): Da steht ja vorne. Wir fordern von der Regierung, daß sie gewaltfrei sei. Und da muß ich noch einmal darauf zurückkommen, im Prinzip selbstverständlich!

Aber wer, wenn überhaupt, ist denn legitimiert, Gewalt gegen Gewalt zu üben? Ich muß es einmal so sagen, das würde ja bedeuten, daß wir sagen, auch wenn die angegriffen werden, sie darf nichts tun. Wir müßten irgendwie das staatliche **Gewaltmonopol** mit einem Satz hereinbringen, also die Schwelle, wo bei Angriffen gegen Personen, Sachen und Einrichtungen, wo das überschritten ist.

Die Schwelle, die sehe ich zum Beispiel bei Einrichtungen nicht, wenn wir hereingehen und sagen, wir wollen hier versiegeln, das ist eben für mich nicht die Schwelle. Aber wenn jetzt, sagen wir, alles zerstört wird, da muß man ja dann irgend etwas machen, oder so, ich weiß es nicht.

Irgendwie die Schwelle finden, wo wir sagen, da setzt das staatliche Gewaltmonopol selbstverständlich angemessen ein, also entsprechend der jeweiligen Schwere des Angriffs, das ist auch klar. Oder wir lassen das Wort vorne ganz weg, aber sonst wird das, glaube ich, mißverständlich, befürchte ich zumindest.

Ziegler (Moderator): Ja, wollen Sie das auch formulieren? Denn wir kommen ja sonst nicht weiter.

Gysi (SED): Aber das wird ein bißchen schwer.

Ziegler (Moderator): Ja, das ist es ja, aber sonst kommen wir da nicht weiter.

Herr Schult, Frau Poppe, Frau Merkel.

Schult (NF): Ich wollte gleich einmal auf das **Gewaltmonopol** reagieren. Ich denke: Wenn, dann sollte man es höchstens herauslassen. Ich denke, von diesem Staat ist in den letzten vierzig Jahren genug **Gewalt gegen die Bürger** ausgeübt worden also, daß man jetzt nicht noch einmal in dieser Situation speziell auch das Gewaltmonopol des Staates betonen sollte. Dann lassen wir lieber das Prinzip der Gewaltfreiheit heraus, so, wie es formuliert ist, und erwähnen es erst einmal gar nicht.

Zum zweiten halte ich es für wichtig – ich war ja letzten Montag auch mit da drin und kenne diese **Staatssicherheit** schon ziemlich lange, genau, durch öftere Kontakte und Begegnungen – –

Ich halte dieses Organ **nicht** für **reformierbar**, nur noch für auflösbar und wenn hier gefordert wird, ein ziviles Sicherheitsorgan und dann wieder die alten Leute mit dabei sind, würde ich sagen: Das muß auch erst einmal diskutiert werden, ob es einen Staat in dieser Welt überhaupt gibt, der seine Geheimdienste, ob das nun Abwehr oder innere Aufklärung sind, je kontrollieren kann.

Welche parlamentarische Demokratie kriegt denn seinen **CIA** [Central Intelligence Agency] und **BND** [Bundesnachrichtendienst] unter Kontrolle? Also, und unter der heutigen Situation der Öffnung und auch der Satellitenspionage, halte ich es für wirklich fragwürdig.

Da müßte man eine Nutzen-Kosten-Rechnung für die Gesellschaft aufmachen, wenn man so ein Organ fordert.

Ich denke, daß also wirklich klargemacht werden muß, daß das hier erst einmal aufgelöst werden muß unter ziviler Kontrolle mit sozialer Absicherung der Leute, die dort gearbeitet haben oder noch arbeiten.

Und dann denke ich auch als drittes, daß es nicht nur einfach ist, daß das MdI die Stasigebäudee umstellt und sichert, sondern, daß es schon die **Bürgerkomitees** in Zusammenarbeit mit der **VP [Volkspolizei]** sind oder mit dem MdI sind, weil an einer Stelle da [in der Vorlage 1/11] drin stand, daß das MdI, also die **MfS-Gebäude** umstellen soll. Also, das muß dann schon in der jetzigen Situation gemeinsam mit den Bürgern jetzt passieren.

Ziegler (Moderator): Frau Poppe.

Frau Poppe (DJ): Ich denke, es gibt nur eine Möglichkeit, wirklich diese Gewalt zu verhindern, die droht, und die besteht darin, daß die Mitarbeiter ab sofort suspendiert werden, diese Gebäude nicht mehr betreten, dann passiert ihnen dort auch nichts. Und dann muß die Polizei die natürlich sichern, damit auch nichts zerstört wird da drin und damit alles erhalten bleibt, aber das sind eben **Sofortmaßnahmen** und alles andere ließe sich dann hinterher noch im Detail besprechen.

Aber dieses müssen wir heute und hier schon fordern, ab sofort. Einfach weil es um Menschenleben geht.

Ziegler (Moderator): Frau Merkel.

Frau Merkel (UFV): In diesem Sinne bitte ich, vorzuschlagen, den ersten Satz so zu formulieren, daß ich glaube – ich habe jetzt die Formulierung nicht vorliegen –, daß sozusagen, daß wir von der Regierung fordern, daß sie die Bedingungen sichert für ein möglichst radikales, aber möglichst gewaltfreies Handeln gegenüber und dann haben wir diesen **Maßnahmenkatalog,** von dem wir uns vorstellen, daß er genau diese Bedingungen schafft.

Ziegler (Moderator): Also, jetzt haben wir den Vorteil, daß wir den Text von Herrn Schnur haben. Ist er schon bei allen? Dann, bitte – daß Sie das herumgeben.

Und ich schlage vor, damit wir überhaupt zum Zuge kommen, dann immer gleich zu sagen, zu welcher Stelle und am besten formulieren Sie gleich Ihre Abänderungsvorschläge oder Ergänzungsvorschläge oder auch Streichungsvorschläge, wenn was drinnen steht, was Ihnen nicht gefällt. Haben Sie das jetzt alle, ja? Frau Merkel, Sie hatten ja wohl beim Einleitungssatz jetzt gerade sich geäußert, nicht? Haben Sie da denn, wenn ich da zurückfragen darf, etwas, eine Formulierung, Sie hatten von „möglichst gewaltfreiem" oder so etwas gesagt.

Frau Merkel (UFV): „Im Bemühen der Rechtsstaatlichkeit und der Wahrung der Interessen unseres Volkes, fordern die Teilnehmer des Runden Tisches, daß die Regierung schnellstens die Bedingungen dafür schafft, daß für ein, daß die Bedingungen für ein radikales, aber gewaltfreies Handeln der Regierung schafft." Denn angestrebt werden muß ein gewaltfreies Handeln, es muß sozusagen unser Interesse sein. Damit haben wir nicht festgeschrieben, daß von vornherein Gewaltanwendung ausgeschlossen ist.

Ziegler (Moderator): Herr Gysi, Sie hatten sich gemeldet, nicht?
Herr Schnur.

Schnur (DA): Also, ich wollte mit dem ersten Satz ein Signal setzen, daß es zunächst doch einfach von dieser staatlichen Autorität ein Zeichen geben muß, daß sie gegen Bürger unseres Landes bei diesen Maßnahmen nicht mit Gewalt ankommt.

Ich denke, die andere Frage steht, und da gibt es, wie ich ja auch jetzt selber gemerkt habe, einen bestimmten Konsens. Das müßte man dann tatsächlich fragen, ob man mit Blick auf Ziffer 1.6 dann eine entsprechende Lösung noch finden kann, und das dann auch zu sichern in der ganzen Geschichte.

Ziegler (Moderator): So, übernehmen Sie jetzt erst einmal die Punkte – –

Gysi (SED): Der Text ist zu wichtig, ob man sich den nicht einmal fünf Minuten in Ruhe durchlesen kann?

Ziegler (Moderator): Ja. Das meine ich jetzt, daß wir erst einmal lesen und dann Sie dort zu den Punkten, wo Sie Änderungen oder Streichungen oder Ergänzungen anbringen wollen, dann sprechen.

[Lesepause]

– Ich muß erst einmal feststellen, daß 22.00 Uhr vorbei ist. Zweitens, daß die Konzentration in einer Weise nachläßt, daß unter dem Antrag einer Lesepause praktisch eine Pause eingerichtet wurde und daß das uns hindert, zügig weiterzuarbeiten.

Ich schlage jetzt vor, daß wir von allgemeinen Debatten wegkommen und hier an dieser Vorlage entlanggehen und nur da sagen, dies muß hier geändert werden oder soll weggestrichen und/oder abgeändert werden, weil wir, oder wenn etwa ein gewichtiger Gesichtspunkt fehlt, muß das ergänzt werden, weil wir sonst, wenn wir jetzt quer durcheinander diskutieren, heute nicht mehr zum Zuge kommen mit diesem wichtigen Punkt.

Jetzt hat sich Herr de Maizière, dann Herr Schnur und dann Herr Gysi gemeldet.

de Maizière (CDU): Erster Änderungsantrag in Zeile 3, das Wort „radikal" ist durch „entschieden" zu ersetzen. Entschieden, „radikal" und „gewaltfrei" finde ich, paßt nicht sehr gut nebeneinander.

Schnur (DA): Vielleicht sollte ich zuvor einfach sagen, ich habe jetzt „ein radikales, gewaltfreies Handeln" gestrichen, weil ja über den Begriff **Sofortmaßnahmen** gesprochen wurde. Ob wir da dann nicht besser fahren und, sagen wir, Gewaltdiskussionen zunächst auch aus dem Weg gehen, und es heißt dann:

„Im Bemühen um Rechtsstaatlichkeit und die Wahrung der Interessen unseres Volkes fordern die Teilnehmer des Runden Tisches Sofortmaßnahmen der Regierung in folgenden Fragen…"?

Ziegler (Moderator): Das ist ein Änderungantrag, das spielt ja jetzt keine Rolle.

Schnur (DA): Ich sage das jetzt nur einmal so.

Ziegler (Moderator): Ja, also statt dieser Sätze da: „Sofortmaßnahmen", ja.

[Zwischenbemerkung de Maizière]

Ziegler (Moderator): So. Ach so, Sie sind immer noch bei dieser Präambel.

de Maizière (CDU): Nein, das ganze Papier habe ich vorliegen, oder wollen Sie abschnittsweise vorgehen?

Ziegler (Moderator): Wir wollen abschnittsweise vorgehen.

de Maizière (CDU): Gut, danke schön. Dann melde ich mich dann erneut.

Ziegler (Moderator): Also, es waren jetzt in dieser Präambel zwei Entscheidungen, der weitergehende Antrag war **Sofortmaßnahmen,** Sie hatten sich auch noch gemeldet, ja, bitte, zur Geschäftsordnung.

Gysi (SED): Es fehlen mir zuviele – –

Ziegler (Moderator): Ja, also, Herr Gysi, es ist, Sie haben völlig recht. Aber wir haben gesagt, fünf Minuten Lesepause, wer nicht drin ist, kann nicht mit abstimmen.

Henrich (NF): Wir hatten den Versuch gemacht, einen Vorschlag – Es nützt, was ich verstanden habe – –

Ziegler (Moderator): Ja, dann müssen wir beantragen, Unterbrechung der Verhandlungen, nicht? Das müßte dann gemacht werden, das haben Sie aber auch nicht gemacht.
  Herr Gysi. Also.

Gysi (SED): Ja, ach so, Sie meinen, es fehlt der richtige Antrag von mir.

Ziegler (Moderator): Na ja.

Gysi (SED): Ich werde gerne formaljuristisch, nicht gerne formaljuristisch wiederholen, aber Sie haben Recht, ja, also. Ich würde bitten, die Debatte für einige Minuten zu unterbrechen, weil ich finde, ohne SDP – –

Zwischenruf: Die ist da!

Gysi (SED): Ach so, Entschuldigung, ist von jeder Gruppierung jemand da?

Zuruf: Das Neue Forum noch nicht.

Gysi (SED): Ach so, dann geht das natürlich, das, also, die Übersicht habe ich nicht so ganz.

Ziegler (Moderator): Wir müssen uns doch an unsere eigenen Absprachen halten. Wir haben fünf Minuten Lesepause verabredet und wer da nicht kommt, der verlängert unsere weiteren Debatten, indem er da nicht hier mitwirkt.
  So, hat sich erledigt. Ja, sehr schön. Wir sind bei der Präambel. Wir haben dort zwei Anträge: Der erste und der weitergehende ist, daß die Worte „ein radikales gewaltfreies Handeln" überhaupt wegkommen, dafür steht: „Sofortmaßnahmen", ja?

Schnur (DA): Ja.

Ziegler (Moderator): Das ist der weitestgehende Antrag, der nimmt Herrn de Maizières Antrag, „radikal" durch „entschieden" zu ersetzen, auf. Wenn das jetzt die Mehrheit findet, dann könnten wir so verfahren, daß wir das einfach streichen und dafür Sofortmaßnahmen setzen. Weiß jeder, worum es geht? Ja. Dann frage ich, ob dieser Antrag Streichung und Ersetzung durch, Streichung der Worte „ein radikales gewaltfreies Handeln" durch „Sofortmaßnahmen" Zustimmung findet, den bitte ich um das Handzeichen. – Wer ist dagegen? – Wer enthält sich? 1 Enthaltung.
  Dann würden Sie den Text bitte so verbessern, nur damit es nachher auch richtig heißt. Dann heißt es: „Fordern die Teilnehmer des Runden Tisches Sofortmaßnahmen der Regierung in folgenden Fragen." Ja? Gut. Und nun, damit ist der Antrag von Herrn de Maizière erledigt.
  Dann rufe ich auf die Ziffer 1. Es scheint, daß dieses Zustimmung – –
  Ach, Herr Poppe, bitte.

Poppe (IFM): Ich finde, der Text ist insgesamt zu lang, und er sollte also so formuliert werden, daß wir ihn, doch, daß er auch schneller und leichter verstanden wird.

Ziegler (Moderator): Dann müssen Sie bitte die Vorschläge machen. Wenn Sie das dann noch – –
  Frau Poppe, bitte.

Frau Poppe (DJ): Wir haben also an den Punkt 1 folgenden Punkt angehängt jetzt, also, Punkt 1 jetzt Punkt 2. „Wir fordern die sofortige **Suspendierung aller Mitarbeiter des Amtes für Nationale Sicherheit** und die **Auflösung des Amtes** unter ziviler Kontrolle."

Ziegler (Moderator): Ist das irgendwo aus dem Text entnommen, oder haben Sie das extra dazugesetzt?

Frau Poppe (DJ): Nein, das wäre jetzt die nächste **Sofortmaßnahme.**

Ziegler (Moderator): Ja, das kommt doch noch.

Frau Poppe (DJ): Wie bitte?

[Unruhe]

– Wir finden das an dieser Stelle wichtig, weil das nämlich sofort passieren muß.

Ziegler (Moderator): Ja, bitte.

Gysi (SED): Ich möchte noch auf folgendes hinweisen: Wir haben ja keinen Vertreter dieser Einrichtung hier. Das ist ja klar. Aber aus längerer anwaltlicher Tätigkeit, wie bitte?

Henrich (NF): Warum ist das klar?

[Gelächter]

Gysi (SED): Ach so, das ist auch wieder wahr. Aus längerer anwaltlicher Tätigkeit muß ich einfach auf ein paar Dinge hinweisen. Also, erstens gibt es da zum Beispiel eine Abteilung, die nach wie vor **Kriegsverbrechen** ermittelt. Die nach wie vor Kriegsverbrechen ermittelt. Es ist dort angesiedelt.
  Ich muß das einfach einmal sagen, wir müssen ja auch wissen, was wir tun. Wenn die jetzt suspendiert werden, beschäftigt sich hier keiner mehr mit Kriegsverbrechen. Lassen Sie mich das kurz noch zu Ende sagen:
  Bestimmte Bereiche, die wir akzeptieren können, nämlich zum Beispiel **Terrorbekämpfung** oder ähnliches ist dort angesiedelt, das kann die Kriminalpolizei gar nicht, dafür hat sie keine Leute. Wenn wir jetzt sagen würden, diese Bereiche, die wir für notwendig halten, sollen dem MdI angegliedert werden, dann macht das MdI nicht mit, weil es dann, nehme ich zumindest an, weil die natürlich im Augenblick doch eine ganz andere Stellung in der Bevölkerung haben als dieses Amt. Und wenn man jetzt sagt, wir wollen, daß diese Abteilung zum MdI kommt, das würden die sicherlich nicht wollen.
  Ich will einfach nur, ich verstehe schon das Grundanliegen, aber ich will darauf hinweisen, da gibt es auch ein paar Bereiche, die sein müssen. Wir sehen alle die Bereiche, die

uns jahrelang so gestört haben, das verstehe ich sehr gut, aber was machen wir mit denen?

Frau Poppe (DJ): Ja, Herr Gysi, deshalb sagte ich ja auch Suspendierung, es ist noch keine Entlassung.

Das heißt: Sie gehen erst einmal nicht zur Arbeit, weil sie dort Angriffspunkt sind und dort droht erst einmal die Gefahr. Sie sind erst einmal zu Hause bis Neuregelungen geschaffen werden, neue Einsatzmöglichkeiten für diese **Mitarbeiter**. Und da gebe ich Ihnen völlig recht, daß Leute, die sich damit befaßt haben, natürlich in diesem Arbeitsbereich irgendwie eine Form finden müssen, wo sie weiterarbeiten können.

Aber das Volk macht diese Unterscheidung nicht.

Gysi (SED): Nein, das ist die Frage, ob man das erklären kann.

Frau Poppe (DJ): Wer in diesem **Gebäude [des MfS]** sitzt, der ist der Gefahr ausgesetzt. Deshalb meine ich, eine wichtige Sofortmaßnahme wäre die Suspendierung.

Ziegler (Moderator): Wir haben das noch einmal erläutert.

Henrich (NF): Die Voraussetzungen sind falsch, Kollege Gysi. Sagen Sie mir, wo gesetzlich geregelt ist, daß das **MfS** oder das **Amt für Nationale Sicherheit** für **Terrorbekämpfung** zuständig ist! Nennen Sie mir die gesetzliche Grundlage dafür, die gibt es meines Erachtens nicht, daß es diesem speziellen Organ zugeordnet wird! Das ist ja der Zustand, den wir gegenwärtig beklagen. Also das gibt es nicht, da gibt es keine gesetzliche Grundlage dafür!

Gysi (SED): Ich habe das auch nicht gesagt. Ich habe gesagt, daß es so ist.

Henrich (NF): Ja, warum soll das nicht die **Kriminalpolizei** übernehmen?

Gysi (SED): Ja, wollen Sie die Leute, die das gemacht haben, dort hinschicken?

Henrich (NF): Ja, also ich frage mich zunächst erst, ob die **Kriminalpolizei** nicht auch solche Einheiten hat. Wie kommen Sie darauf, daß das nicht der Fall ist?

Gysi (SED): Weil in allen Kriegsverbrecherprozessen nur dieses Organ das Ermittlungsverfahren – –

Henrich (NF): In den Kriegsverbrecherprozessen, das ist ja nun nicht Terrorbekämpfung! Darüber sind wir beide uns zumindest einig, daß das also eine völlig andere Ebene ist. Aber auch diese Ermittlungen – wenn die Ermittlungsunterlagen, die gegenwärtig vorliegen, der Kriminalpolizei übergeben werden, kann sie damit weiterarbeiten. Wir sollen jetzt nun auch einmal nicht so tun, als seien dies jetzt noch Tausende von Ermittlungsverfahren, die jetzt noch laufen.

Gysi (SED): Das habe ich ja nicht gesagt!

Henrich (NF): Bitte. Das sind vielleicht, na, wieviele werden es denn jetzt noch sein? Wenn Sie jetzt schon aus Ihrer anwaltlichen Tätigkeit plaudern, was schätzen Sie denn? Sagen Sie doch einmal eine Zahl. Das sind doch nicht mehr als fünfzig Ermittlungsverfahren, die da noch laufen, vielleicht hundert.

Also, wir sollten das jetzt nicht überbewerten, Kriegsverbrechen. Ich bin jederzeit dafür, daß die weiterhin verfolgt werden, aber nicht, daß wir das jetzt als riesiges gesellschaftliches Problem darstellen, daß wir nicht mehr die **Kriegsverbrecher** verfolgen können.

Ziegler (Moderator): Es geht jetzt um die Frage, daß die Forderung gestellt werden kann, „Suspendierung" hatten Sie gesagt, oder an anderer Stelle war „**Auflösung**" gesagt worden. Daß wir dabei bleiben.

Da haben wir Gegengründe gehört und Sie haben gesagt, es geht doch. Nur daß das noch einmal klar ist.

Herr Jordan, Herr Schnur, Herr de Maizière und Herr Ullmann. Erst Herr Jordan. – Ich habe Sie aufgeschrieben, Herr Ullmann.

Herr Jordan, bitte.

Jordan (GP): Ich könnte mir vorstellen, daß diese speziellen Abteilungen und vor allen Dingen auch die Abteilung, die seit 1988 gegen **Neonazismus**, insbesondere gegen **Skinheads** beim **MfS** gebildet wurde, vorher hatte das auch die Kriminalpolizei bearbeitet – das ist mir bekannt aus meiner Zeit als Prozeßbeauftragter der **Zionsgemeinde** –, daß eben dort wieder die Zustände hergestellt werden wie also auch bis 1987. Daß diese Bereiche ausgegliedert werden und also eben dem Ministerium des Innern zur Seite gestellt werden.

Ziegler (Moderator): Herr Schnur.

Schnur (DA): Ich denke, daß es jetzt auch eine Gefahr ist, hier vom grünen Tisch wichtige Dinge zu entscheiden, Herr Henrich. Also, da würde ich nun deutlich sagen, das wissen wir doch aus unserer anwaltlichen Tätigkeit, daß dort doch nicht nur Abteilungen gewesen sind, die nur Menschen, sagen wir, unsinnig verfolgt haben.

Ich meine, zumindest können Herr Gysi und ich aus unserer beruflichen Tätigkeit viel davon sagen – Aber ich denke, die „Suspendierung" hilft den Bürgern doch jetzt auch nicht mit dem Begriff.

Deswegen würde ich meinen, sollte tatsächlich ein klares Wort zur **Auflösung** kommen und sollte dann eine Zweckbestimmung sein von dieser Warte aus gesehen, damit tatsächlich sichtbar wird, diese Einrichtung, weil sie eben tatsächlich in dieser Frage belastet ist, aber das muß natürlich in einem geregelten Verfahren sein, damit natürlich fort, die Arbeit dort geschehen kann.

Also ich denke, die DDR lebt ja nicht im luftleeren Raum und bei allen meinen Vorbehalten zu diesem jahrzehntelangen Organ, was ich am eigenen Leib als Anwalt verspürt habe, muß ich sagen, hier würde ich sagen, entweder gehen wir von einem nationalen **Sicherheitskonsens** aus, der die Frage dieser Dinge betrifft und daß man das dann ausklärt.

Aber das kann man jetzt auch nicht sagen mit der „Suspendierung", damit helfen wir dem Bürger nicht. Nein: die **Auflösung**!

Ziegler (Moderator): Ich möchte einmal darauf hinweisen, daß es gut ist, wenn auch der Blick auf 1.5 fällt, wo dies doch schon einmal aufgegriffen wird.

Herr de Maizière.

de Maizière (CDU): Meines Erachtens geht es um die Unterstellungen und die Befehlslinien. Was nützt es uns, wenn die gleichen Offiziere und die gleichen Leute nun beim **MdI** angestellt werden und die gleiche Tätigkeit fortsetzen?

Henrich (NF): Das ist hier nicht vorgeschlagen.

Ziegler (Moderator): Nein, nein.

de Maizière (CDU): Ja, bloß: Wenn wir alle . . .

Henrich (NF): Von „**Auflösung**" ist hier die Rede, und **Integration**.

Ziegler (Moderator): Es wäre besser, wenn wir jetzt doch in der Reihenfolge fortsetzen, ja.
  Herr Ullmann.

Ullmann (DJ): Ich möchte die Vorlage unterstützen, die von „Auflösung" spricht. Diese Konsequenzen sehe ich, aber ich denke, das gehört eben zu den Folgen, die geregelt werden müssen. Das ist nicht unsere Aufgabe.
  Und ich bin der Meinung, Herr Gysi, das gehört auch zu den Belastungen und des Ansehens unseres Landes, daß also Kriegsverbrechen und was Sie noch genannt haben, eben von einer Behörde verfolgt werden, die eben so tief in ihrem Ruf geschädigt ist. Das muß ja auf jeden Fall geändert werden.
  Und ich denke, hier wird eine Forderung aufgestellt und man muß dann eben den Konsequenzen ins Gesicht sehen, also das können wir nicht hier am Tisch lösen. Und es ist sicher nicht unsere Aufgabe, schon da Lösungen vorzubereiten.

Schult (NF): Ich denke, daß die Leute weiterhin mißtrauisch sind und daß es klarer und deutlicher Signale bedarf. Und da wäre für mich der erste Schritt die Suspendierung der **Mitarbeiter** und die Besetzung dieser Häuser durch das MdI und **Bürgerkomitees**, daß also wirklich der Verdacht wegfällt, daß hier die **Archive** weiter **verbrannt** werden.
  Und dann wäre der zweite Schritt hier sofort natürlich mitzufordern, die Auflösung dieses Amtes und das ist ein Schritt, wo man natürlich überlegen kann, wie man welche Mitarbeiter, die zum Beispiel in der **Faschismusbekämpfung** oder **Neonazibekämpfung** und **Terrorbekämpfung** wie, wo einsetzt.
  Aber dieses Amt ist so verfilzt und so diskreditiert, ich denke, daß eine Vertrauensbasis nur wiederhergestellt werden kann, indem neue Ämter geschaffen werden, wo ein Teil der Leute, die da Fachkompetenzen haben, dann irgendwann wieder eingesetzt werden mit diesen speziellen Aufgaben, aber unter ziviler Kontrolle. Und das muß deutlich eingeleitet werden und deutlich gemacht werden, ansonsten werden in den nächsten Tagen oder Wochen diese Ämter wahrscheinlich gestürmt.

Ziegler (Moderator): Herr Henrich.

Henrich (NF): Danke. Hat sich erledigt.

Ducke (Co-Moderator): Ich mache einen Vorschlag: Wir sind in diese Sachdebatte gekommen durch den schlichten Vorschlag, 1.5 zu 1.1 zu machen, wenn ich das richtig verstanden habe, formal. Nicht ganz? Sie wollten das überhaupt streichen, aber wir müssen zur Sache kommen. Wenn ich hier einen Vorschlag machen kann:
  Vielleicht ist Ihre Unterteilung, Herr Schnur, nicht ganz einsichtig. Vorhin fiel das Wort, es muß griffiger sein. Wenn wir einfach den ersten Absatz haben, jede Person wird – das ist doch der Gedanke im ersten Absatz – wird zur **Verantwortung** gezogen.
  Zweiter Absatz beschäftigt sich mit dem **MfS**.
  Dritter Absatz, also, ob jetzt Unterteilungen oder wie, mit **Generalstaatsanwaltschaft**, meinetwegen, das kann ich jetzt nicht so abschätzen. Dann 1.6 gehört mit dazu, daß das ein bißchen kompakter wird.
  Dann wäre der nächste Punkt **Volkskontrollausschüsse**, Bürgerinitiativen.

Würden Sie dem so zustimmen können? Daß wir diese Blöcke haben. Einfach, damit wir hier zu Potte kommen. Entschuldigung, wenn ich das so sage.

Ziegler (Moderator): Aber es ist, wir verhandeln immer noch über den Erweiterungsantrag, das müssen wir dann sehen.
  Ja, Frau Poppe, wollen Sie da gleich darauf antworten?

Frau Poppe (DJ): Also, unser Vorschlag ist: Erster Punkt bleibt.
  Zweiter Punkt, **Suspendierung** und **Auflösung** unter ziviler Kontrolle.
  Dritter Punkt, Sicherung der **Gebäude** und so weiter und der **Dokumente,** dann schließt sich an „1.3 Die Regierung der DDR wird aufgefordert" und so weiter – „unabhängige Untersuchungskommission".
  Dann schließt sich der Punkt 2 auf der Rückseite des Blattes [der Vorlage 1/11] an, „**Volkskontrollausschüsse** und **Bürgerkomitees**" – –
  Und dann 1.5.
  So war unser Vorschlag.

Ziegler (Moderator): Ah, damit ist die Sachfrage, ob die Auflösung oder Suspendierung des Amtes [angestrebt wird], und darüber haben wir jetzt die ganze Zeit gestritten, noch nicht entschieden, und das müssen wir trotzdem sehen, auch wenn das so neu geordnet wird.
  Herr Berghofer.

Berghofer (SED): Also, ich störe mich noch an dem Begriff der „Suspendierung". Weil das, was Sie damit erreichen wollen, ja nur die halbe Wahrheit ist. Gefährdet sind diese **Mitarbeiter** an jeder Stelle, an der sie sich bewegen, auch in ihrer Wohnung. Sie erreichen also nur einen Teileffekt.
  Aber eins mit dieser Formulierung hier erreichen Sie auf jeden Fall: Ein weiteres **Gewaltpotential,** was entsteht. Sie müssen ja einmal aus der Sicht der Leute, die das betrifft, denken: Da sind ja Tausende dabei, die ehrlich ihre Arbeit gemacht haben.
  Ich könnte mir vorstellen, der Punkt 1.5 ist so, wie er dasteht, konsensfähig, den würden wir mittragen mit dem Ergänzungssatz, den ich vorhin schon vorgeschlagen habe: „Die **berufliche Neueingliederung** der ausscheidenden Mitarbeiter muß gesichert werden."

Gysi (SED): Es müßte wenn, wenn ich das einmal ergänzen darf, natürlich – Moment einmal – ach so, das ist alles zusammenhängend, ja – –

Ziegler (Moderator): Wir sind jetzt übergegangen zu 1.5, weil das dort diese Sache auch – Aber wir wollen eine andere Umgliederung. Das können wir ja immer noch machen.
  Herr Gysi, wollten Sie nun oder nicht?

Gysi (SED): Ja, durch diesen zusätzlichen Satz wird auch deutlich, daß eben genau nicht gemeint ist, daß die einen übergehen zu dem anderen, denn dann wäre das ja nicht erforderlich. Insofern kriegt dieser Satz jetzt eine doppelte Bedeutung, wenn er zu 1.5 dazukommt.

Ziegler (Moderator): So. Wir stellen jetzt einen Augenblick die Frage der Gliederung zurück, ja. Das holen wir wieder rauf. Weil Herr Berghofer gesagt hat, 1.5 scheint konsensfähig zu sein. Das müssen wir ja erst einmal feststellen, wenigstens die Sachfrage mit der Auflösung war nicht konsensfähig, nicht.
  Ja, ja, wie bitte, bitte.

[Unruhe]

Gerlach (LDPD): Naja, es geht ja um die **Auflösung des Amtes [AfNS]**, das wäre in 1.5 ja gegeben. Und dann habe ich das so verstanden: Es geht um die **Suspendierung der Mitarbeiter**, wenn ich das Papier der Opposition, die Erklärung der Opposition, nehme, das uns heute früh übergeben worden ist. Da ist ja auch nicht die Rede von der „Suspendierung der Mitarbeiter", sondern von der „Auflösung des Amtes".

Das ist jetzt zusätzlich noch hereingekommen. Wenn man dem folgt, was Berghofer vorschlägt, daß man 1.5 nimmt und die „berufliche Eingliederung" und so weiter, diese Ergänzung nimmt, dann ist eigentlich das Ziel erreicht und man muß nicht neue Begriffe einführen, die jetzt nur zu Komplikationen führen.

Ziegler (Moderator): Also, möchte sich dazu noch jemand äußern? Wir sind jetzt durch diesen Antrag. Sie haben einen anderen Vorschlag, ja?
Bitte, Herr Henrich, – ja.

Henrich (NF): Auch 1.5: Wie Herr Berghofer sagt:
„Die Regierung der DDR wird aufgefordert, das **Amt für Nationale Sicherheit** unter ziviler Leitung aufzulösen. Soweit Sicherheitsaufgaben, welche dem Amt übertragen waren, weiterhin gelöst werden müssen, werden diese zukünftig von der Abteilung des MdI wahrgenommen."

Und dann, daß die sozial sichergestellt werden sollen, also, davon gehe ich eh aus, das ist klar. Dies ist wichtig für mich.

[Unruhe]

Ziegler (Moderator): Herr Henrich, haben Sie das aufgeschrieben? Denn es ist jetzt immer sehr schwierig, wenn wir hier einen Text machen.

de Maizière (CDU): Könnten Sie das noch einmal langsam vorlesen, zum Mitschreiben?

Ziegler (Moderator): Ja, das wäre das Beste. Herr Henrich, lesen Sie das doch einmal langsam vor. Wir kommen sonst nicht weiter.
Herr Henrich, ja.

Henrich (NF): Hier kam noch ein kleiner Ergänzungsvorschlag: Soweit Sicherheitsaufgaben, welche dem Amt übertragen waren, hier ist, hier war jetzt der Vorschlag, dahinter noch eine Klammer aufzumachen, damit klargestellt wird, welche Sicherheitsaufgaben hier gemeint sind, zum Beispiel die von Kollegen Gregor Gysi genannte **Kriegsverbrecherverfolgung** und so weiter, damit man weiß, diese Sicherheitsaufgaben sind nur gemeint, damit das also noch einen kleinen Punkt bekommt.

Ziegler (Moderator): So, und nun bitte den Text! Sofort, Herr Henrich! Wir kommen überhaupt nicht weiter.

[Henrich formuliert weiter]

– Wir kommen überhaupt nicht weiter, wenn wir den Text nicht noch einmal hören, damit wir ihn möglichst notieren können, denn sonst kann man nicht entscheiden.

Henrich (NF): „Die Regierung der DDR wird aufgefordert, das Amt für Nationale Sicherheit unter ziviler Leitung aufzulösen. Soweit Sicherheitsaufgaben (zum Beispiel Kriegsverbrecherbekämpfung ...), welche dem Amt übertragen waren, weiterhin gelöst werden müssen, werden diese zukünftig von Abteilungen des MDI wahrgenommen."

Da kann man jetzt diese Sicherheitsaufgaben, wie gesagt, in der Klammer beispielhaft konkretisieren.

Ziegler (Moderator): Und Herr Berghofers Satz ist da denn nun?

Henrich (NF): Ja, nein, ja, da gehe ich jetzt davon aus, die soziale Sicherstellung.

Ziegler (Moderator): Ja, dann wollen wir den Satz doch gleich dazunehmen, ja, der hieß: „Berufliche Neueingliederung der ausscheidenden Mitarbeiter muß gesichert werden."
Ja bitte, Herr Gysi.

Gysi (SED): Es ist ja alles zu verstehen, aber damit ist immer noch nicht die Frage der Aufklärung geregelt. Ich meine, ich bin für ein Europa, wo wir sie abschaffen, das muß ich sagen, perspektivisch. Aber noch sind wir nicht so weit und ich weiß nicht, ob das sofort geht.

Ich finde, eigentlich gewöhne ich mich immer mehr an die Formulierung, die da drin steht, wobei man vielleicht noch etwas sagen müßte, was damit gemeint ist, wenn man hier diesen Klammerausdruck macht, also, wo hier steht, zur „Wahrung der nationalen Sicherheit, Klammer auf, zum Beispiel zur Bekämpfung von Terror, **Wirtschaftsspionage**, Klammer zu", um also den Bürgern zu sagen, wir wollen hier nicht irgend etwas ähnliches, sondern wir wollen sozusagen nur etwas, was sich diesem speziellen Bereich widmet, der vielleicht auch nicht, na ja, da müßten wir uns dann eben im weiteren Verlauf auch noch verständigen.

Also, ich nehme an, wir machen da noch mehr Vorschläge, das ist ja heute nur erst einmal das Signal, in welche Richtung das Ganze gehen muß.

Ziegler (Moderator): Herr Schramm.

Schramm (FDGB): Ja, der eingebrachte Vorschlag zum Punkt 1.5 mit der Klammerbemerkung von Herrn Gysi wird von uns mitgetragen. Dem anderen Antrag können wir nicht folgen.

Ziegler (Moderator): Welchem Antrag?

Schramm (FDGB): Na, hier, die Formulierung von ...

Gysi (SED): – beim **MdI** umzusetzen. Ich habe die Sorge, daß wir Schwierigkeiten kriegen mit der **Polizei**. Wirklich, die wollen, die, diese haben Angst davor, in diesen Ruf zu kommen, wenn wir plötzlich sagen, Sie kriegen diese Abteilung. Ja, ich muß das einfach mal sagen.

Ziegler (Moderator): Herr Schult.

Schult (NF): Ja, ich denke, bloß irgendwie muß [man] das doch da herüberkriegen, daß weder die westliche **Spionage**, noch **Wirtschaftsspionage**, noch das **MdI** irgendwie das Problem ist, sondern die Existenz dieses Amtes. Und wenn wir wieder halbseidene Formulierungen anbieten, wie das jetzt mit diesen **Kampfgruppen**geschichten gewesen ist in den vorletzten Tagen, und wieder so eine halbseidene Geschichte herüberkommt, die nicht [ein] deutliches Signal gibt, denn hier steht doch noch gar nicht drinne, wann das denn passiert oder wie die **Auflösung** denn passieren soll ...

Die Leute fühlen sich doch wieder verscheißert auf der ganzen Strecke. Wenn also zum Beispiel nicht klar ist, daß diese **Akten** da sofort **gesichert** werden oder die Geschichten der **Bürgerkontrolle** mit dem MdI da läuft.

Ja, da steht erst einmal drin, daß erst einmal das MdI das macht, also da ist wieder keine Bürgerkontrolle mit bei, aber ich denke, wenn man diese ganzen Einschränkungen dann wieder macht, vielleicht, dann Wirtschaftsspionage und die andere **Aufklärung,** ist alles notwendig, ich denke, daß das Vertrauen dann nicht entsteht dabei.

Das ist die Geschichte dabei, denn die Leute empfinden momentan nicht die gegnerische Spionage als die Bedrohung in diesem Land hier, sondern das **MfS.**

Ziegler (Moderator): Ja, Frau Schmitt.

Frau Schmitt (UFV): Ich wollte sagen, daß mir diese Formulierung, so, wie sie hier steht, im Zusammenhang mit den anderen Paragraphen „**Bürgerkomitees** und **Volkskontrollausschüsse**" eigentlich die bisher für mich einleuchtende Gewähr gibt, daß eine kompetente Lösung gefunden wird.

Ich meine, in solchen wichtigen Fragen weiß ich nicht, ob man darauf verzichten kann, den Leuten wirklich zu sagen, daß so etwas existiert und so etwas existieren muß im Moment. Also, ob man sich da zurückziehen kann und so tun kann, als gäbe es das nicht, das würde ich nicht gut finden.

[Unruhe]

Ducke (Co-Moderator): 1.5 könnte doch dann als ein Kompromißangebot so lauten, daß der erste Teil deutlich macht, daß die Regierung aufgefordert wird, dieses Amt aufzulösen. Aber die Zuweisung, konkreter Aufgaben an ein konkretes Organ wie das **MdI** doch zu vermeiden, ist mir deswegen lieber dieser vorgeschlagene Satz, wie er da steht. Also:

Punkt! „Das **Amt für Nationale Sicherheit** ist aufzulösen." Punkt!

„Entsprechend internationalen Kriterien soll eine unter ziviler Leitung stehende Einrichtung zur Wahrung der nationalen Sicherheit gebildet werden."

Ich würde mich hier als eine öffentliche Erklärung einfach nur so verstehen, daß das sofort kommt. Dann kommt die soziale Sicherung, oder käme sie vielleicht sogar davor. Ja, das wäre besser. Das käme jetzt dazwischen. Das hieße also:

„Die Regierung der DDR wird aufgefordert, das Amt für Nationale Sicherheit aufzulösen und die berufliche Eingliederung der Mitarbeiter zu gewährleisten."

Und nächster Absatz, oder nächster Satz würde dann lauten: „Zur Wahrung der nationalen Sicherheit soll eine entsprechend den internationalen Kriterien unter ziviler Leitung stehende Einrichtung gebildet werden. Die Aufgabenstellung wird bekanntgegeben."

Also, dann hätten wir, glaube ich, viele Diskussionsprobleme weg, die jetzt kamen mit **Polizei, MdI,** das wäre wirklich – –

[Unruhe]

Ziegler (Moderator): Also, damit wäre aufgenommen ein Hauptanliegen, die **Auflösung.** Das war das eine. Und jetzt war die zweite Frage, die Herr Gysi immer wieder betont hat, es gibt bestimmte Aufgaben, die sichergestellt werden müssen.

Ja, ja, bitte.

Henrich (NF): Wir müssen auch daran denken, daß wir in einer sehr schlimmen Zeit alle diese Aufgaben gelöst haben. Sie wissen das, Kollege Gysi, daß das MfS ja erst sehr spät gegründet wurde und davor, da gab es ja nun wirklich noch massenhaft **Spionage** in diesem Land und die wurde durchaus bekämpft.

Es war doch nicht so, daß wir da nichts getan haben, da gab es die **K5 bei der Polizei,** ganz einfach. Da gab es dieses Amt nicht. Ich will das bloß einmal als Anmerkung machen, weil hier so getan wird, als könnten wir ohne ein solches Amt nicht leben.

Gysi (SED): Ich wäre nicht gegen die **Eingliederung,** ich befürchte nur, daß die Polizei da nicht mitspielt. Das muß ich sagen.

Henrich (NF): Ja, bloß, wenn wir nicht einmal die Polizei überzeugen können, wie wollen wir denn dann die Bürger überzeugen?

Ziegler (Moderator): Naja. Also, der Vorschlag von Herrn Gysi läßt die konkrete Eingliederungsfrage offen und sagt, unter den Kriterien, internationaler Kriterien soll das gebildet werden, unter ziviler Leitung.

Herr Jordan und Frau Dörfler hatten sich gemeldet, und dann Herr Berghofer auch.

Frau Dörfler (GP): Ja. Ich habe jetzt zu der Formulierung, daß die „unter ziviler Leitung stehende Einrichtung zur Wahrung der nationalen Sicherheit" gebildet wird [die Anmerkung], ob man der Bevölkerung nicht in zwei, drei Stichworten diese Aufgabenstellung, diese neue, andeuten kann. Nicht daß der Eindruck entsteht: Naja, das Alte schaffen wir ab und dann machen wir gleich [die Anmerkung] ein Neues.

Schult (NF): Naja, das ist doch eine Verscheißerung, ist das.

Henrich (NF): Das sieht alles nach Etikettenschwindel aus.

Ziegler (Moderator): Herr Berghofer.

Berghofer (SED): Ich glaube, wir könnten Übereinstimmung erzielen in der Formulierung: Sollte „umgehend" oder „sofort" oder „schnellstmöglichst" oder so „aufgelöst werden".

Ich glaube, das erwarten alle. Aber dann dürfen wir jetzt nicht den Anspruch erheben, die **Regierung** sein zu wollen, und das machen wir jetzt, für meine Begriffe.

Mir fehlt die Sachkenntnis, das zu beurteilen. Ich kann nur einen Weg andeuten und mitgehen, der Arbeitsrichtung erkennbar werden läßt. Am 1. Januar 1990 werden die Grenzen nach beiden Seiten offen sein, allein für Berlin wird das eine Situation, die viel prekärer wird als vor 1961, die Bevölkerungsstruktur Westberlins hat sich verändert, die **Kriminalität** hat ganz andere Dimensionen angenommen, **Rauschgift** etc..

Deswegen wäre das zu einfach, wenn wir sagen, das geht zum MdI. Das kann vielleicht am Ende so sein, aber das müssen wir doch nicht entscheiden. Wir müssen uns doch nicht festlegen. Wenn wir sagen: Es wird ein unter ziviler, eine „unter ziviler Leitung stehende Einrichtung zur Wahrung nationaler Sicherheit" gebildet und diese Aufgabenstellung wird bekanntgegeben, dann können wir bestenfalls einfachere Worte wählen, daß jeder versteht, was wir meinen, aber ich sehe das nicht im Widerspruch zu Ihren Darlegungen.

Ziegler (Moderator): Ja, also, wir müßten jetzt doch zu einer Entscheidung kommen, wie Ziffer 5 lauten soll.

Konsensfähig scheint mir zu sein der Wunsch, „**Auflösung des Amtes für Nationale Sicherheit**„, der ausgesprochen werden muß.

War das eine Wortmeldung?

Ja, bitte.

Gysi (SED): Wir müssen uns ja gar nicht in jedem Punkt einigen. Ich will damit folgendes andeuten: Wir könnten doch einfach sagen, „soweit von dem Amt..."

– Klammer zu, nein, ist von der Regierung die Sicherung dieser Tätigkeit irgendwie zu gewährleisten, wobei die Vorstellung, wie das zu geschehen hat, hier unterschiedlich war.

Oder, wir geben das sozusagen als Auftrag an die **Regierung**, sich Gedanken zu machen, wie sie diese Bereiche sichert, ohne daß wir jetzt konkret sagen, wie das zu geschehen hat, ob durch **Eingliederung** beim **MdI** oder im zivilen Dienst oder was.

Auf jeden Fall wollen wir eben nicht so tun, das wäre nämlich auch Betrug, das muß ich sagen, als ob es da nicht Bereiche gibt, die einfach notwendig sind.

Und indem wir das sagen, daß das natürlich irgendwie gesichert werden muß, wobei wir der Regierung sagen, wie sie es tun muß, muß sie schon selber wissen. Dafür ist sie ja die Regierung.

Wir geben ihr sozusagen nur das eine: Wir wollen die Auflösung des Amtes! Und so bald dort etwas gemacht wurde, was für die **Sicherheit** dieses Landes unbedingt erforderlich [ist] und das sagen wir (drei Beispiele) muß die Regierung eine Lösung finden, wie das zukünftig geschehen soll.

Ziegler (Moderator): Ja, aber Herr Gysi, ich wollte noch darauf hinweisen, im Grunde war es in dem Vorschlag da schon enthalten, was Sie sagen. Wenn der Satz aufgenommen wird von Herrn Schnur, dann ist das doch enthalten. Dann machen wir doch nicht mehr in Einzelvorschlägen, sondern nur unter, Zwei Dinge machen wir da zur Bedingung: unter Kriterien der nationalen, „internationalen Kriterien" und „unter ziviler Leitung", nicht. Das steht noch drin bei dem Satz Schnur.

Ja, Frau Köppe?

Frau Köppe (NF): Ich hoffe, es ist jetzt deutlicher klar geworden, daß wir die **Auflösung** fordern, und ich finde, dann sollten wir auch dabei bleiben. Und wir könnten uns diesen ganzen Rest schenken. Der wird doch sowieso – –

Hier wird deutlich gesagt: Wir sind nicht die Regierung. Da wird es dann Vorschläge geben von der Regierung, und die sind dann zu prüfen. Und alles andere können wir jetzt weglassen, finde ich.

Ziegler (Moderator): Also, das ist der radikalste und weitergehendste Vorschlag.

[Unruhe]

– Ja, Herr Ducke.

Ducke (Co-Moderator): Ich möchte das sehr unterstützen, weil wir unter zwei dann haben, „**Bürgerkomitees**" und so weiter, die ja auch in diesen Bereich, also sagen wir einmal, dies mit verdeutlichen, daß es uns nicht nur um eine – nur [um eine] tabula rasa geht, sondern nur positiv.... Also, dann würde dieser Satz lauten – – Soll ich?

Ziegler (Moderator): – Bitte, Sie sind sowieso am Wort.

Ducke (Co-Moderator): – „Die Regierung der DDR wird aufgefordert, das Amt für Nationale Sicherheit unter ziviler Leitung aufzu – –

Zwischenrufe: Nicht unter ziviler Leitung – **Auflösung! Auflösung!**

Ducke (Co-Moderator): Sagen Sie noch einmal ganz – Wir hatten schon einmal zivile Leitung drin.

[Erregte Zwischenrufe]

– Es kommt im Moment der Kompromiß „unter ziviler Kontrolle aufgelöst wird", „aufzulösen"

Henrich (NF): – hatten wir, „Kontrolle" hatten wir schon formuliert.

Ziegler (Moderator): Ist ja, ja – –

Ducke (Co-Moderator): – bitte nicht. Es geht um den Satz jetzt.

Ziegler (Moderator): Darum bitte ich jetzt, daß Herr Ducke noch einmal den Satz, möglichst ohne Versprecher, der uns eben in die Irre geführt hat und in die neue Diskussion, vorliest, wie er denkt.

Ducke (Moderator): „Die Regierung der DDR wird aufgefordert, das Amt für Nationale Sicherheit unter ziviler Kontrolle umgehend aufzulösen."

[Zwischenruf Gysi]

Ziegler (Moderator): Herr Gysi, könnten Sie sich nicht auch zu Wort melden?

Ducke (Co-Moderator): Die **berufliche Eingliederung** der Mitar – –

[Zwischenruf]

Ducke (Co-Moderator): – Bitte?

Henrich (NF): – die **berufliche Neueingliederung**...

Ducke (Co-Moderator): Ich weiß zwar nicht, was eine „Neueingliederung" – Aber gut, die berufliche – –

Ziegler (Moderator): Ja, lesen Sie. Es ist besser, wir lassen einen zu Ende reden.

Herr Ducke, bitte lesen Sie Ihren Text.

Ducke (Co-Moderator): Den ich mitgeschrieben habe?

Ziegler (Moderator): Ja bitte.

Ducke (Co-Moderator): „Die berufliche Eingliederung der Mitarbeiter ist zu gewährleisten."

Ziegler (Moderator): Das ist, an einer Stelle, da hat Herr Grande noch darauf aufmerksam gemacht, das „Neu" ist gestrichen. Also, das..., darüber werden wir uns vielleicht noch einigen können, ob „Neueingliederung" oder „Gliederung".

Dann wäre das alles. Und das, was dann nachher erfolgt, steht in Ziffer 2 mit der Bürgerin – Moment! Ja, ist Ziffer 2, nicht? Mit den **Volkskontrollausschüssen** da – –

So, Herr Gysi, nun, Sie hatten ja angesetzt zu einer Wortmeldung.

Gysi (SED): Ich überlege immer noch in dem Zusammenhang: Dann ist vielleicht das Wort „umgehend" wieder einfach nicht richtig. Das wird ja ein Prozeß sein, die **Auflösung**. Oder: „umgehend mit der Auflösung zu beginnen", das wäre noch etwas anderes.

Frau Köppe (NF): Wir haben ja ohnehin oben stehen „Sofortmaßnahmen". Da können wir uns wirklich „umgehend" schenken.

Ziegler (Moderator): Also, dann würden wir das, warum wir durch Zuruf einigen, daß wir das „umgehend" streichen. Können wir uns durch Zuruf auch einigen, daß wir nur von „beruflicher Eingliederung" reden, oder muß das irgendwo dazwischen?

[Zustimmung]

Ziegler (Moderator): Also, „berufliche Eingliederung".
So, Herr de Maizière.

de Maizière (CDU): Ich gebe zu bedenken, daß jemand den Text liest, der unseren Gesprächsgang nicht kennt. Wir haben jetzt den zweiten Teil der Bewahrung wichtiger Ämter gestrichen und haben gesagt, das soll die Regierung sich überlegen, wir leben aber damit, daß es so was geben wird.
Der das das nicht kennt und nun nach Wochen erlebt, daß, wo auch immer etwas gebildet wird, das diese Aufgaben übernimmt, hält das sofort für eine unglaubwürdige Maßnahme. Also, ich glaube, in dieser gekürzten Fassung – kann ich für die, nicht – Wir müssen also wirklich davon ausgehen, daß der Textleser nicht unseren Diskussionsgang kennt.

Ziegler (Moderator): Frau Köppe.

Frau Köppe (NF): Ich denke, wenn diese **Auflösung** unter ziviler Kontrolle sich vollziehen wird, dann wird das im Laufe dieser Kontrolle doch dann auch offensichtlich werden, was da neu zu schaffen ist und neu gebildet werden muß, eventuell. Und dann wird das auch ins Gespräch kommen, und dann – –

de Maizière (CDU): „**Notwendige Dienste** sind neu zu ordnen"

[heftige Ablehnung]

Schult (NF): Nein, das ist doch noch zu diskutieren, denke ich, welche Dienste notwendig sind. Also, das denke ich, wäre wichtig, daß das erst noch einmal festgestellt wird.

Ziegler (Moderator): Ja, bloß, Herr Schult, wenn wir das im einzelnen benennen wollen, dann können wir, können wir nicht – Das ist sehr schwierig jetzt aus dem Handgelenk, nicht.
Wer hat die Sachkenntnis in diesem Fall?

Frau Köppe (NF): Wir haben doch gemerkt, wir wissen nicht einmal, welche Dienste das genau sind. Also können wir gar nicht jetzt dazu etwas sagen.

de Maizière (CDU): Also, wollen wir in dieser Situation, auch wirtschaftlich, auf einen Bereich, der schwerwiegende **Wirtschaftsspionage** bearbeitet, wirklich verzichten?

[Gemurmelte Diskussion über Wirtschaftsspionage]

Gysi (SED): Ich überlege gerade. Realistisch ist zum Beispiel, die **Aufklärung** unter ziviler Kontrolle aufzulösen. Ich meine, wir müssen ja auch, wir müssen ja auch einfach wissen, was wir sagen. Wir dürfen uns ja auch dann von Mitarbeitern nicht einfach auslachen lassen.
Vielleicht sollten wir es wirklich ganz einfach machen, um es besonders deutlich zu machen, daß wir einen Punkt haben, und sagen – es ist nicht völlig zu Ende gedacht, es ist ja wirklich schwierig.
„Die Regierung der DDR wird aufgefordert, das Amt für Nationale Sicherheit aufzulösen die berufliche Eingliederung der Mitarbeiter zu gewährleisten."
Erst einmal, das ist doch die Hauptforderung, und das, was hier nämlich mit **Kontrolle** gemeint ist, das müssen wir in einem anderen Punkt bringen, bei der Sicherung der **Beweismittel** und so weiter. Da muß das rein. Dann ist auch deutlich, was wir meinen.
Wir meinen nicht, daß jeder **Mitarbeiter** unter unserer Kontrolle da den Raum verläßt oder so was, sondern wir meinen, daß die **Beweismittel** hier, um die es uns geht, für **Korruptionsfälle**, für das, für jenes, für die Arbeit des Amtes in dieser und jener Richtung und so – oder ist das mißverständlich jetzt von mir?

Ziegler (Moderator): Jetzt fangen wir doch wieder an, aufzuzählen, was denn im einzelnen sein soll. Das wollten wir ja nicht, haben wir eben gesagt.

[Gemurmelte Diskussion]

Henrich (NF): Also, es geht nicht nur um die Sicherung dieser paar Beweismittel. Es geht auch darum, daß dieses Amt sich irgendwo in der Tiefe anders organisiert. Sie wissen, daß das Geheimdienste so an sich haben, ja. Also, wir haben da auch geschichtliche Erfahrung. Es geht nicht nur um die **Akten**, die da verbrannt werden.

Schult (NF): Ich denke, daß das schon darum geht, die Struktur wirklich aufzulösen, dieser Abteilung, die wir nicht mehr haben wollen, und das unter Kontrolle der Bürgerinitiativen, unabhängigen Gruppen und aller beteiligter politischer Kräfte in diesem Lande. Das können wir also nicht den **Generälen des Staatssicherheitsdienstes** überlassen. Darum geht es also.

[Gemurmelte Diskussion]

Frau Walsmann (CDU): Ich möchte noch einmal was zu bedenken geben. Ich war bis gestern ein Mitglied des **Bürgerkomitees**, was sich um diese Fragen in der Praxis gekümmert hat. Und die Bürger haben eigentlich weitgehend verstanden, daß es nicht möglich ist, auf solche wichtigen Bereiche wie zum Beispiel **Wirtschaftsspionage**, **Abwehrspionage** zu verzichten.
Sie haben das eingesehen. Sie haben gefordert die **Offenlegung** der inneren Strukturen, unabhängig von diesen äußeren Aufgaben und die Neugliederung dieser äußeren Aufgaben in einer anderen Struktur. Und ich bitte, das doch mit einem Satz zu bedenken.

Ziegler (Moderator): Herr Gerlach.

Gerlach (LDPD): Also, ich möchte nach all dieser Diskussion den Vorschlag unterstützen, den Herr Ducke hier unterbreitet hat und über den wir uns schon weitgehend einig waren. Denn wenn hier gesagt wird, „unter ziviler Kontrolle", dann erfaßt das alles, was von allen Seiten hier gesagt worden ist, und das ist glaubhaft.

In der **Regierungserklärung Modrow** steht, daß, und das ist von uns allen getragen worden, daß es keinen Bereich unseres Staates, der staatlichen Leitung und sonst etwas geben darf, was nicht unter öffentlicher, sprich ziviler Kontrolle steht. Und demzufolge gilt das auch für Spionage und für alles andere.

In welcher Form man das regelt, das ist wieder eine andere Frage. Aber zivile Kontrolle muß sein. Und darauf würde ich mich durchaus verständigen. Und dann ist das Hauptanliegen auch gewährleistet.

Ziegler (Moderator): Jetzt ist Frau Köppe – Sie hatten sich gemeldet? Frau Köppe ist dran.

Frau Köppe (NF): Inwieweit sind solche Sachen immer repräsentativ? Die Bürger wollen, da kann ich nun auch sagen, okay, wir haben auch Gespräche mit Bürgern geführt, die hatten nicht diesen Wunsch. Ich glaube, das kann man jetzt hier nicht anführen, das müßten wir jetzt einfach so stehen lassen.

Ziegler (Moderator): Frau Walsmann noch.

Frau Walsmann (CDU): Ich wollte noch einen Aspekt zur zivilen **Kontrolle** sagen. Die zivile Kontrolle regelt sich doch auch in der Unterstellung eines eventuellen, neu zu strukturierenden, ich will jetzt nicht sagen Amtes, einer Einheit, die für solche Sachen zuständig wäre, wie zum Beispiel, man überlegte schon, ob die der Volkskammer unterstellt wird zum Beispiel. Oder denn eben der Bezirkstag.

Ziegler (Moderator): Herr Ducke, dann Herr Berghofer.

Ducke (Co-Moderator): Wenn doch hier einige Stimmen, qualifizierte Stimmen nach meinem Dafürhalten doch deutlich machten, daß unter dem Stichwort der „zivilen Kontrolle" auch die Möglichkeit der wirklichen Gewährleistung nationaler Sicherheit, also jetzt der Bereiche, die Sie da eingeführt haben, da steht, würde ich meinen: Warum sollen wir in diesem Aufruf und in dieser Erklärung schon konkret Vorschläge machen, wie es sozusagen weitergehen soll. Das wäre mein Punkt.

Ziegler (Moderator): Ja, das war schon mehrfach vorgeschlagen. Es kam aber noch einmal der Einwand, ob das dann verständlich ist für all die, die diesen langen Gedanken, – Aussprachegang nicht mitgemacht haben. Der Text, der jetzt vorgeschlagen wird für Ziffer 1.5 der heißt, ich lese ihn noch einmal vor, und bitte, daß Sie sehr kritisch hören würden:

„Die Regierung der DDR wird aufgefordert, das **Amt für Nationale Sicherheit** unter ziviler Kontrolle aufzulösen und die berufliche Eingliederung der ausscheidenden Mitarbeiter zu gewährleisten."

Herr Berghofer.

Berghofer (SED): Für diesen Satz bin ich, da hatten wir ja schon Übereinstimmung. Der wurde berechtigt durch den Einwurf wieder in Frage gestellt, daß wir damit etwas weglassen, was aber in praxi sein wird. Jetzt brauchen wir einfach noch einen Satz, der uns nicht der Lüge bezichtigt, wann das soweit sein wird.

Fahrenkrog (VdK): Darf ich einmal als Beobachter eine Bemerkung machen. Der Satz „der beruflichen Eingliederung" kann doch einschließen, daß bestimmte Leute ins MdI oder an einen anderen Bereich ebenfalls eingegliedert werden können.

Also, ich bin der Meinung, daß das sowohl die Frage, die aufgeworfen wird von der einen Seite wie von der anderen Seite die Möglichkeit nicht ausschließt, daß bestimmte Fachleute, die – –

[Widerspruch]

Ziegler (Moderator): Herr Berghofer und Herr de Maizière haben aufmerksam gemacht:

Wenn wir das nun nicht mehr sagen, dann ist nicht gesagt, welche, sie hatten vorsichtig gesagt, Dienste denn nun weitergeführt werden sollen. Da hatten wir uns festgerannt, weil wir sagten, können wir das im einzelnen sagen, und wenn wir es nur so allgemein sagen, ist es denn nicht so, na ja, also, verwaschen.

Und um diese Frage geht es doch jetzt noch. Mit den anderen Dingen scheinen wir uns ja weithin einig zu sein. Muß so ein Satz kommen und wie soll er denn heißen?

Herr Schramm.

Schramm (FDGB): Kann man da nicht jetzt nach diesem Satz einen weiteren folgen lassen, der da heißt – ich muß das jetzt suchen.

Ziegler (Moderator): Ja, bitte.

Schramm (FDGB): „Entsprechend internationaler Kriterien wird unter parlamentarischer Kontrolle in der Leitung eine Einrichtung zur Wahrung der nationalen Sicherheit gebildet."

Es ist doch blauäugig, zu glauben, daß all die Prozesse, die wirtschaftlich sich gegen uns richten, und es ist doch nun einmal eine Wahrheit der Geschichte, daß **Kapital** sich nur verwirklichen kann, wenn es **Profit** macht, daß die uns nun alle lieben ab morgen, man braucht dort gewisse Sicherheitsmechanismen in der Wirtschaft und im Staat, daß **Patente** geschützt werden und so weiter. Und wer soll denn das alles aufklären und schützen und sichern?

Ziegler (Moderator): Ich habe jetzt nicht ganz mitgeschrieben. Herr de Maizière, hatten Sie sich noch gemeldet oder war das jetzt nicht. Dann kommen Sie dran.

de Maizière (CDU): Noch einmal die beiden Gedanken.

Einmal, bestimmte Dinge müssen meines Erachtens nach gewahrt bleiben.

Und das zweite, unsere Ehrlichkeit, daß wir hinterher nicht erklären müssen, wir haben etwas gesagt, und das haben wir nicht im Auge gehabt, sondern, und ob man nicht einfach sagt, „notwendige Teilaufgaben werden in anderer Weise geordnet".

Ziegler (Moderator): Herr Schult und Herr Berghofer

Schult (NF): Ich habe das Gefühl, daß irgendwelche Ruinen geschützt werden sollen.

Also, was heißt denn hier Wirtschaftsspionage? Das **MfS** hat zu 70 Prozent **Wirtschaftsspionage** betrieben und mit relativ geringer Effektivität, weil sie Patente geklaut haben, die hier nachgebaut worden sind. Das es also hier im Ministerium Auftragstellen gab, wo man hingehen konnte und einen Diebstahl beantragen konnte. Also, das war die Wirtschaftsspionage, die betrieben worden ist.

Die andere Seite: Kapital investiert im Prinzip und macht Gewinne durch **Kapitaltransfer**. Das ist genauso heimtückisch und genauso gefährlich an manchen Stellen.

Aber die BRD hat doch deswegen keine Wirtschaftsspionage betrieben. Also, man soll die Geschichten doch nicht umkehren. Man sollte dann konkret irgendwann die Diskussion führen, wofür man solche Geschichten eigentlich braucht. Das sollte man erst einmal sagen. Das Ding muß aufgelöst werden: Und dann kann man also wirklich mit der Eingliederung, mit der Diskussion, warum, wofür braucht man solche Organe, dann von vorne anfangen auf einer ganz anderen Basis von Kenntnis, wenn man also auch da gesichtet hat: Was ist denn eigentlich getrieben worden?

Ziegler (Moderator): Also, Sie sind, wenn ich das kurzfassen darf, dagegen, daß weitere Sätze gesagt werden, die beim Neuaufbau da schon anregen.

Henrich (NF): Es muß ein Wort dazu gesagt werden: Dies bedeutet noch lange nicht, daß unsere **Betriebe** ungeschützt sind. Das stimmt einfach nicht.

Wir haben eine große Kriminalpolizei. Wir sind, gerechnet an der bescheidenen **Kriminalität**, die wir haben, und jetzt nenne ich einmal eine Zahl, das wage ich hier, 120 000 **Straftaten** etwa die letzten zehn Jahre, davon 60 000 Eigentumsdelikte und davon 30 000 Eigentumsdelikte, alles etwa – schwankt natürlich in zehn Jahren – noch unter 1000 Mark, ja. Das ist die Situation.

Aber wir haben einen **Sicherheitsapparat**, der ein Vielfaches von Kriminalität bekämpfen könnte. Tun Sie doch nicht so, als seien unsere Betriebe morgen schutzlos, wenn dieses Amt aufgelöst wird. Die Kriminalpolizei wird das schon sichern weitestgehend.

Ziegler (Moderator): Herr Gysi.

Gysi (SED): Ich habe einen Vorschlag, von dem ich glaube, daß er akzeptiert werden könnte, weil er alle diese Gesichtspunkte mitberücksichtigt. Wir sagen nichts Falsches den Bürgern und sie gehen trotzdem nur von der Auflösung aus.

Also, dieser Satz, der klar ist und hinterher würde ich sagen „Über die Gewährleistung der notwendigen Tätigkeitsbereiche – (zum Beispiel ...) – soll die Regierung öffentlich informieren."

Das heißt: Wir verlangen von der Regierung, daß sie der **Öffentlichkeit** sagt, was sie mit diesen Bereichen macht. Ob sie die angliedert an das MdI, ob sie dafür was eigenes macht, oder ob sie meint, wir brauchen es nicht, na gut, dann wären es keine notwendigen.

Das ist glaube ich nichts, das ist kein Amt, das ist gar nichts, sondern wir verlangen, öffentlich informiert zu werden. Das finde ich sogar korrekt. Damit sagen wir einerseits: Es wird solche Bereiche sicherlich geben, und andererseits sagen wir, wir wollen gerne wissen, wer das macht.

Eben nicht heimlich.

Ziegler (Moderator): Sie haben schon ...

Gysi (SED): Wie bitte?

Ziegler (Moderator): Sie haben nur die Klammer ...

Gysi (SED): – „über die Gewährleistung der notwendigen Tätigkeiten, der notwendigen Tätigkeitsbereiche – (zum Beispiel ... Kampf gegen **Wirtschaftsspionage**)" das ist etwas, was jetzt besonders einleuchtet – Klammer zu – soll die Regierung öffentlich informieren. Das heißt, wir verlangen, zu wissen, wer das macht.

Ziegler (Moderator): Ja, so. Das wäre jetzt ein Satz, der etwa das aufnimmt, was Herr de Maizière angeregt hat, was aber hier auf Widerstand stößt.

Frau Köppe.

Frau Köppe (NF): Einverstanden mit einem kleinen Wort dazwischen, „eventuell notwendiger Tätigkeiten".

Gysi (SED): Einverstanden. Damit sagen wir, daß wir nicht genau kompetent sind, das zu beurteilen. Ja.

[Unruhe]

Ziegler (Moderator): Also, nun lese ich den Satz noch einmal vor.

Gysi (SED): Ja, dann können wir aber keine Klammer nehmen. Wir können nicht einerseits sagen, „eventuell" und dann ein Beispiel nennen. Das wäre ja ein richtiges Beispiel.

Ziegler (Moderator): Dann nehmen wir die Klammer doch lieber weg, Herr Gysi. Wir waren uns ja sowieso nicht ganz einig, ob das notwendig ist oder nicht.

Gysi (SED): Na gut, aber dann würden die Bürger verstehen, was wir meinen.

Ziegler (Moderator): Na ja, ich bin aber – –

Gysi (SED): Das – wie bitte?

Lange (Co-Moderator): „Wirtschaftsspionage" wird vielen auch nicht allzu viel sagen, aber aufgrund der Einwände – Ich denke, die Klammer könnte dann wegfallen, wenn „eventuell" da steht.

Ziegler (Moderator): Herr Ducke.

Ducke (Co-Moderator): Ich unterstütze dies.

Ziegler (Moderator): Also

Gysi (SED): „Wirtschaftsspionage" in anderen Betrieben wurde – –

Ziegler (Moderator): Na, nun wollen wir einmal sehen. Wollen Sie einmal den Satz hören? Also: „Über die Gewährleistung der eventuell notwendigen Tätigkeitsbereiche soll die Regierung die Öffentlichkeit informieren." Ohne Klammer, damit Ihr Bedenken mit dem „eventuell notwendigen ..." weg ist.

Ja bitte, Herr Ducke.

Ducke (Co-Moderator): Die Problematik über die eventuell notwendigen Tätigkeitsbereiche ist für mich eigentlich kein Zusammenhang. Könnte man so sagen „über die Gewährleistung der eventuell notwendigen Dienste im Sicherheitsbereich soll die Regierung öffentlich informieren"?

Ziegler (Moderator): Wie bitte, Herr Berghofer? Haben Sie einen Vorschlag?

Berghofer (SED): Ich sage: Wenn ich hier heute herausgehe, bin ich Jurist und Sicherheitsexperte.

[Gelächter]

Gysi (SED): Die Gewährleistung, sagen Sie das noch einmal, bitte.

Ziegler (Moderator): Ja. „Über die Gewährleistung der eventuell notwendigen", Sie hatten gesagt, „Tätigkeitsbereiche" und Herr Ducke hat gesagt – –

Ducke (Co-Moderator): – „Dienste in Sicherheitsbereichen –"

Ziegler (Moderator): – „Dienste in Sicherheitsbereichen soll die Regierung die Öffentlichkeit informieren".

[Unruhe]

– „im Sicherheitsbereich" ist besser, ja.

Lange (Co-Moderator): – „im Sicherheitsbereich".

Ziegler (Moderator): Das ist mehr eine grammatische – – das ist besser, ja. Darf ich den Satz nun noch einmal vorlesen?
„Über die Gewährleistung der eventuell notwendigen Dienste im Sicherheitsbereich soll die Regierung die Öffentlichkeit informieren."
Findet dies – Wir werden darüber denn abstimmen müssen, nicht? Weil das ja doch anscheinend der springende Punkt hier bei dem Ganzen ist – Möchte noch jemand sich zu Wort melden, oder? – Dann lese ich das Ganze noch mal vor und dann müßten wir darüber eine Entscheidung fällen.
Es ist keine Wortmeldung mehr.
Ich lese noch einmal die neue Ziffer 1.5 vor, dann müssen wir fragen, wohin wir sie setzen, das kommt dann später. Die neue Ziffer 1.5 würde heißen:
„Die Regierung der DDR wird aufgefordert, das Amt für Nationale Sicherheit unter ziviler Kontrolle aufzulösen und die berufliche Eingliederung der ausscheidenden Mitarbeiter zu gewährleisten. Über die Gewährleistung der eventuell notwendigen Dienste im Sicherheitsbereich soll die Regierung die Öffentlichkeit informieren."
Soweit jetzt der Text.
Herr de Maizière.

de Maizière (CDU): Wir sollten im ersten Satz „sichern" sagen, weil dann gleich wieder Gewährleistung kommt, wäre besser.

Ziegler (Moderator): Ja früher hieß es auch einmal „zu sichern", aber dann hatten wir inzwischen „gewährleisten" gesagt. Aber wenn – –

de Maizière (CDU): Bloß, weil der nächste Satz gleich mit der Gewährleistung anfängt.

Ziegler (Moderator): Ist es Ihnen recht, daß wir hier denn „gewährleisten" durch „sichern" ersetzen? Das, würde ich leichter Hand hier machen, ja. Gut, damit es auch sprachlich besser ist.
Jetzt möchte ich fragen, ob wir uns darüber jetzt verständigen können, indem wir, ich frage, ob dies Zustimmung findet. Anscheinend ja.
Ich frage, wer dieser Fassung der Ziffer 1.5 seine Zustimmung geben kann. – Danke, wer ist dagegen? – Wer möchte sich der Stimme enthalten?

Ducke (Co-Moderator): 1 Enthaltung.

Ziegler (Moderator): 1 Enthaltung.

Ducke (Co-Moderator): Aber wir haben jetzt einen weniger, einen Teilnehmer.

Ziegler (Moderator): Ja, das spielt ja jetzt auch keine Rolle, da wir ja hier nur die Mehrheit – und es war keine Zweidrittelmehrheit beantragt – also kann es mit einfacher Mehrheit hier über die Bühne gehen.
Frau Poppe, Sie. Frau Poppe! Sie hatten vorgeschlagen, daß dies nun als Ziffer 1 gleich nach oben gesetzt wird, weil Ihnen das der wichtigste Punkt war.

[Zurufe]

Ziegler (Moderator): Wie bitte?

Frau Poppe (DJ): 1 sollte bleiben und das sollte Punkt 2 sein.

Ducke (Co-Moderator): Dann sagen Sie bitte: Es muß 1.1.1 heißen, anstelle von 1.1 oder dazwischen oder – –

Ziegler (Moderator): Denn Ziffer 2 steht auf der Rückseite, Frau Poppe. Und da geht es um die **Kontrollen,** der Bürgerkontrollen und Volkskontrollorgane, ja?

Frau Poppe (DJ): Nach vorne!

Ziegler (Moderator): Also, Sie meinten, es sollte 1.1 werden nach der Ziffer 1, ja?

Frau Köppe (NF): Nein. 1.1.

Ziegler (Moderator): Was denn nun? Na, ganz 1 kann es nicht werden. Das ist die Präambel sozusagen, dieses Abschnitts, nicht?

Frau Poppe (DJ): Wir meinten, es sollte nun einmal Ziffer 1 werden. – hatten dann noch Sachen, die dazwischen kommen sollten.

[Unruhe]

Frau Poppe (DJ): Ziffer 2 sollte dann „die **Sicherung der Akten**" werden.

Ducke (Co-Moderator): Das ist jetzt vollkommen unkonzentriert.

Ziegler (Moderator): Also, bitte, machen Sie Ihren Vorschlag so, daß wir [ihn] möglichst verstehen.

Ullmann (DJ): Jetzt ist er völlig unverständlich. Der Schnur'sche Text ist doch so aufgebaut, daß 1 eine Generalklausel ist.

Ziegler (Moderator): So ist es.

Ullmann (DJ): Alles andere ist abhängig davon, und dann kommt Ziffer 2. Sie schlagen offenkundig eine ganz andere Gliederung vor. Also, das ist bisher noch nicht deutlich.

Ziegler (Moderator): Frau Poppe schlägt eine andere Gliederung – –
Herr Maleuda, bitte.

Maleuda (DBD): Ich würde vorschlagen, mit dieser Ergänzung 1.5 diesen Vorschlag zur Abstimmung [zu] bringen.

[Unruhe]

de Maizière (CDU): Ich beantrage den korrigierten 1.5 zur Ziffer 1.1 zu machen.

Ziegler (Moderator): Ja, das war die Frage.
Ja Herr Gysi.

Gysi (SED): Ich bin strikt dagegen. Wir müssen ja auch eine gewisse Logik walten lassen. Wir fangen mit den Schuldigen an, und dann bearbeiten wir, wie das gemacht werden soll, und dazwischen hauen wir plötzlich das Nationale Amt. Das geht einfach nicht von der Logik her. Also, denn müßte man eben – –

de Maizière (CDU): Ich nehme den Antrag zurück.

[Unruhe]

Ziegler (Moderator): Und Sie, was haben Sie gesagt?

N. N.: Nein. Ich wollte nur sagen, das ist kein guter Punkt. Ist erledigt.

Ziegler (Moderator): Ist erledigt. Dann lassen wir einmal die Gliederungsfragen jetzt aus dem Spiel.

Wir müssen aber, ehe wir Herrn [?] Vorschlag aufnehmen, noch die anderen Punkte aufrufen. Es kann ja sein, daß noch etwas anderes kommt. Und es ist bisher nicht gesprochen worden zu Ziffer 1.1. Wünscht da jemand zu sprechen?
Herr Henrich.

Henrich (NF): Ich möchte die Ergänzung wiederholen, die wir schon vorgetragen haben. **Wandlitz**.

Das kann nicht einfach so zu einem Ghetto gemacht werden, zu einer Quasi-Untersuchungshaftanstalt, ohne daß **Haftbefehle**, wenn es denn den berechtigten Verdacht gibt, ausgestellt werden.

Also, wir müssen uns entscheiden, und ich wäre wirklich dafür, daß man das zumindest erwähnt. Die Herrschaften müssen Rechtsmittel haben. Sie müssen wie jeder andere auch behandelt werden. Wenn wir hier oben von **Rechtsstaatlichkeit** sprechen, dann gilt die auch für diese Herren, die wir hier meinen.

Ziegler (Moderator): Wie wollen Sie das denn in Ziffer 1.1 einbringen?

Henrich (NF): Ja, daß man es vielleicht [erwähnt], das würde ich dann noch formulieren.

Ziegler (Moderator): Ja, würden Sie das dann machen.
Herr Schnur, bitte.

Schnur (DA): Ich bin dagegen, denn Ziffer 1 ist doch die Generalklausel – –

Henrich (NF): Ja, bloß die gilt heute auch schon, Kollege Schnur. Wir wissen doch, daß wir hier nicht beschließen können, daß die Gesetze der DDR gelten.

Ich hoffe, die gelten.

[Gelächter]

de Maizière (CDU): Aber die Anwendung wird gefordert in 1.1.

Henrich (NF): Ja, dann müssen wir es aber auch sagen, worauf wir es unter anderem auch [beziehen]. Denn das ist doch ein entscheidender Punkt. Wir verstoßen doch gegenwärtig da ganz erheblich gegen das Recht.

Ziegler (Moderator): Herr Henrich hat den hilfreichen Vorschlag gemacht, einmal zu formulieren. Und dann, wenn Sie das hören, dann geht uns das vielleicht blendend ein, nicht?
Herr Gysi.

Gysi (SED): Ich würde vorschlagen, im Punkt 1 das selbst schon zu ergänzen und zwar „Bei der Durchführung von **Ermittlungsverfahren** beziehungsweise **Strafverfahren** werden die Bestimmungen der Strafprozeßordnung angewandt. Dies bedeutet erforderlichenfalls den Erlaß von **Haftbefehlen** und nicht ungesetzliche – wie heißt das Ding? – **Hausarreste**."

Ziegler (Moderator): Würden Sie noch einmal sagen, „dies erfordert, gegebenenfalls" oder was hatten Sie da gesagt?

Gysi (SED): Erfordert, „dies bedeutet".

Ziegler (Moderator): Ah, nicht erfordert, „dies bedeutet" – –

Gysi (SED): – „erforderlichenfalls den Erlaß von Haftbefehlen und nicht die Anordnung ungesetzlicher Hausarreste".

Ziegler (Moderator): Da müssen wir uns als Nichtjuristen darauf verlassen, daß das so ist, ja.

Gysi (SED): Das ist so. Es gibt eine ganz theoretische Variante gegen – – mit einer Verordnung über die Aufenthaltsbeschränkung von 61, die ich für verfassungswidrig halte, aber die es gibt. Bloß: Da könnte es auch nur das Gericht entscheiden.

Ziegler (Moderator): Herr Henrich, dann brauchten Sie bei Ziffer 1.1 nun nicht mehr.

Henrich (NF): Ist richtig, nein, nein. Findet meine Zustimmung.

Ziegler (Moderator): Findet Zustimmung, kein Widerspruch. Ziffer 1.1 sonst noch etwas? Nein.

[Zwischenfrage de Maiziére]

Ich verstehe Sie jetzt gar nicht mehr, Herr de Maizière.

Schnur (DA): Es ist ja ein Bestandteil – die Stelle des Generalstaatsanwalts – und ich wollte ausdrücklich da verzichten.

de Maizière (CDU): Danke.

Ziegler (Moderator): Dann rufe ich Ziffer 1.2 auf.

Schnur (DA): Ich will da einmal noch einen Ergänzungsvorschlag bei – –

Ziegler (Moderator): Wobei, wo zu welcher Ziffer?

Schnur (DA): Bei 1.2.

Ziegler (Moderator): Bitte.

Schnur (DA): [Ich] würde dort meinen, daß wir aufgrund der Auflösung des Amtes 1.5 dann hier die Logik auch beweisen müssen. Und da schreibe ich:

„Die Regierung der DDR wird aufgefordert, aus den Mitarbeitern des Untersuchungsorgans des MdI eine spezielle Untersuchungsabteilung für die Aufklärung der Vorgänge von – zu bilden".

Ziegler (Moderator): Und des **Amtes für Nationale Sicherheit** – –

[Unruhe]

Schnur (DA): Ja, das wird gestrichen. Der Antrag und das, ja.

Gysi (SED): Ja, meines Erachtens das Ganze. Wir müssen sagen:

„Die Regierung der DDR wird aufgefordert, eine spezielle Untersuchungsabteilung für die Aufklärung der Vorgänge von **Amtsmißbrauch und Korruption** zu bilden."

Das muß auch nicht nur MdI sein, da können auch andere Leute mit hinein.

Ziegler (Moderator): Also, Herr Gysi schlägt folgende Worte vor „aus Mitarbeitern der Untersuchungsorgane des MdI und des Amtes für Nationale Sicherheit", dieses alles zu streichen. Und dann heißt es: „Die Regierung der DDR wird aufgefordert, eine spezielle Untersuchung..."
Ja, Frau Walsmann.

Frau Walsmann (CDU): Eine Ergänzung: „Die Zusammensetzung und Aufgabenstellung wird öffentlich bekanntgegeben."

Ziegler (Moderator): Ja. Dürfen wir erst einmal dieses mit der Streichung zu Ende – Dann kommt sofort Ihre Ergänzung, ja?

Frau Walsmann (CDU): Im nächsten Satz.

Ziegler (Moderator): Erhebt sich gegen die Streichung der von Herrn Gysi genannten Worte Widerspruch? Nein, wir streichen sie flugs.

[Gelächter]

- So. Und nun haben wir eine Ergänzung von Frau Walsmann. Bitte.

Frau Walsmann (CDU): „Die Zusammensetzung und Aufgabenstellung dieser **Untersuchungskommission** wird öffentlich bekanntgegeben."

Ziegler (Moderator): Das ist der letzte Satz, den Sie meinen, ja?

Frau Walsmann (CDU): Ja, der letzte Satz.

Gysi (SED): Das ist völlig undenkbar. Sie dürfen nicht unterschätzen, worum es da geht. Ich gebe zum Beispiel die Mitglieder meiner **Untersuchungskommission** nicht bekannt. Also, ich gefährde mich, weil die das alle wissen, daß ich das mache. Aber nicht auch noch die **Mitarbeiter**. Das kann man nicht tun. Das muß ich einmal so sagen.

[Unruhe]

Frau Walsmann (CDU): Ich ziehe es zurück.

Ziegler (Moderator): Danke. Herr Gysi.

Gysi (SED): Ja, darf ich einen Fehler von mir – Die Konzentration läßt ja nach. Ich wollte gern, nachdem wir in der Ziffer 1 die Notwendigkeit von **Haftbefehlen** haben, in der Ziffer 1.1 die nicht noch einmal benennen, weil es auch so aussieht, als ob wir jetzt eine Vielzahl von Haftbefehlen fordern.
Wir wollen dann Haftbefehle, wenn sie nach der StPO [Strafprozeßordnung] erforderlich sind, das haben wir oben schon gesagt. Und jetzt wird es so, gefällt mir nicht. Ich würde es da einfach streichen – „zu erfolgen hat". Das hatte ich vergessen. Bei 1.1. Wir haben doch in Ziffer 1 jetzt gesagt: „dies bedeutet erforderlichenfalls"

Ziegler (Moderator): Also, es gibt ab „hat" einen Punkt.

Gysi (SED): Und dann 1.1 jetzt nicht noch einmal, daß wir jetzt sozusagen, ja, Anträge – –

Ziegler (Moderator): Herr Ullmann.

Ullmann (DJ): Ja, es ist nun leider ein Problem entstanden durch die Streichung in 1.2, weil nämlich die hier vorgeschlagene spezielle Untersuchung dieser Abteilung für die Aufklärung der Vorgänge von **Amtsmißbrauch und Korruption** genau zu unterscheiden ist von der schon bestehenden.

Henrich (NF): Was besteht da jetzt schon? Müßten wir einmal wissen!

Frau Köppe (NF): Es gibt doch eine Untersuchungskommission.

Henrich (NF): Ja, müßten wir jetzt aber einmal wissen! Was gibt es da jetzt direkt schon? Was arbeitet da?

Zurufe: Untersuchungskommissionen

Ziegler (Moderator): Herr Gysi.

Gysi (SED): Der **Untersuchungsausschuß der Volkskammer** kann ja nur mit Hilfe der Volkskammer entscheiden. Die dürfen zwar, die sehen Unterlagen, die hören Zeugen zum Beispiel. Man muß aber da nicht hinkommen als Zeuge, das ist zwar geregelt. Aber es ist nicht geregelt, was passiert, wenn man nicht hinkommt. Es gibt ja keine polizeilichen Vorführungen und ähnliches mehr.

Hier, diese Untersuchungsabteilung, ich muß es einmal sagen, die muß auch grade einmal verdeckt ermitteln. Das kann dieser **Untersuchungsausschuß der Volkskammer** nie. Das ist ja, das ist ja das, worauf es ankommt. Es ist sozusagen etwas ganz anderes.

Deshalb ja auch die hohe Verantwortung, indem wir sagen: unter direkter Leitung des Ministerpräsidenten! Ja!

Ziegler (Moderator): Herr Ullmann.

Ullmann (DJ): Da würde ich aber eben um dem Laien auf die Sprünge zu helfen, doch vorschlagen, das so auszudrücken:
„Die Regierung der DDR wird aufgefordert, eine spezielle dem Ministerpräsidenten unterstellte Untersuchungsabteilung für die Aufklärung und so weiter zu bilden."

Zuruf: Steht doch drin!

Ullmann (DJ): Ja, aber, es steht zwar drin, aber es wird sofort deutlicher, was das Spezielle ist.

Ziegler (Moderator): Aber, dann müßten Herr Ullmann, gucken Sie doch bitte immer auf den ganzen Text, sonst machen wir, verschlimmbessern wir jetzt inzwischen auch manche Sachen, die ganz klar ausgedrückt sind.

Und ich muß außerdem noch sagen, durch diese Springerei haben wir immer noch nicht entschieden, ob der letzte Satzteil in Ziffer 1.1, auf den Herr Gysi zurückgegangen war, nun gestrichen wird oder nicht.

Herr Gysi hatte gesagt, wir machen [einen] Punkt hinter „hat".

Ich habe aber korrekterweise, ich habe noch nicht, und das muß ich [mich] auch vergewissern, noch nicht gefragt, ob das allgemeine Zustimmung findet. Das muß ich doch noch einmal machen. Findet das Zustimmung? – Nein, offensichtlich nicht.

Poppe (IFM): Ich bin dafür, daß wir das, was hier unter 1.1 steht, streichen. Denn da steht nichts anderes drin, als daß die

Strafprozeßordnung eingehalten werden muß. Und lediglich die Ebene der Generalstaatsanwaltschaft wird hier genannt in dem besonderen Falle. Und das, ich weiß nicht, ob man das nun wirklich unbedingt braucht.

Ziegler (Moderator): Ja. Was, was? Moment einmal! Reden wir jetzt über den letzten Satz oder den ganzen 1.1?

Poppe (IFM): Also, ich würde über den ganzen Absatz 1.1 diskutieren wollen.

Ziegler (Moderator): Ja, da waren wir eigentlich nun natürlich darüber weg. Ja.

Poppe (IFM): Ich meine, wozu brauchen – brauchen wir den wirklich?

Ziegler (Moderator): Herr de Maizière.

de Maizière (CDU): Also, ich habe den Eindruck aus bestimmten Erkenntnissen der letzten Tage, einen Erinnerungsposten, der – –

Schnur (DA): Denn uns haben sie doch auch abgeholt, wenn sie uns brauchten. Es geht um die Erfüllung der Aufgaben.

Ziegler (Moderator): Es ist ein weitergehender Antrag von Herrn Poppe, das heißt – eigentlich nicht ganz korrekt – wir wollten nicht zurückgehen! Aber, na gut, wir wollen ja ordentliche Texte dann haben.

Das ist der weitestgehende Antrag, 1.1 zu streichen, wenn Sie ihn aufrechterhalten. Sie haben das Gegenargument gehört. Also, es ist eine notwendige Erinnerung. Wollen Sie ihn trotzdem aufrechterhalten, den Antrag, Herr Poppe?

Dann müssen wir nämlich über den zuerst abstimmen.

Poppe (IFM): Ich kann darauf verzichten auf die Abstimmung. Es ging mir bloß darum, daß es auch nicht zu lang wird.

Ziegler (Moderator): Ja. Das hatten Sie schon zum Ausdruck gebracht. Aber dann darf ich das so verstehen, Sie bestehen nicht auf diesem Antrag, nicht? Gut, danke.

So, und jetzt müssen wir aber, damit das korrekt geht, die letzten Zeilen davon „und Anträge auf Erlaß", damit das nicht weiter schon oben steht, sollten nun gestrichen werden bis „gestellt werden", ja?

Erhebt sich dagegen Widerspruch? – Nein. Enthaltungen? – Nein. Dann brauchen wir, können wir das wohl im abgekürzten Verfahren machen. Dann streichen Sie das besser.

So Bruder – Herr Ullmann, jetzt muß ich Sie noch fragen: Haben Sie den ganzen Text noch einmal geprüft von 1.2, und wollen Sie bei Ihrem Vorschlag bleiben?

Ullmann (DJ): Ja, also – natürlich nicht. Ich dachte, man muß da natürlich den anderen Text auch etwas ändern. Aber, wir sind schon so spät.

Ziegler (Moderator): Können wir das so lassen, ja? Gibt es weitere Fragen zu 1.2? – Ich sehe jetzt keine. 1.3?
Herr de Maizière.

de Maizière (CDU): Wir müßten in der vierten Zeile die „Befugnisse" meiner Meinung nach beschreiben.

Ziegler (Moderator): Ach so. Nicht nur „mit Befugnissen", sondern sagen, soweit oder wie, wie soll ich das – –

de Maizière (CDU): Ja, es müßte beschrieben werden, welche Befugnisse.

Ziegler (Moderator): Na, dann helfen Sie uns einmal auf die Sprünge.

Gysi (SED): Ich würde gerne einmal wissen: Es gab doch hier jemand, der das beantragt hat oder so?

Schnur (DA): Da muß ich eine kurze Aufklärung geben,

Gysi (SED): Was sie will, das würde ich gerne wissen.

Schnur (DA): Also. Sie hat aufgrund der Situation, daß der gute Herr Schalck [Schalck-Golodkowski] die DDR verlassen hat und dadurch ja noch einmal eine sehr starke Empörung über **Amtsmißbrauch und Korruption** deutlich machte, daß keine Sicherungsmaßnahmen getroffen worden sind, daß sie jetzt dazu übergegangen ist, zu sagen: Bürger, richtet Eure Hinweise über, sagen wir, die Dienststellen von KoKo [**Kommerzielle Koordinierung**] an ein Informationsbüro.

Und da geht es im Grunde genommen darum, tatsächlich in einer Auflistung deutlich zu machen, letztlich gesehen, einen Beitrag zu leisten zur **Sicherung von Staatsfinanzen, Sachwerten, Sicherung von Akten, Daten und anderen Unterlagen**, Verhinderung, daß Personen sich ihrer Verantwortung entziehen können, Untersuchung von Korruption und Machtmißbrauch, Aufdeckung von Verflechtung Parteien und Staat, Überprüfung der Gesetzlichkeit der wirtschaftlichen und finanziellen Tätigkeit von Parteien und Organisationen.

Dies fand, ich sage das einmal, das ist so diese Umschreibung, und es hat eine Initiative mit dem Ministerpräsidenten gegeben. Und heute ist noch einmal deutlich geworden, daß die Regierung, sagen wir, dieser Aufgabenstellung einer **unabhängigen Untersuchungskommission** nicht Rechnung getragen hat.

Es hat da mehrere Verhandlungen von den dort vertretenen Initiativen, die hier auch an diesem Tisch, sagen wir, mit vertreten sind, gegeben, bis auf, sagen wir einmal, den jetzt Unabhängigen Frauenverband. Und daher war es mir jetzt noch einmal wichtig, das konnte man auch sicherlich dann noch äußern, daß tatsächlich die Regierung jetzt diese tatsächlich auch geleistete Arbeit dieser unabhängigen Untersuchungskommission mit den notwendigen Befugnissen ausstattet.

Darum ging es eigentlich.

Ziegler (Moderator): Ja, nun kommen wir genau auf die Frage, die Herr de Maizière gestellt hat: Welche Befugnisse? Und kann man das wirklich beschreiben?

Henrich (NF): Das geht doch gar nicht. Die können nicht beschlagnahmen. Wir können keine neue Strafprozeßordnung machen, also.

Gysi (SED): Ja. Aber ich verstehe ehrlich gesagt nicht, wollen wir eine zweite Polizei, oder was? Also, wir sagen, eine Untersuchungskommission haben wir, wir haben, fordern noch eine spezielle **Untersuchungsabteilung des Ministerrates.**

Die SED hat eine eigene Untersuchungskommission gebildet, mit Tausenden von Hinweisen, wo auch alles eingeschaltet wird, was also nun nicht im Bereich SED ist, sondern woanders ist.

Jetzt noch eine **unabhängige Untersuchungskommission** – –

Also, erstens werden die Bürger ganz irre. Wo sollen sie nun was hinschicken? Die kommen ja auch schon völlig durcheinander. Und zweitens, ja, was ist denn dann? Dann kommt also ein Hinweis. Dann geht der ja letztlich doch zum **Staatsanwalt**. Oder die müssen dann Möglichkeiten haben, selbst in die Betriebe zu gehen, die Unterlagen durch. Ich weiß nicht, das scheint mir auch ein bißchen zu anarchisch, die Vorstellung, oder?

Ziegler (Moderator): Ja, Herr Gysi, meinen Sie denn, daß dieses überhaupt hier herein muß, oder?

[Unruhe]

Gysi (SED): Ja, ich bin der Meinung, das muß. Wir müssen öffentlich kontrollieren, daß diese anderen Einrichtungen ihre Arbeit machen, das ist es. Da müssen wir ständig Druck machen. Aber es selber zu machen. Ich sehe da keine – –

Ziegler (Moderator): Herr Ducke.

Ducke (Co-Moderator): Ich gehe davon aus, daß am 4. Dezember [1989] eine **unabhängige Untersuchungskommission** gebildet ist, die also besteht. Ich neige dazu, kein Urteil abzugeben, ob oder was weiß ich nicht, sondern es so stehen zu lassen, aber nicht die Befugnisse zu benennen.

Wir haben vorhin schon gehört, es müßte sowieso kürzer sein. Meines Erachtens nach langt das für eine Stellungnahme vom Runden Tisch, daß man sagt, bitte „mit Befugnissen". Dann müßte man sehen, was da möglich ist. Aber wir können nicht hier das leisten, was dann Rechtsleute – –

Ziegler (Moderator): Herr Henrich.

[Unruhe]

Henrich (NF): Wir müßten – **Schalck** hier – –

Also das Problem Schalck war, als die Staatsanwaltschaft sich da am Abend geäußert hat, –, ein Versagen dieser Staatsanwaltschaft. Wir können dieses Versagen dann auch, daß die Kriminalpolizei nicht zeitig genug eingesetzt wurde, nicht ausgleichen jetzt durch eine Untersuchungskommission.

Es stimmt, wir müssen dafür sorgen, daß diese Organe tätig werden, und zwar genau in den Bereichen, wo wir wollen. Und das müssen wir kontrollieren, meines Erachtens. Wir können keine neue **Strafprozeßordnung** hier in Kraft setzen. Das geht von hier aus nicht. Und das kann meines Erachtens auch nicht die Regierung der DDR jetzt einfach so mit einem Federstrich: die Strafprozeßordnung ändern.

Ziegler (Moderator): Ja, Herr Henrich, verbessern Sie mich, wenn ich Sie nicht richtig verstehe: Sie reden also gegen die nähere Beschreibung der Befugnisse. Oder wollen Sie die Streichung? Das war ja auch bei Herrn Gysi angedeutet worden, die Streichung dieser ganzen Ziffer. Wenn Sie das klar noch sagen würden, wäre sehr nett.

Herr Schult.

Schult (NF): Ich denke, daß diese unabhängige Untersuchungskommission sich ja aus gutem Grund gebildet hat, nämlich, weil die Organe nicht funktioniert haben und solche Geschichten vorgefallen sind, und aufgrund der Hinweise dieser Untersuchungskommission sind also in den laufenden und in den folgenden Tagen zahlreiche Objekte mit gesichert worden.

Und ich denke, daß es hier genau wie auch in der anderen Geschichte [darum] geht, daß man diese **Untersuchungskommission** als Bürger –, **als Bürgerkomitee** mit anerkennt und den Ministerrat fordert, daß die Zusammenarbeit mit dieser Untersuchungskommission auch gesucht und getätigt wird, weil das, was bisher alles genannt worden ist an Kommissionen, jedenfalls nicht dazu ausgereicht hat, um nicht am letzten Sonntag da im Friedrichstadtpalast, nachdem diese Kenntnis kam, dieser Flucht, eine Pogromstimmung entstehen zu lassen.

Und daraufhin ist also diese Untersuchungskommission gebildet worden, weil Leute sagten, wir wollen das selber untersuchen. Und ich denke, daß so etwas genau wie Bürgerkomitees ihre Berechtigung hat, und die Regierung also aufgefordert werden muß, mit diesen zusammenzuarbeiten.

[Unruhe]

Henrich (NF): Die Frage ist, ob die zum Beispiel eine Hausdurchsuchung machen dürfen.

Ziegler (Moderator): Also sehe ich – Wäre es vielleicht möglich, daß wir wieder zur Gesamtdebatte [kommen]?

Da ist dann erst einmal Herr de Maizière dran.

de Maizière (CDU): In den vorherigen Abschnitten fordern wir ja, daß die Staatsanwaltschaft und die dazu berufenen Organe ihre Pflichten erfüllen. Nun sagen Sie, aktueller Anlaß war, daß sie es nicht taten und so weiter und sofort.

Wenn Sie das jetzt so beschreiben, sagen Sie zunächst, unsere Kontrolle, wie wir sie unter 1.1 oder 1.2 fordern, ist sowieso Unsinn. Man könnte nun, besteht diese Kommission, man kann sagen, sie bei **Ermittlungsverhandlungen** heranzuziehen oder ihnen die Gelegenheit zu geben, an ihnen mitzuwirken oder irgend so etwas in der Art – –

Aber „Befugnisse" heißt, das ist für einen Juristen klar, daß sie bestimmte sonst Anderen zustehende gesetzliche Pflichten wahrnehmen können. Und das halte ich für bedenklich.

Ziegler (Moderator): Dann formulieren Sie bitte einmal, damit wir dann wissen, wo wir dann dran sind. Herr Gysi, Sie wollten uns auf eine andere Sache hinweisen. Sie verzichten auf Ihr Wort, ja?

Gysi (SED): Nein, nein, ich wollte nur sagen: Ist denn das nicht enthalten? Wenn wir in Ziffer 2 sagen:

„Die Regierung der DDR wird aufgefordert, für gebildete, tätige, unabhängige Volkskontrollausschüsse und Bürgerkomitees sowie der unabhängigen Interessenvertretung der Werktätigen Befugnisse zu erlassen, die eine wirksame Ausübung der Kontrolle ermöglichen."

Da wollten wir sogar noch etwas sagen zum Zusammenhang mit der Polizei. Wir können doch nicht – für eine Untersuchungskommission. Man muß das Problem an sich regeln. Und das steht ja da drin.

de Maizière (CDU): Keine Formulierung. Ich stelle den Antrag, diesen Abschnitt zu streichen.

[Unruhe]

Schnur (DA): – insofern ist es nicht ganz korrekt. Die Regierung hat sich auf ein klares Gespräch eingelassen. Hat zweitens selbst in einer Pressekonferenz dann am 4. Dezember [1989] in den Abendstunden erklärt, daß sie sogar diese Untersuchung, diese unabhängige Untersuchung, als ein Zweckbündnis ansieht, nicht.

Das ist durch den Regierungssprecher, nicht, ja, aber nun hat zumindestens die Ministerratssitzung vom heutigen Tag ein Ergebnis gegeben, daß die Frage, dort ist, ich würde jetzt insofern vielleicht einen Kompromißvorschlag machen, damit wir hier, sagen wir, weiterkommen, auf das Wort „Befugnisse" tatsächlich, weil das natürlich in der Frage der Anwendungsform, nicht – Ziffer 2 ist eine ganz andere Geschichte, das, nicht.

[Zwischenruf]

Henrich (NF): Ich hatte mich gemeldet hier.

Ziegler (Moderator): Ja, Sie kommen auch sofort dran. Wenn Sie sich kurz fassen, dann kommen die anderen schneller daran.

Also, jetzt Herr Lindner und dann Herr Henrich.

Lindner (LDPD): Herr Schnur, ich muß doch noch aufmerksam machen, daß dieser Begriff auch da steht im – Buch oder in irgendeiner – „Befugnisse" immer bedeutet, daß wir von der Regierung etwas abfordern, auf einem Erklärungs- oder Verordnungswege zu tun, was sonst, ich folge hier Herrn Henrich, aus gutem Grund die **Strafprozeßordnung** durch Gesetze zu regeln [hat].

Das soll hier durch Erklärungen mit weitergehenden Befugnissen ausgestattet werden, was nach meinem Dafürhalten nicht geht. Ich folge Herrn Schult der sagt, daß die Zusammenarbeit und dadurch gewährleistete Kontrolle in der Ziffer 2 dann sicherlich auf diese Dinge, die wir hier im Auge haben – –

Ziegler (Moderator): Herr Henrich.

Henrich (NF): Ich möchte einen Kompromißvorschlag einreichen. Schon die derzeit geltende **Strafprozeßordnung** verpflichtet unsere **Staatsanwaltschaft**, mit gesellschaftlichen Kräften zusammenzuarbeiten. Das ist schon enthalten. Man sollte die Staatsanwaltschaft auffordern, also, die Staatsanwaltschaft wird „aufgefordert" oder „nachdrücklich", mit den am soundsovielten gebildeten unabhängigen Untersuchungskommissionen zusammenzuarbeiten in der und der Frage.

Also, daß man die noch einmal ausdrücklich darauf hinweist, daß die da nicht abgewimmelt werden. Daß wir dahinterstehen, daß wir, also sozusagen, diesem Bürgerkomitee oder diesen Untersuchungskommissionen Rückenwind verschaffen, um es einmal ein bißchen lax auszudrücken.

Ziegler (Moderator): Herr de Maizière.

de Maizière (CDU): Ich stelle gemäß Ziffer 2 unserer Geschäftsordnung den Antrag auf Schluß der Beratung und auf Abstimmung über den weitestgehenden Antrag.

Ziegler (Moderator): Der weitestgehende, ach so, ja.

de Maizière (CDU): Der heißt Streichung dieses ganzen Antrages.

Ziegler (Moderator): Ja, das weiß ich, ja. Also, jetzt ist Schluß.

[Unruhe]

de Maizière (CDU): Ja, ich kann doch aber Anträge stellen.

Ziegler (Moderator): Ja, jetzt ist nach der Geschäftsordnung – der Geschäftsordnungsantrag hat ja immer Vorrang – Welche Ziffer war das? Ziffer 2. Was hatten Sie, Schluß der Beratung gesagt? Gemeldet hatte sich keiner mehr, so daß auch gar keine Rednerliste mehr vorliegt. Sie hatten sich noch gemeldet?

[Unruhe]

Ziegler (Moderator): Aber nicht, ja, da will ich wohl, also, da will ich, weil ich jetzt nicht so schnell

Schnur (DA): – Tragik, daß hier einfach eine Sachinformation, auch für meinen Kollegen Henrich, fehlt. Denn erhebliche Mitarbeiter des Neuen Forums sind an dieser Untersuchungskommission beteiligt. Der Minsterrat selbst hat eine Vorlage dazu weitestgehend.

[Zwischenruf]

Schnur (DA): Nein, ich sage das nur einmal.

Ziegler (Moderator): Der weitestgehende Antrag.

Schnur (DA): Ja, ich habe es verstanden. Deswegen sage ich ja auch nichts. Ich füge, ich beuge mich dem.

Ziegler (Moderator): Der weitestgehende Antrag war, unter Hinweis auf Ziffer 2 war das erfolgt, daß die Ziffer 1.3 ersatzlos gestrichen wird. Das ist der weitestgehende Antrag. Wenn der durchfällt, können wir auf Herrn Henrichs Kompromiß zurückkommen.

So, ich frage, wer diesem Antrag von Herrn de Maizière auf ersatzlose Streichung der Ziffer 1.3 zustimmt. – 15 Stimmen. Wer ist dagegen? – 13. Moment, das erste waren 15. Jetzt die Enthaltungen. Ja, die Enthaltungen jetzt.

Ducke (Co-Moderator): 1. Dann haben wir uns hier verzählt. Bitte ich noch einmal um die Nein-Stimmen. Oder fehlt jemand? Es fehlt jemand.

Ziegler (Moderator): Dann sind wir immerhin noch 32 Leute und da fehlt noch etwas. Wir hatten vorhin. Ich muß Sie bitten, ist zwar nicht schön, so etwas zu machen, die Abstimmung zu wiederholen. Wer dafür ist, noch einmal, damit richtig gezählt wird. Wir müssen 32 Stimmen hier haben, nicht. – 15 für Streichung.

Jetzt: Wer ist dagegen? – Dagegen sind 16. Jetzt kommen wir der Sache schon näher.

Ducke (Co-Moderator): Wo war da eine Ecke vorhin?

Ziegler (Moderator): Wer enthält sich? – Wer enthält sich? – 1 Enthaltung, Herr Hartmann, ja? 1 Enthaltung.

Damit ist die Sache jetzt eindeutig, der Antrag de Maizière ist abgelehnt.

Und nun kann Herr Henrich zum Zuge kommen mit seinem Kompromißvorschlag, das wäre nämlich so der nächste.

Henrich (NF): „Die **Staatsanwaltschaft** der DDR wird aufgefordert, mit der am 4. Dezember 1989 gebildeten unabhängigen Untersuchungskommission wirksam zusammenzuarbeiten."

[Unruhe]

Gysi (SED): Darf ich einen Vorschlag machen, daß wir 1.1 dran – Wollte ich gerade sagen, gehört dazu. Das muß man verbinden.

Ziegler (Moderator): Herr Gysi, 1.1 dranhängen?

Gysi (SED): Natürlich.

[Unruhe]

Ziegler (Moderator): Ja, bitte. Herr Ducke.

Ducke (Co-Moderator): Darf ich einmal fragen, bitte, damit nicht die Debatte wieder durcheinander kommt. Wir stimmen jetzt ab über einen Text und haben ausgemacht, daß wir über die Zuordnung und Streichung nachher gesondert abstimmen wollen. Ich bitte, das im Blick zu behalten. Es wird vielleicht auch 1.5 etwas anders werden.

Ziegler (Moderator): Gut. Jetzt bleiben wir erst einmal beim Text. Haben Sie den Text, den Herr Henrich vorschlägt, alle mitgeschrieben? „Die Staatsanwaltschaft wird aufgefordert" – „die **Staatsanwaltschaft** der DDR" muß es heißen, nicht? Ja, „wird aufgefordert, mit der am 4. Dezember 1989 gebildeten unabhängigen **Untersuchungskommission** wirksam zusammmenzuarbeiten", nicht? Und der Rest fiele hier eigentlich weg, ja? „Zusammenzuarbeiten".

So. Möchte sich da zu diesem Vorschlag noch jemand äußern? Anscheinend ist das nicht der Fall.

Dann möchte ich fragen: Wer für diese Änderung ist, der bitte hebe die Hand. – 24 Stimmen. Dann sicherheitshalber, ich frage, eigentlich ist es ein bißchen formalistisch, wer ist dagegen, na gut. –

Ducke (Co-Moderator): Vielleicht doch Enthaltungen und dagegen, ja. Gegenstimmen jetzt bitte. –

Ziegler (Moderator): Jetzt sind wir bei „dagegen". – 3. Wer enthält sich?

Ducke (Co-Moderator): 1, 2. Geht das auf?

Lange (Co-Moderator): Sind 29.

Ziegler (Moderator): Ja sehen Sie, so kommt es. Die Mehrheit ist einheitlich. Wenn Sie, wenn keiner Einspruch erhebt, meine ich, brauchen wir die Formalismen hier nicht bis zum Äußersten zu treiben. Wir hatten, Herr Ducke hat uns hingewiesen, wir haben vorhin über die Gliederung geredet.

Herr Gysi, Sie behalten das im Ohr, ja, im Auge, daß das denn nach oben geschoben werden soll, nicht. Könnte.

Jetzt frage ich nach 1.4 und weise gleich darauf hin, daß der Text so nicht bleiben kann, da wir die **Auflösung des Amtes für Nationale Sicherheit** sowieso schon hier gefordert haben, nicht. Ist doch wohl so?

[Unruhe]

Ziegler (Moderator): Wie? Ja, ich lese, gucken Sie einmal, ich frage einmal. Ich bin ja kein Jurist. „Die Regierung wird aufgefordert, einen sofortigen Maßnahmeplan öffentlich bekannt zu geben, die durch..." „wie" muß das wohl heißen, „wie", nicht? Denn sonst gibt das ja keinen Sinn – „wie durch Sicherungskräfte des MdI alle Dienststellen des Amtes für Nationale Sicherheit auf allen Ebenen unter Kontrolle gestellt werden, damit keine **Vernichtung von Dokumenten und Beweismaterial** erfolgen kann." Na ja, so lange sie noch bestehen, müssen sie unter – – ja, aber.

Herr Gerlach.

Gerlach (LDPD): Ja, ich wollte nur sagen, daß mir heute früh mitgeteilt worden ist, daß seit gestern die Dienststellen des Amtes für Nationale Sicherheit in den Bezirken und lageabhängig in den Kreisen durch uniformierte Kräfte der **Volkspolizei** gesichert werden.

Das heißt also, daß das sich decken würde mit dem Punkt, der hier drinsteht und hier noch weitergeht. Und deshalb wäre ich dafür, daß somit der Änderung, der Schreibfehler ist „wie durch Sicherungskräfte des MdI" – würde nach meiner Meinung notwendig sein und richtig sein.

Ziegler (Moderator): Herr Gysi.

Gysi (SED): Ja, es besteht ja hier auf allen Ebenen – insofern ist es doch noch etwas anderes als eine partielle Variante.

Und zweitens, ich meine, ich frage mich bloß, die Rechtsstaatlichkeit machen wir ja immer ein bißchen einseitig. Ich würde eben zum Beispiel auch dazuschreiben wollen, damit das auch deutlich wird, daß uns das wirklich um Rechtsstaatlichkeit geht.

Also: Damit keine **Vernichtung von Dokumenten** beziehungsweise **Beweismaterial**, aber auch keine rechtswidrigen Handlungen gegen die **Mitarbeiter** und so weiter erfolgen kann – Also, ich würde das durchaus zum Ausdruck bringen, daß wir das auch so sehen.

Das eine ist jetzt natürlich das Entscheidende, aber wir können es auch weglassen, das ergibt sich vielleicht für die Polizei zwingend daraus, ja. Kann schon sein.

Ziegler (Moderator): Ja, also, wir müssen uns schon entscheiden, ob.

Gysi (SED): Ja, entschuldigen Sie, man muß ja auch über manches ab und zu einmal nachdenken.

Ziegler (Moderator): Ja natürlich muß man das. Möchte jemand dazu Stellung nehmen? Ja.

Schult (NF): Wenn, dann, denke ich, kann es nicht bloß die Aufgabe des MdI's sein, sondern die Zusammenarbeit zwischen Bürgern und **MdI**. Also, das müßte verankert sein, daß das auch gesichert ist, daß das MdI auch verpflichtet ist, mit den Bürgern zusammenzuarbeiten.

Ziegler (Moderator): Herr Ullmann.

Ullmann (DJ): Ja. Ich wollte zu den Bedenken von Herrn Gysi sprechen. Ich bin der Meinung, daß, was [in] 1.4 formuliert ist, eben gerade zu dem Zweck formuliert [ist], daß nicht jemand in Versuchung gerät, da **Gewalt** anzuwenden.

Ziegler (Moderator): Ja, aber zu dem Vorschlag von Herrn Gysi hat sich noch keiner geäußert.

Gysi (SED): Nein, nein, ich habe ihn ja zurückgezogen.

Ziegler (Moderator): Ja. Also, es sind keine Abänderungsanträge bisher gestellt.

Ja, Frau Poppe.

Frau Poppe (DJ): Ich hätte noch einen Ergänzungsvorschlag. Unter Bürgerkontrolle sollten die **Archive** wissenschaftlichen Instituten übergeben werden, damit sie als Beweis- und Forschungsmaterial zur Verfügung stehen. Sie sollten aus der militärischen Dienststelle heraus, natürlich. Sonst weiß ich nicht, wie wir uns vor Mißbrauch dennoch schützen könnten.

Vielleicht sollte noch ein Satz zum Datenschutz [kommen].

Ziegler (Moderator): Das sollte zu 1.4 kommen nach Ihrer Vorstellung, ja?

Frau Poppe (DJ): Ja.

Gutzeit (SDP): Also ich wäre dagegen, dieses jetzt gleich zu machen. Denn da sind so viel persönliche Daten drin. Also ich würde darauf gerne verzichten. Diese Auswertung können Sie in 50 Jahren machen, wenn wir unter der Erde sind, aber jetzt noch nicht. Man muß das wirklich genau unterscheiden. Es geht hier um Datenschutz von Leuten.

Frau Poppe (DJ): Aber das kann doch geregelt werden der **Datenschutz**. Und natürlich kann das nicht öffentlichen Zugang [haben].

[Unruhe]

Ziegler (Moderator): Augenblick, Herr de Maizière.

de Maizière (CDU): Wissenschaftliche Einrichtungen zum Beispiel sind auf jeden Fall öffentlich, und wenn es heißt für Forschungszwecke und ähnlichem – Und das ist die Frage, ob man das wirklich möchte. Ich möchte nicht, daß mein Dossier von diesem und jenem eingesehen werden könnte.

Ziegler (Moderator): Frau Poppe.

Frau Poppe (DJ): Deshalb meine ich, daß natürlich ein Satz zum Datenschutz dazukommt. Also nur auf Antrag sollte das also zu wissenschaftlichen Forschungszwecken oder als **Beweismaterial** für Gerichte zugelassen sein.

Ziegler (Moderator): Müssen wir alles auf einmal sagen. Wir sind im Augenblick dabei, **Sofortmaßnahmen** zu finden. Müssen wir nun auch schon die Doktorarbeiten der nächsten dreißig bis fünfzig Jahre hier – also ich weiß nicht.
Bitte.

Ducke (Co-Moderator): Ich möchte Frau Poppe bitten, den Antrag zurückzuziehen. Er ist noch undurchdacht, nicht ganz gut formuliert und geht mit einer Archivordnung überhaupt nicht auf wissenschaftlichen Instituten. Jeder weiß, wie lang das gesichert ist. Da würde ich mich nicht als Sofortmaßnahme damit einverstanden erklären können.

Ziegler (Moderator): Frau Köppe.

Frau Köppe (NF): Ich möchte doch noch dazu etwas sagen. Das ist natürlich eine Frage, die viele bewegt, die sagen, was soll aus diesen ganzen **Akten** werden, aus diesen **Dokumenten.** Deswegen ist das auch zustande gekommen.

Frau Poppe (DJ): Ich habe Angst auch vor Mißbrauch. Meine Daten sind da auch und unser aller wahrscheinlich. Und da, meine ich, muß zumindest irgendwie beschlossen werden, was wird denn nun.

Ziegler (Moderator): Also, wir versuchen hier auf Vollständigkeit.

Gysi (SED): Wir stehen doch vor der großen Schwierigkeit, also wenn wir davon ausgehen, daß die flächendeckende Tätigkeit zur Bekämpfung der sogenannten – Personen. Das heißt dann zur Feststellung, was und welche – hineingeraten ist, daß die wegkommen. Was geschieht nun mit dem, was dabei festgestellt worden ist.

Das ist ja das, was der Leiter, der heute offensichtlich erklärt hat, was er angeordnet hat, und daß das weg muß. Das Problem ist ja nun folgendes: Natürlich wissenschaftlich oder so wäre ganz interessant festzustellen, was ist beobachtet worden, wie und so, wie ist das Ganze gelaufen.

Aber da sind ja auch Informationen und Daten über Menschen drin, die tatsächlich stimmen, die denen aber sehr unangenehm sind. Das – ich meine – da stehen möglicherweise ganz persönliche Dinge auch aus dem Sexual- oder sonstigen- bereich gegebenenfalls.

Und ich finde das schon ein Ding, wenn da jetzt jeder drin forschen kann. Im Grunde genommen hätte der Betreffende Anspruch auf **Vernichtung.**

Frau Poppe (DJ): Aber auf Zeit.

Gysi (SED): Nein, deshalb muß ich einmal sagen, also das ist und insofern finde ich die Vorstellung richtig, daß wir sagen, das ist etwas, was man sich noch gut durchdenken muß. Jetzt!

Ziegler (Moderator): Ich lasse darüber abstimmen. Streichung, wer ist dafür? Wer ist dagegen? Das wird dann einfacher. – 2. – Er ist trotzdem noch gestrichen. Gut. Wir haben damit den Text festgestellt.

Nun kommt natürlich die Frage, ob wirklich jetzt, die Ziffer 2, eine Umstellung wirklich notwendig ist. Er hat jetzt doch die Ziffer 1, die neue Ziffer 2 und die Ziffer 3. Es sind ja nur 3 Ziffern. Eigentlich ist der Umstellungsantrag hinfällig, Frau Poppe. Ich muß Sie aber fragen, weil Sie ihn vorhin eingebracht haben.

Frau Poppe (DJ): Ja.

Ziegler (Moderator): Ist klar. Dann können wir endlich zu dem schon seit langem gestellten Vorschlag von Herrn Maleuda kommen, daß wir fragen, ob der Text so als unsere Meinungsbildung akzeptiert werden kann. Möchte dazu noch jemand sprechen? Das will wohl keiner? Dann stelle ich jetzt die Frage, ob der Text so in seiner veränderten Fassung Ihre Zustimmung findet?

de Maizière (CDU): Den Ganzen?

Ziegler (Moderator): Den Ganzen natürlich. Es bleibt uns ja nichts anderes übrig. Man muß ja auch das Ganze abstimmen.

Wer ist dafür? – Ich denke, Sie brauchen wohl nicht weiter zu zählen. – Ich frage lieber: Wer ist dagegen? – Enthaltungen? – Ich danke Ihnen sehr.

Wir haben diesen Text einstimmig verabschiedet. Es wird ganz schwierig werden, wie wir ihn jetzt noch schreiben sollen, daß er noch bekanntgegeben wird. Es ist 12 Uhr 13, glaube ich, so ungefähr, wenn ich – –

de Maizière (CDU): Ich bin aber dafür, wenn wir es jetzt auch nicht mehr schreiben können, dann müßte der komplette Text noch einmal vorgelesen werden. Wir sagen: Ja, das ist er, und nur der darf an die Presse verlesen werden und so weiter – – Ich glaube nicht, daß alle korrekt mitgeschrieben haben. Wir können nicht zulassen, daß von diesem Text nun also fünfzehn Fassungen hier herumlaufen.

Ziegler (Moderator): Ja, soll ich also noch einmal vorlesen? Herr de Maizière, habe ich das so richtig verstanden?

Günther (Pressesprecher): Ich glaube nicht. Er hat wohl noch eine Schreibmöglichkeit – –

Ziegler (Moderator): Herr Günther, da muß ich fragen – –

Günther (Pressesprecher):- Nein, jetzt ist auch Herr Küchler abgereist.

Ziegler (Moderator): Wir haben niemanden, der jetzt schreibt.

Frau Merkel (UFV): Ist hier eine Schreibmaschine? Dann bitte ich die zu holen. Dann schreibe ich dies auf der Schreibmaschine.

Gysi (SED): Sie würden das schreiben?

Frau Merkel (DFU): Ja.

Günther (Pressesprecher): Wollen Sie so lange warten bis Sie den Text haben?

[Unruhe]

Ziegler (Moderator): Wie bitte?

Henrich (NF): Müssen wir – –

de Maizière (CDU): Also ich finde es eigenartig, wenn wir nur mit diesen Dingen hier herausgehen.

Ziegler (Moderator): Herr Poppe?
Da wir hier alle Gäste sind, konnten wir keinen mehr bewegen, hier noch über Mitternacht zu bleiben. Das tut mir furchtbar leid. Nächstens müssen wir dann einmal sehen, daß wir Sekretärinnen in Schicht hier erbitten.
Und eine Schreibmaschine? Es sei denn, die Presse – ? Hat hier noch irgendjemand eine Schreibmaschine? – hat auch keine.

Günther (Pressesprecher): Wir können nur folgendes machen, daß Sie es noch einmal lesen und wir es auf Stenorette festhalten und diese Stenorette die Grundlage ist für das Abschreiben.

Ziegler (Pressesprecher): Können wir es so machen? Ja?

de Maizière (CDU): Das wird doch wahrscheinlich bei „ADN" [Allgemeiner Deutscher Nachrichtendienst] und sonst etwas erwartet heute.

Ziegler (Moderator): Ja, dann müssen wir eben herübergehen, dann müssen wir es noch in der Auguststraße [Sekretariat des BEK] – Also, Herr de Maizière, wie ist das? Sie möchten, daß es verlesen wird?

de Maizière (CDU): Ja. Ich würde es schon noch einmal ganz gerne im Ganzen hören.

Ziegler (Moderator): Dann bitte [ich] noch einmal um Aufmerksamkeit zum Verlesen

[Vorlage 1/11b] Erklärung des Runden Tisches: Zur Rechtsstaatlichkeit

Im Bemühen um Rechtsstaatlichkeit und der Wahrung der Interessen unseres Volkes fordern die Teilnehmer des Runden Tisches Sofortmaßnahmen der Regierung in folgenden Fragen:

1. Jede Person, die Amtsmißbrauch und Korruption begangen hat, wird auf der Grundlage des geltenden Strafgesetzbuches zur Verantwortung gezogen. Bei der Durchführung von Ermittlungsverfahren beziehungsweise Strafverfahren, werden die Bestimmungen der Strafprozeßordnung angewandt. Dies bedeutet erforderlichenfalls den Erlaß von Haftbefehlen und nicht die Anordnung ungesetzlicher Hausarreste.

1.1. Die Dienststelle des Generalstaatsanwaltes der DDR hat jeweils unverzüglich zu sichern, daß allen Hinweisen, Anzeigen und Mitteilungen auf der Grundlage des § 95 der Strafprozeßordnung nachgegangen wird und bei Vorliegen von Verdachtsgründen einer Straftat sofort geprüft wird, welche notwendige Sicherung von Objekten und Beweismitteln zu erfolgen hat.

1.2. Die Regierung der DDR wird aufgefordert, eine spezielle Untersuchungsabteilung für die Aufklärung der Vorgänge von Amtsmißbrauch und Korruption zu bilden. Diese Untersuchungsabteilung wird für die Dauer ihrer Tätigkeit unmittelbar dem Ministerpräsidenten unterstellt. Die Aufgabenstellung dieser Untersuchungsabteilung wird öffentlich bekanntgemacht.

1.3. Die Staatsanwaltschaft der DDR wird aufgefordert, mit der am 4. Dezember 1989 gebildeten unabhängigen Untersuchungskommission wirksam zusammenzuarbeiten.

1.4. Die Regierung der DDR wird aufgefordert, einen sofortigen Maßnahmeplan öffentlich bekanntzugeben, wie durch Sicherungskräfte des Ministeriums des Innern alle Dienststellen das Amtes für Nationale Sicherheit auf allen Ebenen unter Kontrolle gestellt werden, damit keine Vernichtung von Dokumenten beziehungsweise Beweismaterial erfolgen kann und Mißbrauch ausgeschlossen wird.

2. Die Regierung der DDR wird aufgefordert, das Amt für Nationale Sicherheit unter ziviler Kontrolle aufzulösen und die berufliche Eingliederung der ausscheidenden Mitarbeiter zu sichern. Über die Gewährleistung der eventuell notwendigen Dienste im Sicherheitsbereich soll die Regierung die Öffentlichkeit informieren.

3. Die Regierung der DDR wird aufgefordert, zur Unterstützung der Tätigkeit unabhängiger Bürgerkommitees den rechtlichen Rahmen festzulegen.

Berlin, den 7. Dezember 1989.[12]

Stimmt es so? Nein? Dann müssen Sie sagen, wo es nicht stimmt.

Gysi (SED): Wir wollen eigentlich Ziffer 1.3 anschließen an 1.1

Ziegler (Moderator): Das haben wir vergessen.

Gysi (SED): Und oben muß es einmal „die" heißen, statt „der".

Ziegler (Moderator): Herr Gysi, Sie haben recht. Sie hatten das angemeldet, daß wir das anschließen wollten.

Gysi (SED): Aber das ist wirklich – Vielleicht kann man das so lassen. Dann sieht man wenigstens, wie gestreßt wir waren.

[Heiterkeit]

Ziegler (Moderator): Und nun mache ich den Vorschlag, daß die schriftlich abgegebenen beiden...

[Lücke in der Aufnahme.]

---
[12] Diese Version der Erklärung wurde unverändert beschlosssen.

TOP 19: Verständigung über die Fortführung der Gespräche am Runden Tisch und die weitere Bearbeitung der anstehenden Fragen

[Es wird noch eine zweite Sitzung des Runden Tisches für den 18. Dezember 1989 im Dietrich-Bonhoeffer-Haus vereinbart. Der dazu gefaßte Beschluß, lautet wörtlich:]

Vorlage 1/12, Erklärung Runder Tisch: Zur Weiterarbeit

Eine 2. Sitzung des Runden Tisches wird für den 18. Dezember 1989 im Dietrich-Bonhoeffer-Haus, um 9.00 Uhr verabredet.

[Ende der Sitzung: ???]

[Beginn der Sitzung 9.00 Uhr]

Ducke (Moderator): Wie auf unserer 1. Sitzung am 7. Dezember [1989] vereinbart, begrüße ich Sie wiederum im Namen des Sekretariats des Bundes der Evangelischen Kirche in der DDR, des Sekretariates der Berliner Bischofskonferenz, der Arbeitsgemeinschaft Christlicher Kirchen in der DDR zum zweiten Rundtisch-Gespräch im Dietrich Bonhoeffer-Haus.

Wir danken Ihnen, daß Sie die Einladung auch dieses Mal von uns entgegengenommen haben und ihr gefolgt sind. Es wird heute notwendig sein, sich über die Art der Durchführung der weiteren Rundtisch-Gespräche zu verständigen. Für heute bieten wir wieder unsere Rolle als Gastgeber, als Begleiter und wenn nötig auch als Gesprächsleiter an.

Zusammengeführt zum Runden Tisch hat uns die Sorge über die Krise unseres Landes. Vieles ist dazu auf den **Parteitagen** der vergangenen Woche schon gesagt worden. Positionen wurden formuliert, stehen jetzt zur Diskussion. Wir können erkennen: Es sollte uns um eine Gesellschaft gehen, in der wir uns wiederfinden können, in der wir auch das wiederfinden, was uns kostbar ist, was in Jahren unter Druck wertvoll wurde, Entscheidungen aus dem Gewissen fällen zu können und der Mut, mit seiner Person dafür einzustehen.

Zwischenruf: Kann ich einmal unterbrechen, bitte, entschuldigen Sie – Die Leute hören nichts hier.

Ducke (Moderator): Die Presse, bitte, würden Sie das übernehmen?

Es ist ja bald Weihnachten und Jahreswechsel, und wir schreiben gute Wünsche. Wünschen wir uns heute eine Zukunft, an deren Gestaltung wir uns alle beteiligen, in der wir unsere guten Hoffnungen wiedererkennen und sagen können, das haben wir gewollt.

Seit dem 7. Dezember [1989], unserer ersten Sitzung am Runden Tisch, sind einige Veränderungen bei den Geladenen zu konstatieren:

Die CDU hat den Herrn **de Maizière**, ihren endgültigen Vorsitzenden, gewonnen. Herr **Schnur** ist als neuer Vorsitzender des Demokratischen Aufbruchs zu begrüßen. Die SED hat Herrn **Gysi** zum Vorsitzenden und Herrn Berghofer zu seinem Stellvertreter gewählt.

Wir wünschen all diesen neuen Vorsitzenden gute Wünsche und ein gutes Gelingen bei ihrer Arbeit.

Außerdem sind bei den Delegierten der einzelnen Parteien und Gruppierungen für heute einige Namensänderungen, und ich schlage vor, daß wir die hier im Moment bekanntgeben. Darf ich vielleicht einmal der Reihe nach beginnen bei Ihnen, Herr Mühlmann?

Mühlmann (NDPD): National-Demokratische Partei, Professor [Manfred] Mühlmann.

Bein (NDPD): Für die National-Demokratische Partei Wolfgang Bein.

Ducke (Moderator): Die Pressestelle bereitet die Namensliste noch vor, daß Sie das dann auch schriftlich haben.

Holland (LDPD): Für die Liberal-Demokratische Partei Dr. Witho Holland.

Schmidt (CDU): Für die CDU Peter Schmidt.

Bisky (SED-PDS): Für die SED – Verzeihung: SED-PDS – Lothar Bisky.

[Heiterkeit]

Dörfler (GP): Für die Grüne Partei Dr. Ernst Dörfler.

Ducke (Moderator): Es ist vielleicht etwas untergegangen.

Dörfler (GP): Für die Grüne Partei, Dr. Ernst Dörfler. Ich vertrete heute Frau Dr. Marianne Dörfler.

Ducke (Moderator): Danke schön. Beim Neuen Forum nichts. Bitte.

Gehrke (VL): Für die Vereinigte Linke, Bernd Gehrke.

Ducke (Moderator): Danke schön. Ich werde etwas versuchen, für unsere Teilnehmer im Nebenraum. Ich darf dazu folgendes erklären: Wir haben alle die **Gruppierungen**, die ihre Teilnahme am Runden Tisch wünschen und sie uns zur Kenntnis gebracht haben, gebeten, im Nebenraum zu warten, damit sie teilnehmen können an der Debatte, die wir dann gleich führen müssen um die Frage der Neuzulassung all dieser Gruppierungen. Nur, damit Sie wissen, wer uns dort zuhört.

Der eckige Runde Tisch, so möchte ich sagen, vom 7. Dezember hat schon Wirkung gezeigt.

Ein erstes: Der Vorschlag eines **Wahltermins, 6. Mai 1990**, scheint akzeptiert worden zu sein. Der **Wahlkampf** hat wohl schon begonnen.

Zweitens: Die Notwendigkeit, den neuen politischen Gruppierungen, Bürgerbewegungen und Parteien **Arbeitsmöglichkeiten** zu bieten, zu geben, sie sich schaffen zu lassen, ist erkannt. Ein erstes Gespräch im Sekretariat des Ministerrates fand am Freitag, dem 15. Dezember, darüber statt. Über die Ergebnisse und Akzeptanzen wird noch zu berichten sein.

Drittens: Die Ministerien informieren über geplante Vorhaben und laden zur **Mitarbeit** in den zu bildenden **Arbeitsgruppen** ein.

Viertens: Das **Amt für Nationale Sicherheit** ist aufgelöst. Die notwendigen Dienste im Bereich der Sicherheit werden direkt dem Vorsitzenden des Ministerrates unterstellt und sind in zwei neuen Ämtern vorgeschlagen.

Fünftens: Der rechtliche Rahmen für die **Bürgerkomitees** wird festgelegt.

Sechstens: In den Bezirken, Kreisen und Städten konstituieren sich **Runde Tische** für die Belange und die Dringlichkeiten der Stunden.

Diese Signale, meine Damen und Herren, sind wohl eine Ermutigung, mit unserer Arbeit fortzufahren. Lassen Sie uns deswegen diesen Arbeitstag in diesem Sinn beginnen.

Ich darf Ihnen jetzt den weiteren Verlauf ankündigen. Zuvor noch eine Bemerkung. Unsere Sitzung wird vom Rundfunk live übertragen. Wir schlagen vor, daß auch die Debatte, die jetzt um die Teilnahme weiterer Gruppierungen zu führen sein wird im Rundfunk übertragen wird. Gibt es dazu Meinungsäußerungen von Ihnen oder sollen wir sagen: Ist jemand dagegen?

Bitte, Herr Ullmann.

TOP 1: Öffentlichkeit: Live-Übertragung der Verhandlungen des Runden Tisches

Ullmann (DJ): Vorfrage: Ich habe mich in der Ankündigung der Sendung von **Radio DDR** im Neuen Deutschland überzeugen wollen, wie das mit der **Übertragung** ist. Da steht leider nichts. Wie kommt das?

Ducke (Moderator): Kann jemand dazu etwas sagen? – Darüber können wir nichts sagen. Wir bitten die Presse, das vielleicht zu klären. Danke. – Gut. Können wir so verfahren, daß die Debatte übertragen wird? – Ich nehme dies als Zustimmung und darf in diesem Sinne auch die Hörerinnen und Hörer am Rundfunk begrüßen.

Nun darf ich Ihnen etwas zum weiteren Verlauf vorschlagen: Wir werden als erstes über die Anträge auf **Teilnahme am Runden Tisch** zu entscheiden haben. Deswegen erster Punkt[1] die Bitte, Herrn Ziegler dann alle diese Anträge vorzulegen. Wir werden dann über die Teilnahme zu entscheiden haben. Und danach würden wir der Presse und dem Fernsehen Gelegenheit geben zu einem Fototermin für den Runden Tisch, der sich dann darstellt in der von uns heute zu beschließenden Größe.

Dann liegen an die Bekanntgabe von Schreiben an den Runden Tisch, Berichte über die Maßnahmen der Regierung aufgrund der Anregungen des Runden Tisches und die Entscheidung über die endgültige Tagesordnung für den heutigen Tag.

Sind Sie mit diesem Vorschlag, der noch nicht die Tagesordnung, wie Sie Ihnen vorliegt, beinhaltet, sondern die dann danach so behandelt werden müßte, sind Sie mit diesem Vorschlag zunächst einverstanden? –

Bitte schön, Herr Böhme.

Böhme (SDP): Wir bitten darum, daß als **Tagesordnungspunkt** mit eingefügt wird nach der Entscheidung über die Zulassung eine kurze Grundsatzdebatte über die Modalitäten, die weiteren **Tagungsmodalitäten des Runden Tisches**, [die] grundsätzlich zu führen [ist].

Ducke (Moderator): Aber das beträfe auch die Zeit nach der Entscheidung über die Zulassung.

Böhme (SDP): Richtig. Ja. Nach der Entscheidung.

Ducke (Moderator): Danke. Gibt es Ergänzungen zu diesem Vorschlag, gibt es Meinungen, die dagegen sprechen, könnten wir so verfahren? Darf ich Ihr Schweigen als Zustimmung werten? Dann möchten wir so verfahren und ich bitte Herrn Ziegler, uns die Wünsche derer vorzutragen, die ihre Teilnahme am Runden Tisch bekundet haben.

Ich darf erinnern: Die Entscheidungen vom 7. Dezember galten nur für diesen damaligen Tag. Deswegen sind auch [der] Unabhängige Frauenbund und [der] FDGB mit im Nebenraum, und ich darf sagen, in Wartestellung wie die anderen auch.

Bitte schön, Herr Ziegler.

Ziegler (Co-Moderator): Es hat einer – –

[Unruhe]

Ducke (Moderator): Herr Ullmann, bitte.

Ullmann (DJ): Es tut mir leid. Ich erfahre soeben, die Erkundigung bei **Radio DDR** hat ergeben, daß der Rundfunk nicht wußte, ob er befugt ist, das zu übertragen. Er erwartet darum von uns einen klaren Beschluß, der jetzt gefaßt werden müßte, damit die Übertragung überhaupt beginnen kann.

Ducke (Moderator): Also, das tut mir leid, daß diese Information uns nicht vorlag. Da müssen wir die Pressestelle bitten.

Also, wir müssen eine erste Entscheidung darüber fällen, ob wir wünschen – ob die Teilnehmer des Runden Tisches wünschen –, daß die Debatte voll, so wie sie jetzt geführt wird, also auch mit der Entscheidung über die Teilnehmer am Runden Tisch, ob diese Übertragung stattfinden soll. Wer dafür ist, daß diese Übertragung stattfinden soll, den bitte ich um das Handzeichen. Darf ich einmal bitten, wieder zu zählen. Ich glaube, das kann ich mir sparen. – Bitte, wer ist dagegen? – Gibt es Stimmenthaltungen? Ein einstimmiges Ergebnis.

Jetzt können wir in der besprochenen Weise fortfahren.
Bitte, Herr Schult.

Schult (NF): Ich habe noch einmal eine kurze Frage: Letztes Mal war eine Anfrage an das **Fernsehen** gewesen wegen der Live-Übertragung und eine Anfrage an den Friedrichstadt-Palast wegen einer Übertragung dorthin. Welche Ergebnisse haben die Sachen denn gebracht? Nachdem ja der Parteitag zumindest am letzten Wochenende auch in vielen Zügen live übertragen worden ist, kann es ja für meine Begriffe nicht solche großen Schwierigkeiten bedeuten.

Ziegler (Co-Moderator): Kann ich?

Ducke (Moderator): Bitte, Herr Ziegler.

Ziegler (Co-Moderator): Leider ist Herr von der Heid [???], unser Fernsehreferent, nicht da. Aber es ist uns ja beim letzten Mal gleich gesagt worden, daß solch eine Übertragung mit großen Kosten verbunden sein wird. Und solange die Kostenfrage nicht geklärt werden konnte, haben wir von uns aus dieses nicht weiter betrieben, sondern nur dafür gesorgt, daß das Fernsehen alles aufzeichnet.

Ducke (Moderator): Darf ich Herrn Böhme bitten.

Böhme (SDP): Wir stellen hier zunehmend fest, daß sich die elektronischen **Presse**medien um eine Demokratisierung ihres Berichtsvorgangs bemühen. Und ich glaube, angesichts der ökonomischen Situation einerseits in unserem Lande und andererseits in der Wahrnehmung von Bürgerinteressen sollte das Fernsehen sich entscheiden, diese Live-Übertragung unentgeltlich auszustrahlen.

Schult (NF): Außerdem denke ich, daß die Finanzen kein Argument sind, da die Verkaufsrechte an andere Fernsehanstalten das Geld mit Sicherheit wieder einbringen würden.

Platzeck (GL): Ja. Es geht noch einmal um die Verständlichkeit dessen, was hier geredet wird, hier in den Nachbar-

---

[1] Der weitere Verlauf der Tagesordnung weicht von der Ankündigung auf eine solche Tagesordnung ab, so daß vom Herausgeber Zwischentitel als Tagesordnungspunkte eingezogen sind, die den darunter tatsächlich behandelteten Inhalten nach dem Verständnis des Herausgebers entsprechen.

räumen. Kann nicht die Technik irgendwie dafür sorgen, daß das garantiert wird?

Ducke (Moderator): Danke. Wir haben das in Auftrag gegeben. Ich hoffe, man ist schon dabei.

Hier war noch eine Wortmeldung. Herr Berghofer.

Berghofer (SED-PDS): Ja. Das **Fernsehen der DDR** ist eine staatliche Einrichtung, hat mit unserer Partei in diesem Sinne nichts zu tun. Ich verstehe diese Anfrage hier nicht. Am Wochenende ist von allen Parteitagen, die stattgefunden haben, live berichtet worden. Das ist eine souveräne Entscheidung des Fernsehens.

Gerlach (LDPD): Wir wollen uns der Kritik, die hier am Fernsehen und an anderen **Massenmedien der DDR** geäußert wurde, voll anschließen. Wir sind der Auffassung, daß sich in der Arbeit der Massenmedien, insbesondere des Fernsehens, nichts Wesentliches geändert hat.

Deshalb glaube ich, daß es ein Interesse des Fernsehens wie auch des Rundfunks sein müßte, abgesehen von den Entscheidungen über die Beratungen am Runden Tisch, unentgeltlich zu berichten. Bei der Bedeutung unserer Gespräche und der Themen, die hier auch behandelt werden, ist es eigentlich eine Pflicht, Informationspflicht, gegenüber den Bürgern unseres Landes.

Und ich würde vorschlagen, daß der Runde Tisch eine Empfehlung ausspricht, mehr können wir ja nicht tun, eine Empfehlung ausspricht an den – wie heißt der jetzt? – Generalintendanten des Fernsehens der DDR und den Generalintendanten – ich glaube auch der heißt so – des Rundfunks der DDR und an die Chefredakteure der zentralen Tageszeitungen beziehungsweise auch an den Sprecher der Regierung, darauf einzuwirken, daß in Zukunft eine unentgeltliche, umfassende, wenn möglich direkte Information der Bürger unseres Landes über die Arbeit des Runden Tisches erfolgt.

Ducke (Moderator): Danke schön.

Herr Schnur, bitte.

Schnur (DA): Also, ich würde das hier doch noch deutlicher sagen. Ich glaube, was ja am Wochenende gut gelungen ist, müßte doch gerade angesichts dieser politischen Stellung, die der Runde Tisch einnehmen soll, auch möglich sein, und daß aufgrund dessen, was wir als **Selbstverständnis** genannt haben, denke ich, jetzt konkret entschieden werden sollte, daß mit dem Intendanten ein Gespräch aufgenommen wird und daß er mit dafür Sorge trägt, aus politischer Verantwortung von diesem Gespräch dann auch öffentlich zu informieren.

Ducke (Moderator): Herr Böhme dazu noch.

Böhme (SDP): Ich würde den Forderungen von Professor Gerlach gern zustimmen, mit einer Ratifizierung allerdings, nicht als Empfehlung sondern als eindeutige Forderung.

Ducke (Moderator): Es zeigt sich in den Wortmeldungen doch, daß wir davon ausgehen können, daß das auch ein Wunsch werden könnte des Runden Tisches. Es steht zur Frage eine Empfehlung, eine Bitte, ein Wunsch. Ich glaube, mehr als eine Bitte, ein Wunsch oder eine Forderung können wir nicht stellen. Es ist hier der Beauftragte, den wir vielleicht als Kurier bitten dürften, wenn ich das richtig sehe. Ist das möglich? – Gut. Dann bitte ich jetzt um Abstimmung darüber, daß der Wunsch, die Bitte, die Forderung – wollen wir es so breit lassen – der Teilnehmer...

Zurufe: Die Forderung, die Forderung!

Gerlach (LDPD): Ja, die Forderung!

Ducke (Moderator): Die Forderung? – Gut. Herr Gerlach ist selbst für die Ergänzung seines Vorschlages. Die Teilnehmer des Runden Tisches stellen die **Forderung**, daß die **Beratungen am Runden Tisch vom Fernsehen der DDR, vom Rundfunk der DDR, übertragen** werden.

Schult (NF): – live übertragen werden – –

Ducke (Moderator): – live übertragen werden. Diese Ergänzung. Das geht nicht so schnell – –

Zwischenruf de Maizière (CDU): – und sich keine Gedanken machen um das Geld: – live und kostenlos!

Ducke (Moderator): Das müssen die selbst entscheiden. Da können wir keinen Beschluß ihnen – das können wir vielleicht doch nicht fordern. Sehe ich [das] hier richtig gegeben?

Wir bitten, diese Entscheidung durch Herrn von der Heid [???], den Beauftragten für das Fernsehen, zu übermitteln. Vielleicht findet sich schnell ein Kontakt. Mehr können wir jetzt hier vom Tisch aus nicht tun.

Darf ich um Ihr Handzeichen bitten, wer für diesen Antrag stimmt? – Jetzt darf ich um die Gegenstimmen bitten. – Und um die Enthaltungen. – Keiner. – Einstimmig angenommen. Ich danke Ihnen.

Darf ich Sie bitten, Verhandlungen diesbezüglich aufzunehmen? – Danke.

TOP 2: Anträge zur Teilnahme am Runden Tisch

Nachdem wir diese Entscheidungen, die ersten, schon getroffen haben, bitte ich nun wieder Herrn Ziegler, daß er uns die **Anträge auf Teilnahme am Runden Tisch** vorträgt. Für Sie, die Wartenden, wenn Sie das jetzt schlecht gehört haben, jetzt werden Ihre Anträge vorgetragen und danach die Debatte darüber, und anschließend wird die Abstimmung durchgeführt.

Bitte schön.

Ziegler (Co-Moderator): Es ist eine Fülle von Post eingegangen im Sekretariat des Bundes an den Runden Tisch. Und heute morgen ist eine Fülle von Briefen noch hinzugekommen. Ich zähle jetzt alle Vereinigungen und Institutionen auf, die beantragt haben, am Runden Tisch teilzunehmen.

Zunächst die drei, die beiden, die bereits das letzte Mal teilgenommen haben. Es war schon gesagt worden, daß für den **Freien Deutschen Gewerkschaftsbund** das letzte Mal Teilnahme beschlossen war. Zweitens für den **Unabhängigen Frauenverband**, der ebenfalls das letzte Mal teilgenommen hat.

Dann drittens: Der **Demokratische Frauenbund Deutschlands** hat eine Aktion gestartet, in der eine Fülle von Briefen hier zu Ihrer Verfügung steht, sehr unterschiedlicher Art und Tonart, in der aber alles auf eine Forderung hinausläuft: Teilnahme am Runden Tisch. Beim letzten Mal, am 7. Dezember [1989], hatte die Vertreterin des Demokratischen Frauenbundes als Beobachterin teilgenommen. Der DFD fordert volle gleichberechtigte Teilnahme.

Viertens: Der **Verband der Konsumgenossenschaften** der DDR hat am 7. Dezember als Beobachter teilgenommen.

Es liegt ein Antrag vor, wieder als Beobachter teilzunehmen. Dieser Antrag ist auch mehrfach schriftlich an die einzelnen Gruppierungen gegangen.

Fünftens: Die **Deutsche Umweltschutzpartei** hat am 7. Dezember als Beobachter teilgenommen. Ein direkter neuer Antrag liegt nicht vor.

Dagegen, sechstens, liegt eine Fülle von Schreiben vor von der **Vereinigung der gegenseitigen Bauernhilfe**, die ebenfalls eine gleichberechtigte volle Teilnahme am Runden Tisch erwartet.

Siebentens: Der **Kulturbund** der DDR hat sich an den Runden Tisch gewandt mit dem Antrag, vier Teilnehmer an den Runden Tisch zu entsenden. Es hat inzwischen ein Gespräch stattgefunden, in dem ich schon darauf hingewiesen habe, daß alle anderen eigentlich nur zwei haben und schließlich, daß der Runde Tisch gemäß seiner Geschäftsordnung selbst darüber entscheidet.

Achtens: Die **Freie Deutsche Jugend** hat am Freitag den Antrag gestellt, am Runden Tisch teilzunehmen. Auch hier hat ein kurzes Gespräch stattgefunden über die Modalitäten, nach denen darüber entschieden wird, wer am Runden Tisch teilnimmt.

Neuntens: Die **Katholische Laienbewegung** hat sich an den Runden Tisch gewandt und die vollberechtigte Teilnahme am Runden Tisch beantragt.

Ein zehnter Brief, den ich auf der Liste habe, die ich den Teilnehmern hier gegeben habe, habe ich mit einem Fragezeichen versehen müssen, weil es nicht ganz klar ist. Es ist die **Volkssolidarität**, die anregt, daß auch die Volkssolidarität teilnimmt. Allerdings ist das nur ein Schreiben der Ortsgruppe Treptow, nicht von der Leitung. Darum das Fragezeichen dahinter.

Schließlich hat sich eine **Demokratische Vereinigung DDR 40**, über die ich nichts Genaueres sagen kann, an den Runden Tisch gewandt und erwartet eine Teilnahme.

Und zwölftens liegt der Antrag der **Grünen Liga** vor, die Basisgruppen für Umweltschutz vertritt. Diese Grüne Liga hatte sich telefonisch schon vor dem 7. Dezember auch an das Sekretariat des Bundes gewandt und um Teilnahme am Runden Tisch gebeten.

Schließlich muß ich noch zwei weitere Mitarbeitsangebote, die begrenzt sind, mitteilen: Erstens, das **Komitee für Angelegenheiten ausländischer Studierender** bittet um Mitarbeit und bietet sie auch an für das Thema Ausländer in der DDR. Hier ist also zu unterscheiden zwischen Teilnahme am Runden Tisch und Mitarbeit.

Und schließlich zweitens: Dr. Ulrich Woronowitsch [???], Bad Wilznach, bietet Mitarbeit an für [eine] neue soziale und ökonomische Struktur unseres Landes und wird von einem Arbeitskreis unterstützt, der auch eine Unterschriftensammlung an den Runden Tisch gerichtet hat.

Dies alles, denke ich, ist zunächst zu nehmen als ein Ausdruck guten Willens und der Bereitschaft, wirklich mitzuwirken und Verantwortung zu übernehmen. Die Schwierigkeit besteht nur, wie wir dies zusammenbringen, daß einmal der Runde Tisch arbeitsfähig bleibt, daß am Runden Tisch **Gruppierungen** sitzen, die wirklich Verantwortung tragen und auch landesweit durchstrukturiert sind.

Denn auf eines muß ich aufgrund von Briefen und Veröffentlichungen noch hinweisen: Es haben sich in den Bezirken, teilweise auch in den Kreisen, **Runde Tische** gebildet. Und die Erwartung an diesen Runden Tisch ist, daß hier landesweit in Gesamtkonzeptionen gearbeitet wird. Das geht aus dem ersten Echo schon hervor, so daß wir auch überlegen müssen, denke ich, wie die Arbeit der Runden Tische auf Kreis-/Bezirksebene und dieses Zentralen Runden Tisches miteinander in Einklang gebracht werden können. Wie das zu schaffen ist, das wird jetzt zu debattieren sein.

Ducke (Moderator): Vielen Dank für diese Informationen, die vorgetragen wurden.

Bitte.

Ziegler (Co-Moderator): Ich bitte um Entschuldigung, einen Antrag habe ich unterschlagen. Es ist noch ein Antrag heute früh eingegangen, nämlich vom **Ministerrat**. Der Staatssekretär Halbritter hat im Auftrag von Herrn Ministerpräsident Modrow den Antrag übermittelt an den Runden Tisch, daß der Leiter der Rechtsabteilung des Ministerrates, Dr. Klaus Mehnert, als Beobachter zugelassen wird. Als Beobachter.

Das wird folgendermaßen begründet: Ich habe ja nachher zu berichten, was an Mitteilungen von der Regierung bereits an den Runden Tisch gegangen ist, und um die Rückkopplung zu erleichtern, ist diese Bitte ausgesprochen worden. Ich bitte um Entschuldigung, daß ich das im Augenblick übersehen hatte.

Ducke (Moderator): Vielen Dank. Ich eröffne die Debatte über diese Anträge. Die Wortmeldungen.

Bitte schön, Herr Raspe.

Raspe (LDPD): Hier war auch von der Arbeitsfähigkeit die Rede. Ich glaube, daß ist eine zunächst einmal sehr pragmatische Überlegung. Aber wenn es zu einer echten Diskussion kommen soll, und die muß es ja geben, dann ist von der Seite her, meine ich, eine bestimmte Größenordnung diktiert. Unser Vorschlag wäre, daß wir uns gewissermaßen auf einen Stammtisch einigen und nicht jedes Mal neu befinden. Ein Stammtisch mit dem Maßstab der Beratung der letzten ersten Runde.

Aber ich wäre sehr dafür, daß wir diese beiden Möglichkeiten, Gäste und das **Angebot zur Mitarbeit** – das war ein neuer Gedanke, der heute auftauchte –, daß wir von dieser Möglichkeit rege Gebrauch machen und hier mehr einladend als ausgrenzend sein sollten. Wobei ich sagen muß, das setzt natürlich auch gewisse räumliche Bedingungen voraus. Hier zeigt sich schon, hier ist selbst der **Gästestatus** im Nachbarzimmer nicht zumutbar wie auch eine mögliche Mitarbeit, in welcher Form auch immer.

Also, ich wäre dafür, daß wir uns auf einen Stammtisch einigen in der Zusammensetzung der ersten Tischrunde und einer Ausweitung der Gäste und des Mitarbeiterstabes.

Ducke (Moderator): Danke, das ist ein konkreter Vorschlag. Ich darf darauf hinweisen, daß wir gebeten werden wegen der **Rundfunkübertragung** bei Wortmeldungen sich mit Namen und vielleicht auch mit der durch diese Person vertretenen Gruppierung zu melden, damit es für die Hörer verständlich wird.

Raspe (LDPD): Ich darf das nachholen, das war Hans-Dieter Raspe als Vertreter der Liberal-Demokratischen Partei.

Ducke (Moderator): Jetzt Herr Ullmann, bitte.

Ullmann (DJ): Ich trage vor einen **Beschluß [Vorlage 2/1] der Kontaktgruppe der neuen Parteien und Gruppierungen.** Gemeinsam ist beschlossen worden:

[Vorlage 2/1, Antrag der Kontaktgruppe der neuen Parteien und Gruppierungen: Zur Arbeit des Runden Tisches und zur Zulassung weiterer Gruppen beziehungsweise Personen an den Runden Tisch]

Die Teilnehmer der Opposition am Runden Tisch fordern:

1. Die in der Regierungsverantwortung stehenden Parteien entsenden je ein Regierungsmitglied an den Runden Tisch ohne Erweiterung der Anzahl ihrer Sitzungsteilnehmer.
2. Bei der Behandlung von Sachproblemen, die im Verantwortungsbereich einzelner Ministerien stehen, haben diese auf Einladung des Runden Tisches teilzunehmen.
3. Die Zahl der Sitzungsteilnehmer am Runden Tisch wird nicht erweitert.
4. Andere Parteien und Organisationen richten ihre Anliegen an das noch zu bildende Sekretariat des Runden Tisches.

Gestatten Sie mir, meine Damen und Herren, ein paar Erläuterungen hinzuzufügen. Ich muß das schon deswegen tun, weil ich mich sachlich dem Votum meines Vorredners anschließen möchte. Wir haben hier einen etwas harschen Oppositionsstil angeschlagen, aber ich denke, im Endeffekt dient das der Klarstellung.

Was den ersten Teil des Beschlusses anbelangt über die Teilnahme von Regierungsmitgliedern, so ist die Meinung nicht die, daß der Runde Tisch ein Ersatz für die Regierung werden sollte. Wir sind kein Beschlußgremium im Sinne der Regierung. Uns schwebt vor, daß hier die Effektivität unserer Arbeit dadurch erhöht wird, daß Vertreter der Regierung am Runden Tisch sitzen, eine sofortige Information mit Rückkopplung möglich ist, was die Effektivität und das Gewicht des hier Geredeten zweifellos fördern wird.

Zum Beschluß drei, das ist also im Sinne des Vorschlages Stammtisch: Dem stimmen wir voll zu. Wir sind auch der Meinung, daß der Beobachterstatus nicht nötig ist, wenn man den Verhandlungen hier live folgen kann.

Was nun die Anträge anbelangt, so möchte ich auf das Nachdrücklichste unterstreichen: Niemand, der hier am Tisch sitzt, bildet sich ein, er könne auf die Hilfe derer verzichten, die ihre Hilfe hier angeboten haben. Wir können nicht für all die Personenkreise sprechen, die hier nicht vertreten sind, das wäre eine Anmaßung. Aber im Sinne der Arbeitsfähigkeit dieses Gremiums, das zusammengetreten ist in einer ganz bestimmten Situation unseres Landes, und auch befristet, nämlich bis zum Stattfinden freier Wahlen, ist es einfach nötig, daß die Arbeitsfähigkeit gewährleistet ist.

Zu dieser Arbeitsfähigkeit gehört natürlich, daß Anregungen und Informationen von den Gruppierungen und Teilen unserer Bevölkerung, die Anträge gestellt haben, wirklich zu uns gelangen. Uns scheint aber möglich, daß der Weg, der hier vorgeschlagen wird unter 4 – „Andere Parteien und Organisationen richten ihre Anliegen an das noch zu bildende Sekretariat des Runden Tisches" – gangbar ist. Und außerdem, daß bei der Mitarbeit in zu bildenden Kommissionen selbstverständlich an diese Gruppen zu denken ist und ihre Mitarbeit dort sicherlich gar keine Probleme schafft.

Ducke (Moderator): Danke.
Bitte, Herr Henrich.

Henrich (NF): Also, Stammtisch ist ein sehr schlecht gewählter Ausdruck, das klingt nach Männergesellschaft.

[Beifall]

Henrich (NF): Es sitzen hier auch tatsächlich nur drei Frauen mit am Runden Tisch. Wir waren beim letzten Mal durchaus arbeitsfähig. Beim letzten Mal hat der Unabhängige Frauenverband am Tisch gesessen. Das Neue Forum ist dafür, daß dies auch so weiterhin geschieht. Rolf Henrich für das Neue Forum.

Ducke (Moderator): Danke.
Herr Böhme, bitte.

Böhme (SDP): Auch wir unterstützen die Modifizierung der von uns grundsätzlich getragenen Ausführungen von Dr. Ullmann.

Der **Unabhängige Frauen**bund gehört, -**verband** –, gehört an den Runden Tisch. Wir sind auch der Meinung, daß die Vertreter des **Freien Deutschen Gewerkschaftsbundes**, die für eine Arbeiter-, für eine Werktätigenorganisation und deren Interessen stehen und die sich zur Zeit in einem Demokratisierungsprozeß befinden, die ebenfalls am Runden Tisch gesessen haben, mit Platz nehmen sollten mit vollem Stimmrecht, eben genauso vollem Stimmrecht wie der Frauenverband.

Ducke (Moderator): Danke, Herr Böhme.
Herr Gysi, bitte.

Gysi (SED-PDS): Ich verstehe eigentlich nicht, weshalb sie nicht hier sind. Wir hatten beim letzten Mal beschlossen, daß der **Unabhängige Frauenverband** und der **FDGB** Teilnehmer des Runden Tisches sind. Sie haben schon die ganze Zeit mit abgestimmt. Ich meine, wir sind doch an unsere eigenen Beschlüsse irgendwie gebunden. Also, mein Rechtsempfinden sagt, daß wir sie eigentlich zum Beispiel auch zu den Entscheidungen, die jetzt anstehen, wieder mit hinzuziehen müßten.

Was anderes sind **neue Anträge** oder Anträge von **Beobachtern**, die sagen, sie wollen jetzt Mitglieder werden. Darüber ist neu zu entscheiden.

Also, ich würde auch vorschlagen, daß erst die beiden Organisationen, die das letzte Mal bereits Teilnehmer waren, wieder am Tisch Platz nehmen, und daß wir dann die Debatte fortsetzen zu den neuen Anträgen, über die wir dann so wie beim letzten Mal zu entscheiden haben werden.

Ducke (Moderator): Zu dieser Wortmeldung gilt es vielleicht daran zu erinnern, daß diese Beschlüsse beim letzten Mal, so hatten wir festgehalten, nur für die Sitzungen am 7. Dezember [1989] galten und wir heute neu abstimmen wollten. Das war der Stand. Dies nur zum Verständnis, warum dies jetzt so durchgeführt wird. Ist das so richtig?

Gerlach (LDPD): Das wollte ich auch sagen. Ich habe das auch so in Erinnerung. Ich wäre für diesen Vorschlag, daß wir bestätigen – nicht nur für heute, sondern für dauernd –, daß der Unabhängige Frauenverband und der FDGB teilnehmen. Und dann könnte ich mich auch dem anschließen – weil das in der Tat richtig ist: Beobachter kann man immer sein, wenn direkt übertragen wird –, daß alle anderen, die daran interessiert sind, sich in anderer Weise informieren können, daß wir diese Runde nicht erweitern, so wie das hier vorgeschlagen worden ist, damit wir arbeitsfähig bleiben.

Die andere Frage, die hier in diesem Beschluß der **Kontaktgruppe** angeschnitten wird, steht ja auch mit zur Diskussion: Also ich meine erst einmal, es ist merkwürdig – ich sage das hier ganz offen –, daß wir eine Kontaktgruppe haben. Das haben wir schon beim letzten Mal festgestellt. Der **Block** hat sich **aufgelöst**. Hier bildet sich eine Kontaktgruppe. Es wäre natürlich förderlich, wenn man Probleme hier am Tisch beriete und sich nicht vorher abstimmt und damit schon von vornherein gewisse Festlegungen trifft, die sich nach meiner Meinung nur nachteilig auf die Arbeit am Runden Tisch auswirken können.

Das zweite ist, daß ich sehr einverstanden bin, daß eine Empfehlung gegeben wird an die **Regierungsparteien**, in ihren Vertretungen möglichst Minister aufzunehmen. Das wird von den Sachproblemen abhängen. Aber man kann das ja nicht vorschreiben, wie wir andererseits auch niemandem vorschreiben, wen er hierher entsendet. Insofern würde ich das als unannehmbar zurückweisen, wenn das ein Beschluß sein soll. Zum anderen glaube ich, haben wir im Selbstverständnis gesagt, daß der Runde Tisch weder Regierung ist noch Volkskammer. Demzufolge kann es also und sollte es auch so sein, wie bereits geschehen, daß die Regierung aufgefordert wird – man kann es auch sehr nachdrücklich tun –, zu bestimmten Sachfragen Stellung zu nehmen, uns das mitzuteilen, wie das heute ja auch schon zum Teil vorliegt. Aber das kann man nicht oder sollte man nicht mit Ministern in den Vertretungen der einzelnen Parteien machen, die der Regierung jetzt angehören, die die Regierung tragen.

Eine andere Frage ist, daß man fordern kann, daß bei der Behandlung von Sachproblemen, die im Verhandlungsbereich einzelner **Minister** stehen, diese **als Eingeladene oder als Vertreter des Runden Tisches** teilzunehmen haben. Das würde ich nach unserem Selbstverständnis unter **Informationspflicht der Regierung** verstehen, daß man das konkretisiert und solche Einladungen ausspricht.

Ducke (Moderator): Danke. Es liegen jetzt Wortmeldungen vor.
Herr de Maizière, Herr Schnur, Herr Poppe, Herr Böhme, dann ist Herr Gysi dran.

de Maizière (CDU): Neben den vielen Aufgaben, die wir für den Runden Tisch sehen, sehe ich doch die Hauptaufgabe darin, die Voraussetzungen zu schaffen, daß – wie von uns beim letzten Mal gedacht – am **6. Mai [1990] die Wahlen** stattfinden können. Und ich bin der Auffassung, daß vor der Entscheidung, wer denn nun endgültig und ständig teilnehmen soll, die Frage stehen müßte: Wer und in welchen Gruppierungen kann sich der Wahl stellen? Denn lediglich dies sollte meines Erachtens die Zusammensetzung des Tisches bestimmen.

Und zu dem Vorschlag von Dr. Ullmann vielleicht noch so viel: Ich bin nun dabei, bin Mitglied der Regierung. Ich meine aber, daß Sie nicht in die souveränen Rechte jeder Gruppe eingreifen und sagen können: Ihr habt den oder jenen zu stellen. Das wollen wir bei Ihnen auch nicht.

Ducke (Moderator): Vielen Dank.
Jetzt hat sich gemeldet Herr Schnur.

Schnur (DA): Ich denke, erstens deutlich zu unterstreichen, daß die **Kontaktgruppe** nicht hier gebildet worden ist, sondern sie stammt von den neuen gesellschaftlichen Gruppierungen und neu gegründeten Parteien. Wir haben ja ausdrücklich überschrieben, daß die Teilnehmer der **Oppositionen** am Runden Tisch deutlich diese vier Punkte fordern, wie sie hier von Herrn Dr. Ullmann vorgelesen worden sind.

Zweitens: Ich denke, daß es notwendig ist, dann wirklich auf das **Selbstverständnis** einzugehen, daß ja hier gerade eine Kontroll- und Anwaltsfunktion mit wahrgenommen werden soll. Wenn wir auf der einen Seite eine tiefe politische, wirtschaftliche Krise in unserem Land feststellen, sind wir der Auffassung, daß wir auch mit dafür Verantwortung tragen, daß von jetzt bis zum 6. Mai 1990 keine Entscheidungen mehr getroffen werden, die dann an unserem Volk und auch an den **neuen** gesellschaftlichen **Gruppierungen und Parteien** vorbeigehen. Ich denke, wir werden bei einzelnen Sachgesichtspunkten dies noch einmal sehr deutlich benennen können, weil wir merken, daß bereits entscheidende Vorbereitungen langfristig auf Jahre vorgenommen sind, wo dann letztlich gesehen den Bürgern unseres Landes keine **Mitwirkungsmöglichkeit** mehr gegeben ist.

Drittens: Mir scheint ganz wichtig zu sein – so haben wir es ja beim ersten Gespräch am 7. Dezember [1989] deutlich gemacht –, daß wir Ausschüsse oder Kommissionen bilden. Ich denke, hier gibt es eine entscheidende Möglichkeit, wirklich auf notwendige Probleme, Anliegen, Kritiken oder andere Dinge einzugehen.

Ich möchte das noch einmal deutlich unterstreichen, daß wir bei der Teilnehmerzahl bleiben sollten, wie wir sie hier am 7. Dezember 1989 hatten, so wie es bereits vorgetragen worden ist, mit dem Unabhängigen Frauenbund [**Frauenverband**] und dem **FDGB**.
Danke.

Ducke (Moderator): Danke.
Herr Poppe.

Poppe (IFM): Also, einmal zu dem, was Herr de Maizière gesagt hat: Wenn man jetzt die Teilnahme davon abhängig machen würde, wer in Zukunft an Wahlen teilnimmt, so hieße das, das Wahlgesetz, was ja erst entstehen soll, bereits vorwegzunehmen. Das halte ich also überhaupt nicht für möglich.

[Beifall]

Zum zweiten: Die Teilnahme – da schließe ich mich meinem Vorredner an – sollte wie beim letzten Mal in der gleichen Zusammensetzung erfolgen, ohne Beobachter.

Drittens, zu dem **Regierungsvertreter**: Es ist vielleicht nicht möglich, unserem Vorschlag zu folgen, daß jede Partei nun heute noch ein Regierungsmitglied stellt und einen anderen dafür nach Hause schickt. Das ist völlig klar. Aber wir sollten fordern, daß an der heutigen Beratung ein Regierungsvertreter teilnimmt, und zwar einer, der kompetente Aussagen machen kann zu folgenden Problemen:

Erstens: **Arbeitsbedingungen der Opposition**;
Zweitens: **Bericht** über den Entschluß **der Regierung vom 14. Dezember** und die damit entstehenden Folgen, die vielleicht in diesem uns vorliegenden Papier noch gar nicht im einzelnen absehbar sind.

Und drittens soll ja heute über **Wirtschaft** geredet werden, und da war eine Forderung des Runden Tisches die Offenlegung und die Transparenz aller Wirtschaftsdaten und -verträge doch zu ermöglichen. Da in dieser Hinsicht bisher nichts bei uns angekommen ist, halten wir es doch für nötig, heute einen Regierungsvertreter dazu anzuhören.

Also, obwohl wir jetzt noch nicht in die Sachdebatte eingetreten sind, möchte ich vorab schon einmal diese Forderung stellen, damit wir nicht nachher feststellen, daß wir nicht arbeitsfähig sind.

Ducke (Moderator): Danke, Herr Poppe.

Ganz kurz eine Rückfrage: Das würde, Ihr letztes mit dem Regierungsvertreter, sich schon beziehen auf den Antrag des Ministerrates, **Dr. Klaus Mehnert** als Beobachter zuzulassen – und die Information der Regierung?

Poppe (IFM): Wenn Herr Dr. Mehnert aussagefähig in all diesen Fragen ist, dann wäre ich damit einverstanden.

Ducke (Moderator): Jetzt hatte sich Herr Böhme gemeldet.

Böhme (SDP): Verehrter Herr Professor Gerlach, zu Ihrer Anfrage bezüglich der **Kontaktgruppe Opposition**, möchte ich hier etwas erklären:

So sehr sich jetzt auch in der Opposition verschiedene Parteien und Gruppierungen unterschiedlich profilieren mögen – diese Kontaktgruppe entsteht aus der Solidarstruktur, die sich in Verantwortung für das Land in der Ökologie, Friedens- und Menschenrechtsbewegung entwickelt hat, und zwar bereits vor dieser, ich benutze dieses schlimme Wort nicht gern, großen Wende in unserem Land.

[Sprechchöre einer Demonstration vor dem Haus]

Und ich glaube, daß die Vertreter der Opposition, egal, wo sie sich heute profilieren, Verantwortung in einer schlimmen Situation für unser Land bereits bewiesen haben.

Zum zweiten sind wir der Auffassung, daß dieser Runde Tisch nicht die Funktion einer Transmission zur Exekutive darstellen kann und wieder zurück. Wenn wir in der Situation, in der das Land jetzt steht, handlungsfähig bleiben wollen, müssen kompetente **Regierungsvertreter** direkt zum Runden Tisch, müssen sie bei jeder Tagung für die nächste Tagesordnung die **Hausaufgaben**, verzeihen Sie dieses Wort, die Hausaufgaben bekommen, die hier dann überprüft abgearbeitet werden. Ansonsten geht alles den Berg runter.

Ducke (Moderator): Danke.
Es hatte sich gemeldet Herr Gysi.

Gysi (SED-PDS): Ich will folgendes sagen zunächst zu dieser Kontaktgruppe. Ich finde, das geht die anderen eigentlich nichts an. Wenn die Oppositionsparteien, wie sie sich selbst nennen, abstimmen in bestimmten Fragen, dann ist das ihr Recht. Wir könnten das theoretisch auch tun, wir machen das nicht.

Die LDPD ist aus dem **Block** ausgetreten. Das ist ihr ja nicht vorgeschrieben worden von der Opposition. Wenn sie das macht, dann sind das sozusagen die Probleme der jetzt **in der Volkskammer vertretenen Parteien**. Da kann man jetzt nicht gleiches von den anderen verlangen. Wie sich das in Zukunft gestalten wird, ist meines Erachtens eine andere Frage.

Ein weiteres Problem betrifft hier die **Regierung**. Also, die Forderung an die Delegationen, daß sie in ihre Delegation Regierungsvertreter praktisch als Stimmberechtigte aufnehmen, finde ich gar nicht so günstig. Ich finde schon, daß die Parteien hier so vertreten sein sollten und über ihre Besetzung natürlich selbst entscheiden.

Etwas völlig anderes ist, daß man zu den entsprechenden Tagesordnungspunkten immer einen kompetenten Vertreter der Regierung einlädt, der aber natürlich genau nicht stimmberechtigt ist, sondern der hier darlegt, wie der Sachstand ist und was man da in Zukunft tun könnte. Ich glaube, das würde dem Anliegen entsprechen. Das kann auch der Runde Tisch als, weiß ich was, dringende Bitte aussprechen, im Gegensatz zu den Besetzungsproblemen der Delegation. Ich glaube, da können wir uns durch Beschluß tatsächlich nicht einmischen, zumal das auch kompliziert ist. Wenn wir jetzt einen gewinnen, der muß ja dann nicht gerade in der Frage kompetent sein, um die es geht. Und andererseits binden wir ihn hier für Stunden, wo er vielleicht wichtige Dinge zu tun hätte. Also, ich bin schon der Meinung, daß wir da so ein anderes Modell finden sollten, was aber dem inhaltlichen Anliegen entspricht.

Eine Sache macht mir allerdings ein bißchen Sorgen, das ist die Frage der **Mitwirkung weiterer Kräfte**. Ich sehe auch das Problem der Arbeitsfähigkeit. Aber ich sehe auch ein Stück Anmaßung bei uns, wenn wir sagen, andere DDR-weit organisierte Vereinigungen – weiß ich was, Parteien, Organisationen – lassen wir hier nicht teilnehmen.

Wenn das ein Tisch sein soll, wo es um die Lebensfragen unseres Landes geht, dann dürfen wir nicht von vornherein andere ausschließen. Ich glaube, daß sich zumindest meine Partei in dieser Frage hier schon beim letzten Mal – –

[Fortgesetzte Sprechchöre der Demonstration vor dem Haus]

– das nervt auch, ja o Gott, beim letzten Mal konstruktiv verhalten hat. Wir kannten alle diese Gruppierungen nicht und waren dafür. Ich meine nur, sicherlich sollten wir dann irgendwann auch einmal Schluß machen.

Richtig arbeitsfähig werden wir sowieso nur, da stimme ich zu, in den **Arbeitsgemeinschaften** sein. Das heißt, wir müßten so schnell wie möglich dazu übergehen, hier die zentralen Fragen, die jetzt für uns wichtig sind, zu klären und im Interesse dieses Landes zu entscheiden und dann die konkrete Arbeit in den Arbeitsgemeinschaften fortsetzen mit Leuten, die auch was vom Fach verstehen, denn sonst kommen wir hier auch in eine Situation, wo wir alle über Dinge reden, von denen wir immer auch nur etwas gehört haben oder so. Das langt ja nicht weiter.

Ducke (Moderator): Danke.
In der Reihenfolge ist Herr Mühlmann [der nächste Redner].

Mühlmann (NDPD): Also, ich verstehe den Runden Tisch als eine Übergangsform, die funktionsfähig sein muß mit einem begrenzten **Teilnehmerkreis**, der in gewisser Weise sich zufällig zusammengefunden hat und der nicht gewollt eigentlich alle drei ausschließt, aber letztlich ausschließen muß. Warum? – Meines Erachtens gibt es nur zwei Möglichkeiten: Entweder man nimmt alle Interessenten auf, oder aber, da das offensichtlich nicht geht, müßte man selektiv verfahren. Und das wäre, um das Wort Anmaßung jetzt einmal in einer anderen Richtung aufzugreifen, ebenfalls eine Anmaßung, denn wir müssen ja selektiv bewerten sozusagen die politische Qualität und Repräsentationskraft der einzelnen Teilnehmer. Das halte ich für nicht machbar von diesem Runden Tisch aus.

Also, ich würde mich dafür aussprechen, heute in der Zusammensetzung vom 7. Dezember [1989] diese Runde zu erweitern und weiterzuführen.

Was die **Teilnahme von Regierungsvertretern** anbelangt, bin ich der Meinung, daß sie auf Einladung sachbezogen erfolgen sollte, und ich sehe auch eine Möglichkeit in

Gestalt von **Ausschüssen**. wobei ich bei anderer Gelegenheit noch über die Zusammenarbeit zwischen Volkskammer und Rundtisch-Ausschüssen sprechen würde. Hieran ist eine Möglichkeit der Mitwirkung der anderen Interessierten zu sehen.

Ducke (Moderator): Vielen Dank.

Bevor wir in der Rednerliste fortfahren, ist der Runde Tisch der Meinung, daß wir vielleicht der Gruppe draußen mitteilen, worüber wir gerade verhandeln, nämlich über die Möglichkeiten der Teilnahme.

Zwischenruf: Das wissen die schon!

Ducke (Moderator): – Einverstanden. Danke schön, gut. Dann hatte sich zunächst Herr Poppe zur Geschäftsordnung gemeldet.

Poppe (DJ): Noch einmal meine Bitte ganz dringend, daß das wirklich mit den Lautsprechern klappt. Inzwischen ist es ja nun schon so, daß wir auch schon nichts mehr hören, die da draußen schon gar nicht, also, hier in den hinteren Räumen. Ist es nicht irgendwie möglich, daß hier die technischen Voraussetzungen geschaffen werden, zum Beispiel diese Mikrophone auch an Lautsprecher anzuschließen?

Ducke (Moderator): Danke. Sie wissen, daß man daran arbeitet. Mehr kann ich Ihnen von hier aus nicht sagen. In der Reihenfolge kommt jetzt, bitte, Herr Maleuda und dann Sie.
– –

Entschuldigung, es wird noch eine Mitteilung gegeben zu den Sprechchören. Bitte.

Lange (Co-Moderator): Lange, von der Arbeitsgemeinschaft Christlicher Kirchen. Ich möchte die Teilnehmer des Runden Tisches lediglich darüber informieren, daß ich eben ein Gespräch mit Vertretern dieser Demonstration hatte. Sie bestehen darauf, daß zwei Vertreter des **VdgB** als Vertreter der Bauernschaft unseres Landes mit Sitz und Stimme hier am Runden Tisch teilnehmen, ebenso **FDJ** und **DFD**, und sie haben sehr eindeutig und klar zu erkennen gegeben, daß sie erst dann gehen, wenn diese Forderungen erfüllt sind. Ich habe es übernommen, dies Ihnen mitzuteilen.

Ducke (Moderator): Danke schön. Vielleicht könnten wir ihnen doch noch mitteilen, daß wir im Moment gerade darüber sachlich verhandeln.

Jetzt Herr Maleuda.

Maleuda (DBD): Ich möchte vom **Selbstverständnis** des Runden Tisches ausgehen. Wir haben am 7. Dezember [1989] in dem einleitenden Satz festgestellt, [daß sich] die Teilnehmer des Runden Tisches treffen aus tiefer Sorge um unser in eine Krise geratenes Land. Wenn jetzt meiner Auffassung nach die Frage gestellt wird nach der **Arbeitsfähigkeit** des Runden Tisches, möchte ich fragen: Wo nehmen wir die Gewähr her zu sagen, daß nur diese Zusammensetzung hier im Stande wäre, optimal zu arbeiten?

Und ich teile hier die bereits geäußerte Auffassung, daß es auch eine Frage des demokratischen Prinzips ist.

Unsere Partei ist dafür, daß die hier gestellten Anträge paritätisch geprüft werden, daß eine Erweiterung erfolgt und in einem großen grundsätzlichen Gespräch alle interessierenden Fragen beraten werden. Sollte es dazu prinzipielle Einwände geben, sollten wir uns mindestens über die Aufrechterhaltung eines Beobachterstatus verständigen.

[Beifall]

Eine zweite Bemerkung möchte ich machen zu dem Vorschlag, in diese Delegation **Regierungsvertreter** aufzunehmen. Wir sind dagegen.

Es wäre sicher richtig, zu den Hauptfragen, die zur Diskussion stehen, dann sachkundige Vertreter der Regierung hierher einzuladen, die in der Lage sind, auf entsprechende Fragen eine sachkundige Antwort zu geben.

Ansonsten möchten wir hier sehr prinzipiell die Frage aufwerfen, ob es nicht richtig wäre, daß am heutigen Runden Tisch die Teilnehmer eine Erklärung zur **Unterstützung der Regierung Modrow** zum Ausdruck bringen, nachdem seit dem 7. Dezember einige Verlautbarungen erfolgt sind, die ganz offensichtlich nicht zur Stabilisierung, sondern – wenn dieser Weg weiterbeschritten wird – zur weiteren Destabilisierung führen. Ich meine hier solche Veröffentlichungen, daß es um **Legitimationsarmut** dieser Regierung geht, daß es Vorschläge gibt, diese Regierung aufzulösen.

Ich glaube, prinzipiell wäre es für die weitere Arbeit und Lösung sowohl der internationalen als auch nationalen Aufgaben wichtig, daß neben Forderungen dieses Tisches an die Regierung auch die Bereitschaft erklärt wird, sie sachkundig zu unterstützen bei der Lösung dieser schwierigen Aufgaben.

Jordan (GP): Wir stimmen unbedingt dafür, daß der **Unabhängige Frauenverband** hier an diesem Tisch wieder Platz nimmt, des weiteren auch die **Gewerkschaft**, aber nur sofern die hier vertretenen Gewerkschaftsmitglieder nicht Vertreter einer anderen Partei sind. Wir sehen uns dort auch in Übereinstimmung mit Beschlüssen des **Berliner Runden Tisches**, an dem auch die Grüne Partei vertreten ist.

Gerlach (LDPD): Ja, ich möchte jetzt wirklich zur Sache sprechen. Wenn uns die Forderung richtig übermittelt wurde, sind das Demonstranten der VdgB, des DFD und der FDJ, die die Teilnahme ihrer Delegation am Runden Tisch erzwingen wollen und damit also eine politische Erpressung ausüben. Ich werde beantragen, daß wir die Beratung unterbrechen. Denn wenn man mit diesem Druck sozusagen die Teilnahme am Runden Tisch erzwingen will, dann glaube ich, ist das ein sehr undemokratisches Verfahren und kann nicht der Arbeitsweise des Runden Tisches förderlich sein.

Ducke (Moderator): Ich schlage trotzdem vor, daß wir jetzt die Rednerliste, die wir vorliegen haben, vielleicht doch abarbeiten, oder war das direkt dazu? – Gut.

Dann wäre jetzt Herr Ullmann an der Reihe.

Ullmann (DJ): Ich wollte Herrn Gysi antworten und zwar in zwei Punkten.

Ich denke, Herr Gysi, daß Sie recht haben. Man kann Forderungen stellen, man kann die aber auch ablehnen. Und ich sehe absolut ein: Wir haben nicht das Recht, in die Personalpolitik anderer Parteien einzugreifen. Das ist irgendwie klar. Und insofern halte ich Ihren Vorschlag für akzeptabel. Und so könnten wir verfahren.

Damit antworte ich gleich Herrn Maleuda. Ich denke, Herr Maleuda, es war nicht ein Beschluß des Runden Tisches, den Sie hier zitiert haben, als Sie von Auflösung der Regierung Modrow gesprochen haben. Wir sind ja auf Zusammenarbeit mit ihr angewiesen. Ich weiß gar nicht, wie wir sonst hier vorgehen sollen. Und darum auch unsere Vorschläge. Die Forderung bezog sich ja auf die Forderung der Sachzwänge, mit denen wir hier zu tun haben.

Zu den Methoden, die hier um uns herum angewandt werden, muß ich ähnlich wie Herr Gerlach sagen: Das hindert die Arbeit des Runden Tisches ganz offenkundig und stellt sie in Frage. Ich denke, daß immer noch ein Mißverständnis vorliegt. Der **Runde Tisch** ist **kein Repräsentationsgremium**. Und es müßte eigentlich klar sein, daß man hier gar keine Anträge um Sitz und Stimme stellen kann.

Ducke (Moderator): Danke. Es liegen Anträge zur Geschäftsordnung vor.

Bitte, Herr Ziegler.

Ziegler (Co-Moderator): Ich würde folgendes vorschlagen: Es hat das letzte Mal, als wir entschieden haben über die beiden Gruppierungen, die zusätzlich hier zugelassen wurden, die Möglichkeit gegeben, daß sie sich hier auch vorstellen könnten.

Darum ist mein Vorschlag, daß die Vertreter der anderen Gruppierungen hier das Recht haben, sich kurz vorzustellen. Dies geht aber nur, wenn Sie Ihre Demonstranten bitten, auch die Disziplin zu üben und hier nicht Druck auszuüben. Denn wenn wir dem nachgeben, glaube ich, sind wir hier nicht mehr repräsentativ und frei zu wirklichen Entscheidungen.

Ducke (Moderator): Danke schön. Ich nehme diesen Vorschlag jetzt gleich auf, das ist wohl auch im Sinne der Teilnehmer. Darf ich die Mitglieder der FDJ, des DFD und der anderen Gruppierungen hier im Raum bitten, nach draußen zu gehen und das mitzuteilen?

Soviel jetzt zur Geschäftsordnung, aber wir kommen sonst nicht weiter. Wir müssen jetzt ein wenig zur Ruhe kommen.

Zwischenrufe: Das gibt es ja nicht!

Schnur (DA): Ich hatte jetzt so den Eindruck, als ob Sie bereits schon die Empfehlung geben. Also, ich denke, wir können die Sachdebatte nicht als solches beenden. Also, ich glaube, wir müssen uns da schon hier einigen.

Ducke (Moderator): Hoffentlich ist das nicht mißverstanden worden. Es geht nur um die Mitteilungen an die Gruppierungen, daß wir darüber entscheiden werden.

Herr Gysi, bitte.

Gysi (SED-PDS): Wir schlagen nach wie vor vor, daß wir erst einmal über diese beiden Gruppen, die schon beim letzten Mal mitgemacht haben, abstimmen, wobei wir das letzte Mal auch schon die Debatte über die Zugehörigkeit hatten. Ich will es eigentlich nicht wissen. Wir werden ja sehen, welche Interessen sie hier vertreten. Also, sie sind für ihre Organisation da. Ich meine nur, darüber sollten wir gleich entscheiden, dann entscheiden wir nämlich dann schon wieder in einem breiteren, demokratischeren – wenn ich einmal so sagen darf – Gremium über die weiteren Anträge. Über diese beiden, über die wir uns einig sind, **Unabhängiger Frauenverband** und **FDGB**, könnten wir doch gleich entscheiden, und dann Ihrem Vorschlag folgen und die anderen kurz anhören und entscheiden.

Ducke (Moderator): Gibt es dazu noch eine direkte Meldung?

Henrich (NF): Auf ein Detail will ich aufmerksam machen: Wir haben den Unabhängigen Frauenverband beim letzten Mal, bevor er hier Platz nehmen durfte, aufgefordert, sein Personal zu wechseln [siehe die Diskussion zur **Doppelmitgliedschaft**]. Da war nämlich eine Genossin dabei, die ist extra zurückgetreten, so daß jetzt nur Parteilose in diesem Unabhängigen Frauenverband sind.

Wir sollten diese Verfahrensweise auch im Hinblick auf die jetzt folgenden Entscheidungen beibehalten, damit es nicht wieder dazu kommt, daß in der SED SED-Mitglieder sitzen, in der Delegation der SED, in der FDJ sitzen wiederum SED-Mitglieder und so weiter und so fort. Wenn wir das beim Unabhängigen Frauenverband gefordert haben, so ist meine Meinung, müßten wir dasselbe Verfahren jetzt auch durchstehen bis zum Ende.

Ducke (Moderator): Das ist meines Erachtens nach die Grundlage überhaupt für die weitere Debatte. Es steht an der Antrag.

Darf ich jetzt einmal unterbrechen, es waren noch einige Wortmeldungen. Ich würde gerne der Redlichkeit halber die hier vorliegenden Wortmeldungen noch abarbeiten. Das würde bedeuten: Herr Böhme noch; bei Herrn Henrich nehme ich an, daß sich das erledigt hat; und Herr Berghofer. Ich würde sagen: Schluß dieser Liste danach dann.

Bitte.

Böhme (SDP): Ich glaube, daß dieser Punkt jetzt auf die Modalitäten bereits der weiteren Zusammenkünfte hinweist. Wenn der Runde Tisch in der Kongreßhalle tagt, ist die Möglichkeit gegeben, daß alle weiteren Antragsteller erst einmal als Beobachter oder als Gäste an der Tagung teilnehmen. Dort wären die technischen Modalitäten auch ganz andere.

Wenn man dem Runden Tisch schon eine solche Verantwortung wie Kontroll- und Anwaltskompetenz zugesteht in unserem **Selbstverständnis**, dann sind die Tagungsmodalitäten – das geht nicht an Sie, meine Herren von den kirchlichen Einrichtungen –, die Tagungsmodalitäten einfach unwürdig. Das zum ersten.

Zum zweiten, Herr Volkskammerpräsident Maleuda, muß ich sagen, wenn wir Verantwortung für das Land wahrnehmen, dann sollten wir endlich – ja, und ich freue mich über die Lernfähigkeit im Demokratieverständnis der ehemaligen **Blockpartei** an der Seite der SED, das sage ich ohne Häme –, dann sollten wir erkennen, daß wir auch wirklich die kritische Situation vorfinden, die es erfordert, keine Transmission zwischen dem Runden Tisch und der Regierungsbank zwischenzuschalten und zurück.

Die Situation ändert sich nicht von Tag zu Tag, sondern von Stunde zu Stunde. Dazu gibt es auch von der SDP die konkrete Forderung: Der Runde Tisch hat alle zwei, drei Tage zusammenzutreten. Die Sachausschüsse, die Fachausschüsse müssen arbeitsfähig gemacht werden.

Und dann muß ich noch sagen, bitte: Wenn Sie verhindern, daß **Regierungsvertreter** an den Runden Tisch kommen, treiben Sie die Opposition dazu, zu fordern – gerade um die geschäftsführende Übergangsregierung Modrow bis zum 6. Mai [1990] zu stützen –, zu fordern, in die Regierungsverantwortung mit einzutreten.

Ducke (Moderator): Vielen Dank.

Jetzt noch – Herr Henrich hatte sich erledigt – Herr Berghofer, bitte.

Maleuda (DBD): Zu dieser Bemerkung nur: Das ist eine völlig falsche Auslegung gewesen. Ich habe hier eindeutig erklärt, daß Regierungsvertreter teilnehmen möchten.

Ducke (Moderator): Darf ich bitten, daß wir dieses Thema zurückstellen.

Herr Berghofer.

Berghofer (SED-PDS): Zunächst, Herr Böhme, finde ich es sehr rührend, wie Sie unsere Lernfähigkeit hier beurteilen. Vielen Dank.

Ich glaube, wir sind jetzt an einer Stelle angekommen, wo wir alle das Gesicht verlieren. Wir sind ja live auf dem Sender und verhaspeln uns wieder in prozeduralen Fragen, die natürlich wichtig sind. Und ich glaube, wir müssen das heute zu Ende bringen, damit wir zu Sachfragen übergehen, sonst werden wir nichts bewegen. Die Zeit ist doch viel ernster. Ich komme mir vor wie in der guten Stube, und ringsherum brennt das Haus. Und deshalb bitte ich um **Konsensfähigkeit** aller. Wir werden unsere Kompromißbereitschaft hier signalisieren.

Erstens: Ich glaube, wir sollten jetzt eine Form finden, aus dieser Runde eine **Arbeitsgruppe** oder wie auch immer zusammenzustellen, die die beiden oder die drei möglichen Varianten für die Zusammensetzung des Runden Tisches einmal zu Ende formuliert und uns in Entscheidungsfähigkeit bringt.

Erste Variante wäre: Alle, die wollen, werden in den Runden Tisch gleichberechtigt einbezogen. Vorteil: große Übereinstimmung; Nachteil: Die Arbeitsfähigkeit wird eingegrenzt.

Zweite Möglichkeit wäre: Wir bekennen uns zu denen, die den ersten Runden Tisch gestaltet haben plus denen, die wir letztes Mal schon einbezogen haben, und erteilen allen übrigen, die sich darum bewerben, einen Beobachterstatus. Aber das müssen wir heute entscheiden, sonst ist ja jedes Mal wieder eine Demonstration.

Zweitens: Die Regierung im Lande muß jetzt regieren, und zwar von Stunde zu Stunde. Davon dürfen wir sie nicht abhalten. Deshalb wäre es doch legitim, der Regierung die Entscheidung zu überlassen, in welcher Weise sie sich hier präsentiert. Unsere Forderung ist doch: Durchschaubarkeit, Transparenz, Kontrollfähigkeit der grundsätzlichen Beschlüsse. Das haben wir das letzte Mal schon diskutiert. Ich bin also für den legitimierten **Vertreter der Regierung** hier als Sprecher und als Verantwortlicher, nach inhaltlichen Themenvorgaben. Vielleicht sitzen auch zwei [Vertreter] der Regierung hier: der ständige Vertreter, der die Koordinierung der Arbeit sichert, und der jeweilige Spezialist zum Sachthema.

Drittens: Wir müssen die Arbeitsfähigkeit des Runden Tisches herstellen, indem wir zwischen den Tagungen die entsprechenden Organisationsformen wählen: a) das **Arbeitssekretariat**, für das wir sind, muß heute seine Tätigkeit aufnehmen, und b) die inhaltlichen **Arbeitskreise**, Sektionen oder Kommissionen, die etwas vorbereiten, damit hier überhaupt Entscheidungen oder zielgerichtete Debatten möglich sind.

Wir müssen, meine sehr verehrten Damen und Herren, eine zeitliche Begrenzung des Tagesablaufs finden. Also, ich muß das für mich sagen, ich leite eine Stadt [mit einer halben Millionen Einwohner] und danach werde ich am Ende beurteilt. Jede Stunde, die wir über Nebensächlichkeiten verlieren, ist natürlich Verlust an Arbeitsfähigkeit.

Viertens: Möglicherweise ist es auch notwendig, daß wir uns außerhalb des Protokolls zwischen grundsätzlichen Runden wie dieser einmal kurz treffen und so ein paar organisatorische Sachfragen abstimmen, damit wir dann die Runde hier, auf die ja das ganze Volk mit großer Erwartung blickt, nicht immer mit Nebensächlichkeiten belasten.

Ende.

Ducke (Moderator): Vielen Dank für diesen Vorschlag. Damit wäre die Rednerliste abgearbeitet für den Tenor und ich meine, wir sollten abstimmen.

Böhme (SDP): Ist eine Bemerkung gestattet? Ich verwahre mich eindeutig dagegen, daß hier etwas, was von den Teilnehmern des Runden Tisches gesagt wird, als Nebensächlichkeit bezeichnet wird, verehrter Herr Berghofer. Ich müßte nämlich sonst manchem hier reine Rhetorik vorwerfen.

Ducke (Moderator): Danke. Das sei so im Raum stehengelassen.

Jetzt sind zwei Teilnehmer weg. Es steht an sich zur Vordebatte noch die Frage der **Parteizugehörigkeit**. Die müßten wir also ganz allgemein stellen. Möchte der Runde Tisch darüber abstimmen, zuvor? Denn das sind natürlich dann die Konditionen. Sollen wir dies machen? – Wir hatten das letzte Mal gesagt, das kann man nicht machen.

Aber bitte, Herr Ullmann, aber dann auch keine Debatte mehr darüber, sondern nur noch einmal eine Äußerung.

Ullmann (DJ): Ich war der Meinung, daß wir jetzt abstimmen wollten über die Teilnahme des Unabhängigen Frauenbundes und der Gewerkschaft.

Ducke (Moderator): Der weitergehende Antrag ist, daß wir zunächst eine Meinungsbildung durchführen [**über die Arbeit des Runden Tisches und die Zulassung weiterer Gruppen bzw. Personen**]. Wollen wir, daß alle einbezogen werden? Oder wollen wir die Zusammensetzung vom 7. Dezember [1989]? Es lag hierzu ein Vorschlag vor. Und es ist der weitergehende. Ich würde fast sagen, eine solche Trendabstimmung sollten wir machen. Hierzu stelle ich erst einmal die Frage:

Erstens, wer dafür ist von den Teilnehmern am Runden Tisch, daß **alle**, [die] dieses wollen, **einbezogen** werden, wird die erste Frage zu bejahen haben.

Die zweite Frage wird lauten: Wir bekennen uns zu den **Teilnehmern** inklusive der damals auch schon zugelassenen beiden Teilnehmergruppierungen am Runden Tisch vom 7. Dezember. Die Frage der Parteizugehörigkeit wäre dann eine noch zu stellende Frage.

Drittens wäre dann die Frage der **Regierung**.

Ich möchte sie doch als Trendabstimmung jetzt stellen. Sind die Teilnehmer am Runden Tisch der Meinung, daß sie wollen, daß alle, die ihre Teilnahme wünschen und dies auch bekundet haben, teilnehmen?

Dann bitte ich jetzt um das Handzeichen [zur ersten Frage]. – Es sind 6 Stimmen dafür. Wer ist dagegen? – 24. Enthält sich jemand der Stimme? – Dies ist nicht der Fall.

Dann stelle ich die zweite Frage: Wir bekennen uns zu diesen, die am 7. Dezember teilgenommen haben? Oder sollen wir dann über die anderen auch noch abstimmen? – Das müßten wir doch noch fragen. Sollen wir einzeln über jeden abstimmen? – Doch, fairerweise müssen wir das machen, vor diesem Bekenntnis zum 7. Dezember.

Ich stelle die Frage: Sollen wir über jeden einzelnen Antrag abstimmen lassen? – Wer dafür ist, daß über jeden einzelnen Antrag, der hier vorgelegt ist, einzeln abgestimmt wird, den bitte ich um das Handzeichen. – Das ist die überwiegende Mehrheit. Wer ist dagegen? – Wer enthält sich der Stimme? – Es sind 3 Stimmenthaltungen feststellbar.

Dann würde ich sagen, dann müßten wir jetzt so vorgehen.

Zwischenruf: Über die zwei mehr?

Ducke (Moderator): – Nein. Wenn wir gesagt haben, über jeden wird abgestimmt, dann stimmen wir jetzt auch in dieser Reihenfolge darüber ab.

Jordan (GP): Es müßte aber erst die Parteienfrage kommen.

Ducke (Moderator): Ich nehme diese Frage auf, damit wir jetzt aus der Diskussion herauskommen.
Soll bei der **Neuzulassung der Gruppierungen**, die sich nicht als Parteien verstehen, verlangt werden: **keine Parteizugehörigkeit?** – „Keine" ist dann für alle zutreffend. Habe ich die Frage für alle verständlich formuliert? – Bei der Neuzulassung anderer Gruppierungen wird verlangt, daß keine Parteizugehörigkeit zu einer der Parteien, die hier am Runden Tisch sitzen – zu allen – vorliegt. Ist das so verständlich formuliert? – Keine Parteizugehörigkeit zu den Parteien, die hier am Runden Tisch vertreten sind. Das gilt für alle.
Wer ist dafür, daß diese Frage der Parteizugehörigkeit Geltung haben soll? – Ich zähle 23. Wer ist dagegen? – Es gibt 3 Gegenstimmen. Wer enthält sich der Stimme? – Es gibt 6 Enthaltungen.

Zwischenrufe: Stimmt ja nicht! Nein, ganz sicher nicht!

Ducke (Moderator): Dann müssen wir die Abstimmung wiederholen. Ich bitte: Wer dafür ist, daß keine Parteizugehörigkeit vorliegen darf, erhebe die Hand. – 21. Dann stimmt das wohl, ja?
Dies müssen wir jetzt den Antragstellern, die hier im Nebenraum versammelt sind, zur Kenntnis geben. Genügt Ihnen das so, wenn wir das von hier – Danke.
Dann schlage ich vor, daß wir jetzt die Einzelabstimmung vornehmen.
Herr Ziegler, darf ich Sie bitten?

Ziegler (Co-Moderator): Ich denke, es ist mehrfach geäußert worden, daß man jetzt noch einmal bestätigen soll, was am 7. Dezember über die beiden – nämlich **Unabhängiger Frauenverband** und **FDGB** – beschlossen worden ist, damit das alles seine Ordnung hat. Und dann können wir in den anderen Dingen vorgehen.

Ducke (Moderator): Einverstanden. Dann steht der Antrag, daß wir uns bekennen zu der **Teilnehmerrunde vom 7. Dezember [1989]**, damit die Debatte nicht wieder aufflammt, die damals war. Wir stimmen ab, daß [der] **Unabhängige Frauenverband** und [der] **FDGB** sofort an den Runden Tisch gebeten werden.

Ziegler (Co-Moderator): Wir schlagen vor: einzeln.

Ducke (Moderator): Ach, das war nur auf die Reihenfolge bezogen. Gut. Die erste Frage wäre dann, bitte: Unabhängiger Frauenverband. Ich bitte um die Stimme, wer dafür ist, daß sie zugelassen werden. – Ich stelle Einstimmigkeit fest. –

[Beifall]

– Und ich erweitere FDGB, **Zulassung des FDGB**. – Jetzt müssen wir natürlich noch klären, ob Sie an den weiteren Abstimmungen schon teilnehmen dürfen. Das kommt gleich. Bitte die Zustimmung oder Ablehnung des FDGB. Wer dafür ist, daß der FDGB wie am 7. Dezember teilnimmt, den bitte ich um das Handzeichen. – Ich stelle fest – –

Jordan (GP): –, wenn keine Parteizugehörigkeit!

Ducke (Moderator): – Dies steht fest: Bitte, wir haben das mitgeteilt, daß **keine Parteizugehörigkeit** bestehen darf. Muß ich das jetzt fragen?

Frau Röth (UFV): Mein Name ist Uta Röth, und ich bin parteilos.

Ducke (Moderator): Danke.

Frau Schmitt (UFV): Ich war schon das letzte Mal parteilos.

[Heiterkeit]

Ducke (Moderator): Das kann sich ja ändern, auch innerhalb einer Woche.
Darf ich die Frage für den FDGB – Hatten wir – Einstimmig. Darf ich Mitglieder oder die Vertreter des FDGB unter diesen Konditionen an den Tisch bitten? Hatten wir abgestimmt? – Wir hatten nicht gezählt. Dann bitte ich erst einmal um die Abstimmung: Wer dafür ist, daß der FDGB teilnimmt, bitte ich um das Handzeichen. – Ich stelle fest: Einstimmigkeit. Wer ist dagegen? – Wer enthält sich? – Niemand. Darf ich die Mitglieder bitten?
Herr de Maizière.

de Maizière (CDU): Bei den Vorentscheidungen, die wir ja einzeln abstimmen wollen, wäre es möglich, einfach aus Zeitgründen zugleich zu entscheiden **Beobachterstatus** ja/nein, sonst machen wir nämlich das ganze Karussell noch einmal.

Ducke (Moderator): Das müßten Sie zum Verständnis noch einmal erläutern.

de Maizière (CDU): Also, wenn wir jetzt beispielsweise entschließen sollten: DFD nein, Beobachter ja. Oder wollen wir sagen, jeder, über den wir befinden und für den das Nein gilt, hat vielleicht den Status eines Beobachters.

Ziegler (Co-Moderator): Ich frage, ob es nicht sinnvoller ist, wir stimmen nur über die Mitgliedschaft ab und nehmen dann den Vorschlag von Herrn Berghofer auf, daß alle anderen als Beobachter – die können uns doch nur helfen – –

Ducke (Moderator): Ja, zugelassen werden – –

Ziegler (Co-Moderator): – zugelassen werden.

Ducke (Moderator): Ja. Also, ich präzisiere: Wir stimmen ab über die Vollmitgliedschaft am Runden Tisch unter der Voraussetzung, daß wir dann den **Beobachterstatus** noch einmal abstimmen? Nur zur Frage, oder ist damit automatisch Beobachterstatus gegeben? – Darüber stimmen wir dann noch einmal global ab. Und jetzt nur – –
– oder Modalität, danke. Darf ich jetzt bitten – Sie haben die Liste –, daß Sie dies einmal vortragen. Einfach der Reihe nach, wie der Eingang gewesen ist.

Zwischenruf: Oder nur Tagungsmodalitäten?

Ziegler (Co-Moderator): Es ist dann zu entscheiden über den Demokratischen Frauenbund Deutschlands (DFD), letztes Mal Beobachter.

Ducke (Moderator): DFD. Wer dafür ist, daß der **DFD am Runden Tisch teilnimmt**, den bitte ich um das Handzeichen.

[Zwischenrufe]

Ducke (Moderator): Was war, noch eine Rückfrage?

Gysi (SED-PDS): Ja. Hatten Sie nicht gesagt, die neuen Anträge, die müssen noch die Gelegenheit haben, kurz Stellung zu nehmen?

Ducke (Moderator): Wollen Sie sich kurz vorstellen?

Gysi (SED-PDS): Ja, ich meine, DFD hatte sich schon vorgestellt. Das ist richtig, ja.

Henrich (NF): Die Parteienmitgliedschaft des FDGB ist geprüft worden. Kann sich auch ändern in einer Woche.

Schramm (FDGB): Also, es war draußen nicht zu verstehen. Sagen Sie es dann noch einmal?

Ducke (Moderator): Wir hatten die Entscheidung auf die Zulassung an den Runden Tisch abhängig gemacht von einer **Nichtparteizugehörigkeit** all der Gruppierungen, die hier am Runden Tisch sind.

Schramm (FDGB): Verstehe ich nicht, denn – –

Ducke (Moderator): Na ja, wir wollen darüber keine Debatte. Es ist darüber abgestimmt, und wir hatten gebeten – –

Schramm (FDGB): Wir hatten ja voriges Mal auch abgestimmt über diesen Punkt – –

Ducke (Moderator): Also, dann bitten wir Sie – –

Schramm (FDGB): Das wäre ja gleichbedeutend mit der Ausgrenzung auch der Mitglieder aus der Gewerkschaft. Wir sind ja, wir haben viele Gewerkschaften – –

Ducke (Moderator): Herr Schramm, darf ich, es ist vielleicht doch, Sie hatten alle genickt, daß Sie es verstanden haben. Vielleicht hätten wir Sie doch exakter informieren müssen. Darf ich diese Information jetzt nachholen? Ob Sie unter diesen Konditionen – darüber ist abgestimmt worden – teilnehmen möchten?

Wir geben die Möglichkeit dem Freien Deutschen Gewerkschaftsbund, sich jetzt vorzustellen.

Zwischenruf: Demokratischer Frauenbund!

Ducke (Moderator): Bitte? Ja, Demokratischer Frauenbund, ich bitte um Entschuldigung.

Frau Rohmann (DFD): Ich hatte mich das letzte Mal schon vorgestellt. Ich bin die demokratisch gewählte Vorsitzende des DFD seit dem 16. November 1989. Unsere Organisation besteht zu 70 Prozent aus parteilosen Mitgliedern. Wir haben eine Million Mitglieder, die in 18 000 Gruppen in diesem Lande arbeiten. Und diese Organisation befindet sich seit dieser Zeit, seitdem in unserem Land diese demokratische Bewegung vonstatten geht, von der Basis her in einer grundlegenden Erneuerung.

Ich bin Mitglied der SED.

Ducke (Moderator): Wir sind vor dem Dilemma, daß wir einen Beschluß gefaßt haben, der jetzt mit den vor der Tür stehenden Mitgliedern nicht zu realisieren ist.

Henrich (NF): Unter den 70 Prozent wird sich doch eine Parteilose finden.

Böhme (SDP): Ich bitte ganz herzlich darum, die Abstimmung nicht von den anwesenden Personen, sondern von der prinzipiellen Sache abhängig zu machen.

[Beifall]

Ducke (Moderator): Stimmt diesem Antrag der Runde Tisch zu?

Ullmann (DJ): Dann muß aber doch klargestellt sein: Wie halten wir es denn nun mit der **Parteimitgliedschaft?** Es kann doch nicht hier jemand zwei Organisationen vertreten, indem er FDGB und SED vertritt. Das geht doch nicht.

Ziegler (Co-Moderator): Herr Ullmann, darüber haben wir abgestimmt. Das Problem besteht jetzt nur darin, wie die neu zuzulassenden Organisationen ihren Platz besetzen. Und auch die Gewerkschaft wird doch so viel parteilose Vertreter haben, die sie hier an den Tisch setzen kann, und ebenso der Demokratische Frauenbund, der VdgB und dergleichen. Was nun abgestimmt ist, muß doch nun auch gelten.

Ducke (Moderator): Jetzt steht nur die Frage, wollen wir dies für heute aussetzen, weil es ja kaum möglich ist, daß Leute neu dazu kommen.

Zwischenrufe: Nein! Nein! Ja!

Ducke (Moderator): Ich stelle fest, daß die Teilnehmer hier per Zuruf festlegen, das soll auch schon für die Mitgliedschaft heute am Runden Tisch gelten. Wir würden also die hier vertretenen Mitglieder bitten, andere – **parteilose** – **Mitglieder** dafür zu gewinnen, auch wenn sie eine Stunde später kommen. Kann ich da mit der Zustimmung der Teilnehmer rechnen?

Zwischenrufe: Ja! Ja!

Ducke (Moderator): Danke. Ich nehme den Zuruf zur Kenntnis. Mitglieder.

Frister (FDGB): Ich müßte dazu noch etwas sagen.

Ducke (Moderator): Vielen Dank. Wir haben abgestimmt, Sie müssen es jetzt zur Kenntnis nehmen. Es füllt uns einfach die Debatte.

Also, unter diesen Konditionen bitten wir um die **Abstimmung für den DFD.** Wer dafür ist, daß der DFD unter den vom Runden Tisch festgestellten Konditionen teilnimmt, bitte ich um das Handzeichen. Bitte die Teilnehmerschaft DFD. Bitte um das Handzeichen. – 9 Stimmen. Sehe ich das richtig? – Wer ist dagegen? – 21, wenn ich richtig zähle. Wer enthält sich der Stimme? Damit ist dieser Antrag abgelehnt. Der nächste, bitte!

Ziegler (Co-Moderator): Jetzt – Die **Konsumgenossenschaften** brauchen wir nicht, weil da Beobachterstatus beantragt war.

Ducke (Moderator): Was steht jetzt an?

Ziegler (Co-Moderator): Die **Deutsche Umweltschutzpartei,** [für die] am 7. Dezember [1989] Beobachterstatus [beantragt war].

Ducke (Moderator): Herr N. N., ist der da, sich vorzustellen?

Ziegler (Co-Moderator): Die Partei vorzustellen.

Ducke (Moderator):- die Partei, ja, Entschuldigung, die Partei vorzustellen. Herr [N. N.], ist er anwesend? – Der kann es hinten nicht hören. Wir wollen Rücksicht nehmen, daß das verständlich ist.

Er ist nicht mehr anwesend. Der Nächste, damit ergibt sich das.

Ziegler (Co-Moderator): **Vereinigung der gegenseitigen Bauernhilfe.**

Ducke (Moderator): VdgB. Ist ein Mitglied da? Bitte.

Scheler (VdgB): Scheler, Erster Sekretär des Zentralvorstandes der VdgB. Unsere Organisation ist in den letzten Jahren neu entstanden, hat sich herausgebildet nach 20-jähriger Ruhe. Sie hat sich als Interessenvertreter der Genossenschaftsbauern entwickelt, hat 90 Prozent der Bauern unseres Landes in ihren Reihen. Alle Parteien sind in ihr vertreten, auch mit Funktionen. Auch neue Gruppierungen haben sich in Ortsorganisationen bereits mit Mitgliedern bei uns gezeigt. Wir sind offen für alle. Wir sind dafür, mit Stimme in diesem Gremium vertreten zu sein. Wir können jetzt im Moment keinen Vertreter – einen Parteilosen – entsenden. Wir wären aber bereit dazu.

Ducke (Moderator): Vielen Dank für diese Erklärung. Ich darf zur Abstimmung schreiten. Wer dafür ist, daß Vertreter des **VdgB** hier am Runden Tisch sitzen, den bitte ich um das Handzeichen. – Das wären 9 Stimmen dafür. Dagegen? – 16, wenn ich das richtig sehe. Wer enthält sich der Stimme? – 3 Stimmen, 4, Entschuldigung, 4 Stimmen. Da stimmt wieder etwas nicht. Wir bitten um Exaktheit. Noch einmal die Enthaltungen bitte. – 4, 5. Ja, ich bitte um ein Handzeichen, das man sehen kann. Hat sich erledigt. Damit ist der Antrag abgelehnt.

Scheler (VdgB): Dann werden die Bauern nicht mehr so ruhig bleiben, wie sie es bisher waren!

[Zwischenrufe und Pfiffe]

Ducke (Moderator): Ich darf Sie darauf hinweisen, daß wir beschlossen haben, daß Sie im Beobachterstatus teilnehmen und damit an den Beratungen auch teilnehmen unter den Konditionen. Bitte.

Ziegler (Co-Moderator): **Kulturbund.**

Ducke (Moderator): Kulturbund. Ist jemand vom Kulturbund anwesend? Dürfen wir um Ihre Meldung bitten?

Schulmeister (Kulturbund): Ja. Der Kulturbund hat 280 000 Mitglieder und ist eine Organisation zur geistigen Erneuerung der DDR. Er wurde 1945 gegründet als überparteiliche Organisation und hat in seinen Reihen bis heute Vertreter aller Parteien der DDR und vor allem viele Parteilose.

Es gibt unter der Tätigkeit des Kulturbundes verschiedene Gesellschaften: die Gesellschaft für Natur und Umwelt, die Gesellschaft für Denkmalpflege, Heimatgeschichte und andere, wobei ich sagen muß, daß sich die Gesellschaft für Natur und Heimat in den letzten Jahren vor allen Dingen durch viele Bürgerinitiativen entwickelt hat. Wir würden den Vizepräsidenten Professor Dr. Philipp nennen.

Ducke (Moderator): Vielen Dank für Ihre Worte. Ich stelle zur Abstimmung: Teilnahme des Kulturbundes. Wer dafür ist, den bitte ich um das Handzeichen. – Wir stellen fest: 6 Stimmen dafür. Wer ist dagegen? – 12, sehe ich das richtig? – Also, hier waren Unsicherheiten. Würden wir noch einmal bitten können um das genaue Handzeichen? Wer ist dagegen? – 15. Und wer enthält sich der Stimme? – 8 Enthaltungen. Damit ist auch dieser Antrag auf Vollmitgliedschaft am Runden Tisch abgelehnt.

Ziegler (Co-Moderator): **Freie Deutsche Jugend.**

Ducke (Moderator): Die Freie Deutsche Jugend. Bitte, ist ein Vertreter hier, der sich meldet?

Tuskowsky (FDJ): Frank Tuskowsky. Seit drei Wochen Erster Sekretär der Freien Deutschen Jugend. Wir vertreten gegenwärtig in unserer Organisation noch ca. eine Million Mitglieder der Freien Deutschen Jugend von 14 bis etwas über 30 Jahre.

Wir sind der Auffassung und haben uns auch in der Initiative Runder Tisch der Jugend, mit der wir mit anderen sich bildenden Verbänden und bereits bestehenden landesweiten Verbänden seit 14 Tagen in der Diskussion sind, darüber verständigt, daß an den Runden Tisch auch die Stimme der Jugend gehört, weil es um die Zukunft des Landes geht. Und wenn es um die Zukunft des Landes geht, dann geht es auch immer um den Beitrag, den die Jugend dazu leistet.

Wir sind bereit dazu, diesen Beitrag einzubringen gemeinsam mit anderen Organisationen, und nehmen auch den Beschluß an, uns hier durch parteilose Mitglieder der Freien Deutschen Jugend vertreten zu lassen.

Ducke (Moderator): Vielen Dank für die Erklärung. Wir kommen zur Abstimmung. Wer dafür ist, daß Vertreter der FDJ am Runden Tisch teilnehmen, den bitte ich um das Handzeichen. – 9 sind dafür. Wer ist dagegen? – 18 Gegenstimmen.

Ziegler (Co-Moderator): 20.

Ducke (Moderator): 20. Wer enthält sich der Stimme? – Es gibt 3 Enthaltungen.

Zwischenruf: Das kann nicht stimmen, das sind plötzlich 32 Stimmen!

Ducke (Moderator): Die beiden Frauen haben mit abgestimmt.

Zwischenruf: Aha, das ist noch nicht geklärt gewesen!

Ducke (Moderator): Ist den Teilnehmern am Runden Tisch klar, daß die schon an den Tisch Gebetenen jetzt mit abstimmen über die weiteren [Teilnehmer]?

Zwischenrufe und Unruhe: Nein, so geht das nicht! Man kann nicht auf der einen Seite ...

Ducke (Moderator): Also, ich würde dann doch den Vorschlag machen, daß wir diese Dezember-Entscheidung zurückstellen und sagen, wir stimmen über die alle einzeln ab. Aber wir hatten uns entschieden, daß wir auf den 7. Dezember [1989] zurückgehen. Dann müßten sie abstimmungsberechtigt sein.

Herr Jordan.

Jordan (GP): Wir müssen natürlich bei der Gewerkschaft die Parteizugehörigkeit überprüfen.

Ziegler (Co-Moderator): Sie haben jetzt entschieden. Aber mir scheint es doch richtig, daß die Kollegen von der Gewerkschaft dann kurz sagen können, wie das ist. Vielleicht haben sie die Möglichkeit, auch was auszuwechseln. Denn über den FDGB haben wir ja positiv abgestimmt. Vielleicht wäre es doch besser – –

Ducke (Moderator): Gut. Dann unterbrechen wir die Abstimmung über die FDJ und geben die Möglichkeit, daß der Freie Deutsche Gewerkschaftsbund sich jetzt bezüglich der Teilnahme an den Abstimmungen erklärt.

Frister (FDGB): Wir wissen, daß es natürlich demokratisch ist, sich Mehrheitsentscheidungen zu fügen, aber wir bitten die Teilnehmer des Runden Tisches, einmal zu überprüfen, zu welchen demokratischen Zwecken und Absichten sich dieser Runde Tisch zu versammeln hat, und ob es diesen Zwecken und Absichten entsprechen kann, wenn sie Vertreter der einen oder der anderen Organisationen einer Prüfung ihrer **Parteizugehörigkeit** unterziehen.

Es ist für mich keine Frage, welcher Partei ich angehöre, wenn ich gewerkschaftliche Interessenvertretungen mache. Die **Gewerkschaften** sind eine nach Parteien pluralistisch zusammengesetzte Organisation. Es wäre uns jetzt unmöglich, irgendeinen profilierten Gewerkschafter hier an den Tisch zu kriegen – oder sehr erschwert –, weil er irgendeiner Partei, entweder der NDPD, der CDU, der LDPD, der SED angehört. Sie würden uns sozusagen in ein Korsett zwingen, das mit der demokratischen Struktur unserer Gewerkschaften, die wir erheblich weiterentwickeln wollen, überhaupt nicht zu vereinbaren ist.

Also, ich bitte Sie, dieses Verfahren hinsichtlich seiner Demokratiefähigkeit doch zu überprüfen. Es wird Ihnen nicht leicht sein, der jetzigen Leitung des FDGB vorzuschreiben, welche Vertreter sie hier an den Tisch bitten darf und welche sie nicht an den Tisch schicken darf. Ich finde das in der Tat undemokratisch. Ich weiß, daß Sie natürlich befürchten, daß hier stärkere Fraktionen hinsichtlich einer Partei entstehen.

Aber Sie können ja damit rechnen und damit arbeiten, daß der FDGB seine Unabhängigkeit von Parteien in der letzten Zeit als Programmziel formuliert und heftig vertreten hat und daß er das auch weiterhin tun wird.

Ducke (Moderator): Vielen Dank für die Erklärung. Ein Antrag zur Geschäftsordnung.

de Maizière (CDU): Wir können nicht über Fragen diskutieren, die entschieden sind. Herr Ziegler hatte dort eine Möglichkeit eingeräumt, in kurzer Zeit auszuwechseln oder ähnliches – dahin geht die Frage. Über eine Entscheidung, die wir mehrheitlich beschlossen haben, können wir nicht erneut entscheiden.

Frister (FDGB): Aber ich bitte Sie, Entschuldigung, das ist eine wirklich sehr formale Auffassung. Man kann eine Entscheidung, wenn neue Argumente für diese Entscheidung vorgetragen werden, natürlich überprüfen. Das ist doch klar.

Ducke (Moderator): Vielen Dank. Es steht diese Entscheidung zur Geschäftsordnung. Hier ist noch ein Antrag zur Geschäftsordnung.

Böhme (SDP): Da das eine Live-Sendung für den Rundfunk ist, bitte ich, die Möglichkeit einer Erwiderung zu geben, damit niemand an diesem Tisch in ein falsches Demokratieverständnis gerückt wird vor der Öffentlichkeit.

Ich möchte dazu für die Opposition, wenn ich das darf, erklären: Die Opposition ist nicht dafür verantwortlich, daß die Situation in der Gewerkschaft entstanden ist, daß, wie der Vertreter des FDGB gerade erklärte, es sehr schwer sein wird, einen parteilosen Vertreter an diesen Tisch zu bitten.

Wir sind dafür, daß die Interessen der Arbeiter, der Bauern und aller Werktätigen, die in der Gewerkschaft sind und die nicht in der Gewerkschaft sind, durch die Gewerkschaft, die sich im Moment in einem wichtigen Reformierungsprozeß zu befinden scheint, vertreten wird. Aber aus der langjährigen Erfahrung der Geschichte unseres Landes müssen wir es beim Abstimmungsverhalten verhindern, daß eine **Doppelmitgliedschaft** zustande kommt.

Ich schlage deshalb vor – von der SDP, nicht getragen von der Opposition – in Wahrnehmung dieser der Verantwortung für die Werktätigen des Landes, daß heute die beiden Vertreter des FDGB teilnehmen dürfen, aber die Bedingung gestellt wird: FDGB – nur weitere Teilnahme bei Nichtmitgliedschaft in der SED.

Ducke (Moderator): Ich muß darauf zurückkommen, daß wir keine Debatte über diese getroffene Entscheidung führen wollten. Wir haben die Erklärung des FDGB zur Kenntnis genommen. Wir haben die Erklärung der SDP. Wir stehen zu der Entscheidung, die durch den Geschäftsordnungsantrag entstanden ist. Es gab eine Entscheidung. Ich möchte Ihnen den Vorschlag machen, nach diesen gehörten Erklärungen bei dem gefaßten Beschluß zu bleiben.

Herr Gysi zur Geschäftsordnung.

Gysi (SED-PDS): Ja. Eine kurze Bemerkung zu dem Vertreter der SDP, der gesagt hat, er darf kein Mitglied der SED sein: Also er hat eigentlich gesagt, worum es wirklich geht, nämlich nicht um alle Parteien. Aber das zweite ist, daß ich dem anderen Vorschlag zustimme, beide heute hier teilnehmen zu lassen als Ausnahme sozusagen, und dann muß der Mehrheitsbeschluß gelten. Die Argumente, die Sie nennen, sind alle vorgetragen worden. Wir sind damit nicht durchgekommen. Also haben wir uns dem hier zu beugen. Und beim nächsten Mal müssen dann eben parteilose Vertreter erscheinen.

Ducke (Moderator): Darf ich deswegen jetzt die Vorfrage zur Entscheidung stellen? Und ich bitte dann gleich global für die eventuell noch Dazugewählten auch geltend zu machen, daß für den heutigen Tag bei der Zuwahl für die Personen, damit hier eine Arbeitsfähigkeit bestehen kann, diese Ausnahmeregelung für den FDGB auch für die anderen gilt. Erst einmal: Sind die Teilnehmer am Runden Tisch für den eben gestellten **Ausnahme-Antrag, daß die Parteizugehörigkeit für die heute [am 18. Dezember 1989] an den Runden Tisch Gewählten ausgesetzt wird?** [Antrag zur Ausnahme-Zulassung von Doppelmitgliedschaften für die 2. Sitzung des Runden Tisches]

Ich bitte jetzt um das Handzeichen. Zählt jemand? – 20. Ich bitte um Gegenstimmen. – 10. Und Enthaltungen? – 2. Damit ist der Antrag angenommen.

Scheler [VdgB]: Ich bitte um eine Richtigstellung: Bauern sind nicht in der Gewerkschaft. Die werden durch den VdgB vertreten. Das sollte man im Lande berücksichtigen, auch an diesem Runden Tisch: daß die Bauern dasselbe Recht haben wie die Arbeiter, am Runden Tisch vertreten zu sein!

Ducke (Moderator): Darf ich jetzt zu den weiteren Abstimmungen schreiten. Wir hatten unterbrochen wegen der Erklärung. Wir sind in der Abstimmung über **die Zulassung der FDJ zum Runden Tisch.** Wir haben die Vorstellung gehört. Darf ich jetzt um die Abstimmung bitten, ja?

[Als Gesamtergebnis der Beratung zum **TOP 2 „Anträge zur Teilnahme am Runden Tisch"** hält das schriftliche Ergebnisprotokoll fest:

Zulassung neuer Gruppierungen an den Runden Tisch

Die Teilnehmer des Runden Tisches ließen folgende Gruppierungen mit je zwei Vertretern als vollberechtigte Teilnehmer für den Runden Tisch zu: Freier Gewerkschaftsbund, FDGB; Grüne Liga [GL]; Unabhängiger

Frauenverband [UFV]; Vereinigung der gegenseitigen Bauernhilfe, VdgB.

Im Beobachterstatus wurden zugelassen: Demokratischer Frauenbund Deutschland, DFD; Freie Deutsche Jugend, FDJ; Katholische Laienbewegung; Kulturbund der DDR, KB; Verband der Konsumgenossenschaften der DDR.

In den zugelassenen neuen Gruppierungen zur vollen Teilnahme am Runden Tisch dürfen nur Parteilose vertreten sein.

Außerdem erfolgte die Zulassung des Leiters der Rechtsabteilung des Ministerrates, Dr. Klaus Mehnert, als Beobachter der Regierung.]

[Lücke in der Aufnahme]

Ducke (Moderator): Deswegen stellt sich die Frage: Gehen Teilnehmer dorthin [Einladung zu einer Veranstaltung von Adass Jsroel], oder beschließen wir heute im Hinblick auch auf die Fülle der noch zu behandelnden Themen, aber auch der notwendigen Ausschußarbeit bis zum nächsten Mal, daß es für uns ein Anlaß sein könnte, zu diesem Zeitpunkt die Runde für heute zu beschließen und in den Ausschüssen vorarbeiten zu lassen, damit die nächsten Sitzungen sachlich vonstatten gehen können. Das möchte ich abstimmen.

TOP 3: Lage der DDR: Beratung zur Tagesordnung

Zur **Tagesordnung** möchte ich Ihnen zum Beschluß jetzt folgendes sagen: Es liegen uns Anträge vor, die zu behandeln sind. Ich darf Herrn Ziegler vielleicht bitten, sie uns einmal genau vorzulesen. Anträge, wo ein Beschluß des Runden Tisches für heute gefordert wird.

Ziegler (Co-Moderator): Ich gehe der Reihenfolge nach in meinen Stichworten:
1. **Unterstützung der Regierung Modrow.**
2. **Besuch Bundeskanzler Kohl.**
3. **Reinigung der Justiz.**
4. **Entmilitarisierung der Gesellschaft.** – Die waren von Herrn Henrich die beiden Anträge. –
5. **Stellungnahme zur wirtschaftlichen Situation.**
6. **Überprüfung der Parteienfinanzierung.**
7. **Überprüfung des bisherigen Verhaltens des ehemaligen Ministeriums für Staatssicherheit gegenüber Gruppierungen** – in Klammern: „**Einschleusungen**" war da genannt.

Und dann will ich darauf hinweisen, saß ja auch noch in der **Einladung** [des BEK zur 2. Sitzung des Runden Tisches] eine Reihe von Punkten genannt [wurden]. Darüber müßte dann aber gesprochen[2] werden.

Ducke (Moderator): Bitte zur Geschäftsordnung.

Zwischenruf: Rumänien.

Ziegler (Co-Moderator): Richtig.

Ducke (Moderator): Vielen Dank. Danke. Entschuldigung. Noch eine Ergänzung dazu.

Stief (NDPD): Ich hatte eine **Erklärung zur Bekämpfung des Neonazismus**.

---
[2] Dokument 2/1, Anlagenband.

Ducke (Moderator): Eine Erklärung zur Bekämpfung des Neonazismus.
Herr Schult dann.

Schult (NF): Thema **Kommunalwahlen**?

Ducke (Moderator): Also, Erklärungen für heute. Sie wissen das.

Schult (NF): Ja. Ich brauche eine Erklärung zu Kommunalwahlen und eine vorbereitete Erklärung zur Arbeit der **Regierung Modrow**.

Ducke (Moderator): Was bitte?

Raspe (LDPD): Ich würde gerne in die Region Plauen einen **Appell** des Runden Tisches adressieren mit der Bitte **um Ruhe und Besonnenheit**.

Ducke (Moderator): Bitte, Herr Dörfler.

Dörfler (GP): Eine Erklärung von der Grünen Partei: **Wie kommen wir sicher über diesen Winter**, energetisch und ökologisch? Das melde ich an.

Ducke (Moderator): Das gehört zur **Wirtschaft**. Dies waren die zusätzlichen Erklärungen.
Herr Poppe, bitte, noch.

TOP 4: Bildung weiterer Arbeitsgruppen des Runden Tisches

Poppe (IFM): Die Bildung weiterer Kommissionen, in denen jetzt Sachthemen bearbeitet werden.

Ducke (Moderator): Darf ich noch einmal bitten: Dieses waren jetzt nur die Anträge, die zu Erklärungen des Runden Tisches vorliegen – damit kein Mißverständnis zustande kommt bezüglich der Berichte über die schon gebildeten **Ausschüsse** oder Kommissionen, wie wir es nennen – und Ergänzungsvorschläge.
Herr Jordan noch.

Jordan (GP): Es ist ein Antrag der Grünen Partei, die **Baukapazitäten, die bislang dem Ministerium für Staatssicherheit zur Verfügung standen**, zum einen für unbedingt notwendige Maßnahmen im **Umweltschutz** einzusetzen – wir denken da insbesondere an einen schnellen Bau der Kläranlage für Dresden und entlang der Elbe – und zum anderen auch für Maßnahmen im **Gesundheitswesen**.

Ducke (Moderator): Ich gehe davon aus, daß für alle diese jetzt vorgetragenen Anträge Formulierungsvorschläge vorliegen, die wir dann vortragen, damit wir uns nicht nur punktuell verständigen, sondern eine Vorlage da ist, über die dann wirklich abgestimmt werden kann. Das wäre der erste Punkt. Kann ich davon ausgehen, daß dieses nicht mehr ergänzt werden muß? – Danke.

Der zweite Haupttagesordnungspunkt wären dann die Berichte – wie vorgesehen – zu den schon gebildeten **Arbeitsgruppen** oder Ausschüssen. Hier würde ich noch sagen, daß wir um Ergänzung bitten müssen bezüglich der Notwendigkeit, neue Ausschüsse zu bilden zur sachlichen Begleitung dieses Runden Tisches. Liegen dazu schon Vorschläge vor?

Ziegler (Co-Moderator): Dazu muß ich dann nun bekanntgeben, daß hier noch ein **Interessenverband Demokratische Bildung und Erziehung** auf ein Thema hinweist, das wir noch nicht aufgegriffen haben, nämlich demokratische Bildung und Erziehung. Und es ist die Frage, ob das in unseren Themenkatalog aufgenommen werden kann. Darüber müßte hier befunden werden.

Ducke (Moderator): Wir notieren es dazu, ja.
Bitte, Frau Köppe.

Frau Köppe (NF): Das Neue Forum wollte sowieso die Bildung einer Arbeitsgruppe Bildungswesen des Runden Tisches vorschlagen. Das kommt zusammen.

Ducke (Moderator): Wir nehmen das zur Kenntnis, **Arbeitsgruppe Bildungswesen**.
Herr Poppe, bitte.

Poppe (IFM): Eine Arbeitsgruppe zum **Presse- und Mediengesetz**, eine Arbeitsgruppe zum Thema **Strafrecht, Strafprozeßrecht und Strafvollzug** – –

Ducke (Moderator): Herr Poppe, darf ich ganz kurz unterbrechen, nur damit wir es verstehen, ganz langsam. 1. Einen **Ausschuß** – –

Poppe (IFM): – **Presse und Mediengesetz**; 2. – **Bildung** war schon genannt, würde ich auch unterstützen wollen, dann **Strafrecht, Strafprozeßrecht, Strafvollzug**, vielleicht als einen Komplex. Dann – für ganz wichtig würde ich halten, denn mich befriedigt das nicht, was hier als – –

Ducke (Moderator): Sie müssen das nicht begründen; sagen Sie es nur!

Poppe (IFM): – einen Kontrollausschuß oder eine **Kontrollkommission, die diese zivile Auflösung des bisherigen Amtes für Nationale Sicherheit** begleitet. Im Prinzip gibt es die schon. Ich würde beantragen wollen, daß diese Kommission im Auftrag des Runden Tisches arbeitet.

Ducke (Moderator): Danke für die Ergänzungen.

Ziegler (Co-Moderator): Ja, also die Regierung ist auf unsere Forderungen eingegangen. Sie erwartet vom Runden Tisch natürlich auch eine **Stellungnahme zu dem Entwurf Bürgerinitiativen**. Das müßte irgendwie zusammengebracht werden, nicht?

Ducke (Moderator): Ich habe zu Ergänzungen der zu bildenden Arbeitsausschüsse aufgerufen.
Herr Dshunussow.

Dshunussow (IFM): Es müßte eine Arbeitskommission zur **Ausländerproblematik** gebildet werden.

Ducke (Moderator): Das steht auf dem vorgesehenen Programm. Darf ich dazu sagen: Als zweites hätte ich dann vorgeschlagen nach diesen Ausschüssen, daß auch die von uns schon vorgeschlagenen weiteren Punkte zu behandeln sind. Aber vielen Dank, wir nehmen das jetzt auf.
Herr Jordan.

Jordan (GP): Ich möchte noch einmal wiederholen den Ausschuß für den **ökologischen Umbau**.

Gehrke (VL): Wir schlagen vor: ökologischer Umbau, Mediengesetz, Ausländerfragen, einen Ausschuß, der sich mit **Frauenpolitik** beschäftigt und einen, der sich mit **Jugendpolitik, Bildung, Erziehung** beschäftigt.

Des weiteren schlagen wir vor – das ist hier in einem Antrag heute schon formuliert worden, das muß nicht ein extra Ausschuß sein –, daß aber hier eine gemeinsame Strategiebildung hinsichtlich **Neofaschismus und rechtsradikaler Tendenzen** thematisch behandelt wird.

Ducke (Moderator): Danke.
Bitte, Frau Röth.

Frau Röth (UFV): Ja, die Bildung eines Ausschusses für Frauenfragen beziehungsweise die sofortige Änderung – –

[Lücke in der Aufnahme]

Ullmann (DJ): – es in beiden Vorlagen umzugehen gedenken, die von der Regierung gekommen sind, nämlich der Information zum Entschluß der Regierung und der Ordnung über die **Bürgerkomitees**. Ich denke, daß das auf jeden Fall [behandelt werden muß], denn es ist dreiviertel Zwei.

Ducke (Moderator): Ja, ich denke wir sind einverstanden. So.

Ullmann (DJ): Es muß heute erledigt werden, beides.

Ducke (Moderator): Sind Sie mit diesem Vorschlag für das weitere Vorgehen einverstanden? Dann bitte ich jetzt um Ihr Handzeichen.

Zwischenrufe: Was für ein Vorschlag? Wofür jetzt?

Ducke (Moderator): Über diesem Vorschlag, wie ich sagte, abzustimmen hier: die Einladung, dann die Ausschüsse, Debatte, Prioritäten festlegen. Wir haben alles auf dem Tisch. Sie haben Zeit, sich darüber zu informieren, was jetzt zunächst kommt, und dann diese Anträge abzuarbeiten.

Dshunussow (IFM): Ich bitte um eine Erweiterung. Da draußen ist eine Gruppe von jungen Menschen gekommen. Sie haben bereits ihre Flugblätter verteilt. Sie sind besorgt über die Entscheidung des Ministerrates, ab 1. Januar 1990 alle Bundesbürger ohne Visum hier einreisen zu lassen und den **Mindestumtausch** zu beseitigen, und sie sind darüber besorgt, daß das die Situation im Lande verschärfen würde. Ich hätte gern als Vertreter der Initiative für Frieden und Menschenrechte von den etablierten Parteien gehört, ob diese Sorge berechtigt ist. Wie stehen Sie dazu? Und wir müßten den jungen Leuten draußen sagen, was wir darüber denken.

Ducke (Moderator): Vielen Dank. Ich bin darauf aufmerksam gemacht worden, daß die Tagungsleitung den verschiedenen, auch unterschiedlichen Wortmeldungen zu viel Raum gibt. Ich möchte aber betonen: Die Situation hier bei uns am Runden Tisch zeigt auch die Situation in unserem Land. Deswegen ist es sicher gut, wenn wir hier ausreden können, auch wenn wir dann vielleicht nicht zur Sache kommen.

Ich betrachte das als einen Antrag zur Tagesordnung. Aber nicht die Prioritätenabstimmung. Mir ging es jetzt nur darum: Können wir in der vorgeschlagenen Weise verfahren? Dann bitte ich um Abstimmung.

Es liegt die Einladung von **Adass Jsroel** vor, 17.00 Uhr, an dieser Veranstaltung teilzunehmen. Wie formulieren wir die Frage? – Ist der Runde Tisch bereit, daran teilzunehmen, diese Einladung anzunehmen? – Das müßten wir zunächst fragen. Herr Ziegler hatte uns die Einladung zu Beginn unserer Sitzung zur Kenntnis gebracht.

Henrich (NF): Ich würde vorschlagen, im Auftrag des Runden Tisches dorthin eine Delegation zu entsenden.

Ducke (Moderator): Wir sind eingeladen!

Henrich (NF): Ja, aber wir sollten doch weiterarbeiten!

Ducke (Moderator): Es steht hier jetzt der Gegenantrag, daß eine Abordnung des Runden Tisches dort hingeht.

de Maizière (CDU): Ich gebe zu bedenken, daß die 17.00-Uhr-Veranstaltung in dem Raum des Gemeindevorstandes sein soll, den ich kenne. Der ganze Runde Tisch würde außerordentliche Schwierigkeiten haben, dort Platz zu finden.

Ducke (Moderator): Bitte.

Ziegler (Co-Moderator): Ich würde vorschlagen, wenn zwei oder von mir aus drei Vertreter dort hinübergehen, um zu sagen, wir haben das gehört, ist das ausreichend. Und ich hoffe sehr, daß dann inzwischen die Erklärung der Regierung dort angekommen ist. Aber wir zeigen damit den guten Willen.

Gysi (SED-PDS): Das Problem ist folgendes, daß Herr Berghofer vor 16.30 Uhr nach Dresden fahren muß. Ich bin zu dieser Veranstaltung [von] Adass Jsroel eingeladen, weil ich damals die Erklärung mit unterzeichnet habe, und würde eigentlich ungerne nicht hingehen. Wir kommen dann hier natürlich in Schwierigkeiten, auch bei den Abstimmungen, ich muß das einmal so sagen.

Ich möchte deshalb den Vorschlag unterbreiten, daß wir zumindestens um 16.30 Uhr aufhören; daß wir bis dahin so straff wie möglich arbeiten, und zwar zu den Dingen, die jetzt, sagen wir einmal, einfach hautnah aktuell sind, wo wir uns hier so schnell wie möglich eine Meinung bilden müssen; daß wir alle anderen Vorschläge eingeben in die Arbeitsgruppen und beim nächsten Mal schon die Berichte dieser Arbeitsgruppen bekommen und uns dann auch gleich auf diese Berichte konzentrieren und nicht wieder einen halben Tag damit verbringen, wie wir sie hier anhören oder so, sondern sie einfach hören; und daß wir dann in den Sachpunkten entsprechend weiterkommen.

Also, ich muß einmal sagen, die SED-PDS ist ab 16.30 Uhr praktisch dann höchstens durch einen [Vertreter] besetzt.

Henrich (NF): Ich gebe folgendes zu bedenken. Beim nächsten Mal haben wir zehn Einladungen auf dem Tisch liegen und sind dann wieder in derselben Situation. Was machen wir dann?

Ducke (Moderator): Ich möchte abstimmen lassen. Ich glaube auch, es ist wichtig, daß damit die Freiheit gegeben wird. Ist der Runde Tisch bereit, durch eine Abordnung, die nicht genauer festgelegt werden muß, oder durch Vertreter diese Einladung von Adass Jsroel anzunehmen?

Gysi (SED-PDS): Der Kollege de Maizière und ich gehen sowieso hin. Wenn wir beauftragt würden – –

Koplanski (DBD): Das würde doch eine Abstimmung erübrigen!

Ducke (Moderator): Nein, ich würde trotzdem gern abstimmen lassen.

Ullmann (DJ): Also, ich möchte doch zum Ausdruck bringen, daß wir Wert darauf legen, auch dort vertreten zu sein.

Ducke (Moderator): Ja! Also, das machen wir jetzt. Danke, Herr Ullmann. Deswegen möchte ich doch darüber abstimmen lassen. Wer ist dafür, daß wir diese Einladung in Delegation oder in freier Möglichkeit wahrnehmen? – Die Mehrheit ist es. Gegenstimmen? – Keine Enthaltungen.

Sollen wir jetzt gleich damit über den Zeitpunkt abstimmen, daß wir sagen würden, wir beschließen 15.30 Uhr?

Ziegler (Co-Moderator): 16.30 Uhr.

Ducke (Moderator): 15.30 Uhr. 15.30 Uhr den Schluß der Debatte.

de Maizière (CDU): Zur Information: Es findet um 16.00 Uhr eine Veranstaltung statt, in der die offizielle Übergabe der Erklärung für die Einsetzung in die Rechte erfolgt. Und das zweite ist eine Gemeindeveranstaltung um 17.00 Uhr. Und ich glaube, die Einladung bezieht sich lediglich auf 17.00 Uhr, so daß die, die zu der ersteren müssen, 15.30 Uhr weg müssen, während die anderen um 16.30 Uhr weg müssen.

Ducke (Moderator): Sie plädieren für ein Ende um 15.30 Uhr. Wir haben die Konditionen gehört, die sind klar genug vorgetragen worden. Ich stelle hiermit den Antrag, daß wir die heutige Sitzung, nachdem wir die Ausschüsse festgelegt haben, die Prioritäten festgelegt haben, über die Anträge der Erklärung abgestimmt haben, 15.30 Uhr im Interesse der Wahrnehmung anderweitiger Verpflichtungen schließen. Ich muß es so fragen.

Henrich (NF): Wir haben dann bloß anderthalb Stunden Zeit für die Sachbedatte. Das kann nicht wahr sein, ja! Das kann nicht wahr sein, das ist eine Repräsentationsaufgabe. Eine Delegation, bin ich der Meinung, reicht aus.

de Maizière (CDU): Ich hatte lediglich probiert, und ich werde für mich für Ersatz sorgen ab dieser Zeit. Also, daran muß es nicht liegen. Und es wäre ja überlegbar, wenn die SED sagt, wir sind weg, ob der Verbleibende mit drei Stimmen auszustatten ist.

Henrich (NF): Also, Dr. Gysi hat mein vollstes Vertrauen, wenn er dort als die Delegation des Runden Tisches gilt.

Ducke (Moderator): Nein, Herr Henrich, es geht jetzt darum, daß die SED gesagt hat: Wir sind beide nicht mehr da. Und es geht um das Abstimmungsverhältnis. Deswegen habe ich die Frage gestellt; nicht wegen der Wahrnehmung der Einladung.

Ja, das zur Klärung, ist das verdeutlicht? – Wir müssen das jetzt so zur Kenntnis nehmen, und ich bitte wirklich, dies fair zu bedenken. Es geht jetzt nicht um die Einladung, sondern darum, daß dann Mitglieder nicht mehr aus wirklichen Verpflichtungen, nicht Repräsentationsverpflichtungen, abwesend sein müssen. Darf ich deswegen noch einmal bitten, daß wir uns darauf verständigen, daß wir 15.30 Uhr mit Abstimmungsdebatten enden müssen. Sonst tun wir anderen Leuten weh.

Zwischenruf: Das ist lächerlich!

Frau Köppe (NF): Dann können wir diesen Runden Tisch grundsätzlich beenden, wenn wir jetzt nicht zu Sachfragen kommen heute.

Ducke (Moderator): Ja, aber das bedeutet schlicht, daß wir jetzt zur Kenntnis nehmen müssen, daß einige nicht da sein können und wir fairerweise auch sagen müssen, daß – –

Gysi (SED-PDS): – Also, Entschuldigung, wir können ja nur weitermachen, wenn wir uns darauf einigen – ich muß es einmal so sagen –, daß er drei Stimmen hat, ja?

[Unruhe]

Ducke (Moderator): Sind Sie wirklich denn alle der Meinung, daß das – –

Berghofer (SED-PDS): – Ich bitte um Verständnis, ich habe eine Repräsentationspflicht. Ich trage heute und morgen eine schwere Verantwortung für das Land.

Ducke (Moderator): Ich gebe Ihnen zur Kenntnis, daß wir jetzt nicht den Schluß der Debatte beschließen müssen, wenn dieser Vorschlag über die Delegierung der Stimmen möglich ist. Kann ich davon ausgehen? – Die Mehrheit, oder? – Ich lasse doch lieber abstimmen.

Ich bitte um Handzeichen, wer für diesen Vorschlag ist, daß wir noch nicht den Schluß jetzt beschließen müssen, weil wir die Möglichkeit einsehen, daß die Stimme an andere Teilnehmer der Fraktion übergeben werden kann. Ich bitte um das Handzeichen. – Das ist die Mehrheit.

Jetzt käme also als erstes, daß wir über die Tagesordnung in dieser von mir vorgeschlagenen Weise abstimmen: 1. Anträge; 2. zu den Ausschüssen; 3. insgesamt zur Arbeitsweise. Darf ich dies so vorschlagen?

Klein (VL): Noch ein Wort zur Abstimmung, vor der Abstimmung.

Ducke (Moderator): Zur Tagesordnung?

Klein (VL): Ja. Ich bin nur imstande, darüber abzustimmen, wenn ich von den hier anwesenden Vertretern der Regierungsparteien höre, ob sie dazu beitragen können, daß die heute notwendige Offenlegung der wirtschaftlichen Situation erfolgt, und ob sie Beiträge leisten zur Möglichkeit zu übersehen, welche gesetzgeberischen Schritte die **Modrow-Regierung** plant im Zusammenhang mit den schon erfolgten und den erfolgenden Besuchen aus dem Ausland. Es hängt davon ab, ob dies hier heute möglich ist oder nicht.

Böhme (SDP): Wir schließen uns dem an.

Ducke (Moderator): Ich glaube, das ist ein Beitrag zur Debatte. Das schließt nicht aus, daß wir das zum Thema machen. Das hier ist der Vorschlag. Ich könnte das nicht als Bedingung akzeptieren, daß man erst dann darüber abstimmt. Ja, das war Ihre Meinung.

Ich lasse jetzt über die **Tagesordnung** abstimmen.
 1. **Anträge** zu den verschiedenen heute noch zu beschließenden Voten.
 2. **Berichte der einzelnen Ausschüsse**, da steht das ja drin, und Ergänzungen und die **Prioritätenfestlegung** und die **Arbeitsweise.**
Wer für diese Tagesordnung ist, der hebe die Hand. – Gegenstimmen? – Enthaltungen? – Wir können so verfahren.

Darf ich jetzt um den ersten Antrag bitten? Der **Antrag zur Unterstützung [der] Regierung Modrow.** Jetzt gehen wir in dieser Reihenfolge vor, wie die Wünsche hier vorliegen, bitte schön.

TOP 5: Weiterarbeit des Runden Tisches, besonders: Zusammenarbeit mit der Regierung Modrow

Maleuda (DBD): Wir hatten die Überlegung, daß wir dazu einen gemeinsamen Standpunkt ausarbeiten. Also, sowohl die Vertreter der Parteien als auch die der Bewegungen. Das heißt, daß wir von vornherein eine übereinstimmende Formulierung erreichen.

Ducke (Moderator): Darf ich noch eben fragen: Liegt ein solcher Formulierungsvorschlag vor?

Maleuda (DBD): Er liegt noch nicht endgültig vor. [Siehe unten als Vorschlag aus dem Lager der „Regierungsparteien" eingebracht als Erklärung der NPDP die **Vorlage 2/3**]

Ducke (Moderator): Sie würden ihn aber bringen dann, könnten wir in der Tagesordnung weitergehen?

Maleuda (DBD): Ja. Ich wollte gerne, daß wir das gemeinsam machen.

Ducke (Moderator): Gut. Aber es müßte doch etwas vorliegen. Ich würde Sie doch bitten, daß ein Vorschlag zur Debatte vorliegt.

Schult (NF): Es liegt hier ein Gegenvorschlag vom Neuen Forum vor zur **Arbeitsweise und Situation des Runden Tisches.** Ich lasse das hier einmal herumgehen, damit dann jeder auch mitlesen kann, und lese den inzwischen vor.

Ducke (Moderator): Darf ich nur inzwischen, da wir jetzt mit der Tagesordnung fertig sind und ein neuer Tagesordnungspunkt beginnt, nämlich die Diskussion der Tagesordnung mitteilen: Die Gesprächsleitung wird ab jetzt Herr Lange übernehmen.

Schult (NF):

[Vorlage 2/2, Erklärung NF:] Standpunkte des Neuen Forums für den Runden Tisch am 18. Dezember 1989

Da die jetzige Regierung in keiner Weise durch die Gesellschaft legitimiert wurde, muß sie zu einer Übergangsregierung erklärt werden. Eine Übergangsregierung ist nicht berechtigt, das Land vor vollendete Tatsachen zu stellen. Die Regierung mißbraucht die Unorganisiertheit der Opposition, um ohne Kontrolle ihre Ziele durchzusetzen. Wir werden in viele verschiedene Ministerien und Ausschüsse eingeladen. Damit werden unsere Kräfte zersplittert.

1. Wir fordern ein Kontroll- und Vetorecht des Runden Tisches.

2. Die vor der Volkskammer mehrfach versprochene Offenlegung der wirtschaftlichen, finanziellen und Devisensituation muß umgehend erfolgen. Das Neue Forum hat dies in einer Erklärung vom 13.11.89 bereits gefordert, ohne bisher eine Antwort zu erhalten.

3. Die Regierung muß endlich ihr Versprechen erfüllen, die in Vorbereitung befindlichen Gesetzesentwürfe zum Beispiel über den Schutz von Auslandskapital, mit den gesellschaftlichen Kräften zu diskutieren.

4. Wir fordern, daß keine Gespräche mehr unter vier Augen stattfinden und die Einsichtnahme in die Gesprächsprotokolle der Regierung mit Späth, Seiters und Haussmann.

5. Wir fordern Aufklärung über den Inhalt der Gespräche mit dem Internationalen Währungsfonds.

6. Wir fordern, daß an den Gesprächen mit Kohl Vertreter der Oppositionskräfte teilnehmen. Beschlüsse und Festlegungen müssen mit der Opposition abgestimmt werden.

7. Wir fordern, daß die Auswirkungen der Einstellung des Zwangsumtausches auf die Devisenlage der DDR bekanntgegeben wird. Gibt es flankierende Maßnahmen für unsere eigene Wirtschafts- und Währungsstabilität sowie für die politischen und sozialen Folgen? Ich möchte das erweitern durch den Antrag, daß der Runde Tisch beschließen möge, diese Aufhebung des Zwangsumtausches zu stornieren.

8. Wir fordern eine Klarstellung der Regierung über die Befugnisse der Generaldirektoren und Betriebsleiter und über die Rechte der Belegschaften. Will die Regierung sich durch wildwüchsige Verhandlungen der Betriebsleiter mit westlichen Firmen an den Gerüchten über den Ausverkauf der DDR selbst beteiligen?

9. Wir fordern deshalb die Kontrolle der Regierung Modrow durch die Teilnahme von Vertretern der Oppositionskräfte an den Sitzungen des Ministerrates.

Lange (Moderator): Vielen Dank.
Diese Erklärung ist nicht ausreichend vorhanden. Ich denke, es ist möglich, daß wir noch einige Kopien bekommen. Wer möchte sich dazu äußern?

Schult (NF): Dann muß das noch einmal vervielfältigt werden, so ungefähr dreißig mal.

Lange (Moderator): Wer meldet sich dazu zu Wort?
Herr Gutzeit, Herr Ullmann, Herr Maleuda.

Gutzeit (SDP): Ich halte diese Stornierung der Aufgabe des **Zwangsumtausches** nicht für akzeptabel. Ich denke, daß hier die Öffnung doch ein wichtiger Schritt war; und daß wir da wieder in alte Zeiten zurück wollen, finde ich einfach nicht verständlich.

Lange (Moderator): Herr Ullmann.

Ullmann (DJ): Ich muß sagen, ich kann jetzt zu dem ganzen Inhalt des Vorschlages des Neuen Forums nicht Stellung nehmen. Er enthält sehr viele und sehr schwerwiegende Vorschläge, die ich mir sehr genau überlegen müßte.
Ich möchte aber zu einem Punkt Stellung nehmen. Wenn hier aufgefordert wird zur **Unterstützung der Regierung Modrow**, so halte ich das für im Prinzip berechtigt, im Interesse der Stabilität und der Sicherheit in unserem Lande. Ich sehe mich aber außerstande, einem solchen Antrag nachzukommen, ehe geklärt ist, wie es die Regierung Modrow mit der Offenlegung der **Wirtschaftslage** unseres Landes zu halten gedenkt, und vor allen Dingen, wie sie zu handeln gedenkt hinsichtlich der Kontrolle über **Devisen** und den Umgang mit Devisen in unserem Lande.
Der Hintergrund dieser meiner Forderung ist das Verfahren, das gegenüber der Untersuchungskommission angewandt worden ist, die von Regierung und Gruppen genau zu diesem Fall, zu diesem Thema gegründet worden ist. Es ist auch im „Neuen Deutschland" vom 5. Dezember [1989] darüber informiert worden, daß hier Amtsmißbrauch und Korruption schonungslos aufzudecken sei. Am 7. Dezember aber hat die Regierung die Zusammenarbeit mit dieser Kommission nach meinen Informationen eingestellt unter Hinweis auf Artikel 5 der Verfassung.
Angesichts dieser Situation – muß ich leider sagen –, ist ein solcher Antrag für mich nicht zu behandeln. Ich bitte um Klarstellung dieser Sachlage, und ich wäre bereit, hier ein Mitglied der Kommission einzuladen zum Vortrag vor dem Runden Tisch.

Lange (Moderator): Bitte, Herr Maleuda.

Maleuda (DBD): Also, ich möchte doch zu diesen Vorschlägen etwas sagen: Wenn man den Zeitraum bis zum **6. Mai** [1990] nimmt, ist das sicher ein begrenzter Zeitraum für eine Regierung. Ob man sie als **Übergangsregierung** charakterisiert, das ist sicher eine Auffassungssache, aber ich empfinde die Feststellung „da die jetzige Regierung in keiner Weise durch die Gesellschaft legitimiert wurde" doch als eine recht anmaßende Feststellung. Ich glaube, wir bewegen uns hier dann mit einer Charakterisierung der Teilnehmer am Runden Tisch genau in die falsche Richtung.
Das, was meiner Auffassung nach von Ihrer Seite aus berechtigt aufgeworfen wird, das muß [man] sachkundig und sachlich prinzipiell von seiten der Regierung abarbeiten. Dafür sind wir auch. Aber ich glaube, genau so gut muß man doch davon ausgehen, daß diese Regierung in Verantwortung steht bis zum 6. Mai [1990], in großer Verantwortung, und eigentlich täglich die **Unterstützung** der gesellschaftlichen Kräfte notwendig hat, um die volkswirtschaftlichen Aufgaben, die Produktion, die Versorgung im Bereich der Dienstleistungen, ja, ich möchte sagen, überhaupt täglich die **Wirtschaft** in der Deutschen Demokratischen Republik zu sichern. Sonst kommen wir meiner Auffassung nach an den Punkt heran, wo wir zu einer weiteren Destabilisierung der Lage beitragen. Und das muß ich von unserer Warte aus hier ablehnen.

Lange (Moderator): Es haben sich gemeldet Herr Poppe, Herr de Maizière, Herr Henrich, Herr Gehrke, Herr Schult, Herr Klein, Herr Böhme.
Als nächster Herr Poppe, bitte.

Poppe (IFM): Ich möchte noch einmal an das beim letzten Mal hier formulierte **Selbstverständnis** des Runden Tisches erinnern. Da stand, daß die Teilnehmer eine **Offenlegung** der ökologischen, wirtschaftlichen und finanziellen Situation fordern. Und da stand: Der Runde Tisch fordert von der Volkskammer und der Regierung, rechtzeitig vor wichtigen rechts-, wirtschafts- und finanzpolitischen Entscheidungen informiert und einbezogen zu werden. Dieses haben wir ja mit großer Mehrheit oder vielleicht sogar einstimmig beim letzten Mal beschlossen.
Und nun ist zum Beispiel eine Situation entstanden, die ich für äußerst wichtig halte, nämlich morgen der **Kohl-Besuch**, und hiermit ist die Frage eines unbedingten **Vertrauensvorschusses** für diesen Zeitpunkt bis zu den Wahlen **für die Regierung Modrow** gestellt. Ich denke, man kann das nicht beides voneinander trennen. Diese Tolerierung der Regierung als **Übergangsregierung**, oder wie immer man das sagt, ist gleichzeitig auch gebunden an die Akzeptanz unseres Selbstverständnisses, das wir hier formuliert haben,

und kann nicht einfach auf Dauer ein Vorschuß sein, den wir auf beliebige Weise hier vergeben.

Und deshalb noch einmal: Ehe wir eine solche Formulierung hier zur Unterstützung der Regierung zum einen und zum anderen eine Begrüßung des Kohl-Besuches – die ja so ein formaler Höflichkeitsakt bleibt – wählen, müssen wir das zunächst einmal davon abhängig machen, inwieweit hier heute von dem Regierungsvertreter berichtet werden kann, wie die Vorbereitungen dazu sind und wie weit wir hier über die wirtschaftliche Situation aufgeklärt werden können.

Lange (Moderator): Herr de Maizière.

de Maizière (CDU): Ich schließe auch an an das, was wir letztes Mal als **Selbstverständnis** beschlossen haben. Dort wurde seitens, und jetzt sage ich das so ganz bewußt – der **Oppositionsparteien** gesagt, man fühle sich selbst nicht legitimiert und wolle die Verantwortung in dem Sinne auch nicht tragen. Wer ein **Vetorecht** ausübt, muß auch für die Folgen seines Vetos einstehen, muß also auch wissen, wie er selbst die Folgen mit abtragen kann und abdecken kann.

Eins scheint doch bei uns Konsens zu sein, daß wir für die Zeit bis zum **6. Mai [1990]** versuchen müssen, zu überbrücken und zu stabilisieren. Das, was ich hier lese, ist überwiegend nicht nur destabilisierend, sondern aus der Bahn werfend. Und wenn man das nicht einzeln punktweise durchgeht, sondern meint, einen solchen Katalog in einem Rutsch durchkriegen zu können, handelt [man] unverantwortlich gegenüber dem Staat.

Außerdem müssen wir dann wirklich noch einmal den Gang ins Selbstverständnis reingehen und da, bitte schön, wie wollen wir dann, wenn wir ein Vetorecht ausüben, wenn wir ein maßgebliches **Mitspracherecht** ausüben wollen, wie wollen wir dann auch zu der Frage der **Durchsetzung** stehen?

Man kann nicht nur sagen, dies nicht, sondern möglicherweise jenes, aber der andere soll es dann durchsetzen.

Lange (Moderator): Herr Henrich.

Henrich (NF): Ich wollte noch einmal ein Wort zur Anmaßung sagen. Mir ist es peinlich, wenn ich den Präsidenten der Volkskammer darüber belehren muß, was **Legitimation** heißt und was ein Legitimationsdefizit ist.

Maleuda (DBD): Ich spreche hier als Vorsitzender der DBD.

Henrich (NF): Lassen Sie mich bitte ausreden. Es ist so: Wenn eine Regierung nicht aufgrund von freien Wahlen und demokratischen Wahlen zustande gekommen ist, und das war ja neulich auch **Konsens**, dasselbe gilt für die Volkskammer, daß sie dann nicht legitimiert ist. Das ist so. Und dies festzustellen, ist keine Anmaßung, sondern das ist einfach eine Beschreibung des Tatbestandes. Hätten wir nämlich eine legitimierte Regierung, dann bräuchten wir den Runden Tisch nicht. Den haben wir doch überhaupt nur, weil wir im Moment keine legitimierte Regierung haben. Insoweit weisen wir diesen Vorwurf zurück.

Lange (Moderator): Herr Gehrke.

Gehrke (VL): Ich würde voll inhaltlich unterstützen, was Herr Henrich eben gesagt hat.

Zur **Arbeitsfähigkeit** möchte ich folgendes sagen. Wir erleben in den letzten Tagen über Pressemitteilungen verschiedener Art, daß von der Regierung in verschiedener Hinsicht vollendete Tatsachen geschaffen werden, Tatsachen, die von langfristiger und grundsätzlicher Bedeutung sind, von einer Regierung, die in dem Sinne, wie es Herr Henrich eben sagte, eben nicht demokratisch legitimiert ist. Und genau darum handelt es sich hier beim Antrag des Neuen Forums.

Es handelt sich nicht darum, daß eine **geschäftsführende Regierung** nicht etwa die Aufgabe haben sollte, in der Zeit bis zu den **Wahlen** die notwendigen Dinge der Produktionssicherung, der Transportsicherung, der Energiesicherung, der ökologischen Sicherung und all diese Dinge zu machen. Das ist erst einmal feststehend, das bezweifelt hier, glaube ich, auf unserer Seite des Tisches niemand. Sondern es geht ausschließlich darum, daß hier Grundsatzentscheidungen gefällt werden oder beabsichtigt sind – offenbar in einer Geschwindigkeit, die diese Gesellschaft und uns auf dieser Seite des Tisches vor vollendete Tatsachen stellt und die dann nach den Wahlen nicht mehr zu korrigieren sind. Das ist also der Hintergrund eines solchen Antrages des Neuen Forums.

Und wenn hier etwas gesagt wird zu dem **Vetorecht** und der Verantwortung, dann glaube ich, genau in diesem Sinne kann ja ein Vetorecht bezüglich grundsätzlicher Entscheidungen durchaus eingelegt werden, weil damit überhaupt nicht die Frage der Arbeitsfähigkeit der Regierung in Einzeldingen beeinträchtigt ist.

Und ich möchte noch etwas sagen: In den letzten Tagen haben ja Parteitage stattgefunden, unter anderem von der CDU, und hier sind auch Äußerungen seitens der NDPD erfolgt, die doch grundsätzliche Änderungen der bisherigen Position und der gesamten tragfähigen Konstruktion dieser Regierung einschieben, also, ich sage einmal soziale oder freie **Marktwirtschaft**, wie es dann im Detail auch heißen mag.

Insofern sind doch hier offenbar grundsätzliche Verschiebungen auf Seiten der Parteien, die in dieser Regierung vertreten sind, zu beobachten. Und hier für solche grundsätzlichen Dinge dann noch Vorschub zu leisten, dafür können Sie, glaube ich, nicht den gesamten Runden Tisch noch um Vertrauen bitten. Das, glaube ich, ist wichtig festzustellen.

Lange (Moderator): Herr Schult.

Schult (NF): Herr de Maizière hat heute zum zweiten Mal schon die Grundsatzerklärung [**Vorlage 1/7c: Erklärung Runder Tisch zum Selbstverständnis des Runden Tisches**] zitiert. Er zitiert sie immer nur zur Hälfte. Denn da steht auf alle Fälle auch drin, daß er [der Runde Tisch] sich als Bestandteil der öffentlichen Kontrolle versteht. Und Kontrolle heißt für mich natürlich, auch mitzuentscheiden beziehungsweise die Sachen erst einmal auf den Tisch zu legen. Hier ist dieses Papier vom 13. November [1989], falls das noch einmal einer lesen will, da sind ähnliche **Forderungen von Offenlegung** dieser Daten gestellt worden. Und dies ist bis heute nicht erfolgt, auch seit dem 7. Dezember [1989] gab es keine Antwort darauf.

Im Gegenteil: Wir erfahren, daß also ungefähr 42 Gesetze zur Wirtschaftslage in Vorbereitung sind, ohne daß wir davon überhaupt bisher etwas zu Gesicht bekommen. Und ich finde es schon ein bißchen eigenartig, wenn die öffentliche Kontrolle die Regierung handlungsunfähig machen soll.

Also, ich denke, es gehört einfach zu einem zukünftigen Land DDR, daß die Regierung kontrolliert wird, und in dem jetzigen Zustand müssen wir hier diese Kontrolle eben mit ausüben, bevor der 6. Mai [1990] vorbei ist und dann die Geschichte schon den Bach runter ist.

Klein (VL): Ich habe hier ergänzend nach allem, was gesagt wurde, nochmals ganz deutlich die Frage zu stellen, ob angesichts der Ergebnisse der Parteitage in Bezug auf das Konzept der **Regierung Modrow** hier nicht endlich die Regierungsparteien deutlich werden.

Lange (Moderator): Herr Ullmann.

Ullmann (DJ): Also, ich bin bereit, jeden Vorschlag zu unterstützen, der in unserem Land zur Überwindung der Krise gemacht wird, so laut **Selbstverständnis** des Runden Tisches. Es ist aber eben für mich die Frage, ob der Vorschlag, der Runde Tisch möge die Regierung Modrow unterstützen, ein Vorschlag zur Überwindung der Krise ist. Ich bin bereit, diese Regierung zu tolerieren als ein loyaler Staatsbürger und jemand, der nicht an Unordnung interessiert ist.

Aber ich bin nicht bereit, die Verantwortung zu übernehmen für Regierungsentscheidungen gerade in Sachen **Wirtschaft**, die ich nicht kenne. Und die Lage ist just die, daß ich immer noch in diesem Lande mich aus dem „Spiegel" informieren lassen muß, soweit das eben möglich ist, etwa über den Umfang der Abteilung **Kommerzielle Koordinierung**. Das kann doch nicht so bleiben. Und vor allen Dingen kann es nicht so bleiben, daß mit Herrn Kohl alles mögliche abgeschlossen wird, und hinterher stehen wir dann davor.

Ich sage das auch unter dem Gesichtspunkt der weiteren Absicht, die uns hier kundgetan worden ist, wir möchten etwas erklären gegen die rechtsradikale Gefahr und **Neofaschismus**. Ich bin bereit, alles gegen diese Gefahren zu tun, bin aber nicht bereit, irgendeine Regierungspraxis zu unterstützen, die diese Gefahren eher fördert, indem sie Ängste bei der Bevölkerung auslöst, Ängste davor, daß unser Land mit umgetauschtem **DDR-Geld** überschwemmt wird und dergleichen mehr. Das muß doch klargestellt sein.

Und die **Ängste der Bevölkerung** sind der Nährboden des Rechtsradikalismus und der neofaschistischen Strömungen. Dieser Nährboden muß ausgetrocknet werden. Und er kann nur ausgetrocknet werden durch eine wirkliche **Offenlegung unserer wirtschaftlichen Situation**. Und daran fehlt es nach wie vor.

Lange (Moderator): Wir haben jetzt noch folgende Wortmeldungen und ich würde Ihnen vorschlagen, daß wir diese Liste dann erst einmal abschließen, um zu überlegen, wie damit weiter zu verfahren ist.

Es haben sich gemeldet Herr Böhme, Herr Holland, Herr Gysi und Frau Poppe.

Böhme (SDP): Die SDP ist prinzipiell auch für die Loyalität gegenüber der **Regierung Modrow** und ist bereit, ihre Autorität zu stärken bis zum 6. Mai [1990]. Wir fühlen uns außerstande und sehen uns außerstande, überhaupt eine komplexe, eine pauschale Zustimmungserklärung in irgendeiner Art und Weise zu geben. Wir sind der Auffassung, daß im Detail zu jedem einzelnen Bereich erst die **Offenlegungen** auf den Tisch müssen und dazu eine Verfahrensweise im Umgang mit der Situation und die Maßnahmen dargestellt werden müssen, und nur im Detail zu den einzelnen Bereichen sind wir in der Lage, uns dann zustimmend oder ablehnend zu erklären.

Ich verweise hier auf den letzten Punkt der Neuen Forum-Erklärung zur Situation unserer Regierung Modrow, den ich besonders unterstreichen möchte. Die Opposition wird sogar bereit sein, sich in der Regierung zu zeigen, um ihre Autorität zu stärken, um das Vertrauen zu erhöhen. Sie wird aber erst dann dazu bereit sein, wenn die Regierung Modrow alles Erforderliche zur Offenlegung tut.

Lange (Moderator): Herr Holland.

Holland (LDPD): Also, ich trete dafür ein, daß wir für die Stabilität unserer Regierung sind. Die Regierung hat es schwer genug.

Zwischenrufe: Ihre Regierung!

Holland (LDPD): – Das kann ja sein, daß es unsere Regierung ist, aber es ist nun einmal unsere Regierung. Und infolgedessen – –

[Unruhe]

Lange (Moderator): Einen Moment, lassen Sie bitte aussprechen!
Herr Holland hat das Wort.

Holland (LDPD): – und infolgedessen bin ich dafür, daß wir ihr die Möglichkeit geben, bis zum 6. Mai [1990] unter Loyalität der einen und unter Unterstützung der anderen Bürger zu arbeiten. Daß dabei eine Kontrolle, auch eine **öffentliche Kontrolle** notwendig ist, ist völlig zu akzeptieren. Und ich denke, die Regierung stellt sich auch dieser Sache. Wenn nicht, müssen wir darauf auch stärker Einfluß nehmen. Aber das, was hier von Herrn Henrich vorgetragen wurde über die **Legitimation**, bedeutet ja, wenn man dann alles durchdenkt, daß wir 40 Jahre lang keine legitime Regierung hatten – –

Zwischenrufe: Richtig! Richtig! Stimmt ja, richtig!

[Zustimmung]

Lange (Moderator): Herr Holland hat immer noch das Wort!

Holland (LDPD): – Genau das wollte ich jetzt von Ihnen hören. Und deshalb stelle ich einfach die Frage, warum Sie das nicht vor 40 oder vor 30 oder 20 Jahren gefragt haben.

Henrich (NF): Ich habe es ein bißchen früher gesagt: vor dem 40. Jahrestag.

Holland (LDPD): Ich stelle einfach die Frage, und hier geht es jetzt darum – –

Henrich (NF): – können Sie ja stellen! Ich bin bereit, sie zu beantworten!

Lange (Moderator): Darf ich jetzt bitten, daß wir Herrn Holland erst einmal aussprechen lassen!

Holland (LDPD): – Mir geht es jetzt darum, daß wir dieser Regierung die Möglichkeit geben, die schwierige Situation in der Wirtschaft und den Winter zu überwinden – –

Zwischenrufe: Ja, einverstanden.

Holland (LDPD): – Und das müssen wir packen. Und da können wir nicht über eine Kontrolle hinausgehen, denn das **Vetorecht** ist eine Unmöglichkeit, das geht überhaupt nicht.

Es ist international üblich, daß Regierungsmitglieder oder Präsidenten oder Bundeskanzler oder Ministerpräsidenten Gespräche unter vier Augen führen. Das geschieht überall in der Welt. Also auch bei uns, wir gehören zu dieser Welt.

Ganz etwas anderes ist es, ob **Gesetzentwürfe** vorgelegt werden sollen. Und da bitte ich einfach um folgendes: Ich kenne ja den **Gesetzgebungsplan der Regierung,** der zur Zeit vierzig Gesetzentwürfe genereller Art beinhaltet und vier oder fünf zur **Wirtschaft.** Ich bedauere das selbst, daß es nicht mehr sind zur Wirtschaft.

Nur eins will ich doch einmal ehrlich sagen: Ein Gesetzgebungswerk in diesem Umfang erfordert in allen europäischen Ländern nicht einen Zeitraum von Dezember bis Mai, sondern einen Zeitraum von vier bis fünf Jahren. Und wir sollten deshalb wirklich bei all dem, was vorgetragen worden ist, das anpacken, was jetzt dringend bis zum 6. Mai [1990] notwendig ist, und dann mit einer neuen **Verfassung** bis zum weiteren Zeitpunkt kommen.

Ich wäre aber sehr dafür, daß man diesen Punkt 7, der hier in dem Standpunkt **[Vorlage 2/2]** vom Neuen Forum enthalten ist, nämlich die Auswirkungen der Einstellung des **Zwangsumtausches** auf die Devisenlage der DDR, bekanntgibt oder flankierende Maßnahmen hierfür macht. Das sind echte Ängste unserer Bürger, die ich teile. Und bei aller Freude, die wir als Bürger hatten, als wir in den Westen reisen konnten, bei aller Freude, die im umgekehrten Reiseverhältnis ist, gibt es bei uns aber berechtigte **Ängste.**

Ich will das deutlich sagen: Ich sehe das so, daß wir in die Situation kommen wie vor dem 13. August [1961], daß wir sozusagen ökonomisch ausgenommen werden können.

Ob das passiert, ist eine andere Frage. Und in der Erklärung, die wir vorliegen haben für das Gespräch in Dresden als Stellungnahme des Runden Tisches, ist fast ausschließlich zur politischen und zur Friedensorientierung Stellung genommen worden, und es ist wenig zu Fragen der **Wirtschaft** enthalten. Die sind nur abstrakt angeschnitten worden.

Wenn wir hier appellieren an unseren Ministerpräsidenten, Gespräche in diese Richtung aufzunehmen, dann sollte man diesen Satz konkret mit aufnehmen, weil meiner Ansicht nach das eine echte Rolle spielen muß bei den Gesprächen zwischen unserem Vorsitzenden des Ministerrats, **Modrow,** und dem Bundeskanzler **Kohl.** Das sind echte Probleme und zugleich auch Ängste unserer Bürger, die aus der Welt geschafft werden müssen.

Lange (Moderator): Herr Gysi.

Gysi (SED-PDS): Ich glaube, daß sich jeder überlegen muß, was er eigentlich will, also welches Ziel er verfolgt. Ich stimme zu, daß man eine globale **Unterstützungserklärung** so nicht abgeben kann. Man sollte aber auch über das nicht hinausgehen, was wir hier das letzte Mal vereinbart haben. Wenn man das jetzt zusätzlich belastet, wieder mit immer weitergehenden Forderungen, dann glaube ich, kommen wir hier nicht weiter.

Die Unterstützung des Runden Tisches kann meines Erachtens nur so aussehen, daß wir erklären: Wenn die Regierung bereit ist, auf die in unserer letzten Erklärung enthaltenen Forderungen einzugehen, sind wir bereit, ihr auch die notwendige Unterstützung zur Erhaltung der Stabilität in unserem Land zu gewährleisten.

Und dann machen wir das sozusagen wie eine Art Angebot, wenn sie die wirtschaftliche, finanzielle und so weiter Situation offenlegt, wie wir das gesagt haben, uns auch in gewisser Hinsicht als Kontrollorgan begreift, dann sind wir auch bereit, ihr die Unterstützung zu geben, die für die Stabilität des Landes erforderlich ist, nämlich daß sie bis zum 6. Mai [1990] regieren kann.

Und ich glaube, darauf könnte man sich verständigen, und damit würde beiden Gesichtspunkten Rechnung getragen werden. Die **Stabilität** dieses Landes muß uns einfach am Herzen liegen. Wenn wir jetzt anfangen, hier mit solchen Punkten also, erst einmal soll die Regierung feststellen, daß sie gar keine ist, das ist natürlich nur destabilisierend. Das kann man einfach ausklammern als Fakt.

Wir haben gesagt, was wir von ihr wollen, nämlich eine **Offenlegung** von – – und dann sind wir auch bereit, ihr die Unterstützung eben zu geben, die sie benötigt, um zu regieren. Und damit ist meines Erachtens das Thema erledigt.

Wenn wir jetzt lauter Bekenntnisse verlangen, der eine soll sagen, er ist nicht legitim, dann sagen die: Na, wieso sind denn die Oppositionsgruppen – – Wer hat denn die legitimiert? Was bringt uns denn das?

– Jetzt sind wir ein Runder Tisch, und wir haben eine Regierung. Und beide Seiten müssen zusammenarbeiten. Und dafür gibt es Konditionen. Kondition ist **Offenheit.** Kondition ist zu begreifen als auch eine Art **Kontrolle,** und Kondition ist, daß wir dann natürlich auch bereit sind, die Regierung in dem Maße zu unterstützen, daß hier Stabilität in diesem Lande herrscht.

Also, ich finde, mehr wird nicht dabei herauskommen, und das wäre schon eine ganze Menge.

Wir haben es beim letzten Mal formuliert, und bei dieser Formulierung sollten wir auch bleiben. Und diese Frage zum Beispiel hier zu Ziffer 7 [der **Vorlage 2/2**]. Das ist eben eine ganz konkrete Geschichte, das kann nicht in so eine Erklärung rein, sondern darüber müssen wir uns natürlich ganz konkret unterhalten, weil es mich auch sehr bewegt.

Das ist ja sehr schön, wenn die SDP sagt, das hat etwas mit **Freiheit** und so weiter zu tun. Mag alles sein, bloß die Konditionen dafür müssen doch klar sein. Es kann doch nicht zu Lasten einseitig der DDR-Bevölkerung gehen. Und insofern, meine ich zum Beispiel, wenn ich das gehört habe, was hier die Prenzlauer Berger gesagt haben: Also entweder es gibt dazu dann ganz klare Vereinbarungen, die das verhindern – – Und wenn die nicht herauskommen, dann wäre ich auch für eine Verschiebung.

Daraus ergibt sich für mich die nächste Forderung, die dem hier entspricht, nämlich wir sollten darum bitten, das ist mir jetzt klargeworden, diesen Runden Tisch am Mittwoch fortzusetzen und wir sollten – Mittwoch sind die Verhandlungen zu Ende, nicht? – wir sollten den Ministerpräsidenten nach seinen Gesprächen mit dem Bundeskanzler darum bitten, hierher zu uns zu kommen, das zu machen, was wir in unserer Erklärung gesagt haben, uns auch zu dieser Ziffer 7 zu sagen, wie die Regierung dazu steht – oder meinetwegen auch ein von ihm **Beauftragter.** Also es muß nicht unbedingt seine Person direkt sein, weil ich ja über seinen Terminkalender hier nicht entscheiden kann, aber vielleicht sogar am Abend, nicht am Morgen, damit das mit den Zeiten geht, denn viele haben natürlich schon Termine für diesen Mittwoch, daß wir uns hier möglichst schnell verständigen. Wann kommt dann schon der französische Präsident?

[Unruhe]

Machen wir es am Donnerstag zum Beispiel. Das wäre mein Vorschlag, daß wir uns dann hier wieder zusammenfinden, noch einmal, daß wir das hören, die Ergebnisse dieser Verhandlungen, und daß wir bei unserer letzten Erklärung bleiben, und wenn uns das zuteil wird, was wir dort erklärt haben, sind wir auch bereit, in diesem Rahmen die Regierung zu unterstützen oder **Loyalität zu zeigen zur Erhaltung der Stabilität.**

Das andere zum Beispiel mit den vier Augen, das entscheidet doch auch einfach die andere Seite, das entscheidet man doch nicht alleine. Diese Einzelpunkte, da werden wir uns hier nie einig, aber das wäre doch einfach wichtig, daß wir hier informiert werden, so wie wir es das letzte Mal beschlossen haben.

Lange (Moderator): Frau Poppe, Herr Schnur, Frau Köppe, Herr de Maizière, Herr Böhme, Herr Klein.

Frau Poppe (DJ): Ich denke auch, daß Glaubwürdigkeit nicht wie ein Kredit verliehen werden kann, sondern daß sie errungen werden muß, und ich weiß nicht, ob die Vertreter der **alten Parteien** in der Öffentlichkeit nach ihrer Rolle am Runden Tisch befragt werden und in welchem Ausmaß. Wir aber werden das ständig.

Die meisten Fragen beziehen sich auf die große Verunsicherung bezüglich unserer wirtschaftlichen Situation. Und ich denke, da sollten wir also uns in dieser Verpflichtung fühlen, und unser Vorschlag ging dahingehend, daß wir zur nächsten Runden-Tisch-Runde Frau **[Christa] Luft** [Stellvertreterin des Ministerpräsidenten für Wirtschaft] einladen und sie bitten, also einmal genau Auskunft zu geben über den Zustand dieser **Wirtschaft**, der **Ökologie** und auch über die beabsichtigten nächsten Schritte.

Das erwartet man von uns.

[Beifall]

Lange (Moderator): Herr Schnur.

Schnur (DA): Ich sehe mich nicht in der Lage, jetzt hier eine Erklärung oder Unterstützung mitzuteilen oder zu erklären, denn ich glaube, daß das doch insgesamt gegenwärtig keine Hilfe darstellt. Sondern ich glaube, die Frage, die beantwortet werden muß [lautet]: Ist die **Arbeitsfähigkeit dieser Regierung** gegeben?

Und das zweite ist wieder differenziert sachbezogen, daß konkrete Arbeitsschritte von diesem Runden Tisch in der weiteren Folge nämlich begleitet werden können, damit zum Beispiel kurzfristige Entscheidungen zur Sicherung, sagen wir einmal der Lebensinteressen der Menschen, im Land möglich sind.

Aber ich denke, wo es um grundsätzliche Entscheidungen geht, die ja hier mehrfach angesprochen worden sind, sollte dann wirklich in einem bestimmten Entscheidungsrahmen doch mit beraten und diskutiert werden können, weil eben tatsächlich die Sorgen und **Ängste** da stehen.

Ich kann das insofern nicht ganz verstehen, denn ich meine, wenn eine Zusage der Bundesregierung gegeben wird, am 1. Januar 1990 den **visafreien Verkehr** auch aus dem Westen in die DDR kommen zu lassen, mußte man natürlich Fragen der bestehenden Infrastruktur, der Geldwirtschaft mit berücksichtigen, die ja für unser Leben und für unsere Lebensinteressen da sind. Ich glaube, das darf man doch jetzt hier nicht so abtun.

Und deshalb würde ich es nicht nur für wichtig halten, daß Informationen hierherkommen, sondern ich glaube, das ist doch viel entscheidender: Wie wehren wir mögliche Gefahren ab 1. Januar 1990 ab?

Denn immerhin ist es so, daß täglich noch fast 2 000 Menschen die DDR verlassen, und dies ist doch dann insgesamt allen egal, wie es um Positionen oder um die Oppositionsparteien der Regierung steht. Wir werden einfach dann erleben, daß wir einfach keine Menschen mehr zur Verfügung haben.

Lange (Moderator): Frau Köppe.

Frau Köppe (NF): Wir können von hier aus nicht erklären, daß wir diese **geschäftsführende Regierung** unterstützen, wenn wir nicht wissen, was für Geschäfte diese Regierung führt. So lange uns diese Geschäfte nicht bekannt sind, können wir auch nicht über Unterstützung entscheiden. Wir fordern seit Wochen diese **Offenlegung**, und die Fakten sind bis heute nicht auf dem Tisch. Es entsteht der Eindruck: Entweder können die Verantwortlichen die Fakten nicht auf den Tisch legen, weil sie keinen Durchblick mehr haben, oder sie wollen es tatsächlich nicht.

Ich stimme dem Vorschlag zu, daß zur nächsten Sitzung Frau Luft hierher kommt und Rechenschaft ablegt, weil ich tatsächlich glaube, daß solche Beratungen zur wirtschaftlichen Situation ohne Frau Luft in einem luftleeren Raum hier stattfinden.

Lange (Moderator): Herr de Maizière.

de Maizière (CDU): Eine erste Vorbemerkung. Vom letzten Runden Tisch habe ich mitgenommen, daß im Laufe unserer Gespräche, immerhin elf Stunden, die Hörfähigkeit und Sachlichkeit des Umgangs miteinander gewachsen ist. Die Tendenz ist heute gegenläufig, will ich so sagen.

Zweite Frage ist: Für mich steht Ziffer 1 dieses Forumpapiers quasi als *conditio sine qua non*, und alles andere steht danach und beinhaltet Einzelpunkte. Da müßte man natürlich erst einmal sehen, wie es dort gesehen wird. Dann müßte ich sagen, dann ist dies eine Entmündigung und Destabilisierung. Mit einem Vetorecht ist eine Regierung nicht mehr in der Lage, mit wem auch immer, ob mit **Herrn Kohl** oder mit welcher Regierung anderer Staaten, überhaupt zu verhandeln. Und das ist das Ende, so sehe ich das. Und dann mag die Opposition die Verantwortung übernehmen, wenn sie meint, sie tragen zu können.

Lange (Moderator): Herr Böhme.

Böhme (SDP): Ich stimme dem, was Herr de Maizière soeben sagte, prinzipiell zu. Das heißt also: Entweder in die Regierungsverantwortung oder die Verantwortung der Regierung mittragen – was dasselbe wäre – oder dagegen sein. Es ist richtig. Das ist unter normalen Verhältnissen richtig. Wir haben aber keine normalen Verhältnisse.

Zurückkommend auf die Worte von Herrn Dr. Gysi möchte ich folgendes sagen: Wenn die SDP – nicht als Vorstand, sondern in meiner Person ich selbst – erklärt habe, daß diese Regelung für die bundesrepublikanischen Bürger bereits vor dem 1. [Januar 1990] geschieht, dann deshalb, weil ich praktisch gedacht habe, nämlich in dem Sinne: Es wird sich über Weihnachten so viel anstauen auf die Silvesternacht zu, daß wir so wie am 10. November [1989] nicht wissen, was am 1. Januar [1990] stattfindet. Das muß ich dazu eindeutig erklären.

Aber ansonsten unterstütze ich die **Offenlegung** der Folgen, die sich durch eine solche Regelung ergeben könnten. Alles andere hat Ulrike Poppe besser gesagt, als ich es sagen könnte.

Lange (Moderator): Herr Klein.

Klein (VL): Die von Herrn de Maizière konstatierte Gereiztheit hier am Tisch ist doch wohl darauf zurückzuführen, daß Forderungen, die schon lange auf dem Tisch liegen, nicht eingelöst werden. Insofern Vertreter der **Regierungsparteien** in diesem Gespräch gereizt reagieren, kann für mich dabei nur die Frage auftreten, ob sie sich mitverantwortlich fühlen dafür, daß die Regierung hier nicht präsent ist. Diese Mitverantwortung kann in der Tat angefragt werden, denn es war ja beim vorigen Mal **Konsens**, daß alle Teilnehmer am Runden Tisch dazu beizutragen haben, daß er seine Aufgaben erfüllt.

Ich muß also hier nochmals – und das geht hier nicht an die Regierung, sondern an die **Regierungsparteien** – die Frage stellen, ob und wie sie zum Gelingen dieses Unternehmens Runder Tisch beitragen wollen. Ich habe bisher, auch von Herrn Maleuda, in dieser Hinsicht nur abwiegelnde Erklärungen gehört. So jedenfalls muß ich das verstehen.

Lange (Moderator): Herr Jordan.

Jordan (GP): Es könnte sein, daß nächsten Mittwoch zum Besuch des französischen Staatspräsidenten hier in der DDR auch Verträge gezeichnet werden über die Lieferung von **Kernkraftwerksanlagen**.

Die DDR baut seit ungefähr sechzehn Jahren am **Kernkraftwerk Stendal**. Heute hat wahrscheinlich keiner mehr so die rechte Übersicht, was dort gebaut wurde und wer daran baut. Und wir meinen, gerade durch Kernkraftwerksanlagen werden enorme Kapazitäten der Gesellschaft gebunden, finanziell als auch materiell, und wir meinen, auch in Anbetracht der schwierigen Situation in Stendal und auf anderen Kernkraftwerksbaustellen, müßte jetzt ein Vertrag, der also die DDR denn auch langfristig auf Kernkraftwerke festlegt, hier über den Runden Tisch gehen – daß also grundsätzliche Verträge, die also auch die Entwicklungslinie für mehrere Jahre festlegen, hier über den Runden Tisch gehen und also von uns mitentschieden werden.

Lange (Moderator): Ich habe jetzt folgende Wortmeldungen notiert: Herr Mühlmann, Herr Schmidt, Herr Schult, Herr Frister, Herr Berghofer. In dieser Reihenfolge bitte.

Mühlmann (NDPD): Ich würde für die Nationaldemokratische Partei sagen wollen, daß verschiedene Punkte hier dabei sind, die auch unseren Vorstellungen und Forderungen entsprechen, die wir in der Volkskammer formuliert haben, nämlich nach **Offenlegung der Finanzen und wirtschaftlichen Daten**.

Wir haben andere Punkte, und das ergibt sich einfach aus der Zusammenstellung verschiedenartiger Inhalte, die nicht unsere Zustimmung finden. Ich würde aber sagen, daß wir hier am Runden Tisch eigentlich Forderungen fundieren sollen, die ihren Konsens finden, die auch an diesem Tisch realisiert werden sollten. Das heißt also, wenn die Regierung an diesem Tisch offenlegt und etwas sagt und nicht anonym gegenüber gesellschaftlichen Kräften, oder – wie es hier umformuliert ist – gegenüber der Opposition oder gegenüber wem auch immer – –

Also, ich würde mich bereit erklären, an einem Dokument mitzuarbeiten, das eine Aufgabe, eine Verpflichtung des Inhalts vorsieht, daß sich die Regierung uns gegenüber erklärt, aber nicht, wie Sie sagen, außerhalb des Runden Tisches.

Und ein Zweites, was die Auswirkungen der Einstellung des Zwangsumtausches anbelangt: Wir hatten hier eine Erklärung vorbereitet in einem anderen Kontext, die auch die Sorge um die Währung der DDR zum Gegenstand hat, und hatten formuliert: „Von der Regierung werden unter den Bedingungen des erweiterten Reiseverkehrs Maßnahmen erwartet, die unsere Währung schützen und den Ausverkauf der DDR unterbinden."

Wir regen an und bitten, die Möglichkeit zu prüfen, ob wir bei dem Dokument **[Vorlage 2/3]**, das wir nach Dresden mitgeben, eventuell diese oder eine ähnliche Formulierung mit einfügen, weil ja dort ganz sicherlich diese Fragen auch zum Gesprächsgegenstand gehören. [Das hier erwähnte Dokument wurde auch später nicht vorgetragen. Es hat folgenden Wortlaut:]

[Vorlage 2/3, Erklärung NDPD: Standpunkte der „Regierungsparteien" für den Runden Tisch am 18. Dezember 1989]

Die Teilnehmer des Runden Tisches setzen sich aus Sorge um unser Land und in Verantwortungsgemeinschaft dafür ein, alles zu tun, eine kontinuierliche Produktion zu sichern, damit die Versorgung der Bevölkerung und der Volkswirtschaft zu gewährleisten und die Einhaltung eingegangener internationaler Wirtschaftsverträge zu ermöglichen.

Von der Regierung werden unter den Bedingungen des erweiterten Reiseverkehrs Maßnahmen erwartet, die unsere Währung schützen und den Ausverkauf der DDR unterbinden.

Die Teilnehmer des Runden Tisches sind der Auffassung, daß jetzt überall realistische, verläßliche Grundlagen für die Zukunft der DDR gebraucht werden. Illusionen, unrealistische Forderungskataloge und Versprechungen sind unangemessen, da sie nach den tatsächlichen wirtschaftlichen Gegebenheiten in absehbarer Zeit nicht erfüllbar sind.

Lange (Moderator): Herr Schmidt.

Schmidt (CDU): Ich habe den Eindruck, daß nicht der Unwille der Regierung, mit dem Runden Tisch zusammenzuarbeiten, Schuld ist an diesen Problemen, sondern Überlastung und die überfordernde Größe der Probleme. Und deswegen meine ich: Das ist doch ein ganz wesentlicher Punkt, von dem die Effektivität des Runden Tisches abhängend ist, ob es hier gelingt, die zweifellos vorhandenen Sachfragen so zu formulieren, daß sie nicht destruktiv wirken.

Ich glaube, daß hier das Wesentliche ist, daß der Ton destruktiv sein kann, nicht aber die Sachfragen. In dem Dokument des Neuen Forums sehe ich eine Menge Dinge, die sachlich mit der Regierung besprochen werden können und müssen, aber schon die ersten Sätze zeigen eine Gereiztheit – nicht hier nur in unserem Ton jetzt entsprechend, sondern schon in diesem Dokument –, daß es schwerfällt.

Wenn ich jetzt also die Regierung wäre, ich bin es glücklicherweise nicht, dann würde es mir die Schwelle zum Gespräch noch etwas mehr, noch etwas höher machen.

Wenn es uns gelingen könnte, vielleicht in einer kleinen Gruppe, dieses Dokument ein bißchen umzuformulieren, halte ich es für ein gesprächsfähigeres Dokument, dann wird es möglich sein, etwas zustande zu kriegen, was dann mit der Regierung eher besprochen werden kann. Ich halte es aber für dringend notwendig, daß die Regierung die Zusicherung, die sie gemacht hat, so schnell wie möglich einlöst.

Lange (Moderator): Herr Schult.

Schult (NF): Ja, umformuliert werden können natürlich alle Vorschläge, die auf dem Tisch liegen. Die Zeit der untertänigen Haltung ist allerdings vorbei, falls das vielleicht gemeint ist.

Ich denke, daß die Regierung natürlich zu fragen ist, wie weit sie den Runden Tisch überhaupt ernst nimmt, da sie bis heute hier nicht reagiert hat und uns mit, na sagen wir einmal, nicht Nebensächlichkeiten, aber jedenfalls nicht mit dem Wichtigen informiert und mit Detailfragen, die genau so wichtig sind, zwar informiert, aber für meine Begriffe auch in unzureichendem Maße, und die wirklich momentan wichtigen Knackpunkte in diesem Land völlig draußen läßt.

Wenn morgen der **Bundeskanzler** kommt, übermorgen **Mitterand** und gerüchteweise ja nicht der Zwangsumtausch erst am 1. Januar [1990], sondern vielleicht schon am 23. Dezember [1989] aufgehoben wird und keinerlei Vorbereitung dafür getroffen wird, ist das ein deutliches Zeichen für Ignoranz gegenüber diesem Runden Tisch.

Ich denke, man sollte nicht der **Regierung** das Vertrauen, sondern wenn schon, dann eher das **Mißtrauen** aussprechen, daß [sie] hier also die Möglichkeiten und die Angebote, die ihr gestellt worden sind, bisher nicht wahrgenommen hat beziehungsweise anscheinend ignoriert hat.

Lange (Moderator): Herr Frister.

Frister (FDGB): Man muß auch aus der Sicht der Gewerkschaft sagen, daß in der Tat ein Bündel von Gefahren heraufzieht für die wirtschaftliche Existenzfähigkeit und damit überhaupt für die **Existenzfähigkeit** unseres Landes.

Da gehören sicher solche Dinge dazu wie die umtauschfreie **Einreise für Westbürger** ab 1. Januar [1990]. Dazu gehört aber auch ein wenigstens in den Augen der Öffentlichkeit völlig ungeregeltes **Einfließen von Kapital** in unser Land, ohne daß es bekannte, durchschaubare, einsehbare Regelungen für das Verhalten dieses Kapitals in sozialer, aber eben auch in demokratischer Hinsicht – hinsichtlich Mitbestimmungsregelungen – gäbe. Und sicher kann man noch mehr da hinzufügen.

Und es ist völlig klar, daß in dieser Situation natürlich **soziale Ängste** entstehen, wo es nun auch darum geht, daß bestimmte Dinge, auf die man sich in der DDR hinsichtlich sozialer Existenz bisher verlassen konnte – so kritikwürdig und umgestaltungswürdig die Untersetzung sozialer Sicherheit auch ist –, daß solche Dinge ins Rutschen kommen und daß die Menschen verunsichert werden.

Und ich kann aus gewerkschaftlicher Sicht nicht sagen, daß die Regierung an dieser Situation keine Aktie hätte, denn wir denken schon auch, daß bestimmte Angebote darüber, wie etwas – wenn sich die Menschen darauf verständigen – in sozialer und wirtschaftlicher Hinsicht – regelbar sein könnte, nicht sehr stark sind. Diese Angebote sind nicht sehr stark.

Nun höre ich hier, ich habe das ja nicht live erlebt, vom letzten Runden Tisch, daß zu all diesen Fragen an die Regierung schon ganz konkrete Bitten um Auskünfte gegangen sind, und aus der Zeitung dachte ich, daß der heutige Runde Tisch in diesen Fragen einen Schritt weiterkommen wird. Und es ist nicht der Fall.

Summa summarum, es gibt in der Situation, in der wir uns befinden, eine ganze Reihe von Möglichkeiten, unser Land wirtschaftlich, sein wirtschaftliches und soziales System lahmzulegen.

Aber die schnellste, die wirksamste und die irreparabelste von all diesen Möglichkeiten bestünde darin, der Regierung in einem solchen Maße **Legitimation** und Vertrauen abzusprechen, daß ihre Handlungsfähigkeit völlig verlorengeht. Das wäre der sicherste Weg dazu. Da braucht einem übrigens auch keinerlei eigene Konstruktion einzufallen, wie das denn nun weitergehen soll.

Also, ich muß doch auch auf den Zustand verweisen, daß wir in unseren Diskussionen, sagen wir doch einmal, na ja, in der Destruktion doch ein wenig größer sind als in der Konstruktion. Ich meine, ich bin bescheiden, zum ersten Mal hier und will den Runden Tisch nicht kritisieren. Aber es muß natürlich der konstruktive Impuls für die Regelung solcher Dinge ausgehen.

Deshalb würde ich nichts – ich denke, mein Kollege von der **Gewerkschaft** auch – nichts unterstützen, was zwar sehr viel Wahrheit enthält, aber in der Wirkung auf eine Lahmlegung der Regierung und das damit vollendete **Chaos** hinauslaufen würde. Loyalitätserklärungen schlechthin, wo in der Sache jegliches Vertrauen abgesprochen wird, laufen eben am Ende darauf hinaus, die Regierung noch mehr zu bedrängen, als sie, der Kollege wies schon darauf hin, sicherlich ohnehin gedrängt ist.

Lange (Moderator): Herr Berghofer.

Berghofer (SED-PDS): Ich bin für Realismus und pragmatische Lösungen. Denn die Zeit, die vor uns steht, ist ja nicht allzulang. Wir hatten in unserer Grundsatzerklärung erklärt: Zunächst arbeitet der Runde Tisch bis zum 6. Mai [1990]. Wir sind ja noch nicht arbeitsfähig. Das spiegelt sich auch jetzt wider, weil wir heute wieder auseinandergehen werden und nichts da ist, was zusammenfaßt und praktisch in Arbeitsschritte führt, wobei ich mir sicher bin, daß die Mehrheit nicht aus Böswilligkeit nicht reagiert, sondern weil sie einfach noch nicht straff im Auftrage dieses Runden Tisches geführt wird.

Zweitens, die Regierung ist für mich, für uns bis zum 6. Mai [1990] da. Wenn wir sie heute schon stürzen wollen, dann sehe ich keine **Wahlen am 6. Mai [1990]**. Das muß uns allen klar sein. Weil wir das Land dann in einen Zustand versetzen, daß freie demokratische Wahlen nicht möglich werden.

Drittens, das Volk ist dabei, wir haben uns bekannt: Wir schaffen jetzt ein neues politisches System. Da werden uns sicher noch viele Fehler passieren. Wir haben mit den Beziehungen der beiden deutschen Staaten das europäische Gleichgewicht in Frage gestellt. Ich meine nicht wir als Partei, sondern die Realität. Wir leben in einer **Krise** in allen gesellschaftlichen Bereichen und mit ungeheurem Zeitdruck. Und deshalb müssen wir uns verständigen, was die wichtigsten Fragen sind bei Aktzeptanz aller anderen, die es auch noch gibt, denen wir uns jetzt stellen, sagen wir bis zum 1. Januar [1990]. Ich kann doch gar nicht mehr schlafen, wenn ich darüber nachdenke, was dann passiert.

Ich schlage praktische Schritte in folgende Richtungen vor. Wir sind bereit, zu vermitteln, oder wir sind auch jeden anderen bereit zu akzeptieren, der vermittelt. Es muß in den nächsten drei Tagen mit dem Regierungschef ein Gespräch einer kleineren Gruppe hier möglichst so, daß alle Interessen vertreten werden, stattfinden, damit wir uns verständigen zur Arbeitsweise, zum Arbeitsstil Runder Tisch und Regierung. Ich sehe da überhaupt keinen Hinderungsgrund. Dort finden wir Konsens.

Zweitens, eine kleine Gruppe müßte einen Vorschlag für diese **Prioritätenliste** jetzt einmal in den nächsten Stunden und Tagen machen.

Drittens, ich schlage vor, Herrn Gysis Hinweis aufgreifend, in dieser Woche den Runden Tisch fortzusetzen, zeitlich begrenzt meinetwegen auf drei Stunden. Dort erhält der kompetente Vertreter der Regierung das Wort und hat die Möglichkeit, alles das zu beantworten, was ja akzeptiert worden ist zur **Wirtschaftslage**, zur Finanzlage, zu den grundsätzlichen **staatsrechtlichen Verträgen**, die ins Haus stehen. Ich glaube nicht, daß sich da jemand weigert.

Und viertens, wenn das geschehen ist, dann sollten wir einen **Konsens** finden, der erst einmal dieser Regierung in den wichtigsten Bereichen die Gewißheit verleiht, wenn alles eingehalten wird, was wir hier besprochen haben, handlungsfähig zu bleiben. Das ist auch eine psychologische Frage. Ich regiere zwar nur an der Spitze einer kleinen Stadtregierung, aber wenn ich das Gefühl habe, hinter mir steht überhaupt nichts mehr, dann bin ich nicht mehr handlungsfähig. In der Zeit, in der wir leben, braucht man ja einen kühlen Kopf und Ideen, wie wir zur Lösung kommen. Aber das würde ich vorschlagen zur praktischen Lösung.

Lange (Moderator): Ja, vielen Dank. Das waren jetzt Vorschläge, eigentlich Anträge, über die zu sprechen sind. Ich habe die Rednerliste. Bestehen die, die sich gemeldet haben, jetzt darauf? Ja?
Dann wäre das Herr Ullmann.

Ullmann (DJ): Also, ich stimme Herrn Berghofer im Prinzip zu und halte seinen Vorschlag auch für praktikabel, möchte ihn aber nach einer ganz bestimmten Seite hin doch zuspitzen.

Herr Berghofer, ich wünschte ja, es wäre so, wie Sie sagen. Und ich will die Regierung überhaupt nicht stürzen. Da habe ich Bange, viel zu viel Angst davor. Aber meine Sorge ist, daß sie sich selbst stürzt, wenn sie gewisse Dinge weitermacht, die sie jetzt tut. Denn ich sehe sehr wohl, was hier mit dem **Vetorecht** gesagt ist und was unter Punkt 4 [der **Vorlage 2/2**] gesagt ist über die Vier-Augen-Gespräche. Und das alles sind tatsächlich Maximalforderungen. Und sie gehen eben in jenen Gefahrenbereich, von dem Sie gesprochen haben.

Mir selber liegt viel mehr der Vorschlag von Herrn Gysi. Aber ich sehe auch die Probleme, die das Neue Forum bewogen haben, das zu formulieren. Ich denke, es ist hier wirklich so, daß die **Regierung Modrow** vertrauensbildende Maßnahmen schaffen muß, damit solche prinzipiellen Mißtrauensäußerungen nicht mehr nötig sind. Und der traurige Fall ist eben eingetreten, daß eine vertrauensvoll begonnene Zusammenarbeit in der **Untersuchungskommission** von ihr aufgekündigt wurde. Das ist doch der Casus. Und das ist just am 7. Dezember [1989] passiert hinter unserem Rücken, als wir hier saßen. Sie haben das offenbar auch alle gar nicht gemerkt, nicht? Und jetzt haben wir den Scherbenhaufen. Und darum finde ich wirklich, [daß] die Regierung Modrow dran ist, das wiedergutzumachen. Das möchte ich in aller Deutlichkeit sagen.

Lange (Moderator): Herr Böhme.

Böhme (SDP): Meine Damen und Herren, wir sind wahrscheinlich hier alle in der Opposition für eine vertrauenswürdige Regierung. Und wir wünschen uns die freien, demokratischen, geheimen Wahlen am 6. Mai [1990]. Ich stimme den Besorgnissen von Herrn Berghofer vollkommen zu, freue mich auch, daß die SED zustimmt, noch in dieser Woche zusammenzutreten, vor Weihnachten zusammenzutreten, und vor Weihnachten den Menschen ein größeres Maß Sicherheit zu geben.

Aber verstehen Sie bitte, wir haben drei Parteitage am Wochenende verfolgen können, vier Parteitage eigentlich insgesamt, und auf drei Parteitagen von staatstragenden Parteien wird ad hoc eine **Sozialismusabsage** erteilt, die den – nein, auf Ihrem doch nicht, die Damen und Herren wissen schon, wer angesprochen ist –, eine Sozialismusabsage erteilt, die den Menschen, die an diesem Lande hängen und die auch von diesem Land mit all seiner auch belastenden Geschichte geprägt sind, noch mehr **Angst** macht.

Verstehen Sie bitte, daß da ein **Vertrauensverlust** da ist, wenn Parteien nach dreißig, vierzig Jahren – –

Und ich sage Ihnen auf Ihre Frage, verzeihen Sie, hier auf dieser Seite des Tisches und auch an anderen Punkten ist Ihr Sozialismuskonzept, das Sie mitgetragen haben, nicht erst die letzten Jahre, sondern vor einigen Jahrzehnten angefragt worden, obwohl diese Leute Sozialisten gewesen sind und auch noch sind, hoffe ich.

Verstehen Sie doch einmal bitte, daß da ein Vertrauensverlust in der Bevölkerung aufkommt, eine Unsicherheit, in einer Zeit, wo die Menschen Angst haben um ihre Arbeitsplätze. Und ich gehe so weit, daß die verschwommenen **deutschlandpolitischen Aussagen** – – Sie haben ja die ganzen letzten Jahre größtenteils nicht einmal diskutiert, was wir diskutiert haben, nämlich die eindeutige Stellung zur **Einheit der deutschen Nation**, die gestaltet werden muß.

Ihre verschwommenen **Wiedervereinigungsaussagen** von diesen und jenen Politikern – wobei ich hier an diesem Tisch niemandem zu nahe treten möchte – verunsichern die Menschen und auch mich in einer Art und Weise, daß im Hintergrund auch von den Parteien, die hier vertreten sind, zumindest von ihren führenden Köpfen, Wirtschaftskonzepte vertreten werden, die ich am Runden Tisch nicht mitverantworten möchte. Das ist die Frage.

Wir möchten Vertrauen zu dieser Regierung bis zum 6. Mai [1990], aber wir möchten die Verantwortung so ausüben, daß wir wirklich **Kontroll-** und **Anwaltsfunktionen** wahrnehmen können.

Lange (Moderator): Sie könnten sich mit den Vorschlägen von Herrn Berghofer also einverstanden erklären?

Böhme (SDP): Ohne weiteres.

Lange (Moderator): Vielen Dank.

Böhme (SDP): Das ist jetzt für mich ein fairer Kompromiß.

Lange (Moderator): Ja. Herr Gutzeit, wollten Sie dazu jetzt noch sprechen, oder?

Gutzeit (SDP): Ich ziehe zurück.

Lange (Moderator): Vielen Dank.
Frau Köppe.

Frau Köppe (NF): Ich wollte nur noch einmal kurz sagen: Uns geht es nicht um den Sturz der Regierung. Wir fordern die **Offenlegung der wirtschaftlichen Situation**. Wir würden jetzt unser Papier bis Donnerstag zurückziehen in der Erwartung, daß es bis zu diesem Termin zu diesen Verhandlungen kommt. Außer Punkt 7 [der **Vorlage 2/2**], den wir hier gern noch besprechen und formulieren würden.

Lange (Moderator): Ja. Darf ich fragen, Herr Koplanski hatte sich gemeldet. Herr Klein. Dann war eine Meldung hier vom DBD, ja, und Grüne Liga.
Bitte.

Koplanski (DBD): Wir sind dafür, die Diskussion abzubrechen und über den Vorschlag von Herrn Berghofer abzustimmen.

Lange (Moderator): Ja. Gibt es weitere Stellungnahmen dazu? – Bitte. – Danke.

Herr Gehrke.

Gehrke (VL): Wir sind gleicher Auffassung, aber ich bitte doch auch bei den Übermittlungen des Termins oder des Vorschlages, diesen Antrag des Neuen Forums hier noch einmal als Ausdruck der großen Besorgnis von wichtigen Teilen des Runden Tisches zu übermitteln, so daß es auch deutlich wird. Ansonsten völliges Einverständnis.

Lange (Moderator): Ich glaube, dies ist deutlich geworden in dieser Gesprächsrunde, die wir jetzt ja intensiv wahrgenommen haben. Sie wollten sich dazu noch melden?

Platzeck (GL): Wir möchten, daß trotzdem der letzte Punkt des Forum-Papiers zur Abstimmung gestellt wird. Wir halten ihn für den wichtigsten. Und wir möchten gerne, daß die **Reiseregelung** ab 1. Januar [1990] oder 23. Dezember [1989] noch einmal in irgendeiner Form diskutiert wird. Wir halten sie für sehr gefährlich für das Land in dem Sinne, wie es vorhin gesagt wurde, aber auch in ökologischer Sicht. Die Westreisenden werden sich nicht in unsere Kaufhäuser begeben, naturgemäß, sondern – das ist schon deutlich geworden –, sie werden in unseren letzten Biotopen sich zu Hunderttausenden bewegen.

Und wir haben die vorsorgliche Unterschutzstellung vor dieser Reiseregelung versäumt. Und wir haben nicht mehr viele im Lande. Wir bitten auch diesen Aspekt bei der Reiseregelung noch einmal mit zu berücksichtigen. Es werden Hunderttausende sein, die sich zum Beispiel in die Umgebung von West-Berlin in unsere Restreservate begeben.

Lange (Moderator): Ja. Ich danke, es war deutlich und wird von allen geteilt, was Sie an inhaltlichen Bedenken auch im Blick auf die weitere Entwicklung geäußert haben. Ich hatte die Vertreter des Neuen Forums so verstanden, daß sie jetzt doch insgesamt diesen Vorschlag zunächst einmal bis zum Donnerstag oder bis zur nächsten Zusammenkunft zurückstellen.

Frau Köppe (NF): Außer Punkt 7, da wollten wir jetzt hier vom Runden Tisch etwas formulieren.

Lange (Moderator): Außer Punkt 7, der hier zur Abstimmung kommen soll: Ohne über den jetzt noch einmal zu sprechen?

[Unruhe]

Gehrke (VL): Ich bitte, den Antrag von Herrn Berghofer dahingehend zu erweitern, daß bei dem angestrebten Gespräch gleichzeitig kompetente Vertreter für die **Umwelt** und für die **Sozialfragen** hinzugezogen werden, so daß die **wirtschaftspolitischen Gesamtvorhaben**, Vorhaben in einem Gesamtkomplex dort diskutiert und vorgetragen werden.

Lange (Moderator): Ja. Ich denke, es ist keine Schwierigkeit, diese Dinge jetzt noch mit aufzunehmen. Herr Berghofer, könnten Sie noch einmal Ihren Antrag nennen, damit dann die gesamte Runde weiß, was wir jetzt zu entscheiden haben unter Einbeziehung jener Punkte, die eben noch hinzugefügt worden sind.

Herr Berghofer, bitte.

Berghofer (SED-PDS): Es müßte heute im Anschluß hier oder morgen bestimmt werden, wer von uns diese inhaltliche **Prioritätenliste** für ein solches Gespräch bestimmt, weil sonst jedesmal etwas Neues hinzukommt, da kann ja keiner darauf reagieren.

Zweitens, ich vermittle in den nächsten Stunden für Herrn Modrow jetzt das Gespräch mit ihm oder seinem Vertreter mit der, bitte schön, analogen kleinen Gruppe, um sich zu **Arbeitsstil und Arbeitsweise** zu verständigen, nicht nur jetzt, sondern bis zum 6. Mai [1990].

Gysi (SED-PDS): Das heißt, jede Partei oder mit einem zum Beispiel – –

Berghofer (SED-PDS): Ja, zum Beispiel. Dann müßten wir noch einmal darüber nachdenken, welchen Status der jeweilige **Regierungsvertreter** hier erhält. Wenn er natürlich als Beobachter hier sitzt, wird das schwierig sein. Müssen wir heute nicht besprechen.

Drittens, ich schlage vor, den Runden Tisch in dieser Woche – das müßte jetzt beschlossen werden oder festgelegt werden, meinethalben Donnerstag oder Freitag – drei Stunden begrenzt fortzusetzen und dort den **Vertreter der Regierung**, es wird ein hochrangiger Mann sein, zu veranlassen, das zu beantworten, was jetzt hier aufgeworfen wurde in dem Forum-Papier, und dementsprechend, was wir schon festgelegt haben in der letzten Runde. Daß wir in die Arbeit kommen.

Der letzte Punkt könnte dann bei diesem Gespräch sein, zu sagen, wie wir zwischen Weihnachten und Neujahr weitermachen.

Jordan (GP): Wir möchten dazu ja auch noch mögliche Staatsverträge zur **Atomkraftwerktechnik** aufnehmen.

Lange (Moderator): Geschäftsordnung, bitte.

Frau Röth (UFV): Ja. Ich beantrage, daß wir dieser Stellungnahme des Runden Tisches zum Besuch von Kanzler Kohl in der DDR einen Forderungskatalog anfügen, sozusagen wie wir unsere Position aufstellen, die wir erwarten von dem Ministerpräsidenten Modrow in seinen **Verhandlungen mit Dr. Kohl.**

Lange (Moderator): Wir nehmen dies zur Kenntnis. Können wir aber erst einmal die Punkte doch zur Abstimmung bringen, die jetzt vorliegen? – Ist es Ihr Wunsch, daß das einzeln geschieht oder zusammen?

Zwischenrufe: Einzeln! Einzeln!

Lange (Moderator): Bitte? Die Punkte einzeln abstimmen. Dann wäre der erste Punkt, daß Herr Berghofer vorschlägt ein **Gespräch mit dem Ministerpräsidenten** zu führen über die Frage, wie die weitere Arbeitsweise zwischen dem Runden Tisch und der Regierung aussieht, ob diese Gruppe so installiert werden soll.

Zwischenfrage Ullmann (DJ): Das ist aber jetzt gleich ganz wichtig!

Lange (Moderator): Sie möchten das vorher geklärt haben?

Zwischenrufe: Kann man doch koppeln! Antrag dazu!

Lange (Moderator): Ja. Stellen Sie einen Antrag? Herr Berghofer.

Berghofer (SED): Ich stelle den Antrag, daß einer von Ihnen unter bewährter Stabsweise die Leitung dieser Gruppe übernimmt, und dann ist diese Gruppe arbeitsfähig.

Lange (Moderator): Gut. Dann brauchen wir keine Beratungspause erst einzuschalten. Sind alle damit einverstanden, daß das Herr Ziegler tun wird?

[Heiterkeit und Zustimmung]

Lange (Moderator): Ich gehe davon aus. Der Punkt [Antrag SED-PDS: Einrichtung einer „kleinen Runde" zur Erstellung eines Prioritätenkataloges für die weitere Arbeit und für das Gespräch mit der Regierung Modrow] steht zur Abstimmung. Wer dafür ist, daß diese **Prioritätenliste** von der Arbeitsgruppe eingesetzt wird, den bitte ich um das Handzeichen. – Wer ist dagegen? – Wer enthält sich der Stimme? – Dieses ist einstimmig angenommen.

Der dritte Punkt, bitte?

Berghofer (SED-PDS): Ich bitte darum, daß jetzt jeder seinen Vorschlag an Herrn Ziegler namentlich unterbreitet, damit das morgen losgehen kann.

Lange (Moderator): Ja. Das ist so akzeptiert, darüber muß nicht extra abgestimmt werden. Aber die Frage ist zu klären, der Vorschlag, in dieser Woche eine **weitere Zusammenkunft** des Runden Tisches zu haben, zeitlich begrenzt auf drei Stunden, und es wurde Donnerstag dafür vorgeschlagen.

Gibt es dazu Meinungsäußerungen oder Vorschläge? Bitte, Herr Gutzeit.

Gutzeit (SDP): Freitag vormittag.

Lange (Moderator): Freitag vormittag wird vorgeschlagen. Erhebt sich dagegen Widerspruch? – Wir müßten also dann klären, ob dieses hier möglich ist oder ob dann schon die neue Regelung eintreten soll, an einem anderen Ort zu tagen.

Was ist Ihr Verständnis?

N. N. Vertreter der Regierung: Es wird gegenwärtig geprüft, entsprechend den am Freitag unterbreiteten Vorschlägen das **Haus des Nationalrates** dafür zu nutzen. Das erfolgt in diesen Stunden. Ich habe die Zusicherung zu geben, daß spätestens am 27. Dezember dazu Klarheit besteht, damit am 27. Dezember, das war der Termin, der mir durchgegeben wurde, für die nächste Beratung des Runden Tisches, dieses Gebäude zur Verfügung steht.

Lange (Moderator): Vielen Dank.

Herr Koplanski?

Koplanski (DBD): Vorschlag: Freitag nochmals hier.

Lange (Moderator): Wir klären das. Es kann ja sein, daß das nicht möglich ist. Aber auf jeden Fall werden wir uns darum bemühen und gehen davon aus, daß hier im Bonhoeffer-Haus erneut diese Zusammenkunft sein kann. Wer dafür ist, daß am Freitag, 9.00 bis 12.00 Uhr, diese weitere Zusammenkunft stattfindet – –

Bitte nur zur Geschäftsordnung jetzt, oder haben Sie eine Rückfrage? – Bitte.

Platzeck (GL): Ist es aber dann trotzdem am Freitag schon möglich, die Berater mitzubringen?

Lange (Moderator): Das würde jetzt eine neue Situation bringen. Ich möchte Sie bitten, erst einmal diesen Antrag, der doch jetzt auch einen Vorlauf durch die beiden vorherigen hat, abzustimmen. Freitag 9.00 bis 12.00 Uhr unter der Voraussetzung, daß es hier möglich ist. Wer dafür ist, den bitte ich um das Handzeichen. Wer ist dagegen? – Stimmenthaltungen gibt es keine. – 1, Entschuldigung. 1 Stimmenthaltung.

Dann würde dies ein weiterer Termin für diese Woche sein.

Bitte, Herr Ziegler.

Ziegler (Co-Moderator): Die Frage ist dann, daß dieser Termin aber doch nur stattfindet, damit eben ein Vertreter der Regierung hier etwas vortragen kann, nicht?

Lange (Moderator): Ja. Kleinen Moment, bitte.

Dazu Herr Böhme.

Böhme (SDP): Und zwar, weil es vor allem um die ökonomische Situation geht, die Frau **Christa Luft** als **Wirtschaftsministerin** oder eine von ihr entsandte kompetente Vertreterin oder ein Vertreter zu berichten hat, und um die konkreten Aussagen über das, was am 19. [Dezember 1989] in Dresden mit Herrn **Kohl** verhandelt worden ist.

Lange (Moderator): Herr Schnur.

Schnur (DA): Ich möchte insofern ergänzen, daß man jetzt nicht sagt, Frau Luft oder [eine] Vertreterin, sondern daß man dann entscheidet wenn tatsächlich die Prioritätenliste ausgearbeitet ist, wer dafür zuständig ist, und daß man die anderen Sachen mit hereinnimmt.

Raspe (LDPD): Zustimmung zum letzten Vorschlag.

Lange (Moderator): Gut. Dann können wir diesen Punkt jetzt abschließen.

Bitte, Herr Schult.

Schult (NF): Ich möchte also noch mit aufgenommen haben, daß also diese Stellungnahme, die wir bis Freitag dann storniert haben, zumindest der Regierung zur Kenntnis gegeben wird, daß die Stellungnahme des Neuen Forums der Regierung zur Kenntnis gegeben wird.

[Unruhe]

Frau Röth (UFV): Ich wollte noch einmal meinen **Antrag** bekräftigen, daß wir hier eine Erwartungsliste, einen **Erwartungskatalog** sozusagen, den wir vielleicht Herrn Berghofer mitgeben können, den **Gesprächen Modrow/Kohl** unterbreiten, wo wir nicht sozusagen das Vetorecht fordern, sondern einfach unsere Erwartungen artikulieren, was wir von diesem Gespräch erwarten, und nicht nur uns am Freitag berichten lassen, was passiert ist, sozusagen vor vollendeten Tatsachen stehend, sondern Herrn Modrow auch, da wir uns sozusagen auch als gesellschaftliche Vertreter hier sehen – –

Lange (Moderator): Ja. Darf ich Sie bitten, Herr Berghofer.

Berghofer (SED-PDS): Also, ich nehme jetzt mit, was beschlossen wurde. Ich werde mich bemühen, daß hochrangige Damen und Herren hier sitzen in Abhängigkeit von der Prioritätenliste. Ich sehe im Moment noch keine Tabus, aber die Rang- und Reihenfolge muß bestimmt sein.

Zweitens, ich werde Herrn Modrow über die heutige Runde hier berichten und gehe davon aus, daß mein Kollege Gysi mich heute abend informiert, was jetzt noch passiert, was ich dann nicht mehr erlebe. Ich muß leider los. Ich bin bereit, den Antrag von Ihnen, den Vorschlag zu erläutern. Ansonsten sitzt hier ein Beauftragter der Regierung, der natürlich das gleiche tut.

Lange (Moderator): Herr Ziegler.

Ziegler (Co-Moderator): Ehe Herr Berghofer geht, müßte noch eins geklärt werden: Der erste Beschluß war: Gespräch mit dem Ministerpräsidenten über [die] Zusammenarbeit mit der Regierung. Kleine Gruppe, hieß es da. Das ist ja eine andere Gruppe, als die, die die **Prioritätenliste** setzen sollte, nicht? Sollen das dieselben sein?

Berghofer (SED-PDS): Können auch die gleichen sein. Ich werde Ihnen morgen einen Termin mit dem Vorschlag übermitteln, der wird in den nächsten Stunden sein, und bitte dann, daß Sie den entsprechenden Personenkreis in Kenntnis setzen.

[Unruhe]

Noch einmal: Nachdem ich mit Herrn Modrow geredet habe, werde ich Herrn Ziegler morgen telefonisch über Terminvorschläge informieren, wann dieses Gespräch zu Arbeitsweise und -inhalt stattfinden kann. Und dann würde er entsprechend den namentlichen Vorschlägen die Einladung vornehmen.

Lange (Moderator): Herr Ziegler.

Ziegler (Co-Moderator): Dann bringen wir noch einmal zu Gehör, was Herr Berghofer schon gesagt hat, daß mir im Laufe noch dieser Stunde auf einem Zettel zu geben ist, wer an dieser Gruppe von den einzelnen Gruppierungen dabeisein sollte. Sonst ist das nicht mehr zu schaffen, und am Schluß müssen wir einen Termin abmachen.

Lange (Moderator): Ja. Das sollte unabhängig von dem anderen Termin geschehen. Bitte, überhören Sie diesen Hinweis nicht, damit diese Gruppe arbeitsfähig ist und sie in den nächsten Tagen dann die Vorschläge erstellen kann. Können wir diesen Punkt dann erst einmal zum Abschluß bringen? Besteht der Wunsch – ich habe so den Eindruck, daß einige Unruhe entsteht – eine kurze Pause zu haben? – Ja? Kleinen Moment bitte, zur Geschäftsordnung, oder?
Herr Gysi.

TOP 6: Stellungnahme des Runden Tisches zum Besuch von Bundeskanzler Kohl, BRD, in Dresden am 19. Dezember 1989

Gysi (SED-PDS): Nein, zur Geschäftsordnung war es nicht, ich habe bloß einen Arm gehoben. Das wäre nicht fair. Ich wollte mir das Wort nicht ergaunern.

Ich wollte nur sagen, wenn jetzt Herr Berghofer geht, dann wäre es natürlich schön, wenn wir ihm eigentlich schon die **[Vorlage 2/4] Stellungnahme des Runden Tisches zum Besuch des BRD-Kanzlers** mitgeben könnten. Ich weiß, daß wir das wahrscheinlich nicht schaffen werden.

Für mich gibt es zwei entscheidende Punkte. Man kann viel dazu sagen. Ich habe noch Hunderte von Wünschen, was man alles machen könnte. Aber das ist mir jetzt alles nicht wichtig. Mir sind zwei Dinge wichtig. Erstens, daß darüber gesprochen wird und wir dann informiert werden, was dagegen getan wird, daß hier, wann auch immer, ob ab 23. [Dezember 1989] oder 1. [Januar 1990], ein **Ausverkauf der DDR** stattfindet.

Und zweitens, daß darüber gesprochen wird, wie selbst bei Visafreiheit verhindert wird, daß **Neonazis** und ähnliche [Rechtsradikale] hier in dieses Land hineinkommen. Das sind die zwei Dinge, die für mich ganz oben anstehen. Dann gibt es Hunderte anderer Fragen, aber das hat für mich absolute Priorität.

Und deshalb würde ich mir wünschen, daß wir die zwei Punkte mitgeben als unsere dringende Forderung. Gegen alles andere, was hier drinsteht, habe ich nichts. Aber das sind die zwei Punkte, die für mich auf jeden Fall noch dazu müssen. Und dann können wir diese Erklärung meinetwegen beschließen im Sinne einer Empfehlung und in dem Sinne vor allen Dingen, daß wir sozusagen das ganz vornean setzen und jetzt die anderen Dinge, die sicherlich alle noch uns so einfallen, jetzt einmal hintenan lassen, weil wir uns vielleicht auf die zwei Punkte verständigen können.

Lange (Moderator): Herr Ziegler hatte sich gemeldet.

Ziegler (Co-Moderator): Ich will nur sagen: Die Brüdergemeine bereitet zwar hier Gottesdienste vor. Sie ist aber bereit, am 22. Dezember [1989], 9.00 bis 12.00 Uhr, den Raum hier zur Verfügung zu stellen. Also, daß das gleich feststeht: Am 27. geht es nicht mehr wegen der Weihnachtsgottesdienste und der Feier.

Lange (Moderator): Ich bin darauf hingewiesen worden, daß eine Pause jetzt eigentlich ungünstig wäre, weil zwei Dinge eben doch sehr dringend und schnell noch in dem Kreis der Teilnehmer zu beraten und zu verabschieden wären. Das eine ist eben angesprochen worden, diese vorliegende Stellungnahme, und das zweite: Der Vertreter der Regierung, der unter uns ist, sollte vor der Pause noch die Möglichkeit haben, sich hier zu äußern. Sind Sie damit einverstanden, daß wir doch die Pause dann aufschieben und diese Punkte jetzt weiter beraten?

Herr Gysi, das war ein Antrag, den Sie gestellt haben an die Teilnehmer. Darüber müßte jetzt, bevor Herr Berghofer geht, doch abgestimmt werden. Sehe ich das richtig?

Gysi (SED-PDS): Nur, um das zu erläutern: Ich würde die Erklärung so lassen, wie sie ist. Man kann sicherlich über einzelne Sätze streiten, aber im Grunde genommen ist sie ja nicht falsch. Wir sind alle für Stabilität, für Zusammenarbeit, für Frieden und so weiter. Aber dann müssen wir jetzt diese Punkte hinten anfügen, gerade wenn da steht: „Von deutschem Boden darf keine Destabilisierung für Europa und damit die Welt ausgehen. Deshalb erwarten wir, daß – –". Dann müssen die zwei Punkte wenigstens kommen, auf die wir uns hier bestimmt verständigen können, hoffe ich zumindest.

Lange (Moderator): Ja. – Herr Böhme.

Böhme (SDP): Wir sind der Meinung, daß hier beim letzten Absatz unten, wenn überhaupt eine solche Aufforderung formuliert werden sollte, geschrieben wird: „Die Regierungen der beiden deutschen Staaten werden aufgefordert" und so weiter und so fort, „zu bekräftigen ... sind und danach handeln".

Dann sind wir für Streichung des ersten Absatzes auf Seite zwei.

Lange (Moderator): Herr Gutzeit, Herr Schult.

Gutzeit (SDP): Ist gut. Das hat sich jetzt hier erledigt.

Lange (Moderator): Hat sich erledigt?
Herr Schult.

Schult (NF): Ich lehne dieses Papier ab. Ich habe Herrn Kohl nicht eingeladen und wir begrüßen es auch nicht. Und ich frage mich, ob das wirklich zur Stabilisierung in unserem Lande beitragen wird, dieser Besuch, oder ob er nicht mehr Risiken in sich birgt als Positives. Und solange mir nicht klar ist, was da konkret besprochen werden soll, kann ich auch diesen Besuch überhaupt an keiner Stelle begrüßen und möchte also lieber, daß ein Brief geschrieben wird zu dieser Frage des **Zwangsumtausches**, daß dazu hier eine Position dazu gefunden wird. Und nicht an Herrn Kohl, sondern an Herrn Modrow [gerichtet wird].

Lange (Moderator): Ja. Das war eine Stellungnahme grundsätzlicher Art zu dem vorliegenden Vorschlag, daß die Teilnehmer des Runden Tisches sich zu dem bevorstehenden Besuch äußern. Gibt es dazu weitere Meldungen?
Herr Maleuda, bitte.

Maleuda (DBD): Ja, wir würden gerne die beiden Vorschläge unterstützen, den Vorschlag, den Herr Gysi unterbreitet hat, und die Änderung, die Herr Böhme unterbreitet hat, findet unsere Zustimmung.

Ziegler (Co-Moderator): Herr Böhme, könnten Sie das formulieren und Herr Gysi auch?

Böhme (SDP): Herr Gysi, sind Sie älter oder jünger? Dann lasse ich Ihnen den Vortritt. Sind Sie etwas älter als ich oder jünger? – Wegen Vortrittlassen. – Ja, ich fange dann lieber an, – – ich sehe schon.

Lange (Moderator): Herr Böhme hat das Wort und formuliert noch einmal seinen Vorschlag, damit alle ihn zur Kenntnis nehmen können.

Böhme (SDP): Also, [im] letzten Absatz unten auf Seite eins, nicht „Ministerpräsident Modrow", sondern „die Regierungen der beiden deutschen Staaten werden aufgefordert" – –

Gutzeit (SDP): Nein, halt – –

Böhme (SDP): – „werden aufgefordert", in diesem Falle muß man auffordern, entschuldige, „zu bekräftigen, daß sie sich ihrer Verantwortung für Stabilität und Sicherheit in Europa bewußt sind und danach handeln". Und den ersten Absatz auf Seite zwei würden wir ganz zu streichen wünschen.

Lange (Moderator): Also, letzter Absatz auf der ersten Seite, „die Regierungen der beiden deutschen Staaten bekräftigen" – –

[Zwischenruf]

Lange (Moderator): – „werden aufgefordert, daß sie sich ihrer Verantwortung für die Stabilität und Sicherheit in Europa bewußt sind und danach handeln". Ist das so richtig jetzt?

Böhme (SDP): Ja.

Lange (Moderator): Wollen Sie jetzt darüber abstimmen, oder wollen wir erst die anderen Änderungsvorschläge hören? – Wollen wir darüber abstimmen? – Bitte schön.

Holland (LDPD): Dieser Vorschlag ist zwar zu begrüßen, aber er reicht mir noch nicht. Das Hauptanliegen war ja eigentlich, daß wir die **Ängste** unserer Bürger beseitigen hinsichtlich dessen, was hier in Punkt 7 dieses Papiers des Forums [Vorlage 2/2] enthalten war. Und das sollte doch in den zweiten Punkt mit hereinkommen, wo steht, „das betrifft vor allem Fragen der Zusammenarbeit auf dem Gebiet der Wirtschaft, Wissenschaft ..." und so weiter, und dort könnte doch weitergeführt werden: „einschließlich der Auswirkungen des devisenfreien Besuchs unter Einstellung des Zwangsumtauschs auf die Devisenlage und der Verhinderung des Übergreifens von Neonazismus" und so weiter.
Damit das konkret angesprochen wird.

Lange (Moderator): Ja, ich denke, es ist besser, wenn Sie, Herr Gysi, Ihren Vorschlag doch einmal jetzt unterbreiten könnten.

Gysi (SED-PDS): Ja, ich bin schon beim Aufschreiben. Wir können erst einmal über die ersten Änderungen abstimmen.

Lange (Moderator): Ja, nur das war jetzt ein Votum, das dagegen sprach.
Herr Ullmann.

Ullmann (DJ): Also, auf jeden Fall die beiden Vorschläge [von Herrn] Gysi hinein, damit überhaupt etwas Substantielles in dem Text steht. So ist er eigentlich so, daß ich weder dafür noch dagegen wäre. Das sind alles Trivialitäten, um einmal ehrlich zu reden.

Lange (Moderator): Frau Schmitt.

Frau Schmitt (UFV): Ich würde noch einmal auf den Antrag vom Neuen Forum zurückkommen und dann nicht ein neues Papier befürworten, das diese beiden Forderungen ganz konsequent enthält und ohne dieses ganze Drumherum sich abwickelt. Also ganz konkret diese beiden Punkte zu benennen als unseren Antrag, was dort bitte zu passieren oder möglichst nicht zu passieren hat. Und das Ganze „Begrüßen" und den ganzen Kram alles wegmachen – –

[Unruhe]

Zwischenrufe: Ja. Nein. Ach – –

Koplanski (DBD): Wir finden keinen Konsens. Ich wäre dafür, daß wir abstimmen, wer für den Vorschlag ist von Herrn Berghofer mit den Änderungen von Herrn Gysi und Herrn Böhme. Ansonsten werden wir wieder eine halbe Stunde oder zwei Stunden diskutieren, ehe wir zum Thema kommen, und hinterher bedauern wir, daß wir nicht zu den Sachfragen gesprochen haben.

Lange (Moderator): Herr Henrich.

Henrich (NF): Ja. Wir beantragen dann, daß uns ein **Minderheitenvotum** eingeräumt wird, bitten um eine Pause, so daß die Betreffenden sich dann sammeln können.

Lange (Moderator): Das ist jetzt ein Antrag, über den wir abstimmen müssen.

[Unruhe]

Lange (Moderator): Das ist keine Schwierigkeit. Sie beantragen dieses, und es ist in der Geschäftsordnung vorgesehen. Müssen wir darüber befinden.

Ist nicht nötig. Was soll jetzt mit dem Änderungsvorschlag Böhme geschehen?

Henrich (NF): Abstimmen.

Lange (Moderator): Dieser Antrag liegt vor. Können wir darüber abstimmen? – Er betrifft den letzten Abschnitt.

Herr Böhme, Sie sind so freundlich [und] sagen es noch einmal.

Ziegler (Co-Moderator): Ich kann das.

Lange (Moderator): Bitte.

Ziegler (Co-Moderator): „Die Regierungen der beiden deutschen Staaten werden aufgefordert zu bekräftigen, daß sie sich ihrer Verantwortung für die Stabilität und Sicherheit in Europa bewußt sind und danach handeln."

Böhme (SDP): Und Streichung des ersten Absatzes auf Seite zwei.

Ziegler (Co-Moderator): Ja, das war der nächste Punkt.

Lange (Moderator): Können wir das doch nacheinander erst einmal [abhandeln]?

Bitte, Herr Ullmann.

Ullmann (DJ): Entschuldigen Sie, daß ich dazwischen gehe. Also, sprachlich muß es wenigstens richtig sein, und da muß es heißen „bewußt zu sein".

Lange (Moderator): „Die Regierungen werden aufgefordert, sich bewußt zu sein" – –

Ducke (Co-Moderator): „– Zu bekräftigen…"

Lange (Moderator): Ja, sie werden aufgefordert, zu bekräftigen, daß sie sich bewußt sind! Also sprachlich wäre das – –
Haben Sie eine sprachliche Variante?

Frau Poppe (DJ): Ich bitte doch zu bedenken, was das für eine Aussage ist in diesem Satz: „Wir bitten Sie zu bekräftigen, daß sie sich ihrer Verantwortung bewußt sind." Das ist der Satz, den jeder Politiker von sich gibt: daß er sich der Verantwortung bewußt ist. Was soll denn so ein Satz?

Poppe (IFM): Ja, ich würde den Antrag stellen, daß man die beiden Themen, die Dr. Gysi hier angeschnitten hat, in einem gesonderten Text formuliert und dieses ganze „Blabla" hier wegläßt.

Gysi (SED-PDS): Es ist nicht ganz „Blabla", nicht? Sondern es besagt schon etwas, ob man sagt, man fühlt sich – weiß ich was – für ein **gesamtdeutsches Haus** oder für ein **gesamteuropäisches Haus** verantwortlich. Von Europa ist in diesem Satz die Rede. Und das hat schon gewisse Bedeutung. Gerade auch, weil ich dem zustimme, was hier von der SDP gesagt worden ist über das Abrücken diesbezüglich und bei verschiedenen Parteien in bestimmten Positionen. Also, insofern halte ich das für nicht ganz unwichtig, daß wir das als ein europäisches und nicht als ein deutsches Sonderproblem betrachten.

Mein Vorschlag – wenn ich das noch einmal vorlesen darf – wäre also, wenn wir diese Änderung annehmen, dann am Schluß zu sagen – damit das auch deutlich wird – worum es uns jetzt im Augenblick hier und heute – das ist ja noch wichtiger – geht:

„Wir erwarten klare Aussagen, wie bei Abschaffung der Visapflicht und des Mindestumtausches für Reisen in die DDR ein Ausverkauf der DDR an Waren und Dienstleistungen verhindert und die Einreise von Neonazis und anderen Rechtsradikalen ausgeschlossen werden."

[Beifall]

Lange (Moderator): Noch einmal bitte langsam zum Mitschreiben. – „Wir erwarten klare Aussagen…"

Gysi (SED-PDS): „– wie bei Abschaffung der Visapflicht und des Mindestumtausches für Reisen in die DDR ein Ausverkauf der DDR an Waren und Dienstleistungen und die Einreise von Neonazis und anderen Rechtsradikalen verhindert werden sollen."

Das ist schon [das] Ende.

Das würde ich unbedingt nicht nur an Ministerpräsident Modrow richten, denn das ist für mich auch eine Frage an Bundeskanzler Kohl.

Lange (Moderator): Bitte, Herr Ziegler.

Ziegler (Co-Moderator): Daß das dann als letzter Satz angehängt wird, ja?

Lange (Moderator): Also, dieser Satz: „Von deutschem Boden darf heute keine Destabilisierung für Europa und damit die Welt ausgehen" bleibt bestehen. Und danach kommt Ihr eben verlesener Vorschlag.

Koplanski (DBD): Warum kann man denn nicht sagen: „Wir erwarten von beiden Regierungen klare Aussagen…"?

Lange (Moderator): Bitte, Herr Ziegler.

Ziegler (Co-Moderator): Das kommt darauf an, wie wir uns entscheiden mit diesem Satz, bei dem noch einmal der Einspruch kam von Herrn Böhme. Dann geht es nämlich im Text, wenn der oberste Absatz weggestrichen ist, einfach so weiter. Und dann ist alles an beide Regierungen gerichtet, wenn der Satz da herausgestrichen wird.

Lange (Moderator): Gut. Könnte das dann so stehen bleiben? Es stehen diese beiden Anträge jetzt zur Abstimmung. Ist das Ihr Einverständnis? – Der Änderungsvorschlag Böhme und der Änderungsvorschlag Gysi. Können wir darüber abstimmen?

Schult (NF): Nach der Pause!

Lange (Moderator): Bitte, Herr Ziegler.

Ziegler (Co-Moderator): Wir müssen natürlich Herrn Ullmann fragen, ob das ein Antrag war. Sie wollten das „bekräftigen" heraus haben. Mir ist das natürlich einleuchtend.

Ullmann (DJ): Nein. Das war nur ein syntaktischer Fehler.

Ziegler (Co-Moderator): Na gut; also schön.

Ullmann (DJ): – „bewußt zu sein". Denn wenn man auffordert, dann muß ein Infinitiv folgen. Das war alles.

Ziegler (Co-Moderator): Das steht ja auch da.

Lange (Moderator): Die Schwierigkeiten mit der deutschen Sprache sollten uns jetzt nicht allzu sehr belasten. Aber es ist berechtigt, daß wir bei einer solchen Erklärung darauf achten.

Herr Gysi dazu noch einmal.

Gysi (SED-PDS): Ich glaube, daß eine Gruppe gegangen ist – –

Lange (Moderator): Ja, das Neue Forum.

Gysi (SED-PDS): – mit dem Antrag, mit einem Minderheitenvotum oder so etwas. Ich habe unsere Geschäftsordnung vergessen. Was heißt denn das?

de Maizière (CDU): Das heißt, daß sie eine detaillierte Erklärung abgeben dürfen, daß sie anderer Auffassung sind.

Lange (Moderator): Nach der Geschäftsordnung ist festgelegt, daß **Minderheitsvoten** zulässig sind. Und ich gehe davon aus, daß die Vertreter des Neuen Forums jetzt diesen Punkt der Geschäftsordnung eben praktizieren, indem sie ein Minderheitsvotum formulieren.

Dann können wir über diese beiden Anträge abstimmen. Es sollte gesondert geschehen. Der Antrag Böhme über Veränderung des letzten Abschnittes auf Seite 1 und der Streichung des ersten Absatzes auf Seite 2. Wer dafür ist, den bitte ich um das Handzeichen.

Ducke (Co-Moderator): 31 habe ich gezählt.

Lange (Moderator): Wer ist dagegen? – Das wären die drei Vertreter des Forums auf jeden Fall, wenn sie ein gegenteiliges Minderheitenvotum abgeben. Wer enthält sich der Stimme?
Bitte?

Ducke (Co-Moderator): 3 Enthaltungen. Geht das auf?

Lange (Moderator): Gut. Ja, wir sind nicht mehr komplett, es hat sich verschoben.

[Es geht jetzt um] den Antrag [von Herrn] Gysi auf Erweiterung des Textes wie vorgelegt: Wer dafür ist, den bitte ich um das Handzeichen.

Ducke (Co-Moderator): Ich zähle 32 Stimmen.

Lange (Moderator): Wer ist dagegen? – Das würde wieder die drei Vertreter des Forums betreffen. Wer enthält sich der Stimme?

Ducke (Co-Moderator): Eins, zwei.

Lange (Moderator): 2 Stimmenthaltungen. Damit sind diese beiden Änderungsanträge angenommen.

Ich habe aus der Diskussion herausgehört – –

[Lücke in der Aufnahme]

[Die abschließenden Beratungen ergaben folgende endgültige Version:]

[Vorlage 2/4: Stellungnahme des Runden Tisches zum Besuch von BRD-Kanzler Kohl]

Die Teilnehmer des Runden Tisches begrüßen den offiziellen Arbeitsbesuch von Bundeskanzler Kohl in der DDR. Sie bringen die Erwartung zum Ausdruck, daß der Besuch zum Ausbau in den Beziehungen zwischen der DDR und der BRD beiträgt und damit auch der Verantwortung beider deutscher Staaten für die Einrichtung einer systemübergreifenden Friedensordnung in Europa entspricht. Die Verantwortungsgemeinschaft für den Frieden, die durch ein aktives Zusammenwirken von DDR und BRD für Frieden und Abrüstung geprägt sein müßte, sollte durch eine Vertragsgemeinschaft für die Beziehungen ergänzt werden. Die langfristige Perspektive des Verhältnisses kann nur in die gesamteuropäische Entwicklung in Richtung der Überwindung der Teilung Europas eingeordnet werden.

Der Besuch sollte den politischen und ökologischen Rahmen für die weitere Gestaltung der Beziehungen zwischen der DDR und der BRD abstecken sowie konkrete Schritte vorbereiten, die zu einer engeren Kooperation führen. Das betrifft vor allem Fragen der Zusammenarbeit auf den Gebieten Wirtschaft, Wissenschaft und Technik, Umweltschutz, Verkehr, Post- und Fernmeldewesen, Touristik und Rechtshilfe.

Die Teilnehmer des Runden Tisches appellieren an Ministerpräsident Modrow und Bundeskanzler Kohl, die Gespräche und deren Ergebnisse in Richtung Kooperation und Kommunikation zum Wohle der Bürger ihrer beiden Staaten zu lenken. Die Souveränität und staatliche Identität jedes der beiden deutschen Staaten darf durch keine Seite in Frage gestellt werden. Die Regierungen der beiden deutschen Staaten werden aufgefordert zu bekräftigen, daß sie sich ihrer Verantwortung für die Stabilität und Sicherheit in Europa bewußt sind und danach handeln.

Von deutschem Boden darf heute keine Destabilisierung für Europa und damit der Welt ausgehen.

Wir erwarten klare Aussagen, wie bei Abschaffung der Visapflicht und des Mindestumtausches für Reisen in die DDR ein Ausverkauf der DDR an Waren und Dienstleistungen und die Einreise von Neonazis und anderen Rechtsradikalen verhindert werden sollen.

TOP 7: Arbeitsbedingungen der Oppositionellen

N. N. (Vertreter der Regierung): – mit dem Ziel, dafür das Gebäude des Nationalrates der Nationalen Front zu nutzen.

Es wurden Fragen gestellt im Zusammenhang mit der **Freistellung von der Arbeit**. Diese Fragen wurden weitestgehend beantwortet. Es bleiben hier noch zwei Fragen übrig: Das ist einmal die hauptamtliche Tätigkeit und die freiberufliche Tätigkeit. Das erfolgt – ich bitte um Verständnis – seit Freitag. Das wird kurzfristig realisiert werden, und eine Antwort wird hier gegeben.

Es gab grundsätzliche Fragen der materiell-technischen Sicherung und der Finanzierung, die in genereller Weise in einem neuen **Parteiengesetz**, das auch die Finanzierung der Parteien einschließt, zu beantworten ist. Um nicht zu warten, bis das neue Parteiengesetz vorliegt, das durch die Vertreter des Runden Tisches meines Erachtens gemeinsam mit der obersten Volksvertretung auszuarbeiten wäre, sollte eine Übergangsregelung gefunden werden, die davon ausgeht, daß die Vorschläge des Runden Tisches zur materiell-technischen Absicherung und zur Finanzierung der Aufwendungen bis zur Beschlußfassung des Parteiengesetzes gelten sollten, die im Sekretariat des Ministerrates eingereicht werden. Es liegt ein konkreter Vorschlag vor, das kann ich sagen, der ist von Frau Poppe[3]. Wir gehen davon aus, daß auch die

---
[3] Dokument 2/2, Anlagenband.

anderen Vertreter des Runden Tisches dazu kurzfristig ihre Vorschläge unterbreiten.

Frau Poppe (DJ): Ich denke, das war der Stand von Freitag. Wir haben jetzt erwartet, daß Sie uns ein Angebot machen. Denn so war das vereinbart am Freitag, daß Sie uns heute ein Angebot machen.

Klinke (Vertreter der Regierung): Ich habe das Angebot gemacht. Das ist das mit dem **Haus des Nationalrates**. Das habe ich hier gesagt. Das ist ein anderer Stand als Freitag. Ich habe Ihnen gesagt, wie wir die Finanzierung der Aufwendungen vorsehen sollten. Und wir erwarten jetzt, daß natürlich Ihre Vorschläge unterbreitet werden, damit wir eine Übergangsregelung haben bis zu einem neuen Parteiengesetz. Was zu finanzieren ist, das sind die Räumlichkeiten und auch die Arbeitskräfte, die sie haben.

Lange (Moderator): Herr Ducke meldet sich dazu.

Ducke (Co-Moderator): Ich würde nur einmal vermittelnd sagen. Es war aus unseren Überlegungen am Freitag hervorgegangen, daß der konkrete Vorschlag der Mitglieder der neuen Gruppierungen bezüglich des Hauses des Nationalrates, Otto-Grotewohl-Straße, bis heute geklärt werden könnte. Sie konnten damals natürlich keine Zusage geben, daß Sie das bis heute klären können. Deswegen nur noch einmal die Rückfrage, ob das mit diesem konkreten Haus, mit diesem Objekt, bis heute geklärt werden konnte. Das war die Rückfrage, glaube ich, Frau Poppe, wenn ich das richtig sehe.

N. N. (Vertreter der Regierung): Was das konkrete Haus angeht, bin ich davon in Kenntnis gesetzt worden, daß in diesen Stunden die Prüfung läuft, um die Voraussetzung zu schaffen, daß am 27. Dezember bis dahin Klarheit besteht zur Nutzung dieses Hauses. Das Ziel ist eindeutig.

Lange (Moderator): Ja. – Herr Böhme.

Böhme (SDP): Ich bitte, was die Frage der Aufwendungen und der bezahlten Freistellung von der Arbeit anbelangt, das auch auf die **Vertreter im Beobachterstatus** zu beziehen, denn sie stehen immerhin, auch wenn sie an den Runden Tisch nicht zugelassen wurden, direkt für eine Vielzahl von Menschen, die bei ihnen Mitglieder sind. Und ich glaube, sie haben die Pflicht und das Recht, ihre Mitglieder zu informieren.

Lange (Moderator): Ja. Bitte.

Platzeck (GP): Es ist mehrfach die unzulässige Verkürzung im Parteienfinanzierungs- und Parteiengesetz vorgekommen. Es muß sich unbedingt auch um ein **Gesetz über die Vereinigungen** handeln, daß das nicht als solches im Raum stehenbleibt.

Lange (Moderator): Herr Gysi.

Gysi (SED-PDS): Ja, ich habe das noch nicht ganz verstanden. Ich bitte deshalb zu entschuldigen, daß ich nachfrage. Soll dieses Nationalratsgebäude dem Runden Tisch zur Verfügung stehen oder soll es zu Sitzungen des Runden Tisches zur Verfügung stehen und außerdem ansonsten zur Nutzung für die übrigen Parteien und Bewegungen? Soll das geprüft werden? Das sind ja zwei verschiedene Sachen, wenn ich das einmal sagen darf.

N. N. (Vertreter der Regierung): Ja. Der Vorschlag, der am Freitag unterbreitet wurde, war erstens, dieses Gebäude zu nutzen für die Tagungen des Runden Tisches, und zweitens, gleichzeitig Arbeitsmöglichkeiten für die Vorbereitung und Durchführung des Runden Tisches dort zu schaffen.

Lange (Moderator): Herr Ziegler.

Ziegler (Co-Moderator): Dazu muß ich ja leider doch noch nachfragen. Die Gruppierungen brauchen **Büroräume** und dergleichen. Ist das auch damit gemeint? – Damit wir jetzt gleich richtige Klarheit haben.

Lange (Moderator): Frau Poppe, Herr Poppe.

Frau Poppe (DJ): Ich möchte das berichtigen. Dieser Vorschlag, das Gebäude des Nationalrates der Nationalen Front zu nutzen, bezog sich auf ein **Haus der Opposition**, völlig unabhängig vom Runden Tisch. Und darüber hinaus hatten wir Sie gebeten, und das dringlich, und das bis heute, Räumlichkeiten, also Büros für den Runden Tisch bereitzustellen.

Lange (Moderator): Ja. Herr Poppe, wollen Sie sich gleich anschließen mit Ihrem Votum?

Poppe (IFM): Wir hätten da noch alle anderen Forderungen, die auf unserer Liste standen, die also den **Medienzugang** und die unabhängigen Zeitschriften und so weiter betrafen, also die komplette Liste, die wir Dr. Gerlach übergeben haben[4]. Dazu war natürlich von Ihnen eine Aussage am Freitag nicht zu machen, weil sie im Ministerium der Finanzen nicht kompetent für all diese Fragen sind.

Aber Sie hatten versprochen zu klären, daß bis heute auch diese übrigen Forderungen, die dort drinstehen, beantwortet werden, zum Beispiel in der Form, daß eine Arbeitsgruppe beim **Sekretariat des Ministerrates** gebildet wird, die alle diese Fragen im Zusammenhang beantwortet. Das ist also auch nicht geschehen, muß ich feststellen.

N. N. (Vertreter der Regierung): Ich kann die letzte Frage hier bejahen. Es gibt verantwortliche Damen und Herren, die dafür die Verantwortung tragen, für das, was wir am Freitag als Anlaufpunkt bezeichnet haben, und [die] sich diesen vielfältigen Fragen stellen. Ich bitte aber trotzdem um Verständnis, daß einige Fragen, ob das die Einführung der **Vervielfältigungstechnik** und andere Fragen sind, daß das jetzt bis um – ich bin um 13.30 Uhr hier eingetroffen –, daß das nicht alles zu klären war. Ich sitze jetzt hier auch bereits die ganze Zeit. Sie verstehen das. Wir müssen das mit einigen anderen Organen, das ist mit dem Presseamt, mit dem Ministerium für Post- und Fernmeldewesen und anderen Organen klären.

Ich muß bloß auf eines hinweisen, daß jetzt kein Mißverständnis im Raum stehenbleibt: Ich habe, ich sage das noch einmal ausdrücklich, das Ergebnis der Beratung am Freitag so verstanden, daß das Gebäude des Nationalrates erstens eine Voraussetzung ist, um den Runden Tisch dort durchzuführen, und zweitens, daß da Arbeitsräume zur Verfügung gestellt werden zur Vorbereitung und Durchführung des Runden Tisches. Frau Poppe, ich verstehe Sie so, daß gemeint war, daß **generell ein Gebäude geschaffen wird, wo alle am Grünen Tisch Beteiligten sich arbeitsmäßig einordnen.**

Lange (Moderator): Es ist im Augenblick also nicht entschieden, wie die neuen Gruppierungen und Parteien **Arbeitsmöglichkeiten** bekommen. Das ist klar.

---

[4] Dokument 2/2, Anlagenband.

Klinke (Vertreter der Regierung): Das ist bis jetzt noch nicht konkret entschieden.

Lange (Moderator): Ja. Zur Geschäftsordnung Herr Berghofer.

Berghofer (SED-PDS): Ja. Ich sage unseren Standpunkt. Wir können das hier Vorgetragene nicht billigen. So kommen wir nicht zu den politischen Hauptfragen. Wir erwarten von den Beauftragten der Regierung, daß in den nächsten Stunden dazu eindeutige Regelungen getroffen werden, und zwar für die zentrale und die territoriale Struktur des Landes: Was muß in Berlin gemacht werden? Was muß auf der Ebene der **Bezirke** gemacht werden? Was haben die Kreise zu veranstalten, damit sich die neuen politischen Kräfte entsprechend unserem Standpunkt gleichberechtigt demokratisch sich auf die Wahl vorbereiten können und ihre Arbeit aufnehmen können? Das ist das Dominierende.

Und zweitens, das ist heute neu dazugekommen: Bitte schön, wenn es geht, ist das **Haus des Nationalrates der Nationalen Front** als das Tagungsgebäude bis zum 6. Mai [1990] für den Runden Tisch mit den entsprechenden Arbeitsbedingungen etc. freizustellen.

Lange (Moderator): Ja – es hatten sich zwar andere gemeldet – Herr Gysi.

Gysi (SED-PDS): Ja, ich war ja eigentlich vorhin gar nicht fertig. Ich bin ja bloß unterbrochen worden. Ich hatte ja zwei Fragen an ihn.

Lange (Moderator): Ich bitte um Entschuldigung.

Gysi (SED-PDS): Meine erste – ich entschuldige das selbstverständlich –: Ich würde schon vorschlagen zu prüfen, ob man dann auch der Einfachheit halber dieses Gebäude gleich nehmen kann sowohl für die Tätigkeit der Parteien und Gruppierungen als auch für den Runden Tisch. Mich stört es nicht, da dann zum Runden Tisch reinzugehen, auch wenn dort sonst von der Opposition gearbeitet wird.

Zweitens, habe ich das andere richtig verstanden? – Das war meine nächste Frage, daß Sie gesagt haben, die Art der Erstattung der **finanziellen Aufwendungen für den Runden Tisch**, das würde der Ministerrat so machen, wie wir es hier beschließen – oder die Finanzierung von **hauptamtlichen Mitarbeitern** im Zusammenhang mit der Tätigkeit des Runden Tisches. Habe ich das so verstanden – –

N. N. (Vertreter der Regierung): Das ist richtig verstanden – –

Gysi (SED-PDS): –, daß der Ministerrat sich unserem Beschluß unterwirft – –

N. N. (Vertreter der Regierung): – daß die Aufwendungen, die in Vorbereitung und Durchführung des Runden Tisches entstehen, aus Mitteln des Haushaltes des Sekretariates des Ministerrates auf der Grundlage eines Nachweises erstattet werden.

Gysi (SED-PDS): Ja, das hatte ich verstanden. Dann haben Sie noch eine – –

N. N. (Vertreter der Regierung): – zweitens, daß die grundsätzliche Finanzierung mit dem **Parteiengesetz** geregelt werden muß.

Gysi (SED-PDS): Parteienfinanzierungsgesetz, ja.

N. N. Vertreter der Regierung: In dem Parteiengesetz wird es dann einen Teil der **Parteienfinanzierung** geben, und daß bis zur Ausarbeitung bis zum Beschluß über ein neues Parteiengesetz Übergangsregelungen zu finden sind, die gewährleisten, daß auch der Aufwand bis dahin finanziert wird. Und für diese Übergangsregelungen wird erwartet, daß entsprechende Vorschläge unterbreitet werden, welche Aufwendungen den Parteien entstehen – –

Frau Poppe (DJ): – und **Vereinigungen**! Sie vergessen das immer – –

N. N. (Vertreter der Regierung): – und Vereinigungen entstehen, um bis zum Parteiengesetz, und bitte schön einschließlich Vereinigungen, daß das dann aus dem Staatshaushalt finanziert wird.

Gysi (SED-PDS): Also, da erwarten Sie nicht, Sie hatten vorhin formuliert, daß Sie diese Übergangsregelung so machen, wie wir es hier beschließen. So ist das nicht, sondern Sie erwarten Vorschläge, um dann selbst zu beschließen.

Klinke (Vertreter der Regierung): So ist das.

Böhme (SPD): Gestatten Sie eine Zwischenbemerkung – –

Lange (Moderator): Entschuldigung, Entschuldigung, Herr Böhme. Es waren hier einige andere Wortmeldungen. Sie können sich da noch mit einordnen.

Herr Raspe hatte sich gemeldet.

Raspe (LDPD): Es wurde hier eine komplette Liste übergeben mit Forderungen und Vorstellungen[5]. Man kann zu den einzelnen Forderungen und Vorstellungen unterschiedlicher Auffassung sein. Aber ich finde, es ist ein berechtigter Anspruch, daß wir nicht auf einzelne Dinge hier eingehen und einzelne Dinge herausgreifen, sondern es ist eine Frage des Anstands, daß man in der Gänze dieses Papier beantwortet.

Ich würde vorschlagen, daß wir die Donnerstag-Beratung, auch wenn ich Gefahr laufe, hier die drei Stunden schon wieder zu überziehen – –

[Zwischenruf]

– Entschuldigung, wir waren am Freitag angelangt. Aber hier haben wir kompetente Vertreter, daß die sich gut vorbereiten können, so daß sie in relativ kurzer Zeit auf diese Fragen konkret antworten. Ich glaube, die Antworten lassen sich heute nicht erzwingen, weil man nicht darauf vorbereitet ist.

Lange (Moderator): Ja. Herr Schmidt.

Schmidt (CDU): Herr Dr. Gysi hat – –

Gysi (SED-PDS): – Darf ich noch eine Bemerkung machen? Diese „kleinere Gruppe", der würde ich empfehlen, diese letzte Frage, also überhaupt Aufwendungen dieser Parteien bis zu einem Parteiengesetz, das auch die Finanzierungsfragen regelt – –

Frau Poppe (DJ): – Und **Vereinigungen**!

Gysi (SED-PDS): – Ja, nehmen Sie das als gegeben hin, daß ich das immer mitmeine –, daß diese kleine Gruppe dazu Vorschläge erarbeitet. Das schaffen wir hier in der Runde nie.

Lange (Moderator): Ja. Vielen Dank für den Hinweis.
Herr Böhme hatte sich noch gemeldet.

---

[5] Dokument 2/2, Anlagenband.

Böhme (SDP): Nein, ich wollte an sich nur fragen.

Lange (Moderator): Eigentlich wollte er fragen, aber nun nicht mehr.

Böhme (SDP): Nein, nein, es war nur ein Scherz, um das ein bißchen aufzulockern.

Lange (Moderator): Ja, Sie können gerne einen Scherz machen. Bitte schön.

Dshunussow (IFM): Ich habe die Formulierung „zur **bezahlten Freistellung**" nicht verstanden. Haben Sie darüber jetzt auch einen Beschluß gefaßt oder gibt es da noch keinen?

Lange (Moderator): Es ist akustisch hier nicht zu verstehen. Können Sie bitte etwas lauter sprechen.

Dshunussow (IFM): Ich habe seine Formulierungen „zur **bezahlten Freistellung**" nicht verstanden. Gibt es dazu jetzt einen Beschluß oder nicht? – Es kann ja passieren, daß ich übermorgen, daß nicht nur ich, sondern andere übermorgen zum Beispiel zum Runden Tisch nicht freigestellt werden. Der Betriebsrat fragt: „Mit wem hast Du den Arbeitsvertrag?" Dazu muß doch auch irgendwie – –

[Unruhe]

N. N. (Vertreter der Regierung): Gestatten Sie? Die Freistellung von der Arbeit erfolgt auf der Grundlage des **Arbeitsgesetzbuches** [AGB] der DDR und wird als gesellschaftliche Tätigkeit gewertet, der Grundlage auch, vielleicht darf ich das sagen, der **Paragraphen 181, 182**. Und, um allen Schwierigkeiten aus dem Weg zu gehen, haben wir die Bitte, und so ist das am Freitag in Übereinstimmung festgelegt worden, daß diese Anträge zur Freistellung unmittelbar an das Sekretariat des Ministerrates gegeben werden, um zu gewährleisten, daß die Bezahlung der Freistellung erfolgt.

Henrich (NF): Nehmen Sie zur Kenntnis, daß hier unter uns mindestens vier Personen sitzen, die in dieser Frage nicht dem Gesetzbuch der Arbeit unterworfen sind. Das hat meine Freundin Ulrike Poppe auch in diesem Schreiben[6] ausreichend formuliert.

Frau Poppe (DJ): Nein, wir hatten darüber gesprochen. Erinnern Sie sich, am Freitag?

Lange (Moderator): Ja, gut. Aber dann ist es ja wichtig, daß es noch einmal ausgesprochen ist und nicht vergessen wird.

Henrich (NF): Was wird damit? – AGB nützt mir gar nichts.

Lange (Moderator): Herr Schult hatte sich gemeldet.

Schult (NF): Ich denke, bis Freitag müßte dann auch geklärt sein, daß auch das Sekretariat dafür zuständig ist, um die Frage von Krediten oder **Kreditfinanzierungen für die Wahlen** zu regeln. Das kann nicht einfach bloß sein, daß per Quittung jetzt Reisekosten erstattet werden oder jedes Radiergummi, sondern daß klar die Organisationen, Parteien, Vereinigungen einen Vorschuß beantragen können, den sie auch in bar ausgezahlt bekommen. Das Neue Forum hat es versucht, einmal durchzurechnen und wird auf eine Höhe von ungefähr fünf Millionen Mark kommen für die DDR-weite Organisierung.

---
[6] Dokument 2/2, Anlagenband.

Lange (Moderator): Herr Schramm und Herr Gehrke noch dazu. Können wir dann diesen Punkt abschließen?

Schramm (FDGB): Also, ich bitte einmal darum, hier eine Erklärung abgeben zu können.

Der erste Punkt ist, daß mich das als Vertreter der Gewerkschaft befremdet, wie hier – ich sage einmal das Wort – die **Opposition**, weil das auch selbst gewählt ist, zu Arbeits- und Lebensbedingungen und den Möglichkeiten, hier schnell wirksam zu werden und sich zu konstituieren, von Ihnen dargelegt wird. Ich möchte Sie darauf aufmerksam machen, daß die Freistellung laut Arbeitsgesetzbuch nicht einmal für Gewerkschaftsmitglieder in der DDR klappt, landesweit.

Und darum möchte ich hier noch einmal mit Nachdruck darauf verweisen, daß es einer generellen Stellungnahme der Regierung bedarf, für alle gesellschaftlich tätigen Leute, natürlich bis hin zu der Tatsache, daß hier einige unserer Kollegen nicht erfaßt sind vom AGB. Danke.

Lange (Moderator): Herr Gehrke.

Gehrke (VL): Ich wollte nur noch einmal betonen, was, glaube ich, auch Frau Poppe noch einmal wiederholt hatte: Wir haben über sämtliche dieser Aspekte gesprochen. Es handelt sich hier um sehr unterschiedliche Personen, also hinsichtlich ihrer Arbeitsrechtsverhältnisse, die ja erfaßt sein müssen. Das ist der eine Aspekt, über den wir sprachen.

Der zweite ist: Es handelt sich nicht nur um die Teilnehmer direkt am Runden Tisch, sondern analog natürlich auch um Berater und um diejenigen, die in den **Kommissionen** mitarbeiten sollen, so daß also das gesamte Spektrum erfaßt sein muß. Und daß eigentlich am Runden Tisch eine Entscheidung fallen muß.

Oder wir können das auch in dieses Arbeitsgremium verweisen, damit wir uns hier nicht damit aufhalten, das wäre praktikabler; jedenfalls müssen wir eigentlich eine Entscheidung treffen, damit es nicht ausufert ins Unendliche, sondern auch praktikabel gehalten wird. In dieser Weise haben wir uns verständigt.

Und ich muß sagen, ich bin eigentlich auch sehr erstaunt und befremdet darüber, daß die Erklärung, die wir heute vernommen haben, sich eigentlich kaum unterscheidet von der, die wir Freitag gehört haben, obwohl wir vereinbart hatten, daß bis heute die Dinge doch definitiv geklärt werden.

Lange (Moderator): Ja. Wir müssen jetzt erst einmal diesen Punkt abbrechen. Meine Frage ist: Soll dieses gleich für den Freitag – für die nächste Sitzung – auf jeden Fall mit auf die Tagesordnung gesetzt werden? Damit wir die angesprochenen offenen, noch offenen Fragen dann hier in dem Kreis der Teilnehmer des Runden Tisches doch geklärt haben.

Herr Gehrke.

Gehrke (VL): Ich würde aus Gründen der Arbeitsfähigkeit des Runden Tisches auch vorschlagen, daß wir vielleicht auch eine separate Kommission machen, daß wir einen kleineren Personenkreis damit beauftragen, in der Zwischenzeit die Diskussion dieser Sache zu übernehmen, daß die Vereinbarung hier schon praktisch wirklich entscheidungsreif vorgelegt wird, ja? Daß wir uns nicht über Einzelheiten hier aufhalten müssen, denn dann haben wir wieder eine unendliche Debatte und kommen gar nicht zu den Sachfragen.

Lange (Moderator): Der Vorschlag wird gemacht, eine kleinere Gruppe damit zu beauftragen.

Sie hatten sich dazu gemeldet?

Gutzeit (SDP): Ja. Es wäre zu erwägen, ob unter Umständen diese kleinere Gruppe, die sowieso schon gebildet ist, sich damit befaßt. Aber wenn sie das – –

[Zwischenruf]

– ja, Entschuldigung, und ja – die soll ja auch mit Modrow verhandeln und so – na ja, gut.

Lange (Moderator): Frau Walsmann.

Frau Walsmann (CDU): Um zur sachlichen Entscheidung zu kommen, mache ich den Vorschlag, daß der Regierungsvertreter das in einer sachlichen und juristisch geprüften Form schriftlich bis zum Freitag vorlegt als Entscheidungsgrundlage, damit wir eine Basisabstimmung haben.

Lange (Moderator): Wird dieser Vorschlag akzeptiert?
Bitte, Herr Ziegler.

Ziegler (Co-Moderator): Ich fürchte bloß, Herr Klinke ist da etwas überfordert, wenn wir, sofern wir ihm nicht nach Ihrem Vorschlag genau formuliert noch einmal vorlegen, was jetzt Sache ist. Frau Poppe hat das zwar gemacht – ich kenne das Schreiben[7] nicht, aber wir haben es gehört. Daß das noch einmal – –

[Zwischenruf]

Ziegler (Co-Moderator): – Nein, es ist nur einmal da gewesen, nicht? – Ist egal. Ich brauche es ja auch nicht. Ich denke, es muß entweder eine kleine Gruppe oder die bereits benannte Gruppe noch einmal formulieren, welche Punkte noch der Klärung bedürfen. Sonst geht das ja nicht.

Lange (Moderator): Herr Ullmann.

Ullmann (DJ): Ja. Ich muß nun doch mein Befremden ausdrücken, warum wir dieselbe Arbeit noch einmal machen sollen?

Lange (Moderator): Ja. Die Schwierigkeit liegt ein klein wenig darin, daß wir jetzt die Auflistung sicher nicht hier bei uns vorliegen haben. Wenn Sie den Eindruck haben, wir haben alles gesagt in diesem Gespräch am vergangenen Freitag, was zu sagen war, und haben das auch schriftlich vorgelegt, dann liegt es eindeutig bei der Seite der Regierung, darauf jetzt zu reagieren und die noch offenen Fragen nach Möglichkeit bald zu klären. Sehe ich das so richtig?
Herr Ducke.

Ducke (Co-Moderator): Ich möchte einen konkreten Vorschlag machen: Es liegt also der Vorschlag aller Gruppen vor: die **Bedarfsmeldung**, darf ich es jetzt einmal so nennen? – Diese Bedarfsmeldung liegt uns anderen allen nicht vor. Deswegen kommt es vielleicht jetzt auch zu dieser etwas schwierigen Diskussion auch für das Verständnis von vielen Dingen, die hier geäußert wurden. Ich mache den Vorschlag, dies wird bis Freitag vervielfältigt. Sollten sich noch Ergänzungen finden, können die vorgetragen werden.

Und noch die Bitte an die Vertreter der Regierung, die mit übermittelt werden sollte in dem **Gespräch mit Herrn Modrow**, daß darüber dort eine verbindliche Antwort vorgelegt werden kann. Könnten wir uns so vielleicht einigen, damit wir aus dieser Diskussion doch herauskommen.

---
[7] Dokument 2/2, Anlagenband.

Lange (Moderator): Herr Klinke, bitte.

Klinke (Vertreter der Regierung): Kann ich das so verstehen, daß auf der Grundlage des uns jetzt vorliegenden Briefes bis Freitag eine definitive verbindliche Antwort gegeben wird? Sollten bis Freitag in einer kleinen Gruppe weitere Fragen entstehen, nehmen wir die am Freitag entgegen.

Lange (Moderator): Ich denke, darum wollen wir Sie sehr nachdrücklich bitten, daß dies bis zum Freitag hier vorgelegt werden kann.
Herr Schult noch dazu.

Schult (NF): Ja, ich möchte bloß, daß diese neuen Punkte jetzt schon ergänzt werden durch die **Kreditfrage.**

N. N. (Vertreter der Regierung): Ich habe das aufgeschrieben.

Lange (Moderator): Gut. Können wir dann die Diskussion abschließen? –
Wir bedanken uns, daß Sie in unseren Kreis gekommen sind. Wir werden in diesen Fragen weiter in Kontakt bleiben und erwarten eine Antwort. Vielen Dank.
Es war der Vorschlag gemacht worden, eine Pause zu machen, zehn – fünfzehn Minuten.

[Unterbrechung der Sitzung]

[Unverständliche Wiederaufnahme der Sitzung]

Ziegler (Moderator): – und stellt dieselbe Frage, daß dann Herr Raspe zwei Stimmen hat. Können wir das so feststellen? – Danke.
Sonst fände ich es doch besser, dieses schwierige Verfahren künftig zu vermeiden. Aber diesmal ging es nicht anders. – Bitte.

Ullmann (DJ): Ich darf dasselbe beantragen für Frau Poppe, weil ich dreiviertel fünf gehen muß, für den Ernstfall.

Ziegler (Moderator): Ja. Hoffentlich nicht noch mehr, da komme ich gleich zum zweiten Punkt. Ja, Sie auch noch?

Koplanski (DBD): Ja. Ich wollte mich dazu äußern. Ansonsten ist es besser, [daß] wir uns geordnet auflösen, als wenn wir auseinanderlaufen.

Ziegler (Moderator): Vielen Dank. Das wollte ich gerade auch sagen. Und damit schlage ich vor: Wir sagen jetzt, 18.00 Uhr muß Schluß sein, weil es sonst nachher eine laufende Auflösung gibt. Und dann ist eine echte Verhandlung nicht mehr möglich. Können wir 18.00 Uhr sagen? – Und da wir den 22. [Dezember 1989] jetzt genommen haben, muß es dann da eben weitergehen.

TOP 8: Stellungnahme des Runden Tisches zum Besuch von Bundeskanzler Kohl, BRD, in Dresden am 19. Dezember 1989 (Fortsetzung)

Gut. Dann ist ein Letztes noch nachzuarbeiten. Wir haben die **Erklärungen zum Besuch Kohl** hier verabschiedet. Das Neue Forum hatte eine Minderheitserklärung, ein **Minderheitsvotum** angekündigt. Das müßten wir zunächst noch hören, damit dieser Vorgang dann abgeschlossen ist, ja? Wer macht es?

Henrich (NF): Der Vertreter der Vereinigten Linken trägt das für uns vor.

Ziegler (Moderator): Wollen Sie das bitte dann machen, Herr Klein, ja?

Klein (VL): Also, ich verlese den Text des Minderheitsvotums, das getragen wird von den Vertretern der Vereinigten Linken und des Neuen Forums: Zum Besuch des Bundeskanzlers in Dresden:

> [Vorlage 2/5, Minderheitenvotum NF und VL: Zur „Stellungnahme des Runden Tisches zum Besuch von BRD-Kanzler Kohl"]
>
> Wir fordern, daß alle stattfindenden Gespräche auf Regierungsebene und alle Gespräche über internationale Wirtschaftskooperationen weder zu sozialen Nachteilen für wirtschaftlich Schwache noch zu einer Wiederbelebung kapitalistischer Ausbeutungsverhältnisse in der DDR, auch nicht in Form eines Billiglohn-Landes DDR als verlängerter Werkbank BRD, noch zu einseitiger wirtschaftlicher Abhängigkeit führen dürfen. Die von uns befürworteten Kontakte und Verhandlungen im Rahmen der zu ergreifenden Sofortmaßnahmen mit dem Ziel der Dämpfung der gesamtgesellschaftlichen Krise dürfen nicht als unkontrollierte Generalvollmacht für die Regierung gehandhabt werden. Volksvermögen, insbesondere Grund und Boden, sowie die Arbeitskraft dürfen nicht in Waren verwandelt werden und in die Reichweite ausländischen Kapitals geraten.
>
> Wir fordern Ministerpräsident Modrow auf, bei seinen Verhandlungen mit Bundeskanzler Kohl die ökonomischen und währungspolitischen Auswirkungen der Einstellung des Zwangsumtausches für Bürger der BRD und Westberlins zu berücksichtigen. Das beinhaltet, sofort flankierende Maßnahmen zum Schutz der Wirtschaft unseres Landes, insbesondere des Konsumgüter- und Dienstleistungssektors in Absprache mit dem Runden Tisch zu beschließen.

Ziegler (Moderator): Da die Gesamtabstimmung 30 Stimmen für die andere Erklärung ergab, ist dies ja nur eine Erklärung, die da anzuheften ist und dem Ministerpräsidenten mit zu übergeben ist. Oder?

Henrich (NF): Wir wollen diese Erklärung als ein Minderheitenvotum verstanden wissen. Damit wollen wir ausdrücken, daß wir die andere Erklärung nicht mittragen. Wir stehen nur hinter diesem Minderheitenvotum.

Ziegler (Moderator): Ja, das ist allen klar. Aber es wird jetzt darüber nicht mehr verhandelt, denn es war ja vorher von Ihnen erklärt worden, Sie würden ein Minderheitsvotum abgeben. Dann nehmen wir das zur Kenntnis, und es muß geschrieben werden, und es muß dann auch übermittelt werden, weil das ja morgen schon bekannt sein muß.
Frau Köppe.

Frau Köppe (NF): Uns wird gerade mitgeteilt, daß unser Minderheitenvotum nicht über den **Rundfunk** übertragen wurde. Ich möchte jetzt einfach einmal nachfragen, ob hier ausgewählt wird bei der Übertragung oder ob alles übertragen wird.

Ziegler (Moderator): Da müssen wir jetzt überhaupt einmal fragen, ob und seit wann denn hier übertragen wird. Ich weiß das jetzt gar nicht, weil der Rundfunk ja gesagt hatte, er wolle erst, wenn die Sachdebatte läuft, wieder übertragen. Könnten Sie uns Auskunft geben?

Mitarbeiter des DDR-Rundfunks: Ich kann hier die Auskunft geben: Seit etwa 14.10 Uhr sind wir von Zeit zu Zeit dabei, weil andere Sendungen auch laufen, und fassen bestimmte Dinge zusammen. Da das Minderheitsvotum im Moment noch ausdiskutiert wird, werden wir das sofort nachtragen, wenn das hier entschieden ist.

Ziegler (Moderator): Ja. Können wir das so machen, ja?

Mitarbeiter des DDR-Rundfunks: Den Text brauchen wir aber.

Ziegler (Moderator): Den Text lassen wir schreiben, und dann geben wir ihn auch, bitte, gleich den Vertretern des Rundfunks, damit das auch noch mit in die Zusammenfassung kommt. Können wir so verfahren? – Kein Widerspruch.

Jetzt müssen wir sehen, wie wir in der knappen Zeit, die uns zur Verfügung steht, noch sinnvoll arbeiten können. Ich schlage Ihnen vor, daß wir uns jetzt über die **Bildung von Arbeitsgruppen** verständigen. Und ich will auch begründen, warum ich dies vorschlage vorzuziehen. Weil dann ein Teil der – auf meinem Zettel sind es 15 – unterschiedlichen **Erklärungen** in die Arbeitsgruppen zur weiteren Bearbeitung überwiesen werden kann.

Es gäbe eine Sache, die wahrscheinlich sehr dringend ist, nämlich **Rumänien**. Das müßten wir wahrscheinlich noch im Plenum machen und könnten es nicht überweisen. Aber viele andere Dinge können doch nachher sicher in die Gruppen überwiesen werden und dann wieder hochgezogen werden. Erhebt sich Widerspruch gegen dieses Verfahren?
Ja, Bruder Ullmann.

Ullmann (DJ): Müßte man nicht wenigstens heute eine Festlegung treffen, was hinsichtlich der beiden **Regierungsvorlagen** zu tun ist. Denn ich finde, sie sind sehr dringend.

Ziegler (Moderator): Ja. Herr Ullmann, würden Sie zustimmen, daß wir dann erst die Gruppen wählen und dann sehen wir ja, welche Dinge unbedingt heute noch behandelt werden müssen. Wir nehmen Ihre Anmeldung an: die beiden Regierungsvorlagen. Außerdem [eine **Erklärung zu**] **Rumänien**.

Ebeling (DA): Ich würde darauf Wert legen, zur Frage der **Auflösung des Amtes für Nationale Sicherheit** noch etwas zu erklären, weil es eine aktuelle Situation betrifft. Ich bitte, daß das noch eingebunden wird.

TOP 9: Bildung weiterer Arbeitsgruppen des Runden Tisches

Ziegler (Moderator): Gut. Das sind die Anmeldungen zu den Regierungserklärungen, nicht? Schön. – Dann würde ich Ihnen jetzt sagen, welche Gruppen, welche **Arbeitsgruppen** – –

Herr Poppe hatte mit Recht darauf aufmerksam gemacht: Wir sollten uns über die Terminologie einigen. Entweder Arbeitsgruppen oder sagen wir Kommissionen oder Ausschüsse, damit das nicht dauernd hin und her geht. In der ersten Zusammenfassung hieß es Arbeitsgruppen. Ich schlage vor, wir bleiben dabei: Arbeitsgruppen des Runden Tisches. Oder wollen Sie es anders? – Bleiben wir dabei. Gut.

– Es waren gebildet worden **Arbeitsgruppen** für „Neue Verfassung", für „Wahlgesetz", „Parteien- und Vereinigungsgesetz" und „Wirtschaft", immer in Kurzform. Und nun waren jetzt heute noch genannt worden „Bildung und Erziehung", „Medien", „Strafrechts- und Strafvollzug", „Ausländerfragen", „Frauenfragen", „Kontrollkommission", „Ökologie" und „Sozial- und Gesundheitswesen".

Ich verweise auf die Einladung. In der Einladung[8] waren schon genannt worden ein paar Punkte, die wir vom letzten Mal hatten, so daß hier Doppelungen vorliegen. Da sind aufgenommen Medien, Ökologie und Ausländerfragen. Die sind also mit erfaßt. Ich frage, ob noch irgendwelche Lücken sind.

Gutzeit (SDP): Da ist noch der **Kontrollausschuß zur Auflösung des Amtes für Nationale Sicherheit**. Das sollte ja hier angebunden werden. Da gab es den Antrag. Das hörte ich jedenfalls gerade nicht.

Ziegler (Moderator): Kontrollkommission hatte ich hier gesagt, war da drin. Aber das können wir natürlich jetzt auch mit den Regierungsvorlagen verbinden.

Böhme (SDP): Was ist mit den **neofaschistischen und rechtsradikalen Tendenzen**?

Ziegler (Moderator): Aber als Arbeitsgruppe? Das war nicht als Arbeitsgruppe, das war doch als Thema genannt worden für eine Erklärung.

Ja, Beobachter haben ja eigentlich kein Rederecht. Wir erkunden einmal, was Sie vielleicht weitergehend haben.

Scheler (VdgB): Es geht um die Jugend, eine **Arbeitsgruppe „Jugend"** noch.

Ziegler (Moderator): Na, wenn Sie sie beantragen, dann werden wir die machen.

Böhme (SDP): Kann man das nicht in einer **Arbeitsgruppe „Bildung, Erziehung, Jugendpolitik"** zusammenfassen?

Gehrke (VL): Jawohl, hatte ich vorhin beantragt: Jugend, Bildung, Erziehung.

---
[8] Dokument 2/1, Anlagenband.

Ziegler (Moderator): Ja, darum sprechen wir ja noch einmal darüber, damit das alles rauskommt. Der Vorschlag lautet jetzt also eine Gruppe „Bildung, Erziehung, Jugend" zu bilden. Und dann wäre das mit aufgenommen. Ich will Ihnen bloß sagen, vier Gruppen sind schon gebildet. Dann wären hier allerdings eins, zwei, drei, vier, fünf, sechs, sieben, acht, etwa acht neue Gruppen noch zu bilden.

Bitte, Herr Böhme.

Böhme (SDP): Fällt die Parteienfinanzierung mit unter das Parteiengesetz? Wird das zusammengefaßt?

Zwischenrufe: Ja! Ja!

Ziegler (Moderator): Ich denke, das ist vorhin deutlich zum Ausdruck gekommen, daß Parteiengesetz und Parteienfinanzierung gemeinsam geklärt werden muß.

Herr Gutzeit.

Gutzeit (SDP): Bei dem **Parteiengesetz** und der **Parteienfinanzierung** geht es um die Erarbeitung von Gesetzesvorlagen, die eigentlich in der Vorbereitung der Wahl anstehen. Es gibt aber ein zweites Moment, von dem ich vorhin geredet habe und das ich gefordert habe. Das betrifft die Aufarbeitung dessen, was bisher war, das heißt die Vermögenslage der bisher etablierten Parteien, ihre Finanzierung. Das ist, glaube ich, ein wichtiger Gedanke.

Ziegler (Moderator): Herr Gutzeit, darf ich Sie daran erinnern, daß dieses bereits vorhin vorgelesen worden war, beide Punkte, die Sie genannt hatten, unter den Themen, die noch zu bearbeiten sind. Und ich hatte den Vorschlag gemacht, jetzt einigen wir uns über die Bildung der Gruppen und dann überweisen wir die Themen, und die wir nicht überweisen können, die bearbeiten wir extra. Geht das so? – Danke.

So, die Fülle der Arbeitsgruppen haben Sie gehört. Ich schlage Ihnen vor, wir gehen jetzt Punkt für Punkt durch und entscheiden und machen uns unser Verfahren beim letzten Mal zunutze. Es wird jeweils sofort festgesetzt, wer der Einberufer und Bilder der paritätischen Gruppe ist. So haben wir es letztens am 7. Dezember gemacht.

Bitte, Herr Henrich.

Henrich (NF): Da muß ich noch einen Einwand vortragen. Meine Freunde haben mich gebeten, daß ich in der Gruppe „**Wahlgesetz**" mitarbeite. Deshalb möchte ich nicht weiter in der anderen Gruppe mitarbeiten. Da fehlt jetzt ein Vorsitzender. Neben Herrn Raspe ist der Stuhl sozusagen jetzt frei geworden. Ich bitte, da jetzt noch einen anderen, ja – –

Ziegler (Moderator): Aha. Dann besetzen wir ihn jetzt gleich wieder. Sonst fehlt uns nachher ein Einberufer von den Seiten der Gruppierungen. Wer soll das denn machen, Herr Henrich, haben Sie da schon einen Vorschlag?

Bitte, Herr Koplanski.

Koplanski (DBD): Ich würde vorschlagen, daß diese Sache heute nicht ausdiskutiert wird. Es treffen sich ja die Vertreter von jeder Gruppierung und Partei, und dort sollte das ausdiskutiert werden. Die Zeit ist, glaube ich, heute zu knapp.

Ziegler (Moderator): Ich glaube, Sie mißverstehen mich jetzt. Es waren zwei Vertreter zu Einberufern bestimmt worden. Und da Herr Henrich ausfällt als Einberufer, brauchen wir den zweiten Mann als Einberufer. Sonst gibt es da nachher wieder Schwierigkeiten. Ausdiskutieren wollen wir nichts.

Koplanski (DBD): Es geht also nur um den einen Einberufer für diese Gruppe?

Ziegler (Moderator): Nur um den Einberufer. Herr Henrich, der wollte ja nicht kommen.

Henrich (NF): Ja, ich kann das ja nun nicht bestimmen. Das muß ja hier nun entschieden werden.

Ullmann (DJ): Aber ist nicht der Vorschlag von Herrn Koplanski wirklich besser und praktischer?

Ziegler (Moderator): Wer soll denn das machen?

Ullmann (DJ): Die Gruppen.

Koplanksi (DBD): Die Gruppe soll das ausdiskutieren.

Ziegler (Moderator): Na, bloß Herr Raspe meldet sich natürlich sofort. Das ist auch verständlich.

Raspe (LDPD): Liebe Kollegen, wir waren das letzte Mal in der Lage, von beiden Seiten spontan jemanden zu benennen. Es wäre wünschenswert, so fortzufahren. Wenn es nicht möglich ist, dann bitte ich einfach im Interesse der Arbeitsweise dieser Kommission darum, denn wir müssen ja sehr schnell zusammenkommen und ich brauche diesen Partner, mich morgen oder übermorgen anzurufen. Ich würde es einfach sagen, um hier das Verfahren nicht zu verlängern. Bloß im Interesse der Sache ist mir sehr daran gelegen, daß ich bald meinen Partner kennenlerne.

Ziegler (Moderator): Dann übernehmen Sie das, Herr Ullmann, dafür zu sorgen. Na ja, also, Moment einmal. Wer soll das denn nun festlegen? Ich nehme an, die **Kontaktgruppe**, die Sie bilden, oder wer soll es denn machen, wenn [es] hier nicht spontan gesagt werden kann. Es geht doch um nichts weiter als um die Einberufung der paritätischen Gruppe.
Herr Koplanski, bitte.

Koplanski (DBD): Ich muß noch einmal zur Geschäftsordnung sprechen.

Ziegler (Moderator): Bitte.

Koplanski (DBD): Es geht im Prinzip jetzt nur um den Vertreter als Partner für Herrn Raspe. Das müßten Sie festlegen. Alles andere würde ich bitten, daß das in dieser Kontaktgruppe diskutiert wird, weil wir hier nicht acht Vertreter aus dem hohlen Hut so schnell vorschlagen sollten. Dazu sollten wir mindestens zwei Tage Zeit haben.

Ziegler (Moderator): Na gut. Dann kann es nur die Gruppe machen, die eigentlich sowieso eingesetzt ist. Allerdings können wir dann heute nicht mehr sagen, wer die Einberufer sind, und es verzögert sich. Frau Poppe, sie hatten sich gemeldet.

Frau Poppe (DJ): Hat sich erledigt.

Ziegler (Moderator): Ja dann, wenn wir dem Vorschlag von Herrn Koplanski folgen, wird jetzt nur über die Einsetzung der Gruppen entschieden. Und alles andere bleibt offen. Das möchte ich nur einmal sagen.

Stief (NDPD): Ich möchte, wie hier eben gesagt wurde, eine Ausnahme anfügen. Ich glaube, daß Herr Dr. Ebeling und ich, was die Wirtschaft betrifft, uns darüber einig sind, daß wir uns heute noch verständigen, wen wir schnellstmöglich einberufen. Es gibt genügend Bereitschaft dazu, die hier vorliegt. Also, wir möchten nicht verzögern.

Ziegler (Moderator): Ja, das sollen Sie doch auch. Das soll ja nicht aufgehoben werden. Nur die Neuen wissen das noch nicht.

Platzeck (GL): Das gleiche gilt für die **Gruppe „Ökologischer Umbau"**. Dr. Dörfler und ich haben uns schon verständigt. Wir würden die Einberufung übernehmen und wollen da nicht noch einmal ein paar Tage Verzögerung.

Ziegler (Moderator): Also, verehrte Freunde. Wenn wir bis 18.00 Uhr hier fertig werden sollen, hat das keinen Zweck, daß mir jeder neue Vorschläge macht. Ich habe Sie jetzt gefragt: Wollen wir nur über die Gruppen entscheiden und das dann dem freien Lauf entlang überlassen, von mir aus der **Kontaktgruppe** oder wie Sie sie benennen, oder bestimmen wir gleich auch den Einberufer? Ich bin persönlich dafür, gleich den Einberufer zu benennen, weil ich sonst eine große Verzögerung befürchte. Ich mache Ihnen aber einen Kompromißvorschlag.
Wenn wir uns nicht auf Zuruf sofort über die Einberufer einigen können, nehmen wir den Vorschlag von Herrn Koplanski auf, ja? Und diejenigen Gruppen, die schon Einberufer haben, bleiben dabei. Herr Raspe ist in einer etwas schwierigen Situation. Da wird zugesagt – –
Es wird eben der neue Partner genannt, ja?

Frau Poppe (DJ): Also, ich würde mich zur Verfügung stellen, wenn die anderen damit einverstanden sind.

Ziegler (Moderator): **Frau Poppe**, vielen, vielen Dank. **Herr Raspe** hat also auch eine Partnerin für die **Einberufung** [der AG „Parteien- und Vereinigungsgesetz"]. Danke schön.
So, und jetzt gehen wir der Reihenfolge nach. Da ich keinen Widerspruch gehört habe, nehmen wir a) den Beschluß über die Einsetzung der Gruppen, b) den Versuch vor, die Einberufer zu benennen. Aber keine lange Diskussion.
Sind Sie auch einverstanden, Herr Koplanski, ja?

Henrich (NF): Ich möchte einen Vorschlag machen. Ist es vielleicht möglich, die ja hier zum Teil doch anwesenden **Berater** oder andere Berater zu Einberufern zu ernennen, oder müssen das immer Teilnehmer des Runden Tisches sein? – Ich würde das andere Verfahren für besser halten, weil man dann variabler ist, dann geht es vielleicht schneller.

Ziegler (Moderator): Dann können Sie das ja vorschlagen.

Henrich (NF): Ich schlage das einmal vor, ja?

Ziegler (Moderator): Vom Runden Tisch muß es vorgeschlagen werden. Und ich bitte jetzt die Berater, nicht länger die Verhandlungen durch Flüstern und dergleichen zu stören.
Wir kommen zu der **Gruppe „Bildung, Erziehung und Jugend"**. Gibt es dazu Wortmeldungen, ob diese Gruppe eingesetzt werden soll oder nicht? – Wortmeldungen stelle ich nicht fest. Doch? – Bitte.

Frau Köppe (NF): Wir, das Neue Forum, hatten den Antrag gestellt, daß die Bildung einer **Arbeitsgruppe „Bildungswesen"** vom Runden Tisch beschlossen wird. Aufgaben dieser Arbeitsgruppe sollten sein: Anregung von Sofortmaßnahmen, unter anderem die Anerkennung des unabhängigen Interessenverbandes Demokratische Bildung und Erziehung, die Einberufung eines pädagogischen Kongresses, eine weitere Aufgabe die Einbeziehung aller Vorschläge zur Neugestaltung des gesamten Bildungswesens.

Bildung weiterer Arbeitsgruppen des Runden Tisches

Ziegler (Moderator): Ja. Vielen Dank. Wollen Sie damit einen Abänderungsvorschlag machen, daß also Bildungswesen genommen wird? Das widerspricht dem Vorschlag hier, dann muß nämlich eine Extragruppe Jugend genommen werden. Wie wollen Sie das? Was ist Ihr Antrag, Ihr Wunsch?

Frau Köppe (NF): Kann zusammenbleiben.

Ziegler (Moderator): Kann zusammenbleiben. Wir können sie gern Bildungswesen nennen und nehmen aber dieses auf, ja? Und Sie bestehen darauf – Frau Köppe! – bestehen Sie darauf oder wollen Sie, daß es Bildungswesen heißt, oder darf es wie vorgeschlagen heißen? Mir scheint es nämlich so besser – Bildung, Erziehung und Jugend –, weil ja da die Eckpunkte genannt sind.

Frau Köppe (NF): Ja, dann nennen wir es so.

Ziegler (Moderator): Nennen wir es so. Vielen Dank.
Noch eine Wortmeldung. Herr Schramm.

Schramm (FDGB): Ich würde dem Neuen Forum anbieten, diese Arbeitsgruppe gemeinsam zu tragen.

Ziegler (Moderator): Ja, das können wir ja gleich nachher jetzt sehen, nicht? Jetzt stelle ich die Abstimmungsfrage: Wer ist für die Einsetzung einer **Arbeitsgruppe „Bildung, Erziehung, Jugend"**? Die Herren, die nun mehr Stimmen haben, müssen irgendwie mit den Beinen noch oder so – –
Erlauben Sie mir, bei solchen klaren Mehrheiten kürzer zu fragen. Also, wer ist dagegen? – Wer enthält sich? – Dann stelle ich fest, diese Gruppe ist einstimmig gebildet. Paritätische Einberufer, Frau Köppe von den Gruppierungen. Ist jemand zu nennen von der Seite der Parteien?

Zwischenruf: FDGB!

Ziegler (Moderator): Ach so, FDGB.

Schramm (FDGB): Ich bin bloß im Moment nicht in der Lage, einen Namen zu sagen.

Ziegler (Moderator): Bei Einberufern ist es aber sicherer, Namen zu nennen.

Schramm (FDGB): Mache ich selber.

Ziegler (Moderator): Herr Schramm, ja? Besteht Einverständnis? – **Einberufer Frau Köppe und Herr Schramm.**
Ja, Frau Köppe, Sie hatten sich noch einmal gemeldet?

Frau Köppe (NF): Nein, ist gut.

Ziegler (Moderator): Danke schön. Wir kommen zu dem zweiten Vorschlag: „Medien". Also, hier geht es um das Mediengesetz, und ich bitte Sie, [sich] ins Gedächtnis zu rufen, daß auch von [der] Regierungsseite bereits so etwas in Gang gesetzt worden ist. Und es wird höchste Zeit, daß dann aus der paritätischen Gruppe die Vorschläge kommen. Möchte sich zum Mediengesetz, zu dem ganzen Umfang Mediengesetz, **Arbeitsgruppe „Mediengesetz"**, jemand äußern?
Dann frage ich: Wer widerspricht der Einsetzung? – Wer möchte sich enthalten? – Ich stelle fest, die Arbeitsgruppe ist gebildet. Wer kann als Einberufer fungieren? Herr Wilkening von seiten der Parteien?

Wilkening (CDU): Ja, ich schlage dazu Herrn Mugay vor.

Ziegler (Moderator): Wen?

Wilkening (CDU): Herrn Peter Mugay.

Ziegler (Moderator): Der ist aber nicht hier, nicht?

Wilkening (CDU): Nein, der ist nicht hier.

Ziegler (Moderator): Den Namen müssen Sie aber genau festhalten. Gibt es da Widerspruch, weil es kein Vertreter vom Runden Tisch ist? – Kein Widerspruch.
Ist einer von der Seite der Gruppierungen hier, von der Opposition zu benennen?

Ullmann (DJ): Da würde ich Konrad Weiß benennen.

Ziegler (Moderator): Konrad Weiß von seiten der – – welcher Gruppierung gehört er an?

Ullmann (DJ): Demokratie Jetzt.

Ziegler (Moderator): Demokratie Jetzt? Erhebt sich dagegen Widerspruch?

Böhme (SDP): Nein, danke, volles Vertrauen.

Ziegler (Moderator): Schön. Dann nenne ich noch einmal die **Einberufer, Konrad Weiß und Herrn Mugay, Peter Mugay**, jawohl, erreichbar unter CDU? Das kommt noch dazu, daß er erreichbar sein muß, denn sonst wird es schwierig.
Wir gehen weiter. Wir kommen zu der per Antrag vorgeschlagenen Gruppe **„Strafrecht, Strafvollzug"**. Ich möchte auch hier in Erinnerung rufen, was Sie sicher schon gehört haben, die Regierung hat eine Gruppe eingesetzt, die über eine sechste Änderung des Strafgesetzes verhandelt.

Henrich (NF): Da liegt der Entwurf schon vor. Das muß man jetzt einmal deutlich sagen.

Ziegler (Moderator): Ja, der ist gleich mit verschickt worden, Herr Henrich, das stimmt. Aber nun wird es darum auch dringend, daß diese Gruppen hier, die paritätische Gruppe, in Gang kommt. Ich möchte fragen, ob dazu das Wort gewünscht wird?
Herr Schnur.

Schnur (DA): Ich denke, man sollte nicht nur das **Strafrecht** sagen, sondern man müßte das **Strafprozeßrecht** mit dazunehmen. Ich glaube, es gehört auch das **VP-Gesetz** mit dazu [VP=Volkspolizei].

Ziegler (Moderator): Bin ich froh, daß ich Pastor bin und nicht so viel weiß.

Schnur (DA): Also, ich denke, daß es einfach darum geht, daß die Bürger dem zugeführt worden sind, und wir können nicht nur das Strafrecht entlasten mit Bestimmungen, sondern auch das geltende VP-Gesetz bedarf der unbedingten rechtlichen – –

Ziegler (Moderator): Können Sie dann bitte einen Vorschlag machen, wie wir das so umfassend nennen, denn wir müssen ja jetzt nach dem Vorschlag nicht nur die Inhalte angeben, sondern konkret, was bearbeitet werden soll. Sie würden sagen, es ist nicht gut, diese Arbeitsgruppe „Strafrecht und Strafvollzug" zu nennen, weil es zu eng ist, nicht?

Schnur (DA): Ja.

Ziegler (Moderator): Und wie würden Sie es benennen?

Schnur (DA): Ich würde sie einfach mit allen vier Begriffen benennen. Ich würde Strafrecht, Strafprozeßrecht, Strafvollzug und VP-Gesetz sagen.

Ziegler (Moderator): Aha.

Böhme (SDP): Ich bin der Meinung, wer zu viel weiß, wagt sich vor. Ich schlage Wolfgang Schnur dafür vor von der Opposition.

Ziegler (Moderator): Als Einberufer, ja. Das machen wir aber erst, wenn wir beschlossen haben, daß sie eingesetzt wird, nicht?

Böhme (SDP): Gut, gut, gut.

Ziegler (Moderator): Möchte sich noch zu dieser Gruppe jemand äußern? Sagt auch jemand, es ist nicht nötig? – Sagt keiner, sehe ich. Keiner möchte sich äußern.

Darf ich das verkürzte Verfahren wieder wählen? – Wer ist dagegen, solch eine **Gruppe** mit diesen vier Richtpunkten zu nennen, „**Strafrecht, Strafprozeß, Strafvollzug, VP-Recht?**" – Keiner. Wer enthält sich? – Niemand. Ich stelle fest, die Gruppe ist gebildet. Einberufer ist – –

Zur Geschäftsordnung, Herr Schmidt?

Schmidt (CDU): Vielleicht kann man das Verfahren tatsächlich abkürzen, indem alle diese Gruppen, da vermutlich nirgends ein Widerspruch kommt, auf einmal abgestimmt werden in ihrer Existenz.

Ziegler (Moderator): Ich möchte das eigentlich nicht so sehr gerne, weil man nie weiß, ob da nicht jemand noch etwas anmelden will, zum Beispiel Ergänzungen und Erweiterungen, wie wir das eben gehört haben, nicht?

Aber zur Geschäftsordnung hat ja jeder das Recht, pro und contra zu reden. Möchte das jemand tun? – Möchte niemand tun.

Bestehen Sie auf Abstimmung, Herr Schmidt?

Schmidt (CDU): Nein.

Ziegler (Moderator): Danke.

Jetzt waren wir wieder bei der Strafrecht-und-so-weiter-Gruppe, und **Herr Schnur** ist als Einberufer benannt.

Schnur (DA): Ich bin bereit.

Ziegler (Moderator): Bereit. Von den Parteien, wer wäre da bereit? Na, haben Sie gar keinen Juristen oder so etwas ähnliches? Kommt jetzt keiner, [ist] niemand in der Lage?

Wilkening (CDU): Kann es auch ein Nicht-Teilnehmer des Runden Tisches sein?

Ziegler (Moderator): Und wen schlagen Sie vor?

Wilkening (CDU): In dem Fall Herrn Günter Waldmann, CDU.

Ziegler (Moderator): **Günter Waldmann**. Gibt es da Widerspruch? Besonders muß ich mich hier nach links wenden. – Kein Widerspruch. Er ist auch CDU?

Wilkening (CDU): Ja.

TOP 10: Zivile Kontrolle (der Auflösung) des Staatssicherheitsapparates

Ziegler (Moderator): Ich komme zu der nächsten Gruppe. Ja, da wird es nun etwas schwierig. Da stand hier so kurz: **Kontrollkommission**. Können wir das nicht verschieben, bis wir über die Bürgerinitiativen und diese Vorlagen der Regierung entscheiden?

Bitte, Herr Poppe, Sie hatten sich gemeldet.

Poppe (IFM): Ja, ja, ich wollte den Antrag stellen, das hatte ich vorhin ja schon übermittelt, daß diese unabhängige Kommission, die sich bereits gestern in der Geibelstraße, also im VP-Präsidium, um 10.00 Uhr getroffen hat und darüber beraten hat, eine unabhängige **Kontrollkommission für die Auflösung des Amtes für Nationale Sicherheit** zu bilden, vom Runden Tisch beauftragt wird.

Ziegler (Moderator): Also, wenn ich Sie richtig verstehe, Herr Poppe, darf ich das so zusammenfassen: Sie meinen im Augenblick keine eigene paritätische Bildung solch einer Gruppe, nein?

Poppe (IFM): Nein, denn es gibt eine solche Gruppe, die diese Arbeit bereits macht und weitermachen möchte.

Ziegler (Moderator): Aber wir brauchten dann nach Ihrer Auffassung keine paritätische Gruppe neu zu bilden, ja?

Poppe (IFM): Ich würde sagen, das steht frei, wenn sich da noch aus den Parteien jetzt jemand beteiligen will. Vielleicht waren auch welche beteiligt. Das kann ich jetzt nicht beurteilen.

Ziegler (Moderator): Ja. Frau Walsmann will zur Geschäftsordnung sprechen.

Frau Walsmann (CDU): Meiner Meinung nach sind jetzt die Inhalte verschieden, über die wir reden, ja? Vielleicht können Sie das noch einmal begründen.

Ziegler (Moderator): Ja, das war aber eigentlich nicht zur Geschäftsordnung, verehrte Frau Walsmann, sondern es war eine Rückfrage. Dann müßten Sie sie bitte auch so kennzeichnen. Doch wir werden das klären, Herr Böhme wird das klären, der war nämlich dabei, ja?

Herr Böhme, bitte, Sie sind dran.

Böhme (SDP): Ich muß erst einmal Herrn Poppe berichtigen. Er hat einen falschen Straßennamen gesagt. Wahrscheinlich ist er die letzten Jahre immer durch den falschen Eingang [in] dieses Gebäudes geführt worden. Denn es ist die Hans-Beimler-Straße, der Haupteingang jetzt für Sie, Herr Poppe, der ins Präsidium führt.

Es muß geklärt werden, inwieweit diese Kontrollkommission die Zuständigkeit für die Hauptstadt Berlin oder tatsächlich eine DDR-weite **Kontrollfunktion** hat. Das ist noch nicht ganz geklärt. Demzufolge hat sich diese Kontrollkommission noch nicht zuständig gefühlt – die Vertreter zumindest, die eingeladen waren und wie ich beispielsweise ohne Mandat dort gewesen sind, einfach um Informationen entgegenzunehmen –, dort mit zu verhandeln.

Um eine Erweiterung ist vom **VP-Präsidenten** und von den **Beauftragten des Ministerrats zur Auflösung des Amtes für Staatssicherheit** gebeten worden, nämlich daß diese Arbeitsgruppe, wie wir sie jetzt benannt haben, sich nach der Auflösung des Amtes für Staatssicherheit und der Festschreibung der Kontroll- und der Arbeitsmodalitäten mit sicherheitspartnerschaftlichen Fragen beschäftigt.

Es wird an alle in der Regierung sitzenden Parteien und an alle oppositionellen Gruppen und Parteien in den nächsten Tagen noch einmal eine Aufforderung ergehen, daß in den nächsten Tagen bereits ein gewählter Vertreter der einzelnen

Parteien und Gruppierungen benannt werden kann, um dort tatsächlich die Aufgaben anzugehen.

Die Damen und Herren, ja, es waren ja nur Herren dort, die Herren vom **Ministerium des Innern** und vom **VP-Präsidium** zeigten sich äußerst konstruktiv und wollten uns schon praktisch die Arbeitsergebnisse vorlegen. Aber wir bestanden darauf, daß sich erst einmal eine solche Kontrollkommission ordentlich konstituieren muß, eh wir überhaupt verhandlungsbereit sind.

Ziegler (Moderator): Herr Böhme, darf ich das so verstehen: Nach beiden Voten von Herrn Poppe und von Ihnen ist es dann doch vielleicht im Augenblick geraten, daß wir nicht noch zur Bildung einer paritätischen Gruppe extra schreiten, sondern darauf warten, daß diese Mitarbeit dort passiert, weil dort nämlich dann auch die Einsicht in die Unterlagen gegeben ist, während wir ja einen Extra-Apparat in Gang setzen müssen, damit wir überhaupt Einsicht bekommen. Ohne das ist ja so etwas gar nicht möglich, so daß man es im Augenblick zurückstellt. Und sollte sich beim nächsten Mal herausstellen, daß es so nicht hinhaut, kann ja immer noch diese Gruppe gebildet werden.

Böhme (SDP): Wenn Sie mich fragen, verehrter Herr Ziegler, ob Sie es so verstehen dürfen, muß ich Ihnen sagen, ja, das dürfen Sie alles so verstehen, wie Sie wollen, aber Sie haben den Schwerpunkt erkannt.

Ziegler (Moderator): Ja, das freut mich, daß ich es auch noch erkannt habe.

Herr Poppe.

Poppe (IFM): Ja, mein Antrag bezog sich darauf, daß eine solche **Kontrollkommission**, wenn sie den Auftrag vom Runden Tisch hat, damit gestützt ist und damit vielleicht auch zu Kompetenzen kommt, weil ja Erfahrungen vorliegen, daß die anderen bisher arbeitenden unabhängigen Kontrollkommissionen von verschiedenen Seiten blockiert werden. Und ich denke einfach, daß wir ihnen eben damit etwas mehr Nachdruck verleihen könnten.

Ziegler (Moderator): Also, können Sie es vielleicht einmal als Antrag formulieren: Wir unterstützen die Arbeit und bitten oder fordern, daß ein Vertreter dort mitarbeiten kann? Kommt das so doch zusammen?

Herr Dr. Ebeling.

Ebeling (DA): Ich möchte diesen Antrag unterstützen, weil ich gestern in Leipzig von Vertretern des **Bürgerkomitees** aufgefordert worden bin, darauf hinzuweisen, daß gerade in diesem Bereich die Gebäude des Amtes nicht aufgelöst sind beziehungsweise auch keine Anzeichen dafür bestehen und daß das Bürgerkomitee erhebliche Schwierigkeiten hat bei der Auflösung und demzufolge entsprechende Grundlagen braucht. Sie fordern die Sperrung des Gebäudes, weil es sonst nicht möglich ist, die demokratische Kontrolle durchzuführen.

Ziegler (Moderator): Ich stelle dann fest und bitte, das noch einmal kritisch zu hören. Im Augenblick **verzichtet der Runde Tisch auf die Einrichtung einer paritätischen Arbeitsgruppe „Untersuchung"**, aber er fordert dringend, daß die Untersuchungskommissionen Vertreter aus allen Gruppierungen hinzuziehen, damit sie ihre Arbeit intensiv und effektiv durchführen können. Ist das so richtig? – Wie bitte?

Poppe (IFM): Es reicht nicht.

Ziegler (Moderator): Na dann, bitte, müssen Sie es ergänzen.

Poppe (IFM): Ich erwarte die ausdrückliche **Erklärung des Runden Tisches, daß er die Arbeit der Unabhängigen Untersuchungskommissionen unterstützt und ausdrücklich gutheißt.**

Ziegler (Moderator): Dann formulieren wir das so. Das müßte jetzt bloß einmal – – wo ist denn unsere Presse? – Die nimmt das hoffentlich auf, ja? – Ich kann nicht gleichzeitig noch protokollieren. Ich fasse zusammen [Stellungnahme des Runden Tisches zu den Unabhängigen Kontrollkommissionen]:

„Der Runde Tisch verzichtet im Augenblick auf die Bildung einer paritätischen Arbeitsgruppe ‚Untersuchung'. Der Runde Tisch heißt gut und unterstützt die Arbeit der unabhängigen Kontrollkommissionen – –"

Böhme (SDP): – zur Auflösung des Amtes für Nationale Sicherheit unter ziviler Kontrolle.

Ziegler (Moderator): Ja. Und ich hatte noch einen weiteren Satz. Ich dachte, ich wäre noch ein Stück weitergegangen, daß er fordert, daß Mitarbeit aus den am Runden Tisch vertretenen Gruppierungen und Parteien gesichert wird. Aber das muß ja nicht sein.

Zwischenrufe: Doch, doch!

Ziegler (Moderator): – Doch? – Ja? Na, dann wäre dies der Beschluß [Vorlage 2/6, Stellungnahme des Runden Tisches: Zu den Unabhängigen Kontrollkommissionen und Beschluß zur Kontrolle der Auflösung des Amtes für Nationale Sicherheit], den wir hier festhalten. Wir haben ihn, ja? Sie haben ihn nicht? – Dann wiederhole ich zum dritten Mal:

„Zum gegenwärtigen Zeitpunkt verzichtet der Runde Tisch auf die Bildung einer Arbeitsgruppe ‚Untersuchung'. Er heißt gut und unterstützt die Arbeit der Unabhängigen Kontrollkommissionen Punkt, Punkt, Punkt." Das schreiben wir noch ab, wie das richtig heißt. „Er fordert, daß Vertreter der am Runden Tisch vertretenen Organisationen in diesen Kontrollkommissionen mitarbeiten können."

Böhme (SDP): – „... müssen", verzeihen Sie.

Ziegler (Moderator): Na, wenn „er fordert" – –

Böhme (SDP): Ach ja.

Ebeling (DA): Nur eine Nachfrage. Bezieht sich das nur auf Berlin, oder?

Ziegler (Moderator): Nein, wir haben das im Plural verwandt, und wir meinen, dann ist das landesweit gemeint, ja? Darf ich das zur Abstimmung stellen?

[Vorlage 2/6, Stellungnahme des Runden Tisches: Zu den Unabhängigen Kontrollkommissionen und Beschluß zur Kontrolle der Auflösung des Amtes für Nationale Sicherheit]

Zum gegenwärtigen Zeitpunkt verzichtet der Runde Tisch auf die Bildung einer Arbeitsgruppe „Untersuchung". Er heißt gut und unterstützt die Arbeit der Unabhängigen Kontrollkommission zur Auflösung des Amtes für Nationale Sicherheit unter ziviler Kontrolle. Er fordert, daß

Vertreter der am Runden Tisch vertretenen Organisationen in diesen Kontrollkommissionen mitarbeiten können.

[Ergänzung des Wortprotokolls durch den Herausgeber]

Ziegler (Moderator): Wer ist dafür? – Ich sehe, das ist die Mehrheit. Ich frage, wer ist dagegen? – Wer enthält sich der Stimme? – Dann ist dieser Punkt abgehakt.

TOP 11: Bildung weiterer Arbeitsgruppen des Runden Tisches

Wir kommen zu Ausländerfragen. Herr Dshunussow hatte uns da noch einmal darauf hingewiesen. Letztes Mal stand es auch unter den Themen. Herr Dshunussow, könnten Sie noch einmal ganz kurz erklären, welche Aufgaben Sie dort sehen?

Dshunussow (IFM): Sie meinen jetzt – –

Ziegler (Moderator): Zu dieser **Arbeitsgruppe „Ausländerfragen"**.

Dshunussow (IFM): Es müßte aufgrund der Situation eine neue Ausländerpolitik betrieben werden beziehungsweise in dieser Hinsicht gearbeitet werden. Und das Ausländergesetz müßte überarbeitet werden. Und die **Rechte der Ausländer** müßten erweitert werden. Es gibt zum Beispiel – ich teile die Ausländer in zwei Gruppen auf – Ausländer mit ständigem Wohnsitz und Ausländer mit zeitweiligem Wohnsitz. Für Ausländer sowohl mit zeitweiligem als auch mit ständigem Wohnsitz gibt es bereits das Wahlrecht auf kommunaler Ebene. Jetzt müßte folgendes geschehen: Die Ausländer mit ständigem Wohnsitz in der DDR müßten das Recht, das Wahlrecht für die oberste Vertretung, für die Volksvertretung bekommen, und die politischen Parteien und Gruppierungen müßten sich einigen, wie sie zu dieser Frage stehen, ja?

Ziegler (Moderator): Ich danke Ihnen, es geht mir nur darum, etwas zu füllen, welche Eckpunkte: Ausländergesetz, Wahlgesetz, Wahlrecht für Ausländer und weitere Fragen, nicht?

Dshunussow (IFM): Ja, genauso zum Beispiel: In der Verfassung gibt es überhaupt kein Wort über die Ausländer. Das müßte eigentlich auch geschehen.

Ziegler (Moderator): Ja. Gut. Schön.

Dshunussow (IFM): Na ja, und zum Beispiel **Ausländerfeindlichkeit,** das ist ja auch ein Thema, das man nicht wegschieben kann.

Ziegler (Moderator): Gut. Vielen Dank. Ich denke, jetzt ist der Arbeitsumfang ziemlich umrissen, so daß man das weiß. Die Frage ist: Möchte sich zur Bildung dieser Gruppe jemand äußern?
Herr Holland.

Holland (LDPD): Ich weiß nicht, aber nachdem jetzt der Inhalt gesagt ist: Könnte das nicht eine Zuarbeit werden zu den bereits bestehenden Gruppen „Verfassung" und „Wahlgesetz"? Denn das war doch wohl der Hauptinhalt.

Dshunussow (IFM): Nein. Ich finde zum Beispiel die Ausländerpolitik der DDR bis jetzt eigentlich nicht so ganz gelungen. Hier müßte tatsächlich ein neuer Weg eingeschlagen werden. Der Weg zum gemeinsamen **Europäischen Haus** müßte im Grunde genommen auch die Ausländer hier mit einbeziehen.

Ziegler (Moderator): Ja, vielen Dank.

Dshunussow (IFM): Wer sich zu den Ausländern nicht eindeutig beziehungsweise nicht progressiv verhält, der kann auch das gemeinsame **Europäische Haus** nicht bauen.

Ziegler (Moderator): Wir wollten keine Sachdebatte, wir wollten nur [die] Umschreibung des Aufgabenkatalogs. Hier ist eine Frage gestellt [worden]. Sie haben Sie von Ihrer Sicht aus verneint.
Aber jetzt haben wir drei oder vier Wortmeldungen. Die erste war Herr Böhme, dann – Ihren Namen? – Frau Röth, ja richtig – –

Böhme (SDP): Ich unterschreibe vollkommen das, was Herr Aigali Dshunussow gesagt hat, und ich bin der Meinung, die Situation unserer ausländischen Werktätigen in der DDR oder hier lebenden Menschen in der DDR ist im Moment eine so verunsicherte, daß wir eine Extra-Arbeitsgruppe brauchen.

Außerdem sollte sich niemand darüber im unklaren sein: Wenn wir in der nächsten Zeit unsere **ökonomische Situation** einigermaßen stabilisieren wollen, dann brauchen wir nicht weniger ausländische Arbeiter, sondern noch mehr. Und es gibt böse Anzeichen dafür, daß die verunsicherten Menschen, Bürger unserer Republik, im Grunde genommen ihre Unsicherheit und auch das, was sie an Verantwortung mit zu tragen hatten, und wenn es nur das Schweigen gewesen ist, schon wieder ein bißchen so wegdrücken, indem sie auf Minderheiten zeigen. Aus diesem Grund unterstützen wir das.

Ziegler (Moderator): Danke.
Bitte, Sie.

Frau Röth (UFV): Ja. Ich möchte nur noch anmerken, daß natürlich im Interesse einer multikulturellen Gesellschaft die Ausländerproblematik aus demokratischen Gründen aufgenommen werden muß. Das hat Herr Böhme schon betont: die **Arbeitskräftesituation,** natürlich auch der **Solidaritätsgedanke,** der einer **sozialistischen Gesellschaft** schließlich eigen sein sollte.

Ziegler (Moderator): Danke, auch noch ein Votum dafür.
Frau Köppe – Sie verzichten, ist mit drin.
Herr Gehrke.

Gehrke (VL): Auch ein Pro, und ich möchte noch einmal unterstreichen, daß es sich nicht nur um Rechtsfragen handelt, sondern um wirkliche politische und kulturelle Probleme, die in einer völlig neuen Dimension auf uns zukommen werden, nicht nur unter dem Gesichtspunkt der Arbeitskräfte, der genannt wurde, sondern auch der wirklichen europäischen Integration.

Ziegler (Moderator): Ich stelle fest, daß bisher alle, die gesprochen haben, dafür sind, so daß ich glaube, wir nähern uns schnell dem Zeitpunkt, wo wir darüber entscheiden können.

Mühlmann (NDPD): Ich würde nur noch einmal sagen, daß als Querschnittsfrage dies von großer Bedeutung ist, denn die **Verfassung,** das **Wahlgesetz,** das **Ausländergesetz**,

Staatsbürgerschaftsgesetz – da brauchen wir eine einheitliche Konzeption zur Behandlung des Ausländers.

Ziegler (Moderator): Auch pro?

Mühlmann (NDPD): Und deshalb pro, ja.

Ziegler (Moderator): So, dann möchte ich jetzt doch bitten, von den weiteren Wortmeldungen abzusehen, es sei denn, es will sich jemand dagegen aussprechen, und ich lasse abstimmen, ob wir diese Gruppe – „Ausländerfragen" hatten wir sie genannt – bilden. Erhebt jemand Widerspruch? – Enthält sich jemand? – Nein. Es ist gebildet die **Gruppe „Ausländerfragen"**.

Jetzt erhebt sich die Frage: Wer ist der Einberufer?

Böhme (SDP): Ich schlage Herrn **Aigali Dshunussow** vor.

Ziegler (Moderator): Sie sind bereit, Herr Dshunussow?

Dshunussow (IFM): Ja, ich bin bereit.

Ziegler (Moderator): Danke. Wer [ist] von seiten der Parteien [bereit]? Wir haben es immer paritätisch gemacht. Wen könnten Sie vorschlagen?

Ja, bitte.

Scheler (VdgB): VdgB.

Ziegler (Moderator): Und welchen Namen?

Scheler (VdgB): Herrn Uhle.

Ziegler (Moderator): Herrn – –

Scheler (VdgB): – Uhle.

Ziegler (Moderator): – Uhle.

Scheler (VdgB): Vorname Reiner.

Ziegler (Moderator): **Reiner Uhle.** Wir kriegen einen Zettel, danke schön.

Dann können wir zur Frage **Ökologie** kommen. Dieser ganze große Bereich Ökologie, möchte jemand dazu sprechen?

Herr Wilkening.

Wilkening (CDU): Ja, ich habe einen Vorschlag, daß nämlich diese Arbeitsgruppe „Ausländer", die bisherigen Formulierungen zum Beispiel vom **Europäischen Integrationshaus**, mit aufnimmt. Es ist damit ein gewisser Vorlauf gegeben.

Ziegler (Moderator): Also, ich bitte, daß jeder Vorschlag schriftlich diktiert auf einen Zettel und der einem der Einberufer gegeben wird, daß er das machen kann. Sie hatten sich jetzt aber zur Ökologie – –

Wobei sind wir jetzt, Herr Dshunussow?

Dshunussow (IFM): Ich hatte bisher noch nicht mit dem Thema Ausländerfragen oder so abgeschlossen.

Zwischenrufe: Ach? Nein?

Dshunussow (IFM): Nein. Aber ich hätte jetzt zum Beispiel einen Einwand, ein Bedenken zum Ausdruck zu bringen. VdgB, das ist ja keine politische Partei. Ausländerfragen müßten die politischen Parteien entscheiden.

Ziegler (Moderator): Ja, aber wir haben jetzt eben gesagt, nur der Einberufer. Und Sie bestehen darauf, daß aus den Parteien die Leute dazukommen. Und sonst nehmen Sie das eben nicht an. Und Sie?

Platzeck (GL): Zur nächsten Frage.

Ziegler (Moderator): Jetzt sind wir aber bei **Ökologie**, möchte ich sagen, und frage, wer zur Ökologie reden will. Eins, zwei, drei [Wortmeldungen].

Sie, bitte.

Platzeck (GL): Ich möchte nur ganz kurz sagen, daß wir wohl hoffentlich keine lange Diskussion führen müssen. Das Wort Querschnitt ist vorhin gefallen. Trifft hier genauso zu. Wir werden die Probleme, die kommen, nur meistern, wenn es von der Bildung des Umweltbewußtseins über den **ökologischen Umbau** unserer Gesellschaft bis hin zur ökologischen Lebensweise und anderen Fragen im Komplex betrachtet wird. Und dazu ist für mich so eine Kommission unabdingbar.

Ziegler (Moderator): Gut. Wie wollen Sie sie nennen?

Platzeck (GL): **Arbeitsgruppe „Ökologischer Umbau"** wollen wir sie nennen.

Ziegler (Moderator): Wie? Ökologischer – –

Jordan (GP): Ökologischer Umbau, damit das gleich ein bißchen im Namen – –

Ziegler (Moderator): – Nennen wir sie „Ökologischer Umbau", das scheint mir dann so eine Zielrichtung zu sein, nicht?

So, jetzt, bitte, Herr Koplanski.

Koplankski (DBD): Ich begrüße das sehr. Es gibt einen Konsens. Ich möchte vorschlagen, Dr. Meerbach.

Ziegler (Moderator): Das geht ja [schnell], wir machen ja jetzt rein Sätze im Galopp. Danke schön.

Koplanski (DBD): Herr Ziegler, wir haben nur noch 55 Minuten Zeit.

Ziegler (Moderator): Herr Koplanksi, ich danke Ihnen ja auch. Aber erst einmal müssen wir ja einmal feststellen, daß sie gebildet wird, nicht wahr? Es hilft ja nun alles nichts. Erhebt sich Widerspruch gegen die Bildung der Arbeitsgruppe? – Sie wollen erst noch andere Fragen klären? – Na, bitte, wir haben ja Zeit! – Es kann nicht abgestimmt werden, solange hier alles mögliche am Tisch passiert, nur nicht Aufmerksamkeit.

Böhme (SDP): Also, bitte, Herr Ziegler!

Ziegler (Moderator): Also, wer erhebt Widerspruch? – Keiner. Wer enthält sich? – Niemand. Die Gruppe ist gebildet. Wir haben den Vorschlag von seiten der Partei. Könnten Sie den Namen noch einmal sagen?

Koplanski (DBD): Dr. Meerbach.

Ziegler (Moderator): Dr. Meerbach von Ihrer Partei.

Koplanski (DBD): Vorname Wolfgang, **Wolfgang Meerbach.**

Ziegler (Moderator): Und von seiten der – – hatten Sie sich schon gemeldet? Wer?

Platzeck (GL): **[Matthias] Platzeck** von der Grünen Liga.

Ziegler (Moderator): Herr Platzeck von der Grünen Liga. Danke schön.

N. N.: Ich möchte gerne noch Herrn Dr. Stief als Spezialisten vorschlagen.

Ziegler (Moderator): Wir nennen den beiden Einberufern noch den Namen von Dr. Stief. Das machen sie dann. Die Einberufer stehen fest. Danke schön.

Jetzt kommen wir zur **Gruppe „Frauenfragen"**, die genannt worden ist. Wer möchte das noch kurz erläutern?

Bitte schön.

Frau Röth (UF): Ja, ich denke eigentlich, daß sich hier eine Erläuterung erübrigt. Denn wir haben ja heute früh sehr bildlich demonstriert bekommen, wie man mit Frauen in dieser Gesellschaft nämlich verfahren ist. Nämlich als Bittsteller, wo wir warten mußten, daß wir an diesem Tisch hier Sitz nehmen können.

Und es ist doch eigentlich so, daß Frauen die Hälfte dieser Gesellschaft ausmachen. Und nicht nur das. Sondern sie sind von der Wiege bis zur Bahre sozial in diesem Land bisher immer noch sozial diskriminiert. Und insbesondere sind von den gegenwärtigen desolaten Zuständen in unserer Gesellschaft hauptsächlich Frauen betroffen. Und ich denke eigentlich, daß sich eine weitere Argumentation für einen Frauenausschuß erübrigt.

Ziegler (Moderator): Herr Böhme.

Böhme (SDP): Ich habe etwas gegen den Begriff „Frauenfragen" einzuwenden, sondern ich würde ihn „Frauenpolitik" nennen.

Ziegler (Moderator): Ja. Wir sind ziemlich frei.

Frau Schmitt (UFV): Na gut, wenn Sie ein paar Antworten schon haben – –

Ziegler (Moderator): Also, Frauen – – wie soll das heißen? Erhebt sich gegen diesen Namen Widerspruch?

Frau Röth (UFV): Also, ich denke doch, daß alle die Ausschüsse, die wir hier bilden, Politikfragen behandeln. Und in dem Sinne kann ich Ihren Einwand, Herr Böhme, also nicht ganz verstehen. Das sind formale Sachen. Ob das nun Frauenfragen heißt oder Frauenpolitik, denke ich mir.

Böhme (SDP): Wenn die Frauen selbst was dagegen haben, ziehe ich zurück.

Ziegler (Moderator): Also bleiben wir einmal bei Frauenfragen. Sollte die Arbeitsgruppe zu der Erkenntnis kommen, daß sie es präziser formulieren kann, schlägt sie es vor, und wir benennen das um, ja?

Frau Röth (UFV): Ja.

Ziegler (Moderator): Danke. Jetzt muß ich fragen: Erhebt sich Widerspruch? – Enthaltungen? – Gegründet.

Wer – – Frau Dr. [Uta] Röth?

Frau Röth (UFV): Ich schlage [Frau] **Walfriede Schmitt** als Vorsitzende und als Berufungsgremium vor.

Ziegler (Moderator): Als Einberufer Frau Schmitt und von seiten der Parteien?

[Unruhe]

Frau Röth (UFV): Ja, was ist mit den Parteien?

Ziegler (Moderator): Herr Bisky, bitte.

Bisky (SED-PDS): Ja. Zur Einberufung Frau Deneke, SED.

Ziegler (Moderator): Frau – –

Bisky (SED-PDS): – Deneke.

Ziegler (Moderator): – Deneke, von Ihrer Partei, ja? Frau Deneke von der SED. Gut, ist notiert, ja? Herr Ducke, wo ist er denn jetzt – haben Sie das notiert?

Ducke (Co-Moderator): Und der Vorname? Der Vorname von Frau Deneke?

Frau Rohmann (DFD): Marlies. **Marlies Deneke.**

Ziegler (Moderator): Marlies – –

Frau Rohmann (DFD): – Deneke. Mitglied des Parteivorstandes der SED.

Ziegler (Moderator): Gut. Und jetzt kommen wir zur letzten **Gruppe: „Sozial- und Gesundheitswesen"**. Wünscht jemand das zu erläutern oder etwas beizutragen?

Ich sehe, das ist nicht der Fall. Darf ich dann auch nach der üblichen Weise fragen, ob sich Widerspruch gegen die Bildung dieser Gruppe erhebt? – Ich sehe keinen. Enthaltungen? – Auch nicht. Gebildet.

Dann müssen wir noch die **Einberufer** dieser Gruppe „Sozial- und Gesundheitsfragen" – –

Herr Frister?

Frister (FDGB): Wir hätten hier gerne ein Mitglied des FDGB drin. Den Namen kann ich im Moment auch nicht sagen.

[Unruhe]

Ziegler (Moderator): Das hilft uns jetzt nicht.

Frister (FDGB): Ja, dann soll es meiner sein. Frister.

Ziegler (Moderator): Frister. Also, Herr Frister, und von Ihrer Seite?

Ducke (Co-Moderator): Ja, wie ist Ihr Vornamen, Herr Frister?

Frister (FDGB): Siegfried.

Ziegler (Moderator): **Siegfried Frister,** und von seiten der Gruppierungen?

Böhme (SDP): Wir schlagen Herrn **Lothar Pawliczak** dafür vor, der nicht zum Runden Tisch gehört, aber eine Beraterfunktion für die Opposition hat.

Ziegler (Moderator): Ja, für welche Gruppierung?

Böhme (SDP): Für die Gruppierung Initiative Frieden und Menschenrechte.

Ducke (Co-Moderator): Können Sie einmal den Namen aufschreiben?

Böhme (SDP): Ja, ich bringe ihn gleich herüber.

Ziegler (Moderator): Aus der Gruppierung Frieden und Menschenrechte. Das ist für Sie sehr wichtig, da Sie dann mit ihm zusammenarbeiten. Herr Böhme wird Ihnen dann die Adresse geben müssen. Wie war der Name, sagen Sie noch einmal? – Wir haben ihn noch nicht.

Böhme (SDP): Gleich, ich schreibe es Ihnen auf.

Ziegler (Moderator): Aber hören wollen wir ihn.

Böhme (SDP): Herr Lothar Pawliczak.

Ziegler (Moderator): Herr Lothar Pawliczak. So.

Wir haben jetzt – ich habe nicht nachgezählt – die Gruppierungen. Acht Gruppierungen und die alten dazu, das sind zwölf Arbeitsgruppen, nicht?

Ducke (Co-Moderator): Bis auf die **Gruppierung „Untersuchung"**.

Ziegler (Moderator): Dann sind es elf. Und mein Vorschlag ist jetzt, daß ich Ihnen die Themen sage, damit all das zum Zuge kommt, was von Ihnen genannt wurde und wir jetzt einen Durchgang machen, möglichst mit Ja und Nein, ob wir was überweisen können. Und dann nehmen wir die restlichen Dinge, die hier noch verhandelt werden müssen, heraus, ja? Können wir so verfahren?

Also, ich fange von oben an: **Reinigung der Justiz** war als ein Thema von Herrn Henrich genannt worden, bitte.

Henrich (NF): Ja, ich will das noch einmal ganz kurz begründen. Herr Dr. Gerlach hat hier schon den **Generalstaatsanwalt** angesprochen. Es ist völlig klar: Wenn wir den Rechtsstaat wollen, dann muß sich das auch über Personen darstellen. Das heißt, wir können mit den Personen, die für die unmenschliche Strafpolitik der letzten Jahrzehnte direkt Verantwortung tragen, nicht weiter die Justiz betreiben. Das betrifft zumindest den **Präsidenten des Obersten** Gerichts, so wie ich es hier aufgeschrieben habe, die **Direktoren der Bezirksgerichte**, die **Stellvertreter der Direktoren der Bezirksgerichte** für die ersten **Strafsenate** – das sind also die Senate, die die politischen Strafsachen verhandelt haben – und parallel dazu auf der anderen Ebene den Generalstaatsanwalt, der wurde bereits angesprochen, und selbstverständlich auch die **Bezirksstaatsanwälte** und die sogenannten **1a-Staatsanwälte**, das sind die, die die politischen Strafsachen gemacht haben.

Ziegler (Moderator): Es ist die Frage, Herr Henrich, halten Sie das für möglich, dies in eine der bestehenden Arbeitsgruppen zu überweisen?

Henrich (NF): Nein, halte ich nicht. Der Runde Tisch sollte dazu eine eindeutige Stellungnahme abgeben.

Ziegler (Moderator): Also, wir können dies nicht überweisen. Wir müssen nachher bei der Prioritätenliste sehen, wie es hier verhandelt wird, ja?

Also: **Entmilitarisierung**.

Henrich (NF): [Das Thema] muß auch hier verhandelt werden, denke ich, [das] kann man auch nicht überweisen.

Ziegler (Moderator): Ja, ich wüßte auch keine Arbeitsgruppe. Gut, dann können wir das kurzfassen: Das muß hier verhandelt werden.

Jetzt: **Stellungnahme zur wirtschaftlichen Situation**. Da war doch schon die Arbeitsgruppe, die heute noch etwas vortragen will, nicht? Dieses Thema kann doch dann in der Arbeitsgruppe „Wirtschaft" verhandelt werden, und wenn es geht, heute noch ausgearbeitet werden. Oder müssen wir das extra nehmen?

Schnur (DA): Also, ich denke, es ist ja ein Text vorbereitet nach meiner Auffassung, der dann genauso einer Prioritätenliste mit zuzuordnen ist.

Ziegler (Moderator): Das ist klar, und das Thema ist ja für heute sogar schon angemerkt worden auf der Tagesordnung. Es ist aber weiter zu bearbeiten und zu klären, was sich daraus ergibt in der **Arbeitsgruppe „Wirtschaft"**. Sonst müssen wir das heute noch machen.

Dann: Überprüfung der Parteienfinanzierung, nicht die künftige Parteienfinanzierung, – das sollte beim Parteiengesetz behandelt werden –, sondern die **Überprüfung der bisherigen Parteienfinanzierung** war hier angegeben worden. Kann das irgendwo mitbehandelt werden?

Herr Raspe.

Raspe (LDPD): Ich halte es für denkbar, daß wir das in der Arbeitsgruppe „Parteien- und Vereinigungsgesetz" mitmachen, wo es auch um die künftige Parteienfinanzierung geht, und da müssen wir ja auch über die Vergangenheit reden, das läßt sich ja gar nicht vermeiden.

Ziegler (Moderator): Wenn das Einverständnis ist, dann wäre es mir lieb. Dann haben wir nicht zu viele Themen hier und hätten gründliche Vorarbeit.

Herr Gutzeit.

Gutzeit (SDP): Ja, ich würde dem zustimmen, wenn das entsprechend ausgestaltet wird, vielleicht von einer Untergruppe, die sich speziell mit der Arbeit in dieser Sache befaßt, um dann die Ergebnisse mit bei der entsprechenden Gesetzesvorlage für die Parteienfinanzierung einzubauen.

Es könnte aber sein, daß unter Umständen, da ja das Gesetz für die Parteienfinanzierung und so weiter schnell erst einmal über die Runden kommen muß, diese Sache dann auch noch weiterläuft. Denn wir brauchen dieses Parteiengesetz, Parteienfinanzierungsgesetz ja schon für den **Wahlkampf**.

Ziegler (Moderator): Herr Gutzeit, Sie sitzen ja mit am Tisch und passen auf. Wenn das nicht mitgemacht wird, wird das eingeklagt, ja?

Gutzeit (SDP): Ja.

Ziegler (Moderator): Gut.

Raspe (LDPD): Da möchte ich doch einmal Einspruch erheben: Das müssen wir der Arbeitsgruppe überlassen, und wie wir uns im einzelnen mit diesen Dingen befassen, was da so in einer Untergruppe zu geschehen hat, ich glaube, das kann hier nicht bestimmt werden. Wir haben hier sicherlich auch zu bedenken, daß wir einiges bis zu den Wahlen sehr schnell machen müssen und daß wir uns etwas mehr Zeit lassen können, um über den Zeitpunkt der Wahlen hinaus zu denken. Also, es geht jetzt erst einmal um das ganz Schnelle, damit hier faire **Arbeitsbedingungen** entstehen, ja? Und dann geht es um die Etappe danach.

Ziegler (Moderator): Herr Raspe, ich glaube, wir haben Sie verstanden. Das war ich, der das verschuldet hat. Ich bin der, der höchstens einmal zurückfragen kann, ob Sie das mitgemacht haben. Wie Sie das gemacht haben, ist uns egal. Die Hauptsache ist, Sie haben es gemacht und geklärt, nicht? Danke. – Also, ich bitte um Entschuldigung, war falsch erzogen, klar.

TOP 12: Aufdeckung eingeschleuster Stasi-Spitzel

So, jetzt kommen wir zur **Überprüfung des bisherigen Verfahrens des MfS gegenüber Gruppierungen**, ich sage das einmal mit dem Klammerwort „Einschleusung" [siehe unten **Vorlage 2/10**] – –

Gutzeit (SDP): – und darüber unter anderem ein Verfahren und so weiter und so fort – daß da klare Verhältnisse geschaffen werden.

Ziegler (Moderator): Das gehört ja eigentlich in die **Untersuchungskommission**. Oder wo gehört das hin?

Gutzeit (SDP): Da ich diesen Antrag eingebracht habe, würde ich das als Aufgabenstellung vom Runden Tisch an diese Untersuchungskommission geben. Ich meine, die haben viel zu tun, die werden wahrscheinlich auch mehrere Unterabteilungen haben müssen. Aber ich halte das für eine ganz wichtige Sache, weil es hier überhaupt um das ganze Feld des Politischen geht.

Wir haben uns ja schon seit Jahren in Menschenrecht und Umwelt und was weiß ich betätigt. Wir hatten gespürt, daß wir nie alleine waren. Und ich denke, das, was uns da immer begleitet hat, das sind wir noch nicht ganz los. Und wenn wir wirklich hier frei durchatmen und glaubwürdig werden wollen, dann muß das aufgeklärt werden, und zwar so schnell wie möglich. Und deshalb beantrage ich, daß vom Runden Tisch an diese Untersuchungskommission ein klarer **Auftrag zur Untersuchung** dieser Sachverhalte geht – –

[Unruhe]

Zwischenrufe: Ja, ja, aber an die Kontrollkommission! Kontrollkommission ist was anderes!

Gutzeit (SDP): – an die Kontrollkommission.

Ziegler (Moderator): Herr Gutzeit, würden Sie diesen Antrag, den der Runde Tisch aufnehmen soll, bitte auf einem Zettel formulieren. Dann kommen wir darauf zurück. Ich gehe jetzt weiter.

TOP 13: Bildung weiterer Arbeitsgruppen

Rumänien, das müssen wir wohl hier heute noch erledigen, da liegt auch eine Ausarbeitung vor. Dann gibt es die Warnung gegen den **Neonazismus**, das war hier noch genannt worden als ein Thema. Da liegt auch eine Erklärung vor. Muß sie hier verhandelt werden, wenn ich fragen darf?

Zwischenrufe: Ja! Auf jeden Fall! Ja!

Ziegler (Moderator): – Aha. Dann: **Kommunalwahlen**, das war noch einmal im Rückblick die Aufklärung, ja? – Nein? Bitte.

Frau Köppe (NF): Es geht um die nächste Kommunalwahl. Hier ist beim letzten Mal eine Empfehlung für einen Wahltermin für die Volkskammer gegeben worden. Und in diesem Zusammenhang möchten wir zu den Kommunalwahlen etwas sagen. Das geht auch nicht, daß das an eine Arbeitsgruppe delegiert wird. Das muß hier am Runden Tisch verhandelt werden.

Ziegler (Moderator): Ach, das muß hier verhandelt werden?

Lange (Co-Moderator): Meine Frage wäre: Könnten Sie sich vorstellen, daß das die Arbeitsgruppe „Wahlgesetz" mit bedenkt?

Frau Köppe (NF): Nein, nein, nein.

Lange (Co-Moderator): Nicht?!

Ziegler (Moderator): Ist gut. Dann zwölftens: zur **Regierung Modrow**. Das haben wir versucht. Ich glaube, das kann hier für heute abgehakt werden, weil wir hierzu noch weiter arbeiten wollen nach dem Beschluß Berghofer, sagen wir abgekürzt, am Freitag, ja? Heute wenigstens nicht mehr.

Dann: An die **Region Plauen** wollte sich jemand wenden. Das waren Sie wohl. Ist da etwas vorbereitet?

Raspe (LDPD): Es gibt durchaus auch Erklärungen, die aus einem Satz bestehen können. Und so einen hätte ich vorzuschlagen.

Ziegler (Moderator): Also muß es hier verhandelt werden, nicht?

Raspe (LDPD): Ja, das würde ich sagen.

Ziegler (Moderator): Dann steht hier – das ist meine Formulierung: Wie kommen wir über den Winter? Das war die Frage der Sofortmaßnahmen. Mein Vorschlag ist, daß wird am kommenden Freitag mit dem Vertreter der Regierung verhandelt. Da gehört es auch hin.

Zwischenrufe: Ja. Gut.

Ziegler (Moderator): Danke. Dann, fünfzehntens: **Baukapazitäten des MfS für Umweltbauten und Gesundheitswesen** hatte hier, glaube ich, jemand vorgeschlagen. Wo soll das behandelt werden?

Holland (LDPD): Vielleicht kann man dazu sagen: für zivile Zwecke. Denn ich weiß nicht, ob die Technik und die Voraussetzungen, die die haben, nun gerade ausgerechnet passend für Umweltbauten oder für diese Gesundheitswesenbauten sind. Aber für zivile Zwecke, das würde vielleicht das umfassen. Wenn wir da Übereinstimmung hätten – –

Ziegler (Moderator): Also, ich sehe keine Kommission, in die das paßt. Das ist auch wieder eine Sache, die mit der Wirtschaft, denke ich, zusammenhängt.

Henrich (NF): Ich will bloß sagen: Die **Bilanzanteile**, die dem **MfS** zugeordnet waren, darum geht es da.

Ziegler (Moderator): Ja. Herr – –

Koplanski (DBD): Das wäre doch eine Frage, die man am Donnerstag beziehungsweise am Freitag unmittelbar mit Vertretern der Regierung besprechen könnte.

Ziegler (Moderator): Das halten wir fest, Sie bitte auch. Wir haben notiert für die Regierungserklärung dann am Freitag: Wie kommen wir über den Winter, die Baukapazitäten und die – – wie bitte?

Jordan (GP): Ich möchte noch einmal widersprechen bezüglich der Verwendung des Ausdruckes: „**für Zivilmaßnahmen**". Zivile Maßnahmen wäre für alles, aber bislang sind Maßnahmen für den Umweltschutz in der DDR immer bei der Bilanzierung hinten runtergefallen. Und wir brauchen **Kläranlagen**, wir brauchen bestimmte Anlagen in den Großbetrieben, und die müßten schnellstens gebaut werden. Und deshalb also: „**für Umweltschutz und auch für Gesundheitswesen**".

Ziegler (Moderator): Also, ich habe jetzt – – ja, bitte?

Scheler (VdgB): Ich möchte darauf aufmerksam machen, daß diese Kapazitäten teils an Objekten arbeiten, die jetzt umfunktioniert werden für verschiedene Zwecke, und daß sie doch diese Arbeiten dann auch zu Ende machen sollen und nicht umfunktioniert werden für Zwecke, die gemeinsam mit den verschiedensten gesellschaftlichen Kräften festgelegt werden für deren Territorium. Es wäre Unsinn, wenn wir das abziehen würden.

Ziegler (Moderator): Da wir uns geeinigt haben, daß dieses Thema auch mit dem Vertreter der Regierung im Rahmen der Wirtschaftsfragen am Freitag besprochen werden soll, brauchen wir das jetzt nicht zu verhandeln, weil dann jeder die Möglichkeit hat, seine Gesichtspunkte anzubringen. Können wir das heute so sagen?

Nun muß ich Ihnen sagen, daß wir trotzdem noch eine Menge für heute am Runden Tisch zu tun haben. Ich sage noch einmal, welche Punkte für den Runden Tisch direkt zur Verhandlung genannt wurden: **Reinigung der Justiz, Entmilitarisierung der Gesellschaft, Stellungnahme zur Wirtschaftssituation,** zur wirtschaftlichen Situation und **Rumänien, Neonazismus** und **Plauen.**

Jetzt haben wir eine Wortmeldung zur Geschäftsordnung: Frau Röth.

Frau Röth (UFV): Ich möchte den Antrag stellen, daß ein Termin festgelegt wird, bis zu dem sich spätestens diese Ausschüsse konstituieren, sonst geht nämlich zu viel Zeit wieder ins Land und die kommen nicht zur Arbeitsfähigkeit.

Ziegler (Moderator): Das hätten wir nachher in einem Punkt abschließen können. Darf ich jetzt diesen Gedankengang zu Ende führen, dann greifen wir das sofort auf, ja? Darf ich bloß noch einen Satz einfügen: Das sind Themen, die bis 18.00 Uhr nicht alle zu schaffen sind. Und darum müßten wir jetzt auswählen. Und ich denke, nach den bisherigen Wortmeldungen wäre es notwendig, etwas zu sagen zu **Rumänien. Neofaschismus** liegt vor, Rumänien liegt vor. Es war uns angekündigt worden, zur Region Plauen gäbe es nur einen Satz. Und dann bleiben außer der **Wirtschaftsfrage** die **Kommunalwahlen** übrig.

Frau Köppe (NF): Das wird auch ganz kurz.

Ziegler (Moderator): Auch kurz?

Frau Köppe (NF): Ja.

Ziegler (Moderator): So, nun soll uns Herr Henrich sagen, ob wir heute unbedingt noch [dieses Thema bearbeiten] müssen. Denn wir müssen jetzt eine Prioritätenliste machen.

Henrich (NF): Ja, sicherlich. Die Justiz braucht wieder Vertrauen, damit sie arbeiten kann. Das Thema „Kommunalwahlen" ist natürlich auch wichtig.

Ziegler (Moderator): Wenn kein Punkt verschoben werden kann, dann kann ich nur nicht dafür garantieren, daß wir bis 18.00 Uhr fertig werden können. Also muß ich fragen – ich mache noch einen letzten Versuch –, ob da nicht doch die **Wirtschaftsfragen** auf den Freitag verschoben werden können, obwohl sie so drängen.

Zwischenrufe: Ja! Dann wird erst einmal etwas auf den Tisch gelegt, sonst wissen wir doch gar nicht, was los ist.

Ziegler (Moderator): – Und ich frage Herrn Henrich, ob die **Entmilitarisierung** der Gesellschaft – –

Henrich (NF): – Ja, auch. Ist klar, ist klar.

Ziegler (Moderator): – Kann heute zurückgestellt werden, ja? – Zurückgestellt am 18. [Dezember 1989] für später.

Wie ist das mit dem Neonazismus? Muß das heute – –

Zwischenrufe: Ja! Ja! Der Text liegt allen vor!

Ziegler (Moderator): – Gut, liegt allen vor. Dann fangen wir an.

[Unruhe]

Zwischenfragen: Wie, bitte?

[anhaltende Unruhe]

Henrich (NF): Mit Rumänien kann man doch anfangen!

TOP 14: Appell an die rumänische Staatsführung: Keine Gewalt!

Ziegler (Moderator): Augenblick. – Jetzt nehmen wir das, wo wir die Erklärung alle vor den Augen haben, und das scheint **Rumänien** zu sein. Wer trägt Rumänien vor? – Alles kommt, [es] kommt alles dran.

Herr Schmidt, bitte. Hat das jeder schriftlich?

Zwischenrufe: Nein! Nein!

[Unruhe]

Schmidt (CDU): Es sollen genug Exemplare hergestellt worden sein.

Ziegler (Moderator): Also, ist jeder mit dem Text versorgt?

Frau Köppe (NF): Ist das jetzt Rumänien?

Ziegler (Moderator): Also, Rumänien, da heißt es: An die rumänische Staatsführung. Ich bitte Herrn Schmidt um die Einbringung.

Schmidt (CDU): Im Namen auch von Herrn Dr. Ullmann und Herrn Böhme schlage ich folgenden Text vor:

> **[Vorlage 2/7a, Appell des Runden Tisches an die rumänische Staatsführung, Entwurf]**
>
> An die rumänische Staatsführung
>
> Wir Teilnehmer des Runden Tisches in der DDR stehen in der tiefsten Krise unseres Landes vor der schweren Aufgabe, Grundlagen für einen Neuaufbau des politischen und wirtschaftlichen Lebens zu schaffen. Die Krise ist durch die Diktatur der bisher führenden Partei entstanden. Der Runde Tisch ist ein erstes Ergebnis eines gewaltfreien demokratischen Aufbegehrens unseres Volkes. Die Kräfte der Erneuerung haben sich in ihrem Widerstand gegen Diktatur und Repression auf die Solidarität ost- und westeuropäischer Völker gestützt. Deshalb fordern wir aufgrund unserer eigenen bitteren Erfahrungen von der Rumänischen Kommunistischen Partei, nicht länger mit Gewalt gegen ihr eigenes Volk zu regieren und ihm endlich seine demokratische Souveränität zurückzugeben.

Ziegler (Moderator): Herr Bisky.

Bisky (SED-PDS): Ich bin mit der Erklärung einverstanden. Wir würden sie auch mittragen. Es gibt nur eine Formulierung, die ich gerne etwas anders hätte. Statt „durch die Diktatur der bisher führenden Partei", hätte ich gerne den Text „durch die Diktatur einer stalinistisch orientierten Parteiführung". Aber das ist keine Bedingung, nur ein Formulierungswunsch.

[Unruhe]

Ziegler (Moderator): Welcher Satz ist das? – Ja, vierte Zeile. Und können Sie ihren Ablehnungsantrag noch einmal sagen?

Bisky (SED-PDS): Anstelle „Diktatur der bisher führenden Partei" hätte ich gerne „Diktatur einer stalinistisch orientierten Parteiführung" – –

Ziegler (Moderator): Ja.

Bisky (SED-PDS): – zumal ich meine, daß auch in Rumänien vor allem die Parteiführung zur Debatte steht.

Ziegler (Moderator): Herr Poppe.

Poppe (IFM): Ja, ich würde das unterstützen, daß hier nicht von der rumänischen Kommunistischen Partei die Rede sein sollte. Denn in dem Sinne gibt es die nicht. Es gibt einen Familienclan, der dort auf unvorstellbare Weise herrscht.

Ich hätte einen weiteren Vorschlag zu machen: Dieses Papier richtet sich nur an die rumänische Staatsführung. Es wird also dort natürlich völlig unbeachtet bleiben. Auf der anderen Seite wäre es vielleicht auch wichtig, sich an die **DDR-Regierung** zu wenden.

Wie bekannt, ist ja das **Ceausescu-Regime** von der vorherigen DDR-Führung mit blumigen Worten und auch sonst unterstützt worden. Es ist, glaube ich, an der Zeit, da nun endlich einmal einen Strich zu ziehen und diese Unterstützung einzustellen und sehr klare Worte von seiten der DDR-Führung zu finden gegenüber diesem Regime.

Und deshalb würde ich vorschlagen, daß die Erklärung so abgefaßt wird, daß sie also als Überschrift „Erklärung des Runden Tisches" hat und sich zum einen – wie gehabt hier – an die rumänische Führung wendet, und zum zweiten eine Ergänzung beinhaltet, die sich an die DDR-Regierung wendet, nicht mehr länger dieses Regime zu unterstützen.

Ziegler (Moderator): Dann bitte ich Sie, das in einem Antrag zu formulieren. Sonst kommen wir ganz schlecht weiter.
Bitte, Herr Schnur.

Schnur (DA): Ich würde durchaus das so lassen, daß wir dies direkt als eine Erklärung an die rumänische Staatsführung, aber auch an die kommunistische Parteiführung richten. Wir schreiben ja im Text dann: Rumänische Kommunistische Partei. Ich meine, selbst wenn auch hier wieder Personaleinheit besteht, müssen wir ja dabei beides mit berücksichtigen.

Und zum zweiten, würde ich sagen: Dann sollte der Runde Tisch diese Erklärung an die Regierung übergeben mit der Bitte, Sofortmaßnahmen einzuleiten, was letztlich darauf hinauszielt, was der Gerd Poppe gesagt hat.

Ziegler (Moderator): An unsere Regierung?

Schnur (DA): Ja.

Ziegler (Moderator): Herr Jordan.

Jordan (GP): Ich möchte die Adresse erweitern: an die rumänische Staatsführung und Bevölkerung.

Ziegler (Moderator): Ja, stimmt das dann nachher?

Unruhe und Zwischenrufe: Dann muß das umformuliert werden! Das kannst Du nicht machen!

Henrich (NF): Ja, dann muß das umformuliert werden.

Ziegler (Moderator): Ich glaube – –
Herr Gehrke.

Gehrke (VL): Also, ich würde es bei der Adresse belassen, würde hinsichtlich der Forderung das so teilen, meine aber, man müßte diese Forderung noch ergänzen, nicht nur, daß man die Beendigung der **Unterdrückung** fordert, sondern eben auch Freilassung aller **politischen Gefangenen** und Ähnliches. Das könnte man noch formulieren.

Und ich würde noch eine Versicherung der Solidarität mit dem rumänischen Volk im Anschluß mit hineinschreiben. Also, das halte ich für unverzichtbar, und anknüpfend an den Vorschlag, doch etwas auch für unsere eigene Führung mit auf den Weg zu geben. Weiß ich nicht, ich denke, wir sollten uns doch auch dahingehend erklären, daß wir sagen, der Runde Tisch setzt sich dafür ein, daß der Karl-Marx-Orden dem dortigen Diktator wieder aberkannt wird.

Ziegler (Moderator): Bitte formulieren Sie das, dann können wir darüber verhandeln.
Jetzt ist Herr Wilkening und dann Herr Böhme an der Reihe.

Wilkening (CDU): Ergänzend zu dem zuletzt geäußerten Vorschlag: Dieser Satz, der die Verpflichtung zu eigener Solidarität beinhaltet, würde sehr gut vor dem jetzigen letzten Satz einzufügen sein.

Ich habe dann aber noch den rein stilistischen Vorschlag, im letzten Satz nicht zu sagen „mit Gewalt gegen ihr eigenes Volk", sondern „gegen das eigene Volk". Denn das gehört zu den fatalen Mißverständnissen, daß das Volk einer Partei gehöre.

Ziegler (Moderator): Hier ist ein kurzer Abänderungsantrag formuliert worden, daß wir „ihr" ersetzen durch „das". Können wir das gleich einmal erledigen? – Gibt es Widerspruch? – Anscheinend nicht. Dann bitte ich einmal, das gleich zu ändern, dann haben wir das hinter uns.
Und jetzt war – – Moment, Herr Böhme war erst dran.

Böhme (SDP): Nur die Regierungsparteien brauchen sich dem Antrag von Herrn Gehrke noch anzuschließen, die Oppositionskräfte haben Herrn **Ceausescu** bereits 1988 anläßlich seines Besuches den Karl-Marx-Orden öffentlich aberkannt.

Ziegler (Moderator): Ja, Herr Böhme, trotzdem, wenn es in dieser Erklärung vorkommt, müßte es so formuliert werden, nicht? Vielleicht können Sie dann in Gemeinsamkeit – –

Böhme (SDP): Ach, für uns hat er ihn nicht mehr.

Ziegler (Moderator): Ja. Herr Frister.

Frister (FDGB): Ich weiß nicht, ob das historisch in Ordnung ist, wenn es im letzten Satz heißt „dem Volk seine demokratische Souveränität zurückzugeben", ob es nicht besser heißen sollte „das Volk in seine souveränen demokratischen Rechte einzusetzen". Denn ich kann aus der Geschichte heraus nur schwer sagen, wann das rumänische Volk so etwas hatte, und dann wissen wir nicht, worauf sich das beziehen soll, was da zurückgegeben werden soll.

Ziegler (Moderator): Also, Ihr Vorschlag lautet, „es endlich in seine souveränen demokratischen Rechte einzusetzen", ja?

Frister (FDGB): – „gegen das eigene Volk zu regieren – –

Ziegler (Moderator): Und?

Frister (FDGB): – und das Volk endlich in seine souveränen demokratischen Rechte" – –

Henrich (NF): Das Volk ist der Souverän. Das ist so, das kann man als solchen nicht einsetzen. Man kann es nur unterdrücken, daran hindern, seine Souveränität wahrzunehmen.

Ziegler (Moderator): Ja, dann müssen wir die Formulierung noch einmal überlegen. Gibt es weitere Dinge? – Dann müssen wir nämlich jetzt einmal zur Textänderung schreiten, ehe wir dann den Text feststellen. Weitere Wortmeldungen liegen nicht vor? Na, dann fangen wir oben an: In Zeile vier hatte Herr Bisky vorgeschlagen, statt der Worte „Diktatur der bisher führenden Partei" folgende Worte einzusetzen ...

[Lücke in der Aufnahme]

[Es folgten Abstimmungen über einzelne Formulierungen, aus denen schließlich der folgende Text hervorging:

[Vorlage 2/7b, Erklärung des Runden Tisches an die rumänische Staats- und Parteiführung („Rumänien-Resolution")]

Wir Teilnehmer des Runden Tisches in der DDR stehen in der tiefsten Krise unseres Landes vor der schweren Aufgabe, Grundlagen für einen Neuaufbau des politischen und wirtschaftlichen Lebens zu schaffen. Die Krise ist durch die Diktatur einer stalinistisch orientierten Parteiführung entstanden. Der Runde Tisch ist ein erstes Ergebnis eines gewaltfreien demokratischen Aufbegehrens unseres Volkes. Die Kräfte der Erneuerung haben sich in ihrem Widerstand gegen Diktatur und Repression auf die Solidarität ost- und westeuropäischer Völker gestützt. Wir solidarisieren uns mit dem rumänischen Volk und seinem Befreiungskampf. Deshalb fordern wir aufgrund unserer eigenen bitteren Erfahrungen von der Rumänischen Staats- und Parteiführung, nicht länger mit brutaler Gewalt gegen das eigene Volk zu regieren und einer demokratischen Entwicklung im Wege zu stehen.

Diese Erklärung soll auch der Regierung der DDR übergeben werden mit der Bitte, daraus entsprechende Konsequenzen zu ziehen.]

Ziegler (Moderator): Wer ist dagegen? – Wer enthält sich? – Einstimmig. Das muß dann auch in der Presse geschrieben werden.

TOP 15: Neofaschismus in der DDR

Ziegler (Moderator): Wir kommen jetzt zum nächsten Punkt: **Neofaschismus.**
   Wer führt das Thema ein?

[Unruhe]

Entschuldigung, was ist?

Frau Köppe (NF): Können wir nicht die Sache mit den **Kommunalwahlen** vorziehen?

Ziegler (Moderator): Warum?

Frau Köppe (NF): Weil es wichtig ist. Es bezieht sich auf die Sache, die wir beim letzten Mal hier besprochen haben, wie ich vorhin schon sagte.

Ziegler (Moderator): Es ist natürlich alles von Ihnen als wichtig bezeichnet worden. Mir ist es recht, Frau Köppe, ich will dem auch nicht im Wege stehen. Aber nun gehen wir eigentlich nach der Reihenfolge vor – –
   Ja, bitte, noch einmal.

Frau Köppe (NF): Könnten wir darüber abstimmen?

Ziegler (Moderator): Ja, können wir machen.
   Es ist ein Geschäftsordnungsantrag gestellt worden auf **Vorziehen des Themas Kommunalwahlen**. Wer möchte dafür und wer möchte dagegen sprechen? Zwei können sprechen. Will keiner? – Dann gehe ich davon aus, daß Sie gleich abstimmen wollen. Wer ist für Vorziehen des Themas Kommunalwahlen? Den bitte ich um das Handzeichen. Das müssen wir jetzt genau zählen: 8. – Wer ist dagegen?

Ducke (Co-Moderator): 16.

Ziegler (Moderator): Ja. Man muß unterliegen können, nicht, Frau Köppe? Es hilft nichts. Bitte die neofaschistische Vorlage, Herr – nein, nein, so nicht – –

[Heiterkeit]

– die Vorlage gegen Neofaschisten.

Stief (NDPD): Ich habe Sie schon verstanden.
   Wir schlagen folgenden Text vor – –

Ziegler (Moderator): Der ist verteilt, ja?

Zwischenrufe: Nein! Nein!

[Unruhe]

Stief (NDPD): Hat ihn jeder?

Lange (Co-Moderator): Das kann sein, daß nur eine Gruppe jeweils ein Exemplar hat, das kann ich jetzt nicht sagen.

Zwischenruf: Hier liegt der Stapel noch, es sind noch Texte da.

Ziegler (Moderator): Dann, bitte, sofort austeilen.
   Herr Schramm, könnte Herr [...] Reichelt [Leiter des Sekretariates des Runden Tisches] einmal zu unserer Unterstützung kommen, oder Sie, und beim Austeilen helfen, damit das hier flotter geht, ja? – Das wäre nett.

[Unruhe]

So, hat jetzt jeder den Text?

Frau Köppe (NF): Nein.

Ziegler (Moderator): Noch nicht?

Frau Köppe (NF): Jetzt.

Ziegler (Moderator): Jetzt hat jeder den Text. Herr Dr. Stief, Sie können anfangen.

Stief (NDPD): Wir schlagen folgenden Text vor, den jetzt jeder haben dürfte:

> **[Vorlage 2/8, Antrag NDPD: Zur Verurteilung neofaschistischer Aktivitäten]**
>
> Erklärung:
>
> Die Teilnehmer des Runden Tisches beobachten mit ernster Sorge, daß Auftritte neofaschistischer Kräfte im Lande zunehmen und deren Formierung beginnt.
>
> Die Teilnehmer verurteilen auf schärfste jede Art neofaschistischer Aktivitäten. Sie sehen Alarmzeichen gesetzt. Noch ist Zeit, den Anfängen zu wehren. Es ist deshalb notwendig, das ausgeprägt antifaschistische Klima in der Gesellschaft der DDR schnell und unmißverständlich zu stärken, allem und jedem entschieden entgegenzutreten, was diese Atmosphäre vergiftet und so schwere Gefahren für Nation und Demokratie heraufbeschwört. Das gehört in die Verantwortung aller politischen Kräfte des Landes, denen an wahrhaft demokratischer Umgestaltung liegt.

Ich möchte hier noch einen Gedanken aufgreifen, der heute im Laufe der Diskussion eine Rolle spielte: Ich glaube, von Herrn Henrich – oder wem drüben? – wurde formuliert, daß es darum geht, die Ursachen für solche Tendenzen auch im Lande zu beseitigen, Ursachen, die auch in jüngerer Zeit zu finden sind, also die nicht ganz klare Position des einen oder anderen zur Ausländerpolitik. Ich glaube, daß wir das in dem Satz inbegriffen haben: „allem und jedem entschieden entgegenzutreten, was diese Atmosphäre vergiftet", falls es hier einen möglichen Änderungsantrag gibt.

Ziegler (Moderator): Dieser Antrag, oder Vorschlag, diese Erklärung steht zur Aussprache.
Ja, Herr Bisky.

Bisky (SED-PDS): Ich bin dafür und würde auch dafür stimmen.
Ich habe einen Formulierungsvorschlag „wahrhaft demokratischer Umgestaltung" im letzten Satz: Wir gewöhnen uns daran, in der politischen Sprache schon wieder alles zu bewegen – „wahrhaft", „radikal" und so weiter. Ich bitte zu überlegen, ob wir die ganz einfache Sprache nehmen.
Ansonsten bin ich voll für den Vorschlag.

Ziegler (Moderator): Das hieße auf deutsch: „denen an demokratischer Umgestaltung liegt", und „wahrhaft" streichen. Möchte sich dazu jemand äußern?
Herr Schnur.

Schnur (DA): Ich kann der Erklärung meine Zustimmung geben, aber ich frage natürlich jetzt: Wenn wir es verabschieden, muß nicht tatsächlich diese Erklärung dann auch mit konkreten Maßnahmen verbunden sein? Ich denke, wir können doch jetzt nicht einfach eine Erklärung geben. Wir haben auch jetzt dem Kanzler oder der Regierung der DDR und BRD einen Forderungskatalog genannt.
Also, ich denke, wir müssen Schutzmaßnahmen treffen, damit tatsächlich was realisiert wird.

Ziegler (Moderator): Frau Poppe.

Frau Poppe (DJ): Ich kann solchen allgemeinen Positionsbestimmungen einfach nicht zustimmen. Ich denke, damit werden wir der Sache nicht gerecht, wenn wir uns das hier so einfach machen, wie es hier drin steht. Ich kann mich dem nicht anschließen.

Ziegler (Moderator): Ich verstehe das so, daß Sie meinen, wir müßten dann die Sache konkreter diskutieren, untersuchen und dann gezielter herangehen, ja? So meinen Sie – – Aha.
Ja, bitte, Frau Schmitt.

Frau Schmitt (UFV): Ich bin dafür, daß wir hier zwei, drei Menschen bestimmen, die sich hinsetzen und einen ordentlichen Vorschlag machen, der dann am Freitag angenommen werden kann. Das geht bestimmt dann ganz schnell. Ich denke, daß so eine Erklärung sein muß. Ich denke auch, daß sie so nichts nützt – eher im Gegenteil. Und ich meine, hier sind so viele intelligente Menschen, die das wirklich gut ausarbeiten könnten.

Ziegler (Moderator): Es haben ja auch intelligente Menschen diesen Entwurf ausgearbeitet.

Frau Schmitt (UFV): Ja, aber das war vielleicht zu hastig, deswegen.

Ziegler (Moderator): Also, ich versuche einmal, das ordentlich zu interpretieren: das heißt gezielter und konkreter, ja? – Damit man überhaupt weiß, worauf Sie hinaus wollen: gezielter und konkreter, oder?

Frau Schmitt (UFV): Ja.

Ziegler (Moderator): Herr Platzeck.

Platzeck (GL): Es gäbe zum Beispiel noch eins zu sagen: daß „das ausgeprägt antifaschistische Klima in unserer Gesellschaft" erst einmal diskussionswürdig wäre. Ist es das eigentlich? Und da sind die Fragen.
Ich würde dem zustimmen: Eine Erklärung ist nötig. Aber die sollte noch einmal durchdacht und diskutiert werden.

Stief (NDPD): Nein. Ich bin damit einverstanden, daß wir das am Freitag dann mit machen. Ich wollte nur noch eine Bemerkung machen: Dahinter steht natürlich eine Menge von Fakten. Wir haben 1988 noch 44 polizeiliche Ermittlungsverfahren wegen **neofaschistischer Gewalthandlungen** und Aktivitäten gehabt. Es sind bis Ende November in diesem Jahr bereits 144, also eine Vervielfachung – –

Frau Poppe (DA): Das wissen wir doch alles.

Stief (NDPD): Es geht also nicht darum, daß wir hier in der Runde eine Erklärung abgeben – die gegenüber Rumänien ist ja auch nicht unbedingt tiefschürfend –, sondern daß wir die Gefahr kennen und hier eine Position als Runder Tisch wissen.

Frau Köppe (NF): Wollen wir jetzt über den Antrag abstimmen?

Ziegler (Moderator): Augenblick. Jetzt müssen wir erst einmal die Wortmeldungen noch hören. Wir waren ja noch dabei: pro und contra. Und dann stimmen wir ab, ob vertagt wird, nicht?
Jetzt kommt Herr Wilkening, und dann kommt Herr Dshunussow und Herr Böhme und Herr Gehrke. Das hilft ja nun alles nichts.
Herr Wilkening.

Wilkening (CDU): Diese Erklärung finde ich auch etwas zu plakativ formuliert. Mein Vorschlag [lautet]: Erstens, statt „ausgeprägt antifaschistischem Klima" auf die „antifaschistische Verpflichtung" hinzuweisen, in der die DDR steht, und zweitens, konkrete Aussagen einzuarbeiten zur Frage, wie wir zu einer Organisierung dieser Kräfte stehen, aber wie wir andererseits auch im Bereich der Bildung und auch im Bereich der Ordnungskräfte das Gespräch mit denen suchen, die in dieser Gefahr stehen. Denn es geht ja auch um das Sympathieumfeld.

Ziegler (Moderator): Jetzt haben wir Geschäftsordnungsanträge, aber es sind noch drei Namen auf der Rednerliste.

Sie haben einen Geschäftsordnungsantrag, Frau Schmitt, ja? – Bitte.

Frau Schmitt (UFV): Ich hatte ihn doch schon gestellt. Ich schlage vor, daß wir drei Menschen bestimmen oder diese sich melden, die einen Vorschlag machen, daß wir das jetzt nicht – –

Ziegler (Moderator): Das war nicht als Geschäftsordnungsantrag gekennzeichnet, das wissen Sie, das müssen Sie tun. Gut, jetzt ist es klar – –

Frau Schmitt (UFV): – Ich denke, ich habe das vorhin auch so gemeint. Man muß das ja nicht alles schwieriger machen als – –

Ziegler (Moderator): – Ist gut.

Aber jetzt Herr Gehrke, auch zur Geschäftsordnung?

Gehrke (VL): Ja. Ich bin dagegen, daß wir jetzt diesen Antrag so behandeln, aus folgendem Grund: Ich glaube, das Thema ist wichtig genug. Wir müssen es nicht heute behandeln – – insofern nach hinten zu schieben. Rumänien ist ja etwas anderes, da geht es ja um ganz aktuelle Ereignisse.

Aber ich denke, wir sollten dann einen Extra-Tagesordnungspunkt ansetzen, wo wir auch über Inhalte diskutieren. Dafür kann natürlich so eine Kommission, die den Text ausarbeitet, wie das vorgeschlagen wurde, die Voraussetzung schaffen. Aber ich denke, es ist wichtig, sich politisch darüber zu verständigen über diese Fragen, die ja schon bereits in der Vergangenheit angeschnitten wurden.

Ziegler (Moderator): Wir sind hier bei der Geschäftsordnungsdebatte und die lautet: Verstärkung der Gruppe um zwei, drei Leute – denn die ist ja da – und eine andere Formulierung und Aufnahme noch einmal in richtiger Tagesordnung. So.

Böhme (SDP): Ich unterstütze den Geschäftsordnungsantrag von Frau Walfriede Schmitt unbedingt. Es muß differenzierter damit umgegangen werden. Wir müssen auch bei Formulierungen darauf achten, daß wir das nationaldemokratische Spektrum nicht nach rechts rüberdrücken.

Ziegler (Moderator): Gut. Es geht jetzt [um den] Geschäftsordnungsantrag: **Zurückverweisung** an die Gruppe mit Ergänzung. Und dann frage ich gleich nach, wer das ergänzen soll und Neuvorlagen stellen soll, ja? Die Anmeldung zur Tagesordnung dann auch.

Also, wer ist für Zurückverweisung heute? Den bitte ich um das Handzeichen. – Wer ist dagegen? – Enthaltungen? – Keine. Oder doch eine? – Drei.

Aber wer arbeitet nun mit, damit Herr **Stief** dann nicht alleine sitzt? – Herr **Gehrke**?

Gehrke (VL): Ja.

Ziegler (Moderator): Herr Gehrke und wer noch? – Ihren Namen vergesse ich doch immer.

Platzeck (GL): Platzeck.

Ziegler (Moderator): Herr Platzeck. Noch jemand? – Na dann, Herr – – Sie kümmern sich darum. Zurückverweisung zur Überarbeitung.

Und nun kommen die **Kommunalwahlen**.

Frau Köppe, machen Sie das?

TOP 16: Kommunalwahlen vor Volkskammerwahl

Frau Köppe (NF): Ja. Wir haben es schon vervielfältigt. Ich wollte nur warten, bis die Zettel ausgeteilt sind.

Wir fordern die Durchführung von Kommunalwahlen vor der Volkskammerwahl. **Demokratisierung** kann nicht von oben nach unten erfolgen, zuerst muß sie auf kommunaler Ebene verwirklicht werden. Die Abgeordneten von der untersten Ebene sind ebensowenig politisch legitimiert wie die **Volkskammer**. Sie genießen kein Vertrauen im Volk. Im kommunalen Bereich beginnt der Staatsapparat auseinanderzufallen, ist nicht mehr handlungs- und entscheidungsfähig.

Um das Leben aufrechtzuerhalten und **Anarchie** und **Chaos** zu verhindern, ist es dringend notwendig, die anstehenden Neuwahlen von unten nach oben zu organisieren, nachdem ein neues **Wahlgesetz** erarbeitet ist.

Erster Schritt: Kommunalwahlen in den Städten und Gemeinden mit dem Ziel der größtmöglichen Eigenständigkeit der Kommunen. Termin: so schnell wie möglich.

Zweiter Schritt: Volkskammerwahlen, um weitere gesetzliche Regelungen auf legitimierter Grundlage zu erreichen. Parallel dazu muß eine **Verwaltungsreform** durchgeführt werden.

Ziegler (Moderator): Der Antrag liegt nun vor. Ich erinnere daran, daß wir zur Wahl das letzte Mal eine Entscheidung gefällt haben, die auch aufgenommen ist: **Volkskammerwahl am 6. Mai [1990]**. Davon ist eigentlich jetzt vieles ganz stark bestimmt. Mit „so schnell wie möglich" – – das müßte dann etwas präzisiert werden. Und ich stelle die Frage schlichtweg nach der Machbarkeit.

Aber Herr Gutzeit hat sich gemeldet.

Gutzeit (SDP): Erst Herr Böhme.

Ziegler (Moderator): Wer? – Ach, Herr Böhme.

Gutzeit (SDP): Erst Herr Böhme und dann ich.

Böhme (SDP): Also, ich heiße Herr Böhme, das ist der Herr Gutzeit.

Ziegler (Moderator): Ich weiß das ganz genau. Ich habe Sie übersehen und bitte das zu entschuldigen.

Herr Böhme.

Böhme (SDP): Liebe Freunde vom Neuen Forum, im Prinzip stimme ich all dem zu, was hier vom Wachsen von **Mündigkeit**, von **Legitimation**, von der **Eigenständigkeit** der Kommunen gesagt wird. Aber die Strukturen in den **Kreisen** und **Bezirken, Gemeinden** und **Städten** zerfasern vor allem deshalb im Moment schon sehr deutlich, weil es keine Weisungskompetenz mehr gibt seitens der Regierungsstellen und -etagen.

Der 6. Mai [1990] für eine legitimierte höchste Volksvertretung erscheint uns im Moment als der letztmögliche Termin überhaupt. Wir schlagen einen Kompromiß vor. Das erste, was die Volkskammer, die höchste **Volksvertretung**, wie sie sich auch nennen mag, verkünden sollte, ist der Termin für die Kommunalwahlen.

Aber das Land wird zunehmend regierungsunfähig. Ich halte es direkt für gefährlich, den Mehrheitsbeschluß vom 7. Dezember [1989] zurückzunehmen und jetzt wieder eine Kommunalwahldebatte zu führen. Vergessen Sie nicht den Hinweis: Es sind 2 000 Menschen noch jeden Tag etwa, die unser Land verlassen. Wenn nicht wichtige Gesetze verabschiedet werden können, werden es auch nach dem 6. Mai [1990] nicht weniger werden. Die jetzige geschäftsführende **Übergangsregierung** wird nur bis zum 6. Mai zu halten sein, vor allem nach den Erklärungen, hinter denen die meisten der etablierten Gruppierungen und Parteien und der Oppositionsgruppierungen stehen.

Ziegler (Moderator): Also, jetzt kommt Herr Gutzeit.

Gutzeit (SDP): Ich stimme meinem Vorredner zu.

Zweitens sehe ich da eine gewisse Spannung innerhalb dieser Forderung des Neuen Forums. Es wird im zweiten Teil dieses Textes herausgestellt, daß es darum geht, die Eigenständigkeit der Kommunen zu stärken, eine **Verwaltungsreform** durchzuführen und so weiter. Dies kann aber nicht unten erfolgen, sondern es muß im Prinzip von einem Parlament gestaltet werden. Das heißt, die Institutionen müssen auf Landesebene erst entsprechend geschaffen werden. Dazu ist zuerst eine Parlamentswahl erforderlich.

Ich stimme dem zu, daß es darum geht, wieder Stabilität zu erreichen, Vertrauen zu schaffen, glaubwürdige Politik zu gestalten und der Zerfaserung dieser ganzen Geschichte, der **Anarchie** zu wehren. Aber meines Erachtens bedarf es dazu erst eines legitimen Parlaments auf Landesebene.

Ziegler (Moderator): Herr Mühlmann.

Mühlmann (NDPD): Die Notwendigkeit, schnellstens Kommunalwahlen durchzuführen, ist unbestritten. Ich gestatte mir, zu dieser Problematik einige Gedanken vorzutragen, die der Vorsitzende des **Zeitweiligen Ausschusses der Volkskammer für die Erarbeitung eines Wahlgesetzes** hier mir aufgeschrieben hat zu dieser Thematik.

Er bittet darum, diese **Wahlen** getrennt durchzuführen in der Reihenfolge **Volkskammer –**, **Kommunalwahlen**, wobei er auf folgendes hinweist, daß das Wahlgesetz frühestens Anfang Januar [1990] – er hat am 4. Januar eine Vorstellung im Entwurf – in die Diskussion gegeben werden kann, so daß, sagen wir einmal, frühestens Ende Januar/Anfang Februar dieses Gesetz nach Beratung in Kraft treten könnte, die Wahlen Ende Februar/Anfang März ausgerufen werden könnten, solange sich dieser Zeitraum so minimiert, daß der Termin, der 6. Mai [1990] also, der kaum machbare, aber natürlich politisch erforderliche ist. Diese Kommission stellt sogar die Machbarkeit dieses Termins in Frage.

Aus politischer Sicht kann ich mich dem nicht anschließen, respektiere aber die technischen Schwierigkeiten, die es hier gibt. Ich würde mich dem Vorschlag von Herrn Böhme anschließen, zuerst die Volkskammerwahl zum angegebenen Zeitpunkt und vielleicht einen Monat später nach diesem ersten Akt, durch den wir die Volksvertretung, die zentrale wählen, eben die Kommunalwahlen so zu bestimmen, daß sie noch vor den großen Ferien liegen, weil ja dann bundespolitisch so nichts läuft.

Ziegler (Moderator): Jetzt mache ich zwei Bemerkungen. Erstens, daß es 18.00 Uhr bereits durch ist, und zweitens, daß Frau Dr. Röth einen Geschäftsordnungsantrag stellt, aber noch drei auf der Liste stehen, nämlich Herr Raspe, Herr Gehrke und Herr Schult, die auch reden müssen. Wir können nicht immer die Rednerliste durch Geschäftsordnungsanträge abschneiden. Die muß ich aber erst einmal hören.

Frau Röth (UFV): Ja. Ich stelle den Antrag, daß wir diesen Antrag des Neuen Forums zurückstellen, und zwar dem Ausschuß für Wahlgesetzgebung übergeben, der schnellstmöglich tagt und dann sozusagen einen Vorschlag unterbreitet.

Ziegler (Moderator): Jetzt geht es nur um den Geschäftsordnungsantrag, ja? Bitte pro und contra.

Böhme (SDP): Ich möchte mich dagegen aussprechen, entschuldigen Sie bitte. Das ist eine existentielle Frage von morgen. Wenn wir heute hier unklar herausgehen, zu dieser Frage unklar herausgehen, sichern wir, daß morgen vielleicht 4 000 aus der DDR fernbleiben.

Ziegler (Moderator): Also, wer ist dafür?

Zwischenrufe: Wofür?

Ziegler (Moderator): Wir reden jetzt pro und contra Geschäftsordnungsantrag, der für die Überweisung gilt.
Herr Wilkening.

Wilkening (CDU): Ja. Ich würde den Antrag unterstützen, denn jede Wahl setzt zunächst einmal die rechtliche gesetzgeberische Grundlage voraus. Und da halte ich diese Bedenken doch für gerechtfertigt. Ein solches Votum dürfte eine Klärung zum nächsten Runden Tisch sicher schon ermöglichen.

Frau Köppe (NF): Dann hätten wir auch nicht hier über die Volkskammerwahl reden können. Das widerspricht sich jetzt.

Ziegler (Moderator): Das hilft alles nichts. Geschäftsordnungsanträge werden abgestimmt, nachdem einer dafür, einer dagegen gesprochen hat. Dagegen hat aber keiner gesprochen, nicht?

Zwischenrufe: Doch, doch.

Ziegler (Moderator): – Wir stimmen jetzt ab über den **Verweisungsantrag an die Arbeitsgruppe „Wahlgesetz"**. Das war Ihr Antrag. Wer dafür ist, der hebe die Hand.

Zwischenrufe: Arbeitsgruppe nicht! Nein, nein!

Ziegler (Moderator): Also, natürlich, hat sie doch gesagt.

Zwischenruf Schult (NF): Es ging um die Arbeitsgruppe.

Zwischenruf Böhme (SPD): Doch, es ging um die Arbeitsgruppe.

Ziegler (Moderator): Was, gibt es Unklarheiten – Herr Koplanski, gibt es Unklarheiten?

Böhme (SDP): Bitte, Herr Ziegler, formulieren Sie doch noch einmal, bitte, den Antrag.

Ziegler (Moderator): Der Antrag lautet: Verweisung dieses Vorschlages an die Arbeitsgruppe „Wahlgesetz".

Frau Dr. Röth, habe ich das so richtig – –

Frau Schmitt (UFV): Nein, es war ein Vorschlag für die nächste Runde-Tisch-Sitzung.

Ziegler (Moderator): Das geht ja nicht. Ich weiß nicht, die Gruppe hat sich noch gar nicht konstituiert. Verstehe ich nicht.

Bitte, Herr Gehrke.

Gehrke (VL): Ich möchte, da ich erstens mit diesem Antrag doch sympathisiere, aber auch gewisse Bedenken habe derart, die hier geäußert wurden, würde ich, einfach auch um diese Debatte hier zur Geschäftsordnung zu beenden und zu umgehen, die Freunde des Neuen Forums bitten, ihren Antrag vielleicht selbst um eine Woche zurückzuziehen. Das würde uns die Möglichkeit erlauben, in einer Woche noch einmal ihr Thema – –

Böhme (SDP): Bitte, wenn wir heute wieder unklar hier herausgehen, nachdem das ganze Volk das – – Ich bitte Sie wirklich um Verständnis – –

Ziegler (Moderator): Herr Böhme, wenn Sie die Leitung übernehmen wollen – ich habe nichts dagegen. Jetzt bitte ich um die Einhaltung der Spielregeln.

Frau Röth, ich frage Sie jetzt: Haben Sie nun einen Geschäftsordnungsantrag auf Verweisung gestellt oder nicht?

Frau Röth (UFV): Ich habe einen Antrag gestellt.

Ziegler (Moderator): Bitte schön. Dann wird jetzt darüber abgestimmt, ob Verweisung an die Arbeitsgruppe „Wahlgesetz" – –

[Unruhe]

– Ja, kann ja jeder dagegen sein, wer will. Und ich frage, wer dafür ist?

Was denn noch?

Wilkening (CDU): Dann müßte allerdings damit eine Terminangabe verbunden sein, sonst geht es gar nicht.

Ziegler (Moderator): Bitte, formulieren Sie, bis wann.

Frau Röth (UFV): Bis zum nächsten Runden Tisch, das wäre der 27. – –

Ziegler (Moderator): – der 27. Dezember [1989]. Das wäre der normale Termin. Also heißt präzise der Antrag: Zur Verweisung an die Arbeitsgruppe „Wahlgesetz" mit der Auflage, zum 27. Dezember einen überarbeiteten Vorschlag zu machen. So richtig? – Gut.

Dann: Wer ist für diesen Verweisungsantrag? Den bitte ich um das Handzeichen. – 4. Wer ist dagegen? – 7. Danke. Die Sache ist abgelehnt.

Jetzt fahren wir fort. Herr Raspe ist in der Reihenfolge der Wortmeldungen an der Reihe.

Raspe (LDPD): Ich halte es zunächst einmal für völlig legitim, daß wir Dinge, die wir hier auch empfohlen und verabredet haben, nachdem sie auf dem Prüfstand der öffentlichen Meinungsbildung gelegen haben, noch einmal zu bedenken geben. Und hier geht es auch um den **Wahltermin**. Ich bin nach wie vor für den **6. Mai [1990]** als Wahltermin für die **Volkskammer**. Ich glaube, das ist von existentieller Bedeutung, wie es hier charakterisiert wurde.

Aber ich muß sagen, ich bin zugleich dafür, an diesem Tage auch die Kommunalwahlen durchzuführen. Meine Erfahrungen sind, daß unser Beschluß, das später zu tun, in den Kommunen große Enttäuschung und Unsicherheit hervorgerufen hat, eben weil ich die Lagebeschreibung, wie das Neue Forum es hier vorgetragen hat, genauso nachempfinden kann. So ist es.

Und ich bin der Auffassung: Was nützt uns eine legitimierte und gewählte Volkskammer? Die ist von vornherein auf Sand gebaut, wenn sie solche Verhältnisse in den nachgeordneten Ebenen vorfindet. Ich bin der Auffassung, daß man das, und ich wiederhole eigentlich den Antrag der LDPD von der ersten Runde, daß wir beide Wahlen, das heißt ja eigentlich vier, am gleichen Tag durchführen.

Ziegler (Moderator): Das halten wir fest. Jetzt ist Herr Gehrke dran.

Gehrke (VL): Ja, ich habe das eben fast schon zur Geschäftsordnung gesagt: Ich würde darum bitten, daß wir jetzt nicht am Schluß der Debatte in eine etwas übereilte Grundsatzdebatte kommen. Es geht ja auch um wirklich sehr grundlegende Dinge. Ich habe, wie gesagt, ich kann mich da wiederholen, sowohl Verständnis als auch Sympathie für diesen Antrag, habe aber auch wiederum Bedenken anderer Art.

Ich würde einfach vorschlagen, das Neue Forum zieht um eine Woche, das heißt bis zum nächsten regulären Runden Tisch, seinen Antrag zurück. Dann würden wir uns es ersparen, ihn hier vielleicht sogar mehrheitlich abzulehnen, ohne daß wir ihn hier in die Kommission verwiesen haben. Das würde ich gerne vermeiden.

Ziegler (Moderator): Herr Schult ist sowieso dran.

Schult (NF): Ja, also ich schließe mich dem Antrag an. Wir ziehen den Antrag zurück für eine Woche, möchten aber zu bedenken geben, daß der Staatsapparat an der unteren Ebene am Zerfallen ist, daß Kommunalwahlen auch vor dem 6. Mai stattfinden können, weil die eben nicht in dieser Form **Wahlkampf** oder politische Profilierung benötigen oder Programmatik benötigen, sondern Leute vor Ort benötigen, die dort handlungsfähig sind. Kommunalwahlen haben einen anderen Charakter. Und ich bitte also alle Parteien und Organisationen, sich an ihrer Basis zu erkundigen, wie die Situation dort ist.

Also, bei uns war der einstimmige Beschluß aller Bezirke vorhanden, daß gefordert werden muß, daß vor den Volkskammerwahlen Kommunalwahlen stattzufinden haben.

Ziegler (Moderator): Nun stehen wir vor der Situation, daß der Antragsteller für acht Tage, das hat er uns jetzt angekündigt, den Antrag zurückgezogen hat. Und ich muß sagen, es stehen hier auf der Liste vier Wortmeldungen. Da der Antrag zurückgezogen ist, erübrigen sich eigentlich die Wortmeldungen, es sei denn, Sie wollen noch Hinweise geben, was beachtet werden muß. Dann bitte ich das aber in aller Kürze zu tun. Das ist so, ja?

Frau Walsmann.

Frau Walsmann (CDU): Ja, ich bin der Auffassung, daß die Frage der Kommunalwahl nicht ohne die Frage der **Verwaltungsreform** diskutiert werden kann. Denn die Kommunalwahlen in alten Strukturen, wenn wir uns zur Verwaltungsreform bekennen, wären sinnlos.

Es gibt deshalb mehrere Varianten: Entweder man beginnt jetzt, die Verwaltungsreform anzudenken, kommt zu einer Entscheidung, die von der neu gewählten obersten Volksvertretung akzeptiert, getragen wird, und macht dann unmittelbar danach die Kommunalwahlen. Das wäre ein gangbarer Weg.

Ich bin der Auffassung, daß zwei Wahlen unterschiedlicher Vertretungskörperschaften am gleichen Tag nicht möglich sind.

Ziegler (Moderator): Sie diskutieren doch weiter. Der Antrag ist zurückgezogen. Es kann nur noch darum gehen, denen zur Überarbeitung Hinweise zu geben.

Jetzt war aber Herr Schmidt – –

Schmidt (CDU): Ich ziehe zurück.

Ziegler (Moderator): Danke. – Dann Herr Schnur.

Schnur (DA): Ich meine, die Situation ist ja unbestritten. Selbst wenn wir am 6. Mai 1990 auch die Kommunalwahlen durchführen wollen, ist ja die Frage: Wie sichern wir im Grunde genommen von jetzt bis Mai 1990 ab, daß tatsächlich noch Regierbarkeit gegeben ist? Also, ich finde, daß dies zumindest für die nächste Runde mit bedacht werden muß.

Ziegler (Moderator): Ja. Und Herr Böhme als letzter.

Böhme (SDP): Ich bitte, ins Protokoll aufzunehmen, daß die SDP darauf hingewiesen hat, daß der 27. Mai nach Weihnachten liegt – –

Ziegler (Moderator): – der 27. Mai nicht.

[Heiterkeit]

Böhme (SDP): Verzeihung, ja – –

Zwischenrufe: – Das stimmt trotzdem – –

Böhme (SDP): – daß der 27. – ich treffe nur richtige Aussagen –, daß der 27. Dezember nach Weihnachten liegt und welche Konsequenzen ein Hinausgehen mit dieser offenen Frage bedeuten kann. Das bitte ich zu protokollieren, genau.

Ziegler (Moderator): Ja. Wir haben diese Besorgnis gehört. Wir bitten, am 27. [Dezember 1989] unter Berücksichtigung der Hinweise noch einmal um Überprüfung. Hoffentlich vergessen wir das nicht alles, was wir hier beschließen wollen.

Jetzt kommt der eine Satz für Plauen. Herr Raspe, den wollten Sie sagen.

TOP 17: Zur Sicherheit und Ordnung in Plauen

Raspe (LDPD): Ja, ich muß sicherlich ein Wort der Erklärung sagen: Wenn ich die Nachrichten richtig verstehe und auch andere Informationen, eskaliert in Plauen die Gewalt dramatisch, und ich würde es sehr begrüßen, wenn vom Runden Tisch ein beruhigender **Appell [Vorlage 2/9 an die Bürger von Plauen]** ausgehen würde. Ich weiß, daß die Kollegen in einem anderen Zusammenhang in der ersten Runde gewisse Bedenken gegen solche Art Appelle geäußert haben. Aber damals ging es um Aufrufe, fleißiger zu arbeiten. Aber ich glaube, dies ist eine andere Qualität, wenn wir uns in Richtung Ruhe und Ordnung bewegen wollen.

Ich möchte diesen Satz als Vorschlag vortragen:

[Vorlage 2/9, Erklärung LDPD: Appell zur Besonnenheit an die Bürger von Plauen]

Die Teilnehmer des Runden Tisches wenden sich an die Bürger der Stadt Plauen mit dem dringenden Appell, mit Konstruktivität, Ruhe und Besonnenheit die Erneuerung unseres Landes zu befördern.

Ich habe hier jeden Vorwurf vermieden. Das betone ich noch einmal.

Ziegler (Moderator): Ja. –
Frau Poppe, bitte.

Frau Poppe (DJ): Auch auf die Gefahr hin, daß ich das gleiche wiederhole wie beim letzten Runden Tisch: Ich habe das Fernsehbild gesehen, wie die Plauener Bürger das DDR-Emblem aus der schwarz-rot-goldenen Fahne herausgeschnitten haben. Für mich gibt es da zwei Möglichkeiten: Die eine ist, zu weinen. Und die andere ist, darauf zu hoffen, daß wir Vertrauen zurückgewinnen in unsere eigene Kraft, in die emanzipatorischen Kräfte.

Aber eine Lösung bleibt für mich ausgeschlossen: Und das ist der Appell zu Ruhe und Ordnung. Das ist, die erneute Entmündigung, also das Volk zur Ruhe aufzurufen und zur Ordnung. Ich glaube, das – wirklich – geht in die falsche Richtung.

Ziegler (Moderator): Wer hat weitere Wortmeldungen? Ich hatte Sie vorhin nicht aufgerufen.

Maleuda (DBD): Ja, das war zum anderen Punkt.

Ziegler (Moderator): Ich bitte um Entschuldigung.

Maleuda (DBD): Ich würde gerne den Vorschlag von Herrn Raspe unterstützen, weil es aus diesen Informationen aus Plauen ja eigentlich noch weitergehende Informationen gibt. Es gibt konkrete Vorschläge, Forderungen zur Durchführung eines **Volksentscheides** und andere Gedanken. Und ich weiß nicht, ob wir das alles unbeantwortet lassen sollen. Und ich weiß nicht, ob Sie einen Vorschlag hätten, wie wir reagieren.

Ich halte es nur für unzweckmäßig, nicht zu reagieren. Insofern wäre ich schon dafür, daß eine Aussage des Runden Tisches in angemessener Art und Weise doch erfolgen sollte, daß eine Beruhigung in der Stadt Plauen auch in den nächsten Tagen einsetzt.

Ziegler (Moderator): Jetzt Herr Schmidt und Herr Schnur. Vielleicht brauchen wir jetzt nur noch neue Gesichtspunkte zu nennen.

Schmidt (CDU): Vielleicht ist [es] wichtig, daß in Plauen bekannt wird: Der Runde Tisch hier hält es für besser, nicht ganz so munter vorzugehen, sondern etwas zurückhaltender. Es geht also nicht um Ermahnungen zu **Ruhe und Ordnung,** sondern einfach um ein deutlicheres Zeichen, daß der Runde Tisch in Berlin die Gründe, die zu irgendwelchen Aktionen führen, zwar versteht, aber sieht, welche Gefahren da auch drohen, daß sich hier so eine Richtung da anbahnt.

Ziegler (Moderator): Herr Schnur.

Schnur (DA): Ich habe ein bißchen Sorge, wenn wir tatsächlich einen Appell an eine Stadt richten, daß wir damit ja letztlich gesehen das Kernproblem DDR-weit nicht mehr im Blick haben. Denn ich meine, Leipzig, Dresden und andere Städte sind in dieser Art und Weise für mich mit diesen gleichen Tendenzen.

Das zweite ist: Wir haben ja jetzt auch gegenwärtig noch kein handfestes Ergebnis oder Rezept, indem wir tatsächlich den Bürgern sagen könnten, das und das haben wir tatsächlich realisiert, wir haben Termine benannt, haben Erklärungen verabschiedet. Sondern ich würde jetzt tatsächlich ernsthaft fragen, wenn das tatsächlich so ist – und dieser Verantwortung denke ich, dürfen wir nicht ausweichen –, ob man da nicht unmittelbar vor Ort mit den Menschen etwas tun muß.

Ich habe es ja wirklich in verschiedenen Städten unseres Landes erlebt. Man kann nicht mit schriftlichen Erklärungen irgend etwas erreichen. Man kann nur in der unmittelbaren Begegnung und der Auseinandersetzung mit den auch, sagen wir einmal, unterschiedlichen Fronten im Gespräch bleiben.

Ziegler (Moderator): Jetzt haben wir noch zwei Wortmeldungen. Ich frage, ob es noch weitere sind, denn wir müssen damit zu Ende kommen.

Ich muß einmal als Zwischennachricht sagen – Sie wissen ja, wie spät es ist –, es stehen noch aus: **Reinigung der Justiz**, die Frage der **Bürgerinitiative** und der **Untersuchungsabteilung**. Also, es sind entscheidende Punkte noch da. Wer hatte sich jetzt gemeldet?

Frau Poppe, bitte.

Frau Poppe (DJ): Ich möchte das sehr unterstützen, was Wolfgang Schnur gesagt hat. Hier wurde gesagt, wir können die Gründe verstehen. Ich eigentlich weiß nicht, warum das gerade in Plauen so zu eskalieren scheint. Ich möchte das gerne wissen. Und erst dann, wenn wir das genau wissen, können wir dort also konkret wirksam werden. Aber nicht mit so einem Appell von oben herabträufeln. Ich glaube, das können wir uns nicht leisten.

Ziegler (Moderator): Dann haben wir noch Frau Köppe. Und dann ist die Rednerliste abgearbeitet.

Frau Köppe (NF): Ich kann mich diesem Appell auch nicht anschließen und glaube auch nicht, daß der beruhigend auf die Situation in Plauen überhaupt wirken würde. Was wir vielleicht nur von dieser Situation für uns lernen müssen, ist, daß wir hier zügiger arbeiten müssen, damit sich tatsächlich was verändert. Und nicht solche Erklärungen und Appelle herausgeben sollten.

Ziegler (Moderator): Wir haben jetzt Befürworter und Gegner dieses Antrags gehört. Ich lese ihn noch einmal vor: „Die Teilnehmer des Runden Tisches wenden sich an die Bürger der Stadt Plauen mit dem dringenden Appell, in Konstruktivität, Ruhe und Besonnenheit die Erneuerung unseres Landes zu befördern."

Und ich stelle jetzt die Frage, wer diesen Antrag unterstützt, der hebe die Hand.

Ducke (Co-Moderator): 12 Ja-Stimmen zähle ich.

Ziegler (Moderator): Und wer ist dagegen?

Ducke (Co-Moderator): Ich zähle jetzt einmal von rechts. – 20.

Ziegler (Moderator): 20 dagegen. Enthaltungen?

Ducke (Co-Moderator): Enthaltungen? – 1, 2 – –

Zwischenruf: 3.

Ziegler (Moderator): Na, 3 kann nicht sein.

Ducke (Co-Moderator): Bitte? – Ach so, entschuldigen Sie, ich hab die jetzt übersehen.

Ziegler (Moderator): 3 Enthaltungen? Es kann ja – 3 Enthaltungen, ja. Damit ist der Antrag abgelehnt.

Ich möchte jetzt gleich einen weiteren Antrag, den wir vorhin schon einmal – –

[Lücke in der Aufnahme]

TOP 18: Offenlegung eingeschleuster Stasi-Spitzel

Ziegler (Moderator): Na bitte [**Vorlage 2/10**]:

> [**Vorlage 2/10, Antrag SDP:** Zur Offenlegung der gegen Friedens-, Umwelt- und Menschenrechtsgruppen angewandten Vorgehensweisen sowie zur Nennung der in diese Gruppen eingeschleusten Personen.]
> Der Runde Tisch beauftragt die Unabhängige Kontrollkommission zur Auflösung des Amtes für Nationale Sicherheit mit der sofortigen Offenlegung der gegen Friedens-, Umwelt- und Menschenrechtsgruppen angewandten Vorgehensweisen sowie der Benennung der in diese Gruppen eingeschleusten Personen.

Herr Bisky.

Bisky (SED-PDS): Ich habe eine Frage. Ich hoffe, jetzt wird nicht meine letzte Illusion zerstört. Gibt es denn Erkenntnisse, daß tatsächlich jemand eingeschleust wurde, sonst würden Sie ja – –

[Gelächter und Zwischenrufe: Ja, ja.]

Henrich (NF): Nein, aber die sind auch in die SED eingeschleust worden.

Bisky (SED-PDS): Dann müßten Sie die doch kennen, dann müßten Sie die doch kennen.

Henrich (NF): Ja, dann müssen wir die kennen, oder was?

Schult (NF): Die Frage ist ja noch besser als die Antwort.

Henrich (NF): Dann müßten wir sie kennen. – Die Frage ist, wirklich, die setzt noch eins drauf.

Ziegler (Moderator): Also, ich habe hier zwei Wortmeldungen.

Herr Schult.

Schult (NF): Ja, ich denke, ich lehne diesen Antrag ab.

[Gelächter]

– Ich lehne diesen Antrag wirklich ab und denke, wir können ja nicht von diesem Tisch [aus] hier zum Stasispitzeljagen aufrufen. Also, ich halte das wirklich für völlig widersinnig.

Ziegler (Moderator): Ja, wir haben alles verstanden. Gibt es noch weitere Anträge oder Wortmeldungen? – Dann lasse ich darüber erst abstimmen. Wer den Antrag unterstützt, den bitte ich um das Handzeichen.

Ducke (Co-Moderator): Ich zähle 2 Ja-Stimmen [von I. Böhme und M. Gutzeit].

Ziegler (Moderator): Wer ist dagegen?

Ducke (Co-Moderator): Ich zähle 10 Gegenstimmen.

Ziegler (Moderator): Wer enthält sich?

Ducke (Co-Moderator): Das ist die Mehrheit, das Thema ist gefressen.

Ziegler (Moderator): Damit ist – –
Herr Gutzeit, Sie hatten sich gemeldet.

Gutzeit (SDP): Ja, ich akzeptiere das. Wir sind ja Demokraten.

TOP 19: Reinigung der Justiz

Ziegler (Moderator): So. Jetzt kommen wir natürlich noch zu schwierigen Dingen. Wir müssen, wenn wir so der Reihenfolge nach gehen, jetzt Herrn Henrich um seinen **Antrag** [Vorlage I, 2/11], Reinigung der Justiz bitten. Der liegt schriftlich vor, ja? Haben wir den Antrag?

[Unruhe]

Henrich (NF): Ja, ja, der zweite Absatz.

Lange (Co-Moderator): Der zweite Absatz?

Henrich (NF): Ja. Den ersten haben wir ja zurückgestellt: Entmilitarisierung.

Ziegler (Moderator): Ja, das war nur eine Formalfrage.

Henrich (NF): Also, endlich verstanden.

Ziegler (Moderator): Ich lese es gerade. Oben steht „**Entmilitarisierung der Gesellschaft**". In einem zweiten Absatz kommt die Justiz. Hat ihn jeder? Gibt es noch Exemplare zur Aushilfe für diejenigen, die noch nichts haben?
Eigentlich – muß ich einmal so zwischendurch sagen – hatten wir noch nicht beschlossen, daß Berater zugelassen werden. Ich sage das einmal ganz allgemein, ja? Ich muß das einmal ganz allgemein sagen. Das wäre ein Beschluß. Es haben ja auch noch andere Gruppierungen diesen Wunsch geäußert.
Herr Henrich.

Henrich (NF): Ja.

[Vorlage 2/11, Erklärung NF: Zum Zustand der DDR-Justiz]

Das „Neue Forum" ist besorgt über den Zustand der DDR-Justiz. Während sich in allen gesellschaftlichen Bereichen der DDR schmerzhafte Prozesse der inneren Selbstreinigung vollziehen, erweckt der Justiz-Bereich weitgehend den Eindruck, als seien ausgerechnet hier personelle und andere Änderungen nur in geringstem Umfang erforderlich. Das Gegenteil ist jedoch der Fall. Für ein verbreitetes Verhalten des Nicht-Verantwortung-Übernehmen-Wollens steht besonders die Person des Justizministers Dr. Heusinger ein, welcher unbestreitbar die grundlegend verfehlte, oftmals menschenverachtende Rechtspolitik der letzten 15 Jahre zu vertreten hat. Es ist eine Zumutung für unser Volk, wenn dieser Minister auch nach dem Rücktritt des alten Ministerrates wieder auftaucht und im Kabinett Modrow weiter amtiert, als sei nichts geschehen. Justizminister Heusinger hat ebenso wie die Vorsitzenden der Senate des Obersten Gerichts, der Präsident des Obersten Gerichts, der Generalstaatsanwalt, die Bezirksstaatsanwälte und Direktoren der Bezirksgerichte sowie die Bezirksgerichtsrichter der Ersten Strafsenate und die Staatsanwälte der Abteilung 1a Verantwortung zu übernehmen. Dieser Personenkreis ist aus der Justiz zu entfernen, da er mit seinem Verhalten für die unmenschliche Strafpraxis der Vergangenheit steht und mit diesen Personen als Funktionsträgern in der Justiz die gewünschte Rechtsstaatlichkeit nicht glaubwürdig ist.

Die Justiz muß erkennbar mit der Aufarbeitung ihrer stalinistischen Vergangenheit beginnen. Es sind auch die vielen namenlosen Opfer der DDR-Justiz kurzfristig zu rehabilitieren und zu entschädigen. Dazu ist im Bereich des Ministeriums für Justiz unter Mitwirkung und maßgeblicher Leitung unabhängiger Persönlichkeiten ein Arbeitsstab zu gründen, der systematisch die Prozeßgeschichte der DDR überprüft, die Rehabilitierung und Entschädigung der Opfer organisiert und sichert, daß alle „aus politischen" Gründen verurteilten Gefangenen freigelassen werden, soweit das nicht schon geschehen ist. Dabei soll insbesondere gesichert werden, daß auch die wegen Straftatbeständen der allgemeinen Kriminalität, hier ist besonders das Rowdytum zu nennen, verurteilten politischen Häftlinge freikommen.

Zwei Sätze vielleicht zur Erläuterung: Der Personenkreis, der hier eingegrenzt ist, **Staatsanwälte 1a,** das ist der Personenkreis, der unmittelbar mit den politischen Strafverhandlungen zu tun hatte. Deshalb diese sehr enge, zahlenmäßig genaue Beschreibung eines Personenkreises und diese Eingrenzung. Wir denken, daß das zumindest ein erkennbares Signal für eine erneuerte Justiz auf dem Wege zur Rechtsstaatlichkeit wäre.
Noch ein Wort zu den **politischen Gefangenen:** Es stellt sich jetzt immer wieder heraus, daß nach wie vor Bürger in Haft gehalten werden, die aus politischen Gründen inhaftiert wurden. Da besteht das juristische Problem im Moment darin, daß hier teilweise absichtlich Straftatbestände der allgemeinen Kriminalität angewandt wurden, „Rowdytum" zum Beispiel.
Das Rowdytum ist nicht **amnestiert** worden. Das muß man wissen. Also, da gibt es Menschen, die jetzt im Grunde genommen noch in Haft sind und die man aus der Statistik allein nicht herauslesen kann. Dieses Problem will ich insbesondere in den Mittelpunkt gestellt wissen. Deshalb dieser letzte Absatz, damit man hier nicht Einzelne vergißt. Wir haben das auf **Demonstrationen** erlebt, daß da Männer aufgetreten sind, deren Frauen noch in Haft saßen. Also, dieses Problem gibt es.
Soweit der Kommentar noch dazu. Danke schön.

Ziegler (Moderator): Ja, der Kommentar – – Vielen Dank für die Einbringung. Und, Herr Henrich, wenn Sie noch einen Satz dazu sagten, mit welcher Absicht [Sie das formulierten], was Sie vom Runden Tisch jetzt erwarten, daß wir das bloß aufnehmen.

Henrich (NF): Also, ich denke, der Runde Tisch ist nicht berechtigt, die abzuberufen, abzuwählen, je nachdem, was da zu geschehen hat. Aber wir sind, wie in anderen Sachen ja auch, aufgefordert, klare Stellungnahmen abzugeben. Und wie gesagt, Vertrauen für eine politische Reform setzt ja wohl im Kern vor allem auch **Vertrauen zur Justiz** voraus.

Und hier sollten wir deutlich unser **Mißtrauen** diesem, wie gesagt, eng begrenzten Personenkreis aussprechen. Das ist zahlenmäßig ein ganz bescheidener Kreis. Das läßt sich machen, ich bin da auch Pragmatiker; ich möchte nicht, das will ich ausdrücklich betonen, daß unsere Justiz zum Stillstand kommt. Das geht gar nicht. Aber das hier ist ein Kreis von **Verantwortungsträgern.**

Ziegler (Moderator): Mir geht es um etwas Einfacheres, um die Frage, wie der Runde Tisch verfahren kann.

Ich mache einen Vorschlag: Es wäre jetzt möglich, daß im ersten Satz, wo da [in der Vorlage] steht „Neues Forum", daß da [für den zu fassenden Beschluß] steht „Runder Tisch". Der Runde Tisch macht sich das [damit] zu eigen. Dann hätten wir eine Verhandlungsgrundlage.

Henrich (NF): Ja, das wäre meine Bitte.

Ziegler (Moderator): Damit ist die Lage also klar. Dann kann ich das so zur Debatte stellen wie alle bisherigen Anträge, und wir werden sehen, wie der Runde Tisch dazu steht.

Jetzt hatten sich schon gemeldet Herr Böhme, Herr Gehrke und Herr Schnur, in der Reihenfolge.

Herr Böhme.

Böhme (SDP): Ja, ich gebe zurück. Herr Henrich hat bereits das beantwortet, was ich fragen wollte. Wir stimmen dem zu.

Ziegler (Moderator): Herr Gehrke.

Gehrke (VL): Ich möchte eigentlich daran erinnern, daß die DDR zu Recht bei der westdeutschen Justiz beklagt hat, daß die Justiz, der **Justizapparat**, der faschistische Justizapparat in Gang geblieben ist, daß der nicht zur Verantwortung gezogen wurde. Und das Ergebnis war ja: Bis heute sozusagen sind noch die gleichen Richter, soweit sie nicht ausgestorben sind, im Amte.

Und ich glaube, aus unserer korrekten und richtigen Kritik am **westdeutschen Justizwesen** nach dem Kriege sollten wir die Schlußfolgerung ziehen, mit dem gleichen Anspruch mit unserem eigenen Justizwesen zu verfahren, wie wir es von der westdeutschen Justiz in etwa analoger oder vergleichbarer Situation doch verlangt haben. Und ich glaube, Herr Henrich hat schon sehr deutlich gemacht, daß es um einen bestimmten Personenkreis geht, der eben hierbei besondere Verantwortung hat, und nicht allgemein um die Justiz der DDR schlechthin. Deshalb, glaube ich, sollten wir alle so verfahren.

Ziegler (Moderator): Ja, Sie haben also keine Änderungsanträge. Sie unterstützen den Antrag in dieser Weise.

Gehrke (VL): Ich will das, jawohl.

Ziegler (Moderator): Jetzt ist Herr Schnur dran. War das so in der Reihenfolge?

Schnur (DA): Danke.

Erstens muß man doch eine Aufgliederung vornehmen. Ich glaube, daß insgesamt – sagen wir – die Zustandsbeschreibung der Justiz dann wieder in ihr eingegrenzt wird auf den Bereich des Strafrechts und der damit realisierten Strafen. Ich denke, dann muß man es auch so deutlich machen, wenn man den Begriff **DDR-Justiz** so allgemein nennt.

Das zweite ist, und das glaube ich, läßt sich ja nur so machen, daß tatsächlich die Regierung der DDR jetzt aufgefordert werden muß, doch zu erklären, welche Maßnahmen bereits eingeleitet worden sind. Und ich denke, hier müßte dann auch dies noch einmal an die Adresse der Volkskammer zusätzlich gerichtet werden, dann mit der Maßgabe, ob an eine **Abberufung** – nicht? – des **Präsidenten** des **Obersten Gerichts** gedacht ist. Auch dies halte ich hier für wichtig und notwendig.

Drittens, glaube ich, ist dies zumindestens ja nicht ein erster Vorschlag, sondern generell ein **Gesetz über die politische Rehabilitation** für alle politischen Straftaten von 1949 bis Oktober 1989. Ich denke, das sollte man dann auch so deutlich mit aufnehmen.

Und, viertens, halte ich es auch für wichtig, daß es tatsächlich eine Abgrenzung der allgemeinen Kriminalität gibt, wenn man bei Rowdytum bleibt, ja? Also, ich denke, das muß man tatsächlich sehen. Man muß sich entscheiden, entweder den Straftatbestand des Rowdytums generell aus, sagen wir, dem 6. **Strafrechtsänderungsgesetz** neu zu definieren, was es tatsächlich ist, oder b) man sagt, wenn Bürger auf der Straße angegriffen werden, hat das nichts mit politischen Dingen zu tun.

Ziegler (Moderator): Herr Schnur, wir hören mit Aufmerksamkeit und Spannung zu. Wir sind Laien – –

Henrich (NF): Das ist ein Mißverständnis. Ich möchte noch zwei Worte dazu sagen.

Ziegler (Moderator): Ja, darf Herr Schnur gleich zum Ende kommen, was er nun will?

Schnur (DA): Ja, ich will konkret nun vorschlagen, daß wir es tatsächlich dann doch so machen, daß wir sagen, jawohl, dieses Papier machen wir uns zu eigen, und es wird zur Realisierung, ja, zur Realisierung der hier angegebenen Zielrichtungen doch dann an die **Arbeitsgruppe „Strafrecht/Strafprozeßrecht"** mitgegeben, um das weiter zu realisieren.

Ziegler (Moderator): Wir sind ja Laien, Freunde, wir können das ja nicht, ich wenigstens – –

Henrich (NF): Aber daß wir es uns zu eigen machen, so habe ich das richtig verstanden, nicht?

Ziegler (Moderator): Herr Böhm, nicht?

Böhm (DBD): Ich hätte einen Ergänzungsvorschlag, das ist etwa im letzten Viertel der ersten Seite: „Dieser Personenkreis ist...", jetzt würde ich einfügen wollen, „grundsätzlich zu überprüfen und gegebenenfalls aus der Justiz zu entfernen".

Es wäre ja denkbar, daß in diesem Kreis doch noch Leute tätig gewesen sind, die es – –

Henrich (NF): Das ist undenkbar. Alle die haben Urteile gemacht – –

Böhm (DBD): – Ich stelle den Antrag. Es ist durchaus möglich, daß darunter Leute sind, die sich keiner **Straftaten** schuldig gemacht haben.

Ziegler (Moderator): Sie müßten da nur sagen, wo das eingefügt werden soll.

Böhm (DBD): Das ist die siebente Zeile von unten – –

Ziegler (Moderator): Sie wissen es ja. Ja, „ist zu überprüfen" – –

Böhm (DBD): – und „gegebenenfalls" – –

Ziegler (Moderator): Ja. Also darüber werden wir dann noch reden. Herr Henrich hatte bislang das Wort.
Jetzt ist Herr Wilkening dran.

Wilkening (CDU): Ja, ich unterstütze den Antrag von Herrn Böhm mit der Frage, ob es nicht denkbar ist, daß der auf Seite zwei genannte Arbeitsstab nicht auch tatsächlich diese Überprüfung mit vornehmen müßte, damit nicht der Verdacht einer **Pauschalverurteilung** bis hin zum **Berufsverbot** entsteht.

Frau Röth (UFV): Ja, ich möchte den Antrag noch einmal befürworten, denn ich denke, wir können hier nicht global aburteilen. Und wir wollen ja, daß in diesem Lande **Rechtsstaatlichkeit** herrscht. Und ich denke, man muß auch den amtierenden **Staatsanwälten** sozusagen dieses verfassungsmäßig garantierte Recht einräumen. Und in dem Sinne denke ich mir, daß ein Ausschuß zur Überprüfung dieser etablierten Staatsanwälte in Kraft tritt und jeden einzeln überprüft, ob er sozusagen seiner Verantwortung gerecht geworden ist oder nicht.

Ziegler (Moderator): Herr Platzeck.

Platzeck (GL): Ich hielte die Überprüfung auch für sehr wichtig. Mir fehlt aber noch ein Wort.
Es würde reichen, wenn sich ein einziger findet, der nicht so war. Das hätte dann schon seinen Sinn gehabt.
Aber mir fehlt da das Wort „schnellstens", „umgehend" oder „innerhalb von drei Monaten" oder so, weil ich glaube, diese Rechtspolitik ist mit das Schlimmste, was unserem Lande passiert ist. Und deshalb sollten wir hier auch ganz klare Zeichen setzen: Nicht daß das jetzt ein Prozeß wird von fünf Jahren.

Ziegler (Moderator): Und Herr Henrich.

Henrich (NF): Ich kann damit leben, mit diesem Ausschuß. Dem schließe ich mich jetzt einmal an. Ich will bloß ein Wort noch sagen, damit ich hier nicht mißverstanden werde.
Es geht nicht um das pauschale Diskriminieren. Der Direktor eines **Bezirksgerichts** ist auch Verantwortungsträger. Da geht es auch nicht nur um politische, also um Straftaten, die er selber begangen hat. Er steht in der Verantwortung, wie auch der **Justizminister,** für das politische Strafrecht der letzten fünfzehn Jahre. So lange und länger amtiert ja dieser Justizminister schon. Und dafür muß er doch Verantwortung tragen. Und das ist eine **politische Verantwortung.** Da gehe ich zunächst nicht von **Berufsverboten** oder ähnlichem aus. Der kann doch dann wieder Rechtsanwalt werden, ja? Solche Dinge gibt es ja noch. Es geht um die politische Verantwortung eines ganz besonderen Personenkreises. Die ist hier angefragt.
Und ich will noch ein Wort sagen: Ich wollte jetzt nicht die Abschaffung dieses Tatbestandes. Der ist natürlich, Kollege Schnur, das wissen wir beide auch, sehr zweifelhaft – **Rowdytum.**
Worum es mir hier hinten geht, das wollte ich bloß sehr kurz fassen, ist, daß man Tatbestände der allgemeinen **Kriminalität** mißbraucht hat, um politisches Handeln zu kriminalisieren. Und das sind halt jetzt die Leute, die wirklich noch in **Haft** sitzen, und das kriegt man über Statistiken und so etwas nicht heraus.
Und da besteht wirklich die Gefahr, daß einzelne noch in Haft sitzen, um die sich dann niemand kümmert, weil die sozusagen unter die Tatbestände der allgemeinen Kriminalität fallen: Na ja, das ist ein Rowdy, da mag er weiter sitzen, die letzten sieben Monate noch absitzen.
Diese Gefahr sehe ich, weil wir der in den letzten Monaten immer wieder begegnet sind.

Ziegler (Moderator): Herr Mühlmann.

Mühlmann (NDPD): Vielen Dank. Also, es ist richtig, daß in der Justiz eigentlich bisher am wenigsten passiert ist in der Richtung, die ja in dieser Vorlage dargestellt wurde. Aber meiner Auffassung nach müßte, wenn also eine Konsequenz gezogen wird, sich immer durch eine individuelle Entscheidung im Hinblick auf bestimmte Personen bezogen werden, so daß ich mich diesem Mittelstück, das die Funktion und so weiter kennzeichnet, nicht anschließen würde, sondern der allgemeinen Aussage.
Ich würde mich dem Vorschlag von Herrn Schnur anschließen, daß wir das dem Ausschuß geben und daß wir vielleicht die **Arbeitsgruppe „Strafrecht"** um das Problem **Rehabilitierungsgesetz** erweitern, weil das ja mit im Zentrum, sagen wir, dieser künftigen Entwicklung steht.

Ziegler (Moderator): So. Jetzt haben wir einen Ergänzungsvorschlag, der war in dieser siebentletzten Zeile von unten: „schnellstens zu überprüfen und gegebenenfalls" sollte eingefügt werden. Ich hatte das „schnellstens", Herr Böhm, noch mit aufgenommen.

Böhm (DBD): Ja, einverstanden.

Ziegler (Moderator): Einverstanden?

Böhm (DBD): Ja, ja.

Ziegler (Moderator): Herr Henrich, es ist Ihr Text. Wollen Sie sich dazu äußern?

Henrich (NF): Ich könnte mich dem anschließen.

Ziegler (Moderator): Also, dann frage ich: Wer diese Einfügung unterstützt, den bitte ich um das Handzeichen. – Das ist anscheinend die Mehrheit. Wer ist dagegen? – Enthaltungen? – Nichts. Dann ist das also eingeschlossen.
Jetzt lautet der Vorschlag: Der Runde Tisch macht sich die Erklärung zu eigen und überweist sie an die **Arbeitsgruppe „Strafprozeß und Strafrecht"** – Sie wissen: die vier – mit der Auflage, auch ein **Rehabilitierungsgesetz** mit in die Arbeit einzubeziehen.
Herr Böhm, ist das – –

Henrich (NF): Wie soll das praktisch jetzt aussehen? Das Gesetz soll da mit hereingenommen werden? – Können Sie uns jetzt einmal sagen, wie das praktisch aussehen soll?

Mühlmann (NDPD): Sie haben vorhin verschiedene Gegenstände gesagt und zugeordnet, und das Rehabilitationsgesetz ist das, was dem mit am nächsten kommt neben dem 6. Strafrechtsänderungsgesetz. Und da würde ich meinen, da hier nicht jeder Strafprozeß von früher individuell aufgearbeitet werden kann, daß das durch diese generelle Regelung geschieht und daß das mit herein sollte.

Henrich (NF): Ja. Aber wir müssen doch bedenken: Der Justizminister macht das dann auch noch sozusagen, der legt doch das vor in den nächsten Tagen, ja?

Das ist so jetzt das Problem hier, das Mißtrauen.

Ziegler (Moderator): Ich denke, es hat seine Wirkung, wenn der Runde Tisch sich das zu eigen macht, nicht?

Henrich (NF): Aber die sollten wir auch unterstreichen.

Ziegler (Moderator): Und darum frage ich jetzt: Wollen Sie das getrennt abstimmen, daß wir erst die Frage stellen, wer sich [den Antrag] zu eigen macht und dann die Überweisung?

Ich glaube, das ist sauberer, als wenn man gleich alles hier macht, nicht?

Also, dann frage ich, wer sich diese veränderte, mit dem Zusatz versehene Fassung zu eigen machen kann?

Ducke (Co-Moderator): 23 habe ich jetzt als Ja-Stimmen gezählt.

Ziegler (Moderator): Ja bitte, das ist ja das Problem. So etwas – – also 26 dafür. – Wer ist dagegen?

Ducke (Co-Moderator): 3 Gegenstimmen.

Ziegler (Moderator): Wer enthält sich?

Ducke (Co-Moderator): 7.

Ziegler (Moderator): 7 Enthaltungen. So. Damit hat es sich der Runde Tisch mehrheitlich zu eigen gemacht.

Jetzt kommt die Frage nach der **Überweisung an die Arbeitsgruppe „Strafrecht"**, sage ich abgekürzt, ja? Wer ist dafür? Ich bitte um das Handzeichen.

Ducke (Co-Moderator): Das ist die Mehrheit.

Ziegler (Moderator): Danke. Gegenstimmen? – Ah ja, Frau Köppe, ist das eine Gegenstimme?

Frau Köppe (NF): Nein.

[Heiterkeit]

Ziegler (Moderator): Enthaltungen? – Nicht.

Ich denke, wir können nicht auseinandergehen, obwohl wir die Zeit bereits um eine Dreiviertelstunde überzogen haben, ohne daß wir uns zu den Vorlagen der Regierung äußern. Sie sind leider durch all das andere sehr weit zurückgekommen. Das ist das Bürgerkomitee, **Ordnung für Tätigkeit von Bürgerkomitees** und dann **Bildung einer zeitweiligen Untersuchungsabteilung**.

Jetzt haben wir zwei Wortmeldungen zur Geschäftsordnung. Sie waren glaube ich etwas eher dran.

Frau Röth (UFV): Ich möchte noch einmal meinen **Antrag** einbringen, daß wir hier einen **Termin** festlegen, **bis zu dem die Ausschüsse sich konstituiert haben müssen**. Ich halte das für ganz wichtig, sonst schleppt sich das wieder in das neue Jahr herein.

Ziegler (Moderator): Danke, daß Sie daran erinnern. Ich wollte es am Schluß machen, aber es ist gut, daß Sie erinnert haben, nicht? Termin für Konstituierung.

Herr Koplanski.

Koplanski (DBD): Auf der Tagesordnung steht ein Bericht des **Ausschusses „Neue Verfassung"**. Und ich bitte darum, daß uns die Gelegenheit gegeben wird, entsprechend der Tagesordnung das Gremium hier kurz zu informieren.

Ziegler (Moderator): Ich schlage vor, daß Sie das dann gleich machen, weil das ja – nein, das paßt nicht zusammen. Dürfen wir denn noch hier erst schnell die zwei Dinge machen?

Koplanski (DBD): Ist mir gleich.

Ziegler (Moderator): Ja, dann haben wir die Liste abgearbeitet. Und dann kommt das noch.

TOP 20: Zivile Kontrolle (der Auflösung) des Staatssicherheitsapparates

Also, Sie haben alle gekriegt – nicht jeder, sondern jede Gruppierung – diese, in erstens, **Information zum Entschluß der Regierung der DDR vom 14. Dezember 1989 zur Auflösung des Amtes für Nationale Sicherheit**[9]. Das ist eine Information.

Dann kommt ein **Beschluß über die Bildung einer zeitweiligen Untersuchungsabteilung beim Ministerrat** vom 14. Dezember 1989[10]. Und dazu war vorhin bei der Themensammlung ziemlich am Ende gesagt worden, das müßte aber doch noch besprochen werden.

Und drittens: ein **Entwurf „Ordnung über die Tätigkeit von Bürgerkomitees"**[11]. Das war ja genau das, was wir letztes Mal gefordert haben. Nun liegt hier ein Entwurf vor. Und ich denke, damit entspricht die Regierung genau dem, was wir, der Runde Tisch, auch gefordert haben: nämlich daß solche Dinge erlassen werden und zusammenwirken. Da können wir eigentlich nicht auseinandergehen, ohne daß wir darüber doch noch sprechen.

Und zwar ist mein Vorschlag, daß wir zunächst hier über den Entwurf „Ordnung über die Tätigkeit der Bürgerkomitees" reden. Weil das weiterbefördert werden muß und wir letztens gesagt haben, das ist ganz dringend. Und mein Vorschlag ist, daß wir jetzt dies aufrufen: die Ordnung, diesen Entwurf, der uns vorgelegt worden ist.

Herr Poppe.

Poppe (IFM): Ich würde auch gerne einmal was zu diesem Text sagen.

Ziegler (Moderator): Zu welchem?

Poppe (IFM): Zu dieser Information.

Ziegler (Moderator): Können Sie.

Poppe (IFM): Zum Entschluß über die Auflösung.

Ziegler (Moderator): Kommt. Jetzt reden wir aber über die „Ordnung..." ja? Können Sie alle einsehen in den Text? Es wird wohl notwendig sein, daß man ihn kurz liest. Hat das jeder vorher gelesen, ja?

Zwischenrufe: Na ja, wir haben den erst – –

---
[9] Dokument 2/3, Anlagenband.
[10] Dokument 2/4, Anlagenband.
[11] Dokument 2/5, Anlagenband.

Ziegler (Moderator): Nein, Sie haben ihn heute früh gekriegt. Vorher war er auch nicht da. Ja, also, steigen wir in den – –
Ja, Herr Gehrke?

Gehrke (VL): Ich hätte folgenden Vorschlag:
Das ist ja doch ein Dokument von ziemlicher Bedeutung. Und ich glaube nicht, daß man so im Vorbeigehen innerhalb von zehn Minuten lesen und ein solches Dokument behandeln kann. Und ich würde vorschlagen, daß wir das vertagen, damit alle Beteiligten auch noch einmal die Möglichkeiten haben, mit ihren Beratern darüber zu sprechen. Also, ich glaube doch nicht, daß so etwas – –
Ich habe ja Verständnis für den Zeitdruck. Das geht uns ja allen so, das geht sicher auch der Regierung so. Aber ich glaube nicht, daß das die Art und Weise ist, in der wir einen so wichtigen Punkt hier abarbeiten sollten.
Also, mein Vorschlag: das zu vertagen auf den nächsten ordentlichen – –

Ziegler (Moderator): – Das wäre der 27. [Dezember 1989].

Gehrke (VL): – der 27. [Dezember] dann.

Ziegler (Moderator): Da kann man nur hoffen, daß wir am 27. [Dezember] nicht wieder einen halben Tag mit Verfahrensweisen brauchen, dann werden wir es halt schaffen, nicht? Hoffentlich.
Jetzt ist Frau Köppe dran.

Frau Köppe (NF): Wir schließen uns der Sache an. Vielleicht sollten wir hier festlegen, daß wir am 27. Dezember dieses als erstes dann doch nehmen, daß das unsere ersten Themen sind.

[Unruhe]

Ziegler (Moderator): Darüber können wir ja dann entscheiden. Also, jetzt ist der Antrag gestellt, wegen der Gewichtigkeit – nicht, weil wir das nicht für wichtig hielten, sondern gerade wegen der Gewichtigkeit und der Notwendigkeit einer sorgsamen Beratung – Vertagung auf den 27. [Dezember 1989]. Möchte sich dazu noch jemand äußern?
Dann bitte ich um das Handzeichen, wer dafür ist?

Ducke (Co-Moderator): Das ist die Mehrheit.

Ziegler (Moderator): Dann kommen wir, rückwärts gehend – sie sind bei mir so zusammengeheftet –, zum **Beschluß über die Bildung einer Zeitweiligen Untersuchungsabteilung beim Ministerrat**. Das waren ja Forderungen, die auch hier am Runden Tisch gestellt worden waren. Mir ist nicht ganz genau klar, warum das hier noch einmal angemeldet worden ist zur Verhandlung, denn es ist ein Beschluß der Regierung, mit dem sich eigentlich Forderungen von uns erfüllen, aber – –

[Lücke in der Aufnahme]

Frau Poppe (DJ): Deshalb wollten wir dem Runden Tisch vorschlagen, eine Vertreterin dieser **Untersuchungskommission** einzuladen, um uns das einmal schildern zu lassen, was ich hier jetzt nicht wiederholen kann, ehe wir so einem Vorschlag hier zustimmen; daß sie den einfach klammheimlich – der sich von unten gebildet hat – **auflösen** und hier etwas Neues installieren.

Ziegler (Moderator): Frau Poppe, ich muß einmal jetzt der Fairneß halber sagen: Es ist ein Beschluß der Regierung, der uns hier mitgeteilt wird. Wir können dagegen opponieren, aber zustimmen – um Zustimmung sind wir hier nicht gefragt, nicht?
Aber wenn wir Besorgnisse haben, können Sie doch den Antrag stellen, und das wäre für die künftige Arbeit sowieso gut, wenn Sie dies immer schriftlich machen. Man kann die Fülle der Anträge hier kaum noch bewältigen. Vielleicht machen Sie das, nicht?

Frau Poppe (DJ): Weil die Zeit knapp ist, würde ich jetzt schon gerne den Antrag hier mündlich an alle richten, um für das nächste Mal vielleicht schon die Vertreterin einladen zu können.

Ziegler (Moderator): Jetzt ist Herr Schnur an der Reihe.

Schnur (DA): Ich kann jetzt hier die Information insofern ergänzen: Es hat tatsächlich, sagen wir noch einmal, eine Grundsatzaussprache mit dem Leiter des Sekretariats von Herrn Modrow gegeben und auch eine Verständigung, daß die **Unabhängige Untersuchungskommission** sich in diese Arbeit mit einbringt und daß gegenwärtig personell geklärt wird, wer tatsächlich aus seinem unmittelbaren Arbeitsbereich auch dort herausgehen kann. Es hat also den Fortbestand der Arbeit und auch die Linien zur **Generalstaatsanwaltschaft** und auch zum **Ministerrat** und es hat auch bereits eine Kontaktaufnahme mit dem Leiter dieser neuen speziellen Untersuchungsabteilung gegeben.
Das Kernproblem besteht gegenwärtig darin, daß geprüft wird – so bin ich gestern abend noch informiert worden –, wer jetzt im einzelnen wirklich die Möglichkeit hat, ohne Aufgabe, das will ich noch einmal hier deutlich unterstreichen, ohne Aufgabe der Unabhängigen Untersuchungskommission sich dort über diesen Zeitraum dann auch arbeitsmäßig einbringen zu können.

Ziegler (Moderator): Frau Poppe, sind mit dieser zusätzlichen Information Ihre Bedenken erst einmal ausgeräumt? – Gut, und wenn, dann schreiben Sie doch bitte solche Anträge. Wir können das nicht mehr – bei der Fülle von dem, was hier angeregt wird – [bewerkstelligen], sonst geht auch etwas verloren.
Und nun wollte Herr Poppe noch, weil wir nun bei den Informationen sind, zur ersten Information etwas fragen oder sagen.

Poppe (IFM): Ja, ich bin eigentlich unzufrieden, wollte ich sagen. Denn wir hatten beim letzten Mal unter 6. zur **Rechtsstaatlichkeit** die Regierung der DDR aufgefordert, zum einen unter **[Vorlage 1/11a]** einen Maßnahmeplan bekanntzugeben, wie also die Dienststellen arbeiten werden, damit keine **Vernichtung von Dokumenten** und so weiter erfolgen kann.
Unter 2. haben wir gefordert, unter ziviler Kontrolle aufzulösen. Daraus ist hier geworden: „Ein ziviler Beauftragter des Ministerrats wird eingesetzt". Das sehe ich doch als einen entscheidenden Unterschied.
Und dann hatten wir ebenfalls beim letzten Mal unter 2. gefordert: „und eine berufliche Eingliederung der ausscheidenden Mitarbeiter zu gewährleisten". Auch hierüber ist in der Information der Regierung der DDR kein Wort verloren.
Ich bitte also dringend darum, daß ein Regierungsvertreter über die also hier fehlenden Informationen in diesem

Informationsblatt dann, sobald es möglich ist, Stellung nimmt.

Ziegler (Moderator): Wir sind hier in der sehr guten Lage, daß wir den Leiter der Rechtsabteilung des Ministerrats hier haben. Wäre es Ihnen möglich, auf diese Anfragen etwas zu sagen?

Mehnert (Leiter der Rechtsabteilung des Ministerrats): Nur zum Teil, aber wir sind in der noch besseren Lage, daß wir den **Zivilen Beauftragten für die Auflösung dieses Amtes** hier haben.

Ich darf aber vorab sagen: Wir sind uns bewußt, daß hier noch nicht alle Wünsche erfüllt sind. Aber die Regierung hat sofort reagiert und einen Beschluß über die Auflösung des Amtes gefaßt mit diesen Zielrichtungen und hat auch den Zivilen Beauftragten, nämlich Herrn **Peter Koch**, bisher Abteilungsleiter Staatliche Notariate im Justizministerium, dafür vorgesehen. Der Beschluß wird morgen früh gefaßt.

Ich bitte um Verständnis, das ist in der Regierungsarbeit so, daß da eine gewisse Zeit noch laufen muß. Und daß darüber hinaus im Zusammenhang mit der Vorlage, die hier behandelt worden ist zu dieser Untersuchungskommission, ja auf jeden Fall eine Verbindung zu ihm hergestellt wird.

Das von mir zur Information, aber vielleicht kann er noch ergänzen.

Ziegler (Moderator): Ja. Das können wir gleich hier tun. Dann kommt Herr Henrich mit seiner Frage.

Koch (Ziviler Beauftragter zur Auflösung des Amtes für Nationale Sicherheit): Ja, ich kann insoweit ergänzen, als daß ich am vergangenen Freitag mit der Frage konfrontiert wurde, ob ich für eine solche Tätigkeit eines Zivilen Regierungsbeauftragten zur Verfügung stehe. Ich habe mich dieser Aufgabe gestellt.

Ich habe heute aus der Zeitung und auch hier durch den Runden Tisch zur Kenntnis genommen, daß ein **Kontrollausschuß** gebildet wurde, der diese, so verstehe ich das, die zivile Kontrolle unserer Tätigkeit ausüben soll. Ich werde, sobald ich in diese Funktion durch Beschluß der Regierung ernannt bin, mit diesem Kontrollausschuß Verbindung aufnehmen, um die Modalitäten der Kontrolle abzustimmen.

Ich bin mir völlig im klaren darüber und bin gewillt, daß nichts unter der Decke passiert, daß alles offen geschehen muß. Ich glaube sogar, wir brauchen die Hilfe dieses Kontrollausschusses. Alles weitere oder weiteres hier zu sagen ist sicherlich zu früh, weil ich selbst noch keinen Überblick – das werden Sie sicherlich verstehen – über die Dinge habe, die hier auf uns zukommen könnten.

Ziegler (Moderator): Herr Henrich.

Henrich (NF): Ja, also ich muß sagen, unter **ziviler Kontrolle**, da hatten wir uns also nicht unbedingt vorgestellt, daß höhere Staatsfunktionäre berufen werden, um diese zivile Kontrolle auszuüben, sondern wir sind davon ausgegangen, daß man möglichst unabhängige Persönlichkeiten bestimmt, die sich vielleicht sogar in der Vergangenheit durch integres Verhalten ausgewiesen haben.

Ich will dem Kollegen nicht zu nahe treten. Aber wer diesen, wer dessen Amt erreicht, der hat auch eine **Justizkarriere** hinter sich. Ich will da jetzt nicht genauer nachfragen, aber so habe ich mir die zivile Kontrolle jedenfalls nicht vorgestellt, meine Freunde und ich.

Ein zweites: Jetzt ist also der **Nachrichtendienst** und das Organ für den **Verfassungsschutz** dann dem Ministerrat unterstellt. Gibt es da eigentlich noch irgendeine Kontrolle, so dann durch die Parlamente, oder – –

Ziegler (Moderator): Wen meinen Sie denn da jetzt?

Henrich (NF): Ja, den **Vorsitzenden des Ministerrates**. Gibt es jetzt eigentlich noch irgendeine Kontrolle dieser Organe, oder wie sieht das aus? Das kann ich hier nicht entnehmen. Also, da habe ich starke Bedenken, sowohl, wie gesagt, daß das zivile Kontrolle sein soll als auch mit dieser Konstruktion, daß man das jetzt einfach dem Vorsitzenden unterstellt.

Ziegler (Moderator): Wir wären dankbar, wenn Sie auch diese Bedenken aufnehmen und weitervermitteln. Aber die Frage, ob es eine Kontrolle gibt, kann vielleicht beantwortet werden, nicht? Geht das?

Mehnert (Leiter der Rechtsabteilung des Ministerrats): Herr **Koch** ist der **Zivile Beauftragte zur Auflösung dieses Ministeriums [für Staatssicherheit]**. Das bitte ich nicht zu verwechseln. Normalerweise wird aus diesem Bereich, der aufgelöst wird, ein solcher Beauftragter ernannt. Hier ist das bewußt von außerhalb geschehen.

Ich möchte darauf aufmerksam machen: Es hat mit dieser Frage, wie Sie sie jetzt aufwerfen, der zivilen Kontrolle schlechthin, nicht unmittelbar etwas zu tun.

Henrich (NF): Das wäre noch zu regeln!

Ziegler (Moderator): Wir wären dankbar, Herr Dr. Mehnert, wenn Sie diese Bedenken auch übermitteln und wir – –

Henrich (NF): Na, da ist aber auch etwas dann nicht erfüllt worden. Das war ja Konsens unter uns beim letzten Mal, daß dies mit eingebaut wird bis heute.

Ziegler (Moderator): Mit der zivilen, oder unter ziviler Kontrolle – –

Henrich (NF): – mit der zivilen Kontrolle, unter ziviler Kontrolle Auflösung.

Ziegler (Moderator): Ich schlage vor, daß wir dieses vormerken und, Herr Henrich, daß Sie das bitte auch in dem Gespräch am Freitag noch einmal mit anschneiden, denn wir – –

[Unruhe]

– Nein, am 22. [Dezember 1989] wollten wir ja noch Vertreter der Regierung hier haben. Und dann kann das noch einmal angeschnitten werden, ja? Sonst, glaube ich, ist das eine Information, über die wir nicht weiter hier im einzelnen zu befinden haben. Es bleibt nur noch der Beschluß mit dem Termin.

Herr Schnur, ja.

Schnur (DA): Im Grunde genommen müssen wir uns jetzt selber treu bleiben und müßten, sagen wir, hier einen Kontrollausschuß, einen **Zivilen Kontrollausschuß** benennen. Also so ist das.

Ziegler (Moderator): Ja, bloß Herr Schnur, Sie haben sich zur Geschäftsordnung gemeldet.

Schnur (DA): Ja. Ja natürlich, das ist mein Geschäftsordnungsantrag, daß wir noch einen Punkt bitte aufnehmen: Bildung eines **Zivilen Kontrollausschusses** zur Realisierung aller – –

Ziegler (Moderator): Also, das soll dann hier – – wählen wir einen dann hier, ja?

Schnur (DA): Ja.

Ziegler (Moderator): Ja, aber bitte heute nicht mehr. Sondern dann bitte ich darum – –

[Unruhe und Zwischenrufe]

– Danach, ja, ja. Das kommt ja auch gleich. Herr Schnur beantragt jetzt, daß nun aufgrund dieser Berichte und Informationen der Runde Tisch nun doch dazu schreitet, einen – wie hatten Sie ihn genannt genau? – Kontrollausschuß oder – –

Schnur (DA): Einen **Zivilen Kontrollausschuß**.

Ziegler (Moderator): – einen Zivilen Kontrollausschuß – –
Nun ist zunächst einmal darüber abzustimmen. Wir haben da heute noch zu befinden, denn dies ist nun schon kein Antrag mehr zur Geschäftsordnung, sondern so, daß er auf die Tagesordnung gesetzt wird und darüber noch einmal verhandelt wird.
Herr Schnur, widersprechen sie dem, meiner Auslegung?

Schnur (DA): Man muß doch in der Lage sein, wenn sich aufgrund eines Sachverhaltes etwas ergibt – –

Ziegler (Moderator): Das wollen wir auch – –

Schnur (DA): – als Ergänzung, jawohl – –

Ziegler (Moderator): – Gut. Dann frage ich jetzt, ob der Antrag von Herrn Schnur unterstützt wird, daß der Runde Tisch – aber ich sage gleich, bei seiner nächsten ordentlichen Verhandlung – erneut die Frage aufgreift: **Einsetzung eines Zivilen Kontrollausschusses,** ja? Da frage ich, wer dafür ist?

Ducke (Co-Moderator): [Das] ist, glaube ich, die Mehrheit, ja.

Ziegler (Moderator): Gibt es Gegenstimmen?

Ducke (Co-Moderator): Nein.

Ziegler (Moderator): So. [Die] Bildung eines Zivilen Kontrollausschusses [wird] auf die Tagesordnung [am] 27. Dezember [1989 gesetzt]. Herr Schnur, ist Ihnen Gerechtigkeit widerfahren, ja? – Gut. Danke.
Dann müssen wir jetzt noch [den] **Termin für [die] Konstituierung der Arbeitsgruppen** festsetzen. Haben Sie einen Vorschlag, der auch realisierbar ist?
Ja, Herr Koplanski.

TOP 21: Schlußtermin zur Konstituierung der Arbeitsgruppen des Runden Tisches

Koplanski (DBD): Herr Ziegler, es steht noch unsere Information [aus].

Ziegler (Moderator): Ja, kommt ja, kommt ja. Ich will doch bloß einmal die Verhandlungspunkte ausgeben. Kommt alles noch.
Herr Platzeck.

Platzeck (GL): Müssen wir das generell festlegen? Wir hatten unseren schon. Muß das für alle Arbeitsausschüsse der gleiche sein?

Ziegler (Moderator): Das spielt doch keine Rolle. Wenn Sie ihn haben, brauchen Sie doch nichts mehr zu tun. Dann haben Sie es doch geschafft, alles.
Es ging Ihnen doch, Frau Dr. Röth, darum, daß sich das nicht bis in die Puppen hinzieht, nicht? – Also, dann: Kann es bis [zum] 27. [Dezember 1989] geschehen, frage ich einmal hier die paritätischen Einberufer, ob sie das für möglich halten. Dann hätten wir einen klaren Termin. Sonst wäre es dann etwa erst der 3. Januar [1990].
Ja?

Frau Röth (UFV): Ich denke, daß man in der ersten Januarwoche, wo der Runde Tisch wieder zusammentritt, Rechenschaft darüber abgibt, ob die Räte sich konstituiert haben.

Ziegler (Moderator): Gut. Also, das ist doch ein Vorschlag. Vorschlag: **Der Runde Tisch beschließt, alle Einberufer werden aufgefordert, bis zum 3. Januar 1990 die Arbeitsgruppen einzuberufen und zu konstituieren.**
Herr Poppe.

Poppe (IFM): Ich möchte einen Einwand machen: Sofern es das Wahlgesetz betrifft und das **Parteien- und Vereinigungsgesetz** und die Verfassungsänderung, die wiederum dazu führen sollen, halte ich es für reichlich spät, wenn im Januar doch diese neuen Gesetze fertig werden sollen.

Ziegler (Moderator): Ja, dieser Meinung bin ich auch. Aber das hindert keinen Ausschuß, bereits morgen anzufangen. Bloß, wir haben einen Endtermin, bis dahin müssen sie alle fertig sein, konstituiert sein, ja?
Herr Poppe, Ihre Dringlichkeit verstehe ich sehr gut und würde das ja auch unterstützen, aber wir wollen doch jetzt einen Endtermin setzen.
Darum frage ich nun noch einmal, stimmen Sie zu: **Termin für die Konstituierung [der Arbeitsgruppen] spätestens bis zum 3. Januar 1990.** Wer ist dafür? – Ist die Mehrheit. Wer ist dagegen? – Danke. Enthaltungen? – Keine.
Herr Koplanski, Sie machen jetzt Schluß. Ich muß dann bloß noch was zum Verfahren sagen. Aber Sie machen jetzt den Bericht.

TOP 22: Bericht aus der Arbeitsgruppe „Neue Verfassung"

Koplanski (DBD): Nun, wir waren mit Herrn Poppe beauftragt, als Einberufer für die **Arbeitsgruppe „Neue Verfassung"** zu fungieren. Wir haben uns am Wochenende getroffen und möchten den Runden Tisch informieren, daß wir übereingekommen sind, morgen nachmittag um 13.00 Uhr die erste Beratung durchzuführen.
Dazu bitten wir, wie vereinbart, je Partei beziehungsweise Gruppierung einen Vertreter zu delegieren. Das ist zum größten Teil abgestimmt. Einige Namen haben wir heute erst erfahren. Aber das lag nicht an unserer Initiative.
Zweitens sind wir übereingekommen, daß wir zu dieser Zusammenkunft den Vorsitzenden und zwei weitere Mitglieder des entsprechenden **Volkskammerausschusses**

[VKA „Neue Verfassung"] einladen, um auch die Parität zu wahren.

Drittens sind wir übereingekommen, als gemeinsamen Experten Professor **Dr. Karl-Heinz Schöneburg** zu bestätigen und uns um weitere Experten zu bemühen.

Viertens. Es sollten vor allem morgen diskutiert werden Fragen [bezüglich der] **Eckpunkte für die notwendige Verfassungsänderung**. Die sind zu sehen im Hinblick auf die notwendigen Optimalvorbereitungen. Das muß jetzt als erstes abgearbeitet werden bis hin zum Wahltag, Präsidentenamt und alles, was damit im Zusammenhang steht. Da stehen, zweitens, die Zusammenarbeit mit dem entsprechenden Volkskammerausschuß, drittens die Berufung weiterer Experten, viertens terminliche Abläufe. Und – da waren wir uns mit der Gruppe einig – daß bis spätestens **12. Januar** [1990] dieses **Dokument für die Verfassungsänderung** im Entwurf vorliegen müßte, um noch im Januar in erster Lesung und dann im Februar in zweiter Lesung bestätigt zu werden.

Und schließlich geht es um Kontakte, Konsultationen mit der **Arbeitsgruppe „Wahlgesetz und Parteiengesetz"**. Ich unterstütze ausdrücklich das, was Herr Poppe zu dem Termin erst gesagt hat.

Ziegler (Moderator): Das war eine Information, und wir sehen, es ist ja doch schon einiges in Gang gekommen. Das ist sehr erfreulich.

Herr Platzeck.

Platzeck (GL): Ich hätte auch noch eine Information, weil es die Post ja nicht mehr schafft bis zum 21. [Dezember 1989] – gleich sagen: am 21. um 9.00 Uhr – alle die, die im **Ausschuß „Ökologie"** mitmachen wollen. Anders würden wir es nicht erreichen, deshalb.

Ziegler (Moderator): Und wo denn?

Platzeck (GL): In den Räumen der – –

Koplanski (DBD): Das ist erst einmal zu prüfen. Ich kann das jetzt nicht sagen, was – –

Ziegler (Moderator): Das ist ja Bauernpartei, ja?

Koplanski (DBD): Ja, was diese Gruppe anbetrifft, da wollten wir eigentlich, Herr Ziegler, Ihre Gastfreundschaft in Anspruch nehmen, das hat nicht geklappt.

Ziegler (Moderator): Wo denn? Wo?

Koplanski (DBD): Hier. Wir haben uns dann heute kurzfristig entschieden, daß wir in das Haus der Volkskammer gehen. Ich bitte, das noch zu registrieren, ja?

Ziegler (Moderator): Aber Sie haben jetzt einen Raum?

Koplanski (DBD): Das ist kurzfristig nachmittags dann noch geklärt worden.

Ziegler (Moderator): Ich wußte ja gar nichts davon.

Zwischenrufe: Wo? Wo treffen wir uns jetzt?

Koplanski (DBD): [Im] Haus der Volkskammer, Eingang Karl-Liebknecht-Straße. Und das mit dem Raum, das wird noch im einzelnen geklärt.

Ziegler (Moderator): So, Herr Platzeck, wo tagen Sie?

Platzeck (GL): Wir wollten eigentlich die Gastfreundschaft der DBD in Anspruch nehmen.

Koplanski (DBD): Würden wir ja gerne, aber ich kann jetzt nicht sagen, ob der entsprechende Raum frei ist.

[Unruhe]

Ziegler (Moderator): Das bitte – – kommen Sie zusammen, und sagen Sie, in welcher Ecke Sie nach Schluß – hier an der Ecke, wo Sie sitzen.

Herr Stief wollte auch noch etwas sagen. Hatten Sie sich gemeldet?

Stief (NDPD): Ja, ich wollte nur hinweisen: Am 21. [Dezember] früh tagt ja vermutlich die kleinere Arbeitsgruppe – –

Ziegler (Moderator): Welche Arbeitsgruppe?

Stief (NDPD): – hier für die Prioritäten.

Ziegler (Moderator): Ja, da wir ja noch keine Nachricht haben – haben wir ja noch nicht.

[Unruhe]

Mühlmann (NDPD): Also, ich möchte noch etwas zur Information von Herrn Koplanski sagen. Ich bin Vorsitzender der **Verfassungskommission der Volkskammer**. Und die Tatsache ist die: Wir haben das vorhin auch noch konstituiert, morgen wird diese Gruppe anfangen, wir haben einen Expertenstab gebildet – – Also, irgendwie müssen wir uns einmal verständigen, die Dinge zu koordinieren. Denn man kann den Experten nicht zumuten, daß sie hier sagen: Gutachtertätigkeit, die Unterstützung für die eine Kommission und dann eine Woche später für die andere.

Ziegler (Moderator): Können Sie das machen. Wo? Nachher – –

Mühlmann (NDPD): Ja, ich wollte bloß, sagen wir einmal, einen Grundkonsens haben, daß irgendwie das zu koordinieren ist.

Ziegler (Moderator): Ja, das kann man sicherlich nur unterstützen, wenn jeder, der so was zu leiten hat, weiß, wie schwierig das ist.

[Lücke in der Aufnahme[12]]

[Ende der Sitzung: 12.30 Uhr]

---

[12] Das Protokoll über die Ergebnisse der 2. Sitzung weist keine weiteren Beschlüsse des Runden Tisches aus.

[Beginn der Sitzung 9.00 Uhr]

TOP 1: Begrüßung und Eröffnung

Lange (Moderator): Sie kommen heute zum dritten Mal als Vertreter von Parteien und politischen Gruppierungen auf Einladung der Kirchen zu Gesprächen am Runden Tisch zusammen. Ich begrüße Sie sehr herzlich im Namen des Bundes der Evangelischen Kirchen, der Berliner Bischofskonferenz, der Römisch-Katholischen Kirche und der Arbeitsgemeinschaft Christlicher Kirchen in der DDR.

Wir sind wieder zu Gast im Dietrich-Bonhoeffer-Haus, und dies bereits vier Tage nach der letzten Zusammenkunft. Ich denke, darin kommt etwas von der Dringlichkeit anstehender Probleme zum Ausdruck.

Am 7. Dezember 1989 haben sich die Teilnehmer des Runden Tisches darauf verständigt, **Informationen über ökologische, wirtschaftliche und finanzielle Probleme** hier entgegenzunehmen und daraus dann auch entsprechende Vorschläge zu erarbeiten, die in die Richtung gehen, daß die Teilnehmer an den Gesprächen des Runden Tisches rechtzeitig in wichtige Entscheidungen von Volkskammer und Regierung einzubeziehen sind.

Die heutige Zusammenkunft trägt dem in besonderer Weise Rechnung. Sie dient der Anhörung von Regierungsvertretern zu Wirtschaftsfragen, zu Finanzproblemen und daraus resultierenden Sofortmaßnahmen.

Ich begrüße als Vertreter der Regierung Frau Prof. Dr. Luft, Stellvertreter des Vorsitzenden des Ministerrates für Wirtschaft. Weiter Herrn Biegewald, Abteilungsleiter im Sekretariat des Ministerrates.

Ich darf Sie daran erinnern, daß wir am vergangenen Montag vereinbart haben, heute eine Zusammenkunft von drei Stunden durchzuführen, und ich gebe hoffentlich auch mit Ihrer Unterstützung der Hoffnung Ausdruck, daß es uns diesmal gelingt, im Zeitplan zu bleiben.

Ich erlaube mir die **Information** [Vorlage 3/0, Evangelische Kirchenkonferenz: **Aufruf zur Demonstration gegen Massaker in Rumänien**[1]] weiterzugeben, die Sie sicher heute auch schon in der Presse zur Kenntnis genommen haben, daß 12.00 Uhr in unserem Land die Glocken läuten. Es ist ein Aufruf des Vorsitzenden der Konferenz der Evangelischen Kirchenleitungen, Herr Landesbischof Dr. Leich, der darauf hingewiesen hat, daß dies in besonderer Weise für die Situation – auch in Rumänien – wichtig ist. Von daher würde es sich anbieten, daß wir versuchen, den vereinbarten Zeitplan einzuhalten.

TOP 2: Personelle Veränderungen in den Delegationen der am Runden Tisch vertretenen Parteien und Gruppierungen

Einige Delegationen mußten Vertreter auswechseln. Ich würde Sie jetzt freundlich darum bitten, daß, wo dies der Fall ist, Sie sich doch bitte selbst jetzt melden, und schließe die Bitte an, daß Sie dann Name und Anschrift an die Pressesprecher geben, damit wir die komplette Liste der Teilnehmer des heutigen Gespräches haben.

In welchen Delegationen hat es Veränderungen in der Zusammensetzung gegeben?

Bitte schön.

Engel (CDU): Eberhard Engel, Abteilungsleiter beim Parteivorstand der CDU für Wirtschaftsfragen. Die Adresse ist Otto-Nuschke-Straße 59/60 in 1080 Berlin.

Lange (Moderator): Sie geben das bitte schriftlich hier nach vorn. Danke.

Krebs (DBD): Joachim Krebs, Sekretär des Parteivorstandes der DBD.

Lange (Moderator): In der LDPD-Gruppe?

Venus (LDPD): Ludwig Venus, Generalsekretär.

Lange (Moderator): FDGB?

Frau Töpfer (FDGB): Marion Töpfer, Vertreter des FDGB. Und meine Adresse gebe ich dann noch heraus.

Lange (Moderator): Danke.
Bitte schön, Neues Forum.

Brandenburg (NF): Dr. Klaus Brandenburg, ich bin für Neues Forum [hier].

Lange (Moderator): Bitte.

Pawliczak (IFM): Lothar Pawliczak, nur heute für Herrn Dshunussow, Initiative Frieden und Menschenrechte.

Lange (Moderator): Ja.
Bitte schön.

Burghardt (VdgB): Paul Burghardt, VdgB.

Frau Dörfler (GP): Marianne Dörfler, ich bin beim letzten Mal für die Grüne Partei nicht öffentlich gewesen. Ich bin wieder da.

Frau Siegert (VdgB): Lore Siegert, Vertreter der VdgB.

Lange (Moderator): Danke. Bitte seien Sie so freundlich und schreiben Sie Ihren Namen und Anschrift [auf]. Danke schön.

Sie haben auf Ihren Plätzen die **Tagesordnung** [Vorlage 3/1: Tagesordnung des Runden Tisches für die 3. Sitzung am 22. 12. 1989], die wir für diese dritte Sitzung des Runden Tisches vorschlagen, und dazu auch die **Beschlüsse**, die am vergangenen Montag, am 18. Dezember [1989], gefaßt worden sind.

Darf ich um Ihr Einverständnis bitten zu der vorliegenden Tagesordnung für die heutige Sitzung? – Gibt es Änderungswünsche oder Ergänzungen? – Wenn dies nicht der Fall ist, dürfen wir davon ausgehen, daß Sie mit der vorgelegten Tagesordnung einverstanden sind. Wünschen Sie darüber abzustimmen? Gibt es Widerspruch zu dieser Tagesordnung? – Das ist nicht der Fall. Dann können wir so verfahren.

Vorlage 3/1 Tagesordnung[2]

für die 3. Sitzung des Runden Tisches am 22. Dezember 1989, 9.00–12.00 Uhr, Berlin, Dietrich-Bonhoeffer-Haus, Ziegelstraße 30

---

[1] Dokument 3/1, Anlagenband.

[2] Der Text wurde an dieser Stelle redaktionell eingefügt.

1. Begrüßung und Eröffnung
2. Anhörung von Regierungsvertretern zu Wirtschaftsfragen, Sofortmaßnahmen und Finanzproblemen (Übergabe der Rumänien-Erklärung)
3. Bericht über die Verhandlungen zu den Arbeitsmöglichkeiten am 21. 12. 1989
4. Weiterarbeit des Runden Tisches
4.1. Ort
4.2. Arbeitssekretariat
4.3. Gesprächsleitung bei weiteren Verhandlungen
4.4. Erarbeitung von Eingaben
4.5. Dokumentation
4.6. Öffentlichkeitsarbeit

Die nächste Sitzung des Runden Tisches findet verabredungsgemäß am Mittwoch, dem 27. Dezember 1989, 9.00 Uhr in Berlin-Niederschönhausen, Ossietzky-Straße (ehemalige Kanzlei des Präsidenten Wilhelm Pieck) statt.

Eine gesonderte Einladung ergeht wegen der Feiertage nicht mehr. Die Tagesordnung wird auf Grund der Ergebnisse der mit der Erstellung einer Prioritätenliste beauftragten Arbeitsgruppe zusammengestellt. Der Vorschlag für die Tagesordnung am 27. 12. 1989 wird zu Beginn der Sitzung als Tischvorlage zur Verfügung stehen.

Ich möchte als Hinweis zur Tagesordnung lediglich folgendes erwähnen: Die Gruppe, die wir am vergangenen Montag eingesetzt haben, die sich mit **Prioritäten** beschäftigen soll, hat getagt. Unter Punkt 4 „**Weiterarbeit des Runden Tisches**" könnten wir dann als Stichwort notieren: Vorschläge für die **Tagesordnungen der nächsten Sitzungen**. Denn das hängt mit den Ergebnissen der Beratung dieser Gruppe zusammen.

Bevor wir Vertreter der Regierung zu den anstehenden Fragen hören, wollen wir eine kurze **Erklärung der Arbeitsgruppe „Wirtschaft"** des Runden Tisches entgegennehmen, die gestern getagt hat.

Herr Stief, bitte.

Stief (NDPD):

[Vorlage 3/2, Presse-Erklärung AG „Wirtschaft": Sofortmaßnahmen zur Stabilisierung der Wirtschaft; Verlangen nach umfassender Auskunft]

Die Arbeitsgruppe „Wirtschaft" des Runden Tisches verständigte sich am 21. Dezember 1989 über erste Vorschläge, die Anforderungen zu Sofortmaßnahmen der Stabilisierung der Wirtschaft unter dem Gesichtspunkt sozialer Sicherheit und ökologischer Erfordernisse und für erste Regelungen zur Einleitung der Wirtschaftsreform betreffen und die dem Runden Tisch am 3. Januar 1990 übergeben werden. Es wurde Konsens über das hierfür erforderliche Verfahren erzielt.

Die Arbeitsgruppe „Wirtschaft" stellt zugleich fest, daß die von den Teilnehmern des Runden Tisches am 7. Dezember geforderte Offenlegung der ökologischen, wirtschaftlichen und finanziellen Situation durch Vertreter der Regierung bisher nicht erfolgt ist. Sie stellt darüber hinaus fest, daß die Forderung der Teilnehmer am Runden Tisch nach rechtzeitiger Information vor wichtigen wirtschaftlichen und finanzpolitischen Entscheidungen ebenfalls nicht eingehalten wurde. Beides wird von den Vertretern der Arbeitsgruppe „Wirtschaft" als unabdingbare Voraussetzung für ihre Tätigkeit angesehen.

Die Teilnehmer der Arbeitsgruppe „Wirtschaft" erwarten zugleich auch Auskunft über unerläßliche Maßnahmen zur Sicherung des wirtschaftlichen und sozialen Bestandes im Zusammenhang mit dem visafreien Reiseverkehr.

Diese Erklärung wird von folgenden Vertretern beziehungsweise Vertreterinnen von Parteien und Gruppierungen in der Arbeitsgruppe „Wirtschaft" am Runden Tisch getragen: CDU, Partei Demokratischer Aufbruch, DBD, Grüne Liga, LDPD, NDPD, Neues Forum, SDP, Unabhängiger Frauenverband, Vereinigte Linke.

Ich darf hier hinzufügen, daß die Vertreter der anderen Parteien und Gruppierungen in dieser Arbeitsgruppe zu der ersten Tagung nicht erreicht wurden. Es handelt sich also hier nicht um Stimmenthaltungen oder andere Meinungsbildungen.

Die nächste Beratung findet am 29. Dezember dieses Jahres statt in Vorbereitung der Erklärung für den 3. Januar 1990, zu der dann sicher Vertreter aller Parteien und Gruppierungen dabei sind; vermutlich gegen 10.00 Uhr.

Lange (Moderator): Für diese Information: Ich denke, es ist wichtig, daß wir zur Kenntnis nehmen, daß die von uns eingesetzte Arbeitsgruppe bereits getagt hat. Es sind Fragen angeschnitten, die mit unserer heutigen Zusammenkunft in enger Beziehung stehen. Wir werden dann weiter darüber beraten, wie damit umzugehen ist.

Herr Ziegler, bitte.

Ziegler (Co-Moderator): Ich muß bloß für die Geschäftsführung eine Bitte aussprechen. Erstens, daß jedes Mal von solch einer Erklärung zwei Exemplare hier vorgegeben werden, und zweitens, daß sie datiert werden. Sonst ist es auf die Dauer nicht mehr möglich, ordnungsgemäß zu dokumentieren.

Lange (Moderator): Vielen Dank für diesen Hinweis. Ich denke, das wird von allen, die es betrifft, gern aufgenommen.

Dürfen wir jetzt Frau stellvertretende Ministerpräsidentin, Frau Luft, bitten.

TOP 3: Anhörung von Regierungsvertretern zu Wirtschaftsfragen, Sofortmaßnahmen und Finanzproblemen: Anhörung der Ministerin für Wirtschaft, Frau Prof. Dr. Christa Luft

Frau Luft (Stellv. des Ministerpräsidenten, Ministerin für Wirtschaft): Meine Damen und Herren, liebe Kolleginnen und Kollegen. Ich bedanke mich sehr herzlich für die Einladung zu diesem heutigen Runden Tisch.

Sie gibt Gelegenheit, diese Einladung, den Arbeitsstand der Regierung zu einer ganzen Reihe von Fragen auf dem Gebiete der Wirtschaft darzulegen, wie er bis zur Stunde erreicht ist, und er wird mir Gelegenheit geben, vieles von den Gedanken, Vorschlägen, Erwartungen, Hoffnungen, Wünschen, Nöten entgegenzunehmen, die sich in diesem Kreise sicherlich repräsentativ für viele unserer Menschen angesammelt haben.

Und Sie werden es mir nachsehen, wenn ich diesen Runden Tisch auch benutze, um an der einen und der anderen Stelle darum zu bitten, daß alle gesellschaftlichen Gruppen, alle Parteien, alle gesellschaftlichen Gruppierungen und Gruppen in unserem Lande möglichst konstruktiv in den nächsten Wochen, in den nächsten Monaten an der Lösung von Lebensfragen in unserem Lande und insbesondere in unserer Wirtschaft arbeiten.

Ich glaube, einen Nenner müssen wir alle gemeinsam dazu finden, wenn wir uns auf die Formel verständigen, daß die Wirtschaft und ihre weitere Stabilisierung und die Aufrechterhaltung ihrer Stabilität der Kernpunkt ist für alle weiteren Entwicklungen in unserem Lande, flankiert von den politischen Reformen.

Die Gefahren, die unserer Wirtschaft drohen, sind, so ist jedenfalls meine persönliche Meinung, größer als nur das, was in den letzten Tagen immer ins Gespräch gekommen ist und was mit dem Besucherstrom zusammenhängt, der uns erwartet.

Ich darf einleitend noch einmal das Motiv wiederholen, von dem ich persönlich ausgehe bei meiner Arbeit an der **Wirtschaftsreform** und an der Stabilisierung der Wirtschaft. Und ich habe das Gefühl in der Regierung, daß dies, was ich jetzt sagen werde, als Motiv auch konsensfähig ist in dem Kreise.

Ich gehe davon aus, daß die Wirtschaft in unserem Lande so effektiv und so leistungsfähig international wettbewerbsfähig zu gestalten sein wird, daß sie die Grundlage bildet für die Entwicklung einer Heimat für mehr als 16 Millionen Menschen in unserem Lande und auch für möglichst viele von denen, die uns verlassen haben und die rückkehrwillig sind oder von denen wir hoffen, daß sie zurückkehren wollen.

Wir wollen dieses Land zu einer Heimat gestalten, in der sich die von mir genannten Menschen wohlfühlen, in der sie sich freiwillig gern aufhalten, in der sie bleiben möchten.

Dies zu erreichen bedeutet, wir müssen für die Menschen Möglichkeiten schaffen, daß sie in dieser ihrer Heimat ihre Bedürfnisse entsprechend ihren Leistungen befriedigen können, ihre sozialen ebenso wie ihre ökologischen Bedürfnisse. Wir müssen dafür sorgen, daß in dieser Heimat für sozial Schwache ein **soziales Netz,** ein festes soziales Netz gespannt wird.

Wir müssen dafür sorgen, daß in diesem Land, damit es zur Heimat wirklich wird, in der man gern bleibt und in der man freiwillig bleibt, daß man in dieser Heimat seinen Interessen nachgehen kann und daß man in dieser Heimat auch ein Eigentümerbewußtsein und ein Eigentümerverhalten entwickeln kann, wobei ich hinzufüge, leicht gerät dieser letzte Gedanke immer nur in Verbindung mit auszugestaltenden privaten, halbstaatlichen und genossenschaftlichen **Eigentumsformen.**

Ich plaziere mich ausdrücklich für die letztgenannten Formen, aber ich meine, unser allererster Schwerpunkt muß sein, in den **volkseigenen Betrieben** dieses Eigentümerbewußtsein und Eigentümerverhalten zu entwickeln und insofern Gemeineigentum wirklich zum Besitz des Volkes zu machen. Davon sind wir noch ein ganzes Stück entfernt. Dies vielleicht als Vorbemerkung.

Ich möchte zu dem, was ich jetzt im folgenden sage, und um es noch ausreichend knapp zu halten, damit wir viele Möglichkeiten zur Verständigung haben, zu zwei Dingen sprechen.

Erstens, zu einigen Fragen, die die aktuelle Lage in der Volkswirtschaft berühren, und zweitens, zu dem, was verständlicherweise an Stimmung in unserem Lande, an Sorge in unserem Lande vorhanden ist, nämlich zur Furcht vor dem **Ausverkauf,** und zur Position, zum Arbeitsstand, den die Regierung dazu hat und zu ihrem Standpunkt und zu dem, was sie beschlossen hat oder in den nächsten Tagen beschließen wird.

Zum ersten Schwerpunkt – wenn es damit Einverständnis gibt, wir haben ja dann in der Diskussion sicher Gelegenheit, viele andere Fragen noch zu besprechen –, zur aktuellen Lage in der Volkswirtschaft. Ich darf versichern, daß die Regierung zu jeder Tageszeit eine aktuelle Information über das hat, was in unserem Lande in der Wirtschaft und in anderen Bereichen geschieht. Die Regierung ist auf der Grundlage dieser Informationen handlungsfähig und trifft jeden Tag auch notwendige Entscheidungen.

Die **aktuelle Lage in der Volkswirtschaft** läßt sich nicht pauschal einschätzen mit gut oder schlecht oder durchschnittlich oder wie auch immer. Sie ist nach Bezirken, sie ist nach Branchen, sie ist nach Kombinaten, nach Betrieben sehr unterschiedlich. Sie ist im grenznahen Raum anders als in grenzferneren Gegenden.

Die übergroße Mehrzahl der Beschäftigten in unseren Betrieben, und daran liegt mir sehr, das hier auch in Anwesenheit der Medien zu sagen, die übergroße Mehrzahl der Werktätigen arbeitet diszipliniert und arbeitet fleißig. Und ich finde, dies muß sich auch in unseren Medien wieder mehr widerspiegeln.

In den letzten Wochen habe ich das Gefühl, daß eigentlich nur noch ein Ausschnitt gebracht wird, nämlich alles das, wo es nicht gut läuft in unserer Wirtschaft. Und leider haben wir davon eine Reihe von Schwerpunkten, aber ich finde, daß die Vielzahl der Werktätigen, die diszipliniert und fleißig und verantwortungsbewußt arbeitet, auch das Gefühl haben muß, daß sie in den Medien repräsentiert wird. Und ich bekomme sehr viele Zuschriften von Werktätigen aus Betrieben, die sagen, sie können gar nicht verstehen, sie finden sich in unseren Medien augenblicklich gar nicht mehr wieder.

Was ist nun das Hauptproblem unserer Wirtschaft? Wie reagiert die Regierung darauf?

Ich darf an den Anfang rücken, daß vorgestern in der Presse – meiner Meinung nach in allen Presseorganen, in allen Tageszeitungen – ein aktueller Bericht gegeben worden ist, ein statistischer **Bericht über den Stand der Planerfüllung bis Ende November [1990].** Ich will das hier nun nicht vorlesen, aber doch auf vier Dinge aufmerksam machen. Jeder kann das ja im einzelnen dann nachlesen.

Es ist darüber informiert worden, daß mit Stand Ende November die **industrielle Warenproduktion** um 2,5 Prozent niedriger ist als im November des Vorjahres und somit auch niedriger, als der Plan es vorsah. Dafür gibt es zwei Hauptursachen. Es gibt zum einen die Ursache – und darauf komme ich gleich noch einmal zurück –: Wir haben ein absolutes Nadelöhr in unserer Wirtschaft, die Zuliefererzeugnisse und die Ersatzteilversorgung betreffend. Das spiegelt sich in diesem Stand der Planerfüllung wider.

Und wir haben das Problem mit den abgewanderten und leider ja auch noch **abwandernden Arbeitskräften.** Auch dieses spiegelt sich im Stand der Planerfüllung wider. Wir hatten – – das ist neu gegenüber den zurückliegenden Jahren, daß wir in der industriellen Warenproduktion die Planziele bis Ende November nicht erreicht haben. Es fehlen uns zwei Arbeitstage gemessen am Plan.

Zweite Bemerkung dazu: Es gibt bei einer ganzen Reihe von Staatsplanpositionen nicht erreichte Pläne, und das ist dann besonders schmerzlich. Nur bei 61 Prozent der insgesamt 388 Staatsplanpositionen wurden die Produktionspläne erfüllt beziehungsweise überboten. Auch dies spiegelt sich dann in der industriellen Warenproduktion wider.

Drittens: Es gibt im **Bauwesen** Vertragsrückstände. Sie haben sich im November um 167 Millionen Mark erhöht. Das bedeutet, es fehlen fast 8 000 Wohnungen am Plan. Auch hier ist die Arbeitskräftesituation und mancherorts die Materialsituation der Hauptgrund.

Viertens, was den **Export** angeht, so haben wir insgesamt eine zufriedenstellende Entwicklung. Hier gibt es große Anstrengungen in allen Betrieben und Kombinaten, die Planaufgaben zu erfüllen. Wir haben gegenüber sozialistischen Ländern keine Vertragsrückstände. Wir haben hier auch einen positiven Saldo, das heißt an manche Länder mehr geliefert, als wir gegenwärtig von dort kaufen konnten.

Da haben wir also noch eine Reserve, wenn man so will, die man mobilisieren kann. Wir haben gegenüber dem nichtsozialistischen Wirtschaftsgebiet einen Negativsaldo, das heißt, unsere Importe waren in diesem Jahr, und insbesondere in den letzten Wochen und Monaten, größer als unsere Exporte.

Ich mache hierauf ganz bewußt aufmerksam, weil es augenblicklich sehr viele Forderungen in unserem Lande gibt, die eine und die andere aktuelle Situation in der Wirtschaft doch einfach dadurch zu lösen, daß man mehr importiert oder daß man auf diesen und jenen Export verzichtet. Das sind alles ganz verständliche Wünsche und Forderungen.

Aber schon in diesem Jahr erreichen wir nicht unser Ziel, wieder einen Exportüberschuß zu erwirtschaften, um Zahlungsverpflichtungen nachkommen zu können, sondern wir müssen mit einem höheren Import als Export am Jahresende leben. Und jeder zusätzliche, nicht geplante Import belastet diese Situation weiter, so daß ich auch in diesem Kreise sehr um Verständnis dafür bitten muß.

Es ist nicht irgendeine Negierung von berechtigten Wünschen und Forderungen, die es gibt, wenn die Regierung hier nicht mit jeder Importerhöhungsforderung oder jedem Wunsch nach Exportstreichung immer mitgehen kann.

Weil dies am Ende die größte Gefahr für unser Land ist, möchte ich aus meiner Sicht ganz dick unterstreichen: Wenn die **internationale Zahlungsfähigkeit** nicht gewährleistet ist, wenn wir nicht in jedem Monat, in jeder Woche und an jedem Tag die fälligen Forderungen begleichen können – und bis jetzt können wir das und gelten als international zahlungsfähig und kreditwürdig – und wenn dieses Land in die Nähe käme, daß es seinen Verpflichtungen nicht pünktlich gerecht wird, rangieren wir in der internationalen Kreditwürdigkeitsliste ganz automatisch viel weiter unten und bekommen Kredite nur zu viel höheren Zinsen und zu ungünstigeren Bedingungen.

Gegenwärtig ist die DDR zahlungsfähig. Würde diese Zahlungsfähigkeit eingeschränkt, würden andere uns von außen diktieren, wie wir Strukturen zu verändern haben, wie wir rationalisieren in unserem Lande, würden wir also sozusagen im Würgegriff sein. Dies zu verhindern ist auch unsere gemeinsame Aufgabe. Und – –

Schult (NF): Das müssen Sie etwas konkreter ausführen.

Frau Luft (Ministerin): Ja.

Schult (NF): Allgemeinsätze nützen uns doch hier nichts.

Frau Luft (Ministerin): Was möchten Sie konkreter wissen?

Schult (NF): Ich möchte konkret wissen, wie sieht denn der Export/Import aus von der Struktur wie von der Zahlungsbilanz her?

Frau Luft (Ministerin): Ja, von der Struktur – das ist nun ganz schwer in wenigen Sätzen hier zu sagen. Die Struktur im Export unseres Landes differiert, erstens, zwischen sozialistischen und kapitalistischen Ländern.

Wir haben gegenüber sozialistischen Ländern ungefähr 70 Prozent Maschinen und Ausrüstungen in unserem Export. Darunter fällt das große Volumen auf Maschinen und Ausrüstungen, die wir in die Sowjetunion exportieren – die ist darunter die Hauptgröße. Der Rest unserer **Exportstruktur** in sozialistische Länder fällt auf industrielle Konsumgüter, chemische Erzeugnisse, Düngemittel und ähnliche Dinge.

Gegenüber nichtsozialistischen Ländern sieht die Exportstruktur anders aus, und das hängt damit zusammen, daß die **internationale Wettbewerbsfähigkeit** auf kapitalistischen Industriemärkten nicht in allen Branchen gegeben ist. Wir haben gegenüber kapitalistischen Industrieländern im Schnitt 20 Prozent Anteil von Maschinen und Ausrüstungen am Export.

Das widerspricht unserer Produktionsstruktur. Wir haben also gegenüber kapitalistischen Industrieländern weitaus weniger Maschinen und Ausrüstungen anteilig im Export, wie die gesamte Produktionsstruktur unseres Landes aussieht und wie auch die Strukturen gegenüber sozialistischen Ländern aussehen.

Innerhalb der einzelnen Länder, sowohl nach sozialistischen als auch nach kapitalistischen, differert das nun auch wieder noch. Wir haben gegenüber der BRD im gesamten Handel mit kapitalistischen Industrieländern eine relativ günstige Position, auch was die Struktur anbetrifft.

So, ich könnte dasselbe nun für die Importgeschichten sagen, aber ich weiß nicht, ob das im Moment so sehr weit führt. Die Dinge sind ja auch alle öffentlich. Die sind alle in statistischen Jahrbüchern offen. Auch die Saldenentwicklungen der letzten Jahre.

Wenn Sie mich nun nach den aktuellen Situationen in diesem Jahr fragen, kann ich auch nur sagen, auch dies hat die Regierung – – Im übrigen: Diese Eingangsbemerkung in der Erklärung [oben Vorlage 3/2, Presseerklärung AG „Wirtschaft": Sofortmaßnahmen zur Stabilisierung der Wirtschaft; Verlangen nach umfassender Auskunft] stimmt auch nicht so ganz. Die Regierung hat in dieser Broschüre, veröffentlicht nach der Generaldirektorentagung, 15 Seiten sehr detaillierte statistische Angaben über den Zustand dieser Wirtschaft gemacht.

Angefangen von dem Verschleißgrad der Grundfonds, über die Höhe der Spareguthaben, die uns enorme Sorgen machen, weil dieser große Kaufkraftüberhang in unserem Lande daran hindert, daß man sehr schnell zu einer Politik des knappen Geldes kommt, daß man sehr schnell dazu kommt, daß Preis- und Kostenstrukturen verändert werden können, sehr schnell dazu kommt, daß die Spielräume von

Betrieben größer werden, selber Preise zu bilden – also alles, was in unserem künftigen Konzept ist.

Aber die **Sparguthaben** mit 158 Milliarden Mark sind ein echter Hammer in dieser Frage. Also Verschleißgrad der Grundfonds, Umweltbelastungsprobleme, Sparguthaben, äußere Verbindlichkeiten sind in diesem Papier offengelegt; und so weiter. Also ich darf darum bitten, daß dies auch zur Kenntnis genommen wird. Es ist am vergangenen Sonnabend im Buchhandel erschienen.

Letzte Bemerkung zu dem **statistischen Bericht**, und auch dies ist eine Sache, die der Regierung große Sorgen macht. Die **Nettogeldeinnahmen** sind schneller gewachsen bis Ende November, als sie vom Plan vorgesehen waren. Das hängt auch zusammen mit all dem, was sich augenblicklich in unserem Lande an zusätzlichen Lohnforderungen abspielt, mit Überstunden, die natürlich bezahlt werden, und so weiter.

Aber wenn in gleichem Maße nicht der Warenfonds mitwirkt, mitwächst, dann führt dies zu einem neuen Unzufriedenheitspotential, weil Geldfonds vorhanden sind, die man nicht in Waren materialisieren kann. Also, das ist eine große Sorge, die wir haben: Das Wachstum der Nettogeldentwicklungen in die Hand zu bekommen. Aber auch dazu bedarf es des gesellschaftlichen Konsens.

Ich werde gleich noch sagen, die **Lohnerhöhungsforderungen**, die bewegen sich in Größenordnungen – und man kann ihnen so nicht nachkommen –, das würde auf Inflation hinauslaufen, und dies wollen wir nicht. Soviel vielleicht dazu.

Ich komme auf drei aktuelle Probleme in dieser Wirtschaft zurück. Erstens, das akute Hauptproblem ist die Sicherung der Kontinuität der Produktion. Das mag ganz profan klingen. Aber das ist das A und O in dieser Wirtschaft. Und hierzu darf ich drei Dinge sagen.

Das absolute Nadelöhr für die Sicherung der Kontinuität der Produktion ist die **Versorgung mit Zuliefer- und Ersatzteilen.** Wir wissen, daß wir seit Jahren, um nicht zu sagen, seit mehreren Jahrzehnten, hier Defizite haben. In den letzten Wochen und Tagen hat sich dieses Defizit verschärft durch Auswirkungen der Amnestie und auch durch vorherige Arbeitsniederlegungen der Strafgefangenen, die zu einem großen Teil in der Zulieferindustrie eingesetzt sind, und es ist auf diese Weise zu vielen zusätzlichen Engpässen bei metallurgischen Zulieferungen gekommen, die nun einmal in sehr vielen Branchen eingesetzt werden und eben zu neuen Problemen geführt haben.

Die Regierung hat eine Vielzahl von Maßnahmen eingeleitet, Beschlüsse gefaßt, wie die Zulieferversorgung und die Ersatzteilversorgung zu verbessern ist.

Ich will den ganzen Katalog hier nicht vorlesen, [das] wäre in der Diskussion aber aussagefähig. Darunter ist aber, so weh uns das auch tut, aber wir meinen, das ist in diesem Moment wichtiger – dort, wo Zuliefererzeugnisse und Ersatzteile exportiert werden mit einer geringen Rentabilität, dort hat die Regierung festgelegt, **auf** solche **Exporte zugunsten der Binnenmarktversorgung zu verzichten.**

Festgelegt ist, daß **kurzfristig Investitionen** getätigt werden in der Zulieferindustrie und **zur Verbesserung der Ersatzteilversorgung.**

Festgelegt ist, daß auch mit international arbeitsteiligen Maßnahmen auf diesem Gebiet kurzfristig Dinge wirksam werden.

Festgelegt ist, daß Kombinate über **Valutafonds** – bitte, sie sind nicht in der Größenordnung, wie sich die Kombinate das wünschen, aber ich habe eingangs von der Aufrechterhaltung der Zahlungsfähigkeit des Landes gesprochen –, Kombinate, Kombinatsdirektoren haben einen Verfügungsfonds erhalten in Valuta, aus dem sie kurzfristig Ersatzteilimporte durchführen können.

Die Produktionskontinuität ist aber auch, und das ist ein zweiter Gedanke, beeinträchtigt durch die **abgewanderten Arbeitskräfte** oder durch die Situation, die daraus entstanden ist. Die Größenordnungen sind bekannt.

Und leider hat der Strom, wenn er auch verringert ist, aber ja doch nicht zum Versiegen gekommen ist bisher – – Und die, die geblieben sind, und die wir sehr hoch würdigen in ihrem Arbeitseinsatz, in ihrem Engagement, fordern aber nun zunehmend Lohnerhöhungen und drohen bei nicht wenigen Punkten in unserer Volkswirtschaft auch mit **Streiks.**

Und ich darf ein ganz junges Beispiel sagen, das sich heute entscheiden muß: Heute um 16.00 Uhr wird sich entscheiden, ob die Werktätigen des örtlich geleiteten Verkehrswesens in einen Streik treten oder nicht. Ich darf ein paar Betriebe einmal konkret nennen, die uns haben wissen lassen, daß sie sich hier an die Spitze stellen wollen:

Das ist der Kraftverkehr Eisleben, die Leipziger Verkehrsbetriebe, Stadt- und Gemeindewirtschaft Wildau und eine ganze Reihe anderer Betriebe. Es geht hier um Lohnerhöhungen, und ich betone, die Regierung hat Verständnis für die Lage, in der sich die Werktätigen befinden. Aber ich brauche hier wohl nicht auszuführen, was es bedeuten würde, wenn im Verkehrswesen etwas und nun auch noch in dieser Zeit, in der wir leben, lahmgelegt würde.

Die Regierung kann nicht allen Forderungen nachkommen, die auf **Lohnerhöhungen** hinauslaufen, weil – und darum habe ich eingangs die Bemerkung gemacht mit der Entwicklung der Nettogeldeinnahmen, die schneller gewachsen sind als die Warenfonds –, weil dies, weiteren Lohnerhöhungen nachzukommen, würde bedeuten, man würde die Disproportion zwischen Geldfonds und Warenfonds in ihrer Entwicklung weiter verschlechtern.

Es würden sich auch neue Disproportionen auftun in der Entlohnung der verschiedenen Berufsgruppen. Auch dies sollte nicht geschehen. Und es werden ja durch Lohnerhöhungen noch nicht zusätzliche Waren produziert, sondern eben einfach mehr Kaufkraft geschaffen.

Die Regierung setzt sich ein für die **Arbeitskonfliktregelung mit einem neuen Arbeitsgesetzbuch,** aber bis wir das haben, brauchen wir die konstruktive Unterstützung aller gesellschaftlichen Kräfte, um die allerletzte Möglichkeit zur Lösung von Arbeitskonflikten, eben den Streik, nicht zum ständigen Druckmittel oder auch Drohmittel zu machen und auch dieses Mittel nicht zu praktizieren.

Denn das ist etwas, was in der Tat zum schnellen Austrocknen und auch zum Verbluten dieser Wirtschaft führen würde. Das ist, glaube ich, auch unsere gemeinsame Verantwortung, die wir haben, in dieser Richtung konstruktiv wirksam zu werden. Für eine Reihe von Berufsgruppen sind in den letzten Wochen ja Lohnerhöhungen beschlossen worden, dort, wo es ganz drastische Notwendigkeiten dazu gab. Darunter war auch schon das Verkehrswesen, aber es gibt jetzt neue Forderungen – –

[Lücke in der Aufnahme]

– Drittes aktuelles Problem: Es mehren sich die Fälle, wo die **Ablösung von Betriebsdirektoren** gefordert wird, wo

Recht und Gesetz verletzt werden, was auch zur Diskontinuität führt.

Die Regierung stellt sich voll hinter die Kombinats- und Betriebsdirektoren. Sie verlangt von ihnen, daß sie Recht und Ordnung durchsetzen und auch auf diese Weise für Kontinuität sorgen.

Wir können keinen Zustand in unserem Lande zulassen, wo jeder jeden ablöst oder zum Abtreten auffordert. An diesen wichtigen Punkten in der Wirtschaft brauchen wir stabile Leitungen. Das bedeutet ja nicht, daß jeder dort bleiben muß, aber wenn eine Ablösung erfolgt, dann muß zumindest eine bessere Lösung sofort parat sein. Sonst haben wir nichts gekonnt.

Neben diesen aktuellen Dingen, akuten Dingen, die ich weiter ergänzen kann in der Diskussion, arbeitet die Regierung selbstverständlich an der prinzipiellen Seite, die dieses Problem hat. Wir beraten am 2. Januar [1990] mit allen für die Wirtschaft zuständigen Ministern ein von der Staatlichen Plankommission auszuarbeitendes, ein im Entwurf vorliegendes und noch weiter zu verbesserndes **Stabilisierungsprogramm** für die Wirtschaft, das den Zeitraum 1990 zunächst und darunter den Übergang ins erste Quartal umfaßt.

Und dieses Stabilisierungsprogramm, das dann auch für die Jahre 1991 und 1992 fortzuschreiben sein wird, umfaßt vier große Kernpunkte: Stabilisierung der **Produktion,** Stabilisierung des **Binnenmarktes,** Stabilisierung der **Staatsfinanzen,** Stabilisierung der **Außenwirtschaft.**

Dieses Stabilisierungsprogramm wird der Volkskammer zur Beratung und Beschlußfassung vorgelegt werden. Auf dem Plan der Regierung steht die Erarbeitung eines neuen **Strukturkonzeptes** für unsere Volkswirtschaft, ein Strukturkonzept, das den Zeithorizont bis zum Jahr 2010 umfassen soll. Natürlich werden wir einen ersten Schritt machen, der die ersten neunziger Jahre etwa bis 1995 umfaßt.

Dieses Strukturkonzept soll bis zum April 1990 vorliegen. Es wird flankiert von einem **Energiekonzept** für dieses Land, ein **Umweltkonzept,** und wir bewerten neu – dies schon bis Februar – das **Mikroelektronikprogramm.**

Soviel vielleicht zu den längerfristigen Dingen, denn völlig klar ist, daß wir aus Defizitsituationen, aus Disproportionen, in denen wir uns befinden, nicht herauskommen mit Feuerwehraktionen, die jetzt hin und wieder unvermeidlich sind, sondern wir kommen nur heraus, wenn es uns prinzipiell gelingt, die Struktur der Volkswirtschaft zu verändern, sie tiefer einzubringen in die **internationale Arbeitsteilung,** auf diese Weise Konzentrationen im Lande vorzunehmen und uns zu konzentrieren auf die Dinge, wo wir von unserem Standort, von unserem qualifizierten Facharbeiterpersonal, von unserem ingenieurtechnischen Personal die besten Voraussetzungen haben.

Soviel vielleicht zu diesem ersten Komplex. Wie gesagt, in der Diskussion kann das vertieft werden.

Zweitens, zur Furcht vor dem **Ausverkauf.** In der Diskussion um dieses Thema äußert sich – und ich glaube, da sind wir uns alle einig – die Sorge, die unsere Menschen haben um die souveräne Fortexistenz dieses Staates, und die souveräne Fortexistenz dieses Staates bedarf ja eines stabilen ökonomischen Fundaments. Von dieser Verantwortung, „**Fortexistenz der Deutschen Demokratischen Republik als souveräner Staat**", läßt sich die Regierung leiten.

Woraus entsteht die Sorge? Ich will drei Problemfelder nennen und den Arbeitsstand in der Regierung dazu und den Standpunkt.

Erstes Problemfeld: Eine solche Sorge kommt auf aus der in Gang gekommenen Diskussion um die **Rolle von Auslandskapital auf unserem Territorium** und der sich damit verbindenden Furcht, ob dies nicht zu Entlassungswellen führen kann, zu Arbeitslosigkeit vielleicht, zu unsozialen anderen Maßnahmen, zu einer verminderten Interessenvertretung der Belegschaft und so weiter.

Was ist dazu aus unserer Sicht zu sagen? – Noch ist das Auslandskapital in der Verfassung, laut Verfassung unseres Landes, nicht möglich. Das heißt, alles, was jetzt diskutiert wird, ist sowieso Diskussionsstadium, denn es gab dazu in der Volkskammer keine Beratung. Die steht noch an. Es bedarf also, wenn es zur Zulassung von Auslandskapital kommen soll, einer Änderung der betreffenden Verfassungsartikel.

Nach dem Verständnis der Regierung braucht aber dieses Land, braucht diese Volkswirtschaft Auslandskapital zur schnelleren Modernisierung der Volkswirtschaft, als das mit eigenen Mitteln möglich ist. Und es gibt auch kein Land auf der Welt, das auf eine solche Finanzierungsmöglichkeit verzichtet.

In der Bundesrepublik Deutschland und auch in vielen anderen hochentwickelten kapitalistischen Industrieländern gibt es viel liquides Kapital. Dieses liquide Kapital – da gibt es auch Erfahrungen – strebt nach Anlage weniger in Form von Krediten, von Kreditausreichung, sondern vorzüglich in Form des Erwerbs von Anteil, von Eigentum.

Diesen Fakt muß man [im] Auge haben, den muß man zur Kenntnis nehmen. Die Regierung wird – aber auch unter Berücksichtigung gerade dieses Faktes, es gibt sehr viel nach Anlage strebendes liquides Kapital – sich nicht abbringen lassen von dem Grundsatz, den wir konzipiert haben. Und ich hoffe auch, die Volkskammer wird sich dazu ebenso plazieren.

Die Regierung wird die **Mehrheitsbeteiligung des Auslandskapitals** an Fertigungslinien in bestimmten Kombinaten, an Produktionsabschnitten, an abgegrenzten Fonds von volkseigenen Kombinaten und Betrieben, vom Grundsatz **nicht zulassen.**

Ich glaube, dieses große liquide Kapital, das nach Anlage strebt, wird auch mit einer Nichtmehrheitsbeteiligung bereit sein, in unser Land zu kommen. Es gibt überdies schon sehr viele Angebote solcher Art, wo also kein Zweifel daran gelassen wird, daß man eine solche 49-Prozent-Beschränkung auch bereit ist zu akzeptieren.

Damit bleibt die Geschäftsführung in der Hand eines DDR-Bürgers wie überhaupt auch andere Leitungspositionen. Und international üblich ist es und auch festgeschrieben in den Entwürfen, die wir bisher zu dieser Problematik haben, daß die **Arbeits- und Sozialgesetzgebung** des Standortlandes, also in diesem Falle unseres Landes, Anwendung findet unter den Bedingungen einer Nichtmehrheitsbeteiligung des Auslandskapitals.

In den Medien haben sich in den letzten Tagen leider Dinge vollzogen, die mehr Verwirrung und Unsicherheit gestiftet haben, als daß sie zu einer realistischen und sachlichen Information beigetragen hätten.

Ich will zwei Beispiele sagen. Es wurde in den Medien berichtet von dem Projekt der Zwickauer Automobilbauer und dem VW-Konzern, ein **Joint-venture** zu praktizieren – es war eigentlich schon nicht als Projekt angekündigt; es wurde gesagt, das gibt es schon.

Nach Kenntnis der Regierung und auch nach Rückfrage bei den Betreffenden in der DDR ist das eine Absichtserklärung. Das ist kein Projekt. Und auch eine Beteiligung von 50 zu 50, die da schon in den Medien kursierte, ist bisher in der Tat keine verabschiedete Sache.

Es gab ein zweites Problem in den Medien in den letzten Tagen. Es wurde in der „Jungen Welt" veröffentlicht, daß **LEW [???]** Henningsdorf und AEG in Form eines Jointventures beim Triebfahrzeugbau zusammenarbeiten. Auch dies ist nichts mehr als eine Absichtserklärung.

Also, meine Bitte geht an die Medien, mit diesen Dingen sehr sorgfältig umzugehen, weil wir unnötig Aufregungen in unserem Lande schaffen, Sorgen verbreiten, die so nicht gerechtfertigt sind.

Die Regierung hat sich gestern noch einmal deutlich plaziert in der Ministerratssitzung:

Kein Kombinats- und kein Betriebsdirektor hat das Recht, auf dem Gebiet der Schaffung von Joint-ventures Verpflichtungen einzugehen. Jeder Betriebsdirektor, jeder Kombinatsdirektor kann das Feld sondieren. Er kann Konkurrenzsituationen ermitteln, damit man nicht auf das erstbeste Angebot gleich einsteigt, und er kann auch Partner suchen. Aber die Prioritäten, die dann in den Branchen zu setzen sein werden – da haben die Industrieminister in Abstimmung mit der Staatlichen Plankommission, mit dem Ministerium für Außenwirtschaft und dem Ministerium der Finanzen und Preise natürlich das letzte Wort zu sagen.

Denn alles muß in die Strukturpolitik unseres Landes hineinpassen, alles muß finanzierbar bleiben. Und Projekten, die nicht zur Devisenerwirtschaftung führen, daß wir auch einen Gewinntransfer, wenn der Partner das wünscht, realisieren können, solchen Projekten können wir nicht zustimmen.

Denn Gewinntransfer muß – und auch dies ist international üblich – gewährleistet sein; es sei denn, die Partner sind bereit, ihren Gewinn im Standortland zu reinvestieren. Aber wenn **Gewinntransfer** erzielt werden soll, dann muß vorher das Projekt natürlich zur Devisenerwirtschaftung geführt haben.

Es gibt auch hier und dort Vorstellungen, daß man Jointventures vor allen Dingen zur **Binnenmarktversorgung** macht und nicht exportiert. Das ist ein sehr löbliches Ziel, und natürlich muß unser Binnenmarkt von all diesen Dingen profitieren. Das ist zweifelsfrei. Aber es muß auch exportiert werden, denn ich komme immer wieder auf das Stichwort **Zahlungsfähigkeit des Landes** zurück.

Was die Furcht vor Gesundschrumpfung, vor **Entlassungen** anbetrifft, möchte ich sagen:

Die Notwendigkeit in [Bereichen der] **Leitung und Verwaltung** auch in den Betrieben zu **rationalisieren**, diese Notwendigkeit entsteht für uns nicht nur aus der Bildung von gemischten Unternehmen. Vor dieser Notwendigkeit steht unsere Volkswirtschaft prinzipiell.

Wenn sie international wettbewerbsfähig werden will, wenn dies eine Aufgabe ist, vor denen auch die Kombinate und Betriebe, jedes einzelne Kombinat und jeder einzelne Betrieb steht, dann müssen wir in den Kostenentwicklungen, dann müssen die Kosten sich nach unten drastisch entwickeln, und dann wird dies vor allen Dingen die **Gemeinkostenreduzierung** betreffen, die – man muß es wirklich sagen – unverschämt hohe Prozentsätze in unserem Lande hat.

Und dann bedeutet dieses: Man muß in verschiedenen Bereichen von Leitung und Verwaltung auch rationalisieren. Diese Notwendigkeit sehe ich für die Volkswirtschaft und für ihre Kombinate und Betriebe unabhängig von der Bildung von Gemeinschaftsunternehmen. Aber unser Ziel ist nicht die Entlassung von Arbeitern oder von Menschen, die in den Betrieben bisher tätig sind, sondern unser Ziel muß sein, in leistungsfähigen Kombinaten und Betrieben die Produktion zu erhöhen bei entsprechender Qualität und bei entsprechendem wissenschaftlich-technischen Niveau.

Und diese Produktionserhöhung, -ausdehnung muß auch die Weiterbeschäftigung der Menschen ermöglichen. Aber das kann natürlich – und das wird – verbunden sein in stärkerem Maße mit **Strukturwandelungsprozessen,** das wird damit verbunden sein, daß Umschulungsprogramme zu machen sein werden, daß Überbrückungsgelder eingeplant werden müssen bis Menschen, die von solchen Strukturwandelungsprozessen betroffen sind, eine neue, entsprechend ihren Qualifikationen geeignete Arbeit gefunden haben.

Ein solches **Umschulungsprogramm** in Ableitung von den Strukturwandelungsprozessen, die sich in unserem Lande vollziehen müssen, ist in Vorbereitung durch das Ministerium für Arbeit und Löhne, und auch eine entsprechende Finanzierung der **Überbrückungsgelder** und dieser Umschulungsprogramme ist gewährleistet.

Wir müssen uns überhaupt einem Problem stellen, das in den zurückliegenden Jahrzehnten in unserem Lande keine oder fast keine Rolle gespielt hat:

Wir müssen mit der **Mobilität** der Arbeitskräfte rechnen. Es geht nicht mehr in der Zukunft, daß ein Lehrling in einem Betrieb lernt, dann dort als Facharbeiter beginnt und dann vielleicht auch in der gleichen Abteilung 30, 40 Jahre tätig ist und auch in diesem Betrieb die eine oder andere Leitungsaufgabe übernimmt – aber im Grunde immer im selben Betrieb und in derselben Branche.

Das ist in vielen hochentwickelten Ländern schon seit Jahren nicht mehr der Fall, und auch wir müssen uns darauf einstellen, daß wir die Mobilität der Arbeitskräfte beherrschen lernen müssen.

Das heißt, wir werden in vielen Berufen [umdenken müssen] – aber es werden auch neue Berufe entstehen müssen – traditionelle Berufe werden sich wandeln. Wir brauchen die Gewöhnung, die ganz bewußte und schnelle Gewöhnung an dieses Mobilitätsproblem der Arbeitskräfte, verbunden mit der Bereitschaft, einen anderen Beruf zu erlernen, sich umschulen, umqualifizieren zu lassen.

Und wie dies alles zu verbinden sein wird mit der Verwurzelung vieler unserer Mitbürger – auf Datschen und an Garagen sind sie gebunden, in konkreten Territorien und so weiter –, also, das ist keine einfache Aufgabe, vor der wir da stehen, dessen müssen wir uns völlig bewußt sein. Aber hier müssen Projekte rechtzeitig gemacht werden, und wir müssen auch ein Klima, ein gesellschaftliches Klima erzeugen in unserem Lande, daß wir ganz bewußt damit umzugehen lernen.

Gegenwärtig sind nach Ermittlung des Ministeriums für Arbeit und Löhne, na ja, also zumindest **250 000 Arbeitsplätze frei** in unserem Lande. Die Zahlen schwanken zwischen 160 000 und 320 000. Ich pegele mich einmal in der Mitte ein. Eine ganz genaue Erfassung muß auch hier noch erst gemacht werden. Auch das waren wir ja nicht so gewöhnt in den zurückliegenden Zeiten.

Das sind mehr Stellen, als wir gegenwärtig durch Abwanderung Menschen verloren haben, mehr freie Stellen, als wir verloren haben. Also, es steht überhaupt nicht das Problem, daß keine Arbeit da wäre. Und wie viele Arbeitsplätze müssen im **Dienstleistungswesen** erst noch überhaupt geschaffen werden? Und dort hängen wir doch ganz zurück.

Dieser tertiäre Sektor, wie wir sagen, der ist so unterentwickelt in unserem Lande. Dadurch können Freizeitbedürfnisse der Menschen nicht ausreichend erfüllt werden, die Hausfrauen haben nicht genügend Gelegenheit, sich über Dienstleistungseinrichtungen entlasten zu lassen. Wir brauchen solche Dinge auch. Mit der Wirtschaftsreform werden wir Versicherung[en] brauchen. Dort werden viele Menschen tätig sein können. Wir brauchen **Wirtschaftsprüfungen.**

Völlig neue Branchen sind im Entstehen, müssen ganz bewußt gefördert und zum Entstehen gebracht werden. Auch hier werden viele, viele neue Arbeitsplätze geschaffen. Wie viele Arbeitsplätze braucht das Gesundheitswesen?! Im Bildungswesen haben wir Notwendigkeiten.

Also, die Frage – – im Moment gibt es überhaupt keine solche akute Fragestellung, daß wir nicht genügend Arbeit hätten. Wir müssen systematisch ganz neue Tätigkeiten auch erfinden zur Entlastung unserer Menschen, zur Beratung unserer Menschen und so weiter.

Um so unverständlicher ist es – und auch dies ist mir ein Bedürfnis in Anwesenheit der Medien zu sagen, damit es schnell herumkommt – um so unverständlicher ist, daß bis zur Stunde Mitglieder der Sozialistischen Einheitspartei Deutschlands, die aus Leitung und Verwaltung, aus dem Staatsapparat ausgeschieden sind, daß ehemalige Angehörige des Ministeriums für Staatssicherheit, obwohl sie Berufe haben, die am Werktor aushängen, daß man sie sucht, nicht eingestellt werden.

Die Regierung hat sich gestern deutlich dazu plaziert und wird im Rahmen der gesetzlichen Möglichkeiten auch etwas vorschlagen zu solchen Betriebsdirektoren oder Kaderleitern, die, obwohl bestimmte Berufe gesucht werden und solche Menschen sich anbieten, sie nur deshalb nicht nehmen, weil sie eben diese beiden Adjektive haben, von denen ich gesprochen habe.

Dort müssen auch bestehende gesetzliche Möglichkeiten voll ausgelotet werden, daß wir diesen Zustand beenden. Das kann sich wiederum unsere Volkswirtschaft auch nicht leisten, und das ist überdies ja wohl auch unmoralisch.

Ein zweites Problemfeld, aus dem ich sehe, daß eine solche Furcht entsteht vor dem **Ausverkauf,** eine solche Sorge wird gegenwärtig geschürt durch die vielen Anfragen aus West-Berlin und aus der Bundesrepublik Deutschland, ob man hier auf dem Territorium der DDR und auch hier in dem Berliner Raum Grundstücke erwerben kann, ob man hier Wohnungen kaufen kann, Hotels kaufen kann, Gaststätten und so weiter, ob man Grund und Boden erwerben kann.

Die Presse hat ja in den letzten Tagen darüber auch vielfach berichtet, und gestern war in der „Berliner Zeitung" ein Kommentar dazu, dem ich mich persönlich auch nur anschließen kann.

Auch hier gilt: Die geltenden Gesetze in unserem Lande lassen solche Aktivitäten bisher nicht zu, und diese Regierung hat auch nicht die Absicht, das zu ändern, was da gegenwärtig in unseren Gesetzen festgeschrieben ist. Für uns sind **Grund und Boden** etwas Heiliges, was Volkseigentum bleiben soll.

Was geprüft werden kann – aber ich betone auch, dies kann nicht eine Regierung beschließen, sondern dazu muß ein Konsens herbeigeführt werden, muß die Volkskammer einen Beschluß herbeiführen –, ob man, sagen wir einmal, die Flächen, auf denen Menschen sich Wochenendhäuser gebaut haben oder auch ihr Eigenheim gebaut haben und was sie bisher zur Nutzung haben oder gepachtet haben, ob man dieses begrenzte Stück Land den Betreffenden verkaufen kann.

Das könnte man prüfen. Aber mit der Bemerkung – ausdrücklich sage ich das, und wenn ein solcher Vorschlag von der Regierung unterbreitet werden sollte, würden wir darauf achten, daß eine Sperrformel eingebaut wird –, daß ein solcher Grund und Boden – ich spreche von einem, na ja, vielleicht ist es immer eine Fläche, wie sie hier dieses Zimmer ausmacht –, daß dies nicht zum Weiterverkauf an ausländische Bürger zur Verfügung steht, sondern in der Nutzung des betreffenden DDR-Bürgers, der das erworben hat, bleiben muß.

Ob man hier einmal mit **Erbrecht** und mit solchen Dingen etwas macht, das bleibt auch alles noch zu prüfen. Was Hotels, Gaststätten und so weiter angeht, könnten wir uns vorstellen, daß man hier auch mit Nutzungsverträgen oder über Pacht nachdenken kann, aber nicht über Verkauf an ausländische Bürger.

Alles dies ist im Diskussionsstadium und wird mit Sicherheit im ersten Quartal dann auch in den Volkskammerausschüssen zur Beratung kommen und dann später in der Volkskammer.

Letztes Problemfeld, was ich persönlich sehe, das ist die Furcht vor dem Ausverkauf, die entsteht aus der **Grenzöffnung.**

Ich muß hier vorwegschicken, nicht diese Regierung hat die Grenze über Nacht geöffnet. Wir hätten wahrscheinlich, nicht wahrscheinlich, das streiche ich, wir hätten einige Dinge im Vorfeld anders geregelt.

Jetzt waren wir gezwungen, sehr schnell ein paar administrative Maßnahmen einzuführen, die ja auch in der überwiegenden Mehrzahl der Bevölkerung auf Zustimmung gestoßen sind.

Ich meine die verschärften Zollkontrollen, ich meine Kauf gegen Personalausweis in bestimmten Geschäften und für bestimmte Güter. Aber es wäre viel günstiger gewesen, viel sinnvoller gewesen, hätte man mit ökonomischen Maßnahmen diese Sache in die Hand bekommen können. Das steht uns also bevor.

Ich muß hier auch einmal deutlich sagen: Es gibt zur Stunde noch in sehr vielen Grenzgemeinden unseres Landes den Wunsch, auch dort noch einen Grenzübergang zu schaffen und dort noch einen zu schaffen, um sich den Umweg von zehn Kilometern zu sparen bis zum sowieso schon offenen Grenzübergang.

Ich muß hier sagen: Die Regierung hat gestern noch einmal eine Bilanz gezogen. Das gesamte **Grenzregime,** das wir gemacht haben und das jetzt sehr viel Erleichterung für Bürger beider Staaten bringt, dieses Grenzregime ist aber außerordentlich teuer. Das muß man auch einmal sagen, um Stimmungen und Forderungen entgegenzuwirken [wie]: „Wir wollen nun noch alle fünf Kilometer so einen Grenzübergang schaffen". Ein Grenzübergang kostet pro Jahr 10 Millionen Mark. Dort sind doch Menschen rund um die Uhr beschäftigt, dort müssen Infrastrukturen geschaffen werden für die Menschen, die dort das ganze Jahr über tätig sind und so weiter.

Und unsere Position ist, da bitte ich auch um Unterstützung, wenn es weitere Forderungen gibt, und die gibt es fast täglich aus Gemeinden, nun immer neue Grenzübergangsstellen zu öffnen, dann ist die Position der Regierung, dann müssen es die Kommunen selbst bezahlen. Wir haben jetzt keine Fonds mehr dafür. Und dann muß man eventuell auch an die BRD herantreten, um den weiteren Ausbau von Grenzübergangsstellen mitzufinanzieren.

Nun ist die Grenze offen. Ich sagte, diese Regierung hat sie nicht über Nacht aufgemacht. Nun ist sie offen. Millionenfach geforderte Reisefreiheit von hier nach dort ist gegeben. Das war durch Ausstattung der Bürger mit **Reisezahlungsmitteln** abzusichern. Auch dies war ja eine Forderung, und eine berechtigte. Wir können unsere Menschen nicht reisen lassen nur mit einem Trinkgeld in der Tasche.

Dieser Reisefonds, dieser gemeinsame Devisenfonds ist dadurch entstanden, daß die DDR-Regierung an die BRD-Regierung ein Zugeständnis, wenn Sie so wollen, gemacht hat, nämlich den Mindestumtausch abzuschaffen ab 1. Januar 1990 und einen neuen **Wechselkurs** festzulegen in der Größe 1 DM gleich 3 Mark der DDR.

Dieser Kurs von 1 DM zu 3 Mark DDR entspricht dem, zu dem auch DDR-Bürger tauschen. Denn wenn man davon ausgeht, daß 100 Mark 1:1 zu tauschen sind und 100 Mark 1:5, dann macht es im Schnitt 1:3. Das ist also eine Gleichstellung.

Dieser Geldwechsel für die Bundesbürger und Westberliner soll an den Grenzübergangsstellen der DDR gemacht werden und an allen Sparkassen in unserem Lande. Dafür gibt es jeweils eine Umtauschbescheinigung, und beim Kauf von **schmuggelintensiven Waren**, von solchen Waren, die hier gern bei uns gekauft werden, wie Ferngläser, Barometer, und – ich will das nicht alles aufzählen, was auch preisgünstig bei uns ist – für solche schmuggelintensiven Waren werden die Verkaufsstellen angewiesen, daß hier die **Umtauschbescheinigung** jeweils vorzulegen ist; beziehungsweise an der Grenze, wenn jemand mit einem solchen Gut gefaßt wird, muß er belegen können, daß er über eine Umtauschbescheinigung zu diesem DDR-Geld gekommen ist und nicht über private Wechselstuben in der BRD.

Der Rücktausch des bei uns eingetauschten Geldes ist bei uns möglich, wiederum nur gegen Vorlage der Umtauschbescheinigung. Es kann also keiner große DDR-Mark-Beträge nehmen und sie zum Kurs von 3:1 zurücktauschen in West-Mark. Sondern auch hier, für den Rücktausch ist die Umtauschbescheinigung unserer Notenbank vorzulegen.

Die BRD-Regierung hat erklärt, sie kann das private Wechselstubenregime in **West-Berlin** und in anderen Gegenden nicht – – sie ist dagegen machtlos. Wir sagen, die verstärkte Nachfrage nach Mark der DDR, die nun eintreten wird, wird sich günstig auf den **Kurs der Mark der DDR zur DM** auswirken. Das ist etwas, womit wir stark rechnen.

Ich hoffe, wir werden da nicht enttäuscht in dieser Erwartung. Wir werden außerdem verstärkte **Zollkontrollen** bei der Einreise von Bundesbürgern und Westberlinern machen, um zu verhindern – natürlich kann man da auch nur Stichproben machen, aber die wirken doch schon –, um zu verhindern, daß Geld geschmuggelt wird, eingeschmuggelt wird.

Fälle des Verstoßes gegen die Einfuhr unserer Binnenwährung, die sie ja nach wie vor ist – und folglich gelten da Gesetze –, Fälle des Verstoßes gegen die Einfuhr der Binnenwährung der DDR werden geahndet entsprechend den **Zollvorschriften**, auch illegale Ausfuhr. Auch hier sind die Zollorgane entsprechend angewiesen.

Gestern war in der Presse eine Mitteilung, wieviel Devisenvergehen es inzwischen gegeben hat.

Es gab viele Anfragen: „Warum macht ihr nicht ganz schnell einen Geldnotenumtausch?" – Unsere Antwort ist, also, diese Frage verbindet sich immer mit dem Gedanken: Es muß durch diese Grenzwanderung enorm viel Mark der DDR, müssen Mark der DDR – Beträge in Milliardengröße, so wird immer gesagt – sich in Westberlin und in der BRD aufhalten.

Wir haben mit der **Staatsbank** hierzu laufenden Kontakt. Der Präsident der Staatsbank – der ja im übrigen nicht der Regierung angehört, wie das früher der Fall war, das dokumentiert auch die Selbständigkeit, die diese Staatsbank haben soll und die sie ausüben muß als, wenn Sie so wollen, auch Gegengewicht gegen die Regierung in Geldfragen und in Währungsfragen –, nach Einschätzung der Staatsbank befinden sich 300 Millionen Mark der DDR außerhalb unserer Grenzen.

Das Argument, was die Staatsbank sagt, leuchtet mir ein, muß ich sagen. Niemand von den Wechselstubenbesitzern wird sich Mark der DDR in einen Sack stecken und ihn, ohne daß er arbeitet, liegen lassen, sondern das sei schon zurückgeflossen, ist die Einschätzung der Staatsbank.

Also diese Beträge von 3 bis 6 Milliarden, die da immer so kursierten, das mag in den Anfangsstunden der Grenzöffnung, in den Anfangstagen der Fall gewesen sein. Jetzt wird das nicht mehr so eingeschätzt. Im übrigen ist die Staatsbank hier mit den Banken in Westberlin und in der Bundesrepublik in ständigem Kontakt.

Ein vorbereiteter **Geldnotenumtausch**, so lautet die Erfahrung der Vergangenheit, dauert Monate. Dann hätten wir spätestens im Mai anfangen müssen, die neuen Noten zu drucken. Das geschieht gewöhnlich auch im Ausland. Das macht man nicht im eigenen Land. Einen Notenumtausch, den wir 1957 hatten, der hat 80 Millionen Mark gekostet. Heute würde das nicht billiger sein, sondern wahrscheinlich teurer sein.

Der Effekt, 300 Millionen, die sich außerhalb unseres Landes befinden, einzufangen mit diesem Aufwand, ist ziemlich gleich null. Außerdem wäre es ein Effekt, der nur ein paar Tage oder Wochen andauert, dann wieder vorbei wäre. Und überdies hätten wir einen ganz gewaltigen Vertrauensverlust im Inland und im Ausland, was die Währung der DDR angeht, so daß wir – das darf ich sagen – auf dieses Instrument verzichten.

Das soll man auch vor den Medien sagen. Es besteht keine Notwendigkeit, in irgendeine Panikstimmung hier zu verfallen und etwa nun noch Geldnoten auszugeben und wieder einen Run auf die Geschäfte zu machen. Das ist weder technisch in kurzer Zeit möglich noch ökonomisch sinnvoll, und politisch würde es sehr viel Vertrauensverlust bedeuten. Diese Regierung macht das also nicht.

Um **Abkäufe subventionierter Erzeugnisse** zu verhindern, hat die Regierung ein für unsere Bürger sozial verträgliches Konzept.

Dazu möchte ich aber – das müssen Sie mir bitte nachsehen – in dieser Runde keine detaillierten Ausführungen machen. Das ist nicht möglich in einem solchen Kreis. Es hat überhaupt nichts mit Mißtrauen gegenüber irgend jemandem zu tun, sondern das verbietet einfach meine Verantwortung, die ich habe.

Ich kann hier nur erklären, die Regierung ist handlungsfähig auf dem Gebiet. Niemand in unserem Lande braucht Sorge zu haben, daß etwas geschieht, was für ihn sozial unverträglich ist, aber wir müssen uns vorbereiten, gegen die Spekulationen auch ökonomische Maßnahmen einzuleiten.

In Valuta-Hotels und an Intertankstellen, also an den Zapfsäulen, wo bleifreies Benzin getankt wird, werden

Bundesbürger und Westberliner weiterhin DM zu zahlen haben.

Bei Inanspruchnahme von Dienstleistungen – und das sage ich auch als Frau ausdrücklich, das ist ein Problem, wo ich meine Sorgen habe: Der Friseur ist bei uns gut um die Hälfte billiger als drüben, Massage ist viel billiger, Schuhreparaturen und so weiter –, bei Inanspruchnahme von Dienstleistungen schlagen wir vor, und auch dies wird in den nächsten Tagen in den Geschäften dann sichtbar sein, daß man hier den Ausweis verlangt.

Das ist die Mindestmaßnahme, die wir einführen wollen, und hoffen hier natürlich auch auf die Solidarität der Angestellten im Dienstleistungswesen – –

[Lücke in der Aufnahme]

Lange (Moderator): Herr Lucht, Grüne Liga.

Lucht (GL): Ja. Zunächst zu Ihrem **Stabilisierungsprogramm**. Sie nannten hier, ich will einmal ganz kurz zusammenfassen: Wirtschaftswachstum, Geldstabilität, außenwirtschaftliches Gleichgewicht, ich ergänze einmal – – Das entspricht ja dem magischen Viereck der Bundesrepublik – –

Zwischenruf: Ich verstehe hier nichts.

Lucht (GL): Mir reicht es aber nicht aus, wenn Sie hier sagen, ein Umweltkonzept muß das flankieren. Ich glaube, daß **ein generelles Umweltkonzept** diesem gesamten wirtschaftlichen Konzept praktisch voll gegenüberstehen muß beziehungsweise in das integriert sein muß im Sinne: Eine neue Wirtschaftsstruktur muß mit einem ökologischen Umbau der Gesellschaft verbunden sein.

Ich will noch zwei kurze Fragen hier ergänzen. Sie sprachen vorhin von der Entwicklung von **Joint-ventures**, eine Sache, die, glaube ich, auch zu unterstützen ist. Aber hat die Regierung diesen Prozeß wirklich noch voll in der Hand? Werden hier nicht bestimmte Voraussetzungen geschaffen, bevor überhaupt die Gesetzgebung greift?

Ich habe jetzt das Düsseldorfer „Handelsblatt" von vorgestern vor mir. Und da ist eine Kooperationsbörse DDR [enthalten], wo also eine ganze Reihe von Betrieben Angebote macht für Kooperation mit Namen, Anschrift des Betriebsdirektors etc. Inwieweit ist das abgestimmt?

Und eine zweite Frage: Es gibt im Moment auch in den unterschiedlichsten Medien Aussagen, daß das Bayernwerk und Preußen Elektra in der DDR vier Kernkraftwerksblöcke errichten wollen. Ist das eine reine Absichtserklärung, oder stehen da schon Verhandlungen dahinter?

Danke schön.

Lange (Moderator): Danke.

Frau Röth hat sich als nächste gemeldet. Unabhängiger Frauenverband.

Frau Röth (UFV): Ja, ich halte mich auch an die Ausführungen von Herrn Lucht, und zwar in der Richtung, daß ich danach frage, wie das Verhältnis gestaltet wird zwischen **Regierung/Ministerien** und den **Kombinatsdirektoren** auf der einen Seite – also, das Bestreben der Kombinate und Betriebe, sich zu verselbständigen.

Ihre Autonomie hängt leider Gottes auch derzeit zusammen mit bestimmten anarchischen Verhältnissen. Das heißt also, daß hier im Grunde genommen [ein] Machtvakuum entsteht, nämlich nicht nur zwischen Ministerien und Kombinaten, sondern andererseits auch in den Betrieben selber. Das sprachen die Gewerkschaftsvertreter schon an – zwischen den sozialistischen Unternehmern auf der einen Seite und den Werktätigen auf der anderen Seite.

Meine Frage konkret: Welche Vorstellung hat die Regierung entwickelt, welchen sozialen Rahmen sie sozusagen für die Verselbständigung von Kombinaten und Betrieben abstecken will, um die unterschiedlichen Interessenlagen, die ja in dieser Gesellschaft existieren, zu vermitteln. Das ist die eine Frage.

Die andere Bemerkung, meiner Meinung nach, zur Beherrschung des Ausverkaufes von Waren und Dienstleistungen der DDR: Der ist mit den Maßnahmen, die Sie hier vorgelegt haben, nicht zu beherrschen; also, mit diesen administrativen Maßnahmen wie **Ausweiskontrolle, Umtauschbescheinigungen** vorlegen.

Das geht eindeutig zu Lasten der Verkäuferinnen in den Verkaufseinrichtungen beziehungsweise in den Dienstleistungseinrichtungen. Und da kommt dann zu der schon zu verzeichnenden schlechteren Arbeits- und Lebensqualität dieser Werktätigen noch hinzu, daß sie nämlich einem ungeheuren psychischen Druck ausgesetzt werden und im Grunde genommen staatliche Defizite individualisiert werden für Verkäuferinnen, und das geht meines Erachtens nicht an.

Also, da muß man sich andere Maßnahmen einfallen lassen. Ja, ich habe auch keinen Vorschlag. Der Vorschlag wäre eine stabile Wirtschaft. Aber das ist derzeit illusorisch.

Die dritte Bemerkung, die Frage mit den **gemischten Unternehmen:** Sie sagten also, die Mehrheit soll bei sozialistischen Eigentumsverhältnissen verbleiben. Es gibt aber auch in westlichen Ländern schon Sperrminoritäten, wo man natürlich schon mit 20 Prozent ein Unternehmen beherrschen kann. Also, Frage, welchen Gesetzesrahmen die Regierung da abstecken wird?

Dann nur eine Anfrage: Bezieht sich die **Senkung der industriellen Warenproduktion** um 2,5 Prozent nur auf den Monat zuvor, oder bezieht sich das auf das gesamte Jahr 1988? – Das ist auch in der Zeitung nicht eindeutig ausgedrückt worden.

Lange (Moderator): Ja, darf ich um Ihr Einverständnis bitten, daß wir die Rednerliste schließen? – Es haben sich noch gemeldet – einfach um die Möglichkeit zu geben, daß jetzt darauf erwidert werden kann –: Herr Poppe, [Initiative] Frieden und Menschenrechte; Herr Holland, LDPD; Herr Brandenburg, Neues Forum; Herr Hartmann, NDPD.

Bitte schön.

Poppe (IFM): Ja, ich wollte da gleich daran anschließen an das, was eben gesagt wurde.

Ich habe auch ein Unbehagen, wenn Verkäuferinnen und Verkäufer eine Polizeifunktion ausüben. Darüber hinaus ist das aber auch ein politisches Problem, insbesondere gegenüber Polen.

Und ich finde, daß hier unbedingt nach neuen Lösungen gesucht werden muß, da diese Einschränkung des Verkaufes an polnische Staatsbürger das **Verhältnis zwischen Polen und der DDR** ganz entscheidend belastet und daß in diesem Zusammenhang natürlich auch die deutsch-deutschen Verhandlungen von den Polen mit sehr großem Mißtrauen angesehen werden.

Und ich halte es deshalb für dringend geboten, daß man auf diese **Kontrollausübung** gegenüber den polnischen Staatsbürgern verzichtet und im Rahmen der neuen Bedingungen, die im Rat für Gegenseitige Wirtschaftshilfe (RGW) entstehen, oder auch bilateral zu einer anderen, und zwar kurzfristigen Lösung kommt.

Lange (Moderator): Herr Holland, LDPD.

Holland (LDPD): Frau Minister, Sie sprachen über die ungünstige **Exportstruktur** unseres NSW-Exports [NSW = Nichtsozialistisches Wirtschaftsgebiet]. Wenn wir international wettbewerbsfähig werden wollen in größerer Breite, dann muß viel stärker als bisher die Produktionsstruktur auf intelligenzintensive Produkte und Erzeugnisse ausgerichtet werden. Das erfordert meines Erachtens eine völlig andere Rolle und Stellung der **wissenschaftlich-technischen Intelligenz** in unserer Republik.

Sie muß größeren Freiraum für schöpferische Arbeit erhalten und entsprechend ihrer Bedeutung für die Entwicklung der wissenschaftlich-technischen Revolution, für die Entwicklung unserer Volkswirtschaft meiner Ansicht nach materiell und ideell eingeordnet werden.

Und ich meine, das Regierungskonzept sollte dieses auch vorsehen. Meine Frage deshalb: Wie steht die Regierung dazu, was bezieht sie für eine Stellung dazu?

Frau Töpfer (FDGB): Diese Forderung unterstreicht auch die Gewerkschaft, daß die Intelligenz eine neue Stellung in der Gesellschaft bekommen muß.

Lange (Moderator): Herr Brandenburg, Neues Forum.

Brandenburg (NF): Mir geht es ähnlich wie Herrn Berghofer. Wir sind natürlich, unter dem Eindruck des Referats stehend, mit einer Vielzahl von Fragen konfrontiert.

Zugleich haben wir auch in der Wirtschaftsrunde am Runden Tisch schnell festgestellt, daß es Maßnahmen geben wird, die uns helfen können, durch den Winter zu kommen, die Übergangscharakter tragen. Und zugleich werden wir für die Zukunft Maßnahmen treffen müssen. Das müßte man strukturieren, vielleicht wirklich in dem Sinne, daß man das permanent auf der Tagesordnung hat.

Wir haben so das Gefühl, daß manches an Maßnahmen der Regierung eigentlich schon die Weichen stellt, ohne daß wir wissen, in welche Richtung das geht. Insofern beispielsweise die Frage: **Gespräche mit dem IWF** oder mit anderen internationalen Organisationen – wie weit ist das gediehen? Kann das als Geheimpolitik weitergeführt werden oder muß es offengelegt werden?

Ich fange einmal hinten an – sozusagen das, was in die Zukunft gerichtet ist. Es wird wirklich nötig sein, daß unsere Wirtschaft auf einen modernen Stand kommt, ohne daß wir wissen, in welchem Stand sind wir eigentlich.

Um das zu wissen, brauchen wir eine Neubewertung, eine **Neueinschätzung unseres Vermögens**, also insbesondere der Grundmittel, der Ressourcen. Wie stellt sich die Regierung vor, soll das geschehen?

Für den Übergang gibt es also ein paar Ansätze, die wir teilweise sehr klug erachten, andere fehlen mir.

Ich habe letztens also auf der Stadtbezirksversammlung Treptow gehört, daß man, indem man einfach einige Maßnahmen liquidiert, zum Beispiel die Begrenzung für Handwerk und Handel, ich meine **Gewerbetreibende,** die Anzahl der Beschäftigten, die Frage der Steuerprogression, die im Grunde genommen bremsend wirkt – das kann doch durch einen einfachen Akt der Beseitigung – –

Frau Luft (Ministerin): Ist schon.

Brandenburg (NF): – Ist schon, gut.

In genau diese Zeit fällt auch unsere Befürchtung, daß wir in der Tat mit einer Arbeitslosigkeit oder Beschäftigungslosigkeit – Arbeitslosigkeit haben wir ja allzu oft schon feststellen können – Beschäftigungslosigkeit – – Aber die Frage ist, wie das nun konkret gestaltet werden soll.

Daß wir mit dem Problem in dieser Dimension neu konfrontiert sind, das wird klar sein. Aber um so mehr müßte man schnell nachdenken: Sind denn die Ämter für Arbeit qualifiziert, um dem zu begegnen? Bisher, habe ich den Eindruck sie nehmen nur Listen mit Angeboten entgegen und vermitteln sie dem Menschen, der da kommt. Das kann ja wohl nicht allein nur die Tätigkeit dieses Amtes sein.

Sie sprachen die Erfassung an, Sie sprachen von 250 000 freien Arbeitsplätzen. Also, entschuldigen Sie bitte, aber das hört sich immer so an, wenn in der „Tagesschau" gesagt wird, die haben so und so viel Millionen freie, und wir haben so und so viele Arbeitslose: Eigentlich geht das alles ganz auf. Wo sind die freien und wo sind die zu erwartenden Arbeitslosen?

Wann setzen **Umschulungsprogramme** ein? Gibt es ein Rahmenkonzept, was da passieren muß, damit Umschulung konkret greifen kann? Akzeptiert die Regierung eine Dequalifikation in Größenordnungen?

Ich weiß nicht – – Wir werden aus der Verwaltung viele freisetzen müssen, und wenige davon haben einen Facharbeiter in der Tasche, um in der Produktion [zu arbeiten], wo sie wirklich wichtig sind.

Was passiert da? Wie kommen wir zu diesem Stand? Werden wir übergangsweise also in der Tat dequalifizierende Maßnahmen akzeptieren müssen oder erzwingen müssen? Ich kann mir vorstellen, daß da doch ein Beharrungsvermögen der Kräfte da sein wird.

Das ist erst einmal alles.

Lange (Moderator): Herr Hartmann, Nationaldemokratische Partei.

Hartmann (NDPD): Durch die Gespräche, die Herr [Helmut] Haussmann [Bundesminister für Wirtschaft] und Herr [Dieter] von Würzen [Staatssekretär im Bundesministerium für Wirtschaft] hier in der Deutschen Demokratischen Republik vor kurzem geführt haben, sind die Erwartungen, die es im Bereich von Handwerk und Gewerbe gibt, auch durch das vorrangige Interesse im privaten Bereich, dort anzulegen und zu investieren, außerordentlich gestiegen.

Es gibt in diesem Bereich große Bewegung, große Kontakte schon, das läuft schon zwischen hüben und drüben. Es gibt Absprachen, es gibt Zusicherungen von der Regierung in der Richtung, daß in diesem schwierigen Problem der Zulieferindustrie, der Konsumgüterindustrie **Herauslösungen von Betrieben aus Kombinaten** erfolgen, die in Privathand gegeben werden beziehungsweise sich zu halbstaatlichen Betrieben, zu dieser früheren Form entwickeln sollen.

Es gibt also hier große Erwartung, große Bereitschaft, aber zur gleichen Zeit große Unsicherheit, weil diese Regelungen ja nun, oder diese Erwartungen ja, auf eine gesetzliche Grundlage gestellt werden müssen.

Wer erläßt überhaupt die Entscheidung, wie diese Ausgliederung aus Kombinaten im Bereich der Zulieferindustrie erfolgen soll? Wer trifft diese Entscheidungen? Sind das also dann Betriebe, die also dort als Teilbetriebe der Kombinate nicht existenzfähig sind?

Also, wie soll das überhaupt geregelt werden, um dieses Grundproblem, was Sie, Frau Ministerin, ja vorhin angesprochen haben, das in der Zulieferindustrie und in der Konsumgüterindustrie besteht, zu lösen?

Es gibt ein außerordentliches Interesse im Bereich des Hotel- und Pensionsgewerbes, Möglichkeiten für **Gewerbegenehmigungen** zu finden. Wenn Hunderttausende, vielleicht sogar Millionen Bürger der Bundesrepublik in die Deutsche Demokratische Republik kommen, die wollen ja nicht alle im Grand-Hotel wohnen. Also, es ist durchaus möglich, daß kleine Pensionen dort geschaffen werden. Es gibt eine große Bereitschaft, die haben Hunderte von Zuschriften, wo sich Bürger anbieten, auf der Grundlage von Gewerbegenehmigungen, Pensionen zum Beispiel zu eröffnen. Aber das ist nur ein Detailproblem.

Ich meine also generell die Frage, daß es den Wunsch gibt nach klaren Konzeptionen für diese Prozesse der Schaffung von **privaten oder halbstaatlichen Eigentums** in diesen Bereichen, von denen ich eben gesprochen habe, den Dienstleistungsbereich natürlich eingeschlossen.

Lange (Moderator): Ich denke, die Fülle der angesprochenen Fragen und Probleme unterstützt mehr oder weniger doch den Vorschlag von Herrn Berghofer, daß wir auf jeden Fall darauf aus sein sollten, eine kontinuierliche Information zu diesen Fragen, die ja gar nicht alle mit einer Erwiderung jetzt abgedeckt werden können, hier anzustreben.

Es haben sich noch zwei Vertreter gemeldet. Darf ich Sie freundlich darum bitten, daß wir Sie jetzt noch hören und dann doch die Möglichkeit einer Erwiderung an Frau Minister Luft geben.

Das ist zunächst Herr Ebeling vom Demokratischen Aufbruch und dann Herr Koplanski.

Ebeling (DA): Wir haben ja eine Fülle von Anfragen und Problemen gehört, und ich meine auch in Übereinstimmung zu sprechen mit der Wirtschaftsgruppe [gemeint: AG „Wirtschaft" des Runden Tisches], daß es notwendig ist, hier etwas zu sortieren – auch in Beantwortung –, denn ich bin sicher, daß das in diesem Rahmen in dieser Fülle auch nicht beantwortet werden kann.

Ich stelle also den Antrag, daß auf **Sofortmaßnahmen** noch einmal eingegangen wird, die uns also jetzt in die Lage versetzen, den Produktivitätsschwund in der Industrie und die Disproportionalität der Entwicklung aufzuhalten und damit bestimmte Voraussetzungen zu schaffen, um eine Stabilisierung in der Wirtschaft zu bekommen.

Ich bitte auch darum, noch einmal zu Fragen der **Energiesituation** und des **Transportwesens** eine Information zu geben, und halte es für unbedingt notwendig, darauf hinzuweisen, daß bestimmte gesetzliche Regelungen geschaffen werden müssen, um die Mitbestimmung der Werktätigen in den Betrieben zu garantieren. Das sind also für mich die wichtigsten Punkte, die auch in Übereinstimmung stehen mit der Arbeitsgruppe „Wirtschaft".

Und ich glaube, daß man nach diesen Punkten sortieren sollte [und] natürlich die anderen wichtigen Punkte nicht vergessen darf. Aber in Anbetracht der Kürze der Zeit sollten wir uns auf die Frage der Sofortmaßnahmen zur Stabilisierung unserer Wirtschaft doch zunächst erst einmal begrenzen.

Lange (Moderator): Danke. Herr Koplanski von der Bauernpartei.

Korblanski (DBD): Wir unterstützen den Vorschlag von Herrn Berghofer, möchten aber hier zwei Fragen stellen.

Die erste ist: Unser Land hat sehr viel investiert in die **Mikroelektronik**. Wie wird diese Sache jetzt in die Wirtschaftspolitik eingeordnet, um also daraus das Beste zu machen? – Hier geht es sowohl um kurzfristige als auch um langfristige Fragen.

In Zusammenhang mit den Beziehungen zur BRD und anderen westlichen Ländern spielen zunehmend Fragen der Modernisierung der **Nahrungsgüterwirtschaft** eine Rolle mit Hilfe dieser Länder. Frau Professor, vielleicht können Sie dazu ein Wort sagen. Wenn nicht heute, dann beim nächsten Mal, weil das doch, glaube ich, sehr wichtig ist.

Und meine Damen und Herren, gestatten Sie mir, weil ich der Überzeugung bin, daß ich heute nicht mehr drankomme, ein Wort zu sagen. Wir sind wenige Stunden vor dem Weihnachtsfest, und ich möchte sehr unterstützen, was gesagt worden ist hinsichtlich der Arbeit der Menschen in unserem Lande.

Wir hatten diese Woche [eine] Tagung des Ausschusses der Land- und Forstwirtschaft der Volkskammer. Die Medien berichten sehr viel und das ist sehr gut. Wir sind sehr aktuell. Die Menschen sind dabei. Aber ich glaube auch, [daß] angesichts des Weihnachtsfestes die Menschen, die **in der Kohle arbeiten, in der Landwirtschaft, im Verkehrswesen** ein Recht darauf haben, daß an sie gedacht wird, während sich die meisten unter dem Weihnachtsbaum versammeln.

Und wir sollten auch einen Konsens finden, was diese **Streikdrohung** anbetrifft. Ich glaube, hier müssen gemeinsam Gewerkschaft, die politischen Kräfte, die Regierung, die Betriebe einen Konsens finden. Wir können nicht die Wirtschaft in Ordnung bringen nur mit diesem Druck „Wir streiken".

Das ist ein Problem, über das man vielleicht grundsätzlich einmal sprechen müßte auch an diesem Tisch.

Lange (Moderator): Danke schön. Zur **Geschäftsordnung**, bitte.

Herr Berghofer, Herr Gysi.

Gysi (SED-PDS): Ich meine, wir wollen auch den **Humanismus** nicht ganz vergessen. Ich glaube, die Vertreterin der Regierung hat jetzt etwa 67 Fragen auf den Tisch bekommen.

Ich würde vorschlagen – das ist mein Antrag zur Geschäftsordnung –, wir machen eine Pause, geben ihr auch ein paar Minuten, einfach, um das ein bißchen zu sortieren, und hören uns dann die Antworten an. Natürlich keine lange, nur eine kurze [Pause]. Das scheint mir einfach gerechtfertigt zu sein, sonst kommt das auch so durcheinander in der Fülle, wie die Fragen hier auch verschieden an sie herangetragen worden sind.

[Zustimmung]

Lange (Moderator): Ja. Vielen Dank, das war ein Antrag zur Geschäftsordnung.

Ein weiterer – –

Frau Röth (UFV): Ja, ich möchte auch noch einen Antrag stellen, und zwar daß eine Vertreterin oder ein Vertreter des Wirtschaftsministeriums ständiger Mitarbeiter des Ausschusses für Wirtschaftsfragen wird.

Lange (Moderator): Ja. Das wäre ein Vorschlag, über den abzustimmen wäre, unabhängig – – eigentlich kein Geschäftsordnungsantrag.

Wir müssen über den Geschäftsordnungsantrag von Herrn Gysi abstimmen. Der Vorschlag ist gemacht worden, an dieser Stelle eine Pause – – Bitte schön? – Sie wollen schon dafür sein?

[Heiterkeit]

Ja, eine vorfristige Abstimmung. Wer dafür ist, daß wir jetzt eine Pause von 10 Minuten haben und dann die Erwiderung von Frau Ministerin Luft hören, den bitte ich um das Handzeichen. – Wer ist dagegen? – Wer enthält sich der Stimme?
Die Zweidrittelmehrheit ist gesichert: 10 Minuten Pause.

[Sitzungspause]

Ducke (Moderator): Meine Damen und Herren, die Gesprächsleitung hat gewechselt. Mein Name ist Karl-Heinz Ducke.
Wir haben Frau Minister Luft angehört, und es ist eine Fülle von Fragen auf dem Tisch.
Sind Sie damit einverstanden, daß wir gerechterweise zugeben müssen, daß eine wirkliche Beantwortung all der Fragen unmöglich ist und wir auch Frau Minister nicht in diese Lage bringen sollten, den Versuch zu machen. Daß wir sagen könnten, es wird ein Katalog entgegengenommen, der all dies enthält, was heute hier geäußert ist, was auch noch ergänzt werden darf – darf ich das voraussetzen? –, und die Zusicherung von seiten der Regierung erbitten, daß darüber sowohl in dem Wirtschaftsausschuß, der hier gebildet ist [gemeint: AG „Wirtschaft" des Runden Tisches], als auch in den anderen beraten wird und eine Antwort baldmöglichst, oder wenn wir uns auf einen Zeittermin [geeinigt haben], gegeben werden muß, damit eine sachliche und auch eine kompetente Antwort gegeben wird.
Aber heute möchten wir sie bitten, auch in Absprache mit den hier anwesenden Regierungsvertretern, zu den Sofortmaßnahmen, die notwendig sind, etwas zu sagen. Findet das so Ihre Zustimmung? – Denn wir haben noch, wenn Sie in den Tagesplan schauen, die dringliche, ja, Notwendigkeit, muß ich sagen, über die **Verhandlungen über die Arbeitsmöglichkeiten** zu berichten, über die ein schriftlicher **Bescheid des Ministerrates** vorliegt, den wir dann danach verteilen möchten und der also allen vorliegt. Und wir müssen uns über die **Weiterarbeit des Runden Tisches** noch verständigen.
Wären Sie einverstanden, daß wir deswegen Frau Minister Luft etwa auf eine Viertelstunde beschränken könnten, um dann noch die Zeit zu haben bis um 12.00 Uhr?
Herr Schult dazu.

Schult (NF): Ja, ich muß noch einmal fragen wegen dem Arbeitsausschuß „Wirtschaft". Also, mir würde das nicht ausreichen, wenn nur im Arbeitsausschuß getagt werden würde, sondern hier am Runden Tisch sollten kompetente Vertreter speziell aus dem Wirtschafts- und Finanzbereich regelmäßig mit anwesend sein, die hier auch Rede und Antwort stehen können.

Ducke (Moderator): Ich glaube, das gilt der Präzisierung, daß es nicht nur ein Verweisen an den Wirtschaftsausschuß ist. So habe ich das verstanden. Danke.
Hier war noch eine Rückfrage. Herr Gehrke.

Gehrke (VL): Ja, ich bin sicher damit auch einverstanden wie alle anderen, daß die Flut der Fragen nicht beantwortet werden kann. Ich meine auch, daß also das, was Sie sagten, beantwortet werden sollte.
Ich persönlich meine aber, daß wir heute hier doch etwas hören müßten in Richtung der hier gestellten Fragen. Was ist wirklich bereits in den Verhandlungen geschehen? Also, in den **Westverhandlungen**? Wie groß ist der Umfang, oder der Ihnen bekanntgewordene Umfang von Verhandlungen der Kombinatsdirektoren und so etwas, was Joint-ventures und ähnliche Dinge, Kernkraftwerke, betrifft? Daß wir dazu doch wenigstens kurz hier einige Dinge kriegen. Und ich würde auch Ihre Konzeptantwort noch einmal gerne hören.

Ducke (Moderator): Herr Gehrke, das kostet Zeit. Vielen Dank. Letzte Rückfrage dazu:
Bitte, Herr Böhme.

Böhme (SDP): Ja, ich bin der Meinung, wir unterstützen diesen Antrag.
Ich bin nicht der Meinung, daß wir heute das, was Herr Gehrke verlangt hat, leisten können bei der Zeit, die uns zur Verfügung bleibt. Ich würde das anders formulieren:
Die Fragestellung insgesamt strukturieren; am 3. Januar [1990] Frau Minister Luft noch einmal die Möglichkeit zu erteilen, etwas länger, würde ich sagen, zu referieren, [dann] darüber [zu] diskutieren und heute nur über die Sofortdinge zu reden, die vor allem zusammenhängen mit dem, was mit dem **visafreien Reiseverkehr** zusammenhängt, und andere diese wirklich vordringlichen Fragen – –
Ansonsten würden wir wirklich in die Klemme kommen, heute nur vorzudiskutieren, was nächstes Mal deutlicher werden würde.

Ducke (Moderator): Vielen Dank, Herr Böhme. Ich nehme das auch noch als eine Präzisierung und würde jetzt Frau Minister Luft das Wort erteilen.

Frau Luft (Ministerin): Ich bedanke mich.
Erstens: Ich bin voll einverstanden – wenn das auf allseitige Zustimmung stößt – mit einer **ständigen Mitarbeit** entweder meiner eigenen Person oder eines Vertreters aus meinem Bereich hier am Runden Tisch.

[Zustimmung]

Es gibt auch Zustimmung selbstverständlich, zu einer Mitarbeit meines Bereiches in dem Wirtschaftsausschuß [gemeint: AG „Wirtschaft" des Runden Tisches]. Ich darf davon informieren, daß in den letzten Tagen in die **elf Arbeitsgruppen [der Regierung]**, die wir gebildet haben zur weiteren Konzipierung und schrittweisen Einführung der Wirtschaftsreform – elf solche Arbeitsgruppen haben wir gebildet zu verschiedensten Themen – bereits **Vertreter von gesellschaftlichen Gruppen einbezogen** worden sind.
Ich weiß zum Beispiel, daß vom Neuen Forum Herr Dr. Ströbing gestern bei uns in einer Arbeitsgruppe installiert worden ist. Und wenn Sie mir Zeit geben würden, würde ich auf andere Namen kommen, die wir auch eingeladen und einbezogen haben.
Dieser Prozeß wird von uns auch fortgesetzt. Sobald wir Namen haben von kompetenten Menschen, die in diese Arbeitsgruppen passen, gibt es überhaupt keine Vorbehalte, im Gegenteil, wir haben größtes **Interesse an der sachkompetenten Mitarbeit**.

Schult (NF): Ich hatte es so verstanden, daß Herr Dr. Ströbing ohne Mandatsentwurf bei Ihnen anwesend ist.

Frau Luft (Ministerin): Nein, Herr Dr. Ströbing hat zusammen mit Herrn Strohner und noch jemandem, dessen Namen mir nicht mehr geläufig ist, unterschrieben, daß er gewählter Sprecher der Gruppe ist. Nun kann ich nicht immer nachfragen: Ist das an dem oder nicht? Da müssen die Gruppen sich dann auch einigen, nicht?

Ducke (Moderator): Herr Schult, darf ich – – Es ist zur Kenntnis genommen und das müssen Sie bitte unter sich klären.

Bitte, Frau Minister.

Frau Luft (Ministerin): Aber, ich dachte, daß ich jetzt hier das Wort habe.

Ich würde mir wünschen, für die Fortsetzung dieser Runde natürlich weiterhin sehr viele Fragen [zu bekommen]; und das ist heute voll gelungen.

Aber vielleicht kann man – – wenn man eine Frage hat, hat man doch eigentlich auch selbst immer schon den Gedanken: In welche Richtung mache ich mir Überlegungen für eine Antwort. Und diesen Grad von Konstruktivität können wir vielleicht die nächsten Male noch erhöhen. Das wäre mein Wunsch, damit wir die große Fragenliste – –

[Zustimmung]

– an der ich sehr interessiert bin und die wir sorgfältig aufarbeiten werden und wo wir Antworten geben werden. So wie das jetzt in der Pause war, einige sind gekommen und haben mir einen Zettel gegeben, und da ist schon sichtbar, da gibt es Ideen, in welche Richtung könnte man denn noch nachdenken. Das würde ich mir sehr wünschen. Also, Zustimmung zu diesem ersten großen Komplex „Wie soll es weitergehen?" Volles Einverständnis, wir suchen diesen Schulterschluß auch.

Zweitens: Wir haben einen ganzen großen Katalog von Fragen zusammengetragen, wo es einfach auch unfair wäre, wenn ich heute sagen würde, darauf habe ich eine komplette Antwort. Das wäre unfair diesem Kreis gegenüber. Hier müssen wir weiter [daran arbeiten]. Wir werden uns vorbereiten, diese sachkundige Antwort zu geben.

Ich meine, die Fragen nach dem **Strukturkonzept**, das sind wir ja dabei zu konzipieren. Wir haben die **Staatliche Plankommission** beauftragt. Wir haben in meinem Bereich parallel **einen Sachverständigenrat gebildet**, der parallel zur Arbeit der Staatlichen Plankommission auch Gedanken mit einbringt, die dann der Ministerrat dort einsteuern kann.

Auch hier sind **Vertreter verschiedener Parteien** enthalten. Ich meine hierzu auch alles, was zur Neubewertung des **Mikroelektronikkonzepts** gesagt worden ist. Ich stimme voll überein, wir haben dort soviel investiert; nun einfach in die Ecke stellen, das geht nicht. Die Frage steht, in welchem Maße, was die DDR mit ihren Kapazitäten sich auf dem Gebiet weiter vornimmt.

Aber, die viel wichtigere Frage ist, was machen wir aus dem, was wir haben, damit uns davon nichts verlorengeht. Genau an diesen Fragen wird gearbeitet. Mein Vorschlag ist, Anfang Januar [1990], oder wann auch immer die nächste Gelegenheit hier dazu ist, das, was es bei uns an Gedanken gibt, im einzelnen einzubringen.

Es gab Fragen, man kann doch ein Strukturkonzept nicht machen, ohne die Frage nach der internationalen Arbeitsteilung zu beantworten. Das ist zweifelsfrei.

Was das angeht, was in den letzten Tagen in der Presse war an „DDR macht **Sondierungsgespräche mit IWF**" und so weiter, da muß ich Ihnen auch sagen: Herr Dietze aus Genf, in der Presse stand fettgedruckt „Herr Dietze [???] macht Sondierungsgespräche beim IWF". Herr Dietze [???] hat fairerweise gleich ein Telegramm zurückgeschickt und hat gesagt, er geht öfter in das Haus, weil er dort Besprechungen zu machen hat. Das hat mit [k]einer, und schon gar nicht von der Regierung beauftragten, Aktion etwas zu tun gehabt.

Ich bitte also wirklich um Verständnis. Nicht alles, was sich manchmal in unseren Medien widerspiegelt, das ist schon regierungsamtlich.

Aber ich sage Ihnen auch sehr deutlich: Auf alle Fragen, auf die wir früher andere Antworten hatten, muß diese Regierung auch neue Antworten suchen. Das betrifft auch die Mitgliedschaft in internationalen Organisationen. Aber da, bei der Suche der Antwort, sind wir noch. Und diese Mitteilung in der Presse ist bitte so zu werten, wie ich eben gesagt habe.

Zwischenruf Böhme (SPD): Eine Art Vertragsverhandlungen.

Frau Luft (Ministerin): Bitte?

Ducke (Moderator): Herr Böhme.

Frau Luft (Ministerin): Wirtschaftsgesetzgebung: Ich habe alles notiert, was es dazu an Wünschen und Erwägungen gegeben hat. Auch hierüber schlage ich vor, Anfang Januar systematisch zu informieren. Das betrifft auch das Eigentumskonzept.

Eine öffentliche **Datenbank** – ich kann mich damit sehr anfreunden. Wir haben im Ministerrat im März 1990 auf der Tagesordnung eine Vorlage, die die Zentralverwaltung für Statistik einbringt unter dem Titel „Anforderungen an die Arbeit der Statistik im Erneuerungsprozeß", so ungefähr heißt das.

Da wird eine Reihe von Dingen, die in diesem Zusammenhang hier zur Sprache gekommen ist, sicherlich hineinfließen. Auch schriftliche Informationsmaterialien zu geben an den Runden Tisch, auch das ist eine Sache, die wir machen können.

Ich schlage vor auch, zur **Landwirtschaft**, zum Genossenschaftswesen – ich bin sehr dankbar für die Bemerkung, die hier gekommen ist –, die Landwirte, die Kuh, das Schwein, die Tiere, die bestimmen dort den Rhythmus, und da kann man nicht die Tiere im Stich lassen, so wie man das manchmal an anderen Punkten macht, und lieber eine Reise irgendwohin vorziehen. Ich glaube, unsere Landwirte verdienen eine ganz ausgesprochene, eine ganz große Hochachtung.

Und was das **Genossenschaftswesen** anbetrifft, so kann ich auch sagen, ich habe Kenntnis davon, daß es in dem einen und dem anderen Ort Wünsche gibt, **Land zu privatisieren**, wieder Bauernhöfe, private Bauernhöfe zu bilden. Das gehört zum Konzept der Regierung nicht, dieser Regierung nicht, sondern das Genossenschaftswesen, das schlagen wir vor zu erhalten und auszubauen.

Zweitens, oder drittens: Ich bin an einem Punkte mißverstanden worden. Wenn ich mich nicht deutlich genug ausgedrückt habe, dann möchte ich das jetzt tun. Von einem **Lohnstopp** habe ich nicht gesprochen. Dort, wo es Disproportionen gibt, die man abbauen muß im gesamtgesellschaftlichen Interesse und im Interesse der betreffenden Berufsgruppen, da haben wir ja in den vergangenen Wochen auch schon solche Beschlüsse gefaßt. Es geht nur darum, sich zu verständigen, daß dies nur nicht ein ununterbrochener

Prozeß sein kann, sondern **Lohnerhöhungen** müssen dann an Leistung gebunden sein.

Wir können nicht Löhne mehr erhöhen, ohne daß Leistungserhöhung dahintersteht. Und wenn Lohnstopp und **Subventionsabbau** in Zusammenhang gebracht werden, dann ist das auch etwas, was ich so nicht gesagt habe.

Ich habe gesagt, wir haben ein Konzept, das sozial verträglich ist. Und deutlicher kann ich es an diesem heutigen Tage nicht sagen. Ich kann auch den Terminplan für den Subventionsabbau hier nicht sagen. Ich habe darum um Verständnis eingangs gebeten.

Viertens, zu dem, was hier an Sofortmaßnahmen noch gewünscht wird, schlage ich vor, daß Herr Dr. Mitzinger vor allen Dingen zu dem Problem „Wie kommen wir über den Winter?", zu Energieproblemen spricht und der Verkehrsminister Scholz zu dem Transportproblem. Der Minsterrat hat einen neunzehnseitigen [Beschluß] mit Sofortmaßnahmen gefaßt.

Es würde jetzt einfach zu weit führen, wenn ich das vortrage. Aber der Wirtschaftsausschuß [gemeint: AG „Wirtschaft" des Runden Tisches] kann den zum Beispiel zur Kenntnis als Arbeitsmaterial erhalten. Ich lasse ihn gleich hier.

Lange (Moderator): Das ist dankend angenommen.

Frau Luft (Ministerin): Ja, ich könnte heute etwas sagen zu dem ganzen KoKo-Bereich, weil hier angefragt worden ist, was ist. In aller Kürze:

Alle Außenhandelsfirmen, die zu dem **Bereich Kommerzielle Koordinierung** [KoKo] gehört haben, sind eingeordnet in den, darf ich einmal sagen, den ganz normalen Außenhandel, der von Dr. [Gerhard] Beil [Minister für Außenhandel der DDR] geleitet wird. Das bedeutet im Klartext, die Intrac- [gemeint ist wohl Intrac Handelsgesellschaft mbH = staatliches Außenhandelsunternehmen] Gesellschaft ist eingeordnet in den Zuständigkeitsbereich des Ministers für Schwerindustrie – –

[Lücke in der Aufnahme]

– Zum Konzept der Regierung abschließend zu diesem Thema: Die Tage zwischen Weihnachten und Neujahr und bis zum 1. Januar [1990] und die ersten Januartage sollten wir gemeinsam Erfahrungen sammeln, wie das sich mit dem Besucherstrom vollziehen wird.

Wir müssen doch auch damit rechnen, daß die Besucher auch ein Maß haben, mit dem man sich hier bei uns bewegen muß.

Ich war vor ein paar Tagen in West-Berlin zu einem Vortrag, und dort sagte man mir: Wir haben so große Hochachtung vor den DDR-Bürgern und den Berliner Bürgern, die, nachdem wir einen Appell erlassen haben – „Laßt Eure Pkw's möglichst draußen, fahrt nicht alle mit dem Pkw hinein" – [das beherzigt haben] – das habe so gut geklappt.

Ich habe gleich gesagt, hoffentlich würde ein solcher Appell von uns bei Ihrer Seite auch auf einen solchen Zuspruch stoßen; denn Sie sind viel mehr, und Sie haben noch viel mehr Pkw's, und die sind auch noch größer und beanspruchen mehr Parkfläche.

Also, man muß hier, glaube ich, auch die nächsten Tage einfach abwarten, Symptome feststellen, und die Regierung dieses Landes ist entschlossen, dann in den ersten Januartagen auch mit der Bundesregierung erneut in Kontakt zu kommen und nächste Schritte abzustimmen und zu verhandeln.

Langfristig liegt die Lösung dieses Problems natürlich nur in der Erreichung einer **Konvertierbarkeit unserer Währung**, was vergleichbare Kostenstrukturen, vergleichbare Preisrelationen voraussetzt. Ich spreche nicht von Höhen absichtlich, denn unser **Produktivitätsabstand** ist nun nicht zu leugnen.

Der liegt, das ist auch offengelegt, in den Branchen unterschiedlich, aber im Schnitt doch bei 40, 50 Prozent. Man kann hier also sich nur an Kostenrelationen und an Kostenstrukturen annähern, nicht an die Kostenhöhen. Das werden wir in verschiedenen Branchen erreichen können, aber nicht schlagartig und auch nicht in mehreren Jahren durchgängig.

Und dieses Konvertierbarkeitskonzept, was letztlich die hauptsächliche ökonomische Maßnahme wäre, um allem, was mit Spekulationen und mit Währungsgefälle zu tun haben kann, Herr zu werden, ist Leistung in unserem Lande, ist höhere ökonomische Effektivität.

Ich bedanke mich für die Aufmerksamkeit.

[Beifall]

Lange (Moderator): Wir danken Ihnen für diese umfassende Darstellung und die vielen Informationen. Wenn ich es recht sehe, sind eine ganze Reihe von Fragen, die am vergangenen Montag hier in dieser Runde aufgebrochen worden sind, bereits erwähnt. Und ich könnte mir denken, es haben sich neue aus dem, was Sie uns gesagt haben, ergeben.

Zunächst darf ich weitere Vertreter der Regierung der DDR begrüßen: Herr Dr. Wolfgang Mitzinger, stellvertretender Minister für **Schwerindustrie**, Herr Heinrich Scholz, Ministerium für **Verkehrswesen**, und Herr Wolfgang Greß, Staatssekretär in der **Staatlichen Plankommission**. Wir begrüßen Sie am Runden Tisch herzlich.

Wir haben jetzt die Möglichkeit zu Rückfragen. Es ist meine Frage an die neu Hinzugekommen, ob Sie sich dann an entsprechender Stelle eventuell einschalten; denn im Blick auf die zeitliche Folge unseres Treffens wollte ich Sie nur informieren, daß wir bis 12.00 Uhr unsere heutige Runde abgeschlossen haben wollen, so daß ich Ihr Einverständnis erbitte, daß wir jetzt zunächst zu dem Gehörten Rückfragen stellen. Und sollte es sich einrichten lassen, würden wir Sie dann bitten, an entsprechender Stelle sich zu Wort zu melden. Vielen Dank.

Welche Anfragen liegen vor?

Herr Ullmann? Ja bitte, ich rufe jetzt der Reihe nach auf. Sie dürfen schon sprechen.

Ullmann (DJ): Frau Ministerin, ich möchte für Ihren Beitrag danken, weil Sie, ich denke, unsere Frage richtig verstanden haben. Es sind wirklich die Probleme angesprochen worden, die uns beschäftigen, die auch an unsereinen herangetragen werden, die Angstgefühle im Lande auslösen.

Nun muß ich freilich mein Bedauern darüber aussprechen, daß Demokratie Jetzt nicht unter der [Vorlage 3/2] **Presseerklärung der Gruppe „Wirtschaft"** hier steht. Das ist offenbar ein Mangel an Informationsfluß gewesen. Aber ich möchte die Erklärung mir voll inhaltlich zu eigen machen. Und das heißt nun, daß ich auch Stellung nehme zu Ihrer Kritik, die Sie geäußert haben.

Ich bekenne offen, daß ich den gedruckten Bericht noch nicht gelesen habe. Aber wenigstens den „ND"-Artikel [Artikel im „Neuen Deutschland"] habe ich gelesen. Und ich denke, die [Arbeits-]Gruppe „Wirtschaft" hat in sich eine ganze Reihe von Leuten, die das Statistische Jahrbuch kennen und vielleicht sogar den Bericht gelesen haben.

Ich meine, das Problem, um das es geht, wenn hier gesagt wird, „die Arbeitsgruppe ‚Wirtschaft' stellt sogleich fest, daß die von den Teilnehmern des Runden Tisches am 7. Dezember [1990] geforderte Offenlegung" und so weiter bisher nicht erfolgt ist, ist nun eines, von dem ich freilich auch nach Ihren dankenswerten Darlegungen den Eindruck habe, es ist noch nicht befriedigt.

Meines Erachtens liegt diese Forderung der **Offenlegung im Bereich Finanzen und Devisen.**

Sie haben wenigstens teilweise Angstgefühle angesprochen und haben uns auch informiert über Schutzmaßnahmen, die hier geplant sind. Es fehlt meines Erachtens aber immer noch eine Klarlegung darüber: Wie ist die Lage unseres Landes in dieser Hinsicht?

Und nun haben Sie auch über **Sparguthaben** gesprochen. Und sogar mit dem Unterton, daß das ein Problem darstellt. Das hören natürlich die DDR-Bürger auch, und ich denke, sie haben es jetzt gerade mitgehört.

Und sie wollen gerne wissen: Worin besteht das Problem? Haben wir zuviel gespart? Oder ist das in Wirklichkeit gar nichts mehr wert oder wie steht es damit?

Ein zweiter Punkt ist in meinen Augen eben die Frage, wie es nun mit dem Verhalten der Wirtschaft unseres Landes gegenüber dem **Auslandskapital** ist. Die Antwort, die Sie hierauf gegeben haben, befriedigt mich in zweierlei Hinsicht nicht:

Sie haben auf die Verfassung hingewiesen, von der wir ja gerade gelernt haben, wie gut man sie hat umgehen können. Und Sie haben andererseits auf die Mittel **staatlicher Eingriffe** hingewiesen. Nun sind wir, meine ich, alle hier am Tisch uns einig, daß das ja nun gerade ein Wirtschaftsstil ist, von dem wir loskommen wollen, [der des] staatlichen Dirigismus.

Also, ich denke, insofern beruhigt diese Antwort keineswegs.

Ich vermisse auch eine Antwort der Regierung, was sie zu tun gedenkt – und das hängt mit dem eben angesprochenen Problem zusammen – zum Schutze unseres Landes gegen Firmen, deren Aktivitäten in diesem Lande ja schon lange wirksam sind und die meines Erachtens nach wie vor wirksam sind. Und nach meinem Dafürhalten zum Schaden dieses Landes.

Ich habe von der Regierung noch kein Wort darüber gehört, wie sie vorzugehen gedenkt gegen **Firmen** wie die von **Günther Forgber,** die in bestimmte Aktivitäten verwickelt sind, die höchsten Schaden in unserem Lande angerichtet haben.

Ich habe auch zu meiner größten Verwunderung gesehen, daß erst in den letzten Wochen – ich wohne nun unglücklicherweise gerade in einer solchen Gegend, wo man so etwas sieht – zu diesen Firmen eine neue hinzugekommen ist, die einen durchaus schlechten Ruf hat in der Weltöffentlichkeit, nämlich **Euro-Nuklear.** Und ich frage mich: Was geschieht denn hier im Lande? Gibt es hier etwa noch weitere Aktivitäten unerlaubten **Waffenhandels** oder gar eines Handels mit spaltbarem Material? Hier bitte ich Sie um weitere Auskünfte.

Lange (Moderator): Darf ich zunächst fragen, möchten Sie direkt auf diese Anfragen antworten oder wollen wir erst einige zusammenkommen lassen? Es liegt ganz in Ihrer Entscheidung.

Frau Luft (Minsterin): Ich weiß nicht, ob es zu den Sparguthaben, zu diesen Dingen, noch Dinge gibt, dann könnte man das ja zusammenbündeln.

Lange (Moderator): Gibt es ähnliches?
Dann darf ich Sie zunächst bitten.

Brandenburg (NF): Ja, Sie haben gesagt, die Regierung ist nicht verantwortlich dafür, daß die Grenze geöffnet ist, das ist richtig. Aber die Ausfuhr von **Binnenwährung,** der Mark der DDR ist natürlich nicht erst seit Öffnung der Grenze passiert. Das Neue Forum weiß sehr wohl und sehr genau, daß also Leute mit Koffern herübergegangen sind, um Ersatzteile und Zulieferteile zu bekommen.

Sie kennen sicher die Bewegung auf unseren Sparkonten. Kann man sagen, das Geld, das im Ausland ist, ist schon zurückgeflossen? Wo ist es? Wo sind die Waren, die dafür eingekauft wurden?

Lange (Moderator): Das war jetzt noch eine zusätzliche Frage zu dem Finanzproblem. Wollen Sie gleich dazu antworten?

Frau Luft (Ministerin): Ja, zu den, zu den – –

Lange (Moderator): Auch noch dazu?
Herr Pawliczak, bitte.

Pawliczak (IFM): Ja, ich habe vielleicht ein paar grundsätzlichere Fragen. Frau Professor Luft, Sie haben sehr schön gesagt, die Regierung hat zu jeder Tageszeit aktuelle Informationen, was im Lande geschieht. Sie stimmen sicher mit mir darüber ein, daß das natürlich nur bedingt praktisch möglich ist.

Sie haben hier die Sorgen angesprochen, die sich also auf die Tätigkeiten in den Betrieben und auch von Betriebsleitungen beziehen. Mir scheint, hier sollten wir einen Konsens finden, wie wir gerade die Veränderung in den Betrieben, wo immer wieder Klagen kommen, daß sich da sehr wenig tut, unterstützen.

Das wird natürlich nicht zuletzt über die **Bildung von Betriebsräten** zu machen sein, die wirklich in der Lage sind, hier eine **demokratische Kontrolle** auszuüben. Da sind wir uns andererseits sicher einig, daß es stabile, aber auch kompetente Leitungen in den Betrieben geben muß.

Wozu Sie erneut nichts gesagt haben, vielleicht eine Bemerkung: Das ist ja sehr schön, wenn da so eine Broschüre da ist. Aber ich habe so den Eindruck, daß niemand an dem Tisch sie kennt. Andererseits hören wir, daß unsere Druckereien, der **Dietz-Verlag, Aufbau-Verlag,** nicht wissen, was sie drucken sollen. Ich habe auch im Buchhandel diese Broschüre nicht gesehen.

Sie haben erneut nichts gesagt zur **Zahlungsbilanz.** Das ist ja auch von der Volkskammer schon eingefordert worden, und mir scheint, es ist doch eine etwas seltsame Situation, wenn wir alle mit Zahlen über die Zahlungsbilanz der DDR operieren, die von der Bank für Internationalen Zahlungsverkehr herstammen.

Dafür habe ich überhaupt kein Verständnis, daß diese Zahlen noch nicht auf dem Tisch liegen, zumal sie ja auch zur Stärkung des Vertrauens in die **Liquidität der DDR** durchaus beitragen können.

Zweitens, da stimmen wir sicher überein: Es muß etwas getan werden, was die **Arbeitskräfteproblematik** angeht.

Da sind Sofortmaßnahmen notwendig, Umschulungsprogramme. Auch das ist kein neues Problem. Es hat, besonders in Berlin, immer eine gewisse Arbeitslosigkeit gegeben. Es gibt dafür keinerlei Regelung. Wobei sicher so eine **Gefahr einer großen Arbeitslosigkeit nicht besteht.**

Mit Verwunderung sehen wir aber von der Opposition, daß in einigen Organisationen und Parteien **Frührentenregelungen** eingeführt werden, währenddessen gleichzeitig ein großer Arbeitsbedarf besteht, wobei diese Frage, auch die der Arbeitszeit und so, sicher neuer Regelungen bedarf.

Sicher muß man auch unterstreichen, es kann keine Situation eintreten, und das sollten wir hier sehr deutlich sagen, daß jetzt in umgekehrter Weise nach einem **Parteibuch** beziehungsweise nach dem Nichtvorhandensein eines bestimmten Parteibuches gefragt wird, wenn es um Arbeitsplätze geht. Das können wir auf jeden Fall nicht unterstützen, dagegen müssen wir uns gemeinsam wenden.

In diesem Zusammenhang muß ich aber ansprechen, auch dazu haben Sie nichts gesagt, die, wenn ich das so sagen darf, **Altparteien** und **Altorganisationen** stellen ja auch eine beträchtliche wirtschaftliche Macht dar. Über die Tätigkeit dieser Parteien, wo es zumindest Verdacht gibt, daß sie auch gegen das Staatliche Außenhandelsmonopol verstoßen haben, ist von der Regierung bis jetzt noch nichts gesagt worden.

Und gerade auf diesem Gebiet gibt es doch erhebliche Bedenken und erhebliche Sorgen, daß da Geschäfte laufen, die gegen die Interessen der DDR gerichtet sind. Ich darf das hier so sagen, wenn man dafür verantwortlich ist, daß ein Laden pleite gegangen ist, dann haftet man natürlich auch mit seinem Vermögen.

Und diese Frage nach der **Enteignung der Altparteien** und -organisationen sollte wenigstens als Frage gestellt werden.

Letzter Punkt, das wird hier in der **[Vorlage 3/2] Presseerklärung der Arbeitsgruppe „Wirtschaft"**, der ich ja auch angehöre, angemahnt, auch dazu haben Sie nichts gesagt: Das ist ja auch eine Forderung des Runden Tisches, daß wirtschaftliche Entscheidungen, Abkommen und Gesetze vorher dem Runden Tisch vorgelegt werden.

Es ist inzwischen, wenn die Zahlen richtig sind, die Rede davon, daß **42 Gesetze**, darunter sind auch Wirtschaftsgesetze, **vorbereitet** werden.

Wir erwarten, daß diese Gesetzesentwürfe ebenso wie den Abgeordneten der Volkskammer auch uns zur Kenntnis gegeben werden, bevor sie beraten und beschlossen werden.

Lange (Moderator): Das war der Beitrag von Herrn Pawliczak von der Initiative Frieden und Menschenrechte.

Ich darf Ihnen jetzt sagen, wer sich weiter zu Wort gemeldet hat, und dann sollten wir diese Rednerliste doch erst einmal abschließen, um die Möglichkeit zur Erwiderung zu geben. Frau Töpfer, Herr Gehrke, Herr Platzeck, Herr Böhme.

Frau Töpfer vom FDGB, bitte.

Frau Töpfer (FDGB): Also, aus der Sicht der Gewerkschaften haben wir eine Anfrage, und zwar stand im grundsätzlichen Konzept der Regierung der Tenor, daß das **Volkseigentum** weiter dominant sein soll.

Nun ist unsere Frage dazu: Wie sichert die Regierung den Bestand des Volkseigentums, und welche Eigentumskonzeption für Volkseigentum wird sie verfolgen? Es ist ja bekannt, daß die jetzt vorliegende Konzeption zur **Fondsinhaberschaft** nicht befriedigend ist.

Zum Beispiel gibt es Defizite bei der Registerführung für die volkseigene Wirtschaft, daß dort Privatwirtschaft nicht erfaßt ist, weshalb die NSW [Nichtsozialistisches Wirtschaftsgebiet]-Seite das nicht anerkennt.

Also, ich finde, daß hier ein großer Komplex ungesicherter Maßnahmen [vorliegt], der dazu führen kann, daß das Volkseigentum in Zukunft bei der stärkeren Einflußnahme von nichtsozialistischen Eigentumsformen in der DDR gefährdet sein kann. Und dafür verlangen wir von der Regierung ein klares Konzept.

Ein weiteres Problem, was wir sehen, ist, daß der Gesetzgebungsplan für die Wirtschaft und für Sozialfragen hier dem Runden Tisch noch einmal zur Diskussion vorgelegt werden sollte. Insbesondere sehen wir Probleme, was das Betriebsgesetz angeht, oder die Vorschläge, die es zum Betriebsgesetz gibt.

Unseres Erachtens kann man es doch wohl nur parallel mit der Gesetzgebung zur staatlichen Wirtschaftseinflußnahme beziehungsweise -kontrolle vonstatten gehen lassen, sonst haben wir bald die gleichen Probleme wie in der SU [Sowjetunion], daß wir ein Betriebsgesetz haben, zu dem die Anschlußstücke in der staatlichen Wirtschaftslenkung fehlen.

Wir würden auch darum bitten, daß dem Runden Tisch genaueres über die **Strukturpolitik** der Regierung für die Volkswirtschaft kundgetan wird, weil das gerade aus der Sicht der Gewerkschaften ein Problem der Arbeitskräfte sein wird.

Wir würden auch Auskunft verlangen zu der Frage, was das Amt für Arbeit anbetrifft; denn es steht die Frage: Wie sollen da die finanziellen Regelungen sein? Da müßte man ja auch einmal die Gewerkschaft informieren. Das wäre erst einmal zu diesem Punkt alles.

Und dann noch eine Bemerkung zum **Streikrecht**. Also, als Gewerkschaft betonen wir, daß das Streikrecht uns zusteht, und das möchten wir auch in keinster Weise eingeengt bekommen. Es ist natürlich in der gegenwärtigen volkswirtschaftlichen Situation nicht angemessen, jetzt in verfrühte Streiks auszubrechen. Wir können uns aber nicht mit der Erklärung der Regierung einverstanden erklären, daß sie einen **Lohnstopp**, so müßte ich ja die Ausführungen auslegen, verhängt; denn es gibt ja ein gewisses unberechtigtes soziales Gefüge im Lohnbereich, das erst einmal geradegerückt werden müßte.

Und dann ist es so: Wenn hier von **Subventionsabbau** gesprochen wird und von Preisveränderungen, die damit verbunden sind, steht auch für uns die Frage der Erhaltung des Reallohns. Und dafür brauchen wir eben eine starke Gewerkschaft und nicht nur Betriebsräte, wegen Tariffragen.

So, das wäre erst einmal alles.

Frau Luft (Ministerin): Dafür ist aber nun die Regierung nicht zuständig. Darüber müßtet Ihr Euch erst selber einmal – der FDGB – bewußt werden.

[Zustimmung]

Frau Töpfer (FDGB): Das war nur mein Aufruf [**Vorlage 3/3, Aufruf FDGB: Zur Wirtschaftsreform, gegen Sozialabbau**][3], daß die anderen Oppositionsgruppen uns unterstützen und uns nicht jetzt mit – –

Frau Luft (Ministerin): Die Regierung empfindet gerade gegenwärtig ein Defizit. Wir brauchen Partner, die dort auch

---
[3] Dokument 3/2, Anlagenband.

stabil sind und mit uns in diese – – Die Ministerin für Arbeit und Löhne hat gerade gestern darauf aufmerksam gemacht, daß sie hier feste Partner braucht beim FDGB.

Das wünschen wir uns sehr.

Schramm (FDGB): Dann wäre es natürlich sehr schön, wenn wir auch durch die Regierung die Unterstützung hätten, daß unsere Gewerkschaftsorganisation an der Basis auch ordentlich arbeiten kann und unbehindert durch einige Betriebsdirektoren.

Lange (Moderator): Ja. Dürfen wir zunächst einmal die Reihe fortsetzen?

Herr Gehrke von der Vereinigten Linken.

Gehrke (VL): Ja. Bevor ich meinen eigenen Beitrag hier einbringe, möchte ich noch etwas anderes bekanntmachen.

Vorgestern trafen sich hier in Berlin verschiedene Vertreter wirtschaftswissenschaftlicher Einrichtungen aus der Hauptstadt und auch Vertreter von den verschiedenen oppositionellen Initiativen und so weiter, die also in den Wirtschafts- oder mit Wirtschaftsdingen sich beschäftigen. Sie haben unter anderem beschlossen, ein Netz zu gründen, wo also Wirtschafts-, Sozial- und ökologische Daten ausgetauscht werden, vorhandene Analysen.

Das ist nur ein Hintergrund. Aber ich möchte doch sehr hier den Gedanken, der dort formuliert wurde, formulieren im Konsens, daß es notwendig ist, den Vorschlag der SZS [Staatliche Zentralverwaltung für Statistik] aufzugreifen, der also vorgestern veröffentlicht wurde, eine **öffentliche Datenbank** einzurichten, weil wir auch feststellten – ich kann hier nur Herrn Pawliczak zustimmen –, daß bisher also von diesen Daten, die wir eigentlich erwarten, überhaupt noch nichts bekanntgeworden ist.

Und das gilt also nicht nur für die oppositionellen Gruppierungen, sondern auch für viele wirtschaftswissenschaftliche Einrichtungen. Und wir erwarten, daß analog zu vielen anderen Bereichen also auch hier ein gesellschaftlicher Beirat konstituiert wird, der es sichert, daß wirklich die Öffentlichkeit in den Besitz dieser Daten kommt. Also, das bin ich beauftragt [worden], hier zunächst zu verkünden.

Jetzt habe ich meine eigenen Fragen. Zu dem gesamten Komplex **Finanzen** und so weiter – ich hätte auch viele Detailfragen – will ich nur eins hier noch einbringen: Es wurde in der Presse veröffentlicht, daß für den Haushalt 1919, Entschuldigung, 1990, ein wahrscheinliches Defizit von 17 Milliarden zu erwarten ist. Welches Konzept verfolgt die Regierung, dieses Defizit hier zu schließen – –

[Lücke in der Aufnahme]

– Welche Bilanzpositionen erwägt sie hier im Haushalt konkret in Anspruch zu nehmen?

Das vielleicht zu dem ganzen Komplex Finanzen.

Was ich vermißt habe in Ihren Ausführungen: Sie haben etwas gesagt, daß also im April [ein] **Strukturkonzept**, Energiekonzept, ähnliches würde ich dann gleich anschließen, also Umweltkonzept sagten Sie auch, wird im April wahrscheinlich vorliegen.

Wie sieht es aus mit dem Konzept der Regierung hinsichtlich der **internationalen Arbeitsteilung?** [Das] schließt an die Frage nach dem Strukturkonzept an. Darin eingeschlossen die Frage: Welches Konzept verfolgt die Regierung hinsichtlich der **Reformierung des RGW** [Rat für Gegenseitige Wirtschaftshilfe]? Welches Konzept verfolgt sie hinsichtlich der Einbringung der DDR in die EG oder die **Annäherung an die EG** [Europäische Gemeinschaft], **IWF** [Internationaler Währungsfonds] und **Gatt** [General Agreement on Tariffs and Trade]?

Und analog an meine Vorrednerin anknüpfend, möchte ich wissen: Welches Konzept verfolgt die Regierung bei der Entwicklung von Leitung und Verwaltung, also der bisherigen **Struktur der VEB** [Volkseigene Betriebe], also das berührt die Frage Betriebsgesetz natürlich auch. Welches Konzept hat die Regierung für die Entwicklung des **Genossenschaftswesens**, und welchen Standpunkt bezieht sie auf die bekanntgewordenen Vorschläge aus der SPK [Staatliche Plankommission] hinsichtlich der Zulassung nationalen Kapitals, also nicht nur des internationalen Kapitals?

Lange (Moderator): Danke.

Herr Platzeck.

Gehrke (VL): Die Staatliche Plankommission ist gemeint.

Lange (Moderator): Herr Platzeck von der Grünen Liga.

Platzeck (GL): Ich möchte nur zwei Fragen anschließen zum **Finanzproblem,** weil das andere würde, glaube ich, jetzt zu weit führen.

Frage eins, Sie denken nach über Subventionspolitik und Preisstrukturänderungen. Ich habe vermißt, in welcher Richtung. Und ich bräuchte dazu auch ein paar Ecktermine. Das ist ein Problem, was ja nun alle tagtäglich in Frage stellen. Wird zum Beispiel die Inanspruchnahme von Naturressourcen zukünftig bei der Preisbildung von Produkten eine Rolle spielen, was ja bisher völlig vernachlässigt wurde?

Frau Luft (Ministerin): Ich habe das akustisch nicht mitbekommen.

Platzeck (GL): Also, Sie denken über Subventionspolitik und Preisstrukturänderungen nach. Ich hätte gerne gewußt, welche Eckdaten da stehen, wann wir mit Veränderungen der Preise zu rechnen haben und in welcher Richtung Sie da denken. Diese Richtung muß ja wenigstens schon klar sein. Dazu auch die Unterfrage Berücksichtigung der Inanspruchnahme von Naturressourcen.

Und zweitens, sind Zahlen bekannt, in welcher Höhe die **Altparteien Mittel aus dem Staatshaushalt** in den vergangenen Jahren in Anspruch genommen haben? Es gab ja neulich die Zeitungsmeldung in der „Berliner Zeitung" zur CDU speziell. Ich nehme an, daß das alle anderen vier Parteien auch betrifft.

Lange (Moderator): Herr Böhme, Sozialdemokratische Partei.

Böhme (SDP): Verehrte Frau Ministerin, ich möchte mich dem Dank von Herrn Dr. Ullmann anschließen, daß Sie zu uns gekommen sind und uns in einer knappen Zeit einige grundsätzliche Sachen vorgetragen haben, die zur **Offenlegung der Wirtschaftssituation,** der Finanz- und Devisensituation erst ein Anfang sein können. Und ich kann mir vorstellen, daß es eine ganze Reihe von Fragen gibt, die wahrscheinlich erst noch strukturiert werden müßten, und daß diese Runde dann fortgesetzt werden würde. Also, dazu erst einmal vielen Dank.

Ich habe zu allem, was hier schon gesagt wurde, eine weitere Frage. Ich habe hier ein Dokument. Ich hoffe, es ist noch ein Entwurf, obwohl sehr viele kluge Gedanken drin sind:

4-Punkte-Programm zur Verbesserung der Energiesituation

GRÜNE PARTEI
GRÜNE LIGA
3.1.1990

Die Energiesituation der DDR ist höchst angespannt. Die gestützten Energiepreise haben die DDR zum größten Energieverschwender Europas werden lassen. Nutzt man die Energieträger mit höherem Wirkungsgrad, lassen sich in der DDR über 50% an Energie bei gleicher Leistung einsparen. Stromimporte und der kosten- und energieintensive Ausbau von Kernkraftwerken werden überflüssig.
Zur Realisierung schlagen wir ein 4-Punkte-Programm vor:

1. Es ist eine mediengestützte, sofort beginnende und umfassende Energiesparberatung in allen Bereichen von Wirtschaft und Gesellschaft durchzuführen. Die kritische Situation in Wirtschaft, Umwelt und Gesundheit ist für jeden Verbraucher offenzulegen. Alle Energieeinsparmöglichkeiten sind anzubieten, eine Wichtung ist vorzunehmen.
Allein durch energiebewußtes Verhalten (ohne Technik-Einsatz) sind bereits 10 % in den Haushalten einzusparen (siehe Brundtland-Bericht)

2. Neben dem Energiebewußtsein sind schnellstmöglich die Energiepreise zu verändern, beginnend mit den Preisen für Elektroenergie. In kaum einem Industrieland wird Energie so billig verschleudert wie in der DDR. (KWh Elektroenergie in der BRD = 30 Pfg; in Japan 40 Pfg.) Die wahren Herstellungskosten liegen auch in der DDR in dieser Größenordnung - ohne Einberechnung der Umweltschäden.
Wir fordern eine Zurücknahme der Stützungen für alle Energieanwender, die sofortige Einführung realer Strompreise sowie den finanziellen Ausgleich der durchschnittlichen Mehrkosten für alle Bürger. Energiesparen wird somit finanziell belohnt.

3. Es sind private und genossenschaftliche Unternehmen zur Umsetzung von Energiesparmaßnahmen zu gründen und steuerlich zu begünstigen. Die größten Einsparbeträge liegen in der Wärmedämmung von Gebäuden und Kühlgeräten. Der dafür notwendige energetische Aufwand amortisiert sich schon innerhalb eines Jahres. Reale Energiepreise werden zu einer großen Nachfrage derartiger Dienstleistungen führen.

4. Nicht nur bei Energie an sich, auch bei energieintensiven Erzeugnissen wie Zement, Stahl, Fleisch und Brot müssen sich im Preis die wahren Aufwendungen widerspiegeln. Nur auf diesem Wege lassen sich Mißbrauch, Verschwendung und Ausverkauf durch offene Grenzen beschränken. Ein sozialer Ausgleich durch Umverteilung der Staatsausgaben ist möglich.
Beispiel: Nahezu die Hälfte der Brotmenge dient in der DDR nicht ihrem Verwendungszweck. Brot landet im Müll und in der Futterkrippe. (Pro-Kopf-Brotverbrauch liegt auf dem Lande mehr als doppelt so hoch wie in Berlin). Brot statt Getreide als Futter für Schweine erfordert einen Mehrverbrauch von etwa 600 000 t Kohle jährlich. Dieser Betrag kann sofort eingespart werden, wenn sich das Verfüttern von Brot nicht mehr lohnt und statt dessen Getreide eingesetzt wird.

Die Energieeinsparmöglichkeiten in der DDR sind unvorstellbar groß. Sie können nur erschlossen werden, wenn die Preise endlich den ökonomischen und ökologischen Aufwendungen entsprechen.

„Abkommen zwischen der Regierung der Bundesrepublik Deutschland und der Regierung der Deutschen Demokratischen Republik über regionale Zusammenarbeit"[4].

Ich hätte gern gewußt, was für ökonomische Konsequenzen sich daraus ergeben, ob dieses Abkommen in den Verhandlungen zwischen Herrn Modrow und Herrn Kohl schon konkretere Konturen angenommen hat und wie beispielsweise die Zuordnung von regionaler Verantwortung beiderseits zustande gekommen ist.

Lange (Moderator): Danke.
Herr Jordan von der Grünen Partei.

Jordan (GP): Ich möchte gerne wissen, wie hoch die tatsächliche Staatsverschuldung durch den Bau von Atomkraftwerken ist. Insbesondere durch die enorm lange Bauzeit für Stendal von 16 Jahren dürften dort enorme Kredite schon ausgegeben sein, und wir als Grüne sind auch hier in der DDR für einen generellen Ausstieg aus der Atomkraft [vgl. **Vorlage 3/4, Grüne Partei: Zur Energiewirtschaft: 4-Punkte-Programm zur Verbesserung der Energiesituation**[5]].

Lange (Moderator): Frau Dörfler.

Frau Dörfler (GP): Ich möchte auch gleich noch eine Frage anschließen. Sie haben hier die Hauptprobleme der jetzigen Zeit genannt, und uns ist bekannt, daß die Energiewirtschaft vor großen Problemen steht. Und uns interessiert, welche Maßnahmen die Regierung sieht, um den kommenden Winter zu bewältigen.

Lange (Moderator): Herr Klein, Vereinigte Linke.

Klein (VL): Ich habe zwei zusätzliche Fragen, anschließend an bisher schon Gefragtes. Zunächst hätten wir gern gewußt, welchen Inhalts die Gespräche bei Haussmann in Zusammenhang mit den Kooperationsabkommen sind; zweitens, in welchem Umfang Gespräche oder auch schon Verhandlungen über Joint-ventures stattfinden, und welche Strukturen hier betroffen sind.

Und anschließend an die letzte Frage: Wie ist der Verhandlungsstand zur Frage des **Baus von Kernkraftwerken**, insbesondere die Angebote, von denen es heißt, daß sie insbesondere aus Frankreich kommen?

Lange (Moderator): Ja. Darf ich, bevor – – Entschuldigung, waren Sie fertig?

Klein (VL): Gut, ich will es erst einmal im wesentlichen dabei belassen.

Lange (Moderator): Danke.
Darf ich, bevor ich die anderen aufrufe, Sie lediglich darauf hinweisen, daß wir die Hälfte unserer Sitzungszeit überschritten haben und wir schon freundlich darauf hingewiesen worden sind, daß es auch angesichts der Blickrichtung auf Weihnachten gut wäre, eine kurze Pause zu haben; daß wir aber die Fülle der Anfragen dann ja auch erst noch, bitte, beantwortet haben möchten.

Ich habe jetzt notiert Herrn Berghofer, SED-PDS, bitte.

---

[4] Dieses Dokument war nicht auffindbar.
[5] Diese Vorlage wurde hier nicht zuletzt deshalb vom Herausgeber als Faksimile einbezogen, weil sie ein typisches Dokument der Anfangszeit des Runden Tisches ist.

Berghofer (SED-PDS): Ja. Zunächst, denke ich, gibt es in dieser Runde Übereinstimmung, daß die Wirtschaftsfragen natürlich die Schlüsselfragen sind für die Reformierung oder Erneuerung aller politischen Probleme, die uns bewegt. Deshalb gehe ich davon aus und verbinde die erste Frage damit, daß wir uns in den nächsten Runden Tischen immer wieder zu Wirtschaftsfragen verständigen müssen.

Ich würde also vorschlagen, daß aus unserer Runde ein **Fragenkatalog** entsteht, der Frau Luft übergeben wird, damit wir uns nicht jedes Mal mit einer endlosen Fülle von Fragen dann in Oberflächlichkeiten verlieren und sie oder der von ihr Beauftragte die Chance hat, tiefgründiger darauf einzugehen.

Zweitens, ich würde vorschlagen oder fragen: Wäre es denkbar, diese heute begonnene Information fortlaufend in die ständige Tagesordnung des Runden Tisches aufzunehmen. Das könnte ja immer die Symbiose sein aus dem Bericht der Arbeitsgruppe [„Wirtschaft" des Runden Tisches] und der aktuellen Information durch die Regierung. Im übrigen hätte die Regierung dabei die Gelegenheit, aus dem Fenster zu reden, denn es hören uns ja viele zu. Es würde sicher zur **Stabilisierung und Beruhigung** beitragen. Die meiste Angst entsteht gegenwärtig aus Unkenntnis oder Unwissenheit um die Probleme.

Konkrete Fragen: Welche **Zeitachse der Gesetzgebung** hat die Regierung geplant? Und vielleicht an Herrn Maleuda, wenn er wieder hier sitzt, die Frage: Und was hat die Volkskammer an Zeitachse geplant? Daraus könnte sich für uns die Zeitachse der Arbeit hier ableiten.

Drittens oder viertens, wäre es zweckmäßig oder möglich, kurze schriftliche **statistische Angaben** zu Zahlen an die Mitglieder des Runden Tisches zu übergeben? Dann hätte man einen soliden Ausgangspunkt, sich auf Fragen vorzubereiten. Wobei ich akzeptiere, daß man nicht alles sagen kann, was am Ende wirtschaftliche Schäden nach sich zieht. Wir reden ja nicht nur aus dem Fenster in die DDR, sondern über die Landesgrenzen hinaus.

Fünftens, welchen Zeitplan gibt es für die Schaffung der Rechtsgrundlagen für kooperative **Wirtschaftsbeziehungen mit Westeuropa**? Weil meine Erkenntnis und Sorge ganz einfach dahin läuft, daß sich jetzt viele auf den Weg gemacht haben von den Betrieben und Kombinaten und sich ihre eigene Gesetzgebungschronologie geben.

Vorletzte Frage, an die Gewerkschaft angeknüpft: **Wirtschaftsdemokratie** aus der Sicht der Regierung? Das kann man heute nicht beantworten, könnte ein gesondertes Kapitel des Runden Tisches sein, weil im Moment Wirtschaftsdemokratie anarchistisch beginnt, sich durchzusetzen. Und da haben wir natürlich am Ende alle nichts davon. Ein Betrieb muß geleitet werden. Ob der Betriebsdirektor gewählt wurde, eingesetzt oder berufen wurde, ist für mich erst einmal sekundär. Entscheidend ist das Ergebnis, das am Ende auf dem Tisch liegt für uns alle.

Und letzte Frage: Welche Entscheidungen bleiben offen, die die Regierung vor dem **6. Mai** [1990, geplanter Termin für die ersten freien Wahlen in der DDR] nicht in Angriff nehmen will? Weil sie zu umfangreich sind, oder weil sie getragen werden müssen von einer neuen Verfassung oder von einem neuen Parlament. Auch das wäre wichtig, damit wir nicht immer Fragen aufwerfen, die vielleicht gegenstandslos sind.

Ende.

Gysi (SED-PDS): Eine Ergänzung, bitte.

Lange (Moderator): Herr Gysi.

Gysi (SED-PDS): Zu dieser Frage der **Betriebsdemokratie**: Ich würde größten Wert darauf legen, eine Auskunft zu erhalten, ob in zeitlicher Abstimmung miteinander die Frage der Kooperation im Rahmen der internationalen Arbeitsteilung mit westlichen Ländern und die Frage der Betriebsräte und der starken **Gewerkschaften** in den Betrieben geregelt wird, weil ich der Meinung bin, daß das unmöglich ist, daß wir erst mit Kooperationen beginnen und erst danach die Demokratie im Betrieb einführen. Ich sage es einmal so. Sondern das muß genau umgekehrt, zumindest aber zeitgleich erfolgen; eigentlich umgekehrt, damit die **Betriebsräte** nämlich schon an diesen Fragen der Kooperation mitwirken und mitentscheiden können, und nicht, daß sie vor vollendete Tatsachen gestellt werden – –

[Lücke in der Aufnahme]

Frau Luft (Ministerin): Und da am 31. Dezember die doppelte Unterstellung endet, hätte also ab 1. Januar auch Herr Dr. Singhuber für diese **Intrac** [Intrac Handelsgesellschaft mbH] die Aufsichtspflicht. Die **IMES GmbH Waffenhandelsgesellschaft** ist aufgelöst, ersatzlos. Die Baufirma, die diesem Bereich angehörte, wird dem Bauministerium, dem Bauminister zugeordnet. Und so könnte ich jetzt die Palette abarbeiten. Das ist also schon vor 14 Tagen beschlossen worden und wird so umgesetzt.

Ich könnte selbstverständlich heute vieles sagen zu dem **Arbeitsplatzproblem**, Arbeitsplatzsicherung. Ein Programm, wo Plätze frei sind, haben wir. Wo neue Menschen, wo Menschen gebraucht werden an Plätzen, dazu sind wir dabei. Das Programm wird täglich komplettiert. Aber der Grundstock dafür ist vorhanden. Ich darf an dieser Stelle auch einmal sagen, daß wir die Restriktion, die es gegeben hat, daß man annoncieren kann in der Presse, aufgehoben haben. Es können Betriebe Annoncen aufgeben, was sie suchen. Und es können auch Menschen Annoncen [aufgeben], daß sie suchen. Diese Restriktion ist auch aufgehoben. Arbeitsämter, jawohl. Es geht nicht nur darum, daß die Arbeitsämter vielleicht auch quantitativ verstärkt werden müssen. Es geht mir persönlich darum, daß in den **Arbeitsämtern** zum Beispiel auch Psychologen tätig werden. Daß dort auch Soziologen tätig werden, weil es geht eben nicht mehr, dies zu machen mit [der] Hinüberreichung eines Blatt Papiers und man bekommt einen Termin, wann man wieder vorsprechen kann. Sondern hier geht es um sehr sensible Beratungsprobleme, um doch menschliche Sorgen, die auch entsprechend behandelt werden müssen. Um diese Seite kümmert sich die Regierung.

Vielen Dank erst einmal soweit und Anfang Januar [1990] bin [ich] dann gerne bereit, zu vielen der hier aufgeworfenen Fragen weiter Stellung zu nehmen.

Ducke (Moderator): Danke, Frau Minister, für diese Ausführungen zu den Konzepten. Könnten wir uns jetzt schon vielleicht auf den Termin einigen? Ist der 3. Januar [1990] für Sie zu früh oder nehmen wir den nächsten, den 8. Januar? Damit wir dann nicht noch wieder eine Diskussion haben oder Übermittlungsfehler.

Frau Luft (Ministerin): Ja, ja.

Ducke (Moderator): Würden wir heute festhalten, daß Montag, den 8. Januar, wir – –

Zwischenrufe: Nein!

Ducke (Moderator): Bitte?

Zwischenrufe: Wir hatten diese Wirtschaftsfragen für den 3. Januar vorgesehen. – Ganztägig.

Ducke (Moderator): Ach so, danke. Das war schon ein Beschluß, nicht? Oder ist es – –

Ziegler (Co-Moderator): Das konnten wir ja noch gar nicht.

Ducke (Moderator): Das konnten wir noch gar nicht. Frau Minister, wäre es Ihnen möglich zum 3. Januar [1990], weil jetzt der Wirtschaftsausschuß [gemeint: AG „Wirtschaft" des Runden Tisches] sich da schon – –

Frau Luft (Ministerin): Am 3. Januar. Was ist das für ein Tag?

Ducke (Moderator): Das ist Mittwoch, der 3. Januar, daß wir da ganztägig über die Wirtschaftsfragen sprechen können. So war ein Vorschlag.

Luft (Ministerin): Ja, ganztägig, das wird wohl nicht gehen.

Ducke (Moderator): Vielen Dank. Jetzt dürfen wir Herrn Mitzinger an den Tisch bitten, stellvertretender Minister für Wirtschaft, zu den Sofortmaßnahmen [zu sprechen]. Also, wir hatten uns einmal geeinigt [auf die Überschrift]: „Wie kommen wir über den Winter?"

Bitte.

TOP 4: Anhörung von Regierungsvertretern zu Wirtschaftsfragen, Sofortmaßnahmen und Finanzproblemen: Anhörung des stellvertretenden Ministers für Schwerindustrie, Wolfgang Mitzinger

Mitzinger (Stellv. Minister für Schwerindustrie): Stellvertretender Minister für Schwerindustrie. Meine Damen und Herren, die erste Aufgabe für uns, für die Berg[werk]- und Energieanbieter unseres Landes besteht darin, die **Versorgung mit Energieträgern**, das heißt konkret, mit Kohle, Elektroenergie, Gas und Wärme täglich zu sichern. Was nicht passieren darf ist, daß uns das Licht ausgeht. Und physikalisch ist bedingt, daß praktisch diese Leistung, die benötigt wird, ständig auch zur Verfügung stehen muß.

Dazu ist ein täglicher komplizierter Kampf und eine sehr angestrengte Arbeit im Bereich der **Kohle- und Energiewirtschaft** erforderlich, um beispielsweise täglich 850 000 Tonnen Rohkohle zu fördern, die benötigt werden, oder 18 000 bis 20 000 Megawatt Elektroenergie am Netz zu haben, um jederzeit die Versorgung zu gewährleisten, beziehungsweise 26 Millionen Kubikmeter Gas zu erzeugen. Besonders in den Tagebauen ist unter den Witterungsbedingungen durch die Kumpels eine angestrengte Arbeit erforderlich.

Und hier werden wir auch von Kräften der bewaffneten Organe und auch von Kräften aus den Bezirken unterstützt.

Die Würdigung dieser schweren Arbeit verstehen wir auch darin, indem der Ministerpräsident, Herr Modrow, in dieser Woche die Kumpels und die Kraftwerker besucht hat. Und ich habe auch von dieser Stelle aus die dringende Bitte an alle Bereiche, vor allem an die Zulieferindustrie, daß gerade unter den Bedingungen des Winters die **Ersatzteilversorgung** für die Hilfsgerätetechnik, überhaupt die Hilfsgerätetechnik und die Transporttechnik, von den Zulieferkombinaten entsprechend bereitgestellt werden, weil natürlich täglich die Menschen, insbesondere unsere Kumpels, bei Straßenlängen in den Tagebauen von 3 bis 5 Kilometern an die Geräte gebracht werden müssen.

Unsere **Versorgungskonzeption für das erste Quartal 1990** geht davon aus, daß wir Schritte machen wollen und machen werden, umweltorientierter, vor allen in den Kohleveredelungsanlagen, was den Rückschluß dann auf die Kohleförderung hat, zu arbeiten. So geht unsere Versorgungskonzeption davon aus, bereits im ersten Quartal mehr Heizöl, mehr Gas und mehr Steinkohle einzusetzen und damit auch die Rohkohleförderung zu entlasten. Ich muß allerdings genauso offen sagen, eine kurzfristige Veränderung, um größere Mengen, beispielsweise auch Steinkohle einzusetzen, ist nicht möglich; denn wenn ein Kraftwerk auf Rohbraunkohle ausgelegt ist, dann ist es von der Feuerungstechnik her nicht möglich, das kurzfristig auf Steinkohle umzustellen.

Dieses Problem unserer Arbeit besteht darin, so möchte ich sagen, daß das bisherige Energiekonzept, was auf die Nutzung der eigenen Ressourcen, das heißt vorwiegend der eigenen Rohbraunkohle ausgelegt ist, aufgrund der hohen ökologischen Belastung von der Gesellschaft nicht getragen wird und wir jetzt mit dem neuen **Energiekonzept** daran arbeiten, und wie Herr Modrow gesagt hat, wollen wir im Januar [1990] dazu **Thesen** vorlegen und mit einem breiten Kreis beraten, wir meinen Thesen deshalb, weil man sich über die Arbeitsansätze verständigen muß. Die Auffassungen sind ja kontrovers. Ob man beispielsweise ohne Kohle auskommt oder mit bedeutend weniger Kohle, ob mit Kernenergie oder ohne Kernenergie und mit wieviel Gaseinsatz, mit wieviel Öleinsatz, so kann man ja an die Primärenergiebilanzen herangehen.

Am Ende muß ja die Primärenergiebilanz und die Gebrauchsenergiebilanz des Landes geschlossen werden, um die Versorgung zu gewährleisten. Dabei gehe ich immer davon aus, daß höchste Maßstäbe an eine rationelle Energieanwendung auch durch strukturpolitische Entscheidungen und so weiter gemacht werden müssen. Das ist mit zugrunde gelegt.

Das heißt also, wir müssen für das erste Quartal diese Kohlemengen, diese Briketts und Elektroenergie und Gasmengen bereitstellen, um die Versorgung zu gewährleisten. Das ist unsere Aufgabe und dafür ist die tägliche Arbeit zu organisieren.

Ducke (Moderator): Vielen Dank. Dürfen wir noch Herrn Scholz, Minister für Verkehrswesen, an den Tisch bitten, weil ja auch dieses Über-den-Winter-Kommen etwas damit zu tun hat, mit dem Transportwesen. Er hat sich auf eine Antwort noch mit vorbereitet. Herr Berghofer dazwischen.

Berghofer (SED-PDS): Wäre es denkbar, daß wir die angekündigten Thesen hier in dieser Runde dann genauso erhalten und in den Diskussionskreis einbezogen werden können?

Ducke (Moderator): Darf ich diese Rückfrage gleich weitergeben, Herr Dr. Mitzinger?

Mitzinger (Stell. Minister für Schwerindustrie): Es ist sicher nicht nur eine Aufgabe unseres Ministeriums, aber wir werden federführen, daß federführenderhand – – Von unserer Seite steht das natürlich offen, denn wir wollen das mit einem großen Kreis von Wissenschaftlern, Experten und so weiter beraten. Und selbstverständlich wäre es zweckmäßig, das am Runden Tisch zu beraten.

Ducke (Moderator): Ich nehme das dazu an. Das Wort hat Herr Scholz. Ist es ein **Geschäftsordnungsantrag**?
Bitte, ein Geschäftsordnung[santrag].

N. N.: Ja, ein Geschäftsordnungsantrag. Ich beantrage im Hinblick auf das gerade Gehörte und in der Befürchtung, daß das vielleicht so weitergeht: Wir wollen nicht hören, was gemacht werden muß, das wissen wir vielleicht auch, obwohl das auch wichtig [ist], das zu betonen, sondern wo die Probleme liegen – –

Ducke (Moderator): Darf ich darauf aufmerksam machen, es ist nicht zur Geschäftsordnung, sondern ein Sachantrag.
Ich bitte [um] das Wort, Herr Scholz.

TOP 5: Anhörung von Regierungsvertretern zu Wirtschaftsfragen, Sofortmaßnahmen und Finanzproblemen: Anhörung des Ministers für Verkehrswesen, Heinrich Scholz

Scholz (Minister für Verkehrswesen): Meine Damen und Herren, ich freue mich, zu den aktuellen Aufgaben des Verkehrswesens hier sprechen zu können. Konfrontieren uns doch die aus dem Reiseverkehr unserer Bürger ergebenden neuen Aufgaben in einer Größenordnung, daß bisheriges auch am Leistungsvermögen des Verkehrswesens damit in Übereinstimmung zu bringen ist. Ich möchte vor allem hier hervorheben, daß uns der **Reiseverkehr mit diesen neuen Relationen** vor große Aufgaben gestellt hat und die Arbeitsteilung und die Struktur unserer Leistung im Sinne Reiseverkehr, Güterverkehr in neue Proportionen gestellt worden ist.

Wir haben gegenwärtig etwa 120 Grenzübergangsstellen für unsere Bürger in Betrieb, und ich möchte hier hinzufügen, daß natürlich mit dem 24. Dezember [1989] mit der Aufnahme des visafreien Verkehrs von Bürgern der BRD und West-Berlin neue Anforderungen auf das Verkehrswesen zukommen. Wir haben im Zusammenhang mit dieser neuen Aufgabenstellung durch das Zusammenwirken aller Volkswirtschaftsbereiche unter der Leitung einer **Regierungskommission**, der ich vorstehe, in den vergangen Wochen gezielt daran gearbeitet, unsere Volkswirtschaft mit den notwendigen Rohstoffen, mit den notwendigen Gütern so zu versorgen, daß eine kontinuierliche Produktion in allen Bereichen gewährleistet werden konnte.

Das ist uns nur gelungen, indem wir alle gesellschaftlichen Ressourcen in diesen Prozeß einbezogen haben, um die Eisenbahn in gebotenem Maße zu entlasten. Ich kann hier nochmals darüber informieren, daß wir weit über 700 Lkw der Nationalen Volksarmee und weitere Lkw der Westgruppe der Streitkräfte der Sowjetischen Armee im Einsatz hatten, um über den Straßenverkehr die notwendige **Entlastung der Eisenbahn** herbeizuführen.

Das ist uns soweit gelungen, daß wir heute morgen in der Sitzung der Regierungskommission konstatieren konnten, daß wir über die Feiertage vorbereitet sind; daß die Aufgaben, die wir in der Versorgung der Wirtschaft vor allen Dingen in dem notwendigen Bestandsaufbau für wichtige Güter durchzuführen haben [und] daß wir die nächsten Tage nutzen müssen, um diesen Bestandsaufbau hier voranzubringen. Traf uns doch die Reisewelle vor allem zu einem solchen Zeitpunkt, wo normalerweise die **Gütertransportleistungen** einen Vorrang haben im Sinne der Bevorratung unserer Volkswirtschaft.

Das gilt es nun, in diesen Tagen gezielt nachzuholen, und wir haben für die Feiertagsarbeit mit allen Wirtschaftsbereichen, die Massengüter zu transportieren haben oder zu versenden haben, entsprechende Programme ausgearbeitet.

Und ich möchte von dieser Stelle den Appell an die Bereiche der Volkswirtschaft, an die Betriebe und Kombinate richten, auch über diese Feiertage die erforderlichen Transport- und Umschlagsleistungen personell abzusichern, daß unser Leistungsvermögen mit dem Gebot, das zu transportieren, auch in Übereinstimmung gebracht werden kann.

Ich möchte hinzufügen, daß wir natürlich die **Versorgung unserer Bevölkerung** auch über die Feiertage, hier insbesondere auch die großen Anforderungen, die im Gaststättenwesen und in anderen Handelseinrichtungen aus diesem Reiseverkehr erwachsen, entsprechend absichern werden. Dazu ist Vorsorge getroffen, und ich werde hier sicherlich in Übereinstimmung mit dem Ministerium für Handel und Versorgung feststellen können, daß dort viele, viele Bereiche der Volkswirtschaft mit einbezogen sind.

Was steht uns beim Reiseverkehr in diesen Tagen bevor? Wir haben in der Zeit vom **15. Dezember bis 31. Dezember [1989]**, also diese Periode des besonderen **Reiseverkehrs zu den Feiertagen,** natürlich ein Angebot im Eisenbahnverkehr zu gewährleisten, das mehr als das Doppelte des Normalen beträgt. Wir haben im Kursbuchangebot, also in unseren Planleistungen, nach der BRD allein 1 282 Züge im Kursbuch stehen. Ich kann ja darüber informieren, daß wir weitere 1 500 Züge mit der BRD vereinbart haben, um diesen gewachsenen Anforderungen Rechnung zu tragen.

Das muß natürlich im gebotenen Maße, abgestimmt auch durch unsere Bürger, angenommen werden, daß diese Ausweichrelationen und diese Vor- und Nachzüge entsprechend genutzt werden, daß wir die Ballung auf den Bahnhöfen ja in einem Maße halten können, daß der Bürger also merkt, es sind Feiertage und der Reiseverkehr vollzieht sich in diesem Sinne.

Ich muß natürlich sagen, daß diese Leistungen nur möglich sind, wenn unsere Eisenbahner, unsere Kraftfahrer und die anderen Werktätigen im Verkehrswesen so, wie sie in den vergangen Wochen mit hohem Einsatz diese Leistungen abgesichert haben, auch an diesen Tagen, wo viele Bürger arbeitsfrei haben, sozusagen das Fest feiern, arbeiten und damit die Voraussetzung schaffen, daß die Gesamtgesellschaft diesen Leistungen entsprechend bedient werden kann.

Ich bedanke mich für die Möglichkeit, hier dazu gesprochen zu haben.

Ducke (Moderator): Danke, Herr Minister. Es gibt sicherlich noch eine Fülle von Rückfragen zu diesen jetzt eben genannten Maßnahmen. Aber ich fühle mich verpflichtet – wir haben es 11.45 Uhr, wir haben noch zwei Tagesordnungspunkte, die unbedingt zu behandeln sind –, daß wir diese Rückfragen auf den 3. Januar [1990] vertagen müssen, wo die Wirtschaft [auf der Tagesordnung] steht. Dies ist mein ganz konkreter Vorschlag. Ich bitte dafür um Verständnis. Es wäre auch eine Überforderung.

Hier ist noch ein Geschäftsordnungsantrag. Bitte schön.

Frau N. N.: Ich stelle den Antrag, daß wir das Ganze hier jetzt beenden. Einfach, weil wir glauben, daß diese Sache einfach genügt für Zeitungsmeldungen, Entlastungsverkehr zu den Feiertagen, das ist hier verkehrt am Runden Tisch.

Ducke (Moderator): Danke. Dann möchte ich an dieser Stelle herzlich danken Frau Minister Luft und ihren anderen Kollegen aus der Regierung für die Möglichkeit, hier Informationen zu erhalten und daß Sie Ihre Bereitschaft erklärt haben zu dieser ständigen Mitarbeit am Runden Tisch. Wir möchten Ihre Zeit nicht überstrapazieren. Wir haben noch zwei Tagesordnungspunkte. Es sei mir erlaubt, Sie an dieser Stelle zu verabschieden und Ihnen gute Feiertage zu wünschen.

Frau Luft (Ministerin): Danke.

[Beifall]

Ducke (Moderator): Ich rufe auf den **Tagesordnungspunkt 3:** „Bericht über die Verhandlungen zu den Arbeitsmöglichkeiten vom 21. [Dezember 1989]". Wir haben dazu gebeten Herrn Dr. Hegewald vom Sekretariat des Ministerrates. Er hat uns den Beschluß des Ministerrates schriftlich mitgebracht.

Darf ich bitten, daß wir ihn sofort austeilen und in der Zwischenzeit vielleicht, Herr Dr. Hegewald, daß Sie ganz kurz erläutern, worum es da geht. Bitte schön.

TOP 6: Bericht über die Verhandlungen zu den Arbeitsmöglichkeiten des Runden Tisches vom 21. Dezember 1989

Hegewald (Leiter der Abteilung „Recht" des Sekretariats des Ministerrats): Meine Damen und Herren, es gab berechtigte Kritik des Runden Tisches an der Arbeitsweise des Sekretariats des Ministerrates, [insbesondere] was unsere Unterstützung zur Arbeit, vor allen Dingen der neuen Parteien und Gruppen, betraf, um sie arbeitsfähig zu machen und auf einigen Gebieten der Finanzen und der materiell-technischen Versorgung Unterstützung zu geben.

Wir haben in den letzten Tagen an diesen Fragen gearbeitet. Das Arbeitsergebnis liegt vor. Es ist auch so, daß das mit den Beauftragten der Parteien und Gruppen durchgearbeitet worden ist gestern vormittag. Und gestern nachmittag hat dann der Ministerrat dazu den entsprechenden **[Vorlage 3/5, Information des Ministerrats] Beschluß zur Unterstüt-**

zung der Arbeit des Runden Tisches gefaßt, der jetzt gerade Ihnen ausgeteilt wird.

Es sind dort vor allen Dingen die Fragen der weiteren Arbeit, wo der Runde Tisch in Zukunft seine Arbeit aufnehmen könnte, weiterführen könnte, und zwar ist das das ehemalige **Kanzleigebäude des Ersten Präsidenten der DDR in Niederschönhausen.** Und alle weiteren Fragen, die hier angesprochen sind zur Freistellung von der beruflichen Tätigkeit, ich möchte sagen, entsprechend auch dem Forderungskatalog, den wir als berechtigte Wünsche natürlich für die Arbeit betrachtet haben, den uns Frau Poppe unterbreitet hat, haben wir versucht, in diesem Sinne abzuarbeiten und Ihnen die Sachen jetzt als Arbeitsergebnis vorzulegen. Gestern hat es dazu, so möchte ich doch sagen, die Zustimmung der beteiligten Parteien und Gruppen gegeben. Die anderen Fragen, das steckt den Rahmen ab, die anderen Fragen müssen dann in der weiteren Zusammenarbeit ganz einfach durchgesetzt werden.

Soweit erst einmal ein paar kurze Bemerkungen.

Ducke (Moderator): Danke, Herr Hegewald.

Gestern fand, wie schon eben gesagt, ein **Gespräch mit allen Vertretern der Parteien und politischen Gruppierungen im Haus des Ministerrates** statt. Da wurde dieser Vorschlag, der Ihnen nun als Beschluß des Ministerrates vorliegt, diskutiert. Ich möchte deswegen Frau Poppe, die ja auch wesentlich an der Vorbereitung beteiligt gewesen ist, in anmeldender Forderung fragen, ob wir dies für heute so stehenlassen könnten und die Detailfragen, die sich sicherlich ergeben, auch für die einzelnen politischen Parteien und Gruppierungen unterschiedlich ergeben, daß wir dies dann sammeln und vielleicht in einem Ausschuß bearbeiten lassen, um es noch einmal zurückzugeben.

An dieser Stelle sei noch einmal erwähnt, daß Herr Dr. Hegewald als Kontaktmann zum Ministerrat zur Verfügung steht und auch all diese Vorschläge über ihn dann weitergeleitet werden können.

Darf ich Sie bitten, Frau Poppe, zu einer kurzen Stellungnahme.

Frau Poppe (DJ): Die gestrige Besprechung im Ministerrat stand in wohltuendem Kontrast zu der vorangegangenen in der letzten Woche. Diesmal sind uns endlich also verbindliche Zusagen gemacht worden bezüglich unserer Anforderungen. Besonders auch diejenigen, die DDR-weit, die DDR-weite Arbeit betreffen.

Und ich denke hier mit Punkt 10, daß also zur **Durchführung des Beschlusses eine ständige Arbeitsgruppe** zu bilden ist, zu der alle Gruppierungen und Parteien einen Vertreter schicken, die zu regelmäßigen Beratungen zusammenkommen. [Hier,] glaube ich, ist eine Lösung gefunden, die uns jetzt also ausreichende Grundlagen dafür bietet, daß wir auf eine echte **Chancengleichheit** zugehen.

Ducke (Moderator): Vielen Dank, Frau Poppe. Das Wort von der Chancengleichheit war vielleicht das Wort, das gestern auch den Durchbruch geschaffen hat für die Verhandlungen.

Ich darf noch eine Bitte weitergeben. Sowohl von den politischen Gruppierungen als auch, glaube ich, von Seiten des Ministerrates, daß die Gruppierungen Sachkundige und Informierte und dann auch immer die Gleichen zu diesen Verhandlungen schicken. Es war manchmal schwierig, zu einem Konsens zu kommen, weil viele dann nicht über die Stellung zum Beispiel auch oder den Stand der Verhandlungen in ihren eigenen Gruppierungen oder Parteien Bescheid wußten. Das möchte ich hier nur weitergeben, damit da auch eine Sacharbeit geleistet werden kann.

Ich möchte vorschlagen, daß wir damit diesen Tagesordnungspunkt abhaken können. Weitere Meldungen oder Anfragen dazu bitte das nächste Mal.

Bitte, Herr Gysi noch dazu.

Gysi (SED-PDS): Ja, ich möchte bloß gerne dem Ministerrat einen Hinweis geben. Also, als Beschluß unser Gebäude sozusagen zu übernehmen, geht etwas weit. Wir haben es freiwillig zur Verfügung gestellt, ja.

Ducke (Moderator): Danke für die Erklärung. Ich hoffe, daß das noch irgendwie dann auch schriftlich deutlich gemacht wird.

Wir könnten dann den **Tagesordnungspunkt 4** angehen, nämlich konkret die Weiterarbeit des Runden Tisches. Darf ich dazu Herrn Ziegler bitten, das Wort zu ergreifen.

TOP 7: Zur Weiterarbeit des Runden Tisches: Prioritätenliste der Verhandlungsthemen

Ziegler (Co-Moderator): Der Runde Tisch hatte seine Arbeitsgruppe gebeten [gemeint: Prioritätengruppe], eine **Prioritätenliste** aufzustellen. Diese Arbeitsgruppe, in der auch in jeder Gruppierung, [in] jeder Partei einer vertreten war, hat heute früh getagt.

Es wird Ihnen zur Zeit gerade die Auflistung der Themen ausgeteilt, die dort zusammengestellt werden. Eben nicht? Na ja, dann muß ich sie [vor]lesen. Ich lese sie aber gleich in der Weise vor, wie dann auch die Prioritäten gesetzt worden sind, weil dies sich dann deckt mit den Vorschlägen für die Bearbeitung in den Tagesordnungen der nächsten drei Sitzungen, 27. Dezember [1989], 3. Januar [1990], 8. Januar [1990].

[Vorlage 3/6, Entwurf der Prioritätengruppe des Runden Tisches: Themenvorschläge für die Sitzungen des Runden Tisches am 3., 8. und 15. Januar 1990]

Die Prioritätengruppe schlägt also vor für den 27. Dezember [1989]:

– Ordnung für **Bürgerkomitees** und die Frage der Bildung eines zivilen Kontrollausschusses.
– Dann den zurückgestellten Antrag vom Neuen Forum wieder aufzunehmen, **Beziehungen zur Regierung Modrow** [NF].
– Und schließlich die Ordnung für das Arbeitssekretariat und die **Sicherung der Arbeitsmöglichkeiten,** der Chancengleichheit. Das ist die Wiederaufnahme dessen, was hier eben vorgetragen worden ist, falls es da noch Fragen gibt.
– Und gleichzeitig dann auch zu erledigen den bereits einmal hier vorgestellten Vorschlag **gegen Neofaschismus,** der überarbeitet werden sollte.

Dann für den 3. Januar [1990] sollten die **Wirtschaftsfragen** im Mittelpunkt stehen. 3. Januar [1990] zur Wirtschaftssituation. Hier haben wir eben noch eine Zusage bekommen, daß Frau Minister Dr. Luft am Vormittag, den ganzen Tag kann sie nicht, dazukommt, um auch weitere Fragen zu beantworten. Aber dann wird ja im Mittelpunkt unserer

Beratung stehen das, was die Arbeitsgruppe „Wirtschaftsfragen" [des Runden Tisches] vorlegen wird.

Und dabei sollte dann auch am 3. [Januar 1990] die Frage der **Landwirtschaft**, die Landwirtschaftsfragen, miteinbezogen werden, wobei klar ist, das ist nicht an diesem Tag alles zu erledigen. Aber es muß dann schon strukturiert werden, in welcher Weise es weiter bearbeitet werden soll.

Und schließlich war für den 3. [Januar 1990] noch die Wiederaufnahme von **Justizfragen** vorgesehen.

Dann als letztes für den 8. [Januar 1990] – weiter haben wir nicht geplant – sollte im Mittelpunkt stehen, [das] **Wahlgesetz**. Weil es sonst nicht mehr zu schaffen ist, die Vorbereitungen für die Wahlen am 6. Mai [1990] in Gang zu bringen. Wahlgesetz ist das Oberthema. Aber dazu gehören all die Dinge, die unmittelbar da zusammengehören, soweit sie für die Wahldurchführung notwendig sind, nämlich Überlegungen zum **Parteien- und Vereinigungsgesetz und Verfassungsfragen**, soweit sie notwendig sind, damit die Wahlen nach einem Wahlgesetz durchgeführt werden können und unter Umständen auch Fragen, die mit den **Medien** zusammenhängen, sofern sie die Wahl berühren.

Ich muß Ihnen nun als letztes noch vorlesen, was dann weiter auf der Liste steht. Es steht weiter auf der Liste, was wir noch nicht eingeplant haben, [das ist die] Frage der **Kommunalwahlen**, die einmal so gestellt war. Es steht weiter auch die **Verteilung von Baukapazitäten des ehemaligen Ministeriums für Staatssicherheit**, und das Thema **Entmilitarisierung** der Gesellschaft, dann [die] ökologische Situation [auf der Liste]. Hier ist in Aussicht genommen der 15. Januar, wenn es uns gelingt, soll das das Schwerpunktthema sein am 15. [Januar 1990]. Und schließlich werden Sie fragen, wo sind die anderen **Arbeitsgruppen [des Runden Tisches]**. Da wurde folgende Absprache getroffen. Die Arbeitsgruppen melden an, wenn sie so weit sind, daß sie Fragestellungen oder Vorschläge hier einbringen können, und das muß dann jeweils für die Tagesordnung besprochen werden.

Soweit zur Tagesordnung und zu der Prioritätenliste, wie sie heute unmittelbar vor der Sitzung besprochen ist. Daher kommt es, daß es jetzt ausgeteilt wird[6].

Ducke (Moderator): Vielen Dank für den Bericht. Ein wenig Rückfragen.

Frau Köppe, Herr Ullmann.

Frau Köppe (NF): Zu dieser Prioritätenliste noch etwas. Wir hatten das für den – – für unser nächstes Treffen steht ja Ordnung der Bürgerkomitees. Das alleine soll es nicht sein. Wir hatten uns beim letzten Mal darüber verständigt, daß wir drei Vorlagen, die wir bekommen haben, beim nächsten Mal beraten wollen. Dazu gehört auch [die] **Auflösung des Amtes für Nationale Sicherheit**.

Das müßte auch beim nächsten Mal besprochen werden.

Ducke (Moderator): Darf ich sagen, der 27. Dezember [1989], vielleicht haben Sie jetzt drucktechnisch gesehen, der ganze nächste Punkt ist auch für den 27. Dezember vorgesehen, nicht nur Bürgerkomitees.

Köppe (NF): Aha. Also auch [die] Auflösung des Amtes für Nationale Sicherheit?

---

[6] Die schriftliche Vorlage weicht von ihrer hier wiedergegebenen Verbalisierung ab. Sie ist im Anlagenband als Dokument 3/4 nachzulesen.

Ziegler (Co-Moderator): Also, das ist nur in anderer Fragestellung [erschienen]. Herr Schnur hatte am Schluß der letzten Sitzung im Zusammenhang mit der Diskussion über dies, was Sie anschneiden, gesagt, wir müssen die **Bildung eines zivilen Kontrollausschusses** in Angriff nehmen. Da sollte das aufgenommen werden. Und da ist das – an die beiden Dinge ist da gedacht.

Ducke (Moderator): Sie achten vielleicht darauf, daß das auch thematisch dann da kommt.

Herr Ullmann dann, bitte. Oder waren Sie noch nicht fertig?

Bitte, Frau Köppe.

Köppe (NF): Der **Antrag vom Neuen Forum zur Durchführung der Kommunalwahlen vor den Volkskammerwahlen** [vgl. 2. Sitzung] ist letztes Mal zurückgestellt worden und müßte auch am 27. Dezember beraten werden.

Ducke (Moderator): Bitte, Herr Gutzeit.

Gutzeit (SDP): Ich muß feststellen, wenn der Vertreter des Neuen Forums, der bei der Formulierung dabeisitzt, nicht dazu in der Lage ist, Aussagen zu machen, dann halte ich es nicht für sinnvoll, das jetzt in der Hauptsitzung zu beraten. Bereitet Euch ordentlich vor, dann können wir das machen, jetzt haben wir keine Zeit.

Nein, Entschuldigung, heute früh war Gelegenheit, das zu koordinieren. Wenn, dann macht das vorher und blockiert jetzt nicht die Zeit.

Ducke (Moderator): Ich würde so sagen, das war eine Wortmeldung.

Ich meine schon, wir hatten – – Herr Gutmann [gemeint: Gutzeit], darf ich bitten. Es ist die Zeit, darf ich bitten.

Wir haben die Fragen freigegeben und wir müssen zur Kenntnis nehmen, daß auch jemand etwas vorbringt, was vielleicht noch nicht gleich das Gefallen findet.

Vielen Dank für die Hinweise. Sie sind registriert.

Herr Ullmann, bitte. War das jetzt fertig, Frau Köppe?

Frau Köppe (NF): Ja.

Ducke (Moderator): Wir haben die zwei Wortmeldungen zugelassen.

Bitte, Herr Ullmann.

Ullmann (DJ): Also, wenn am 8. Januar [1990] das Thema **Wahlen** hier behandelt werden soll in der großen Runde, ist es erforderlich, daß die – – Nach Rücksprache mit Herrn de Maizière schlage ich für diese Kommission den 30. Dezember [1989] hier in der Runde vor und bitte – –

Ducke (Moderator): Herr Ullmann, darf ich bitten, alle anderen haben die Kommissionsausschüsse herumgegeben per Zettel, so daß wir das während der Sitzung machen können. Wir nehmen das zur Kenntnis und Sie machen bitte den Zettel, wer dann da für Sie eintragen kann, damit wir jetzt keine Zeit verlieren.

Herr Böhme hatte noch eine Direktmeldung.

Böhme (SDP): Ich bin trotzdem der Meinung und bitte meinen Parteifreund, wenn ich ihm hier widerspreche, am 27. [Dezember 1989] in einer kurzen Debatte mit Abstimmung den **Wahltermin** auf Kommunalwahlen-Anfragen [vorzusehen].

Ducke (Moderator): Ist drauf. Das war vielleicht ein bißchen durch den Druck mißverständlich. Danke. Können wir dies damit – –

Herr Poppe, bitte.

Poppe (IFM): Ja, wir haben erst neulich in der Arbeitsgruppe „Verfassung" [des Runden Tisches] mehr oder weniger durch Zufall die Information erhalten, daß in einem entsprechenden **Volkskammerausschuß** bereits ein **Wahlgesetz in Vorbereitung** ist, was am 3. Januar [1990] schon also als Entwurf vorliegen soll. Und da wäre ich nun also allerdings dringend der Meinung, daß man diesen Entwurf so schnell wie möglich bekommen muß, damit er hier am 8. Januar mit in die Diskussion eingehen kann, und nicht, daß dieser Entwurf nachher schon in eine Volkskammerlesung geht, ohne daß er hier behandelt worden ist.

Ducke (Moderator): Darf ich das – – Der Adressat ist bekannt für die Forderung, Herr Poppe. Wird das weitergegeben, ja?

Danke.

N. N.: Darf ich dazu nur daran erinnern, daß diese Forderung sich auf sämtliche Gesetze, die von der Volkskammer beschlossen werden, erstreckt, da gab es auch Zusicherungen.

Ducke (Moderator): Danke.

Zur Prioritätenliste bitte noch eine direkte Meldung von Herrn Ziegler.

Ziegler (Co-Moderator): Ich muß leider feststellen, daß das Büro falsch abgeschrieben hat, und muß sagen, wie die Arbeitsgruppe heute früh es gesagt hat: „Kommunalwahlen" – –

Ducke (Moderator): Darf ich noch einmal etwas sagen? Möchten wir bitte noch einmal die Prioritätenliste, Ad-hoc-Liste, wo nur 27. Dezember – – das haben Sie, und nicht die „2" 27. Dezember, damit wir die gleichen lesen.

Ziegler (Co-Moderator): Ich muß zunächst sagen, wie die Gruppe das gesagt hat, und dann kann ja der Antrag auf Ergänzung gestellt werden.

Kommunalwahlen waren zunächst nicht für den 27. [Dezember 1989] vorgesehen. Ebenso nicht **Entmilitarisierung** der Gesellschaft. Diese und die Baukapazität – – Moment, stehen die auch da noch?

Ducke (Moderator): Ja, steht noch da.

Ziegler (Co-Moderator): – Diese sind einfach durch Schreibfehler hier, Abschreibfehler, hineingekommen. Und bisher steht im Augenblick also der Antrag, die Kommunalwahlen zusätzlich mit aufzunehmen. Das kann natürlich der Runde Tisch beschließen. Bitte nur mit der Frage auch gleich, wie lange der Tagungszeitraum dann sein soll.

Ducke (Moderator): Vielen Dank für die notwendige Ergänzung. Können wir damit die Prioritätenliste zu den Arbeitspapieren legen?

Bitte die Weiterarbeit.

Ziegler (Co-Moderator): Ist dann beschlossen „Kommunalwahlen", ja?

Ducke (Moderator): Nein, ist noch nicht beschlossen. Das machen wir am 27. [Dezember 1989] früh. Oder sollen wir das jetzt beschließen? Aufnahme des Stichwortes „Kommunalwahlen"?

Ziegler (Co-Moderator): Machen wir das jetzt gleich.

Ducke (Moderator): Bitte.

N. N.: Es wäre gut, daß wir das heute wüßten. Man stellt sich anders darauf ein.

Ducke (Moderator): Einverstanden. Frau Köppe, Sie stellen den Antrag. [Das] brauchen [Sie] nicht wiederholen. Es steht der Antrag, [das Thema] Kommunalwahlen für den 27. [Dezember 1989 auf die Tagesordnung zu setzen].

Darf ich kurz um Abstimmung bitten? Wer dafür ist, daß für den 27. [Dezember 1989] der Tagesordnungspunkt „Kommunalwahlen" mit auf das Programm kommt, hebe die Hand.

Ich glaube, das ist die Mehrheit. Ist jemand dagegen? Enthält sich jemand der Stimme?

Vielen Dank, die Mehrheit hat diesem Antrag stattgegeben.

Zu den weiteren Punkten zur Weiterarbeit. Herr Ziegler, darf ich Sie bitten? Weiterarbeit am Runden Tisch.

Ducke (Moderator): Ach so, das ist ein Antrag. Herr Ziegler, bitte.

Ziegler (Co-Moderator): Noch nicht sortiert, sondern nur die Auflistung. **Ordnung für Bürgerkomitees**, Entwurf von der Regierung.

Zweitens: **Beziehungen zur Regierung**, das ist doppelt geschrieben, ja, das geht zur Regierung Modrow. Ich erinnere daran, das ist der nur vorläufig zurückgezogene Vorschlag des Neuen Forums.

Drittens kämen **Kommunalwahlen**, war auch schon verhandelt, hier aber zurückgestellt.

Dann: „**Gegen Neofaschismus**", die bereits einmal eingebrachte Vorlage, die aber überarbeitet werden sollte.

Dann Ordnung für – –

[Lücke in der Aufnahme]

Dann Ordnung für **Bildung eines zivilen Kontrollausschusses**. Das war der letzte Antrag, mit dem wir letztens schlossen.

Und schließlich Ordnung für ein **Arbeitssekretariat des Runden Tisches**. Da sollte – – würde ich gleich noch etwas sagen – – und **Sicherung der Arbeitsmöglichkeit der Gruppierungen**, sofern sich aus den heute vorgelegten Beschlüssen des Ministerrats noch weitere Fragen ergeben. Das wäre für den 27. [Dezember 1989] vorgesehen, nach dieser Prioritätenliste.

Ducke (Moderator): Danke schön für die Klärung. Ich glaube, damit können wir die Prioritätenliste für den 27. [Dezember 1989] so abschließen. Oder gibt es dazu noch konkret Meldungen?

Bitte, Herr Jordan.

Jordan (GP): Ja, wo sind jetzt die ausgelaufenen Punkte – –

Ducke (Moderator): Das hat die Kommission nicht beschlossen für den 27. Das müssen wir jetzt zur Kenntnis nehmen. Sie können am 27. [Dezember 1989] ja wieder erneut die Anträge stellen, einverstanden? Danke.

Oder? Herr Ziegler.

Ziegler (Co-Moderator): Also, ich hatte zu Anfang gesagt, der Liste ist von keinem widersprochen worden, nur konnten wir [die] Planung noch nicht so weit machen. Wir müssen sehen, wann wir es unterbringen.

Ducke (Moderator): Ja. Danke.
Herr Raspe noch dazu.

Raspe (LDPD): Ich würde vorschlagen, wenn wir das nächste Mal über die **Beziehungen zur Regierung Modrow** reden, daß wir einen kompetenten Vertreter der Regierung hier haben, damit das auch sinnvoll wird, daß wir nicht per Brief unsere Wünsche übermitteln müssen, sondern daß wir sie direkt hier besprechen können

Ducke (Moderator): Wer sieht dafür eine Möglichkeit?
Herr Berghofer.

Berghofer (SED-PDS): Der Herr Modrow, mit dem ich das ja alles besprochen habe entsprechend dem Auftrag, den Sie mir mitgegeben hatten, hat seinen **Beauftragten** genannt. Herr Staatssekretär Hasselbaum. Dem muß man nun einfach sagen, wann, wie, was.

Ducke (Moderator): Vielen Dank für den Hinweis. Wir würden das hier übernehmen. Danke.
So. Kämen wir zu der Weiterarbeit des Runden Tisches, weil wir uns ja noch verständigen müssen, [über den] Ort und die Möglichkeiten für das nächste Mal.

TOP 8: Zur Weiterarbeit des Runden Tisches: Ort, Arbeitssekretariat und Gesprächsleitung

Ziegler (Co-Moderator): Durch den Beschluß des Ministerrats ist die Frage des Ortes geklärt. Das steht auch auf der Zweitfassung der Tagesordnung schon mit genauer Angabe der Adresse und des Telefons. Da haben wohl nicht alle – – Es wird angeboten das Residenzschloß Niederschönhausen, Konferenzgebäude Ossietzkystraße, Berlin-Niederschönhausen, Telefon 480 26 19.
Das – – ich sage es alles noch einmal. Und das Haus ist sehr gut zu erreichen von [der] Pankow-Kirche in fünf Minuten Fußweg und liegt am Parkeingang des Schloßparkes Niederschönhausen. Wir mußten schnell handeln und haben es auch alles besichtigt.
Herr Reichelt, der Herr im Hintergrund, der auch für die Organisation sorgt, war auch da, und auch der Pressesprecher. Es bietet ideale Verhandlungsbedingungen, auch Raum für die wiederholt angeschnittene Frage, ob Berater da sein können. Und es bietet ideale Möglichkeiten für die Übertragung aus dem Verhandlungsraum in andere Räume, wo alles mit verfolgt werden kann von Presse, Rundfunk, Fernsehen, so daß ich meine, der Runde Tisch sollte dies mit Dank annehmen.

Ducke (Moderator): Vielen Dank für die Information. Wir müßten – – Rückfragen? Sie bekommen das schriftlich.

Ziegler (Co-Moderator): Sie kriegen das, ich sage es ja aber zur Sicherheit, weil der Aufbruch manchmal dann schnell geht. Telefon 480 26 19.

Ducke (Moderator): Das Angebot steht. Müssen wir jetzt erst darüber abstimmen lassen, ob wir dieses Angebot annehmen? Ich frage sinnvoll, gibt es Meinungen gegen diesen neuen Verhandlungsort?
Herr Böhme.

Böhme (SDP): – – jemand, der – – hat wegen dieser schlechten Orthographie, noch einmal wiederholen, genau, wo das ist.

Ducke (Moderator): Sie bekommen es schriftlich.

Ziegler (Co-Moderator): Ich kann es auch sagen. Residenzschloß Niederschönhausen, Konferenzgebäude, Ossietzkystraße, Nummer gibt es da nicht, Berlin 1110.

Böhme (SDP): Danke.

Ducke (Moderator): Gibt es gegen diesen Ortsvorschlag Meinungen, Stimmen?
Herr Ullmann.

Ullmann (DJ): Ab 27. [Dezember 1989] schon?

Ziegler (Co-Moderator): Ja.

Ducke (Moderator): Das würde bedeuten, am 27. Die nächste Sitzung würde stattfinden am 27. Dezember [1989] an diesem angegebenen Ort. Ich nehme das zur Kenntnis und wir bedanken uns beim Ministerrat für dieses Angebot.
Der zweite Punkt, Arbeitssekretariat.

Ziegler (Co-Moderator): Ich möchte noch gleich dann festlegen, weil es über die Feiertage nicht möglich [ist], noch Einladungen zu verschicken, daß um 9.00 Uhr begonnen wird, so hatten wir ja wohl gedacht. 9.00 Uhr. Und bitte, es kommen keine Einladungen mehr.

Ducke (Moderator): Also, für alle, die dann Schwierigkeiten mit ihren Niederschriften haben, noch einmal ganz deutlich, am 27. Dezember 1989, um 9.00 Uhr, im Schloß Niederschönhausen, Konferenzgebäude, Ossietzkystraße, Berlin 1110. Danke.
Das Thema Arbeitssekretariat.

Ziegler (Co-Moderator): Hier erinnere ich an Vorschläge, die beim letzten Mal gemacht wurden, aber noch nicht bis zu Ende diskutiert wurden. Der eine Vorschlag war, aus jeder Gruppierung einer, das bildet das Arbeitssekretariat. Das wären dann schon alleine sechzehn [Personen].
Ein anderer Vorschlag war, ein kleineres Sekretariat zu bilden von jeder Seite etwa zwei. Und ich möchte nun sagen, wenn das arbeitsfähig sein soll, weil ich ja die Sekretariatsarbeit mit dem Sekretariat des Bundes in diesen Wochen nebenher gemacht habe, kann ich das vielleicht sagen, was gebraucht wird, wenn es funktionieren soll.
Es ist ein Leiter des Büros, für den Anfang zwei Sekretärinnen, und wenn dann für die Beratung das notwendig ist [für] die Tagesordnung, einen **kleinen Stab,** der das noch einmal durchsieht, [erforderlich]. Alles andere halte ich nicht für arbeitsfähig; denn ein Arbeitssekretariat, das doch dazu da ist, daß die Arbeitsgruppen und der Runde Tisch arbeiten sollen, der soll ja nicht selber die Arbeit machen, sondern helfen, mit sechzehn Leuten und dann vielleicht noch, darüber müssen Sie ja noch entscheiden, wie das mit der Moderation weitergehen soll, die ist schon ein Runder Tisch. Und [das] ist nicht mehr nach meiner Erfahrung arbeitsfähig. Darum wäre ich dankbar, wenn der Runde Tisch hier entscheiden würde, und da folgende Fragen:
Wie denkt sich der Runde Tisch weiter die **Moderation**? Denn die Leitung des Sekretariats und die Moderation müßten in engster Kooperation stehen, sonst kann es nicht funktionieren. Und dann, ob Sie zwei Gremien haben würden, was ich dann sagen würde, wenn Sie bei dem großen Sekretariat bleiben wollen, für Grundsatzfragen, also wie

wir das heute mit der **Prioritätengruppe** gehabt haben, etwa von jeder Gruppierung einer, aber für das Sekretariat, das dafür garantiert, daß die Arbeit läuft, daß vorbereitet wird und nachher auch ausgeführt und geschrieben wird, ein kleines Sekretariat von höchstens fünf Leuten.

Ducke (Moderator): Vielen Dank, das war ein konkreter Vorschlag. Wenn ich das noch einmal rückfragend präzisieren darf, es geht also der Vorschlag dahin, ein arbeitsfähiges Arbeitssekretariat im Sinne der technischen Durchführung und Abarbeitung und eventuell eine sogenannte **Arbeitskommission für Rücksprachen**, für kurze Abstimmungen bezüglich [der] Tagesordnung in der Art, wie heute die Prioritätenkommission gewesen ist [zu etablieren].

Das wäre konkret. Bevor aber darüber konkret entschieden werden könnte, müßte die Frage noch einmal nach der Moderation gestellt werden. Das war die konkrete Frage, die im Moment von Herrn Ziegler auf dem Tisch liegt. Bitte.

Ziegler (Co-Moderator): Und zu dieser Frage der Moderation glaube ich, ist es nicht, muß ich das wenigstens für den Bund der Evangelischen Kirchen erklären, ist es nicht möglich, von Mal zu Mal weiter so zu verfahren.

Wir bitten Sie noch einmal, denn ich habe ein Sekretariat mit hundert Mitarbeitern zu leiten. Es ist alles möglich, und wir haben, die Bereitschaft ist da, aber man muß nun wissen, wie muß man sich für die nächsten vier Monate einrichten. Von Mal zu Mal muß ich erklären, kann ich nicht mehr zur Verfügung stehen. Entweder ganz oder gar nicht.

Ducke (Moderator): Ich darf das gleich von meiner Seite aus ergänzen. Für mich ergibt sich das natürlich genau so für die Arbeit. Man kann nicht von Woche zu Woche sehen, ob man nächste Woche noch Zeit haben muß.

So, jetzt rufe ich aber auf Frau Töpfer.

Frau Töpfer (FDGB): Also, zur Wahrung eines neutralen Gremiums würden wir doch die evangelische Kirche, von unserer Seite jedenfalls, bitten, das weiterzuführen – – Oh, entschuldigen Sie: die Kirchen, ja Kirchen. Ich habe da leider noch meine Schwierigkeiten mit, ja – – Aber, daß die Leitung so verbleibt.

Ducke (Moderator): Sie können uns schon unterscheiden.

N. N.: Im Namen meiner Kollegen möchte ich den Dank für die bisherige Moderation mit der Bitte verbinden, das weiterzuführen.

Ducke (Moderator): Danke, das war ein klares Wort.

[Beifall]

Böhme (SDP): Ich möchte es nicht erst noch bekunden, ich schließe mich dem an.

Ducke (Moderator): Also ich würde es – – wir haben jetzt eine Zustimmung gegeben. Ich würde trotzdem sagen, wenn jetzt keine Wortmeldungen – – wir würden um eine kurze Abstimmung bitten.

Wer dafür ist, daß in der bisherigen Weise durch den Vertreter des Sekretariates des Bundes der Evangelischen Kirche, des Sekretariates der Berliner Bischofskonferenz und der Arbeitsgemeinschaft Christlicher Kirchen der DDR die Moderation der Sitzungen in dieser Weise durchgeführt werden soll, den bitte ich um das Handzeichen.

Darf ich bitten um Gegenstimmen?

Um Enthaltungen? – Ich stelle 1 Enthaltung fest. Danke.

Darf ich in Ihrem [gemeint: die anderen Moderatoren] Namen miterklären? Wir nehmen Ihre Entscheidung an und stehen weiterhin zur Verfügung.

[Beifall]

Ducke (Moderator): Damit wäre eine Grundlage geschaffen, nämlich jetzt das Stichwort **Arbeitssekretariat**. Wenn dies in dieser Weise geschieht, bitte [ich] noch einmal den Vorschlag von Herrn Ziegler zu präzisieren.

Ziegler (Co-Moderator): Ich denke, hier muß entschieden werden, ob das so angenommen werden kann für längerfristige Planung, diese Art, die wir heute haben, **Ad-hoc-Arbeitsgruppe** aus jeder Gruppierung? Dann würde ich Ihnen vorschlagen, daß wir für die Besetzung des Sekretariats, das die Arbeit dann da zu machen hat, am 27. [Dezember] einen Personalvorschlag machen, [wir] wären allerdings dankbar, wenn vor allen Dingen im Blick auf zwei Fragen, nämlich Frage der Besetzung mit Sekretärinnen geholfen werden könnte.

Und zweitens war ja das letzte Mal gesagt worden, von jeder Seite sollten ein oder zwei, die damit auch für diese Arbeit zur Verfügung stehen oder sie mit dirigieren – – das darf dann vorbereitet werden, Personalvorschläge.

Ducke (Moderator): Können wir diesen Vorschlag so stehen lassen? Es steht jetzt – – am 27. [Dezember 1989] wird ein **Nominierungsvorschlag** gemacht oder ein konkreter Vorschlag mit Namen, und bis dahin würden wir auch bitten, daß Sie die Möglichkeiten prüfen und Ihrerseits auch Vorschläge, besonders für diesen technischen Bereich, machen könnten. Es wäre gut, wenn dies auch in Zusammenhang stünde bei Ihren Beratungen mit den Vertretern, die die Organisation in den neuen Parteien durchführen und dann für den Ministerrat zur Verfügung stehen.

Damit wäre dieser Punkt – – könnte auch als erledigt betrachtet werden. Kann ich davon ausgehen, daß an solch eine Ad-hoc-Arbeitskommission gedacht ist [gemeint: die spätere „**Prioritätengruppe**" des Runden Tisches], und könnte das Ihre Zustimmung finden? Auf jeweilige Notwendigkeiten sie einberufen.

Hier eine Meldung, bitte.

N. N.: Ja, in dem Zusammenhang möchte ich einen Vorschlag einbringen, und wir sollten dabei auch bei diesen Personalvorschlägen bedenken, daß [wir] doch bereits das eine mit dem anderen verbinden können, und daß wir also nicht einen Riesenstab von hundert Leuten berufen. Es war ja schon die Rede von Beratern, und ich habe einen konkreten Vorschlag. Ich weiß gar nicht, ob das ein Geschäftsordnungsantrag ist – –

Ducke (Moderator): Darf ich sagen, die Frage der Berater würde dies hier nicht tangieren, das Arbeitssekretariat und die Ad-hoc-Arbeitskommission [gemeint: Prioritätengruppe des Runden Tisches].

N. N.: Ich würde das nicht – – Ich möchte aber, damit wir nicht erneut – – ich habe also eine Formulierung als Ergänzung sozusagen zur Geschäftsordnung, um einfach die Effektivität mit Hilfe der Berater zu erhöhen. Da kann man ja vielleicht mitbedenken, daß man als Berater auch gleich jemanden wählt, der in dem Arbeitssekretariat mitarbeitet. Das muß aber jeder für sich entscheiden. Soll ich das – –

Ducke (Moderator): Ich bin jetzt ein bißchen überfragt, Herr Gysi, helfen Sie mir einmal.

Gysi (SED-PDS): Also, ich bleibe auf jeden Fall bei der Grundidee, ein **kleines Arbeitssekretariat**. Wenn die anderen Parteien wünschen, daß meine Partei da nicht mit drin ist, gehen wir heraus. Also, wir legen da nicht Wert auf irgendeine Form von **Parität**. Da geht es doch im wesentlichen um organisatorische Fragen.

Ducke (Moderator): Darf ich einmal, darf ich einmal bitten. Wir haben – –

Gysi (SED-PDS): Daß wir darüber jetzt entscheiden, kleines Arbeitssekretariat.

Ducke (Moderator): Wir haben einen konkreten Vorschlag für das kleine Arbeitssekretariat. Wir haben uns geeinigt, Ad-hoc-Arbeitskommmissionen einzurichten, dafür wäre die Beratertätigkeit, da würde ich um einen schriftlichen Vorschlag an alle bitten, damit sie die Möglichkeiten in Ruhe prüfen können. Das brauchen wir jetzt vielleicht nicht unbedingt zu verhandeln. Sehe ich das so richtig? Gerne Ihren Vorschlag zu der Frage der Arbeitskommission; denn ich möchte doch sehen, daß wir weiterkommen.

Herr de Maizière hat eine Meldung?

de Maizière (CDU): Hat sich erledigt.

TOP 9: Dokumentation, Öffentlichkeitsarbeit und Pressesprecher

Ducke (Moderator): Danke. Das Stichwort „Erarbeitung von Eingaben" würde auch dann – –
Bitte.

Ziegler (Co-Moderator): Dieses könnte dann, wenn wir so verfahren, noch aufgeschoben werden, bis zum 27. [Dezember], denn die Dinge, die in die Kommission, in die Arbeitsgruppen [des Runden Tisches] gehen, habe ich Ihnen heute bereits zugestellt, so daß die Einberufer der Arbeitsgruppen die Eingaben, die in ihren Bereich fallen, bereits in den Händen haben.

Ducke (Moderator): Vielen Dank für die Vorarbeit.
Herr Berghofer.

Berghofer (SED-PDS): Sie kennen mich, ich bin immer für pragmatische Vorschläge. Wir sind bereit, eine Sekretärin und zwei Mitarbeiter bereitzustellen, wenn das Zustimmung findet – –

Gysi (SED-PDS): – oder ganz zu verzichten, beides, wie es gewünscht wird.

[Beifall]

Ducke (Moderator): Danke für das Angebot. Sie würden wegen der namentlichen Vorschläge bis zum 27. [Dezember] das vorlegen können. Damit könnten wir, glaube ich auch, das Stichwort der **Dokumentation** auch dafür mit und konkrete Vorschläge dann vom Arbeitssekretariat machen lassen. Auch die Öffentlichkeitsarbeit dorthin verweisen, oder, müssen wir da jetzt im Moment diskutieren?

[Zustimmung]

Ducke (Moderator): Gut. Ich rufe auf den Punkt **Öffentlichkeitsarbeit**. Wer möchte dazu etwas konkret einbringen?
Bitte, Herr Ziegler.

Ziegler (Co-Moderator): Wir haben das mit Ihrer Zustimmung so gemacht, daß wir zwei **Pressesprecher** hier von uns aus benannt haben und die Gruppierungen hatten Herrn Thomas auch weiter als ihren **Pressesprecher** benannt. Die haben das bisher gemacht.

Und wenn wir nun die Öffentlichkeitsarbeit weiterbetreiben sollen, muß gefragt werden, soll das das Arbeitssekretariat dann neu regeln oder soll das dabei bleiben? Das ist ja nämlich auch für die Pressestelle des Bundes [der Evangelischen Kirchen in der DDR], ich vermute auch, für die Pressestelle der Römisch-Katholischen Bischofskonferenz eine ziemliche Frage, ob das durchhaltbar ist. Man könnte es sagen, man kann es auch neu regeln, wenn das Arbeitssekretariat gebildet ist.

Ducke (Moderator): Ja, wollen wir das zur Antwort stellen?
Bitte, Herr Berghofer.

Berghofer (SED-PDS): Ich weiß, wir alle wissen, das ist natürlich mit Belastungen verbunden. Aber in der Annahme, daß unsere Debatten sicher noch etwas heißer werden, je näher wir auf den 6. Mai [1990] zugehen, wäre es schon günstig zu wissen, daß uns Männer gegenüber der Presse vertreten, die das relativ emotionslos machen können. Wenn es sich irgendwie verkraften ließe, würden wir vorschlagen, das beim jetzigen Verfahren zu belassen.

Ducke (Moderator): Danke, das war ein konkreter Vorschlag. Dazu? – Nein. Gut. Dann dürfen wir davon ausgehen, jetzt zu bitten: Sehen sich die Männer der **Pressestelle** kühl und distanziert in der Lage, diese Aufgabe wahrzunehmen?
Hier war noch eine Frage, Herr Schnur dazu, bitte.

Schnur (DA): – – Gruppierungen angesprochen worden, daß es dann auch ein Dreiergespann wird. Ich denke, das dürfte doch keine Schwierigkeiten geben, daß sie zu dritt diese Arbeit machen.

Ducke (Moderator): Danke. Sie überlegen sich die Antwort. Und Frau Röth dazu.

Frau Röth (UFV): Ja, ich verwahre mich einfach dagegen, daß man sozusagen einigen Herren Sachlichkeit zuweist – –

[Beifall]

Frau Röth (UFV): – zumal, glaube ich, einigen Herren ein paar Instruktionen auch nicht schlecht zu Gesicht stehen würden. Und ich denke, wenn eine dritte Person in diesen Bund aufgenommen werden sollte, daß man doch in Form der Parität dieser Gesellschaft eine Frau hinzuziehen sollte.

[Beifall]

Ducke (Moderator): Herr Gysi, bitte.

Gysi (SED-PDS): Bloß dann müssen wir natürlich auch noch einen **Pressesprecher** benennen. Das war ja gerade das Ziel, daß die offiziellen Sprecher des Runden Tisches nicht zu den Parteien und Gruppierungen gehören.

Wenn jetzt die Gruppierungen jemanden dazunehmen, dann wird die Sache natürlich wieder komplizierter. Dann müssen wir uns, was ja auch nicht so ganz einfach ist, über einen gemeinsamen Pressesprecher verständigen, der dann wieder noch hinzugezogen wird. Meinetwegen sehr gerne auch eine Pressesprecherin, das ist dabei für mich nicht die Frage, sondern, das macht die Sache dann wieder komplizierter. Es war gerade so schön einfach.

Ducke (Moderator): Vielen Dank, das war jetzt das Problem auf den Nenner gebracht.
Herr Ziegler hatte dazu eine Erklärung.

Ziegler (Co-Moderator): Ich wollte bloß zu dem Vorschlag von Frau Röth sagen, da sind wir leider nicht in der Lage, man kann das bedauern, wir haben keine **Pressesprecherin.**

Röth (UFV): Vielleicht wird die Kirche auch noch dazu kommen festzustellen, daß Gott [nicht nur] starke Söhne hat, sondern sie hat auch starke Frauen, Herr Ziegler.

Ziegler (Co-Moderator): Ja, ja, wir nehmen Ihre Dauerangriffe gerne entgegen.

Ducke (Moderator): Herr Böhme hatte sich dazu noch gemeldet.

Böhme (SDP): Herr Ziegler, ich verstehe Sie jetzt nicht. Vorhin sagten Sie in einem Nebensatz, es ist alles möglich. Und hier ziehen Sie das zurück.

Ziegler (Co-Moderator): Ja, weil ich keinen habe.

Böhme (SDP): Ich wollte vorschlagen, daß wir gemeinsam eine [einer] Teilgruppierung angehörende Frau heraussuchen, herausfinden und sie benennen, daß es vom [Runden] Tisch ist. Also, ich fühlte mich in meinem bisherigen Leben ab und an durch eine Frau ganz gut vertreten.

Ducke (Moderator): Ich nehme an, daß die Wortmeldungen auch in die Richtung gehen, oder gibt es zu diesem konkreten Antrag eine Gegenstimme? Dem überlassen wir, wer jetzt suchen soll.

Böhme (SDP): Ich mache einen Vorschlag, die parteilose, im Fernsehen eine sehr gute Sendung anlaufen lassende Helga Schubert zu bitten, das zu machen.

Ducke (Moderator): Könnten wir die Pressestellen bitten, das zu sondieren und uns bis zum gegebenen Zeitpunkt einen Vorschlag zu machen, ja? – Danke.
Ich hatte die Frage gestellt, ob Sie diesen Auftrag annehmen können – –

Günther (Pressesprecher des Runden Tisches): Ja, ich meine, es ist ein Kompromiß für Sie. Sie wissen ja, wie wir hier hereingeraten sind, und es ist natürlich nicht ganz einfach, unparteilich zu bleiben. Wir haben glücklicherweise bisher noch keine Kritik von der Presse, die noch übrig blieb, bekommen, da Sie ja alle das Recht haben, zu reden.
Wir haben aus technischen Gründen den Herrn Thomas gebeten, dabeizusein, daß wir nicht hintereinander Pressekonferenzen machen. Es war aber klar und auch allen Journalisten klar, wir beide waren für Sie, für den Tisch da, und er war ein Kommentator sozusagen von den Gruppierungen.
Ich halte es auch für kompliziert, dann müßten Sie nämlich sozusagen wieder Fraktionen bilden. Oder jeder hat ja Sprecher, die Parteien haben ja alle Sprecher. Wir haben das jetzt pragmatisch gelöst. Wir würden vorschlagen, wenn wir beide das mit einer Frau [durchführen], sehr gerne, die aber dann wirklich nicht irgendeine Gruppierung oder eine Partei hier vertritt, sondern so, wie wir hier versucht [haben], nicht gefühllos, aber doch möglichst eben nur die Ergebnisse jeweils noch einmal zu referieren.

Wir würden das sehr begrüßen, und wir schlagen vor, daß man – – bei uns ist es nicht ganz so schlimm wie bei dem Leiter des Sekretariats, wir können ja sagen, wir können ab Februar entscheiden, ob sie dabei bleiben wollen oder nun sich eine eigene Öffentlichkeitsarbeit schaffen.

Ducke (Moderator): Gut. Das war eine deutliche Erklärung. Ich habe noch eine Wortmeldung übersehen.
Herr Poppe, ich bitte um Entschuldigung. Ihre Frage.

Poppe (IFM): Wir hatten uns in der ersten Runde hier verständigt, daß die **Opposition einen eigenen Pressesprecher** hat. Es ist bisher nicht notwendig gewesen, sagen wir einmal, weil dieser Dissens noch nicht in der Form entstanden ist, daß wir jetzt den [eigenen Pressesprecher] gebraucht hätten. Aber das ist ja nicht auszuschließen, daß in Zukunft doch hin und wieder auch ein Dissens formuliert werden muß ausdrücklich. Und ich verstehe jetzt das nicht ganz, daß man dann einfach den so abschafft.

Ducke (Moderator): Herr Poppe, wenn ich dazu erklären kann, dann war das unbenommen von all diesem, was jetzt eben zur Pressearbeit gesagt wäre. Es bleibt Ihnen unbenommen – –

Poppe (IFM): Die zusätzliche Möglichkeit bleibt erhalten, so wie gehabt?

Ducke (Moderator): Selbstverständlich. So hatte ich das immer verstanden.
Herr Ziegler, bitte.

Ziegler (Co-Moderator): Na ja, also, da müssen wir, da das ja der nächste Konfliktstoff ist, bitte aber klare Verhältnisse schaffen. Wer hält die **Pressekonferenzen?** Ich denke dann, die drei. Aber nicht der Sprecher der Opposition.

Poppe (IFM): Er kann jedenfalls eine eigene Pressekonferenz machen.

Ducke (Moderator): Ja, das kann er machen. Das ist unbenommen.

Ziegler (Co-Moderator): Das kann er machen. Natürlich.

Ducke (Moderator): Dürfen wir an dieser Stelle erklären, das ist sowieso eigentlich doch vorausgesetzt worden, daß es jeder Gruppierung und jeder Partei freigestellt ist, eigene Pressekonferenzen, in welcher Koalition auch immer, abzuhalten. Können wir davon ausgehen, ja? Ist damit geklärt.
Dann bleibt mir nur übrig [festzustellen], daß wir an diesem Tag mit der wenigsten Verspätung die Tagesordnung abgearbeitet haben. Vielleicht lag das an der neuen Versachlichung durch die Wirtschaft [als Beratungsthema]. Es kommt noch eine Frage, Herr Gysi. Und dann gebe ich das Wort – –

Gysi (SED-PDS): Ja, ich wollte an den Runden Tisch zwei Fragen gerne noch stellen.
Die erste Frage ist, ob, wenn es schon nicht zu verhindern ist, daß heute das **Brandenburger Tor** trotz der katastrophalen Zustände in Rumänien **geöffnet** wird, wir nicht bitte an beide Regierungen und den Senat von Berlin-West appellieren sollten, daraus keinen nationalen Freudentaumel zu machen, in Anbetracht der Toten in **Rumänien.** Sondern die Sache so still wie möglich durchzuführen, damit hier nicht der falsche Eindruck entsteht, als ob uns das Schicksal anderer Völker nicht interessiert [**Antrag, SED-PDS: Zur Öffnung des Brandenburger Tores**].

Und das Zweite, worum ich bitten würde, wir haben uns hier schon eindeutig zu Rumänien positioniert. Ich halte auch mit Menschenrechten und Völkerrecht den Einmarsch in Panama [**Antrag, SED-PDS: Verurteilung der US-Invasion in Panama**] für unvertretbar und bin sehr dafür, daß der Runde Tisch jetzt nicht eine lange Erklärung abgibt, sondern daß wir uns einfach darauf verständigen, daß wir das verurteilen und daß die Pressesprecher für uns das auch sagen dürfen.

Ducke (Moderator): Es liegen zwei konkrete Dinge [vor]. Ich darf noch erinnern, weil Sie ein bißchen zu spät gekommen sind. Wir haben am Beginn erinnert, daß um 12.00 Uhr die Glocken in den evangelischen Kirchen in Solidarität läuteten und daß damit auch dieser Raum der Stille geschaffen werden sollte. Da sei nur noch einmal daran erinnert. Hier war eine Meldung, bevor wir – –

Herr Gehrke, bitte.

Gehrke (VL): Also, ich wollte eigentlich das sagen, was Herr Gysi gesagt hat. Ich kann da nur zustimmen.

Ich habe aber doch noch eine Bemerkung zu dem heutigen Runden Tisch. Ich glaube, wir sollten uns daran erinnern, wie er eigentlich zustande gekommen ist, auch als ein außerordentlicher im Grunde genommen. Und dazu war ja der Ausgangspunkt die große Besorgnis bei vielen oppositionellen Gruppen über die Vorgänge, die wir nur über die Medien jetzt immer mitgeteilt bekamen. Also, gerade, was wirtschaftliche Dinge anging und so weiter. Und dazu gab es ja auch einen von uns unterstützten Antrag des Neuen Forums [**Vorlage 2/2**], der also hier ja die Diskussion beim letzten Mal doch sehr bestimmt hat.

Mein Eindruck ist doch heute der gewesen, daß zu den eigentlichen Sorgen, die uns bewogen haben, keine Aussage kam von den Vertretern der Regierung, daß ich deshalb **sehr unzufrieden bin mit dem heutigen Verlauf,** und wir werden möglicherweise in der Zukunft ähnliche Dinge haben, weil natürlich immer ein Zeitdruck da ist, das ist ganz normal.

Aber ich denke, wir sollten in Zukunft vermeiden, Runde Tische zu organisieren, wo Regierungsvertreter eigentlich nur sagen, daß sie arbeiten, und wo wir nicht dazu kommen, die Probleme zu diskutieren, die wir, sagen wir einmal, eigentlich diskutieren wollen. Wir haben einen pragmatischen Weg gefunden, das ist richtig. Aber ich will noch einmal daran erinnern, daß ich glaube, oder daran erinnern, daß wir in der Zukunft solche Wege und solche Dinge eigentlich ausschließen müssen – –

Ducke (Moderator): Herr Gehrke, es ist Ihnen unbenommen, so eine Stellungnahme [abzugeben]. Aber ich muß daran erinnern, daß wir die Tagesordnung in der Weise einhalten möchten; denn diese Reflexionen sind notwendig und vielleicht auch wichtig, aber, wir nehmen das nur zur Kenntnis.

Herr Böhme noch dazu.

Böhme (SDP): Also, ich möchte sagen, daß ich da einer anderen Auffassung bin als mein Freund Bernd Gehrke. Es ist so, wir sollten nicht jedes Mal herausgehen und uns vorhalten, was wir alles nicht geleistet haben. Wir sollten auch sagen, daß wir es geschafft haben, nach einer zeitlichen Festlegung von Montag auf den Freitag hier wieder einen Tisch zu haben, der uns einen allgemeinen Einstieg gegeben hat. Wir werden das strukturieren und katalogisieren und abarbeiten. Es muß weiter abgearbeitet werden.

Wenn wir aber immer nur sagen, was wir nicht geleistet haben, dann vermindern wir auch das Vertrauen, das die Bevölkerung in uns hat. Ich bin durchaus für Nachdruck, wo es nötig ist.

Ducke (Moderator): Ich danke für diese Darstellung. So sind zwei Meldungen zu diesem Thema gekommen. Es steht konkret der Antrag.

Herr Gysi, bitte. Sollen wir mit einer einfachen Abstimmung – –

Zwischenruf Gysi (SED-PDS): Ja.

Ducke (Moderator): – Ihrem Vorschlag zustimmen, daß hier der Runde Tisch auch zur Kenntnis nimmt die **Invasion in Panama** und verurteilt, so war das.

Gysi (SED-PDS): Das war der Punkt eins, ja.

Ducke (Moderator): Das war der Punkt eins [**Antrag, SED-PDS: Verurteilung der US-Invasion in Panama**].

Ich rufe auf, ist der Runde Tisch der Meinung, sich dieser Wortmeldung anzuschließen und als solches auch der Presse mitzuteilen in der anschließenden Pressekonferenz? Den bitte ich jetzt um das Handzeichen. Gegenstimmen? – Enthaltungen? – Ich stelle Einstimmigkeit fest.

Ihr zweiter Antrag. Ich gebe das an die Presse weiter, daß das kam.

Gysi (SED-PDS): Mein Antrag ist die Bitte an die Verantwortlichen, wenn heute das Brandenburger Tor geöffnet wird, daraus kein Volksfest zu machen in Anbetracht der Zustände in Rumänien [**Antrag, SED-PDS: Zur Öffnung des Brandenburger Tores**].

Ducke (Moderator): Vielen Dank. Der Antrag ist verstanden. Wer diesen Antrag unterstützt und auch möchte, daß das in der Presse so bekanntgegeben wird, den bitte ich um das Handzeichen.

Gegenstimmen? – Keine Enthaltungen? – Einstimmig angenommen. Vielen Dank. Die Presse hat ihre Aufgaben.

Darf ich noch eine Einladung wieder übermitteln, [von] Herrn Prosa [???] von [der] „Europäischen Friedensinitiative Deutsche für Deutsche". Um 13.00 Uhr findet im Lustgarten an der Bühne eine Übergabe von 40 Krankenwagen mit Instrumenten an Krankenhäuser statt. Morgen ist das gleiche in Leipzig und übermorgen in Dresden. Eine Einladung an die Teilnehmer des Runden Tisches ist hier ergangen. Ich habe sie so weitergegeben, möge jeder damit umgehen, wie er möchte.

Darf ich hiermit die Sitzung schließen und noch einmal das Wort an Herrn Ziegler übergeben.

Ziegler (Co-Moderator): Ich habe nur zweierlei zu sagen, daß ich Ihnen trotz all der Arbeit und Aufgaben, die Sie ja alle haben und wir haben, ein gutes Weihnachtsfest wünsche mit der Hoffnung, daß Sie ein paar ruhige Stunden wenigstens haben.

Und zweitens, daß ich hier auch vor Ihnen der Herrnhuther Brüdergemeine danke, daß sie ihren Gottesdienstraum [für] diese Zeit uns zur Verfügung gestellt haben und wir, glaube ich, von diesem Stern in den Anfangsphasen ganz gut geleitet worden sind.

[Beifall]

Ducke (Moderator): Die Sitzung ist geschlossen.

[Ende der Sitzung: 12.30 Uhr]

[Beginn der Sitzung 9.00 Uhr]

Ziegler (Moderator): Ich begrüße Sie, auch im Namen meiner Kollegen von der Berliner Bischofskonferenz und von der Arbeitsgemeinschaft Christlicher Kirchen zur 4. Sitzung des Runden Tisches. Ich hoffe, daß Sie ein paar ruhige Stunden der Entspannung zu Weihnachten hatten. Der Hoffnung gebe ich nicht Ausdruck, daß Sie gar keine Gedanken auf die Dinge verwandt haben, die uns hier beschäftigen, denn das wird ja kaum jemanden möglich gewesen sein.

Die Entwicklungen, die uns am Ende unserer Sitzung am 22. Dezember [1989] bewegten, sind weitergegangen über Weihnachten. Ich denke, ich spreche in Ihrer aller Namen, wenn wir dem rumänischen Volk wünschen, daß es nach den Ereignissen der letzten Tage zur Ruhe komme und bald seine Verhältnisse ordnen kann. Und wir wünschen den Menschen in Panama, daß auch für sie bald die Zeit komme, in der sie über den Weg ihres Landes selbst, in Frieden und in Freiheit entscheiden können.

Ich begrüße Sie heute zu dieser 4. Sitzung in einem neuen Haus, im **Konferenzgebäude des Schlosses Niederschönhausen**. Wir haben unsere gemeinsame Arbeit in einem kirchlichen Haus, im Dietrich-Bonhoeffer-Haus in der Ziegelstraße begonnen, in sehr großer Enge und großem Gedränge. Aber dieses Haus, so denke ich, hat uns doch geholfen, zu gemeinsamer Arbeit zusammenzufinden und für uns – das möchte ich noch einmal auch im Namen meiner Mitmoderatoren sagen – wird der Name dieses Hauses ständige Verpflichtung sein, in ehrlicher Mittlerrolle mit Ihnen das Beste unseres Landes zu suchen.

Das neue Haus, das der Ministerrat für unsere Arbeit am Runden Tisch zur Verfügung gestellt hat, bietet großzügige Arbeitsmöglichkeiten. Davon werden Sie sich im Laufe des heutigen Tages noch überzeugen können. Ich denke, es ist gut und notwendig, wenn wir am Anfang auch diejenigen kennenlernen, die in diesem Hause die Verantwortung tragen und die äußeren Voraussetzungen schaffen, daß wir in Ruhe gut arbeiten können. Und so möchte ich bitten, daß Herr Stüve, der Leiter dieses Konferenzhauses, sich kurz vorstellt.

Stüve (Leiter des Konferenzhauses des Ministerrates): Meine Damen und Herren, ich begrüße Sie auf das Herzlichste im Konferenzzentrum Berlin-Niederschönhausen. Unser Betriebskollektiv erachtet es als eine Ehre, die Arbeitsbedingungen für Ihre politisch so wichtige Arbeit unterstützen zu können. Dieses Haus, von seiner Historie her betrachtet, ist gebaut worden in Vorbereitung auf unseren ersten Arbeiter- und Bauernstaat. Es beinhaltete die Kanzlei unseres ersten Arbeiterpräsidenten Wilhelm Pieck und dient damit seit jeher Konferenzen und politischen Zusammenkünften.

Die Arbeitsbedingungen, die wir in diesem Hause haben, sind, glaube ich, als eine gute Voraussetzung geschaffen, daß diese uns übertragene Aufgabe eine gute Basis findet. Das Kollektiv unseres Betriebes ist bemüht, alle gestellten Aufgaben organisatorischer Art von der Versorgungsleistung über die Verpflegung, über die Pausenversorgung und die Arbeitsbedingungen in Büros in angenehmer Atmosphäre Ihnen zur Verfügung zu stellen. Ich wünsche Ihnen eine erfolgreiche Arbeit. Wir werden gegen 11.00 Uhr eine Pause durchführen, die uns die Möglichkeit einer gastronomischen Versorgung gibt. Das Mittagessen gegen 13.00 Uhr ist vorbereitet und wir werden entsprechend mit dem Veranstalter die Gestaltung dann noch konkretisieren, wenn es erforderlich sein sollte. Ich wünsche der heutigen Beratung und dem Veranstalter viel Erfolg.

Schönen Dank.

Ziegler (Moderator): Vielen Dank.

Ich möchte die Gelegenheit nutzen, Ihnen gleichzeitig Herrn Reichelt vorzustellen. Er hat, wahrscheinlich von vielen gar nicht groß bemerkt, auch in den Sitzungen des Dietrich-Bonhoeffer-Hauses dafür gesorgt, daß wir in Ruhe arbeiten können und er wird das heute auch tun. Herr Reichelt ist Mitarbeiter des Sekretariats des Bundes der Evangelischen Kirchen in der DDR und leitet dort die Reisestelle. Und ich möchte herzlich darum bitten, daß alle, die irgend etwas zu schreiben haben am heutigen Tag, oder die Aufrufe, Appelle und dergleichen zu verteilen haben, sich an Herrn Reichelt wenden, damit er auch die richtige Form der Verteilung übersehen kann und daß auch auf den verteilten Dingen, noch einmal muß ich das sagen, das Datum steht und der heutige Tag der 4. Sitzung, sonst finden wir [uns] zuletzt in unseren Papieren nicht mehr zurecht.

Besonders möchte ich begrüßen Frau Helga Schubert. Es war letztens vorgeschlagen worden, daß unter die Pressesprecher auch eine **Pressesprecherin** tritt. Frau Schubert hat dankenswerterweise sofort zugesagt. Haben Sie vielen Dank, daß Sie sich bereitgefunden haben, hier mit am Runden Tisch als Pressesprecherin zu wirken.

TOP 1: Personelle Veränderungen; Vorstellung neuer Repräsentanten der am Runden Tisch vertretenen Parteien und Vereinigungen

Und schließlich eine letzte Vorbemerkung in der Begrüßung. Der erste Überblick zeigt schon, daß einige Parteien und Gruppierungen Mitarbeiter geschickt haben, Vertreter geschickt haben, die bisher hier noch nicht bekannt sind. Ich möchte Sie bitten, daß diejenigen sich vorstellen und nach ihrer Vorstellung, wie schon die anderen Mitglieder des Runden Tisches, Name, Adresse auf einen Zettel schreiben und Herrn Reichelt geben, damit wir die Anwesenheits- und Mitarbeiterliste vervollständigen können. Ob wir vielleicht hier so links herumgehen und fragen, ob jemand neu ist. Wer ist heute erstmalig hier und hat sich noch nicht vorgestellt?

Wenn Sie das bitte tun würden.

Walburg (SED-PDS): Mein Name ist Dr. Klaus Walburg. Ich arbeite im Parteivorstand der SED-PDS.

Ziegler (Moderator): Bitte.

Schuster (SED-PDS): Mein Name ist Dr. Hans Georg Schuster. Ich arbeite auch im Parteivorstand SED-PDS.

Julian (DA): Mein Name ist Bernd Julian. Ich bin Vorstandsmitglied des Demokratischen Aufbruchs.

Ziegler (Moderator): Die Berater noch nicht.

Schnur (DA): Ich möchte dazu noch etwas abgeben, weil für mich dann Ehrhart Neubert nachher als stellvertretender Vorsitzender an den Beratungen als mein Vertreter teilnimmt.

Ziegler (Moderator): Ach so.
Herr Neubert, dann müßten Sie sich auch vorstellen, ja.

Neubert (DA): Ehrhart Neubert vom Demokratischen Aufbruch. Vertreter für Herrn Rechtsanwalt Schnur.

Ziegler (Moderator): Sonst sehe ich – – ach doch – –
Bitte, Herr Pflugbeil.

Pflugbeil (NF): Sebastian Pflugbeil, Neues Forum.

Ziegler (Moderator): Ja, danke. Wir werden sicher, wenn wir nachher gegen Ende der Sitzung noch zu unseren Ordnungen kommen, auch einmal darüber sprechen müssen, wie das mit dem **Rotationsprinzip** sein soll in der Zukunft. Ich denke, das läßt sich gut verbinden, diese Aussprache darüber mit einem **Antrag**, den SDP und Initiative für Frieden und Menschenrechte **auf Ergänzung der Geschäftsordnung** eingebracht haben, das könnte dann besprochen werden. [vgl. **Vorlage 4/2, Antrag SDP, IFM: Zulassung von Beratern**]
Und nun möchte ich Ihnen kurz den handgeschriebenen Vorschlag erläutern, ich bitte dafür um Entschuldigung, aber über Weihnachten war keine Sekretärin da, man wollte sie auch nicht belasten. Wir haben einen Vorschlag zusammengestellt nach den Dingen, die Sie letztens schon entschieden haben für die **heutige Tagesordnung**. Allerdings sind ein paar akute Dinge unter Ziffer 2 noch hinzugekommen. Der Gesichtspunkt, unter dem dieser Vorschlag aufgestellt worden ist, wurde auch bereits hier am Runden Tisch geäußert. Es wurde der Vorschlag gemacht, wir sollten unterscheiden Sacharbeit und mehr die Ordnungsfragen. Und die Tagesordnung ist so aufgestellt, daß wir nach Möglichkeit die guten, ersten Stunden für die Sacharbeit freibekommen und die Ordnungsfragen erst an zweiter Stelle verhandeln.

[**Vorlage 4/1, Entwurf Moderation: Tagesordnung für die 4. Sitzung des Runden Tisches**]

Vorschlag für die Tagesordnung der 4. Sitzung des Runden Tisches am 27. Dezember 1989 – 9.00 Uhr, Ossietzky-Str., Berlin 1110 (Konferenzgebäude)

1. Begrüßung und Vorstellung der Mitarbeiter des Konferenzzentrums
2. Eröffnung
2.1. Weitere Zulassungsanträge
2.2. Zulassung von Beratern für die heutige Sitzung (vgl. TOP 8)
2.3. Beschluß über die heutige Tagesordnung
3. Entwurf einer Ordnung über die Tätigkeit von Bürgerkomitees
4. Bildung eines zivilen Kontrollausschusses
5. Kommunalwahlen
6. Beziehungen zur Regierung Modrow (Antrag NF)
7. Erklärung gegen Neofaschismus
8. Antrag auf Ergänzung der Geschäftsordnung (SDP u. IFM)
9. Ordnung für ein Arbeitssekretariat des RT
10. Zur Sicherung für die Arbeitsmöglichkeiten für die neuen Parteien und polit. Gruppen des RT
11. Bekanntgabe von Eingaben und Entscheidungen über ihre Bearbeitung
12. Anmeldungen für die Tagesordnung am 3. Januar 1990 (Schwerpunktthema: Wirtschaft)

ZG

Nun muß ich noch eine technische Sache sagen: Einige von Ihnen haben das schon sofort richtig bedient. Wer sprechen will, muß am Mikrofon auf den Knopf drücken. Es können jeweils vier sich einschalten. Das wird dann automatisch gesteuert und wir werden dann aber die Namen aufrufen nach der Reihenfolge der Wortmeldungen.

TOP 2: Zulassung neuer Gruppierungen zum Runden Tisch

Und nun muß ich Sie darüber informieren, daß drei neue Anträge eingegangen sind auf Zulassung zum Runden Tisch. Es ist die Kammer der Technik, die Interesse Ihrer Mitglieder bekundet und deshalb darum bittet, am Runden Tisch mitzuarbeiten.

Es ist die **Gesellschaft für Deutsch-Sowjetische Freundschaft,** die vor allen Dingen auf den Punkt Ausländerfragen eingeht und meint, aus ihrer Verantwortung für die Freundschaft mit der Sowjetunion ableiten zu können, daß sie am Runden Tisch gleichberechtigt mitarbeiten kann.

Und schließlich ist ein Antrag eingegangen der **Arbeitsgruppe zur Bildung einer Nationalen Bürgerbewegung**[1]. Diese Nationale Bürgerbewegung hat sich gebildet am 13. Dezember [1989] in einer Beratung. Die Initiative ist ausgegangen von bisherigen Ausschüssen der Nationalen Front und von bereits bestehenden örtlichen Bürgerkomitees. Um diese Gesichtspunkte, die dort vertreten werden und dort aufkommen, [hier zu vertreten,] stellt auch diese Arbeitsgruppe den Antrag auf gleichberechtigte Einbeziehung in den Runden Tisch.

Ehe wir darüber in die Diskussion eintreten, bitte ich doch noch folgendes zu bedenken: Wir hatten schwierige Diskussionen bei den Zulassungen und waren immer darauf angewiesen, dann aus dem Augenblick heraus zu entscheiden. Ich möchte Ihnen wenigstens die Frage stellen, weil das ja unter Umständen durchaus noch mit solchen Anträgen so weitergehen kann, ob wir nicht die gebildete **Prioritätengruppe** bitten, solche Anträge jeweils vorzuprüfen und dann einen Vorschlag einzubringen, weil es doch auch die Möglichkeit einer wirklich sachlichen Mitarbeit gibt durch die Arbeitsgruppen oder im Beobachterstatus oder durch Anträge. Sonst sitzen wir jedes Mal, ohne daß wir gute, geprüfte

---

[1] Die Gründung einer „Nationalen Bürgerbewegung" war vom Politbüro als Mittel zu Einbindung der oppositionellen Strömungen beschlossen worden. Eine „Initiativgruppe zur Bildung einer nationalen Bürgerbewegung" appellierte Anfang Februar 1990 an den Runden Tisch, eine „Fairneßkommission" einzurichten, die sich aus Vertretern der Kirchen, der Opposition und der (Regierungs-)Parteien unter Vorsitz einer unabhängigen Persönlichkeit zusammensetzen sollte (ADN-Meldung 1084 vom Februar 1990).

Vorschläge haben, hier und müssen aus dem Augenblick heraus entscheiden. Ich bitte Sie also, auch dies bei der jetzigen Aussprache mit zu bedenken. Wir müssen diese Frage ja zu Beginn klären, weil unsere Geschäftsordnung in Ziffer 7 vorschreibt, daß am Anfang der Sitzung das zu entscheiden ist. Dazu jetzt bitte die Aussprache zu diesem Punkt 2.1. Möchte sich jemand zu Wort melden?

Herr Böhme, bitte.

Böhme (SDP): Ich glaube, daß die Anwesenden am Runden Tisch die Frage der **Ausländerpolitik** und die Frage auch zur Freundschaft zur Sowjetunion wie zur Freundschaft mit allen anderen Völkern ernsthaft mit wahrzunehmen gedenken. Wollten wir die genannten Massenorganisationen mit aufnehmen, müßten wir [den Antrag], alle Massenorganisationen, denen wir die Möglichkeiten, [innerhalb] eines Beobachterstatus mitzuarbeiten, gegeben haben, erneut auf die Tagesordnung setzen.

Ich möchte damit nicht den Wert und die Notwendigkeit der genannten Massenorganisationen und vor allem die Notwendigkeit ihrer Mitarbeit bei der gesellschaftlichen Erneuerung in irgendeiner Art und Weise herabgesetzt wissen.

Ziegler (Moderator): Herr Böhme, ich weiß nun nicht, wofür Sie sprechen.

Böhme (SDP): Ich bin für einen **Beobachterstatus.**

Ziegler (Moderator): Und Sie sind dafür, daß heute gleich am Anfang entschieden wird, ja? – Aha. Weitere Wortmeldungen zu dieser Frage? Auch zu dem Vorschlag, daß am Schluß die Programm- oder Prioritätengruppe zusammentritt, um vorzuprüfen, bitte ich auch um Wortmeldungen.

Herr Ullmann, bitte.

Ullmann (DJ): Ich schließe mich Ihrem Vorschlag an, solche Anträge künftig in der Prioritätengruppe zu überprüfen. Es fällt mir persönlich zum Beispiel sehr schwer, irgendein Votum abzugeben über die neu gegründete **Arbeitsgruppe Nationale Bürgerbewegung,** von der ich gar keinen Eindruck habe. Wie soll man darüber entscheiden.

Im übrigen schließe ich mich dem Votum meines Vorredners an. Das Verhältnis zur Sowjetunion ist für uns elementar wichtig. Es wird aber in den Beratungen dieses Runden Tisches nicht ständig präsent sein können, weil wir **Fragen der inneren Ordnung** unseres Landes vorrangig zu besprechen haben. Ich könnte mir denken, daß man dem Vorschlag von Herrn Böhme folgt. Ich könnte mir aber auch denken, daß die Gesellschaft für Deutsch-Sowjetische Freundschaft im einzelnen Fall hierher eingeladen werden könnte, wenn wir außenpolitische Fragen besprechen. Diese Einladung könnte verschiedener Art sein, als Sachreferent oder als Berater. Ich glaube, eine ständige Teilnahme ist unter den obwaltenden Umständen nicht nötig. Ähnliches würde ich über die Kammer der Technik sagen.

Ziegler (Moderator): Es sind keine Anträge gestellt im Augenblick. Herr Böhme, verstehe ich das richtig, daß Sie, haben Sie den Antrag gestellt? Ich muß ja wissen – –

Böhme (SDP): Ich stelle hiermit den Antrag, den Beobachterstatus abstimmen zu lassen.

Ziegler (Moderator): Über?

Böhme (SDP): Über die genannten drei Bewegungsformen, ja.

Ziegler (Moderator): Ja, das ist ein Antrag, damit entfällt der Vorschlag dann, daß das erst vorgeprüft wird. Möchte sich dazu noch jemand äußern? Dann wird sofort abgestimmt. Gut.

Da keine Wortmeldung weiter ist, ist jetzt beantragt, für die Kammer der Technik, für die Gesellschaft für Deutsch-Sowjetische Freundschaft und für die Arbeitsgruppe zur Bildung einer Nationalen Bürgerbewegung den Beobachterstatus festzusetzen.

Ja, Herr Ullmann.

Ullmann (DJ): Ich beantrage einzelne Abstimmung.

Ziegler (Moderator): Herr Böhme.

Böhme (SDP): Ich bitte um eine kurze Vorstellung der Bewegungsformen.

Ziegler (Moderator): Ja, das geht dann nur, Einzelabstimmung ist beantragt, ich glaube, wir brauchen nicht lange weiter zu Verfahrensfragen verhandeln, das wird gemacht. Aber, ist jemand von der Kammer für Technik hier, der diese Arbeit vorstellen kann? Das ist nicht der Fall. Von der Deutsch-Sowjetischen – –

Ja, bitte.

Julian [???] (DA): Ich glaube, eine Entscheidung jetzt ist sehr kompliziert, das wurde schon ausgeführt. Ich würde den Antrag stellen einer Vorprüfung. Vielleicht als – –

Zur Abstimmung dann.

Ziegler (Moderator): Das ist ein Antrag, der müßte dann wohl vorgeschaltet werden, der Sache nach.

Ja, Herr de Maizière.

de Maizière (CDU): Ich bin der Meinung, daß dieser Antrag Vorprüfung der weitergehende Antrag ist.

Ziegler (Moderator): Ja, das meinte ich mit meiner etwas ungeschickten Formulierung. Ja, vielen Dank. Herr Böhme? – Gut.

Dann würde ich jetzt doch, damit auch die Chance besteht, da rückzufragen und die Vorstellungsmöglichkeiten zu geben, dies zur Abstimmung stellen.

Wer ist dafür, daß die Prioritätengruppe, in der aus jeder Gruppierung hier einer vertreten war, eine Vorprüfung vornimmt und zur nächsten Sitzung einen Vorschlag mit Votum einbringt, den bitte ich um das Handzeichen.

Ich denke, wir brauchen nicht auszuzählen. Wer ist dagegen? – 2 sind dagegen. Wer möchte sich enthalten? – 1 Enthaltung.

Ich muß dann gleich ansagen, daß heute nach Schluß dieser Gesamtverhandlung die Prioritätengruppe kurz zusammentreten muß, damit Sie alle auch Einblick nehmen können in die Anträge. Darf ich das dann gleich hier festhalten.

TOP 3: Neuzulassung von Beratern, Vertretung von Mitgliedern des Runden Tisches

Jetzt kommt eine zweite Frage, die hängt engstens zusammen mit dem **Antrag auf Ergänzung der Geschäftsordnung,** aufgeführt in der Tagesordnung unter Ziffer 8, nämlich [Vorlage 4/2, Antrag SDP, IFM:] **Zulassung von Beratern.** Unter dem Eindruck, daß es gut ist, wenn wir

Verfahrensfragen mehr in den Hintergrund bringen, hatte ich formuliert, Zulassung von Beratern für die heutige Sitzung, damit wir nicht die Entscheidung über den Antrag vorwegnehmen. Und mein Vorschlag ist, daß man die Berater, die heute da sind, zuläßt für diese heutige Sitzung und nächstes Mal nach der dann erweiterten Geschäftsordnung verfährt. Möchte sich dazu jemand äußern?

Das ist nicht der Fall. Darf ich dann um die Entscheidung darüber bitten, ob Sie bereit sind, die Berater, die heute anwesend sind, zuzulassen für die heutige Sitzung und alles weitere der Ergänzung der Geschäftsordnung [zu] überlassen. Wer dafür ist – –

Ja Sie, bitte.

de Maizère (CDU): Ich denke doch, daß das eine grundsätzliche Frage ist, daß wir mit der Entscheidung für heute für immer präjudizieren. Ich glaube nicht, daß wir so verfahren könnten, sondern, daß wir dann doch [**Tagesordnungspunkt**] 8 vorziehen müßten.

Ziegler (Moderator): Ihr Antrag lautet, daß Ziffer 8 vorgezogen wird und diese Ergänzung der Geschäftsordnung jetzt verhandelt wird, Herr de Maizière. Habe ich so richtig verstanden? – Das ist ein Antrag zur Geschäftsordnung. Wer möchte dazu noch sprechen? – Niemand. Wer unterstützt diesen Antrag zur Geschäftsordnung, den bitte ich um das Handzeichen. – Mehrheit. Und wer ist dagegen? – [Mit Nein haben gestimmt] 8. Und wer enthält sich? – 1. Damit ist das angenommen.

Wir müssen jetzt sofort austeilen und ich bitte, das einmal zu tun, den Antrag von SDP und Initiative für Frieden und Menschenrechte auf Ergänzung der Geschäftsordnung. Es geht dabei um die Frage der Berater. Ich lese in der Zwischenzeit einmal vor. Folgender Antrag wurde fristgemäß auch eingereicht beim letzten Mal in der Sitzung:

[**Vorlage 4/2, Antrag SDP, IFM: Zulassung von Beratern zum Runden Tisch**]

Zur Erhöhung der Effektivität der Arbeit des Runden Tisches erhalten die am Runden Tisch vertretenen Parteien und Organisationen das Recht, Berater in der gleichen Anzahl hinzuzuziehen, mit der sie selbst am Runden Tisch sitzen.

Die Berater haben ihren Vertretern zuzuarbeiten, sie haben kein Rederecht, und sich so zu verhalten, daß sie die Beratung nicht stören.

Der Runde Tisch kann Einzelfragen zur Vorklärung an die Berater verweisen, die sich dazu zurückziehen.

Bei Verhinderung eines Vertreters am Runden Tisch kann ein Berater mit vollem Recht eines Vertreters nachrücken. Den Parteien und Organisationen am Runden Tisch wird empfohlen, die Berater aus den Mitarbeitern der Arbeitsgruppen beim Runden Tisch auszuwählen.

Berater können ausgetauscht werden.

Ich hoffe, Sie haben inzwischen den Text vor Augen. Ich möchte lediglich darauf hinweisen, daß hiermit dann in dem letzten Absatz gleichzeitig die **Frage der Rotation mit geregelt** wird, weil dann Berater und nicht irgend jemand anderes nun die Vertretung übernehmen kann. Dieser Antrag ist eingebracht von SDP und der Initiative für Frieden und Menschenrechte, möchten die Einbringer zunächst noch Erläuterungen machen? – Das ist wohl nicht der Fall.

Doch, Herr Böhme, bitte.

Böhme (SDP): Wir möchten ergänzend nur darauf hinweisen, daß den Beratern die gleichen materiellen Zusicherungen getätigt werden sollten wie den am Runden Tisch direkt Sitzenden.

Ziegler (Moderator): Herr Dr. Ullmann.

Ullmann (DJ): Also, ich habe Bedenken gegen Absatz 2:

„Der Runde Tisch kann Einzelfragen zur Vorklärung an die Berater verweisen, die sich dazu zurückziehen."

Ich finde, das tangiert unseren Arbeitsstil dergestalt, daß wir dann so eine Art Zweite Kammer bekommen und außer den Kommissionen haben wir dann noch die Beraterrunde. Also, ich könnte mir denken, daß das einen etwas komplizierten Arbeitsstil nach sich zieht, und ich wäre deshalb dafür, diesen Absatz ersatzlos zu streichen.

Ziegler (Moderator): Ja, der Antrag, den halten wir erst einmal fest.

Herr Koplanski.

Koplanski (DBD): Wir möchten diesen Antrag des Herrn Ullmann unterstützen und ebenfalls diesen Satz ersatzlos streichen.

Ziegler (Moderator): Weitere Meldungen? – Ja, bitte. Sagen Sie Ihren Namen, ja – –

Entschuldigung.

Schlomann (NDPD): Schlomann. Gegen Berater hätten wir keine Einwände, würden aber auch die Frage aufwerfen, oder besser gesagt, den Antrag stellen, den zweiten Absatz zu streichen. Wir hätten dann eine gewissermaßen dritte Ebene, in der beraten werden sollte und müßte, und ich fürchte, daß der Runde Tisch dann möglicherweise uneffektiv werden könnte.

Ziegler (Moderator): Herr Böhme.

Böhme (SDP): Ich glaube, wie die letzten drei Runden Tische gezeigt haben, geht es hier oft um Formulierungsfragen, die dann Unterbrechungen der Tagungen bei sehr schwierigen Verhandlungskomplexen zur Folge hätten, und die **Berater** könnten durchaus zu **Formulierungsfragen** sich zurückziehen. Außerdem glaube ich, daß bei **Wirtschaftsfragen** die Berater eine sehr wichtige Kompetenz haben und sich unter Umständen zurückziehen müssen.

Ziegler (Moderator): Ich möchte noch sagen, diejenigen, die gesprochen haben, bitten wir wieder auf das Knöpfchen zu drücken, sonst sind Sie immer weiter drauf und es können sich keine anderen zu Wort melden, ja?

Bitte, Herr Raspe.

Raspe (LDPD): Ich bin der Auffassung, daß unsere Arbeitsgruppen nicht alle Themen abdecken, die wir hier zu besprechen haben, deswegen wäre ich dafür, den zweiten Absatz zu belassen.

Ziegler (Moderator): Noch weitere Wortmeldungen? Ich möchte wenigstens darauf hinweisen, daß dem Anliegen des zweiten Absatzes auch Rechnung getragen werden kann, ohne daß wir das festschreiben in einer Geschäftsordnung. Denn wenn wir das festschreiben, kriegen wir tatsächlich eine weitere Ebene. Wenn wir so verfahren, ist das natürlich sinnvoll.

Bitte, Herr Gehrke.

Gehrke (VL): Vielleicht besteht die Lösung darin, weil hier ist ja formuliert, „kann ... verweisen", wenn wir anfügen, „darüber ist im einzelnen abzustimmen" oder etwas ähnliches.

Ziegler (Moderator): Dr. Ullmann.

Ullmann (DJ): Ja, also, ich bin der Meinung, daß man genau so verfahren kann, wie Herr Böhme es vorgeschlagen hat, ohne diesen Absatz deswegen nötig zu haben, der eben eine Menge Verfahrensprobleme aufwirft, aber kein Mensch ist gehindert, so zu verfahren, wie Sie gesagt haben.

Ziegler (Moderator): Mir scheint, es führt uns nicht sehr viel weiter, und da ein **Antrag** gestellt ist **auf Streichung**, möchte ich eigentlich darüber abstimmen lassen, wenn sich da kein Widerspruch gegen erhebt. Der Antrag ist gestellt, diesen zweiten Absatz, das sind ja nur zwei Zeilen, ich lese sie noch einmal vor: „Der Runde Tisch kann Einzelfragen zur Vorklärung an die Berater verweisen, die sich dann dazu zurückziehen", zu streichen.

Wer ist für diesen Antrag? – Das müssen wir doch auszählen. [Mit Ja haben gestimmt] 21. Wer ist dagegen? – [Mit Nein haben gestimmt] 9. Und Enthaltungen? – Enthaltungen 7.

Damit ist dieser zweite Absatz gestrichen. Ich frage, ob es weitere Wortmeldungen zum Antrag insgesamt gibt? Ich sehe jetzt – –

Doch Frau Köppe, bitte.

Frau Köppe (NF): Ist es richtig, daß wir den dritten Absatz, den ersten Satz auch als eine Kann-Bestimmung verstehen, daß das also nicht bedeutet, daß, wenn ein Vertreter des Runden Tisches verhindert ist, er in jedem Fall durch einen Berater ersetzt werden muß.

Ziegler (Moderator): Ja, es steht „kann" da. Das ist so.

Frau Köppe (NF): Gut.

Ziegler (Moderator): Ich möchte das noch kurz erläutern, meine Bemerkung vom Anfang. Es ist ziemlich schwierig, auch für die Verhandlungsführung, aber das ist nicht das Entscheidende, sondern für die Sacharbeit, wenn ein zu häufiges **Rotationsverfahren** einsetzt.

Andererseits sind natürlich viele Parteien, viele Gruppierungen gar nicht in der Lage, die Kontinuität voll zu wahren. [Im Antrag zur Zulassung von Beratern zum Runden Tisch müßte es heißen] „haben" und nicht, „rücken nach" – einfach den Infinitiv, dann wäre es nämlich klipp und klar, dann wäre dieses Rotationsprinzip in gewissem Sinn eingeschränkt.

Herr Böhme, bitte.

Böhme (SDP): Es hängt nach meiner Ansicht vor allem mit dem demokratischen Selbstverständnis der Antragsteller zusammen, bei ihnen wird nämlich der Vertreter gewählt, also, das ist praktisch auch an sie selbst gerichtet.

Ziegler (Moderator): Herr Poppe.

Poppe (IFM): Im Sinne der sinnvollen Abarbeitung der Sachfragen hier müssen wir uns vorbehalten, Berater an dem jeweiligen Verhandlungstag dabeizuhaben, die also auch zu diesen Sachfragen tatsächlich beraten können. Und damit ergibt sich automatisch eine gewisse **Rotation der Berater**, und das müssen also nicht die gleichen sein, die im Falle von Verhinderung hier einspringen.

Ziegler (Moderator): Danke für die Erläuterung. Ich frage jetzt noch einmal, ob es zu diesem Antrag jetzt noch weitere Wortmeldungen gibt. Dann wäre nur noch zu klären, das würde dann als Ziffer, wenn der Antrag durchkommt, würde er als Ziffer 9, Augenblick, 8 oder 9, jetzt müßte das wohl dann eingefügt werden als Ziffer 9 in die Geschäftsordnung und Ziffer 9 müßte 10 sinnvollerweise werden, denn da steht die Entscheidung über den Streit, wie Streit geschlichtet wird, in der Ziffer 9.

Ja, Herr de Maizière, bitte.

de Maizière (CDU): Das Anliegen ist mir klar, aber ich halte dies nicht für einen Text, den man als Geschäftsordnungstext annehmen könnte. Berater haben zur Erhöhung der Effektivität zu dienen etc., also muß man das Ganze, die ganzen Absichten und so weiter da noch hineinformulieren, die Geschäftsordnung muß doch einen juristisch nüchternen Charakter haben, und das hat dieser Text nicht.

Ziegler (Moderator): Ja, Herr de Maizière, Sie sind also für eine knappe andere Formulierung, die in den Rahmen einer Geschäftsordnung paßt.

de Maizière (CDU): Genau, so ist es.

Ziegler (Moderator): Bloß, damit können wir jetzt im Augenblick schwer weiter verhandeln, da wir die Neuformulierung nicht zur Hand haben.

Dann mache ich folgenden Vorschlag: Daß wir erstens Stellung nehmen zu dem hier vertretenen Anliegen, das in diesem Antrag formuliert ist.

Zweitens aber noch einen **Auftrag zu einer Neuformulierung** erteilen, der dann in die Geschäftsordnung einzufügen ist. Halten Sie das für möglich, ich muß die Antragsteller hier fragen.

Böhme (SDP): Ich sehe es als eine Erleichterung, wenn man es einfach, ohne jetzt zu streiten, wo es hingehört und ob es hineingehört, als **Anlage zur Geschäftsordnung** verabschiedet.

Ziegler (Moderator): Herr Poppe, wollen Sie sich auch noch äußern?

Poppe (IFM): Ja, ich bin der Meinung, daß wir jetzt einfach darüber abstimmen sollten, ob wir so verfahren, mir ist es jetzt ziemlich unerheblich, ob es Bestandteil der Geschäftsordnung wird oder ob es insgesamt vom Runden Tisch, diese Verfahrensweise, akzeptiert wird.

Ziegler (Moderator): Herr de Maizière, würden Sie sich noch einmal äußern?

de Maizière (CDU): Ich halte es schon für notwendig, ob etwas – – oder notwendig zu klären, ob etwas Bestandteil oder Anlage einer Geschäftsordnung ist und welchen Charakter und welche Verbindlichkeit es dann hat.

Ziegler (Moderator): Wenn ich die Antragsteller richtig verstehe, und das steht ja auch: Ergänzung der Geschäftsordnung, dann soll es dieselbe Verbindlichkeit haben wie die Geschäftsordnung, das ist doch wohl klar, nicht? – Ja, dem wird nicht widersprochen. Also, Herr de Maizière, helfen Sie uns bitte weiter, was sollen wir tun?

de Maizière (CDU): Ich bin der Auffassung, wir sollten über das Anliegen dieses Antrages abstimmen und eine endgültige Formulierung dann noch einmal zur Diskussion stellen.

Ziegler (Moderator): Aber nicht mehr heute.

de Maizière (CDU): Nicht mehr heute, ja. Gut.

Ziegler (Moderator): Also ja, Entschuldigung.
Herr Lindner, ich habe Sie übersehen.

Lindner (LDPD): Darf ich einen Vermittlungsvorschlag machen, der vielleicht Herrn de Maizière gerecht wird, da wir uns in der Sache offenbar doch ziemlich einig sind?
Wenn die Einleitung zur Erhöhung der Effektivität der Arbeit des Runden Tisches wegfällt, über diese Notwendigkeit sind wir uns ja im klaren, und wir also beginnen: „Die am Runden Tisch vertretenen Parteien und Organisationen haben das Recht, Berater" und so weiter, würde das dem Stile einer Geschäftsordnung im Sinne von Herrn de Maizière mehr entsprechen, dann könnten wir vielleicht so verfahren.

Ziegler (Moderator): Ja, das ist dann ein Änderungsantrag zu diesem Antrag, würden Sie ihn bitte dann so formulieren. Dann möchte ich allerdings sagen, dann könnte auch der Satz noch fallen: „Die Berater haben ihren Vertretern zuzuarbeiten." Das ist ja dann ziemlich klar, und wenn Herr de Maizière dann dem zustimmen könnte, dann hätten wir vielleicht den Text, über den wir endgültig abstimmen, damit wir nicht noch einmal in Verfahrensfragen kommen.

de Maizière (CDU): Dann genügt es, daß es heißt, daß sie **kein Rederecht** haben, den Rest des Satzes würde ich bei jedem zivilisierten Menschen unterstellen.

Ziegler (Moderator): Ja, das ist wohl wahr. Also haben wir noch mehr Streichungen. Der Vorschlag lautet jetzt, daß wir den Text doch gleich so fertigmachen, daß wir endgültig darüber abstimmen. Und das heißt:

Lindner (LDPD): „Die am Runden Tisch vertretenen Parteien und Organisationen haben das Recht."

Ziegler (Moderator): Ja, also, ich lasse gleich darüber abstimmen. Dann war der folgende Satz: „Die Berater haben ihren Vertretern zuzuarbeiten." [Hier] ist mein Vorschlag, [dies] ebenfalls zu streichen und es schließlich dann bei dem Satz zu belassen: „Sie haben kein Rederecht" Punkt.

Lindner (LDPD): „Diese" müßte es dann sicher heißen.

Ziegler (Moderator): Ach so, „diese" müßte es dann heißen. Gibt es noch weitere Änderungen? Wir stimmen gleich im einzelnen darüber ab. Ich sehe keine und lasse jetzt über die Änderungsanträge abstimmen. Im ersten Satz werden die Worte „zur Erhöhung der Effektivität der Arbeit des Runden Tisches" gestrichen und es heißt dann: „Die am Runden Tisch vertretenen Parteien und Organisationen haben das Recht". Wer diesem Änderungsantrag zustimmt, [den] bitte ich um das Handzeichen. – Ich glaube, das können wir als mehrheitlich ansehen.
Dann war zweitens Streichung des Satzes: „Die Berater haben ihren Vertretern zuzuarbeiten", weil das eigentlich selbstverständlich ist. Wer ist dafür? – Mehrheit. Da darf ich ja wohl gleich weitergehen.
Und dann war noch die Bitte ausgesprochen oder der Antrag gestellt, zu streichen: „und sich so zu verhalten, daß sie die Beratung nicht stören." Das setzen wir als selbstverständlich voraus. Darf ich fragen, wer dieser Änderung zustimmt? Da sind wir alle dafür, ja? – Vielen Dank. Dann dürfen wir das auch streichen.
Jetzt frage ich aber nun zum letzten Mal, ob noch Änderungen gewünscht werden, damit wir mit dieser Sache doch möglichst schnell zu Ende kommen. Ich sehe keine mehr.
Dann wird dieses als Ergänzung der Geschäftsordnung, ja, wir haben die Ziffer noch nicht, als Ziffer 8 einzufügen, wird hier gerade mir zugeflüstert, weil über die Leitung der Sitzung wird auf der nächsten Beratung gesondert befunden. Das erübrigt sich eigentlich. Das ist, weil das inzwischen, durch Ihre Entscheidung das letzte Mal erledigt ist, als Ziffer acht einzufügen.
Wie bitte?

de Maizière (CDU): Unter gleichzeitiger Streichung der bisherigen Ziffer 8.

Ziegler (Moderator): Ja. Der Antrag lautet also so: Als Ziffer 8 unter gleichzeitiger Streichung der bisherigen Ziffer 8 wird in die Geschäftsordnung eingefügt – jetzt der Text. Und ich frage, wer dafür ist, den bitte ich um das Handzeichen. Hier wollen wir aber einmal fragen. – Danke. Wer ist dagegen? Wer enthält sich der Stimme? – Einstimmig. Vielen Dank.

[Vorlage 4/2a: Beschluß Runder Tisch: Änderung der Geschäftsordnung, Zulassung von Beratern zum Runden Tisch]

Als Ziffer 8 unter gleichzeitiger Streichung der bisherigen Ziffer 8 wird in die Geschäftsordnung des Runden Tisches eingefügt:

„Die am Runden Tisch vertretenen Parteien und Organisationen haben das Recht, Berater in der gleichen Anzahl hinzuzuziehen, mit der sie selbst am Runden Tisch sitzen.

Diese haben kein Rederecht.

Bei der Verhinderung eines Vertreters am Runden Tisch kann ein Berater mit vollem Recht eines Vertreters nachrücken. Den Parteien und Organisationen am Runden Tisch wird empfohlen, die Berater aus den Mitarbeitern der Arbeitsgruppen beim Runden Tisch auszuwählen.

Berater können ausgetauscht werden."[2]

Damit ist Ziffer 2.2 eigentlich geklärt und es ist kein einzelner Beschluß zu Ziffer 2.2 heute mehr nötig. Die Parteien und Gruppierungen können so verfahren, bereits heute. Ich verlasse mich darauf, daß das mit den Zahlen dann auch bei den einzelnen Gruppierungen stimmt. Und wir können Ziffer 8 aus dem Tagesordnungsbereich als erledigt streichen. Letzter Vorbemerkungspunkt ist: Wünscht jemand [eine] Ergänzung der Tagesordnung?

Schnur (DA): Herr Bruder Ziegler – –

Ziegler: Ja?

---

[2] Siehe die vollständige Geschäftsordnung des Runden Tisches in der 2. Fassung vom 27.12.1989 im Anlagenband als Dokument 4/1.

TOP 4: Beratung und Beschluß der Tagesordnung

Schnur (DA): Ich würde gerne, bevor dann in die direkte Tagesordnung eingegangen wird, eine **persönliche Erklärung** abgeben, weil ich derzeit aus der Arbeit des Runden Tisches ausscheiden möchte und das setzt voraus, daß ich zuvor eine Erklärung abgeben kann.

Ziegler (Moderator): Ja, ich vermute, das hängt mit Ziffer 11 des Vorschlages zusammen, wo die Briefe und Eingaben bekanntgegeben werden müssen, nicht, ich vermute das, aber Frau Köppe hatte sich noch gemeldet. Wir kommen gleich dazu, Herr Schnur.

Frau Köppe (NF): Wir beantragen, den Punkt 4 der Tagesordnung umzubenennen, der heißt bis jetzt: Bildung eines zivilen Kontrollausschusses. Da ging es um den Ausschuß zur Auflösung des Amtes für Nationale Sicherheit. Wir würden diesen Punkt gern nennen: Zur Regierungsinformation vom 14. Dezember, so daß dort dann die Möglichkeit gegeben ist, sowohl zur Auflösung des Amtes für Nationale Sicherheit zu sprechen als auch zur Bildung des Nachrichtendienstes und des Organs für Verfassungsschutz.

Ziegler (Moderator): Ja. Die Schwierigkeit besteht nur darin, Frau Köppe, daß am Ende dieser Sitzung, das [in dieser Form] bekanntgegeben worden ist, so formuliert worden ist.

Frau Köppe (NF): Das macht ja nun nichts.

Ziegler (Moderator): Und das macht ja nichts, ich bin ja ganz Ihrer Meinung, daß das nichts macht. Ich würde also da in Klammern zusetzen, damit das auf jeden Fall festgehalten wird, daß die Möglichkeit besteht, darum geht es Ihnen doch, sich dazu zu äußern. Habe ich Sie richtig verstanden?

Frau Köppe (NF): Ja.

Ziegler (Moderator): Herr Böhme, bitte.

Böhme (SDP): Ich habe nichts gesagt.

Ziegler (Moderator): Ja, Herr Jordan, bitte.

Jordan (GP): Wir möchten in diesem Zusammenhang auch die Frage der Umsetzung der **Baukapazitäten der Staatssicherheit** behandeln und auch die Frage, wo die **Waffen der Staatssicherheit** bleiben, also die Frage der Entmilitarisierung.

Ziegler (Moderator): Ja, in der Prioritätenliste, wenn Sie sich an das letzte Mal erinnern, stand das drauf, das hatten wir allerdings dann in unserer Aussprache, als wir die Tagesordnung für heute vorbereiteten nicht vorgesehen. Ich bitte das ins Gedächtnis zu rufen. Natürlich hat jeder das Recht, Ergänzungen der Tagesordnung hier zu beantragen. Bloß, wir wollten sie nicht überfrachten, Herr Jordan, können Sie sich erinnern, ja? Sie können sich ja dann zu Wort melden. Sonst müssen Sie einen Antrag stellen auf Ergänzung der Tagesordnung, Baukapazitäten des ehemaligen Ministeriums für Staatssicherheit.

Jordan (GP): Meines Erachtens gehört das dazu, und auch die Frage, wo die Waffen bleiben, und deshalb möchte ich einen Antrag stellen, daß es jetzt in dem Zusammenhang gleich mit bearbeitet wird.

Ziegler (Moderator): Gut. Wir haben jetzt zwei Ergänzungsvorschläge für die Tagesordnung.
Herr de Maizière.

de Maizière (CDU): Kein Ergänzungsantrag, aber ein Hinweis: Wir haben ausgeteilt ohne Datum, wie wir mit Bedauern feststellen müssen, den „**Appell der 89**"[3] und bitten, diesen zu einem Tagesordnungspunkt einer der nächsten Tagungen zu machen.

Ziegler (Moderator): Für eine der nächsten Tagungen, ja?

de Maizière (CDU): Ja.

Ziegler (Moderator): Ich bitte dann aber noch um folgendes: Daß jeweils auf die ausgeteilten Blätter geschrieben wird: Runder Tisch, die wievielte Sitzung und das Datum und auch, wer dies macht, denn hier fehlt leider auch der Absender sozusagen, auf diesem Appell. Daß man gar nicht feststellen kann auf den ersten Blick, woher das kommt. Aber Herr de Maizière, das brauchen wir jetzt ja nicht zur Tagesordnung, [das] ist nur eine Anmeldung für eine der nächsten.
So, jetzt nehmen wir Frau Köppes Zusatz zur Regierungsinformation vom 14. Dezember 1989, daß das in Klammern, ich schlage vor, in Klammern hinzugesetzt wird, daß das auf jeden Fall dort zur Sprache kommt. Ja, sind Sie damit einverstanden? Erhebt sich gegen diesen Zusatz Widerspruch? – Offensichtlich nicht.
Herr Jordan bittet darum, daß in diesem Zusammenhang auch die Fragen des MfS, also Bau- und Waffenfragen, ich sage das einmal stichwortartig, mit verhandelt werden können. Erhebt sich dagegen Widerspruch, daß wir das da auch anmerken, unter diesem Tagesordnungspunkt?
Herr de Maizière.

de Maizière (CDU): Ich glaube, daß wir über die Fragestellung hier heute nicht hinauskommen werden. Ich sehe keinen, der darüber Auskunft erteilen könnte.

Ziegler (Moderator): Ja, Herr Raspe.
Herr Jordan, würden Sie einmal ausschalten, sonst behindern Sie andere, ja.

Raspe (LDPD): Also, wir haben uns, ich möchte Herrn Ziegler hier unterstützen, das letzte Mal wissentlich und bewußt für diesen Tagesordnungspunkt entschieden und diese hier aufgeworfenen Fragen vertagt, und ich sehe keinen Grund, daß wir das hier verändern und heute dazusetzen. Also ich wäre gegen eine Erweiterung dieses Tagesordnungspunktes im Sinne dieses Vorschlags.

Ziegler (Moderator): Noch Wortmeldungen dazu? Im Augenblick sehe ich keine, ich würde dann die Frage stellen, und schlage Ihnen vor, daß wir das insgesamt abstimmen, ob weitere Tagesordnungspunkte jetzt noch genannt werden. – Das ist nicht der Fall.
Ja, Herr Pflugbeil.

Pflugbeil (NF): Ich habe die Bitte, daß aufgenommen wird, der Punkt „Verhandlungen der DDR über den Kauf von Kernkraftwerken aus der Bundesrepublik".

Ziegler (Moderator): Heute?

Pflugbeil (NF): Ja. Sie wissen, daß vor Weihnachten durch die Presse und in der Bundesrepublik und auch in der „Berliner Zeitung" die Nachricht gegangen ist, und ich halte

---

[3] Dokument 4/2, Anlagenband.

diesen Vorgang für so gravierend, daß er schnell behandelt werden müßte.

Ziegler (Moderator): Verhandlungen der DDR für den Aufkauf, wie hatten Sie [das formuliert]? Für den Kauf von?

Pflugbeil (NF): „Verhandlungen der DDR über den Kauf von vier Kernkraftwerken aus der Bundesrepublik".

Ziegler (Moderator): Herr Böhme.

Böhme (SDP): Ich möchte daran erinnern, daß wir am 3. [Januar 1990] eine ausgesprochene Wirtschaftsrunde haben und daß es heute vielleicht erforderlich ist, wenn jemand darüber mehr sagen kann und jemand von der Regierung gebeten werden kann, uns heute eine Information zu geben, es erst einmal bis zum 3. 1. bei der Information zu belassen, um uns entsprechend vorbereiten zu können.

Ziegler (Moderator): Herr Ullmann.

Ullmann (DJ): Die Bitte von Herrn Pflugbeil gehört meines Erachtens sachlich zu dem Tagesordnungspunkt 6, Beziehung zur Regierung Modrow, denn um deren Aktivitäten handelt es sich ja.

Ziegler (Moderator): Herr Gehrke.

Gehrke (VL): Ich würde Herrn Ullmann unterstützen wollen, möchte – Herr Pflugbeil war beim letzten Mal nicht dabei – aber doch noch einmal daran erinnern, daß wir bereits bei der letzten Tagung der Frau Luft genau diese Frage gestellt haben und wir hoffen, daß also am 3. [Januar 1990] präzise Auskünfte bereits dazu kommen. Aber ich glaube, daß natürlich diese Dinge doch noch einmal jetzt hier auch mit besprochen werden können. Es gibt ja auch andere aktuelle Ereignisse.

Ziegler (Moderator): Frau Dörfler.

Frau Dörfler (GP): Ich möchte den Antrag von Herrn Pflugbeil auch unterstützen, mit der Erweiterung, daß wir generell über den **Einkauf von Kernkraftwerksanlagen** sprechen, nicht nur mit der einen Firma, sondern generell mit der Bundesrepublik und Frankreich.

Ziegler (Moderator): Ich muß jetzt bloß noch einmal erinnern, wir sind bei der Tagesordnung für heute und wollen darüber beschließen, und ich erinnere Sie daran, daß wir die Prioritäten das letzte Mal festgestellt haben und wir jetzt auf dem besten Wege sind, soviel anzumelden, daß wir nichts ordentlich und gründlich bearbeiten können.

Sie kommen sofort dran, Herr de Maizière.

de Maizière (CDU): In die gleiche Richtung geht das, was ich sagen wollte. Wir müssen uns hier verständigen über die Verbindlichkeit dessen, was wir beim letzten Mal oder vorletzten Mal beschlossen haben. Ansonsten kommen wir nicht zum Arbeiten. Wir haben eine Prioritätenliste beschlossen, die bestimmte Arbeitsschritte vorsieht, und die ist durchgegangen. Und ich bin der Meinung, Anträge, die bereits vorherige Anträge paralysieren oder auflösen, müssen auch so genannt werden, dann muß man einen Antrag stellen, „unter Aufhebung unseres Beschlusses vom soundsovielten erwarte ich, daß so und so verfahren wird." Ansonsten werden wir nie zur Arbeit kommen.

Ziegler (Moderator): Herr Pflugbeil.

Pflugbeil (NF): Ich würde mich dem Vorschlag von Herrn Dr. Ullmann anschließen, an Punkt 6, diesen Punkt mit zu behandeln, wenn Ihnen das recht ist.

Ziegler (Moderator): Aber dann in dem Sinne, wie das, glaube ich, Herr Gehrke eben gesagt hat, daß heute doch nur eine erste Information sein kann und wir dann weiter verhandeln, auch gründlicher verhandeln können, wenn es dann auf die Tagesordnung entweder am 3. [Januar 1990] oder 8. [Januar 1990] kommt, je nachdem, wie wir das dann entscheiden, ja.

Frau Dr. Töpfer.

Frau Töpfer (FDGB): Ich möchte noch beantragen, daß nicht nur die Information gegeben wird heute über diese Frage der Kernkraftwerke, sondern daß auch am 3. dann zu dieser Frage der Kernkraftwerke die **Energiepolitik der Regierung** insgesamt hinzugezogen wird, also auch die Frage Braunkohle, Kernkraftwerke, denn ich glaube, das muß man wohl als Komplex betrachten, die Frage der Energieversorgung.

Ziegler (Moderator): Ich nehme jetzt folgendes auf: Zu Ziffer 6 wird als Ergänzung für heute das, was Herr Pflugbeil beantragt hat, Verhandlungen über Aufkauf von Kernkraftwerken aus der Bundesrepublik, Energiepolitik, mit angemerkt. Aber es bleibt bei Ziffer 6 für heute, das steht Ihnen doch frei, für eine der nächsten Sitzungen einen Extrapunkt zur Verhandlung anzumelden.

Zweitens, von Herrn Jordan steht noch aus die Frage der Baubilanzen und der Waffen des Ministeriums für Staatssicherheit, MfS. Ich schlage Ihnen auch vor, daß Sie dieses unter Ziffer 4 mit anbringen, aber es war nicht als Extratagesordnungspunkt für heute nach unseren letzten Beschlüssen angesehen, ja. Akzeptieren Sie so, danke.

Darf ich jetzt über die Tagesordnung abstimmen lassen, Anträge sind bisher nicht mehr weiter gestellt worden, auch keine Änderungen der Reihenfolge. Dann frage ich, wer der Tagesordnung in dieser Vorlage zustimmt. Den bitte ich um das Handzeichen. – Mehrheitlich ist das so beschlossen.

Jetzt hatte Herr Schnur aus besonderem Anlaß, weil er aus der Arbeit voraussichtlich ausscheiden wird, um eine Erklärungsmöglichkeit gebeten. Erhebt sich dagegen Widerspruch? Es hängt damit zusammen, das muß ich vorneweg sagen, daß auch dem Runden Tisch ein Schreiben zugegangen ist, das Herrn Schnur persönlich betrifft und dieses war vorgesehen unter Ziffer 11, das dann auch hier bekanntzugeben, das muß ich vorneweg sagen. Kein Widerspruch.

Herr Schnur, bitte, geben Sie Ihre Erklärung ab.

Schnur (DA): Ja.

Meine Damen und Herren, liebe Freunde, es macht mich persönlich betroffen, daß seit nunmehr mehreren Wochen die nationale Presse der DDR gegen mich eine zügellose, massive Kampagne führt. Ich selbst hatte gehofft aufgrund zweier persönlicher Gespräche am 20. Dezember und 22. Dezember 1989 mit dem Oberbürgermeister der Stadt Rostock, Dr. Henning Schleif, die Sache so ordnungsgemäß zu klären, wie sie tatsächlich der Sach- und Rechtslage entspricht. Es handelt sich einfach darum, daß mir unterstellt wird, Korruption, Privilegien- oder Amtsmißbrauch betrieben zu haben, trotzdem der Gesamtvorgang einer Wohnungstauschangelegenheit dem dafür zuständigen staatlichen Organ vorliegt.

Ich habe eine handschriftliche Erklärung vorbereitet, würde auch darum bitten, daß diese dann den Teilnehmern hier zugestellt wird. Ich selbst sehe mich derzeit einfach veranlaßt, weil Zusagen nicht eingehalten worden sind und weil ich es persönlich auch nicht hinnehmen kann, daß über eine jahrzehnte[lange], intensive berufliche Tätigkeit meiner Person letztlich für Gerechtigkeit und Frieden, auch gerade im Interesse vieler Menschen in unserem Land, meine Person so verunglimpft, diffamiert wird.

Ich danke der internationalen Presse und den Vertretern der Presse der Bundesrepublik Deutschland, die den Mut hatten, auf mich zuzukommen. Kein Journalist einer Zeitung der DDR ist auf mich zugegangen und hat recherchiert oder hat Fragen gestellt. Ich selbst mußte erfahren und feststellen, daß tatsächlich auf Gerede beziehungsweise einfach übermittelten Informationen dann ein Artikel in der Zeitschrift „Junge Welt" verfaßt worden ist. Ich erkläre auch hierzu, daß ich Strafanzeige erstattet habe und werde aufgrund auch der neuerlich am 23. Dezember 1989 veröffentlichten Zeitung[smeldung] deutlich klarstellen lassen, daß es zu keiner Zeit eine widerrechtliche Verhaltensweise meiner Person gegeben hat.

[Vorlage 4/3, Erklärung DA: Persönliche Erklärung zu Korruptionsvorwürfen]

Augrund der zügellosen, massiven, falschen Anschuldigungen in meiner Wohnungstauschangelegenheit gebe ich nachstehende Erklärung ab:

1. Entschieden weise ich jeden Vorwurf des Kuhhandels mit Wohnungen und die Aneignung einer 4-Raumwohnung zu Lasten einer kinderreichen Familie zurück.

2. Zu keiner Zeit haben meine Lebenspartnerin mit ihren zwei Kindern und ich in der vorhergesehenen Tauschwohnung im [ZZZ[4]], Warnemünde, gewohnt.

3. Richtig ist:

a) Der Rat der Stadt Rostock, Abteilung Wohnungspolitik/Wohnungswirtschaft, ist ordnungsgemäß durch die Abgabe aller Unterlagen der beteiligten Tauschpartner über den vorgesehenen Wohnungstausch informiert gewesen.

b) Nachdem der beteiligte Tauschpartner, Herr [ZZZ[5]], für sich und seine zwei Kinder die staatliche Genehmigung der Ausreise erhielt, wurde sofort Kontakt mit dem Rat der Stadt Rostock, Abteilung Wohnungspolitik/Wohnungswirtschaft, und dem damaligen Stellvertreter des Vorsitzenden für Innere Angelegenheiten des Rates des Bezirkes Rostock aufgenommen, um eine weitere ordnungsgemäße Bearbeitung des Wohnungsproblems zu garantieren.

c) Am 9. November 1989 fand deshalb eine Aussprache in Anwesenheit von Herrn [ZZZ[6]], Rat der Stadt Rostock, Herrn [ZZZ[7]], Rat des Bezirkes Rostock, der Leiterin der Tauschzentrale Rostock und Herrn [ZZZ[8]] statt. Im Ergebnis des Gespräches wurde Herrn [ZZZ[9]] mitgeteilt, daß über eine Zuweisung die entsprechende Versorgung von Wohnraum erfolgt. Die dazu benötigten Formulare wurden ausgehändigt und entsprechend ausgefüllt am 29. November 1989 in der Abteilung Wohnungspolitik/Wohnungswirtschaft abgegeben. Herr [ZZZ[10]] hatte für den 29. November 1989 die Aushändigung der Wohnungszuweisung zugesagt.

Bereits am 9. November 1989 war die Abteilung Wohnungspolitik/Wohnungswirtschaft davon in Kenntnis gesetzt worden. Um Teilinstandsetzungsarbeiten durchführen zu können, muß die Wohnung[11] betreten werden. Die begonnene Teilinstandsetzung erfolgte somit im Einverständnis mit der Abteilung Wohnungspolitik/Wohnungswirtschaft.

Aufgrund der persönlichen Vorsprache von Herrn [ZZZ[12]] am 29. November 1989 wurde diesem der Hinweis gegeben, daß Probleme eingetreten sind und weitere Informationen gegeben werden.

d) In dem Zeitraum vom 4. Dezember bis zum 6. Dezember 1989 führte Herr [ZZZ[13]] nach seiner mir gegebenen Information ein persönliches Gespräch mit Herrn [ZZZ[14]], seinerzeit stellvertretender Vorsitzender für innere Angelegenheiten beim Rat des Bezirkes Rostock, und erhielt die verbindliche Mitteilung, daß die Entscheidung über die Zuweisung der Wohnung in Warnemünde durch den Oberbürgermeister der Stadt Rostock vorliegt und daß in die Wohnung in Warnemünde Möbelgegenstände untergestellt werden könnten.

Durch diese mir übermittelte Information mußte ich davon ausgehen, daß die rechtlichen Voraussetzungen gegeben sind und ich keine Einwände gegen das Unterstellen von Möbeln in Warnemünde hatte.

e) Der Rat der Stadt Rostock, Abteilung Wohnungswirtschaft, hat mir zu keiner Zeit eine negative staatliche Entscheidung übermittelt, aus der ich entnehmen konnte oder[15] mußte, daß eine ablehnende Entscheidung in der Wohnungsangelegenheit vorliegt. Für mich ist jetzt[16] und bleibt unverständlich, mit welcher Überheblichkeit mir eine Rechtsverletzung unterstellt wird, trotzdem das staatliche Organ die eigene Arbeitsweise in keiner Weise in der Öffentlichkeit richtig darstellt[17].

f) Aufgrund einer persönlichen Absprache mit Herrn Oberbürgermeister Dr. Henning Schleif am 22. Dezember 1989 habe ich ausdrücklich persönlich auf die Realisierung meiner Wohnungsangelegenheit verzichtet. Ich habe mich einverstanden erklärt, daß für einen bestimmten Zeitraum meiner anwaltlichen Praxisabwicklung in Rostock[18] eine wohnungsmäßige Übergangslösung gefunden wird.

Es bleibt mir unverständlich, daß mir stets der Vorwurf der rechtswidrigen Handlung gemacht wird.

---

[4] Straßenname und Hausnummer gelöscht.
[5] Name gelöscht.
[6] Name gelöscht.
[7] Name gelöscht.
[8] Name gelöscht.
[9] Name gelöscht.
[10] Name gelöscht.
[11] In der schriftlichen Vorlage sind Straßenname, Hausnummer und Ort eingefügt.
[12] Name gelöscht.
[13] Name gelöscht.
[14] Name gelöscht.
[15] In der schriftlichen Vorlage „und".
[16] In der schriftliche Vorlage fehlt „jetzt".
[17] In der schriftlichen Vorlage „richtigstellt".
[18] In der schriftlichen Vorlage fehlt „in Rostock".

Durch den mir möglichen Zeitnachweis über den Ablauf der Ereignisse will ich belegen, daß ich zu keiner Zeit davon ausgehen mußte, eine nicht vom Gesetz getragene Handlung begangen zu haben.[19]

Ich hätte dies als eine persönliche Angelegenheit betrachtet. Dadurch, daß aber Flugblätter erschienen sind, die verteilt worden sind zum Beispiel in Rostock, die ganz deutlich darauf hinweisen, daß es [sich] auch um einen erheblichen politischen Angriff handelt, wo es darum geht: Ortsvorsitzender einer Partei mit unklaren Formulierungen für die Zukunft der DDR und Verzicht auf das Wort Sozialismus, Vertreter einer Partei, die nur für sich die Wahrheit gepachtet hat. Oder, was ich noch viel schlimmer – – Ich habe eine Mutter, die ist Halbjüdin. Meine gesamte Kindheit, meine Jugendzeit ist davon bestimmt worden, daß ich meinen Vater verloren habe, der nicht bereit gewesen ist, als Arzt in [der] NS-Zeit mitzuarbeiten, muß natürlich ein Brief erhalten: „Du wirst die braune Faust noch zu spüren bekommen." Mit Heil H. unterzeichnet. Oder, „Du alte Drecksau, Dich haben die SED[-Mitglieder] vergessen, nach Bautzen zu schicken."

Sie werden verstehen, daß ich aus Gründen des Vermeidens des politischen Schadens für den Demokratischen Aufbruch gegenwärtig nicht an den Beratungen dieses Runden Tisches teilnehmen kann, sondern weil ich mich bemühen werde, die dafür notwendigen rechtlichen Schritte so einzuleiten, daß tatsächlich endgültig damit aufgehört wird, meine Person zu diffamieren, diskriminieren und politischen Rufmord zu betreiben. Ich hatte sehr gehofft, daß die von mir gewollten sachlichen Gespräche zu einer vernünftigen Verständigung führen. Ich bedaure sehr, für mich wird jetzt künftig Herr Neubert zumindestens bis zur Klärung dieser Sache teilnehmen.

Ziegler (Moderator): Wir nehmen diese Erklärung entgegen. Wir bedauern, daß derartige Dinge vorfallen, und wir bitten dann Herrn Neubert, den Platz am Runden Tisch für Herrn Schnur einzunehmen für den Demokratischen Aufbruch.

Herr Böhme.

Böhme (SDP): Ohne mich in den Rechtswinkeleien auszukennen, die hier zum Anlaß für eine Schlammschlacht genutzt wurden, den Ansatz in die Schlammschlacht genutzt wurden, möchte ich mich eindeutig solidarisch erklären mit Wolfgang Schnur, der zwar auf einer anderen politische Ebene steht als ich, und sagen, daß wir ihm in den ganzen letzten Jahren vertrauen konnten, und was seine menschliche Integrität anbelangt auch weiter vertrauen werden. Ich kann das für mich sagen.

Schlacht hat etwas mit schlachten zu tun, Schlammschlacht damit, daß, die sich am meisten drin suhlen im Schlamm, sind die [die Schlammschlacht] auslösen. Ich wünsche der DDR-Presse, den DDR-Medien, die in den letzten Wochen erfreulicherweise sehr schnell gelernt haben, sich kritisch zu äußern, es auch lernen, genauer zu recherchieren und auf die von ihnen Angegriffenen zuzugehen, ehe sie etwas veröffentlichen.

---

[19] In der schriftlichen Vorlage folgt in Maschinenschrift „Rostock/Berlin, den 23.12.1989 Wolfgang Schur". Der folgende Teil der persönlichen Erklärung wurde nur mündlich vorgetragen. Die Namen wurden durch den Herausgeber unkenntlich gemacht.

Ziegler (Moderator): Ich bitte darum – natürlich ist es niemandem benommen, daß wir nun, nachdem Herr Schnur angekündigt hat, daß er den Rechtsweg beschreitet, nun hier am Tisch auch nichts weiter tun, als das entgegenzunehmen und den Rechtsweg laufen zu lassen.

Aber ich glaube, Herr Raspe hatte sich noch gemeldet, nicht?

Raspe (LDPD): Ich wollte zumindestens sagen, daß die letzten Worte von Herrn Schnur uns besonders betroffen machen, und mit besonderem Nachdruck auf den Tagesordnungspunkt 7 des heutigen Tages verweisen. Ich möchte sagen, daß die Haltung von Herrn Schnur Respekt verlangt.

Ich weiß nicht, ob diese Erklärung der richtige Anlaß ist, um einmal darauf zu verweisen, daß ich es persönlich sehr beklage, daß heute unter **Amtsmißbrauch** und **Privilegien und Korruption** nun nahezu alles schon verbucht wird. Ich zeige nicht auf die sensibilisierte Bevölkerung. Ich zeige im besonderen auf die, die es verursacht haben durch die absoluten Privilegien, durch die wir in eine Situation geraten sind, daß wir nahezu eine Gleichmacherei in unserer Gesellschaft anfordern.

Ich möchte aber eine Entgegnung machen insofern, als ich diese Feststellung, daß die nationale Presse hier eine Kampagne gestartet hat, daß ich dieser Feststellung widersprechen möchte. Ich persönlich habe dafür gesorgt, daß die LDPD-Presse sich nicht daran beteiligt und bin auf Herrn Schnur vorher zugegangen, daß, was er feststellte für die internationale Presse, daß er dieses Erlebnis auch mit der LDPD-Presse gehabt hat.

Ziegler (Moderator): Danke. Ich denke, wir schließen es damit ab, denn Herr Schnur hatte gebeten um eine Erklärung, die er hier abgegeben hat, und treten jetzt in die Tagesordnung Ziffer 3 ein, „Entwurf einer Ordnung über die Tätigkeit von Bürgerkomitees". Es war angeregt worden, dies bei der nächsten ordentlichen Sitzung an erster Stelle zu behandeln.

Herr Jordan, bitte.

TOP 5: Doppelmitgliedschaft

Jordan (GP): Ich möchte darum bitten, daß noch einmal überprüft wird, ob gemäß unserer Beschlüsse vom 18. Dezember hier bei den am Tisch vertretenen Massenorganisationen keine Vertreter von Parteien sind[20]. Ich sehe hinten links den Vertreter der Gewerkschaft. Er hatte sich am 18. Dezember als Mitglied der SED vorgestellt.

Ziegler (Moderator): Ja, Herr Jordan, ich hatte vorgesehen, dieses alles unter den Bekanntgaben von Eingaben mit zu verhandeln. Ist das möglich? Ja? Das hieße allerdings, daß Herr Schramm – den meinen Sie doch jetzt, nicht? – jetzt dabeibleibt, wenn das erst nachher – – Sonst muß ich erst alle Post bekanntgeben und alle Eingaben bekanntgeben. Ich dachte allerdings, Sie richtig verstanden zu haben, daß wir an den Anfang Sacharbeit stellen wollen.

Herr Jordan, Sie müssen sich äußern, bitte. Ob Sie einverstanden sind mit meinem Vorschlag.

Jordan (GP): Ich meine, das war ja eine generelle Vereinbarung, die wir am 18. Dezember getroffen haben. Und wir

---

[20] Vgl. Vorlagen 1/3, 2/1 und Ausnahmeantrag (ebd.).

müßten also zumindestens, um unsere Beschlüsse auch durchzuhalten, zu Beginn unserer Veranstaltung eben für die Einhaltung der Beschlüsse eintreten.

Ziegler (Moderator): Das ist unbestritten. Es ist nur die Frage, ob Sie mit mir, mit meinem Vorschlag einhergehen können, daß wir erst in die Sacharbeit treten und dies dann alles in der Abarbeitung der Ordnungsfragen machen. Wenn Sie sagen, nein, das muß vorgezogen werden, dann müssen wir jetzt in Ziffer 11 eintreten. Das müßten wir machen.

Herr Pflugbeil.

Pflugbeil (NF): Es ist doch durchaus möglich, daß dadurch die Abstimmungsergebnisse beeinflußt werden. Ich denke schon, daß man das gleich behandeln sollte.

Ziegler (Moderator): Herr Jordan, wenn Sie nicht sprechen wollen, würden Sie bitte ausschalten, ja? – Danke. Ja, möchte sich zu dem Wunsch, der Bitte von Herrn Jordan, jemand äußern?

Herr de Maizière.

de Maizière (CDU): Ich bin der Meinung, daß diejenigen, auf die das zutrifft, daß sie gegen Beschlüsse des Runden Tisches verstoßen, dazu Stellung nehmen sollen oder eine entsprechende Konsequenz hier ziehen sollten, ehe wir lange darüber diskutieren.

Ziegler (Moderator): Ja, dann frage ich, ob Sie so zu verfahren wünschen, dann ziehen wir das vor. Wer ist dafür, daß so verfahren wird? Gut. Daß wir diese Fragen vorziehen, Überprüfung der Beschlüsse über SED-Mitgliedschaft und so weiter, nicht? War jetzt gezählt worden oder nicht? Da müssen wir jetzt noch einmal fragen. Ist jetzt klar, worum es geht, daß diese Frage der Überprüfung unserer Beschlüsse über Doppelmitgliedschaft in Parteien von Vertretern hier behandelt wird?

Wer ist dafür, daß das vorgezogen wird? – [Mit Ja haben gestimmt] 26. Wer ist dagegen? – [Mit Nein haben gestimmt] 6. Enthält sich jemand der Stimme? – Enthaltungen 3.

TOP 6: Schreiben und Eingaben an den Runden Tisch zur Frage der Doppelmitgliedschaft

Dann habe ich Ihnen einige Schreiben mitzuteilen. Zunächst habe ich ein **Schreiben von Dr. Werner Peplowski,** Vorsitzender des Arbeiterkomitees, zu verlesen.

„Mit Befremden habe ich zur Kenntnis genommen, daß die Frage der Teilnahme des FDGB am Runden Tisch erneut zur Diskussion gestellt wurde.

Wir gehen davon aus, daß alle am Runden Tisch beteiligten Parteien, Bewegungen und Organisationen ihre Vertreter selbst benennen. Solche Bedingungen möchte ich als Vorsitzender des Arbeitskomitees des FDGB auch für unsere Organisation fordern. Entsprechend der demokratischen Grundsätze unserer Satzung sind in den Gewerkschaften die Mitglieder unabhängig von Parteizugehörigkeit organisiert. Dementsprechend würde es diesen demokratischen Grundsätzen widersprechen, Mitglieder des FDGB aufgrund irgendeiner Parteizugehörigkeit auszuschließen.

Wir rechnen auf Ihre Unterstützung in dieser Frage und fordern die weitere gleichberechtigte Teilnahme am Runden Tisch.

Mit vorzüglicher Hochachtung."

Es gibt ein Schreiben mit mehreren Unterzeichnern. **Absender und Kontaktadresse Krenz, Potsdam,** die fordert:

„Die Teilnehmer der Gespräche am Runden Tisch fordern wir auf, den FDGB zum nächsten Gesprächstermin am 18. 12. von der Runde auszuschließen und zu entscheiden, daß die künftige Volkskammer sich nur aus Kandidaten der bestehenden und neuen Parteien zusammensetzen darf."

Der Brief ist länger und beginnt mit Ausführungen über das bisherige Versagen des FDGB.

Es gibt einen weiteren Brief der **Initiative Sozialdemokratische Jugend in der DDR.** Wenn Sie wünschen, lese ich ihn ganz. Der Hauptsatz lautet:

„Aus diesen Überlegungen heraus bitte ich Sie, die Forderung des FDJ-Zentralrates abzulehnen und trotzdem bei entsprechender Gelegenheit für vernünftige Formen der politischen Jugendvertretung, wie immer sie aussehen möge, sich einzusetzen."

Schließlich gibt es einen Brief von J. Hermann, Leipziger Straße 46. Er geht auf das ein, was Herr Schnur in seiner Erklärung hier gerade angesprochen hat und läuft darauf hinaus, daß Herr Schnur vom Runden Tisch auszuschließen ist.

Das sind diese Schreiben, die dies angehen, was Herr Jordan eben noch einmal aufgegriffen hat. Speziell muß ich nun fragen, ob alle hier am Tisch vertretenen Gruppierungen diesem Beschluß des Runden Tisches gefolgt sind und darauf verzichtet haben, daß ihre Vertreter Doppelmitgliedschaft haben, einmal hier am Runden Tisch in einer Funktion, etwa FDGB und gleichzeitig einer der Parteien angehören?

Frau Töpfer, oder wer hatte sich – – Herr Schramm, bitte.

Schramm (FDGB): Meine Damen und Herren. Der Standpunkt des Vorsitzenden des **Komitees zur Vorbereitung des FDGB-Kongresses** ist hier vorgetragen worden. Das Komitee zur Vorbereitung des Kongresses ist nicht bereit, Entscheidungen mitzutragen, die eine erneute **Einschränkung der gewerkschaftlichen Interessenvertretung** und der Rechte unserer Organisation beinhalten. Wir berufen uns auf **Art. 44 der Verfassung.** In der Ziffer 2 steht, daß Gewerkschaften unabhängig – – von niemanden darf sie in ihrer Tätigkeit eingeschränkt und behindert [werden]. Wir haben hier die Erklärung der Regierungsvertreterin Ministerin Luft zur Kenntnis nehmen können in den vergangenen Tagen, die sich eindeutig zur Gültigkeit der Verfassung und des AGB [Arbeitsgesetzbuch] bekannt hat.

Ich bitte Sie noch einmal darum, Ihre Entscheidung dahingehend zu überprüfen. Wir sind seit 14 Tagen als Vorbereitungskomitee in die schwere Verantwortung gestellt, eine starke einheitliche Gewerkschaftsorganisation in der DDR zu erhalten. Auf uns kommt nicht nur die Interessenvertretung, sondern vor allem die Mitbestimmung als neue Arbeitsgrundlage oder Arbeitsrichtung hinzu. Und wir haben natürlich den Schritt der Abnabelung der **Einflußnahme der SED** vollzogen, und aus diesem Grund, da wir eine unabhängige freie Gewerkschaft sein wollen, müssen Sie unseren Standpunkt zur Kenntnis nehmen. Und wir hoffen, daß Sie ihn auch verstehen, daß wir jetzt in dieser Situation die Vertreter unseres Gremiums hier am Runden Tisch [selbst] gewählt haben. Ich persönlich habe das **Mandat von über 2 000 Elektroköhlern,** die mich am 12. Dezember 1989 beauftragt haben, in einer vertrauenswerten Vollversammlung im Komitee mitzuarbeiten, den **Untersuchungsausschuß gegen Amtsmißbrauch und Korruption** [des

FDGB] zu leiten und hier Platz und Stimme am Runden Tisch einzunehmen. Ich habe des weiteren das **Mandat der IG Chemie,** wo über 500 000 Menschen organisiert sind und das Mandat des Vorbereitungskomitees. Das ist meine Legitimation hier an diesem Tisch und in diesem Kreis.

Wir müßten natürlich in der Endkonsequenz an Sie die Frage richten, wenn man logisch zu Ende denkt, wer ist denn alles Mitglied des FDGB hier an diesem Tisch? Also wir haben diese **Berührungsängste** nicht, und wir haben, nicht als Kompromißvorschlag, so möchte ich es nicht ausdrücken, sondern wir haben einfach reagiert auf die kritischen [Einwände] oder auf Ihre Darstellung einiger Damen und Herren hier am Tisch, auch auf die Unterstellung, ob es nicht Gewerkschaftsmitglieder gibt, die nicht parteilich gebunden sind und trotzdem unsere Gewerkschaftsinteressen vertreten können. Die sind genutzt und haben die Kollegin Dr. Töpfer, die nicht, ich möchte gleich hinzufügen verwandt ist mit der ehemaligen stellvertretenden Vorsitzenden, praktisch für diese Arbeit hier am Runden Tisch als parteiungebundenen Vertreter des FDGB gewinnen können.

Das wäre die Haltung des Komitees und auch meine eigene, die ich hier vertreten möchte. Und ich bitte Sie noch einmal im Interesse von Millionen Gewerkschaftsmitgliedern. Ich hatte gestern die Gelegenheit im Kraftwerk Klingenberg zu weilen und anschließend in anderen Kollektiven. Unsere Arbeiter und Werktätigen erwarten viel vom Runden Tisch, erwarten sachkompetente Entscheidungen, erwarten wenig, daß wir uns untereinander, miteinander beschäftigen, sondern daß der Runde Tisch den ehrlichen Leuten, die ehrlich mitarbeiten wollen an der Umgestaltung, auch die Chance gibt, egal welcher Partei oder Organisation sie angehören, hier tatkräftig mitzuwirken.

Ich danke Ihnen für Ihre Aufmerksamkeit.

Ziegler (Moderator): Mir ist eben hier herübergereicht worden, ich nehme an von Ihnen, ja, der Eintrag des FDGB, daß Kollege Rainer Schramm weiterhin beauftragt wird, den FDGB zu vertreten. Das andere haben Sie bereits gesagt, wem Sie angehören. Ich will das wenigstens hier bekanntgeben und will der Klarheit halber [sagen], Sie gehören also der SED an, nicht? – Ja. Nur damit das klar ist.

Jetzt hat sich Frau Poppe gemeldet, dann Herr Ullmann, Herr de Maizière, Frau Schmitt, Herr Böhme, habe ich auf der Liste.

Frau Poppe, bitte.

Frau Poppe (DJ): Es tut mir leid, daß wir in dieser Frage jetzt wiederum Zeit verbrauchen. Alle wissen, daß ein Abstimmungsergebnis darüber bereits vorliegt. Der FDGB kann gleichberechtigt mit allen anderen hier am Tisch sitzen. Gleichberechtigt, das heißt aber auch, daß er sich genauso wie jeder andere, jede andere Partei, den Beschlüssen zu beugen hat.

Ziegler (Moderator): Herr Dr. Ullmann.

Ullmann (DJ): Ich stimme meiner Vorrednerin ausdrücklich zu und spreche auch mein Bedauern darüber aus, daß die für unser Land so dringende, wichtige Sacharbeit aufgehalten wird durch Verfahrensfragen.

Nun muß ich noch zusätzlich mein Bedauern darüber aussprechen: Ich habe gemeint, das sei bis jetzt eine persönliche Frage gewesen und hatte volles Verständnis dafür, daß Herr Schramm sich in eine unangenehme Situation gebracht sah. Dafür habe ich Verständnis. Mein Verständnis hört aber in dem Moment auf, wenn hier eine Sachfrage präjudiziert wird, und zwar durch den Gewerkschaftsbund. Ich bin sehr enttäuscht darüber.

Die Arbeit des Runden Tisches ist in dem Moment sinnlos, ich sage das mit aller Deutlichkeit, wo wir hier zu Befehlsempfängern degradiert werden. Und ich denke, das wird im Augenblick versucht. Herr Schramm, ich bin fassungslos, daß ich hier diesen Satz habe hören müssen, „der Runde Tisch habe zur Kenntnis zu nehmen". Wir können hier überhaupt nicht vertrauensvoll miteinander arbeiten, wenn solche Sätze in diesem Raum gesprochen werden. Und ich bin sehr erschrocken, daß er hier laut geworden ist. Und ich denke, wenn auf dieser Ebene und in diesem Stil gearbeitet wird, dann fangen wir an, Dinge zu wiederholen, von denen unser Land sich befreien möchte. Und ich teile die Erwartung aller Werktätigen, von denen Sie gesprochen haben. Aber ich glaube nicht, daß wir Ihnen mit solchen Methoden gerecht werden können.

Ziegler (Moderator): Herr de Maizière.

de Maizière (CDU): Ich frage erstens danach, ob dieser Antrag, dieses Vorgehen zulässig ist. Wir haben über die Frage entschieden, und damit meine ich auch endgültig entschieden. Oder wir müssen uns darüber im klaren werden hier, welchen Wert unsere Beschlüsse haben, die wir hier beschlossen haben und welchen Verbindlichkeitsgrad wir ihnen zumessen wollen.

Und zweitens ist es für mich eine Frage nach dem Demokratieverständnis von Herrn Schramm. Er weiß, wie die Abstimmungssituation hier gewesen ist, und ich kann vielleicht verstehen, daß der FDGB diese Frage erneut diskutiert wissen möchte und ein anderes Ergebnis herbeiführen möchte. Aber solange eine Situation ist, so wie sie beschlossen ist, würde ich, wenn sie mich beträfe, nicht hingehen, muß ich sagen.

Ziegler (Moderator): Diejenigen, die nicht sprechen, bitte ich nach wie vor wieder auf den Knopf zu drücken.

Jetzt ist Frau Schmitt dran.

Frau Schmitt (UFV): Als der Entschluß gefaßt wurde vom Runden Tisch, den wir jetzt noch einmal hier behandeln, haben wir hier noch nicht gesessen. Deswegen nehme ich gerne die Gelegenheit wahr, etwas dazu zu sagen.

Auf dem Koordinierungsrat des Frauenverbandes, unseres Unabhängigen Frauenverbandes ist dieses Thema auch behandelt worden, und ich möchte hier die Meinung der Frauen sagen, daß sie **mit diesem Beschluß,** die Teilnahme am Runden Tisch für demokratische Bewegungen davon abhängig zu machen, ob sie Mitglied der SED sind oder irgendeiner anderen Partei, **nicht einverstanden** sind.

Ich verstehe vollkommen aufgrund der Erfahrung, die das Land gemacht hat mit der Führung dieser Partei, die Aversionen, die die demokratischen Bewegungen damit haben. Ich bitte aber, daß wir uns besonders in dem Falle der Gewerkschaften noch einmal bedenken. Ich weiß nicht, inwiefern der Kompetenz des Runden Tisches Schaden zuwächst, wenn diese Entscheidung nicht noch einmal in Frage gestellt wird.

Ich kenne Herrn Schramm, weil ich selber sehr aktiv damit beschäftigt bin, eine Gewerkschaftsorganisation im Bereich der Kunst aufzubauen. Wir wissen alle um die unheimliche Schwierigkeit dieses Vorganges. Wir wissen um die Wichtigkeit dieser Angelegenheit, besonders wenn wir in unsere wirtschaftliche Zukunft blicken. Ich weiß, daß der Herr Schramm einen großen Anteil daran hatte zur Reinigung des vorher bestehenden FDGBs, ich kenne seine Haltung dazu. Ich weiß, daß er sehr stark daran mitbeteiligt war, daß der Bundesvorstand zurückgetreten ist und daß diese Organisation jetzt die Chance hat, sich neu zu bilden. Ich weiß, daß er das Vertrauen ganz vieler Menschen in diesem Lande hat.

Mein Demokratieverständnis würde gerne dafür sorgen, daß diese Frage noch einmal in Anschlag kommt, bei allem Respekt. Bloß ich möchte sagen, daß ganz viele Mitglieder dieser Partei, die ich auch kenne, mit einem sehr heftigen Anteil an die Erneuerung dieses Landes gehen wollen. Und ich finde es nicht so gut, wenn man sie ausschaltet. Ich bin dafür, also wir sind dafür, daß die **Organisationen,** die hier sitzen und ihre Vertreter entsenden, bitte **selber entscheiden** mögen **über** die **Integrität,** die sie den Personen zubilligen.

Ziegler (Moderator): Ich bitte nur darum, daß es jetzt hier nicht zu einer Debatte über Herrn Schramm gemacht wird, sondern es kann nur darum gehen, ob ein gefaßter Beschluß eingehalten oder durch erneute Beratung aufgehoben wird und anders entschieden wird. Dann muß der Antrag gestellt werden, es wird beantragt, den Beschluß, den der Runde Tisch mit Mehrheit gefaßt hat, aufzuheben. Dann sind andere Voraussetzungen, wenn das darauf hinausläuft. Dann muß das auch so formuliert werden.

Wir haben jetzt – – Auf der Rednerliste ist Herr Böhme.

Böhme (SDP): Herr Ziegler, Sie haben es viel besser ausgedrückt, als ich es sagen könnte. Ich wäre nur gegen einen solchen Antrag. Ansonsten würden wir unsere Arbeitsfähigkeit für die ganze nächste Zeit lähmen.

Ziegler (Moderator): Er ist ja auch noch nicht gestellt, und ich stelle ja keinen Antrag und kann auch keinen stellen, nicht?

Jetzt Herr Bisky.

Bisky (SED-PDS): Ich verstehe das Anliegen des FDGB. Ich habe hohe Wertschätzungen für Herrn Schramm. Dennoch haben wir uns erklärt, daß wir dafür sind, daß Parteimitgliedschaft nicht nur [bei der] SED, sondern [auch bei anderen Parteien und] bei gesellschaftlichen Organisationen nicht zulässig ist, und wir stehen dazu.

Ich würde vielleicht empfehlen, daß Herr Schramm eventuell als Berater des FDGB zur Verfügung steht, damit er die hier stattfindenden Diskussionen voll miterleben kann.

Ziegler (Moderator): Frau Töpfer, bitte.

Frau Töpfer (FDGB): Ich möchte noch einmal ausdrücken, daß es nicht Anliegen der Gewerkschaft war, eine gefällte Entscheidung im nachhinein praktisch zu ignorieren.

Es war nur unserer Anliegen, noch einmal in Frage zu stellen, ob nicht aufgrund der besonderen Strukturierung der Gewerkschaften aus allen bestehenden und auch neu gebildeten Gruppierungen und auch aus parteilosen Kollegen, ob aus dieser Situation der Gewerkschaft heraus es nicht bedenkenswert wäre, erneut darüber nachzudenken, ob nicht ein Mitglied, das auch in einer anderen anerkannten Partei stand, in unserer Vertretung mitarbeiten kann.

Es war also nicht so, daß wir hier dem Runden Tisch in irgendeiner Weise entgegentreten wollten. Und darum bitten wir, das noch einmal zu entschuldigen. Und Herr Schramm hat schon geäußert, daß er dann als Berater weiter tätig sein möchte, womit wir die Diskussion als beendet ansehen.

Ziegler (Moderator): Herr Ullmann.

Ullmann (DJ): Ich bedanke mich für diese Stellungnahme der Gewerkschaftsvertreterin, möchte aber dennoch um Ihre Geduld bitten, weil mir alles daran liegt, hier klarzustellen, daß der **Beschluß des Runden Tisches,** sofern ich als Vertreter von Demokratie Jetzt mit für ihn eingetreten bin, **niemals den Sinn** haben konnte, die **SED als Partei zu diskriminieren,** sondern es handelte sich um eine Grundsatzentscheidung auf dem Wege zur Demokratisierung, und da hatten wir dafür Sorge zu tragen, daß bei der Vertretung **Doppelmitgliedschaften auszuschließen sind.** Das ist eine Entscheidung, die auch zweifellos Bedeutung haben dürfte im Blick auf ein künftiges **Wahlgesetz.**

Ziegler (Moderator): Ich stelle fest, daß ein Antrag auf Aufhebung unseres Beschlusses in bezug auf die Doppelmitgliedschaft nicht gestellt worden ist.

Ich stelle zweitens fest, daß Herr Schramm und die Vertreter des FDGB hier das noch einmal zur Sprache gestellt haben und Herr Schramm hier auch offen geklärt hat, daß er der SED angehört. Es trifft ihn also dieser Beschluß, und Herr Schramm kann nach diesem Beschluß am Runden Tisch nicht weiter mitarbeiten, und ich muß den FDGB bitten, einen anderen Vertreter für Herrn Schramm an den Runden Tisch zu entsenden.

Damit wir die Diskussion nach Möglichkeit nicht noch einmal aufnehmen müssen, möchte ich dann sagen, wenn jemand nun Bedenken hat, daß er als Berater auch teilnimmt, darüber gibt es keinen Beschluß in dieser Richtung, dann muß das gleich gesagt werden, damit wir nachher nicht noch einmal von vorne damit anfangen.

Zur Geschäftsordnung hat sich der Herr de Maizière gemeldet, dann ist Frau Schmitt und Herr Wilkening an der Reihe.

de Maizière (CDU): Wir haben vorhin beschlossen, daß Berater nachrücken können als Vertreter. Das bitte ich im Auge zu behalten.

Ziegler (Moderator): Frau Schmitt.

Frau Schmitt (UFV): Auch wenn ich mir Ihre Antipathie zuziehe, würde ich dann doch meinen Diskussionsbeitrag als Antragstellung verstehen. Und auch wenn der Antrag durchfällt, möchte ich ihn gerne gestellt haben, also in unserem Namen. Ich habe schon gesagt, wie ich darüber denke. Ich meine, mein Demokratieverständnis sieht so aus, daß ich sage, welche Bewegungen hier welche Vertreter schicken, das würde ich dann gerne billigen wollen. Ich würde mich da gerne dem Willen der Mitglieder fügen.

Ziegler (Moderator): Ja, der Antrag ist verstanden und [es] wird darüber abgestimmt. Aber erst müssen noch die Redner zu Wort kommen, die sich vorher gemeldet haben.

Das ist zuerst Herr Wilkening. Hat sich erledigt.

Herr Gehrke.

Gehrke (VL): Wir haben den Antrag, den damals gefaßten Antrag beziehungsweise den Beschluß mit unterstützt aus Solidarität mit unseren Kollegen von der Opposition, weil wir eben wissen, daß in der Vergangenheit über solche anderen gesellschaftlichen Organisationen sich einzelne Parteien Mehrheiten verschafft haben. Aus diesem Verständnis heraus haben wir mit [zu]gestimmt.

Wir glauben auch, daß allerdings in diesen konkreten Situationen, wo gesellschaftliche Organisationen wie die Gewerkschaften, wie der Frauenverband, die Grüne Liga und viele andere aufgebrochen sind, dem heute nicht mehr diese

Bedeutung zukommt von früher. Also ich will nur sagen, wir haben auch diese Berührungsängste nicht, und das gilt auch nicht nur gegenüber der SED, sondern auch möglicherweise gegenüber anderen Parteien, weil diese ja auch in diesen Massenorganisationen vertreten sein werden. Das ist das eine.

Zum anderen möchte ich doch noch auf einen Satz von Herrn Ullmann eingehen, der eben gesagt wurde. Ich glaube, die Schlußfolgerung, daß unsere Entscheidung hinsichtlich der hier vertretenen gesellschaftlichen Organisationen, die ja auch von uns, wie gesagt, mitgetragen worden ist, daß die **kein Vorgriff auf ein künftiges Wahlgesetz** sein kann und sein sollte. Also dem möchte ich doch entschieden widersprechen. Das müssen wir eben in Zukunft in unseren Kommissionen erst aushandeln. Danke.

Ziegler (Moderator): Danke. Es steht jetzt der Antrag von Frau Schmitt. Bevor wir da in diesen Antrag eintreten, möchte ich doch noch auf die Äußerung von Herrn de Maizière eingehen. Wenn der Antrag in der bisherigen Form, also der Beschluß in der bisherigen Form bestehen bleibt, meine ich nicht, daß automatisch damit ausgeschlossen ist, daß SED- oder andere Mitglieder Berater sein können, denn sie können dann nur nicht nachrücken an den Runden Tisch. Das ist ja eine Kann-Bestimmung. Aber beraten, wenn nicht ein extra Beschluß hier dazu gefaßt wird, können Sie, meiner Meinung nach, nach unserem Beschluß durchaus.

Aber jetzt, bitte, Herr Koplanski noch.

Koplanski (DBD): Meine Damen und Herren, wir verlieren uns immer wieder in Verfahrensfragen und kommen nicht zu den Sachfragen. Es hat an diesem Tisch eine prinzipielle Diskussion über die Teilnahme gegeben, und die Demokratische Bauernpartei Deutschlands war damals prinzipiell dafür, daß man den Organisationen es selbst gestatten sollte und jeder Partei selbst gestatten sollte, wen sie an diesen Tisch als Vertreter delegiert. Es ist eine demokratische Entscheidung getroffen worden, und wenn wir glaubwürdig bleiben wollen oder werden wollen, dann müssen wir uns demokratischen Entscheidungen fügen.

Und Frau Schmitt, deshalb verstehe ich nicht, daß Sie wieder eine Frage aufwerfen. Sie hatten, glaube ich, beim ersten oder beim zweiten Treffen ein Mitglied der Sozialistischen Einheitspartei Deutschlands in Ihrer Vertretung. Diese Vertreterin ist dann nicht mehr gekommen, wahrscheinlich unter Beachtung des Beschlusses. Ich glaube, wenn wir wirklich vorwärts wollen, dann sollten wir zu unseren Beschlüssen stehen, vorher klug überlegen und nicht beim nächsten Mal immer wieder über Fragen, die schon längst entschieden worden sind, neue Probleme aufwerfen. Also das ist unsere dringende Bitte.

Ziegler (Moderator): Sicher ist das gut zu verstehen, was Sie sagen. Aber Frau Schmitt hat das Recht, einen Antrag zu stellen. Sie hat einen Antrag gestellt. Sie behalten ihn aufrecht. Dann lasse ich jetzt über diesen Antrag abstimmen.

Es ist die Frage, soll der Beschluß des Runden Tisches, der eine Doppelmitgliedschaft – – ich darf einmal so abgekürzt sagen – aufgehoben werden, ja oder nein? Wer dafür ist – – Wie bitte?

de Maizière (CDU): Wie wollen Sie abstimmen lassen jetzt? Ja oder nein kann man nicht abstimmen.

Ziegler (Moderator): Wer dafür ist, daß der Beschluß aufgehoben wird, den bitte ich um das Handzeichen.

de Maizière (CDU): Gut.

Ziegler (Moderator): Ja? Ich wollte es ganz genau machen nach Ihrer Geschäftsordnung, Herr de Maizière.

Also wer dafür ist, dem Antrag von Frau Schmitt entsprechend, daß der alte Antrag aufgehoben wird, den bitte ich um das Handzeichen.

Ducke (Co-Moderator): [Mit Ja haben gestimmt] 4.

Ziegler (Moderator): Wer ist dagegen? – Wir brauchen nicht zu zählen. Wer enthält sich der Stimme?

Ducke (Co-Moderator): 5 Enthaltungen.

Ziegler (Moderator): Damit steht der Antrag. Es ist so, wie zuletzt der letzte Redner gesagt hat. Der Beschluß steht. Ich muß Herrn Schramm bitten, dann den Runden Tisch zu verlassen. Vielleicht ist es möglich, daß der FDGB möglichst schnell jemand anderes entsendet.

Ich stelle weiter fest, damit es keine Unklarheiten gibt, es ist zwar ein Hinweis gegeben worden, daß das mit den Beratern seine Schwierigkeiten haben kann. Ich habe versucht, das zu erläutern. Ich stelle fest, es ist kein Antrag in bezug auf die Berater gestellt worden. Es wird dem nicht widersprochen.

Also können wir jetzt endlich zur Tagesordnung, zu den Sachfragen kommen, und zwar kommen wir nun zum Entwurf über eine Ordnung über die Tätigkeit von Bürgerkomitees. Dieser Entwurf des Ministerrates ist Ihnen bereits ausgehändigt worden. Es ist jetzt die Frage, ob Sie wünschen, daß dazu noch eine Erläuterung gegeben wird, oder ob wir sofort in die Aussprache eintreten können. Wenn eine Erläuterung gegeben wird, frage ich, ob der Vertreter der Regierung des Büros des Ministerrates, Herr Dr. Hegewald, unter Umständen dazu in der Lage ist?

TOP 7: Tätigkeit von Bürgerkomitees. Zugleich: Debatte zum Selbstverständnis des Runden Tisches

Hegewald (SED-PDS): Ich bin eigentlich nicht befugt dazu, Äußerungen zu machen.

Ziegler (Moderator): Ach so, gut. Dann, na ist gut. Danke. Ich wollte mich nur vergewissern. Wünscht jemand noch Erläuterungen oder haben Sie den Text vor sich?

[Vorlage 4/4, Entwurf Ministerrat: Entwurf einer Ordnung über die Tätigkeit von Bürgerkomitees[21]

Die Regierung der Deutschen Demokratischen Republik unterstützt die nationale Bürgerbewegung als aktive eigenständige, pluralistische und gemeinnützige Bewegung, die der Erneuerung der Gesellschaft, dem Bürgerwohl und dem Dialog verpflichtet ist. Dazu können sich Bürgerkomitees in Stadt und Land bilden.

1.1 Bürgerkomitees sind Gremien, die für die gleichberechtigte Mitarbeit von Vertretern der Parteien, gesellschaftlichen Organisationen, politischen Gruppierungen,

---

[21] Hier im Wortlaut eingefügt vom Herausgeber.

der Kirchen und Religionsgemeinschaften sowie der Bürger offen sind. Sie wirken ehrenamtlich in Städten, Stadtbezirken, Gemeinden, Ortsteilen und Wohngebieten und sind in ihrer Tätigkeit an die Verfassung, die Gesetze und andere Rechtsvorschriften gebunden.

1.2 Die Bürgerkomitees lassen sich von den Grundwerten des Antifaschismus, Friedens, Humanismus und der Demokratie leiten und wirken an der Erneuerung des Sozialismus mit. Von der Tätigkeit in Bürgerkomitees ist ausgeschlossen, wer für militaristische, revanchistische Ziele eintritt, faschistisches Gedankengut verbreitet, Kriegshetze betreibt oder Glaubens-, Rassen- oder Völkerhaß bekundet.

2.1 Die Bürgerkomitees arbeiten mit den örtlichen Volksvertretungen und deren Abgeordneten, den Räten und anderen staatlichen Organen zusammen. Die Organisation der Zusammenarbeit wird zwischen den zuständigen Staatsorganen im Territorium und den Bürgerkomitees vereinbart.

2.2 Die Bürgerkomitees helfen, kommunale Probleme und Anliegen der Bürger gemeinsam mit den dafür zuständigen staatlichen und gesellschaftlichen Organen und Einrichtungen zu lösen. Die Bürgerkomitees haben ein Mitsprache- und Einspruchsrecht zu Vorhaben in den Territorien, bei denen grundlegende Bürgerinteressen berührt wurden.

2.3 In enger Sicherheitsgemeinschaft mit der Deutschen Volkspolizei und anderen zuständigen Organen im Territorium tragen sie zur gewaltfreien Gewährleistung der öffentlichen Ordnung, insbesondere zum Schutz der Bürger vor Übergriffen und Verletzungen ihrer Würde bei.

3. Die örtlichen Räte haben die Arbeit der Bürgerkomitees zu unterstützen. Sie informieren und geben Auskünfte zu Fragen, die das Leben der Bürger im Territorium betreffen. Sie stellen den Bürgerkomitees Arbeitsräume entsprechend den territorialen Gegebenheiten zur Verfügung.

4.1 Die Tätigkeit der Bürgerkomitees kann zeitweilig auch darauf gerichtet werden, die Aufdeckung von Amtsmißbrauch, Korruption und die gesellschaftliche Kontrolle darüber zu unterstützen, daß schriftliche und andere Beweismittel gesichert werden. Zur Erfüllung dieser Aufgaben sind sie berechtigt, von den örtlichen Räten und anderen staatlichen Organen im Territorium Informationen und Auskünfte zu verlangen. Die Mitglieder der Bürgerkomitees legitimieren sich mit dem Personalausweis für Bürger der DDR und einem vom Bürgerkomitee ausgestellten Auftrag, der vom Bürgermeister oder einem von ihm beauftragten Ratsmitglied gegengezeichnet ist.

4.2 Die Bürgerkomitees haben diese Tätigkeit so zu organisieren, daß sie einen wirksamen Beitrag zur Sicherung eines geordneten gesellschaftlichen Lebens im Territorium leisten. Die Handlungsfähigkeit der örtlichen Volksvertretungen, ihrer Räte und anderer Staatsorgane im Territorium zur Verwirklichung der ihnen obliegenden Aufgaben muß gewährleistet bleiben.

4.3 Verweigern Leiter oder Mitarbeiter der Staatsorgane den Bürgerkomitees die Einsichtnahme oder Auskunft aus Gründen der Geheimhaltung, ist vom Bürgerkomitee die Zustimmung des übergeordneten Staatsorgans zu beantragen. Wird die Zustimmung nicht erteilt, ist der Leiter der Untersuchungsabteilung beim Vorsitzenden des Ministerrates zu informieren. Er entscheidet im Zusammenwirken mit den zuständigen Staatsorganen. Erfolgt die Verweigerung aus anderen Gründen, sind die staatlichen Untersuchungsorgane oder die Staatsanwaltschaften in Kenntnis zu setzen.

5. Die Bürgerkomitees legen vor der Öffentlichkeit Rechenschaft ab.

Ja bitte, Herr Platzeck.

Platzeck (GL): Ich habe einige Fragen dazu. Ist jemand da, an den man die stellen kann? Zum Beispiel zum Punkt 1: Wer beziehungsweise welche Gruppierung hat in diesen örtlichen Bürgerkomitees das Recht, zugelassen zu werden? Da gibt es zumindest bei uns Probleme.

Zu 2.1: Sollten nicht Mindestanforderungen festgelegt werden zu dem Punkt 2.1?

Dann ist unter 2.2 ein Einspruchsrecht vorgesehen. Meine Frage wäre, wie dieses Einspruchsrecht gestaltet werden soll beziehungsweise mit welchen Folgen?

Dann ist eine Sicherheitsgemeinschaft angesprochen. Auch dazu hätte ich einige Unklarheiten – –

Ziegler (Moderator): Also zum Verfahren will ich nur sagen, diese geballte Ladung geht ja so nicht. Wir werden dann natürlich, wenn wir eintreten in die Debatte, Punkt für Punkt besprechen. Und ich bitte Sie herzlich, dann die Dinge anzubringen.

Platzeck (GL): Ich dachte, das ist die Eröffnung der Aussprache.

Ziegler (Moderator): Nein, das waren nur erst einmal allgemeine Fragen jetzt.

Herr Ullmann hat sich zur Geschäftsordnung gemeldet.

Ullmann (DJ): Ja, meine Bitte ist, daß wir eine Lesung des Textes durchführen, so daß die Monita zu jedem einzelnen Absatz einzeln diskutiert werden können.

Ich habe aber noch eine zweite methodische Vorfrage. Um den Sinn unserer Debatte richtig verstehen zu können, bitte ich um eine Klarstellung darüber, welchen Zweck hat unsere Beratung? Haben wir jetzt nur Willenserklärungen oder Meinungsbildungen durchzuführen, oder ist der Sinn dieser Beratung eine Lesung und Redaktion des Textes?

Ziegler (Moderator): Eine Lesung im Sinne einer etwaigen Gesetzeslesung kann es ja wohl nicht sein, sondern es ist ein Entwurf des Ministerrates und er ist uns übermittelt ohne weitere Direkthinweise. Wir können dazu Stellung nehmen, und diese Stellungnahmen und Voten oder Abänderungsvorschläge sind der Regierung zu übermitteln. Wir haben einen, da Herr Dr. Hegewald sagt, er sei da nicht befugt, haben wir einen Minister unter uns.

Herr de Maizière, würden Sie bitte, Sie waren ja wohl, sind ja im Ministerrat, dazu erläutern, in welchem Sinne dies hier vorgetragen wird.

de Maizière (CDU): Diese Ordnung über die Arbeit von Bürgerkomitees ist durch den Ministerrat nicht endgültig beschlossen worden, sondern zustimmend zur Kenntnis genommen worden – das, was ihm vorgelegt wurde –, und er erwartet ein Votum des Runden Tisches.

Ziegler (Moderator): Ist damit Ihre Frage beantwortet, Herr Dr. Ullmann?

Ja? Herr Böhme, Sie hatten sich gemeldet?

Böhme (SDP): Hat sich erledigt.

Ziegler (Moderator): Gut. Also verfahren wir jetzt so, daß wir abschnittsweise lesen dort die Voten und Veränderungsvorschläge oder Anfragen und Bedenken sammeln, die dann dem Ministerrat übermittelt werden müssen.

Jetzt müssen wir da eine wichtige Sache klären, daß das auch festgehalten wird. Kann das einer hier von meinen Kollegen machen?

Ducke (Co-Moderator): Ja.

Ziegler (Moderator): Also, Herr Dr. Ducke hält sie fest. Noch zur Verfahrensfrage?

Herr Poppe, bitte.

Poppe (IFM): Ja, ich sehe Schwierigkeiten, wenn wir jetzt der Reihe nach diese Punkte hier lesen, ohne vorher geklärt zu haben, was eigentlich die **Aufgaben dieser Bürgerkomitees** sind. Also die ersten Punkte, die hier genannt sind, die nehmen darauf nicht Bezug, sondern da kommt erstmalig unter 2.3 – – so habe ich so das Gefühl, daß damit eine Art Hilfspolizei oder Bürgerwehr gemeint ist. In den Punkten davor kann ich das eigentliche Anliegen dieser Bürgerkomitees nicht erkennen. Ich würde also doch erst einmal darum bitten, daß wir uns prinzipiell darauf verständigen, was diese Bürgerkomitees für eine Aufgabe haben, ehe man jetzt in die Diskussion der einzelnen Punkte geht.

Ziegler (Moderator): Also ich muß dann aber doch auf Ziffer 2.2 hinweisen, Herr Poppe, wo etwas von den Aufgaben schon gesagt ist, und ich würde vorschlagen, wir nehmen dies einmal als ersten Kritikpunkt auf, daß nicht an den Anfang eine klarere Beschreibung der Aufgaben der Bürgerkomitees gesetzt ist. Ja?

Herr Dr. Ullmann.

Ullmann (DJ): Ja, ich möchte doch auf meinen Vorschlag zurückkommen, obwohl ich das Bedenken von Herrn Poppe voll teile. Aber ich fürchte, wir kommen zu keinem Ende heute, wenn wir nicht den Text einmal durchgehen. Da können ja die Gravamina jederzeit wieder vorgebracht werden.

Ziegler (Moderator): Ja, darauf lief mein Vorschlag hinaus. Herr Poppes Monitum wird aufgenommen. Er vermißt am Anfang eine klare Beschreibung der Aufgaben der Bürgerkomitees. Wir können nachher bei den Punkten diese Aufgabenbeschreibung, die mindestens nach meiner Sicht der Dinge in 2.2. gegeben ist, ja ergänzen. Wer hat sich gemeldet?

Frau Töpfer, bitte.

Frau Töpfer (FDGB): Ich glaube, daß es nicht ausreichend ist, dieses Papier Punkt für Punkt durchzugehen, und zwar vermisse ich hier beispielsweise Ansätze über die **Bildung von Bürgerkomitees**, finde ich keine Regelung über ihre **Rechte und Pflichten**, über ihre **Abgrenzung zu den örtlichen Volksvertretungen**. Ich glaube doch, daß dieses Papier im Moment nur einen ansatzweisen Entwurf einer Ordnung bildet und daß es in der Weise so viele konkrete Ausregelungen vermissen läßt, daß es nicht hilfreich ist, das Punkt für Punkt durchzugehen, sondern erst einmal allgemein festzustellen [ist], was der Inhalt dieses Papieres insgesamt sein sollte.

Ziegler (Moderator): Ja, es ist die allgemeine Gepflogenheit, daß man erst das Gesamte behandelt und dann Punkt für Punkt bei solchen Dingen durchgeht. Aber nun ist der Antrag da gekommen, daß wir das durchgehen. Ich denke, bei Ihnen ist wieder ein allgemeines Monitum angeschnitten, die klare Abgrenzung oder Beschreibung, wie sie entstehen und wie sie sich verhalten zu den örtlichen Organen und so weiter. Das fehlt, nicht? Welche Rechte und Pflichten. Das müssen wir einmal festhalten. Bitte.

Ullmann (DJ): Also, ich bin in diesem Punkt hartnäckig, weil wir meines Erachtens über die prinzipielle Berechtigung und den Sinn von Bürgerkomitees hier gesprochen haben und uns geeinigt haben, es soll ein rechtlicher Rahmen für dieselben [festgelegt werden]. – Das ist hier am Runden Tisch diskutiert worden, und ich fürchte, jetzt kriegen wir die Wiederholung der Diskussion. Und wenn jetzt darüber geredet wird, was sie denn für Aufgaben haben, da sehe ich voraus, daß wir hier 20 Aufgabenstellungen haben. Aber die 20 Redner können doch bei der Diskussion des vorliegenden Textes alle ihre Gesichtspunkte einbringen.

Ziegler (Moderator): Bruder Ullmann – –

[Heiterkeit]

– Herr Ullmann, wenn Sie mir die Chance geben, die Verhandlung zu führen, dann würde ich ja schon also einsteigen, aber es ist doch niemandem zu verwehren zu sagen, er vermißt eine Gesamtaussprache und stellt das Ganze erst einmal zur Frage. Dieses muß man doch zulassen, nicht? Und mehr hat Frau Dr. Töpfer doch nicht gesagt. So.

Und nun will ich das so verfahren, wie man bisher bei solchen Dingen verfahren ist. Wenn jetzt jemand noch allgemein Dinge anzumerken hat, von denen er meint, er kriegt sie nicht unter, dann möge er das jetzt bitte sagen, und dann treten wir ein in die abschnittsweise Verhandlung. Da hat dann jeder noch die Chance, auch die Dinge, die er bisher nicht sagen konnte, zu benennen. Wünscht noch jemand allgemein zum Ganzen etwas zu sagen? Das ist nicht der Fall.

Dann kommt Herr Ullmanns Vorschlag sofort zur Anwendung, und wir lesen die Präambel. Wünschen Sie, daß sie verlesen wird jedes Mal, Herr Ullmann?

Ullmann (DJ): Ich denke, jeder kann lesen.

Ziegler (Moderator): Na, das ist gut, ja. Schön. Dann, also, wer möchte sich zu der Präambel, das ist hier Abschnitt vor der Ziffer 1.1, melden?

Bitte, Dr. Ullmann.

Ullmann (DJ): Nach meinem Dafürhalten stellt die Präambel die Dinge auf den Kopf. Sie erzählt uns, daß die Regierung der DDR die nationale Bürgerbewegung unterstützt und so weiter, und sagt dann im zweiten Satz, dazu können sich Bürgerkomitees in Stadt und Land bilden.

Also das geht doch meines Erachtens in keinem Falle. Es haben sich Bürgerkomitees gebildet, und erfreulicherweise ist die Regierung der DDR der Meinung, daß sie das unterstützt. So herum muß es ausgedrückt werden.

Ziegler (Moderator): Weitere Wortmeldungen zur Präambel.

Herr Bisky.

Bisky (SED-PDS): Ich würde aus dem ersten Satz das „nationale" streichen. „Bürgerbewegung" reicht. Mit national hätte ich Schwierigkeiten. Und den zweiten Satz würde ich ersatzlos streichen wollen.

Ziegler (Moderator): Ich mache darauf aufmerksam, das sind alles Vorschläge, über die wir eigentlich nicht abstimmen, die wir sammeln und weitergeben, nicht? Das war unsere Verabredung. Gut.
  Bitte zur Präambel. Weitere Wortmeldungen?
  Herr Gehrke.

Gehrke (VL): Also, ich glaube, in die Präambel sollte mit hinein, daß ja diese Bürgerkomitees nicht nur eigenständige Komitees sind, sondern daß sie überhaupt ein **Produkt** sind **der revolutionären Volksbewegung** dieses Herbstes und daß also diese demokratische Massenbewegung von unten diese Komitees hervorgebracht hat. Und dieser Gedanke sollte meines Erachtens unbedingt hier mit hinein.

Ziegler (Moderator): Frau Köppe.

Frau Köppe (NF): Ich beantrage, daß wir jetzt nicht nur diese Änderungsvorschläge sammeln und weitergeben, sondern daß wir schon auch über sie abstimmen, denn es soll sich ja dann um eine Empfehlung des Runden Tisches handeln. Nicht daß das ohne Abstimmung herausgeht.

Ziegler (Moderator): Das können wir machen. Wir werden jetzt aber erst einmal sammeln, ja? Gibt es weitere [Bemerkungen] zur Präambel? – Nein.
  Dann sind hier jetzt drei Vorschläge gemacht worden. Der erste Vorschlag war von Herrn Dr. Ullmann, daß eigentlich die Sache umgekehrt werden müsse. Es sind Bürgerkomitees – ich sage jetzt in Kurzfassung – Bürgerkomitees gebildet. Sie werden von der Regierung unterstützt, nicht? Ja, wenn Frau Köppes Antrag hier Zustimmung findet, dann muß ich danach fragen, wer diese Änderungsvorschläge unterstützt von Herrn Ullmann, ohne daß wir jetzt in Formulierungen eintreten, nicht? Wer unterstützt die Bitte von Herrn Ullmann? – [Mit Ja haben gestimmt] 29. Gestatten Sie, wenn die Mehrheit klar ist, weil es hier ja doch um Vorschläge geht, daß wir nicht das ganze Verfahren mehr machen. Besteht keiner darauf? Gut.
  Herr Dr. Bisky hat gebeten, hat vorgeschlagen „national" zu streichen vor Bürgerbewegung. Wer unterstützt das? – Ist die Mehrheit. Danke. Mehrheit. Und jetzt, Herr Gehrke hat vorgeschlagen, daß der Ursprung der Bürgerbewegung in der, wie hatten Sie gesagt, demokratischen Volks – –

Gehrke (VL): – Ja, ein Akt der Volkssouveränität ist.

Ziegler (Moderator): Ein Akt der Volkssouveränität. Daß das aufgenommen wird, nicht? Wer unterstützt diesen Vorschlag? – Ist auch die Mehrheit. Diese drei Vorschläge werden dann übermittelt werden.
  So, es ist jetzt 10.50 Uhr, und ich schlage vor, daß wir unsere Gastgeber hier nicht in Schwierigkeiten bringen, sondern eine zwanzigminütige Pause machen und dann in den Ziffern 1.1 wieder einsetzen und diese Verhandlung weiterführen.
  Vorneweg muß ich noch etwas zur Zeitplanung sagen. Darf ich noch einen Augenblick um Gehör bitten? Natürlich hat jeder seinen Tag irgendwie auch verplant und will ihn verplanen. Der Wunsch ist mehrfach an uns herangetragen worden, möglichst um 14.00 Uhr zu schließen. Dies halte ich, nachdem es uns nicht gelungen ist, die Verfahrensfragen vorneweg nicht zu behandeln, meine ich, ist das kaum zu schaffen. Und bis 16.00 Uhr, 16.30 Uhr bitte ich doch jeden, sich einzurichten. Es tut mir auch leid. Wir werden am Schluß der heutigen Sitzung über eine Zeitbegrenzung unserer Sitzungen miteinander noch sprechen müssen. Jetzt Pause bis 11.15 Uhr.

[Verhandlungspause 10.50 Uhr–11.15 Uhr]

Ducke (Moderator): Darf ich Sie wieder auffordern, Platz zu nehmen, damit wir mit den Verhandlungen weiterkommen können. Bitte nehmen Sie Platz. Wir haben eine Änderung vorgenommen in der Leitung. Mein Name ist Karl-Heinz Ducke.
  Ich habe zunächst einige Ansagen zum technischen Verlauf zu machen. Das Mittagessen für die Teilnehmer am Runden Tisch ist um 13.00 Uhr. Wir würden 12.55 Uhr hier schließen, dann gemeinsam an den Ort des Mittagessens gehen. Für alle technischen Kräfte und Berater, die noch hier im Raum sind, würde dann um 13.20 Uhr das Mittagessen sein. 13.00 Uhr also für die Teilnehmer am Runden Tisch.
  Zweitens, auf Ihrem Tisch liegt ein **[Information 4/2] Antrag des Unabhängigen Frauenverbandes der DDR**[22]. Dieser ist bestimmt für die Arbeitsgruppe. Ist also nur zu Ihrer Information hier.

Frau Röth (UFV): Darf ich hier ergänzen, der ist nicht bestimmt für die Arbeitsgruppe „Frauenpolitik", sondern ist irrtümlicherweise also ausgeteilt worden und ist bestimmt für die Wirtschaftsgruppe.

Ducke (Moderator): Vielen Dank für die Ergänzung. Also bitte für die anderen Teilnehmer nur zur Information.

Frau Röth (UFV): Aber er kann natürlich bei den jeweiligen verbleiben zur Information. Es ist immer gut zu wissen, was andere denken und wollen.

Ducke (Moderator): Danke. Das dritte ebenfalls liegt auf Ihrem Platz, ein Antrag bezüglich neuer Verfassung. Auch dieser Antrag ist eine Information, ist zu Ihrer **Information [4/3] von der Arbeitsgruppe „Neue Verfassung"** des Runden Tisches[23]. Sie wird gerade ausgeteilt, damit Sie wissen, worum es geht. Außerdem wird ausgeteilt die Erklärung von Herrn Schnur, die erhalten Sie also auch schriftlich.
  Dann bittet Herr Dshunussow um das Wort für die Arbeit seiner Arbeitsgruppe. Bitte schön.

Dshunussow (IFM): Ich habe folgende Mitteilung zu machen. Am 2. Januar findet die erste Sitzung der Arbeitskommission „Ausländerrecht" statt, und ich habe eben einen Zettel durchgegeben. Und dieser Zettel ist irgendwo steckengeblieben. Ich bitte die Vertreter, die jeweiligen Parteien und Organisationen sich da einzutragen und den Zettel an mich zurückzuschicken. Das ist am 2. Januar im Zentralvorstand der Vereinigung der gegenseitigen Bauernhilfe, Reinhardstraße 14, Zimmer 46.

Ducke (Moderator): Vielen Dank Herr Dshunussow. Ich glaube, dann können wir die Debatte fortsetzen zum Tagesordnungspunkt 3, Entwurf einer Ordnung über die Tätigkeit von Bürgerkomitees.

---

[22] An die AG „Wirtschaft". Dokument 4/3, Anlagenband. Von dieser Sitzung an tauchen mehr und mehr verschiedenstartige Dokumente am Runden Tisch unter dem Rubrum „Information" auf. Nicht selten handelt es sich um „Anträge" ohne Aussicht auf Mehrheit, die sich in erster Linie an die eigene politische Klientel und an die Öffentlichkeit richten.

[23] Dokument 4/4, Anlagenband.

Ich möchte noch einen Vorschlag machen, daß wir darum bitten, damit die Änderungen auch korrekt weitergegeben werden und wir uns nicht nur hier auf unsere Mitschriften verlassen, daß die Antragsteller, die dann positiv, ja bekommen haben, daß ihr Antrag angenommen ist, uns wirklich schriftlich dann hereingeben, was dann wirklich formuliert ist.

Sind Sie damit einverstanden? Ich glaube, das würde die Arbeit auch in der Diskussion enorm erleichtern. Also ich bitte dann um schriftliche Mitteilung von Herrn Ullmann, von, nein Herr Bisky, das haben wir nun gestrichen, das ist klar, und von Herrn Gehrke zur Präambel.

Wir setzen fort mit dem Entwurf der Ordnung zum Punkt 1.1. Gibt es zu diesem Absatz Meldungen?

Ich sehe Herrn Ullmann. Bitte.

Ullmann (DJ): Meines Erachtens muß an dieser Stelle schon das kommen, wovon Herr Poppe vorhin gesprochen hat, nämlich **Bürgerkomitees sind Gremien**. Und nun muß gesagt werden, wozu sie da sind. Hier wird in 1.1 nur erklärt, wer alles daran teilnehmen kann, ohne daß man weiß, was sie denn eigentlich sind. Also die Dinge, die dann weiter unten erwähnt werden, müssen hier schon stehen, die rechtliche Definition dessen, was die Bürgerkomitees sind und was sie tun, muß an dieser Stelle erscheinen.

Ducke (Moderator): Verstehe ich Sie recht, Herr Ullmann, Sie plädieren faktisch für eine Umstellung der vorliegenden Ordnung? Könnten Sie vielleicht uns noch einmal sagen, welche Punkte Sie faktisch jetzt unter 1.1 möchten?

Ullmann (DJ): Das sind die Dinge, die ab 2.2 und merkwürdigerweise dann wieder in 4.1 erst auftauchen. Hier handelt es sich ja um den wirklichen **Anlaß der Entstehung von Bürgerkomitees,** der meines Erachtens hier im jetzigen Text erst an viel zu später Stelle steht.

Ducke (Moderator): Danke schön. Gibt es weitere Meldungen dazu? – Bitte.

Platzeck (GL): Ich möchte meine Frage von vorhin wiederholen. Wer kann ausgeschlossen werden. Das Problem steht in der Praxis mittlerweile.

Ducke (Moderator): Sagen Sie bitte genau die Stelle.

Platzeck (GL): Zum Punkt 1.1, hier steht, wer teilnehmen kann, „Gruppierungen", „Bewegungen", „Parteien". Aber die Frage steht, wer kann wen davon ausschließen von einem Runden Tisch, ganz konkret in einem Bezirk zum Beispiel.

Ducke (Moderator): Also, wenn ich Sie jetzt richtig verstehe, Sie äußern eine Befürchtung.

Platzeck (GL): Ja.

Ducke (Moderator): Danke. Nur damit wir uns verständigen und nicht suchen, ob da schon hier ein Vorschlag gemacht ist. Weitere Meldungen.

Herr Poppe, bitte.

Poppe (IFM): Ja, ich würde hier Herrn Ullmann folgen wollen. Noch einmal: Wir müßten uns doch jetzt grundsätzlich darauf verständigen, ob nun also die **Bürgerkomitees zeitweilige Arbeitsgruppen** sind, die jetzt nun mehr oder weniger spontan entstanden sind, um Amtsmißbrauch und Korruption mit aufzudecken, und die dann wieder verschwinden werden, **oder** ob es sich dabei um Einrichtungen handelt, die wir meinen, daß sie aufrechterhalten werden sollten, daß sie eben für die Arbeit in kommunalen Bereichen grundsätzlich einen Wert haben und praktisch parallel oder auch **unabhängig von den örtlichen Volksvertretungen arbeiten**. Also, ich glaube, diese grundsätzliche Entscheidung darüber muß doch erst einmal getroffen werden, ehe man die übrigen Punkte hier klärt.

Ducke (Moderator): Das war eigentlich jetzt auch mein Anliegen, daß wir jetzt sagen würden, debattieren wir über die Ordnung in der vorliegenden Weise oder sagen wir, wenn wir für eine solche Umstellung sind, lassen wir zunächst darüber abstimmen, ob wir dafür sind, und stimmen dann in der sozusagen neugewählten Ordnung darüber ab, damit wir nicht immer wieder solche grundsätzlichen Rückfragen haben.

Bitte, Herr Ullmann dazu.

Ullmann (DJ): Also, nach meinem Dafürhalten – –

Ducke (Moderator): Ach so, Entschuldigung. Herr Ullmann, ich muß Sie um Entschuldigung bitten.

Frau Töpfer hatte sich vorher gemeldet. Ich habe es jetzt übersehen.

Frau Töpfer (FDGB): Ich möchte nur zur Umstellung folgendes sagen, und zwar bevor wir, damit wir solche geäußerten Befürchtungen, daß bestimmte Gruppen aus Gesprächen in Bürgerkomitees ausgeschlossen werden, damit wir so etwas nicht wirksam werden lassen oder dem entgegentreten, sollte man einen **Modus finden, wie Bürgerkomitees gebildet werden** und wer an ihnen beteiligt sein soll, prinzipiell. Da reicht die Aussage, daß das von allen Gruppen, also die in 1.1 – die möchte ich nicht noch einmal wiederholen – enthaltene Aussage nicht aus. Und das würde dann auch die Frage beinhalten, welchen Zeitraum ihre Arbeit andauert und wie sie dann aufzulösen sind.

Ducke (Moderator): Danke.

Herr Ullmann.

Ullmann (DJ): Also, ich warne vor zu großer Grundsätzlichkeit an dieser Stelle. Was Herr Poppe angesprochen hat, ist im Grunde genommen ein Problem, das schon bei der Diskussion der künftigen Verfassung eine erhebliche Rolle spielen wird, ich denke, dort auch spielen muß.

Der **Entwurf** versteht sich laut Ziffer 4.1. als **ein Provisorium**. Ich denke, das ist auch sachgemäß. Freilich ist es absolut unbefriedigend, wenn eine rechtliche Ordnung sich dann so undeutlich ausdrückt, daß sie nur zeitweilig sagt. Sie müßte dann sagen, auf welche Zeiten. Da käme etwa infrage, bis zur Wahl oder bis zum Inkrafttreten der neuen Verfassung. Das müßte meines Erachtens deutlich gemacht werden.

Ich warne auch vor Bestimmungen über **Aufnahmeregelung**. Das würde ja dazu führen, daß die Bürgerkomitees eine Art Statut kriegten mit einem Aufnahmemodus. Also, das ist meines Erachtens überhaupt nicht der Situation gemäß.

Ferner würde ich auch eine Klärung für nötig halten. Im Lande herrscht der größte Wirrwarr, und das zeigt sich auch immer wieder bei den Verfahrensfragen hier. Hier wird ausdrücklich von Bürgerkomitees gesprochen. Jetzt in der Debatte wird das also schon als **äquivalent mit Runden Tischen** verwendet. Also, hier finde ich, sollte man eine **klare Sprachregelung** haben. Ich kenne Orte, wo es drei Runde Tische und dann viertens noch womöglich ein Bürgerkomitee gibt.

All das ist, glaube ich, der Arbeit im Lande gar nicht dienlich, und hier sollten wir aufklären.

Ducke (Moderator): Ich verstehe Ihre Wortmeldung zur näheren Erläuterung und auch im Hinblick auf die mögliche Umstellung. Darf ich Sie bitten, [dies] wirklich uns nachher gleich einmal als – es kommt noch eine Wortmeldung – einen Vorschlag für die Gliederung der Gedanken vorzulegen, damit wir wissen, über welchen Punkt wir dann sprechen.

Bitte, Herr de Maizière.

de Maizière (CDU): Ich gehe davon aus, daß diese Komitees von uns zumindest nur **zeitlich begrenzt** gedacht werden können **bis zum Zeitpunkt der Wahlen**. Wir gehen doch wohl davon aus, daß es danach eine von der Mehrheit gewählte und getragene Regierung gibt, und die ihre Geschäfte dann wirklich wahrzunehmen hat. Das wäre der erste Gedanke.

Und der zweite ist, daß wir meinen, ich meine, daß wir es **auch örtlich eingrenzen** müssen. Es müssen eben Bürgerkomitees für bestimmte Gebiete sein; denn sonst könnte der Zustand eintreten, daß drei Leute auf der Straße vereinbaren, sie wären Bürgerkomitee aus Stralsund und werden in Berlin tätig. Kein Mensch kann ihre **Legitimierung** in irgendeiner Weise überprüfen. Und sie meinen, sie könnten **Akten nun anfordern, beschlagnahmen, und wer weiß, wo sie dann irgendwann landen**. Also, einen Ordnungsrahmen müßte man dem schon geben. Ansonsten würden wir jedweder **Anarchie** das Wort reden.

Ducke (Moderator): Danke. Das waren schon inhaltliche Präzisierungen.

Frau Töpfer.

Frau Töpfer (FDGB): Ich möchte noch einmal die Frage aufwerfen, weil hier die **Wahlen** angesprochen sind, als möglicher Begrenzungszeitpunkt, in welchem **Verhältnis** diese **Bürgerkomitees zu den örtlichen Volksvertretungen**, die ja auf irgendeine Art und Weise auch zustande gekommen sind, nun stehen sollen. Wenn Sie sagen, daß es eine Frage der **Legitimation** ist, den Wahlzeitpunkt abzuwarten, habe ich jetzt Ihren Reden entnommen, daß Sie darlegen, daß Sie sozusagen die Arbeit der Volksvertretungen in irgendeiner Weise übernehmen wollten.

Würden Sie sich da präzisieren, bitte?

de Maizière (CDU): Ich habe nicht gesagt, daß sie – –

Ducke (Moderator): Hier eine konkrete Rückfrage, bitte.

de Maizière (CDU): – die Arbeit der Volksvertretungen übernehmen sollen. Aber beispielsweise ist ja geregelt, wenn Sie bestimmte Dinge an sich nehmen, daß sie die dem Staatsanwalt zu übergeben haben. Also, sie sind doch, sie begreifen sich ja noch als **Partner bestehender staatlicher und ordnungsrechtlicher Strukturen**. Wenn sie sich [als] das nicht mehr begreifen und dieses Verständnis nicht mehr aufbringen, dann müßten wir sagen, **dann müssen morgen die Wahlen sein**.

Ducke (Moderator): Danke schön.

Liegt jetzt schon ein Vorschlag für die Neugliederung vor, sonst müßten wir uns an die vorliegende Gliederung halten für die Debatte, damit wir nicht ein bißchen so springen.

Herr Ullmann.

Ullmann (DJ): Ja, also ich weiß nicht, ob ich Ihrer Forderung genügen kann, Herr Ducke, aber wir wollen ja jetzt auch nur Vorschläge sammeln.

Mein Vorschlag wäre eben unter 1.1 die Definition zu schreiben. Und die Definition ist meines Erachtens im wesentlichen zu füllen mit dem, was in 4.1. steht. Und um der Anarchiegefahr, die Herr de Maizière mit Recht signalisiert hat, zu begegnen, würde ich sagen, müßte es zur Definition dieser Bürgerkomitees gehören, daß sie eben mit den örtlichen verantwortlichen Organen zusammenarbeiten.

Ducke (Moderator): Gut, das steht ja auch unter 2.1 schon. Also, es steht jetzt, wenn ich es richtig sehe, der Antrag, daß unter 1.1 die Gedanken gefaßt werden, die hier in dem vorliegenden Entwurf unter 4.1 vorliegen. Ist das so richtig? Wir stellen es einmal fest.

Bitte, Herr Lindner.

Lindner (LDPD): Ich glaubte, die bisherige Diskussion, insbesondere was Dr. Ullmann jetzt zum Schluß sagte, auch so zu verstehen, auch Herr de Maizière hat darauf verwiesen, daß dieser [Punkt] 4.1 auch präzisiert werden muß.

Ich mache nur auf eines aufmerksam: Es steht zum Beispiel darin die Formulierung: „die gesellschaftliche Kontrolle darüber zu unterstützen, daß...". Nun frage ich mich, wenn mit den örtlichen Volksvertretungen zusammengearbeitet werden soll durch die Bürgerkomitees, was ist dann bitte **„gesellschaftliche Kontrolle"**. Das ist ein sehr vager Begriff, der in einer solchen Sache nicht geht.

Präzisieren.

Ducke (Moderator): Danke, aber das war jetzt eine Sachfrage.

Bitte, Herr de Maizière.

de Maizière (CDU): Ich würde mich dagegen aussprechen, unter 1.1 die Aufgabenbeschreibung zu machen. Der Aufbau entspricht üblicher Gesetzessystematik, daß man zunächst beschreibt, wer ist es und was darf es nicht sein, und man dann sagt, was ist die Aufgabe.

Ducke (Moderator): Das war ein Vorschlag, faktisch bei der Ordnung zu bleiben, wie sie hier in dem Entwurf vorgelegt ist. Habe ich Sie so richtig verstanden?

de Maizière (CDU): Ja, so bin ich richtig verstanden. Daß wir 4.1 präzisieren müssen oder erweitern müssen, das ist eine ganz andere Frage. Aber von der Systematik her halte ich es für richtig aufgebaut.

Ducke (Moderator): Ja, dann müssen wir so fragen, Herr Ullmann, war das von Ihnen ein Antrag oder können Sie jetzt durch die Darlegung der letztgenannten Wortmeldung verstehen, daß wir bei Präzisierung nur bleiben?

Ullmann (DJ): Na ja, also ich bin natürlich immer geneigt, dem Experten hier zu folgen, muß dann aber eben sagen, daß der jetzige 1.1 in hohem Grade unpräzise ist. Also, wenn schon die Teilnehmer dort genannt werden sollen, dann müßte das eben so geschehen, daß man klar hört, es sind diese Leute, die das machen. Das ist meines Erachtens der Teilnehmerkreis.

Wenn man nur sagt, es ist ein Gremium, das offen ist für alle möglichen Leute, es ist ja hier fast alles aufgezeigt, [auf]gezählt, was es da überhaupt geben kann, dann kann ich nur sagen, ich halte das für die Lage im Lande nicht sehr hilfreich, Herr de Maizière. Man muß eben sagen, was ist es,

nämlich diese Leute, um ihnen zu folgen, Leute, die das und das tun, was in 4.1 steht.
So wäre mein Vorschlag.

Ducke (Moderator): Es hat sich gemeldet Herr Ziegler, bitte.

Ziegler (Co-Moderator): Ich möchte doch darauf hinweisen, daß die Aufgaben vor allen Dingen [in] 2.2 erst einmal angesprochen sind, und unter 4.1 steht auch „zeitweilig". Und wenn wir Aufgaben beschreiben, muß 2.2 dann präzisiert werden.

Ducke (Moderator): Danke.
Herr Gutzeit.

Gutzeit (SDP): Ja, ich denke, wenn man der Gesetzessystematik folgen wollte und dem zustimmt, dann wäre es dennoch sinnvoll, 1.1 zu präzisieren, und zwar dieses „zeitweilig", und zu sagen, bis zum 6.5, dann ist die Sache schon klar.
Ich denke, die allgemeine Aufgabenbeschreibung von 2.2, die können wir, wenn wir diese Begrenzung haben, streichen. Ich glaube, das wichtigste in der Aufgabenstellung steht in 4.1.

Ducke (Moderator): Vielen Dank.
Herr Klein, bitte.

Klein (VL): Der Punkt 4.1, über den jetzt gesprochen wird, wird, so wie ich das verstanden habe, in der Öffentlichkeit oftmals identifiziert mit dem, was **Volkskontrollausschüsse** genannt wird. Man könnte überlegen, ob man das nicht hier in diesem Sinne präzisiert.
Was den Punkt 1.1 betrifft, und hier handelt es sich ja um die Frage der Aufgaben dieser Bürgerkomitees, würde ich folgende Formulierung vorschlagen:
„Die Tätigkeit der Bürgerkomitees ist auf die unmittelbare Vertretung der Interessen von Bürgern im Territorium gerichtet. Die örtlichen Volksvertretungen sind verpflichtet, ihre Tätigkeit durch Herstellung von Öffentlichkeit und Herbeiführung von demokratischen Entscheidungsprozessen im Bereich ihrer Tätigkeit zu unterstützen."

Ducke (Moderator): Das wäre jetzt konkret, nur noch einmal für uns alle – –

Klein (VL): Das wäre für 1.1. Also, die hier eingeforderte **Präzisierung des Bereichs der Tätigkeit von Bürgerkomitees**. Das muß aber untersetzt werden. Das soll ja eine prinzipielle Feststellung sein.

Ducke (Moderator): Danke. Sie würden den Vorschlag so machen?

Klein (VL): Und für die Präambel.

Ducke (Moderator): Herr Raspe, bitte.

Raspe (LDPD): Die **Nationale Front** mit ihrem aufgeblähten Apparat und ihrer Alibifunktion vermeintlicher ehrlicher Bündnispolitik ist **überlebt**. **Aber** ich meine, die Erfahrungen des Zusammenschlusses von Bürgern vor Ort in Ausschüssen der Nationalen Front ist eine gute Erfahrung und ich hatte eigentlich gedacht, daß wir **diese Erfahrung mit aufnehmen in dieser Institution „Bürgerkomitee"**, wobei – und das wäre die logische Konsequenz – ich keine Begrenzung absolut sehe am 6. Mai; denn was unter 2.2 gedacht ist, und mir scheint hier, für mich ist das auch die Priorität, daß kommunale Probleme gemeinsam mit den zuständigen staatlichen Organen zu lösen sind, ist natürlich eine Aufgabe, die weit über den 6. Mai hinausreicht.
Ich wäre dafür, die Aufgabenbeschreibung an den Anfang zu stellen, und hier stimme ich Kollegen Dr. Ullmann zu, aber in der Reihenfolge des 2.2 und 4.1.

Ducke (Moderator): Danke. Darf ich, bevor ich die nächsten Wortmeldungen aufrufe, darauf hinweisen, im Presseraum sind nun Bild und Ton an, also alles, was wir jetzt hier sprechen, kann im Presseraum verfolgt werden. Vielleicht ist das gut zu wissen.
Die nächsten Meldungen waren Herr Ullmann, Herr Gutzeit, Herr Klein.

Ullmann (DJ): Ich ziehe das jetzt zurück und werde dann bei 2.2 darauf zurückkommen.

Ducke (Moderator): Danke.
Herr Gutzeit.

Gutzeit (SDP): Ich möchte noch einmal unterstreichen, daß ich es für richtig halte, **2.2 zu streichen,** und zwar geht das meines Erachtens darum, wirklich eine **Unterscheidung einzuführen zwischen Rundem Tisch und Bürgerkomitees.** Man kann gar nicht mehr recht identifizieren, wer wer ist, wenn man diesen Punkt 2.2 hineinführt; denn meines Erachtens geht es ja an den Runden Tischen gerade um diese Probleme, kommunale oder sonstige, auf den entsprechenden Ebenen von Staat und Gesellschaft.
Des weiteren, wenn wir dies jetzt festschreiben über den 6. Mai hinaus, **präjudizieren** wir auch die **Struktur der späteren Demokratie,** die wir wollen. Und ich denke, das sollten wir nicht tun.

Ducke (Moderator): Das war ein klares Wort für Begrenzungen und konkrete Aufgabenbeschränkungen auf die hier genannten Aufgaben.
Herr Klein, bitte.

Klein (VL): Ich möchte auch in Bezug darauf, was Herr de Maizière hier gesagt hat, noch einmal deutlich machen, daß unserer Meinung nach **Bürgerkomitees als Organe direkter Demokratie** keineswegs im Gegensatz zu dem stehen, was Resultat von Wahlen, die Formen von Demokratie hier im Lande sein werden. Wir sind der Meinung, daß jetzt die Chance da ist, daß Bürgerkomitees Demokratie und Volkssouveränität wirklich greifbar, also realistisch im Lande machen können.
Insofern muß es so sein, daß diese **Bürgerkomitees** in ihrer Arbeit sozusagen die **Grundlage der territorialen Organe der Volksvertretung** sein können und es vielleicht werden können, wenn sie unterstützt werden, wenn sie ernstgenommen werden.

Ducke (Moderator): Danke schön.
Frau Töpfer, bitte.

Frau Töpfer (FDGB): Aus rechtstechnischen Gründen möchte ich vorschlagen, daß aus dem Punkt 2.2 herausgenommen wird das **Einspruchsrecht.** Und zwar sollte dieses Einspruchsrecht gesondert relativ an das Ende der Ordnung kommen und sollte gesondert mit den Rechtsfolgen des Einspruchsrechts versehen werden. Denn ein Einspruchsrecht an sich hat sonst keine, oder nicht die gewünschte Wirkung. Das stelle ich als Antrag.

Ducke (Moderator): Aha. Wir nehmen aber erst noch einmal die Wortmeldung.

Herr Gehrke, bitte.

Gehrke (VL): Ich wollte noch zu Herrn de Maizière sagen, daß ich glaube, daß die Wahlen – – wir müssen ja daran denken, die Wahlen am 6. Mai [1990] sind ja auch Volkskammerwahlen. Gerade auf der örtlichen Ebene sind die politischen Prozesse, mit denen wir jetzt konfrontiert sind, nicht automatisch mit den Volkskammerwahlen am 6. Mai beendet. Und insofern glaube ich, stellt die Frage 6. Mai gar nicht hier den Einschnittpunkt.

Der **Einschnittpunkt**, der gezogen werden könnte, das **wäre**, glaube ich, überhaupt **die neue Verfassung**. Und die wird natürlich durch uns hier gemeinsam vorbereitet. Also insofern, glaube ich, ist der 6. Mai gar nicht der Punkt, sondern da würde ich dann auf das vorhin Gesagte noch einmal eingehen wollen.

Wenn wir hier Erfahrungen haben, die aus diesem Herbst hervorgegangen sind, ob nun an Nationale Front anknüpfend oder nicht, für mich selbst ist eigentlich wesentlich, was hier im Herbst durch unser Volk hervorgebracht wurde. Warum können wir nicht eventuell dann das auch in die Verfassung aufnehmen. Eventuell sage ich deshalb, weil ich meine, darüber muß dann eben erst noch einmal gesprochen werden.

Ducke (Moderator): Danke. Ja.

Platzeck (GL): Wollen wir nicht über eine Rahmenordnung einfach sprechen, ohne sie zu begrenzen. Die Volkskammer, die dann am 6. Mai gewählt wird, erhält doch wahrscheinlich das Recht, zu bestimmten Punkten Aussagen zu machen. Andererseits kann es durchaus so sein, wie ja mehrfach gesagt ist, [daß] die **Bürgerkomitees auch späterhin noch ihre Berechtigung, zumindestens auf kommunaler Ebene**, haben. Und wäre es jetzt nicht sinnvoll für den Fortgang der Dinge, daß wir sagen, wir besprechen, was sie machen können, und diskutieren nicht über den Zeitpunkt, bis wann sie das machen können.

Ducke (Moderator): Findet dieser Vorschlag die Zustimmung? Also, wenn ich jetzt so zusammenfasse unsere Diskussion, dann waren wir ja bei 1.1 ausgegangen, eine Beschreibung, wo eine Präzisierung verlangt wurde.

Es kam dann die Diskussion über die Frage, wie lange das überhaupt vonstatten gehen soll, was ja Konsequenzen hat für die Ausgestaltung.

Und es steht schlicht auch der Antrag, daß das Ganze ein Provisorium ist, was im Moment die mögliche Arbeit zu erleichtern hat.

Jetzt hatte sich Herr de Maizière, dann Herr Böhme [gemeldet].

de Maizière (CDU): Ich muß mich noch einmal zu der Begrenzung äußern. Wenn wir eine Wahl haben, legitimieren wir eine Regierung und eine Volkskammer das zu tun, was für das Land notwendig und richtig ist. Dann können wir nicht eine Nebenstrecke versehen, deren **Legitimation** dann doch zweifelhaft sein muß. Also, eine **Begrenzung** muß sein.

Ob sie möglicherweise gedacht werden könnte, daß sie in bestimmten Ebenen bis zum Abschluß von dort zu vollziehenden **Kommunalwahlen** stattfindet, wäre für mich auch noch denkbar. Aber ohne Begrenzung über die, oder sagen wir, für künftige Regierungen bindend können wir hier, glaube ich, nichts empfehlen.

Ducke (Moderator): Danke.

Herr Böhme, bitte.

Böhme (SDP): Ich kann dem Letzten nur noch zufügen, wollen wir eine parlamentarische Demokratie, und die scheinen wir ja alle zu wollen, müssen wir uns zumindest auf den Punkt verständigen, daß natürlich die höchste Volksvertretung zu entscheiden hat auch, inwieweit **Bürgerbewegungen** – die keiner hier am Runden Tisch unterschätzt und jeder weiß, daß sie hervorgegangen sind aus der Revolution des Herbstes – inwieweit diese dann weiter **einen rechtlichen Rahmen bekommen**.

Aber wir müssen erst einmal, da waren wir uns alle in einstimmiger Abstimmung bei dem Selbstverständnis im Konsens, in Übereinstimmung, nur bis zum 6. Mai haben wir das Recht, legitimiert sind wir und so weiter und so fort, haben wir das **Recht**, hier etwas **zu entscheiden**.

Ducke (Moderator): Danke.

Herr Poppe, bitte.

Poppe (IFM): Ja, ich möchte noch einmal auf das zurückkommen, was Herr Klein und Herr Gehrke gesagt haben. Ich gehe auch davon aus, daß die **Arbeitsgruppe „Neue Verfassung"**, die wir hier vom Runden Tisch aus installiert haben, **über den Zeitpunkt der Wahlen hin weiterarbeiten** wird. Jedenfalls ist es das Selbstverständnis dieser Arbeitsgruppe. Und wenn es jetzt hier um **Bürgerkomitees** geht, die also auch **Bestandteil direkter Demokratie** in diesem Lande werden sollen, dann würde das bedeuten, die Notwendigkeit, eine in der Verfassung festgeschriebene notwendige Ergänzung von parlamentarischer Demokratie. Und deshalb ist für mich sinnvoll, die **zeitliche Beschränkung** bis zur Existenz und Verabschiedung durch **Volksentscheid** einer **neuen Verfassung** hier festzuschreiben.

Ducke (Moderator): Danke. Das war ein klares Wort.

Herr Engel, bitte.

Engel (CDU): Damit hat sich meine Wortmeldung erledigt.

Ducke (Moderator): Ich stelle, um zu einem Endpunkt zu kommen, vielleicht doch jetzt einmal formal die Frage: Können wir uns darauf verständigen, daß wir über die Bürgerkomitees sprechen und hier eine rechtliche Ordnung dafür vorschlagen möchten, bis zur Entscheidung durch eine neue Verfassung. Könnte so etwas Konsens finden unter uns, daß wir jetzt also sagen, bis zur Verfassung sprechen wir über die Ausgestaltung dieser Bürgerkomitees. So nahm ich Ihren Vorschlag konkret an.

Ich glaube, das nimmt nicht vorweg, ob die [Bürgerkomitees] nun weiter bestehen sollen oder wie. Aber es wurde hier schon mehrfach gesagt, daß das nur Sache sein kann eben entweder der Volksvertretung oder gar der Verfassung. Könnten wir uns darauf einigen, ob das so Konsens finden könnte?

Bitte, Herr Böhme.

Böhme (SDP): Verzeihen Sie bitte, ich kann mir vorstellen, daß der **Volksentscheid über die Verfassung** sehr spät nach der Wahl der höchsten Volksvertretung zustande kommt. Und ich glaube, wir würden die **Regierungsfähigkeit** des Landes **in Frage stellen**. Es wäre doch eine Kompromißlösung möglich, in der wir sagen, die höchste Volksvertretung wird nach ihrer Konstituierung über weitere Bürgerbewegungsformen – notwendig oder nicht, und der gleichen – entscheiden.

Ducke (Moderator): Dann stelle ich hier, stellen Sie das als Antrag? Ist der Antrag klar, ich verstehe ihn so, wir sprechen über Bürgerkomitees, legen einen rechtlichen Rahmen dafür fest, oder wollen, daß ein rechtlicher Rahmen dafür festgelegt wird bis zu einem Entscheid der obersten Volksvertretung. Habe ich das so richtig verstanden? Vorbehaltlich, ja, in dieser Richtung? – Danke. Dann stelle ich das jetzt zur Abstimmung. Oder dazu noch – –

Poppe (IFM): Ja, ich bin der Meinung – –

Ducke (Moderator): Augenblick.
Herr Gehrke dann noch.

Gehrke (VL): Dazu noch, wenn wir das auf die oberste Volksvertretung festlegen, dann sind wir wieder bei dem Thema, daß natürlich eine Verfassungsgebung durch Volksentscheid [erfolgen soll], und wir wissen tatsächlich nicht, wann es sein wird, aber wir wissen doch, daß es nicht allzu lange dauern wird, daß sozusagen dann schon wieder festgelegt wird, wer denn nun also sozusagen – –
Jetzt ist ja noch die alte Verfassung gültig, das heißt also die alte Struktur, auch bei den Wahlen, wird ja also noch festgehalten. Und wir erleben dann vielleicht auch die Möglichkeit zu sagen, durch Volksentscheid wird auch über diese Frage entschieden. Also, ich glaube, hier ist der weitergehende Antrag doch der, der vorhin von Herrn Poppe gestellt wurde.

Ducke (Moderator): Herr Poppe.

Poppe (IFM): Ja, ich wollte das nur noch einmal bestätigen.

Ducke (Moderator): Ich wollte nur fragen, stellen Sie diesen Antrag?

Poppe (IFM): Vom zeitlichen Ablauf her ist das eindeutig der weitergehende Antrag.

Ducke (Moderator): Eben. Sie haben ihn nur noch nicht gestellt, das war ein Vorschlag. Also, stellen Sie den Antrag?

Poppe (IFM): Ich stelle den **Antrag [IFM]: Aufrechterhaltung der Bürgerkomitees bis zum Zeitpunkt der Bestätigung der neuen Verfassung durch Volksentscheid.**

Ducke (Moderator): Dann denke ich, wir haben genügend darüber diskutiert. Ich lasse darüber jetzt abstimmen.
Wer dafür ist, daß über die Bürgerkomitees beschlossen wird bis zu einer neuen Verfassung, der stimme mit Ja, das heißt, er hebe die Hand. Darf ich um das Handzeichen bitten? – Würde jemand zählen, aber das scheint die Mehrheit. Darf ich fragen, wer ist dagegen? – [Mit Nein haben gestimmt] 5. Wer enthält sich der Stimme? – Ich sehe 2 Stimmenthaltungen. Danke. So, damit haben wir diesen Gesichtspunkt beachtet.
Dürfen wir dann wieder weiter fortschreiten? Punkt 1.1. Es waren Präzisierungen gewünscht. Würde jemand die einreichen? Oder kann das jetzt auf dem Hintergrund des eben gefaßten Beschlusses so stehenbleiben? Wir lassen uns ja jetzt hier leiten, daß jemand sagt, das ist ein Duktus in der Gesetzessprache, also wir gehen jetzt davon aus, daß diese vorgesehene Ordnung auf dem Tisch liegt. 1.1, werden Ergänzungen, Änderungen gewünscht? Keine?
Herr Ullmann.

Ullmann (DJ): Ich erkläre nur, daß ich also meinen Vorschlag von vorhin aufrechterhalte, weil ich 1.1, wie es jetzt dasteht, nicht für brauchbar halte.

Ducke (Moderator): Sagen Sie, darf ich noch einmal sagen, stellen Sie den Antrag?

Ullmann (DJ): Das heißt, Bürgerkomitees sind Gremien, zu denen jedermann gehören, jede Frau gehören kann.

Ducke (Moderator): Ja, ja. Darf ich nur fragen, was konkret Ihr Antrag ist?

Ullmann (DJ): 1.1 so zu formulieren, daß daraus erkennbar wird, es handelt sich um jene Bürgerkomitees, von denen in 4.1 die Rede ist.

Ducke (Moderator): Gut. Das ist Ihr konkreter Antrag jetzt, damit wir weiterkommen? Der Antrag steht. Ich glaube, er ist auch verstanden worden. Es steht der Antrag, den Punkt 1.1 im Sinne von 4.1 zu verändern. Bitte.

Lindner (LDPD): Ich glaube, wenn man das so faßt, wird man der umfassenden Tätigkeit der Bürgerkomitees nicht ganz gerecht. Es müßte dann 2.2 und 4.1 heißen.

Ducke (Moderator): Hier eine Wortmeldung dazu.
Bitte, Herr Ullmann.

Ullmann (DJ): Ja, also Sie haben mich ganz richtig verstanden. Ich bin da, leider muß ich das sagen, anderer Meinung. [Ich] wollte mich dann, wenn wir bei 2.2 sind, dazu äußern. Ich habe gegenüber dieser Formulierung, die Sie bevorzugen, das Bedenken, daß hier wieder unklare Zuständigkeiten geschaffen werden.
Die kommunalen Probleme und Anliegen müssen von den zuständigen staatlichen, gesellschaftlichen Organen und Einrichtungen gelöst werden. Wen sie sich da zur Hilfe holen, das ist ihre Sache. Und das gehört meines Erachtens nicht in diese Ordnung hier hinein. Und unsere Diskussion hat eben auch gezeigt, daß hier eine wirkliche Unklarheit besteht.
Die **Bürgerkomitees** sind **entstanden aus einer** ganz bestimmten **Krisensituation** heraus und als solche wünsche ich sie beschrieben. Was Sie vorschlagen, ist meines Erachtens eben genau der Gedanke, der uns in die **Verfassungsdiskussion** bringt. Da bin ich gerne bereit, über basisdemokratische Strukturen zu reden. Ich favorisiere sie sogar, deswegen bin ich ja bei Demokratie Jetzt. [Ich] würde das aber nicht in diese Ordnung schreiben.

Ducke (Moderator): Danke. Das war zu 2.2. Eine Wortmeldung noch.
Herr Klein, bitte.

Klein (VL): Ich möchte nochmals in bezug auf die hier zur Entscheidung stehende Frage daran erinnern, daß **Bürgerkomitees und Volkskontrollausschüsse** in ihrer Aufgabendifferenzierung von der Bevölkerung schon klar erkannt worden sind, wie sich ja auch täglich zeigt. Und ich würde nochmals meinen Vorschlag wiederholen, vielleicht auch als Antrag zur Abstimmung, daß man bei der Beschreibung der Tätigkeit der Bürgerkomitees und, so sollte man in bezug auf 4.1 dann formulieren, der Volkskontrollausschüsse, sich vielleicht entscheidet dafür:
„Die Tätigkeit der Bürgerkomitees ist auf die unmittelbare Vertretung der Interessen von Bürgern im Territorium gerichtet. Die örtlichen Volksvertretungen sind verpflichtet, ihre Tätigkeit durch Herstellung von Öffentlichkeit und Herbeiführung von demokratischen Entscheidungsprozessen im Bereich ihrer Tätigkeit zu unterstützen."

Ducke (Moderator): Das war welcher Punkt jetzt?

Klein (VL): Das wäre Bürgerkomitees für 1.1. Und was bei 4.1 steht, das wäre das, was den Bereich der Volkskontrollausschüsse beschreibt, und das ist hier wohl hinreichend beschrieben.

Ducke (Moderator): Darf ich es einmal wiedergeben, wie ich es verstanden habe? Sie würden dafür sein, daß der Punkt 1.1 im Sinne von 4.1 geändert wird unter dem Gesichtspunkt, daß dort über Bürgerkomitees gesprochen wird. [Sie] würden aber die in 4.1 beschriebene Tätigkeit unter dem Stichwort Volkskontrollausschüsse dort auch so belassen. Ist das so korrekt?

Klein (VL): Es wäre dann letztendlich so, daß die Tätigkeit der Bürgerkomitees in der von mir vorgeschlagenen Formulierung zur Abstimmung käme und der hier in Punkt 4.1 formulierte Bereich als Beschreibung der Tätigkeit von Volkskontrollausschüssen zur Diskussion steht.

Ducke (Moderator): Danke. Ich mache einen konkreten Vorschlag. Ich lasse jetzt darüber abstimmen, ob die Versammlung wünscht, daß 1.1 in den jetzt beiden Voten vorgeschlagenen Weise von Herrn Ullmann und von Herrn Klein geändert wird. Dann würde man die beiden bitten, das zu formulieren, damit wir konkret abstimmen. Aber wir lassen jetzt abstimmen, ob sie sich an die Arbeit machen, damit nicht hinterher dann wieder Probleme auftauchen. Darf ich so verfahren?

Wer dafür ist, daß wir den Punkt 1.1. im Sinne der beiden vorliegenden Anträge so uns formulieren lassen, den bitte ich um das Handzeichen. Habe ich mich korrekt ausgedrückt, ja? 1.1 im Sinne der beiden jetzt vorliegenden Anträge neu zu formulieren, damit wir wissen, worüber wir abstimmen. Darf ich noch einmal um das Handzeichen bitten? Wer ist dafür, daß neu formuliert wird? – Es ist die Mehrheit. Wer ist dagegen? – Es gibt 2 Gegenstimmen. Wer enthält sich?

Wilkening (CDU): Sie hatten schon Enthaltung gerufen.

Ducke (Moderator): Bitte? Ich bitte um Entschuldigung. Wer ist dagegen? – Niemand. Enthaltung? – Die anderen. Danke.

Also, ich würde dann die beiden Herren bitten, uns einen konkreten Vorschlag vorzulegen.

Wir kommen zum **Punkt 1.2.** Die Sache, die hier dargestellt wird, ist uns bekannt. Gibt es dazu Meldungen, Wortmeldungen, Ergänzungen oder Änderungen?

Herr Poppe und Herr Ullmann, wenn ich die Reihenfolge habe.

Poppe (IFM): Ja, eine **Ergänzung**, die vorgeschlagen wird hier entweder zum Schluß oder nach „revanchistische Ziele eintritt, faschistisches Gedankengut propagiert oder in anderer Weise Gewalt propagiert" [einzufügen]. Also, eine Ergänzung, die sich auf die **Propaganda von Gewalt** insgesamt bezieht und nicht nur auf die hier genannten Punkte.

Ducke (Moderator): Können Sie noch einmal ganz sagen, wo Sie das – – Sie würden das verbinden mit „faschistisches Gedankengut", „oder allgemein Gewalt propagiert"?

Poppe (IFM): „Faschistisches Gedankengut oder in anderer Weise Gewalt propagiert" zum Beispiel, ja. Also, durch diese Ergänzung jetzt.

Ducke (Moderator): Da wird ein Antrag kommen [zur] Ergänzung.

Es hatte sich gemeldet Herr Ullmann, dann Frau Poppe.

Wir bitten wieder zu beachten, auszuschalten, wenn die Wortmeldung zu Ende ist. Danke.

Ullmann (DJ): Also, ich schließe mich dem Ergänzungsantrag von Herrn Poppe an, muß aber leider sagen, daß ich natürlich Antifaschismus, Frieden, Humanismus und Demokratie aus tiefstem Herzen bejahend, dennoch der Meinung leider bin, daß die Formulierung, wie sie hier steht, uns in der gegenwärtigen Situation nicht hilft.

Das ist eine Sprache, die in unserem Lande vielfach üblich ist und darum leider auch in den Geruch der Phrasenhaftigkeit gekommen ist. Ich muß das so hart sagen. Ich würde vorschlagen, daß man das, was man hier Grundwerte nennt – natürlich alles Dinge, für die man streiten muß –, daß man das lieber ersetzt durch einen **Hinweis auf die Grundrechte,** wie sie in der Verfassung verankert sind, und die zehn **Prinzipien der Helsinki-Erklärung** aus Korb 3, beziehungsweise entsprechende Passagen aus den allgemeinen Menschenrechtsdeklarationen.

Ich glaube, damit ist klargestellt, und zwar positiv, wofür man ist, und das schließt dann aus, daß man irgendwelche faschistischen, militaristischen oder antihumanistischen Gedanken durch Bürgerkomitees zu propagieren versucht.

Ducke (Moderator): Danke. Herr Ullmann, verstehe ich Sie richtig, Sie sind für eine totale Umformulierung dieses Punktes? – Danke. Sie würden dann eventuell uns einen Vorschlag machen?

Frau Poppe, Frau Töpfer und Herr Böhme.

Frau Poppe (DJ): Was den ersten Satz betrifft, schließe ich mich meinem Vorredner an, würde also auch für den Wegfall des Wirkens an der Erneuerung des Sozialismus plädieren, also das nicht zur Bedingung machen, und den darauffolgenden Satz würde ich streichen, da das meines Wissens **Straftatbestände** sind. Und von soher ohnehin ausgeschlossen [sind].

Ducke (Moderator): Danke.
Frau Töpfer.

Frau Töpfer (FDGB): Ich stimme den beiden Vorrednern zu und wollte nur noch anmerken, daß man, wenn man den letzten Satz wegläßt, was Frau Poppe schon richtig darstellte, daß dieses Straftatbestände sind, sollte man aber trotzdem anführen, daß **antidemokratische Tätigkeit** innerhalb dieser Bürgerkomitees **nicht möglich** ist; denn die Installierung einer auf eine einzige Ideologie ausgerichteten Bürgerarbeit sollten wir auch nicht propagieren.

Ducke (Moderator): Danke.
Herr Böhme, bitte.

Böhme (SDP): Es sei mir noch einmal eine etwas scherzhafte Bemerkung erlaubt: Es sind ja an diesem Runden Tisch doch noch einige für Sozialismus, wenn sie wahrscheinlich auch noch unterschiedliche Auffassungen haben vom Sozialismus. Aber man sollte es wirklich den Parteien, die sich in der letzten Zeit auf ihren Parteitagen vom Sozialismus verabschiedet haben, erleichtern, das mitzutragen, indem man vielleicht von der **Erneuerung der Gesellschaft** spricht.

Ducke (Moderator): Danke.
Frau Dörfler, bitte.

Frau Dörfler (GP): Wir beantragen, in die Überarbeitung des Punktes 1.2 einzubringen: „die Bewahrung der natürlichen und der kulturellen Umwelt" als Grundwerte.

Ducke (Moderator): Ja. Danke.
Herr Gehrke, bitte.

Gehrke (VL): Ja, ich verstehe sehr gut, was so einige meiner Vorredner bewogen hat, ja auf diese zur Phrase gewordenen Begriffe zu verzichten. Ich persönlich habe aber doch – – Das hat ja natürlich eine – – Also eigentlich brauchen wir dann überhaupt nichts hinzuschreiben. Das ist natürlich die Konsequenz, weil alle hehren Worte irgendwie zur Phrase geworden sind in der Vergangenheit. Das ist die eigentliche Konsequenz. Ich würde aber davon abraten. Ich meine schon, daß es ausdrücklich gesagt werden sollte, man könnte es vielleicht umformulieren, sicherlich. Vielleicht auch behutsamer, aber ich denke, wir sollten nicht darauf verzichten und nur einen allgemeinen Appell an die Menschlichkeit erlassen, sondern hier geht es ja um eine besondere Abwehr besonderer Kräfte. Daß man die auch durchaus nennt und das auch sehr explizit formuliert.

Ducke (Moderator): Danke.
Herr de Maizière.

de Maizière (CDU): An diesem Punkt wird ja beschrieben, wer nicht Mitglied der Bürgerkomitees sein soll oder sein kann. Es paßt vom Inhaltlichen im Moment nicht gut.
Aber ich denke, wir müssen auch darüber nachdenken, ob **Mitarbeiter von Staatsorganen** Mitglied sein können. Meiner Meinung nach nämlich nicht. Denn, man kann nicht gleichzeitig derjenige sein, der kontrolliert wird und die Tätigkeit ausübt. Der Gedanke muß meines Erachtens nach zwingend hier eingebracht werden.

Ducke (Moderator): So. Es sind die Wortmeldungen abgearbeitet. Ich entnehme diesen Wortmeldungen, daß faktisch Anträge stehen könnten, sind ja noch keine gestellt. Von Streichungen eigentlich total dieses Absatzes bis zu Detailformulierungen. Sehe ich das so richtig?
Dann, bitte.

de Maizière (CDU): Die Frage an Dr. Ullmann. Sie hatten vorgeschlagen, eine positive Beschreibung zu machen. Wären wir dazu in der Lage, das in Kürze hier zu prüfen, wie man das tun könnte?

Ducke (Moderator): Das wäre schon der zweite Auftrag, zu formulieren.

de Maizière (CDU): Ja, bloß er hatte sich anheischig gemacht, so hatte ich das verstanden.

Ducke (Moderator): Ja, das ist klar. Aber wir müssen hier zur Kenntnis nehmen – – Also, ich würde folgendes vorschlagen. Die Diskussion zeigt doch, daß eine gewisse Unzufriedenheit oder auch ja mit dem Absatz 1.2 da ist, ohne das jetzt noch einmal im Detail aufzuschlüsseln.
Wer ist dafür, daß wir jemanden bitten am Runden Tisch, daß eine Neuformulierung des Absatzes 1.2 im Sinne der Diskussion, die ja doch eine gewisse Richtung erkennen ließ, versucht wird? Wir gucken dann im zweiten Punkt, wer das machen könnte. Das muß ja nicht unbedingt Herr Ullmann machen. Der muß ja noch die Umstellung machen.
Also zunächst einmal, wer dafür ist, daß wir den Absatz 1.2 umformulieren, den bitte ich um das Handzeichen. – Es scheint die Mehrheit zu sein. Jetzt meine Frage an den Runden Tisch, wer ist bereit, diese Neuformulierung zu versuchen? Vielleicht jemand auch von den Beratern? – Ich danke. Herr Meckel von den Beratern. Sie versuchen, 1.2 neu zu formulieren. Ich bin stolz auf meinen Vorschlag, auf die Berater gekommen zu sein.
Wir sind beim **Punkt 2.1.** Es geht hier um die **Zusammenarbeit** mit – und das, was hier schon öfters genannt wurde – mit den **örtlichen Volksvertretungen.** Ich denke, wir sollten hier den Blick auf 2.2 nicht mit verlieren, wenn wir jetzt auf 2.1 schauen und bei der Diskussion das mit berücksichtigen.
Darf ich um Wortmeldungen zu diesem Absatz bitten? Gibt es dazu Änderungswünsche? Sonst stelle ich fest, es ist kein Änderungs – –
Doch bitte, Frau Töpfer.

Frau Töpfer (FDGB): Ich schlage vor, daß bei Punkt 2.1 aufgenommen wird, daß die Bürgerkomitees vor Beschlußfassung durch die örtlichen Volksvertretungen zu informieren sind über den Beschlußinhalt und da mit ihnen abzustimmen ist.

Ducke (Moderator): Sagen Sie es bitte noch einmal. Ich merke hier ein gewisses Noch-Nicht-Ganz-Verstehen.

Frau Töpfer (FDGB): Es geht hier um Punkt 2.1, um die Zusammenarbeit zwischen Bürgerkomitee und örtlicher Volksvertretung. Und dahingehend schlage ich vor, daß die **örtlichen Volksvertretungen verpflichtet werden, die Bürgerkomitees vor Beschlußfassung zu informieren.**
Also, wenn jetzt ein Beschluß durch die örtliche Volksvertretung getroffen wird, und zwar inhaltlich zu informieren, und diesen Beschluß mit ihnen abzustimmen.

Ducke (Moderator): Ich wollte sagen, steht das irgendwo womöglich?
Bitte, Herr de Maizière.

de Maizière (CDU): In 2.2 enthalten.

Wilkening (CDU): Das ist im 2. Satz enthalten.

Ducke (Moderator): Unter 2.2?

Wilkening (CDU): Unter 2.1.

Ducke (Moderator): Ach so.

Wilkening (CDU): Die Organisation der Zusammenarbeit wird vereinbart, steht deutlich da.

Ducke (Moderator): Ist das Ihr Anliegen, Frau Töpfer? Bitte.

Frau Töpfer (FDGB): Mein Anliegen ist eben, es nicht bei diesem Satz der Vereinbarung zu lassen, weil er praktisch keine konkreten Rechte und Pflichten vorschreibt, und es somit den örtlichen Volksvertretungen ermöglicht, diese Vereinbarung zu ihren Gunsten, ohne sich selber zu verpflichten, einzugehen.

Ducke (Moderator): Frau Töpfer, bevor ich die nächsten aufrufe, würde ich Sie ganz schlicht, damit es uns ganz klar wird, konkret um einen Formulierungsvorschlag bitten. Und ich rufe erst weiter auf – Sie kommen dann gleich dran – wenn Sie fertig sind.
Bitte, Herr Poppe.

Poppe (IFM): Ja, eigentlich könnte man den Punkt 2.1 ersatzlos streichen, finde ich. Denn unter 2.2 steht ja nun bereits drin, daß die Bürgerkomitees gemeinsam mit den dafür zuständigen staatlichen und gesellschaftlichen Organen arbeiten. Und nichts anderes steht ja auch im ersten Punkt drin. Und mir ist das da sehr kategorisch ausgedrückt. Also, „sie arbeiten mit den örtlichen Volksvertretungen zusammen." Das klingt so wie, sie haben mit denen zusammenzuarbeiten. Also, mir ist das in dem nächsten Punkt bei weitem besser formuliert.

Ducke (Moderator): Danke, Herr Poppe. Ich glaube, wir haben verstanden. Hier waren jetzt Wortmeldungen, wo ich in der Reihenfolge ein bißchen durcheinandergekommen bin.

Dann Herr Böhme, Sie. Oder waren – – Danke.

Böhme (SDP): Ich stimme erstens dem Antrag von Gerd Poppe zu und bitte Frau Töpfer, zu bedenken, ob wir, wenn wir das so deutlich formulieren, zu informieren [haben], ob wir da nicht einen **zweiten Runden Tisch in der territorialen Ebene installieren**.

Ducke (Moderator): Danke.
Herr de Maizière, bitte.

de Maizière (CDU): Ich kann mich noch nicht ganz entschließen, 2.1 ersatzlos zu streichen. Sind wir denn wirklich der Meinung, daß denen vor Ort nicht doch noch etwas einfallen könnte, was sie vereinbaren, was wir hier nicht bedacht haben? Also, ob es nicht in, weiß ich was, auch von der kommunalen Ebene ganz konkrete Dinge gibt, die sie nun in ihrer Arbeitsweise anders vereinbaren wollen. 2.2 sagt ja, Mitsprache, Einspruchsrecht und so weiter, [insoweit] grundlegende Bürgerinteressen berührt werden.

Könnte man die Frage 2.1 noch einmal zurückstellen und diskutieren, wenn wir 2.2 abschließend beraten haben? Das schiene mir das sinnvollere Vorgehen zu sein.

Ducke (Moderator): Frau Köppe dazu, bitte.

Frau Köppe (NF): Wenn wir über 2.2 diskutieren, möchte ich gleich beantragen, daß wir diesen Nebensatz, „bei denen grundlegende Bürgerinteressen berührt wurden", streichen. Denn, erstens, wer definiert uns, was grundlegende Bürgerinteressen sind? Und ich glaube, daß der Satz auch ohne diesen Nebensatz aussagekräftig genug ist. Der würde dann heißen: „Die Bürgerkomitees haben ein Mitsprache- und Einspruchsrecht zu Vorhaben in den Territorien."

Ducke (Moderator): Ja, das ist klar. Ehe wir darüber abstimmen, sind Sie damit einverstanden, daß wir doch erst noch ein bißchen in der Debatte fortfahren? Sie vergessen dann aber nicht, was als Antragmöglichkeit da ist.

Bitte, Herr Engel.

Engel (CDU): Ich glaube, wir sollten bei all dem berücksichtigen, daß wir mit dieser Ordnung einen Rahmen für die Tätigkeit dieser Bürgerkomitees schaffen und nicht jeden Fall, der dort eintreten kann, ausgestalten können. Das glaube ich notwendigerweise sagen zu müssen, und das betrifft auch die Frage der Zusammenarbeit mit den örtlichen Staatsorganen, die diese Bürgerkomitees ja von ihrem Inhalt her selbst bestimmen sollten. Deshalb, glaube ich, kommen wir zu sehr ins Detail.

Auch das, was die Frau Töpfer hier sagte, würde zuweit führen, obwohl ich natürlich der Meinung bin, daß sie, und das sollten aber diese Vereinbarungen, die hier in Punkt 2.1 angesprochen sind, regeln, daß diese Bürgerkomitees vor Beschlußfassung durch die örtlichen Volksvertretungen über wichtige Beschlüsse zumindest informiert werden sollten und dort ein **Mitspracherecht** an der Ausgestaltung dieser Beschlüsse haben sollten.

Ducke (Moderator): Danke schön.
Herr Gutzeit, bitte.

Gutzeit (SDP): Ich denke, es muß die **Beziehung zu** dem, was an **Runden Tischen, auch auf anderen Ebenen,** vorhanden ist, **geklärt werden**. Es scheint mir hier fast in den Formulierungen, als wenn die Bürgerkomitees das übernehmen, was die Runden Tische machen. Und das finde ich nicht gut.

An den Runden Tischen da gibt es ja, jedenfalls häufig, einen gewissen **Proporz in der Zusammensetzung** und so weiter und so fort. Das halte ich im Augenblick für **eine ganz wichtige Angelegenheit**, besonders wenn es um Abstimmungen geht.

Bei dem, was wir hier an Bürgerkomitees haben, ist die Sache völlig offen. Wir bauen hier eine Institution, deren Zusammensetzung und Bedeutung mir viel zu unsicher ist. Ich halte es für sinnvoll, diese Funktion an diesem Punkt zu streichen, die hier angeführt sind. Ich denke, die Runden Tische, über deren rechtliche Absicherung wir ja nicht geredet haben, reichen dafür völlig aus und sind dafür auch meines Erachtens sinnvoll.

Ducke (Moderator): Herr Gutzeit, in welche Richtung haben wir jetzt das Votum zu verstehen? Ist das ein Antrag auf Streichung oder Einführung?

Gutzeit (SDP): Die Streichung von 2.1.

Ducke (Moderator): Streichung von 2.1 steht auch noch zur Debatte. Also, wir haben jetzt einiges. Ich muß Sie um die Reihenfolge – –
Herr Platzeck, bitte, dann Frau Poppe.

Platzeck (GL): Mir fehlt noch die Qualifikation des Einspruchsrechtes. Wurde schon zweimal angefragt. Das **Einspruchsrecht**, was im Punkt 2.2 mit aufgeführt ist, das möchte ich ein bißchen genauer festgelegt haben.

Ducke (Moderator): Ja. Da ja ganz ungewiß ist, welcher Absatz überhaupt drin bleibt, wollen wir erst einmal die grundsätzliche Entscheidung treffen, ehe wir Einzelformulierungen machen.
Frau Poppe, bitte.

Frau Poppe (DJ): „Die Bürgerkomitees haben ein Mitsprache- und Einspruchsrecht zu Vorhaben ...". Das heißt aber noch lange nicht, daß die **staatlichen Organe eine Informationspflicht** über die Vorhaben in den Territorien haben. Das ist wohl das, was Frau Töpfer vorhin ansprach. Und ich halte das für unverzichtbar, das miteinander zu verbinden.

Ducke (Moderator): Danke, das war klar. Gibt es noch zu den sachlichen Dingen dieser zwei Absätze etwas zu sagen? Ja, wie wollen wir hier verfahren? Wollen wir auch neu formulieren lassen? Es ist manchmal, also eigentlich ist schon alles immer gestrichen worden. Also, hier war noch eine – –
Bitte, Herr Böhme.

Böhme (SDP): Um hierzu abzuklopfen, stelle ich den **Antrag [SDP]**, jetzt Abstimmung über **Streichung 2.1**.

Ducke (Moderator): Da das der weitgehendste Antrag war, nehme ich das gern an. Es steht der Antrag, den gesamten Absatz 2.1 ersatzlos zu streichen. Wer für diesen Antrag ist und damit für Streichung von 2.1, den bitte ich jetzt um das Handzeichen. – Es sind 15 Ja-Stimmen, zähle ich.

Lange (Co-Moderator): [Mit Ja haben gestimmt] 16.

Ducke (Moderator): Hat sich noch jemand nachgemeldet?

Lange (Co-Moderator): Ja, hier war noch eine Nachmeldung. 16.

Ducke (Moderator): 16. Danke. Wer ist – – Sie auch?

Lange (Co-Moderator): Dann sind es 17.

Ducke (Moderator): [Mit Ja haben gestimmt] 17. Wer ist dagegen?

Lange (Co-Moderator): [Mit Nein haben gestimmt] 6.

Ducke (Moderator): 6. Und wer enthält sich der Stimme? – 10 [Enthaltungen] zähle ich. Ja. Es sind vielleicht einige nicht da, oder? Da fehlt zum Beispiel jemand. Es fehlen – –

Ziegler (Co-Moderator): Doch, Frau Schmitt fehlt.

Ducke (Moderator): Also, was war jetzt, bitte? Den Nebeneinruf, den habe ich nicht ganz verstanden. Was müssen wir nach – –

Lange (Co-Moderator): Hier ist eine Geschäftsordnungsfrage.

Ducke (Moderator): Bitte, Frau Poppe.

Frau Poppe (DJ): Ich halte diese Abstimmung ein bißchen für problematisch, weil ich zum Beispiel nur für Ja gestimmt habe – und ich glaube, das war eine Unsicherheit allgemein – unter der Voraussetzung, daß also zum Beispiel diese Informationspflicht zu den Vorhaben in Punkt 2.2 untergebracht wird.

Ducke (Moderator): Das müssen Sie dann unterbringen, das ist kein Problem.

Frau Poppe (DJ): Nicht, also, das ist dann die Voraussetzung.

Ducke (Moderator): Also, 2.2 ist damit nicht gestrichen.

Frau Poppe (DJ): Nein, aber das hätte genausogut unter 2.1 stehen können.

Ducke (Moderator): Aber jetzt haben wir die Frage, den Antrag, so formuliert und müssen darüber abstimmen. Ist die Abstimmung jetzt durch oder – –

de Maizière (CDU): Ja. Ja, sicherlich.

Ducke (Moderator): Ja. Dem Antrag wurde stattgegeben. 2.1 ist gestrichen. Wir kommen zu 2.2, und jetzt wird es auf die sachliche Diskussion noch mehr darauf ankommen. Bitte schön, Wortmeldungen oder Neuformulierungen. Ich weiß nicht, Frau Töpfer, sind Sie soweit, Ihre – –
Ja, bitte. Machen Sie uns gleich den Vorschlag.

Frau Töpfer (FDGB): Ich würde formulieren: „Die örtlichen Volksvertretungen sind verpflichtet, vor Entscheidungen von grundlegenden Beschlüssen diese mit den Bürgerkomitees abzustimmen."

Ducke (Moderator): Das soll wohin, bitte?

Frau Töpfer (FDGB): Jetzt in 2.2.

Ducke (Moderator): Ja, ja, aber an welche Stelle?

Frau Töpfer (FDGB): Und zwar als letzten Satz. Dann müßte man aber auch noch das Einspruchsrecht konkretisieren.

Ducke (Moderator): Gut. Sie haben uns formuliert, daß das **Informationsrecht** besteht. Jetzt müßte Stellung genommen werden zum **Einspruchsrecht**, ja? Informationspflicht, bitte.

Platzeck (GL): Ich wäre dafür, das zu ersetzen durch **Vetorecht.**

Ducke (Moderator): Statt Einspruch?

Platzeck (GL): Statt Einspruch.

Ducke (Moderator): Aha. Kann uns da jemand rechtlich helfen?
Bitte, Herr – –

Bein (NDPD): Frau Töpfer sagte hier eben, daß eine Informationspflicht besteht für alle Bürgerkomitees. Und ich komme zurück auf die Seite 1, daß in allen Wohngebieten Bürgerkomitees gebildet werden können. Wie das handhabbar ist, daß eine örtliche Volksvertretung das in einem Stadtbezirk machen soll, ist mir unklar. Ich halte das nicht für durchführbar.

Ducke (Moderator): Danke. Das war eine Klarstellung. Dazu jemand sofort?
Frau Töpfer.

Frau Töpfer (FDGB): Es wäre möglich, diese Wohngebietskomitees zur Stadtverordnetenversammlung zu laden und daß sie dort einbezogen werden in die Diskussion um die Beschlußfassung. Das ist eigentlich eine demokratische Möglichkeit, die jetzt schon besteht.

Ducke (Moderator): Danke.
Herr Koplanski, dann Herr de Maizière.

Koplanski (DBD): Wir wollen doch das Leben nicht komplizierter machen, als es ist. Ich würde vorschlagen, nach dem ersten Satz folgendes einzufügen:
„Die staatlichen und gesellschaftlichen Organe und Einrichtungen sind verpflichtet, die Bürgerkomitees über Initiativen, über Vorhaben und Probleme zu informieren."
Und dann geht es weiter: „Die Bürgerkomitees haben...". Einfach und knapp.

Ducke (Moderator): Dies ist ein klarer Antrag, faktisch die Umstellung dessen, was als Antrag ja schon da ist. Ich würde jetzt so vorschlagen, ich – –
Herr de Maizière noch, bitte.

de Maizière (CDU): Ich muß noch einmal den Gedanken aufgreifen, den Herr Gutzeit gebracht hatte, daß wir wissen müssen, was sollen die Bürgerkomitees tun und was sollen die Runden Tische tun. Und dann können wir entscheiden, welches rechtliche Instrumentarium wir ihnen an die Hand geben, um die jeweils definierten Aufgaben auszuregeln. Aber wir können nicht erst über das Instrumentarium reden und dann hinterher beschließen, was sie denn wohl tun sollten damit.

Ducke (Moderator): Herr Gutzeit, ich muß Sie fragen, steht das als Antrag, daß Sie hier formulieren „Runde Tische"?

Gutzeit (SDP): Ja. Ich glaube, es muß eine klare **Zuständigkeitsbeschreibung von Runden Tischen** und Bürgerkomitees hier in diesem Punkt passieren.

Ducke (Moderator): Können wir die von Ihnen erwarten, ja?
– Ja. Danke.
Herr Koplanski zur Geschäftsordnung.

Koplanski (DBD): Meine Herren, wir sollten uns doch überlegen, ob wir Fragen, die zur Kompetenz des Runden Tisches gehören, hier mit hineinnehmen. Es geht hier ausschließlich um Bürgerkomitees. Und ich glaube, es ist ein großer Fortschritt, wenn wir eine **rechtliche Grundlage** für das Wirken dieser Bürgerkomitees haben durch unsere Mitarbeit.

Wir haben am 7. Dezember [1989] unser Selbstverständnis als Runder Tisch formuliert. Das ist im Land bekannt. Und entsprechend den Bedingungen organisieren sich die Runden Tische. Müssen wir das schon wieder vorschreiben? Sollen sich doch die Kräfte, die politischen, die alten, die neuen, sich selber finden und zu ihrem Inhalt Stellung nehmen. Bei uns muß das alles schon wieder festgelegt werden. Und ich glaube, das ist ein Fehler, den wir machen, wenn wir die Bürgergruppen und den Runden Tisch so in einen engen Zusammenhang bringen.

Ducke (Moderator): Danke. Herr de Maizière sofort dazu. Einfach draufdrücken. Würden die anderen wieder ausschalten?

Koplanski (DBD): Ja, ich will den anderen nicht das Wort nehmen hier.

de Maizière (CDU): Ich würde dem ja folgen können, bloß im Moment beschreiben wir – oder wird gefordert zum Beispiel von Frau Töpfer und von dem, was von Ihnen kam – die Befugnis, die wir möglicherweise beim Runden Tisch sehen. Was soll denn das Bürgerkomitee tun, frage ich noch einmal, und sage dann von da ausgehend, welche Rechte sollen sie haben?

Denn die Bürgerkomitees haben ja ihre Tätigkeit begonnen, indem sie also bestimmte **Beweissicherung** und ähnliche Dinge gemacht haben. Und dazu müssen sie ein **rechtliches Instrumentarium** haben. Wenn sie nun zukünftig vor jedem Beschluß eines örtlichen Rates informiert, gehört, Zustimmungsrecht, Einspruchsrecht, gar Vetorecht oder sonst etwas haben sollen, dann sind sie neuerliche Runde Tische. Und das ist die Frage, ob wir das mit der Ordnung über Bürgerkomitees beschreiben wollen oder ob wir das nicht beschreiben wollen.

Ducke (Moderator): Das war eine Klarstellung für uns. Ich schlage vor, die Abstimmung zurückzustellen, bis ein ganz konkreter Formulierungsvorschlag vorliegt. Wir haben, glaube ich, das Problem begriffen. Kann ich davon ausgehen, ja?
Frau Töpfer, bitte.

Frau Töpfer (FDGB): Ich habe noch einmal eine Anfrage zu diesem Punkt, und zwar der Punkt 4.1, wie wir ja festgestellt haben, beschreibt Volkskontrollausschüsse. Und was der Herr de Maizière eben darstellte, wäre ja diese Arbeit. Beim Punkt 2.2 haben wir aber gesagt, daß Bürgerkomitees darüber hinausgehende Arbeiten verrichten sollen oder Aufgaben innehaben sollen. Gerade hier die **Lösung kommunaler Aufgaben** und Probleme, wie das dargestellt ist. Und dahin richtete sich unser Antrag, oder besser gesagt, mein Antrag.

Ducke (Moderator): Danke.
Herr de Maizière.

de Maizière (CDU): Bloß dann bitte ich zu bedenken, dann müssen wir ein **Verfahren für die Gründung dieser Bürgerkomitees** festlegen. Denn wenn es jetzt so ist, daß drei oder vier Leute sagen können, wir sind Bürgerkomitee und wir melden uns dort und wollen dies sein und werden als solche auch respektiert und die dann jedes Vetorecht oder jedes Einspruchsrecht haben, dann legen wir die Tätigkeit der örtlichen Volksvertretungen restlos lahm. Und das müßte uns dabei klar sein, wenn wir das so ausgestalten.

Ducke (Moderator): Herr de Maizière, würde ich Sie so verstehen, daß Sie doch dies als Antrag stellen, daß unter Punkt 2.1, wie es jetzt sein würde, das Verhältnis von Bürgerkomitees und örtlichen Runden Tischen zu klären wäre?

de Maizière (CDU): Ja, genau so.

Ducke (Moderator): Das wollte ich ja nur noch einmal erfragt haben und würde das in den Formulierungsvorschlag vielleicht bitten, daß wir das aufnehmen, um das Verhältnis da ein bißchen klären zu können. Könnten wir das so stehenlassen und mit der Diskussion zum nächsten Punkt wieder gehen, bis dann der Formulierungsvorschlag vorliegt?

Ich rufe auf Punkt 2.3 in der alten Ordnung und Zählung, die **Sicherheitsgemeinschaft**. Gibt es zu diesem Punkt Wünsche, Änderungen, Ergänzungen oder notwendige Wortmeldungen, war ich schon versucht zu sagen?
Bitte, Herr Platzeck.

Platzeck (GL): Was firmiert unter „andere zuständige Organe" heute noch? Wir würden vorschlagen, das zu streichen.

Ducke (Moderator): Danke. Das war jetzt – – Sie schlagen vor, in Zeile zwei „und andere zuständige Organe" zu streichen. Gibt es dazu Meldungen, der sich da – –
Herr de Maizière, bitte.

de Maizière (CDU): Es gibt eine Zollfahndung, es gibt eine Steuerfahndung, es gibt also noch **Organe des Strafvollzugs**. Also, es gibt eine ganze Menge mehr, als nur die Deutsche Volkspolizei. Das bitte ich dabei zu bedenken.

Ducke (Moderator): Meine Frage wäre hier nur, Herr Platzeck, es geht ja hier um das Stichwort „Sicherheitsgemeinschaft" mit der Deutschen Volkspolizei. Gibt es, nur als sachliche Rückfrage, auch Sicherheitsgemeinschaften mit den anderen von Ihnen genannten – –

de Maizière (CDU): Nein. Offensichtlich ist doch hier der Widerstand gegen dies „andere zuständige Organe", ist doch im Hinterkopf „**Amt für Nationale Sicherheit**" oder sonst irgend so etwas gemeint. Also, meinetwegen beschreiben wir so etwas vollständig, mit wem es sein soll. Aber wir können nicht nur sagen, nur mit der Volkspolizei und mit keinem weiteren.

Ducke (Moderator): Das ist klar. Herr Platzeck, ziehen Sie daraufhin Ihren Antrag zurück?

Platzeck (GL): Ich hielt es durchaus für möglich, daß die Deutsche Volkspolizei die weitere Zusammenarbeit organisiert und daß das nicht die Bürgerkomitees machen müssen, aber darauf bestehen wir nicht.

Ducke (Moderator): Sie würden Ihren Antrag stehen lassen – Ja. Dazu Meldungen?
Bitte, Herr Jordan.

Jordan (GP): Nicht dazu.

Ducke (Moderator): Ja, gut, lassen wir es erst einmal so stehen und Sie zu etwas anderem, bitte.

Jordan (GP): Zur Ersetzung des Wortes „Sicherheitsgemeinschaft" durch das Wort „Sicherheitspartnerschaft", das bislang dafür üblich war.

Ducke (Moderator): Der Antrag steht, Sicherheitsgemeinschaft durch **Sicherheitspartnerschaft** [zu ersetzen]. Damit wir wieder einmal ein Erfolgserlebnis haben, würde ich fast vorschlagen, das ist einmal ein konkreter Antrag. Stimmen wir gleich einmal darüber ab. Also, wir bitten, in Zeile eins das Wort „Sicherheitsgemeinschaft" durch das gewohnte Wort „Sicherheitspartnerschaft" zu ersetzen. Wer dafür ist, der stimme mit Ja, das heißt hebe die Hand. Na. Und wer dagegen ist? – Es gibt 2 Gegenstimmen. Wer enthält sich der Stimme? – Es gibt 1 Enthaltung. Alle anderen waren dafür. Das Wort ist geändert.

So. Jetzt steht der Antrag von Herrn Platzeck. Wenn es dazu keine weiteren Wortmeldungen gibt, müßten wir darüber abstimmen lassen. Der Antrag lautete: „In enger Sicherheits-", jetzt heißt es, „-partnerschaft mit der Deutschen Volkspolizei tragen sie zur „gewaltfreien Gewährleistung ..." – – das heißt, es wird gestrichen von, in der zweiten Zeile von „und" bis „Territorium", „und anderen zuständigen Organen im Territorium". Dieser Antrag steht.

Bitte, eine Wortmeldung. Herr Schlomann.

Schlomann (NDPD): Ich möchte darauf aufmerksam machen, daß der Schutz der Bürger vor Übergriffen und die Verletzung ihrer Würde natürlich auch Fragen von Recht und Gesetz sind. Also, mir fallen auf Anhieb Gerichte der Deutschen Demokratischen Republik ein, Staatsanwaltschaften, die mit diesen Fragen befaßt sind. Ich möchte den Antrag stellen, nicht zu streichen, daß andere zuständige Organe im Territorium auf diese Weise hier durch den Runden Tisch von einer Verantwortung, in der sie stehen, ausgenommen werden.

Ducke (Moderator): Das war ein klares Votum, bei der Abstimmung sich so und so zu verhalten. Weitere Wortmeldungen sehe ich nicht. Dann steht, doch – –

Herr Gehrke, bitte.

Gehrke (VL): Zu dem letzten erwähnten Satz würde ich noch vorschlagen, dieses Wort „insbesondere" nach dem Komma zu streichen, [dies] würde ich ersetzen durch „darunter".

Ducke (Moderator): Aber, darf ich bitten, gehört das jetzt zu dem Antrag [des] Herrn Platzeck, Herr Gehrke?

Gehrke (VL): Ach so. Entschuldigung. Nein, das bezog sich auf – – Ja ist klar, o.k.

Ducke (Moderator): Denn das sind wir jetzt im Moment vor der Abstimmung, damit wir nicht jetzt durcheinanderkommen. Es steht der Antrag, vorgetragen von Herrn Platzeck, auf Streichung von „und anderen zuständigen Organen im Territorium". Der Antrag steht.

Zur Geschäftsordnung, Herr Platzeck selbst.

Platzeck (GL): Wir würden ihn zurücknehmen und bitten um Konkretisierung des Punktes – –

Ducke (Moderator): Gut.

Platzeck (GL): – in dem geäußerten Sinne seitens der NDPD.

Ducke (Moderator): Ja. Jetzt müßten Sie nur sagen, wer soll diese Präzisierung vornehmen. So einen Antrag gab es niemals.

Herr de Maizière.

de Maizière (CDU): Na, ich will es nicht vornehmen, bloß dann müssen Sie einen Änderungsantrag einbringen.

Platzeck (GL): Wir haben unseren Antrag zurückgenommen und würden Sie dann bitten, den Änderungsantrag – –

Ducke (Moderator): Herr Platzeck, wir wollen nicht jetzt Geschäftsordnung – – Ich würde folgenden Vorschlag machen – –

de Maizière (CDU): Ich kann mit der Formulierung, so wie sie ist, leben.

Ducke (Moderator): Herr de Maizière.

de Maizière (CDU): Also, ich habe keinen Handlungsbedarf.

Ducke (Moderator): Darf ich wieder um das Wort bitten? Herr Platzeck, dürfte ich folgenden Vorschlag machen: Sie wünschen, daß dies präzisiert wird. Darf ich Sie bitten, vielleicht ebenfalls mit Beratern, einen konkreten Vorschlag auf Änderung dieser von Ihnen beanstandeten Passage vorzubereiten? Danke.

Also, wir haben noch einen Antrag. Wir müssen uns nur merken, wofür wir schon Anträge dann haben. Aber das werden wir packen.

Herr Ullmann, bitte.

Ullmann (DJ): Ja, also ich weiß noch nicht, ob ich damit Herrn Platzeck wieder ärgere. Ich bin der Meinung, es kann so stehen bleiben, weil die Präzisierung nach meinem Dafürhalten nie vollständig möglich sein wird. Es werden immer andere Organe zuständig sein.

Ducke (Moderator): Aber ich glaube, der Auftrag ist angenommen. Wir werden hören, was als Antrag dann kommt. Dürfen wir weitergehen? Es war hier eine Meldung zu nächsten Textpassagen.

Herr Gehrke, darf ich Sie noch einmal bitten.

Gehrke (VL): Also, auch noch einmal zu dem Punkt 2.3 würde ich vorschlagen, das Wort „insbesondere" im letzten Halbsatz zu verändern in „darunter". Also, daß dieser Schutz der Würde und so weiter, was damit gemeint ist, nicht so besonders hervorgehoben [wird], sondern „darunter".

Ducke (Moderator): Also das Wort „insbesondere" durch „darunter" zu ersetzen, da müssen wir jetzt sprachgewandte Leute bitten, ob das eine Änderung gibt.

Bitte, Herr Ullmann.

Ullmann (DJ): Darf ich eine Rückfrage stellen. Das ist doch eine Abschwächung. Warum sind Sie gerade an dieser Stelle für eine Abschwächung?

Gehrke (VL): Ja, aus folgendem Grunde. Ich bin nicht für die Abschwächung des Sachverhalts, sondern sozusagen mir scheint indirekt eine Abschwächung anderer Aufgaben, die aus der Sicherheitspartnerschaft hervorgehen könnten, damit zu erfolgen. Ja, daß also dieser Punkt so besonders hervorgehoben wird.

Ducke (Moderator): Ich lese einmal vor, wie er dann lauten würde. Das heißt, Herr de Maizière hatte sich zunächst gemeldet.

de Maizière (CDU): Also ich würde auch dies „insbesondere" streichen wollen, und zwar deswegen, weil es keine Hervorhebung ist, sondern „insbesondere" meistens eine Eingrenzung darstellt. Immer wenn in einem Gesetz das Wort insbesondere steht, werde ich mißtrauisch, um es einmal so zu sagen. Aber ich würde hier ein einfaches „und" sehen können. Ein „und" sehen können.

Ducke (Moderator): Ich lese Ihnen einmal vor, was jetzt vorgeschlagen ist. „In enger Sicherheitspartnerschaft mit der Deutschen Volkspolizei und noch zu präzisierender Organe tragen sie zur gewaltfreien Gewährleistung der öffentlichen Ordnung und zum Schutz der Bürger vor Übergriffen und Verletzungen ihrer Würde bei." Oder, anderer Vorschlag: „Tragen sie zur gewaltfreien Gewährleistung der öffentlichen Ordnung, darunter zum Schutz der Bürger vor Übergriffen und Verletzung ihrer Würde bei." Das sind die beiden Vorschläge. Man könnte eigentlich ersatzlos streichen.
Bitte, Herr Engel.

Engel (CDU): Könnte man nicht „vor allem" dazwischensetzen?

Ducke (Moderator): Statt „insbesondere" „vor allem"?

de Maizière (CDU): Nein, also ersatzlos streichen, nur ein Komma machen, und dann geht der Satz nämlich vernünftig weiter.

Ducke (Moderator): Jetzt steht der weitestgehende Antrag, ersatzlos streichen, und das würde dann lauten: „Tragen sie zur gewaltfreien Gewährleistung der öffentlichen Ordnung, zum Schutz der Bürger vor Übergriffen und Verletzung ihrer Würde bei." Herr Gehrke, ziehen Sie Ihren Antrag zurück? – Es steht der Antrag, „insbesondere" ersatzlos zu streichen. Wollen wir wieder ein Erfolgserlebnis? Der Antrag steht auf Streichung des Wortes „insbesondere". Wer dafür ist, daß dieses Wort gestrichen wird, der hebe die Hand.
Ja, das ist die Mehrheit. Wer ist dagegen? – Keiner. Wer enthält sich? – Es gibt 4 Enthaltungen. Sprachbewußt.
Sind die Anträge zum Punkt 2 schon soweit formuliert, daß wir sie jetzt stellen können?
Herr Platzeck, bitte.

Platzeck (GL): Also, wir möchten nach wie vor die **Sicherheitspartnerschaft** ausschließlich auf die **Deutsche Volkspolizei und Organe der Justiz** beschränken.

Ducke (Moderator): Sie erneuern Ihren Antrag auf ersatzlose Streichung „und andere Organe".

Platzeck (GL): Und Formulierung „in enger Sicherheitspartnerschaft mit der Deutschen Volkspolizei und den Organen der Justiz".

Ducke (Moderator): Ach so, doch Änderung.

Platzeck (GL): „Und den Organen der Justiz".

Ducke (Moderator): Das ist auch etwas anderes.

Platzeck (GL): Ja.

Ducke (Moderator): Sie sagen, anstelle von „anderen zuständigen Organen im Territorium" schlagen Sie vor „und Organen der Justiz".

Platzeck (GL): Jawohl.

Ducke (Moderator): Ist das so von allen gehört? Der Satz würde lauten: „In enger Sicherheitspartnerschaft mit der Deutschen Volkspolizei und Organen der Justiz" – „im Territorium" könnte man weglassen dann, ja? Gut. – „tragen sie" und so weiter.
Bitte, Herr Lucht.

Lucht (GL): Vielleicht nur noch zur Begründung dieses Antrages. Es ist natürlich möglich, jetzt weitere Institutionen zu finden. Aber uns geht es darum, daß der Begriff **Sicherheitspartnerschaft** auch überschaubar sein muß, daß also ansprechbare Partner da sind. Es kann nicht darum gehen, daß die Bürger mit dem Zoll und was weiß ich was für Institutionen zusammenarbeiten müssen, sondern das sind dann Fragen auch der weiteren Koordinierung der Arbeit. Die Sicherheitspartnerschaft muß direkt zuordnungsbar werden.

Ducke (Moderator): Danke. Eine Wortmeldung von Herrn Schlomann.

Schlomann (NDPD): Also, ich wäre dankbar, wenn Sie nun ändern, da sind **Schiedskommissionen** im Wohngebiet ein Organ der Justiz. Sie haben eine Funktion beim Schutz der Bürger und bei der Verletzung ihrer Würde. Wenn sich das darunter fassen läßt, würde ich akzeptieren. Sonst hätte ich Einwände.

Ducke (Moderator): Danke. Herr Lange, dann Herr Ullmann, Herr de Maizière, Herr Jordan.

Lange (Co-Moderator): Herr de Maizière hatte einige andere Organe vorhin benannt, unter anderem den Zoll. Der würde ja wohl hier herausfallen, und meine Frage ist, ob das legitim ist, daß dies nur auf die Justiz begrenzt wird.

Ducke (Moderator): Danke.
Herr Ullmann, bitte.

Ullmann (DJ): Ich habe auch Bedenken gegenüber der Begrenzung auf die Justiz. Es können doch zum Beispiel auch **Organe des Gesundheitswesens** sein.

Ducke (Moderator): Danke.
Herr de Maizière, bitte.

de Maizière (CDU): „Die Organe der Justiz" paßt nicht auf alles, was meiner Meinung nach die Bürgerkomitees an Zusammenarbeit notwendig hätten. Ich denke nur allein an eine Ortschaft oder Gemeinde im Grenzgebiet. Müßten die nicht mit den für das Grenzregime zuständigen Kräften zusammenarbeiten können, und mit denen Fragen der Sicherheitspartnerschaft besprechen können. Es ist tatsächlich schwierig, hier eine vollständige Aufzählung zu machen. Wir sind bloß immer so ein bißchen mißtrauisch bei solchen Formulierungen, die nach vorne hin offen bleiben. Das ist sicherlich ein berechtigtes Mißtrauen aus der Vergangenheit. Aber ich sehe hier keine andere Möglichkeit, als so zu formulieren, wie dort formuliert ist.

Ducke (Moderator): Danke.
Herr Jordan, bitte.

de Maizière (CDU): Schiedskommissionen sind kein Organ der Justiz, sondern sind gesellschaftliche Organe, gesellschaftliche Gerichte.

Ducke (Moderator): Herr Jordan, bitte.

Jordan (GP): Im Zusammenhang des Schutzes der Würde unserer Bürger muß auch bedacht werden, daß in der Vergangenheit viele Bürger Opfer von **Stalinismus** und der

Staatssicherheit geworden sind, und in dem Zusammenhang **muß** auch von den Bürgerkomitees dieses Kapitel mit **aufgearbeitet werden**.

Ich möchte deshalb den Antrag machen, also diese Formulierung, die jetzt endet mit „Verletzung ihrer Würde" zu erweitern durch die Formulierung „sowie zur Wiederherstellung ihrer Würde durch **Rehabilitierung**".

Ducke (Moderator): Das war jetzt zu einem anderen Sachpunkt. Aber wir nehmen es vielleicht zur Kenntnis. Sie beantragen eine Erweiterung dieses Absatzes. Danke.

Herr Raspe, bitte.

Raspe (LDPD): Ich schlage vor, wir sollten konsequent sein und kein zuständiges Organ benennen, sondern sagen „in enger Sicherheitspartnerschaft mit den dafür zuständigen Organen in Territorien". Also, die Deutsche Volkspolizei nicht gesondert ausweisen.

Ducke (Moderator): Aha, also ein ganz neuer, weitgehender Vorschlag auf Änderung.

Herr Platzeck, Sie dazu.

Platzeck (GL): Wir möchten noch einmal vermerken, uns geht es um den Begriff „Sicherheitspartnerschaft". Dadurch ist keine Zusammenarbeit mit irgendwem ausgeschlossen, und wir haben ganz klar gesagt, es geht nur darum, mit wem wir Sicherheitspartnerschaft wollen. Und wir möchten diesen Antrag gerne zur Abstimmung stellen.

Ducke (Moderator): Ihren Antrag?

Platzeck (GL): Ja.

Ducke (Moderator): Sagen Sie noch einmal den letzten Stand Ihres Antrages.

Platzeck (GL): „In enger Sicherheitspartnerschaft mit der Deutschen Volkspolizei und den Organen der Justiz ...".

Ducke (Moderator): Ich glaube, wir haben hin und her gehört, was möglich ist. Es steht dieser Antrag. Es steht die Formulierung, wie sie hier war. Der fast weitestgehende Antrag, über den wir dann abstimmen müssen, wenn Sie ihn so stellen, Herr Raspe, der käme von Ihnen. Das wäre der weitgehendste. Bitte.

Raspe (LDPD): Ich bitte darum, ja.

Ducke (Moderator): Gut. Der weitgehendste Antrag ist, dürfen wir es einmal ganz kurz hören, wie es jetzt lautet?

Raspe (LDPD): „In enger Sicherheitspartnerschaft mit den zuständigen Organen im Territorium tragen sie zur gewaltfreien Gewährleistung" und so weiter.

Ducke (Moderator): Das war der konkrete Antrag. Hier gibt es Verständigungsschwierigkeiten. Ich wiederhole noch einmal: „In enger Sicherheitspartnerschaft mit den zuständigen Organen im Territorium tragen sie" und dann so weiter. Das ist der weitestgehende Antrag.

Ich lasse jetzt darüber abstimmen. Wer dafür ist, daß der Antrag in der eben gemachten Formulierung so hier hereinkommt, der stimme mit Ja, [den] bitte ich um das Handzeichen. – Jetzt müssen wir zählen. Herr Lange, Sie zählen immer schneller. 7 Ja-Stimmen. Wer ist dagegen? – 23. Und wer enthält sich der Stimme? – 3.

Danke. Der Antrag ist damit nicht durchgekommen.

Es steht weiterhin der Antrag der Grünen Liga: „In enger Sicherheitspartnerschaft mit der Deutschen Volkspolizei und den Organen der Justiz tragen sie zur ...". So ist der Antrag, korrekt, ja? Wer dafür ist, stimme mit Ja, das heißt, hebe die Hand. – Ja, 4 dafür. Wer ist dagegen? – 20. Wer enthält sich der Stimme? – 7. Damit ist die Formulierung so belassen, wie sie hier vorliegt. Danke.

Jetzt haben wir erst einmal die Zeilen eins bis zwei geschafft. Und jetzt kommen [wir] zur letzten Zeile, oder hier liegt – – Ja, stimmen wir erst einmal über die Ergänzung ab. Herr Jordan, würden Sie bitte Ihren Antrag formulieren?

Bitte Knöpfchen drücken. Knöpfchen drücken. Danke.

Jordan (GP): Bislang steht hier: „zum Schutz der Bürger vor Übergriffen und Verletzung ihrer Würde". Jetzt kommt die Erweiterung: „sowie zur Wiederherstellung ihrer Würde durch Rehabilitierung."

Ducke (Moderator): Sie müssen davon ausgehen, werden wir eben aufmerksam gemacht, daß es vom Stichwort „Sicherheitspartnerschaft" ausgeht. Sie stellen aber den Antrag. Wünscht dazu jemand das Wort?

Herr de Maizière, bitte.

de Maizière (CDU): Ich bin dagegen, weil ich der Auffassung bin, daß die hier angesprochenen Organe und die Bürgerkomitees dazu gar nicht in der Lage sind. Geht es beispielsweise um ein Urteil oder ähnliches, geht das eben nur über den Weg der Kassation des Urteils oder eines Wiederaufnahmeverfahrens oder sonst irgend so etwas. Das kann nicht nur per Zuruf geschehen. Wenn wir das wollten, dann ist die **Rechtssicherheit** endgültig im Eimer.

Ducke (Moderator): Danke. Das war ein klares Votum. Dazu noch eine Meinung.

Bitte, Herr Jordan.

Jordan (GP): Es geht dabei doch zunächst um die **Sicherung der Unterlagen**. Es dürfte auch so sein, daß die Opfer des Stalinismus heute nicht mehr so ohne weiteres auf dem Rechtswege zu rehabilitieren sind, weil auch in dem Falle bestimmte formalrechtliche Vereinbarungen bereits überzogen sind. Einfach die Frage der Verjährung bestimmter rechtlicher Einspruchsmöglichkeiten.

Ducke (Moderator): Herr de Maizière. Wünscht noch jemand dazu das Wort?

Bitte, Herr de Maizière.

de Maizière (CDU): Das, was Sie wollen, ist in 4.1 aufgehoben.

Ducke (Moderator): Danke. Das war eine Klarstellung für uns. Ich schlage vor, wir stimmen ab. Es liegt vor ein Antrag zur Ergänzung in der eben gemachten Formulierung. Wer für diese Ergänzung ist, den bitte ich um das Handzeichen. – [Mit Ja haben gestimmt] 2. Wer ist dagegen?

Lange (Co-Moderator): Mehrheit.

Ducke (Moderator): Wer enthält sich der Stimme? – 2. Vielen Dank. Damit ist der Antrag abgelehnt. Wir haben jetzt die Formulierung. Könnten wir damit den Punkt 2.3 als abgeschlossen [betrachten], oder hatten wir hier noch etwas? Nein, gestrichen haben wir. Also der Absatz 2.3, also alter Zählung, steht somit. Danke.

Wir haben nun vor uns den Formulierungsvorschlag für den neuen Punkt 2.1, das heißt den alten Punkt 2.2. Dann lese ich ihn selbst vor:

[Antrag SDP: Neuformulierung von Ziffer 2.2 der Vorlage 4/4, Verhältnis zwischen Runden Tischen und Bürgerkomitees]

Die Runden Tische haben Mitsprache- und Einspruchsrecht zu Vorhaben in den Territorien, bei denen grundlegende Bürgerinteressen berührt werden. Sie legen die Aufgaben, die Zusammensetzung und die Organisation der Bürgerkomitees auf den jeweiligen Ebenen fest.

Ich erinnere, vorhin war der Diskussionsstand, daß sozusagen hiermit beschrieben würde, wie Bürgerkomitees zustandekommen. Wir waren aber vorher schon dabei, daß die zustandegekommen sind. Ich erinnere, daß wir unter 1.1 – – So, jetzt haben wir [eine] Wortmeldung.
Herr Koplanski.

Koplanski (DBD): Ja, ich möchte hier noch einmal erklären, daß wir uns als Runder Tisch Sachen anmaßen, die uns nicht zustehen. Es kann nicht unsere Sache sein, die Aufgaben für den Runden Tisch in Greiz oder in Cottbus festzulegen oder in der Gemeinde Schnulzendorf und noch weniger die **Zusammensetzung der Bürgerkomitees.**
Das Bürgerkomitee muß doch frei sein für jeden, der in irgendeiner Phase oder in einer speziellen Aufgabe mitarbeiten will. Darunter verstehen wir **Basisdemokratie.** Und wenn wir mit einem solchen Beschluß als Runder Tisch hier auseinandergehen, dann verletzen wir, unserer Auffassung nach, die primitiven Prinzipien des demokratischen Neubeginns. Also wir sind konsequent dagegen, eine solche Formulierung hier am Runden Tisch anzunehmen.

Ducke (Moderator): Das war ein klares Votum zur Meinungsbildung.
Herr de Maizière, bitte.

de Maizière (CDU): Wenn der zweite Satz käme wie in dem Vorschlag, daß die jeweils im Territorium festlegen, können wir heute mit diesem Tagesordnungspunkt aufhören. Das muß uns doch klar sein, nicht? Da sparen wir viel Zeit möglicherweise.

Ducke (Moderator): Vielen Dank. Auch ein klares Votum.
Herr Lindner, bitte. Darf ich jetzt um Knöpfchendruck bitten. Danke.

Lindner (LDPD): Ja, ich unterstütze das, was Herr Koplanski gesagt hat, noch aus einer anderen Sicht. Wenn ich das richtig verstanden habe, wird das Ganze hier eine Verordnung oder ähnliches des Ministerrats. Und ich bin aus prinzipieller Erwägung dagegen, Aufgaben des Runden Tisches durch eine Verordnung des Ministerrats festlegen zu lassen, darüber hinaus noch das basisdemokratische Verständnis dessen, was in den einzelnen Orten in kooperativer Findung der notwendigen Arbeiten von den Bürgerkomitees selber bestimmt wird, auf diese Weise auszugrenzen. Das würde mir überhaupt nicht zusagen.

Ducke (Moderator): Halten Sie Ihre Wortmeldung?
Dann Herr Gutzeit.

Ziegler (Co-Moderator): Ich will nur noch ergänzen. Ich kenne Orte, da gibt es Bürgerkomitees, aber keine Runden Tische. Wir würden sonst, wenn wir dies hier beschließen oder empfehlen, jeden Ort zwingen, erst einmal einen Runden Tisch zu machen.

Ducke (Moderator): Danke.
Herr Gutzeit nun dazu.

Gutzeit (SDP): Ja, diese Formulierung ist aus folgendem Grund zustandegekommen. Bei **Runden Tischen,** da wissen wir, daß es, jedenfalls der Tendenz nach, eine gewisse **paritätische Zusammensetzung** gibt. Bei Bürgerkomitees ist die Sache etwas schwieriger. So möchte ich das einmal formulieren. So, wie die Tendenz in dieser Verordnung ist, sieht es so aus, als ob die Bürgerkomitees die Runden Tische ersetzen. Und ich finde das keine gute Lösung.

Ducke (Moderator): Gut, das war ein klares Votum dafür. Herr Gutzeit, halten Sie an Ihrem Antrag fest nach der Diskussion?

Gutzeit (SDP): Ja.

Ducke (Moderator): Es wird festgehalten. Damit zur Abstimmung parat. Oder wünscht noch jemand jetzt das Wort? Ja, wir sollten sonst zur Abstimmung schreiten. Ich lese noch einmal den Vorschlag vor: „Die Runden Tische haben Mitsprache- und Einspruchsrecht zu Vorhaben in den Territorien, bei denen grundlegende Bürgerinteressen berührt werden. Sie legen die Aufgaben, die Zusammensetzung und die Organisation der Bürgerkomitees auf den jeweiligen Ebenen fest." Dieser Antrag steht zur Debatte. Wer dafür ist, stimme mit Ja. – Entschuldigung. Geschäftsordnung, ja.

Schlomann (NDPD): Ich möchte darauf aufmerksam machen, daß mit diesem Antrag ein Beschluß dieses Runden Tisches zu seinem eigenen Selbstverständnis außer Kraft gesetzt werden soll. Ich verweise auf das, was der erste Runde Tisch zu seinem **Selbstverständnis** beschlossen hat. Es ging in dieser Zusammenkunft – –

Ducke (Moderator): Aber Sie hatten einen Antrag zur Geschäftsordnung, nicht zur Sache. Ich glaube, zur Sache haben wir diskutiert.
Darf ich jetzt zur Abstimmung schreiten. Wer dafür ist, daß der Antrag, dieser Vorschlag, in der gegebenen Weise angenommen wird, der stimme mit Ja, [den] bitte ich um das Handzeichen. – Es gibt 2 Ja-Stimmen. Wer ist dagegen? – Oh je, da zählen wir nicht. Wer enthält sich der Stimme? – Es gibt 1 Enthaltung. Damit ist der Antrag – – Wo war noch eine Enthaltung? – 2. Damit ist der Antrag abgelehnt.
Und wir sind wieder beim Formulieren. Also, es steht jetzt der Satz: „Die Bürgerkomitees helfen, kommunale Probleme und Anliegen der Bürger gemeinsam mit den dafür zuständigen staatlichen [und] gesellschaftlichen Organen und Einrichtungen zu lösen."
Jetzt war der Einschub vorgeschlagen: die Informationspflicht. Ist das so richtig? Hier war der, Herr Koplanski, ich glaube, das waren Sie, nicht, der das hier – – Wie? Ja, Frau Töpfer hat ihn ans Ende – – aber er sollte hier in die Mitte kommen.
Dürfte ich Sie einfach nur einmal zur Erinnerung bitten, Frau Töpfer, daß Sie noch einmal schlicht formulieren, um welchen Satz es geht. Und dann entscheiden wir, wo er hinkommt.

Frau Töpfer (FDGB): „Die örtlichen Volksvertretungen sind verpflichtet, vor der Entscheidung grundlegender Beschlüsse diese mit den Bürgerkomitees abzustimmen und sie darüber zu informieren." Das beinhaltet er.

Ducke (Moderator): Ja. Darf ich nur aufmerksam machen, daß unter 3 solch ein Wort von der Information steht. Es ist mir leider vorhin nicht aufgefallen. Sonst hätte ich das – – ich bitte um Entschuldigung. Und Sie haben es jetzt auch gerade gesagt.

Frau Töpfer.

Frau Töpfer (FDGB): Das ist weitergehend, weil es auch die **Abstimmungspflicht** beinhaltet.

Ducke (Moderator): Also, Ihr Antrag geht weiter, und Sie bleiben deswegen dabei, ja? – Danke. Es ist klar jetzt, in diesen Passus, der dann 2.1 heißen soll, soll eingefügt werden die eben vorgeschlagene Formulierung. Wird man noch einmal Sie bitten dürfen, daß Sie es noch einmal sagen? Ja, es hilft nichts.

Frau Töpfer (FDGB): „Die örtlichen Volksvertretungen sind verpflichtet, vor dem Treffen grundlegender Entscheidungen oder Beschlüsse diese mit den Bürgerkomitees abzustimmen."

Ducke (Moderator): Vielen Dank. Die Wortmeldung dazu. Herr Ullmann.

Ullmann (DJ): Ich bitte um Entschuldigung. Ich habe vorhin formuliert. Ist das gemeint als Ersatz für den Satz: „Die Bürgerkomitees haben" bis „wurden" in 2.2, oder bleibt der stehen?

Ducke (Moderator): Der sollte zunächst stehenbleiben. Das ist nicht als Ersatz sondern ist als Einfügung [gemeint].

Ullmann (DJ): Ach, als Einfügung.

Ducke (Moderator): Wir haben noch immer nicht entschieden, ob davor oder danach. Ja?

Frau Schmitt, bitte. Herr de Maizière dann.

Frau Schmitt.

Frau Schmitt (UFV): Mir scheint, ein Problem wird mir persönlich immer klarer, daß diese Bürgerkomitees sich doch ziemlich spontan aus der Situation heraus gebildet haben. Sie haben also **keine** sogenannte **demokratische Legitimation**.

Also, wenn sich bei mir jetzt in Weißensee ein Bürgerkomitee bildet aus einem bestimmten Interesse heraus, wo sich so und so viele Leute zusammen verhalten, die sich dann in meinem Namen äußern, wäre ich nicht so richtig einverstanden damit. Ich bin natürlich damit einverstanden, daß diese Gremien, die sich jetzt gebildet haben, aus der Bewegung heraus weiter arbeiten. So verstehe ich auch diese Erklärung des Ministerrats und finde unser Bemühen, das jetzt so rechtmäßig festzuschreiben, wenn ich das einmal so sagen darf, übertrieben.

Ich glaube, man sollte sich auf größere innere Strukturen festlegen, inhaltliche Dinge, weil wir sonst eine Bewegung legitimieren, also festschreiben, die gar nicht legitimiert ist.

Und was die Öffentlichkeitsmachung anbelangt, bin ich der Meinung, daß eigentlich, wir hatten hier im Selbstverständnis des Runden Tisches zum Beispiel die Offenlegung insgesamt von Gesetzen, die jetzt abgeschlossen werden oder Maßnahmen, die jetzt getroffen werden durch die Regierung, verlangt. Die ist bis jetzt nicht erfolgt. Und ich glaube, daß man darauf dringen muß. Und ich glaube, Offenlegung heißt generell Offenlegung. Darüber muß die gesamte Bevölkerung informiert werden, und nicht nur ein Bürgerkomitee, wo ich gar nicht weiß, wer das ist.

Ducke (Moderator): Danke.

Herr de Maizière, bitte.

de Maizière (CDU): Diese Informationspflicht oder die Informationsmöglichkeit, die sehe ich wie Sie. Bloß, wenn Sie sagen abzustimmen, dann müssen Sie mir bitte schön sagen, welchen Grad der Verbindlichkeit soll diese Abstimmung haben, nicht? Das ist ein Wort, mit dem ich nichts anfangen kann. Entweder müssen die Bürgerkomitees zustimmen, und wenn sie es nicht tun, dann soll es nicht sein. Dann müssen wir aber die Frage nach der **Legitimation dieser Bürgerkomitees** stellen. Dann müssen wir die Frage der Art und Weise der Bildung beschreiben, damit nicht das eintritt, was eben beschrieben ist. Drei bilden [ein] Bürgerkomitee und sprechen nun für alle Organisationen, Gruppierungen und für andere.

Ducke (Moderator): Danke.

Frau Köppe, bitte. Dann Herr Klein, dann Herr Meckel.

Frau Köppe (NF): Ich sehe das eigentlich so, daß unter Punkt 2 spezielle Aussagen zu den Bürgerkomitees gemacht werden, dann unter 3. auf die örtlichen Räte eingegangen wird. Deswegen würde ich vorschlagen, daß wir diesen Vorschlag von Frau Töpfer, so ähnlich formuliert, in 3. einfügen und damit dort die Aussage deutlicher machen, die bis jetzt da ist.

Ducke (Moderator): Das wäre konkret. Faktisch könnte das auch ein Antrag sein, daß Sie diese Informationspflicht unter 3. fassen. Danke.

Es hat sich weiter gemeldet Herr Klein, dann Herr Meckel.

Klein (VL): Die entscheidende Frage, die hier immer wieder zur Sprache kommt, ist die Frage der Legitimation von Bürgerkomitees.

Ich möchte darauf hinweisen, daß im Zusammenhang mit der Beschreibung ihrer Tätigkeit vorhin vorgeschlagen und nachher sicher auch abgestimmt wird, daß die Bürgerkomitees für niemand anderen sprechen können, und hier muß man im Zusammenhang mit **Bürgerinitiativen**, deren Tätigkeit unter allen Umständen ja doch unterstützt werden muß – – daß in diesem Zusammenhang gesagt werden muß, daß die örtlichen Volksvertretungen verpflichtet sind, sie zu unterstützen, indem sie Öffentlichkeit herstellen für ihr Anliegen, und daß sie demokratische Entscheidungsprozesse befördern sollen.

Insofern sind Bürgerkomitees, sind Bürgerinitiativen – eben das, was uns in der DDR fehlt an **direkter Demokratie** – so zu fördern, daß nicht die Gefahr besteht, daß hier irgend jemand übergangen oder übersprungen wird. Und das ist aber doch wohl zu gewährleisten.

Und das ist keineswegs eine Frage, die sich im Zusammenhang mit Bürgerkomitees bisher ergeben hat. **Bisher** war es immer so, daß **obrigkeitsstaatliche Willkür** dazu geführt hat, daß Bürgerinteressen verletzt worden sind. Und wenn wir jetzt hier über diese Dinge sprechen, haben wir eigentlich nur über eins zu sprechen, nämlich darüber zu sprechen, wie in diesem Sinne direkte Demokratie verwirklicht werden kann. Und das eine Mittel dazu sind in der Tat solche Bürgerinitiativen.

Ducke (Moderator): Da wir zu einem konkreten Antrag – – Sie würden auch hier nicht die Informationspflicht drin sehen?

Klein (VL): Das meine ich auch, ja.

Ducke (Moderator): Danke.

Herr Meckel, bitte.

Meckel (SDP): Meines Erachtens sind wir an einem ganz zentralen Punkt, der sowohl das **Selbstverständnis** des Runden Tisches und der Bürgerkomitees in dieser ganzen Phase, in der wir stehen, behandelt.

Wir reden ja hier über die Bürgerkomitees, die sich wirklich spontan gebildet haben. Wir haben diesen Vorschlag gebracht, der eben abgelehnt worden ist, in dem das Verhältnis zu den Runden Tischen geklärt wird, weil sie ja faktisch genau diese Funktionen wahrnehmen, die hier im zweiten Teil von 2.2 dargestellt worden sind, das heißt die **Runden Tische** sind ja dafür da, daß sie **Regierungshandeln auf allen Ebenen gewährleisten und gleichzeitig kontrollieren,** das heißt auf eine demokratische Ebene stellen, wenn auch klar ist, daß hier nur Anwaltsfunktionen am Runden Tisch wahrgenommen werden können und keine demokratisch gewählten Vertreter da sitzen.

Ich will aber das ausführen, weil es eng damit zusammenhängt. Wichtig ist doch, daß es solche Ebenen gibt für diese Übergangszeit. Unserer Meinung nach müssen dies die Runden Tische auf den jeweiligen Ebenen sein, weil hier klare Absprachen, auch in bezug auf Zusammensetzung, da sind.

Ich denke, daß es aber grundsätzlich wichtig ist, daß es Institutionen dafür gibt, die diesen Übergang mit bedenken und mit organisieren. Wenn es denn nicht Runde Tische sein können, wird durch diesen Vorschlag, der eben gemacht worden ist, werden die Bürgerkomitees in den Stand der Runden Tische gesetzt, das heißt Abstimmung erfolgt dann mit Bürgerkomitees und nicht mit Runden Tischen.

O. k., nennen wir die Runden Tische auf den verschiedenen Ebenen Bürgerkomitees. Dann ist dieser Vorschlag, der eben gemacht worden ist, gerechtfertigt. So etwas muß es geben. Wenn das nicht der Fall ist, müßten es wieder die Runden Tische tun.

Ducke (Moderator): Danke schön. Das bringt uns in Erinnerung, daß wir über eine Ordnung beraten, die vom Runden Tisch als Initiative ausgegangen war und lautete: einen **rechtlichen Rahmen für die Tätigkeit der Bürgerkomitees** [zu schaffen]. Das ist der Gegenstand, über den wir im Moment verhandeln.

Frau Poppe, bitte.

Frau Poppe (DJ): Ich möchte dem Vorschlag von Frau Köppe widersprechen. Ich bin dafür, daß die Informationspflicht doch im Punkt 2.2 untergebracht wird, weil ich denke, daß Mitsprache- und Einspruchsrecht nur unter der Voraussetzung einer Informationspflicht gewährleistet sein kann.

Ducke (Moderator): Herr Engel, bitte.

Engel (CDU): Ja, ich glaube, die Diskussion, die jetzt hier läuft, bringt meinen Zweifel an der Art und Weise dieser Ordnung erneut zum Ausdruck. Sie haben es auch eben schon gesagt.

Ich glaube, wir sollten mit dieser Ordnung den **Rahmen** schaffen, wie die **Bürgerkomitees mit den staatlichen Organen zusammenarbeiten** können, ohne zu sagen, was die Bürgerkomitees zu tun und zu lassen haben. Und ich glaube, genau das ist nämlich der Punkt, wo wir in der Diskussion uns nicht einig werden und wo wir unterschiedlicher Auffassung sind.

Wir sollten hier sagen, in welchem staatlichen Rahmen, in welchen Formen der Zusammenarbeit mit den örtlichen Staatsorganen, mit den Sicherheitsorganen, die hier schon genannt worden sind, diese Bürgerkomitees zusammenarbeiten können und müssen, welche Bedingungen diese örtlichen Organe zu gewährleisten haben, damit die Bürgerkomitees arbeiten sollten. Mehr denke ich eigentlich, sollte nicht die Aufgabe dieser Ordnung sein. Das sollten die Bürgerkomitees selbst festlegen.

Ducke (Moderator): Vielen Dank.

Herr Ullmann, bitte.

Ullmann (DJ): Also, ich möchte mich für die Beibehaltung des Wortlautes, wie er hier steht, aussprechen, denn mir scheint der also so weit zu gehen, daß die geäußerten Besorgnisse alle abgedeckt sind. Kann man denn weiter gehen, als Mitsprache- und Einspruchsrecht – Einspruchsrecht, man bedenke! – zu formulieren, und zwar bei Dingen, bei denen grundlegende Bürgerinteressen berührt werden. Also, wenn ich Bürgermeister wäre, wüßte ich, was hier auf mich zukommt, nicht? Denn wer findet nicht überall ein grundlegendes Bürgerinteresse. Also, das geht so weit wie möglich.

Ducke (Moderator): Sie meinen, daß wir verzichten könnten auf den Einschub von der Informationspflicht. So verstanden jetzt? – Gut. Wir haben, glaube ich, ganz genug diskutiert. Wir wissen die Probleme. Noch einmal dazu Frau Köppe, weil Sie einen konkreten Antrag hatten, der eine Veränderung ist. Sonst lassen wir abstimmen.

Frau Köppe (NF): Ja, ich möchte noch einmal an den Antrag von vorhin erinnern: Streichung „bei denen grundlegende Bürgerinteressen berührt werden". Wir sind der Ansicht, daß das überflüssig ist.

Ducke (Moderator): Das war ein Antrag, oder?

Frau Köppe (NF): Ja.

Ducke (Moderator): Ich darf in Erinnerung rufen, um was es jetzt geht.

Erstens, daß in diesem Punkt das Problem Runder Tisch Bürgerkomitees aufleuchtet, wenn wir auch dagegen waren, daß es verbalisiert wird. Wir müssen berücksichtigen, daß ein Antrag steht, an dieser Stelle einzufügen die Informationspflicht, und wir haben die Streichung von den grundlegenden Bürgerinteressen, so in einfach „Bürgerinteressen".

So. Und jetzt gucken wir einmal, was wir abstimmen können. Der erste Antrag steht: Ergänzung. Würden Sie dafür sein, Frau Töpfer, daß wir den jetzt dazwischenschieben? Danke.

Die Ergänzung, also nach dem ersten Satz „gesellschaftlichen Organen und Einrichtungen zu lösen", Ergänzung: Informationspflicht. Vielleicht sparen wir [uns], das noch einmal vorlesen zu lassen. Wir haben es jetzt schon so oft gehört. Die Ergänzung auf die Informationspflicht. Wer dafür ist – –

Lindner (LDPD): Entschuldigung.

Ducke (Moderator): Bitte.

Lindner (LDPD): Eine Frage noch einmal zum genauen Verständnis. Wenn ich es richtig im Ohr noch habe, war bei Frau Töpfer von einer Informationspflicht und Absprache oder so etwas – Abstimmung [die Rede]. Ich mache darauf aufmerksam, daß das verwaltungsnotwendige – – **Verwal-**

tungsentscheidungen auf sehr ferne Zeiten immer verschieben könnte.

Ducke (Moderator): Das war noch eine Sachmeldung dazu. Ich bin doch dafür, daß wir uns noch einmal die Formulierung genau anhören. Einschub, soll lauten. Bitte.

Frau Töpfer (FDGB): Nein. Ich habe auch noch – entschuldigen Sie bitte – eine Sachfrage dazu. Wenn ich das **Einspruchsrecht** statuiere, das ja hier in den Formulierungen enthalten ist, dann gehe ich ja so weit, daß ich auch mit diesem Einspruchsrecht, wenn ich das rechtlich ausgestalte, jede Entscheidung in die Ferne setzen kann.

Mit einem Abstimmungsrecht könnte ich aber vorhergehend aufgrund der Information über einen Beschluß, der grundlegende Bürgerinteressen berührt, Zweifel bei den Bürgern ausräumen und auch diese Probleme im Vorfeld der Entscheidungsfindung lösen.

Ducke (Moderator): Ihr Antrag, wenn ich das jetzt richtig verstehe, nur noch einmal zum Verständnis nachgefragt, hätte auch Auswirkungen auf die Abstimmung dann beim nächsten Satz – das Einspruchsrecht. Ja? Frau Töpfer? – Nein. Gut. Danke.

Also, es steht zur Debatte, an dieser Stelle einzufügen, jetzt formulieren wir es doch noch einmal bitte. Also, an „gesellschaftlichen Organen und Einrichtungen zu lösen", Einschub.

Frau Töpfer (FDGB): „Die örtlichen Volksvertretungen sind verpflichtet, vor grundlegenden Entscheidungen und Beschlüssen die Bürgerkomitees zu informieren und diese mit ihnen abzustimmen."

Ducke (Moderator): Danke. Wer dafür ist, daß dieser Einschub hier eingefügt wird, den bitte ich um das Handzeichen. – Ich zähle 5. 5 Stimmen dafür. Wer ist dagegen? – [Mit Nein haben gestimmt] 14. Und Enthaltungen? – 16. Danke. Damit ist der Antrag abgelehnt.

Wir kommen nun zum letzten Satz dieses Absatzes. „Die Bürgerkomitees haben ein Mitsprache- und Einspruchsrecht zu Vorhaben in den Territorien." Der alte Text: „bei denen grundlegende Bürgerinteressen berührt werden." Es gab schon einige Wortmeldungen. Es steht ein konkreter Antrag: Streichen der Passage „bei denen grundlegende ...".

Frau Töpfer, bitte.

Frau Töpfer (FDGB): Als Antrag möchte ich einbringen, das **Einspruchsrecht** weiter auszugestalten, welche **Rechtsfolgen** bei diesem Einspruch eintreten sollten. Das ist ja die Frage.

Ducke (Moderator): Verstehe ich Sie richtig, daß Sie jetzt hier eine Ergänzung beantragen?

Frau Töpfer (FDGB): Entweder an dieser Stelle oder dann bei Punkt 4.3. Jedenfalls irgendwo in dem Text müßte stehen, welche Rechtsfolgen eintreten, wenn die Bürgerkomitees ihr Einspruchsrecht wahrnehmen. Ist dann der Beschluß nicht gültig, oder?

Ducke (Moderator): Danke. Ist klar, ja.

Herr Platzeck.

Platzeck (GL): Ich hätte einen Vorschlag. Das Einspruchsrecht beschäftigt uns ja auch. Es könnte dann an den Runden Tisch verwiesen werden zum Beispiel.

Ducke (Moderator): An welchen Runden Tisch?

Platzeck (GL): An den jeweiligen Runden Tisch, der in dieser Stadt oder in diesem Kreis oder in diesem Bezirk existiert. Es muß ja eine Form gefunden werden. Das meine ich auch. So können wir es nicht stehen lassen. Was heißt Einspruch hier an der Stelle?

Ducke (Moderator): Ich werde aufmerksam gemacht, daß wir zu Mittag essen müssen. Deswegen letzte Wortmeldung jetzt dazu.

Herr Ullmann und Herr Gehrke.

Ullmann (DJ): Also, ich denke, man kann hier rechtlich nicht darüber hinausgehen, als festzustellen, er hat **aufschiebende Wirkung**. Denn ich fühle nicht irgendeine Möglichkeit hier, neue Instanzenzüge einzurichten.

Ducke (Moderator): Danke.

Herr Gehrke.

Gehrke (VL): Ich wollte zum Einwurf von Herrn Platzeck noch etwas sagen. Dann müssen wir natürlich grundsätzlich noch einmal über Stellenwert und Ort des Runden Tisches diskutieren. Das ist die Diskussion, die wir eben schon einmal hatten. Und aus dem Grunde würde ich bitten, das noch einmal zu überdenken oder das zurückzuziehen.

Ducke (Moderator): Ich bitte noch einmal zu beachten, das ist ein Vorschlag der Ordnung, der uns vom Ministerrat vorgeschlagen ist. Ich glaube, es ist die Frage, sollen wir darüber nachdenken, welche Konsequenzen es hat, wenn das so vorgeschlagen wird?

Ich bin fast geneigt, damit wir vor dem Mittagessen das vom Tisch haben, daß wir darüber noch abstimmen. – Machen wir. Gut. Ich bin dafür, daß wir jetzt abstimmen, zunächst, daß das „grundlegend" gestrichen wird, das war ein konkreter Antrag.

Bitte, Frau Köppe.

Frau Köppe (NF): Nicht grundlegend, sondern dieser gesamte Nebensatz, „bei denen grundlegende Bürgerinteressen berührt werden".

Ducke (Moderator): Es soll heißen, „zu Vorhaben in den Territorien". Punkt.

Frau Köppe (NF): Ja, genau.

Ducke (Moderator): Ich danke für die Berichtigung. Auf Streichung der Passage, „bei denen grundlegende Bürgerinteressen berührt werden". Wer für diesen Antrag ist, der stimme mit Ja, hebe die Hand. Wer dagegen ist – – das ist die Minderheit. Wer enthält sich der Stimme? – 2. Der Antrag ist angenommen.

Jetzt würde ich vorschlagen, Mitsprache- und Einspruchsrecht – – Es liegt kein konkreter Gegenantrag mehr vor. Stimmen wir darüber ab, ob wir den Satz jetzt in der veränderten Form lassen können: „Die Bürgerkomitees haben ein Mitsprache- und Einspruchsrecht zu Vorhaben in den Territorien." Wer dafür ist, daß dieser Satz so bleiben kann – nein, [das] brauchen wir eigentlich nicht abzustimmen. Es liegt gar kein Gegenantrag – – Ich bitte um Entschuldigung. Ich habe verzögert.

Ich wünsche Ihnen von dieser Stelle allen einen guten Appetit. Noch einmal zur Erinnerung: Es gehen die Teilnehmer am Runden Tisch jetzt um 13.00 Uhr zu Tisch und danach das technische Personal. Müssen wir festlegen, daß wir sagen müssen, wenn 13.20 Uhr erst der zweite Mittagstisch ist, können wir ja nicht vor 13.45 Uhr – –

Die Sitzung wird wieder 13.45 Uhr eröffnet. 13.45 Uhr. Ich wünsche allen eine gute Mittagspause.

[Verhandlungspause von 13.00 Uhr–13.45 Uhr]

TOP 8: Selbstverständnis des Runden Tisches: Beziehungen zur Regierung Modrow

Ducke (Moderator): Wir haben die Tätigkeit von Bürgerkomitees besprochen, in einigen Punkten abgehakt. Es steht als nächstes zur Debatte die Neuformulierung von 1.1 und 4.1. Nur damit wir uns schon darauf einstimmen können. Da muß ich darauf aufmerksam machen, ja, ja, ich komme gleich zur Geschäftsordnung, da muß ich darauf aufmerksam machen, daß wir also beschlossen haben, um 16.00 Uhr Schluß zu machen. Ich bitte das zu berücksichtigen, wenn wir schon über eine Vorlage, die schriftlich auf dem Tisch lag, so lange zu diskutieren haben notwendigerweise, daß wir uns über die noch anstehenden Tagesordnungspunkte darüber verständigen, was zunächst an Ausschüsse überwiesen werden kann, damit dann auch ein schriftlicher Vorschlag da ist und wir besser diskutieren können. Das bitte ich noch einmal so zu berücksichtigen.

Jetzt liegen drei Geschäftsordnungsanträge vor, in der Reihenfolge: Frau Töpfer, Frau Schmitt, Herr Poppe.

Frau Töpfer, bitte.

Frau Töpfer (FDGB): Da kein weiterer Vertreter des FDGB hier anwesend sein kann aufgrund der vorher getroffenen Vereinbarung, bitten wir darum, zwei Stimmrechte zu haben, ja?

Ducke (Moderator): Der Antrag steht. Gibt es dazu Wortmeldungen? Trifft das heute für andere Gruppierungen auch zu, dann gleich, wenn jemand weg ist?

Herr Raspe.

Raspe (LDPD): Ich bitte auch um Genehmigung, für meinen dritten abhanden gekommenen Kollegen mitstimmen zu dürfen.

Ducke (Moderator): Danke. Wir hatten diese Übung schon einmal. Dürfen wir darüber abstimmen?

Frau Poppe (DJ): Ja, ich muß auch um 14.10 Uhr weg und würde das dann auch beantragen für uns.

Ducke (Moderator): Dann würde ich doch den Antrag von Frau Töpfer so erweitern, daß für heute wieder, wir wollen es nicht wieder ganz generell machen, für heute die Gruppen sich ergänzen können durch die anwesenden Mitglieder, wenn andere aus dringlichen Gründen – und das setzen wir schlicht voraus – den Runden Tisch vor 16.00 Uhr verlassen müssen.

Darf ich um Abstimmung bitten. Wer dafür ist, daß wir so verfahren, [den] bitte ich um das Handzeichen. – Das ist die Mehrheit. Wer ist dagegen? Wer enthält sich der Stimme? – 1 Stimmenthaltung. Danke. Damit ist der Antrag durch.

Der zweite Antrag, Frau Schmitt, bitte.

Frau Schmitt (UFV): Wir möchten den Antrag stellen, die Debatte über die Tätigkeit der Bürgerkomitees hier zu beenden. Das Allgemeinverständnis darüber, was Bürgerinitiative, Bürgerkomitees sein können, ist hier offensichtlich nicht klar. Wir halten die Diskussion für ineffizient, zumal der Antragsteller nicht präsent ist und als Diskussionspartner nicht zur Verfügung steht.

Wir würden den Antrag stellen, daß es eine **Neudiskussion über das Selbstverständnis und die Arbeitsweise des Runden Tisches** gibt. Wir stellen uns das so vor, daß die Diskussionsrunden des Runden Tisches sachbezogener sein müssen, vorbereiteter sein müssen durch die Ausschüsse, daß Vorlagen erarbeitet werden, die den Teilnehmern des Runden Tisches mindestens zwei Tage vor dem Termin vorgelegt werden müssen zur genaueren Vorbereitung, daß der Runde Tisch zu einer Arbeitsweise kommen müßte, daß zu den einzelnen Themen Expertenanhörungen und Variantenausarbeitungen vorliegen, daß eine größere Sachkenntnis und eine größere inhaltliche Debatte möglich ist.

Ducke (Moderator): Frau Schmitt, das waren zwei Anträge jetzt.

Frau Schmitt (UFV): Kommt noch einer. Es gehört für mich alles zusammen. Entschuldigen Sie, bitte. Aber ich möchte das jetzt gerne so beenden. Wir hatten in dem Selbstverständnis, jedenfalls haben wir das so verstanden, des Runden Tisches als Hauptaufgabe formuliert, eine **Öffentlichkeit** herzustellen.

Weder ist der Runde Tisch durch die Regierung genügend informiert, die Offenlegung der bestimmten Dinge, der Gesetzesvorlagen und so weiter hat bis heute nicht stattgefunden. Wir glauben, daß das geschehen muß.

Und wir müssen darüber sprechen, wie wir die Bevölkerung dieses Landes informieren können über diese Dinge und über Varianten dazu.

Und es muß gesichert sein, daß die **Regierung hier präsent ist** und die Medien auch. Für mich gehört das zusammen. Entschuldigen Sie, bitte, wenn ich die Verfahrensweise ein bißchen störe.

Ducke (Moderator): Ja, was ist jetzt der Antrag? Sie beantragen Schluß der Debatte über das Thema, den Schluß der Sachdebatte.

Frau Schmitt (UFV): Ja.

Ducke (Moderator): Gut. Wir haben noch einen Geschäftsordnungsantrag.

Herr Poppe, bitte.

Poppe (IFM): Ja, ich würde mich in weiten Teilen dem anschließen, was meine Vorrednerin hier gesagt hat.

Unser Antrag lautet dahingehend, die Debatte über diese Vorlage des Ministerrats an dieser Stelle zu beenden. Ich bin **nicht** der Auffassung, daß es die **Aufgabe des Runden Tisches ist, detailgetreue Formulierungen für den Ministerrat zu erstellen.** Wir haben an einigen Stellen die Richtung möglicher Änderungen bereits durch die Diskussion vorgegeben. Ich würde also deshalb den Antrag stellen, die Vorlage samt diesen bisher gesammelten Bemerkungen zurück an den Ministerrat zu verweisen mit der Bitte um Neuformulierung und dann zu einem späteren Zeitpunkt diese Vorlage hier erneut zu diskutieren.

Ducke (Moderator): Dazu Wortmeldungen.

Herr de Maizière.

de Maizière (CDU): Ja, ich würde zunächst einen Antrag stellen wollen zur **Änderung der Geschäftsordnung** des Runden Tisches. Die ist ja damals etwas schnell von mir entworfen worden, und ich meine, daß bei Geschäftsordnungsanträgen ein möglicher fehlt, und zwar vor Schluß der Beratung müßte kommen: **Verweisung an einen Ausschuß.** Das ist mir damals einfach untergegangen und keinem anderen aufgestoßen.

Und ich bin der Meinung, daß der Runde Tisch prüfen sollte, ob er einen **Rechtsausschuß** bildet, an den beispielsweise diese Ordnung über Bürgerkomitees verwiesen werden könnte.

Ich glaube, daß die Schwierigkeit unserer Diskussion heute vormittag die war, daß uns nicht ganz bewußt geworden ist, was Recht leisten kann. Recht setzt die Rahmenbedingungen, innerhalb deren sich dann etwas entfalten kann, und es wurde dauernd versucht, [den] Inhalt zu beschreiben, und damit kommen wir nämlich über den Charakter von Resolutionen und ähnlichem nicht hinaus, so daß ich der Auffassung bin, der Runde Tisch braucht tatsächlich einen Rechtsausschuß, in dem Leute, die dieses Handwerk gelernt haben – das ist nämlich auch ein Handwerk – versuchen, das, was hier inhaltlich als Vorgabe in einem ersten Gang gedacht worden ist, dann in rechtliche Formen zu gießen, um dem Runden Tisch zur abschließenden Entscheidung vorzulegen.

Ducke (Moderator): Danke. Das war ein weitergehender Antrag.

Noch eine Wortmeldung, bitte.

Julian (DA): Ja, wir unterstützen den Antrag auf Relegierung dieses Papiers an den Ministerrat. Wir haben das Gefühl, daß wir die Hausaufgaben des Ministerrates machen und glauben, daß wir dem Runden Tisch sehr schaden und unserem Selbstverständnis und dem Selbstverständnis des Runden Tisches.

Ducke (Moderator): So steht jetzt zunächst der Antrag, wenn ich meine, daß das der weitergehende Antrag ist, von Herrn de Maizière, nämlich Änderung der Geschäftsordnung, vor Schluß der Debatte eine Überweisung an einen Ausschuß und Bildung eines Rechtsausschusses. Sehe ich das richtig?

de Maizière (CDU): Ja, so war mein Antrag.

Ducke (Moderator): Danke. Wer dafür ist – – möchte jemand dazu sprechen? Also zunächst einmal die Änderung der Geschäftsordnung, damit wir dann auch eine Grundlage haben für diese konkrete Debatte. Es ist nicht der Fall?

Herr Gutzeit.

Gutzeit (SDP): Ich würde den Antrag unterstützen.

Ducke (Moderator): Danke. Ja, wir stimmen einzeln ab.

Erstens, Änderung der Geschäftsordnung. Einfügen an der Passage – das ist, kann mir jemand helfen – bei Ziffer zwei nach „Ende der Rednerliste" vor „Schluß der Beratung" „Überweisung an einen Ausschuß" zu überprüfen. Wer dafür ist, den bitte ich um das Handzeichen. Wer ist dagegen? Wer enthält sich der Stimme? – Ich stelle fest: Einstimmig.

Der zweite Antrag lautet: Bildung eines Rechtsausschusses. Wäre natürlich die Frage: a.) ob wir das wollen, b.) wer könnte da in Vorschlag gebracht werden? Herr de Maizière, haben Sie dafür schon einen konkreten Vorschlag? Dann können wir jetzt nur darüber abstimmen, daß der Runde Tisch einen solchen Rechtsausschuß bilden möchte.

de Maizière (CDU): Ich habe keine namentlichen Vorschläge im Moment.

Ducke (Moderator): Dürfen wir dann vielleicht darum bitten, ob jemand so einen namentlichen Vorschlag machen kann?

Herr Ziegler.

Ziegler (Co-Moderator): Wir haben immer nur die Einberufer benannt, von jeder Seite je einen.

Ducke (Moderator): Eben. Also, wir haben bis jetzt elf Ausschüsse. Jetzt käme ein Rechtsausschuß dazu, wenn wir dazu kommen. Dann müßte vielleicht schon feststehen, wer würde sich als Einberufer zur Verfügung stellen? Darf ich da um Vorschläge bitten?

Frau Röth.

Frau Röth (UFV): Ich möchte da noch einmal darauf dringen, daß diese Ausschüsse nur dann zustandekommen, wenn Experten hinzugezogen werden, Regierungsvertreter, und Varianten diskutiert werden, also daß das gewährleistet ist, wenn dieser Rechtsausschuß zustandekommt.

Ducke (Moderator): Das wäre schon eine Beschreibung der Aufgaben dieses Ausschusses. Können wir um Vorschläge bitten? Wir können schlecht einen Vorschlag oder einen Rechtsausschuß bilden, und dann stellen wir fest, daß niemand bereit ist, ihn einzuberufen. Deswegen möchte ich doch erst die Vorschläge erbitten.

Wer erklärt sich bereit, die Einberufung zu übernehmen? Darf ich um Ihre Vorschläge bitten? Ja, wir haben einen Antrag, für den niemand sich stark machen möchte. Wie?

Frau Töpfer.

Frau Töpfer (FDGB): Also der FDGB wird den Rechtsausschuß einberufen, wenn es dazu kommt, daß er angenommen wird.

Ducke (Moderator): Wir hatten immer zwei. Gibt es von den neueren Gruppierungen jemanden, der sich dafür mit stark machen möchte?

Herr Poppe. Danke.

Poppe (IFM): Ich hätte einen Vorschlag zu machen. Es müßte in dem Falle der Bürgerkomitees geprüft werden, inwieweit sie verfassungsgemäß sind im Sinne der neuen Verfassung.

Ducke (Moderator): Herr Poppe, darf ich sagen, es geht jetzt schlicht um den Vorschlag für den Rechtsausschuß, der zu bilden ist, unabhängig von Bürgerkomitees. Das ist eine grundsätzliche Frage. Das war der weitergehende Antrag für die Arbeit des Runden Tisches.

Poppe (IFM): Ja, aber dann würde ich das Problem doch noch einmal nennen wollen.

Ducke (Moderator): Nachher zum Bürgerkomitee.

Darf ich noch einmal darum bitten, wer erklärt sich bereit? Wir haben jetzt eine Einberufung seitens [des] FDGB. Herr Gutzeit, Sie hatten den Vorschlag unterstützt. Machen Sie sich stark, daß jemand ihn mit – –

Gutzeit (SDP): Ja, wir werden suchen.

Ducke (Moderator): Sie müssen jetzt nur sagen, ich mache mich dafür verantwortlich. Sonst verlieren wir wieder Zeit und haben dauernd wegen Geschäftsordnungsanträgen die Sachproblematik auf dem Tisch.

Gutzeit (SDP): Ja, dann mache ich es.

Ducke (Moderator): Danke.

Damit können wir abstimmen. Wer dafür ist, daß der Runde Tisch einen Rechtsausschuß einsetzt, den bitte ich um das Handzeichen. Wer ist dagegen? Wer enthält sich der Stimme? – 2 Stimmenthaltungen. Danke. Die Einberufer sind benannt, ich bitte Sie, dann tätig zu werden.

Jetzt steht konkret als nächster Antrag: **Absetzung der Debatte**, das heißt jetzt müßten wir ja schon so verfahren, an einen Ausschuß, dieses an den Rechtsausschuß zu überweisen.

Wer ist dafür, daß der Entwurf der Ordnung über die Tätigkeit von Bürgerkomitees in der vorliegenden Fassung mit den heute schon diskutierten, teilweise beschlossenen Ergänzungen an den Rechtsausschuß überwiesen wird, den bitte ich um das Handzeichen. Wer ist dagegen? Wer enthält sich der Stimme? – [Einstimmig.] Danke. Damit wäre dieser Tagesordnungspunkt zu Ende gebracht.

Es steht nun zur Debatte – – Bitte?

Ach so, Sie hatten noch einen Geschäftsordnungsantrag.

Frau Schmitt (UFV): Ich hatte noch einen zweiten Teil des Antrages, daß wir uns noch einmal verständigen über die **Arbeitsweise** und das **Selbstverständnis des Runden Tisches,** weil ich glaube, daß das, was jetzt hier mit dieser Vorlage für die Bürgerkomitees geschehen ist, ja schon öfters passiert ist.

Und ich glaube, wir sollten uns darüber verständigen, wie wir so etwas vermeiden können. Das ist das erste, daß man konkretere und sachbezogenere Vorlagen hat, die zwei Tage vor Termin des Runden Tisches vorliegen, daß man also über die Arbeit der Ausschüsse Expertenanhörungen zu den Themen hat und Variantenvorschläge hat, daß man darüber spricht, wie wir den einen Punkt des Selbstverständnisses, nämlich Öffentlichkeit herzustellen, eine Kontrolle auszuüben mit Hilfe der Öffentlichkeit auf die Dinge, die jetzt in der Regierung beschlossen werden, daß wir darüber beraten, wie wir das wirklich sichern können. Und dazu gehört unserer Meinung nach auch, daß die **Regierung** hier **zu den bestimmten Fragen präsent ist.**

Ducke (Moderator): Danke. Es war noch ein Antrag.
Herr Gehrke, bitte.

Gehrke (VL): Nicht zur Geschäftsordnung, sondern – – Ach, Entschuldigung. Ich habe dann einen zur Tagesordnung.

Ducke (Moderator): Danke.
Frau Köppe, bitte.

Frau Köppe (NF): Wir beantragen, daß, wenn wir nun die Debatte über den Entwurf einer Ordnung über die Tätigkeit von Bürgerkomitees abgeschlossen haben, der sechste Tagesordnungspunkt vorgezogen wird: **Beziehungen zur Regierung Modrow.** Einfach weil wir davon ausgehen, daß das ein inhaltlich umfassender Ordnungspunkt ist.

Ducke (Moderator): Danke. Das wäre auch ein Antrag zur Tagesordnung. Ich will jetzt das nur abschließen. Hier war noch [eine] Wortmeldung. Habe ich Sie richtig verstanden – – Zum Antrag [von] Frau Schmitt. Bitte schön.

Bein (NDPD): Ja, ich möchte diesen Antrag auf das entschiedenste unterstützen, um die Effektivität des Runden Tisches zu erhöhen. Ich halte es für erforderlich, daß wirklich die Sachthemen vorher in den von uns gebildeten Arbeitsgruppen behandelt werden und daß dann genügend Zeit bleibt, daß die Vertreter des Runden Tisches sich vorher mit diesem Material auseinandersetzen und dann hier Grundfragen behandelt werden.

Und ich möchte meinen Antrag noch etwas erweitern. In dem Zusammenhang bitte ich dann zugleich, daß die **Arbeitsgruppe „Wirtschaft"** bis zum 3. Januar ihr Material vorlegt, und dann aber erst am 8. Januar behandelt, so daß in der Zeit vom 3. Januar bis zum 8. Januar jede Gruppe die Gelegenheit hat, sich mit diesem Material auseinanderzusetzen. Und in dem Zusammenhang bitte ich darum, dieses Thema zur Wirtschaft wirklich so zu formulieren, wie die Arbeitsgruppe „Wirtschaft" es schon einmal genannt hat, denn hier unter Punkt 12, da steht jetzt auch zu dem Ad-hoc-Papier, daß wir uns über Volkseigentum unterhalten und über Wirtschaftsstruktur. Das wird sicherlich nicht ausreichen. Ich habe deshalb die Bitte, die Wirtschaftsthematik unter dem Thema zu behandeln: „Anforderungen zu **Sofortmaßnahmen der Stabilisierung der Wirtschaft** unter dem Gesichtspunkt **sozialer Sicherheit** und **ökologischer Erfordernisse** und für erste Regelungen zur Einleitung der **Wirtschaftsreform".**

Ducke (Moderator): Ihre Wortmeldung verdeutlicht den Antrag, ich stelle noch einmal jetzt fest: Wir haben einen Antrag vorliegen zum **Selbstverständnis des Runden Tisches,** eine Diskussion, das zweite war zur Arbeitsweise. Das möchte ich unterscheiden.

Wünscht jemand eine Diskussion zum Selbstverständnis des Runden Tisches?
Herr Ullmann.

Ullmann (DJ): Ich wünsche, daß nicht in jeder Sitzung das Selbstverständnis des Runden Tisches neu thematisiert wird, weil uns das aufhält bei der Arbeit.

Ducke (Moderator): Danke, dann lasse ich abstimmen dazu.
Jetzt Herr Böhme.

Frau Schmitt (UFV): Aber wir entsprechen ihm doch bis jetzt nicht.

Ducke (Moderator): Bitte, Herr Böhme.

Böhme (SDP): Ich glaube, daß heute das Selbstverständnis des Runden Tisches in dem Tagesordnungspunkt „Beziehung zur Regierung Modrow" eindeutig mit zur Sprache kommt.

Ducke (Moderator): Danke. Das waren Anträge.
Ich stelle den Antrag zur Abstimmung. Wird im Moment eine Diskussion zum Selbstverständnis des Runden Tisches gewünscht? Den bitte ich um das Handzeichen. – 1, 2 Stimmen dafür. Gegenstimmen? Und Stimmenthaltung? – Danke.

Dann steht der zweite Teil des Antrages, zur Versachlichung der Arbeit erst in den Ausschüssen also die Tagesordnungspunkte vorzubereiten. Habe ich das jetzt so korrekt wiedergegeben? Wer für diese Arbeitsweise, also für das ja eigentlich Selbstverständliche, aber doch für die Durchsetzung dieser Arbeitsweise ist, den bitte ich jetzt um das Handzeichen. Also, daß schriftliche Vorlagen da sind, nicht?

Raspe (LDPD): Dazu muß ich noch einmal eine Frage stellen.

Ducke (Moderator): Entschuldigung. Wir müssen noch einmal zurückstellen. Es sind Rückfragen.

Raspe (LDPD): Es interessiert mich, ob das den Vorschlag einschließt, die Tagesordnungen vom 8. und 3. [Januar 1990] zu verändern.

Ducke (Moderator): Nein, nein. Ach so, das ist ja ein Eigenantrag.

Raspe (LDPD): Hier gebe ich einfach zu bedenken, daß es meiner Ansicht nach höchste Zeit wird, daß wir am 8. [Januar 1990] über das **Wahlgesetz**, über das **Parteiengesetz** reden. Wenn wir dann erst über die Wirtschaft und dann eine Woche später erst über die Wahlen reden, dann schaffen wir unsere Arbeit einfach nicht.

Ducke (Moderator): Herr Raspe, ich danke Ihnen.

Es stand nur jetzt der Antrag prinzipiell: in die Ausschüsse. Das andere war ein weitergehender, mußte eigens abgestimmt werden. Das ist klar. Jetzt nur prinzipiell, daß vor einer Vorlage auf dem Tisch dazu ein Votum, Gegenvotum, das heißt eine Ausarbeitung der entsprechenden Ausschüsse vorliegt. Sehe ich das so richtig, ja? Dieser Antrag steht zur Debatte.

Wer dafür ist, den bitte ich jetzt um das Handzeichen. – War noch eine – – Ach so. Entschuldigung.

Ullmann (DJ): Ja, also ich bitte hier um Klärung. Da ist eine wichtige Frage zum Procedere des Runden Tisches im Spiel. So, wie der Antrag jetzt lautet, hat er zur Konsequenz, daß wir hier überhaupt nur noch über Dinge reden können, die vorher in den Ausschüssen gewesen sind. Ich halte das für eine **Einengung unserer Arbeit** und bitte, das zu bedenken.

Ducke (Moderator): Danke für die Präzisierung. Ich weiß nicht, ob die Antragsteller dies so impliziert haben. Darf ich das noch einmal rückfragen?

Frau Röth (UFV): Das haben wir damit nicht impliziert. Aber ich denke, bei schwerwiegenden Themen, wo uns im Grunde genommen die fachliche Kompetenz in dem Ausmaße nicht, das haben die Diskussionen ja soeben gezeigt, also über Rechtsfragen nicht zugänglich ist und auch durch die Berater in der derzeitigen Phase nicht gewährleistet wird, es zu einer **Effektivierung dieser Arbeitsweise des Runden Tisches** kommen muß, und da erscheint uns der Weg über die Ausschüsse, die sozusagen Vorlagen vorbereiten und sie sozusagen dem Runden Tisch vorbereiten, doch als der gangbare und der effektivere Weg zu sein.

Ducke (Moderator): Frau Röth, wir haben eine Änderung der Geschäftsordnung beschlossen auf jeweils die Möglichkeit, Antrag, Überweisung in die Ausschüsse. Sehen Sie damit eigentlich dem Anliegen Ihres Antrages entsprochen? Dann könnten wir uns nämlich jetzt eine Abstimmung sparen, Frau Röth. Ist das nicht eigentlich, was Sie jetzt zum Schluß gesagt haben, der Antrag, wenn solche Sachdebatten uns überfordern oder notwendig erscheinen, gibt es diese Antragsmöglichkeit. Würden Sie das so sehen?

Frau Röth (UFV): Das würde ich so sehen, aber nicht erst im nachhinein, sondern daß man sich meinetwegen in der **Prioritätsgruppe** vorher abstimmt darüber, ob dem Runden Tisch wann und wo welche Vorlagen unterbreitet werden.

Ducke (Moderator): Formulieren Sie dann bitte noch einmal Ihren Antrag exakt, oder könnten Sie darauf verzichten, weil die Diskussion eigentlich – –

Frau Röth (UFV): Wenn die Geschäftsordnung dahingehend geändert wird, daß aus der Notwendigkeit der Behandlung bestimmter Sachthemen die Vorlage durch den Ausschuß gewährleistet wird, dann ziehe ich den Antrag zurück.

Ducke (Moderator): Das haben wir eigentlich so beschlossen, so habe ich es verstanden. Könnten wir auf diese Abstimmungsfrage jetzt zunächst verzichten, würde ich vorschlagen, damit wir weiterkommen? Ja? – Danke schön.

Dann steht jetzt nur zur Debatte, sollen wir diesem Antrag stattgeben auf **Vertagung „Wirtschaft" vom 3. zum 8. Januar [1990]**? Das war doch konkret die Frage.

Raspe (LDPD): Ich hatte den Antrag gestellt, ja.

Ducke (Moderator): Also der Antrag steht, aus dieser Sachproblematik, so entnehme ich dies, das zu vertagen. Bitte.

Frau Röth (UFV): Ja, also ich denke, daß es nicht unbedingt notwendig ist, denn wir haben uns ja in der Wirtschaftsgruppe dazu verständigt. Alle Altparteien als auch die neuen Gruppierungen haben ihre Vorschläge unterbreitet. Wir haben uns dazu verständigt, daß nach dem 29. [Dezember 1989] Konsens und Dissens dieser Gruppierungen ausgearbeitet wären, so daß man eigentlich davon ausgehen könnte, daß die Vertreter, die von den jeweiligen Parteien und Gruppierungen entsendet worden sind, die Kompetenz haben und ihr Fachwissen eingebracht haben, so daß man eigentlich beim 3. Januar [1990] mit einer überdachten Ausarbeitung rechnen könnte.

Ducke (Moderator): Es geht nur um Ihren Vorschlag. Da der aber nicht mehr steht, zwei Tage vorher schriftlich auf den Tisch.

Frau Röth (UFV): Ja, ich denke, am 29. [Dezember 1989] hatte sich die Wirtschaftsgruppe verständigt, das Papier auf den Tisch zu legen, so daß es möglich ist, bis zum 3. Januar, das heißt also am 30. [Dezember 1989]. Ich nehme an, die technischen Möglichkeiten der NDPD sind so, daß man allen Gruppierungen und Parteien diese Ausarbeitung übergeben könnte.

Ducke (Moderator): Zur Thematik Herr Böhme noch.

Böhme (SDP): Also, ich möchte prinzipiell **warnen vor [der] Vertagung von Wirtschaftsfragen.** Wir waren uns einig gewesen am 22. [Dezember 1989], wie dringlich und wichtig das ist und hätten am liebsten noch die Frau Ministerin Luft einen ganzen Tag noch dabehalten und befragt. Jetzt müssen wir auch da Konsequenz zeigen. Die Wirtschaftsfragen sind so wichtig, daß sie unbedingt demnächst mit auf die Tagesordnung kommen. Ansonsten brauchen wir auch keine Prioritätenkommission.

Ducke (Moderator): Danke. Ich werde jetzt ein bißchen straffen.

Herr Gehrke, wenn es dasselbe ist – –

Gehrke (VL): Ich stimme Herrn Böhme zu, will nur noch ergänzen, es sind ja präzise Fragen gestellt worden, die schnellstens beantwortet werden müssen.

Ducke (Moderator): Danke. Das heißt da jetzt nicht mehr, als Antrag steht, ob wir darüber abstimmen müssen, daß es wirklich vorher zwei Tage schriftlich vorliegen muß. Gehen wir davon aus, daß sie fertig sein können, es möglich wäre, sich vorher zu informieren, aber daß es uns in diesem Falle auch genügen würde, am 3. [Januar 1990] erst die Vorlage auf dem Tisch zu haben, damit die Thematik „Wirtschaft" nicht

weiter verschoben wird. Ist das so etwa Konsens der Gruppe?
Herr Schlomann, bitte.

Schlomann (NDPD): Ich würde damit einverstanden sein, wenn der Runde Tisch damit einverstanden ist, daß es am 3. [Januar 1990] früh vorliegt.

Ducke (Moderator): Wir müssen jetzt mit diesen Möglichkeiten leben. Wir können nicht also Wunder verlangen, also, da hätten wir nicht einmal im Bonhoeffer-Haus dafür garantieren können. So. Ziehen Sie dann Ihren Antrag zurück? – Danke, dann bleibt das so, wie beschlossen.
Dann bitte ich jetzt Herrn Lange um die weitere Gesprächsleitung. Wir haben dieses Thema abgeschlossen.

Lange (Moderator): Zur Geschäftsordnung.
Frau Köppe, bitte.

Frau Köppe (NF): Ich wiederhole noch einmal den Antrag: Wir möchten bitten, daß wir jetzt als nächstes über die **Beziehung zur Regierung Modrow** sprechen, daß wir diesen Punkt vorziehen, einfach aufgrund der Tatsache, daß wir heute nur noch 2 Stunden Zeit haben und wir ohnehin nicht schaffen, über alle Punkte jetzt zu sprechen. Und wir gehen davon aus, daß dieser Punkt inhaltlich sehr bedeutsam ist.

Lange (Moderator): Das ist ein Antrag auf Änderung der Tagesordnung für heute. Gibt es dazu Meinungsäußerungen von Ihnen?
Herr Böhme, hatten Sie sich gemeldet?

Böhme (SDP): Ich bitte, Verständnis für meinen Antrag zu haben oder die Erweiterung des Antrages. Es müssen heute verhandelt werden Verhältnis zur Regierung Modrow, weil damit das Selbstverständnis des Runden Tisches zusammenhängt.
Zweitens sollte unbedingt der **zivile Kontrollausschuß** und so weiter und so weiter verhandelt werden.
Und drittens müßte heute unbedingt die **Neofaschismuserklärung** vom Runden Tisch abgehen. Dann müssen wir eben heute länger tagen.

Lange (Moderator): Herr Poppe.

Poppe (IFM): Ja, ich schließe mich Herrn Böhme an.

Lange (Moderator): Herr Gehrke.

Gehrke (VL): Ich auch.

Lange (Moderator): Können wir dann darüber befinden, in welcher Reihenfolge wollen die Teilnehmer des Runden Tisches die Tagesordnung verändert haben? Es war der Vorschlag gemacht worden, als nächsten Tagesordnungspunkt Punkt 6 der verabschiedeten Tagesordnung aufzurufen. Findet das Ihre Zustimmung?
Herr Ullmann dazu.

Ullmann (DJ): Ich schlage vor, die Reihenfolge 6, 4, 7.

Lange (Moderator): In der Reihenfolge 6, 4, 7. Das heißt, wir beginnen mit „Beziehungen zur Regierung Modrow". Anschließend „Bildung eines zivilen Kontrollausschusses". Und danach „Erklärungen gegen Neofaschismus". Dies ist ein Vorschlag.
Können wir darüber abstimmen oder gibt es noch Meinungsäußerungen dazu? Wer dafür ist, daß wir die Tagesordnung in der eben vorgeschlagenen Weise beschließen, den bitte ich um das Handzeichen. Wer ist dagegen? Gibt es Stimmenthaltungen? – Bei 2 Enthaltungen ist diese Änderung der Tagesordnung beschlossen.
Zur Geschäftsordnung?

Böhme (SDP): Zur Geschäftsordnung erhebe ich zum Antrag, daß die Tagungszeit verlängert wird, bis die drei Punkte abgehandelt sind.

Lange (Moderator): Ein Geschäftsordnungsantrag, der die Zeit unseres Beisammenseins noch einmal anspricht. Gibt es dazu Meinungsäußerungen?
Herr Ullmann.

Ullmann (DJ): Zustimmung.

Lange (Moderator): Zustimmung. Können wir darüber abstimmen? Diese drei Punkte werden als unbedingt heute abzuhandeln auf die Tagesordnung gesetzt. Wer dafür ist, den bitte ich um das Handzeichen. Ist jemand dagegen? Gibt es Stimmenthaltungen? – 4 Enthaltungen. Dann können wir so verfahren.
Ich rufe Punkt 6 auf, „Beziehung zur Regierung Modrow" mit dem Zusatz: **Antrag des Neuen Forums [Verhältnis zu Regierung Modrow**[24]**]**. Dieser Antrag lag dem Runden Tisch bereits vor, wurde dann zurückgezogen in der Sitzung am 18. Dezember. Möchten die Vertreter des Neuen Forums dazu eine Erläuterung zunächst geben?
Bitte, Herr Schult.

Schult (NF): Ja, ich möchte einige erläuternde Bemerkungen dazu machen. Den Text des Antrages vom 18. Dezember müßte ja jeder haben.
Vielleicht einleitend dazu, daß in der Grundsatzerklärung der **Runde Tisch** sich als **öffentliches Kontrollorgan** selbst bezeichnet hat, und [ich] möchte noch einmal die Betonung auf Öffentlichkeit legen, daß wir also hier nicht in erster Linie Entscheidungen treffen, sondern diese Vorlagen, die wir von der Regierung erwarten, daß sie der Öffentlichkeit und auch dem Runden Tisch vorgelegt werden, daß die hier mit herkommen.
Bisher ist festzustellen, daß die **Regierung den Runden Tisch anscheinend mißachtet**. Auch heute ist wieder kein kompetenter Mensch aus der Regierung anwesend, der also Rede und Antwort stehen kann. Auch die Ausführungen von Frau Luft und der anderen Minister vom 22. waren für unsere Begriffe schlecht vorbereitet, wenig informativ, [sie] gingen über das Niveau eines Zeitungsartikels nicht hinaus. Wir müssen feststellen, daß die **Erwartungen,** die hier gestellt worden sind, und das seit Wochen, zur Offenlegung der finanziellen, wirtschaftlichen, ökologischen und sozialen Situation **nicht erfüllt** worden sind.
Wir müssen allerdings auch feststellen, daß die alte Praktik der Regierung, die Öffentlichkeit vor vollendete Tatsachen zu stellen, nicht nur den wirtschaftlichen und sozialen Bereich betrifft, sondern auch den politischen Bereich.
Dazu möchte ich folgendes zitieren: Am 7. Dezember [1989], dem ersten Tag des Runden Tisches, drei Tage, nachdem Vertreter der Opposition im **Amt für Nationale Sicherheit** anwesend waren und mit Herrn [Wolfgang] Schwanitz vereinbart hatten, daß ab sofort die **Aktenvernichtung**[25] beendet wird, läßt der Ministerrat folgendes Te-

---

[24] Dokument 4/7, Anlagenband.
[25] Dokument 1/1, Anlagenband: Anweisungen (des Leiters) des AfNS zur Aktenvernichtung, siehe dazu die Dokumente 7, 8 und 9 in: Uwe Thaysen: Der Runde Tisch. Oder: Wo blieb das Volk?

lexschreiben los, in dem unter anderem die Regierung den Leiter des Amtes für Nationale Sicherheit beauftragt, die unberechtigt angelegten Dokumente unverzüglich zu vernichten. „Das Vernichten hat unter Aufsicht von Beauftragten der Regierung, der örtlichen Staats- und Rechtspflegeorgane und gegebenenfalls Vertretern der Öffentlichkeit zu erfolgen."

Dies ist ohne Absprache hier [erfolgt], ohne Diskussion über Aufarbeitung dieses Amtes, was nach unserer Ansicht notwendig ist.

Einen Tag später verabschiedet der Ministerrat einen **Beschluß über die Absicherung der ehemaligen Angestellten oder Mitarbeiter in den Ministerien und Staatsorganen**[26], die für drei Jahre eine Abfindung erhalten in der Höhe ihres Durchschnittslohns. In drei Raten wird dieses Geld ausgezahlt. Dies bei unserer, so Frau Luft, angeblich schlechten wirtschaftlichen und finanziellen Situation und dem Kaufkraftüberhang.

Wir brauchen uns also hier nicht zu wundern, daß es Widerstände in den Betrieben gibt, nicht nur ehemalige Stasimitarbeiter nicht einzustellen, sondern auch andere Mitarbeiter nicht einzustellen, weil uns also deutlich Fälle bekannt geworden sind, daß Leute dort mehrere hundert Mark mehr als Lohn erhalten als die übrigen Mitarbeiter. Und natürlich bei der Umstrukturierung von Betrieben die Frage, wer das denn später bezahlen soll, für diese Betriebe natürlich aussteht.

Der Runde Tisch beschließt die **Auflösung des Amtes für Nationale Sicherheit**. Die Regierung beschließt dies auch. Und am 14. Dezember [1989] wird ein **Beschluß** gefaßt **zur Bildung von einem Verfassungsschutz**[27] und Nachrichtendienst. Wir fragen, ist das die nächste Namensänderung, denn in den heutigen Amtsstellen melden sich die ehemaligen Mitarbeiter des MfS heute schon mit Verfassungsschutz. Welcher Kontrolle unterliegt dieses? Wie war die Personalstärke des alten MfS? Wie die Kosten? Mit welchen Mitarbeitern soll denn dieser Verfassungsschutz aufgebaut werden? Mit welchen Aufgaben? Hier sind keinerlei Kontrollmöglichkeiten festgelegt. Dazu haben wir ein Extrapapier [**Vorlage 4/5**] noch erarbeitet, was als Extrathema sicherlich nachher noch einmal zu diskutieren wäre.

Gleichzeitig haben wir gefragt nach den **Folgen der Abschaffung des Zwangsumtausches**. Auch darauf gab es keine Antwort. Nichts ist getan worden. So anscheinend nach Angaben der Ministerin zur Sicherung der sozialen Folgen der kommenden wirtschaftlichen Umstrukturierung. Keinerlei **Umschulungsprogramme** sind jetzt schon in Arbeit. Es wird davon geredet, daß so etwas sein müßte. Wir denken aufgrund dieser und anderer Vorkommnisse - -

Gleichzeitig, um das noch zu ergänzen, haben wir gehört, daß Verhandlungen bestehen zum **Kauf von Kernkraftwerken** in der Bundesrepublik. Auch dazu liegt hier ein Papier vor, eine Stellungnahme dazu. Dieses geschieht alles

---

Opladen 1990, sowie die Erläuterungen dazu S. 167-171; ferner ders. in Zusammenarbeit mit Hans Michael Kloth: Der Runde Tisch und die Entmachtung der SED. Widerstände auf dem Weg zur freien Wahl, in: Materialien der Enquete-Kommission „Aufarbeitung von Geschichte und Folgen der SED-Diktatur in Deutschland" (12. Wahlperiode des Deutschen Bundestages), hrsg. vom Deutschen Bundestag, Band VII/2, bes. S. 1741-1757.

[26] Dokument 4/5 Anlagenband.
[27] Dokument 4/6, Anlagenband.

schon, bevor hier überhaupt über energiepolitische Konzeptionen nachgedacht und diskutiert wird.

Dieses alles bewegt uns und bestärkt uns noch einmal in der Auffassung, daß der Runde Tisch zumindestens im Interesse der Öffentlichkeit [agiert] und im Interesse dessen, daß hier nicht vollendete Tatsachen hinter unserem Rücken geschaffen werden. Und dieses Interesse müßten eigentlich die Koalitionsparteien auch haben, wenn sie anscheinend ihre eigene Regierung nicht mehr so richtig unter Kontrolle haben, beziehungsweise nicht aussagefähig sind. Dazu müßte der **Runde Tisch ein Vetorecht** haben, daß alle **Gesetzesvorlagen** umfangreicher Art, alle **Grundsatzentscheidungen** hier **vor der Öffentlichkeit diskutiert werden müssen**.

Daß wir weiterhin fordern, daß **Vertreter des Runden Tisches an den Sitzungen des Ministerrats** teilnehmen und daß diese **Regierung Modrow** sich zur **Übergangsregierung** selbst erklärt oder von hier erklärt wird, das heißt **Regierung mit eingeschränkter Kompetenz**.

Schönen Dank.

Lange (Moderator): Vielen Dank. Sie haben einige konkrete Punkte genannt, die nicht nur bei dem jetzt zu Verhandelnden wichtig sind, sondern beispielsweise, was die **Kontrollkommission** anbelangt, uns ohnehin noch einmal beschäftigen werden. Sie haben sehr grundsätzliche Fragen angeschnitten, die uns schon bei den letzten beiden Sitzungen beschäftigt haben. Vielen Dank.

Dazu hat sich jetzt Herr Böhme gemeldet.

Böhme (SDP): Zu den ersten beiden Mitteilungen von Herrn Schult, die also das **Vernichten von Akten** und die Auszahlung von **Übergangsgehältern** betreffen, beantrage ich, daß der Runde Tisch an die Regierung Modrow die eindeutige Anfrage stellt, inwieweit es eine **Entscheidung des Ministers Hans Modrow** selbst gewesen ist, oder inwieweit die Mitglieder des Ministerrates insgesamt, also auch die Angehörigen der anderen Blockparteien diese Entscheidung mitgetragen haben.

Zum zweiten Punkt, den Herr Schult angesprochen hat, erneuert die SDP ihren Antrag vom 18. Dezember 1989, daß die Regierung mit entsprechenden kompetenten Vertretern so in den Runden Tisch mit einsteigt, daß die **Parität** nicht verletzt wird, das heißt also, daß die Regierungsparteien sich einigen, inwieweit Repräsentanten der Regierungsparteien ihre Sitze an dem Runden Tisch an Vertreter der Regierung jeweils ihrer Parteien überstellen.

Lange (Moderator): Ja, danke.

Herr Gehrke.

Gehrke (VL): Ich hatte schon bei der letzten Sitzung, als die Frau Ministerin hier anwesend war, meinen Kommentar zu dieser Veranstaltung gegeben und will es noch einmal wiederholen, daß ich glaube, zumindestens im Interesse dieses Teils des Tisches, daß wir eine solche Veranstaltung nicht wieder durchführen sollten.

Ich habe doch sehr stark den Eindruck gewonnen, daß eine solche Art und Weise eines Runden Tisches keine andere Funktion hat letztlich, als daß wir als **Feigenblatt für die Schaffung vollendeter Tatsachen** durch die Regierung genutzt werden sollen und können, oder in jedem Falle werden, wenn das so weitergeht.

Als Ausgangspunkt dieser letzten Sitzung zu diesen Sachen Wirtschaft, Anhörung der Ministerin und der Minister lag ja der Antrag des Neuen Forums vor. Herr **Berghofer** hatte ja bei der vorletzten Sitzung gesagt, daß er mit dem Ministerpräsidenten darüber sprechen möchte und daß ihm klar war, daß diese Debatte hier doch die große Sorge eines großen Teils der unabhängigen Parteien, Organisationen und so weiter zum Ausdruck brachte über die Art und Weise, in der von der Regierung hier Tatsachen geschaffen werden und über die in den letzten Tagen durch Medien bekanntgewordenen Fakten.

Ich darf sagen, daß wir nicht den Eindruck hatten, daß die letzte Veranstaltung des Runden Tisches hier in dieser Richtung konstruktiv war. Denn was wir hier hörten, war im Grunde genommen, glaube ich, ein **medienwirksamer Auftritt der Ministerin**, um ihre Regierungspolitik zu verkünden, aber nicht eine Darlegung der Dinge, die uns hier besorgten. Und das hat sich für mich in den letzten Tagen noch verstärkt. Wir erinnern uns oder jedenfalls diejenigen, die dabei waren, die Anhörungen hier hatten, noch daran, daß die Ministerin sagte, soziale Sicherheit und ähnliche Dinge seien überhaupt nicht in Gefahr.

Einige von Ihnen haben vielleicht auch in der „Berliner Zeitung" am 23./24. Dezember [1989] diese Notiz über das EAW Treptow [Elektro-Apparate-Werke Treptow] gelesen, als man den Kollegen dort Knall auf Fall mitgeteilt hat, daß also die Erzeugnislinie eingestellt wird. Das ist also – – Ich erspare es mir, es noch einmal vorzulesen. Es sind also bereits hier wirklich knallharte Fakten, die von einigen Betriebs- und Generaldirektoren gegenüber ihren Belegschaften geschaffen werden, weil sie sowohl in Erwartung von Regierungszustimmung sind, als auch befreit sind von jeglicher Kontrolle durch die Belegschaften. Das ist das eine.

Wir erinnern uns auch sehr genau daran, daß die Ministerin hier gesagt hat, daß die Medien falsch informieren, soweit es um Verhandlungen geht von Generaldirektoren mit westlichen Unternehmen. Sie alle haben es vielleicht mitbekommen, am gleichen Abend haben die „Aktuelle Kamera" und andere Medien darüber beschlossen oder berichtet, daß **IFA** [Industrieverwaltung Fahrzeug und Automobilbau – 1989 = Industrieverband Fahrzeugbau der DDR] **und VW** [Volkswagen Wolfsburg] eben bereits eine gemeinsame Gesellschaft auf westdeutschem Boden gegründet haben mit 50 Prozent Beteiligung. Ich will nur erinnern, die Ministerin hat gesagt, wenn solche Gesellschaften gegründet werden, dann ist das **Arbeitsrecht** desjenigen Landes zuständig, in dem also hier so eine Gemeinschaftsgesellschaft gegründet wird. Wie sieht es nun also aus bei 50 Prozent, wenn die Gesellschaft ihr Übersiedeln in die DDR davon abhängig macht, daß die entsprechenden gesetzlichen Voraussetzungen geschaffen worden sind.

Und ich will gleich noch eine Zeitungsnotiz nehmen, ich beziehe mich hier auf das „N[eue] D[eutschland]", daß es also einen Regierungsbeschluß gegeben hat, in dem ab sofort eine Anordnung getroffen wurde hinsichtlich der Handwerker, das war erst nur der Anlaß, aber es greift ja weiter, in dem sozusagen eine verfassungsändernde Anordnung und noch vor Schaffung von Gesetzen in Kraft gesetzt wird, also mit verfassungsänderndem Charakter, und wir gleichzeitig hier am Tisch erleben, wie die Vertreter der Regierungsparteien als auch die Vertreterin des Ministerrats bei der letzten Sitzung hier doch ständig auf die Gesetzlichkeit der Grundlagen ihres Handelns und so weiter oder auch unseres Handelns hier verweist.

Ich benütze das, um noch einmal deutlich zu machen, daß hier Dinge vorgehen, die sich unabhängig und außerhalb der hier am Runden Tisch vertretenen politischen Kräfte vollziehen und daß, wenn wir auf dieser Seite des Tisches nicht aufpassen, wir wirklich nur als **Feigenblatt** dienen.

Wir jedenfalls glauben, daß wir eine **Stabilisierung der Regierung Modrow** nur davon abhängig machen können, wenn diese Regierung ernsthaft begreift, daß sie sich politisch mit diesen Kräften hier am Tisch einigen muß, sonst geht das nicht. Wir haben uns dazu bekannt, daß auch wir an der **Stabilität der Regierung** interessiert sind, aber eben nur unter der Bedingung, daß diese Regierung den Konsens mit dieser Seite des Tisches sucht. Sonst können wir das nicht mehr mittragen. Danke.

Lange (Moderator): Danke.
Herr Raspe.

Raspe (LDPD): Ich wundere mich eigentlich ein wenig, daß wir jetzt so viel Ungehaltensein über den Auftritt von der Kollegin Luft hören; denn ich habe in Erinnerung, daß wir doch eigentlich ganz einvernehmlich auseinandergegangen sind mit ihr. Ich will allerdings daran erinnern, daß wir Vereinbarungen getroffen haben dergestalt, daß wir am 3. [Januar] Gelegenheit haben, mit ihr gründlich, nachdem sie gut vorbereitet ist auf all die Fragen – – mit uns reden wird.

Darüber hinaus, und insofern teile ich den Ärger derer, die hier gesprochen haben, eine Verständigung darüber, daß grundsätzlich bei unseren Sitzungen kompetente Regierungsvertreter anwesend sein müssen. So hatte sich Herr **Dr. Mehnert** beispielsweise als ein Vertreter ausgewiesen mit Querschnittskenntnissen, und wir haben uns darüber hinaus verständigt, daß wir je nach Tagesordnung gezielt Vertreter bitten, die uns hier Partner sein können. Und ich finde, und da stimme ich völlig zu, das ist eine im hohen Maße vertrauensbildende Maßnahme oder nicht. Entweder sie sind da oder sie sind nicht da. Insofern teile ich das sehr, was hier gesagt wurde.

Ich muß sagen, ich kann das große Mißtrauen gegenüber der Regierung und auch gegenüber der Volkskammer durchaus verstehen, die Enttäuschung sitzt tief. Aber man kann doch wohl auch davon ausgehen, und eigentlich haben das die Sprecher der Opposition hier auch zum Ausdruck gebracht, daß wir im Grunde darin übereinstimmen, daß es diese Regierung packen muß. Also, ich will sagen, wir alle sind irgendwie, ich weiß nicht, ob das anmaßend ist, aber wir alle sind irgendwie **zum Erfolg verurteilt**.

Ich halte das **Vetorecht**, um hier gleich auf substantielle Dinge zu kommen, und die Forderung nach Teilnehmerteilnahme an den Ministerratssitzungen für die Arbeit des Ministerrats **nicht für förderlich**, für die praktische Regierungsarbeit nicht für förderlich, sondern behindernd. Das sage ich, weil ich weiß, daß **die Regierung kontrolliert wird durch die Volkskammer.**

Meine Damen und Herren, das ist heute ein anderer Umgang vom Plenum mit dem Ministerrat, mit der Regierung, als noch vor einem Jahr. Was im Plenum geschieht, wie hier mit der Regierung umgegangen wird, das wird ja durch die Medien hinlänglich verdeutlicht.

Ich kann das aber auch für die Ausschüsse sagen. Und ich muß hier noch einmal wiederholen, die Einladung, daß wir uns alle an den Ausschüssen und damit an der Arbeit des Plenums beteiligen können, die steht. Ich wundere mich eigentlich darüber, daß wir so wenig von dieser **unmittelbaren Mitarbeit an der Volkskammer**, im Rahmen der Ausschußarbeit, so wenig Gebrauch machen. Und ich finde, eine weitere **Form der Kontrolle**, die hier zu Recht angemahnt wird, ist gegeben, indem wir hier [die] Gelegenheit nutzen. Bloß Voraussetzung ist, daß die Damen und Herren, die eingeladen werden, auch erscheinen, beziehungsweise daß eine Einladung erfolgt.

Ich möchte es noch einmal sagen, meiner Auffassung nach ist es **wichtig**, es geht ja um das Verhältnis des Runden Tisches zur Regierung Modrow, **daß diese Regierung Modrow durch den Runden Tisch,** und ich meine diese Reihenfolge wörtlich, **unterstützt wird,** daß man dieser Regierung hilft und daß man sie kontrolliert. Ich will das so in dieser Reihenfolge sagen. Und ich darf – – und vielleicht müssen wir uns hin und wieder auch einmal an unser Statut, das heißt an unsere Erklärung, an unser Selbstverständnis erinnern.

Jawohl, wir sollen **Teil der öffentlichen Kontrolle** sein, so haben wir gesagt. Jawohl, wir wollen einbezogen werden, vorher gefragt werden, wenn es um grundsätzliche Dinge in unserem Lande geht, und ich stimme zu, hier ist manches Grundsätzliches schon über den Tisch gegangen, und wir sind nicht in jedem Fall dabeigewesen. Aber wir haben uns auch vorgenommen, mit Vorschlägen zur Überwindung der Krise uns an die Öffentlichkeit zu wenden. Ich will also hier dieses konstruktive Moment betonen. Und ganz ehrlich, ich meine, gerade dieser letzter Teil unseres Selbstverständisses ist bisher ein wenig zu kurz gekommen in der Arbeit des Runden Tisches.

Lange (Moderator): Vielen Dank.
Frau Töpfer.

Frau Töpfer (FDGB): Ich möchte erst einmal prinzipiell den Ausführungen von Herrn Schulte zustimmen und noch einmal feststellen, daß die Regierung – Schult, entschuldigen Sie – und noch einmal feststellen, daß die Regierung uns ja zugesagt hat, die Rechtsvorschriften dem Runden Tisch vorzulegen, bevor sie verabschiedet werden. Und da wir jetzt einen **Rechtsausschuß** gebildet haben, schlage ich vor zur Vereinfachung der Arbeit, zur Optimierung, daß **die Regierung die anstehenden Gesetzesvorschläge und -vorhaben dem Runden Tisch in diesen Rechtsausschuß übermittelt** und daß er dort konsensfähig gemacht wird. Ich halte das für eine Effektivierung unserer Arbeit und auch für eine Herstellung der Kontrolle. Das sollte schon für dieses neue Joint-venture-Gesetz gelten.

Lange (Moderator): Herr Ullmann.

Ullmann (DJ): Ich schließe mich den geäußerten Kritiken an und möchte sie an zwei Stellen noch einmal präzisieren, damit nicht der Eindruck entsteht, hier werde von Stimmungen ausgegangen, Mißtrauen oder ähnlichem.

Es handelt sich um ganz genau formulierte Sachfragen. Wir hatten sie ja auch Frau Luft gestellt. Ich habe bestimmte Firmen auch erwähnt in meinem Votum, und Frau Luft hat mir ja geantwortet und hat in ihrer Antwort nur das wiederholt, was ich auch bereits in der Presse gelesen hatte, so daß man hier sagen muß: Das, was von uns als Rundem Tisch verlangt worden ist hinsichtlich der Offenlegung vor allen Dingen der Devisenlage unseres Landes, ist nicht geleistet. Das ist ein Faktum. Und ich denke, hier braucht man nicht lange zu fragen und neue Rechte zu fordern, sondern einfach von seinem **Selbstverständnis** her, das der Runde Tisch am 7. Oktober formuliert, 7. Dezember [1989] formuliert hat, muß er hier einfach Einspruch erheben und muß sagen: Wenn wir sagen, bitte legt uns das dar, wie es sich damit verhält, dann müssen wir gegenüber einer Antwort, die das nicht tut, sagen: Das war es nicht.

Das zweite ist die ganz **entscheidende Frage des Amtes für Nationale Sicherheit**. Auch hier kann ich mich nur dem anschließen, was Herr Schult gesagt hat. Wir haben ganz klar formuliert, das und das soll geschehen. Es ist nicht geschehen. Und ich denke, gegen beides müssen wir protestieren. Das ist gar nicht zu vermeiden. Und ich denke, das geht uns alle hier an, die hier am Tisch sitzen, nicht nur etwa hier uns auf der Seite der Opposition, sondern ich nehme an, daß das unsere gemeinsame Sache ist.

Und nun möchte ich freilich, ich deutete das schon an, Zweifel äußern daran, daß wir angesichts dieser Problemlage vorankommen, wenn wir jetzt nun Verfassungsneuerungen einführen hinsichtlich von Vetorechten und Mitspracherechten und dergleichen mehr. Da kann ich nur zu erklären, ich bin nicht bereit, in welcher Form auch immer, in die Regierung Modrow einzutreten.

Ich sitze hier am Runden Tisch mit einer ganz bestimmten Delegation, und hier gedenke ich, sitzen zu bleiben, und wenn ich am Ende alleine hier sitze. Das hoffe ich freilich nicht, daß dieser Fall eintritt.

Also, wir hatten aber doch auch beschlossen, in dieser Sache als Runder Tisch mit der Regierung Modrow selbst zu sprechen. Meines Wissens haben wir da noch gar keinen Schritt dazu unternommen, daß das passiert. Und ich denke, es sollte so schnell wir möglich passieren, und dann werden wir diese beiden Punkte anzusprechen haben: **Offenlegung der Finanz- und Devisenlage,** das ist im Interesse aller Bürger dieses Landes nötig, und Kritik an dem Verfahren der Regierung hinsichtlich der **Auflösung des Amtes für Nationale Sicherheit**.

Lange (Moderator): War das ein Geschäftsordnungsantrag?

Böhme (SDP): Ich möchte drei Anträge, um die Debatte abzukürzen, drei Anträge jetzt noch einmal zur Abstimmung stellen.

Erstens, anzufragen vom Runden Tisch aus. Und da wünschte ich mir persönlich Übereinstimmung von allen, inwieweit die Mitteilungen von Herrn Schult den Tatsachen entsprechen, darüber abzustimmen, ob der Runde Tisch das verabschiedet.

Zweitens, der Antrag zur Abstimmung, inwieweit Herr Modrow allein oder inwieweit alle Ministerratsmitglieder davon informiert gewesen sind, es also mitgetragen haben.

Und drittens, noch einmal, um die Verhandlungen zu entkomplizieren, die Regierung Modrow mit kompetenten Vertretern an den Runden Tisch [bitten], weil wir jedes Mal sonst in die Situation geraten würden, daß nichtkompetente Vertreter erst herangeholt werden müssen oder wieder bestimmte wichtige Punkte vertagt werden müssen.

Lange (Moderator): Können wir zunächst einmal die beiden, die sich noch gemeldet hatten, dazu hören?
Das ist Herr Bisky und Herr de Maizière, bitte.

Bisky (SED-PDS): Also, die Regierung Modrow steht unter größeren Zwängen als wir. Wenn sie so arbeiten würde wie wir, würde sie zu keinem Beschluß kommen. Ich will das als Feststellung voranstellen. **Die Regierung Modrow hat unser Vertrauen.** Ich würde allerdings – – also, unseres, obwohl es eine Koalitionsregierung ist und auch wir sehr kritische Punkte haben, das will ich dazu sagen.

Ich halte für wichtig, daß die Fragen, die aufgetreten sind, daß wir die konkret stellen und die Bitte haben oder an die Regierung herantragen oder sie auffordern, am 3. Januar [1990] dazu Stellung zu beziehen, ob diese beiden ersten

Fragen, die formuliert waren, so stimmen. Ich darf hinzufügen, daß Berghofer beim letzten Mal erklärt hat, daß [Ministerpräsident] Modrow [Staatssekretär] **Halbritter** verantwortlich gemacht habe als seinen Stellvertreter, der für den Runden Tisch bereit ist. Wir haben Halbritter heute nicht eingeladen. Dieses ist auch ein Fehler.

Wir müßten darauf bestehen, daß ein kompetenter Vertreter der Regierung hier Rede und Antwort stehen kann oder einzelne Minister zu einzelnen Sachfragen. Die öffentliche Kritik an der Regierung Modrow findet hiermit statt und sehr weit öffentlich, und die Opposition kann, glaube ich, in jeder Frage diese Kritik über die Medien des Landes anbringen. Ich würde nicht befürworten, dieser Regierung sozusagen die Legitimation abzusprechen. Ich glaube, dazu ist der Runde Tisch nicht befugt.

Ein **Vetorecht** und anderes würde ich auf jeden Fall **ablehnen**. Wofür ich bin, ist, daß wir die Regierung mit größerer Nachdrücklichkeit auffordern, die Informationen hier anzubringen und daß auch die Möglichkeiten zur Mitarbeit in Ausschüssen und eventuell auch eine Teilnahme an der Ministerratssitzung ausgesprochen wird. Das halte ich für möglich. Ansonsten aber glaube ich, tragen wir nur dazu bei, die Destabilisierung im Lande weiter zu forcieren. Und das würde ich nicht für gut heißen.

Lange (Moderator): Herr de Maizière.

de Maizière (CDU): Mein Beitrag soll in die gleiche [Richtung] gehen. Ich habe mich ja schon, als dieses Papier eingebracht wurde, dagegen ausgesprochen. Ich bin der Auffassung, wer Verantwortung für sich fordert, muß sie dann auch voll übernehmen. Es geht nicht, Verantwortung fordern und dann zu sagen, ich bin nicht bereit, die gleiche Verantwortung zu tragen.

Wir müssen meiner Meinung nach unterscheiden zwischen dem, was hier als Informationsdefizit genannt ist und wie das abgearbeitet werden kann und wie man damit umgehen kann. **Ein Vetorecht,** wenn ich es richtig verstanden habe, meinen Sie so, daß jede Maßnahme, jeder Beschluß der Regierung aufgehoben wird, wenn der Runde Tisch das Veto ausspricht. Das **ist die totale Destabilisierung** und wird so nicht praktiziert werden können, auch schon mit Blick auf, sagen wir einmal, die Außenwirkungen. Mit wem soll wohl die Regierung noch verhandeln können, um bei jedem zweiten Verhandlungsschritt sagen zu müssen, jetzt muß ich erst einmal meinen Runden Tisch fragen, ob der wohl bereit wäre, mir die Vollmacht dafür zu erteilen oder ähnliches mehr.

Wer dies so will, will, meines Erachtens nach, **Wahlen noch im Januar 1990,** anders wird es nicht gehen. Wenn nicht hier ein Vetorecht für die Regierung Modrow durchkommt, heißt das sofort Wahlen.

Lange (Moderator): Herr Schult.

Schult (NF): Ich denke also nicht, daß wir hier die Situation destabilisieren, sondern die **Regierung die Situation destabilisiert** mit ihrer mangelnden Information und Öffentlichkeitsarbeit.

Und die wird auch nicht zu verändern sein, wenn wir in die Ausschüsse der Volkskammer gehen; denn auch diese sind nicht öffentlich. Sondern uns geht es darum, daß endlich vielleicht einmal nach 40 Jahren DDR die Bevölkerung erfährt, was geplant wird und was hier gemacht wird und was hier eingeleitet wird. Bisher hat sich doch im Stil der Politik, außer daß wir hier sitzen und reden, relativ wenig geändert.

Inwiefern ist denn diese Regierung hier überhaupt präsent beim vierten Runden Tisch, wenn ihr Vertreter überhaupt nicht auskunftsfähig ist und nichts zu sagen hat. Also, es muß doch möglich sein, daß Leute hier sitzen, die zumindest eine Grobinformation haben oder anrufen können oder telefonieren können oder die die Fakten der letzten Tage oder Wochen mit beihaben, um diese hier erläutern zu können.

Auf welcher **gesetzlichen Grundlage** sind denn diese Gemeinschaftsunternehmen – oder wie sie zu bezeichnen sind zwischen **IFA** und **VW** und anderen Firmen – jetzt entstanden? Ist das nicht kontrolliert worden von der Volkskammer? Wer kontrolliert denn dieses? Das Parlament, also das ist doch völlig unklar, welchen Hintergrund oder mit welcher Vollmacht hier Leute durch die Welt reisen und anscheinend Geschäfte abschließen. Und meine Frage ist es, ob es nicht bis zum 3. Januar [1990] vielleicht schon zu spät ist.

Weiterhin ist ja wohl klar, und allen bekannt, daß am 11./12. Januar [1990] **Volkskammertagung** sein soll, bei dem doch wohl eine Reihe von Gesetzen oder Gesetzesvorlagen verabschiedet werden. Also, das war heute doch zumindest **der letzte Termin,** wo so etwas hier vorgelegt werden müßte, zumindest in groben Umrissen, was denn hier geplant wird. Und ich denke kaum, daß die Regierung Vertrauen bildet, wenn sie also hinter dem Rücken der Bevölkerung für die alten Mitarbeiter aus dem Staatsapparat oder den Sicherheitsapparaten schon wieder die **Privilegien** für die nächsten drei Jahre absichert.

Lange (Moderator): Herr Böhme.

Böhme (SDP): Wenn unsere **Mitarbeit in den Ausschüssen der Volkskammer** angefragt wird, dann bitte ich Sie um Verständnis, welche hauptamtliche Personaldecke die Opposition hat und sich aus- und aufbauen konnte. Die Menschen, die für uns arbeiten, oder besser gesagt in unseren Formationen arbeiten, Bewegungsformen, haben alle noch einen Beruf, der sie völlig ausfüllt. Das ist das erste.

Das zweite ist: Wir umgehen die tatsächlich **destabilisierende Folge eines Vetorechtes** damit, daß die Regierung an den Runden Tisch mit herantritt, mit eingebunden ist in die Arbeit, und zwar so, daß sie nicht immer abgefordert wird für das nächste Mal und übernächste Mal, sondern entsprechende Vorbereitungen in der **Prioritätenkommission** festgelegt werden, wie sie in der Parität des Runden Tisches sitzt. Damit umgehen wir die destabilisierende Wirkung eines Vetorechtes.

Ich bitte darum, jetzt zu unseren gestellten drei Anträgen abzustimmen.

Lange (Moderator): Herr Maleuda, bitte.

Maleuda (DBD): Ich würde gerne zu den letzten Bemerkungen von Herrn Böhme etwas sagen. Meiner Auffassung nach kann man doch davon ausgehen, daß hier am Runden Tisch insgesamt die Bereitschaft vorliegt, der Regierung Modrow im Rahmen bestimmter Möglichkeiten Unterstützung zu geben. Andererseits möchte ich auch sagen, daß die Regierung Modrow keineswegs den Runden Tisch mißachtet, sondern zur Arbeit und zur Bedeutung des Runden Tisches zunächst prinzipielle Feststellungen getroffen hat.

Das, was meiner Auffassung nach kritikwürdig ist und wo eine sofortige Veränderung eintreten muß im Interesse der Qualität der Arbeit, das ist, zu beantworten, wie wir bestimmte Vorgänge hier am Runden Tisch schneller zu einer Lösung führen. Und insofern würde ich zunächst ganz prinzipiell das unterstreichen, was wir am 18. [Dezember 1989] hier gemeinsam festgelegt haben.

Es wurde gesagt, daß zu allen Hauptfragen, die hier behandelt werden, daß jeweils **kompetente Vertreter der Regierung anwesend** sind und auch sachkundig dazu Auskunft geben. Das ist meiner Auffassung nach generell wichtig, und es wäre die Frage, ob wir für die heutige Diskussion die zuständigen Regierungsvertreter eingeladen haben.

Wenn ich noch einmal Bezug nehmen darf auf diesen Komplex, den wir diskutiert und abgebrochen haben, Tätigkeit von **Bürgerkomitees**, oder wenn ich die Frage der Arbeit an einem neuen **Wahlgesetz** nehme. Wenn wir das alles auf den jeweiligen Gebieten zwei-, drei- und mehrgleisig auch in den nächsten Tagen und Wochen machen wollen, wird die Frage der Effektivität in der Arbeit Runder Tisch und Regierungsarbeit immer problematisch stehen.

Und für meine Begriffe muß einfach gesichert werden, daß wir zu diesen Diskussionen, die hier geführt werden, einschließlich auch Überlegungen, die dann zum neuen Wahlgesetz anstehen, oder zur Beteiligung ausländischer Firmen in der DDR oder zum Zivilgesetz, daß es hier zu einer möglichst weiten Annäherung der Standpunkte des Runden Tisches und der Regierungskoalition kommt, um dann auch bei der Lösung wichtiger Anforderungen die notwendige Qualität zu erreichen. Meiner Auffassung nach ergeben sich hier immer eine ganze Reihe Probleme, die absolut nicht notwendig sind und die meiner Auffassung nach auch von beiden oder von mehreren Seiten gar nicht gewollt sind.

Aber ich unterstreiche auch voll, wenn hier solche Fragen aufgeworfen werden: Wer soll sie beantworten, wenn nicht zuständige Regierungsvertreter! Und meiner Auffassung nach sollte das eine der wesentlichen Schlußfolgerungen auch für die Vorbereitung ab 3. Januar hier sein, ohne diese Sachkunde am Tisch künftig dann auch solche Probleme nicht zu versuchen, einer Lösung zuzuführen. Wir verschieben das hier nur auf einen nächsten Beratungstag.

Es ist hier die Frage gestellt worden nach den **künftigen Aktivitäten in der Volkskammer**. Ich darf vielleicht, da ich zufällig über einige Inhalte ja informiert bin, die Gelegenheit nutzen um zu sagen, daß das **Reisegesetz** zur Diskussion stehen wird. Es ist ja inzwischen sehr breit diskutiert.

Es ist gegenwärtig in der Phase der Ausarbeitung das **Gesetz zur Schaffung von Rechtsgrundlagen für Unternehmen mit ausländischer Beteiligung in der DDR**. Das heißt, es ist zur Stunde noch nicht auf dem Tisch der Volkskammer. Es soll dann Anfang Januar in den zuständigen Ausschüssen diskutiert werden, und ich bin der Auffassung, das wäre auch eine Anforderung, daß diese gesetzlichen Vorhaben hier diskutiert werden beziehungsweise im Rahmen der Möglichkeiten. Es ist ja sicher nicht auszuschließen, daß auch einzelne Vertreter an Diskussionen in den Ausschüssen teilnehmen, so daß dann bis zum 11. und 12. Januar [1990] auch eine breite Diskussion zu den Inhalten dieses Gesetzes ermöglicht wird.

Es ist vorgeschlagen ein **Gesetz zur Änderung des Gesetzes zur Förderung des Handwerks**. Hier soll es vor allem darum gehen, daß die obere Beschäftigungsgrenze aufgehoben wird, so daß nicht daran gedacht ist, jetzt bereits eine generelle Veränderung des Handwerkergesetzes vorzunehmen. Das wird einem späteren Zeitpunkt überlassen bleiben.

Es soll ein **Gesetzgebungsplan**, der **zur Zeit in Arbeit** ist und auch Anfang Januar für die Diskussion bereitsteht sowohl in den Ausschüssen – – Und es wäre sicher auch richtig, einen Gesetzgebungsplan hier dann breit zu diskutieren, der den Zeitraum beinhaltet bis zu den Wahlen am 6. Mai, das heißt die notwendigen Aktivitäten berücksichtigt werden, die einfach einzuleiten sind. Und ich glaube, da befinden wir uns auch in Übereinstimmung mit den Überlegungen, die hier bereits an diesem Tisch gestellt wurden, daß es um – neben dem Wahlgesetz – um ein Parteien- und Vereinigungsgesetz, um das Mediengesetz, sicher auch um wichtige Prinzipien der Wirtschaftsreform geht beziehungsweise auch um Gesetze zur Durchführung der Militärreform und anderer. Also, ich wäre auch sehr dafür, daß dieser Gesetzgebungsplan einer gründlichen Diskussion zugeführt wird.

Was die **Legitimation dieser Regierung** anbelangt, wir haben dazu bereits hier unseren Standpunkt gesagt und ich möchte das hier auch noch einmal erhärten: Ich glaube, neben den Maßnahmen, die vor allem in den zurückliegenden Tagen und Wochen eingeleitet wurden zur unmittelbaren Aufrechterhaltung der Produktion und der Versorgung der Bevölkerung – – und es war sicher auch angenehm, festzustellen, daß insbesondere in den zurückliegenden Tagen zu den Weihnachtsfeiertagen insgesamt eine gute Versorgung gewährleistet wurde, das hat sicher auch eine große Arbeit der Regierung erfordert.

Darüber hinaus würde ich auch hervorheben wollen, daß es in diesem Zeitraum eine Reihe wichtiger **internationaler Aktivitäten dieser Regierung** gegeben hat, die weit über den Rahmen auch der Beziehungen und Diskussionen auf oberster Ebene zwischen der DDR und der BRD hinausgehen. Ich glaube auch, das sind anzuerkennende Aktivitäten, und ich greife hier einen Problemkreis heraus, den der Bundeskanzler der Bundesrepublik, Herr Kohl, anläßlich seines Besuches hier auch als eine interessante Aussage gestellt hat, daß das **Vertragswerk zwischen der DDR und der BRD** in wichtigen Konturen auch bereits in diesem Zeitraum bis zum 6. Mai [1990] auszugestalten sein kann. Das ist meiner Auffassung nach einfach eine Aufforderung sowohl an uns hier am Runden Tisch als auch an die Regierungskoalition, eine solche inhaltliche Arbeit oder vielleicht Gemeinschaftsarbeit zu leisten, die diesen auch internationalen Anforderungen entsprechen muß.

Also, ich wäre, um es abschließend noch einmal zu unterstreichen, unbedingt dafür, daß wir ab sofort die Einbeziehung der Regierung an diesem Tisch garantieren. Ob man das auf der Grundlage des Vorschlages von Herrn Böhme macht oder eine andere Lösung [heranzieht], auf jeden Fall würde ich das als zwingende Notwendigkeit zur Erhöhung der Qualität und auch der Schaffung eines bestimmten Maßes an Vertrauen zwischen Rundem Tisch und Regierung Modrow sehen.

Lange (Moderator): Vielen Dank.
Herr Gehrke.

Gehrke (VL): Beim letzten [Aspekt] wollte ich noch einmal daran erinnern, wir haben gerade darüber gesprochen, daß wir über diesen Punkt eigentlich wirklich schon einmal abgestimmt haben, daß nämlich immer ein Regierungsvertreter im Prinzip da ist und weitere hinzugezogen werden zu Sachpunkten, das ist das eine.

Ich will aber noch einmal an das von mir vorhin hier genannte Beispiel anknüpfen. Die Regierung hat praktisch am gleichen Tage, als wir hier ihre Ausführungen vernommen haben, eine **Anordnung mit verfassungsänderndem**

Charakter abgelassen. Und das ist doch wohl eine grundsätzliche Änderung unseres Gefüges, auch dieses Rechtsgefüges, auf dem ja sonst so herumgepocht wird. Und das **berührt** selbstverständlich ganz **maßgeblich die Interessen des Runden Tisches**. Und wenn er sich das bieten läßt, dann weiß ich nicht, wozu er da ist, muß ich einmal ganz klar sagen.

[Beifall]

Und ich denke, hier ist doch die Frage dann nicht mehr abstrakt gestellt nach Stabilität hin und her, sondern da müssen wir sagen, daß genau **solche Maßnahmen destabilisierenden Charakter haben** und das Gefüge, von dem hier also gesprochen wird, untergraben [wird]. Und genau das ist der Punkt, daß wir heute deutlich machen müssen, daß wir solche Verhaltensweisen der Regierung eben nicht mittragen können. Das geht nicht, wenn man seine Selbstachtung und seine politischen Ziele im Auge behalten will, dann kann man so etwas nicht mittragen. Und das ist eindeutig.

Ich will auch sagen, daß wir, das sage ich zu unserer Seite des Tisches, dann auch darüber nachdenken müssen, ob wir uns weiterhin an diesem Runden Tisch beschäftigen hier oder beschäftigen lassen durch viele Einzelmaßnahmen, während in Wirklichkeit dann doch sehr viel weitgreifendere Veränderungen durch die Regierung am Runden Tisch vorbeigetragen werden. Also, ich will das heute nicht als etwas Endgültiges sagen, aber ich denke, wir müssen ausdrücklich darüber dann nachdenken, wenn wir uns solche Dinge von großer Bedeutung gefallen lassen. Das ist das eine.

Es ist ja mehrfach hier auch in den letzten [Sitzungen] oder in den Diskussionen der letzten Runden Tische genannt worden: Wir begreifen diese Regierung, und das haben wir, dafür haben wir ja selbst die Grundlagen hier geschaffen, als eine **Übergangsregierung bis zum 6. Mai [1990]**. Und diese Regierung hat natürlich in diesem Verständnis auch gar nicht das Recht, hier in aller Eile Dinge durchzupeitschen, die über, sagen wir einmal, über die Aufrechterhaltung des Reproduktionsprozesses, das ist ja unbestritten, und all diese Dinge, die also bis dahin notwendig sind, [hinausgehen], also hier solche Maßnahmen einzuleiten. Aber **Wirtschaftsreformen** und all die Dinge, die sehr viel weitgreifender sind, die bis hin zu Verfassungsänderungen gehen, die also gesellschaftskonzeptionellen Charakter tragen, diese Dinge, das müssen dann schon, bitte schön, die Kräfte tun, die am 6. Mai [1990] gewählt werden, glaube ich. Und bis dahin können wir nicht sozusagen zulassen, daß Dinge in Gang gesetzt werden, die nicht mehr oder nur unter sehr großem Aufwand wieder rückgängig zu machen sind. Das ist, glaube ich, der Punkt. Und guckt man sich die Änderungen an, die Richtungen an, die hier angestrebt werden, so erinnern wir uns daran, daß die Ministerin, ich sage einmal selbstverständlich, das geht eben nicht von heute auf morgen, erst im April Konzeptionen über die Strukturpolitik, über die Energiepolitik und alles andere auf dem Tisch haben kann. Das ist ganz normal, so viel Zeit braucht man eben.

Aber bis dahin sollen ja doch Gesetze geschaffen werden, die in eine Richtung gehen: a) Privatisierung zulassen, b) Auslandskapital ins Land lassen. Was man bis dahin nicht hat, das ist eine Interessenvertretung der Belegschaften und all die Dinge, die damit zu tun haben. Und das ist der Punkt.

Und unabhängig davon, man kann ja auch über, sagen wir einmal, über die Frage – ich sage das nur als Stichwort –, wie soll denn die **Wirtschaftsordnung** in der Zukunft aussehen im Detail, man kann ja da auch unterschiedlicher Meinung sein. Aber über eins, glaube ich, müssen wir uns doch alle im klaren sein, selbst wenn man hier den Kapitalismus zulassen will. Wer einen **freien Kapitalismus** zulassen will, ohne vorher ein **Gesamtkonzept** zu haben, worin **Kapitalimporte** eingeordnet sind, der organisiert den **Staatsbankrott für die Zukunft**. Das gilt auch dann, wenn man hier andere soziale Ordnungen will. Und auch deshalb müssen wir darauf bestehen, daß solche grundlegenden Ordnungen nicht verändert werden dürfen, solange nicht klare Konzepte auf dem Tisch liegen und Interessenvertretungen.

Lange (Moderator): Zur Geschäftsordnung.

Böhme (SDP): So sehr ich den Worten meines Vorredners zustimme, sollten wir der Wirtschaftsdebatte vom nächsten Mal nicht vorgreifen, und ich möchte höflichst an meine drei gestellten Anträge erinnern.

Lange (Moderator): Vielen Dank für diesen Hinweis.
Herr Poppe. Vorher hatte sich aber Herr Gutzeit gemeldet. Sie haben keine Geschäftsordnung? – Danke.
Dann Herr Poppe.

Poppe (IFM): Ja, ich würde die Anträge von Herrn Böhme nur noch einmal ergänzen wollen angesichts dessen, was ja auch von Herrn Maleuda gesagt wurde. Es ist ja also offenbar noch eine wesentliche Anzahl von Gesetzen hier in Vorbereitung, von denen wir jetzt freundlicherweise Überschriften genannt kriegen. In der Zeitung liest man dann auch mit einem gewissen Stolz manchmal von **42 Gesetzen**. Ich würde also deshalb für wichtig halten, daß ein kompetenter Regierungsvertreter diesen **Gesetzgebungsplan,** so, wie er im Moment dort vorliegt, hier in Einzelheiten darstellt, daß sich der Runde Tisch darüber ein Bild machen kann, welche dieser Gesetze werden denn nun wirklich bis zu den Wahlen notwendig und welche könnte man also verschieben auf den Zeitpunkt einer nach den freien Wahlen vorhandenen neuen Regierung und eines neugewählten Parlamentes. Dies ist, glaube ich, im Moment völlig unklar.

Ein Beispiel, was ich hier anfügen möchte: Wahlgesetz. Uns wurde neulich die Information gegeben, daß **Anfang Januar** bereits der **Entwurf eines Wahlgesetzes in der Volkskammer** vorliegen soll, der also auch schon dann in die erste Lesung soll. Zum gleichen Zeitpunkt aber, wo man weiß, daß der Runde Tisch eine Arbeitsgruppe „**Wahlgesetz**" bildet, die etwa zum gleichen Zeitpunkt erst arbeitsfähig wird. Ich finde, hier wird einfach die Reihenfolge umgedreht. Es muß da also natürlich auf die erste Lesung solange verzichtet werden, bis sich darüber die Arbeitsgruppe „Wahlgesetz" des Runden Tisches überhaupt erst einmal ein Bild gemacht hat. Und in ähnlicher Weise müßte auch mit den anderen Gesetzen umgegangen werden. Also, ich würde Herrn Böhmes Antrag auf diese weiteren Gesetze hin noch erweitern wollen.

Lange (Moderator): Herr Bein, bitte.

Bein (NDPD): Ich habe noch einmal eine Frage an Herrn Gehrke. Er hat hier zweimal erwähnt, daß der Ministerrat zum **Handwerk** einen **verfassungsändernden Beschluß** gefaßt hat. Um was handelt es sich dort bitte konkret?

Gehrke (VL): Ich habe leider, Entschuldigung, mir hat hier jemand gerade den Zettel abgenommen. Lesen Sie es doch bitte vor.

Wilkening (CDU): Also, das ist ein Ausschnitt aus dem „Neuen Deutschland" vom 23./24. Dezember [1989]:

„Regierungsbeschluß zu privaten Betrieben: Der Ministerrat beschloß vorläufige Regelungen für die Bildung privater Betriebe sowie von kleinen und Mittelbetrieben auf halbstaatlicher und genossenschaftlicher Grundlage, die ab sofort bis zur Änderung der Verfassung und der Verabschiedung von entsprechenden Gesetzen gelten. Die Verordnung geht ein auf die Gültigkeit älterer Beschlüsse, so zur Förderung des Handwerks und zur staatlichen Beteiligung an privaten Betrieben. Die bisherige Beschränkung zur Erteilung von Gewerbegenehmigungen auf Leistungen zur Versorgung der Bevölkerung wird aufgehoben. Die Regelungen legen fest, daß für private Betriebe bei einem steuerpflichtigen Gewinn [von] über 20 000,- Mark jährlich ein Freibetrag in Höhe von 5 000,- Mark gewährt wird. Minister werden die Aufhebung einschränkender Bestimmungen prüfen, um auch Gewerbetätigkeit bei Wissenschaft und Technik zu ermöglichen. An Fachorgane der örtlichen Räte zu richtende Anträge für die Zulassung von Betrieben sind unbürokratisch zu entscheiden."

Gehrke (VL): Hier geht es also nicht um 20 000,- Mark, sondern darum, daß in einer Anordnung der Regierung [einer] Verfassungsänderung und Gesetzen vorgegriffen wird und daß der Runde Tisch gefordert hat, daß alle gesetzlichen Grundlagen zur Änderung auf seinen Tisch vorher kommen. Darum geht es.

Lange (Moderator): Ich denke, es besteht Einverständnis, daß es eine Menge offener Fragen gibt, die jetzt auch noch einmal verdeutlicht worden sind an konkreten Beispielen.

Ich würde gern noch in Erinnerung rufen, daß Wirtschaftsfragen auf jeden Fall am 3. Januar [1990] auf dem Programm stehen. Und ich möchte darauf hinweisen, daß es notwendig ist, da wir heute keine Regierungsvertreter hier haben, daß wir diese Dinge, die auch im einzelnen dann zu Wirtschaftsfragen gesagt werden müssen, in dieses Gespräch einzubringen haben.

Herr de Maizière, bitte.

de Maizière (CDU): Ich will bloß ein einziges Wort sagen, weil das so nicht im Raum stehen bleiben kann. Die einschränkende **Bestimmung für Handwerker,** die wir bisher hatten, die war verfassungswidrig. Und ihre Aufhebung ist nicht verfassungswidrig.

Lange (Moderator): Ja, vielleicht, ich weiß nicht – –

Gehrke (VL): In diesem Fall geht es doch aber um die Bedeutung von solchen Änderungen. Und es geht hier weder um die Handwerker noch geht es um 20 000,- Mark. Ich glaube, das habe ich deutlich gemacht. Es geht also nicht um den Sinn oder Unsinn solcher Änderungen, sondern einzig darum, wie sich die Regierung mit ihren Maßnahmen zur Verfassung und zu diesem Runden Tisch stellt. Nur darum geht es.

Lange (Moderator): Ja, und ich denke, das ist auch das wichtige, daß wir über grundlegende Fragen sprechen.

Es hatte sich Frau Töpfer gemeldet.

Frau Töpfer (FDGB): Ich wollte nur den Anwurf von Herrn Gehrke zurückweisen, daß wir keine **Interessenvertreter der Belegschaft in den Betrieben** haben. Es gibt noch den Freien Deutschen Gewerkschaftsbund, und wir sind dabei jetzt, ein neues Konzept zu überlegen, indem wir **Räte** einbeziehen oder indem wir auch unsere Arbeit darüber hinaus weiterführen. Also, das möchte ich nur zurückweisen.

Und dann würde ich einen **Antrag** einbringen wollen, der dahin geht, **daß die Regierung dem Runden Tisch den Gesetzgebungsplan** vorlegt und dieser Gesetzgebungsplan im Rechtsausschuß vorbereitet wird und dann hier zur Diskussion gestellt wird dem Runden Tisch zur Weiterbearbeitung von Gesetzesvorschlägen.

Lange (Moderator): Danke.

Herr Bein.

Bein (NDPD): Ich will hier nur noch einmal feststellen, daß ich aus diesem Zeitungsartikel nicht erkennen kann, daß dieser Ministerratsbeschluß verfassungsändernd ist, und wir sollten auch hier in unseren Formulierungen exakt sein. Ich würde vorschlagen, daß ein Vertreter der Regierung in der nächsten Beratung zur Wirtschaft konkret zu diesem Beschluß Stellung nimmt.

Lange (Moderator): Wir haben dies bereits beschlossen. Meine Frage ist, ob wir uns lediglich jetzt darauf verständigen, einen gefaßten Beschluß noch einmal nachdrücklich auch von dieser Runde hier zu unterstreichen. Es ist also zunächst, wenn ich das richtig in Erinnerung habe, am 22. [Dezember] davon gesprochen worden, daß es nicht eine einmalige Aktion sein soll, daß Regierungsvertreter hier informieren, sondern permanent. Darauf hatten wir uns verständigt, und das hatten wir akzeptiert.

Es ist notwendig, daß wir jetzt auch Verfahrensfragen, beispielsweise wer lädt wen ein, wer ist dafür zuständig [behandeln]. Können wir da mit Herrn Hegewalds Unterstützung rechnen, beispielsweise. Und daß diese Fragen, die für den 3. Januar bereits avisiert sind, dann noch einmal aufgelistet werden. Das ist ein Punkt. Wollen Sie dazu gleich reagieren?

Böhme (SDP): Mein Antrag ging in eine andere Tendenz. Ich bitte niemanden am Tisch, das persönlich zu nehmen, und ich rechne gern auf die Unterstützung von Herrn Hegewald. Aber wenn wir im Moment die Autorität der geschäftsführenden Übergangsregierung Modrow stärken wollen, dann nehmen Sie bitte unseren Antrag an, die Regierung Modrow sollte am Runden Tisch mit teilnehmen in Direktverhandlungen. Ansonsten schaffen wir immer Transmissionszeiten, die unverantwortlich sind im Moment.

Lange (Moderator): Ja. Ich denke, das widerspricht sich nicht. Es war davon die Rede, daß Herr Halbritter beauftragt ist, hier den Platz einzunehmen. Wollen Sie dazu noch etwas sagen, bitte?

Bisky (SED-PDS): Ja. Ich würde vorschlagen, daß der Runde Tisch die **Einladung an Hans Modrow** ausspricht und er dann, wenn er nicht kann aus zwingenden Gründen, jemanden beauftragt, der für ihn spricht zu der entsprechenden Sachfrage.

Lange (Moderator): Meinen Sie jetzt unabhängig von der vereinbarten Einladung an Frau Ministerin Luft am 3. Januar [1990]?

Bisky (SED-PDS): Unabhängig davon.

Lange (Moderator): Unabhängig davon. Das würden Sie vorschlagen? Findet dieser Vorschlag Zustimmung? Möchte sich dazu jemand äußern?

Herr Böhme.

Böhme (SDP): Ich bin der Meinung, die Anwesenheit des von uns hochgeschätzten Hans Modrow reicht nicht aus – oder eines natürlich kompetenten Vertreters von Hans Modrow – sondern bei den Wirtschaftsdebatten, die ins Haus stehen werden und die sich durch alle Runden Tische ziehen werden, müßte zumindest die Frau Ministerin Luft oder ein von ihr jeweils benannter kompetenter Vertreter direkt mit aussagefähig sein. Oder es würde sich wahrscheinlich noch auf andere Ressorts beziehen. In der Parität Regierungsparteien/Opposition.

Lange (Moderator): Würden Sie noch einmal Ihren Antrag genau formulieren, der uns schon einmal zur Kenntnis gegeben worden ist?

Ziegler (Co-Moderator): Herr Böhme. Darf ich?

Lange (Moderator): Herr Ziegler, bitte.

Ziegler (Co-Moderator): Wie weit entsprechen die Mitteilungen von Herrn Schult den Tatsachen? Dazu sollte Auskunft gegeben werden. Da wäre die Auflistung noch einmal gut, obwohl wir Frau Ministerin Luft auch bereits eine Auflistung, einen Katalog übergeben hatten, oder Sie mitgeschrieben hatten.

Zweitens, war Modrow allein oder der Ministerrat über alles informiert? [Wer hatte] das [zu] verantworten. Zu diesen beiden Sachen.

Und dann Ihre Bitte, Regierung Modrow muß an den Tisch, wobei ich mir erlaube, hinzuzufügen, wir müssen das wohl etwas präzisieren, wir können ja nicht die ganze Regierung hier an den Tisch haben, sondern je nach den Themen, die dran sind, würde ich vorschlagen.

Lange (Moderator): Gibt es dazu einen Vorschlag? Bitte.

Böhme (SDP): Die Formulierung wird gerade vorbereitet.

Lange (Moderator): Ja. Es war ein weiterer Vorschlag von Frau Töpfer gemacht worden, ein Antrag, daß von der Regierung eine Auflistung der geplanten Gesetzesvorlagen erstellt wird. Können wir, bitte, dazu – –

Lucht (GL): Ja, ich glaube, wir müssen hier eine Doppelstrategie fahren, weil sich die beiden Vorschläge, die hier in der Luft stehen, eigentlich gar nicht widersprechen.

Einerseits muß hier **ständig jemand von der Regierung** sein, der **über die laufende Arbeit kompetent Auskunft geben** kann. Das könnte zum Beispiel Herr **[StS] Halbritter** sein.

Und darüber hinaus muß über die wichtigen Vorhaben der Regierung Kenntnis am Runden Tisch vorliegen. Und dazu müssen dann konkret Einladungen ergehen. Ich glaube, beides muß passieren.

Lange (Moderator): Ja. Gibt es dazu weitere Meinungsäußerungen, Vorschläge?
Herr Bisky.

Bisky (SED-PDS): Ich würde den zuletzt genannten Vorschlag unterstützen. Wir müssen das konkret machen, sonst sitzen wir beim nächsten Mal wieder hier und beklagen uns über etwas, was von der Regierung möglicherweise nicht böse gemeint ist.

Dann sollte man doch Herrn Halbritter bitten, ständig hier teilzunehmen und jeweils kompetente Minister zu Sachfragen [einladen].

Aber das muß klar sein, weil wir sonst, das würde ich auch als Antrag formulieren, weil wir sonst beim nächsten Mal eventuell auch unter der Belastung, unter der die Regierung steht, erneut vor der Schwierigkeit stehen, daß wir dann die Einladung nicht richtig formuliert haben.

Lange (Moderator): Das war ein Antrag, daß Herr **Halbritter** als **ständiger Vertreter der Regierung** an den Beratungen des Runden Tisches teilnimmt.

Und der zweite [Antrag lautet], daß zu bestimmten Sachfragen konkrete Einladungen in die verschiedenen Ministerien erfolgen sollten.

Bitte, Herr Ziegler.

Ziegler (Co-Moderator): Ich glaube, wir haben bis auf die Frage, ob Herr Halbritter immer da ist, das letztens schon so beschlossen in bezug auf Frau Luft.

Es ist nicht beschlossen worden, wie das sein soll; denn es war unbefriedigend mit der Auflösung des, was Herr Ullmann gesagt hat, [Amtes für] Nationale Sicherheit, da war ja ein Vertreter hier. Bloß er hat uns nicht befriedigt mit seinen Auskünften. Ich möchte das in Erinnerung rufen.

Und Herr Halbritter hat Herrn Dr. Hegewald für heute beauftragt, so daß wir natürlich jetzt das anders formulieren können und die Einladung aussprechen. Aber insofern ist die Regierung schon, hat schon Zeichen gegeben, daß sie durchaus bereitwillig ist, dieses zu erfüllen.

Wir müßten nur sagen, wer denn für den 8. [Januar 1990] kommen soll, wenn wir genau festlegen, worüber wir verhandeln. Wenn es das Wahlgesetz ist, müßten wir fragen, wer ist da kompetent – und für Justizfragen und dergleichen.

Lange (Moderator): Herr Böhme.

Böhme (SDP): Meine Damen und Herren, der Vorschlag des Herrn Halbritters erweitert doch im Grunde genommen den Spielraum, nur um Geringes. Es bleibt doch trotzdem eine Transmissionszeit immer wieder gegeben.

Könnte man sich so einigen, daß die geschäftsführende Übergangsregierung Hans Modrow in jeder Delegation der Regierungsparteien mit einem Regierungsvertreter anwesend ist, vertreten ist. Auf jeden Fall sollte der Ministerpräsident oder sein Vertreter, wenn er durch Regierungsgeschäfte verhindert ist, oder die Wirtschaftsministerin oder ein Vertreter der Wirtschaftsministerin anwesend sein.

Lange (Moderator): Ja.
Herr Klein.

Klein (VL): Ja, ich möchte, was diesen Vorschlag betrifft, noch einmal an das erinnern, was wohl an dieser Stelle schon Herr Dr. Gysi gesagt hat. Es wird natürlich problematisch, wenn hier am Runden Tisch Regierungsvertreter mit abstimmen.

Insofern kann doch der Zweck dessen, was hier gefordert wird, durchaus dadurch erreicht werden, daß wir nicht nur die Regierung verpflichten, auf unsere Anforderung hin hier zu erscheinen, sondern daß die Regierung selbst beweist, inwieweit sie den Runden Tisch ernst nimmt, indem sie zu den von ihr geplanten gesetzgeberischen Aktivitäten von sich aus informiert. Und beides sollte als Aufforderung formuliert werden.

Lange (Moderator): Das war ein Votum gegen den Vorschlag von Herrn Böhme.
Bitte, Herr Engel.

Engel (CDU): Ich möchte auch gegen den Vorschlag von Herrn Böhme sprechen, weil ich meine, wenn wir hier in die Delegation jeweils einen Regierungsvertreter hineinnehmen, dann legen wir die Regierung lahm. Ich erinnere, daß wir heute ja schon 6 Stunden hier sitzen, und es kann sich, glaube ich, kein Minister leisten, so lange von seinem Amt zur Zeit weg[zubleiben].

Ja, hier haben wir einen Minister, der es muß.

Ich denke aber, wir sollten den Vorschlag dahingehend fassen, daß wir sagen, daß also ein **ständiger Vertreter**, der Name wurde genannt, Halbritter, hier sitzt, und daß wir zu den jeweiligen Sachfragen dann den **sachkompetenten Minister** hier einladen.

Das erfordert natürlich, daß wir uns einen Zeitplan geben und diesen Zeitplan zur Tagesordnung auch exakt einhalten. Das heißt also, wenn wir um 10.00 Uhr den Minister zu dieser Frage einladen und eine Stunde Verhandlungszeit ansetzen, daß wir dann auch innerhalb dieser Stunde diesen Tagesordnungspunkt abschließen und damit auch wirklich sachkompetent und informiert aus dieser Runde herausgehen.

Ansonsten denke ich schon, daß wir dem Ministerrat, also der Regierung, auch einen Vertrauensvorschuß geben müssen in der jetzigen Zeit, weil es ganz einfach Dinge gibt, die die Regierung operativ entscheiden muß, sonst geht es nicht weiter, und von Woche zu Woche da nicht die Zeit ist, um den Runden Tisch erst dazu in jeder Frage zu befragen. Ich denke, daß das in grundlegenden Dingen, in absehbaren Dingen, gemacht werden muß. Daß die Dinge, die die Regierung aber nun operativ faßt, dann hinterher hier am Runden Tisch auch ausgewertet [werden] und informiert wird darüber, daß gesagt wird, warum das so und nicht anders gefaßt werden muß. Und ich denke auch, daß solche Dinge nicht vorkommen dürfen, wie das am Freitag war, daß die Frau Ministerin Luft hier über Dinge informiert oder beziehungsweise abgestritten hat, daß es das gibt, und am Abend dann in der „Aktuellen Kamera" Dinge laufen, die ganz gegenteiliger Aussage sind.

Lange (Moderator): Herr Jordan.

Jordan (GP): Ja, ich könnte mir vorstellen, daß der Regierungsvertreter, der ständige Regierungsvertreter hier am Runden Tisch auch die unmittelbare Nähe der Prioritätengruppe halten könnte, um dann also eben von dieser Gruppe beauftragt zu werden, die entsprechenden Kontakte herzustellen. Also kein **Stimmrecht des Regierungsvertreters in der Prioritätengruppe**, aber eine Nähe zur Prioritätengruppe.

Lange (Moderator): Ja.
Herr Böhme.

Böhme (SDP): Ich stimme grundsätzlich dem zu, was zur Berichterstattung gesagt wurde. Das setzt das Vertrauen im Grunde genommen der Regierung und auch des Runden Tisches herab. Ich fühlte mich auch etwas herabgesetzt durch die Darlegungen.

Ich schlage zur Abstimmung folgenden Wortlaut vor, als Antrag:

„Die in der Regierungsverantwortung stehenden Parteien entsenden je ein Regierungsmitglied an den Runden Tisch ohne Erweiterung der Anzahl ihrer Sitzungsteilnehmer.

Zweitens, bei der Behandlung von Sachproblemen, die im Verantwortungsbereich einzelner Ministerien stehen, haben diese auf Einladung des Runden Tisches teilzunehmen."

Das war unser Antrag vom 18. Dezember, und der Verlauf der Runden Tische in letzter Zeit bestätigt an sich, wie recht wir hatten.

Lange (Moderator): Das ist ein klar formulierter Antrag. Gibt es dazu noch einmal Meinungsäußerungen? Würden Sie so freundlich sein, noch einmal diese beiden Sätze zu wiederholen?

Böhme (SDP):

[**Antrag SPD: Entsendung von Regierungsmitgliedern der in Regierungsverantwortung stehenden Parteien zu den Beratungen des Runden Tisches**]

1. Die in der Regierungsverantwortung stehenden Parteien entsenden je ein Regierungsmitglied an den Runden Tisch ohne Erweiterung der Anzahl ihrer Sitzungsteilnehmer.

2. Bei der Behandlung von Sachproblemen, die im Verantwortungsbereich einzelner Ministerien stehen, haben diese auf Einladung des Runden Tisches teilzunehmen.

Lange (Moderator): Gibt es dazu – –
Bitte schön.

de Maizière (CDU): Ich erinnere an unsere Diskussion, ob in den einzelnen Gruppierungen diese selbst bestimmen können, wer ihre Delegation hier am Runden Tisch vertritt, oder ob sie das nicht tun können. Wir hatten eine einzige Einschränkung besprochen und beschlossen, die heute morgen ja hier in Diskussion stand und zum Tragen kam. Dies würde meines Erachtens nach ein deutliches Eingrenzen und Eingreifen in die Delegationsrechte der einzelnen hier am Runden Tisch vertretenen Gruppierungen und Parteien bedeuten und es steht im deutlichen Widerspruch zu dem, was wir am 7. Dezember [1989] unter „**Selbstverständnis**" beschlossen haben.

Auch das muß jedem klar sein, wenn wir dieses, was wir damals als Selbstverständnis beschlossen haben, sagen wir einmal, in den Rang einer nicht nur einer Absichtserklärung, sondern als die Grundlage unserer hiesigen Tätigkeit ansehen, dann muß dieser Beschluß geändert werden, wenn das beschlossen werden soll, was Herr Böhme will.

Lange (Moderator): Bitte, Herr Platzeck.

Platzeck (GL): Wir stellen zur Abstimmung noch einmal den Antrag von vorhin, quasi als Gegenantrag, **Herr Halbritter** beziehungsweise ein anderer **kompetenter Vertreter von Hans Modrow** ist ständig hier, ohne daß wir ihn jedesmal einladen müssen. Und er organisiert, ist einmal auskunftsfähig, ist fähig, die Information auch über Gesetzesvorhaben zu geben, beziehungsweise nimmt sich die Leute mit, die dazu fähig sind. Und er organisiert auch die Einladungen, die hier besprochen werden, an die jeweiligen Fachminister, die am nächsten Montag dann gebraucht werden. Das ist unser Antrag.

Lange (Moderator): Es hatten sich noch Herr Gehrke und Herr Schult gemeldet.

Gehrke (VL): Ich wollte nur noch einmal daran erinnern, daß es sich im Grunde bei beiden um Wiederholungsanträge handelt mit der Präzisierung, dem letzten natürlich, daß es sich auf die Person Halbritter bezieht; denn ansonsten hatten wir uns vom Grundsatz her, glaube ich, darauf geeinigt und würden uns heute darauf beschränken, noch einmal meinen Vorschlag, das unterstützt den Antrag, zu bekräftigen. Ich wollte aber noch etwas anderes sagen. Oder bleiben wir erst bei den Anträgen?

Lange (Moderator): Ich denke, es wäre gut, wenn wir zunächst einmal über die Anträge befinden. Eine neue Qualität wäre der Antrag Böhme.

Böhme (SDP): Ich bitte, im Protokoll festzuhalten, daß wir darauf hingewiesen haben, daß wir auf das Vetorecht zutreiben, wenn wir nicht so verfahren, wie wir es vorgeschlagen [haben], wie das die SDP in dem Falle vorgeschlagen hat. Und **Vetorecht wäre destabilisierend.** Aber dann wäre es unumgänglich.

Lange (Moderator): Bitte schön, Herr Koplanski.

Koplanski (DBD): Herr Böhme, ich bin ein wenig **verwundert über den Ton**, den Sie jetzt anschlagen. Ich gehe mit Ihnen sehr mit, daß wir die Beziehungen zwischen Rundem Tisch und der Regierung Modrow verbessern müssen. Es muß vor allen Dingen [eine] **Vertrauensbasis** geschaffen, aufgebaut werden. Die kann man nicht anordnen, sondern [die] Vertrauensbasis muß ständig neu bei der Behandlung anstehender Sachfragen sich entwickeln und sich bestätigen.

Wenn Sie jetzt mit Vetorecht und damit der weiteren Destabilisierung der Regierung Modrow drohen, der sowieso Übergangsregierung und, ich weiß nicht, wieviel Tage gegeben werden, dann muß ich hier sagen, ohne daß wir uns jetzt abgestimmt haben, dann müssen wir den **Runden Tisch auflösen** und müssen **in kürzester Zeit Wahlen durchführen**, weil das wahrscheinlich dann zur Stabilisierung der Lage beiträgt.

Ich war der Auffassung, daß von Herrn Platzeck ein Vorschlag unterbreitet worden ist, der ist im Vorhergehenden schon zweimal genannt worden, daß wir dringend die Regierung Modrow bitten, einen ständigen Vertreter – in Klammern: es könnte Halbritter sein, das bestimmen wir nicht, das muß der Regierungschef bestimmen – zum Runden Tisch zu delegieren.

Und zum anderen bei Behandlung von Sachfragen einen kompetenten Vertreter [abzustellen], wenn nicht mehr. Diesen Vorschlag, dem würden wir folgen, weil er ein Ausweg aus der festgefahrenen Situation ist.

Lange (Moderator): Danke.
Herr Schult.

Schult (NF): Ja, ich denke, wir sollten also konkret fordern, daß Herr Modrow hier mit an dem Runden Tisch erscheint beziehungsweise ein kompetenter Vertreter, den er benennt. Ich weiß nicht, ob es Herr Halbritter ist, den kenne ich nicht. Und auch Frau Luft beziehungsweise einen kompetenten Vertreter. Also, daß zumindest zu den wichtigen politischen und wirtschaftlichen Fragen jederzeit **Regierungsvertreter** hier aussagefähig sind. Natürlich **mit Beobachterstatus ohne Stimmrecht,** aber darauf sollten wir uns einigen. Und der Regierung sollte deutlich gemacht werden, daß sie mit ihrer bisherigen Verhaltensweise wirklich Situationen destabilisiert.

Lange (Moderator): Herr Ziegler.

Ziegler (Co-Moderator): Herr Schult, es wäre aber gut, wenn wir das denn ganz konkret sagten, denn ich möchte darauf hinweisen, wir haben einen Vertreter des Ministerpräsidenten am Runden Tisch. Wir haben mit Frau Luft einen zweiten Vertreter des Ministerpräsidenten am 3. Januar [1990] am Tisch. Wen sollen wir denn nun noch nennen?

Schult (NF): Ja, na ja, das geht ja nicht bloß für den 3. Januar, sondern Frau Luft wollte wahrscheinlich am 8. Januar schon wieder nicht da sein. Und anscheinend ist ja zu den politischen Fragen niemand kompetent aussagefähig, also, was hier die **Vernichtung der Akten** betrifft, auf Anweisung des Ministerratsvorsitzenden, sowie was diese besondere Bestellung der Staatsangestellten betrifft, sowie Auflösung des Amtes für Sicherheit. Es kommen also viele politische Fragestellungen auch weiterhin auf uns zu.

Lange (Moderator): Wir beschäftigen uns jetzt mit zwei verschiedenen Anträgen. Es steht immer noch der Antrag von Herrn Böhme. Der ist nach meinem Eindruck der weitergehende.

Und wir diskutieren jetzt die Möglichkeit, wie ein bereits gefaßter Beschluß noch einmal nachdrücklich der Regierung übermittelt werden sollte. Dazu haben sich jetzt noch zwei Redner gemeldet.
Herr de Maizière.

de Maizière (CDU): Nein, ich habe nur eine Frage.

Lange (Moderator): Entschuldigung. Herr Poppe und Herr – –

de Maizière (CDU): Ich habe nur eine Frage nach dem Verständnis hier. Habe ich eben richtig, akustisch richtig gehört, **Frau Luft ist nicht kompetent?** Dann müssen wir uns unterhalten über die Art und Weise des Umgangs mit den Leuten, die die Arbeit im Moment tun und wie wir das menschlich vertreten wollen. Wenn in der Weise weiter verhandelt wird – –

Schult (NF): Nein, Sie haben mich da mißverstanden. Kann ich das erklären?

de Maizière (CDU): – muß ich mindestens aus Kollegialität und Solidarität mit Frau Luft den Saal verlassen.

Schult (NF): Sie haben mich mißverstanden. Sie hätten gar nicht so lange reden brauchen. Ich habe also nicht gesagt, daß Frau Luft nicht kompetent ist, sondern daß zu **politischen Fragen** ich annehme, daß da nicht in allen Bereichen die Kompetenz vorliegt.

Also, das was jetzt hier speziell diese **Vernichtung der Akten** angeht, denke ich nicht, daß das in das Ressort von Frau Luft fällt. Demzufolge wäre also für meine Begriffe auf der politischen Verantwortungsebene auch eine Person hier notwendig, die also zumindestens Herrn Modrow hier vertritt.

Also, ich unterscheide zwischen politischen und wirtschaftlichen Gebieten, daß es da doch gewisse Unterschiede gibt.

Lange (Moderator): Herr Schult, Sie sehen aber das, was Herr Ziegler vorhin auch schon erwähnt hatte, daß mit Herrn de Maizière ein stellvertretender Ministerpräsident in unserer Runde sitzt.

Schult (NF): Vielleicht möchte Herr de Maizière dazu Stellung nehmen zu den Anwürfen vorher oder die Erklärungen, die gemacht worden sind, sowohl zum Telex-Schreiben des Ministerratsvorsitzenden zur Vernichtung der Akten vom 7. Dezember [1989] beziehungsweise zum Beschluß des Ministerrates vom 8. Dezember. Das ist ja hier doch schon eine ganze Weile angefragt worden.

Lange (Moderator): Ja.
Herr Poppe.

Poppe (IFM): Ja, ich würde auch den Vorschlag von Reinhard Schult unterstützen wollen, Herrn Modrow einzuladen beziehungsweise einen von ihm eigens autorisierten Vertreter, und zwar nach Kenntnis unserer Tagesordnung von ihm autorisierten Vertreter, wenn er selbst nicht kann.

Da ich auch den Eindruck habe, daß andere Regierungsvertreter jetzt nur in bestimmten Fragen sich kompetent fühlen und **Herr de Maizière** ist ja offensichtlich hier als Vertreter seiner Partei und hat sich bisher **in keiner Weise als Regierungsvertreter in dieser Runde zu erkennen gegeben,** auch wenn wir das also wissen.

Lange (Moderator): Herr Raspe.

Raspe (LDPD): Wenn das Protokollieren unserer Beratungen einen Sinn haben soll, dann müssen wir hin und wieder auch einmal unsere Protokolle befragen. Ich habe den Eindruck, daß wir hier über Dinge reden, die wir in der Tat schon einmal beschlossen haben. Und ich kann mich sehr gut an diesen Antrag von Herrn Platzeck erinnern, der kommt mir sehr bekannt vor. Ich meine, darüber haben wir uns bereits verständigt. Das ist eine Frage, ob wir darüber erneut abstimmen müssen.

Ich habe an die Protokolle erinnert, weil mir so ist, als wenn wir beispielsweise das letzte Mal auch beschlossen haben, daß unabhängig von der Tagesordnung ein kompetenter Wirtschaftsvertreter der Regierung ständig da ist und wir zu einem Gespräch über Wirtschaftsfragen unabhängig von der Tagesordnung jedes Mal in der Lage sein müßten. Vielleicht habe ich das falsch verstanden, aber ich hatte das so verstanden, unabhängig von der Tagesordnung ist ein kompetenter Vertreter des Ministeriums Luft hier einzuladen. Das wäre noch eine Ergänzung zum Vorschlag [des] Herrn Platzecks, den ich, wie gesagt, sehr unterstütze.

Lange (Moderator): Also, ich hatte eigentlich dieses auch so als ein Angebot verstanden, daß ständig jemand hier ist und auskunftsfähig ist, gerade für Fragen, die in dem Zusammenhang geäußert werden.

Herr Bisky zunächst.

Bisky (SED-PDS): Ich wollte nur einen Satz sagen, warum ich dem Antrag von Herrn Böhme nicht zustimmen kann. Ich bitte zu akzeptieren, daß unsere Partei die **Trennung zwischen Partei und Regierung** ganz ernst nimmt, und ich möchte durch den Antrag nicht in alte Gewohnheiten zurückbefördert werden. Wir möchten also nicht mit Ministern hier erscheinen, sondern als Partei. Und Minister, auch wenn sie Mitglied unserer oder anderer Parteien sind, müßten als Minister erscheinen.

Lange (Moderator): Herr Bein.

Bein (NDPD): Ich möchte das auch noch einmal unterstützen, was Herr Bisky eben gesagt hat und den Antrag von Herrn Platzeck noch einmal unterstützen, der sich nach meiner Auffassung auch nicht von dem Antrag von Herrn Schult unterscheidet. Das heißt, daß die Regierung, und das muß man dem Ministerpräsidenten überlassen, einen Vertreter ständig in unseren Sitzungen hat, und dann jeweils einen sachkompetenten Vertreter zu den Tagesordnungspunkten.

Nur ich möchte hinzufügen, dazu brauchen wir natürlich auch eine konkrete Tagesordnung. Und es muß konkret gesagt werden, zu was wir eigentlich wen hören wollen. Wenn wir jedes Mal am Runden Tisch dann wieder andere Probleme aufwerfen, dann wird sicherlich auch ein Regierungsvertreter, ganz gleich, wen wir hier nun herbitten, überfordert sein. Also, darum müssen wir, glaube ich, unsere eigene Arbeit noch etwas konkretisieren, um dort wirksamer zu werden.

Lange (Moderator): Herr Ducke kann hoffentlich etwas zur Klärung beitragen.

Ducke (Co-Moderator): Ich würde nur an den Beschluß erinnern vom 18. Dezember [1989]. Der lautet: „Baldmöglichst soll ein Gespräch mit Ministerpräsident Modrow über die Zusammenarbeit der Regierung mit dem Runden Tisch stattfinden." Das müssen wir jetzt entgegennehmen. Ich meine, wir sollten beschließen, daß dies an die Regierung weitergegeben wird, diese Erinnerung, damit wir aus dieser Diskussion und dieser Debatte jetzt hier herauskommen. Das war am 18. Dezember.

Lange (Moderator): Herr Platzeck.

Platzeck (GL): Wir haben unseren Antrag vorhin noch einmal gestellt. Noch einmal, wie Herr Raspe richtig sagt, deshalb, weil hier am Tisch vermerkt wurde, wir hätten wohl vergessen, der Runde Tisch, Herrn Halbritter einzuladen. Deshalb haben wir Wert darauf gelegt, automatisch soll dieser Vertreter oder Herr Modrow selber hier erscheinen, [so] daß das nicht mehr passieren kann.

Lange (Moderator): Ja, ist klar. Danke.

Herr Böhme.

Böhme (SDP): Herr Bein, wenn Sie anmahnen, daß die Tagesordnung eingehalten wird, mache ich Sie darauf aufmerksam, daß Sie vorhin gerade die Priorität in der Tagesordnung selbst ändern wollten.

Herr Bisky, ich unterstelle Ihnen in Ihrem Anliegen absolute Glaubwürdigkeit.

Und Herr Raspe, ich weiß, daß wir am 18. Dezember diesen Beschluß getroffen haben. Aber die Situation ändert sich nicht von Tag zu Tag, sondern von Stunde zu Stunde. Aus diesem Grund haben wir den Antrag erneuert. Und ich bitte, [über] ihn als den bisher weitestgehenden abzustimmen.

Lange (Moderator): Herr Klein.

Klein (VL): Ich meine auch, daß wir jetzt abstimmen sollten. Ich möchte aber in Anbetracht dessen, was insbesondere seitens der SED hier gesagt wurde und was ich akzeptiere, daß also auf Seiten der Regierungsparteien keine Regierungsvertreter sitzen sollten – – und das muß wohl an dieser Stelle noch einmal deutlich gesagt werden, muß hier an die Vertreter der Regierungsparteien insbesondere appelliert werden, an ihre Verantwortung, zur Gewährleistung der inhaltlichen Grundlagen der Arbeit des Runden Tisches, ich will es hier deutlich sagen.

Ich habe den Eindruck, daß die Regierungsparteien diese Verantwortung nicht hinreichend wahrgenommen haben. Das muß man auch in diese Richtung deutlich aussprechen. Ich meine, daß wir uns möglicherweise sehr viel Zeit hätten ersparen können, wenn das, was an Verantwortung hier wahrzunehmen gewesen wäre, auch wahrgenommen worden wäre. Darüber, glaube ich, sind wir uns alle im klaren.

Lange (Moderator): Herr Gehrke als letzter in dieser Reihe.

Gehrke (VL): Ja, das betrifft dann doch zum Teil mit das, was ich auch politisch sagen wollte. Ich glaube, bei der ganzen Geschichte hier, Stabilität der Regierung und Zusammenarbeit, da werden wir letztlich keine Formulierung finden, die den gesetzlichen Ansprüchen, oder bei so einer Diskussion, wie wir sie vorhin hatten, genügen kann.

Es kann ja nur im Grunde genommen doch um die **politische Klärung der Zusammenarbeit mit der Regierung** gehen. Und wir müssen solche Dinge und die Form, wie wir zusammenarbeiten wollen, so definieren, daß man das eben politisch machen kann. Und da wollte ich noch einmal unterstreichen, daß es, glaube ich, darum geht, daß auch von Regierungsseite durch ihr eigenes Verhalten und durch die Art und Weise, wie sie mit dem Runden Tisch zusammenarbeiten wird, es davon abhängen wird, ob wir an der Stabilisierung dieser Regierung Interesse haben können oder nicht, oder da mitmachen können oder nicht, ob wir das tragen können. Das ist sozusagen der politische Zusammenhang.

Ich würde den hier, also den Antrag habe ich schon einmal unterstützt, ich würde mich wiederholen. Ich würde den von Herrn Platzeck getätigten Antrag noch einmal erweitern wollen durch einen Vorspruch. Aber wenn der nun eine grundsätzlich neue Diskussion ausrufen sollte, würde ich ihn auch zurückziehen.

Ich würde folgendes vorschlagen:

„Der Runde Tisch geht davon aus, daß die bis zum 6. Mai 1990 tätige geschäftsführende Übergangsregierung unter Ministerpräsident Modrow sich über alle Regierungsvorhaben mit dem Runden Tisch beraten wird, die das Wirtschafts- und Sozialgefüge der DDR verändern oder langfristigen Chrakter tragen." Langfristigen Charakter tragen natürlich auch Importe von Kernkraftwerken. Das ist klar. Das geht über diesen Winter hinaus. „Deshalb bekräftigt der Runde Tisch seinen Beschluß vom 18. Dezember 1989 über die Form der Zusammenarbeit mit der Regierung."

Oder vielleicht noch die Ergänzung, die gesagt wurde, **automatische Teilnahme.** Das wäre mein Erweiterungsantrag.

Lange (Moderator): Danke. Um diese beiden Anträge geht es jetzt. Es sind verschiedene Pro- und Contrameinungen geäußert worden. Ist es richtig, daß der weitergehende Antrag von Herrn Böhme zuerst zur Abstimmung kommen müßte? Erhebt sich dagegen Widerspruch? – Das ist nicht der Fall.

Dann stelle ich diesen Antrag jetzt zur Abstimmung. Wir hören ihn noch einmal. Es sind zwei Teile in diesem Antrag, die wir getrennt abstimmen wollen. Der erste Teil heißt – –

Böhme (SDP): – Die Opposition hat ihn gemeinsam am 18. [Dezember 1989] vorgetragen.

Erstens: „Die in der Regierungsverantwortung stehenden Parteien entsenden je ein Regierungsmitglied an den Runden Tisch ohne Erweiterung der Anzahl ihrer Sitzungsteilnehmer."

Zweitens – –

Lange (Moderator): Danke. Können wir bitte erst einmal diesen ersten Satz zur Abstimmung geben? Gibt es Unklarheiten? Weiß jeder Bescheid, worum es jetzt geht?

Wir stimmen darüber ab, ob die in der Regierungsverantwortung stehenden Parteien je ein Regierungsmitglied an den Runden Tisch entsenden sollen, ohne die Zahl ihrer Delegierten zu erweitern. Wer dafür ist, den bitte ich um das Handzeichen. - 2 Ja-Stimmen.

Wer ist dagegen? – 26 Stimmen. Wer enthält sich der Stimme? – 7 Enthaltungen. Danke. Damit ist dieser Antrag abgelehnt.

Jetzt ist die Frage, wie das mit dem zweiten Satz ist.

Böhme (SDP): Wenn unser Antrag im ersten Satz, den die Opposition einmal gemeinsam getragen hat, untergegangen ist, schließen wir uns dann dem weitergehenden, automatisch weitergehenden Antrag von Herrn Platzeck an.

Lange (Moderator): Danke. Dann bitte ich Herrn Platzeck, noch einmal seinen Antrag zu formulieren. Es gab einen Ergänzungsantrag von Herrn Gehrke. Können wir jetzt zunächst Herrn Platzeck mit seinem Antrag – –

Lucht (GL): Ich verlese ihn, ja?

Lange (Moderator): Ja, bitte schön, Herr Lucht.

Lucht (GL): „Wir fordern die ständige Präsenz eines kompetenten Regierungsvertreters an den Beratungen des Runden Tisches, der umfassend Auskunft über die Regierungsarbeit geben kann. Darüber hinaus ist ein ständiger Vertreter des Wirtschaftsministeriums zu delegieren. Zu feststehenden Tagesordnungspunkten lädt der Runde Tisch Fachleute der Regierung ein."

Lange (Moderator): Herr Engel, bitte.

Engel (CDU): Ich stimme dem Antrag zu, würde den letzten Satz nur ergänzen, daß dort **fachkompetente Minister** eingeladen werden.

Lange (Moderator): Gibt es weitere Änderungswünsche oder Anfragen? Das ist nicht der Fall. Wie wollen wir jetzt mit dem Ergänzungsvorschlag von Herrn Gehrke verfahren? Der müßte ja zunächst vorgelegt werden. Haben Sie den parat?

Herr Ullmann.

Ullmann (DJ): Also, ist der wirklich nötig? Er sagt sachlich nichts anderes als Absatz drei des am 7. Dezember [1989] formulierten Selbstverständnisses.

Lange (Moderator): Würde das bedeuten, daß Sie sich dem Vorschlag von Herrn Lucht anschließen wollen?

Herr Gehrke?

Gehrke (VL): Ja, ja. Denn das ist ja auf mich bezogen. Dann ja.

Lange (Moderator): Gut. Können wir dann über diesen Antrag abstimmen? Wollen wir den Text noch einmal hören oder ist der klar? Ist klar, ja? Wir bekommen aber bitte noch die Formulierung schriftlich.

Der Antrag von Herrn Lucht steht zur Abstimmung. Darf ich bitten, wer dafür ist, das Handzeichen – [Es stimmen mit Ja] 36. Das ist die Mehrheit. Ja. Wer ist dagegen? – Gibt es Stimmenthaltungen? – Das ist nicht der Fall. Das heißt, dieser Antrag ist einstimmig angenommen worden. Können wir damit diesen Tagesordnungspunkt zum Abschluß bringen?

Herr Ziegler.

Ziegler (Co-Moderator): Ich denke nicht, damit nicht nachher wieder Diskussionen aufkommen. Wir haben Frau Dr. Luft eingeladen für den 3. Januar [1990] wegen der Wirtschaftsfragen.

Es war aber von Herrn Ullmann angemahnt worden die Frage mit der **Sicherheit.** Das war nicht geklärt.

Und wir haben auf den 3. [Januar 1990] auch Justizfragen noch auf die Tagesordnung gesetzt. Sollen wir also da noch jemand aus dem **Justizministerium** einladen, nur damit wir das hier klar einigen? Klar ist, daß Herr Halbritter, oder ein ständiger Vertreter eingeladen war.

Lange (Moderator): Herr Pflugbeil.

Pflugbeil (NF): Ich hatte heute früh vorgewarnt, daß ich gerne noch etwas zu dieser **Atomgeschichte** sagen würde. Kann ich das tun? Ich habe einen Antrag dazu. Das ist aber jetzt an Herrn Ullmann vorbei.

Lange (Moderator): Darf ich Sie bitten, dies doch noch für einen Moment zurückzustellen, daß wir erst einmal dieser Frage nachgehen?

Dazu hatte sich Frau Röth gemeldet.

Frau Röth (UFV): Ja. Ich beantrage noch für den 3. Januar [1990] Frau **Ministerin [Hannelore] Mensch** einzuladen, die verantwortlich ist für Arbeit, was natürlich ganz eng mit Wirtschaftsreformen zusammenhängt. Und auch die **Ministerin [Uta] Nickel,** die verantwortlich ist für Finanzen.

Lange (Moderator): Sie notieren das, Herr Ziegler?

Ziegler (Co-Moderator): Ja. So schnell komme ich bloß nicht mit.

Frau Röth (UFV): Mensch und Nickel.

Lange (Moderator): Würden Sie das bitte noch einmal wiederholen?

Frau Röth (UFV): Frau Ministerin Mensch und Frau Ministerin Nickel.

Gehrke (VL): Zur gleichen Sache: und **Minister [Hans] Reichelt.** Das ist ein Komplex, glaube ich. Hatten wir auch schon einmal beim vorletzten [Mal besprochen].

Ziegler (Co-Moderator): Mensch, Reichelt.

Lange (Moderator): Und Reichelt.

Ziegler (Co-Moderator): Nein, es war noch einer dazwischen.

Lange (Moderator): Frau Röth, würden Sie bitte noch einmal wiederholen, daß uns nichts verloren geht?

Frau Röth (UFV): Die Ministerin für Arbeit, also Hannelore Mensch, und die Ministerin für Finanzen, Frau Nickel.

Ziegler (Co-Moderator): Ah ja. Frau Nickel.

Lange (Moderator): Herr Ullmann.

Ullmann (DJ): Ja. Ich wollte auf die Frage von Herrn Ziegler antworten. Ihre Frage kann meines Erachtens im Zusammenhang mit Tagesordnungspunkt 4 beantwortet werden.

Lange (Moderator): Vielen Dank.

Herr Schult.

Schult (NF): Ja. Es geht einfach nicht nur um Einladungen, sondern um klare Stellungnahmen der Regierung. Herr de Maizière ist ja nun gegangen, bevor er also die Frage beantwortet hat. Vielleicht konnte er das tatsächlich nicht. Also, es geht um die Anfrage, **Vernichtung der Akten.**

[Bei] der speziellen Situation der Staatsangestellten, also dieser Beschluß des Ministerrates, wo ja festgelegt worden ist, für meine Begriffe im Widerspruch zum Arbeitsgesetzbuch, daß die Mitarbeiter des Staates, die Staatsangestellten, wobei hier noch nicht einmal das Ministerium für Staatssicherheit erwähnt ist, da scheinen noch **Sonderregelungen** zu existieren, Überbrückungsgeld für drei Jahre in Höhe ihres bisherigen Durchschnittslohns erhalten werden. Also hierzu ist eine klare Stellungnahme der Regierung erforderlich. Ebenso zu den Punkten **Auflösung des Amtes für Nationale Sicherheit** beziehungsweise Verfassungsschutz und Nachrichtendienstbildung. Und zu den schon von Herrn Pflugbeil angesprochenen Fragen der **Kernkraftwerke.**

Lange (Moderator): Letzterer Punkt wird uns noch beschäftigen unter [Tagesordnungspunkt] 4. Herr Schult, darf ich Sie fragen, könnten Sie sich vorstellen, daß das erstgenannte Thema doch in dem Gespräch am 3. Januar [1990] mit Frau Ministerin Luft eine Rolle spielt, da sie dieses ja auch schon bereits erwähnt hatte?

Schult (NF): Also, die Vernichtung der Akten der Staatssicherheit?

Lange (Moderator): Nein, ich meine jetzt die Zahlung, die für drei Jahre festgelegt ist.

Schult (NF): Die ist ausgemacht worden zwischen [dem] Ministerrat, da es nicht genau klar ist, also Unterschrift eines Staatssekretärs, dann Ministerium der Justiz, Generalstaatsanwaltschaft DDR, Präsident [des] Obersten Gerichtes und dem FDGB, Gewerkschaft der Mitarbeiter, Staatsorgane und Kommunalwirtschaft Zentralvorstand. Also hier wäre die Frage, denke ich schon, [an den] Ministerrat. [Ich] weiß nicht genau, ob Frau Luft dazu Auskunft geben kann.

Lange (Moderator): Gut. Wir würden das auf jeden Fall festhalten, daß es aber am 3. Januar mit zur Sprache kommt, weil Sie jetzt eben noch einmal die Antwort angemahnt hatten.

Schult (NF): Ja.

Lange (Moderator): Kleinen Moment, Herr Gehrke hatte sich gemeldet. Hat sich erübrigt.

Herr Raspe.

Raspe (LDPD): Ja. Ich möchte nur noch einmal darauf verweisen, also, wenn wir hier auf Zuruf gewissermaßen die Minister anfordern, dann sind wir eigentlich schon wieder fast beim Vorschlag vom Kollegen Böhme, den wir hier abgelehnt haben.

Na ja, es kann uns passieren, daß hier dann nicht nur vier Minister mehr vor uns sitzen, sondern sieben, acht beispielsweise. Und wenn wir ihnen dann nicht einmal sagen, wann wir sie sprechen möchten, dann sitzt die halbe Regierung einen ganzen Tag mit uns gemeinsam hier. Und ich glaube, das kann doch auch nicht unser Sinn der Sache sein.

Also wenn, dann müßten wir – – vielleicht ist der Antrag aber so zu verstehen, den Ministern auch freizustellen, daß sie **kompetente Vertreter aus ihrem Ministerium** hier herbitten oder veranlassen, herzukommen. Vielleicht ist uns dann auch geholfen. Ich glaube, sonst ist das nicht zu verantworten.

Lange (Moderator): Findet dieses ihre Zustimmung, nach Möglichkeit die Minister? Wenn nicht, dann sollte man auf diese Lösung auf jeden Fall zugehen.

Frau Töpfer.

Frau Töpfer (FDGB): Ich wollte zusätzlich darum bitten, daß auch zu **Justizfragen** ein kompetenter Vertreter des Justizministeriums anwesend sein wird.

Lange (Moderator): Herr Meckel.

Meckel (SDP): Wir wollen den Antrag stellen, daß künftig **alle Gesetzesvorhaben der Volkskammer und wesentlichen Regierungsentscheidungen vorher** hier schriftlich [eingehen], darüber **schriftlich informiert** wird **an den Runden Tisch.** Also, eine schriftliche Information, nicht nur eine Information, die da einfach einmal mündlich vorgetragen wird.

Lange (Moderator): Das ist ein Antrag, den Sie stellen? – Ja. Zunächst hatte sich Herr Engel gemeldet.

Engel (CDU): Ich wollte nur die Frage von Herrn Schult unterstützen, daß wir diese Dinge aufschreiben, der Regierung übergeben und am 3. Januar [1990] fordern, daß, egal welcher Minister das ist, ob [Herr] Halbritter oder [Frau] Luft oder wer auch immer, diese Fragen von Herrn Schult hier [zu] beantworten. Ich bitte, das als Antrag aufzunehmen.

Lange (Moderator): Frau Köppe.

Frau Köppe (NF): Die Forderung, daß wir von der Regierung vor wichtigen Entscheidungen informiert werden, die brauchen wir heute gar nicht mehr zu stellen. Das haben wir am 7. Dezember [1989] bereits formuliert. Und wir sind jetzt in diese Situation geraten, weil wir eben nicht von der Regierung informiert wurden.

Wir haben, Herr Schult nannte die vier Punkte, von diesen vier Punkten haben wir zu zwei Punkten, und zwar einmal zur **Bildung des Nachrichtendienstes** und des Verfassungsschutzes und auch zu dieser **Kernkraftwerkssache** schon Vorlagen vorbereitet, in denen ganz konkrete Forderungen an die Regierung formuliert sind. Und wir würden nachher dann gern diese Vorlagen hier vorstellen.

Lange (Moderator): Danke.
Herr Poppe.

Poppe (IFM): Ja, ich möchte noch einmal an diesen **Gesetzgebungsplan** erinnern, der hier vorhin mehrfach erwähnt wurde. Das wäre ja dann einmal notwendig, einen Gesamtüberblick zu erhalten. Vielleicht gibt es auch jemanden in der Regierung, der kompetent dafür ist, diesen Gesamtüberblick zu geben, daß man nicht gleich die halbe Regierung einladen muß. Aber ich denke, daß diese ständig genannten **42 Gesetze** hier wenigstens einmal vorgestellt werden müßten oder aufgelistet werden müßten und dann entsprechende Unterlagen hier zur Verfügung gestellt werden sollten.

Lange (Moderator): Herr Maleuda.

Maleuda (DBD): Ich würde gerne zu diesen 42 Gesetzesüberlegungen etwas sagen. Das ist sicher ein Gesamtkomplex, der sich nicht nur bis zu den Wahlen, sondern weit in das Jahr 1990 hinein bewegt, und ich hatte hier schon hervorgehoben, es geht jetzt darum, die **Gesetzesinitiativen einzugrenzen,** die unbedingt notwendig sind für den Zeitraum bis zum 6. Mai [1990]. Und diese Vorschläge liegen Anfang Januar seitens der Regierung zur Diskussion in den Ausschüssen vor. Also, es geht nicht um diesen großen Gesamtkomplex, sondern um ein Programm bis zu den Wahlen am 6. Mai. Wieviel das insgesamt sind, kann ich jetzt zur Stunde gar nicht genau sagen. Aber bei weitem nicht dieser große Umfang.

Lange (Moderator): Herr Stief.

Stief (NDPD): Ich möchte im Interesse einer substanzreichen Arbeit noch einmal an folgendes erinnern. Frau Minister Luft hat, soweit ich mich erinnere, bei ihrem letzten Auftritt darauf hingewiesen, daß am 2. Januar [1990] der Ministerrat tagt und sich verständigen wird über ein **Stabilisierungsprogramm der Wirtschaft.** Ich möchte auf folgendes hinaus: Wir werden [uns] am 3. Januar [1990] mit den ganzen Wirtschaftsfragen, in die sich ja Sofortmaßnahmen einbetten, [beschäftigen] und wenn der ganze **Arbeitsausschuß „Wirtschaft"** einen Sinn haben soll, muß abschließend am 3. Januar darüber gesprochen werden. Wir haben also die Möglichkeit, am 3. Januar auch diese Information noch entgegenzunehmen.

Und ich möchte noch einmal die Details erwähnen. Es geht da um ein Stabilisierungsprogramm für die Produktion, worüber sie Auskunft geben wird, um ein Stabilisierungsprogramm für den Binnenmarkt, eines für den Außenmarkt und ein viertes für die Staatsfinanzen. Solches wird am 2. [Januar 1990] bündig besprochen.

Weil ja hier gelegentlich auch der Vorwurf zu hören ist, es wird nicht rechtzeitig vor bestimmten Entscheidungen informiert. Nach Lage der Dinge ist es sicherlich so, daß viele Probleme gleichzeitig oder mit kurzen Zeitabständen durch die geschäftsführende Regierung behandelt werden müssen, so daß wir diesem Grundsatz sicherlich nicht in jedem Falle folgen können, da wir ja nur jede Woche tagen am Runden Tisch.

Und alles das, was noch eine Rolle spielte, **strukturkonzeptionelle Vorstellungen,** sind erst im April überhaupt zu erwarten. Das heißt Energie, Umweltkonzept, Mikroelektronikprogramm.

Ich frage jetzt abschließend, was für einen Sinn es haben soll, den Umweltminister Reichelt am 3. Januar [1990] einzuladen, da wir gesondert über **Ökologie** oder ökologischen Umbau sprechen werden, und das in der Prioritätenkommission auch für einen anderen Tag festgelegt worden ist.

Wenn man natürlich der Meinung ist, daß Ökologie im weitesten Sinne zur Wirtschaft gehört, dann müßte man den 3. Januar [1990] weiter befrachten oder überfrachten.

Und da ohnehin Justizfragen noch eine Rolle spielen, glaube ich, daß alles Weitergehende jetzt uns am Ziel vorbeiführt, daß der 3. Januar überhaupt einen ergebnisreichen Abschluß haben wird.

Lange (Moderator): Herr Poppe.

Poppe (IFM): [Ich] ziehe zurück.

Lange (Moderator): Ja.
Herr Gehrke.

Gehrke (VL): Ich wollte zum letzten Ihnen gleich anworten. Daran wird nämlich das Problem deutlich oder eines der Probleme, daß logischerweise, das ist nicht das Problem, daß man natürlich erst im April ein Konzept für eine längerfristige Arbeit haben kann. Und das heißt, wenn wir ein **Energie- und ein Umweltkonzept** erst im April haben werden, aller Voraussicht nach, und heute bereits **Kernkraftwerke importieren** unter dem Druck der Verhältnisse oder einzelner Minister oder was auch immer für Ebenen, dann haben wir hier heute langfristige Entscheidungen, die unser gesamtes Wirtschafts- und Umweltgefüge in den nächsten zehn, fünfzehn, zwanzig und so weiter Jahren beeinflussen werden, ohne daß sie in ein Konzept eingeordnet sind. Und genau das ist das Problem.

Lange (Moderator): Herr Meckel.

Meckel (SDP): Sie haben eben sehr deutlich die Probleme dargestellt, vor denen wir hier am Runden Tisch stehen, daß wir Aufgaben haben und durch die Art und Weise des Verhandelns gar nicht dazu kommen.

Wir haben den Antrag gestellt und sind ja damit durchgefallen, daß der Runde Tisch nicht nur jede Woche verhandeln soll. Wir denken auch weiterhin, daß die Art der Aufgaben dies erfordert und daß wir entsprechend arbeiten sollten.

Ich möchte aber auch an meinen Antrag erinnern, daß die Informationen schriftlich erfolgen sollten. Das steht bisher nicht drin und sollte noch abgestimmt werden.

Lange (Moderator): Dieser Antrag steht auf jeden Fall.

Ich darf aber vorher die Teilnehmer des Runden Tisches und die gesamte Tischrunde darauf hinweisen, daß eine Pause auf uns wartet, die wir sicherlich alle sehr begrüßen. Ich würde Ihnen aber vorschlagen, daß wir doch diesen Punkt jetzt erst noch zum Abschluß bringen.

Es ist der Antrag von Herrn Meckel vorgelegt worden, alle Gesetzesvorlagen, dies soll also von der Regierung gefordert werden, alle Gesetzesvorlagen vor Verabschiedung schriftlich, oder vor Behandlung, schriftlich an die Teilnehmer des Runden Tisches zu versenden. Ist das so korrekt?

Meckel (SDP): Alle Gesetzesvorlagen und wesentlichen Regierungsentscheidungen.

Lange (Moderator): Alle Gesetzesvorlagen und wesentlichen Regierungsentscheidungen vorher schriftlich an den Runden Tisch zu senden.

Gehrke (VL): Wir müßten vielleicht über eine Frist noch beraten. Ich weiß nicht, mindestens ein Zeitraum, wo es mindestens vorher beraten werden kann, und ich würde auch in dem Zusammenhang vielleicht überlegen, ob wir es nicht auch gleich in unsere Kommissionen geben könnten. Ich will nicht ablenken, [das] ist nur eine Überlegung, in unsere [Kommissionen] vom Runden Tisch, meine ich jetzt.

Lange (Moderator): Bitte, Herr Koplanski.

Koplanski (DBD): Ich muß auch auf die Möglichkeit und die Bitte hinweisen, daß **Gesetzesvorlagen**, die in den Ausschüssen der Volkskammer behandelt werden, auch frei öffentlich, die Beratungen sind öffentlich, und dazu auch die **Vertreter der Arbeitsgruppen und des Runden Tisches eingeladen werden**. Das gehört, glaube ich, auch zu einer effektiven Arbeitsweise, daß nicht immer alles doppelt gemacht wird.

Lange (Moderator): Ja. Noch einmal Herr Meckel dazu.

Meckel (SDP): Wir können und wollen nicht in allen Ausschüssen gleichzeitig sitzen. Das überfordert auch unsere personellen Kräfte.

Ich denke, es ist nicht schwierig für eine Regierung oder eine Volkskammer, den entsprechenden Vertretern des Runden Tisches die entsprechenden Exemplare der Regierungsentscheidungen und der Gesetzesentwürfe hier vorzulegen.

Zu dem, was mein Nachbar sagt, denke ich, sollte man sich mit dem Stichwort „rechtzeitig", wie es auch bei dem „Selbstverständnis" steht, begnügen, weil alles andere zu formalistisch wäre und wahrscheinlich schwer durchzuhalten.

Lange (Moderator): Dieser Antrag ist eigentlich nur eine Erweiterung eines Beschlusses, den wir zum Selbstverständnis des Runden Tisches gefaßt haben.

Es geht um die Erweiterung „schriftlich". Können wir darüber jetzt abstimmen? Wer dafür ist, daß wir dieses Wort einfügen, das heißt „schriftlich rechtzeitig diese Gesetzesvorlagen und wesentlichen Regierungsvorlagen erbitten", den bitte ich um das Handzeichen.

Ducke (Co-Moderator): 24 habe ich gezählt.

Lange (Moderator): Ja. Wer ist dagegen?

Ducke (Co-Moderator): [Mit Nein haben gestimmt] 9.

Lange (Moderator): Wer enthält sich der Stimme?

Ducke (Co-Moderator): Nein, dann 8 und 4 Enthaltungen.

Lange (Moderator): Vielen Dank. Dieses ist so beschlossen.

TOP 9: Kernkraft in der DDR: Ankauf von Kernkraftwerken aus der BRD

Wir waren darauf hingewiesen worden, daß zu Punkt 6, bevor wir ihn abschließen, noch ein Stichwort „Kernkraftwerk" zumindest kurz informiert werden sollte. Kann das jetzt noch geschehen, bevor wir in die Pause gehen?
Herr Ullmann.

Ullmann (DJ): Können wir das nicht auch schriftlich zugeschickt kriegen?

Lange (Moderator): Das ist ein Vorschlag. Bitte.

Pflugbeil (NF): Also, ich habe hier einen Antrag an den Runden Tisch. Beschlußvorlage. Und die würde ich an und für sich ganz gerne vortragen. – Wie bitte?

Lange (Moderator): Dann müssen wir ihn erst einmal lesen.

Pflugbeil (NF): Er liegt hier und kann sofort verteilt werden, das ist kein Problem.

Lange (Moderator): Bitte, Herr Ullmann.

Ullmann (DJ): Also, das ist aber jetzt ein Tagesordnungsproblem. Wir hatten uns geeinigt auf die Reihenfolge 6, 4, 7.

Lange (Moderator): Ja. Darf ich nur darauf hinweisen, daß wir bei der Festlegung der Tagesordnung bei Punkt 6 als Zusatz angefügt hatten, „Verhandlung Kernkraft". So hatte ich das notiert.

Ziegler (Co-Moderator): – für den „Ankauf von Kernkraftwerken aus der Bundesrepublik".

Lange (Moderator): Und zwar, ja, Verhandlung der DDR über Kauf von Kernkraftwerken von der Bundesrepublik.
Herr Ullmann.

Ullmann (DJ): Ja, also, ich kann mir nicht vorstellen, daß wir das jetzt ohne Debatte einfach hören und dann abstimmen.

Lange (Moderator): Gut. Was ist Ihr Vorschlag?

Ullmann (DJ): Mein Vorschlag ist, daß Herr Pflugbeil uns seine Vorlage schriftlich verteilt, und daß sie durch die Prioritätenkommission in eine künftige Tagesordnung eingereiht wird.

Lange (Moderator): Wird dieser Vorschlag unterstützt? – Die Vorlage wird verteilt.
Dazu Herr Meckel noch.

Meckel (SDP): Ja, daß also die Vorlage der Regierung da ist, daß die Vorlage von Herrn Pflugbeil da ist und daß dann gemeinsam darüber diskutiert wird.

Lange (Moderator): Ja. Wir würden uns jetzt so verständigen, daß die Vorlage ausgeteilt wird und daß in der Prioritätengruppe dies weiter zu besprechen ist, ja? Können wir dem zustimmen? Wer dafür ist, den bitte ich um das Handzeichen.
Entschuldigung, pardon.
Herr Pflugbeil.

Pflugbeil (NF): Ich bitte um Entschuldigung. Ich würde noch gerne etwas dazu sagen.
Die Verhandlungen in diesem Punkt gehen derartig rasend schnell, daß Sie doch, denke ich, 3 Minuten geben sollten, um sagen zu können, worum es hier dabei geht in diesem Antrag.
Es geht mir nicht darum, die Debatte pro oder contra Kernenergie aufzurollen.

Lange (Moderator): Gut.
Bitte, Herr Platzeck.

Platzeck (GL): Wir möchten den Antrag unterstützen, weil es hier wirklich eventuell um Tage geht, das wissen wir leider nicht genau, da neulich keine Auskunft gegeben wurde. Wenn hier aber Entscheidungen fallen, wie Herr Gehrke sagte, beschäftigen die uns die nächsten Jahrzehnte.

Lange (Moderator): Darf ich das so verstehen, daß jetzt das Papier ausgeteilt wird, wir Herrn Pflugbeil die Möglichkeit geben, kurz zu erläutern?
Bitte, Herr Pflugbeil, Sie haben das Wort.

Pflugbeil (NF): Die Situation ist so, daß zur Zeit verhandelt wird über eine Entscheidung, deren Auswirkungen Jahrzehnte, wenn nicht noch länger, betragen werden.
Ich möchte beantragen, daß der Runde Tisch an die Ministerin Luft die Fragen stellt: „Wer verhandelt in wessen Auftrag mit den westdeutschen Stromversorgungsunternehmen **Preußen Elektra** und den **Bayern-Werken** über den Bau von 2 mal 2 Kernkraftwerksblöcken zu je 1 300 Megawatt auf dem Boden der DDR?" Und zweite Frage: „Wie ist der gegenwärtige Stand der Verhandlungen?"

Und ich möchte den Antrag stellen, daß der Runde Tisch die folgenden vier Punkte beschließt:

> **[Vorlage 4/6, Antrag NF: Zu den Verhandlungen über einen Ankauf von Kernkraftwerken aus der Bundesrepublik[28]]**
>
> 1. Der Runde Tisch wird über jede Verhandlung mit den beiden genannten Unternehmen oder anderen Partnern über den Bau von Kernkraftwerken informiert.
> 2. Der Runde Tisch erklärt, bis zu den Wahlen jede bindende Absprache über den Bau von Kernkraftwerken für unzulässig. Bereits getroffene Absprachen werden für ungültig erklärt.
> 3. Der Runde Tisch unterstützt die zur Zeit nicht an der Regierung beteiligten Gruppierungen und Parteien bei der Erarbeitung einer Alternative zu der gegenwärtig entstehenden offiziellen Energieversorgungsstrategie.
> 4. Dazu ist es erforderlich, daß die erforderlichen Daten von der Regierung zur Verfügung gestellt werden, daß die offizielle Energieversorgungsstrategie, soweit schon vorhanden, offengelegt wird, daß die Regierung der DDR die bei der Erarbeitung der Alternative anfallenden Kosten übernimmt, und daß die erforderlichen Fachleute aus der DDR für die Zeit bis zu den Wahlen freigestellt werden.
>
> Das Neue Forum wäre bereit, die Arbeiten in dieser Alternative zu koordinieren.

Lange (Moderator): Darf ich noch einmal zurückfragen? Was Sie eben vorgetragen [haben], findet sich auch in dem Papier, das eben verteilt wird, ja? Diese vier Punkte.

Pflugbeil (NF): Das steht genau auf diesem Papier und ich würde beantragen, daß – –

Lange (Moderator): Wir haben das nicht hier oben.

Pflugbeil (NF): Es kommt sofort.

Lange (Moderator): Ja. Vielen Dank. Das war eine Erläuterung beziehungsweise ein Hinweis, daß darüber zu befinden ist. Gehe ich recht in der Annahme, daß dies aber jetzt nicht unmittelbar geschehen kann? Daß wir dies also dann zurückstellen und die Prioritätengruppe bitten, entsprechend dies vorzubereiten, daß ihre Anträge dann hier dem Runden Tisch vorgelegt werden.
Herr Gehrke.
Moment. Entschuldigung, Sie hatten Geschäftsordnung – –

Meckel (SDP): Ich beantrage, daß die konkreten Anfragen an Frau Luft, die, wie ich hörte, ja nicht zum ersten Mal kommen, beim nächsten Mal mit am 3. [Januar 1990] verhandelt beziehungsweise beantwortet werden.
Es ist von uns her ja völlig klar, daß langfristige Entscheidungen wie die hier angesprochenen, überhaupt nicht in die Kompetenz der Regierung fallen, außer das, was im Augenblick dringend gemacht werden muß. Insofern brauchen wir über manche dieser hier angesprochenen Punkte gar nicht zu verhandeln, da erst ein künftiges Parlament über wesentliche Fragen in dieser Richtung entscheiden kann und darf.

Lange (Moderator): Da wir die Zusage von Frau Ministerin Luft haben zum 3. Januar, ist das selbstverständlich, daß dies dann vorgetragen wird.
Herr Gehrke.

Gehrke (VL): Ich wollte das auch nur sagen, daß wir die Frage ja schon an die Frau Luft gestellt haben. Darauf noch einmal, aber heute, selbst, wenn der Antrag jetzt zurückgestellt werden sollte mit Bezug auf die nächste Woche, [sollten wir] noch einmal die Dringlichkeit unterstreichen, mit der diese Fragen hier behandelt werden müssen.

Lange (Moderator): Ja. Vielen Dank. Gibt es dazu noch Äußerungen? Können wir dann so verfahren, wie es vorgeschlagen ist?
Herr Ziegler.

Ziegler (Co-Moderator): Ich glaube, wir könnten doch auch im abgekürzten Verfahren sagen, die beiden Fragen an Frau

---
[28] Siehe den vollständigen Text der „Anfragen" des NF zum Ankauf von Kernkraftwerken aus der BRD im Dokument 4/8 im Anlagenband.

Luft [behandeln wir] am 3. Januar [1990] und die anderen haben wir [als] „Umweltfragen" für den 15. Januar [1990] vorgelegt. Und das kommt am 15. Januar [1990] zur Verhandlung. Dann können wir planen.

Lange (Moderator): Herr Ullmann.

Ullmann (DJ): Ja, ich meine freilich, die Frage der Energie ist eine, ohne die überhaupt ein Wirtschaftskonzept gar nicht gemacht werden könnte. Insofern müßte es mindestens am 3. Januar angesprochen werden.

Lange (Moderator): Es wird angesprochen. Davon gehen wir aus. Das ist, glaube ich, Konsens unter uns. Vielen Dank. Dann können wir diesen Punkt zunächst abschließen.

Herr Poppe.

Poppe (IFM): Ja, ich möchte noch einmal daran erinnern, daß wir eine **Arbeitsgruppe „Ökologischer Umbau"** hier haben, die beim letzten Mal vom Runden Tisch beschlossen wurde. Und daß es, wenn es hier um die Koordinierung dieser Fragen geht, doch empfehlenswert wäre, daß diese Arbeitsgruppe die Koordinierung dort übernimmt und auch entsprechend sich mit den Entwürfen, die vorliegen, beschäftigt.

Lange (Moderator): Ich denke, dem steht nichts entgegen. Das ist ein guter Vorschlag. Vielen Dank. Dann unterbrechen wir unsere Sitzung für 15 Minuten? – 20 Minuten Pause.

[Verhandlungspause]

Ziegler (Moderator): Wir haben beschlossen, daß auf jeden Fall die Punkte 6, 4, und 7 [der ursprünglichen Tagesordnung, **Vorlage 4/1**] heute noch verhandelt werden. Ich möchte darauf hinweisen, daß natürlich weitere Dinge, die die Ordnung des Sekretariats und so weiter betreffen, nicht unwesentlich sind für die weitere Arbeit und für die Erfüllung all der Wünsche, die auch in der letzten Gesprächsphase zum Ausdruck gekommen sind.

TOP 10: Zivile Kontrolle der Auflösung des MfS/AfNS

Wir gehen jetzt aber über zu Tagesordnungspunkt 4. Das Wort formuliert zur „Bildung eines zivilen Kontrollausschusses". Aber es ist von Frau Köppe mit Recht daran erinnert worden, der Anlaß zur Formulierung dieses Themas war die **Information zum Entschluß der Regierung der DDR vom 14. Dezember zur Auflösung des Amtes für Nationale Sicherheit** und der **Beschluß über die Bildung einer zeitweiligen Untersuchungsabteilung**, der uns letztens auch als Information übergeben worden ist. Und dazu sollte jetzt auch Gelegenheit sein, noch zu sprechen und Informationen einzubringen.

Und es war Herrn Jordan zugesagt worden, daß an dieser Stelle auch die Fragen noch einmal aufgelistet oder angesprochen werden können, die mit dem Ministerium für Staatssicherheit und den **Baubilanzen** und dem **Verbleib der Waffen** und so weiter [zusammenhängen und] hier zur Sprache gebracht werden können.

Das ist also der Inhalt des Tagesordnungspunktes 4. Der steht jetzt zur Verhandlung an. Ich bitte um Wortmeldung.

Und zweckmäßigerweise wird es ja gut sein, anzufangen mit den Anfragen, die unbefriedigend offengeblieben sind durch die Information dieser beiden Regierungsberater. Sollten sie sich etwa erledigt haben?

Frau Köppe, bitte schön.

Frau Köppe (NF): Die Regierungsinformation ist ja untergliedert in zwei Teile. Der erste Teil betrifft die **Auflösung des Amtes für Nationale Sicherheit**, der zweite Teil ist die Information über die **Bildung eines Verfassungsschutzes und eines Nachrichtendienstes** in der DDR.

Vielleicht sollten wir uns hier verständigen, daß wir auch in der Diskussion vielleicht das versuchen zu trennen und zunächst zur **Auflösung des Amtes für Nationale Sicherheit** sprechen. Dazu haben wir folgende Bemerkungen.

In dem Text heißt es, das Amt für Nationale Sicherheit wird umgehend aufgelöst. Unsere Frage lautet, was heißt **umgehend**? Bis wann soll dieses Amt aufgelöst werden?

Der zweite Satz, zur Auflösung des Amtes wird ein ziviler Beauftragter des Ministerrates eingesetzt. Wir hatten uns beim letzten Mal schon darüber verständigt, daß das nicht unsere Absicht war. Wir hatten gefordert, das Amt für Nationale Sicherheit sollte **unter ziviler Leitung aufgelöst**, aber eben nicht durch einen Beauftragten des Ministerrats kontrolliert werden, sondern durch eine **unabhängige Kontrolle**.

Wir fordern, daß diese Untersuchungskommissionen, die teilweise schon existieren [und] diese Auflösung des Amtes für Nationale Sicherheit kontrollieren, mit allen Befugnissen ausgestattet werden.

Wir sind darüber informiert, daß teilweise in den bestehenden Gremien des Amtes für Nationale Sicherheit inzwischen der **Verfassungsschutz** eingezogen ist und aber auch, daß bei anderen Bauten diesen Kontrollausschüssen der Zugang verwehrt wird, einfach, weil nun ein anderes Schild da dran ist und weil diese Instanzen plötzlich als militärische Einrichtungen gekennzeichnet sind.

Das vielleicht erst einmal zu dem ersten Punkt, und wir hätten nachher dann noch eine konkrete **Vorlage [4/8]** zur Bildung von Verfassungsschutz und Nachrichtendienst und weitere Forderungen an die Regierung.

Ziegler (Moderator): Sie melden sich dann, wenn das andere kommt, wieder zu Wort, ja?

Herr Ullmann.

Ullmann (DJ): Ich möchte zu Punkt 1 sprechen. Das ist, „wird umgehend aufgelöst". Hier ist es meines Erachtens auf jeden Fall erforderlich, daß der Runde Tisch informiert wird über den faktischen Inhalt dieses Satzes.

Ich bin soweit darüber informiert, daß diese **Auflösung auf regionaler Ebene** in vollem Gange ist. Ich habe an einer Sitzung der **Kontrollkommission „Sicherheit"** teilgenommen hier in Berlin in der Keibelstraße. Gegenstand dieser Sitzung war freilich nur die Art und Weise, wie das Bezirksamt aufgelöst wurde.

Und ich bin dort von den Mitarbeitern ausdrücklich aufgefordert worden, daß der Runde Tisch sich äußern möge über die **Modalitäten für die Auflösung des zentralen Amtes**, weil es sich hier offenkundig um die schwierigste aller Aufgaben handelt. Ich bin bisher nicht informiert, ob irgendwelche Schritte in dieser Richtung geschehen sind. Es ist jedenfalls an mich der Vorschlag herangetragen worden, daß die schon existierende Kommission „Sicherheit", die die Auflösung des Bezirksamtes vorgenommen hat, auch eine besondere Autorisierung vom Runden Tisch bekommt, das zentrale Amt aufzulösen, in den Schritten, wie sie das bisher getan hat. Darüber könnte ich im einzelnen Auskunft geben. Ich bin aber persönlich der Meinung, daß die Aufgabe der Auflösung des zentralen Amtes so groß ist, daß die Personaldecke der jetzt bestehenden Kommission dazu nicht zureichen wird.

Ziegler (Moderator): Herr Poppe.

Poppe (IFM): Ja, ich bin auch darüber informiert worden, daß sich die bestehende Untersuchungsgruppe kompetent fühlt in Fragen Bezirksbehörde Berlin [des MfS/AfNS]. Das ist also die Gruppe, die ich neulich auch angesprochen habe, die man mit erweiterten Kompetenzen ausrüsten sollte, um die Zentrale dort aufzulösen. Es scheint also nicht der Fall zu sein, daß sie dort sich ausreichend kompetent fühlt.

Und deshalb wäre es, glaube ich, jetzt **Angelegenheit des Runden Tisches, eigens dafür eine Kontrollkommission zu bilden**, die, wie auch unsere übrigen Arbeitsgruppen, paritätisch besetzt ist. Und die dann mit den Befugnissen der Auflösung der Zentrale des ehemaligen MfS vollständig ausgestattet wird.

Ziegler (Moderator): Es sind zunächst Fragen gestellt und das letzte war ja dann die Aufnahme des Antrags vom letzten Mal, die Herr Schnur kurz gesagt hatte.

So wie ich sehe, werden wir kompetente Antworten auf diese beiden Fragen in diesem Augenblick nicht haben können, sondern es wird darauf hinlaufen, daß wir einen Vertreter, ja, der Regierung dazu extra bitten müssen, diese Frage genau zu beantworten, wie das mit der Zentrale ist.

Unabhängig davon, so sehe ich das, ist Ihr Antrag, den Herr Poppe eben gestellt hat, daß hier eine paritätische zivile Kontrollkommission, ein Kontrollausschuß, gebildet wird. Herr Ullmann.

Ullmann (DJ): [Ich habe eine] Rückfrage an Herrn Poppe. Ist er der Meinung, wir müßten eine ganz **neue Kommission** berufen? Mein Vorschlag war so, daß wir eine Ergänzung der schon bestehenden vornehmen sollten, damit eben nicht auch in diesem Falle, wie wir das häufig gehabt haben, alles von vorn anfangen muß.

Poppe (IFM): Ja, ich bin – – darf ich darauf antworten?

Ziegler (Moderator): Bitte, bitte.

Poppe (IFM): – – Ja, ich bin der Meinung, daß es nicht um eine vollständig neue Kommission gehen muß, sondern daß einzelne derjenigen, die jetzt bereits an der Gruppe mitarbeiten, die dort Zugang zur Bezirksbehörde hat, auch an dieser zentralen Untersuchungskommission beteiligt werden könnten. Aber es ist mir dort ausdrücklich von mehreren gesagt worden, daß sie sich insgesamt nicht in der Zusammensetzung kompetent fühlen. Und deshalb müßte hier wirklich noch einmal von allen vertretenen Gruppierungen und Parteien gemeinsam eine Kommission zusammengestellt werden, die ja einige von denen übernehmen könnte.

Ziegler (Moderator): Ich darf in Erinnerung rufen, was wir beschlossen haben das letzte Mal. Da steht:

„Zum gegenwärtigen Zeitpunkt verzichtet der Runde Tisch auf die Bildung einer Arbeitsgruppe „Untersuchung". Er heißt gut und unterstützt die Arbeit der Unabhängigen Kontrollkommission zur Auflösung des Amtes für Nationale Sicherheit unter ziviler Kontrolle." Ich füge ein, hier war, als wir die Auskunft verlangten, Unsicherheit. Und dann geht es weiter: „Er fordert, daß Vertreter der am Runden Tisch vertretenen Organisationen in diesen Kontrollkommissionen mitarbeiten können".

So lautet der Beschluß.

Herr Poppe.

Poppe (IFM): Als Ergänzung dazu noch einmal, uns war zu dem damaligen Zeitpunkt, als diese kurze Erklärung entstanden ist, nicht bekannt, daß die bestehende Untersuchungskommission keinerlei Zugang erhält zu dem zentralen Gebäude in der Magdalenenstraße, jetzt des ehemaligen MfS.

Ziegler (Moderator): Mein Vorschlag steht noch, daß wir diese Frage an einen Regierungsvertreter richten müssen und heute formulieren [sollten] eigentlich das, was Sie zuletzt gesagt haben, Herr Poppe, daß wir fordern, diese Kommission muß Zugang haben eben zu den Zentralen. Herr Ullmann hat zwar geäußert, das ist vielleicht eine Überforderung. Dann ist die Frage, wer soll das dann machen? Wer war nun erst – –

Herr Gutzeit, glaube ich, nicht?

Gutzeit (SDP): Also, nach dem, was ich bisher hörte, ist diese zentrale Kommission noch gar nicht konstituiert, sondern das scheint die Berliner [Kommission] zu sein.

Und demzufolge wäre es meines Erachtens jetzt sinnvoll, und zwar **heute, eine entsprechende Kommission** einzusetzen. Daß wir dann die entsprechenden Vertreter mit hineinnehmen, das halte ich für sinnvoll. Aber wenn wir diese Kommission haben, können wir uns auch mit Nachdruck dafür einsetzen, daß sie dann diese ihre Aufgabe ernst nimmt und auch in dieses zentrale Gebäude kommt.

Ziegler (Moderator): Herr Böhme.

Böhme (SDP): Ich war an der Beratung mit zugegen, von der Herr Dr. Ullmann soeben gesprochen hat, und da war es tatsächlich so gewesen, daß nach Auskunft des Regierungsvertreters, der mit der Auflösung des Amtes beauftragt ist, und nach Auskunft der Vertreter der Volkspolizei eine solche Verbindung von Bezirksamt Berlin und des zentralen Amtes für Nationale Sicherheit vorhanden ist, daß eine **Erweiterung dieser Kommission** günstiger wäre, da möchte ich dem Vorschlag von Herrn Dr. Ullmann zustimmen, günstiger wäre, als jetzt wieder eine Kommission einzusetzen.

Aber man sollte es von der Bedingung abhängig machen, daß die Wirkungs- und Arbeitsstrukturen bis zum nächsten Mal an den Runden Tisch verteilt werden oder mitgeteilt werden, um überhaupt konkret etwas beschließen zu können. Und auch die Arbeitsbereiche festzulegen, denn nach unserer Einschätzung, da war ich mit Herrn Dr. Ullmann in Übereinstimmung, geht es nicht um eine Kommission, sondern dort werden auch Arbeitsgruppen installiert werden müssen, um die einzelnen Bereiche, wie beispielsweise [die] **Sicherstellung** der Akten und die weitere Entscheidung darüber zuzuarbeiten dieser Kommission oder aber beispielsweise **Überführung** der aus dem Amt für Nationale Sicherheit entlassenen Mitarbeiter in den **zivilen Arbeitsbereich** und, und, und.

Also, ich plädiere dafür, daß man sich entscheiden sollte auf eine Erweiterung dieser für die Bezirksauflösung bestehenden Kommission, nachdem die Arbeits- und Wirkungsstrukturen dem Runden Tisch zur Kenntnis gegeben worden sind.

Ziegler (Moderator): Was frühestens das nächste Mal passieren kann.

Böhme (SDP): Ja.

Ziegler (Moderator): Herr Poppe.

Böhme (SDP): Müßte.

Poppe (IFM): Ja, also ich möchte noch einmal feststellen, daß auch in den anderen Bezirken, nicht nur in Berlin, entsprechende Kontrollgruppen bestehen.

Ein Papier liegt hier allen auf dem Tisch, was vorhin verteilt wurde, wo also bereits aus vier DDR-Bezirken Feststellungen getroffen wurden, die sich auf die Untersuchung der dortigen Bezirksbehörden beziehen, und deshalb würde ich den Vorschlag machen, daß wir, ähnlich wie bei unseren gebildeten Arbeitsgruppen, hier zwei Einberufer benennen, die unter Einbeziehung jetzt aller hier vertretenen Parteien und Gruppierungen zum einen und unter Einbeziehung der bereits bestehenden Untersuchungskommissionen auf Bezirksebene dann eine **zentrale** oder DDR-weite **Untersuchungsgruppe** zusammenstellen.

Ziegler (Moderator): Also, das Papier ist überschrieben [Vorlage 4/7] „Staatssicherheit – und wie weiter?"[29], nur damit jeder weiß, welches Papier gemeint ist. Es ist so zwischendurch, ich glaube, schon am Vormittag oder Mittag verteilt worden. Ja. Jetzt haben wir einen konkreten Vorschlag, oder eigentlich zwei, nicht? Entweder – –

Böhme (SDP): Darf ich dazu etwas ergänzen?

Ziegler (Moderator): Ja, bitte.

Böhme (SDP): Ich stimme dem, was Gerd Poppe gesagt hat, zu, um sehr schnell eine solche Kommission ins Leben zu rufen, würde aber trotzdem das ergänzen, daß zum nächsten Mal ein Regierungsvertreter uns schriftlich die Arbeits- und Wirkungsstrukturen mitteilt, damit wir die konkrete Zusammensetzung dann festlegen können. Ansonsten legen wir jetzt wieder eine Kommission fest und stellen dann fest, wir müssen sie erweitern, und verhandeln immer weiter.

Ziegler (Moderator): Also, das nehmen wir jetzt einmal, um es gleich zum Abschluß zu bringen, das war schon mehrfach angesteuert worden, am 3. Januar [1990] sollen sowieso Justizfragen mit auf der Tagesordnung stehen.

Infolgedessen, hier wird die Forderung gestellt, daß ein Vertreter der Regierung an diesem Tag auf die aufgeworfenen Fragen antwortet und vor allen Dingen die **Wirkungsweise der Bezirkskommissionen** erläutert.

Ist das so? Schriftlich erläutert. Kann ich den zur Abstimmung stellen, diesen Vorschlag?

Bitte, Herr Gutzeit.

Gutzeit (SDP): Es war doch noch mehr enthalten.

Ziegler (Moderator): Das kommt noch.

Gutzeit (SDP): Es ging – – aber es ging in diesem Antrag darum, daß ein Vertreter die **Strukturen der Staatssicherheit**, also Arbeitsform, so vorlegt, daß wir danach unsere Arbeit für die Kommission organisieren können, damit wir nicht auf irgendein Unbestimmtes hin etwas konstituieren.

---
[29] Dokument 4/9, Anlagenband.

Ziegler (Moderator): Dann hieße das, daß wir über diese Bildung eines zivilen Kontrollausschusses unsererseits bis dahin warten würden? Na, wie denn? Na, wer? Einer bitte, ja.

Gutzeit (SDP): Ich denke, die Einberufer – –

Ziegler (Moderator): – könnten schon festgelegt werden.

Gutzeit (SDP): – Die könnten schon festgelegt werden.

Ziegler (Moderator): Gut. Also, jetzt aber zunächst der erste Teil des Antrages. Das heißt

[**Antrag IFM, SDP: Schriftlicher Bericht über die Maßnahmen der Organe der Regierung zur Auflösung des MfS/AfNS**]

Ein Regierungsvertreter soll am 3. Januar 1990 zu Struktur- und Wirkungsweise der Regierungsausschüsse zur Auflösung dieses Amtes schriftlich Bericht erstatten, damit danach unsere Arbeit strukturiert werden kann.

Ja? Ja, dieser Kontrollkommission natürlich, nicht die des Runden Tisches, ist klar, nicht.

Gibt es dazu noch Fragen? Dann würde ich da fragen, wer für diesen Antrag stimmt, den bitte ich um das Handzeichen. – 29 dafür. Wer ist dagegen? – Wer enthält sich der Stimme? – Nun, also, sind wir wohl schon etwas dezimiert, was? Gut, aber es reicht, es ist auf jeden Fall die Mehrheit, so daß das beschlossen ist.

So. Jetzt war der zweite Teil, daß schon Einberufer für einen zu bildenden Kontrollausschuß oder Arbeitsgruppe „Kontrolle", wir müßten uns ja einigen, wie wir das am besten benennen, benannt werden. Wir haben bisher von **Arbeitsgruppen** gesprochen. Wenn das eine andere Struktur jetzt sein soll mit dem **Kontrollausschuß**, dann müssen wir darüber befinden. Es war eigentlich unsere Aufgabe hier, nicht eigene Kontrollausschüsse, sondern Arbeitsgruppen, die dieses dann beaufsichtigen oder anregen und anstoßen, das war eigentlich unsere Struktur hier. Arbeitsgruppe „Untersuchung" oder wie wir das nennen, oder haben Sie einen Vorschlag?

Herr Ullmann.

Ullmann (DJ): Ich würde sagen **Arbeitsgruppe „Sicherheit"**.

Ziegler (Moderator): Danke für die Hilfe. Und dann bleibt jetzt zunächst die Frage, wer vorgeschlagen wird und dann stimmen wir ab. Denn wenn keiner sich bereit findet, einzuberufen, dann ist das nachher wieder müßig, nicht. Wir hatten schon einmal so einen schwierigen Punkt. Wer ist bereit, Einberufer von beiden Seiten für diese Arbeitsgruppe „Sicherheit" zu stellen?

Ja, es ist dann natürlich mißlich, wenn sich niemand findet. Herr Böhme.

Böhme (SDP): Die SDP stellt einen – –

Ziegler (Moderator): Wen denn? Wir müßten, Sie schon …

Böhme (SDP): Wenn das – –

Ziegler (Moderator): Wie bitte?

Böhme (SDP): Wenn die Opposition das mitträgt, vorübergehend stellt die SDP einen Einberufer, der dann ersetzt wird von uns, damit der Ausschuß tagen kann.

Ziegler (Moderator): Ja, aber der Name müßte doch bekannt sein. An wen sollen wir uns sonst wenden.

Und darf ich von den Parteien hier einmal fragen, ob da jemand bereit ist?

Böhme (SDP): Böhme übernimmt erst einmal.

Ziegler (Moderator): [Herr] Böhme. Vielen Dank. Böhme. Und, wir hatten es ja immer paritätisch gemacht.

Wer wäre dann von der Seite der in der Regierung vertretenen Parteien bereit und Organisationen? Ja, also, haben Sie keinen zu benennen? Sonst klappt das mit der Parität nicht, die wir bisher hier immer geübt haben.

Nun. Kann natürlich sein, daß Sie das gar nicht wollen und deswegen keinen benennen. Aber so gut wäre das nicht.

Herr Bisky.

Bisky (SED-PDS): Wir können da im Moment keinen Namen nennen. Wir könnten höchstens am 3. Januar jemanden vorschlagen, weil wir hier alle drei in diesen Fragen nicht kompetent zu sein scheinen.

Ziegler (Moderator): Ja. Nun hatten wir die SDP jetzt so durch beharrliches Fragen genötigt, einen Namen zu nennen, nicht.

Böhme (SDP): Die SDP läßt sich nie nötigen.

[Gelächter]

Ziegler (Moderator): Ja, ist gut. Dringend gebeten, dringend gebeten, ja.

Also, daß wir dann einen SED-Vertreter dann am 3. Januar genannt bekommen werden? Erhebt sich da schreiender Widerspruch gegen? – Also gut, wir haben ja einen Namen, an den wir uns wenden können, das ist Herr Böhme.

Und nun frage ich, wer ist dafür, daß die schon Beauftragen, die Einberufer, sich vorbereiten für diese Bildung der Arbeitsgruppe „Sicherheit", den bitte ich um das Handzeichen, damit das auch dann seine Ordnung hat. – Ja, es ist ziemlich klar. Ich glaube, wir brauchen nicht zu zählen. Wer ist dagegen? -Enthaltungen? – Danke. Mehrheitlich angenommen.

Jetzt ist die Frage, damit wäre diese Frage der Auflösung des Amtes für Nationale Sicherheit [behandelt]. Nun käme aber Teil zwei noch.

Frau Köppe.

Frau Köppe (NF): Wir haben dazu etwas vorbereitet. [Es] wird gerade, glaube ich, ausgeteilt. Wir hoffen, daß wir uns gemeinsam darüber verständigen können und dies eventuell als Vorlage dienen könnte, in der die Forderungen der Teilnehmer des Runden Tisches an die Regierung formuliert werden bezüglich der Bildung eines Nachrichtendienstes und eines Verfassungsschutzes der DDR.

> **[Vorlage 4/8, Erklärung NF:] Zur Regierungsinformation vom 14. Dezember 1989 über die Bildung eines Nachrichtendienstes und eines Organs für Verfassungsschutz der DDR**
>
> Die Regierungsinformation vom 14. Dezember 89 über die Bildung eines Nachrichtendienstes und eines Organs für Verfassungsschutz der DDR steht im Widerspruch zur Forderung der Teilnehmer des Runden Tisches, rechtzeitig vor wichtigen Entscheidungen von der Regierung informiert zu werden. Als Bestandteil der öffentlichen Kontrolle fordern wir von der Regierung konkrete Aussagen über den derzeitigen Stand der Einrichtung dieser Organe und ihre geplante Arbeitsweise.
>
> 1. Ein Organ zur Sicherung der verfassungsmäßigen Ordnung kann frühestens nach Inkrafttreten einer neuen Verfassung gebildet werden. Wir geben zu bedenken, daß die Verfassung einer wahren Demokratie nicht durch einen Apparat, sondern nur vom Volk geschützt werden kann.
>
> 2. Die Benennung der Aufgaben des Nachrichtendienstes und des Verfassungsschutzes in der Regierungserklärung ist unkonkret und damit unzureichend. Wir fordern von der Regierung eine präzise Funktions- und Befugnisbeschreibung dieser Organe und deren Mitarbeiter.
>
> 3. Wir fordern von der Regierung, die Abgrenzung dieser Organe zur Polizei zu benennen.
>
> 4. Wir fordern von der Regierung konkrete Mitteilungen über die Anzahl der Mitarbeiter dieser Organe, die Qualifikation der Mitarbeiter, die eventuelle Übernahme ehemaliger Mitarbeiter der Staatssicherheit beziehungsweise des Amtes für Nationale Sicherheit in den Verfassungsschutz und in den Nachrichtendienst. Und wir fordern die Mitteilung über die zu erwartenden und bereits geplanten Kosten für diese Organe.
>
> 5. Wir fordern von der Regierung Aussagen zu Kontrollmöglichkeiten über den Nachrichtendienst und über den Verfassungsschutz. Ohne Kontrolle besteht die Gefahr der Verselbständigung dieser Organe.

Vielleicht noch ein paar Anmerkungen dazu. In der Regierungsinformation, die uns ja wirklich lediglich vor scheinbar vollendete Tatsachen schon gestellt hat, wird darauf verwiesen, daß es derartige Einrichtungen, also Verfassungsschutz und Nachrichtendienst, in allen sozialistischen und entwickelten kapitalistischen Staaten gibt. Das ist nicht ganz so. Es gibt auch Staaten, die auf derartige Einrichtungen verzichten können. Weiterhin wird in der Regierungsinformation speziell der Verfassungsschutz und der **Bundesnachrichtendienst [BND] in der BRD** erwähnt.

Vielleicht noch einmal zur Information. Der BND, ein aus einer faschistischen Organisation hervorgegangenes Organ, zählt zu den größten in Europa, ist ein Produkt des Kalten Krieges und der Konfrontation. Wir sind der Ansicht, daß im Zeitalter der offenen Gesellschaft die Existenz eines solchen Nachrichtendienstes absurd ist.

Zum Verfassungsschutz. Der **Verfassungsschutz der BRD,** ursprüngliche Aufgabe war die Ausgrenzung von extremistischen Organisationen. In diesem Zusammenhang ist festzustellen, daß zum Beispiel nicht der Verfassungsschutz in der BRD auf „Die Republikaner" aufmerksam gemacht hat, sondern daß das die Presse getan hat. Somit wird dieser Verweis der Regierung auf Verfassungsschutz und Bundesnachrichtendienst in der BRD recht zweifelhaft.

Insgesamt ist zu sagen, daß nach der Ablösung der Staatssicherheit durch das Amt für Nationale Sicherheit nun mit der Bildung von Verfassungsschutz und Nachrichtendienst ein **Fortbestehen von staatlich institutionalisierter Bespitzelung zu befürchten** ist, und wir annehmen müssen, auch aufgrund dessen, daß von der Regierung keine konkreten Aussagen gemacht werden, daß es sich eventuell hier lediglich um einen erneuten **Etikettwechsel** handelt.

Vor allem deswegen, weil dieser Verfassungsschutz in den **alten Gremien,** also in Staatssicherheit beziehungsweise Amt für Nationale Sicherheit, installiert wurde. Besonders zu verwundern ist dieses, daß solche Organe gebildet werden sollen, ohne daß bisher Praktiken der Staatssicherheit offengelegt wurden und Mechanismen benannt wurden.

Dazu kommt, daß Leiter der Staatssicherheit beziehungsweise des Amtes für Nationale Sicherheit bisher auch noch nicht zur persönlichen Verantwortung gezogen wurden.

Soweit erst einmal.

Ziegler (Moderator): Wir haben zwei Wortmeldungen. Frau Töpfer und Frau Poppe.

Bitte, Frau Töpfer.

Frau Töpfer (FDGB): Diesem Papier des Neuen Forums möchte ich erst einmal grundsätzlich zustimmen, aber zwei Einschränkungen machen.

Der angeführte Punkt 1, der hier steht, den können wir nicht so tragen, denn schließlich haben wir im Moment eine geltende Verfassung und die muß auch einem gewissen Schutz unterliegen.

Ich stimme zwar den von Frau Köppe eben zuletzt gemachten Anmerkungen hinsichtlich der fehlenden Untersuchung des MfS oder des ehemaligen MfS und seiner Praktiken zu. Aber das kann uns eigentlich nicht davon abhalten, für die Einhaltung unserer jetzt geltenden und der zukünftigen Verfassung etwas zu unternehmen. Es geht doch darum, daß wir jeden **antidemokratischen Anwurf gegen die Verfassung zurückweisen** müssen und auch Organe haben müssen, die das unterbinden.

Es kann also nicht um die **Bespitzelung von Bürgern** gehen, sondern in erster Linie kann es doch nur darum gehen, daß die [verfassungsmäße Beschränkung der] Einschränkung der Rechte der einzelnen Bürger in diesem Land auch durch ein **verfassungsschützendes Organ** gewährleistet wird, und da nicht nur der Rechte der Bürger, sondern auch der Rechte der Organisationen, der gesellschaftlichen, die hier am Runden Tisch sitzen.

Und dann wollte ich zu Punkt 5 zu den Aussagen über Kontrollmöglichkeiten [etwas] anmerken. Unseres Erachtens kann es nur eine Kontrollmöglichkeit geben, und das ist die **parlamentarische Kontrolle,** wenn wir von einem Rechtsstaat sprechen, auch hinsichtlich des Verfassungsschutzes beziehungsweise des Nachrichtendienstes, der hier gebildet werden soll.

Ziegler (Moderator): Frau Poppe.

Frau Poppe (DJ): Anknüpfend an das eben Gesagte würde ich mir wünschen, wenn sich der Runde Tisch die Forderungen zueigen machen könnte, die von Mitgliedern von Bürgerinitiativen der vier Bezirke[30] hier uns vorliegen.

So zum Beispiel in Punkt 7 [der vollständigen schriftlichen Vorlage, Dokument 4/10, Anlagenband]: Bezüglich des Verfassungsschutzes ist gefordert, also die Weisung vom 14. Dezember [1989] zur **Bildung eines Verfassungsschutzes bis zum 6. Mai [1990] auszusetzen** und statt dessen eine Abteilung Staatsschutz beim MDI [Ministerium des Inneren] einzurichten. Ich glaube, damit sind auch den Bedenken von Frau Töpfer Rechnung getragen.

---
[30] Magdeburg, Potsdam, Rostock und Schwerin.

Ziegler (Moderator): Ja.
Herr Ullmann.

Ullmann (DJ): Ja, ich möchte in dieselbe Richtung argumentieren wie Frau Poppe.

Meines Erachtens muß der Runde Tisch sich Gedanken machen über die enormen **rechtlichen Aufgaben,** die auf unser Land zukommen. Eben durch die **Auflösung des Amtes für Nationale Sicherheit.**

In dem Forderungskatalog, den Frau Poppe hier einbringt, sind meines Erachtens einige wichtige Dinge angesprochen. Das eine ist der **Komplex der Urkunden,** die in diesen Ämtern vorhanden sind und was mit denen zu geschehen hat. Ich glaube, das ist auch ein Thema für den Rechtsausschuß. Beziehungsweise müßte der Runde Tisch selbst sich auch eine Meinung darüber bilden.

Weiter halte ich es für ein ganz schwerwiegendes menschliches Problem, das ja auch vorkam in der Rede der Frau Ministerin Luft, was aus den ehemaligen Mitarbeitern des Amtes wird.

Ziegler (Moderator): Verzeihen Sie die Unterbrechung. Ich möchte nur darauf hinweisen, Sie sprechen jetzt zu [dem Papier] „Staatssicherheit – und wie weiter", aus den Bezirken.

Ullmann (DJ): Ja, ja. Ich denke, es ist doch sicherlich nicht das Gegebene, daß man per Gerichtsbeschluß irgendwelchen Betrieben ehemalige Mitarbeiter aufzwingt oder dergleichen, um nur auf die menschlichen Probleme hier hinzuweisen.

Meines Erachtens muß unterschieden werden zwischen Mitarbeitern des ehemaligen Amtes, denen irgendwelche Straftaten nachgewiesen worden sind; b) Mitarbeitern, die eben Mitarbeiter gewesen sind, ohne daß ihnen irgendwelche Straftaten nachgewiesen werden können, die aber eben damit einer Organisation angehört haben, die ein politisches Problem in unserem Land dargestellt hat. Ich denke, es ist hier nötig, daß man sich über irgendein **Rehabilitationsverfahren** Gedanken macht, das die menschliche Würde und, ich denke, auch den Ruf dieser Leute wieder herstellt oder je nachdem auch nicht.

Weiter wird hier im Papier unter Ziffer 3 ein ganz schwerwiegendes Problem angesprochen, „Staatsschutz [gemeint: Staatssicherheit] und wie weiter", ich beziehe mich auf dieses Papier **[Vorlage 4/7]** der Bürgerinitiativen. „Die Verbindungen des ehemaligen Ministeriums für Staatssicherheit beziehungsweise Amtes für Nationale Sicherheit zu den Inoffiziellen Mitarbeitern gelten als beendet. Die Weiterführung und Neuanwerbung ist öffentlich als unzulässig zu erklären." Ich denke, daß wir hier auch etwas zu sagen haben. Und ich denke, das hat Vorrang vor den Überlegungen zur Fortführung oder Nichtfortführung der Arbeit.

Ich hätte den dringenden Wunsch, daß wir jetzt nicht die Diskussion noch einmal erneuern, die wir schon einmal gehabt haben. Die einen bringen Gründe dafür vor, daß es solche Ämter in Zukunft überhaupt nicht mehr zu geben braucht. Andere bringen Gründe dagegen vor. Also, ich denke, so kann man nicht diskutieren. Da werden wir bis an den Jüngsten Tag Gründe und Gegengründe anhäufen. Das ist ein Problem der neuen Verfassung.

Ich denke aber, sehr wichtig und auch diskutabel und auch verhandelbar sind die Punkte 3, 4 und 5 des Neuen Forum. Und mein Vorschlag wäre, daß man sich auf sie konzentrierte, weil wir hier auch konkrete Forderungen an die Regierung stellen können. Danke.

Ziegler (Moderator): Ich möchte sagen, es ist hier schon hingedeutet worden, daß es ja Anfragen an die Regierung sind, über die Auskunft erteilt werden soll. Verschärft durch die Dinge, die aus den Bezirken kommen, „Staatssicherheit – und wie weiter", das sind die weitergehenden Aufarbeitungsfragen, die Herr Ullmann noch einmal gebracht hat. Ich würde also bitten, das zu bedenken, daß wir inhaltlich erst weiterkommen, wenn diese Anfragen auch beantwortet werden. Und diese Forderung sollte im Vordergrund heute stehen, erst dann können wir sachgemäß reden. Aber jetzt steht Herr Platzeck auf der Rednerliste.
Herr Platzeck.

Platzeck (GL): Wir wollten den Punkt 7 der Bürgererklärung „Staatssicherheit – und wie weiter", so wie er hier steht, zur Abstimmung als Empfehlung des Runden Tisches stellen, und das Schwergewicht darauf legen, bevor weitere Ämter gegründet werden, unbedingt eine Volkskammerbeziehungsweise öffentliche Diskussion über Aufgaben und Kompetenzen dieser Ämter zu führen.

Ziegler (Moderator): Ja.
Herr Gehrke.

Gehrke (VL): Ich schließe mich dem an oder wollte dafür plädieren. Danke schön.

Ziegler (Moderator): Was Herr Platzeck gesagt hat, ja?
Herr Gutzeit.

Gehrke (VL): Also, ich wollte vielleicht noch einen Gedanken sagen: Ich glaube doch, daß es wichtig ist, daß wir grundsätzlich sozusagen unterscheiden hier zwischen allen Aspekten von Staats- oder Verfassungsschutz und allen anderen Aspekten, die also, sagen wir einmal, Aufklärung und vielleicht auch militärische Abwehr betreffen. Hier geht es doch um sehr grundsätzlich unterschiedliche Dinge.

Ich bin nicht sicher, ob wir in der Lage sind, auch von den Bürgerinitiativen und unabhängigen Organisationen durch die Einblicke, die wir bei der Auflösung des MfS beziehungsweise der NASI [gemeint: Amt für Nationale Sicherheit] gewonnen haben, hier bereits so kompetent Unterscheidungsmerkmale innerhalb der Abteilung oder von Abteilungen innerhalb des ehemaligen MfS treffen zu können. Davon würde ich unter anderem abhängig machen wollen, wie weit wir gehen bei der Unterstützung auch des Punktes 7 hier, [eine] Staatsschutzabteilung zu bilden im MDI.

Denn aller Wahrscheinlichkeit nach wird natürlich auch diese Abteilung oder werden diese Abteilungen natürlich auch am besten aus den Leuten rein fachlich, wie man so herangeht, aus den Leuten gedeckt werden und sich rekrutieren, die auch beim MfS bisher das gemacht haben. Also, selbst dort müssen wir natürlich sehr genau hingucken und müssen darauf achten, daß die anderen Punkte hier zur Auskunft und so weiter eingehalten werden.

Ziegler (Moderator): Aber dies alles können wir erst, wenn wir auch die Antworten haben auf die Fragen, die wir hier gestellt haben. Das möchte ich nur ins Gedächtnis rufen.
Herr Gutzeit.

Gutzeit (SDP): Ich möchte den Antrag hier auch unterstützen. Ich denke, es ist sehr deutlich darauf zu achten, daß eben nicht die Sache so passiert, daß **eine Schlange immer wieder ihre Haut wechselt,** aber das Tier, das darunter ist, immer das gleiche bleibt. Dagegen müssen wir ganz scharf protestieren, daß unterderhand immer wieder bloß die äußere Gestalt wechselt. Das betrifft ja die Mitarbeiter, die ja dieselben sind. Und das hilft uns nichts.

Ziegler (Moderator): Ich denke, wir werden nachher die Gelegenheit haben zu unterstützen, indem wir abstimmen. Also, nur noch neue Gesichtspunkte würde ich vorschlagen, weil wir uns in diesem Punkt eigentlich ziemlich klar sind. Wir müssen erst die Fragen an die Regierung stellen, damit sie beantwortet werden, und es ist der Antrag auf Ziffer 7 hier gestellt worden.

Aber jetzt Frau Köppe. Frau Köppe, Sie hatten sich gemeldet, nicht? – Na, Sie nehmen zurück. Frau Poppe dann. Ja. Herr Lindner, ja? Jetzt ist Frau Poppe dran.
Frau Poppe.

Frau Poppe (DJ): Zusätzlich möchte ich noch vorschlagen, und das fehlt mir hier bei den beiden Erklärungen, und zwar halte ich es für umgehend notwendig, **detaillierte Datenschutzregelungen** auszuarbeiten gerade hinsichtlich der Akten, **gegen** deren **Vernichtung** ich auch bin. Aber meine Idee wäre, den Rechtsausschuß des Runden Tisches damit zu beauftragen. Vielleicht findet das Zustimmung.

Ziegler (Moderator): Herr Ullmann.

Ullmann (DJ): Mein Vorschlag ist, daß wir jetzt im wesentlichen auf der Linie des Beschlusses vom 7. Dezember bleiben, der lautete: „Über die Gewährleistung der eventuell notwendigen Dienste im Sicherheitsbereich soll die Regierung die Öffentlichkeit informieren." Wir hatten die Diskussion und haben uns dann, ich glaube mit gutem Grund, darauf beschränkt zu sagen, hier muß die jetzige Regierung das gewährleisten, was sie für nötig hält. Unsere Aufgabe ist es, von ihr zu verlangen, daß sie uns klarstellt, das Amt für Nationale Sicherheit ist aufgelöst. Es handelt sich also nicht um einen Kleiderwechsel, es ist aufgelöst und die Gewährleistung geschieht so, daß die Öffentlichkeit voll informiert ist.

Ziegler (Moderator): Jetzt Herr Lindner und Frau Töpfer. Ich bitte doch, es nun wirklich zu prüfen, ob wir es nicht dann zur Abstimmung stellen können.
Bitte, Herr Lindner.

Lindner (LDPD): Und nach der Wortmeldung von Dr. Ullmann würde ich dem zustimmen. Wir sollten auf dieser Linie bleiben, aber wir sollten zusetzen – und deshalb diese Berichterstattung beziehungsweise Klarlegung durch kompetente Vertreter der Regierung.

Was ich gegenwärtig noch nicht akzeptieren kann, wäre dieser zweite Satz in der Ziffer 7, der vorhin vorgeschlagen wurde, weil, bevor eine Auskunft, kompetente Auskunft über das, was hier in Rede steht, gegeben worden ist, ich nicht zu sagen vermag, ob es klug und weise und richtig ist, eine Abteilung Staatsschutz oder ähnliches beim MDI anzusiedeln oder ob man nicht auf völlig andere Ideen dabei kommen muß. Das möchte ich doch auch vor Entscheidungsfindung nach einer Anhörung oder Berichterstattung überlassen.

Ziegler (Moderator): Jetzt ist Frau Töpfer an der Reihe und Herr Schult noch.

Frau Töpfer (FDGB): Ich habe nur eine Ergänzung zu dem Vorschlag, der hier gemacht worden ist, über Datenschutz bei Vernichtung von Akten im Rechtsausschuß zu beraten. Weil der Herr Gutzeit und ich ja den Rechtsausschuß im Moment tragen, würden wir doch vorschlagen, daß wir den **Datenschutz überhaupt als Thema für den Rechtsausschuß** benennen und auch einmal hier zur Tagesordnung in einer späteren Sitzung beschließen sollten, ob wir Datenschutzfragen auf die Tagesordnung setzen.

Ziegler (Moderator): Ja, das würden Sie dann ja zu gegebener Zeit anzumelden haben.
So, Herr Schult, bitte.

Schult (NF): Wir sollten über die Ziffer 7 abstimmen ohne den letzten Satz, da wir über Staatsschutzabteilung erst später reden können, bis wir wirklich genau informiert sind, wie dieses Amt aufgelöst worden ist.

Ziegler (Moderator): So. Ich schlage Ihnen jetzt folgendes vor, daß wir abstimmen über die Frage, über die Forderung, daß die Regierung über die in der **Vorlage des Neuen Forums** und in dem Papier „Staatssicherheit – und wie weiter?"[31] enthaltenen Fragen dem Runden Tisch Auskunft gibt.
Ich bitte, daß wir [für] die in diesem [Papier] enthaltenen Fragen Auskunft bekommen. Da sind noch mehr Fragen drin.
Zweitens, daß wir über Ziffer 7 gesondert abstimmen, denn da geht es um die Forderung des Aussetzens [der Bildung eines] **Verfassungsschutzes**. Allerdings ist da auch die Einschränkung gemacht worden, ohne den letzten Satz.
Und drittens, daß wir den Rechtsausschuß beauftragen, die Frage der **Datenschutzmaßnahmen** auf seine Tagesordnung zu setzen und das zu gegebener Zeit hier für die Tagesordnung wieder anzumelden. Das wären die drei Forderungen, die hier zu stellen sind. Gibt es dagegen Einwände oder gibt es da Berichtigungen?
Erste Frage also, die Forderung an die Regierung, die Fragen in der Vorlage des Neuen Forums und die in den Forderungen „Staatssicherheit – und wie weiter" enthaltenen Fragen zu beantworten. Kann ich darüber abstimmen lassen?
Wer ist dafür? – Einstimmig.
Zweitens, jetzt Ziffer 7 ohne den letzten Satz.

Koplanski (DBD): Zur Geschäftsordnung.

Ziegler (Moderator): Was? – Ja, bitte.
Bitte, Herr Koplanski.

Koplanski (DBD): Ich möchte darauf verweisen, Herr Ullmann hat schon darauf hingewiesen, daß sich diese Ziffer 7 im Grunde genommen gegen unseren eigenen Beschluß vom 7. Dezember [1989] wendet. Ich möchte nur darauf aufmerksam machen.

Ziegler (Moderator): Ja. Das habe ich aber so nicht verstanden, Herr Ullmann. Aber bitte, erläutern Sie selber.

Ullmann (DJ): Also, Herr Koplanski, das fällt meines Erachtens weg, wenn der letzte Satz ausgeschieden ist. Dann ist das Bedenken nicht mehr gegeben.

Ziegler (Moderator): Ja, bitte, Herr Koplanski.

Koplanski (DBD): Wir haben am 7. Dezember die Regierung gebeten, die Öffentlichkeit zu informieren über die Gewährleistung eventuell notwendiger Dienste im Sicher-

---
[31] Dokument 4/9, Anlagenband.

heitsbereich. Jetzt rücken wir von unserem eigenen Beschluß ab. Dem kann ich nicht zustimmen.

Ziegler (Moderator): Ja.
Herr Schult dazu noch.

Schult (NF): Also, ich denke die Regierung hat uns eben nicht informiert, sondern sie hat einfach nur mitgeteilt, daß solche Organe geschaffen werden. Aber wir sind weder darüber informiert worden, wie diese konkrete Auflösung dieses Amtes für Nationale Sicherheit erfolgt, welche Strukturen und welche Kosten da vorhanden sind, und aus welchen Mitarbeitern dieser Verfassungsschutz gebildet wird. Und bisher ist die Praxis so, daß also in den alten Dienststellen sich die alten Mitarbeiter mit dem Namen „Verfassungsschutz" melden. Und für meine Begriffe hat die Regierung uns nicht informiert.

Ziegler (Moderator): Wir müssen uns [über] Herrn Koplanskis Hinweis noch einmal kurz hier vergewissern. Ja, bitte lesen Sie doch noch einmal vor, damit wir das vergleichen, damit wir keine falschen Beschlüsse – –

Ducke (Moderator): Der Beschluß **[Vorlage 1/11b]** vom 7. Dezember [1989]: 6. Zur Rechtsstaatlichkeit, der Punkt Nummer 2 lautete:

> Die Regierung der DDR wird aufgefordert, das Amt für Nationale Sicherheit unter ziviler Kontrolle aufzulösen und die berufliche Eingliederung der ausscheidenden Mitarbeiter zu gewährleisten. Über die Gewährleistung der eventuell notwendigen Dienste im Sicherheitsbereich soll die Regierung die Öffentlichkeit informieren.

Ziegler (Moderator): Ja. Das war mit expressis verbis – – nicht mit deutlichen Worten gefordert worden, so etwas zu machen, aber es wird stillschweigend vorausgesetzt. Denn wenn sie darüber informieren soll, dann muß sie es ja bilden, wie sie das macht.
Frau Poppe und Herr Ullmann.

Frau Poppe (DJ): Ich würde sagen, erstens ist die Information unzureichend, und zweitens ist es uns dennoch vorbehalten, diese Lösung nicht zu akzeptieren. Ich kann die Bildung des Verfassungsschutzes so nicht akzeptieren.

Ziegler (Moderator): Also, Sie halten den Antrag aufrecht, daß über Ziffer 7 dieses Papiers abgestimmt wird, ja?
Herr Ullmann.

Ullmann (DJ): Also, ich muß mich leider nachträglich korrigieren. Ich sehe jetzt auch, daß hier ein Widerspruch vorliegt. In dem damaligen Beschluß hatten wir eben die Möglichkeit eingeräumt, daß die Regierung hier irgendwelche Dienste weiterführt. Aber ich denke, daß hat das „paper" des Neuen Forum auch getan, denn die ganzen Forderungen von 3 bis 5 machen überhaupt nur Sinn, wenn man davon ausgeht, daß die Regierung hier irgendein Amt oder einen Dienst oder was auch immer eingerichtet hat. Und ich denke, die Grundsatzdebatte, ob ja oder nein muß natürlich geführt werden. Aber auch da ist die Information vorauszusetzen, und ich denke, das ist auch ein **Teil der Verfassungsdebatte.**

Ziegler (Moderator): Herr Dr. Ducke.

Ducke (Co-Moderator): Ich würde gern diesen Vorschlag noch einmal präzisieren. Beim Nachlesen in dem Papier des

Neues Forums steht unter 2.: „Die Benennung der Aufgaben des Nachrichtendienstes und des Verfassungsschutzes in der Regierungserklärung ist unkorrekt und damit unzureichend, unkonkret und damit unzureichend". Das war ja jetzt auch die Diskussionsrichtung. – „Wir fordern von der Regierung eine präzise Funktions- und Befugnisbeschreibung dieser Organe und deren Mitarbeiter."

Ich würde Ihnen deswegen faktisch vorschlagen, über die Nummer 7 [**Vorlage 4/7**] des Papiers, wo drüber steht, „Staatssicherheit – und wie weiter", jetzt nicht abzustimmen, sondern zu meinen, daß das darin begründetete Anliegen in der Frage im Papier [**Vorlage 1/11b**] des Neuen Forum Nummer [in] 2 enthalten ist. Weil wir sonst wirklich ein bißchen die Frage mit den Beschlüssen uns selbst verunsichern.

Ziegler (Moderator): Frau Köppe.

Frau Köppe (NF): Nein, wir sind schon dafür, daß wir über Punkt 7 dieses anderen Papiers [Vorlage 4/7] jetzt hier abstimmen sollten, dann das als Forderung des Runden Tisches weitergeben sollten, daß wir also die **Bildung des Verfassungsschutzes,** daß die ausgesetzt werden soll bis zum 6. Mai.

Wir haben die Erklärung vom, unsere gemeinsame Erklärung vom 7. Dezember, diesen Satz: „Über die Gewährleistung der eventuell notwendigen Dienste im Sicherheitsbereich soll die Regierung die Öffentlichkeit informieren", eigentlich so verstanden, daß sie uns informiert, bevor sie solche Organe schafft. Das ist nicht geschehen.

Unser Papier ist so zu verstehen: Wir sind davon ausgegangen, daß tatsächlich also solche Organe jetzt gebildet wurden, daß wir nur kurz und knapp darüber informiert wurden, daß die Öffentlichkeit weder Funktion, Aufgaben, Arbeitsweise dieser Organe kennt, nicht die personelle Zusammensetzung kennt, auch nicht die zu erwartenden Kosten. Und wir haben gedacht, mit diesen Forderungen, die wir an die Regierung stellen, verlangen wir, daß dann **Rechenschaft** gelegt wird. Und dann sollte darüber entschieden werden. Aber natürlich sind wir jetzt für Abstimmung des Punkt 7 des Papiers [Vorlage 4/7].

Ziegler (Moderator): Also, ich halte trotz des Einwandes von Herrn Koplanski die Abstimmung auch für möglich, weil nämlich hier steht, die Weisung, also das ist hier, Beschluß muß es eigentlich ganz genau heißen, vom 14. Dezember [1989] betrifft es nur, „soll ausgesetzt werden". Das hindert die Regierung nicht, in anderer Weise, über die sie vorher informiert, die notwendigen Fragen der Sicherheit unseres Staates zu regeln. Denn es bezieht sich hier nicht auf allgemein – – sondern nur auf diese Form, in der das hier passiert ist. Infolgedessen meine ich, kann auch trotz des Beschlusses vom 7. Dezember hierüber abgestimmt werden. Und das wird dann an die Regierung herangetragen.

Bitte, Herr Koplanski.

Koplanski (DBD): Sicherlich kann darüber abgestimmt werden. Aber ich glaube, es wäre zweckmäßiger gewesen, die Regierung anzuhören, der Regierung die Probleme vorzutragen, auch mit denen wir nicht einverstanden waren, und dann zu entscheiden. In diesem Falle können wir zum Beispiel nicht für den Punkt 7 hier stimmen. Das wird uns von vornherein durch diese Formulierung praktisch unmöglich gemacht.

Ziegler (Moderator): Frau Poppe erst einmal.

Frau Poppe (DJ): Wir sind **geprägt von 40 Jahren Staatssicherheit** und die Opposition weiß da wirklich, wovon sie spricht. Das möchte ich Ihnen zu bedenken geben. Und deshalb ist die Frage, was daraus wird und worin das umgewandelt wird, **durchaus eine wesentliche Frage.** Und für mich ist das ein Zeichen der Ignoranz der Regierung gegenüber dem Runden Tisch, wenn sie ausgerechnet in dieser Frage über unsere Köpfe hinweg beschlossen hat. Denn wir stehen ja vor einer vollendeten Tatsache. Der Verfassungsschutz ist bereits gebildet.

Ziegler (Moderator): Frau Köppe und Herr Poppe noch. Und dann bitte ich, daß wir doch diese Debatte abschließen und zur Entscheidung kommen, ja. Herr – –

Frau Köppe, bitte.

Frau Köppe (NF): Wenn Sie sagen, wir hätten die Regierung anhören sollen, bevor diese Organe gebildet werden, [möchte ich anmerken, daß] es an uns doch nicht gelegen hat. Die Regierung hat das einfach beschlossen und hat es uns in dieser kurzen, knappen Mitteilung, die eigentlich nichtssagend ist, dann hier übermittelt.

Ziegler (Moderator): Herr Poppe.

Poppe (IFM): Ja, ich erinnere mich, daß wir beim letzten Mal unter Anwesenheit eines Regierungsvertreters immerhin diese Punkte auch schon alle aufgelistet haben, nämlich daß für uns nicht identisch ist ziviler Beauftragter des Ministerrats mit Auflösung unter ziviler Kontrolle, daß zweitens keine Aussage gemacht wurde darüber, was mit den Leuten passiert aus dem ehemaligen MfS, und daß drittens also auch über die neugebildeten Institutionen und deren Kontrollierbarkeit von uns Aufklärung erwartet wird. Das haben wir alles beim letzten Mal hier schon gesagt. Und bis jetzt ist keine **Reaktion von der Regierung** gekommen. Und deshalb betrachte ich uns da nicht in irgendeiner Art als schuldig, diese Anfrage erst zu stellen.

Ziegler (Moderator): Ich denke, es sind alle – –
Herr Bisky noch, bitte.

Bisky (SED-PDS): Ich bitte um Entschuldigung. Ich muß eine Mitteilung machen. Wir werden uns der Stimme enthalten, weil unter der Überschrift „Staatssicherheit – und wie weiter" drei Fragen zur SED-PDS enthalten sind. Und wir finden, daß das nicht unter diese Überschrift gehört – bei allem Respekt gegenüber der Bürgerbewegung. Und ich hoffe, daß das nicht der **Beginn eines Wahlkampfes** ist.

Ziegler (Moderator): Ja, bloß darüber stimmen wir ja nicht ab, Herr Bisky. Sondern wir haben nur gesagt, Fragen, die enthalten sind, sollen gestellt werden. Wir wollten doch nur über Ziffer 7 abstimmen.

Bisky (SED-PDS): Ich wollte dies nur gesagt haben.

Ziegler (Moderator): Ja. Nicht, aber wir stimmen ja nicht über Ziffer 5 ab. Das machen wir ja nicht.

Frau Köppe.

Frau Köppe (NF): Ich glaube, das war jetzt nicht so zu verstehen, daß [wir] über dieses ganze Papier hier abstimmen sollen, sondern insbesondere [über] Punkt 7. Ich beantrage, daß wir jetzt als erstes über Punkt 7 unter Wegfall des letzten Satzes abstimmen.

Ziegler (Moderator): Das war der Antrag, um den wir die ganze Zeit hier geredet haben. Also, ich möchte nur noch – –

Ja, Herr Meckel.

Meckel (SDP): Durch die Bemerkung des Vertreters von der SED-PDS möchte ich doch den Antrag stellen zur Geschäftsordnung, daß dieser hier im Text als unter Nummer 7 ohne den letzten Satz, also darüber, worüber wir jetzt abstimmen, aus dem Zusammenhang gelöst wird, wenn dieses Argument aufrechterhalten wird, als ein Extrapapier uns vorgelegt wird und dann darüber abgestimmt wird, weil sonst der Zusammenhang dies Argument nahelegen könnte. Ich finde es aber wichtig, daß auch die Vertreter dieser Partei genötigt sind, sich zu diesem Sachpunkt, ohne sich sozusagen um den Kontext herauszureden, klar abzustimmen.

Ziegler (Moderator): Also, Herr Engel.

Engel (CDU): Ich würde, [um] auf den Punkt 7 noch einmal zurückzukommen, ich würde das schon gut heißen mit Ausnahme dieses Termins bis zum 6. Mai. Ich würde das aussetzen bis zu einer Information des Runden Tisches durch die Regierung. Denn sonst machen wir das endgültig und schaffen ein Vakuum, das können wir, glaube ich, nicht verantworten.

Ziegler (Moderator): Herr Platzeck.

Platzeck (GL): Wir haben den Antrag vorhin eingebracht, deshalb möchte ich mich noch einmal äußern. Wir bleiben beim Termin 6. Mai [1990]. Es geht hier um **Verfassungsschutz**. Der Nachrichtendienst ist ausgeklammert. Wir glauben nicht, daß eine Handlungsunfähigkeit auf bestimmten Gebieten dadurch entsteht. Und alles weitere kann erst nach dem 6. Mai entschieden werden. Hier geht es wirklich, wie vorhin gesagt wurde, um ganz zentrale Punkte unseres zukünftigen Lebens.

Ziegler (Moderator): Ja. Also, nun verfahren wir einmal folgendermaßen. Wir nehmen nicht mehr Bezug auf das Papier „Staatssicherheit – und wie weiter?", sondern ich formuliere den Antrag extra. Es wird folgender Antrag gestellt von Herrn Platzeck, Grüne Liga:
„Die Weisung vom 14. Dezember 89 zur Bildung eines Verfassungsschutzes ist bis zum 6. Mai 90" müßte es dann genau heißen, damit man auch nicht verwechselt, „auszusetzen. Von der Bildung eines selbständigen Verfassungsschutzes ist Abstand zu nehmen. Konzepte sind öffentlich zu diskutieren."
Soweit der Text. So lautet der Antrag. Und jetzt kann, wer – – können wir natürlich Herrn Engel, wenn Sie einen Antrag stellen, sagen, da würde ich dann vorher abstimmen lassen. Sie möchten einen Abänderungsantrag dieses Antrags haben. Nämlich Sie möchten bis zur Anhörung – – wie hatten Sie gesagt?

Engel (CDU): – Anhörung der Regierung hier vom Runden Tisch.

Ziegler (Moderator): Anhörung der Regierung am Runden Tisch das auszusetzen, ja? Ist dieser Antrag von Herrn Engel verstanden worden? Dann lasse ich jetzt darüber als erstes abstimmen, ob der Antragtext, den ich eben verlesen habe, in dieser Weise geändert werden soll, statt 6. Mai 90 steht „bis zur Anhörung der Regierung am Runden Tisch".
Wer ist dafür? – 17 dafür, für den Abänderungsantrag. Wer ist dagegen? – [Mit Nein haben gestimmt] 19. Also ist der Antrag abgelehnt. Es bleibt beim ursprünglichen von mir verlesenen Text.

Ich frage, wer diesem Antrag zustimmt in der verlesenen Fassung. Den bitte ich um das Handzeichen. – [Mit Ja haben gestimmt] 19. Wer ist dagegen? – [Mit Nein haben gestimmt] 12. Wer enthält sich der Stimme? – 6 Enthaltungen. Damit ist der Antrag angenommen, ohne Bezugnahme auf dieses Papier [Vorlage 4/7], betone ich ausdrücklich noch einmal.

Jetzt war ein dritter Punkt, nämlich die **Datenschutzmaßnahmen** oder Erarbeitung von Datenschutzmaßnahmen an den Rechtsausschuß. Nein, wir müssen Arbeitsgruppe – – wie haben wir das genannt? – **Arbeitsgruppe „Recht"** müssen wir ja sagen, weil wir bei [einer] einheitlichen Formulierung bleiben wollten, an Arbeitsgruppe „Recht" überweisen, wird überwiesen. Ist dazu noch eine Frage zu stellen? – Anscheinend nicht.

Darf ich fragen, wer diesem Antrag zustimmt? – [Mit Ja haben gestimmt] 33. Wer [ist] dagegen? – Enthaltungen? – 3 Enthaltungen. Danke, dann ist dieses soweit abgearbeitet. Aber es ist jetzt noch Herrn Jordans Forderung kurz aufzugreifen über Baubilanzen, Waffen und dergleichen. Ich sage nur die Stichworte.

Herr Jordan, wollen Sie das noch einmal erläutern?

Jordan (GP): Ja. Ich möchte noch einmal den Antrag wiederholen. Und zwar geht es um die Umsetzung der **Baukapazitäten des Ministeriums für Staatssicherheit**, die jeweils für längere Zeiträume vorgesehen sind. Die exakte Formulierung lautet:
„Die Baukapazitäten des ehemaligen Ministeriums für Staatssicherheit sowohl in Eigenbetrieben und Baubilanzen werden für die ökologische Sicherheit und das Gesundheitswesen eingesetzt."

Ziegler (Moderator): Wir haben, schon einmal hatten Sie das vorgetragen, und wir hatten zwar in der Prioritätenliste später gesagt. Ich frage Sie, ob es nicht möglich wäre, daß Sie dies zunächst in eine Frage umformulieren. Weil gleich der Einwand kam, also da ist so ein kompliziertes Gefüge mit den Baubilanzen, daß man da doch auch erst einmal die Befragung machen sollte.
Herr Ullmann, bitte.

Ullmann (DJ): Also, ich weiß wirklich nicht, ob wir nicht einerseits damit offene Türen einrennen, denn ich weiß also gerade von der Auflösung der Bezirksämter, daß genau das bereits geschieht.
Auf der anderen Seite ist meines Erachtens eben auch die regionale Lage ziemlich verschieden. Also ich bin im Grundsatz natürlich einverstanden, weiß bloß nicht, ob man nicht eben Festlegungen macht, die dann im Endeffekt zu Schwierigkeiten führen.

Ziegler (Moderator): Also, Herr Jordan, ich frage noch einmal. Ich will Sie ja nicht nötigen oder überreden. Aber halten Sie es nicht für möglich, daß Sie Ihr Anliegen noch in eine Frage kleiden, die genau auf diese Liste [der Fragen] kommt, die erst einmal zu beantworten sind? Und vielleicht kommt dann das heraus, was Herr Ullmann aus den Bezirken weiß, ehe wir hier eine Forderung, einen Beschluß fassen, den sicherlich nicht alle so nachvollziehen können. Ich frage. Bitte.

Jordan (GP): Für mich ist das eine logische Folge aus dem Auflösungsbeschluß des Ministeriums für Staatssicherheit. Und insofern müßte das auch hier vom Runden Tisch sofort entschieden werden, ob solch eine Empfehlung, es kann sicherlich jetzt auch nicht also bis zu dem letzten Handwerker abgesichert werden, aber im Sinne nach getragen werden kann.

Ziegler (Moderator): Also, Sie behalten Ihren Antrag aufrecht, ja? So ist das zu verstehen?

Jordan (GP): Ja.

Ziegler (Moderator): Dann müssen wir darüber abstimmen. Möchte sich vorher noch jemand dazu äußern und melden? Nein, das ist nicht der Fall. Können Sie ihn noch einmal verlesen.
Herr Jordan?

Jordan (GP): „Die Baukapazitäten des ehemaligen Ministeriums für Staatssicherheit sowohl in Eigenbetrieben und Baubilanzen werden für die ökologische Sicherheit und das Gesundheitswesen umgesetzt".

Ziegler (Moderator): Danke. Wir kriegen ihn schriftlich bitte hierher, ja? Ich lasse darüber abstimmen. Wer – –
Herr Maleuda, Sie wollten noch etwas sagen.

Maleuda (DBD): Ich würde vorschlagen, „es ist zu prüfen, ob".

Ziegler (Moderator): Ja, das ist ein Abänderungsantrag. Können Sie den aufnehmen, Herr Jordan, oder nicht? Sonst müssen wir extra darüber abstimmen über den Abänderungsantrag.

Jordan (GP): Ja, wir müßten darüber abstimmen.

Ziegler (Moderator): Also, es ist ein Abänderungsantrag zum Antrag gestellt worden. Er soll heißen: „Es ist zu prüfen, ob Bilanzen und Baukapazitäten für das Gesundheitswesen und ökologischen Umbau gemacht werden."
Frau Töpfer hat sich gemeldet, bitte.

Frau Töpfer (FDGB): Ich möchte das etwas erweitern und sagen, wir könnten das ändern: „Es ist grundsätzlich ...", weil, das würde dann heißen, daß Ausnahmen möglich sind, aber grundsätzlich diese Kapazitäten diesen Verwendungszwecken zugeführt werden.

Ziegler (Moderator): Das ist ein zweiter Abänderungsantrag, „... grundsätzlich", ja.
Aber nun müssen wir über Herrn Maleudas Antrag abstimmen, und dann, wenn der durchfällt, dann können wir dies nehmen. Und sonst bleibt es bei dem ursprünglichen Antrag.
Ja, da hilft nichts. Es ist ein mühsames Verfahren. Der Antrag von Herrn Maleuda lautet: „Es ist zu prüfen, ob für Gesundheitswesen" und so weiter.
Wer ist für den Antrag von Herrn Maleuda? – [Mit Ja haben gestimmt] 11. Wer ist dagegen? – [Mit Nein haben gestimmt] 13; 11 dafür. Und wer enthält sich? – 7 Enthaltungen. Damit ist der Antrag von Herrn Maleuda abgelehnt.
Jetzt kommt der Antrag von Frau Töpfer. Sie möchte eine Einfügung haben: „Es ist grundsätzlich...". Einfügung von „grundsätzlich". Es ist „grundsätzlich für Gesundheitswesen und ökologischen Umbau zu verwenden". Ich möchte bloß, da kein Jurist wohl augenblicklich sich zu Wort meldet, sagen, grundsätzlich heißt, das kann auch anders gehen.

Koplanski (DBD): Das ist – – ich muß zur Geschäftsordnung – – Das ist illusorisch. Die Kapazitäten sind so gelagert, daß sie nicht nur für den ökologischen Umbau und für Gesundheitswesen [verwendet werden können]. Das ist viel breiter. Und wir fassen jetzt einen Beschluß, wo von vornherein feststeht, der hat weder Hand und Fuß.

Ziegler (Moderator): Aber, Herr Koplanski, eigentlich ist das keine Geschäftsordnungssache, was Sie gemacht haben. Sie haben ja noch einmal die Debatte aufgeworfen.
Ich muß jetzt dabei bleiben, daß wir über diese Änderung abstimmen, wer dafür ist, „grundsätzlich" einzufügen. Wenigstens kommt es dann Ihnen auch etwas mehr entgegen, als wenn es so kategorisch so bleibt.
Wer ist für die Einführung von „grundsätzlich" in den Antrag Jordan? – [Mit Ja haben gestimmt] 13. Wer ist dagegen? – [Mit Nein haben gestimmt] 8. Wer enthält sich? – 15 [Enthaltungen]. Damit ist der Antrag angenommen und die Fassung lautet jetzt: „Die Baukapazitäten – ich brauche das nicht alles [wiederholen] – werden grundsätzlich für Gesundheitswesen und ökologischen Umbau verwendet, oder sind zu verwenden", ja? Grundsätzlich. Herr Jordan, richtig so?
Dann lasse ich jetzt über diesen Antrag Jordan abstimmen. Den kriegen wir bitte noch schriftlich, damit er ganz genau ist, ja? Wer ist dafür, für Antrag Jordan? – Mit „grundsätzlich", natürlich, das hatte ich gesagt. 24 dafür. Dagegen? – 10 dagegen. Und Enthaltungen? – 3 Enthaltungen.
Danke. Das ist dann damit auch abgeschlossen und damit ist, soviel ich sehe, der Tagesordnungspunkt 4 erledigt.
Herr Jordan, ja?

Jordan (GP): Nein, es steht noch die Frage der **Beseitigung der Waffen** des Ministeriums für Staatssicherheit.

Ziegler (Moderator): Ja, und wie? Bitte, erläutern Sie.

Jordan (GP): Mein Vorschlag besteht darin, daß die Waffen, soweit sie nicht also dem Nachrichtendienst zur Verfügung gestellt werden, also die Differenz der zur Verfügung stehenden [und] der real existierenden **Waffen unter öffentlicher Kontrolle** insbesondere durch die Bürgerkomitees und auch der Medien, **vernichtet werden**.

Ziegler (Moderator): Herr Ullmann.

Ullmann (DJ): Ja, also das zeigt mir doch, daß es tunlich ist, diese Debatte erst dann zu führen, wenn wir hier volle Information haben. Also, ich wäre hier ganz anderer Meinung. Ich bin nämlich dafür, daß dieser – was hatten Sie gesagt, Nachrichtendienst – möglichst unbewaffnet sein sollte. Aber wie gesagt, darüber diskutieren wir lieber später.

Ziegler (Moderator): Ich wiederhole noch einmal meinen Vorschlag, dies doch erst einmal in eine Frage zu kleiden und zu befragen, was machen Sie damit, damit wir überhaupt erst einmal wissen, wo das ist.
Aber, bitte, Herr Ullmann.

Ullmann (DJ): [Ich stelle den] Antrag [auf] Vertagung auf nach der Anhörung.

Ziegler (Moderator): Das ist ein Geschäftsordnungsantrag, Vertagung bis nach Anhörung. Der muß vorgezogen werden. Möchte da jemand für und dagegen sprechen?
Ich sehe niemand, ich stelle den Geschäftsordnungsantrag zur Abstimmung. Wer ist für diese Vertagung bis nach der Anhörung? Ist wohl klar, nicht? – Ist klar. Danke[32].

---

[32] Der Antrag ist damit angenommen.

Herr Jordan, Sie haben jederzeit die Chance, dann wiederzukommen. Damit ist aber Tagungsordnungspunkt 4 wirklich abgearbeitet.

TOP 11: Erklärung gegen Neofaschismus

Wir hatten noch gesagt, es muß die **Erklärung gegen Neofaschismus** vorgelegt werden. Die NDPD hatte einen Text bereits austeilen lassen. Es war angekündigt, so steht es hier unten drauf, daß die Grüne Liga eine Ergänzung bringen wird. Herr Dr. Stief, würden Sie erst einmal einbringen?

Stief (NDPD): Unser Vorschlag, der sicher jedem vorliegt, lautet: [**Vorlage 4/9a**, NDPD, GL:] „Erklärung zu neofaschistischen Tendenzen in der DDR. In ernster Sorge für Gefahr von rechts." Muß ich das noch einmal vortragen? Es ist ja bekannt[33]. Ich würde nämlich dann sonst im Sinne der fortgeschrittenen Zeit vorschlagen, daß wir gleich die besprochenen Veränderungen und Kürzungen, die wir in der Pause vorgenommen haben mit den beiden anderen Kollegen, vortragen.

Ziegler (Moderator): Ja, dann tun Sie das.

Stief (NDPD): Das heißt, der erste Satz bis „Formierung beginnt" bleibt. Dann würde sich – wir sind übereingekommen, weil das nur eine Beschreibung der Lage wäre – eine Streichung ergeben, beginnend bei „schon". Die endet zunächst bei „ihre Arbeit sprach". Also komplette Streichung bis dahin.

Ziegler (Moderator): Das ist dann schon der, eigentlich der Text, ja?

Stief (NDPD): Das ist dann schon der Text, weil das andere ja allen vorliegt. Ich würde das schon vorschlagen, weil das das Ergebnis unserer Arbeit ist.

Ziegler (Moderator): Ja, dann gibt es gar keinen Gegentext, dann können wir das doch, wenn Sie selber nicht das mehr einbringen, dann können wir das doch sofort streichen, nicht? Das ist doch eine Textberichtigung. Gut. Dann streichen wir diesen Satz. Es ist ja Ihre eigene Vorlage.

Stief (NDPD): Dann bleibt „Die Angabe dieser Tendenzen, was polizeiliche Ermittlungsverfahren betrifft", bestehen bis 144. Dann Vorschlag zur Streichung, den gesamten folgenden restlichen Abschnitt „Kontakte" beginnend bis „verleugnen".

Ziegler (Moderator): Also, zu streichen.

Stief (NDPD): Streichen.

Ziegler (Moderator): Streichen, gut.

Stief (NDPD): Weil es auch, wie wir übereingekommen sind, durchaus Ansatzpunkte im eigenen Lande gibt, die hier zu kurz gekommen wären in dieser Formulierung. Weiterer Vorschlag im zweiten Absatz: „Die Teilnehmer am Runden Tisch", um sich hier ein bißchen zu entfernen von früher üblichen Formulierungen „wenden sich entschieden gegen" anstelle „verurteilen auf schärfste".

Ziegler (Moderator): Ja.

Stief (NDPD): Das Weitere bleibt. Der Satz, wo es beginnt „Daher gilt es" bekäme folgende Änderung: „In der Gesellschaft der DDR", hier steht jetzt noch „schnell und unmißverständlich zu stärken", da würden wir vorschlagen „in der DDR zu bewahren und unmißverständlich zu stärken"..., „schnell" streichen.

Ziegler (Moderator): – „schnell" streichen. Dafür einfügen die Worte – –

Stief (NDPD): – „zu bewahren und unmißverständlich zu stärken"; alles weitere bliebe so.

Ziegler (Moderator): So, da Sie selber eine Textkorrektur vorgenommen haben, braucht hier keinerlei Abstimmung stattzufinden, denn Sie bringen ja ein. Und der Text, den Sie nun eben uns mitgeteilt haben, das ist die gültige Vorlage mit der Grünen Liga abgestimmt, ja?

Stief (NDPD): Richtig.

Ziegler (Moderator): Danke. So, dazu ist nun zu reden. Die Streichungen stehen nicht mehr zur Debatte. Wer wünscht das Wort?
Herr Gehrke.

Gehrke (VL): Diesen Inhalt würde ich unterstützen, möchte aber noch eine Ergänzung zu bedenken geben. Für die habe ich noch keinen präzisen Vorschlag. Das könnte ja die Diskussion ergeben.

Wir haben soeben beschlossen, daß bis zum 6. Mai kein Verfassungsschutz und ein analoges Organ gebildet werden soll. Das haben wir auch mit beschlossen. Ich möchte aber folgenden Vorschlag machen, daß wir hier noch an eine Stelle mit hineinformulieren, daß zum Beispiel die **Runden Tische** auf allen Ebenen, in den Kommunen und so weiter, daß sie selbst, so wie wir, analog zu uns hier, **Kommissionen**, sagen wir einmal **zur Beobachtung**, oder wie man das auch immer nennen mag, solcher **neofaschistischer und rechtsradikaler Tendenzen bilden.** Vielleicht hat jemand einen besseren Vorschlag.

Ich möchte – vielleicht hat es jemand überlesen – es gab neulich ja auch Angaben über das **rechtsradikale** oder **neofaschistische Potential**. In großen Städten wie Berlin wird das bei Jugendlichen auf immerhin fünf bis sechs Prozent geschätzt. Es ist also nicht zu unterschätzen. Es geht mir also nicht um sozusagen die Übernahme von Aufgaben eines Landes- oder eines Verfassungsschutzorgans, aber doch einer Präzisierung von Maßnahmen.

Ziegler (Moderator): Ich sage nur zwischendurch – wenn Ergänzungsanträge kommen, bitte schriftlich formuliert, sonst machen wir hier alle nachher Redaktionsarbeit.
Jetzt war Herr Ullmann [an der Reihe].

Ullmann (DJ): Ja, natürlich teile auch ich die Sorgen, die hier formuliert sind. [Ich] beklage nur etwas, zweierlei, nämlich das Wort „ausgeprägt antifaschistische Klima". Ich finde, hier klopfen wir uns einmal wieder kräftig selbst auf die Schulter, also hier hätte ich einen Vorschlag zu machen, „ausgeprägt" schlicht zu streichen. Ich fände es schon gut, wenn es stimmte, daß das Klima in unserer Gesellschaft antifaschistisch wäre. Ich hoffe, es ist so.

---

[33] Vergleiche Vorlage 2/8, Antrag NDPD: Zur Verurteilung neofaschistischer Tendenzen. Diese wurde in der 2. Sitzung nicht behandelt und erheblich erweitert zur Vorlage 4/9a. Die schließlich abgestimmte veränderte Fassung wurde hier als Vorlage 4/9b geführt, siehe unten.

Ein schwerwiegenderer Mangel ist meines Erachtens der, daß hier nur negativ geredet wird. Ich fände es gut, wenn der Text auch etwas sagt, was man denn diesen neofaschistischen Tendenzen entgegensetzt und worin sie eigentlich bestehen.

Es ist doch nicht bloß damit getan, daß wir unsere Empörung aussprechen über Schändung von jüdischen Friedhöfen oder Hakenkreuzschmierereien oder so etwas, sondern es ist doch auch irgendeine politische Einstellung, die wir nicht wollen. Und da ist meines Erachtens eben doch zu sagen: Was wir wollen, ist eine Haltung, die die Würde jedes Menschen achtet und die darum keinerlei Ausländerhaß und **Ausländerdiskriminierung** zuläßt und die allem entgegentritt, was geeignet ist, die Gleichheit aller Menschen irgendwie in Frage zu stellen.

Ziegler (Moderator): Ihr erster Teil wäre sehr einfach. Möchten Sie das beantragen, daß „ausgeprägt" gestrichen wird? Dann würde ich bitten, daß wir so etwas gleich erledigen; dann kommt das nicht noch einmal auf den Tisch. Also, Sie beantragen das, Herr Ullmann? Dann frage ich, wer dafür ist, daß „ausgeprägt" – dieses eine Wort – gestrichen wird? – Der Augenschein zeigt, daß es die Mehrheit ist. Es ist gestrichen.

Der zweite Teil ist bedeutend schwieriger, da fehlt uns nämlich jetzt wieder ein entsprechender Vorschlag, daß der formuliert wird. Wenn der nicht zu leisten ist, bliebe, wenn Ihrem Anliegen Rechnung getragen werden soll, nur die Vertagung nochmalig.

Aber jetzt ist Herr Böhme dran.

Böhme (SDP): Wer im Lande mit ausländischen Bürgern zu tun hat, wird Herrn Dr. Ullmann auf jeden Fall zustimmen, daß die Aussage hier zu allgemein ist.

Ich möchte aber, so sehr ich die Besorgnis von Herrn Gehrke verstehe, nicht favorisieren, daß wir uns mit konkreten Aufforderungen an die regionalen Runden Tische wenden. Ich glaube, daß eine gute Erklärung, von uns gemeinsam getragen, von allen am Runden Tisch Sitzenden gemeinsam getragen, mehr bewirkt.

Wir wissen, welche Konfusionen bestehen, selbst in unseren Kreisen, was ist rechts, wie weit geht neofaschistisch und dergleichen. Und ich halte die Atmosphäre unter Umständen zumindest für schwierig, die durch eine solche direkte Aufforderung an die Runden Tische ausgelöst werden könnte.

Ziegler (Moderator): Herr Stief.

Stief (NDPD): Es hat sich damit erledigt.

Ziegler (Moderator): Herr Neubert.

Neubert (DA): Ja, also mir ist es von der Substanz her auch zu wenig eigentlich, obwohl ich das voll inhaltlich unterstützen kann. Und wenn man denn noch etwas Positives hineinbauen könnte, wäre das die Ergänzung vielleicht auf „demokratische Umgestaltung" und „gewaltfreie Umgestaltung", weil, das würde ich also hier beantragen, weil das also gerade den neofaschistischen Tendenzen inhaltlich entgegenläuft.

Ziegler (Moderator): Das ist die letzte Halbzeile, da sollte eingefügt „gewaltfreie", ja?

Neubert (DA): Ja, denen an „wahrhaft gewaltfreier und demokratischer Umgestaltung liegt".

Ziegler (Moderator): Ja, also das ist noch überschaubar. Ich muß nun bloß Herrn Dr. Ullmann fragen, ob Sie noch in der Lage sind, den einen Antrag hier einzubringen, der das positiv – – Sie arbeiten daran. Dann frage ich erst einmal, ob der Vorschlag von Herrn Neubert volle Unterstützung findet, daß man schreibt, denen an „wahrhaft gewaltfreier und demokratischer Umgestaltung" liegt. Dazu hatten Sie sich gemeldet? Bitte.

Böhme (SDP): Das Wort „wahrhaft" würde ich hier ersatzlos streichen.

Ziegler (Moderator): Ja, also dann fangen wir jetzt mit dem Streichen an. Wer ist für die Streichung dieses Wortes? – Das ist die Mehrheit. Wer ist für die Einfügung dann der Wörter „gewaltfreier und..."? – Die Mehrheit. Danke. „Gewaltfreier und demokratischer Umgestaltung." So, dieses ist nun der Text.

Jetzt ist die Frage, haben Sie Ihren Antrag – – ach, Sie sind noch nicht so weit. Na ja, einen Moment. Daß es positiver wird.

Dann sage ich in der Zwischenzeit, während der Herr Ullmann noch formuliert, noch zwei Dinge an. Es muß sich nach Abschluß dieser Sitzung treffen: Erstens, die Gruppe, die [sich mit] Finanzierung und Technik und all den Fragen „Arbeitsmöglichkeiten" befaßt hat, nämlich Tagesordnungspunkt 10 mit Herrn Dr. Hegewald in Zimmer 213, und es muß sich die **Prioritätengruppe** mindestens zu einer Terminverabredung treffen, denn sie hat zwei Aufgaben: Zulassungsanträge und weitere Prioritäten. Dieses bitte ich dann erst hier vorne zu machen.

So, Herr Ullmann, sind Sie – – Je mehr ich Sie unterbreche, desto mehr störe ich Sie. Dann warten wir den kleinen Augenblick, bis die Formulierung zu Ende ist. Das geht [es] aufs Ganze gesehen am schnellsten.

Platzeck (GL): Dann kann ich die Gelegenheit gleich einmal nutzen, um zu fragen, ob das Thema **„Kommunalwahl"** jetzt automatisch auf den 3. Januar [1990] rutscht oder nicht.

Ziegler (Moderator): Wir werden über den 3. Januar [1990] und was wir da vertagen noch reden müssen, denn wir haben heute gesagt, es werden die drei Dinge unbedingt [behandelt], und dann ist Schluß.

Platzeck (GL): Ja, ist klar, und deshalb wollte ich jetzt wissen, wann „Kommunalwahl" – –

Ziegler (Moderator): Das müßten wir eigentlich der Prioritätengruppe überlassen, Herr Platzeck. Sie haben doch gesehen, wie es gelaufen ist, nicht?

So, Herr Ullmann, dürfen wir den Text dann hören.

Ullmann (DJ): Also, den Text bis „entgegenzutreten" beizubehalten, Komma – –

Ziegler (Moderator): Wo ist das? Vierte Zeile von unten, ja.

Ullmann (DJ): „Daher gilt es, das antifaschistische Klima in der Gesellschaft der DDR zu bewahren und unmißverständlich zu stärken, allem und jedem entschieden entgegenzutreten, was ganze Menschengruppen diskriminiert, Andersdenkende ausgrenzt und damit die Gleichheit aller Menschen mißachtet."

Ziegler (Moderator): Und damit wir mitschreiben können, es ist eine Einfügung, nicht? „Was ganze Menschengruppen diskriminiert, Andersdenkende ausgrenzt" und dann geht es weiter.

Ullmann (DJ): Also, „was ganze Menschengruppen diskriminiert, Andersdenkende" und eben wird mir zugerufen „Andersartige ausgrenzt und damit die Gleichheit aller Menschen mißachtet", dann könnten wir weiterfahren, „schwere Gefahren für Nation und Demokratie heraufbeschwört".

Ziegler (Moderator): Ja, und was wird aus „was diese Atmosphäre vergiftet"? Das soll gestrichen werden?

Ullmann (DJ): Ja, würde ich dann weglassen.

Ziegler (Moderator): So, ich lese jetzt den Satz. „Daher gilt es, das **antifaschistische Klima in der Gesellschaft der DDR** zu bewahren und unmißverständlich zu stärken, allem und jedem entschieden entgegenzutreten, was ganze Menschengruppen diskriminiert, Andersdenkende und Andersartige ausgrenzt und damit die Gleichheit aller Menschen mißachtet, schwere Gefahren für Nation und Demokratie heraufbeschwört." Würde der Satz dann lauten.

Herr Klein hat sich gemeldet.

Klein (VL): Eine weitere Ergänzung, über die gesondert abgestimmt werden könnte, und zwar um das positiv zu formulieren, was vorhin hier gefordert wurde in Anbetracht dessen, daß wir hier beschlossen haben, daß ein Organ zur Ahndung solcher Bewegungen zunächst einmal von uns auf die Zeit nach dem 6. Mai [1990] suspendiert wurde.

Ich würde vorschlagen noch hineinzunehmen „Die örtlichen Volksvertretungen und Bürgerkomitees sind aufgerufen, auf allen Ebenen die Arbeit der antifaschistischen Basisgruppen zu unterstützen."

Ziegler (Moderator): Und wo soll das hin? An den Schluß, oder?

Klein (VL): Das könnte an den Schluß oder vor dem hier eben Formulierten. Das ist eigentlich gleich. An den Schluß wäre vielleicht besser.

Ziegler (Moderator): Dann lieber an den Schluß. Also, Sie lesen es bitte noch einmal, damit wir alle das haben, worüber wir dann befinden sollen, ja?

Klein (VL): „Die örtlichen Volksvertretungen und Bürgerkomitees sind aufgerufen, auf allen Ebenen die Arbeit der antifaschistischen Basisgruppen zu unterstützen."

Ziegler (Moderator): So, wir haben jetzt zwei Ergänzungsanträge. Ich stelle zuerst jetzt zur Debatte den Ergänzungsantrag von Dr. Ullmann. Ich habe ihn bereits verlesen, möchte das nicht noch einmal machen und frage, ob es dazu Wortmeldungen gibt.

Herr Ullmann.

Ullmann (DJ): Ich müßte leider sagen, daß der letzte Satz vor der Ergänzung von Herrn Klein da nicht so stehen bleiben kann. „Das gehört" – – Ich denke, man muß, wenn man diese Ergänzung, die ich vorgeschlagen habe, hineinnimmt, sagen: „So zu handeln gehört in die Verantwortung …". Dieses „das" ist dann unklar.

Ziegler (Moderator): Also, das ist noch einmal inhaltlich „So zu handeln …". Also, ich frage aber jetzt erst einmal nach Ihrer Einfügung. Die Einfügung sollte lauten – –

Lindner (LDPD): Ich bitte sehr um Entschuldigung, aber dieses „So zu handeln …", Dr. Ullmann, könnte mißverständlich sein, wenn man den ganzen Satz noch einmal langsam liest. Es steht dann „entgegenzutreten, was ganze Menschengruppen diskriminiert, andere ausgrenzt" und so weiter. Also, lauter Tätigkeiten werden beschrieben, und dann geht es weiter „So zu handeln …". Das ist mißverständlich. Das geht nicht.

Ziegler (Moderator): Jede Ad-hoc-Formulierung ist immer schwierig, wenn sie nicht aus einem Guß kommt.

Also, ich bitte jetzt, dabei zu bleiben und zu nichts anderem zu reden, als zu dem, was ich jetzt sage. Sonst kommen wir wirklich nicht mehr zu Ende. Wir haben eine Einfügung zu machen. Die wird von Herrn Dr. Ullmann vorgeschlagen: hinter „entgegenzutreten" soll eingefügt werden, „was ganze Menschengruppen diskriminiert, Andersdenkende und Andersartige ausgrenzt und damit die Gleichheit aller Menschen mißachtet." Darum geht es jetzt.

Möchte dazu noch jemand reden, nur zu dieser Einfügung, das andere kommt gleich. Nein. Wer ist dafür, daß dies eingefügt wird? Den bitte ich um das Handzeichen. – Danke. Das ist die Mehrheit.

So. Und jetzt haben wir einen kleinen grammatikalischen Streit zwischen Herrn Lindner und Herrn Ullmann. Also, bleibt es bei „das". Also, jetzt wird noch ein – –

Ach, Herr Engel.

Engel (CDU): Ich hätte nur einen Vorschlag: „Dem zu begegnen gehört …".

Ziegler (Moderator): „Dem zu begegnen gehört". Ja? Möchte sich dazu noch jemand äußern? – Das ist nicht der Fall. Ich frage, wer stimmt zu, daß es heißt „Dem zu begegnen gehört in die Verantwortung …"? [Ich] bitte um das Handzeichen. – Mehrheit. Danke.

Und nun kommt der Vorschlag von Herrn Klein. „Die örtlichen Volksvertretungen und Bürgerkomitees sind aufgerufen, auf allen Ebenen die Arbeit der antifaschistischen Basisgruppen zu unterstützen." Das sollte an den Schluß gestellt werden.

Wer möchte dazu sprechen?
Herr Gehrke.

Gehrke (VL): Noch eine Ergänzung. „Örtliche Volksvertretungen, Runde Tische und …" – –

Ziegler (Moderator): Herr Ullmann.

Ullmann (DJ): Ich wollte dafür sein, aber ohne Ergänzung.

Ziegler (Moderator): Jetzt lassen wir den Antrag zum Antrag wieder abstimmen. Wer ist für die Ergänzung, Einfügung „und Runde Tische"? Herr Gehrke, Sie selbst gar nicht? – Doch, doch. 4 dafür. Wer ist dagegen? Ich will Sie bloß einmal darauf aufmerksam machen, wenn Sie jetzt nicht mit abstimmen, dann ist der Antrag angenommen, ja? Also, wer ist dagegen? – Nein, nein, gegen die Ergänzung. Wir stimmen immer noch – – daher, die ist durchgefallen, brauchen wir nicht mehr.

Jetzt geht es um die Ergänzung ohne die Erweiterung. Und ich frage, wer ist dafür? Das müssen wir auszählen, das ist nicht so eindeutig. Was denn?

Herr Maleuda, Sie hatten sich gemeldet?

Maleuda (DBD): Hier gibt es doch nur Mißverständnisse. Worüber stimmen wir jetzt ab?

Ziegler (Moderator): So, also es geht offensichtlich zu schnell. Ich werde mich verbessern und langsamer machen.

Wir wollten jetzt abstimmen, das hatte ich gesagt über den Zusatz von Herrn Klein. Es sollte am Schluß angehängt werden: „Die örtlichen Volksvertretungen und Bürgerkomitees sind aufgerufen, auf allen Ebenen die Arbeit der antifaschistischen Basisgruppen zu unterstützen." Ist das jetzt klar?

Dürfen wir abstimmen? Wer ist dafür? – Na, das ist die Mehrheit. [Das] brauchen wir nicht auszuzählen. Wer ist dagegen? – Enthaltungen? – 1 Enthaltung. Dann ist das angenommen. Damit steht eigentlich der Text dann fest. Gibt es noch weitere Fragen dazu?

Dann stelle ich das Ganze zur Abstimmung. Wer nimmt diese Erklärung des Tisches „Mit ernster Sorge für Gefahr von rechts" – – wer stimmt ihr zu?

[Gemurmel]

Augenblick. Ja, da müssen wir wirklich unterbrechen. Das ist grammatikalisch so falsch. Das habe ich auch nicht gemerkt. „In ernster Sorge für Gefahr von rechts," das geht wirklich nicht.

Das muß wohl „vor" heißen, was? „Vor" oder „um"? Herr Stief, wie soll es denn richtig [heißen]? Also bitte, „in ernster Sorge vor Gefahr von rechts". Nun wird es Zeit, daß wir zum Schluß kommen, „... um" muß das heißen, „... um". Aber ich schlucke es.

Herr Stief macht den Vorschlag. Bitte.

Stief (NDPD): Herr Dr. Ullmann, wenn man ganz präzise sein will, ich neige dazu, daß wir „... um" nehmen.

Ziegler (Moderator): Wofür, „... um", ja? „... um".

Lindner (LDPD): Man sagt auch Forderung „um" das tägliche Brot und meint etwas ganz anderes als „vor".

[Gelächter]

Ziegler (Moderator): Geschäftsordnung hat Vorrang.

Poppe (IFM): Ja, ich würde den Vorschlag machen, daß sich doch noch einmal ganz zum Schluß eine kleine Redaktionsgruppe – vielleicht von drei Leuten – mit dem Deutsch dieses Artikels befaßt, denn es ist von sehr großer Wichtigkeit, wenn das jetzt an die Öffentlichkeit kommt. Ich würde den Vorschlag machen, daß unsere neugewählte Pressesprecherin sich daran beteiligt.

Ziegler (Moderator): Also, ich schlage jetzt folgendes vor. Es ist nicht unbedingt notwendig, daß wir diese Überschrift überhaupt haben, „Erklärung zu neofaschistischen Tendenzen in der DDR" reicht eigentlich vollkommen, [das] ist die sachliche Überschrift, [so] daß man dies überhaupt wegläßt. Einverstanden? Muß ich abstimmen lassen? – Herr Stief? – Einverstanden. Wir streichen das.

So, nun hat Herr Poppe gesagt – – Herr Poppe, ich würde dann bitten, daß wir das entweder den Pressevertretern oder aber der Arbeitsgruppe überlassen.

Poppe (IFM): Na ja, mir ging es wirklich noch einmal um die Formulierung, daß wir jetzt nicht [einem] Fauxpas hier noch irgendwo ausgesetzt sind.

Ziegler (Moderator): Sie sollen wenigstens grammatikalisch das noch einmal überprüfen. Herr Stief und die Pressesprecher werden gebeten, auf grammatikalische Unebenheiten es noch durchzusehen, aber nicht mehr inhaltlich zu verändern, ja?

Frau Schubert (Pressesprecherin): Müssen Pressesprecher wirklich miteinbezogen werden?

Ziegler (Moderator): Nein, nein, sie sind keine Zensur, sie haben nur grammatikalische Sachen zu prüfen.

Herr Stief.

Stief (NDPD): Ich habe wirklich die Frage, ob, wenn der Inhalt klar ist, wir nun jetzt noch arbeiten müssen an dieser Erklärung. Ob das wirklich notwendig ist.

Frau Schubert (Pressesprecherin): Nein. Das ist Sache des Runden Tisches. Wir haben nur zu erläutern.

Ziegler (Moderator): Herr Poppe, war das ein Antrag, den Sie gestellt haben, oder war das ein freundlicher Hinweis, wie man noch sagt?

Poppe (IFM): Ja, eher das letztere.

[Heiterkeit]

Ziegler (Moderator): Danke schön. Dem freundlichen Hinweis gehen wir freundlich nach.

Danke. Ich lasse [die **Vorlage 4/9b, Erklärung des Runden Tisches zu neofaschistischen Tendenzen in der DDR**] abstimmen. Wer ist insgesamt für diese Erklärung? – Danke. Wer ist dagegen? – Enthaltungen? – Keine. Das ist einstimmig angenommen.

> [**Erklärung zu neofaschistischen Tendenzen in der DDR**
>
> Die Teilnehmer am Runden Tisch beobachten mit ernster Sorge, daß Auftritte neofaschistischer Kräfte im Lande zunehmen und deren Formierung beginnt. Während es 1988 44 polizeiliche Ermittlungsverfahren wegen neofaschistischer Gewalthandlungen und Aktivitäten gab, sind es in diesem Jahr bis Ende November bereits 144.
>
> Die Teilnehmer am Runden Tisch wenden sich entschieden gegen jede Art neofaschistischer Aktivitäten. Sie sehen Alarmzeichen gesetzt. Noch ist es Zeit, den Anfängen zu wehren. Aber höchste Zeit. Daher gilt es, das antifaschistische Klima in der DDR zu bewahren und unmißverständlich zu stärken, allem und jedem entschieden entgegenzutreten, was ganze Menschengruppen diskriminiert, Andersdenkende und Andersartige ausgrenzt und damit die Gleichheit aller Menschen mißachtet und so schwere Gefahren für Nation und Demokratie heraufbeschwört. Dem zu begegnen gehört in die Verantwortung aller politischen Kräfte des Landes, denen an gewaltfreier und demokratischer Umgestaltung liegt.
>
> Die örtlichen Volksvertreter und Bürgerkomitees sind aufgerufen, auf allen Ebenen die Arbeit der antifaschistischen Basisgruppen zu unterstützen.][34]

Und jetzt haben wir 17.56 Uhr und fünfzehn Sekunden, das kann man hier so schön ablesen, und haben noch eine ganze Menge auf der Tagesordnung, aber wir wollten absolut eigentlich Schluß machen, wenn diese drei Punkte erledigt sind.

Ich bin in einer – Sie kommen sofort dran – großen Verlegenheit. Wir könnten natürlich Tagesordnungspunkt 11 in diese Verhandlung mit Herrn Dr. Hegewald geben. Da ist sie gut aufgehoben. Also, nein, Moment – Tagsordnungspunkt 10 zur Sicherung der Arbeitsmöglichkeiten. „Kommunal-

---

[34] Vorlage 4/9b. Der Text der schließlich abgestimmten Vorlage wurde hier vom Herausgeber eingefügt.

wahlen" müßte dann in der Prioritätengruppe neu besetzt werden, da hatte Herr Platzeck nun schon nach gefragt. Und das hängt zusammen mit Ziffer 12, Anmeldung für die Tagesordnung ist nebenher schon erledigt worden.

Es bleibt aber die Frage der **Ordnung für ein Arbeitssekretariat des Runden Tisches**. Die ist immer hin- und hergeschoben worden. Eine handschriftliche Vorlage, einen ersten Entwurf hatte ich Ihnen gegeben. Die können wir natürlich auch noch einmal verschieben, aber ich bin nicht mehr handlungsfähig, ich sage das einmal, ich, und wir drei hier, wenn wir da nicht handeln können, zum nächsten Mal Sekretärinnen beschaffen. Und das hängt alles mit der Einrichtung dieses Arbeitssekretariats irgendwie zusammen. Sie können natürlich, wenn Sie heute sagen, jetzt ist aber wirklich Schluß, die drei Moderatoren beauftragen, die Übergangslösung vorzubereiten und das das nächste Mal zur Debatte zu stellen, was da in diesem Entwurf steht. Darüber müßten Sie jetzt aber befinden. Wer möchte sich zu Wort melden?

Herr Koplanski, bitte.

Koplanski (DBD): Ich möchte den Vorschlag unterstützen, und falls die Teilnehmer Hinweise haben, die könnten sie vielleicht bis zum 30. Dezember [1989] Ihnen mitteilen, dann können Sie vielleicht die veränderte Fassung am 3. Januar [1990] vorlegen, so daß wir dann wenig Zeit haben für diese Problematik.

Ziegler (Moderator): Die kann man schon einarbeiten. Das ist ein Ergänzungsvorschlag zum Verfahren. Möchte sich sonst noch jemand melden?

Dann entnehme ich Ihrem erschöpften Schweigen, daß Sie diesem Vorschlag folgen wollen. Sie beauftragen also die Moderatoren, bis zum nächsten Mal die Übergangslösung noch zu machen und dann Änderungsvorschläge bis 30. Dezember – bis Sonnabend müssen die da sein – hier an die Adresse, Moment, hier ist Sonnabend niemand mehr. Dann bitte ich das ausnahmsweise noch einmal an die Auguststraße 80, Sekretariat des Bundes, zu schicken, weil ich am Sonnabend zwar dort arbeiten werde, aber hier niemand sein wird. Ja? Gut.

Dann Herr Böhme. Ja, ich hatte mich verpflichtet gefühlt, zum Schluß zu kommen, weil das so schon mehrfach angemahnt war.

Ja, bitte, Herr Böhme.

TOP 12: Beziehungen des Runden Tisches zur Regierung Modrow

Böhme (SDP): Als erstes habe ich die Bitte, den Einladungshinweis zur Einberufung der zivilen Kommission, der paritätisch sich bildenden Kommission, zur Auflösung des Amtes für Nationale Sicherheit weiterzugeben. Der muß auf der Strecke geblieben sein. Also die Kommission sicherlich nicht, aber der Einladungszettel ist auf der Strecke geblieben. Gut.

Dann, meine Damen und Herren, bitte ich noch um Gehör und um Abstimmungskonzentration.

Im Tagungsverlauf sind zwei Anträge der SDP nicht abgestimmt worden.

Erstens, Anfrage an die Regierung, ob die Informationen des Neuen Forums zutreffen, daß am 7. Dezember 1989 die Regierung Hans Modrow die **Vernichtung von Unterlagen des ehemaligen MfS** anordnete und am 8. Dezember [1989] einen Beschluß zur **Sicherung von Gehältern für entlassene Staatsbeamte** für die Dauer von drei Jahren faßte.

Zweiter Antrag war, Anfrage an die Regierung, ob Ministerpräsident Modrow die Entscheidungen allein trug oder ob die Mitglieder des Ministerrates, also auch die Minister der DBD, der LDPD, der NDPD und der CDU die Entscheidung mittrugen.

[Vorlage 4/10, Erklärung SDP: Zur mangelhaften Offenlegung von Entscheidungen der Regierung Modrow]

[1] In seiner Grundlegung, dem Selbstverständnis des Runden Tisches, forderte dieser am 7./8. Dezember 89 von der Volkskammer, der Regierung, rechtzeitig vor wichtigen rechts-, wirtschafts- und finanzpolitischen Entscheidungen informiert und einbezogen zu werden.

[2] Gleichzeitig forderte er die Offenlegung der ökologischen, wirtschaftlichen und finanziellen Situation in unserem Land.

[3] Bis heute ist die Regierung Modrow diesen Forderungen nur sehr unvollständig nachgekommen. Es wurden wichtige Entscheidungen ohne vorherige Information gefällt.

[4] Der Runde Tisch bringt hiermit der Regierung seinen scharfen Protest zum Ausdruck und erwartet, daß diese den Forderungen des Runden Tisches künftig nachkommt.

Meine Bitte [ist], zu den ersten beiden Anfragen gesondert abzustimmen, und die dritte Erklärung als drittes „In seiner Grundlegung, dem Selbstverständnis des Runden Tisches", das vielleicht gemeinsam vom Runden Tisch zu verabschieden als Adresse an die Regierung Modrow. Es geht Ihnen gleich zu. Es wird gerade verteilt.

Ziegler (Moderator): Ja, es ist eben so, daß wir das bisher nicht so auf dem Tisch hatten. Sie hatten die Fragen zwar gestellt, das stimmt.

Böhme (SDP): Ich nehme es auf meine Kappe.

Ziegler (Moderator): Nein, nein, Sie können uns ja doch ruhig den Schwarzen Peter zuschieben, das macht nichts. Ich will es bloß sagen, wir hatten es nicht, sondern Sie hatten es zwar eingebracht. Wir hatten die Fragen delegiert, und jetzt kommt also der schriftliche Antrag, wobei die Ziffer 1 ja das aufnimmt, was an Fragen – – ist eine Ergänzung zu der Fragenliste, die wir haben, nicht?

Ziffer 1. Möchte sich dazu noch jemand äußern zur Ziffer 1 zunächst? Dann müßte das in die Fragenliste aufgenommen werden. Das müßte das nächste Mal beantwortet werden, ja.

Böhme (SDP): Ich bitte um Abstimmung, inwieweit die am Runden Tisch sitzenden Vertreter das mittragen.

Ziegler (Moderator): Ja, ja, kommt sofort. Ich wollte nur auch Gelegenheit geben, sich dazu noch zu äußern. Aber das will offensichtlich jetzt im Augenblick keiner. Dann frage ich nur über Ziffer 1: Wer diese Ziffer 1 unterstützt, den bitte ich um das Handzeichen. – [Die] Mehrheit unterstützt, und [das] muß weitergegeben werden an die Regierung, nicht?

Jetzt kommt Ziffer 2. Das ist eine Frage an die Regierung. Ja, ist auch nur eine Anfrage, eine Katalogarbeit, nicht? Allerdings nachher dieser nächste Absatz, der bringt ja natürlich jetzt ein bißchen weitergehende Dinge, nicht? Ich frage jetzt nur nach Ziffer 2, und dann kommen die nächsten Absätze. Ja, Ziffer 2, erster Absatz, wenn man es genau formuliert. Wer ist dafür? – Danke. Das ist auch die Mehrheit.

So. Jetzt kommen allerdings bei der Ziffer 2 der Absatz zwei, und soviel ich das beim Überfliegen und Hören gehört habe, ist der Absatz zwei noch eine Beschreibung der Vorgänge, aber Absatz drei und vier laufen hin auf den Protest, nicht? Nur damit das klar ist, worum es jetzt geht. Der entscheidende Punkt ist der Protest am Ende, das andere sind die Beschreibungen, was alles nicht gewesen ist. Möchte sich dazu jemand äußern?

Herr Ullmann, ja bitte.

Ullmann (DJ): Ja, also ich bin ein Gegner von Adjektiven. Es genügt, wenn man sagt, „bringt hiermit der Regierung seinen Protest zum Ausdruck und erwartet" und so weiter.

Ziegler (Moderator): Auf deutsch heißt das, Sie bleiben bei dem Antrag, aber bitten um die Streichung des Wortes „scharfen". Ja? Gibt es dagegen Widerspruch.

Ach so – – Nein Sie, Herr Koplanski.

Koplanski (DBD): Herr Böhme hat mit Recht darauf verwiesen, daß die Abstimmung über diese beiden Anträge vergessen worden ist, aber jetzt sind zu den von ihm im Laufe der Tagung formulierten zwei Anfragen natürlich noch Zusätze gemacht worden, die im ursprünglichen Text nicht gewesen sind.

Und ich muß hier die Frage aufwerfen, ist es sinnvoll, jetzt in dieser fortgeschrittenen Stunde über diese Fragen zu diskutieren. Ich glaube, wir haben uns an die Geschäftsordnung gehalten, indem wir das nachgeholt haben, was wir während der Tagung versäumt haben.

Ziegler (Moderator): Ja, also Herr Böhme.

Böhme (SDP): Ich würde doch darauf bestehen. Erstens stärkt es das Selbstverständnis des Runden Tisches und zum zweiten auch die Regierung Modrow, indem wir zeigen, wir nehmen sie sehr ernst.

Ziegler (Moderator): Also, Sie bestehen auch auf Abstimmung über diese letzten drei Absätze. Das ist so gemeint Herr Böhme, ja? Also dann müssen wir den Text erst einmal klären. Herr Ullmann hatte gesagt, „scharfen" wollen wir streichen. Wer unterstützt Herrn Ullmanns Vorschlag zu streichen „scharfen" Protest. Mehrheitlich, „scharfen" wird gestrichen.

Und dann lasse ich – – ich füge ein, so ganz paßt mir das Verfahren nicht, daß hier solche Nachschübe kommen. Eigentlich dürfte uns so etwas nicht passieren. Sie müssen dann auch die Moderatoren rechtzeitig unterbrechen, wenn die etwas vergessen. Aber es ist nun so, es ist der Antrag gestellt. Das müßten Sie bitte künftig machen. Sonst kommen immer neue Gedanken so nachträglich hinein.

Ich sage das einmal nur am Rande so in Parenthese und lasse jetzt abstimmen.

Wer die letzten Absätze auch gut heißt und aufnimmt, dafür ist, den bitte ich um das Handzeichen. – [Mit Ja haben gestimmt] 24. Und wer ist dagegen? – [Mit Nein haben gestimmt] 6? Und wer enthält sich der Stimme? – 6 Enthaltungen.

Hoffentlich hat nicht noch jemand einen Nachtrag, was wir vergessen haben, nein? Dann danke ich für die Ausdauer und Geduld für alle weiterführenden Hilfen und Anträge.

Bitte das nicht vergessen, daß in Zimmer 213 Herr Dr. Hegewald auf die wartet, die die Arbeitsmöglichkeiten besprechen wollen, und hier in der Ecke warte ich auf die Vertreter der Prioritätengruppe. Von jedem einer[35], damit wir [uns] absprechen.

Herr Dshunussow will noch etwas sagen.

Dshunussow (IFM): Meine Damen und Herren. Ich habe nur eine Mitteilung zu machen. Sie haben, oder Ihre Parteien und Organisationen haben eine Einladung bekommen, zu einem, ich nenne es einmal, „**Kolloquium Zukunft mit Ausländern.** Parteien und politische Gruppen des großen Runden Tisches nehmen Stellung." Termin: Donnerstag, 18. Januar um 17.00 Uhr, Humboldt Uni, Unter den Linden und so weiter, Arbeitskreis „Fremdenhaß", Sektion Geschichte, Frau Dr. Runge, und Initiative für Frieden und Menschenrechte, Dshunussow. Und ich möchte diese Einladung hier bekräftigen.

Ziegler (Moderator): Die Einladung liegt schriftlich vor. Das war die allerletzte Ansage. Ich danke Ihnen allen, wünsche Ihnen einen guten Abend. Wir sehen uns wieder am 3. Januar 1990, 9.00 Uhr. Und ich wünsche allen einen guten Übergang in das neue Jahr.

Günther (Pressesprecher): Ein Pressegespräch erübrigt sich.

[Ende der Sitzung 18.15 Uhr]

---

[35] Gemeint war: von jeder Partei bzw. Gruppierung 1 Vertreter.